ÉCOSSE

Directeur	David Brabis
Rédaction en chef	Nadia Bosquès
Responsable éditoriale	Catherine Brett
Édition	Catherine Guégan
Rédaction	Elisabeth Morris, François Sichet, Guillaume D'Oléac D'Ourche
Informations pratiques	Philippe Longin
Documentation	Eugenia Gallese, Mathilde Piton
Cartographie	Véronique Aissani, Thierry Lemasson, Jean-Pierre Michel, Fabienne Renard, Jean-Daniel Spies,Marie-Christine Defait, Patrick Matyja, Thierry Rocher, Michèle Cana, Alain Baldet, Apex Cartographie, DzMap Algérie
Iconographie	Cécile Koroleff, Stéphanie Quillon, Marie-Christine Petit
Préparation de copie	Pascal Grougon, Jacqueline Pavageau, Danièle Jazeron, Anne Duquénoy
Relecture	Zone libre
Maquette intérieure	Agence Rampazzo
Création couverture	Laurent Muller
Pré-presse/fabrication	Didier Hée, Jean-Paul Josset, Frédéric Sardin, Renaud Leblanc, Sandrine Combeau, Cécile Lisiecki
Marketing	Ana Gonzalez
Ventes	Gilles Maucout (France), Charles Van de Perre (Belgique), Fernando Rubiato (Espagne, Portugal), Philippe Orain (Italie), Jack Haugh (Canada), Stéphane Coiffet (Grand Export)
Communication	Gonzague de Jarnac
Régie Pub et Partenariats	michelin-cartesetguides-btob@fr.michelin.com *Le contenu des pages de publicité insérées dans ce guide n'engage que la responsabilité des annonceurs.*

Pour nous contacter

Michelin Cartes et Guides
Le Guide Vert
46, avenue de Breteuil 75324 Paris Cedex 07
✆ 01 45 66 12 34 – Fax : 01 45 66 13 75
LeGuideVert@fr.michelin.com
www.ViaMichelin.fr

Parution 2007

Note au lecteur

L'équipe éditoriale a apporté le plus grand soin à la rédaction de ce guide et à sa vérification. Toutefois, les informations pratiques (prix, adresses, conditions de visite, numéros de téléphone, sites et adresses Internet...) doivent être considérées comme des indications du fait de l'évolution constante des données. Il n'est pas totalement exclu que certaines d'entre elles ne soient plus, à la date de parution du guide, tout à fait exactes ou exhaustives. Elles ne sauraient de ce fait engager notre responsabilité.

Le Guide Vert,

la culture en mouvement

Vous avez envie de bouger pendant vos vacances, le week-end ou simplement quelques heures pour changer d'air ? Le Guide Vert vous apporte des idées, des conseils et une connaissance récente, indispensable, de votre destination.

Tout d'abord, **sachez que tout change**. Toutes les informations pratiques du voyage évoluent rapidement : nouveaux hôtels et restaurants, nouveaux tarifs, nouveaux horaires d'ouverture... Le patrimoine aussi est en perpétuelle évolution, qu'il soit artistique, industriel ou artisanal… Des initiatives surgissent partout pour rénover, améliorer, surprendre, instruire, divertir. Même les lieux les plus connus innovent : nouveaux aménagements, nouvelles acquisitions ou animations, nouvelles découvertes enrichissent les circuits de visite.

Le Guide Vert **recense** et **présente ces changements** ; il réévalue en permanence le niveau d'intérêt de chaque curiosité afin de bien mesurer ce qui aujourd'hui vaut le voyage (distingué par ses fameuses 3 étoiles), mérite un détour (2 étoiles), est intéressant (1 étoile). Actualisation, sélection et appréciation sur le terrain sont les maîtres mots de la collection, afin que Le Guide Vert soit à chaque édition le reflet de la réalité touristique du moment.

Créé dès l'origine pour **faciliter et enrichir vos déplacements**, Le Guide Vert s'adresse encore aujourd'hui à tous ceux qui aiment connaître et comprendre ce qui fait l'identité d'une région. Simple, clair et facile à utiliser, il est aussi idéal pour voyager en famille. Le symbole 👪 signale tout ce qui est intéressant pour les enfants : zoos, parcs d'attractions, musées insolites, mais également animations pédagogiques pour découvrir les grands sites.

Ce guide vit pour vous et par vous. N'hésitez pas à nous faire part de vos remarques, suggestions ou découvertes ; elles viendront enrichir la prochaine édition de ce guide.

L'ÉQUIPE DU GUIDE VERT MICHELIN
LeGuideVert@fr.michelin.com

ORGANISER SON VOYAGE

QUAND ET OÙ PARTIR ?

À FAIRE AVANT DE PARTIR

L'ÉCOSSE PRATIQUE

À FAIRE ET À VOIR

POUR PROLONGER LE VOYAGE

COMPRENDRE L'ÉCOSSE

NATURE

HISTOIRE

ART ET CULTURE

L'ÉCOSSE AUJOURD'HUI

DÉCOUVRIR LES SITES

VILLES ET SITES

Dans les deux rabats de couverture, la carte générale intitulée « **Les plus beaux sites** » donne :
- une **vision synthétique** de tous les lieux traités ;
- les principaux **sites étoilés** visibles en un coup d'œil ;
- les **circuits de découverte**, dessinés en vert, aux environs des destinations principales.

Dans la partie « **Découvrir les sites** » :
- les **destinations principales** sont classées par régions et par ordre alphabétique ;
- les **destinations moins importantes** leur sont rattachées sous les rubriques « Aux alentours » ou « Circuits de découverte » ;
- les **informations pratiques** sont présentées dans un encadré vert dans chaque chapitre.

L'**index** permet de retrouver rapidement la description de chaque lieu.

Concours de danse traditionnelle à Dunoon, dans la région de Glasgow.

P. Tomkins/SCOTTISH VIEWPOINT/VISIT SCOTLAND

ORGANISER SON VOYAGE

QUAND ET OÙ PARTIR ?

L'Écosse au fil des saisons

Les mois de **mai-juin** et **septembre-octobre** sont des périodes idéales pour se rendre en Écosse et dans les îles, car la nature y est superbe, le climat plus sec, et les loisirs de plein air nombreux. Les routes sont aussi moins encombrées, et les *midges* (sorte de moucherons piqueurs) cessent de venir taquiner les humains. Mais les autres mois de l'année ont chacun leur attrait particulier et sont, bien sûr, l'occasion de visites tout aussi agréables et intéressantes. **Juillet et août** proposent le plus grand nombre de festivals à travers tout le pays. Édimbourg et Glasgow méritent à elles seules le voyage lors de ces évènements. Vous bénéficiez aussi de longues journées dans les îles Shetland et Orcades. **L'hiver** est l'occasion de skier dans les Grampians et les Highlands. Mais il faut prendre en compte la fermeture de nombreux hôtels et curiosités durant cette saison.

Nos propositions d'itinéraires

1 L'ÉCOSSE EN CAPITALES

Circuit de 7 jours et environ 620 km, au départ d'Édimbourg.

1er jour – Visitez **Édimbourg**, la romantique capitale écossaise. Ne manquez pas le château, le quartier georgien de New Town et un des beaux musées de la ville.

2e jour – La M 8 vous emmène rapidement vers **Glasgow,** capitale économique, ville du design, du shopping, de la fête et du football. Vivez la frénésie du centre-ville en visitant des bâtiments de C. R. Mackintosh. Et choisissez un musée à votre goût (arts, foot, sciences).

3e jour – Prenez la A 80 vers Stirling sans oublier de faire un petit détour pour admirer la **Falkirk Wheel**, un incroyable ascenseur rotatif pour bateaux. Visitez **Stirling,** son château perché chargé d'histoire et son monument au héros national Wallace. Un aller-retour vers **Dunblane** vous permettra d'admirer une splendide cathédrale.

4e jour – Par la A 91, rejoignez Dollar et le sombre **Castle Campbell** perdu au milieu des fougères. Belles vues et belles balades, s'il fait beau. Cette même route permet d'atteindre ensuite **Loch Leven** et ses ruines photogéniques qui se dressent sur une île. La M 90 vous conduit vers **Perth**, capitale écossaise durant trois siècles. Visitez le **Scone Palace**, site historique majeur, à l'extérieur de la ville.

5e jour – Débutez la journée par un aller-retour vers Crieff et la distillerie Famous Grouse, la plus connue du pays. Puis prenez la A 9 vers la charmante bourgade de **Dunkeld**, autrefois capitale ecclésiastique. Rejoignez ensuite Kirriemiuir, la ville du créateur de Peter Pan. Puis Forfar, jadis capitale des Pictes, pour visiter le beau château – hanté – de **Glamis.**

6e jour – **Dundee**, capitale de la toile de jute et de la confiture, compte deux intéressants musées : Discovery Point (sur l'expédition antarctique de Scott) et le DCA (art contemporain). Amusez-vous aussi en découvrant les innombrables statues du centre-ville. Route vers **St Andrews**, siège de la plus ancienne et prestigieuse université du pays, capitale religieuse devenue capitale mondiale du golf. Mer, gazon et vieilles pierres y font très bon ménage. Ambiance reposante.

7e jour – Longez la côte par la A 917 en vous arrêtant dans les charmants ports de **Crail et Anstruther**. Peu à peu, Édimbourg apparaîtra à l'horizon. Prenez la direction de Kirkcaldy, capitale du linoléum (...) puis **Dunfermline**, ancienne capitale organisée autour d'une superbe abbaye. Après un détour par **Culross**, traversez le Firth of Forth par l'immense pont de **Forth Bridge**. Si vous avez du temps avant de rejoindre Édimbourg, arrêtez-vous soit dans la jolie ville de South Queensferry, soit au palais de Linlithgow.

2 DOUCEUR DU SUD

Circuit de 6 jours et 700-800 km, au départ d'Édimbourg.

1er jour – Sortez d'Édimbourg et longez **la côte** par la jolie route A 198. Dépassez le charmant port de North Berwick pour atteindre **Tantallon Castle,** impressionnante forteresse de grès rouge suspendue aux falaises. Continuez vers **Dunbar** et son port tout en pierre. Prenez la A 1, puis la très jolie route A 1107. Depuis la bourgade de pêcheur de **St Abbs**, promenez-vous dans la **réserve naturelle** connue pour ses falaises, ses plages, ses innombrables oiseaux et ses panoramas enchanteurs.

2e jour – Par les pittoresques petites routes A 6105 et A 6089, rejoignez la demeure classique de Mellerstain. Puis à Kelso, visitez le vaste **Floors Castle**, qui servit de décor au film *Greystoke*. La A 699 vous mène aux belles ruines de **Dryburgh Abbey**, puis à Melrose, charmant village doté de quelques beaux hôtels. Une fois installés, découvrez son **abbaye** fleurie.

E. Morris / MICHELIN

Les majestueuses ruines de Dryburgh Abbey.

3e jour – Depuis Melrose, roulez sur la A 68 pour rejoindre **Jedburgh**, dominé par son abbaye du 12e s. et quelques autres édifices d'intérêt. Longez la « frontière » anglaise par les jolies routes du **Liddesdale**. Et suivez les panneaux pour atteindre **Hermitage Castle**, un petit fort médiéval très photogénique, perdu dans la lande. Rejoignez Langholm puis Lockerbie. Si vous êtes en avance, vous pouvez bifurquer vers Eskaldemuir et son inattendu temple tibétain. Arrivé à Dumfries, faites un aller-retour vers la forteresse de **Caerlaverock Castle**.

4e jour – Quittez Dumfries par la A 710 pour atteindre **Sweetheart Abbey**, de belles ruines en pierre rose. La route continue vers Daelbeattie d'où vous rejoindrez les **Threave Gardens** (fleurs, forêt) si vous aimez la nature, ou le **château Douglas** si vous préférez les vieilles pierres. Arrêtez-vous ensuite dans le petit bourg de **Kirkcudbright**. Niché au fond d'un estuaire, il accueille de nombreux artistes attirés par la douceur de la riviera écossaise. Filez vers **Wigtown**, petite ville connue pour son grand nombre de librairies et surnommée « la cité des livres ».

5e jour – Selon votre calendrier, deux possibilités (complémentaires) s'offrent à vous. Allez au bout des **Rhinns of Galloway** pour atteindre les beaux paysages de la pointe de **Mull of Galloway**. Ou partez vers Newton Stuart, porte d'entrée du plus grand parc forestier de Grande-Bretagne : le **Galloway Forest Park**.

6e jour – De New Galloway, rejoignez le château forestier de **Drumlanrig** par la A 702. Cette même belle route vous mène à **New Lanark**, un harmonieux village classé par l'Unesco. Avant de rejoindre Édimbourg, vous pouvez vous arrêter à **Peebles**, célèbre pour ses environs enchanteurs et la demeure seigneuriale de **Traquair House**. Et faites un arrêt à la **chapelle Rosslyn**, chef-d'œuvre ciselé du 15e s. rendu célèbre par le Code Da Vinci.

3 CLICHÉS ÉCOSSAIS

Circuit de 7 jours et environ 750-800 km, au départ de Glasgow.

1er jour – À **Glasgow**, offrez-vous de grosses parts de clichés écossais en assistant à un **match de football** ou en visitant le **Piping Museum** (cornemuses), puis en dégustant une bière au Horseshoe Pub ou en dansant le *ceilidh* au centre celte d'Oran Mor.

2e jour – Prenez la route A 82 pour longer le célèbre **loch Lomond**. Arrêts panoramiques au parcours de golf du Scottish Open et à Luss, une petite bourgade très agréable. Rejoignez Fort William en traversant le formidable et verdoyant **glen Coe**.

3e jour – À **Fort William**, deux choix s'offrent à vous. Grimpez le **Ben Nevis**, un des fameux munros. Ou effectuez l'aller-retour en **train à vapeur vers Mallaig,** dans des paysages époustouflants, maintes fois filmés. Le même trajet en voiture vous permettra des arrêts multiples : Glenfinnan, plages de sables blancs de Morar.

4e jour – Reprenez la A 82 vers Fort Augustus, dont les écluses sont la porte d'entrée du **Loch Ness** (possibilité de croisière). De là, continuez par la A 82 en vous arrêtant à Urquhart Castle et Drummadrochit (expo très – trop – touristique sur l**e monstre**). Ou prenez la B 852, plus sauvage et moins fréquentée. Arrivée le soir à Inverness.

C. Gibert/MICHELIN

Un cliché écossais !

5e jour – Visite d'**Inverness**, capitale des Highlands. Faites-vous tailler un **kilt** au Kiltmaker Centre. Rendez-vous à Culloden, un site de bataille visité par des fantômes. Puis prenez la pittoresque A 9 vers **Kingussie**, capitale du **shinty** (sport gaélique). Le musée folklorique des Highlands ou de celui des Macpherson, vous transportent au pays des clans. Randonnées superbes aux alentours.

6e jour – Route A 9 vers la **région de Pitlochry**. Dégustez le **whisky** Blair Atholl (à Pitlochry même). Flânez dans le **château de Blair** et ses magnifiques jardins. Prenez la A 827 pour taquiner les saumons du **loch Tay**.

7e jour – Partez à la découverte des **Trossachs** depuis Callander ou Aberfoyle. Voguez sur le **loch Katrine** et visitez le musée du héros écossais **Rob Roy**.

4 SAVEURS DE L'EST

Circuit de 5 jours et environ 670 km, au départ d'Aberdeen. Ici, les spécialités gastronomiques sont un prétexte à la découverte du patrimoine historique et naturel de cette région.

1er jour - Passez la matinée à Aberdeen, la ville de granit. Au restaurant, découvrez les deux fiertés locales : le **bœuf d'Aberdeen (et l'Angus beef)** de la race Aberdeen-Angus, et les produits de la mer. Prenez la route A 90 pour Stonehaven et le **Dunnotttar Castle**, les plus fabuleuses ruines maritimes du pays. Suivez la A 92 jusqu'à l'élégante **Montrose** puis **Arbroath** et ses fameuses fumeries de poissons. Au menu : haddock fumé encore chaud.

2e jour - Route vers **Forfar** (pour déguster les célèbres *bridies*) puis **Edzell** et son charmant château entouré de beaux jardins. Direction Banchory en suivant la superbe route B 974 le long du **Glen Dye**. Visite du château de **Crathes** et son vaste domaine évidemment hanté. Rejoignez la B 976, longez la **vallée de la Dee**, ses châteaux, collines boisées et saumons.

3e jour - De **Ballater** prenez la belle route A 939 et bifurquez vers **Aviemore**. Cette ville connue pour son excellente bière offre d'innombrables possibilités de randonnées.

4e jour - Route vers **Dufftown, cité du whisky**. Partez à la découverte de plusieurs distilleries de la région, dont Strathisla, la doyenne. À Aberlour, faites un détour par les ateliers des biscuits Walkers. N'oubliez pas la fabrique de tonneaux de Speyside.

5e jour - Rejoignez la côte à **Eigin** et sa belle cathédrale en ruine. Passez par Fochabers pour déguster les célèbres produits (confitures, sauces, gâteaux) de la famille Baxter. Vient ensuite **Cullen**, station qui a donné son nom à la soupe au haddock. De Banff, rejoignez le **château de Fyvie** (et ses spectres), visitez Haddo House avant de rejoindre **Pitmedden** et ses magnifiques jardins clos.

5 NATURE SEPTENTRIONALE

Circuit de 7 à 9 jours (ou plus) et environ 1 200 km (sans compter les nombreux détours possibles et conseillés dans le Ross occidental) **au départ de Kyle of Lochalsh**.

1er jour – Par la A 82, rejoignez **Eilean Donan Castle**, un des symboles de l'Écosse. Faites demi-tour et débutez la découverte de l'île de **Skye** par une marche dans les Cuillins avant d'atteindre **Portree,** la « capitale » et son petit port multicolore.

2e jour – Tour de la péninsule de **Trotternish** par la A 855. Puis exploration de la région de **Dungevan.** Rejoignez Kyle of Lochalsh.

3e jour – Suivez **la plus belle route côtière du pays** en passant par Lochcarron, le col lunaire de Bealch na Ba, **Applecross** pour sa plage de sable rose et son pub réputé, Torridon, Gairloch (et ses dauphins). Ne manquez sous aucun prétexte la visite des **jardins d'Inverwere**. Rejoignez **Ullapool** et ses pubs où la musique celte est de mise. Prévoyez si possible un jour (voire 2 ou 3) de plus pour profiter des beautés de ces routes formidables du Ross occidental. N'hésitez pas à quitter les « grands axes ».

4e jour – Continuez vers le nord en passant par **Loch Assynt** et les inquiétantes ruines d'Ardvreck. Offrez-vous une pause restaurant pittoresque à **Lochinver**. Les A 894 et A 838 passent par de petits ports et vous mènent vers **Durness.** Si vous avez le temps, partez à la découverte (à pied, en bateau) du **Parbh** : plage déserte de Sandwood, Cape Wrath.

5e jour – Une belle route côtière vous mène à **Tongue**, au pied du **Ben Hope** et du Ben Loyal. Continuez vers Thurso, petite capitale du « grand Nord », sans oublier la belle plage des surfeurs à **Torrisdale**, puis la petite marche vers **Strathy Point** et ses beaux panoramas.

6e jour – De **Thurso**, revenez vers Golval puis prenez la A 897 qui vous fait traverser une vaste **zone marécageuse** et déserte. À **Forsinard**, visitez la réserve ornithologique. Par des routes minuscules, rejoignez Altnaharra l'isolée, puis la superbe route **A 836**. Longez le Cromarty Firth et parcourez la bucolique **Black Isle** si vous avez le temps. Passez la nuit dans l'ancienne station thermale victorienne de **Strathpeffer**.

7e jour – Passez la journée à marcher dans le glen Affric. Ou suivez les A 832 et A 890, belle routes qui vous ramènent vers Kyle.

Nos conseils de lieux de séjours

EN VILLE

Édimbourg et Glasgow, les deux grandes villes du pays, sont les seules qui méritent un séjour à part entière en Écosse. Leur taille, leur dynamisme culturel et commerçant, le nombre de curiosités qu'elles abritent, permettent d'y passer sans mal plusieurs jours (voir *Nos idées de week-end*).
Édimbourg comblera les amateurs d'histoire, de musées, d'architecture médiévale ou victorienne. Elle séduit de plus en plus de touristes le temps d'un week-end : couples d'amoureux en quête de **romantisme**, curieux à la recherche des traditions et clichés écossais (fantômes, châteaux, fanfares en kilt), « lécheurs » de vitrines où s'exposent des produits coûteux et *so british*.
Ceux qui préfèrent les villes qui bougent aux villes-musées, choisiront **Glasgow**. L'industrie l'a enrichie puis appauvrie. La cité se refait aujourd'hui une beauté. Son dynamisme économique, culturel, architectural est palpable dans les rues perpétuellement animées. Les consommateurs effrénés y trouveront plus de centres commerciaux que nécessaire. Les pubs, clubs et salles de concerts sont innombrables et ont vu naître maints groupes ou DJ's mondialement connus. Aux richesses architecturales passées (Mackintosh, victorien) s'ajoutent des constructions ultramodernes.
En été, que vous choisissiez l'une ou l'autre ville, vous aurez la chance d'assister à d'innombrables festivals.

LES HIGHLANDS

Les **paysages sauvages** des Highlands sont représentatifs de l'Écosse aux yeux de tous les étrangers. On vient pour eux, pour ces ruines inquiétantes au bord d'un loch, pour ce brouillard qui recouvre une tourbière sombre, pour ces moutons qui obstruent une route étroite, pour ces montagnes rudes et belles. Et les Écossais l'ont très bien compris en rendant aisés la découverte et le séjour dans les lochs, châteaux, landes et monts. On peut y loger, y vivre les traditions, y marcher, rouler, voguer ou pédaler.

Il est difficile de conseiller une zone particulière de la vaste étendue que couvrent les Highlands. Les paysages sont variés tout comme la manière de les aborder. Tout dépend de ce que vous recherchez. Notre itinéraire *Clichés écossais* permet ainsi de découvrir les grands classiques, les lieux associés à ces images bien ancrées dans l'imaginaire des touristes (tartans, cornemuse, monstre du Loch Ness, fantômes, whiskies). L'itinéraire *Nature septentrionale* permet, lui, d'apprécier avant tout les beautés naturelles de cette région.

BORD DE MER

Les 9 976 km de côte que compte l'Écosse permettent à tout le monde de vivre la mer à sa guise.
Le tourisme balnéaire écossais est bien différent de celui pratiqué en France. La relation avec la mer est plus visuelle et olfactive que tactile, la température de l'eau ne permettant pas vraiment de s'y baigner, sauf au plus chaud de l'été pour les courageux. On doit parfois juste se contenter de sa présence. Les stations balnéaires

n'ont ainsi rien à voir avec les vastes cités dortoirs méditerranéennes, bien que certaines soient très fréquentées en été (dans le Fife, Stonehaven). Il est facile, où que l'on soit, de trouver un tranquille petit port de pêche, des falaises qui rougissent au lever du soleil, une longue plage vierge. La côte sud et celle des Borders jouissent d'un ensoleillement plus fréquent, ce qui a valu à la première d'être surnommée la Riviera écossaise.

À l'ouest, la mer se vit différemment. La côte est plus découpée. Les baies et les criques sont propices aux sports nautiques (kayak, voile), à l'observation de la faune. La mer pénètre dans les terres. Ici, on ne la longe pas en filant droit, en regardant l'horizon. Mais on la redécouvre à chaque virage. De superbes plages isolées vous attendent : Sanna (Ardnamurchan), Morar (près de Mallaig), Calgary Bay (Mull), Sandwood (pour s'y promener seulement), et celles de North Uist et South Uist (Hébrides extérieures).

LES ÎLES

L'Écosse compte un nombre phénoménal d'îles, dont 130 seulement sont habitées. Certaines sont vastes : Skye, Mull, Lewis, Islay. D'autres ne sont que des poussières de roches. Qui dit île ne signifie pas forcément isolement assuré. Les îles écossaises connaissent un large succès touristique en été et les plus accessibles (comme Skye, Mull, Arran, Jura, Islay) sont très fréquentées. Les deux premières, riches en monuments et paysages sauvages, sont sans doute les plus « complètes ». D'autres, plus lointaines restent oubliées (petites îles des Hébrides extérieures). Hors saison, le calme est assuré où que vous soyez. Parcourir les îles permet de contempler de formidables paysages côtiers mais aussi de découvrir **des cultures différentes** et des traditions plus préservées que sur « terre ». Les Hébrides extérieures sont ainsi le fief de la culture gaélique en Écosse. Tandis que les Shetland s'affirment plus scandinaves que britanniques. Enfin, **résider quelque temps dans une île** (les agences spécialisées - voir p. 14 - ou VisitScotland vous aideront à trouver un manoir ou une petite maison à louer, loin de tout), c'est comprendre un peu mieux l'idée d'insularité, le plaisir ou la contrainte de l'isolement.

Nos idées de week-ends

Voici des idées de week-ends, à partir les trois villes directement desservies par avion depuis l'Europe continentale.

ÉDIMBOURG

La romantique capitale écossaise, considérée comme la plus belle ville de Grande-Bretagne (devant ou juste après Londres ?), atttire de plus en plus de touristes. Vous ne serez donc pas les seuls à débuter votre visite par le le célèbre **château fort** qui domine la cité (panorama impressionnant) et brille grâce aux joyaux de la couronne écossaise. Redescendez « sur terre » et entamez votre promenade le long de High Street (ou **Royal Mile**) et sa perspective vedette des cartes postales. Premier arrêt à la cathédrale **St Giles** et ses belles voûtes de pierre. Elle est entourée par les imposants bâtiments du Parliament House. Marchez 400 m plus à l'est pour atteindre **Huntly House** et ses salles ornées de boiserie, qui vous en apprendra bien plus sur l'histoire de la ville. Quel contraste avec le très moderne et controversé **Scottish Parliament** imaginé par Miralles ! Au bout de Royal Mile, vous atteignez le vaste **Palace of Holyroodhouse.** Par beau temps, grimpez le **Arthur's Seat** pour admirer la ville à 360°, château compris.

Débutez la journée de dimanche au **Grassmarket**. Cette belle place est entourée de petites rues anciennes comme Victoria Street et ses boutiques de luxe. Le **Museum of Scotland** n'est pas loin. Sorti de ce bâtiment moderne, vous saurez tout sur l'histoire de l'Écosse. Traversez le Royal Mile puis rejoignez la **National Gallery** et ses toiles de maîtres. Parcourez ensuite le quartier georgien si bien dessiné de **New Town**. Vous pourrez terminer la journée à **Leith**. Dans ce port où mouille le yacht royal *Britannia*, les entrepôts rénovés sont devenus d'agréables restaurants.

GLASGOW

Débutez votre première matinée dans cette ville de culture et de shopping par une visite de l'imposante **cathédrale** du 13e s., la seule qui ait survécu à la Réforme. Ne manquez surtout pas le **cimetière** contigu. Aménagé sur une colline verdoyante, il offre une **vue superbe** sur la ville. Rejoignez **George Square**, le cœur de la cité, dominé par le très victorien City Chambers. Quelques pas sur Queen Street mènent les amateurs d'arts vers la **Gallery of Modern Art** et les consommateurs effrénés à **Princes Square**, le plus beau centre commercial (décor Arts déco) de la ville. L'heure est venue de vous offrir une pause pittoresque au Horseshoe, un célèbre **pub centenaire** situé à deux pas de là. Les innombrables pubs du quartier branché et élégant (belles demeures du 18e s.) de **Merchant City** offrent une alternative.

Vous pouvez consacrer votre après-midi à découvrir les étonnants bâtiments de **Charles Rennie Mackintosh**. Commencez par **The Lighthouse**, musée de design et d'architecture, où le dynamisme de Glasgow dans ce domaine vous est exposé. Les **rues piétonnes** et perpétuellement animées de Buchanan et Sauchiehall vous guident vers la **Willow Tearoom.** Vous y prendrez une *cup of tea* bien méritée avant de visiter le chef-d'œuvre de Mackintosh : la **Glasgow School of Art.**

Plusieurs alternatives s'offent à vous le dimanche. La **Burrell Collection**, un des plus beaux musées d'art du pays, vous attend au sud de la ville. Le **West End,** charmant quartier étudiant et résidentiel, compte plusieurs musées (dont le très varié **Kelvingrove Art Gallery & Museum**) répartis autour d'un parc. Vous pouvez encore voguer sur la **rivière Clyde** et découvrir le quartier futuriste autour du **Science Centre** (idéal pour les enfants). En louant un véhicule, échappez à la ville pour découvrir les forêts et les lochs des Trossachs, dont le **loch Lomond** (40 km), porte des Highlands.

ABERDEEN ET WHISKY

Consacrez votre première journée à Aberdeen, **cité du granit, des roses et du pétrole.** Dans le centre-ville, vous découvrirez quelques beaux édifices et musées : la Provost Skene's House (16e s.), l'immense **Marischal College**, l'Art Gallery, le **Maritime Museum**. Dans l'après-midi, parcourez **Duthie Park**, le plus grand jardin couvert d'Europe. Dimanche, louez un véhicule et visitez à votre rythme les **châteaux de Dunnottar, Edzell, Crathes** ou les distilleries du **Speyside**.

Escapades aux frontières

UN PEU PLUS AU NORD

Si la visite des îles Shetland vous a donné envie d'aller un peu plus au nord, sachez que cela est tout à fait possible en été. Les Shetland, plus scandinaves que britanniques, sont ainsi reliées par les bateaux de la Smyril Line (*www.smyril-line.com*) à la **Norvège** (Bergen, la ville de bois), aux **îles Féroés** (isolement et nature spectaculaire) et à **l'Islande** (Seydisfjördur porte d'entrée orientale du pays de glace et de feu). Il est ainsi possible de visiter un ou plusieurs de ces lieux lors de trajets coûteux et assez confortables qui s'apparentent autant à une croisière qu'à une liaison régulière inter-îles. Ces mêmes destinations sont également accessibles plus rapidement par avion. De Glasgow, on peut ainsi rejoindre Reykjavik. Des lignes relient Aberdeen à la Norvège et aux Féroés, ou les Shetland à la Norvège.

L'IRLANDE

Il peut être tentant de parfaire sa connaissance du monde gaélique, de prolonger le plaisir de la découverte des paysages verts, des côtes spectaculaires, des soirées-pubs chaleureuses, en visitant l'Irlande. Il est très aisé de rejoindre l'Irlande par air ou par mer. Les vols peuvent s'avérer très bon marché si on s'y prend tôt. Easyjet relie ainsi l'Écosse à **Belfast**, la cousine de Glasgow qui, elle aussi, renaît sur les cendres de son passé industriel prestigieux et étonne par son dynamisme. Galway, Shannon, Cork et surtout **Dublin**, capitale d'un pays devenu en deux décennies l'un des plus prospères du monde, est aussi bien desservie par Ryanair ou Aer Lingus (*www.aerlingus.ie*).

Si vous voyagez avec votre véhicule, sachez que P & O Irish Sea (*www.poirishsea.com*) dessert Larne (50 km au nord de Belfast) à partir de Troon au sud-ouest de Glasgow en 1h50 ou de Cairnryan à l'extrême sud-ouest de l'Écosse en 1h. La Stena Line (*www.stenaline.co.uk*) opère elle sur la ligne Belfast-Stranraer (sud-ouest de l'Écosse).

À FAIRE AVANT DE PARTIR

Où s'informer ?

OFFICES DU TOURISME

Visit Britain

Pour organiser votre voyage, rassembler la documentation nécessaire, adressez-vous en premier lieu aux offices de tourisme Visit Britain. Ils ne sont pas ouverts au public mais fournissent de nombreuses brochures et infos sur demande.

À Paris – BP 154-08 - 75363 Paris Cedex 08 - ✆ 01 58 36 50 50 - www.visitbritain.com/fr - gbinfo@visitbritain.org.

En Belgique – BP 25 - 1040 Bruxelles - ✆ (02) 646 35 10 - www.visitbritain.com/be2 - british.be@visitbritain.org.

En Suisse – Consultez le site www.visitbritain.com/suisse.

Au Canada – ✆ (888) 847 4885 - www.visitbritain.com/ca - britinfo@visitbritain.org.

Visit Scotland

Pour obtenir des informations plus détaillées, adressez-vous directement à VisitScotland, qui publie d'excellentes brochures et gère un site Internet très bien fait : *www.visitscotland.com.*

Siège social *(par correspondance uniquement) :* Ocean Point One - 94 Ocean Drive - Leith - EH6 6JH Edinburgh - ✆ 44(0) 131 47 22 222 ou 1506 832 121 - info@visitscotland.com. Bureau à Londres : 19 Cockspur Street - London - SW1Y 5BL - ✆ 0845 225 5121.

Pour téléphoner en Écosse, composer le 00 44 puis l'indicatif de zone sans le zéro.

ASSOCIATIONS

L'association franco-écossaise, les antennes du British Council (centres culturels britanniques) sont de bonnes sources d'informations. Vous en trouverez les coordonnées à la fin de ce chapitre dans *Retrouver l'Écosse*.

AMBASSADES

Consulats britanniques dans les pays francophones :

En France – 16 r. d'Anjou - 75008 Paris - ✆ 01 44 51 31 01 - www.amb-grandebretagne.fr.

En Belgique – 85 r. d'Arlon - 1040 Bruxelles - ✆ 02 287 63 72 - www.britishembassy.gov.uk/belgium.

En Suisse – 37 r. Vermont - 1211 Genève 20 - ✆ 022 918 24 26 - www.britian-in-switzerland.ch.

Au Canada – 1000 de la Gauchetière St. West - suite 4200 - Montréal - Québec H3B 4W5 - ✆ 514 866 02 02 - www.britaincanda.org.

SITES INTERNET

Le site de Visit Scotland est très complet. Mais voici d'autres sites, généralistes en français ou en anglais, qui vous aideront à préparer votre voyage. Les nombreux sites indiqués dans les pages qui suivent vous éclaireront sur des thèmes plus précis.

www.franco-ecossaise.asso.fr. Ce site très complet propose de nombreux liens sur des thèmes variés : histoire, musique, culture, gastronomie, adresses…

www.welcome-scotland.com. En anglais et français, une mine d'informations pour préparer votre voyage.

www.undiscoverscotland.co.uk. En anglais. Guide complet couvrant tous les aspects du tourisme local.

www.travelscotland.co.uk. En anglais. Les dernières nouveautés culturelles ou touristiques.

AGENCES DE VOYAGES

Les agences généralistes des pays francophones (Clio, Nouvelles Frontières…) proposent pour la plupart des circuits, hôtels ou billets d'avion pour l'Écosse.

Vous pouvez aussi vous adresser à des agences spécialisées :

En France

Bennett – 47 r. E. Roux - 94120 Fontenay sous Bois - ✆ 01 43 94 46 90 - www.benett-voyages.fr. Agence qui organise de longue date des circuits guidés, des séjours à la carte.

Celtictours – 36 r. de St-Pétersbourg - 75008 Paris - ✆ 01 42 85 64 30. Réservation hébergements et transports, séjours à la carte (autotours, à la ferme, pêche).

Club Aventure – 18 r. Séguier - 75006 Paris - ✆ 0 826 882 080 - www.clubaventure.fr. Spécialiste de la randonnée pédestre accompagnée dans les Highlands.

Comptoir des Pays Celtes – 344 r. St-Jacques - 75005 Paris - ✆ 0 892 239 039 - www.comptoir.fr. Voyages à la carte ou séjours en petits groupes pour vivre l'Écosse de l'intérieur.

Gaeland Ashling – 4 quai des Célestins - 75004 Paris - ✆ 01 42 71 44 44 ; 5 r. des Lois - 31000 Toulouse - ✆ 05 62 30 56 60 - www.gaeland-ashling.com. Une équipe passionnée qui propose des séjours à la carte, des circuits thématiques, des hébergements de charme pour tous les budgets.

Golf Evasions – 30 r. d'Armaillé - 75017 Paris - ✆ 01 47 53 89 21 - www.golfevasions.com. Séjours golf et visites.

HMS – 81 r. de Miromesnil - 75008 Paris - ✆ 01 44 69 97 40 - www.hms-voyages.com. Spécialiste du Royaume-Uni, qui organise tout de A à Z pour les individuels ou les groupes.

TCH – ✆ 0 892 680 336 - www.tch-voyages.com. Pratique pour réserver des chambres en auberge, dans un château, manoir…

Voyageurs du Monde – www.vdm.com. Plusieurs adresses en France. Voyages individuels sur mesure et circuits de tous types.

En Belgique

Seagull – www.seagull.be. Vendu dans toutes les agences. Spécialiste des îles britanniques. Transports et hébergements (hôtels, B & B, châteaux, fermes, auberges…).

Formalités

DOCUMENTS IMPORTANTS

Vos papiers – Les ressortissants de l'UE doivent présenter une **carte d'identité**. Les touristes des autres pays se muniront d'un **passeport** national en cours de validité.

Visa – Les touristes qui ont besoin d'un **visa d'entrée** doivent s'adresser à l'ambassade de Grande-Bretagne, au moins trois semaines avant le départ. Renseignements sur : *www.ukvisas.gov.uk*.

Documents pour la voiture – Les résidents de l'UE doivent emporter leur **permis de conduire.** Les autres doivent se munir d'un **permis de conduire international**. Pour les véhicules immatriculés à l'étranger, il est nécessaire de posséder la **carte grise** et de coller à l'arrière du véhicule la lettre signalant le pays d'origine. Outre les papiers du véhicule, il est recommandé de se munir de la **carte verte internationale d'assurance**.

Pour toutes informations sur ce sujet : *www.fco.gov.uk*.

DOUANES

Durant un voyage au sein de l'UE, il n'existe a priori pas de limite d'importation de biens de consommation, à condition qu'ils soient destinés à votre propre usage (autrement dit en quantité très raisonnable) et non à la revente. Les moins de 17 ans ne sont pas autorisés à importer de l'alcool.

Informations plus précises sur *www.hmce.gov.uk*.

ANIMAUX DOMESTIQUES

Le système de quarantaine pour les chiens et les chats venant de France n'est plus en vigueur. Néanmoins, lorsque l'on souhaite être accompagné de son animal, il convient de **respecter diverses étapes** exigées par la loi britannique : passeport, prise de sang, vaccination… Nous vous conseillons de vous renseigner au moins 7 mois avant le départ.

Informations sur *www.defra.org.uk*.

SANTÉ/ASSURANCES

Conseils – Pas de vaccins particuliers pour l'Écosse. Pensez qu'en été les *midges* (petits moucherons piqueurs qui se déplacent en nuées) peuvent devenir extrêmement gênants. Utilisez des produits anti-moustiques. Méfiez-vous aussi des tiques lors des marches estivales dans les hautes herbes.

En cas de problème – Il convient de se munir 15 jours avant le départ d'une carte européenne d'assurance maladie. Les touristes de l'UE qui tombent malades en Écosse peuvent se faire soigner gratuitement dans les hôpitaux publics (NHS), en cas d'urgence uniquement. Cela ne s'applique pas aux établissements privés.

Quelle que soit la destination, il est toujours recommandé de contracter une assurance de rapatriement.

Pharmacies – Elles sont nombreuses et ouvertes aux mêmes heures que les magasins. Les pharmacies de nuit sont indiquées dans le journal du jour.

Se rendre en Écosse

PAR AVION

Des vols internationaux sont assurés dans les quatre principaux aéroports : Édimbourg, Glasgow, Glasgow Prestwick et Aberdeen. Il existe quelques vols à partir du Royaume-Uni jusqu'aux aéroports régionaux (Inverness, îles). Des bus assurent la liaison entre les aéroports et les villes environnantes.

Compagnies aériennes desservant l'Écosse :

Air France – 119 av. des Champs-Élysées - 75008 Paris - ✆ 36 54 - www.airfrance.fr. Vols directs de Paris à Édimbourg et Aberdeen. Vers Glasgow en partage avec KLM.

KLM – ✆ 0 890 710 710 - www.klm.fr. Vols de plusieurs villes françaises, vers Glasgow, Édimbourg et Aberdeen, avec escale à Amsterdam.

British Airways – ✆ 0 825 825 400 - www.ba.com. Vols vers l'Écosse de la France, la Belgique, la Suisse ou le Canada, avec ou sans escale à Londres.

Ryanair – ✆ 0 892 555 666 - www.ryanair.com. Vols à bas prix vers Glasgow Prestwick au départ de Paris (Beauvais), Marseille et Bruxelles-Sud.

Bmi – ✆ 01 41 91 87 04 - www.flybmi.com. Vols de Paris ou Bruxelles vers Glasgow, Édimbourg et Aberdeen, directs ou avec escale.

Flyglobespan – www.flyglobespan.com. Vols *low cost* de Nice à Édimbourg et Glasgow Prestwick.

Easyjet – www.easyjet.com/fr. De Genève à Édimbourg en *low cost*.

EN BATEAU

La traversée de la Manche jusqu'en Angleterre peut se faire en ferry à partir des côtes françaises. La seule liaison directe vers l'Écosse part depuis Zeebrugge, en Belgique.

Liaisons France-Angleterre :

Elles permettent de rejoindre l'Angleterre avec son véhicule puis d'atteindre l'Écosse par la route.

Seafrance – ✆ 0 825 826 000 - www.seafrance.com. Ligne Calais-Douvres plusieurs fois par jour.

Brittany Ferries – ✆ 0 825 828 828 - www.brittanyferries.com. Lignes St-Malo-Portsmouth, Caen (Ouistreham)-Portsmouth, Cherbourg-Poole, Cherbourg-Portsmouth, Roscoff-Plymouth.

Norfolk Line – ✆ 03 28 59 01 01 - www.norfolkline.com. De Dunkerque à Douvres 20 fois par jour.

P & O – ✆ 0 825 120 156 - www.poferries.com. Ligne Calais-Douvres avec un départ quasiment toutes les heures.

Condor Ferries – ✆ 0 825 135 135 - www.condorferries.com. Lignes St-Malo-Poole et St-Malo-Weymouth.

Liaisons Belgique-Écosse :

Ceux qui désirent **atteindre directement l'Écosse** par bateau partiront de Zeebrugge (Belgique) avec la compagnie **Superfast Ferries**. Quotidiennement, à 17h, les navires rejoignent Rosyth (à 20 km d'Édimbourg) en 18h de trajet. Renseignements : *www.superfast.com*. Réservations dans de nombreuses agences de voyages dont Viamare *(6 r. de Milan - 75009 Paris - ✆ 01 42 80 94 87 - www.viamare.fr)*, HMS *(81 r. de Miromesnil - 75008 Paris - ✆ 01 44 69 97 40 - www.hms-voyages.com)* ou Grecorama *(97 r. Royale - 1000 Bruxelles - ✆ 02 226 40 60 - www.grecorama.be)*. De Belgique, on peut aussi rejoindre Hull (à 400 km d'Édimbourg) avec P & O *(www.poferries.com)*.

Autres liaisons :

Voir *Escapades* dans *Quand et où partir*.

EN TRAIN

L'Eurostar qui emprunte le tunnel sous la Manche assure plusieurs liaisons par jour entre Paris (Gare du Nord), Lille (Europe), Bruxelles (Gare du Midi) et Londres (Waterloo Station).

G. Gonon / MICHELIN

ScotRail, une des compagnies desservant la région.

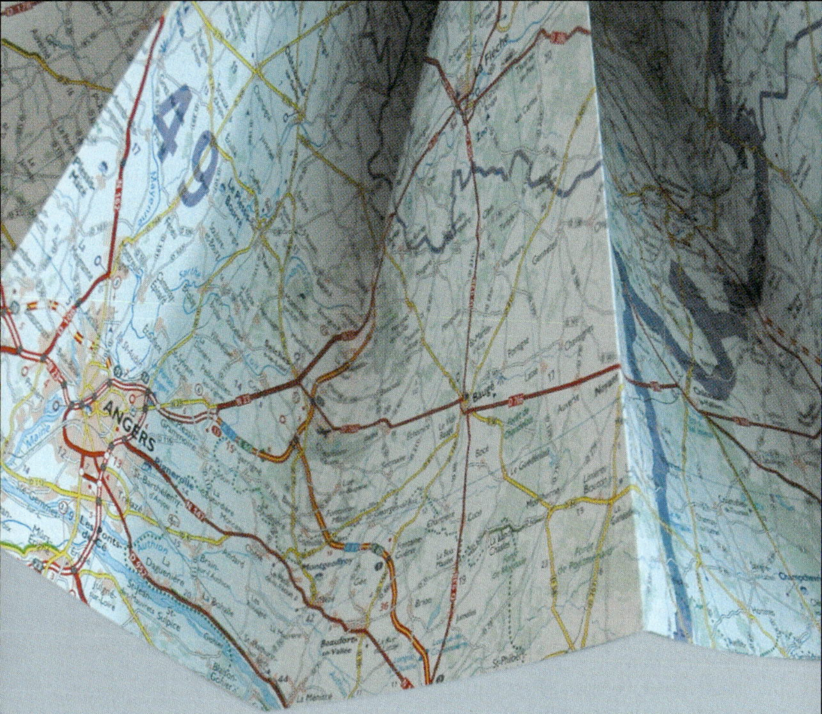
ANGERS

Tarifs avantageux pour partir en TGV (avec correspondance Eurostar) au départ de nombreuses villes de province. Renseignements et réservations : www.voyages-sncf.com ou ✆ 0 892 353 539 - www.eurostar.com.

Pour rejoindre l'Écosse depuis Londres – Départs de trains fréquents et directs à King's Cross Station. Comptez 4h30 de trajet jusqu'à Édimbourg. Autres départs de la gare d'Euston, dont ceux des trains de nuit, les *Caledonian Sleepers* de la Scot Rail (*www.firstscotrail.com*). Glasgow et Édimbourg sont également bien desservis depuis les autres grandes villes britanniques.

Infos pratiques – Il existe différentes formules de pass européens (*Inter-Rail*) ou locaux, qui permettent de voyager dans une zone précise pour une durée limitée, à un prix avantageux. Le Britrail Pass qui couvre tout le réseau britannique (*www.britrail.net*) ne s'achète qu'à l'étranger avant le départ. Pour toutes autres informations sur le réseau, les tarifs, les pass et les horaires : *ww.nationalrail.co.uk*. Pour réserver depuis la France, acheter un pass : HMS - ✆ 01 44 69 97 40 - www.hms-voyages.com.

EN AUTOCAR

Le réseau européen d'autocars Eurolines dessert Londres à partir de 1 500 villes en Europe. De là, la compagnie National Express assure les liaisons vers toutes les grandes villes d'Écosse.

Eurolines – ✆ 0 892 899 091 - www.eurolines.com. La compagnie propose des pass qui permettent de sillonner une zone à moindre coût pendant un temps déterminé.
National Express – www.nationalexpress.com. Des tickets ou des pass sont vendus par des agences de voyages comme BMS (*www.bms-travelshop.com*) ou HMS (*www.hms-voyages.com*).

EN VOITURE

Le Shuttle (service de navettes) qui emprunte le tunnel sous la Manche assure 24h/24 toute l'année la liaison entre Calais et Folkestone, en 35mn. Vous ne payez que pour le véhicule, le nombre de passagers ne compte pas. Les billets achetés à l'avance sont moins chers. Renseignements et réservations : ✆ 0 810 630 304/306 - www.eurotunnel.com., ou encore dans les agences de voyages.

Pour vous aider à choisir votre itinéraire à partir de la France vers l'Écosse et obtenir tous les renseignements utiles au bon déroulement de votre voyage (distances, péages, détails de l'itinéraire, temps de parcours, villes étapes, etc.) consultez le site **www.ViaMichelin.fr**.

Réserver son hébergement

Pour les différents types d'hébergement voir p. 24. Les agences de voyages évoquées plus haut peuvent se charger des réservations depuis votre pays d'origine. Vous pouvez aussi réserver à l'avance tous types d'hébergement sur *www.visitscotland.com*, ou en téléphonant au ✆ *(0044) 1506 832 121* depuis l'étranger ou ✆ *0845 22 55 121* depuis le Royaume-Uni.

G. Gonon / MICHELIN

Les B & B, un bon moyen de faire connaissance avec les Écossais.

Argent

DEVISES - CHANGE

Monnaie

La monnaie du pays est la livre sterling (£) divisée en 100 pence. L'Écosse imprime ses propres billets (coupures de 50, 20, 5 et 1 £), qui ont un cours légal en Grande-Bretagne.

Taux de change

1 £ = 1,47 € / 1 € = 0,67 £
1 £ = 2,33 FCH/1 FCH = 0,43 £
1 £ = 2,13 CAD/1 CAD = 0,47 £

Pour les dernières mises à jour, consultez *www.xe.com*.

Changer de l'argent

Les banques sont généralement ouvertes du lundi au vendredi, de 9/10h à 16/17h. Certaines banques ferment une heure au moment du déjeuner. Quelques succursales ouvrent leurs guichets le samedi, de 9h30 à 12h30. Pour changer de l'argent en dehors de ces horaires, il faut se rendre dans les aéroports, les bureaux de change, les offices de tourisme ou les hôtels. Le montant des commissions est beaucoup plus élevé dans les hôtels que dans les banques.

Chèques de voyage

Ils sont souvent acceptés comme moyen de paiement dans les hôtels et magasins des zones touristiques. Les banques exigent une pièce d'identité pour les changer.

Cartes de crédit

Les principales cartes de crédit – Visa, Eurocard/Mastercard, American Express et Diners Club – sont très souvent acceptées dans les magasins, les restaurants, les hôtels et les stations-service. Les B & B demanderont eux du liquide. Des distributeurs de billets automatiques sont présents dans toutes les villes. En cas de perte ou de vol, voir plus bas *En cas de problème*.

BUDGET

Votre budget dépendra de votre manière de voyager. Mais sachez qu'en règle générale, l'Écosse est une destination plus chère que la France.

Idées de prix

Hébergement – Les B & B sont moins chers que les hôtels pour un niveau de confort souvent identique. Comptez de 50 à 70 £ pour une chambre double dans un hôtel standard. Auberge de jeunesse, à partir de 9 £ le lit.

Restaurants – Prix moyen d'un plat principal : 10 à 15 £. Tarifs plus avantageux à midi que pour le dîner.

Transports – Louer un véhicule revient à 200 € pour 7 jours. L'essence est plus coûteuse qu'en France.

Visites – Les tarifs sont très variables. Comptez de 1 à 5 £ pour la plupart des sites. Et jusqu'à 10 £ pour les châteaux.

Voyager moins cher

Heureusement, il est tout à fait possible de voyager en Écosse avec un budget serré. Les campings et les auberges de jeunesse sont nombreux et assez bon marché. Les petits-déjeuners très copieux permettent de sauter le déjeuner et les pubs vous « nourrissent » sans trop vous ruiner. Toutes sortes de pass avantageux permettent de se déplacer ou de visiter les sites à moindre coût. De plus, un certains nombre de musées sont gratuits.

Réductions par âge - Les étudiants n'oublieront pas de se procurer leur carte ISIC (*www.isic.fr*) qui donne droit à des réductions pour les transports et visites. Seniors (+ de 60 ans) et enfants (5 à 16 ans) bénéficient eux aussi de rabais intéressants sur présentation d'une pièce d'identité. Des pass familiaux (parents + enfants) sont également proposés.

Pass de transports - Les possibilités sont multiples : trains, avions, cars, transports urbains. Précisions dans *Écosse pratique/Se déplacer*.

Pass de visites - Il existe de nombreuses cartes de réductions couvrant soit tout le pays, soit une ville. On peut les acquérir dans les centres d'information ou sur les sites eux-mêmes. Les principales sont celles d'Historic Scotland (*www.historic-scotland.gov.uk*), Great British Heritage Pass (*www.visitbritain.com*) et The National Trust for Scotland (*www.nts.org.uk*). Voir *À faire et à voir* pour plus de précisions sur ces organismes.

Qu'emporter ?

La principale recommandation concerne les **vêtements de pluie.** Vous devrez prévoir de quoi affronter le climat écossais, changeant et humide en toute saison. Pensez aussi à une **lotion anti-moustique** contre les *midges* (voir *Mises en garde*). Si vous utilisez un appareil électrique, achetez un adaptateur avant votre départ. Enfin, les personnes suivant un traitement veilleront à emporter les médicaments nécessaires. En cas d'oubli, vous trouverez de toute façon tout ce qu'il vous faut sur place.

Bon à savoir

Pour ne pas être surpris par la météo, surtout si vous projetez de faire de la randonnée à pied ou à vélo, vous pouvez consulter le site *www.meto.govt.uk* ou, pour des prévisions jusqu'à 10 jours, appeler le ✆ *0905 514 0003* (60 p/mn) ou textos, rens. *0870 046 0735*.

L'ÉCOSSE PRATIQUE

Adresses utiles

OÙ S'INFORMER

Visit Scotland gère un réseau de **centres d'information**. Vous pouvez vous y procurez de la documentation, réserver une chambre, changer de l'argent, acheter des souvenirs. Les horaires d'ouvertures sont très variables et certains bureaux ferment en hiver. Leurs adresses sont données dans les carnets pratiques de chaque ville. Liste sur *www.visitscotland.com*.

Pour des informations sur les relations franco-écossaises : l'Alliance française (3 Park Circus - Glasgow - ☏ 0141 331 4080 - www.afglasgow.org.uk) ou l'Institut français (13 Randolph Crescent, Edinburgh - ☏ 0131 225 5366 - www.ifecosse.org.uk).

MISES EN GARDE

L'Écosse n'est pas une destination dangereuse. Les précautions à prendre sont les mêmes que dans votre pays : ne rien laisser dans votre véhicule, faire attention aux pickpockets dans les lieux touristiques. Les grandes villes comptent des zones déconseillées aux touristes.

EN CAS DE PROBLÈME

En cas de problème, déclarez les faits à la police locale, une démarche nécessaire pour votre assurance.

Consulats

Le consulat de votre pays peut vous porter assistance en cas de besoin.

France – 11 Randolph Square - Edinburgh EH3 7TT - ☏ 0131 22 57 954 - www.consulfrance-edimbourg.org.

Belgique – 2 West Street - Peniculk EH26 9DL - ☏ 01968 679 969.

Canada – Festival Square - 50 Lothian Road - Edinburgh EH3 9WJ - ☏ 0131 473 6320.

Luxembourg – 76 George Street - Edinburgh EH2 3BU - ☏ 0131 225 9677.

Suisse - 255 C Colinton Road - Edinburgh EH14 1DW - ☏ 0131 441 4044.

Numéros d'urgence

À retenir

Services d'urgences, police, pompiers : *☏ 999* ou *☏ 112.*

Perte ou vol de carte de paiement

Pour faire opposition, composez le numéro communiqué par votre banque ou le numéro suivant valable pour toute les cartes : *☏ (0033) 892 705 705.*

Se déplacer

Le site *www.traveline.org.uk* diffuse toutes les informations liées aux transports en Écosse.

EN AVION

Les vols intérieurs, peu empruntés par les touristes, peuvent être utiles aux plus pressés et fortunés. Les grands aéroports du pays sont reliés entre eux et aux îles principales. Les liaisons inter-îles sont assurées par Loganair. Il existe un Scottish Air Pass qui permet (par exemple au départ d'Inverness) de se rendre dans plusieurs îles à moindre coût. Infos et réservations : *www.ba.com*.

EN TRAIN

Le train permet de relier les grandes villes en traversant des paysages fabuleux (voir *Transports insolites* dans *À faire et à voir*). Plus vous réservez tôt, plus le tarif est avantageux. Des billets touristiques sont proposés :

Freedom Scotland Travelpass – Permet d'emprunter tous les trains, mais aussi certains bus et ferrys, pour 92 £ (4 jours répartis sur 8 jours).

Scotrail Area Rovers - Voyages sur une partie limitée du réseau, au sein d'une région.
Ces deux cartes s'achètent dans les gares. Infos : en Écosse *☏ 8457 55 00 33 - www.firstscotrail.com.*

BritRail Pass - Permet aux touristes de voyager à travers tout le royaume. Il s'achète à l'étranger seulement, dans les agences de voyages (comme HMS). Infos : dans les boutiques SNCF, sur *www.britrail.com* ou *www.raileurope.com* (au Canada).

FERRYS

Une grande partie des 130 îles habitées sont desservies par des ferrys qui transportent piétons et véhicules.

Certaines lignes ne fonctionnent pas le dimanche et en hiver. Sur les trajets principaux, il est fortement conseillé de réserver en été. Les lignes, les compagnies et les fréquences sont précisées dans les carnets pratiques de chaque site. **Caledonian MacBrayne** (*℘ 870 565 0000 - www.calmac.co.uk*) qui dessert 22 îles de la côte ouest, est incluse dans le Freedom Scotland Travel Pass (voir *En train*).

EN AUTOBUS

Les tarifs sont plus intéressants que ceux des trains. La **Scottish Citylink** (*℘ 08705 50 50 50 - www.citylink.co.uk*) gère un réseau très dense, assure des services d'autocars réguliers dans l'ensemble du pays et propose des pass avantageux. De nombreuses petites compagnies ainsi que les **Postbuses** (véhicules assurant la distribution du courrier) desservent les régions isolées. Pour ces derniers, les horaires sont disponibles auprès de VisitScotland ou sur *www.royalmail.com/postbus*. Par téléphone : *℘ 08457 740 740*. Vous pouvez aussi participer à des excursions dans des bus touristiques qui partent des grandes villes. Infos auprès de VisitScotland.

C. Gibert / MICHELIN

Des panneaux routiers adaptés aux réalités du terrain !

EN VOITURE

Voir *Formalités* pour les documents à prévoir.

Location de véhicule

Les principales agences de location sont présentes dans les aéroports, les gares ferroviaires et les grandes villes : *www.avis.co.uk - www.budget.co.uk - www.europcar.co.uk - www.hertz.co.uk - www.easyCar.com* (petites voitures *low cost*).

Les voitures proposées ont une direction manuelle. Mais vous pouvez, à l'avance, demander des véhicules avec direction assistée.

Conditions – Les loueurs exigent que les conducteurs soient âgés de 23 à 75 ans et titulaires de leur permis depuis au moins un an (voire deux). On demande parfois un supplément pour les moins de 25 ans.

Tarifs - voir *Budget*.

La conduite à gauche

La conduite à gauche ne doit pas vous inquiéter. Conduisez à allure modérée durant les premiers kilomètres. Réflexes et assurance viendront rapidement.

- Suivez les règles appliquées par le conducteur britannique : calme, politesse, respect absolu du piéton.

– Attention en ouvrant votre portière !

– Souvenez-vous que la priorité à droite n'existe pas.

– Attention aux ronds-points où la circulation se fait dans le sens des aiguilles d'une montre.

– Signalez toujours vos manœuvres à l'aide des clignotants.

Réglementations locales

Sachez que toute infraction au code de la route est ici très sévèrement punie.

Limitations de vitesse – Sauf indication contraire, les limites de vitesse sont les suivantes :
- en ville : 30 mph soit 48 km/h
- sur route : 50 mph soit 80 km/h
- sur route à chaussées séparées et autoroute : 70 mph soit 112 km/h

Ceinture de sécurité – Elle est obligatoire à l'avant comme à l'arrière ; les enfants de moins de 14 ans s'assoient à l'arrière du véhicule. Les jeunes enfants doivent être placés dans des sièges spéciaux.

Taux d'alcoolémie – Le taux maximal autorisé est de 0,8 g/l de sang.

Réseau routier

La carte **Michelin 501** et l'Atlas routier **Michelin Grande-Bretagne et Irlande** couvrent l'ensemble de l'Écosse.

Les villes importantes sont reliées par un réseau d'excellentes routes sans péages. Mais dans les régions isolées on emprunte des **axes à voie unique** où les conducteurs doivent être particulièrement vigilants et utiliser les refuges pour laisser passer les autres véhicules. Attention également aux moutons omniprésents.

Lexique routier

Clearway : interdiction formelle de stationner.
Cross roads : carrefour.
Dual-carriageway : route à chaussées séparées par un terre-plein central.
Entry : entrée.
Exit : sortie.
Forward : droit devant.
Get in lane : se placer dans la bonne file de circulation et rester dans sa file.
Give way : laisser le passage.
Junction : échangeur (sur les autoroutes les échangeurs sont repérés par un numéro).
Left : gauche.
One way : sens unique.
R (Ring Road) : boulevard circulaire périphérique.
Reduce Speed Now : ralentir.
Right : droite.
Roundabout : rond-point.
Service area : aire de service.
Stop children : stop. Passage d'enfants.
Traffic lights : feux tricolores (avant de passer au vert, les feux rouges repassent à l'orange. Le feu orange maintient le stop).
Zebra crossing : passage pour piétons signalé à l'attention des automobilistes par deux boules orange clignotantes à chaque extrémité du passage. Attention, les piétons ont toujours priorité pour traverser une rue.

Signalisation routière

Une signalisation abondante et un grand nombre de ronds-points rangent les routes britanniques parmi les plus sûres d'Europe. Des panneaux (marron) guident les automobilistes vers tous les sites d'intérêt. Les plus belles régions sont traversées par 12 itinéraires touristiques (National Tourist Routes) bien fléchés. N'oubliez pas, enfin, que les distances sont le plus souvent indiquées en miles.

Autoroute : M pour Motorway. Signalisation sur fond bleu.

Route de grande liaison et route principale : Repérées par les lettres A. Signalisation sur fond vert.

Roure secondaire : Repérée par la lettre B. Signalisation sur fond blanc.

Stationnement

En ville, vous trouverez des parkings payants et chers, des zones à disque et des horodateurs Sachez que la double ligne jaune interdit tout stationnement. La ligne jaune unique réduit l'interdiction aux heures indiquées sur le panneau.

Carburant

Les stations-service sont nombreuses et ouvertes 24h/24 dans les villes. Mais elles se font rares à la campagne où, de plus, les tarifs augmentent.
– Four star : super
– Unleaded : sans plomb
– Premium : indice d'octane 95
– Super : indice d'octane 98
– Diesel : gazole.

Assistance automobile

En cas de panne
Utilisez le triangle rouge ou les feux de détresse. Il faut également allumer les phares ou les codes en cas de mauvaise visibilité.

Secours routier
Il est assuré par les deux automobile-clubs de Grande-Bretagne :
Automobile Association (AA) – ✆ 0800 88 77 66 - www.theaa.co.uk.
Royal Automobile Club (RAC) – ✆ 0800 092 22 22 - www.rac.co.uk.

Nos adresses d'hébergement et de restauration

NOS CATÉGORIES DE PRIX

Au fil des pages, vous découvrirez nos **carnets pratiques**, sur fond vert. Ils présentent une sélection d'établissements pour chaque site (ou région). Pour repérer facilement ces adresses sur nos plans de villes, nous leur avons attribué des pastilles numérotées. Nos catégories de prix sont décrites dans le **tableau p. 24.** Les tarifs indiqués sont ceux pratiqués en **haute saison**. Mais n'oubliez pas que, hors saison, la plupart des établissements proposent des tarifs beaucoup plus avantageux.

SE LOGER

Tarifs – Les prix affichés dans les hôtels s'entendent par personne et non par chambre, et avec le petit-déjeuner. En hiver, les tarifs baissent de manière très intéressante.

Saisons – Dans les zones reculées, beaucoup d'hôtels ferment en hiver.

Information/réservation – VisitScotland publie des brochures recensant tous les types d'hébergement et propose un service de réservation (voir *p. 18*). Sur place les B & B affichent à leur entrée **Vacancies/No vacancies** (disponibilités/complet).

NOS CATÉGORIES DE PRIX		
Se restaurer (prix déjeuner)		**Se loger** (prix de la chambre par personne)
●	jusqu'à 10 £	jusqu'à 25 £
●●	15 à 30 £	25 à 50 £
●●●	30 à 40 £	50 à 75 £
●●●●	plus de 40 £	plus de 75 £

Hôtels

Grande variété d'établissements : modernes ou anciens, basiques ou luxueux, urbains ou ruraux, hôtels de chaîne. Mais aussi des **manoirs et châteaux** très recherchés et proposés par toutes les agences. Pour ce dernier type d'établissement, mieux vaut réserver à l'avance, quelle que soit la saison.

Bed and Breakfast (B & B)

Ce sont des **chambres d'hôtes** gérées par des particuliers qui offrent quelques lits et le petit-déjeuner pour une somme raisonnable (par rapport aux hôtels). On en trouvera dans les villes, les îles, à la campagne, à la ferme. Leur style, le confort (avec ou sans salle de bains) et l'accueil varient bien sûr selon les propriétaires mais, dans tous les cas, ils représentent un excellent moyen de mieux connaître le pays. Les **guesthouses** diffèrent des B & B. Il s'agit souvent de petites structures hôtelières, et non d'un logement chez l'habitant.

Auberges de jeunesse

Appelées (Youth) Hostel, elles sont **nombreuses**, ouvertes à tous, parfois très bien situées et souvent équipées de cuisine, cafétéria, Internet, dortoir ou chambres doubles. L'acheminement est souvent proposé dans les lieux isolés. Comptez de 9 £ à 15 £ la nuit.

A.J. de la SYHA - Il s'agit d'AJ affiliées où les touristes doivent posséder une carte internationale d'adhérent que l'on se procure dans n'importe quelle auberge de jeunesse affiliée du monde. On peut réserver à l'avance sur le site Internet. SYHA - *7, Glebe Crescent - Stirling FK8 2JA - ✆ 08701 55 32 55 - www.syha.org.uk.*

A.J. indépendantes - Présentes partout (même sur la plus isolée des îles), ces auberges offrent confort correct et tarifs bas. Liste et informations sur : *www.highland-hostels.co.uk, www.hostel-scotland.co.uk, www.macbackpackers.com.*

Camping

L'Écosse possède de nombreux terrains de camping accueillant tentes et caravanes : ils proposent souvent des installations modernes et des équipements sportifs. VisitScotland fournit une brochure les répertoriant. Le camping sauvage ou à la ferme est possible en demandant l'autorisation au propriétaire.

Autres possibilités

À la ferme - Beaucoup d'agences (voir *À faire avant de partir*) proposent ce type d'hébergement qui permet d'apprécier la vie à la campagne en profitant des produits de la ferme. Elles proposent une liste de fermes qui permet de parcourir le pays en ne logeant que dans ce type d'établissements agréables et moins onéreux que les hôtels. Infos : *www.scotfarmhols.co.uk.*

Locations - Cottages (maison de campagne), manoirs, châteaux, se louent à la semaine ou au mois auprès des agences spécialisées (voir *À faire avant de partir*). Que l'on choisisse une ferme isolée au nord des Highlands, sur une île, ou un manoir classé (infos : *www.nts.org.uk.),* la location offre une grande liberté et permet de vivre à son rythme et d'apprécier la vie d'un village. La location est de plus idéale pour des vacances en famille.

Inn - Il s'agit souvent de quelques chambres au-dessus d'un pub.

Échange d'appartement – Certaines agences s'en sont fait une spécialité. Infos : *www.homelink.fr.*

Résidences universitaires – En été les universités ouvrent dortoirs ou chambres individuelles aux touristes. Prix modiques. Infos : *www.thesummervillage.com.*

VISIT SCOTLAND

Le chardon est l'emblème de l'Écosse.

SE RESTAURER

Horaires – Déjeuner de 12h à 14h et dîner de 18 h à 21-24 h. Certains lieux restent ouverts en journée.

Usages – Le petit-déjeuner souvent copieux « oblige » à sauter le déjeuner.

Pourboire – À discrétion. Vérifiez s'il n'est pas déjà compris sur la note.

Label – Les restaurants, pubs ou cafés qui affichent le label EatScotland (*www.eatscotland.com*) ont été sélectionnés par VisitScotland pour la qualité des produits utilisés.

Les restaurants

Beaucoup d'établissements proposent des menus sans surprise, qui lassent vite (soupes, steaks, frites). Il ne tient qu'à vous de modifier votre vision de la table britannique. La **cuisine du terroir** est de retour. Les plats à base de **produits locaux** frais ou labelisés font le succès des bons restaurants. Certains chefs n'hésitent plus à fusionner ces produits avec des saveurs continentales ou exotiques, créant ainsi une « nouvelle cuisine » écossaise. Mais sachez que cette cuisine de qualité se paye au prix fort, surtout au dîner. Pour varier les plaisirs, n'oubliez pas les **restaurants indiens**. Ou encore les **Wine Bars** où, autour d'un buffet bien garni, on déguste des vins de tous les pays, vendus au verre ou à la bouteille.

Les pubs

Ces « institutions » ouvrent du lundi au samedi, de 11h à 23h et le dimanche, de 12h30 à 14h30 et de 18h30 à 23h. Certaines restrictions peuvent s'appliquer aux moins de 18 ans. Dans un décor ancien ou traditionnel, ils proposent, des **plats copieux**, parfois excellents (voire inattendus) et assez bon marché. Au menu : **pies** (tourtes) divers, **ploughman's** (cheddar ou stilton avec salade, pickles, pain et beurre). Ces plats sont accompagnés d'un grand choix de salades et bien sûr de bière pression locale.

Cafés et Tearooms

Dans les cafés, on vient se restaurer légèrement et à moindre coût. Il peut s'agir d'un café étudiant avec pâtisseries et sandwichs, ou d'une brasserie à la française. À partir de 16 heures, ne pas hésiter à s'asseoir à la table d'un confortable *tearoom* afin de sacrifier à la tradition du thé. Des sandwichs et pâtisseries accompagnent la **cup of tea** dans

F. Sichet / MICHELIN

Restaurants de fruits de mer, île de Skye.

laquelle on aura, avant le thé, versé un peu de lait froid.

Manger sur le pouce

Bienvenue au pays des sandwichs ! Les grands magasins en proposent un vaste choix. Vous pouvez aussi faire vos provisions sur les marchés fermiers qui se tiennent à travers le pays tous les week-ends.

Le Fish and ships est la formule la moins chère pour se restaurer. Il se compose traditionnellement de poisson frit et de frites, présentés dans un cornet. On mange debout ou en continuant de marcher.

Pratique de A à Z

ARGENT

Monnaie, devise, change, horaires des banques, voir : *À faire avant de partir.* Perte ou vol de carte de paiement, voir plus haut : *En cas de problème.*

BLANCHISSERIE

Les blanchisseries sont rares de même que les laveries automatiques. Même les hôtels les plus chers ne proposent pas toujours ce service. Prévoyez des vêtements de rechange en conséquence.

DÉCALAGE HORAIRE

L'heure d'hiver dans toute l'Écosse correspond au Greenwich Mean Time (GMT). En été (de mi-mars à octobre), on avance les pendules d'une heure, soit GMT + 1. Ainsi en été, quand il est 12h sur le continent, il est 11h en Grande-Bretagne.

ÉLECTRICITÉ

L'intensité du courant électrique est de 240 volts AC (50 Hz) ; la prise murale à trois broches représente la norme. Il est donc recommandé de se munir d'un adaptateur international.

HANDICAP

Les facilités pour personnes à mobilité réduite sont assez nombreuses en Écosse (musées, gares). Un certain nombre d'hôtels, restaurants et curiosités décrites dans ce guide leur sont accessibles et indiquées par le symbole ♿.

VisitScotland publie une liste d'établissements adaptés (Access Scheme) sur son site *www.visitscotland/library/accessiblescotland*. Autre source d'informations (en anglais) : *www.capability-scotland.org.uk* ou *www.holidaycare.org.uk*. L'agence anglaise Can Be Done (*www.canbedone.co.uk*) propose des circuits adaptés en Écosse.

HORAIRES

Commerces – Dans les villes les plus importantes, les magasins sont généralement ouverts du lundi au samedi, de 9h à 17h30 (jusqu'à 20h le jeudi), voire le dimanche pour les grosses structures. Ailleurs, les boutiques ferment une journée entière soit le lundi, le mercredi ou le jeudi.

Visites – Hors des villes, les diverses attractions sont fermées en hiver. Vous trouverez les heures d'ouverture dans les textes descriptifs correspondants. La dernière admission se fait généralement une heure avant la fermeture.

JOURS FÉRIÉS

Durant ces jours, les musées et autres monuments peuvent fermer ou modifier leurs horaires d'ouverture : 1er et 2 janvier, Vendredi saint, lundi le plus proche du 1er Mai, dernier lundi de mai, premier lundi d'août, 30 novembre (St Andrew's Day), 25 et 26 décembre. Aux **vacances scolaires** de Noël, de printemps et d'été s'ajoutent des périodes de congé au milieu du trimestre, en février et en octobre.

POSTE

Les timbres s'achètent dans les postes (Post Office), chez les marchands de journaux, les tabacs, etc. Les postes ouvrent du lundi au vendredi, de 9 h à 17h30 et le samedi, de 9h30 à 12h30 ; les bureaux secondaires ferment à 13h le mercredi ou le jeudi.

F. Sichet / MICHELIN

Une enseigne facilement repérable.

SANTÉ

Voir *À faire avant de partir (p.15).*

TABAC

Depuis 2006, il est interdit de fumer dans tous les lieux publics fermés.

TÉLÉPHONE - INTERNET

Téléphoner – Les nombreuses cabines publiques fonctionnent avec des pièces, des cartes prépayées (à acheter dans les postes, magasins de journaux, minimarchés) ou des cartes de paiement.

Numéros utiles – ☏ *999* ou *112* (police, pompiers, secours médical), ☏ *100* (opérateur), ☏ *155* (opérateur international), ☏ *118 500* ou *192* (renseignements), ☏ *118 505* (renseignements internationaux).

Téléphoner en Écosse – Composez l'indicatif de la zone précédé du zéro (sauf au sein de la zone en question). Les numéros en 0800 sont gratuits. Ceux des mobiles débutent par 07.

Indicatifs internationaux pour téléphoner de l'Écosse vers : la France – 00 33, la Belgique – 00 32, le Canada – 00 1, le Luxembourg – 00 352, la Suisse – 00 41

Internet – On peut surfer dans des cybercafés (mais ils sont peu nombreux), dans les bibliothèques (gratuitement), dans quelques rares hôtels et auberges de jeunesse.

TOILETTES

Toilettes publiques nombreuses, propres et bien indiquées. Elles sont parfois payantes (10 p ou 20 p).

À FAIRE ET À VOIR

Loisirs de A à Z

Les vastes espaces naturels écossais sont propices à toutes sortes d'activités de plein air.
Vous trouverez ci-dessous quelques informations générales. Des indications plus précises sont données dans les carnets pratiques de chaque site.

Le site *www.adventure.visitscotland.com*, présente en anglais les nombreuses possibilités de sports, loisirs et aventures en Ecosse.

P. Tomkins / SCOTTISH VIEWPOINT/VISIT SCOTLAND

Découvrez l'Écosse à votre rythme.

CYCLOTOURISME

De nombreuses pistes cyclables et itinéraires balisés (liste sur *www.sustrans.co.uk*) vous permettent de parcourir le pays (et ses îles) de long en large. Si les trajets ne sont pas toujours agréables autour des grandes villes, il existe des itinéraires idylliques marqués par un balisage efficace : chemins forestiers (comme le Great Glen Cycle Way, entre Inverness et Fort William), routes insulaires désertes, anciennes voies ferrées, chemins de halage. Il est possible de louer des vélos dans tous les lieux touristiques ou participer à des excursions organisées. Entre les étapes, vous pouvez charger votre vélo dans les trains et les ferrys. N'oubliez pas que dans certaines régions les conditions climatiques (vent, pluie) compliquent le coup de pédale.

VisitScotland (*www.visitscotland.com/cycling*) donne des informations sur les magasins de location et publie avec le Cyclists Touring Club (*www.ctc.otg.uk*), une plaquette décrivant en détail plusieurs itinéraires (avec adresses locales utiles, curiosités).

ÉQUITATION

Plusieurs centres d'équitation accueillent débutants et cavaliers confirmés pour la journée ou pour un séjour plus long. Il est très agréable de découvrir la campagne écossaise perché sur le dos d'un cheval ou d'un robuste poney des Highlands.

Informations sur les randonnées à cheval, les haras, les centres d'hébergement, les vacances organisées à cheval auprès de la BHS Scotland (*www.bhsscotland.org.uk*) ou de la Trekking and riding Society of Scotland (*www.ridinginscotland.com*).

GOLF

L'Écosse, LE pays du golf, possède 500 terrains publics ou privés qui s'ajoutent aux célèbres parcours de St Andrews, Turnberry, Carnoustie, Muirfield et Dornoch. La plupart des terrains sont accessibles sur versement d'un droit (assez modique) et les joueurs sont admis sans présentation ni appartenance à un club. Bienvenue au pays du golf « démocratique » !

VisitScotland publie un guide du golf en Écosse (*www.visitscotland.com/golf*). Vous y trouverez également des infos sur les cartes d'abonnement qui permettent de jouer sur plusieurs parcours à moindre coût. Voir aussi *www.scottishgolf.com*, *www.golfevasions.com* et *www.lescheminsdugolf.com* (pour des séjours golf en Écosse).

OBSERVER LA FAUNE

Les **ornithologues** seront les plus gâtés. Les côtes déchiquetées et rocheuses accueillent de vastes colonies d'oiseaux marins (dont 85 % des fous de Bassan de la planète).
Les aigles royaux, les grouses et les orfraies, trois espèces chéries des Écossais, s'observent grâce à des cachettes spéciales dans les parcs nationaux. Les landes accueillent des cerfs, daims, tétras, chats sauvages. Vous verrez des phoques ou des loutres se prélasser sur les côtes.
Et, peut-être emmènerez-vous vos enfants rencontrer les dauphins ou les baleines lors de safaris organisés par des agences locales.

Quelques sites d'informations : *www.visitscotland.com/wildlife* (pour un aperçu de la faune locale) ; *www.www.rspb.org.uk* (la LPO écossaise) ; *www.snh.org.uk* (sur les réserves naturelles). Voir aussi dans *Écosse thématique - Réserves Naturelles* p. 34 et le tableau des activités à faire en famille p. 35.

PÊCHE

L'Écosse est un pays propice à la pêche. Saumons et truites prolifèrent dans les lochs. L'étendue des côtes offre aux amoureux de la pêche en mer de multiples possibilités pour tester leurs talents. Les principaux sites se trouvent à Eyemouth, Arbroath, Stonehaven, Kippford, Ullapool et dans les îles Shetland, où il est très facile de louer un bateau. Certaines stations organisent régulièrement des festivals de pêche en mer. Les permis de pêche (à partir de 5 £ par jour, pour un lieu déterminé) s'achètent auprès des boutiques locales d'articles de pêche, épiciers, postes.

Informations (saisons, licences, locations, lieux) dans la brochure Fish Scotland ou sur *www.visitscotland.com/fish*. Consultez aussi *www.fishing-uk-scotland.com* (informations pratiques en anglais) et *www.orchape.com* pour des séjours thématiques.

RANDONNÉES-ALPINISME

Tous les marcheurs trouveront leur bonheur dans des espaces sauvages vastes et divers. Des sentiers balisés permettent de parcourir les montagnes (les fameux 284 **Munros**, sommets de plus de 914 m - soit 3 000 pieds) et les collines, les côtes et les lochs, les îles et les forêts. La variété du relief contentera les grimpeurs comme les « promeneurs du dimanche ». Même si les itinéraires « vedettes » sont très fréquentés en été, vous n'aurez aucun mal à vous isoler si vous le désirez. Ceux qui préfèrent partager le plaisir de la randonnée, apprécieront les promenades guidées proposées par des guides passionnés, ou participeront aux nombreux **festivals de marche** qui se déroulent chaque année (liste sur le site *www.visitscotland.com*).

VisitScotland (*www.visitscotland.com/walking*) propose une brochure intitulée *Walking Wild*, qui détaille les promenades existantes, et des brochures sur les différents circuits pédestres de **longue durée**. Voir aussi : *www.walkingwild.com* ; *www.walkscotland.com* ; *www.ramblers.org.uk/scotland* (pour les randonnées en groupes) ; *www.smc.org.uk* (le plus grand club de randonnée du pays). De bonnes cartes de randonnées sont vendues dans tous les offices de tourisme locaux et les Visitor's Centres des parcs nationaux.

Conseils

La saison des randonnées court de mai à octobre. Il ne faut pas se fier à l'altitude modérée de la plupart des montagnes (quatre seulement dépassent 1 200 m) car la variation des conditions météorologiques les rend dangereuses. Quels que soient le sentier et la saison, vous devez prendre en compte ce paramètre et vous équiper en conséquence. Et rappelez-vous que la saison de chasse (mi-août à mi-octobre) entraîne certaines restrictions.

Grandes randonnées

Les LDP (Long Distance Foot-Paths) sont les cousins écossais de nos GR. Chaque itinéraire possède sa propre équipe de « rangers » chargés d'aider et de conseiller les promeneurs, de gérer les lieux d'hébergement le long des chemins. Voici quelques-uns des LDP les plus connus. Le **West Highland Way** parcourt 150 km depuis Glasgow, jusqu'au nord de Fort William. Il longe la rive est du loch Lomond, traverse la lande retirée de Rannoch Moor et les montagnes de Lochaber après avoir dépassé Ben Nevis. Le **Speyside Way** traverse plusieurs paysages en suivant la rivière entre la côte et les Cairngorms sur 96 km. Le **Southern Upland Way**, long de 339 km relie les deux côtes écossaises, de Portpatrick à l'ouest à Cockburnspath à l'est.

Alpinisme

Les principaux centres d'alpinisme sont Arran, Skye, Ben Nevis, Glencoe et les Cairngorms.

Pour tout ce qui concerne les randonnées en montagne, l'escalade, la varappe, etc., s'adresser au Mountaineering Council of Scotland (*www.mountaineering-scotland.org.uk*).

SKI

Les pentes écossaises font certes bien rire les Savoyards. Mais les locaux sont fiers de leurs stations modernes bien équipées et aussi chères que leurs cousines suisses. Elles se situent sur le Cairngorm dans la vallée de la Spey, dans le Glenshee (nord de Blairgowrie), à Glencoe et dans la chaîne du Nevis. Il existe également plusieurs pistes de ski artificielles *(dry ski slopes)*.

VisitScotland propose un guide détaillé sur les pistes (ski alpin, fond, surf, telemark), les forfaits (onéreux), intitulé *Ski Scotland*. internet : www.ski-scotland.com.

Randonnées païennes

Depuis bien longtemps, un peu avant l'été, une tradition païenne veut que l'on grimpe quelques collines écossaises associées à d'anciens lieux de culte. On gravit ainsi l'Arthur's Seat (Holyrood Park, Édimbourg) le matin du 1er mai, après s'être lavé à la rosée. Le soir de la St -Jean, on monte au sommet du Ben Ledi dans les Trossachs.

SPORTS NAUTIQUES

Dans un pays où la mer et les lacs abondent, ces sports tiennent une place importante.

En mer – Le littoral ouest, avec ses **nombreuses îles et abris**, garantit une pratique en toute sécurité. De nombreux centres de voile, dont les plus importants sont Largs, Tobermory, Lamlash Bay, Oban (Kimelford), Crammond Port, Aberdour, Helensburgh, Crinan et Tarbert, organisent des régates locales. La planche à voile (à Tiree par exemple) et surtout **le kayak de mer** (idéal pour sillonner les côtes découpées et les archipels) rencontrent également un vif succès et sont proposés par maintes agences locales. Le surf est largement pratiqué sur les eaux très froides de la côte nord.

Pour toutes ces activités, vous pouvez vous adresser aux clubs ou écoles de voile locaux. Sites à visiter : *www.sailscotland.co.uk* pour la voile, *www.canoescotlandorg.uk* pour le kayak, *www.britsurf.co.uk* pour le surf.

Lochs et rivières – Sur les **eaux intérieures**, la pratique de la navigation à voile et autres sports nautiques est agréable sur le loch Earn, le loch Lomond et le loch Morlich. Les offices de tourisme locaux pourront donner toute précision pour la pratique du rafting, du canoë.

Découvrir autrement

Visit Scotland propose des petites brochures thématiques très bien faites qui recensent des sites autour d'un thème donné. Exemple : l'Écosse littéraire, les batailles, les sites romantiques, l'Écosse et la France.

CLANS, TARTANS ET CORNEMUSES

Les Highlands furent longtemps le bastion des **clans** (*voir Comprendre p. 72*). Divers lieux gardent le souvenir de cette période : musées (châteaux de Duart, Eilean Donan), sites de batailles (Culloden, Glencoe). Les **tartans**, ces tissus écossais dont on fait les kilts, sont étroitements liés à l'histoire des clans. ils symbolisent l'Écosse aux yeux des étrangers et sont largement portés lors des manifestations nationales. Vous pourrez découvrir leur origine, admirer leur diversité dans quelques intéressants musées. Si vous désirez acheter un véritable kilt, poussez la porte du Kiltmaker Centre d'Inverness. Pour en savoir plus : *www.tartans.scotland.net*.

La **cornemuse** (*bagpipe*) fait elle aussi partie de l'image d'Épinal de l'Écosse. Vous pourrez en apprécier le son et les formes dans un musée de Glasgow qui lui est consacré (*Piping Centre*). La ville accueille également tous les ans le championnat du monde de cornemuse au mois d'août (*www.rspba.org*). Pour en savoir plus sur la cornemuse : *www.bagpipe.free.fr.* (en français).

CULTURE GAÉLIQUE

La culture des **Celtes écossais** connaît son *revival* depuis quelques décennies. Un peu moins de 1,5 % des Écossais parlent le gaélique. La plupart habitent

G. Gonon / MICHELIN

Le tartan : un fort symbole identitaire.

LE Guide Vert

Dans la même collection, découvrez aussi :

France

- Alpes du Nord
- Alpes du Sud
- Alsace Lorraine
- Aquitaine
- Auvergne
- Bourgogne
- Bretagne
- Champagne Ardenne
- Châteaux de la Loire
- Corse
- Côte d'Azur
- France
- Franche-Comté Jura
- Île-de-France
- Languedoc Roussillon
- Limousin Berry
- Lyon Drôme Ardèche
- Midi-Pyrénées
- Nord Pas-de-Calais Picardie
- Normandie Cotentin
- Normandie Vallée de la Seine
- Paris
- Pays Basque et Navarre
- Périgord Quercy
- Poitou Charentes Vendée
- Provence

Thématiques

- La France sauvage
- Les plus belles îles du littoral français
- Paris Enfants
- Promenades à Paris
- Week-ends aux environs de Paris
- Week-ends dans les vignobles
- Week-ends en Provence

Europe

- Allemagne
- Amsterdam
- Andalousie
- Autriche
- Barcelone et la Catalogne
- Belgique Luxembourg
- Berlin
- Bruxelles
- Budapest et la Hongrie
- Bulgarie
- Croatie
- Écosse
- Espagne
- Florence et la Toscane
- Grande Bretagne
- Grèce
- Hollande
- Irlande
- Italie
- Londres
- Moscou Saint-Pétersbourg
- Pologne
- Portugal
- Prague
- Rome
- Scandinavie
- Sicile
- Suisse
- Venise
- Vienne

Monde

- Canada
- Égypte
- Maroc
- New York

Photos : Corel/Goodshoot

les îles de l'ouest où, vous le verrez, la signalisation routière en gaélique prévaut. C'est dans cette région (Hébrides, Skye) que vous approcherez plus facilement cette culture, en particulier lors de **festivals**.

La musique (cornemuse) et les chants ont la part belle lors des *ceilidh* (soirées musicales). Le festival de Skye et Localsh (dit *Feis an Eilein*) se déroule ainsi tous les ans durant deux semaines en juillet (*www.feisaneilein.com*). The Royal National Mod à Dunoon, qui se tient en octobre, est le plus important du genre (*www.the-mod.co.uk*). Le Celtic Connections Festival de Glasgow (*www.celticconnections.com*), en janvier, vaut lui aussi le déplacement.
Lors de votre séjour, vous pourrez aussi assister à des matches de **shinty,** un sport gaélique qui s'apparente au hurling irlandais et qui se joue depuis plus de 1 500 ans. Cette sorte de hockey un peu « aérien » sur herbe oppose virilement des équipes de douze. Rencontres de mars à octobre. Infos : *www.shinty.com*.
Informations sur la culture gaélique en Écosse : *www.smo.uhi.ac.uk*. (en anglais).
Voir aussi plus haut *Clans, tartans…*

GASTRONOMIE

Les a priori sur la cuisine écossaise sont tenaces. Mais vous pouvez profiter de votre séjour pour vous offrir un vrai dépaysement gustatif. Outre la fameuse **Route du whisky,** bien d'autres lieux permettent d'apprécier les produits locaux. Les fruits de mer et poissons fumés abondent dans les petits ports de pêche. Le gibier des Highlands, les baies forestières, le mouton et le bœuf figurent en bonne place sur les menus des restaurants. Les biscuits, confitures et pâtisseries égayent la cup of tea de 16h. La bière et le cidre « arrosent le tout ».
Un site intéressant : *www.taste-of-scotland.com*.

Des **marchés fermiers** se tiennent le samedi ou dimanche, et permettent d'apprécier la diversité et la qualité des produits fermiers (voir les carnets pratiques des sites décrits et la liste complète sur *www.scottishfarmersmarkets.co.uk*).

Vous pouvez aussi profiter de **festivals** sur le thème de la gastronomie. Ils se tiennent en général en été. Le plus grand, le Royal Highland Show (sorte de Salon de l'agriculture local), a lieu en juin à Édimbourg. Liste et dates sur le site de VisitScotland.

GÉNÉALOGIE

Certaines associations d'Édimbourg aident les personnes d'ascendance écossaise à retrouver leurs origines. Même si peu de Français sont concernés, cette recherche peut intéresser quelques-uns d'entre vous.

Une visite à la **National Library of Scotland** (George IV Bridge, Edinburgh, *www.nls.uk*) permettra de vous assurer qu'aucune recherche n'a été faite précédemment sur vos ancêtres. Vous pouvez aussi consulter avant de vous y rendre les sites suivants : **General Register Office** (*www.nas.gov.uk*) et tous les certificats d'état civil à partir de 1855, les registres paroissiaux antérieurs à 1855 et les recensements depuis 1801, ou les **National Archives of Scotland** (*www.nas.gov.uk*) qui détiennent tous les registres de propriété. Enfin, le site le plus complet pour démarrer est sans doute *www.scotlandpeople.gov.uk*.

JARDINS ÉCOSSAIS

L'Écosse compte un grand nombre de parcs et jardins d'intérêt majeur. Il peut s'agir d'un jardin botanique urbain, d'un parc de château ou même d'un ensemble de plantes tropicales au bord d'un loch. À ne pas manquer : Inverwere, Aberdeen, Branklyn, Benmore, Crarae, Edzell…

PASSIONS NATIONALES

Jeux écossais

Tous les étés, on organise en divers lieux des Jeux écossais qui regroupent divers concours (lutte, jet de pierre, tir à la corde, lancer de tronc,

B. Perousse / MICHELIN

Le traditionnel caber (lancer de tronc).

cornemuse), danses et concerts. Ces jeux (Highlands Games) permettaient autrefois aux chefs de clans de tester la force de leurs guerriers. Les plus connus sont ceux d'Inverness et Braemar *(voir carte p. 75 et le calendrier des événements p. 36)*.
Il existe toute une série d'autres événements de dimension locale pouvant intéresser les touristes, comme les concours agricoles ou les **concours de chiens de berger.**

Football

Les amateurs de ballon rond trouveront ici à qui parler. Le football déchaîne les passions et constituera un bon sujet de conversation pour vous faire des amis. Le **championnant national**, l'un des plus anciens du monde, est immanquablement dominé par deux grands clubs de Glasgow : Rangers et Celtic. Assister à un Old Firm (rencontre entre ces deux équipes), affontement sportif, religieux, et social, sera un souvenir inoubliable. Les matches de championnats se jouent le samedi après-midi (ou dimanche) d'août à mi-mai. Informations : *www.scotprem.com*.

L'**équipe nationale** éprouve quelques difficultés à se distinguer depuis quelques années. Mais ses supporters (la Tartan Army) impressionnent dans tous les stades qu'ils investissent. Leurs chants incessants, même durant la défaite, leur pacifisme et leur fair-play, les distinguent de leurs cousins anglais.

À visiter, le Scottish Football Museum à Glasgow (voir p. 232), et le site *www.hampdenpark.co.uk*.

Rugby

Le stade de Murrayfield à Édimbourg est l'antre du **XV au chardon**. C'est ici que chaque année retentit l'hymne écossais *Flower of Scotland* (très anti-anglais) lors des matches du tournoi des Six Nations. Informations : *www.sru.org.uk*.

Le championnat national souffre lui d'une baisse du nombre de licenciés et de la fuite des meilleurs joueurs vers l'étranger. Mais on assistera à d'intéressantes et pittoresques rencontres villageoises le samedi après-midi, en particulier dans les Borders.

Curling

Similaire au « bowls » (sur gazon), on y joue sur la glace avec des balais et de grosses pierres rondes lancées sur la piste glacée en direction d'une cible. On a retrouvé certains indices prouvant que ce jeu existait déjà au 16e s., mais il est peut-être plus ancien encore. Les compétitions nationales ont lieu en hiver à Perth, Inverness ou Kirkcaldy entre autres. Informations : *www.royalcaledoniancurlingclub.org*.

Le chardon

On ne sait pas exactement pourquoi le chardon est devenu l'emblème floral de l'Écosse. La légende raconte que les Scots furent avertis de l'attaque imminente des envahisseurs danois lorsque ces derniers mirent le pied sur des chardons et crièrent de douleur ; grâce à ces cris, les Scots purent résister aux envahisseurs. Cet incident se serait renouvelé sur différents champs de bataille (à Luncarty en l'an 990, à Largs en 1263, par exemple). Jacques III d'Écosse fut le premier à utiliser cette plante pour emblème au 15e s. Jacques VII d'Écosse (ou Jacques II d'Angleterre) fonda l'ordre du Chardon en 1687, qui disparut en 1688 et fut rétabli par la reine Anne en 1703.

PATRIMOINE

Le vaste patrimoine historique et naturel écossais est en grande partie géré par des fondations et associations. Dans les textes de la partie Découvrir l'Écosse, nous vous indiquons par quel organisme (NTS ou HS) sont gérés les sites décrits.

National Trust for Scotland (NTS)

Cette fondation possède et préserve une centaine de sites historiques (Fraser, Fyvie) ou naturels (St Kilda, Fair Isle). Certaines propriétés accueillent des manifestations spécifiques, telles que des festivals, des expositions et des concerts. Les batailles de Glencoe, Killiecrankie, Bannockburn sont ainsi reconstituées. Quelques-uns des châteaux ou manoirs du NTS font également chambre d'hôtes (nuits onéreuses… mais lieux exceptionnels).

Pour visiter à moindre coût les sites du NTS (souvent chers), il est préférable d'acheter un pass qui pendant une durée donnée (à partir de 3 jours pour 14 £) permet de bénéficier de réductions dans tous les sites. Ces **Discovery Ticket** sont vendus sur les sites eux-mêmes ou dans les offices du tourisme. Les cartes familiales (deux adultes et 6 enfants maximum) sont aussi très avantageuses. Liste des sites et informations : *(0) 131 243 9300, www.nts.org.uk*.

Historic Scotland (HS)

Cette association restaure, préserve et entretient environ 300 propriétés représentatives du riche héritage architectural écossais, dont les châteaux de Stirling, d'Édimbourg ou d'Urquhart.

Grâce à L'**Explorer Pass,** vous pourrez bénéficier de réductions à l'entrée des sites pour une durée déterminée. On l'achète sur les sites ou sur Internet. Tarifs familiaux avantageux. Liste des sites et informations : *(0) 131 668 8831, www.historic-scotland.gov.uk*.

Great British Heritage Pass

Uniquement réservé aux personnes qui ne résident pas en Grande-Bretagne, il permet la visite de quelque 600 manoirs, châteaux et jardins à travers le royaume. Il est valable de 4 à 15 jours et coûte de 28 à 70 £ environ. Le passeport est validé au moment de la 1re visite. On l'achète dans les offices du tourisme, aéroports.

Informations : *www.visitbritain.com*.

M. Hamblin / GHFP/HOA QUI/AGE FOTOSTOCK

L'aigle royal, une des espèces protégées de la région.

RÉSERVES NATURELLES

Le but premier de ces sites est de préserver la nature. Les visiteurs y sont généralement les bienvenus et disposent de centres d'information, de campings, de sentiers et de cachettes d'observation. La plupart de ces réserves sont gardées. Il est fréquent d'y voir des animaux sauvages. Bien que ces parcs soient des domaines d'exploitation, leur rôle récréatif n'est donc pas négligé. Quelques sites imposent certaines contraintes aux visiteurs.

Pour de plus amples informations et liste des réserves : *www.forestry.gov.uk/scotland ; www.swt.org.uk ; www.snh.org.uk*.

TRANSPORTS INSOLITES

Le **train à vapeur** estival Jacobite Steam Train, qui relie Fort William à Mallaig, est devenu une attraction touristique majeure. Les 70 km s'effectuent en 2 heures, en traversant des paysages à couper le souffle, qui ont maintes fois servi de décor de cinéma (le viaduc de Glenfinnann notamment, survolé par Harry Potter). Pensez à réserver à l'avance (voir Fort William p 412 et informations complémentaires sur *www.steamtrain.info* ou *www.westcoastrailway.co.uk*).

Ne négligez pas non plus les quelques **canaux écossais**, peu à peu mis en valeur, et qui peuvent être parcourus sur des petites **péniches** de location (pour Union Canal, voir p 247, et Infos sur *www.scottishcanals.co.uk*).

L'Écosse en famille

L'Écosse offre d'**innombrables attractions** susceptibles de satisfaire la curiosité des petits et des grands : châteaux, zoos, aquariums, safaris, musées de découverte interactifs, parcs d'attractions, etc. Vous en trouverez une sélection dans notre tableau ci-contre. Et vous aurez sans doute beaucoup de succès auprès de vos enfants si vous décidez de loger à la ferme (entourés d'animaux) ou dans un vieux château (entourés de fantômes).

N'oubliez pas les nombreuses **réductions** accordées aux familles en ce qui concerne les transports ou les visites. Pour se déplacer en train, la Family Railcard est ainsi très avantageuse (*www.family-railcard.co.uk*). Les associations (HS, NTS, voir plus haut) qui gèrent les sites du patrimoine écossais vendent elles aussi des tickets familiaux. Les hôtels proposent souvent des prix spéciaux pour les familles. Mais il est plus rentable de loger dans une location de vacances ou à la ferme si vous êtes nombreux.

Sachez que les enfants ne sont pas toujours les bienvenus dans les pubs et parfois même interdits de visite dans certaines distilleries.

SITES OU ACTIVITÉS À FAIRE EN FAMILLE, PAR RÉGION			
Chapitre du guide	**Nature**	**Musée**	**Loisirs**
Ayr		Scottish Maritime Museum à Irvine	Eglinton Country Park
Dumfries		Scottish Lead Mining Museum à Wanlockhead	
Kelso	Jedforest Deer and Farm Park		
Kirkcudbright	Le Wildlife Park et une excursion dans le Galloway Forest Park		
Vallée de la Tweed			Une promenade en VTT ou à dos de poney dans la forêt de Glentress (Peebles)
Vallée de la Clyde		New Lanark	Château de Bothwell
Dunbar	Excursion en bateau pour observer les oiseaux de Bass Rock	Monter à bord du « Concorde » dans le Museum of Flight	
Édimbourg	Edinburgh Zoo	Our Dynamic Earth et le Museum of Childhood	Le château, en particulier Prisons of War ; le Royal Yacht « Britannia » dans le port de Leith.
Glasgow		Kelvingrove Museum, Musée des Transports, Science Centre, The Tall Ship et X-Scape	
Linlithgow			Un « voyage » dans la Falkirk Wheel
Dundee		Sensation	Discovery Point
Dunfermline	Deep Sea World		
Oban	Sea Life Sanctuary		
Perth	Observer les orfraies du loch Lowes		Skier à Glen Shee
St Andrews	L'aquarium et le Scottish Deer Centre à Cupar		
Stirling	Scotland's Safari Park à Blair Drummond		Les châteaux de Stirling et de Doune pour jouer au preux chevalier
Les Trossachs	Aquarium du loch Lomond		Balade en bateau à vapeur sur le loch Katrine
Aberdeen		Grampian Transport Museum à Alford	Braemar Junior Highland Games
Côte de l'Aberdeenshire	Le Macduff Aquarium et une excursion en mer à la rencontre des dauphins		
Les Cairngorms	Highland Wildlife Park	Newtonmore Highland Folk Museum	Le train à vapeur du Strathspey Railway et le funiculaire du mont Cairn Gorm
Fort William			Partir sur les traces d'Harry Potter à bord du Jacobite Steam Train
Inverness	Le Dolphin & Seals Centre		Les expositions sur le monstre du loch Ness
Ross occidental	Seaprobe Atlantis (bateau à fond transparent) à Kyle of Lochlash		
Stonehaven			Dunnottar Castle qui évoque fantômes, pirates et films de cape et d'épée

Que rapporter ?

SOUVENIRS

Artisanat – Beaucoup d'ateliers d'artisans, spécialisés en poterie, tissage, dentelle ou bijouterie, sont ouverts aux touristes durant l'été. Dans certains musées consacrés à l'artisanat ou villages reconstitués, il est possible de découvrir ces métiers anciens et d'acheter des produits typiques : **tartans** déclinés en kilt, plaids, chaussettes, écharpes. Mais aussi les *sporrans*, ces petites sacoches en peau qui se portent avec le kilt. On trouvera aussi des **bijoux celtes** en or ou argent, ou des reproductions moins onéreuses. Préférez les ateliers d'artisans aux magasins de souvenirs. Cet artisanat séculaire est désormais utilisé par des artistes d'aujourd'hui. On peut s'en rendre compte lors de la Glasgow Art Fair (*www.glasgowartfair.com*) fin avril.

Vêtements – Outre les kilts, vous pourrez acquérir un pull des Shetland ou des costumes en tweed.

Musique – Si les fêtes celtes et le son de la cornemuse vous ont plu, pourquoi ne pas ramener des CD de musique écossaise, vendus absolument partout ?

PRODUITS DE BOUCHE

Le choix est vaste dans ce domaine. Et on pense bien sûr immédiatement au **whisky.** Achetez avant tout des bouteilles « exceptionnelles » que vous ne trouverez a priori pas chez vous. Les whiskys plus classiques sont en effet moins chers en France ! Même conseil pour le saumon écossais. Mais le haddock entier (peu courant en France) peut être une bonne affaire. Vous pourrez étonner vos amis en rapportant du **fromage** comme le cheddar de Mull, ou le Loch Arthur's Criffel. N'oubliez pas les **marmelades** (aux goûts parfois inattendus), les **bonbons** (grand choix de caramels) et les **biscuits** comme les *cranachan*. Enfin, dans de belles épiceries, les amateurs de **thé** seront enchantés par le vaste choix proposé.

Poids et mesures

1 kg = 2,2046 pnd/1 pnd = 0,4536 kg
1 m = 39,37 inches/1 inch = 2,54 cm
1 km = 0,6214 mile/1 mile = 1,609 km
1 litre = 1,76 pints/1 pint = 0,568 litre

Événements

Ces fêtes sont souvent décrites en détail dans les parties concernées. Pour beaucoup de ces événements, les dates précises changent chaque année. Vous les trouverez sur *www.visitscotland.com*. Tout comme une liste d'événements plus exceptionnels.

Janvier

Dans toute l'Écosse – Burns Night : Soupers « Burns » pour célébrer l'anniversaire du poète national (le haggis en constitue le plat principal).

Lerwick (Shetland) – Up-Helly-Ha : procession aux flambeaux, embrasement d'un bateau de guerre viking, chants et danses toute la nuit.

Édimbourg – Exposition annuelle des aquarelles de Turner à la National Gallery of Scotland.

Glasgow – Celtic Connections : grand festival de musique celtique.

Février

Jedburgh – Ba'Games : jeu de ballon qui oppose les habitants des deux parties de la ville.

Divers lieux des Scottish Borders – Championnat de curling écossais.

Inverness – Festival de musique instrumentale et vocale.

Édimbourg – Jusqu'en mars à Murrayfield, matches du tournoi des Six Nations de rugby.

Mars

Lanark – Whuppity Scourie : fête pour chasser l'hiver.

Glenshee – Glenshee Snow Fun Week : diverses compétitions de sports de neige et animations.

Avril

Édimbourg – Ceilidh Culture : festival de folklore celte.

Kirkcaldy – Links Market : fête foraine.

Melrose – Melrose Sevens, tournoi de rugby à 7.

Ayr – Scottish Grand National : course hippique.

Île de Mull – Festival de musique traditionnelle.

Avril-mai

Lerwick (Shetland) – Festival folklorique des Shetland.

Mai

Blair Castle – Parade des Atholl Highlanders.

Dumbarton – Concours national de cornemuse.

Ayrshire – Burns and A'That. Festival de musique et culture écossaise.

Glasgow - Finale de la FA Cup (football).

Islay – Fête du whisky (et musique).

Juin-Juillet

Hébrides extérieures – Seo Seinn, concours de chant en gaélique.

Kirkwall et Stromness (Orcades) – St Magnus Festival : musique contemporaine, théâtre, peinture.

Glasgow – Festival folklorique international, Festival de la rivière Clyde.

Édimbourg – Royal Highland Show : agriculture et gastronomie.

Loch Lomond – Scottish Open de golf.

Août

Aberdeen – Festival international de musique et d'art de la jeunesse.

Glasgow – Championnat mondial de cornemuses.

Édimbourg – Festival international, Military Tattoo, festival de théâtre, festival de jazz, festival du film, salon du livre.

Largs – Festival viking.

Lieux divers – Plusieurs Highland Gatherings (rassemblements de clans) avec Highland Games (jeux traditionnels) *(voir carte dans Comprendre l'Écosse p. 75).*

Août-septembre

Braemar – Braemar Highland Gatherings, le 1er samedi de septembre : le plus grand rassemblement de clans, avec des jeux.

Dundee - Flower and Food Festival : floralies et grand festival gastronomique.

Septembre

Fort William – Course de Ben Nevis : ascension et descente du Ben Nevis, course à pied.

Stirling – Reconstitution de la bataille de Bannockburn.

Octobre

Dunoon – National Mod : musique celtique, chants, danses.

Vallée de la Tweed – Borders Festival : musique, théâtre, peinture.

Novembre

Aviemore – Festival du whisky écossais.

Dans tout le pays – St Andrew's Day, fête du saint patron écossais.

Décembre

Kirkwall (Orcades) – Ba'Games : jeu de ballon de rue qui oppose les habitants des deux parties de la ville (25 décembre et 1er janvier).

Dans tout le pays – Hogmanay, festivités du Nouvel An.

Stonehaven – Cérémonie du Swinging Fireball : on promène dans la rue principale une boule de feu pour accueillir la nouvelle année et chasser les mauvais esprits.

P. Tomkins/SCOTTISH VIEWPOINT/VISIT SCOTLAND

La parade du Military Tatto se produit tous les ans pendant le Festival international d'Édimbourg, sur l'esplanade du château.

POUR PROLONGER LE VOYAGE

Nos conseils de lecture

Pour compléter l'itinéraire géographique de votre voyage par un itinéraire littéraire…

Ouvrages généraux

Écosse, pierre, vent et lumière, Kenneth White, Autrement.

Châteaux d'Écosse, Ed. Gründ. Près de 1 200 châteaux en photo.

Écosse, Ed. Romain Pagès. Guide de la nature écossaise.

Histoire

Histoire de l'Écosse, Michel Duchein, Fayard.

Marie Stuart et *les derniers Stuarts*, Michel Duchein, Fayard.

Beaux-Arts

*Écosse romane***,** Zodiaque

Charles Rennie Mackintosh, J. C. Garcias, Hazan.

Charles Rennie Mackintosh, Alan Crawford, Thames & Hudson.

Littérature

Voyage dans les Hébrides, Samuel Johnson et James Boswell, La Différence.

Peter Pan, J. M Barrie. Célèbre fiction du natif de Kirriemuir (près de Dundee).

- Parmi les **romans de Robert Louis Stevenson** ayant fait l'objet d'une traduction : *À travers l'Écosse.* Mais aussi : *L'Île au trésor, Dr Jekyll et Mr Hyde, Janet la revenante et autres nouvelles écossaises, Une ancienne chanson, Dans les mers du sud. Les Aventures de David Balfour,* 10/18.

- Parmi les romans de **Walter Scott** : *Ivanhoe* (Hachette), *Quentin Durward* et *Rob Roy* (Gallimard), *Waverley* (Laffont), *La Fiancée de Lammermoor* (Stock).

- Parmi les **romans de Muriel Spark** : *A Far Cry from Kensington.* (Editions Stock). Mais aussi : *Memento Mori, L'Appropriation, Pisseur de copie, Ne pas déranger, Robinson, Le Banquet, Une serre sur l'East River.*

- Les romans de **Ian Rankin** *(voir p. 69 et 193)* sont presque tous traduits en français et disponibles en poche (Livre de Poche et Folio). Citons notamment *Ainsi saigne-t-il* (2000) et *La Colline des chagrins* (2005).

Penser à respirer, Janice Galloway, Le Passeur.

Trainspotting, Irvine Welsh, Le Seuil. Roman culte sur la jeunesse écossaise désabusée, droguée.

Laidlaw et *Étranges loyautés,* William McIlvanney, Rivages. Les enquêtes – très noires – de l'inspecteur Jack Laidlaw, à Glasgow.

Poésie

Huit Poètes écossais contemporains, Ed. L'Harmattan.

Divers

Voyous et gentlemen, une histoire du rugby, par Jean Lacouture, Découvertes Gallimard.

Clans et Tartans d'Écosse, Ed. Könemann. Un beau livre de textes et photos sur l'histoire des clans.

Quelques disques

Dans les rayons *Musiques du monde* de tous les disquaires, vous trouverez un vaste choix de musique écossaise (chants gaéliques, ballades, cornemuse). Pour des sons plus modernes, choisissez Franz Ferdinand ou Belle & Sebastian (pop/rock), Travis ou DJ Mylo (électro « made in Skye »), des pointures mondiales dans leur domaine.

Quelques films

Splendides paysages, innombrables châteaux, atmosphère des îles isolées, quartiers ouvriers de Glasgow ont inspirés bien des réalisateurs locaux ou étrangers.

Whisky à gogo, Alexender Mackendrick, 1948. Ce qui se passe quand un bateau rempli de whisky échoue sur une île des Hébrides…

Local Hero, Bill Forsyth, 1983. Lutte inégale entre un village de pêcheurs et une multinationale du pétrole.

Braveheart, Mel Gibson, 1995. L'histoire de William Wallace qui lutta contre les Anglais au 13ᵉ s.

Trainspotting, Danny Boyle, 1997. Version cinéma d'un roman culte.

Harry Potter. De nombreuses scènes des films de la série ont été tournées en Écosse.

Mary Reilly, Stephen Frears, 1996. Édimbourg comme superbe décor.

Rob Roy, 1995. Aventures du héros/hors la loi écossais au grand cœur.

Breaking the wave, Lars von Trier, 1996. Tourné sur l'île de Skye.

Magdalene Sister, Peter Mullan, 2002. Lion d'or à Venise pour ce film polémique tourné à Dumfries.

My Name is Joe (1998), *Sweet Sixteen* (2002) et *Just a kiss*, 2004, la « trilogie » de Ken Loach sur Glasgow.

Da Vinci Code, Ron Howards, 2006. Une des scènes se déroule dans la superbe Rosslyn Chapel, près d'Édimbourg.

Retrouver l'Écosse...

ASSOCIATIONS ET CENTRES CULTURELS

Association franco-écossaise – 65 r. du Cardinal Lemoine - 75008 Paris - www.franco-ecossaise.asso.fr. Le site de cette association, présente en France comme en Écosse, est une mine de renseignements. Tous les sujets sont abordés grâce à de nombreux liens vers d'autres sites.

Caledonian Society of Brussels – 46 av. du Gris Moulin - 1310 La Hulpe - ✆ 026 53 11 35. Le rendez-vous des Écossais et amoureux de l'Écosse en Belgique.

British Council - Les antennes des centres culturels britanniques diffusent de nombreuses informations, organisent des exposition et des manifestations (théâtre, cinéma), proposent des cours de langue.

En France : 9 r. de Constantine - 75340 Paris Cedex 07 - ✆ 01 49 55 73 00 - www.britishcouncil.org/france.

En Belgique : Leopold Plaza - 108 r. du Trône - 1050 Bruxelles - ✆ 22 27 08 40 - www.britishcouncil.org/brussels.

En Suisse : BP 532 - Senweg 2 - 3000 Bern 9 - ✆ 31 301 14 73 - www.britishcouncil.org/switzerland.

Sports - Les jeux écossais de Luzarches (95) rassemblent des passionnés qui s'entraînent pour participer chaque année aux Highlands Games. Infos : *www.jeuxecossais.ast.free.fr.*

L'Écosse en direct

Pour voir en direct les sites que vous avez appréciés durant votre séjour, connectez-vous sur *www.camvista.com/scotland.* Vous y trouverez les images de **webcams** installées à Glasgow, Édimbourg et dans les Highlands.

LIBRAIRIES

WH Smith – 248 r. de Rivoli - 75001 Paris - ✆ 01 44 77 88 89.

Waterstones – 71 bd. A. Max - 1000 Bruxelles - www.waterstones.be.

BOUTIQUES ET RESTAURANTS

La Maison du Whisky – 20 r. d'Anjou - 75008 Paris - ✆ 01 42 65 03 16 - www.whisky.fr. Le spécialiste du whisky.

Saveurs d'Irlande et d'Écosse – 5 Cité Wauxhall - 75010 Paris - ✆ 01 42 00 36 20. Petite boutique de produits écossais.

Le **Comptoir Irlandais** propose des produits écossais dans toute la France (*www.comptoir-irlandais.com*).

The Auld Alliance – 80 r. F. Miron - 75004 Paris - ✆ 01 48 04 30 40. Un pub typiquement écossais en plein cœur de Paris. Plus de cent whiskys, haggis et soupe au haddock.

N. Pecht / BRITAINONVIEW.COM

Pour retrouver toutes les saveurs du terroir écossais.

MUSIQUE ET FESTIVALS

Festival interceltique de Lorient – L'Écosse y est présente tous les ans au mois d'août.

Infos : *www.festival-interceltique.com.*

Pipe Band Paris & District – Ensemble de cornemuses et percussions écossaises basé à Paris. Cours, concerts.

Internet : *www.pipeband-paris.fr.*

St Andrews Scottish Country Dance Group – ✆ *026 75 75 29.* Cours de danse écossaise à Bruxelles.

Ardmore Point, île de Skye

O. Fantuz / PHOTONONSTOP/Sime

COMPRENDRE L'ÉCOSSE

NATURE

L'une des premières raisons pour venir en Écosse est l'accès à une nature sauvage unique en Europe, tant sur le littoral qu'à l'intérieur des terres : du nord au sud, montagnes, lochs, forêts, landes et îles composent un décor grandiose, parfois magique, qui vous procurera des émotions inoubliables. Dans ce cadre naturel préservé, vous aurez maintes occasions de découvrir une faune exceptionnelle.

C. Weston / BRITAINONVIEW.COM

Le magnifique loch Maree, au pied du Ben Slioch, sur la côte ouest des Highlands.

Les milieux naturels

Bien que l'Écosse soit considérée comme la partie montagneuse du Royaume-Uni, la diversité des paysages est l'élément essentiel du dynamisme de son tourisme. La région peut être partagée en trois grandes zones naturelles : les Hautes-Terres du Sud (Southern Uplands), les Basses-Terres du Centre (Lowlands) et les Hautes-Terres du Nord (Highlands), auxquelles s'ajoutent plusieurs centaines d'îles entourant les 10 000 km de côtes.

LES SOUTHERN UPLANDS

Les Hautes-Terres du Sud marquent une séparation tant administrative que physique entre l'Écosse et l'Angleterre. Le relief montagneux culmine dans l'Ouest, entre Stranraer et Dumfries, avec des sommets granitiques (Merrick, 843 m) entourés par une multitude de collines où alternent forêts de chênes et de bouleaux, landes balayées par les vents, prairies naturelles et lacs d'altitude.

En avançant vers l'est, la hauteur des monts s'abaisse peu à peu pour parvenir jusqu'au paisible bassin de la **Tweed** et aux riches terres agricoles de la Merse irriguées par de nombreux cours d'eau.

Au nord de ces vallées, la faille des Southern Uplands (Moorfoot Hills et Lammermuir Hills) marque la frontière avec les Lowlands. Au sud, les landes des Cheviots Hills relient la Tweed à l'estuaire de Solway.

Sur la côte est, les prairies s'arrêtent parfois brusquement face à la mer du Nord sur des falaises vertigineuses. À l'ouest, la côte de l'estuaire de Solway est bordée par des marais et des vasières. Formant le point méridional de l'Écosse, le cap de Galloway s'avance face à l'Irlande. Et en remontant vers le nord, on découvre les paysages variés et enchanteurs de l'Ayrshire.

LES LOWLANDS

La partie la plus basse de l'Écosse est le lieu des contrastes. Cette petite région à forte densité humaine, riche en minerais et à l'agriculture prospère, est le centre de la vie urbaine et industrielle écossaise. Composée de marécages, de forêts et de tourbières au temps des premières implantations humaines, elle se distingue maintenant par ses riches plaines dévolues à l'élevage à l'ouest et aux cultures à l'est.

Les Basses-Terres sont grignotées par les deux grands **estuaires du Forth et de la Clyde** qui entrent profondément dans les terres au niveau d'Édimbourg et de

Glasgow. La région, qui n'est basse qu'en comparaison des montagnes du nord et du sud, est parcourue de lignes de collines d'origine volcanique, les Pentland Hills et les Campsie Fells, à l'arrière-plan d'Édimbourg et de Glasgow, et les hautes Ochil Hills, qui donnent l'impression de barrer le passage nord.

Les plaines de Lothian qui bordent l'estuaire du Forth et vont jusqu'à la hauteur de Dunbar sont interrompues près des faubourgs d'Édimbourg par les collines du Pentland. Les longues plaines alluviales du Forth se prolongent à travers le Strathearn jusqu'à la Tay et la riche plaine alluviale de Gowrie, dominée par les Sidlaw Hills. Puis, c'est le bassin fertile du Strathmore qui s'étire en direction de la côte et se rétrécit au-delà de Brechin pour devenir la Howe of the Mearns.

La côte est offre une alternance de falaises, de landes herbeuses, de plages de sable, et des panoramas magnifiques sur la mer comme la vue sur Bass Rock et sa réserve ornithologique. Autour de Glasgow, le contraste est encore plus saisissant. Zone la plus industrialisée d'Écosse, elle n'est cependant pas très loin des tranquilles collines des Trossachs dans les Highlands et du plus fréquenté des lacs, le **loch Lomond,** surmonté par la montagne du Ben Lomond (974 m).

LES HIGHLANDS

Cette région, dont la majeure partie s'élève à plus de 600 m d'altitude pour dépasser les 1 200 m dans les Cairngorms (Ben Macdui, 1 309 m) et au **Ben Nevis** (1 344 m), le sommet le plus élevé de Grande-Bretagne, est composée de deux grands ensembles séparés par une profonde dépression, le **Great Glen**. Une histoire géologique complexe y a permis la formation de formes extrêmement variées. La partie méridionale, souvent appelée **monts Grampians**, présente des sommets doucement arrondis, tandis que la partie septentrionale, les Highlands proprement dites, offre au regard des montagnes et des falaises impressionnantes, comme les **Cuillins** sur l'île de Skye ou les falaises spectaculaires du **Ross occidental**.

Le paysage le plus courant dans les Highlands est la lande de bruyère ou de fougères où, ça et là, émergent de gros rochers. Les vallées profondes (glen) font face aux montagnes nues ou boisées et les tourbières s'étendent dans certaines parties à perte de vue. De nombreux lacs traversent le paysage comme le fameux **Loch Ness** dans le Great Glen. La côte ouest est découpée par de larges fjords rappelant les paysages scandinaves, et à l'est, falaises, criques et plages se succèdent sur le rivage.

Le climat

Les courants chauds du Gulf Stream entraînent un climat doux et humide sur la côte ouest de l'Écosse. Il n'est pas rare de voir des fleurs subtropicales et des palmiers peupler les jardins, alors que l'on se trouve à la latitude de la Sibérie.

Du côté est et au nord, les courants froids de la mer favorisent plutôt un climat sec et frais. Mais le temps reste variable sur l'ensemble du pays et la pluie peut survenir à tout moment. Si vous partez pour une longue promenade ou une randonnée, munissez-vous d'un vêtement de pluie.

Le paradis des randonneurs

Au sud du Great Glen, deux grands massifs offriront aux randonneurs de belles récompenses. Les **Trossachs** aux reliefs tourmentés éveilleront l'imagination des plus romantiques et les massifs des **Cairngorms,** parsemés de lochs et de vallées, arrêteront un instant le marcheur, le souffle coupé par leur beauté. Au nord se dévoile la **vallée de la Spey** mondialement connue pour ses rivières et ses champs d'orge à l'origine de la plus grande concentration de distilleries de whisky. Élixir nécessaire à certains pour parachever la félicité des longues marches dans les Highlands… À l'ouest de la Spey, les Monadhliath Mountains forment un plateau sans relief couvert de tourbières et de landes.

Au nord du Great Glen, vous trouverez des paysages figurant parmi les plus sauvages d'Europe. Ici, des pics isolés surgissent d'un plateau d'une hauteur moyenne de 610 m. Les monts les plus spectaculaires sont dans les régions de **Torridon** et de Sutherland. Le long du littoral ouest, faisant face aux Hébrides, alternent péninsules et bras de mer. À l'extrême nord-est s'étend la plus vaste tourbière d'Europe, le Flow Country.

LES ÎLES

La terre écossaise est bordée par environ 790 îles. Les **Hébrides** qui longent le littoral à l'ouest représentent le groupe le plus important, avec 500 îlots. Les Hébrides intérieures comprennent des îles aussi renommées que Skye, Mull, Iona et Islay. Le Minch sépare l'Écosse des Hébrides extérieures, un archipel s'étendant sur 225 km, depuis Butt of

Lewis jusqu'à Barra Head. Les principales îles de l'estuaire de la Clyde sont Arran, Bute et les Cumbrae. Au-delà du Pentland Firth, au nord, se trouvent deux importants archipels : les **Orcades**, qui regroupent 90 îles et, plus loin, les **Shetland**, qui en comprennent une centaine. Quant aux îles de Fair, de St Kilda et de Rockall, elles forment des éléments détachés et isolés. Si beaucoup d'îles sont aujourd'hui inhabitées, c'est pourtant dans ces sites lointains que les cultures scandinave et gaélique ont résisté le plus longtemps. De nos jours, chacune d'elles conserve jalousement ses propres caractéristiques.

La faune

La nature sauvage de l'Écosse est le lieu idéal pour observer de nombreux animaux. La politique de préservation de la faune et du milieu naturel en place depuis plusieurs dizaines d'années a même permis le retour d'espèces disparues.

DANS LES AIRS

Parmi les **oiseaux de proie** d'Écosse, le plus majestueux est indiscutablement l'aigle royal, que l'on peut admirer sur l'île de Skye, dans les Hébrides extérieures, dans la région d'Aviemore, dans la vallée de la Dee ou au nord-ouest des Highlands. L'aigle de mer, de retour depuis 1975, est également visible dans les Hébrides, sur les îles de Mull ou de Skye au printemps, ou au loch Frisa d'avril à juillet, lorsqu'il se reproduit. Son vol, parfois acrobatique quand il va saisir un poisson, est un spectacle inoubliable. L'orfraie qui est revenue depuis déjà cinquante ans se nourrit exclusivement de poissons. On la voit de la fin du mois de mars à la mi-septembre dans la vallée de la Spey, les Highlands du Nord-Ouest et dans la vallée de la Tweed. Parmi les autres oiseaux de

ATLANTIC
OCEAN
ÎLES ORCADES
479
Pentland Firth
Cape Wrath
Duncansby Head
Ben Hope
927
Ben Loyal
764
808
Quinag
846
731
Canisp
Suilven
NORTH WEST HIGHLANDS
1062
Teallach
Moray Firth
Nairn
Fraserburgh
Inverness
Buchan
Glen Loch Ness Fault
Spey
HIGHLANDS
Monadhliath Mountains
Cairn Gorm
1245
1295
Braeriach
1309
Ben Macdui
Aberdeen
Dee
Ben Nevis
1344
GRAMPIAN MOUNTAINS
Fault
Montrose
L. Rannoch
Ben Lawers
1214
126
Ben Cruachan
Loch Tay
Tay
Strathmore
Highland Boundary Fault
Sidlaw Hills
Dundee
Strathearn
Perth
NORTH
SEA
Ben Lomond
974
Loch Lomond
Ochil Hills
LOWLANDS
Forth
Campsie Fells
CENTRAL
Firth of Forth
EDINBURGH
GLASGOW
Clyde
Firth of Clyde
Pentland Hills
Lammermuir Hills
Moorfoot Hills
Southern Upland Fault
SOUTHERN UPLANDS
Tweed
Nith
CHEVIOT HILLS
Annan
Esk
843
Merrick
711
Cairnsmore of Fleet
569
Criffel
ENGLAND
NEWCASTLE UPON-TYNE
Solway Firth
0
60 km
40 miles
N

C. & J. Jouhan-Rius / GHFP/JACANA

Macareux.

proie, les busards, les faucons pèlerins et les faucons crécelles parcourent régulièrement le ciel des Highlands.

Famous Grouse & Co

Dans la famille des lagopèdes, que l'on nomme grouse en Écosse, les grands coqs de bruyère sont les plus imposants. Réintroduits depuis 1770, leur nombre s'est accru parallèlement à l'augmentation des plantations forestières. Le lagopède rouge d'Écosse vit, lui, dans les landes de bruyère où la couleur de son plumage lui permet de se dissimuler facilement. Cela n'empêche pas les chasseurs de le débusquer chaque année à partir du 12 août. Les tétras-lyres, ou coqs des bouleaux, préfèrent les landes et les lisières de forêt. Quant au lagopède des rochers, quatrième membre de la famille, il a un faible pour les sommets de montagne, où son camouflage blanc fait merveille. C'est là aussi que vivent le pluvier, oiseau coloré qui n'aime pas voler, et l'insaisissable bruant des neiges.

Autour des lochs ont peut apercevoir, selon la saison, des oies sauvages, des hérons cendrés et le rare plongeon arctique. Les rivières sont parcourues par les insaisissables martins-pêcheurs, les cigles et les bergeronnettes. Dans les tourbières comme dans la région du Flow Country, il est possible d'admirer, entre autres, la chasse diurne du hibou des marais ainsi que la bécassine des marais et le bécasseau variable au plumage changeant.

Macareux et fous de Bassan

C'est toutefois sur le littoral et les îles que se réunissent les plus grandes concentrations d'oiseaux, du printemps à l'automne. L'adorable macareux vient notamment à St Kilda, dans les îles de May et Staffa. Dans la réserve de St Abb's Head, outre ce petit pingouin, des dizaines de milliers de fulmars, guillemots, mouettes, labbes et cormorans viennent se nicher. Et si vous souhaitez voir des fous de Bassan, prenez le bateau et visitez l'île qui lui a donné son nom, Bass Rock. De l'autre côté de l'estuaire de la Firth, des excursions sont également organisées à partir d'Anstruther qui mènent les visiteurs à l'île de May, habituellement surpeuplée d'oiseaux de mer pendant l'été.

SUR TERRE

À côté des emblèmes de l'Écosse que sont le poney des Shetland, le bœuf des Highlands et le cerf rouge, vous croiserez nombre d'autres animaux répartis en fonction du milieu naturel. Les lochs d'eau salée et la côte écossaise sont le dernier endroit en Grande-Bretagne où l'on peut apercevoir la loutre d'Europe. Les forêts de pins, dont celle du parc national des Cairngorms, sont le refuge du chat sauvage, de la martre, du renard et du furtif écureuil roux. Ce dernier se reproduit en janvier-février et il est possible de surprendre, au mois de juin, la nouvelle génération qui sort du tronc familial. Enfin, dans les landes peuplées de moutons, vos pas croiseront peut-être la route d'une hermine en quête d'un campagnol ou d'un lièvre.

DANS LES EAUX

Les nombreuses rivières qui quadrillent les terres écossaises regorgent aussi de vie. Les saumons de l'Atlantique remontent chaque année les grands cours d'eau de la côte est. On peut facilement admirer leurs bonds majestueux à l'échelle à saumons de Pitlochry dans les Highlands. Les deux principaux

Le dauphin hyperoodon

Le Moray Firth sur la côte nord-est abrite l'un des plus grands dauphins de la planète. Son caractère sociable et sa grande force lui font réaliser d'impressionnantes acrobaties. Le mieux pour profiter pleinement de ce spectacle est bien sûr de prendre place sur un bateau. La période d'observation la plus propice se situe à la marée montante. Au printemps et en été, vous multiplierez les chances d'apercevoir le dauphin hyperoodon car c'est la période où il se reproduit *(voir Elgin p. 403)*.

types de truites, fario et de mer, sont particulièrement nombreux dans les lochs de la côte ouest et du Nord. Quant à l'écrevisse et à la lamproie, qui se nourrit du sang des autres poissons, elles peuplent de nombreuses rivières écossaises.

Parmi les baleines

Près des falaises vit le phoque gris, la plus grande colonie d'Europe étant située à St Andrews. Si vous remontez les rivages de la côte est, vous aurez peut-être la chance de croiser le phoque veau marin qui est beaucoup plus rare. Véritable paradis pour les passionnés de cétacés, les eaux écossaises accueillent 22 espèces de baleines et de dauphins. Des bateaux partant tant de la côte ouest que de la côte est des Highlands permettent de les admirer paisiblement. Vous aurez de grandes chances d'apercevoir le rorqual dans les Orcades et les Shetland ainsi que dans les eaux à l'est de l'Écosse, entre mai et octobre. Les bandes d'orques sont visibles autour des mêmes îles ainsi que dans les Hébrides. La meilleure période pour surprendre les autres espèces, comme la baleine à bosse, reste l'été.

Les gardiens de l'environnement

Diverses mesures mises en place ces trente dernières années ont permis de préserver l'exceptionnel patrimoine naturel du pays. Deux parcs nationaux ont été créés dans les Highlands depuis 2002, celui du loch Lomond et des Trossachs, au nord de Glasgow, et celui des Cairngorms, au sud d'Inverness. De nombreux organismes coopèrent pour tenter de concilier deux objectifs divergents : la demande croissante d'un public avide de distractions et la conservation de la campagne et des magnifiques paysages d'Écosse.

NATIONAL TRUST FOR SCOTLAND

Cette institution possède et gère quelques-unes des plus importantes régions montagneuses, comme Balmacara-Kintail, Glencoe et Torridon, où les gardes forestiers sont chargés d'organiser les visites des touristes dans la nature. Les centres d'accueil et les gardes forestiers sont là pour informer, donner des avis d'experts, illustrer les exposés, et distribuer, en été, le programme des marches guidées.

Munros, corbetts et grahams

Une grande partie de l'Écosse se situe au-dessus de 244 m. Les collines et les montagnes sont visibles dans n'importe quelle partie du pays. Sir Hugh T. Munro fit, en 1891, un inventaire de tous les pics dépassant 914 m d'altitude. Il en dénombra 280 et, de nos jours, la liste en comporte 4 de plus. Vers 1920, J. Rooke Corbett établit une nouvelle liste de 221 sommets situés entre 760 m et 915 m. Puis dans les années 1990, Fiona Torbett (née Graham) rédigea la première liste des sommets compris entre 610 m et 760 m. Le Scottish Mountaineering Club compile et publie un guide qui rassemble les donnés sur les munros (284) et les corbetts (219). Il indique également pour chaque sommet dépassant 760 m les voies d'escalade. Un autre guide rassemble l'ensemble des grahams (224).

SCOTTISH WILDLIFE TRUST

Le **Scottish Wildlife Trust** fut fondé en 1964 pour combattre les dangers croissants menaçant la faune écossaise. Les 70 réserves naturelles qu'il gère jouent un rôle national et international en matière de préservation de la nature. Le loch de Lowes, où les orfraies établissent leurs nids, et St Abb's Head, avec ses célèbres oiseaux de mer, sont deux sites dont la tutelle est partagée avec le National Trust for Scotland. Les réserves ne sont pas toutes ouvertes au public, et l'accès à certaines est parfois restreint pour éviter de perturber la vie sauvage.

SCOTTISH NATURAL HERITAGE

Le **Scottish Natural Heritage** est chargé de créer des réserves pour sauvegarder certaines espèces sauvages. Les sites actuels sont ceux de Rhum pour le cerf, de North Rona pour le phoque gris, de St Kilda pour les oiseaux de mer, de Ben Lawers pour son importante flore alpine originaire de l'Arctique et, enfin, de Beinn Eighe pour les quelques pins d'Écosse qui existent encore sur ce site.

Afin de pallier la destruction des forêts, le Scottish Natural Heritage a mis en œuvre des projets de reboisement. Aubépines, sorbiers et aulnes sont plantés pour remplacer progressivement les variétés d'arbres d'origine étrangère, tels le sycomore, le mélèze et le hêtre.

HISTOIRE

À l'image de ses héros légendaires, l'Écosse possède une histoire tumultueuse. Durant des siècles, les guerres contre les Anglais ou les querelles internes, notamment religieuses, marquèrent plus le pays que les périodes de paix. Le rattachement définitif à la Grande-Bretagne, au 18e s., ne mit pas totalement fin à cet esprit rebelle.

Le Parlement écossais, à Édimbourg, symbolise la nouvelle autonomie de la région.

Des origines à l'unification

Les divers peuples d'Écosse, venus pour certains dès la préhistoire, formèrent longtemps des royaumes indépendants, avant de s'unir au 9e s., sous le règne de Kenneth MacAlpine.

PREMIÈRES MIGRATIONS

Les premières traces de présence humaine datent de la fin de la période de glaciation (8000 av. J.-C.). Elles sont le fait de tribus de chasseurs-cueilleurs, probablement venues du nord de l'Europe par bateaux. Vers 4000, les populations primitives se sédentarisent sur les côtes et dans les vallées et pratiquent l'agriculture, l'élevage, la poterie et le tissage. À partir de 2500, les rites funéraires évoluent et donnent lieu à la construction de *cairns*. Des cercles de pierres sont également élevés dans tout le pays, indiquant des connaissances en astronomie.

À partir du 1er millénaire plusieurs vagues de **Celtes** s'installent sur le territoire écossais. La première, vers 600 av. J.-C., vient du continent ; la seconde, vers 350 av. J.-C., de l'Irlande. On peut dès lors parler d'un début d'unité linguistique et culturelle, ce qui facilitera sûrement l'union des peuples face à la première menace extérieure : Rome.

FACE AU MONDE ROMAIN

Malgré une première incursion menée par César en 55-54 av. J.-C., la conquête de l'île britannique ne commence qu'en 43. Après avoir soumis le Sud, les Romains se tournent vers le Nord et les forêts d'Écosse, territoire qu'ils nomment **Calédonie**. L'empereur Vespassien (9-79) envoie ses légions pour assujettir les tribus « barbares ». Mais, ceux que les Romains appelaient Pictes, le « peuple peint », se rassemblent et résistent. La première grande bataille sur le sol écossais a lieu en 84 dans les Grampians. Un certain Galgacus réussit à fédérer les tribus pour contrer l'avance romaine. Celles-ci sont néanmoins vaincues par Agricola (40-93), mais les incessantes escarmouches avec les Caledonii et le peu d'intérêt des Romains pour ces terres mènent à l'isolement du nord de la Grande-Bretagne.

En 122, l'empereur Hadrien (76-138) fait élever un mur entre la Solway et la Tyne (au sud de l'actuelle frontière écossaise). Une vingtaine d'années plus tard, le gouverneur romain Lollius Urbicus construit un second rempart plus au nord, entre la Clyde et le Forth, le mur d'Antonin. Il est abandonné en 160 sous la pression des

Les grandes dates de l'Écosse

80 – Les Romains menés par Agricola passent la Clyde et affrontent les Celtes.
503 – Les Scots d'Irlande s'installent en Argyll, et fondent le royaume de Dalriada.
7e s. – Le territoire se partage entre les Pictes, les Bretons, les Scots et les Angles.
8e s.-13e s. – Les Vikings s'installent dans le nord de l'Écosse et dans les îles.
843 – Kenneth MacAlpine obtient le trône picte en unissant les Pictes et les Scots.
1296 – L'Écosse est annexée par l'Angleterre.
1314 – La victoire de Bannockburn entraîne en 1328 l'indépendance de l'Écosse.
1559 – Les sermons de John Knox à Perth annoncent la Réforme.
1587 – Marie Stuart, exilée en Angleterre, est exécutée pour complot à Londres.
1603 – Union des couronnes d'Angleterre et d'Écosse par Jacques VI Stuart.
1650 – Cromwell occupe l'Écosse après la bataille de Dunbar.
1707 – Acte d'union, l'Angleterre et l'Écosse forment la Grande-Bretagne.
1715-1746 – Les soulèvements jacobites se terminent par la défaite de Bonnie Prince Charlie à la bataille de Culloden.
1746-1886 – Highlands Clearances. Les paysans sont expulsés de leurs terres.
1975 – Première extraction de pétrole en mer du Nord à Peterhead.
1999 – Réouverture du Parlement écossais après 292 ans d'absence.

tribus pictes qui repoussent les Romains jusqu'au mur d'Hadrien. Bien que les régions méridionales de la Calédonie soient toujours l'objet de patrouilles, elles ne sont plus réellement occupées par les Romains. Ce qui n'empêche pas le développement entre les deux murs d'une culture romaine que l'on retrouvera chez les Britons.

LE ROYAUME D'ALBA

Au 4e s., deux peuples se partagent le territoire : les Pictes au nord des estuaires du Forth et de la Clyde, et les Britons, divisés en plusieurs royaumes, au sud. Dans les siècles qui suivent, trois nouveaux peuplement viennent compléter la future nation écossaise. Les **Scots** originaires d'Irlande fondent vers la fin du 5e s. le royaume de Dalriada qui comprend les Hébrides et une partie de la côte occidentale. Les **Anglos-Saxons** (Saxons, Angles et Jutes), venant du continent au 7e s., s'installent à l'est de l'Écosse. Ils sont contenus au nord par les Pictes, mais repoussent les Britons vers l'ouest. Enfin, à partir de la fin du 8e s., les **Vikings** étendent leurs possessions aux îles des Orcades, à une partie des Hébrides et s'installent en différents points de la côte.

De la christianisation à l'unité politique

Une première christianisation est menée par Saint-Ninian (3e s.-432) en 397 mais reste limitée au sud-est. La conversion des peuples est réalisée par Saint-Columba (521-597) et ses successeurs, venus d'Irlande, qui s'installent à Iona en 563 et évangélisent les tribus scots et pictes entre le 6e et le 7e s.

Ce sont les batailles et les raids qui régissent les rapports entre les différents royaumes. Cependant, à la faveur des conflits et des alliances, les territoires se rassemblent. En 843, le roi scot **Kenneth MacAlpine** (vers 810-858) règne sur le territoire au nord du Forth et de la Clyde, le futur royaume d'Alba, en réunissant le royaume de Dalriada aux terres pictes du nord. Il installe sa capitale à Scone. Le roi Malcolm II (vers 954-1034), l'un de ses descendants, ajoute en 1018 les terres du sud jusqu'à la Tweed. Mais la constitution d'un territoire ressemblant à celui de l'actuelle Écosse se fera quelques années plus tard, en 1034, quand son petit-fils, Duncan Ier, roi de Strathclyde, hérite du royaume d'Alba.

843 – Kenneth MacAlpine unit les Pictes et les Scots. Scone devient la capitale du royaume.

1034 – Le Strathclyde est rattaché au royaume d'Alba par Duncan Ier.

1040-1057 – Règne de Macbeth.

L'ÉCOSSE MÉDIÉVALE

En 1066, l'Angleterre est conquise par Guillaume le Conquérant. Cette invasion va également avoir des conséquences sur l'histoire écossaise. Plusieurs familles nobles anglaises traversent la frontière écossaise et viennent se réfugier à la cour de Malcolm III (1031-1093) et de sa femme Margaret. Des familles comme les Bruce, les Balliol ou les Stewart s'unissent aux familles écossaises et forment une nouvelle noblesse dans les Lowlands. C'est le début d'une différenciation entre une Écosse du Sud plus proche de la culture anglaise, où s'imposent peu à peu la féodalité et la langue scot, et un Nord plus gaélique organisé autour du système des clans.

Une autre transformation est aussi à l'œuvre durant cette période. Jusqu'alors,

THE BRIDGEMAN ART LIBRARY/National Library of Scotland, Edimbourg

Robert Bruce et son épouse.

le christianisme écossais était resté en dehors de l'influence de Rome. À partir de Margaret et sous l'action de ses fils, l'Église se transforme pour revenir dans le giron catholique en reconnaissant le pape comme chef de la chrétienté. Le centre de l'Église écossaise se déplace de l'île de Iona à Saint Andrews.

Le règne de Malcolm III marque également le début des affrontements qui allaient régir les rapports pour les siècles à venir entre l'Angleterre et l'Écosse. Le roi s'engage dans deux conflits avec l'Angleterre normande. Sa mort, lors de la seconde guerre, ouvre une période d'instabilité où les monarques sont soit soutenus par l'Angleterre, soit par la noblesse écossaise. Elle ne prendra fin qu'avec le règne d'Alexandre III. Profitant d'un calme relatif, ce dernier peut se tourner vers les possessions scandinaves et, après la **bataille de Largs** en 1263, il signe avec le roi Magnus VI le traité de Perth qui reconnaît sa suzeraineté sur l'archipel des Hébrides. La fin de son règne ouvre quelques années de paix.

1124 – David Ier étend les frontières de l'Écosse au sud et conquiert le Northumberland.

L'Écosse et l'Angleterre

Très tôt, l'Écosse suscite les convoitises de son voisin anglais et entretient avec lui des rapports houleux, maintenant tant bien que mal son indépendance. Aux conflits politiques, la Réforme ajoutera les querelles religieuses.

LA GUERRE D'INDÉPENDANCE

À la mort d'Alexandre III, en 1290, sa fille Margaret, seule et unique héritière, n'a que six ans. Elle meurt quelques années plus tard laissant une armée de prétendants au pied du trône. La noblesse écossaise se tourne alors vers Édouard Ier d'Angleterre (1239-1307) pour choisir son successeur. Le roi favorise l'accession de **John Balliol** (vers 1250-1296), qui lui semble plus anglophile. John Balliol reconnaît la suzeraineté d'Édouard Ier en 1292, mais rompt son allégeance en concluant un traité avec les Français en 1295. Cet événement entraîne une série de campagnes de pacification. En 1296, John Balliol abdique et l'Écosse passe sous la domination anglaise.

Le temps des héros

Les années de lutte pour s'affranchir du joug anglais vont permettre au pays de se forger une identité nationale. On voit naître des héros. Un chevalier inconnu, **William Wallace** (1270-1305), organise la résistance et remporte la victoire du pont de Stirling en 1297. Il devient le gardien du royaume au nom de Balliol. Mais vaincu par les Anglais l'année suivante à la bataille de Falkirk, il rentre dans la clandestinité. Il sera capturé en 1305 et exécuté à Londres.

Deux prétendants au trône sont désignés pour le remplacer : John Comyn (-1306) et **Robert Bruce** (1274-1329). Robert Bruce participe au meurtre de John Comyn en 1306 puis s'enfuit à Scone où il se fait couronner roi la même année. La lutte pour garder le pouvoir sera longue et rude, victoires et défaites se succèdent, pour les Anglais comme pour les Écossais.

Bruce impose progressivement la soumission aux différents fiefs. La victoire de **Bannockburn** contre les Anglais en 1314 marque le premier pas du processus d'indépendance. En 1320, la noblesse écossaise adresse une supplique au pape, la **déclaration d'Arbroath**, lui demandant de reconnaître l'indépendance de l'Écosse et la suzeraineté de Robert Bruce. En 1328, par le traité de Northampton, l'Angleterre reconnaît l'indépendance du pays et son roi Robert The Bruce. Le monarque meurt l'année suivante et David II, son fils, lui succède. Quelques années plus tard, en 1332, l'Angleterre fait de nouveau ingérence dans les affaires écossaises, cherchant à imposer un roi à sa convenance. L'Écosse ne retrouvera sa souveraineté qu'avec le traité de Berwick en 1357 et le retour de David II sur le trône. L'Angleterre a alors bien d'autres préoccupations, la guerre de Cent Ans avec les Français ayant commencé.

1295 – Signature de la Vieille Alliance entre la France et l'Écosse.

1296 – La pierre de la Destinée sur laquelle sont couronnés les rois d'Écosse est prise par les Anglais et emportée à Westminster.

1314 – Bataille de Bannockburn.

1320 – Déclaration d'Arbroath.

1357 – Par le traité de Berwick, l'Angleterre reconnaît l'indépendance de l'Écosse.

LES STUARTS

En 1371, David II décède sans descendance mâle, et le trône passe par les femmes aux Stewart. Le premier de cette lignée est Robert II Stewart (1316-1390). Son fils John lui succède sous le nom de Robert III (1340-1406), mais c'est en fait son frère, le duc d'Albany, qui dirige le pays. Face aux luttes internes entre la royauté et la noblesse écossaises, Robert III envoie en France, son fils, le futur Jacques Ier (1394-1437), dans le but de le protéger. L'enfant est capturé lors de son voyage, élevé à la cour d'Angleterre et revient pour régner en 1424. Il entreprend alors des réformes pour rétablir l'ordre dans le royaume et réduire les pouvoirs de la noblesse et du Parlement, ce qui le rend impopulaire. Il renforce la Vieille Alliance et lutte avec les Français contre l'Angleterre. Il meurt assassiné.

La plupart de ses descendants subiront le même sort, laissant des enfants trop jeunes pour gouverner. Durant presque deux siècles, le pouvoir passe alternativement des mains de régents, issus de la noblesse, à des rois enfin arrivés en âge de régner. Le monarque le plus jeune lors de son accession au trône est **Marie Stuart** en 1542 : elle n'a alors que onze semaines ! À cette cacophonie politique vient s'ajouter dès le début du 16e s. une révolution religieuse : la Réforme.

1371 – Accession au trône des Stuarts avec Robert II Stewart (1371-1390).

AKG-IMAGES/Erich Lessing Bibliothèque Nationale, Paris

Marie Stuart par Jean Clouet (1559).

Tragique destinée

Pendant son bref mais tragique règne (1561-1567), alors que sévissent les conspirations et la violence, **Marie Ire Stuart** prône la tolérance religieuse. Mais les intrigues sanglantes qui se nouent avec, probablement, son accord tacite provoquent le scandale, et son mariage avec Bothwell, suspecté d'avoir participé au meurtre de Darnley, déchaîne la rébellion. Après avoir abdiqué en faveur de son tout jeune fils, elle s'enfuit en Angleterre où la reine Élisabeth la tient en demi-captivité pendant 18 ans. Marie tente de s'évader et de former une faction soutenant ses droits au trône anglais. La rivalité entre les deux reines s'achèvera avec l'exécution de Marie à Fotheringay en 1587.

1411-1582 – Création des universités de St Andrews, Glasgow, Aberdeen et Édimbourg.

Knox et la Réforme

Les écrits des deux maîtres à penser de la Réforme, Luther et Calvin, atteignent l'Écosse au 16e s. Malgré la répression, les prêches gagnent des adeptes parmi la population. En 1527, le luthérien Patrick Hamilton et, en 1546, le calviniste George Wishart sont arrêtés et brûlés pour hérésie. En représailles, le cardinal Beaton est assassiné par des protestants. La régente, Marie de Guise, catholique, suscite également le mécontentement de la noblesse et du peuple en favorisant l'influence française à la cour.

Le personnage le plus influent de cette période est **John Knox** (vers 1513-1572), disciple de Calvin et de George Wishart. Ses sermons à Perth en 1559 marquent le début de la fronde religieuse. À la mort de la régente, en 1560, le Parlement écossais entérine la réforme de l'Église écossaise. Le protestantisme, et plus précisément le presbytérianisme, devient religion d'État. Le catholicisme n'est toutefois pas supprimé et reste fortement implanté dans les Highlands.

Le règne de **Marie Stuart** – marqué par la montée en puissance des protestants et une vie sentimentale mouvementée – est un désastre. Après seulement sept années de règne, elle abdique et s'enfuit en Angleterre laissant aux protestants le contrôle du pays et l'éducation de son jeune fils, Jacques VI (1566-1625).

1559 – Prédications de John Knox à Perth, début de la Réforme.

La « Vieille Alliance »

Depuis plus de 700 ans, une alliance a été forgée entre la France et l'Écosse, connue outre-Manche sous le nom de Auld Alliance. En voici les principales dates et événements :
1295 – John Balliol signe un traité avec Philippe le Bel et affirme ainsi l'indépendance de l'Écosse.
1419-1428 – Les armées écossaises aident Charles VII contre les Anglais : victoire de Baugé (1421), défaite de Verneuil (1428).
1436 – Mariage de Marguerite d'Écosse et du dauphin Louis.
1512 – Renouvellement de l'alliance. Tous les Écossais acquièrent la nationalité française et vice versa.
1536 – Jacques V épouse Madeleine de France, puis Marie de Guise en 1538.
1558 – Marie Stuart devient reine de France en épousant François II.
17e s. – Le Royal Scots Regiment fait partie de la garde de Louis XIII.
1688 – Jacques II d'Angleterre et les Jacobites sont accueillis par Louis XIV.
1985 – Le Festival internationnal d'Édimbourg fête la « Auld Alliance ».

1587 – Exécution de Marie Stuart à Londres.

LES CONFLITS DU 17e S.

À la mort d'Élisabeth Ire d'Angleterre, en 1603, Jacques VI d'Écosse devient Jacques Ier d'Angleterre et unit ainsi les deux couronnes. Il déplace sa cour à Londres. Dans l'Écosse du 17e s., en majorité protestante, Jacques VI essaie d'instaurer une situation religieuse similaire à celle de l'Angleterre anglicane. Cela implique de rétablir l'épiscopat ,c'est-à-dire le contrôle du roi sur l'Église, et la nomination d'évêques par la couronne. Son fils Charles Ier (1600-1649) accroît encore le vif mécontentement des Écossais avec la mise en place forcée du Scottish Prayer Book (1637) qui modifie la liturgie.
La réaction ne se fait pas attendre. En février 1638, quelque 300 000 Écossais signent un document, le **National Covenant**, par lequel ils s'engagent à défendre jusqu'à la mort la couronne d'Écosse et la vraie religion, c'est-à-dire le presbytérianisme.

La guerre civile

En 1643, faute de parvenir à leurs fins, les Covenantaires s'allient aux Parlementaires anglais au sein de la **Solemn League and Covenant**. Ces derniers sont alors en conflit ouvert avec Charles Ier, et la guerre civile déchire l'Angleterre. Après bien des luttes entre partisans et adversaires du roi, y compris sur le sol écossais, Charles Ier est finalement exécuté en 1649 et la monarchie abolie pour un temps.
Les Covenantaires sont choqués par la mort du roi et restent peu convaincus par Cromwell (1599-1658), le nouveau dirigeant de l'Angleterre. Ils offrent alors le trône à Charles II (1630-1685), à condition qu'il accepte le Covenant. Désormais, c'est l'Angleterre républicaine et l'Écosse royaliste qui vont s'affronter. Cromwell marche sur le nord de la Grande-Bretagne et bat l'armée covenantaire à Dunbar en 1650. Charles II doit fuir en France. L'Écosse est alors intégrée au **Commonwealth** sous la direction du Lord Protecteur **Oliver Cromwell** et de son fils Richard de 1651 à 1660.

1603 – Union des deux couronnes, Jacques VI accède au trône d'Angleterre, sous le nom de Jacques Ier.

1638 – 300 000 Écossais signent le National Covenant.

1644-1651 – La guerre civile anglaise gagne l'Écosse.

1652-1660 – L'Écosse fait partie du Commonwealth.

La répression religieuse

Le nouveau régime politique anglais s'effondre très vite après la mort de Cromwell, et le roi Charles II est rétabli sur le trône. Il oublie alors ses promesses aux Écossais et restaure l'épiscopat en 1661. Les Covenantaires subissent de graves persécutions et les prédicateurs doivent tenir en plein air des réunions improvisées. Les soulèvements de 1666 et 1679 sont écrasés. Le *Test Act* de 1681 interdit aux Covenantaires et aux catholiques l'accès à certaines fonctions, ce qui ne fait que renforcer leur opposition. On a appelé les années autour de 1685 l'« époque meurtrière » *(The Killing Time)*.

La mort de Charles II et la perspective d'une nouvelle lignée de monarques

AKG-IMAGES / Camera Photo

Jacques Ier, roi d'Angleterre et d'Écosse.

ouvertement catholiques, avec l'accession au trône de son frère Jacques VII, entraîne la défection des lords protestants en faveur de Guillaume d'Orange, petit-fils de Jacques Ier, en 1688. En novembre, ce dernier débarque dans le Devon à la tête de ses troupes, c'est le début de la Glorieuse révolution. Fin décembre, Jacques VII s'enfuit en France. Malgré quelques mouvements de résistance, l'Écosse est soumise en 1690, mais son Église est reconnue indépendante de celle de l'Angleterre.

Pour marquer sa nouvelle autorité, Guillaume d'Orange demande à tous les chefs de clans écossais de lui jurer fidélité. Un retard du chef du clan des MacDonald est à l'origine du massacre de Glencoe. Cet acte marque durablement les esprits écossais, notamment parce qu'il est commis par un Campbell à la tête de soldats du roi.

1660 – Restauration de la monarchie.

1682 – Fondation de la Bibliothèque nationale d'Écosse à Édimbourg.

1692 – Le clan MacDonald est massacré sur l'ordre de Guillaume d'Orange par le clan Campbell à Glencoe.

1695 – Fondation de la Banque d'Écosse.

Le Royaume-Uni

Rattachée définitivement à l'Angleterre en 1707, l'Écosse participe pleinement à la prospérité culturelle et économique du royaume. Glasgow devient dès le 19e s. l'un des moteurs de son industrie.

LES HANOVRE ET L'ACTE D'UNION

La mort de Guillaume d'Orange sans postérité entraîne une nouvelle crise dynastique. La seconde fille de Jacques II est la première sur la liste. Mais les Anglais ne veulent pas d'une souveraine catholique ni du retour des Stuart sur le trône. Ils favorisent le choix de Sophie de Hanovre, petite-fille de Jacques Ier. Après un accord passé entre les royaumes d'Écosse et d'Angleterre, la dynastie des Hanovre prend la direction d'un Royaume-Uni promulgué par l'Acte d'union en 1707. Le Parlement écossais s'autodissout et les décisions législatives sont maintenant prises pour l'ensemble du pays à Westminster. L'Écosse conserve néanmoins le contrôle des systèmes religieux, législatif et éducatif.

Cette union suscite bien des mécontents en Écosse. Pendant une cinquantaine

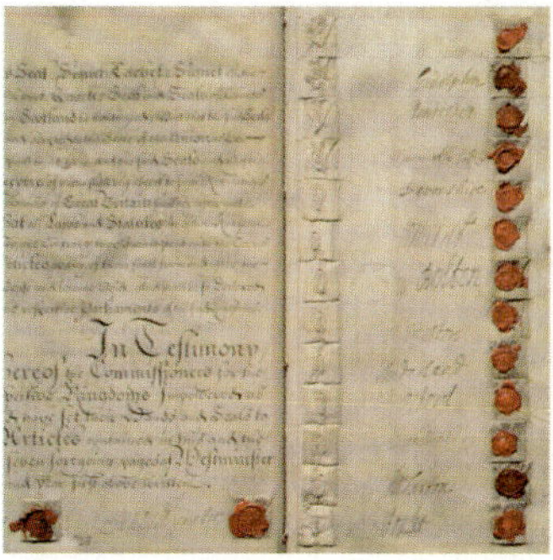

Acte d'union entre l'Écosse et l'Angleterre, 1707.

d'années, ils se rassemblent sous la bannière des Stuart, plus particulièrement dans les Highlands encore majoritairement catholiques. Ces soulèvements sont connus sous le nom de révoltes jacobites, en référence au prénom des souverains Stuart, Jacques (*Jacobus* en latin).

1707 – Union des parlements anglais et écossais en Parlement de Grande-Bretagne.

Les révoltes jacobites

Le premier mouvement jacobite a lieu en 1708. Jacques III d'Angleterre avec une flotte corsaire française essaie de débarquer en Écosse, mais la marine britannique les repousse. En 1715, un second soulèvement part directement du pays. Le comte de Mar, malgré la supériorité numérique de son armée, se replie durant la bataille de Sheriffmuir, près de Stirling. Le nouveau prétendant, Jacques VIII (1688-1766) arrive après la bataille, et son manque de charisme démobilise les troupes. Son départ furtif en bateau de Montrose marque le début d'une répression sanglante contre les meneurs de la révolte.

La troisième tentative, en 1719, avec l'appui des Espagnols, est une débâcle. Après 1725, la construction de routes en Écosse, et plus particulièrement dans les Highlands, est organisée par le général Wade pour faciliter le déplacement des troupes anglaises. Des garnisons sont établies. Mais, après quelques années, les régiments plus importants sont retirés. Et, quand le nouveau prétendant Stuart débarque dans les Hébrides en 1745, les forces anglaises sur le territoire sont faibles et peu entraînées.

1715 – Le soulèvement jacobite de Jacques VII est vaincu à la bataille de Sherriffmuir.

Le « Disarming Act »

La dernière tentative pour remettre un Stuart sur le trône d'Écosse est menée par le jeune frère de Jacques VIII, Charles-Édouard Stuart (1720-1788), aussi appelé **Bonnie Prince Charlie**. Il parvient à rassembler nombre de clans des Highlands sous son étendard et une cavalerie formée par des hommes des Lowlands. À la tête de cette armée, il prend Édimbourg et y établit sa cour. Puis il marche sur l'Angleterre et gagne plusieurs batailles, avant de s'arrêter à Derby où il fait demi-tour. Suivi par les armées anglaises, il remporte encore quelques victoires, avant de perdre la bataille de **Culloden** en avril 1746.

Sa défaite signe la fin des prétentions des Stuart à la couronne britannique et met un terme aux aspirations indépendantistes de l'Écosse. La répression qui s'ensuit est particulièrement dure. Le Parlement anglais adopte le *Disarming Act* en 1746 qui interdit le port des armes, du tartan et la cornemuse. Le droit de rendre justice et de lever des impôts est enlevé aux chefs de clans. Le système clanique gaélique disparaît.

1746 – La défaite de Culloden marque la fin des soulèvements jacobites.

1747 – Début des *Highland Clearances*.

La dernière querelle religieuse

En 1712, les propriétaires de terre ou de manoir, les *lairds*, se voient autoriser par le *Patronage Act* le droit de nommer les ministres du culte dans les paroisses. L'Église d'Écosse *(Church of Scotland)* émet des protestations, considérant cela comme une ingérence. Mais rien n'y fait, la loi est maintenue. La querelle prend fin en 1843 quand le Dr Chalmers, à la tête de la contestation, quitte la *Church of Scotland* pour fonder la *Free Church of Scotland*. Il défend si bien les intérêts de son Église auprès du Parlement qu'il obtient des terres de la noblesse. En dix ans à peine, 1 500 lieux de cultes, 600 écoles et trois facultés de théologie sont construits. Le *Patronage Act* est définitivement abrogé en 1874. Mais la *Free Church of Scotland* ne se réconcilie avec le pouvoir qu'en 1929.

DES LUMIÈRES À L'INDUSTRIALISATION

La deuxième moitié du 18e s. voit l'éclosion de nombreux talents. Elle est parfois appelée « les lumières écossaises ». Dominée par les figures d'Adam Smith, père de l'économie moderne, et de David Hume, philosophe majeur de l'empirisme, cette période est aussi celle de grandes découvertes scientifiques (lord Kelvin) et techniques (James Watt). Elle est suivie lors du 19e s. par une effervescence des arts, notamment dans la littérature, avec Walter Scott qui façonne l'image romantique du Highlander. L'accueil qu'il organise en 1822 pour la venue du roi George IV permet la réhabilitation du tartan et des traditions des Highlands.

Le drame des « Clearances »

Parallèlement aux innovations dans les domaines des arts et des sciences, une autre révolution est en marche, cette fois-ci économique, la révolution industrielle. Tandis que les commerçants et les manufacturiers s'enrichissent grâce au tabac, au textile et aux échanges avec l'Amérique, le monde paysan vit toutefois une des époques les plus sombres de son histoire : les *Clearances*.

Après le *Disarming Act* de 1746, les terres des chefs de clans rebelles sont cédées par la couronne anglaise à de nouveaux propriétaires. Dans un souci de rentabilité, ceux-ci augmentent fortement le fermage, et, surtout, lancent à vaste échelle des élevages de moutons pour produire de la laine. Cela entraîne la fin du mode de vie paysan traditionnel. Jusqu'en 1860 les Highlanders sont expropriés, leurs maisons brûlées et leur bétail tué. Des milliers d'entre eux émigrent ainsi en Amérique et en Australie ou gagnent les villes des Lowlands pour devenir ouvriers dans les usines.

Dans le même temps, la révolution agricole écossaise transforme les petites exploitations des Lowlands en un système plus stable et plus productif, provoquant aussi une migration des habitants, connue sous le nom de *Lowland Clearances*.

Le boom de l'industrie

La population dans la zone de Glasgow et d'Édimbourg augmente rapidement dès la fin du 18e s. L'industrie du tabac et du textile employant à bas prix les Highlanders mais également les Irlandais qui commencent à former des communautés importantes de catholiques sur le sol écossais.

Au cours du 19e s., la production dans les Lowlands se tourne progressivement vers l'industrie lourde grâce à la production minière. Glasgow et la Clyde deviennent l'un des centres les plus importants de la construction navale. Glasgow est alors, par son nombre d'habitants, la deuxième ville de l'empire britannique après Londres.

1769 – James Watt dépose le brevet de sa machine à vapeur.

1886 – Le *Crofters Act* met fin à l'épuration des Highlands et protège les petits fermiers.

L'ÉCOSSE DU 20e S.

La fin de la Première Guerre mondiale marque pour l'Écosse l'entrée dans le 20e s. Les villes ouvrières dans les Lowlands voient l'émergence dès 1888 de partis de gauche comme le *Scottish Labour Party*. Les grèves de 1915 des loyers et des usines d'armement ainsi que la grève de 1919 pour la semaine de 40 heures sont durement réprimées. Ces mouvements ont valu à Glasgow le surnom de *Red Clydeside*, la « Clyde rouge ». Mais c'est surtout à la suite de la récession des années 1920-1930 que la situation empire pour les classes les plus pauvres. Face à l'augmentation du chômage, nombre d'Écossais émigrent (environ 10 % de la population).

Malgré la reprise économique durant la Seconde Guerre mondiale, les revendications autonomistes grandissent peu à peu dans la population écossaise. La réponse systématique des différents gouvernements est d'augmenter graduellement les pouvoirs du *Scottish Office* rétabli depuis 1885. Mais la fin du siècle voit une évolution des réponses en une transformation des institutions de l'Écosse.

Vers la dévolution

En 1947, le *Scottish National Party*, fondé en 1934, fait circuler une pétition pour la création d'une assemblée autonome, le *Scottish Covenant*. Deux millions d'Écossais sont signataires, mais le parti ne parvient pas à s'imposer pour autant. Il monte cependant en puissance dans les années 1970, quand la découverte de pétrole en mer du Nord donne une réalité économique à l'idée d'autonomie. La proposition trouvant de plus en plus d'échos dans l'électorat, le parti travailliste au pouvoir en 1976 propose un projet de loi, le *Scotland Act*, qui vise à déléguer certains pouvoirs à une assemblée territoriale. Mais l'aspect compliqué de la proposition et les différends à l'intérieur des partis entraînent l'échec du référendum de 1979. Il faut attendre l'arrivée au pouvoir de Tony Blair, en 1997, pour qu'un nouveau projet de dévolution (décentralisation) voie le jour et soit approuvé par les Écossais en 1999. Ce second *Scotland Act* permet le retour d'un Parlement écossais, après 292 ans d'absence. Celui-ci est doté d'un pouvoir législatif qui lui permet de voter des lois dans certains domaines : la santé, l'éducation, le tourisme, le droit, l'environnement…

1969 – Découverte de pétrole en mer du Nord.

1973 – La Grande-Bretagne devient membre de la CEE.

Juillet 1999 – Première séance du nouveau Parlement écossais.

R Greenwood / SCOTTISH VIEWPOINT

Depuis sa découverte en mer du Nord, en 1969, le pétrole est une source de revenu non négligeable pour la région.

Les découvertes écossaises

Les Écossais, du 16e s. à nos jours, ont su faire preuve d'une énergie créatrice et d'un instinct infaillible dans de nombreux domaines. Que ce soit armés d'un simple crayon, dans un laboratoire à la pointe de la technologie, dans des jungles tropicale ou financière, ces « explorateurs » ont su découvrir de nouvelles voies qui ont fait avancer l'humanité.

LES SCIENCES

La médecine

Les frères **John** (1728-1733) et **William** (1718-1783) **Hunter**, issus d'une famille de médecins, découvrent les vaisseaux lymphatiques et jouent un rôle majeur dans les domaines de l'anatomie et de l'obstétrique.

En 1777, dans un traité de médecine, **William Cullen**, futur détenteur de la chaire de Santé publique à Édimbourg, définit pour la première fois le mot névrose (en anglais *neurosis*) : « Toutes les affections étranges du sentiment ou du mouvement qui sont dans la fièvre. » Ce terme a eu la postérité que l'on sait tant en psychiatrie qu'en littérature, et même parfois dans la vie courante.

Du côté des salles d'opérations chirurgicales, on innove aussi. **Robert Liston** est l'un des premiers médecins à pratiquer une opération sous anesthésie à l'éther en 1846. Un an plus tard, le docteur **James Simpson** (1811-1870) utilise pour la première fois du chloroforme. En 1867, le chirurgien **Joseph Lister** publie un article expliquant comment utiliser du phénol pour prévenir les infections sur les plaies. Cette méthode va également permettre de lutter contre les microbres en chirurgie. Mais la plus importante des inventions dans le domaine médical vient d'un chimiste : **Alexander Fleming** (1881-1955). Il découvre en 1929, un peu par hasard, la pénicilline, le premier antibiotique, qui allait sauver bien des vies. Les premiers cachets seront produits industriellement en 1940. Fleming reçoit le prix Nobel en 1945.

Les mathématiques et la physique

Le baron de Merchiston, plus connu sous le nom de **John Napier** ou Neper (1560-1617) a développé durant plusieurs dizaines d'années une passion pour les mathématiques. Dans son manoir près d'Édimbourg, il a découvert les logarithmes, et conçu les fameuses tables qui ont servi à tant de générations d'étudiants. On lui doit également une méthode pour les multiplications, les divisions et les racines carrées, ainsi que la règle des parties circulaires de la trigonométrie sphérique.

Joseph Black (1728-1799), chimiste et physicien, étudie dans les universités de Glasgow et Édimbourg avant d'enseigner, notamment la chimie, de 1756 à sa mort. Son apport à l'histoire des sciences est la mise en évidence du dioxyde de carbone en 1753. En 1761 et 1764, il découvre et mesure la chaleur échangée lors de la fusion ou de l'évaporation d'une substance, la chaleur latente. Ses travaux seront repris par son élève, James Watt, pour la création de la première machine à vapeur.

Le physicien William Thomson, **lord Kelvin** (1824-1907), est l'inventeur du zéro absolu (- 273,15 °C), qui existe seulement s'il n'y a ni chaleur ni pression d'un gaz. Il a laissé son nom à cette unité de mesure des températures, l'échelle Kelvin, où 0 K = -273,15 °C. Il énonce d'importantes théories en électricité et en mécanique. Mais c'est en trouvant la seconde loi de la thermodynamique qu'il fait sa plus grande découverte.

James Clerk Maxwell (1831-1879) poursuit des études brillantes en mathématiques à Cambridge qui le mènent au professorat à Aberdeen et à Londres. Durant cette période, il résout mathématiquement le mystère des anneaux de Saturne (1857), élabore le principe de la photographie en couleurs (1861), avant de s'attaquer entre 1860 et 1869 à la théorie cinétique des gaz. Son œuvre majeure est dévoilée dans *Traité d'électricité et de magnétisme* (1873), qui décrit les champs électromagnétiques. Cette découverte est à la base des travaux sur l'électricité, l'électronique et la physique nucléaire depuis la fin du 19e s.

Goodbye Dolly !

Le 5 juillet 1996, le professeur Ian Wilmut et son équipe du Roslin Institute d'Édimbourg donnent naissance au premier mammifère cloné à partir d'un animal adulte. La brebis, appelée Dolly en hommage à la chanteuse Dolly Parton, est euthanasiée après six ans de vie car elle souffrait d'une maladie pulmonaire incurable. Empaillée, elle est maintenant exposée dans la galerie scientifique du musée royal d'Édimbourg.

Les sciences de la terre

James Hutton (1726-1797), grâce à ses connaissances en médecine, en agronomie, en chimie, et à son sens de l'observation, écrit une thèse : *Théorie de la Terre* (1795) qui a servi de fondement à la géologie moderne du 19e s. L'Anglais **William Jackson Hooker** (1785-1865), après des études de droit à Glasgow et Oxford se passionne pour la botanique. Il est le premier directeur des Kew Gardens, et enseigne à l'université de Glasgow. Il écrit de nombreux livres sur la flore européenne. Son œuvre est complétée par son fils, l'explorateur et botaniste, **Joseph Dalton Hooker** (1817-1911).

Les relations avec le Nouveau Monde

Beaucoup d'Écossais émigrèrent vers le Nouveau Monde, peu de temps après le début des *Clearances* dans les Highlands et après la signature du traité de Paris en 1763, qui mettait un terme à la guerre entre Français et Anglais. Les Highlanders colonisèrent la province de Nova Scotia, au Canada. Les Écossais démontrèrent rapidement leur esprit d'entreprise en fondant la North West Company en 1773 et en mettant en place des comptoirs de commerce concurrents de la Hudson's Bay Company.

LES INVENTIONS

L'ingénierie

L'invention du moteur à vapeur (1769) par **James Watt** (1736-1819) révolutionne la production industrielle. Watt contribue également à la construction du canal calédonien et du canal de Crinan. **Henry Bell** (1767-1830) utilise cette découverte pour concevoir le premier bateau à vapeur destiné à transporter des passagers sur la Clyde (1812). Cette invention changera le visage de la navigation. **James Nasmyth** (1808-1890) invente le marteau-pilon à vapeur en 1841 qui est utilisé dans la métallurgie. À la veille de la Première Guerre mondiale, **Robert Napier** pose les fondations de l'ingénierie maritime et construit les premiers bateaux à vapeur Cunard et les premiers cuirassés. Parmi les autres avancées du 20e s., on peut citer l'invention du radar (1935) par **Robert Watson-Watt** (1892-1973), originaire de Brechin.

La construction

Deux ingénieurs se distinguent par leurs ouvrages d'art : **Thomas Telford** (1757-7834) qui réalise 42 ponts en Grande-Bretagne, et **John Rennie** (1761-1821), qui édifie notamment le pont sur la Tweed à Kelso en 1803. **Robert Stevenson** (1772-1850) élève de nombreux phares sur les côtes, comme ceux de Bell (1811) et de Mull (1830). Quant à **John McAdam** (1756-1836), il invente en 1816 le revêtement routier (couche de petites pierres agglomérées) qui porte son nom (macadam).

Les objets usuels

Charles Macintosh (1766-1843) invente en 1823 une matière protégeant de l'eau, l'imperméable est né. Le premier pneu est fabriqué en 1887 par **John Boyd Dunlop** (1840-1921), pour un tricycle.

Le monde des communications modernes doit beaucoup à **Alexander Graham Bell** (1847-1922), l'inventeur du téléphone (1876). Cet homme de génie, né à Édimbourg, part, après des études à Londres, pour l'Amérique du Nord en 1870. En 1877, il crée la compagnie téléphonique Bell. Il mène également des travaux novateurs dans les domaines médicaux, navals et aéronautiques. **James Dewar** (1842-1923), chimiste brillant, met au point un procédé industriel de fabrication d'hydrogène liquide. Il est surtout connu pour l'invention d'un objet bien utile : le Thermos (1898). **John Logie Baird** (1888-1946) obtient en 1925 la première image télévisée, elle est de couleur rouge et noir. La même année, il crée la première société de télévision du monde. En 1926, il présente son invention au public.

LES EXPLORATIONS

L'esprit entreprenant de nombreux explorateurs écossais a permis de découvrir des territoires inconnus.

Les pays africains attirent **Mungo Park** (1771-1806), qui explore la partie ouest du continent et tente de suivre le cours du fleuve Niger. **David Livingstone** (1813-1873), médecin et missionnaire militant contre le commerce des esclaves, est le premier à traverser le continent africain d'est en ouest ; c'est lui qui découvre les chutes Victoria et le lac Nyassa (appelé aujourd'hui lac Malawi). Parmi d'autres noms célèbres, citons **sir John Ross** (1777-1856), l'explorateur de l'Arctique, et **Alexander Mackenzie** (1755-1820), natif de l'île Lewis dans les Hébrides, qui partit pour le Canada. **John McDouall Stuart** (1815-1866) fait des séjours en Australie et explore le désert australien.

Célébrités d'Écosse

Voici le portrait de quelques Écossais célèbres. Qu'ils aient vécu essentiellement dans leur pays natal, ou qu'ils aient émigré à l'étranger, ils ont tous par leurs œuvres ou leurs actions participé à la construction de l'identité écossaise et à son rayonnement sur la scène internationale.

Robert Adam (1728-1792) – Digne fils de son père William, l'un des principaux architectes du début du 18e s., Robert Adam reste surtout célèbre en Europe pour ses aménagements intérieurs (style Adam). Après un long voyage d'études à Rome et en Dalmatie, il chercha à exprimer l'esprit classique par l'harmonie des couleurs, des volumes et des motifs : chaque pièce devait former un ensemble homogène où tous les détails étaient pensés, du mobilier aux foyers de cheminée. Il mit notamment ces principes à l'œuvre dans la résidence Mellerstain.

James Matthew Barrie (1860-1937) – Le nom de cet écrivain n'évoque peut-être rien pour vous ? Et pourtant, vous connaissez sûrement son enfant et œuvre majeure : *Peter Pan*, ce petit garçon qui refuse le monde adulte et enlève pour un temps les enfants désirant échapper à leurs parents… D'abord présentée sur scène, puis publiée en 1906, l'histoire est devenue un classique.

Robert Burns (1759-1796) – La vie de Robert Burns vaudrait à elle seule un roman, tant elle fut riche sur le plan littéraire et mouvementée dans le domaine privé. Comme certains de ces prédécesseurs, il écrivait à la fois en anglais et dans un dialecte écossais. Quand il ne se lançait pas dans la satyre, il avait pour thèmes de prédilection la nature et la vie rurale, qu'il décrivait sans faux lyrisme *(To a Mouse, The Cotter's Saturday Night)*. Il effectua aussi en parallèle tout un travail de préservation de la tradition orale, collectant de très nombreuses vieilles chansons et ballades, auxquelles il apportait ensuite sa touche personnelle *(Auld Lang Syne)*. Considéré comme le poète national de l'Écosse, il est fêté tous les 25 janvier lors la Burns's Night, occasion de déclamer des poèmes et de boire à son génie.

Robert The Bruce (1274-1329) – Se faisant couronner roi à Scone en 1306 contre la volonté anglaise, Robert Ier, dit The Bruce, est l'un des héros les plus célèbres de l'indépendance écossaise. Ne laissant aucun répit aux troupes anglaises, il remporta de nombreuses batailles. La plus célèbre, celle de Bannockburn, près de Stirling (1314), ouvrit la voie à la paix et à la reconnaissance d'une Écosse indépendante en 1328. The Bruce mourut un an plus tard de la lèpre. Il fut appprécié tant par l'aristocratie que par le peuple, après avoir réorganisé les finances et ouvert pour la première fois le Parlement aux représentants des villes.

Andrew Carnegie (1835-1919) – Né à Dunfermline, il émigra aux États-Unis en 1848. Il exerça différents emplois, comme ouvrier dans le textile. Il fit fortune après la guerre de Sécession et devint le magnat de l'acier. Il est l'exemple parfait du self-made-man. À la fin de sa vie, grand philanthrope, il fit don de 350 millions de dollars à des fondations.

Arthur Conan Doyle (1859-1930) – Natif d'Édimbourg, le père de Sherlock Holmes était médecin. Fort de l'énorme succès rencontré par Holmes et Watson, il choisit finalement de vivre de sa plume : pas moins de 60 récits furent publiés entre 1887 et 1927, et l'enthousiasme du public ne fléchit pas. Les autres œuvres de Conan Doyle restèrent plus discrètes. Passionné par les relations franco-anglaises et par l'histoire de son temps, il écrivit entre autres des romans historiques et une histoire militaire sur l'action britannique en 1914-1918.

Sean Connery (1930-) – Natif d'Édimbourg, Thomas Connery, alias Sean Connery, exerça nombre de métiers avant de devenir l'acteur célèbre que l'on connaît. Sélectionné en 1962 pour le rôle de James Bond dans *Dr No*, il devint pour de longues années un 007 à la classe incontestable, notamment dans le fameux *Bons Baisers de Russie*. Après une période de creux, Sean Connery connaîtra de nouveau le succès avec des films comme *Le Nom de la rose*.

David Hume (1711-1776) – Il appartient au cercle des grands philosophes du 18e s. Ses *Essais moraux et politiques* (1741), ses *Essais philosophiques sur l'entendement humain* (1748) et son *Histoire naturelle de la religion* (1757) lui apportent une notoriété certaine. L'université de Glasgow repoussera pourtant sa candidature à la chaire de philosophie morale. Hume se situait bien dans l'esprit des Lumières, notamment par son questionnnement critique des croyances. Il fit durant sa vie plusieurs voyages en Europe continentale, et notamment à Paris, où il côtoya Rousseau, d'Alembert, Diderot, et quelques autres grands penseurs de son temps.

John Knox (1513 env.-1572) – Auteur de sermons enflammés, cet ancien étudiant en théologie a joué un rôle de premier plan dans l'avènement de l'Église presbytérienne en Écosse. Contraint un temps de s'exiler, il part en Suisse où il approfondit sa vision de la religion : très anticatholique, il est aussi critique envers l'Église anglicane et prône un protestantisme plus austère que celui de Calvin. Il commença à prêcher en Angleterre vers 1550, mais son influence ne devint vraiment marquante qu'à son retour sur la scène écossaise, en mai 1559. Il fut l'un des auteurs de la Confession de foi écossaise, suite à laquelle le catholicisme fut aboli, en août 1560, et du *Book of Discipline*. Connu aussi pour ses démêlés avec Marie Stuart, il contribua entre autres au développement d'un système scolaire pour tous, dirigé bien sûr par l'Église.

James MacMillan (1959-) – Ce compositeur, natif de Kilwinning, est bien connu des mélomanes. Les références à la musique folklorique écossaise sont très présentes dans ses œuvres. Nommé en 2000 chef et compositeur en résidence du BBC Philharmonic Orchestra, il est célèbre pour le concerto pour percussion *Veni, veni, Emmanuel*, composé pour sa compatriote, la percussionniste Evelyn Glennie : une œuvre jouée plus de 200 fois depuis 1992 et dont l'enregistrement a obtenu le Classic CD Award for Contemporary Music en 1993.

John Muir (1838-1914) – Né à Dunbar, ce géologue et naturaliste émigre avec ses parents aux États-Unis en 1849. Marcheur infatigable, il traverse les États-Unis du nord au sud et découvre de nombreux sites naturels comme la magnifique et majestueuse vallée de Yosemite. En 1903, il inspira à Roosevelt la création des parc nationaux américains.

Walter Scott (1771-1832) – Doté d'un réel talent de conteur, c'est l'un des pères du roman historique. De son enfance dans les Highlands, il garda un goût certain pour les légendes de la tradition orale et ses textes exaltent non sans romantisme le passé héroïque de l'Écosse des clans. Après des poèmes, dont *La Dame du lac*, il publie en 1814 son premier roman, *Waverley*, qui connut un succès immédiat. Une quarantaine d'autres suivirent, dont les célèbres *Ivanhoé*, qui le firent connaître outre-Manche, *Rob Roy*, et bien d'autres...

Adam Smith (1723-1790) – Cet universitaire né à Kirkcaldy est considéré comme l'un des pères de l'économie politique. L'ouvrage qui le rendit célèbre, *La Richesse des nations* (1776), est toujours étudié. Présentant de façon détaillée toutes les connaissances économiques

Robert Burns par A. Nasmyth.

de son temps, il complète cette synthèse d'un certain nombre de recommandations. Ces travaux connurent un vif succès dans une Grande-Bretagne proche de la Révolution industrielle. La pensée de cet enseignant de Glasgow devait ensuite influencer des économistes comme Ricardo, Malthus ou Mill.

Robert Louis Stevenson (1850-1894) – Enfant à la santé fragile, il se passionne pour la littérature et dévore les récits de Scott et Dumas. Adolescent, il étudie le droit, mais sa véritable vocation est l'écriture. Lors d'un voyage, en 1876, il rencontre à Fontainebleau sa future femme Fanny Osbourne, une peintre américaine. La célébrité viendra en 1883 quand il publie une histoire écrite pour son beau-fils : *L'Île au trésor*. Mais son plus grand succès reste *Dr Jekyll et Mr Hyde* (1886). Après la mort de son père en 1887, il part pour l'Océanie, et s'installe à Samoa, dans l'île d'Opolu. Il meurt en 1894, en laissant son dernier livre, *Le Barrage d'Hermiston* (1896) inachevé.

Prince Charles Edward Stuart (1720-1788) – Meneur de la dernière révolution jacobite, qui visait à rétablir les Stuart sur le trône, **Bonnie Prince Charlie**, après quelques succès, essuya une terrible défaite face à l'armée royale à Culloden, près d'Inverness, en 1746. Il parvint à s'échapper, et, après un longue fuite, trouva de l'aide auprès de Flora Mac Donald sur l'île de Skye. La légende fit de leur rencontre maints récits romantiques. Mais la fin de l'histoire est triste : exilé en France puis en Italie, le héros écossais mourut alcoolique.

John Witherspoon (1723-1794) – Né à Gifford dans le Lothian, ce révérend presbytérien émigre aux Amériques en 1768. Il devient, la même année, le premier président de la future université de Princeton. Le 4 juillet 1776, il est l'un des 56 signataires de la Déclaration d'indépendance américaine.

ART ET CULTURE

L'histoire culturelle écossaise montre une richesse et une variété étonnantes, que ce soit par ses châteaux, sa musique ou sa littérature. Au-delà des édifices et des manifestations prestigieuses qui font de Glasgow et d'Édimbourg des centres culturels d'envergure européenne, maints sites méritent le détour.

PHOTONONSTOP/Sime

Les énigmatiques pierres levées de Callanish (île de Lewis et Harris) datent de l'âge du bronze.

Architecture et sculpture

Non sans raison, l'Écosse plaît beaucoup pour ses châteaux, ses manoirs et ses palais aux styles si variés. Mais elle abrite bien d'autres œuvres dignes d'êtres vues, des pierres énigmatiques des Pictes aux fleurons de l'architecture industrielle de Glasgow.

DE LA PRÉHISTOIRE À L'AN MILLE

Les envahisseurs arrivés par la mer durant la préhistoire, l'antiquité et le haut Moyen Âge ont laissé un riche héritage architectural tant en monuments qu'en sites toujours visibles.

Du néolithique à l'âge du fer

C'est au néolithique que s'installent les premières communautés sédentaires. L'un des sites les mieux conservés de l'Europe du Nord pour cette période se trouve dans les îles d'Orcade à **Skara Brae** (3000 av. J.-C.). Il témoigne de la vie de ces peuples dans un village à moitié enterré, aux maisons au toit couvert d'herbe, reliées par des ruelles sinueuses. Les morts étaient tous enterrés dans de grands tombeaux, des *cairns*, le plus spectaculaire se trouvant au sud-ouest de Skara Brae sur le site de **Maes Howe** (2700 av. J.-C.). Vous pourrez également découvrir d'autres chambres funéraires de la même époque à Clava Cairns, près d'Inverness, à Grey Cairns de Camster, près de Wick, ou encore à Cairn Holy I et II au sud-ouest.

À l'âge du bronze (2000-1000 av. J.-C.), la population d'agriculteurs dite « des vases campaniformes » enterrait ses morts dans des tombeaux individuels. Ces hommes élevèrent des *cairns* circulaires, des cercles et des alignements de pierre, comme à Callanish, Ring of Brodgar, Hill o'Many Stanes et Cairnpapple.

Pour l'âge du fer (800 av. J.-C.-400 apr. J.-C.), on recense des stations et des forts établis sur des collines (Traprain, Eildon Hill North, White Caterthun et Dunadd), des habitations de lac, des maisons de terre dont certaines possèdent une chambre souterraine comme à **Rennibister** et des abris circulaires (Jarlshof). Cette période est également celle des *brochs* : ces tours rondes et creuses ne se trouvent qu'en Écosse. Structures essentiellement défensives, ces dernières présageaient déjà les maisons fortes. La tour la plus impressionnante est celle de **Mousa**, aux îles Shetland ; elle date des 1er et 2e s. de notre ère. Ces *brochs* auraient peut-être été élevés par les ancêtres des Pictes.

Les sites néolithiques de Skara Brae et Maes Howe (voir p. 444), une tour de l'âge de fer su l'île de Mousa (voir p. 459).

L'énigme picte

La présence des Pictes à l'est et au nord de l'Écosse est attestée pour la première fois par les Romains. Mais ce peuple aux origines inconnues occupa sans doute le territoire plusieurs siècles avant notre ère. Leur culture spécifique produisit les **pierres symboliques**. Ces roches arrondies, incisées et sculptées portent des représentations d'animaux, comme à Burghead, ou des symboles totalement abstraits (miroir et peigne ; double disque, croissant et serpent accompagnés de lignes brisées en Z ou en V).

Leur symbolique demeure énigmatique, pourtant l'expressionnisme de ces images nous informe sur la vie quotidienne de ce peuple qui réalisa aussi, mais plus tard, des stèles ornées d'entrelacs d'un côté et de symboles de l'autre. Cet art disparut vers 843 lorsque les Écossais prirent possession du royaume picte. La **pierre de Sueno** reste un monument unique recouvert de sculptures végétales et zoomorphes imbriquées dont le fût est orné de troupes en rangs serrés.

Les pierres de Burghead (voir p. 406), le cimetière d'Aberlemno (voir p. 273), la pierre de Sueno à Forres (voir p. 407).

L'art paléochrétien des Scots et des Angles

Il reste peu de traces des premières communautés chrétiennes installées en Écosse. Les deux missions de Whithorn et de Iona, fondées respectivement par saint Ninian et saint Columba aux 4e et 5e s., ont été pillées et incendiées par les Vikings. Quelques stèles funéraires demeurent toutefois, comme la **pierre de Latinus** (450) de Whithorn et le groupe de pierres tombales (5e-6e s.) de Kirkmadrine.

Les premiers chrétiens, à savoir les Scots, d'origine irlandaise, édifièrent toutefois nombre de **croix isolées**, que l'on peut encore admirer. Ces croix se reconnaissent à leur anneau de gloire, leurs motifs en spirale et sculptures en haut relief. Celles de saint Martin et de saint Jean (8e s.), visibles à Iona, comptent parmi les meilleurs exemples. Les Scots apportèrent avec eux la tradition ornementale celte qu'ils imposèrent à la sculpture sur pierre, à l'art du métal et à l'enluminure. Cette tradition fut en partie prolongée par l'art des Pictes, et on en retrouve plus tard clairement l'influence dans les œuvres de l'école de sculpture de l'ouest des Highlands.

D'une autre facture, les monumentales **croix des Angles** constituent le riche héritage du royaume de Northumbrie.

Les vestiges romains

La conquête de l'Écosse par les Romains se heurta à une farouche résistance. Ils n'en demeurèrent pas moins bien présents jusqu'en 160 et ne quittèrent définitivement le territoire que vers 400. Les traces de leur passage restent pourtant assez minimes. Quelques vestiges du mur d'Antonin sont visibles dans la région de Dumbarton, à l'ouest, et près de Falkirk, au centre. Mais c'est surtout dans les musées que l'on peut admirer les plus belles pièces et bas-reliefs, notamment au Hunterian Museum de Glasgow et au Royal Museum à Édimbourg.

Elles montrent des personnages sculptés et des motifs en spirale. La **croix de Ruthwell** (7e s.) en est un exemple extraordinaire. Révélant les influences à la fois des Angles, un peuple germain, et des Celtes, elle associe des personnages à des éléments végétaux entrelacés avec des animaux.

Les croix des Scots sur l'île d'Iona (voir p. 294), une croix des Angles à Ruthwell (voir p. 99).

DU MOYEN-ÂGE À LA RÉFORME

Les églises médiévales

Avec les tours rondes de Brechin et d'Abernethy, l'Écosse compte deux des premiers bâtiments élevés par le clergé celte. Datant de la fin du 10e s. et du début du 11e s., ces refuges et beffrois relèvent d'une tradition irlandaise. Bien que peu de vestiges puissent en témoigner, la foi chrétienne fut un facteur important dans l'unification de l'Écosse médiévale.

Les 11e et 12e s. correspondirent à une période de réorganisation ecclésiastique, les efforts se concentrant donc sur les ouvrages religieux. La reine Margaret et ses fils en furent les instigateurs principaux. La nef (12e s.) de l'église de Dunfermline bâtie par David Ier conserve l'un des plus remarquables exemples d'art roman (importé par les Normands). Les églises paroissiales de Leuchars et de Dalmeny constituent d'autres témoignages bien préservés de cette période.

Arbroath, Dryburgh, Dundrennan, Holyrood et Jedburgh comptent parmi les premières fondations monastiques. Leur style gothique primitif correspond aux 12e et 13e s. Les cathédrales d'Elgin, de Dunblane et de Glasgow sont des édifices splendides datant du 13e s., où triomphent les fenêtres lancéolées, l'arc

John Pringle/SCOTTISH VIEWPOINT

La splendide nef gothique de l'abbaye de Jedburgh (12e s.).

brisé et la voûte d'ogives. Les rivalités et les conflits ralentirent la construction, et de nombreux bâtiments furent même endommagés. Relevée au 14e s., l'abbaye de Melrose témoigne d'un art gothique parmi les plus authentiques.

Au 15e s., la majesté des églises fut l'expression de la prospérité retrouvée des bourgs (Holy Rude à Stirling, St John's à Perth, St Nicholas à Aberdeen et St Mary's à Haddington). Cette époque fut aussi celle durant laquelle la classe seigneuriale fit construire des églises collégiales (Dunglass, Seton, Tullibardine, Crichton et Dalkeith). Leur style est réellement écossais et on y reconnaît une influence martiale avec des contreforts à gradins, des tours crénelées et des couvertures renforcées de dalles de pierre. Quelques-unes des églises les plus charmantes datent de cette dernière phase du gothique, notamment celles de Tullibardine et de Kirk o'Steil.

La chapelle du King's College dans le vieil Aberdeen présente toujours sa magnifique flèche couronnée, de même que la cathédrale St Giles à Édimbourg.

L'église de Dunfermline (voir p. 278), la cathédrale de Dunblane (voir p. 347).

La persistance de l'art celte

Les traditions celtes ont persisté du 14e au 16e s. avec une école de sculpture en plein essor dans l'ouest des Highlands. Les pierres tombales, d'une habileté sans égale, représentent les potentats des Hébrides, leurs panoplies martiales, leurs sabres à deux tranchants, des galères et des motifs celtiques. Les croix sculptées portent des crucifixions émouvantes. Les œuvres les plus intéressantes se trouvent à Kilmory Knap, Kilmartin et Iona. Enfin, d'une exécution soignée, le monument funéraire du 8e chef du clan Macleod (mort en 1546), dans la petite église du village de Rodel, sur l'île Harris, est très riche en sculptures : on y voit notamment un château – Dunvegan selon certains –, la galère emblématique du seigneur des Iles, et une scène de chasse.

Les châteaux forts

Les châteaux de la féodalité écossaise sont caractérisés par la motte normande et la cour intérieure. Plusieurs de ces buttes de terre subsistent à Duffus, Inverurie et Invernochty. Les premiers châteaux en pierre substituèrent la courtine de pierre à la palissade de bois, comme à Rothesay, Sween et Dunstaffnage.

Si les constructions ultérieures durant le Moyen Âge combinaient les tours et les courtines, celles du 13e s. amélioraient habilement l'aspect défensif tout en maîtrisant le traitement de la maçonnerie (Dirleton, Kildrummy et Caerlaverock).

Pendant les guerres d'Indépendance (1296-1357), Édouard Ier fit modifier certaines forteresses comme celle de Kildrummy, qu'il dota d'un corps de garde inspiré du château de Harlech au pays de Galles. Dès lors, ce type de bâtiment remplaça le donjon en tant que place forte dans les châteaux forts.

Au 14e s., la faiblesse des rois écossais et le désordre régnant dans le royaume encouragèrent des lords turbulents et ambitieux à élever leurs propres forteresses. La modestie de leurs moyens favorisa la construction de maison fortes, dont la verticalité et l'épaisseur des murs constituaient les principaux éléments défensifs. L'entrée, placée au premier étage, donnait accès au logement principal. Les niveaux suivants, constitués d'une seule pièce, étaient desservis par un escalier à vis qui s'élevait jusqu'à une échauguette. Les châteaux de Drum, de Threave, de Campbell et de Craigmillar en sont les exemples les plus anciens. La tradition s'est perpétuée à Cardoness et Newark, où des ailes furent ajoutées afin d'augmenter la surface habitable et où l'on accorda davantage d'attention aux détails décoratifs intérieurs.

En 1455, la répression de la révolte des Douglas marqua la fin du conflit des demeures seigneuriales et la Couronne prit la relève en matière d'innovation architecturale. L'impact de la Renaissance continentale se limita toutefois aux commandes royales de Stirling, Falkland et Linlithgow.

Les châteaux de Caerlaverock (voir p. 99), Kildrummy (voir p. 377), Stirling (voir p. 340), Linlithgow (voir p. 248).

L'incontournable colombier

Appelés *doocots*, les colombiers constituent un spectacle familier de l'Écosse rurale. On en trouve le plus grand nombre dans les riches régions agricoles des Lothians, du Fife et du Moray. La plupart de ces bâtiments sont construits en pierre, quelques-uns en moellons, certains sont crépis. Leurs types varient. Ils sont fréquemment du genre ruche, comme par exemple aux châteaux de Phantassie, de Craigmillar, de Dirleton et d'Aberdour. D'autres ont la forme plus typiquement écossaise d'un lutrin, notamment aux châteaux de Tantallon et de Tealing. D'autres encore sont cylindriques (jardin de lady Kitty à Haddington).

La majorité de ces colombiers étaient séparés des autres bâtiments, mais certains étaient aménagés dans les tours de châteaux (Hailes, Rothesay et Huntingtower) et même dans des clochers (à Aberlady, Stenton et Torphichen).

L'ornementation comprenait des girouettes, des redents, des cadrans solaires et même des panneaux armoriés. Fidèles à la tradition de construction défensive, quelques colombiers possèdent des douves et des tourelles ou bien une tour en encorbellement dotée de pignons à gradins.

Tolbooth et croix de marché

Si certaines villes (Haddington, Elgin et le vieil Édimbourg) ont préservé leur tracé médiéval, force est de constater que peu de bâtiments médiévaux ont subsisté. Celz s'explique en grande partie par l'utilisation du bois comme matériau de construction. En général, la rue principale reliait le château à l'église. Des passages couverts et des ruelles menaient à des cours retirées, et les habitations bourgeoises s'étendaient jusqu'aux murs de la ville. Afin d'asseoir leur autorité autant que pour flatter leur orgueil, les bourgs avaient coutume de dépenser des sommes considérables pour élever des tolbooth et des croix de marché, dont les beaux exemples encore existants parent le paysage urbain.

La croix de marché était placée au centre des bourgs et constituait un repère. À proximité, on exposait les marchandises à vendre et on effectuait les proclamations et les exécutions publiques. Une des rares croix antérieures à la Réforme se trouve à Banff; elle est embellie d'une Crucifixion et d'une Vierge à l'Enfant. Celle d'Aberdeen est l'une des plus admirables; de type plate-forme, elle est ornée d'une série de médaillons représentant des effigies royales.

La croix de marché était souvent accompagnée d'une balance publique. Désormais très rare, cette poutre verticale en bois munie d'un fléau est encore visible à Culross et au village de Stenton.

Le tolbooth, pour sa part, était initialement destiné aux services percevant les taxes, avant d'incarner l'autorité communale et d'abriter la chambre du conseil, le tribunal et la prison. Ceux de Kelso et de Haddington sont très élégants et reflètent des périodes de prospérité agricole. Certains comportaient une tour (Glasgow, Aberdeen et Stirling), généralement flanquée d'une rangée de constructions plus tardives.

On peut en voir aussi de très beaux à Linlithgow, Crail, Culross, Dumfries ou dans le vieil Aberdeen. Le plus célèbre de tous a aujourd'hui disparu : situé à Édimbourg, et connu sous le nom de « Heart of Midlothian », il fut popularisé par un roman de Walter Scott, connu en France sous le titre *La Prison d'Édimbourg*.

DE LA RENAISSANCE À LA PÉRIODE MODERNE

Des églises réaménagées

Après la Réforme, si de nombreuses églises eurent à souffrir d'un manque d'entretien pendant la longue lutte religieuse, peu furent détruites. La plupart subirent cependant des modifications afin de répondre aux exigences du protestantisme victorieux. La première fut bien sûr de remplacer l'autel par la chaire d'où le pasteur lit la Bible. Les bâtiments furent aussi réaménagés et dépouillés

SCONE PALACE

Le palais de Scone (début du 19e s.) reflète le goût de cette période pour le style médiéval.

de toute ornementation. Les églises protestantes n'en présentent pas moins des caractéristiques méritant la visite. Elles comprennent souvent une galerie seigneuriale réservée à une famille particulière ou à une corporation citadine. Par exemple, à Abercorn, la galerie Hopetoun est divisée en une succession de pièces et comprend un caveau. L'entrée de la galerie était le plus souvent ornée d'un écu peint ou sculpté, comme ceux visibles à Yester et Abercorn.

Autre motif d'intérêt, les bas-côtés de l'église abritent généralement une chapelle privée ou commémorative (voir la « Binns Aisle » à Abercorn).

La plupart des boiseries décoratives antérieures à la Réforme ont disparu, à l'exception de celles de St Machar's et King's College à Aberdeen, et de Dunblane. Mais tous les édifices présentent des panneaux et des stalles fortement ouvragés, et souvent des bancs sculptés, comme dans l'église de Cullen. Enfin, La « maison sacramentelle » consiste en une niche décorée contenant la vaisselle liturgique. Les églises de Cullen et de Deskford possèdent les plus belles.

L'église d'Abercorn (voir p. 254), les églises de Cullen et de Deskford (voir p. 391 et p. 406).

Les maisons fortes

Après la redistribution des terres, propriétés et biens de l'Église (en Écosse, la Couronne ne s'octroya pas tout), la petite noblesse et la haute bourgeoisie furent en situation de construire. Les maisons fortes devinrent moins austères et plus décorées afin de se conformer à un nouveau style de vie. Le manque de place fut surmonté par d'ingénieuses combinaisons de tours qui produisirent des plans en L ou Z, caractéristiques des châteaux de Claypotts, Menzies, Elcho et Glenbuchat. L'encorbellement joua un rôle important dans le passage de la forme carrée à la forme ronde, et les murs furent garnis d'une profusion de détails, comme les tourelles, les mansardes et les pignons (château de Kellie).

La maison forte connut son apogée à la fin du 16e s. et au début du 17e s. dans la région des Grampians. Les chefs-d'œuvre seigneuriaux que sont les châteaux de Craigievar, de Crathes, de Fyvie et de Fraser témoignent tous d'une maîtrise des éléments traditionnels.

Le 17e s. a vu aussi l'introduction d'influences étrangères, comme une façade italienne à Crichton, un jardin classique clos à Edzell ou une façade Renaissance donnant sur la cour intérieure au château de Caerlaverock. Agrandies, nombre de maisons fortes ont été intégrées à des cours intérieures (aux châteaux de Craigmillar, de Crichton et de Campbell).

La vogue des plafonds en stuc

En Angleterre, la période élisabéthaine introduisit la mode des plafonds peints de bandes ornementales. Dès le début du 17e s., de tels plafonds apparurent en Écosse, notamment à Craigievar (1625), Glamis (1621), Muchalls (1624) et aux Binns (1630). Les plafonds étaient souvent accompagnés de magnifiques créations héraldiques (Craigievar et Muchalls) ou de cheminées ouvragées (Glamis). Cet art évolua jusqu'à être adapté par William Bruce à ses intérieurs classiques de Holyroodhouse et de Thirlestane, où l'on peut admirer les magnifiques aigles de Lauderdale.

Deux constructions du début du 17e s., Drumlanrig et l'hôpital George Heriot d'Édimbourg, sont typiquement écossaises par leur toiture et ses détails, mais aussi parce que les tours y assurent toujours un rôle prépondérant.

Les châteaux de Crathes (voir p. 373), de Fraser (voir p. 375), le jardin du château d'Edzell (voir p. 273).

La peinture décorative

Cette forme d'art prévalut à la fin du 16e s. et au début du 17e s. La technique dite *a tempera*, c'est-à-dire la **détrempe** (une couleur mélangée à un agglutinant tel que la gomme ou la colle), était souvent utilisée pour décorer les panneaux, les poutres et les solives des plafonds. Un décor peint était effectivement moins onéreux que les tentures habituelles, et les peintres ne tardèrent pas à orner les plafonds et les panneaux de maisons fraîchement construites, surtout celles de marchands opulents (prévôt Skene à Aberdeen, Sir George Bruce à Culross et Gladstone's Land à Édimbourg). La plupart des décors étaient exécutés par des artisans locaux, par exemple **James** et **John Workman**, **John Anderson**, Robert Telfer et Mungo Hanginschaw.

Ces créations, à base de motifs floraux, d'arabesques, de scènes et de citations bibliques, étaient réalisées dans des tons illuminant les intérieurs. Le château de Crathes (allégories accompagnées de textes et de proverbes), le château de Huntingtower, montrant le plus ancien décor de ce type (1540), et le plafond du château de Rossend en offrent les exemples les plus remarquables.

Du style classique au style néoseigneurial

Au 17e s., la plupart des commandes royales furent réalisées par l'architecte **William Bruce** (vers 1630-1710), l'un des premiers architectes professionnels. Il excellait dans le style classique, qu'il appliqua pour la cour intérieure du palais de Holyroodhouse (1671) ou à son propre domicile de Kinross House. Parmi ses autres réalisations, on peut retenir la rénovation de la façade principale du château de Thirlestane, résidence du duc de Lauderdale. En 1683, **James Smith** (vers 1644-1731) lui succéda au poste d'intendant royal. Il restaura la chapelle Royale et transforma le vieux palais de Hamilton et Dalkeith House en deux résidences de luxe.

Au début du 18e s., Smith et **William Adam** (1689-1748) étaient les deux principaux représentants du **style georgien**, résumé par l'expression « vieille pierre et chaux ». Les travaux les plus célèbres d'Adam sont Hopetoun House, House of Dun, de dimension plus modeste, Haddo House et Duff House, château médiéval de finition baroque. **Robert Adam** (1728-1792) fut le plus connu de ses fils. Créateur du style Adam, il acheva Hopetoun avec ses frères après la mort de leur père. Il réalisa notamment Mellerstain, résidence aux proportions simples et dotées de tous les raffinements propres aux intérieurs néoclassiques. Les châteaux de Culzean, de Seton et d'Airthrey sont plus grandioses et plus typiques de son style ultérieur, combinant les références antiques, la tradition nationale et un certain goût pour le pittoresque.

Au 19e s., avec le romantisme, un regain d'intérêt se manifeste pour les styles médiévaux. Le palais de Scone, Abbotsford et Dalmeny House en sont des illustrations. Lors de la période victorienne, David Bryce et Gillespie Graham ont tous deux ressuscité le style seigneurial, notamment aux châteaux de Blair et de Brodick. Le château de Balmoral est l'exemple le plus célèbre du style néo-seigneurial écossais. Cependant, ces imitations présentaient des faiblesses architecturales et manquaient généralement de qualité sculpturale par rapport à leurs ancêtres du 17e s.

Le palais de Holyroodhouse à Édimbourg (voir p. 184), le manoir de Hopetoun (voir p. 254), Mellerstain (voir p. 115).

Trois sites remarquables

Trois sites écossais sont inscrits au patrimoine mondial de l'humanité :
- les monuments néolitiques des Orcades, Maes Howe et Skara Brae ;
- la vieille et la nouvelle ville d'Édimbourg ;
- le village de New Lanark, modèle expérimental de cité ouvrière créée par Robert Owen à la fin du 18e s.

VERS L'ARCHITECTURE MODERNE

Des villes en expansion

Dès le 18e s. et les débuts de la Révolution industrielle, les villes prennent une importance croissante et s'adaptent à l'afflux de nouveaux habitants. Édimbourg est réaménagée dans le style néoclassique, sous la direction de **James Craig** (1710-1795). Le long de nouvelles voies au tracé rectiligne agrémentées de places et d'espaces verts, de nombreuses constructions monumentales voient le jour. S'inspirant pour beaucoup de l'Antiquité, elles vaudront à la capitale écossaise le surnom d'Athènes du Nord.

Quelques décennies plus tard, à Glasgow, premier centre industriel d'Écosse, les architectes, résolument modernes, emploient aussi de nouveaux matériaux tels que le verre ou l'acier pour édifier bâtiments publics et fabriques. Certains restent des œuvres remarquables de l'architecture industrielle, comme la manufacture de tapis Templeton (1889).

En parallèle, dans toutes les grandes villes, un nouveau type d'habitat apparaît : ce sont les *tenements*, des immeubles de 4 ou 5 étages, le plus souvent en grès rouge ou jaune, abritant uniquement des appartements de une ou deux pièces. L'architecte **Alexander Greek Thomson** (1817-1875) s'illustra notamment dans ce type de constructions, qui, en 1911, logeait un Écossais sur deux.

Deux architectes célèbres

Parmi les grands architectes écossais œuvrant à la jonction des 19e et 20e s., figure **Robert Lorimer** (1864-1929). Il travailla surtout à Édimbourg, sa ville natale. Il est notamment l'auteur de la chapelle du Chardon à la cathédrale St Giles et du National War Memorial, et restaura entre autres les châteaux d'Earshall et d'Édimbourg.

À Glasgow, l'architecte le plus marquant reste sans conteste **Charles Rennie Mackintosh** (1868-1928). Artiste atypique, il s'intéressa aussi bien à l'architecture qu'à la décoration intérieure, à la conception de meubles ou, à la fin de sa vie, à la peinture. Fondant le Groupe des quatre avec Herbert Mac Nair et les sœurs MacDonald, il lance un style bien particulier, qui rappelle parfois l'Art nouveau et où se mêlent diverses influences, dont l'art celtique traditionnel. Nombre de ses œuvres sont encore visibles à Glasgow et ses environs, et notamment la Glasgow School of Art, le siège du *Glasgow Herald* (aujourd'hui centre d'Architecture et du Design), ou Hill House à Helensburgh.

Édifices contemporains

Certains bâtiments récents font preuve d'une grande originalité : le Museum of Scotland, Dynamic Earth, le Centre de conférence international et le nouveau Parlement à Édimbourg, l'Armadillo Conference Centre à Glasgow et le Contemporary Arts Centre à Dundee.

Ses travaux participent aussi au renom de Glasgow, désignée en 2000 comme la ville de l'Architecture et du Design du Royaume-Uni, sur l'initiative du Arts Council Arts (organisme d'encouragement aux activités culturelles).

Mackintosh House (voir p. 220), Glasgow School of Art (voir p. 219).

La peinture

Bien qu'elle ait son esprit propre, la peinture écossaise est très liée à la tradition artistique anglaise, car de nombreux artistes travaillèrent à Londres. De belles collections sont présentées dans les galeries nationales d'Édimbourg, ainsi que dans les musées d'art des principales villes du pays : Aberdeen, Glasgow, Perth, Dundee.

L'art du portrait

L'Aberdonien **George Jamesone** (1588-1644) fut un portraitiste de premier plan au 17e s. Ses œuvres sensibles *(Autoportraits, Lady Mary Erskine)*, peintes dans le style flamand, font penser à Van Dyck. C'est toutefois au 18e s. que l'art du portrait devint un genre très prisé. L'un de ses plus dignes représentants est **Allan Ramsay** (1713-1784), chef de file du groupe qui fonda la première académie d'art d'Édimbourg. Ses délicats portraits de femmes *(Lady Ann Campbell, Miss Tracy Travell)* sont remarquables. En 1760, il devint le peintre attitré de George III. Son successeur, à la cour de George IV, fut **Henry Raeburn** (1756-1823), le premier peintre écossais à gagner une renommée internationale *(Le Révérend Robert Walker Skating, Sir Walter Scott, Mrs Lumsden, Mrs Liddell)*. La peinture de cette époque montra aussi un goût certain pour les grandes scènes historiques, mais ce genre laissa peu d'œuvres majeures. **Gavin Hamilton** (1723-1798), qui peignit de vastes compositions (illustrations de l'*Illiade* d'Homère, *The Abdication of Mary, Queen of Scots*), devint très célèbre à Rome.

Scènes des Higlands

David Wilkie (1785-1841) est un des peintres marquants d'Édimbourg au 19e s. Son talent ressort clairement dans ses scènes de la vie populaire *(Pitlessie Fair, Distraining for Rent)*. À la même époque, plusieurs peintres se spécialisent dans le paysage. **Alexander Nasmyth** (1785-1859) devint un artiste de renom *(Robert Burns – voir p. 59 –, The Windings of the Forth, Distant Views of Stirling)*. La reproduction idéalisée de la nature est illustrée par *The Falls of the Clyde*, du peintre néoclassique Jacob More (1740-1793).

Les romans de Walter Scott ne sont pas étrangers à cet engouement pour la campagne écossaise, laquelle dépassa les frontières régionales. Les paysages des Highlands devinrent très populaires à l'époque victorienne grâce à l'artiste anglais **Edwin Landseer** (1802-1873), célèbre pour ses représentations romantiques (cerfs aux abois et autres vues des Highlands). En Écosse, **Horatio McCullough** (1805-1867) se rendit également célèbre par ses paysages des Highlands *(Glencoe, Loch Katrine, Inverlochy Castle)*. Quant aux paysages romantiques de **William Dyce** (1806-1864), ils annonçaient les préraphaélites qui influencèrent Noel Paton (1821-1901). La nature est dépeinte avec beaucoup de détails dans ses scènes de foire *(Oberon and Titania)*, ainsi que dans d'autres toiles pleines de symbolisme.

En 1836, la fondation de l'Académie écossaise provoqua l'épanouissement de nombreux talents dans le pays. Pour s'opposer aux conventions victoriennes, **William McTaggart** (1835-1910) développa un style très personnel – une facture hardie, des effets d'éclairage, des couleurs riches – qui se manifeste dans ses vues marines spectaculaires *(The Storm, Dawn at Sea, The Fishers'Landing)* et ses paysages *(Corn in the Ear, Spring, Rosslyn Castle : Autumn)*.

Pour la peinture des 18e et 19e s., le Scottish National Portrait Gallery (voir p. 205), ou la National Gallery of Scotland (voir p. 203), toutes deux à Édimbourg, et l'Art Gallery (voir p. 369) à Aberdeen.

Des Glasgow Boys aux coloristes

Dans la seconde moitié du 19e s., de riches collectionneurs et négociants d'art stimulèrent l'activité artistique à Glasgow. Appelés Glasgow Boys, un groupe de jeunes peintres se tourne alors vers des voies nouvelles : James Guthrie, George Henry, E.A. Hornel, Joseph Crawhall, John Lavery, parmi d'autres, sous la direction de W.Y. MacGregor. Leur attirance pour le réalisme leur fait dédaigner les sujets conventionnels et allégoriques. Prônant un art « sans message ni morale », ils choquèrent nombre de leurs compatriotes, au point qu'ils s'exilèrent à Paris... dont ils revinrent célèbres. Parmi leurs œuvres les plus connues, figurent *A Galloway Landscape* (Henry), *Gathering Primroses* (Hornel), *The Gypsy Fires* (Guthrie), *The Tennis Party* (Lavery).

Toujours à Glasgow, naquit quelques décennies plus tard, dans les années 1920, un autre mouvement pictural original : les **coloristes** (J.D. Fergusson, F. Caddel, S.J. Peploe et L. Hunter). Leurs toiles aux lignes fortes et aux couleurs vibrantes sont saisissantes ; elles rappellent le post-impressionnisme et le fauvisme : *Le Voile persan* (Fergusson), *The Red Chair* (Caddell), *Tulips and Cup* (Peploe). D'abord méconnus, ils ont été redécouverts dans les années 1980.

Enfin, **Joan Eardley** (1921-1963), autre artiste majeure, mais à l'écart des courants à la mode, puisa son inspiration

« Storm Cloud » de W. McTaggart.

dans la vie des bas quartiers *(Street Kids)* et dans des scènes de tempête *(Salmon Nets and the Sea, A Stormy Sea)*.

L'Hunterian Art Gallery et le Kelvingrove Museum à Glasgow (voir p. 226 et 230), la Fergusson Gallery à Perth (voir p. 307).

L'influence internationale

Tous les grands courants de l'art moderne sont représentés dans la peinture écossaise. R. Colquhoun (1914-1962), avec *The Dubliners* et *Figures in a Farmyard*, montre l'influence du cubisme, tout comme R. MacBryde (1913-1966), avec *The Backgammon Player* et *Fish on a Pedestal Table* (combinaison originale d'objets insolites). William Gear (1915) et Stephen Gilbert se sont associés au mouvement COBRA. Alan Davie (1920) est devenu le représentant de l'expressionnisme abstrait, tandis que l'intérêt de William Turnbull (1922) pour l'abstraction moderne s'exprime dans des compositions géométriques ou linéaires. **Eduardo Paolozzi** (1924) crée des collages dans le style Pop Art, en utilisant les déchets de la société de consommation et en s'inspirant du dadaïsme et du surréalisme. John Bellany (1942) s'attache aux problèmes de la barbarie humaine et des mystères de l'existence.

Artistes contemporains

Le groupe **New Image** de Glasgow marque de son empreinte flamboyante la scène contemporaine. Fernand Léger et les muralistes mexicains ont une influence évidente sur les grandes compositions de **Ken Currie** (1960), qui met l'accent sur l'homme et travaille avec une vigueur brutale, comme le démontre sa peinture murale *The Glasgow Triptych*. Peter Howson (1958) s'attaque également au réalisme social, mais avec davantage de poésie. Les œuvres d'Adrian Wiszniewski (1958) montrent une grande fantaisie imaginative, tandis que Stephen Campbell (1953) met l'accent sur le geste et la métamorphose. **Stephen Conroy** (1964), qui semble se distancier de la vie humaine, est célèbre pour ses personnages étranges dépeints avec beaucoup de sensibilité.

Jock McFayden (1950) ainsi que le groupe « Wilde Malerei » (Fiona Carlisle, June Redfern, Joyce Cairns), se distinguent par leurs peintures vives et sauvages aux couleurs éclatantes. Fidèle au style figuratif, **Jack Vettriano** (1951) s'est fait connaître dans le monde entier. Quant à l'artiste anglais du Land Art, **Andy Goldsworthy**, c'est dans la campagne du Dumfriesshire qu'il puise son inspiration.

La Scottish National Gallery of Modern Art et la Dean Gallery (voir p. 205 et 206) à Édimbourg, la McManus Gallery (voir p. 263) à Dundee, la Gallery of Modern Art (voir p. 228) à Glasgow.

Les lettres

La littérature écossaise est particulièrement riche. Dès le 18e s. apparaissent de grandes figures, comme Walter Scott, Robert Louis Stevenson, ou Arthur Conan Doyle. Aujourd'hui, des auteurs connus tels William Boyd ou Ian Rankin perpétuent la renommée littéraire de la région.

Des premiers manuscrits à l'imprimerie

Le premier manuscrit écossais serait le *Livre de Kells* (5e s), rédigé par la communauté monastique de saint Columba à Iona. Entre 624 et 704, le 9e abbé de St-Adamnan écrivit *La Vie de saint Colomba*. Le *Livre de Deer* (qui se trouve à Cambridge) est un manuscrit en latin datant du 9e s. et annoté en gaélique aux 11e et 12e s. Parmi les premiers auteurs laïcs de cette époque, **Thomas the Rhymer**, prophète et poète du 13e s., était connu pour ses prophéties rédigées en vers. Michael Scott (1117-1232) devint célèbre comme érudit et spécialiste des langues étrangères à la cour de l'empereur Frédéric II. Le franciscain **John Duns Scotus** (1266-1308) fut un philosophe de premier plan qui domina la scène européenne.

Avec l'introduction de l'imprimerie en 1507, paraissent la traduction de **L'Énéide** de Virgile en écossais par l'évêque Gavin Douglas (1474-1522), et des œuvres du poète de cour William Dunbar (1460-1520), entre autres. Les deux auteurs, avec Robert Henryson (1430-1506), appartenaient à un groupe de poètes que l'on appelait les Makars.

L'âge d'or

Le temps des Lumières vit émerger dans tous les domaines nombre d'hommes talentueux, qui fréquentaient les clubs et les sociétés savantes. Parmi les personnages de premier plan, citons le prolifique et influent poète et écrivain **Walter Scott** (1771-1832), le barde vénéré **Robert Burns** (1759-1796), qui incarna l'esprit national, le poète Allan Ramsay (1686-1758), qui encouragea l'utilisation de la langue écossaise dans les œuvres littéraires *(The Gentle Shepherd)*, l'écrivain James Boswell (1740-1795), le romancier Tobias Smollett (1721-1771). Quant à

James Hogg (1770-1835), appelé « le berger d'Ettrick », il était célèbre pour sa poésie pastorale. C'est aussi lors de cette époque foisonnante que fut publié la première édition de *l'Encyclopedia Britannica,* entre 1768 et 1771 à Édimbourg.

Au 19e s., l'essayiste et historien **Thomas Carlyle** (1795-1881) connut un immense succès et ses abondantes œuvres *(L'Histoire de la Révolution française, Oliver Cromwell)* exercèrent une énorme influence sur son époque. Les travaux originaux de **James Matthew Barrie** (1860-1937) font preuve encore aujourd'hui d'une grande imagination *(Peter Pan, L'Admirable Crichton).* **Robert Louis Stevenson** (1850-1894), lui, devint maître dans le récit d'aventures *(L'Île au trésor, Le Maître de Ballantrae)* et captiva la Grande-Bretagne entière avec *Dr Jekyll et Mr Hyde.* Les récits à suspense *(Les Trente-Neuf Marches, Prester John, Greenmantle)* de John Buchan (1875-1940) avaient également beaucoup de succès. Autre figure célèbre, le poète **Charles Murray** (1864-1941) écrivit des vers dans la langue dorique (dialecte écossais rustique).

La scène contemporaine

Le mouvement de **renaissance de la littérature écossaise**, qui au début du 20e s. tenta de stimuler l'utilisation de la langue nationale, comprenait le poète Hugh MacDiarmid (1892-1978), le poète et journaliste Lewis Spence (1874-1955), Helen Cruickshank (1896-1975), le romancier Lewis Grassic Gibbon (1901-1935), Compton Mackenzie (1883-1972), Neil Gunn (1891-1973) et le poète et critique littéraire E. Muir (1887-1959).

THE BRIDGEMAN ART LIBRARY/Scottish National Portrait Gallery, Edimbourg

Robert Louis Stevenson par G. Nerli

Ossian, Macpherson, et la tradition gaélique

En 1760, James Macpherson (1736-1796) publia un recueil de poèmes qui devait rencontrer un énorme succès en Ecosse et en Europe : *Fragments of Ancient Poetry.* Ils étaient présentés comme la traduction de textes très anciens, écrits par un barde du 3e s. nommé Ossian. On sait aujourd'hui que ces textes ont été en fait forgés par Macpherson lui-même, qui reprit à sa façon d'anciens manuscrits et des récits chantés ou transmis oralement. Il serait toutefois injuste de dire que Macpherson fut un banal faussaire. L'esprit qui anime ses poèmes s'inspire pour partie d'une tradition sur le point de sombrer dans l'oubli, mais bien réelle. Le succès incontesté de son ouvrage marquait un besoin du siècle de retour aux origines, tendance préfigurant notamment le romantisme. De fait, comme Walter Scott, Macpherson contribua au renouveau de la langue et de la tradition gaéliques.

William McGonagall (1825-1902), qui opta pour un rôle de barde itinérant, écrivait indifféremment dans les deux langues. John Joy Bell (1871-1961), lui, donna des œuvres de fiction, des romans comiques, des livres de voyage et de souvenirs. **George Blake** (1893-1961) est connu pour sa façon naturaliste de parler de la vie à Glasgow et au bord de la Clyde *(The Shipbuilders).* Le romancier et dramaturge Eric Linklater (1899-1974) *(The Man of Ness, The Dark of Summer, A Year of Space)* est né dans les Orcades. George Mackay Brown (1921-1997) trouva son inspiration dans la tradition viking et produisit des œuvres d'un style des plus limpides *(Winter Tales, Beside the Ocean of Time).* Autres noms célèbres sur la scène moderne : **Muriel Spark** (née en 1918), qui publie des romans satiriques pleins d'esprit, Alan Massie, William Boyd, James Kelman, **Alasdair Gray, A. L. Kennedy, D. Maclean, Iain Banks, Irvine Welsh**.

Est-ce la grisaille très présente dans les ciels écossais ou l'influence de R.L. Stevenson qui donnent aux romanciers contemporains écossais une « humeur noire » ? Entre **Ian Rankin** et **Alexander Mac Call Smith**, qui vivent à Édimbourg, et **William McIlvanney**, natif de Glasgow, le roman policier est en effet un des genres favoris des auteurs du cru, au point qu'on parle d'une école du « tartan noir ». Leurs œuvres sont en tout cas un excellent moyen de faire connaissance avec la société écossaise du 21e s.

B. Perousse / MICHELIN

La « bagpipe » (cornemuse) est connue depuis le 14e s.

La musique

Les occasions d'écouter de la musique toute l'année ne manquent pas en Écosse. Il existe notamment de nombreux festivals, les plus célèbres étant le Festival international d'Édimbourg et la Mayfest de Glasgow (musique classique), le T-in-The Park (pop), et le Mod (musique et chants celtiques).

Chants et ballades

La **musique folklorique** écossaise prend ses racines dans la tradition gaélique (celtique), tandis que celle des îles a plutôt une origine nordique. L'*oran mor* (grand chant) comprend les lais héroïques, les ballades ossianiques et les chants liés aux sons de la cornemuse (complaintes et chansons de pibrock). Certains chants servaient autrefois à rythmer des tâches comme la fabrication du lin, la moisson ou le barattage. Il existait également des berceuses, des chansons de fées, des chants d'amour et de deuil *(coronach)*. *Puirt-a-Beul* (littéralement : musique de bouche) était une forme populaire de musique vocale accompagnant la danse, dont les paroles étaient souvent humoristiques.

Les villages éparpillés dans les régions retirées des Highlands organisaient des rassemblements *(ceilidhs)*, où chansons, musique, danse et poésie servaient à distraire les participants. Les musiciens itinérants étaient toujours les bienvenus. Le manuscrit de Skene datant de 1615 illustre la musique la plus ancienne provenant des Lowlands ; il existe encore des recueils de ballades de cette région, ainsi que des ballades de célibataires retrouvées dans l'Aberdeenshire.

Les instruments traditionnels

La **harpe** *(clarsach)* est l'instrument musical le plus ancien et apparaît sur des sculptures datant du 9e s. Son renouveau date de 1892 lorsque la Société des Highlands (An Comunn Gaidhealach) organisa les premiers jeux floraux dans le but de stimuler l'intérêt pour la culture gaélique. Puis la Société de Clarsach (Comunn na Clarsach) fut fondée en 1931.

Le violon, le luth et la flûte ont également été des instruments populaires, sans oublier, bien sûr, la **cornemuse** *(bagpipe)*, aujourd'hui reconnue comme l'instrument musical national. Déjà utilisée en Écosse au 14e s., elle n'avait à l'origine qu'un bourdon alors que l'instrument actuel en possède trois, ainsi qu'un chalumeau (destiné à interpréter la mélodie) et des tuyaux par lesquels on souffle (embouchure). Jouer de la cornemuse est sans conteste un art écossais, qu'il s'agisse du *ceol mor* (grande musique) ou du *ceol beag* (musique légère). Ce style de musique est plus récent et plus courant ; il comprend les mélodies légères accompagnant les marches et les danses (branles et reels). La musique plus ancienne ou plus classique écrite pour cet instrument est connue sous le nom de pibrock *(piobairochd)*. Obéissant à des régles rigoureuses, des championnats de cornemuses ont toujours lieu plusieurs fois par an dans tout le pays.

L'influence religieuse

L'épanouissement de la **musique sacrée**, qui s'amorça durant le règne de Jacques IV (1488-1513) et se poursuivit jusqu'à la Réforme, est marqué par trois compositeurs : Patrick Hamilton, Robert Johnson et David Peebles. La tradition protestante favorisa les arrangements simples de psaumes métriques et la composition des « longs psaumes » en gaélique encore chantés aujourd'hui.

Les monarques de la lignée des Stuarts étaient de bons musiciens. Marie Stuart chantait en s'accompagnant de sa lyre ou jouait de la harpe. Charles II fonda en 1687 une chapelle royale à Holyrood pour favoriser le renouveau de la musique religieuse. Il existait des écoles de chant dans les grandes villes jusqu'à la Réforme. L'école d'Aberdeen était d'ailleurs encore active à la fin du 17e s. La plus ancienne musique séculière répertoriée date du 16e s. et comprend les mélodies pour viole de James Lauder (1525-1595) et la musique pour clavier de William Kinloch et David Burnett.

Les tendances des 18e-19e s.

Au 18e s., on appréciait beaucoup les airs populaires pour clavier et instruments à corde et les concerts de la Société musicale d'Édimbourg furent créés en 1720. Plusieurs compositeurs italiens s'installèrent en Écosse et leurs homologues écossais allèrent étudier à l'étranger : John Clerk (1676-1755), qui fit ses études avec Corelli, composa des cantates solo et Thomas Alexander Erskine (1732-1781) écrivit des symphonies et de la musique de chambre. Celle-ci était également la spécialité de William McGibbon (1690-1756). Quant à David Foulis (1710-1773), il se distinguait par ses sonates pour violon. Les poèmes et les romans *(Ivanhoé, La Fiancée de Lammermoor)* de Walter Scott furent une source d'inspiration pour de nombreux compositeurs (Schubert, Donizetti, Auber, Rossini).

Un peu amoindrie au 19e s., la créativité musicale écossaise rejaillit de nouveau à la fin du siècle dernier, avec la constitution de chorales et d'orchestres et la célébration de l'Écosse par des compositeurs tels qu'Alex Campbell Mackenzie, Hamish MacCunn, William Wallace.

Les compositeurs du 20e s.

Parmi les compositeurs du 20e s. ayant adopté un style écossais, figurent Eric Chisholm (1904-1965), Ian Whyte (1902-1969), Cedric Thorpe Davie (1913-1983) et Lyell Creswell (1944). La culture celtique inspira deux compositeurs exceptionnels : Ronald Stevenson (né en 1928), qui écrivit des chansons, des œuvres pour piano et des concertos, et Francis George Scott (1880-1958). De nombreux artistes écossais ont acquis une belle réputation sur la scène internationale : le pianiste Frederic Lamond (1868-1948), les chanteurs Mary Garden (1874-1967) et Joseph Hislop (1884-1977), ainsi que le chef d'orchestre Hugh S. Robertson (1874-1952). Plus récemment, de nouveaux talents ont émergé : le chef d'orchestre Alexander Gibson, la percussionniste Evelyn Glennie et les compositeurs Thea Musgrave, James MacMillan, Graig Armstrong et Stuart Mac Rae (né en 1976).

L'Écosse au cinéma

Outre bien sûr les réalisateurs écossais, tels Bill Forsyth *(Local Hero, 1983)* ou Danny Boyle *(Petits Meurtres entre amis, 1995 ; Trainspotting, 1996)*, de nombreux cinéastes se sont intéressés à l'Écosse. Plusieurs films tournés dans les splendides paysages des Highlands ou dans la région d'Édimbourg ont pour personnages principaux des héros de l'histoire ou de la littérature écossaise : de *Marie Stuart* de John Ford (1936) et *Macbeth* d'Orson Welles (1947), à *Rob Roy* de Michael Caton-Jones (1995) en passant par *Braveheart* de Mel Gibson (1995). D'autres réalisateurs ont simplement mis à profit la beauté des paysages comme Jean-Jacques Annaud *(La Guerre du feu, 1981)*, Lars Van Trier (*Breaking the Waves*, 1996) ou Chris Columbus *(Harry Potter, 2001-2002)*. Quant au cinéaste anglais Ken Loach, il dépeint avec tendresse et lucidité le quotidien des quartiers défavorisés de Glasgow *(My Name is Joe, 1998 ; Sweet Sixteen, 2002)* et les tensions entre communautés *(Just a kiss, 2004)*. Également tourné à Glasgow, *Red Road* d'Andrea Arnold a obtenu le Prix du Jury au festival de Cannes 2006.

La scène pop et rock

L'Écosse a donné à la scène pop-rock nombre de stars internationales. L'un des premiers, dans les années 1950, fut Lonnie Donnegan, l'un des artistes ayant vendu le plus de disques avant les Beatles. Depuis, chaque génération produit des chanteurs ou musiciens reconnus : Rod Stewart, Marc Knopfler, l'un des fondateurs du groupe Dire Straits, Jimmy Sommerville et Bronski Beat, Simple Minds, Wet Wet Wet ou encore Edwin Collins. Plus récemment, ce sont Travis, le groupe Texas, Shirley Manson et le jeune Paolo Nutini qui font salle comble.

Affirmant de manière plus forte leur appartenance écossaise, d'autres groupes ont connu le succès en mariant les rythmes folk et les thèmes gaéliques à différents courants musicaux, dont le rock (Runrig, Supercaillie, The Silencers). Comme eux, mais dans un style plus « hard », le groupe The Proclaimers n'hésite pas à dénoncer les problèmes sociaux de son temps.

L'ÉCOSSE AUJOURD'HUI

L'Écosse fait partie des régions qui savent concilier avec bonheur les exigences de la modernité et le charme des traditions. Les jeux des Highlands, la dégustation de Malt whisky ou les championnats de cornemuses ne sont que quelques-uns des plaisirs que le visiteur est invité à partager.

PHOTONONSTOP/Sime

Kilt et bagpipe… des traditions toujours d'actualité pour les jeunes générations !

L'identité écossaise

L'Écosse est fière de ses racines gaéliques. Cette particularité se retrouve autant dans les spécificités du costume traditionnel, dans l'attachement aux armoiries, dans les festivals d'été que dans les jeux des Highlands qui reçoivent chaque année des Écossais venus de toutes les parties du globe.

LES CLANS

Clann en gaélique signifie enfant ou famille. Tout le monde devait être loyal au chef de famille ou de clan. En contrepartie, celui-ci assumait un rôle de chef et de protecteur et rendait la justice dans les conflits opposant les membres de son clan. Vestiges de ces pratiques, on voit encore souvent des basses-fosses dans les châteaux, des potences sur les collines et des échafauds sur les territoires des clans. Les liens de parenté tissaient une puissante unité sociale au nord des Highlands, où les monarques écossais établirent avec peine leur autorité. Le Seigneur des îles, par exemple, gouvernait son territoire tel un roi indépendant. La monarchie écossaise fut d'ailleurs menacée à plusieurs reprises par l'action conjointe de plusieurs clans. La dernière tentative eut lieu à la bataille de Harlaw, au nord d'Aberdeen, en 1411, où le seigneur des îles Donald fut repoussé.

Des querelles internes à la défaite des clans

Les liens à l'intérieur d'un même clan avaient une grande importance. Les rivalités et les querelles personnelles entraînaient tout le groupe. Le plus souvent, le problème était lié à la propriété de terres ou de bétails. Scott popularisa la querelle des Campbell et des MacGregor dans son roman *Rob Roy*, où tout commence par une accusation de vol de bétail. Mais l'affrontement le plus marquant – le massacre de Glen Coe – eut lieu en janvier 1692 : une troupe menée par un Campbell massacra le clan MacDonald, alors que celui-ci l'avait accueillie au nom de l'hospitalité. Une quarantaine d'hommes furent assassinés, mais la plus grande partie du clan mourut de froid dans les montagnes où elle avait cherché refuge. Cette action inspirée par Guillaume III marquait la volonté de revanche du monarque britannique à la suite du premier soulèvement jacobite.

L'Acte de Proscription (1747) fut promulgué d'ailleurs à la suite du dernier soulèvement jacobite, mené par Bonnie Prince Charlie et conclu par la défaite de **Culloden**. Il bannit le port des armes et du tartan sous toutes ses formes, de même qu'il abolit les juridictions héréditaires. Il faisait ainsi disparaître le système clanique. Mais le coup de grâce vint quelques années plus tard avec les **Clearances** (évictions). Les populations furent expulsées et les terres des Highlands devinrent un grand parc à moutons.

Les batailles, les querelles, la loyauté et les traditions se perpétuent dans les légendes et la littérature. Les sociétés et les associations claniques sont aujourd'hui des organisations actives, à la fois en Écosse et à l'étranger. Quelques-unes d'entre elles financent des musées (MacPherson à Newtonmore et Donnachaid au nord de Blair Atholl) ; d'autres entreprennent la restauration d'anciens sièges de clan (le château de Menzies) ou construisent des centres pour leurs membres (Clan Donald Centre, Armadale Skye).

LES TARTANS

Symbole de l'Écosse, le tartan est un tissu fabriqué à partir de laine et décoré de bandes colorées qui se croisent à angles droits : on connait mieux ce motif sous le nom d'écossais. Son origine est aussi ancienne que celle des clans. Dans les Highlands existait alors un grossier vêtement de laine (*tartaine* en français) que l'on teignait avec des plantes (la fougère pour le jaune, la myrtille pour le bleu, l'écorce d'ajonc ou le genêt pour le vert). Les motifs ou sets correspondaient à l'origine au district dans lequel un tisserand particulier opérait. Et le choix des couleurs n'était pas codifié. Dans les premiers portraits écossais, il est d'ailleurs courant de voir un personnage porter différents motifs en même temps. Dès le 16e s., les habitants de la région portaient quotidiennement un plaid à la ceinture *(feileadh mor)*. Le petit kilt *(feileadh beag)* commença à se développer et devint populaire au 18e s. Un kilt classique peut utiliser jusqu'à 7 m de tissu. On peut voir des tartans au Scottish Tartans Museum de Stirling ou au Scottish Experience (Royal Mile, à Édimbourg), qui a recensé 1 600 tartans ou sets différents.

De l'interdiction à la gloire

C'est au 19e s. que furent établis les codes des couleurs des tartans et le choix par les clans de leur set. L'Acte de Proscription (1747) avait interdit le port du costume traditionnel des Highlands, à l'exception des régiments de Highlanders appartenant à l'armée de la Grande-Bretagne. En 1782, l'abrogation de l'Acte de proscription vit le retour du costume parmi les clans et l'uniformisation du set au sein d'un même clan. Mais la vogue du tartan est tout d'abord venue de la littérature. Walter Scott, au début du 19e s., a présenté sous un nouveau jour romantique les fiers guerriers du nord de l'Écosse. C'est à cette époque qu'apparurent les premiers livres sur les motifs des tartans. En 1816, la Highland Society de Londres proposa aux clans de déposer leurs couleurs, la première codification des sets était faite.

En 1822, lors de son passage à Édimbourg, qui constituait la première visite d'un souverain britannique depuis 1651, George IV arbora un kilt aux couleurs des Stuart. Ce geste mit définitivement le vêtement à la mode. Mais la vogue du tartan prit réellement son essor en 1822 avec l'achat du château de Balmoral par la reine Victoria et le prince Albert. À cette occasion, ils firent créer, sur un dessin du prince Albert, un tartan pour la décoration du château, le balmoral. La mode du tartan ne connut alors plus de limites. Après avoir séduit les Anglais, elle se répandit en Europe puis gagna les côtes du Nouveau Continent, au Canada et aux États-Unis.

Le retour du kilt

Par un étrange retournement, fréquent dans l'Histoire, les vaincus d'hier imposèrent leur vêtement aux vainqueurs. Les régiments de Highlanders se distinguèrent particulièrement durant les guerres du 19e s. (en Crimée et en Inde notamment). Le prestige de leurs victoires entraîna une décision étonnante du haut commandement de l'armée britannique : tous les régiments des Lowlands durent en 1881 porter l'uniforme des Highlanders. Ainsi, les régiments Scots, malgré leurs récriminations, se virent-ils habillés du traditionnel kilt, bonnet à plume et du Sporran et contraints de marcher au son de la cornemuse.

Toujours à la mode

Il existe, aujourd'hui encore, un tartan pour toute occasion de la journée, que ce soit pour la chasse ou pour sortir. La forme la plus courante reste le kilt, principal élément de la tenue des Highlanders.

L'introduction des colorants à base d'aniline au début du 19e s. permit d'obtenir des couleurs vives et crues qualifiées de « **modernes** ». Après la Première Guerre mondiale, on essaya de recourir à des colorants chimiques pour obtenir des nuances plus douces, plus proches des teintes naturelles. On qualifia celles-ci de couleurs « **anciennes** », créant ainsi

Fantômes et apparitions fantomatiques

Avis aux intrépides ! Certains lieux sont hantés par des fantômes : dans le château de Glamis, on peut rencontrer une dame en gris ou en blanc dans la chapelle ; dans The Binns règne le général Tam sur son cheval blanc ; dans le château de Barnbougle, on entend un chien à la recherche de son maître ; à Ben Macdui, il s'agit du grand homme gris ; dans le château de Fyvie vivent le trompettiste et une dame verte ; à Craigievar, c'est un Gordon qui fut déloyal envers Red John ; dans l'île de Skye, il s'agit d'une voiture de marque Austin et d'une armée en kilt.

une certaine confusion dans le monde du tartan, car certains vêtements comme le Old Stewart ou le Old Munro comportaient déjà le mot ancien dans leur nom. On a plus récemment trouvé certaines variantes appelées teintes **« atténuées »** ou couleurs de **« reproduction »**.
L'utilisation de colorants synthétiques au 19e s. permit de fabriquer des tartans aux couleurs éclatantes, empêchant ceux qui les portaient de se camoufler dans les collines. Puis on créa des **tartans de chasse**, dont le fond rouge vif fut remplacé par du vert, du bleu ou du marron. Le **tartan de soirée** fut également une innovation de cette époque : fabriqué avec une étoffe à fond blanc, il servait aux hommes de tenue de soirée.

LES ARMOIRIES

Le système clanique stimulait le sentiment d'appartenance à une famille, que l'on proclamait fièrement par un emblème héraldique. Les chefs comme le monarque, ou le chef des chefs, avaient leurs propres armoiries que personne ne pouvait s'approprier. Même leurs héritiers devaient demander un emblème différent auprès du **Lord Lyon King of Arms**, qui s'occupe aujourd'hui encore de toutes les questions d'armoiries écossaises et arbitre l'autorité des clans. Les membres d'un clan doivent en adopter l'insigne, qui est un écusson portant une bande et une devise. Lorsqu'il ne fut plus nécessaire d'arborer le blason comme signe distinctif pendant les combats guerriers, on l'employa comme symbole décoratif en architecture, sur le mobilier et sur les vêtements.

Les emblèmes du pouvoir

Le monarque et les ecclésiastiques, avec leurs sceaux, montrèrent l'exemple. Parmi les plus anciennes, les armoiries de Jacques IV sur un pilier de la façade ouest de la chapelle du King's College à Aberdeen datent de 1504. On y retrouve déjà les principaux emblèmes écossais : un lion rampant, un lion couronné à l'avant, deux licornes et le chardon situé sous l'écusson. Les rois ornèrent de blasons leurs châteaux et les évêques leurs palais (Falkland, le palais de Holyroodhouse, Glasgow et Spynie) ; on s'en servit également pour décorer les ponts, comme le Guardbridge, par exemple.

Les blasons de la noblesse

Nobles et seigneurs firent de même : ils inscrivaient fièrement sur des **panneaux armoriés** finement gravés qu'ils avaient reçu leurs terres directement du roi. Le château de Huntly possède une splendide porte d'entrée héraldique où les armoiries du 1er marquis côtoient celles de Jacques VI, accolées à celles de la reine, avec la licorne écossaise et le dragon danois semblant supporter l'écusson. Au deuxième étage du château, sur l'un des manteaux de cheminée construit en 1606 on peut voir les armoiries royales du Royaume-Uni auxquelles on a ajouté deux quartiers pour l'Écosse et la licorne. Les armoiries ornant le frontispice du château de Fraser sont un peu plus récentes (1618). À Muchalls, The Binns et Glamis, on peut également admirer des armoiries en stuc : le plafond noir et blanc de Earlshall (1617-1620) présente les armes de divers nobles écossais, tandis que celui de St Mary's Church, près d'Aberfeldy, incorpore les emblèmes de la lignée des Stuarts. L'exceptionnel plafond en chêne de la cathédrale St Machar, à Aberdeen, peint au 16e s., décrit la scène européenne autour de 1520.

On peut aussi trouver des armoiries dans les églises sur les stalles et les chaires (au King's College à Aberdeen), ou dans les galeries réservées aux familles nobles (Abercorn et Gifford) et aux sociétés commerciales. La chapelle du Chardon (cathédrale St Giles à Édimbourg) est un exemple moderne de ce type de décoration. Les croix de marché et les portes des villes arboraient aussi des blasons.

LES MANIFESTATIONS TRADITIONNELLES

La carte ci-contre présente une sélection des jeux des Highlands et des chevauchées communales. La couleur entourant le nom du site correspond au mois où ils se déroulent. Elle signale aussi certaines festivités originales, répertoriées dans le chapitre « Organiser son Voyage » *(p. 36)*.

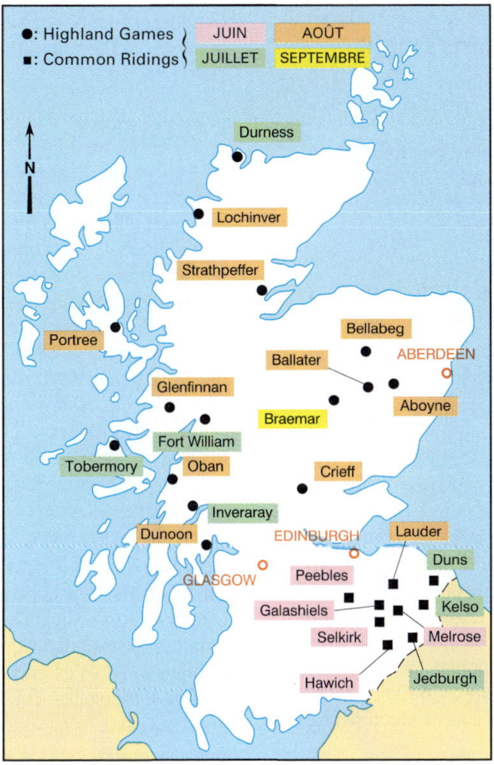

Highland Games

Vous vous devez d'assister à au moins un de ces événements associant concerts de cornemuse, concours de danses et joutes sportives.

Issus de traditions très anciennes, ces jeux constituent un patrimoine à la fois sportif et musical qui a connu une véritable renaissance, après l'abrogation de l'Acte de proscription (en 1782), grâce à la passion de nombreuses associations. Les plus réputés se déroulent dans les régions des Grampians (la famille royale assiste à ceux de Braemar) et des Highlands.

L'origine de ces joutes sportives remonte au 11e s., elles rassemblaient des guerriers qui combattaient pour prouver leur valeur. Les vainqueurs étaient choisis par les chefs de clan comme messagers et gardes du corps.

Aujourd'hui, les plus importantes rencontres comportent des épreuves de lancer du poids et du marteau, ainsi qu'un concours que vous ne verrez qu'en Écosse, le *caber*, qui consiste à lancer un tronc de mélèze porté verticalement et qui doit être lancé de sorte qu'il retombe le plus droit possible en effectuant un tour sur lui-même.

Les concours de danses sont surtout l'occasion pour les jeunes filles de montrer leur dextérité dans la plus célèbre d'entre elles : la danse des épées. Celle-ci aurait été créée, d'après la légende, à la suite d'une danse exécutée par Malcom III, au-dessus de son épée et de celle d'un ennemi vaincu croisées sur le sol.

Quant aux concerts de cornemuses, ils comprennent trois types d'épreuves : la musique militaire, la musique de danses et l'improvisation sur un thème classique, le pilbroch.

Les Common Ridings

Des chevauchées communales sont couramment organisées dans les villes de la région des Borders (Lowlands) entre juin et septembre *(voir Kelso p. 111 et Selkirk p.134)*. Elles rappellent l'époque troublée du Moyen Âge où les raids et razzias étaient monnaie courante. On organisait alors des sorties pour contrôler les frontières du bourg et débusquer les pillards. Ces courses représentent souvent aujourd'hui des événements clés inscrits dans un festival dont le programme de festivités se prolonge une semaine.

Le dernier chant de la Burns's night

Voici le chant qui conclut la nuit en l'honneur du poète Robert Burns.
– Auld Lang Syne
Should auld acquaintance be forgot,
And never brought to min'?
Should auld acquaintance be forgot,
And days o'auld lang syne?
For auld lang syne, my dear,
For auld lang syne,
We'll take a cup o'kindness yet
For auld lang syne!

Burns's night

La soirée du 25 janvier est consacrée à un repas en l'honneur de Robert Burns (1759-1796). Le jour anniversaire de la naissance du poète national est célébré dans le monde entier. Le dîner se compose de plats traditionnels écossais dont le haggis, la panse de brebis farcie, est le point d'orgue. Au moment de la servir, l'officiant déclame le poème *To a Haggis* composé par le poète en l'honneur de ce plat. La soirée est ponctuée de nombreux toasts au whisky, de poèmes et de chants accompagnés à la cornemuse.

LE GAÉLIQUE

Le nombre de personnes parlant le gaélique décline. Elles n'étaient plus que de 65 978 en 1991, soit 1,2 % de la population autochtone.
Cette langue d'origine celte – l'une des plus anciennes d'Europe – apparaît en Écosse entre le 3e et le 4e s avec les Irlandais fondateurs du royaume de Dalradia. Puis elle s'étend et couvre presque l'ensemble de l'Écosse et les îles vers le 10e s.

Dès le 12e s., le gaélique rentre en concurrence avec l'anglais amené par les Anglo-Normands dans la région des Lowlands. Au 16e s. la zone de partage linguistique passait entre le nord gaélique et le sud mélangeant anglais et dialectes Scots. Les Clearances au 19e s., qui entraînèrent l'émigration des populations des Highlands vers le sud du pays et à l'étranger, furent le coup de grâce pour la langue gaélique.

Malgré la création d'associations (An Comunn Gaidhealach, fondée en 1891) pour la préservation et le développement de cette langue, sa pratique reste marginale. La majorité des personnes parlant le gaélique sont bilingues. Elles vivent le plus souvent dans les Highlands du Nord-Ouest, dans les Hébrides (76 % de locuteurs) et dans l'île de Skye (58 %). Glasgow et Édimbourg comptent également une petite communauté connaissant le gaélique.

L'ARTISANAT

Les artisans proposent une grande variété d'objets de qualité qui feront d'excellents souvenirs d'Écosse. Parmi les artisanats traditionnels, le plus connu est le **tricot** des îles de Fair et Shetland, dont les pulls Shetland aux couleurs naturelles, les très beaux châles de dentelle et les jerseys multicolores aux motifs élaborés de l'île de Fair. Le **tweed de Harris**, tissé exclusivement sur des métiers manuels dans les Hébrides extérieures, est un produit de qualité qui mérite bien sa réputation. Les **tartans** sont presque tous fabriqués à la machine, mais la **confection des kilts** se fait encore à la main.

La **gravure** et la **fabrication du verre** sont des activités artisanales encore florissantes. Leurs produits les plus connus, à part le cristal taillé, sont les presse-papiers soufflés et gravés à la main, comme le merveilleux **millefiori**.

Autre spécialité : la fabrication des bijoux sertis de pierres semi-précieuses telles que les perles de Cairgorm ou de Tay. On emploie la serpentine et le granit pour décorer divers objets comme les presse-papiers et les porte-plume ; le granit est également utilisé pour les pierres de curling polies. Sont aussi très appréciés les **chaises des Orcades** aux grands dossiers de paille, le **cuir** et les **couvertures en peau de mouton**, ainsi que quelques objets en corne (boutons et manches de couteaux).

P. Tomkins / SCOTTISH VIEWPOINT/VISIT SCOTLAND

Tricot traditionnel des Shetland.

LE SPORT

Le **golf** aurait été inventé, selon la légende, par un berger écossais qui tapait avec son bâton dans des cailloux pour les envoyer dans un terrier de lapin. Codifié en 1744 par Duncan Forbes et ses amis, il peut être pratiqué sur les 450 greens que compte le pays. Le golf est en Écosse un sport populaire. Et pour les natifs de St Andrews, La Mecque du golf, les tarifs à l'année sont tout à fait raisonnables (mais ils le sont beaucoup moins pour les joueurs de passage).

Le sport qui déchaîne le plus la ferveur populaire est le football, que l'on appelle **soccer.** Cette passion est particulièrement forte à Glasgow où la rivalité entre l'équipe catholique des Celtics et l'équipe protestante des Rangers anime le championnat écossais depuis la fin du 19e s. *(voir p. 218-232-246)*. L'opposition entre ces équipes, appelée Old Firm, montre que le clivage entre les deux religions est toujours fort.

Il reste le **rugby** pour rassembler tous les Écossais, notamment lors des matches contre l'Angleterre. L'équipe s'est distinguée dans le tournoi des Cinq Nations en remportant trois grands chelems.

L'Écosse gourmande

En dehors de l'inévitable fish & chips présent dans chaque ville de Grande-Bretagne, l'Écosse propose une cuisine originale basée sur la qualité de produits naturels du pays, qu'ils viennent des rivières, des landes, de la mer ou des fermes.

LES ENTRÉES

Les **soupes** écossaises sont très variées et particulièrement appréciées après une longue randonnée, leur première qualité étant d'être particulièrement roboratives. La plus célèbre est la *cock-a-leekie*, faite à partir d'un bouillon de volaille, dans lequel mijotent des morceaux de volaille et de poireau, du riz et quelques pruneaux. Le *scotch broth* est aussi à base de bouillon mais de bœuf ou de mouton, dans lequel on mélange la viande coupée en morceaux, de l'orge, des pois cassés et des légumes variés. Les produits de la mer ne sont pas en reste. La *cullen skink* est composée de haddock fumé, de lait et de purée de pomme de terre. Quant au *partan bree*, c'est une soupe à base de crabe avec des noix, relevée par de la moutarde douce et du vinaigre de vin, le tout étant recouvert de chapelure et doré au four.

B. Lightfoot / GHFP/Nature Picture Library/Jacana

La grouse, une des vedettes de la gastronomie écossaise.

LA VIANDE

Avec des races bovines renommées, comme l'Aberdeen Angus et la Galloway, et les ovins élevés sur place, il n'est pas surprenant que la qualité du bœuf et du mouton écossais soit reconnue dans le monde entier.

Typique de l'Écosse, le *mince and tatties* est une base de bœuf haché menue mélangée au jus de la viande : il est le plus souvent accompagné d'oignons et de pommes de terre. Le bœuf d'Aberdeen est servi en rôti ou en steak cuit à point, nappé d'une sauce au vin et aux champignons, et accompagné de légumes variés et des incontournables frites.

L'agneau est préparé en rôti, en ragoût, cuisiné à la cocotte ou en croûte. L'Écosse ne serait pas l'Écosse sans le *haggis*, la célèbre panse de brebis farcie. Ce plat servi chaque 25 janvier pour l'anniversaire du poète Robert Burns est composé d'abats de mouton (foie, mou et cœur) mélangés avec des flocons d'avoine, de l'oignon et des épices. Le mélange est bouilli dans une panse de brebis et servi avec une purée de navets (*bashed neeps*) et de pommes de terre *(chappit tatties)*.

Si vous désirez seulement grignoter, goûtez les *forfar bridies*, petits chaussons fourrés à la viande.

Le gibier

Avec ses collines et ses landes, le pays offre un gibier nombreux et varié. Les deux plus connus sont le chevreuil et la petite perdrix rousse, la **grouse**. Un jeune oiseau rôti enroulé dans du bacon est un véritable régal. Il est le plus souvent servi avec des pommes de terre frites, quelques légumes et une sauce à la mie de pain. On trouve également au menu des restaurants faisans, bécasses, lièvres, sangliers…

LES POISSONS

Parmi les nombreuses variétés de poisson, le **saumon** occupe la première place, qu'il fasse partie d'élevages ou qu'il provienne des célèbres pêcheries de la Tay, de la Spey ou de la Tweed. Servi frais ou fumé, il reste un mets de luxe. Le classique saumon poché préparé dans un court-bouillon d'eau, de vin et de légumes est à ne pas manquer. On goûtera aussi sans retenue la truite et la truite saumonée, à la chair rose et délicate.

Le petit déjeuner comprend souvent l'*Arbroath smokie*, un petit haddock salé et fumé, ou le *finnan haddie*, un haddock salé et séché sur la plage avant d'être fumé au feu de tourbe, ou encore le *kipper*, un hareng coupé en deux, salé et fumé. L'Écosse est également une grande productrice de coquillages et crustacés (Saint-Jacques, crabes, crevettes, homards, langoustes...). Parmi les incontournables figurent les pinces de crabes géants *(partan claws)* ou les têtes de haddock fourrées au homard *(crappit heids)*.

Dernier produit de la mer, l'algue de couleur verte et noir est cuite durant de longues heures avant d'être débité en petits morceaux. On peut la déguster chaude et entourée de bacon, de tomates et de toast (le laverbread gallois), ou froide comme accompagnement pour les fruits de mer.

LES FROMAGES

Le pays propose une grande variété de fromages. Le plus connu, comme dans le reste de la Grande-Bretagne, est le cheddar. Il existe plusieurs variétés de ce fromage de vache à pâte dure, dont le **Loch Arthur Farmhouse**, le **Orkney Extra Mature Cheddar**, l'un des plus vendus en Angleterre (affinage un an minimum), et le **Seriously Strong Cheddar** (affinage de 18 à 24 mois), plus fort comme son nom l'indique. Pour les amateurs de pâte dure mais préférant les saveurs plus douces, le Dunlop fabriqué dans les îles des Orcades, d'Arran ou d'Islay conviendra parfaitement, tout comme le Gowrie au goût assez proche.

P. Tomkins / SCOTTISH VIEWPOINT/VISIT SCOTLAND

Shortbread et bannock de Selkirk pour l'afternoon tea.

Festivals de saveurs

Pendant le printemps et l'été, de nombreux festivals gastronomiques (Food festivals) sont organisés et vous permettront de découvrir la richesse des produits et des recettes de chaque région, dans une ambiance toujours extrêmement conviviale.
De nombreuses localités proposent également des marchés de produits fermiers *(voir les carnets pratiques de chaque localité)*.

Du côté des fromages de vache à pâte molle, le **Caboc**, originaire des Highlands, est un incontournable : fabriqué à partir de crème de lait, il est roulé dans des flocons d'avoine. Le **Crowdie**, à base de lait écrémé, puis recouvert d'avoine et de morceaux de poivre satisfaira, quant à lui, les palais les plus sensibles.

On peut encore citer le Bishop Kennedy au goût velouté avec une pointe d'épices, ou le **Bonchester** fait à partir de lait récolté entre mars et décembre. Enfin, vous vous laisserez peut-être tenter par les fromages de l'île de Mull aux goûts parfumés d'ail et d'oignons, ou aux effluves de cumin et de poivre. Pour les amateurs de bleus, il existe un fromage de l'Ayrshire, le Dunsyre Blue. Mais pour ceux qui ne le conçoivent qu'à base de lait de brebis, il faudra se tourner vers le Lanark Blue. Enfin, le **Galloway Goat's Milk Gems**, mariné avec des herbes et de l'ail, et le Lairoble, au goût d'herbe relevé d'une pointe d'amande, devraient exciter la curiosité des inconditionnels du fromage de chèvre. Servis avant ou après les desserts, tous ces fromages sont le plus souvent accompagnés des traditionnelles oatcakes, des biscuits d'avoine.

LES DESSERTS

Les desserts et gâteaux sont particulièrement appréciés par les Écossais. Que ce soit à l'heure du thé ou lors d'un repas, le choix de spécialités du pays devrait combler les amateurs de sucré. Les fruits, tout d'abord, sont d'excellente qualité et à la bonne saison vous pourrez vous régaler des baies qui croissent sous le soleil clément de l'Écosse (fraises, framboises, cassis, mûres...). Laissez-vous tenter par le **Cranachan**, qui accommode les framboises avec du miel, des flocons d'avoine, du yaourt et un soupçon de whisky, ou par une tarte au caramel et sa couche de meringue.

Parmi les gâteaux, on retrouve aussi les **scones** (au fromage ou au raisin), les bannocks (à mi-chemin entre les scones et les crêpes), les baps (petits pains mollets), le **Dundee cake** (cake aux fruits et aux amandes) et les sablés (shortbread) qui accompagneront aussi bien le thé que le whisky. Au moment des fêtes, on vous servira peut-être le black bun, un cousin du pudding.

LE WHISKY

De nombreuses boissons vendues dans les supermarchés portent aujourd'hui le nom de whisky, tandis que le Scotch Whisky est synonyme d'un produit de qualité et de réputation internationale. Très compétitive, l'industrie du whisky représente la source de revenus la plus importante à l'exportation.

Les goûts du malt whisky

Les malt whiskies sont classés en quatre grandes régions :

– Les Lowlands : le goût suave du malt domine avec des notes herbacées et florales.

– Les Highlands : au nord, les whiskies sont secs avec une dominante de tourbe nuancée par des notes de bruyère, de fumée et de miel. À l'est, entre Inverness et Aberdeen, dans la vallée de la Spey, ils sont plus moelleux avec des notes fruitées ou herbacées.

– Les Islay : venant des Hébrides, ils affichent un caractère insulaire : iode, varech et tourbe.

– Les Campbeltown : doux et salés, ils se distinguent les uns des autres par des touches plus fumées ou plus tourbées.

Un passé troublé

L'eau-de-vie se dit en gaélique *uisge beatha*. La sonorité phonétique se rapprochant de *uishgi*, le mot se transforma en whisky. Premiers distillateurs de whisky, les Écossais ont joué un rôle majeur dans le développement de cet art. Au 15e s., les moines distillaient de l'eau-de-vie ; peu de temps après, cette activité domestique était devenue quotidienne. Le traité de l'Union de 1707 institua de multiples taxes, dont celle sur le malt en 1713. La situation empira après 1746 (bataille de Culloden), avec de lourdes taxes sur chaque litre de whisky produit et sur les alambics. La distillation devint alors une activité clandestine et la contrebande un art de vivre. Une fois distillé par les alambics clandestins installés sur les coteaux, l'alcool était transporté le long d'un sentier de contrebande, depuis les bords de la Spey jusqu'à Perth, à travers 225 km de campagne vallonnée. Les employés des douanes devinrent maudits dans la région des Highlands.

En 1824, une taxe plus raisonnable fut instituée par litre de whisky produit. De nombreuses distilleries furent alors fondées, dont Glenlivet en 1824, Fettercairn en 1824 et Talisker en 1830. La production de whisky connut un fort développement vers les années 1880 en remplacement de celle du gin et du brandy, très taxés et de plus en plus rares en raison du moindre rendement des vignobles. Le mélange d'alcools (blended whisky) permit d'obtenir une boisson plus goûteuse et accessible aux palais étrangers. Même si les whiskies mélangés dominent toujours le marché, la subtilité et les qualités du whisky de malt connaissent un succès grandissant.

La fabrication

Le whisky est fabriqué à partir de grains d'orge. La première étape consiste à imprégner d'eau la céréale pendant deux à trois jours. Puis le grain est retourné régulièrement à même le sol pendant une dizaine de jours. Il est ensuite séché et parfumé dans un four au-dessus d'un feu de tourbe. Six semaines plus tard, l'orge est écrasé et mélangé avec de l'eau de source bouillante. C'est le liquide extrait de cette mixture qui va macérer ensuite durant deux jours avec de la levure pour produire l'alcool *(wash)*. Il passe alors dans d'énormes alambics en cuivre *(pot-still)*. Il faut deux distillations pour obtenir l'extrait à haute teneur en alcool qui mûrira en Écosse dans des tonneaux de chêne, durant une période minimale de trois ans pour les Blended, et de huit ans pour les Malt.

Une cinquantaine de distilleries sont ouvertes aux touristes, notamment dans la vallée de la Spey qui est le cadre d'un **Whisky Trail** (Route du whisky *voir Dufftown p. 399*). Depuis 1979, la récession a généré une production excédentaire et nombre de distilleries opèrent aujourd'hui en sous-capacité : il faut donc s'informer localement si l'on désire voir le processus complet de fabrication du whisky, depuis l'orge jusqu'à la mise en bouteille.

Malt whisky

Chaque malt whisky est un produit conçu dans une seule distillerie et fabriqué à partir d'une seule sorte de malt. La qualité de cette boisson et les différences subtiles qui distinguent chaque malt whisky dépendent de la combinaison de plusieurs facteurs. Tout d'abord, la qualité de l'orge et de l'eau (vient-elle des montagnes des Highlands, combien de temps a-t-elle cheminé dans les granits et les tourbières ?). Même le climat s'en mêle : quand le malt sèche, quelles sont les qualités de l'air qui vont imperceptiblement faire varier sa fermentation et le typer ? La forme même de l'alambic est essentielle pour forger le caractère spécifique d'un malt. Chaque distillerie possède sa forme propre et quand un alambic arrive en fin de vie, celui qui le remplace est son frère jumeau, reproduisant sa taille, ses coudes, ses imperfections… Pour finir, lors de la longue maturation en fût de chêne, les microclimats attachés à certaines parties de l'Écosse vont apporter de nouvelles saveurs. Ainsi, pour les Islay, les embruns de la mer donnent une touche salée inimitable. Mais tout cela ne serait rien sans l'expérience et l'inspiration de l'homme appliquant et perfectionnant les secrets transmis de distillateur à distillateur.

Blended whisky

Le whisky de grains est fabriqué à partir d'orge maltée et non maltée ainsi que d'autres céréales, comme le maïs. Les mélanges proviennent d'une combinaison secrète entre le malt et les autres grains plus légers. Il nécessite également un alambic particulier permettant une distillation continue.

C'est le whisky le plus vendu dans le monde. Il en existe deux catégories : les marques de luxe et les produits standards. Chaque maison sérieuse a sa propre recette, jalousement gardée. Et les gardiens de ces secrets mettent le plus grand soin à ne pas dérouter le consommateur.

P. Tomkins / SCOTTISH VIEWPOINT/VISIT SCOTLAND

Salle des alambics de la distillerie Glenfiddich à Dufftown.

L'économie écossaise

L'Écosse fait partie du Royaume-Uni, qui est la cinquième puissance économique mondiale. Cependant, certaines caractéristiques la différencient de l'Angleterre, de l'Irlande du Nord et du pays de Galles : une production axée sur l'exportation, des aides publiques importantes et des investissements étrangers de plus en plus présents. Elle est donc plus exposée que ses voisines aux fluctuations de la monnaie, des politiques gouvernementales et aux soubresauts de l'économie mondiale.

LA MUTATION DE L'INDUSTRIE

L'économie écossaise, florissante au début du 20e s., s'effondre après la Crise de 1929. Son industrie lourde (exploitation de charbon, fabrication de locomotives et de textiles, chantiers navals), dépendante des exportations, n'arrive pas à faire face à la récession. Les investissements nécessaires à la transformation et à la diversification de son industrie ne sont pas réalisés.

La Seconde Guerre mondiale permet au secteur sidérurgique de se redresser et relance l'économie. Mais quelques années plus tard, elle n'arrive pas à prendre le tournant technologique. Une livre sterling surévaluée et des investisseurs absents sonnent le glas de l'industrie entre 1957 et 1967. Et ce malgré une politique d'aide de l'État très active jusqu'en 1976 qui a permis de passer de l'industrie lourde à l'industrie légère. Cette évolution a pour conséquence une augmentation très importante de la part des entreprises étrangères et anglaises.

Les deux secteurs leaders de l'exportation sont le whisky et l'électronique, l'un et l'autre n'appartenant pas à des entreprises écossaises. Le secteur agroalimentaire est aujourd'hui le plus gros employeur de l'industrie (70 000 emplois). Quant au secteur de l'électronique, situé essentiellement dans la Silicon Glen (zone entre

Ayr et Dundee), malgré sa place de 3e au rang mondial, il est actuellement à une période charnière : le passage d'une activité de montage des produits à leur conception.

L'AGRICULTURE ET LA SYLVICULTURE

Hormis dans les Orcades et les Borders, l'agriculture n'est plus une activité importante. Les Highlands et les îles ont, d'ailleurs, un régime spécial de propriété : les crofters. Le Crofters Act (loi concernant les petits fermiers) de 1886 donna aux métayers le bail assuré, le droit de transmettre la terre à leurs héritiers et de réclamer des subventions pour le développement auprès du propriétaire. La loi de 1976 accorda aux fermiers le droit d'acheter la terre mais ils perdirent un certain nombre de leurs prérogatives dont celle de faire paître leurs troupeaux sur le terrain communal. Les crofts sont de petite taille, une moyenne de cinq hectares. À côté, moins d'une centaine de propriétaires se partage le tiers de la surface des Highlands. Ces grands domaines sont surtout utilisés pour des activités de chasse, pêche et tourisme. Et une bonne moitié des terres arables ne sont pas exploitées.

F. Sichet / MICHELIN

Le sympathique bœuf des Highlands.

L'Écosse possède la moitié des forêts britanniques, les plus importantes étant situées sur les reliefs du Dumfriesshire, du Galloway et de l'Argyll. Mais si la filière bois emploie 10 000 personnes, la production reste bien en dessous des besoins de la Grande-Bretagne.

La pêche et l'élevage vivrier sont surtout pratiqués dans les Highlands et les îles. Et la transformation d'une grande partie des poissons pêchés en Grande-Bretagne est assurée dans des ports écossais.

LE BOOM DES SERVICES

Le nombre d'emplois dans le secteur tertiaire a doublé en trente ans et rassemble aujourd'hui plus des trois quarts des actifs écossais. Le visage actuel de l'économie est donc celui d'une activité de service. Les deux secteurs de pointe sont le tourisme (8 %) et la finance (8 %), suivis de près par le commerce de détail (8 %). Le secteur des biotechnologies rassemble le troisième pôle en Europe après celui de Cambridge en Angleterre et celui de Munich en Allemagne. Le premier animal adulte cloné l'a été dans la ville d'Édimbourg *(voir p. 56)*.

LA QUESTION DE L'ÉNERGIE

Jusque dans les années 1960, le charbon était la principale ressource pour la production d'énergie. En 1969, la découverte de gaz et de pétrole en mer du Nord modifie cette hégémonie. Les gisements partagés entre la Norvège et le Royaume-Uni assurent l'autosuffisance énergétique de la Grande-Bretagne. L'exploitation commencée en 1975 permet également de développer l'emploi sur la ville d'Aberdeen et ses environs. Le reste de l'énergie nécessaire à l'économie britannique est produite par une vingtaine de centrales nucléaires, dont quatre sur le territoire écossais. Un complément est également fourni par des barrages hydroélectriques, mais cette production reste marginale.

Les données récentes annoncent une série de questions sur l'autosuffisance énergétique du royaume dans les années à venir. Les réserves de la mer du Nord semblent se tarir. Lors du 3e trimestre 2005, le Royaume-Uni a, pour la première fois en 25 ans, acheté plus de brut qu'elle n'en a vendu. À cela s'ajoute l'arrivée à l'âge de la retraite de trois des centrales nucléaires écossaises d'ici à 2010.

L'Écosse en chiffres

- Superficie : 77 097 km^2.
- Population : 5,1 millions d'habitants.
- Densité : 67 hab./km^2 et 400 hab./km^2 pour la seule vallée Forth/Clyde (région de Glasgow et Édimbourg).
- Sur environ 790 îles, 130 sont habitées.
- Taux de chômage : 5,3 %.

Glamis Castle, près de Dundee.

R. Edwards / BRITAINONVIEW.COM

DÉCOUVRIR LES SITES

OBAN
★★ Inveraray
Cairndow
Loch Lomond and the Trossachs National Park
A 83
Arrochar
A 82
A 814
A 815
Colonsay
★ Crinan
★ Auchindrain
Ardlussa
JURA
Sound of Jura
★ Helensburg
Dunoon
Port Glasgow
Dumbarton
Port Askaig
Feolin Ferry
Craighouse
Knapdale
Tarbert
Castle
Rothesay
A 78
A 8
Greenock
★★★ GLASGO
M 8
ISLAY
Île de Bute
Mount Stuart ★
M 77
Port Ellen
Lochranza
Kintyre
★★ Brodick
Lamlash Bay
Machrie
Irvine
Kilmarnock
A 71
★★ Île d'Arran
Whiting Bay
Prestwick
Tarbolton
Mauchline
Campbeltown
Kilmory
★ Ayr
B 743
A 76
★ Culzean
Alloway ★
Dunaskin Heritage Cent
Southend
Kirkoswald
Dalmellington
NORTH CHANNEL
★ Galloway Forest Park
Glentrool Forest
A 713
A 77
Bruce's Stone
Glentrool Visitor Centre
Galloway Red Deer Range
Castle Kennedy Gardens
Newton Stewart
Stranraer
Abbey Glenluce
Cairn Holy
Creetown
Cardoness
NORTHERN IRELAND
Portpatrick
A 747
Wigtown
A 75
Kirkmadrine Church & Stones
★ Logan Garden
Luce Bay
Whithorn
★ Kirkcudbrig
Wigtown Bay
Port Logan
Drummore
Isle of Whithorn
BELFAST
Mull of Galloway

LE SUD

Entre la zone urbaine rayonnant autour de Glasgow et d'Édimbourg et la frontière avec l'Angleterre s'étend une région rurale aux multiples attraits : les collines de l'est aux douces formes arrondies, tapissées de prairies où moutons et bovins se côtoient, sont parsemées de manoirs et de magnifiques abbayes, tandis que le relief du Centre et de l'Ouest est plus accidenté, offrant aux visiteurs des paysages sauvages et dénudés ou de vastes parcs forestiers. La côte sud bordant le Solway Firth, réchauffée par le Gulf Stream, est jalonnée de plages, de coquets petits ports et de jardins luxuriants. Quant à la côte ouest, terre natale de Robert Burns, elle offre deux attractions majeures : la péninsule connue sous le nom de Rhinns of Galloway avec son cap spectaculaire, le Mull of Galloway, point le plus méridional d'Écosse, peuplé d'oiseaux migrateurs, et surtout l'idyllique île d'Arran, si facilement accessible et donnant pourtant l'impression d'être un univers protégé, évoluant à son propre rythme.

60 km
0
40 miles

Île d'Arran★★

Isle of Arran

5 058 HABITANTS
CARTE GÉNÉRALE RABAT II B4 - CARTE MICHELIN REGIONAL 501 D/E 16/17
NORTH AYRSHIRE

Arran est la plus vaste des îles de la Clyde, avec une superficie de 440 km^2, et mesure 32 km sur 16. Cette « Écosse en miniature » est une île divisée en deux par la Highland Boundary Fault. C'est une île de contrastes : sa partie nord, montagneuse, a pour sommet le Goat Fell (874 m), et se caractérise par des landes et de profondes vallées, tandis que sa partie sud présente un décor plus typique des Lowlands. Sur le pourtour côtier alternent des baies sablonneuses protégées, des falaises déchiquetées et de petites criques. Abritée par le bras de terre de la péninsule de Kintyre, l'île bénéficie d'un climat particulièrement doux.

Se repérer – L'île est à 55 minutes de ferry du port d'Ardrossan sur la côte ouest de l'Ayrshire (jusqu'à 6 ferries par jour).

À ne pas manquer – Brodick Castle (facilement accessible à pied à partir du port de Brodick), l'ascension de Goat Fell (compter environ 8 heures aller et retour), le tour de l'île en autocar (départ du port de Brodick peu après l'arrivée du ferry).

Organiser son temps – Compter une journée pour un tour en autocar dans la matinée suivie de la visite de Brodick Castle ; plus si vous voulez explorer l'île à fond et goûter certaines des activités proposées, kayak de mer, golf, escalade...

Avec les enfants – La visite du château et du Arran Heritage Museum, promenade en mer à bord d'un hors-bord, circuit en VTT...

Pour poursuivre le voyage – Arran n'est qu'à 30 minutes de ferry de la péninsule de Kintyre (voir Oban) d'où la A 816 puis la A 828 filent vers Fort William et Inverness.

E. Morris / MICHELIN

L'imposant château de Brodick.

Comprendre

La préhistoire – L'héritage des temps préhistoriques est particulièrement riche, l'île étant située sur la principale route migratoire vers la côte ouest. On trouve à Arran à la fois les longues tombes collectives (cairns) des agriculteurs du néolithique, les cercles de pierres dressées datant de l'âge du bronze (Machrie Moor) et les fortins de l'âge de fer.

Arran aujourd'hui – L'économie est essentiellement fondée sur l'agriculture, avec de grands troupeaux courant sur la lande et des exploitations agricoles et laitières situées sur les portions de vallée et les franges côtières mises en valeur. La sylviculture est en développement sur la côte est, mais la principale industrie est sans nul doute le tourisme qui exploite la beauté naturelle de l'île. Les visiteurs ont de multiples distractions : golf, location de vélos et de bateaux, promenades à poney, escalade, randonnées sur les collines et les crêtes, pêche, navigation de plaisance, ski nautique et élégantes plages sablonneuses où la baignade est sûre.

Visiter

Château de Brodick★★

Itinéraire pédestre agréable depuis Brodick (30mn) - ☏ (01770) 302 202 - www.nts.org.uk - ♿ - avr.-oct. : 11h-16h - brochure (3 langues) - 10 £.

Lorsque le visiteur s'approche de l'île en bateau, l'une des premières choses qu'il découvre sur l'imposante toile de fond du Goat Fell est la masse de grès rouge du château de Brodick qui domine la baie. Dans ce cadre grandiose et accueillant sont exposées de l'argenterie fine, de la porcelaine et des collections de peinture, propriétés des **Hamilton** depuis plusieurs générations. À cela s'ajoutent les splendeurs d'un exceptionnel jardin de rhododendrons et de plantes exotiques et d'un parc aux arbres séculaires d'une hauteur impressionnante.

Forteresse depuis les temps les plus reculés, le château fut très tôt une propriété royale. Il appartient aux Hamilton depuis 1503, date à laquelle le 2e lord Hamilton hérita du comté d'Arran. À la mort du 2e duc à Worcester (1652), les troupes de Cromwell l'occupèrent et l'agrandirent vers l'ouest. En 1844, Gillespie Graham réalisa une nouvelle extension qu'il compléta d'une tour à quatre étages, le tout en style seigneurial.

Intérieur – Le hall et l'escalier du premier étage présentent la plupart des portraits des personnages qui ont constitué le domaine. Le 11e duc, William, la princesse Marie de Bade – qui élurent domicile à Brodick et pour lesquels Gillespie Graham conçut les extensions et les décorations du 19e s. – et leur fils, le 12e duc, qui fut joueur, amateur de courses et collectionneur de nombreux objets sportifs, figurent en buste. Les portraits du palier représentent le 10e duc et Susan Beckford, son épouse, qui rassemblèrent une grande partie des délicats trésors exposés. La première suite, également la plus intime, était celle de la duchesse de Montrose, héritière du 12e duc, qui consacra sa vie à conserver la maison et ses collections ; celles-ci dépendent désormais du National Trust for Scotland. Dans le cabinet de toilette, on remarque une collection d'éventails, deux jolies pièces marquetées du 18e s., l'une hollandaise, l'autre anglaise (boudoir), ainsi que des croquis paysagers de la main de Gainsborough (boudoir).

Le palier du boudoir conduit aux Beckford, avec le portrait de William Beckford sur son lit de mort par Willes Maddox, et une aquarelle de Turner représentant sa demeure de Fonthill Abbey. Accrochée à gauche du cabinet, *La Tentation de saint Antoine* de David Teniers mérite un regard attentif ; le meuble à tiroirs constitue un véritable trésor d'objets précieux : des ivoires, de la porcelaine, de la verrerie... L'ensemble de tabourets noirs est d'origine vénitienne (fin 18e s.). Le salon vaut tant par son contenant, un magnifique plafond doré à motifs héraldiques, que par son contenu : parmi les tableaux, on remarque deux petits formats de Watteau, un portrait de Clouet et un portrait de la dernière duchesse de Montrose, par Laszlo. Deux soupières, dites aux oies, chefs-d'œuvre de l'art chinois de la fin du 18e s. (Chien Lung), ornent les commodes italiennes du 18e s. placées entre les fenêtres. Les deux pièces font partie de l'extension décidée sous Cromwell ; y sont exposées un grand nombre de peintures sur le thème du sport, dont *Dirtiest Derby* par Herring (1844) et *A Prize Fight* par Reinagle ; enfin, on peut admirer des pièces de la magnifique collection d'argenterie de Brodick, en particulier des appliques murales ainsi que deux coupes (17e s.) dont la forme évoque le chardon écossais.

Jardins – *☏ (01770) 302 302 - ♿ - 9h30-coucher du soleil - 5 £ - restaurant.* Le coteau qui descend vers la baie de Brodick est le cadre de deux merveilleux jardins, dont la réputation internationale est méritée. On trouve d'abord un jardin clos datant de 1710, un jardin à la française riche en couleurs, puis, derrière, le **jardin arboré** de 16 ha, création de feu la duchesse et de son gendre, et considéré aujourd'hui comme l'un des plus beaux jardins de **rhododendrons** *(floraison d'avril à mi-juin)*. Les jardins font partie du parc naturel de Brodick, qui propose de nombreuses distractions.

Circuit de découverte

TOUR DE L'ÎLE

Circuit de 90 km – environ 1/2 journée, sans compter les visites. Faire le plein avant le départ, car il y a peu de pompes à essence sur l'île. On peut effectuer la visite dans n'importe quelle direction, ou en deux fois, en prenant la String Road entre Brodick et Blackwaterfoot, afin de traverser l'île par sa partie étroite (16 km).

S. Richard / BRITAINONVIEW.COM

L'île offre de superbes paysages naturels, très bien préservés.

La route, essentiellement côtière, offre une bonne **vue** de l'île et de sa diversité, depuis les landes, les vallées encaissées (glens) et les montagnes du nord, jusqu'aux paysages plus pastoraux et la côte de falaises rocheuses du sud.

Brodick

Avec sa plage sablonneuse et ses nombreux hôtels et maisons d'hôtes, Brodick, est la station la plus importante de l'île, ainsi que le port d'escale du ferry de liaison.

Arran Heritage Museum – *À 2 km de Brodick, sur la rte de Lochranza - ✆ (01770) 302 636 - www.arranmuseum.co.uk - avr.-oct. : 10h30-16h30 - 2,25 £ - cafétéria - parking.*

Visiter la forge, la laiterie, le cottage dont le mobilier date de la fin du 19e s. et du début du 20e s., ainsi que l'exposition dont les vitrines relatent l'histoire sociale, la géologie et l'archéologie locales. Cette dernière section ravira ceux qui souhaitent visiter les nombreux sites préhistoriques de l'île. À noter une ciste de l'âge du bronze, vieille de 3 500 ans.

Des chemins mènent au château *(1,5 km)* et au Goat Fell *(5 km)*.

Prendre la route de Lochranza sur la droite.

Château de Brodick★★ *(voir Visiter p.87)*

Corrie

Cet ancien hameau de pêcheurs est constitué d'une rangée de cottages blanchis à la chaux et représente un bon point de départ pour les grimpeurs et les montagnards.

Sannox Bay

Autre étendue de sable abritée.

La route s'engage vers l'intérieur, monte vers Glen Sannox, et s'ouvre sur une lande plus austère, à l'ombre des pics et crêtes environnants. Après avoir franchi la ligne de partage des eaux, la route descend en pente raide vers Lochranza.

Lochranza

Jadis village actif dans la pêche au hareng et port d'escale pour les bateaux à vapeur circulant sur la Clyde, ce village plutôt dispersé est constitué de nombreuses résidences de vacances. Les ruines, sans toiture, du **château** du 16e s. se dressent sur une pointe qui s'avance dans le loch Ranza. En été, un bateau assure la liaison entre Lochranza et Claonaig, situé sur la péninsule de Kintyre *(voir Carnet)*.

La vue contourne la pointe puis s'étend sur Kilbrannan Sound jusqu'à la côte de Kintyre. La route devient plus sinueuse, mais reste proche de la côte. Derrière se trouve la plage de galets de Catacol Bay. Les fermes réapparaissent aux alentours de Dougarie.

Machrie Moor Stone Circles

À 2,4 km à l'écart de la route.

Ces cercles de pierres ont pour cadre un horizon de montagnes et de landes. Ils furent érigés à l'âge du bronze par une population postérieure au néolithique. Leur fonction exacte reste incertaine ; s'agit-il de sépultures symboliques ou faut-il y voir quelque rituel ? Quatre d'entre eux recelaient de petites cistes funéraires, et l'on a mis au jour, pour deux de ces cercles, des récipients à nourriture fabriqués entre 1650 et 1500 ans avant notre ère (Stonehenge date d'environ 2800 à 1550 av. J.-C.). De dimensions différentes, les pierres sont indistinctement en granit ou en vieux grès rouge.

Blackwaterfoot, à l'embouchure de la vallée du même nom, domine la baie de Drumadoon. La route continue en corniche, bien au-dessus du rivage, et contourne l'extrémité sud de l'île avant de se diriger vers l'intérieur. À l'horizon apparaît la forme arrondie d'**Ailsa Craig**, connue aussi sous le nom de « borne de Paddy ». L'îlot est réputé pour son granit, en particulier la pierre à aiguiser bleue, très appréciée pour fabriquer les palets de curling.

Kilmory

La crèmerie produit le fromage Dunlop d'Arran.

Au large de Kilmory se dresse **Pladda** avec son phare.

Whiting Bay

C'est aussi une station en vogue.

Holy Island apparaît, avant que la route ne s'engage vers la baie de Lamlash, offrant une vue classique sur le château de Brodick, situé sur le rivage nord de la baie de Brodick et dominé par le Goat Fell.

Lamlash Bay

Cet endroit, où l'on suppose que le roi Haakon et sa flotte de Vikings ont mouillé avant la bataille de Largs *(voir ce nom, p.237)* en 1263, est maintenant le siège du Yacht Club d'Arran.

Île d'Arran pratique

Informations utiles

– *TIC, The Pier, Brodick - ✆ (01770) 303 774* - juin-sept. : 9h-19h30 (dim. 10h-17h) ; oct. : 9h-17h.

Urgences – Police, pompiers, ambulance, secours en mer ou à la montagne *✆ 999 (112 à partir d'un mobile), appel gratuit.*

Centre médical – Brodick Medical Centre, *✆ (01770) 302 175.*

Pharmacie – *Shore Road, Brodick.*

Poste – *Invercloy, Brodick - ✆ (01770) 302 507* - lun.-vend. 9h-17h (été 17h30), sam. 9h-12h45.

Transports

En ferry :

La Caledonian MacBrayne assure des liaisons entre Ardrossan, sur la côte ouest de l'Ayrshire, (55mn, jusqu'à 6 ferries par jour) et Brodick et entre Cloanaig (péninsule du Kintyre) et Lochranza (30mn, 8 à 10 services par jour en été). Horaires et tarifs au *✆ (08705) 650 000 ou sur www.calmac.co.uk.*

Tours de l'île en autocar : Stagecoachbus, *The Pier, Brodick – ✆ (01770) 302 000.* Sud de l'île, départ Brodick Pier à 10h45 - 5 £; nord de l'île, départ Brodick Pier à 13h45 - 5 £; les deux tours 8 £.

Se loger

Rosaburn Lodge – *Brodick - ✆ (01770) 302 383 - P - 3 ch. 30 £.* Belle gentilhommière sur les berges de la Rosa, atmosphère conviviale, proximité du château et de Goat Fell.

Auchrannie House Hotel – *Brodick - ✆ (01770) 302 234 - www. auchrannie. co.uk - P - 28 ch. 50 £.* Grand confort, activités sportives sur place, restaurant gastronomique.

Se restaurer

Creelers Seafood Restaurant – *Sur la rte du château à 2 km de Brodick - ✆ (01770) 302 797 - www.creelers.co.uk fermé lun. - 20-25 £.* Superbe choix de poissons et fruits de mer de la région.

Sports et loisirs

Arran Adventure Centre – *Shore Road, Brodick - ✆ (01770) 302 244 - www. arranadventure.com.*

Arran Taste Trail – Itinéraire de découverte des produits gastronomiques de l'île *www.tastetrail.com.*

Ayr★

46 431 HABITANTS
CARTE GÉNÉRALE RABAT II B4 - CARTE MICHELIN REGIONAL 501 G 17 -
SOUTH AYRSHIRE

Principal centre de villégiature sur l'estuaire de la Clyde, Ayr est un bon point de départ pour explorer le pays de Burns. Cette station vivante s'enorgueillit de ses vastes plages sablonneuses adossées à son esplanade, de plusieurs parcs charmants, de ses distractions traditionnelles et du premier hippodrome d'Écosse où se déroulent le Scottish Grand National en avril et l'Ayr Gold Cup.

- **Se repérer** – Ayr est située sur la côte du Firth of Clyde, à 59,5 km au sud-ouest de Glasgow.
- **À ne pas manquer** – Alloway, village natal de Robert Burns, à la périphérie sud de la ville ; Culzean Castle, 19 km au sud d'Ayr par la route côtière.
- **Organiser son temps** – Consacrer une journée à Robert Burns (Alloway et circuit 2) et compter une demi-journée pour chacun des autres circuits.
- **Avec les enfants** – Le Scottish Maritime Museum à Irvine et l'Eglinton Country Park à 3 km au nord d'Irvine.
- **Pour poursuivre le voyage** – Île d'Arran, Glasgow.

Comprendre

La ville a grandi autour de son château médiéval remplacé sous Cromwell par une vaste citadelle dont ne subsistent que quelques pans de murs. Aux 16e et 17e s., la ville était le port le plus actif de la côte ouest, juste devant Glasgow. Le commerce s'effectuait alors essentiellement avec la France. C'est à la fin du 17e s. seulement que s'ouvrirent les marchés des Antilles et de l'Amérique du Nord.
Plus tard, l'arrivée du chemin de fer stimula l'activité de la ville ; les nombreuses maisons cossues qu'on trouve ici datent de cette époque.
Aujourd'hui, ce centre administratif et commercial actif vit en grande partie du tourisme grâce à trois atouts : sa proximité de l'aéroport international de Prestwick et des golfs réputés de Turnberry et Troon et sa position centrale au pays de Burns.

Se promener

Auld Brig

Ce pont du 13e s., immortalisé par Burns, aurait été financé par deux sœurs qui perdirent leurs fiancés, noyés en tentant de traverser la rivière à gué. Le petit pont pavé tient bon, alors que son voisin s'est effondré lors de la tempête de 1870.

Tam o'Shanter Inn

230 High Street.

Taverne à l'époque de Burns, c'est d'ici que Tam partit pour son fameux périple lors d'une nuit de tempête *(voir Tam o'Shanter Experience ci-dessous)*.

Aux alentours

Alloway★

À 5 km au sud par la B 7024.

Alloway est connue mondialement comme lieu de naissance de **Robert Burns** (1759-1796, *voir encadré p. 92*). Les différentes curiosités, de part et d'autre de la rue principale, font partie du **Burns National Heritage Park**.

Burns Cottage and Museum

☏ (01292) 443 700 - www.burnsheritagepark.com - ♿ - avr.-sept. : 10h-17h30 ; oct.-mars : 10h-17h - 5 £ (enf. 3 £) - cafétéria - parking.

Ce cottage en bordure de route, construit par William Burns, est celui où naquit son fils aîné, Robert, le 25 janvier 1759. L'étable et les deux pièces de la maison évoquent les rudes conditions de vie du 18e s. Le musée possède une collection très fournie en manuscrits, lettres, documents et autres souvenirs de Burns.

Tam o'Shanter Experience

☏ (01292) 443 700 - www.burnsheritagepark.com - ♿ - avr.-sept. : 10h-17h30 ; oct.-mars : 10h-17h - fermé 1er janv. et 25 déc. - 2 £ (enf. 1,25 £) - cafétéria - parking.

Ce centre d'information, qui porte le nom d'un célèbre personnage de Burns, constititue un bon point de départ pour toute excursion dans le pays de Burns. Une courte présentation audiovisuelle évoque la vie, l'œuvre et les voyages de Burns dans le contexte de l'époque. Un spectacle plus long met en scène de façon presque trop réaliste les bamboches de Tam et sa chevauchée cauchemardesque.

Un sentier va du centre aux jardins « manucurés » dominant le **pont sur la Doon** (Brig o'Doon), du 13e s., où Tam fut pourchassé par « la légion infernale » et où sa pauvre jument Meg perdit la queue. Un petit pavillon renferme les gaillardes statues de Tam, Souter Johnnie et Nanse ; à côté s'élève l'imposant **monument** néoclassique érigé au poète.

De l'autre côté de la route principale s'élève l'**église** (Kirk) où William Burns est enterré. C'est là aussi que Tam, enhardi par le whisky, vit un « spectacle étrange ! Des démons et des sorcières menant la danse ».

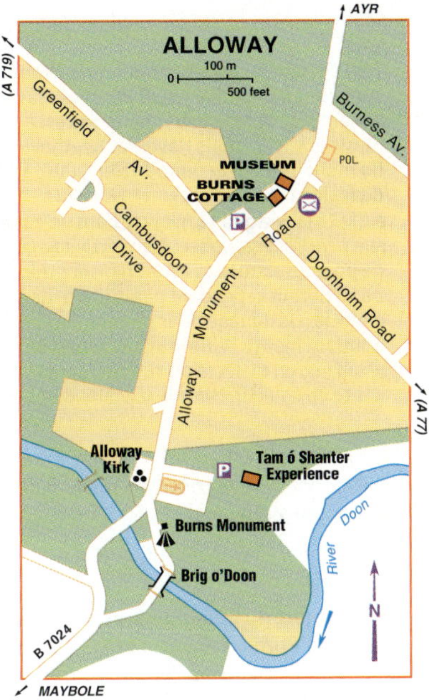

Circuits de découverte

LA VALLÉE DE LA DOON 1

Circuit de 22 km au sud-est d'Ayr par la A 713.

La vallée de la Doon évoque en maints endroits le passé industriel de l'Ayrshire.

Dunaskin Heritage Centre

Waterside, Patna - ☏ (01292) 531 144 - www.dunaskin.co.uk - avr.-oct. : 10-7h ; reste de l'année sur RdV - 4,50 £.

Cet écomusée interactif s'attache à préserver l'histoire complexe de ce site industriel de 40 ha (mine, ferronnerie, briqueterie, activité ferroviaire).

Dans les années 1970, bien longtemps après qu'elles eurent disparu ailleurs, des locomotives à vapeur tractaient encore des wagons de houille dans la vallée de la Doon. Grâce au **Scottish Industrial Railway Centre**, les dernières machines, actionnées par des amateurs enthousiastes, démontrent leur vaillance – *☏ (01292) 269 260/313 579 - www.arpg.org.uk - mai-juin et août : 11h-16h30 certains dim., mise en marche de la locomotive à vapeur - 2,50 £.*

Dalmellington

Dans le centre de la localité, de vieilles maisons à un étage donnant sur la Doon constituent le **Doon Valley Museum**, qui abrite l'atelier reconstitué d'un tisserand ainsi que d'autres présentations (cartes, photos, etc.) sur l'histoire locale – *☏ (01292) 550 633 - ♿ - jeu.-sam. 10h-16h - gratuit.*

L'AYRSHIRE DE ROBERT BURNS À NOS JOURS 2

Circuit de 74 km au nord-est d'Ayr.

Cette excursion révèle divers aspects de la région d'Ayr : souvenirs de Burns, passé maritime, centre industriel et commercial de Kilmarnock et ville nouvelle d'Irvine.

Depuis le centre-ville, traverser New Bridge, prendre King Street à droite jusqu'au rond-point où l'on suit la direction de Mauchline.

Tarbolton

À l'époque où le père de Burns possédait la ferme de Lochlea (entre 1777 et 1784), Tarbolton était un village de fileurs de mousseline et de soie. Robert et quelques amis y fondèrent une société en 1780, dans un édifice connu aujourd'hui sous le nom de **Bachelors'Club** – *NTS - ☏ (01292) 541 940 - ♿ - avr.-sept : vend.-mar. 13h-17h - 5 £.* Au rez-de-chaussée, la cuisine du début du 19e s. jouxte l'étable, alors qu'à l'étage (escalier extérieur) se trouve la salle où les membres du club se réunissaient pour

Robert Burns (1759-1796)

Tout comme son exact contemporain Mozart, Burns fut l'enfant terrible du siècle des Lumières. Son souffle créateur, spirituel, rebelle, prolifique, dont le génie fut partiellement reconnu de son vivant, n'a cessé d'inspirer des générations d'écrivains et de musiciens, y compris Haydn et Beethoven. Traduit dans presque toutes les langues du monde, le poète remporta en 2000, à une écrasante majorité, le titre d'« Écossais du millénaire ».

Né le 25 janvier 1759 à Alloway, dans un humble cottage au toit de chaume construit par son père William, Robert Burns écrivit au cours de sa courte vie un nombre phénoménal de poèmes satiriques et de chansons dont trois éditions parurent de son vivant ; cela ne lui permit cependant pas de vivre de son art et il fut contraint d'exercer le métier d'officier de douane pour survenir aux besoins de sa nombreuse famille.

Contrairement à l'élite littéraire d'Édimbourg qu'il côtoyait, Burns maniait à merveille le lallans, un dialecte du sud de l'Écosse dérivé de l'anglais. Cette langue populaire, haute en couleur, contribua à faire du poète le symbole de l'âme écossaise.

échanger des idées contradictoires. Parmi les souvenirs de Burns se trouvent ses insignes maçonniques.

Retourner vers la A 758 et continuer jusqu'à Mauchline.

Mauchline

Après la mort du père de Burns, la famille s'installa à Mossgiel Farm. C'est à Mauchline que Burns rencontra et épousa une fille du pays, Jean Armour, dont il eut neuf enfants. De retour de sa visite triomphale à Édimbourg en 1788, Burns loua une soupente dans une maison de Castle Street, qui est aujourd'hui le Burns House Museum, pour Jean et ses enfants. Mariés plus tard dans l'année, ils déménagèrent tous pour Ellisland Farm.

Burns House Museum – *✆ (01290) 550 045 - mar.-sam. 10h-16h - gratuit.* Outre la chambre de Jean Armour à l'étage, le musée possède des livres, des lettres, des documents et quelques objets personnels (montre, canne) ; au rez-de-chaussée, une exposition d'art populaire présente des objets de Mauchline au 19e s., ainsi que de la poterie de Cumnock. La maison voisine *(aujourd'hui celle du conservateur, non ouverte au public),* était la demeure du Dr Mackenzie, qui rédigea pour Burns une lettre d'introduction auprès d'Henry Mackenzie, le rédacteur en chef du journal *The Lounger* à Édimbourg.

Dans le cimetière reposent quatre des enfants de Burns et les joyeux lurons *(The Jolly Beggars)* qui fréquentaient l'auberge de Poosie Nansie (au fond du cimetière) et figuraient en bonne place dans ses poèmes de cette époque *(The Mauchline Lady, Mary Morrison, The Holy Fair, Holy Willie's prayer, Address to the Deil).*

Suivre la A 76 vers le nord-ouest en direction de Kilmarnock.

Sur la droite se dresse la National Burns Memorial Tower, érigée pour le centenaire de la mort de Robert Burns.

Kilmarnock

Au cœur de la campagne de l'Ayrshire, Kilmarnock en est le poumon commercial. La production de whisky et la fabrication de tapis en sont les principales activités.

Dean Castle – *À droite de la B 7038, direction Glasgow - ✆ (01563) 522 702 - www.deancastle.com - visite guidée ttes les heures, mars-sept. : merc.-dim. 11h-17h ; oct.-fév. : merc.-dim. 10h-16h - gratuit.* Le domaine constitue maintenant un parc régional. Le château, longtemps siège de la famille Boyd, fut inhabité après un incendie survenu au 18e s. avant d'être complètement restauré au 20e s. Dans le **donjon** (14e s.), les salles principales – tendues de tapisseries flamandes des 15e et 16e s. – abritent deux collections médiévales aussi riches que succinctes. Dans la grande salle, les **armes et armures★** (principalement du 16e s.) sont superbement travaillées et décorées. À l'étage, le solar (pièce haute) recèle d'**anciens instruments de musique★** originaires d'Italie, de France et d'Allemagne, aux décors peints, incrustés ou sculptés. L'épinette (17e s.) aux figures dorées, ainsi que les luths et les guitares (16e-début 17e s.) sont des pièces exceptionnelles.

Dick Institute – *Elmbank Avenue - ✆ (01563) 554 343 - www.east-ayrshire.gov.uk - ♿ - tlj sf dim. et lun. 11h-17h - gratuit.* La bibliothèque, le musée et la galerie d'art sont regroupés sous le même toit. Au premier étage, le musée comprend d'importantes sections consacrées à la géologie et à l'histoire naturelle. Ne pas manquer l'exposition sur l'habitation lacustre *(Lochlea Crannog)*. Très spécialisée, la collection d'**épées à pas-d'âne** (garde enveloppante) est riche de modèles écossais et étrangers ; on perçoit l'habileté artisanale et le talent artistique nécessaires à l'élaboration de telles gardes ajourées. Les peintures de la collection permanente (œuvres de Corot, Teniers, Constable, Millais et de l'école écossaise) sont exposées en alternance.

Suivre la A 71 en direction d'Irvine.

Irvine

Autrefois bourg royal et quelque temps port de Glasgow, Irvine a été déclarée ville nouvelle en 1966. Avec ses tours d'église qui se détachent sur le ciel, le centre de la vieille ville n'est plus relié à la gare par un pont de pierre mais par un immense centre commercial.

Suivre les indications « Harbourside ». On accède aux quais, situés près du confluent des rivières Garnock et Irvine, en traversant des ensembles de logements originaux et pittoresques, qui s'intègrent bien avec les édifices anciens bordant le front de mer.

Scottish Maritime Museum★ – *(01294) 278 283 - www.scottish-maritimemuseum.org - ♿ - avr.-oct. : 10h-17h - 3 £ - cafétéria - parking.* En constante évolution, ce musée relate de façon vivante l'histoire maritime de l'Écosse. Il faut visiter les pontons du musée pour voir le *Spartan* (1942), solide « rafiot à vapeur », l'élégant *Vagrant* et ses six voiles, dessiné par William Fife (1884), ainsi que le *Falcon*, bateau expérimental à turbine éolienne de l'université de Glasgow. La coque imposante du *Carrick*, un clipper jadis célèbre pour avoir battu le *Cutty Stark*, attend d'être remise en état. Le hangar à bateaux sert de hall d'exposition. Dans un logement d'époque édouardienne, au n° 122a de Montgomery Street, se trouve l'appartement restauré d'un travailleur de chantier naval.

Le **Linthouse Engine Shop**, vaste et splendide exemple d'architecture industrielle du 19ᵉ s., a été démonté de son site de Glasgow pour être reconstruit ici. Un pont piétonnier escamotable, à l'effigie de grands inventeurs écossais, conduit à un dôme futuriste où a élu domicile **The Big Idea**, exposition avec manipulations, consacrée à mille ans d'inventions et un siècle de prix Nobel.

Les quais donnent sur d'immenses vasières et marais d'eau salée où vivent une multitude d'oiseaux. Au sud de l'embouchure s'étend une longue plage de sable, que délimitent des dunes stabilisées et l'immense Beach Park.

Eglinton Country Park – *(01294) 551 776 - de Pâques à déb. oct. : 10h-16h30 - gratuit.* Ce parc régional de 160 ha a été créé à partir de l'un des plus grands domaines d'Écosse qui avait été morcelé. Le centre d'accueil met l'accent sur le tournoi d'Eglinton, somptueuse parodie de fête médiévale dans l'esprit de l'*Ivanhoé* de Walter Scott. Tout en offrant les agréments habituels de la promenade, de la randonnée équestre et de la découverte écologique, le parc fait aujourd'hui l'objet de sérieux efforts en vue de recréer le paysage du domaine du 18ᵉ s. ; à cet effet, on a déjà reconstruit le magnifique belvédère de style néoclassique.

Rejoindre Ayr par la A 78 puis la A 79.

Prestwick

La ville est connue pour son aéroport international et son parcours de golf de grande classe. C'est sur le parcours de Prestwick que l'on joua le premier open de golf en 1860 pour le Challenge Belt. L'année suivante, la compétition fut « ouverte aux joueurs du monde entier » et fut remportée par Tom Morris *(voir à St Andrews p.329)*.

LE LITTORAL AU SUD D'AYR 3

Circuit de 32 km. Quitter Ayr par la B 7024 vers Maybole puis suivre la A 77.

La côte sud recèle un joyau de Robert Adam, Culzean Castle *(voir p. 94)*.

Crossraguel Abbey

HS - (01655) 883 113 - avr.-sept. : 9h30-18h30 - 3,50 £ (enf. 1,75 £).

3 km après **Maybole** s'élèvent les ruines du deuxième monastère clunisien d'Écosse, filiale de l'abbaye de Paisley fondée en 1244 par Duncan, comte de Carrick. Il était sous la protection des Bruce et des premiers monarques Stuart, sans aucun doute du fait de la proximité de leur résidence de Turnberry. L'abbaye connut son apogée au 15ᵉ s., époque de nombreuses reconstructions consécutives aux destructions causées par la guerre d'Indépendance. Importantes, les ruines entourent plusieurs cours. **L'église**, à laquelle manquent les bas-côtés et le transept, présente un chœur du 15ᵉ s. que termine une abside à trois pans, trait d'architecture commun en France. Sont également du 15ᵉ s. la charmante **salle capitulaire**, dont on remarquera les

Le magnifique château de Culzean, transformé au 18e s. par Robert Adam.

élégantes voûtes d'arêtes et la stalle de l'abbé taillée dans le mur, et l'imposant **corps de garde** fortifié. Le long de la demeure de l'abbé se dresse une **maison forte** du 16e s. de la meilleure tradition civile, donc surprenante dans un établissement monastique. Il ne reste que les fondations d'une seconde construction également inhabituelle, une rangée de logements indépendants à l'usage d'anciens serviteurs, d'ecclésiastiques ou même de bienfaiteurs.

Continuer sur la A 77 jusqu'à Kirkoswald.

Kirkoswald

Ce village est fier de posséder le cottage de Souter Johnnie, blanchi à la chaux et recouvert d'un toit de chaume.

Souter Johnnie's Cottage – *✆ (01655) 760 603 - du Vend. saint à fin sept. : tlj 11h30-17h ; oct. : w.-end 11h30-17h - feuillet en allemand, français et italien - 2 £.* C'était la demeure du cordonnier, ce vieux et fidèle ami de Tam o'Shanter, héros du poème de Burns du même nom. Lorsque Burns vint, durant l'été 1775, faire ses études sous la férule du maître local, Hugh Roger, il rencontra un cordonnier et un fermier, John Davidson et Douglas Graham, dont il s'inspira pour créer les personnages de sa truculente histoire. En plus des deux pièces et de l'atelier du cordonnier, il y a dans le jardin le jeu original d'effigies à taille humaine par James Thom. Les sculptures représentent Souter Johnnie, Tam, l'aubergiste et sa femme. Les deux personnages qui ont inspiré Burns sont enterrés dans le cimetière local.

Continuer jusqu'à Turnberry et prendre la route côtière à droite.

Culzean Castle★

NTS - ✆ (01655) 884 455 - www.culzeanexperience.org - avr.-oct. : 10h-16h (dernière entrée) - parc : 9h-coucher du soleil - 13 £ (parc seul 8 £) - restaurant - parking.
Le château de Culzean (prononcer Keulène), perché sur son **site★★★** spectaculaire, témoigne encore « du goût et du talent de Mr Adam ». Ayant toujours appartenu à la famille Kennedy, Culzean devint plus important que Dunure, le fief traditionnel de la famille, lorsque sir Thomas, 9e comte de Cassilis, en hérita en 1744. Propriétaire foncier avisé, il fit beaucoup pour embellir le domaine. Mais ce fut surtout son frère célibataire, David, 10e comte (mort en 1792), qui chargea **Robert Adam** (1728-1792) de transformer le vieux château. Le travail fut effectué en trois étapes : on aménagea d'abord la tour, puis on créa la magnifique suite orientée vers la mer avant de construire l'escalier ovale. De toutes les réalisations d'Adam, celle-ci est probablement la plus spectaculaire. Bien que d'obédience classique, Adam n'hésita pas à ajouter des créneaux et des meurtrières pour donner une touche médiévale à son œuvre. La façade côté mer comporte une grande tour à tambour, qui est de loin la plus imposante. Des extensions furent faites au 19e s. et, en 1945, la propriété passa aux mains du National Trust for Scotland, qui entreprit un vaste programme de restauration.

Le château – Réalisés par Adam, les intérieurs caractérisent à merveille ce que l'on nomme « l'ère de l'élégance ». Des plafonds délicatement modelés, organisés autour de peintures dues à Antonio Zucchi, sont équilibrés par des frises et des manteaux

de cheminées tout aussi détaillés, ainsi que par du mobilier soigneusement exécuté. Pièce maîtresse de la maison, l'**escalier ovale**★★ est un chef-d'œuvre d'Adam. Sobre et élégant, il s'élève sur trois étages. L'impression de mouvement est créée par une accumulation de lignes courbes, par les balustres de la rampe en fer forgé disposées en rangs serrés, ainsi que par cet élan ascendant d'ordres superposés. Au premier étage, le grand **salon** est exceptionnel. Ce modèle d'élégance rigoureuse propre au 18e s. contraste énormément avec la nature sauvage du paysage maritime visible par les fenêtres. Adam conçut le mobilier, de même que le tapis, les miroirs, les appliques murales, ainsi qu'une paire de crédences en demi-lune.
La collection d'armures, deux œuvres d'Alexander Nasmyth (1758-1840) représentant le château (salle des peintures) et une exposition consacrée à Eisenhower ne manquent pas non plus d'intérêt.

Culzean Country Park – *NTS - avr.-oct. : 10h30-17h30 - 4 £.*
Ce parc de 226 ha, qui faisait partie de la donation faite au Trust, est le plus ancien parc régional d'Écosse. Adam avait également conçu la ferme du domaine, qui sert aujourd'hui de centre d'information et de réception. Plusieurs sentiers permettent aux visiteurs de découvrir à la fois les bords de mer, le jardin clos *(magnifique surtout en juillet et août)*, le lac aux cygnes, la maison aux camélias du 19e s., l'orangerie et la terrasse du jardin.

Ayr pratique

Informations utiles

AYR

Ayr - *22 Sandgate - ☎ (08452) 255 121 - tlj sf dim. 9h-17h.*

Poste – *65 Sandgate - ☎ (08457) 223 344 - 9h-17h (12h45 sam.)*

Pharmacie – Co-op Pharmacy - *14 Sandgate - ☎ (01292) 263 973 - 9h-17h.*

Hôpital – *Dalmellington Road - ☎ (01292) 610 555.*

Police – *Commissariat dans King St. - ☎ (01292) 664 000.*

Urgences – Police, pompiers, ambulance - *☎ 999 (112 à partir d'un mobile) - appel gratuit.*

Banque – Royal Bank of Scotland - *30 Sandgate - ☎ (01292) 268 826.*

Internet – Accès gratuit à la bibliothèque (Carnegie Library), Main Street, *☎ (01292) 286 385.*

KILMARNOCK

Kilmarnock – TIC - *62 Bank St. - ☎ (01563) 539 090.*

Transports

Aéroports – Glasgow International Airport *- ☎ (08700) 400 008*; Glasgow Prestwick Airport - *☎ (08712) 230 700.*

Gare ferroviaire – *Burns Statue Square - ☎ (03450) 484 950.*

Se loger

Burnbank Hotel – *49 Maybole Road, Alloway - ☎ (01292) 441 968 - www.theburnbankhotel.co.uk* - P - *7 ch. 30 £*. Petit hôtel accueillant situé au cœur du pays de Robert Burns.

The Crescent – *26 Bellevue Crescent, Ayr - ☎ (01292) 287 329 - www.26crescent.freeserve.co.uk* - P - *4 ch. 32 £*. B & B convivial dans une élégante demeure victorienne de la fin du 19e s. Copieux petit-déjeuner traditionnel.

Carrick Lodge Hotel – *46 Carrick Road, Ayr KA7 2RE - ☎ (01292) 262 846 - www.murdochhospitality.co.uk* - P - *8 ch. 42,50 £*. Hôtel entièrement rénové en 2004, situé dans un quartier résidentiel proche du centre-ville ; restaurant réputé.

Se restaurer

Mis à part le restaurant de l'hôtel ci-dessus, vous aurez l'embarras du choix.

Tam O'Shanter – *230 High St. - ☎ (01292) 611 684 - déjeuner et dîner - 10-12 £.* Passage obligé au pays de Robert Burns ; cuisine traditionnelle de pub.

Caprice – *48 Newmarket St. - ☎ (01292) 610 916 - déjeuner et dîner - 20-25 £.* Bistrot branché dans une rue piétonne. Spécialité de moules.

Fouters – *2a Academy St. - ☎ (01292) 261 391 - www.fouters.co.uk - déjeuner et dîner de mar. à sam. - 25-30 £.* Situé en plein centre et considéré comme le meilleur restaurant de la ville ; poissons et fruits de mer pêchés localement.

Sports et loisirs

Location de vélos – AMG Cycles - *55 Dalblair Road - ☎ (01292) 287 580.*

Golf – Belleisle Golf Course - *Belleisle, Ayr - ☎ (01292) 441 258.* 18 trous ; un des meilleurs terrains de golf d'Écosse.

Équitation – Ayrshire Equitation Centre – *South Mains, Corton Road, Ayr - ☎ (01292) 266 267 - www.ayrequestrian.co.uk.*

Événements

Le festival **Burns an'a'That** (« Burns et tout le reste ») qui a lieu en mai est devenu un des événements culturels majeurs d'Écosse après seulement quatre années d'existence.

Dumfries★

31 146 HABITANTS
CARTE GÉNÉRALE RABAT II C4 - CARTE MICHELIN REGIONAL 501 J 18
DUMFRIES AND GALLOWAY

Située sur les bords du Nith, non loin de l'embouchure du fleuve, cette ville affairée a longtemps été l'agglomération la plus importante du sud-ouest. Aujourd'hui, ce centre de tourisme actif est un bon point de chute pour qui veut explorer les environs. L'agriculture reste la principale activité de la ville, malgré un effort de diversification dans l'industrie et les activités administratives de certains sièges régionaux. La ville a des liens historiques importants avec le poète national Robert Burns qui y occupa le poste d'officier de douane durant les cinq dernières années de sa vie.

- **Se repérer –** Dumfries est à 122 km au sud-est de Glasgow et à 117 km au sud-ouest d'Édimbourg.
- **À ne pas manquer** – Midsteeple, Burns House et Dumfries Museum d'où l'on a une belle vue de la ville ; dans les environs, Caerlaverock Castle et New Abbey.
- **Organiser son temps** – Compter une demi-journée pour chacun des circuits côtiers et une journée pour l'excursion dans les Lowther Hills si vous voulez inclure une randonnée pédestre.
- **Avec les enfants** – Le Museum of Lead Mining (circuit 3), le train touristique de Leadhills (circuit 3), Caerlaverock Castle et son « Adventure Park » (circuit 1).
- **Pour poursuivre le voyage** – Explorer la côte sud jusqu'au Mull of Galloway (voir Kirkcudbright et Dumfries).

Se promener

La ville possède un système compliqué de rues à sens unique ; il vaut donc mieux la visiter à pied.

Burns Mausoleum

Sur la droite, derrière l'église St Michael en grès rouge reconstruite en 1745, se trouve le mausolée où Burns, sa femme, Jean Armour, et plusieurs de leurs enfants sont enterrés. Un plan (à droite de l'église) indique les tombes où quelques familiers et amis de Burns reposent.

En partant de l'église, se diriger vers le nord-ouest en empruntant Burns St. Burns House est sur la droite (voir Visiter).

Midsteeple★

Cet imposant bâtiment est situé dans High Street. Sa silhouette anguleuse est adoucie par la finesse des balustrades ajourées et assorties, ainsi que par la délicatesse de la ferronnerie constituant les barreaux de l'escalier extérieur. La ressemblance avec le tolbooth de Stirling *(voir ce nom p.339)* n'est pas surprenante, car le maître d'œuvre de ces ouvrages, Tobias Bauchop, avait déjà travaillé sous les ordres de William Bruce pour le projet de Stirling, avant d'ériger Midsteeple en 1707. Les armoiries royales ornent la façade ; on y voit également un étalon de mesure (aune), ainsi qu'un plan de la ville à l'époque de Burns.

Burns Statue

À l'extrémité nord de High Street, la statue de Burns date de 1882 et rend hommage au citoyen le plus connu de Dumfries. Une plaque murale sur les bâtiments situés à l'ouest de la statue marque l'emplacement du monastère franciscain où Robert Bruce et ses partisans tuèrent Comyn le Rouge en 1306.

Devorgilla Bridge

Ce pont étroit à six arches et piles à bec remplace depuis le 15e s. la structure de bois construite initialement par Devorgilla *(voir plus bas)*.

Old Bridge House

✆ (01387) 256 904 - www.dumgal.gov.uk/museums - avr.-sept. : 10h-17h, dim. 14h-17h - brochure (7 langues) - gratuit.

Cette maison du 17e s., qui était autrefois le local d'un tonnelier, est aujourd'hui l'annexe d'un musée s'intéressant aux différents aspects de la vie citadine passée.

Lincluden Collegiate Church

College Street. Essentiellement du 15e s., les ruines faisaient partie d'un collège fondé par Archibald the Grim, 3e comte de Douglas sur le site d'un couvent de bénédictines (12e s.) antérieur.

Privé de couverture, le chœur contient plusieurs blasons armoriés et quelques belles sculptures dont la **tombe**★ (début 15e s.) très décorée de la femme du 4e comte, la princesse Margaret, une fille de Robert III.

À proximité, les restes d'un jardin au tracé complexe sont dominés par une motte normande.

Visiter

Robert Burns House

☎ (01387) 255 297 - www.dumgal.gov.uk - avr.-sept. : 10h-17h, dim. 14h-17h ; oct.-mars : jeu.-sam. 10h-13h, 14h-17h - brochure (7 langues) - 1,60 £.

Burns passa les trois dernières années de sa vie dans cette maison, qui sert aujourd'hui de musée. La pièce du rez-de-chaussée, sur la gauche, expose des exemplaires de l'abondante correspondance du poète. La petite pièce du dessus, meublée d'un bureau et d'une chaise, conserve le carreau d'une fenêtre avec le nom de Burns gravé dessus.

Burns Centre

☎ (01387) 264 808 - www.dumgal.gov.uk/museums - ♿ - avr.-sept. : 10h-20h, dim. 14h-17h ; oct.-mars : mar.-sam. 10h-13h, 14h-17h - brochure (6 langues) - 1,60 £ (enf. 80 p) - parking.

Ce centre est situé dans un moulin à eau restauré datant du 18e s. Il retrace les liens du poète avec la ville à l'aide de photographies, documents, souvenirs, d'une maquette de la ville et d'une vidéo.

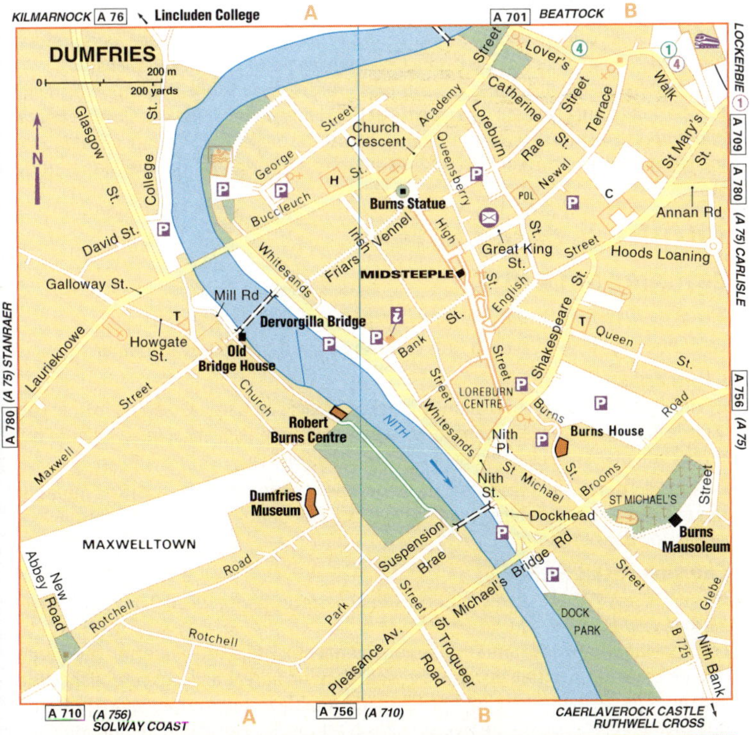

SE LOGER

The Station Hotel........ ①

Torbay Lodge Guest House........ ④

SE RESTAURER

Bruno's Restaurant........ ①

Courtyard Bistro........ ④

Dumfries Museum

(01387) 253 374 - www.dumgal.gov.uk/museums - ♿ - avr.-sept. : 10h-17h, dim. 14h-17h ; oct.-mars : jeu.-sam. 10h-13h, 14h-17h - brochure (7 langues) - gratuit (camera obscura 2 £) - parking.

Un moulin à vent (18e s.) transformé et des extensions ultérieures abritent des collections locales géologiques, archéologiques et historiques ; une section spéciale relate l'histoire de Dumfries. Dans le moulin, on verra des pierres paléochrétiennes (sous-sol), une exposition sur la vie rurale (premier étage) et sur les origines du musée, qui était en 1836 un observatoire astronomique. Le télescope fut utilisé pour observer la comète de Halley en juillet 1836. La **camera obscura**, au dernier étage du moulin à vent, offre une belle vue de Dumfries par beau temps.

Aux alentours

Ellisland Farm

Auldgirth, à 9,6 km au nord-ouest, à l'écart de la A 76 - (01387) 740 426 - avr.-sept. : 10h-13h, 14h-17h ; oct.-mars : mar.-sam. 10h-17h ou sur RV - fermé le dim. mat. - présentation audiovisuelle - 2,50 £.

Après avoir quitté Mauchline *(voir p. 92)*, Burns loua cette ferme en juin 1788, la fit reconstruire et y emménagea avec Jean Armour en décembre de cette année-là. Il introduisit de nouvelles méthodes agricoles, mais le sol était si pauvre que ses premières récoltes échouèrent. Il accepta alors un emploi à temps partiel à la douane et, en 1791, à l'occasion d'une promotion, il abandonna l'agriculture et monta à Dumfries pour devenir salarié à temps plein. Ce fut à Ellisland, sur les rives de la Nith, que Burns écrivit ce que beaucoup considèrent comme sa plus grande œuvre, *Tam o'Shanter*. Dans l'une des pièces de cette ferme toujours habitée sont exposés des souvenirs de Burns, ainsi que des documents concernant sa famille, ses protecteurs et ses amis. Dans le grenier, une exposition présente les méthodes agricoles du 18e s.

Glenkiln

16 km à l'ouest par la A 75. Quitter Dumfries par Laurinknowe. Après avoir parcouru 12 km, tourner à droite vers Shawhead. Dans ce village, tourner à droite, puis presque immédiatement à gauche, puis à gauche de nouveau au panneau vers Glenkiln.

La beauté sauvage des paysages autour du réservoir de Glenkiln *(propriété privée)* met parfaitement en valeur les **sculptures★** d'Henry Moore *(King and Queen – œuvre endommagée par un acte de vandalisme)*, d'Epstein, de Rodin... Comme le dit Moore lui-même : « La nature, les arbres, les nuages n'ont rien de géométrique, ni de sévère. »

Circuits de découverte

ESTUAIRE DE LA NITH 1

Circuit de 108 km. Sortir par St Michael Street et la B 725.

La route longe la rive est de la Nith et traverse une région d'élevage laitier.

Glencaple

Ce site était autrefois un port animé où les émigrants s'embarquaient pour le Nouveau Monde et où Burns travailla comme employé de la douane. Glencaple est aujourd'hui un port de plaisance et le village dortoir de Dumfries.

La route continue à suivre l'estuaire, dangereux à cet endroit car les marées montent très rapidement et les sables y sont mouvants. La silhouette massive du Criffel (569 m) se dessine dans le lointain.

Caerlaverock Castle★

HS - (01387) 770 244 - avr.-oct. : 9h30-18h30 ; reste de l'année : 9h30 (14h dim.)-16h30 - 5 £ (enf. 2,50 £).

Les attrayantes et importantes ruines de Caerlaverock (nid de l'alouette), ceintes de douves et de remparts en terre, se dressent dans un agréable décor verdoyant de la côte nord de l'estuaire de la Solway. Cette redoutable forteresse médiévale présente une façade intérieure qui ne manque pas d'attrait ; il s'agit d'un exemple précoce du style Renaissance écossais, donc de l'un des châteaux forts les plus intéressants d'Écosse.

Second château sur ce site, il fut édifié à la fin du 13e s. (1290-1300). Les défenses furent rapidement mises à l'épreuve lors du fameux siège d'Édouard Ier en 1300, relaté par le poème de Walter of Exeter *Le Siège de Karlaverock*. Principale résidence des Maxwell à l'époque, cette forteresse de forme triangulaire fut retouchée au cours des siècles suivants, la principale modification étant la façade Renaissance de 1634, œuvre du savant 1er comte de Nithsdale. À la suite d'une attaque portée par des protestants au cours des guerres covenantaires, le château fut abandonné au profit de Terregles, puis de Traquair *(voir ce nom p.147)*, et se délabra peu à peu.

L'imposant **corps de garde** du donjon se dresse au sommet, avec ses hautes courtines qui viennent buter contre les tours externes ; l'ensemble est percé de mâchicoulis du 15e s. Du côté intérieur, la splendide **façade Renaissance**★★ du bâtiment de Nithsdale (1634) présente un tracé à la fois symétrique et parfaitement ouvragé. Les fenêtres triangulaires ou semi-circulaires et les frontons des portes sont enrichis de sculptures héraldiques ou mythologiques. Ce travail n'est pas sans rappeler la façade principale de Drumlanrig.

À Eastpark Farm, à 5 km à l'est, se trouve le **WWT Caerlaverock Wetlands Centre**, réserve naturelle où les amateurs ornithologues pourront observer à loisir oies sauvages, cygnes et autres oiseaux depuis des tours d'observation et le long de sentiers de découverte – *✆ (01387) 770 200 - 10h-17h - 4,40 £)*.

Suivre la B 725 en direction de Bankend, où la route tourne à droite.

Burns, durant sa dernière maladie, vint faire une cure à Brow Well et prit des bains de mer dans l'espoir de guérir, mais en vain.

Ruthwell

C'est dans un cottage de ce village bâti en longueur que le révérend Henry Duncan fonda, en 1810, la première banque d'épargne, devenant ainsi le précurseur des établissements actuels. Ce cottage abrite aujourd'hui un musée qui leur est consacré, le **Savings Bank Museum** – *✆ (01387) 870 640 - www.savingsbankmuseum.co.uk - ♿ - avr.-sept. : mar.-sam. 10h-16h ; oct.-mars : jeu.-sam. 12h-16h - fermé 1er-2 janv. et 25-26 déc. - brochure en 12 langues - gratuit - parking.*

Emprunter la route locale pénétrant à l'intérieur des terres vers l'église isolée.

Croix de Ruthwell★ – *Clé de l'église disponible au nouveau bungalow situé sur la B 724, ou à l'ancienne maison du pasteur (aujourd'hui un petit hôtel de campagne).* Ce spécimen exemplaire (7e s.) d'art paléochrétien est visible dans cette église de campagne. Les flancs de cette croix de prédication portent des sculptures très vivantes et réalistes contant l'histoire de la vie et de la Passion du Christ. Sur la **face nord** (de haut en bas) : deux évangélistes, saint Jean Baptiste, le Christ en gloire, la Fraction du pain dans le désert et la Fuite en Égypte ; sur la **face sud** : le Sagittaire, la Visitation, le Lavement des pieds, la Guérison de l'aveugle, l'Annonciation et la Crucifixion. Un magnifique travail d'entrelacs atteste encore davantage du talent et de l'habileté du sculpteur. Les bords sont gravés de caractères runiques. La croix fut démolie en 1642 sur l'ordre des Covenantaires, puis placée dans le cimetière en 1780. En 1823, le révérend Henry Duncan rassembla les morceaux sur le terrain de la maison du prieur ; elle fut enfin restaurée et installée dans l'église en 1887.

Rejoindre la B 724 vers Annan et suivre les panneaux marron « Galloway Tourist Route to Gretna ».

A. Devlin / SCOTTISH VIEWPOINT

Caerlaverock est l'un des rares châteaux écossais à comporter des éléments Renaissance.

Gretna Green

Gretna est connue pour être le cadre de fugues amoureuses et de **mariages à la forge**, même si ceux-ci ne sont plus légaux aujourd'hui. Après la loi du 18e s. interdisant les mariages clandestins en Angleterre, le nombre de cérémonies de ce type ne fit que s'accroître ici, la loi écossaise sur le mariage n'exigeant qu'une déclaration devant témoins. Malgré la loi de 1857 qui obligeait les futurs mariés à résider 21 jours en Écosse avant de convoler, la pratique n'en prospéra pas moins jusqu'à sa suppression en 1940 par le Parlement. La vieille forge où se déroulaient les mariages, proche de l'autoroute A 74, est devenue un centre commercial pour touristes.

Suivre la B 7076 vers Ecclefechan.

Ecclefechan

Ecclefechan doit sa réputation à **Thomas Carlyle** (1795-1881), essayiste, historien, réformateur social et figure littéraire de son époque, qui est né ici. Après avoir suivi sa scolarité à Ecclefechan et reçu une sévère éducation calviniste, le petit Carlyle, âgé de 13 ans, suivit des cours à l'université d'Édimbourg. Ses premières années de vie maritale avec Jane Welsh se passèrent à Craigenputtock, une ferme proche d'Ecclefechan, où il travailla sur le manuscrit de *Sartor Resartus (Le Tailleur retaillé)*. Attiré par le monde littéraire de Londres, le couple déménagea dans le sud en 1834, pour s'établir à Cheyne Row. Orateur éloquent et plein d'idées, le réformateur Carlyle influença les Anglais de l'époque victorienne. Dénonçant le matérialisme, il se fit l'ardent défenseur de la foi et du travail acharné. Après la mort de Jane, il vécut presque en reclus, toujours plus aigri, tourmenté et désespéré. Ses publications comprennent des ouvrages historiques sur la Révolution française, Oliver Cromwell et Frédéric le Grand.

Carlyle's Birthplace – *Main Street - NTS - ✆ (01576) 300 666 - juin-sept. : vend.-lun. 13h-17h - 3 £.* **Carlyle**, l'aîné d'une nombreuse famille issue d'un deuxième lit, est né l'année précédant la mort de Burns dans cette maison du 18e s. construite par son père. Deux des pièces ont été réaménagées dans le style simple du 19e s., avec quelques objets de la famille. Quant à la pièce située au-dessus du passage couvert, elle contient des photos, des manuscrits et autres documents éclairant la vie et l'œuvre de l'auteur. Les témoignages de reconnaissance envoyés pour son 80e anniversaire en 1875 furent signés par les hommes littéraires les plus influents de l'époque.

Cimetière – Le « sage de Chelsea » refusa d'être enterré à l'abbaye de Westminster parce qu'il désirait l'être à côté de sa mère. Dans le cimetière se trouve également la tombe du Dr Archibald Arnott, qui soigna Napoléon à Ste-Hélène.

Une statue commémorative de Carlyle, sculptée par Boehm, est située à l'extrémité nord du village.

Continuer jusqu'à Carrutherstown puis prendre la A 75 à droite vers Dumfries.

LA CÔTE DU SOLWAY FIRTH DE DUMFRIES À DALBEATTIE 2

Circuit de 48 km par la route côtière A 710.

Cet itinéraire suit une partie de la route touristique, **Solway Coast Heritage Trail**, qui longe la côte du Solway (parfois surnommée « Riviera écossaise ») d'est en ouest jusqu'au Mull of Galloway et traverse une région encore préservée : des villages pittoresques se nichent dans des baies de sable et des criques rocheuses, et on aperçoit de belles vues au-dessus du Solway Firth *(voir aussi Kirkcudbright, circuit 2 p.123)*.

New Abbey

Shambellie House est signalée à droite à l'entrée de ce village pittoresque aux maisons souvent d'un blanc éclatant rehaussé par des portes multicolores.

National Museum of Costume – *Antenne des National Museums Scotland - Shambellie House - ✆ (01387) 850 375 - www.nms.ac.uk - avr.-oct. : 10h-17h - brochure (3 langues) - 3 £ - aire de pique-nique, salon de thé - parking.* La demeure (milieu 19e s.) fut conçue dans le style seigneurial écossais par David Bryce. En 1977, Charles Stewart céda sa maison et sa riche **collection de costumes★** (fin 18e-début 20e s.) au Royal Scottish Museum. Dans les pièces du rez-de-chaussée et du premier étage, la décoration et le mobilier ont été choisis avec beaucoup de goût en fonction de l'époque évoquée par les mannequins en costume. Le visiteur rencontre ainsi les invités d'un dîner dansant estival (1910-1914), des dames réunies autour d'un thé (1890) et, dans la bibliothèque, des messieurs qui se détendent après un bon repas en buvant un verre de cognac (env. 1900). On y voit également une salle de bains victorienne, d'intéressantes présentations d'objets divers, et une exposition consacrée à la maison et à ses propriétaires.

Les ruines de grès rouge de Sweetheart Abbey.

Moulin – *À l'entrée du village - HS - ✆ (01387) 850 260 - avr.-sept. : 9h30-18h30 ; oct.-mars : 9h30-16h30 (14h vend. et dim.) - fermé jeu. apr.-midi - 2,30 £ - billet combiné avec Sweetheart Abbey 2,80 £.* Cet édifice du 18e s. peint à la chaux a produit de la farine d'avoine et des aliments pour animaux jusqu'à la Seconde Guerre mondiale ; sa machinerie intacte est toujours en état de marche. L'eau qui actionne la roue provient d'un étang situé plus haut dans un charmant décor villageois.

Sweetheart Abbey★ – *À l'autre extrémité du village - HS - ✆ (01387) 850 397 - 9h30 (14h le dim. d'oct. à mars) - 18h30 (16h30 d'oct. à mars) - 1,50 £ - billet combiné avec la visite du moulin 3 £.* La communauté qui grandit autour de l'abbaye fut qualifiée de « nouvelle » afin de la distinguer de celle de Dundrennan, dont elle dépendait. La beauté et le charme des ruines de Sweetheart naissent du contraste coloré entre la chaleur du grès rouge et l'herbe verte des pelouses environnantes. Fondée en 1273 par **Devorgilla**, femme de John Balliol, Sweetheart fut la dernière fondation cistercienne d'Écosse. L'ensemble est clos par un mur d'enceinte initialement coupé par deux entrées.

Les bâtiments claustraux ayant disparu, l'intérêt majeur de cet ensemble réside dans son **église** dont la structure a résisté aux injures du temps. Les corbeaux de la façade occidentale indiquent un ancien porche d'entrée au-dessus duquel a été reconstruite une fenêtre aujourd'hui partiellement bouchée. À l'intérieur, immédiatement au-dessus des arcs très amples de la nef à six travées, se trouve une claire-voie intéressante. La robuste tour surplombant la croisée du transept est ornée d'une rangée de masques et de têtes supportant des créneaux. La fondatrice, Devorgilla, repose dans le sanctuaire, auprès d'un reliquaire renfermant le cœur embaumé de son époux – ce qui explique le nom inhabituel de l'abbaye. Dans son roman *The Abbot*, Scott s'est inspiré de Gilbert Brown, le dernier et le plus célèbre des titulaires, qui parvint à préserver son privilège après la Réforme avec la protection et l'aide des Maxwell.

Plus loin sur la route apparaît la masse granitique du Criffel qui culmine à 569 m *(ascension possible à partir de Ardwell Mains Farm, 2,5 km au sud de New Abbey).*

Continuer le long de la A 710. La route longe l'anse de **Sandyhills** avec sa vaste plage de sable. *À Colvend, tourner à gauche vers Rockcliffe.*

Rockcliffe

Ce village de vacances se niche autour d'une anse rocheuse tournée vers Rough Island, une réserve d'oiseaux du National Trust for Scotland *(entrée interdite).*

D'ici, le sentier du Jubilé longe la côte en direction de Kippford.

Kippford

Ce centre de voile réputé surplombe l'estuaire de l'Urr et ses jetées sont bordées de bateaux de plaisance.

Rejoindre la route principale et tourner à gauche vers Dalbeattie.

Dalbeattie

Cette petite ville de granit est devenue un centre renommé de VTT, offrant un choix de parcours plus ou moins difficiles. La piste la plus ardue, la **Hardrock Trail**, com-

prend un passage réputé pour son extrême difficulté, le **Slab** : il s'agit d'une surface granitique pratiquement à pic que les plus expérimentés eux-mêmes redoutent... rassurez-vous, il est possible de contourner l'obstacle sans pour autant quitter la piste !
Le granit extrait dans les environs fut utilisé dans la construction d'une partie du Château de Windsor.

S'il vous reste un peu de temps, poursuivez vers le nord le long de la B 794 jusqu'à la **Motte of Urr** (4 km), vaste motte castrale anglo-normande du 12e s.

Rejoindre Dumfries par la A 711.

LES LOWTHER HILLS 3

Circuit de 112 km. Quitter Dumfries au nord par la A 76.

Ce parcours traverse les Lowther's, région d'une beauté majestueuse. Ce qui était autrefois une zone active de mines de plomb est aujourd'hui un pays de collines où paissent les moutons. La région est idéale pour les amateurs de randonnée pédestre. Un grand choix d'Itinéraires est disponible à l'office du tourisme de Dumfries *(voir Dumfries pratique p. 105).*

Thornhill

Large et bordée d'arbres, la rue principale de ce village ducal datant du 14e s. est dominée par la colonne érigée par le duc de Queensberry et coiffée du cheval ailé de cette famille, dont la maison ancestrale, le Drumlanrig Castle, se dresse tout près de là. Divers chemins de randonnée sillonnent les environs immédiats du village. (*voir brochure* Walking in and around Thornhill).

P. Tomkins / SCOTTISH VIEWPOINT/VISIT SCOTLAND

L'escalier en fer à cheval de Drumlanrig Castle.

Poursuivre sur la A 76 ; à 6,5 km au nord de Thornhill, tourner à gauche.

Drumlanrig Castle★★

✆ (01848) 331 555 - www.buccleuch.com - ♿ - château : mai-juin : 12h-16h ; juil.-août : 11h-16h - Country Park et jardins : mai-sept. : 11h-17h - 7 £ - restaurant - aire de jeux - parking.
La silhouette spectaculaire de Drumlanrig Castle se profile au centre d'un site splendide. L'intérieur est mis en valeur par une superbe collection de trésors familiaux sans prix.

Fief des Douglas – Dès le début du 14e s., ce château servait de forteresse aux Douglas et les générations de cette famille s'y succédèrent jusqu'à la fin du 18e s. **William, 3e comte et 1er duc de Queensberry** (1637-1697), homme d'influence pourvu d'un grand sens artistique, fit construire entre 1679 et 1691 un manoir digne de son rang. Scandalisé par le coût total de l'opération, il n'y passa qu'une seule nuit avant de regagner le domaine ancestral de Sanquhar, où il inscrivit amèrement sur la couverture de son livre de compte *The Deil pike out his een wha looks herein* (« Que le diable crève les yeux de celui qui ouvrira ce livre »). Son fils **James, 2e duc** (1672-1711), était plus connu comme duc de l'Union pour le rôle qu'il avait joué dans la négociation de l'**Acte d'union** (1707). En 1778, William, dit « Old Q. » (le vieux Queensberry), hérita de la propriété, mais dilapida sa fortune écossaise en menant une vie dissolue à Londres. Il mourut en 1810 sans héritier direct. Aussi titre et château passèrent-ils au petit-fils de Jane Douglas, fille du 2e duc, Henry Scott, 3e duc de Buccleuch, qui à son tour se maria à une héritière Montagu de Broughton, unissant ainsi les noms Douglas, Montagu et Scott.

Extérieur – Les tours carrées qui s'élèvent aux angles du château, construit autour d'une cour, évoquent la tradition architecturale du pays, alors que la façade principale, avec ses terrasses, son escalier en fer à cheval et ses spectaculaires tourelles, est très éloignée du style régional. L'ensemble est richement sculpté, particulièrement l'entrée surmontée de la couronne ducale. À chaque coin de la cour intérieure se dressent des tourelles enfermant chacune un escalier intérieur.

Intérieur – À travers toute la demeure sont répartis une superbe collection de tableaux comprenant des portraits de maîtres ou de famille, de nombreuses pendules et du beau mobilier français (17e-18e s.), sorti des ateliers de Charles Cressent (1685-1768), Pierre II Migeon (1701-1758) et Pierre Roussel. Les cœurs ailés que l'on retrouve aux plafonds, aux ferrures, aux tentures, sur les sculptures en bois et les cadres rappellent que Drumlanrig est une résidence des Douglas.

Au **rez-de-chaussée**, les tableaux de Kneller et de Thomas Hudson (1701-1779) réunis dans le **vestibule**, tel *Charles, 3e duc, et la famille de Sa Grâce*, témoignent de l'art du portrait réaliste propre au 18e s. Le groupe de famille exécuté par Seago, dans le **vestibule intérieur**, représente le duc actuel jeune. Dans le **corridor**, on peut admirer des aquarelles du lieu. L'escalier en chêne est splendide. Dans le **hall de l'escalier,** on peut apprécier quelques œuvres anciennes dont un Rembrandt intitulé *Old Woman Reading* (*Vieille femme en lecture* - 1655) ; ce maître du portrait du 17e s. a su créer une atmosphère et une attitude de calme intérieur dont toute l'intensité est soulignée par la lumière avec laquelle est traité le visage. À ce titre, il est intéressant de comparer avec les portraits (16e s.) infiniment plus détaillés d'Holbein, *Sir Nicolas Carew,* et de Joos Van Cleve *François Ier*, *Éléonore d'Autriche*.
Dans la magnifique **salle à manger** lambrissée de chêne, des panneaux sculptés attribués à Grinling Gibbons alternent avec des appliques en argent (17e s.) et des portraits de famille. *William, 1er duc,* le constructeur du château, en costume de pair (Kneller), côtoie *William, 4e duc de Queensberry* (Old Q.), sous les traits d'un adolescent de 18 ans (Ramsay), et son héritier *Henry, 5e duc* (1746-1812). On peut également voir deux portraits du duc de Monmouth (Kneller et Huysmans), dont l'un en médaillon, avec sa mère, Lucy Walter. À nouveau, il est intéressant de comparer les portraits (entre les fenêtres) que Kneller et Reynolds réalisèrent des deux héritières qui unirent les familles Montagu, Douglas et Scott, à savoir lady Jane Douglas et lady Elizabeth Montagu.

Au **premier étage**, la **chambre de Bonnie Prince Charlie** et **l'antichambre** sont décorées de tapisseries de Bruxelles (17e s.) et de mobilier de belle qualité : une commode Roussel, un ensemble de chaises à haut dossier, une coiffeuse de D. Marot, des tabourets Charles II, un parquet dû à Saunier, une commode à montants de chrysocale (alliage imitant l'or) et un cabinet flamand en ébène (17e s.).

Dans le **salon,** parmi une sélection de très belles pièces de mobilier français, se trouvent deux **cabinets★** commandés en 1675 pour Versailles. Louis XIV les offrit à Charles II, son cousin. Parmi les portraits, on retiendra ceux en pied du *Roi Jacques VI* et de sa femme *Anne de Danemark* (Jamesone ; la pose est identique à celle des tableaux de Critz et d'Adam Colone), celui de leur petit-fils, *Charles II*, et celui de *Francis, 2e duc de Buccleuch* exécuté par Ramsay. La collection de porcelaine comprend un délicieux groupe de singes en Meissen. Les superbes glaces couvrant les trumeaux sont du 17e s. De la **galerie de l'escalier,** on peut voir le **lustre en argent** sous son plus bel angle. Les murs lambrissés sont garnis de magnifiques appliques Chippendale et de portraits en pied : *Guillaume et Marie, La Reine Anne* et son époux *Le Prince George,* tous réalisés du vivant du duc de l'Union qui, en tant que haut-commissaire, fit à la reine Anne le « cadeau » de l'Acte d'union (1707) et reçut en récompense la dignité de duc anglais. D'excellentes peintures hollandaises et flamandes (Teniers, Bruegel, Cuyp) embellissent le **boudoir**. La **chambre principale** abrite deux toiles réalisées par deux artistes du 18e s., Gainsborough et Hudson, représentant *Mary, duchesse de Montagu* et *Kitty, duchesse de Queensberry*.

Le parc qui entoure le château offre quatre **chemins de découverte** balisés de longueurs variées allant de 1,6 km à 6,5 km.

La randonnée est une façon idéale de découvrir les superbes paysages des Lowther Hills.

Revenir vers la A 76 et, au carrefour avec celle-ci, continuer en face sur la route secondaire qui rejoint la A 702, que l'on prend à gauche ; tourner ensuite à droite vers Durisdeer.

Durisdeer

Situé au pied des Lowther Hills, ce hameau se repère au clocher de son église. Dans le collatéral Queensberry (entrer par l'arrière) se trouvent les **Queensberry Marbles**, monument sophistiqué édifié à la mémoire de James, 2e duc de Queensberry. **John Nost** (1686-1729) a su reproduire avec une délicatesse étonnante, sur du marbre blanc, la duchesse et la silhouette nonchalante du duc de l'Union, tous deux allongés avec une élégance somptueuse.

Reprendre la A 702 qui conduit directement aux Lowther's ; le pylône érigé sur Lowther Hill (725 m) marque l'un des plus hauts sommets de la région.

Le **col de Dalveen** (347 m) était autrefois un passage important pour les armées, les voleurs et le bétail ; on le franchit aujourd'hui facilement grâce à la route. Depuis le fond de la vallée, des pentes raides et dénudées s'élèvent jusqu'à 548 m. Une fois dans la vallée de la rivière Daer, le relief s'adoucit et les sommets sont moins hauts.

À Elvanfoot, prendre sur la gauche la B 7040 vers Leadhills.

De chaque côté de cette route qui grimpe régulièrement, on remarque les traces laissées par l'exploitation de mines de plomb.

Leadhills

L'exploitation des mines de plomb, à 411 m d'altitude, constituait l'activité principale de ce village, où se font face les rangées de maisons de mineurs. Leadhills est connu pour sa bibliothèque fondée en 1741 ; c'est également le lieu de naissance d'**Allan Ramsay** (1686-1758), l'auteur de *The Gentle Shepherd* ; père du portraitiste, il fut un poète pionnier dans l'utilisation de la langue écossaise.

Prendre la B 797 vers le sud.

Wanlockhead

Ce village dispersé était le centre d'une industrie minière florissante. Les Romains en connaissaient certainement déjà la richesse. On dit aussi qu'on utilisa l'or local pour fabriquer la couronne de Jacques V et ses ducats. Le minerai de plomb fut extrait et fondu localement entre 1680 et 1934, avec un regain de cette activité dans les années cinquante.

Le **Scottish Lead Mining Museum**, situé dans une forge de mine, présente l'histoire de l'exploitation du plomb en Écosse et expose des souvenirs concernant les mines locales. La partie en plein air comprend une voie de mine avec une exceptionnelle machine à balancier en bois. On peut visiter avec un guide une mine de plomb du 18e s. ou s'essayer à l'orpaillage – *(01659) 743 87 - www.leadminingmuseum.co.uk - ♿ - de Pâques à fin oct. : 11h-16h30 (juil.-août : 10h-17h) ; reste de l'année : sur demande - possibilité de visite guidée (2h), orpaillage - 5,50 £ - salon de thé - parking.*

La route emprunte le Mennock Pass, un défilé boisé qui conduit à la A 76.

Sur la A 76, tourner à gauche en direction de Dumfries.

Dumfries pratique

Informations utiles

DUMFRIES

ℹ *Whitesands – DG1 2RS Dumfries - ✆ (01387) 253 862* - Ouvert toute l'année de 9h à 18h (17h en hiver).

Poste – *Whitesands.*

Banque – Royal Bank of Scotland - *Whitesands, à côté de l'office de tourisme.*

Pharmacie – Boots - *High St.*

Hôpital – Dumfries and Galloway General Hospital - *✆ (01387) 246 246.*

Urgences – Police, pompiers, ambulance - *✆ 999 (112 à partir d'un mobile) - appel gratuit.*

Internet – *À la bibliothèque dans Catherine St.*

GRETNA

ℹ TIC - *Unit 10, Gretna Gateway Outlet Village, Glasgow Road, Gretna - ✆ (01461) 337 834.* Ouvert toute l'année.

Transports

Gare ferroviaire – *Station Road.*

Voiture – Le stationnement est autorisé le long de certaines rues, en particulier Whitesands mais il est nécessaire de mettre un disque horaire bien en vue derrière le pare-brise (disques disponibles à l'office de tourisme).

Station service 24h/24 – St Michael's Services - *9 St Michael's St. - ✆ (01387) 254 304.*

Se loger

DUMFRIES

⊖⊖ **Torbay Lodge Guest House –** *31 Lovers Walk, Dumfries - ✆ (01387) 253 922 - www.torbaylodge.co.uk -* P *- 10 ch. 25 £* ☕. Proche de la gare et du centre-ville ; belle villa de la fin du 19e s. entièrement rénovée, chambres spacieuses, accueil chaleureux.

⊖⊖ **The Station Hotel –** *49 Lovers Walk, Dumfries - ✆ (01387) 254 316 - www.stationhotel.co.uk -* P *– 32 ch. 50 £* ☕. Ce majestueux édifice de style victorien, entouré d'un jardin paysager, est un hôtel de la chaîne Best Western offrant un confort de grande qualité. Excellente cuisine, atmosphère conviviale.

DALBEATTIE

⊖⊖ **Belle Vue –** *Port Road, Dalbeattie DG5 4AZ - ✆ (01556) 611 833 - www.bellevuebandb.co.uk -* P *- 3 ch. 25-30 £* ☕. Confort exceptionnel et hospitalité sans faille ; option demi-pension pour ceux qui veulent explorer la région ou essayer les pistes de VTT.

Se restaurer

DUMFRIES

⊖⊖ **Courtyard Bistro –** *49 Lovers Walk - ✆ (01387) 254 316 - tous les jours de 18h à 22h -* P *- 15-20 £.* L'accent est mis sur l'atmosphère décontractée et une cuisine inventive qui change avec les saisons.

⊖⊖ **Bruno's Restaurant –** *3 Balmoral Road - ✆ (01387) 255 757 - tlj sf mar. de 17h30 jusque tard dans la soirée -* P *- 20 £.* Ce restaurant italien a une carte très fournie et propose des menus de deux ou trois plats à des prix intéressants.

Sports et loisirs

Golf – The Pines Golf Centre - *Lockerbie Road, Dumfries - ✆ (01387) 247 444 - www.pinesgolf.com.* 18 trous, practice éclairé par projecteurs, parcours pour enfants, clubhouse ouverte toute la journée ; location de clubs ; forfait de 3, 6 ou 10 parcours valable dans toute la région. *www.visitdumfriesandgalloway.co.uk/golf*

Randonnée pédestre – Le sentier de grande randonnée *Southern Upland Way* traverse la région d'est en ouest : *www.dumgal.gov.uk/southernuplandway.*

Randonnée en VTT – Sept centres de VTT dans la région de Dumfries, y compris à Dalbeattie, Drumlanrig et Mabie ; renseignements à l'office de tourisme (*adresse ci-dessus*) et sur internet : *www.7stanes.gov.uk.*

Duns

2 594 HABITANTS
CARTE GÉNÉRALE RABAT II D4 - CARTE MICHELIN REGIONAL 501 M 16
SCOTTISH BORDERS

Cette ville de marché tranquille, autrefois chef-lieu de comté, dessert aujourd'hui l'importante zone agricole de la Merse. La semaine du festival d'été de Duns offre différentes manifestations, dont la participation du « Reiver » (le bandit) et de ses partisans, tous montés à cheval.

- **Se repérer** – Duns est à 24 km au sud-ouest de Eyemouth *(Voir Dunbar, circuit 1 p.163).*
- **À ne pas manquer** – La vue du sommet de Duns Law et Jim Clark Room pour les amateurs de courses automobiles.
- **Organiser son temps** – Compter une demi-journée pour le circuit au départ de Duns qui offre la possibilité de faire étape à Kelso.
- **Avec les enfants** – Le musée et The Hirsel Country Park à Coldstream.
- **Pour poursuivre le voyage** – Kelso, à 26 km au sud de Duns, est un point de chute idéal pour poursuivre la visite de la région des Borders.

Comprendre

La Merse – La riche zone cultivable de la partie inférieure du bassin de la Tweed est composée d'une série de domaines bien entretenus et de grandes fermes agricoles. Toujours à la pointe de l'agriculture, la région peut se targuer d'avoir hébergé, au 18e s., plusieurs novateurs : Dawson de Frogden, Logan de Fiswick, Elliot de Minto, et même l'éminent géologue James Hutton, qui exploita une ferme à Bonkyl, au nord-est de Duns. L'héritage laissé par ces propriétaires éclairés comprend des **villages dessinés** selon des plans précis, tel Swinton, et les très imposantes **fermes** construites de façon symétrique autour d'une cour centrale. L'entrée de ces fermes, surmontée d'un arc, se trouvait être l'élément central d'une façade symétrique. De petites maisons assorties à l'ensemble de la structure ont souvent été ajoutées par la suite. Aujourd'hui, la région a des ressources agricoles importantes et variées, comprenant essentiellement la production de lait et l'élevage de bœufs de qualité, auxquels s'ajoutent la culture du blé, de l'orge, des pommes de terre, des fruits et des légumes.

Se promener

Jim Clark Room

44 Newton Street - ☏ (01361) 883 960 - de Pâques à fin oct. : 10h30-13h, 14h-16h30, dim. 14h-16h ; oct. : tlj sf dim. 13h-16h - 1,30 £ - parking.

On y trouve des objets de toute forme et de toute origine, dont une brique provenant du circuit d'Indianapolis, dit « The Brickyard ». Ces trophées retracent la carrière du coureur automobile **Jim Clark** (1936-1968). Fermier de métier, Jim fut le plus jeune champion automobile du monde, à l'âge de 27 ans. À une époque où il y avait moins de courses qu'aujourd'hui, il parvint à remporter en un an sept victoires en Grand Prix, record qui ne fut battu qu'en 1984. Il mourut tragiquement sur le circuit d'Hockenheim en Allemagne, dont une section porte désormais son nom.

Parc public

Entrée principale à l'écart de Station Road. Dans ces magnifiques jardins, on peut voir une croix de marché et une statue originale en bronze de Frank Tritchler, toutes deux érigées à la mémoire de **John Duns Scotus** (1266-1308), franciscain, philosophe et érudit du Moyen Âge, natif de Duns.

Duns Law

À 218 m. L'accès se fait par Castle Street. Prendre le sentier indiqué sur la droite (30mn aller-retour) qui conduit à travers bois jusqu'à une petite porte à claire-voie, puis traverser un champ avant d'atteindre le sommet.

Sur le site d'un ancien fort se trouve la **pierre des Covenantaires** (Covenanter's Stone), rappel du campement qu'établirent ici en 1639 le général Alexander Leslie et son armée de Covenantaires que Charles Ier attendait à Berwick. La **vue** s'étend des Lammermuirs au nord jusqu'aux Cheviots au sud et à la côte du Northumberland au sud-est. En redescendant, tourner à gauche avant de passer le portail et marcher jusqu'au sommet de la colline pour avoir une vue sur Duns. La ville, située à l'origine sur le flanc de Duns Law *(indiqué par The Bruntons)*, s'installa sur son site actuel à la fin du 16e s. après plusieurs attaques anglaises.

De retour sur Castle Street, tourner à droite.

Le cairn en face du pavillon de Duns Castle *(privé)* indique l'endroit où est né **John Duns Scotus**, surnommé Doctor Subtilis.

M. Guy / BRITAINONVIEW.COM/V K Guy Ltd

Le manoir de Manderston.

Circuit de découverte

LA BASSE VALLÉE DE LA TWEED

Circuit de 52 miles (84 km). Quitter Duns par Berwick Road (A 6105).

Cet itinéraire longe en partie la frontière entre l'Écosse et l'Angleterre qui fut le site de batailles sanglantes jusqu'à la signature de l'Acte d'union en 1707.

Manderston★

✆ (01361) 883 450 - www.manderston.co.uk - de mi-mai à mi-sept. : House : 13h30-16h15 ; jardins : 11h30-coucher du soleil - 7 £ (jardins 3,50 £) - parking.

Dans ce splendide manoir de style édouardien (fin 19e s.) environné de jardins très soignés, l'empreinte d'une certaine extravagance se retrouve depuis les grandes pièces de réception jusqu'aux logements des domestiques et les bâtiments de ferme.

Extérieur – Cet édifice long et bas au toit ourlé d'une balustrade présente deux ressauts courbes très gracieux côté sud, et un grand portique d'entrée sur sa principale façade.

Intérieur – Les **stucs des plafonds**, les portes, les cheminées et le mobilier ont été exécutés de main de maître et n'ont d'égal que la richesse des matières employées – marbre, bois de rose, acajou, albâtre, cuivre jaune, argent… – et le raffinement des objets d'art. John Kinross (1855-1931) conçut la décoration à la manière de Robert Adam. Au rez-de-chaussée, une coupole augmente l'impressionnant volume du **vestibule**, garni de moulures délicates, qui ouvre sur l'antichambre (merveilleux panneaux en albâtre sur la droite). Dans la salle à manger, le plafond à caissons, achevé en 1905, est mis en valeur par des murs lisses sur lesquels se détachent les tableaux et le mobilier, ainsi que la collection de « Blue John » tout à fait unique. Tapissée de damas de soie cramoisi, la bibliothèque, servant aussi de salle de billard, fut l'une des premières pièces dont la décoration fut renouvelée. Des doubles portes mènent à la magnifique **salle de bal** dont les tentures de soie et de velours brochées ainsi que les rideaux tissés de fils d'argent et d'or ont été exécutés voici plus de 100 ans. Les peintures du plafond furent réalisées par Robert Hope, natif de Coldstream, une localité voisine. Le petit salon possède une cheminée et un plafond d'origine. Dans le salon de thé, un tableau présente la particularité de grouper, autour d'un chien peint par Landseer, les enfants de la famille Miller et, sur la gauche de la composition, leur père, sir James Miller, à qui l'on doit tous les aménagements visibles aujourd'hui, peints par Lutyens. Menant au premier étage, l'**escalier** à rampe d'argent et de cuivre est une réplique d'un escalier du Petit Trianon à Versailles. À l'étage, les chambres et les salles de bains ont bénéficié d'un même souci du luxe et du détail. Au sous-sol, la cuisine, l'arrière-cuisine, les cinq garde-manger, la chambre de la gouvernante, la buanderie et la salle des domestiques constituaient un petit royaume très organisé où la gouvernante et le maître d'hôtel régnaient sur une armée impressionnante d'employés.

Parc et communs – La façade sud domine des jardins en terrasses et des pentes herbeuses inclinant vers le lac et le jardin arboré (rhododendrons et azalées). Par beau temps, on aperçoit la ligne des Cheviots au loin. La façade principale donne sur des pelouses parfaitement entretenues et des arbres majestueux précédant les jardins à la française. Au-delà, la laiterie (Marble Dairy), dont la forme évoque une salle capitulaire, est surmontée d'une salle de thé lambrissée de chêne. Juste à côté, la maison du chef jardinier possède son propre jardin clos. Le raffinement des **écuries★**, disposées autour de deux cours, est tout à fait étonnant : teck et cuivre y prédominent tandis que dans la salle des harnais lambrissée d'acajou, le sol et la table centrale sont en marbre.

La route principale contourne le mur de la propriété vers Edrom. Continuer sur 5 km, puis prendre l'embranchement vers le haut de Chirnside.

Chirnside

Ce village tout en longueur juché sur une crête offre des vues sur la Merse, avec les Cheviots en toile de fond. Dans la rue principale se dresse le mémorial de Jim Clark *(voir Duns)*, qui est enterré dans le cimetière.

E. Morris / MICHELIN

Les coquettes maisons de brique rouge du village de Foulden.

Traverser le village et tourner à droite vers Foulden (à l'écart de la route principale).

Foulden★

Ce village est bordé d'une série de jolies petites maisons différentes et offre également une vue sur la Merse. Foulden est connu pour sa **grange dîmière** *(fermée)*, bâtisse à deux étages située au bord de la route, à côté de l'église. Ce type d'édifice était rare en Écosse et servait à stocker les dîmes payées en nature à l'église paroissiale.

Juste avant le village, tourner à droite vers Hutton puis à gauche sur la B 6460 vers Paxton. La route est étroite et encaissée, prudence.

Paxton House

℘ (01289) 386 291 - www.paxtonhouse.com - ♿ - House et galerie : visite guidée avr.-oct. : 11h-17h (dernière visite 1h av. fermeture) - parc : avr.-oct. : 10h-coucher du soleil - 6 £ (enf. 3 £) - aire de pique-nique, salon de thé - parking.

Ce beau manoir du 18e s. comportant un portique à colonnes, des ailes et des cours intérieures, fut construit en style palladien par les frères John et James Adam pour Patrick Home of Baillie, qui devint plus tard le 13e seigneur de Wedderburn. Cette habitation était destinée à sa future épouse, la fille de Fréderic II de Prusse. Si le mariage n'eut pas lieu, la romance est néanmoins commémorée par une paire de gants (visible dans le hall intérieur) qui lui fut donnée en gage lors de leur dernière rencontre. Les délicats **stucs** des pièces de réception ont été conçus par Robert Adam. Une superbe collection de **mobilier Chippendale★** embellit plusieurs pièces. Les motifs du **papier mural Chippendale** ont été recréés. La bibliothèque et la **galerie de tableaux** sont des ajouts du 19e s. dus à l'architecte édimbourgeois Robert Reid. La galerie de tableaux en abside expose du mobilier écossais Regency créé par William Reid et des œuvres provenant des collections des National Galleries of Scotland.

Suivre la B 6461 vers Swinton puis tourner à gauche vers Ladykirk.

Kirk o'Steil★

Dans un hameau situé au bord de la Tweed se dresse cette magnifique **église** du 16e s. Entièrement réalisée en pierre – de même que les bancs d'origine qui ont été remplacés – pour éviter toute destruction « par le feu ou par l'eau », elle fut construite par **Jacques IV** à la suite d'un vœu qu'il fit après avoir failli se noyer dans la Tweed. Le gros œuvre présente un grès rouge velouté, le toit est couvert de pierres de taille. Typique du gothique tardif, l'extérieur est caractérisé par des arcs-boutants magnifiquement étagés et couronnés de pinacles épaulant l'abside à trois pans et les extrémités du transept. L'église a subi plusieurs restaurations. William Adam est l'auteur des parties hautes de la tour, dont les étages inférieurs servaient de logement au prêtre ; une ouverture étroite et oblique pratiquée dans le mur arrière permettait au prêtre de surveiller l'autel.

Juste derrière les arbres et la rivière, on aperçoit les ruines de **Norham Castle**, château fort jadis important où, en 1291, le « marteau des Écossais », Édouard Ier, vint arbitrer les prétentions des **13 compétiteurs** au trône d'Écosse, parmi lesquels se trouvaient Robert Bruce et le successeur désigné par Édouard, John Balliol. Jacques IV s'empara de cette forteresse avec l'aide de **Mons Meg** avant la bataille de Flodden.

Continuer et tourner à gauche vers Norham. Traverser la Tweed et rejoindre la A 698 et tourner à droite vers Cornhill-on-Tweed, où l'on prend la A 697 à gauche. Flodden Field est indiqué à droite sur une route secondaire.

Flodden Field

Une simple croix au bord de la lande de Branxton commémore la **bataille de Flodden** où, le 9 septembre 1513, Jacques IV tomba avec la fine fleur de la chevalerie écossaise. L'incursion de Jacques IV contre les Anglais se fit par solidarité avec les Français, afin d'honorer le renouvellement, l'année précédente, de l'Auld Alliance *(voir p. 52)*. Ce fut un carnage ; l'évocation de cette bataille revient souvent dans les ballades et les romans, pour n'en citer que deux : *Marmion*, de Walter Scott, et *The Flowers of the Forest* de Jane Elliot. Toute l'Écosse vécut ce massacre douloureusement et commémore encore cette tragédie, comme le prouvent la statue de Fletcher et la cérémonie du Selkirk's Common Riding *(voir à Selkirk p.134)*.

Retourner vers Cornhill et poursuivre jusqu'à Coldstream.

Coldstream

Le nom de cette petite ville frontalière, située sur la route de Morpeth à Édimbourg, évoque instantanément le fameux régiment de la garde, les **Coldstream Guards**, ou Lilywhites. La ville s'est développée près d'un gué sur les rives de la Tweed, au confluent de la Leet. Étroite et sinueuse, la rue principale est souvent très encombrée de voitures. En bas près de la rivière, le centre de la vieille ville – Market Square, Duke et Leet Streets – offre un cadre plus tranquille.

Musée – *12 Market Square Berwickshire - ✆ (01361) 882 630 - ♿ - avr.-sept. : 10h-16h, dim. 14h-16h ; oct. : tlj sf dim. 13h-16h - gratuit - parking.*

Les troupes de « Geordie »

George Monck (1608-1670) fut chargé par Cromwell de pacifier la côte est pendant neuf ans. En 1659, il vint avec son régiment se reposer plusieurs mois à Coldstream et vécut dans une maison qui s'élevait sur le site du musée. Les gens de la contrée avaient affectueusement surnommé « Coldstreamers » les troupes de « Geordie ». C'est d'ici que le 1er janvier 1660 Monck et son régiment entreprirent leur célèbre marche sur Londres qui s'acheva par la restauration de Charles II. Formé dès 1650, le régiment ne fut officiellement appelé Coldstream Guards qu'après la mort de Monck. Ce corps militaire faisait originellement partie de l'armée modèle de Cromwell, ce qui explique l'absence de couronne sur les boutons de tunique des hommes.

P. Tomkins / BRITAINONVIEW.COM

Mémorial érigé en souvenir du général Monck et de ses Coldstream Guards.

Ce petit musée local présente une excellente exposition sur les Coldstream Guards. Les uniformes, médailles, drapeaux, boutons, ainsi que Jacob l'Oie, le seul volatile gradé de l'armée britannique, racontent l'histoire et les traditions de ce régiment.

The Hirsel

À l'ouest de Coldstream sur la A 697 - (01573) 224 144 - www.hirselcountrypark.co.uk - - parc, musée et centre d'artisanat : tlj - Hirsel house fermé au public - aire de pique-nique, salon de thé - parking (2,50 £).

C'est ici le siège des comtes de Home. Le 14e comte, Alec Douglas-Home (1903-1995), renonça à son titre en 1963 pour devenir Premier ministre. La propriété comporte plusieurs sentiers de nature, le lac Hirsel (un sanctuaire pour le gibier à plumes), ainsi que le bois de Dundock *(parking donnant sur la A 697)*, éclatant de couleurs entre fin mai et début juin, à la pleine saison des rhododendrons et des azalées. Le domaine renferme également un musée et un centre d'information.

Continuer sur la A 697 jusqu'à Greenlaw et tourner à droite sur la A 6105. L'église de Polwarth est signalée sur une route secondaire à droite.

Église de Polwarth

(01361) 882 377 - demander la clé au Polwarth Mill.

Aujourd'hui disparu, le village doit sa renommée à un poème d'Allan Ramsay. Une petite route mène à l'**église** où Grisell Hume *(voir Mellerstain p.115)* venait, du château de Redbraes où elle vivait, rendre visite à son père, sir Patrick Hume, 1er comte de Marchmont, un Covenantaire caché dans l'un des caveaux de l'église (1684).

Reconstruite en 1703 par sir Patrick Hume, cette église en forme de T présente quelques particularités intéressantes : trois portes distinctes (maintenant condamnées), respectivement réservées aux paroissiens, au pasteur et au seigneur ; l'orange couronnée du pignon est représentant les armoiries accordées aux Marchmont par Guillaume d'Orange ; le fleuron coiffant la tour, frappé des armes de sir Patrick.

Rejoindre Duns par la A 6105.

Kelso★

5 116 HABITANTS
SCHÉMA : VALLÉE DE LA TWEED P. 144- CARTE GÉNÉRALE RABAT II D4 - CARTE MICHELIN REGIONAL 501 M 17 - SCOTTISH BORDERS

Située au confluent de la Tweed et de son principal affluent, la Teviot, Kelso, jolie ville de marché remarquable par son architecture georgienne, dessert un opulent arrière-pays agricole. Bien que le fermage prédomine dans les riches terres arables de la Merse (voir Duns p.106), la région, en grande partie vallonnée, conserve la tradition de l'élevage ovin dans les collines. Cette contrée est également connue pour ses chevaux, que ce soit pour l'équitation, la promenade, le saut, la chasse ou l'élevage. On aura une belle vue sur la ville au bord de l'eau, à partir du Millennium Viewpoint situé au-delà du Rennie Bridge.

- **Se repérer** – À 30 km à l'est de Selkirk et 26 km au sud de Duns.
- **À ne pas manquer** – Le superbe domaine de Mellerstain (circuit 1) et l'abbaye de Jedburgh (circuit 2).
- **Organiser son temps** – Compter une demi-journée pour visiter Kelso, une demi-journée pour le circuit des châteaux et une journée pour le circuit 2 avec la visite de l'abbaye de Jedburgh.
- **Avec les enfants** – Jedforest Deer and Farm Park.
- **Pour poursuivre le voyage** – Remonter la vallée de la Tweed en direction de Peebles *(voir le chapitre Vallée de la Tweed p.140).*

BRITAIN ON VIEW

Vue générale de la ville.

Comprendre

L'agglomération grandit à l'origine autour d'un gué puis se développa autour de l'abbaye construite en 1128. Kelso devint florissante lorsque le prospère bourg royal de Roxburgh, situé à proximité, fut détruit en 1460. Sa prospérité s'accrut avec celle de l'abbaye, mais en subit le même sort en 1545, lorsque les troupes anglaises menées par le comte de Hertford attaquèrent le site. La ville fut élevée au rang de bourg baronial en 1614 en faveur de Robert Ker, premier comte de Roxburghe.

Visiter

Rennie Bridge

Les cinq arches de ce pont aux lignes séduisantes furent construites entre 1800 et 1803 par John Rennie et servirent de modèle au Waterloo Bridge de Londres, qui inspira en retour la forme des lampadaires de l'extrémité sud, remplacés au 19e s.

Le pont offre une **vue★** splendide vers l'amont de la Tweed au courant paresseux ; on aperçoit Floors castle et son cadre magnifique, et, sur la gauche, la butte de Roxburgh Castle.

Un élégant bâtiment d'octroi **(Toll House)** se dresse encore sur la rive nord.

Abbey Court

L'ancien pont donnait sur cet enclos abbatial que dominent une église et **Turret House**, bâtiment du 17e s. qui abrite un petit **musée** consacré à l'histoire de Kelso.

Abbey

Fondée en 1128, l'abbaye accueillit des moines provenant de deux sites différents, Selkirk et Roxburgh. Jouissant de la protection royale, elle prospéra et acquit de nombreuses terres au point de devenir la plus riche du pays et d'inciter l'abbé à revendiquer la primauté au sein du clergé écossais. À lui seul, l'édifice nécessita 84 années de travaux. Après le décès de Jacques II au siège du château de Roxburgh, **Jacques III**, encore enfant, fut couronné dans l'abbaye qui eut à souffrir de nombreuses razzias. La plus destructrice fut celle dirigée en 1545 par Hertford malgré la résistance désespérée des moines. En 1587, l'abbaye fut officiellement désaffectée, et, en 1592, Jacques VI l'octroya avec les terres à **Robert Ker** de Cessford, 1er comte de Roxburghe. De 1649 à 1771, le transept servit d'église paroissiale, puis les ruines furent pillées pour leurs pierres de taille. En 1919, l'abbaye fut offerte à la nation par le duc de Roxburghe.

Les **ruines** datent du dernier quart du 12e s. Jadis puissante, cette grandiose abbaye à double transept était indubitablement la plus riche et la plus puissante de toutes celles des Borders. Depuis l'entrée, seule une partie du portail sud est visible ; on distingue la belle variété sculpturale des arcs et la tour ouest du transept. Traverser le cimetière de l'abbaye qu'il faut contourner pour en admirer l'élévation. Trois sections de baies cintrées s'élèvent au-dessus d'arcades entrecroisées.

De facture moderne, le cloître a été dessiné en 1933 par Reginald Fairlie ; il abrite le tombeau de la famille Roxburghe. Les sculptures sont intéressantes pour leurs emprunts aux dessins celtiques.

C'est du cimetière, situé en dehors des parterres de l'abbaye, que l'on a la meilleure vision de la **façade ouest** et de la **tour**. C'est assurément la partie la plus imposante avec son ordonnance unique. De style gothique de transition, le portail en plein cintre est surmonté par une succession de sections horizontales dont les éléments décoratifs sont à chaque fois différents. Épaulé par de solides contreforts couronnés de tourelles rondes, l'ensemble procure une étonnante sensation de force.

Traverser le cimetière pour gagner le parking. Waverley Cottage est une maison ornée d'une statue de chien ; Walter Scott la fréquenta lorsqu'il étudiait au lycée de Kelso.

Une ville animée

Kelso, devenue après Roxburgh le siège de la foire St James, maintient ses propres traditions avec les célèbres ventes de béliers *(septembre)*, de chevaux et de poneys *(avril et septembre)* et un Salon de l'agriculture, le Border Union Agricultural Show *(juillet)*. Elle s'enfièvre aussi lors de ses **courses** *(d'oct. à mai)*, organisées au nord à Berrymoss, et celles à travers la rivière, à Friarshaugh *(en février et mars)*.

Un autre grand événement annuel est sa semaine civique *(mi-juillet)*, dont le programme varié comprend le Kelso Laddie, qui emporte ses participants dans une chevauchée appelée la Whipman's Ride. Tout aussi populaire, la descente de la Tweed en radeau (Tweed Raft Race) s'effectue de Kelso à Carham.

Old Parish Church

✆ (10572) 226 254 - ♿ - mai-sept. : tlj sf w.-end 12h-14h - brochure (3 langues) - parking.

De plan octogonal, l'**ancienne église paroissiale** fut construite en 1773 par James Nisbet, natif de la région. Les fenêtres, droites au premier niveau, cintrées au second, sont toutes équipées d'un larmier, conformément aux habitudes architecturales de la région. Le toit octogonal est coiffé d'un lanternon.

Regagner les pavés de Bridge Street. Sur la gauche, en retrait, **Ednam House** est un manoir georgien (1761) transformé aujourd'hui en hôtel.

The Square★★

Spacieuse et élégante, cette grande place est dominée par l'**hôtel de ville (Town Hall)**, érigé au siècle dernier grâce à une souscription publique. Il est entouré d'édifices municipaux (18e-19e s.) à trois étages dont les toits à croupes sont munis de parapets et de lucarnes – l'ensemble constitue en été un véritable régal lorsque les jardinières sont en fleurs. Du côté ouest, **Cross Keys Hotel** était l'un des relais où s'arrêtaient les

KELSO

200 m / 200 yards

SE LOGER

Cross Keys Hotel.......... 1

Duncan House............. 4

Ednam House Hotel...... 7

Goldilands.................... 10

SE RESTAURER

Caroline's Coffee Shop............ 1

Oscar's......................... 4

Under the Sun.............. 7

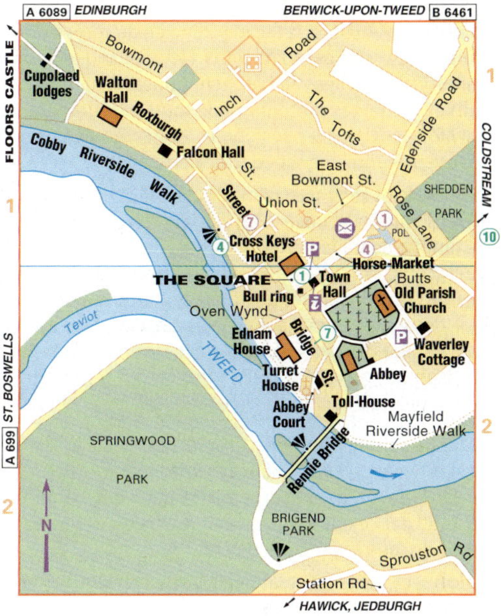

diligences reliant Édimbourg à Londres. Les noms des rues adjacentes – Horsemarket (marché aux chevaux), Woodmarket (marché au bois) – rappellent la destination initiale de la place, de même que l'anneau à taureau (Bull ring) encastré au centre d'un pavement en forme d'étoile. Le bâtiment Tudor dégradé (aujourd'hui entrepôt de meubles) orné d'oriels qui se trouve dans Woodmarket fut construit en 1885 comme bourse aux grains.

Roxburgh Street

Une ruelle descendant vers le fleuve ouvre sur **Cobby Riverside Walk**, promenade qui offre de belles vues sur le cours d'eau, le barrage, l'éminence qu'occupait jadis le château de Roxburgh, Floors Castle et son site splendide, ainsi que sur les façades arrière d'une série d'hôtels particuliers. Regagner Roxburgh Street où s'amorce sur la gauche l'entrée majestueuse de Floors, construite en 1929 par Reginald Fairlie. Deux pavillons à coupole **(Cuploaded lodges)** sont reliés par des grilles richement dorées.

Retourner vers le centre par Roxburgh Street pour voir le n° 138, **Walton Hall** protégé par des portes de bois massif ; c'était la maison de James Ballantyne, condisciple de Scott auquel il s'associa dans son entreprise d'édition. Voir aussi **Falcon Hall**.

Circuits de découverte

CHATEAUX ET MAISONS FORTES★★ 1

Circuit de 80 km au nord-ouest de la ville. Quitter Kelso par la A 6089 qui longe le domaine de Floors.

Floors Castle★

(01573) 223 333 - marketing@floorcastle.com - ♿ - de fin avr. à fin oct. : 11h-17h - brochure (5 langues) - 6 £ - aire de jeux - aire de pique-nique, restaurant - parking.

Robert Ker of Cessford, l'un des courtisans du roi Jacques VI, obtint les terres de l'ancienne abbaye de Kelso et fut créé comte de Roxburghe en 1616. **John, le 5e comte** (mort en 1740), à la fois ardent promoteur de l'Acte d'union (1707) et secrétaire d'État du comité Squadrone sous Walpole, devint duc en récompense des services rendus à la Couronne et se fit construire cette demeure en 1721, selon les plans de **William Adam**. Son petit-fils, le 3e duc, bibliophile avisé, réunit la célèbre bibliothèque que le 5e duc (1736-1823) vendit en 1812. La collection fut dispersée entre plusieurs châteaux, comme Chatsworth, Althorp et Blenheim, et ce fut un événement pour les antiquaires de l'époque. Les différents acheteurs se regroupèrent pour former le **club de Roxburghe**, avec l'objectif de reproduire tous les volumes en fac-similé afin que chaque membre du club puisse posséder la collection complète.
À l'âge de 21 ans, le 6e duc, James (1816-1879), engagea **William Playfair** pour agrandir et embellir le bâtiment originel d'Adam. Il en résulta les murs extérieurs que l'on connaît aujourd'hui.

Extérieur – Au nord, la façade crénelée du corps principal élevé par Adam élève ses trois niveaux cantonnés de tours. Elle est flanquée d'ailes perpendiculaires ajoutées par Playfair et reliées au bâtiment principal au niveau du rez-de-chaussée. Les ailes sont elles-mêmes cantonnées de tours plus grandes, reprenant ainsi le schéma du pavillon central. Avec ses dômes, ses cheminées, ses créneaux et ses tourelles, la toiture présente une silhouette spectaculaire.

Intérieur – De nombreuses pièces ont été rénovées par la **duchesse May** (1876-1937), l'épouse américaine du 8e duc, afin d'y installer son exceptionnelle collection de tapisseries et de mobilier.

Vestibule – De proportions harmonieuses, il présente un plafond et une cheminée attribués à William Adam et expose un portrait du 3e duc de Roxburghe réalisé par Pompeo Batoni (1761) ainsi qu'un tableau de H. Danckerts représentant Charles II lors d'une parade des Horse Guards.

Antichambre – On y remarquera surtout une tapisserie de Bruxelles (début 16e s.) illustrant *La Pentecôte et la descente de l'Esprit-Saint*.

Salle de séjour – Le tableau (1809) réalisé par William Wilson montre le château tel qu'il fut construit par Adam avant les modifications apportées par Playfair. Depuis les fenêtres, on peut apercevoir un houx qui marque l'endroit où Jacques II fut tué en 1460 par l'explosion d'un canon lors du siège de Roxburgh Castle situé sur une butte de l'autre côté de la rivière.

Salon – La pièce fut modifiée pour accueillir une série de six belles tapisseries de Bruxelles (17e s.) appartenant à la duchesse May, *Le Triomphe des dieux*. Des chaises dorées et un canapé Louis XV sont recouverts de tapisseries de Beauvais illustrant des fables de La Fontaine.

Salon de couture – Par ses tentures rouges et son délicat mobilier français, il évoque les pièces du château de Versailles. Parmi les belles peintures post-impressionnistes, on remarque la *Corbeille de fleurs* de Matisse et une scène rurale de Bonnard.

Salle de bal – Les tapisseries des Gobelins (17e s.) et les lambris sombres voisinent avec quelques belles pièces de mobilier français, des porcelaines chinoises et des portraits. Deux d'entre eux, dus à Hoppner et Gilbert Stuart, représentent le 3e duc, John, qui fit vœu de célibat et consacra son existence à développer sa bibliothèque.

Salle des oiseaux – Cette petite pièce gothique fut conçue par Playfair pour abriter une collection d'oiseaux naturalisés.

Galerie – Souvenirs et documents y sont exposés, dont une lettre de Marie Stuart adressée à son gouverneur des Marches orientales, le seigneur de Cessford.

Au-dessus de l'escalier on peut voir un portrait en pied de la duchesse May à l'âge de 20 ans ; son mari, le 8e duc, est représenté au sein d'un groupe de chevaliers du Très Ancien Ordre du Chardon.

Prendre la B 6397 sur la gauche, puis tourner à gauche vers la B 6404. Prendre la route signalée « Sandyknowe Farm » qui monte sur la droite, puis prendre à gauche vers la ferme et ses dépendances qu'il faut traverser jusqu'au parking situé au pied de la tour.

Smailholm Tower★

HS - visite avr.-sept. : 9h30-18h30 (visite audio-guidée : ✆ (01573) 460 365 - 3,50 £.
Cette sentinelle solitaire (17 m de haut) du 15e s. témoigne de l'époque où des tours carrées identiques, du haut desquelles on montait la garde jour et nuit, surveillaient les Marches ou Borders. Sa maçonnerie en blocage offre un contraste charmant avec les garnitures de grès rouge. Restauré dans les années quatre-vingt, l'intérieur abrite une exposition de poupées inspirées de ces ballades des Borders que ses grands-parents contaient au jeune Walter Scott à Sandyknowe et qui captivaient déjà son imagination.

La saillie rocheuse que commande la tour offre une **vue panoramique**★★ sur la région et son patchwork de terres arables ; on distingue même quelques points de repère comme le Waterloo Monument sur le Peniel Heugh, vers le sud.

Se diriger vers le village de Smailholm, prendre la B 6397 à gauche et tourner à droite vers Mellerstain.

Mellerstain★★

✆ (01573) 410 225 - www.mellerstain.com - Pâques et mai-sept. : merc., dim. et lun. Bank Hol. 12h30-17h ; oct. : dim. 12h30-17h (dernière entrée 45mn av. fermeture) - possibilité de visite guidée (2h) - brochure (5 langues) - 6 £ - salon de thé - parking.
Mellerstain est célèbre pour les détails étonnants et la délicatesse de ses intérieurs

créés par **Robert Adam**, qui a laissé ici un témoignage exceptionnel de son gigantesque talent.
Le domaine de Mellerstain fut acheté en 1642 par un habitant du comté de Lanark qui, la même année, le légua à son fils, Robert Baillie, un Covenantaire passionné. Emprisonné au tolbooth d'Édimbourg, ce dernier y reçut la visite de la fille d'un ami, Grisell Hume, qui à cette occasion y rencontra celui qu'elle épousa plus tard, le jeune **George Baillie** (1664-1738). Après les épreuves d'un exil hollandais pour les deux familles et un retour au pays natal en 1688, Grisell épousa George en 1692.
Femme remarquable à bien des égards, **lady Grisell Baillie** (1665-1746) fut l'héroïne et la maîtresse de Mellerstain, dirigeant le domaine avec efficacité, énergie et douceur. Elle vécut assez longtemps pour voir achevées les ailes réalisées par William Adam. À sa mort, la propriété passa à son petit-fils, George Baillie, qui engagea Robert Adam (1728-1792) pour harmoniser les deux ailes.

Extérieur – Robert Adam ne conçut que rarement la totalité d'une maison. En outre, le fait que son père ait réalisé les ailes rehausse encore l'intérêt que présente Mellerstain. D'une simplicité solennelle, l'extérieur comprend une section centrale due à Robert Adam ; cette partie crénelée est flanquée des deux ailes préalablement élevées par son père William. Bien que 45 années seulement séparent les constructions, le contraste des styles ne peut manquer de frapper le visiteur qui aura avantage à se placer dans la cour pour apprécier l'ensemble. Les ailes datant de 1725 présentent un certain charme local qui tranche avec la sévérité de la partie centrale rappelant l'architecture des châteaux médiévaux.

Intérieur – Certes moins grandiose que certaines de ses réalisations londoniennes, l'intérieur est néanmoins typique d'Adam qui a produit ici des **plafonds★★★** remarquables et, souvent, des cheminées, des boiseries et du mobilier.

Vestibule de pierre – La cheminée de cette pièce appartenant à l'aile de William Adam est ornée de carreaux de Delft. Dans le corridor est, on peut voir une copie originale du National Convenant signé par le 2e comte de Haddington.

Plusieurs portraits, dont *Lady Grisell Baillie* exécuté par Aikman en 1717 et *Lady Murray* (sa fille) par Richardson, sont visibles du côté est du corridor principal.

Salon de repos – Adam dessina dans ce petit salon un plafond gothique et une cheminée ornée de carreaux hollandais. Le mobilier est principalement de style Reine Anne ; le miroir ouvragé surmontant la cheminée est de style Adam. Les tableaux concernent pour la plupart des sujets à thème sportif.

Bibliothèque★★★ – Aux premières impressions inspirées par le coloris (vert pâle, blanc ivoire, rose, bleu-gris) et la conception d'ensemble succède peu à peu le désir de détailler les divers éléments de cette composition magistrale : l'élégance du plafond, les médaillons de Zucci – *Minerve, L'Instruction* et *L'Enseignement* – les vases, les trophées, les personnages et les niches. Le même motif décoratif est répété sur les rayonnages, les frises, la cheminée, les portes superbement sculptées, ainsi que dans les armoires à glace placées entre les fenêtres. Les bustes qui se font face au-dessus des portes et qui représentent lady Grisell Baillie et sa fille sont l'œuvre de Roubiliac.

Salon de musique – Les surfaces lisses et grenat des murs de cette pièce initialement conçue pour servir de salle à manger tranchent fortement avec le plafond, résolument décoratif. En témoignent les urnes, les aigles, les sphinx, les médaillons, les rinceaux et les éventails entourant le panneau central. Les miroirs placés entre les fenêtres ont été exécutés d'après des dessins d'Adam ; au-dessus de la cheminée se trouve un portrait de Patrick Hume réalisé par William Aikman, entre ceux de ses petites-filles par Maria Varelst : *Grisell, Lady Murray* et *Rachel, Lady Binning*.

Salon – Le visiteur est à nouveau surpris par ces effets de contraste voulus par le concepteur. Ce salon est décoré de ten-

Mellerstain House

La bibliothèque de Mellerstain.

tures en brocart aux motifs très marqués, d'un tapis d'Aubusson et de mobilier raffiné. Les teintes du plafond sont douces, et ses motifs de griffon et de vase sont répétés dans la frise, comme est rappelé sur la cheminée en marbre le dessin créé par Adam pour la crédence en bois de citronnier.
Plusieurs portraits sont d'Allan Ramsay : *Lady Murray, Lord Binning* et *Dr Torriano* (1738), une des premières toiles que réalisa cet artiste lors de son voyage en Italie.

Petit salon – Cette ancienne chambre à coucher porte l'empreinte d'Adam. La commode italienne et les petits placards datent de la fin du 18e s.

Petite bibliothèque – De deux réduits on fit une petite bibliothèque qui présente cette caractéristique de posséder deux plafonds différents réalisés par Adam.

Corridor principal – D'inspiration gothique, son plafond diffère également de celui du corridor est. Les tableaux comprennent des portraits de famille.

Escalier principal – Ce majestueux escalier à double volée se joint pour n'en former qu'une seule au premier étage, où est exposée une tapisserie flamande (16e s.) figurant une scène de chasse. On visite plusieurs chambres, notamment la Manchineel Bedroom où l'on peut admirer un tapis d'Alloa tissé à la main au 19e s.

Grande galerie – Cette magnifique pièce du second étage, malheureusement inachevée, présente des clôtures de colonnes ioniques à chaque extrémité. Le projet d'Adam y est exposé, ainsi que celui de son père pour le bâtiment central. *Lady Grisell Baillie* et *George Baillie* sont signés Medina. On n'a pu déterminer la fonction exacte à laquelle on la destinait ni la raison de l'abandon des travaux.

Revenir dans le vestibule intérieur, où sont placés un miroir et une table d'Adam et une scène d'intérieur peinte par Nasmyth.

Vestibule en façade – Cette pièce terminée par une abside présente de larges frises et un plafond à caissons. On y verra un portrait de lady Grisell Baillie à l'âge de 60 ans par Maria Varelst.

Poursuivre vers la A 6089, tourner à gauche et au carrefour prendre la A 6105 à droite ; Greenknowe Tower est visible juste avant Gordon.

Greenknowe Tower

Aujourd'hui en ruine, cette jolie maison forte (16e s.) en forme de L semble encore monter la garde sur les marécages alentour. On y retrouve des caractéristiques traditionnelles telles que la maçonnerie aux moellons de diverses couleurs, des tourelles en surplomb d'angle et des pignons à gradins. Au-dessus de l'entrée, le linteau porte les armoiries du propriétaire et la date de 1581. Manifestant un souci du confort plus poussé qu'à l'habitude, la disposition intérieure est tout à fait conforme à ce type d'ouvrage : cellier et cuisine au rez-de-chaussée, salle du châtelain au premier et chambres au-dessus.

Tourner à gauche sur la A 6089 vers Lauder. Thirlestane Castle est sur la droite avant d'atteindre Lauder.

Thirlestane castle

✆ (01578) 722 430 - www.thirlestanecastle.co.uk - juil.-août : tlj sf vend. 10h-15h (dernière entrée) ; de Pâques à fin juin et sept. : dim.-jeu. 10h-15h - descriptif des salles en allemand, français, italien, japonais et néerlandais - 5,50 £ (parc 2 £).
Le château a été la demeure de la famille **Maitland** du 16e s. jusqu'à nos jours. La tour d'origine, établie sur un ancien site fortifié, fut transformée en résidence par William Maitland, secrétaire de Marie Stuart. Son frère, John Maitland, fut Grand Chancelier de Jacques VI ; son petit-fils, le 1er et seul duc de Lauderdale, membre de la coterie de Charles II, fut de 1660 à 1678 le souverain virtuel de l'Écosse. Le duc demanda à William Bruce d'agrandir et redécorer le château. Devenu ensuite résidence des comtes de Lauderdale, Thirlestane fut à nouveau agrandi vers 1840 lorsqu'on y ajouta une cour et des ailes victoriennes.

Extérieur – Splendide, la façade principale est une composition imposante résultant de modifications successives. La rectangulaire maison forte d'origine (16e s.), cantonnée de tours rondes, se vit dotée par William Bruce à l'ouest de deux tours de flanquement lourdes et carrées. À l'époque victorienne, David Bryce ajouta de nouvelles ailes d'une pierre légèrement plus sombre. L'harmonie de l'ensemble est rehaussée d'une part par la diversité qu'offre la toiture autour de la cimaise centrale, d'autre part par l'effet décoratif obtenu par la combinaison d'ornements, d'encorbellement et de balustrades. L'entrée est particulièrement imposante.

Intérieur – L'essentiel de la décoration intérieure date des transformations apportées au cours des années 1840 ; le mobilier est principalement du 19e s., les meubles d'origine ayant été déplacés à Ham House. Les pièces d'apparat de l'étage supérieur s'enorgueillissent d'une suite de **plafonds moulurés★★** (17e s.) tous plus travaillés et décorés les uns que les autres. Au cœur de cette profusion de détails, on peut s'amuser à rechercher les splendides aigles de Lauderdale dont chaque plume est particulière. Les plafonds sont dus à George Dunsterfield qui œuvra également à Holyroodhouse *(voir Édimbourg p.185)*, autre chantier de Bruce. Dans la chambre du duc, on verra son portrait, ainsi que ceux de ses deux épouses successives, Anne Home et la célèbre Elizabeth, comtesse de Dysart.

Border Country Life Exhibitions – Les expositions proposées dans l'aile donnant sur la cour illustrent divers aspects de la vie rurale des Borders : refuge de garde-chasse, faune des rivières, batellerie, clouterie, outillage agricole, boutique de tailleur.

P. Tomkins / SCOTTISH VIEWPOINT/VISIT SCOTLAND

Thirlestane Castle et son harmonieuse combinaison de tours et tourelles.

Lauder

Bourg royal, cette localité tranquille a laissé son nom dans l'histoire écossaise pour un épisode qui valut au 5e comte d'Angus, **Archibald Douglas**, le surnom de « Bell the Cat » (le pendeur de grelots). En 1482, un groupe de nobles, jaloux de quelques conseillers de Jacques III qui n'étaient pas de haute naissance, pendit six des favoris du roi sur le pont qui s'élevait jadis sur les terres du château de Thirlestane.
Comme dans d'autres villes des Borders, se déroule chaque année, en août, le Common Riding, au cours duquel on parcourt à cheval les limites du territoire, exactement comme à l'origine.

Tolbooth – Dominant la place du marché, ce bâtiment municipal abritait la prison et la salle du conseil.

Église paroissiale – Proche du tolbooth, elle fut construite en 1673 par William Bruce selon un plan en forme de croix grecque. À l'intérieur, les tribunes présentent un décor d'armes héraldiques.

Reprendre la A 697 vers l'est jusqu'à Greenlaw. Tourner à droite dans la A 6105 vers Earlston puis à gauche dans la B 6364 vers Kelso.

Les imposantes ruines que l'on aperçoit sur les hauteurs à droite sont celles de **Hume Castle** *(entrée interdite, danger de chutes de pierres)*. La première forteresse du site remontait au 13e s. et subit, à l'instar de toutes les tours carrées des Marches, des offensives renouvelées à intervalles réguliers. Le site fut attaqué par le comte de Hertford en 1547 et par les troupes de Cromwell en 1651.

En approchant du bâtiment actuel datant du 18e s., on bénéficie d'une vue splendide sur la Merse.

Rentrer à Kelso par la B 6364, puis la A 6089.

LES CHEVIOT HILLS ET L'ABBAYE DE JEDBURGH★★ 2

Circuit de 85 km. Quitter Kelso vers le sud par la A 698, puis prendre la B 6352 à gauche pour atteindre les premiers contreforts.

Ce circuit commence par une courte incursion dans les Cheviot Hills, à la frontière entre l'Écosse et l'Angleterre.

Yetholm

Les villages jumeaux de **Town Yetholm** et **Kirk Yetholm** sont séparés par la Bowmont. Kirk Yetholm, connu comme village tsigane, possède encore un cottage nommé The Palace qu'habitait Esther Faa Blyth, la dernière souveraine élue. Long de 400 km, le sentier de randonnée **Pennine Way**, qui suit l'épine dorsale de l'Angleterre depuis Derby, se termine ici.

Sortir de Town Yetholm vers le sud par la B 6401 ; traverser Morebattle et suivre le cours de la Kale.

Sur les hauteurs à gauche se trouvent les vestiges de Cessford Castle, jadis redoutable forteresse des Ker et position stratégique du système défensif des Borders.

À la jonction avec la A 698, tourner à gauche. La route rejoint la A 68 que l'on prend à gauche vers Jedburgh.

Jedburgh★

À cheval sur la Jed, le bourg royal historique de Jedburgh est traversé par la A 68, l'une des routes principales d'Écosse, dite voie de Dere à l'époque romaine. Jedburgh se développa autour d'un château et d'une abbaye et reçut en 1165 de Guillaume le Lion le statut de bourg royal. Elle resta cependant vulnérable dans cette région frontalière et son histoire reflète celle de la contrée. C'est aujourd'hui une ville de marché paisible, avec quelques jolis bâtiments illustrant la tradition architecturale du pays.

Les **Jethart Snails** (bonbons à la menthe) représentent la spécialité locale.

Traditions

La chevauchée communale *(voir Comprendre : L'Écosse aujourd'hui p. 75)*, dite **Jethart Callant's Festival**, comprend des courses hors de la ville vers des lieux historiques, sous la conduite du « Callant ». Mi-février se déroulent les **Ba'Games**, qui opposent les Uppies (« ceux d'en haut ») aux Downies (« ceux d'en bas »), natifs des quartiers situés de part et d'autre de la croix de marché. Leurs territoires respectifs, à la fois terrains à conquérir et refuges à défendre, se situent autour de la prison (Castle Jail) et dans la basse ville (Townfoot).

Jedburgh abbey★★

1/2hHS - ✆ (01835) 863 925 - 9h30 (14h le dim. d'oct. à mars) - 18h30 (16h30 d'oct. à mars) - 5 £ (2,50 £).

L'une des plus célèbres abbayes des Borders fut d'abord un prieuré fondé en 1138 par **David Ier** pour des augustiniens venant de Beauvais. En 1152, le couvent reçut le statut d'abbaye. Les travaux de l'église débutèrent par le chevet (1140), mais il fallut 75 ans avant que ne commençât la construction des bâtiments du cloître. Le majestueux édifice fut dès l'origine le cadre d'événements royaux, comme le couronnement de Malcolm IV (1153-1165), petit-fils du fondateur, et le mariage d'**Alexandre III** (1249-1286) avec sa seconde épouse, **Yolande de Dreux.** Comme de nombreux grands édifices de la région, l'abbaye eut malheureusement à souffrir d'attaques et de pillages constants et une razzia en 1545 mit fin à sa vie. L'église continua néanmoins à servir de lieu de culte jusqu'en 1875.

Église – Le centre d'accueil présente une bonne introduction à la visite de l'abbaye. Bien que privé de toiture, cet édifice de pierre a préservé l'essentiel de sa structure. Vue depuis l'enceinte abbatiale, la **façade principale** au style gothique de transition (fin 12e s.) est une composition très puissante et très particulière. L'entrée présente une voussure profonde en plein cintre ; au-dessus, une fenêtre haute et étroite s'élève sous un gâble ajouré par une rose. Cette façade originale et élancée est flanquée de contreforts massifs.

Le rythme régulier de la **nef** reflète un art bien maîtrisé. En effet, le traitement des travées pousse le regard vers le haut : l'œil se pose d'abord sur les arcs brisés reposant sur de solides colonnes fasciculées, qui le guident ensuite vers le triforium aux arcs en plein cintre subdivisés par deux lancettes plus petites, d'où il remonte enfin vers les fenêtres hautes aux lancettes disposées en rangs serrés par groupes de quatre.

Remarquer le travail délicat de la balustrade de la **tour de croisée**.

Le **chevet** (milieu 12e s.), partie la plus ancienne de l'église, est quelque peu hétérodoxe. De massifs piliers ronds s'élèvent vers les fenêtres hautes afin d'épauler les arcs tronqués de l'arcade principale. On recense en outre quelques détails typiquement romans, comme les arcs en plein cintre ou la décoration en chevron.

Cloître – Les bâtiments du cloître étaient disposés sur un terrain en pente ; il ne reste plus que leurs fondations. Le schéma est traditionnel : l'aile est comprenait le parloir, la salle capitulaire et le dortoir à l'étage ; l'aile sud comprenait le réfectoire, les celliers et la cuisine. Il est intéressant de comparer la porte romane généreusement sculptée (aile sud) avec la réplique que l'on peut voir sur la gauche et qui présente une grande richesse de détails.

Mary, Queen of Scots House

Visitor Centre : ✆ (01835) 863 331 - Pâques à mi-nov. : 10h-16h30, dim. 11h-16h30 - brochure (6 langues) - 3 £.

Cette maison forte (16e s.) en forme de L et de style local se dresse dans un jardin bien entretenu. Elle appartenait jadis aux Kerr, originaires de la proche localité de Ferniehurst *(voir plus loin)*, mais tire son nom actuel de la visite en 1566 de Marie Stuart, reine d'Écosse. La maladie la força à séjourner ici (on craignit même pour sa vie) après sa fameuse chevauchée pour rendre visite à son futur époux blessé, le comte de Bothwell, qui se trouvait à Hermitage Castle *(voir ce nom p.139)*, distant de 32 km.

La cuisine du rez-de-chaussée est pavée et voûtée en berceau. Les embrasures des fenêtres permettent de saisir l'épaisseur des murs.

Comme dans toutes les demeures appartenant aux Kerr, l'escalier à vis est aménagé de façon à y manier l'épée. Des panneaux de verre gravé, des tableaux, des documents et des souvenirs évoquent la vie de l'infortunée reine. On peut voir son masque mortuaire, ainsi que le portrait dit d'Anvers et le portrait controversé de Breadalbane par George Jamesone. Au premier étage, la deuxième salle est décorée d'une série de représentations de personnes étroitement liées à Marie Stuart.

Castle Jail and Museum

Visite de 10h à 16h30 (de 13h à 17h le dim.). 80 p. ✆ (01835) 863 254.

Cette prison georgienne construite vers 1820 se situe à l'emplacement du château, résidence préférée des rois qui, au 12e s., aimaient venir chasser dans l'ancienne forêt de Jed. Au 15e s., le château fut anéanti par les habitants de la ville pour éviter qu'il ne tombât aux mains des Anglais. L'édifice actuel, construit après la réforme pénale de Howard, était considéré en 1823 comme l'une des prisons les plus modernes de son temps.

Bâtiments – Les trois blocs carcéraux disposés autour du bloc administratif lui étaient reliés par des passages aménagés au premier étage. Au niveau supérieur du bloc central, la terrasse servait de poste de guet ; une cloche permettait de déclencher une alerte en cas d'évasion.

Les trois blocs partagent une même disposition : donnant sur un passage central, les cellules sont éclairées par deux fenêtres, disposent d'un lit en bois et du chauffage central (la grille du sol diffusait un air chaud grâce à des conduites reliées au poêle situé dans la cellule aveugle du rez-de-chaussée).

Deux des blocs sont ouverts à la visite. Les expositions organisées dans quelques cellules relatent le quotidien des lieux et abordent différents aspects de l'histoire locale.

Castlegate

Descendant vers la place du marché, Castlegate est bordée de plusieurs belles maisons restaurées. À gauche, aux nos **65** et **67**, on distingue deux sculptures incorporées aux murs ; l'une pourrait représenter le taureau de Turnbull.

L'enclos abbatial qui incline à droite vers l'abbaye vit les Wordsworth recevoir Scott en 1803 ; celui-ci leur y lut des passages de son *Lai du dernier des ménestrels* (plaque aux nos **6** et **7**).

En 1745, Bonnie Prince Charlie a logé au n° **11**, plus bas sur Castlegate, alors qu'il menait l'armée jacobite vers l'Angleterre.

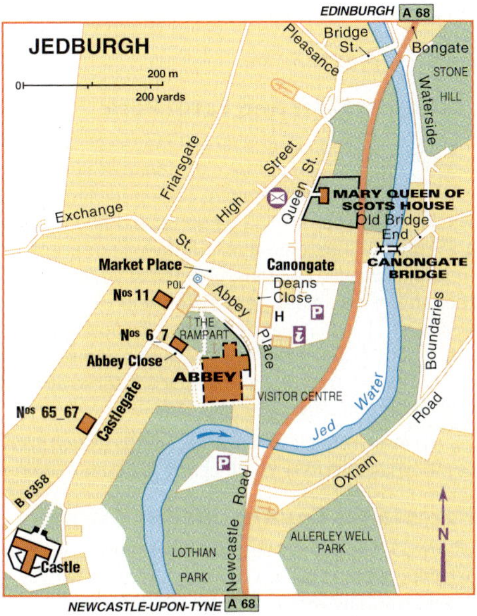

Market Place

Une plaque marque l'emplacement original de la croix de marché autour de laquelle les marchands disposaient leurs étals. La plaque visible sur les County Buildings **(H)** commémore la première plaidoirie de Scott en 1793.

Canongate descend ensuite vers la A 68 qui longe la Jed ; **Canongate Bridge★** (milieu 12e s.) est un pont étroit à trois arches aux éperons pointus et doté de refuges pour les piétons.

Continuer vers le sud sur la A 68 pendant 2,5 km.

Ferniehurst Castle

☏ (01835) 864 384 - ♿ - visite guidée juil. : tlj sf lun. 11h-16h - 3,50 £ (enf. 1,50 £) - parking.

Le premier château élevé en 1450 appartint dès l'origine à la famille Kerr. Sa situation stratégique en faisait le gardien de la route d'Otterburn et une base idéale pour les gouverneurs de la Marche centrale. Le bâtiment actuel, dont la maçonnerie en blocage séduit le regard, date de 1598 et abrite une auberge de jeunesse qui lui a valu d'être restauré. On visite l'ancienne chapelle (qui accueille le Border Clan Centre), la chambre des Kerr au sous-sol, l'entrée et les grandes salles ornées de portraits, de même que la pièce de la tourelle dont les boiseries sont très belles.

N. Mcintyre / GHFP/IMAGESTATE

Cerf rouge.

Poursuivre pendant 5,5 km.

Jedforest Deer and Farm Park

Mervinslaw Estate - ☏ (01835) 840 364 - www.aboutscotland.com/jedforest - de Pâques à août : 10h-17h30 ; sept.-oct. : 11h-16h30 - 4,50 £ (enf. 2,50 £) - aire de jeux, intérieure et extérieure - aire de pique-nique, café - parking.

Aménagé sur les 332 ha de terre d'une ferme des Borders (point culminant à 255 m), ce parc animalier permet d'admirer toutes sortes d'espèces rares de moutons, bœufs, cochons, chèvres et volailles. Derrière la ceinture d'arbres protégeant les enclos du vent s'étendent de vastes enceintes, domaines des cerfs aboyeurs, des daims et des cerfs d'Europe. Des promenades accompagnées sont organisées régulièrement et il y a des démonstrations de dressage d'oiseaux de proie. D'autre part, il y a un espace réservé aux enfants qui ont la possibilité de nourrir les animaux.

Reprendre la A 68 vers le nord jusqu'à l'intersection avec la B 6400 que l'on prend à droite. Le Harestanes Country Visitor Centre se trouve à droite de la route.

Harestanes Country Visitor Centre

☏ (01835) 830 306 - www.scotborders.gov.uk/harestanes - possibilité de promenades accompagnées et activités ayant un rapport avec la nature - ♿ - avr.-oct. : 10h-17h - gratuit - aire de pique-nique, salon de thé.

Le Centre est le point de départ de quatre sentiers de petite randonnée dont le **Peniel Heugh Walk** qui conduit au pied du Waterloo Monument *(6 km)*.

Waterloo Monument

Érigé afin de commémorer la victoire de Wellington en 1815, le monument *(aucun accès à la plate-forme panoramique)* est l'un des principaux points de repère des Borders en raison de sa situation au sommet du Peniel Heugh (227 m). Cette éminence rocailleuse, qui fut autrefois le site de campements préromains avec la voie de Dere sur son flanc ouest, offre un **panorama★★** splendide sur les environs : la fertile vallée de la Teviot jusqu'aux Cheviots au sud et, à l'est, les grandes étendues de terre arable, la tour de Smailholm au nord et les Eildons au nord-ouest.

Continuer vers le nord-est le long de la B 6400 ; le tertre sur lequel se dressait Roxburgh Castle est sur la droite juste avant d'arriver à Kelso.

Roxburgh Castle

À l'origine, le château de Roxburgh occupait une éminence entre la Tweed et la Teviot, légèrement en amont de Kelso. Selon toute probabilité, le bourg devint royal en 1124 et constitua avec Berwick, Édimbourg et Stirling le parlement de la « Court of the Four Burghs » (Cour des quatre bourgs). Le bourg prospéra autour de sa forteresse et fut doté d'une abbaye (1126-1128) et même d'un hôtel des monnaies. Mais en raison de sa proximité avec la frontière, il tomba aux mains des Anglais au début du 14e s. et ne fut repris avec le château qu'en 1460. Jacques II ayant perdu la vie lors de l'assaut, sa veuve, **Marie de Gueldre**, ordonna de démanteler ville et château. Il n'en reste plus aujourd'hui que le tertre.

Kelso pratique

Informations utiles

KELSO

TIC, *Town House, The Square- ✆ (01573) 223 464.* Ouvert toute l'année de 10h à 17h (14h en hiver et le dim.).

Poste – *Dans Woodmarket, face à l'hôtel de ville.*

Banque – Royal Bank of Scotland, *The Square, lun.-vend. 9h15-16h45* ; Barclays, *Woodmarket, lun.-vend. 10h-15h30.*

Pharmacie – Boots, *The Square, lun.-sam. 8h30-17h30.*

Hôpital – Kelso Hospital, Inch Road, ✆ (01573) 223 441.

Urgences – Police, pompiers, ambulance, *✆ 999 (112 à partir d'un mobile), appel gratuit.*

Commissariat – *Dans Coalmarket, ✆ (01573) 223 434.*

Internet – À la bibliothèque, *dans Bowmont Street, de 10h à 13h et de 14h à 17h ; fermée merc. et sam. après-midi.*

JEDBURGH

TIC, *Murray's Green – ✆ (0870) 608 0404. Ouvert toute l'année de 9h à 17h (18h en juin et sept., 19h en juil. et août).*

Se loger

KELSO

⊖⊖ **Duncan House** – *Chalkheugh Terrace, Roxburgh Street - ✆ (01573) 225 682 –* P *– 4 ch. -32 £* ☕. Maison de style georgien au bord de la Tweed avec vue sur Floors Castle et les alentours, à 2mn du centre-ville.

⊖⊖ **Ednam House Hotel** – *Bridge Street - ✆ (01573) 224 168 -* P *- 58 ch. 50 £* ☕. Imposant édifice situé sur les bords de la Tweed, en plein centre-ville ; excellente cuisine ; atmosphère conviviale.

⊖⊖ **Cross Keys Hotel** – *36-37 The Square ✆ (01573) 223 303 - www.cross-keys-hotel.co.uk -* P *- 27 ch.* ☕. Imposant édifice du 18e s. dominant la place centrale de Kelso ; entièrement rénové en 1998 ; cuisine écossaise et internationale.

ENVIRONS

⊖⊖ **Goldilands** – *Roxburgh Road, Heiton, Kelso TD5 8TP - ✆ 01573 450 671 -* P *- 3 ch. 27 £* ☕. B & B confortable et tranquille à 3,2 km de Kelso, sur la route de Jedburgh. Accueil chaleureux, possibilité de demi-pension.

Se restaurer

⊖ **Caroline's Coffee Shop** – *45 Horsemarket - tous les jours de 8h (13h dim.) à 17h - 5-10 £.* Café/salon de thé en centre-ville servant des snacks.

⊖ **Under the Sun** – *Roxburgh Street - ✆ (01573) 225 177 - lun. à vend. de 9h30 au dernier client (dernière commande 21h30), sam. de 9h30 à 17h - 10 £.* Boutique de produits bio avec salon/librairie attenant, proposant des soupes, des salades composées, des plats du jour (certains végétariens), préparés à partir de produits de la région.

⊖⊖ **Oscar's** – *35-37 Horsemarket - ℘ (01573) 224 008 - www.oscars-kelso.com - tous les jours de 17h30 au dernier client - 15-25 £.* Cuisine inventive d'influence méditerranéenne, élaborée à partir de produits régionaux (agneau, fruits de mer). Une partie du menu change quotidiennement.

Sports et loisirs

Golf – Kelso Golf Club, *Golf Course Road, Kelso TD5 7SL - ℘ (01573) 223 009 - www.kelsogolfclub.co.uk* 18 trous, bar et restaurant sur place.

The Roxburghe Hotel and Golf Course - *Heiton, Kelso TD5 8JZ - ℘ (01573) 450 331 - www.roxburghe.net* Parcours de championnat (Scottish Seniors Open).

Pêche – Sitchill House, *Kelso TD5 7TB - ℘ (01573) 470 612 - www.fishscotland.co.uk* - Renseignements sur les conditions de pêche, le niveau des rivières, en particulier la Tweed ; réservations par téléphone.

Courses hippiques – Kelso Racecourse - *℘ (01668) 280 800 - www.kelso-races.co.uk* De mai à oct., restauration sur place.

Événements

Les villes des Borders maintiennent vivantes de nombreuses traditions remontant au Moyen Âge, comme les Common Ridings (chevauchées communales) :

pour Kelso : *voir détail p. 112.*

pour Jedburgh : *voir p. 118.*

Lauder : le Lauder Common Riding a lieu le 1er samedi d'août.

calendrier complet *sur www.borderevents.com*

Kirkcudbright★

3 447 HABITANTS
CARTE GÉNÉRALE RABAT II C4 - CARTE MICHELIN REGIONAL 501 H 19 – DUMFRIES ET GALLOWAY

Kirkcudbright (prononcer Keurkcoubrie), situé sur la rive est de la Dee, tire aujourd'hui ses revenus de l'agriculture, de la pêche et du tourisme. Le front de mer était autrefois un port actif et la ville elle-même un bourg royal, ainsi qu'une ville de comté accordée à la « Stewartry », terme désignant à l'origine un territoire de la Couronne administré par un régisseur (« Stewart »). Ce régime, encore appliqué aujourd'hui, est le dernier exemple existant en Écosse (l'actuel Stewart d'Écosse est le prince de Galles)

Se repérer – Bourg situé à 16 km au sud-ouest de Castle Douglas.

À ne pas manquer – Broughton House (High Street), Dundrennan Abbey et Threave Garden (circuit 1), la vue du sommet du Mull of Galloway (circuit 2).

Organiser son temps – Compter une matinée pour la visite de la ville, l'après-midi pour le circuit à l'est de Kirkcudbright, une journée pour le circuit dans le Galloway Forest Park (y compris une randonnée à pied ou à vélo) et enfin 2 jours pour le circuit le long de la côte sud jusqu'à Stranraer.

Avec les enfants – Le Wildlife Park et une excursion dans le Galloway Forest Park.

Pour poursuivre le voyage – Le circuit 2 vous conduira sur la côte ouest d'où vous pourrez atteindre l'île d'Arran et remonter vers Glasgow et le nord.

Visiter

Broughton House

(01557) 330 437 - manoir et jardin : juil.-août : 12h-17h ; mars-juin et sept.-oct. : jeu.-lun. 11h-17h - jardin : fév.-mars : tlj sf w.-end 11h-16h - dépliant en allemand, français et italien - tarif non communiqué.

Au début du siècle, l'artiste **Edward Atkinson Hornel** (1864-1933) emménagea à Broughton House (18e s.) ; son portrait par Bessie McNicol est accroché dans la salle à manger. Connu pour ses paysages de Galloway, Hornel doit sa célébrité à son style audacieux et coloré qui lui a assuré une place de choix au sein de l'art écossais du 19e s., et notamment au sein de l'école de Glasgow, surnommée « The Glasgow Boys » *(voir p. 67)*. L'ancienne demeure est aujourd'hui transformée en un musée qui présente une collection des œuvres de Hornel. Remarquer en particulier quelques toiles exécutées à la suite d'un long séjour au Japon en compagnie de son camarade l'artiste George Henry. Le beau **jardin japonais** témoigne de sa fascination pour ce pays.

MacLellan's Castle

HS - (01557) 331 856 - avr. - sept. : 9h30 - 18h30 - 3,50 £ (enf. 1,75 £).

En 1582, l'ancien prévôt de la ville, **sir Thomas MacLellan**, utilisa les pierres d'un proche monastère en ruine pour construire sa résidence urbaine. Depuis les celliers et la cuisine du rez-de-chaussée, un escalier spacieux aux volées droites mène à la grande salle où une cheminée massive est équipée d'un judas baptisé « l'oreille du châtelain ». Depuis 1752, le château n'a plus de toit.

Greyfriars Kirk

Ancienne dépendance d'un monastère franciscain du 15e s., l'église abrite le monument funéraire de Thomas MacLellan, représenté en chevalier en armes.

High Street

Les parties sud et ouest de cette rue au tracé en L n'offrent aucune unité de style ; on y repère autant de particularités locales que de détails de style georgien nettement plus élaborés. Le n° 14 était la maison de l'artiste Charles Oppenheimer, qui se consacra à la peinture paysagiste. Le n° 44 abrita deux autres artistes unis à la fois par l'art et par le mariage : E.A. Taylor et Jessie M. King. À l'extrémité de la rue, le tolbooth, avec ses « jougs » (colliers en fer scellés par une chaîne au mur, que l'on attachait au cou des prisonniers), et la croix de marché rappellent le statut communal de la localité.

Tolbooth Art Centre

(01557) 331 556 - www.dumgal.gov.uk - ♿ - juil.-août : 10h-17h, dim. 14h-17h ; mai-juin et sept.-oct. : 11h-16h, dim. 14h-17h ; reste de l'année : tlj sf dim. 11h-16h - gratuit.

À la fin 19e et au début du 20e s., Kirkcudbright vit s'installer une colonie d'artistes,

au nombre desquels se trouvaient l'Australien Edward Atkinson Hornel et son ami Charles Oppenheimer, E.A. Taylor et Jessie M. King, Phyllis Bone et Bessie McNichol, séduits par le charme de la ville, la nature intacte de la campagne environnante et la qualité de sa lumière. Le beau tolbooth du 17e s., coiffé d'un clocher, rend hommage à leur œuvre et à leur contribution à la vie de la cité. On y trouve une présentation audiovisuelle, des ateliers d'artiste et une collection de tableaux, dont une huile de S.J. Peploe représentant l'édifice.
Dans le passé, le bâtiment servit aussi de prison, et son plus célèbre occupant fut l'Américain John Paul Jones.

Stewartry Museum

℘ (01557) 331 643 - www.dumgal.gov.uk/museums - ♿ - juil.-août : 10h-17h ; mai-juin et sept.-oct. : 11h-16h, dim. 14h-17h ; reste de l'année : tlj sf dim. 11h-16h - gratuit parking.
Ce petit musée local débordant d'objets est une mine pour les amateurs de curling ou jeu de palets. Il se jouait avec des anneaux ressemblant à des fers à cheval et était très populaire dans les paroisses ; quelques personnalités comme Thomas Telford, Old Mortality (qu'immortalisa Walter Scott), John Paul Jones, Jessie Marion King et le 5e comte de Selkirk s'y adonnaient régulièrement.

KIRKCUDBRIGHT

0 — 200 m — 200 yards

SE LOGER

Baytree House 1

Selkirk Arms Hotel 4

SE RESTAURER

Harbour Lights 1

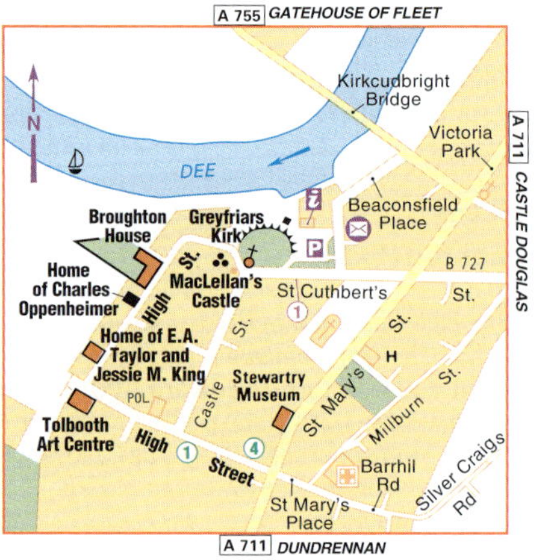

Aux alentours

Wildlife Park

À 1,5 km à l'est par la B 727 - ℘ (01557) 331 645 - www.gallowaywildlife.co.uk - ♿ - 10h-18h (dernière entrée 1h av. fermeture) - 4,50 £ (enf. 3 £) - cafétéria - parking gratuit.
Créé dans une zone boisée, le **parc animalier** compte quelque 35 espèces d'animaux du monde entier, mais son pensionnaire le plus célèbre reste le chat sauvage écossais, animal rare que les visiteurs auront peut-être la chance d'apercevoir.

Circuits de découverte

À L'EST DE KIRKCUDBRIGHT 1

Circuit de 51 km. Quitter Kirkcudbright vers le nord-est par la A 711.

Tongland Power Station

Service gratuit de minibus au départ de l'office du tourisme de Kirkcudbright à 9h45 - ℘ (01557) 330 114 - visite guidée de la centrale de fin juin à sept. : tlj sf w.-end 9h30-17h - 3,50 £ (-16 ans 1,50 £) - parking.
Suite à la décision de créer d'un réseau électrique national en 1926, la **centrale** de Tongland fut construite entre 1931 et 1936 pour servir de centre au projet hydroélectrique du Galloway. La visite guidée inclut la salle des turbines avec les génératrices d'origine, le barrage à voûte et son bassin de retenue (300 m le long de son arête et 20 m au-dessus du lit de la rivière), le déversoir régulateur d'eau, les portes d'écluse, et l'**échelle à poissons**. 29 bassins à étages et 4 bacs de repos permettent aux saumons de remonter le courant pour frayer. 4 000 poissons en moyenne passent ici chaque année.

La A 711 rejoint la A 75 que l'on prend à droite vers Castle Douglas.

Jardin et château de Threave

Environ 2 miles (3 km) avant d'atteindre Castle Douglas.

Threave Garden ★★ – *(NTS) ✆ (01556) 502 575 - ♿ - fév.-oct. : 9h30-17h30 ; nov. : 9h30-16h - visite guidée (1h) sur rendez-vous - 6 £ - restaurant, cafétaria - parking.* Offert au National Trust for Scotland en 1948, le domaine se compose de quatre fermes, de 48 ha de forêt, d'un manoir et de 26 ha de parc. Ouverte en 1960, l'École de jardinage de Threave accueille annuellement huit étudiants pour un cursus de deux années portant sur la théorie et la pratique de l'horticulture. De style victorien, le manoir abrite une école et son jardin de 24 ha qui est l'œuvre des travaux pratiques des étudiants.

Magnifiquement entretenu, le jardin est un enchantement, avec ses riches variétés de fleurs, de plantes, d'arbres et d'arbustes. Admirer la roseraie *(en juin et juil.)*, la rocaille, les parterres de bruyères, les serres, un arboretum et un itinéraire boisé où l'on trouvera des jonquilles à profusion au mois d'avril.

Threave Castle ★ – *À environ 700 m du parking, le long d'un chemin grillagé serpentant à travers des prairies ; sonner pour le bac. HS - ✆ (0411) 223 101 - avr.-sept. : 9h30 - 18h30 - 4 £ (y compris la traversée par bac).* Situées sur une île de la Dee, les ruines impressionnantes et sinistres du château symbolisent encore les troubles et l'insécurité qui régnèrent dans l'Écosse médiévale. Cette maison forte était la citadelle de la très puissante et aristocratique famille des **Black Douglas**. À la fin du 14e s., **Archibald the Grim**, 3e comte de Douglas (1330-1400), en fit édifier les quatre étages au-dessus des celliers. On dit que Jacques II assiégea le château en 1455 au cours d'une campagne contre les Douglas. En 1513, après la bataille de Flodden, des défenses supplémentaires furent ajoutées : c'est alors que furent construites les murailles extérieures et les tours. Le château fut démantelé en 1640 quand il tomba à nouveau aux mains des Covenantaires après un siège prolongé.

Castle Douglas

Se déployant au nord du loch Carlingwark, cette bourgade marchande, dotée d'une salle de vente à la criée, dessert l'industrie fermière des alentours. Le bourg a adopté son plan orthogonal à la fin du 18e s., de même que son nom, qui ne provient pas de la famille des Douglas de Threave, mais d'un marchand local, sir William Douglas (1745-1809), qui fit fortune aux Antilles avant d'acheter des terres dans la région et de créer une industrie de coton dans la ville. Autre notable du lieu, l'antiquaire Joseph Train a fourni à Walter Scott de nombreux renseignements pour ses romans.

Quitter Castle Douglas au sud-est par la B 736 ; traverser la A 711 pour s'engager dans la route secondaire qui conduit (1/2 mile, 0,8 km) à Orchardton Tower.

Orchardton Tower

Cette maison forte singulière et ravissante (milieu 15e s.) n'a que deux étages ; elle est dotée d'un escalier tournant, d'un poste de guet et de créneaux.

Revenir à l'intersection et prendre la A 711 à gauche vers Auchencairn.

Dundrennan Abbey★

HS - ✆ (01557) 500 262 - avr.-sept. : tlj 9h30-18h30 ; le reste de l'année le w.-end de 9h30 (14h le dim.) à 16h30 - 3 £ (enf. 1,50 £).

Cette abbaye cistercienne fut fondée en 1142 sur une terre isolée mais fertile par le roi David avec le concours de Fergus, seigneur de Galloway, son ami d'enfance. En fondant des monastères, David soumettait autant qu'il gouvernait, assurant paix et prospérité tout en évangélisant. Sécularisé lors de la Réforme, le monastère tomba peu à peu en ruine. En 1568, Marie Stuart y fit une halte au cours de sa fuite vers l'Angleterre.

Les ruines de granit témoignent de cette grandeur et de cette simplicité austère toutes cisterciennes. Quel contraste par rapport à l'architecture plus séduisante de Sweetheart Abbey *(voir Dumfries – Circuit 2 p.101)* dont elle était l'abbaye mère !

Les vestiges comprennent une section du mur ouest, le transept, la salle capitulaire et quelques dépendances. Du 12e s., le transept date des débuts du gothique en Grande-Bretagne, ce qui est visible par cette combinaison de l'arc brisé (arcade principale et triforium) et de l'arc en plein cintre des fenêtres hautes. Les restes de la salle capitulaire reconstruite au 13e s. sont d'un style gothique plus décoratif, en particulier les portes d'entrée sur le cloître.

Poursuivre vers Kirkcudbright par la A 711.

LA CÔTE SUD JUSQU'À STRANRAER ★★ 2

Circuit de 220 km. Compter 2 jours avec une halte à Wigtown ou Whithorn.

Quitter Kirkcudbright vers l'ouest par la A 755.

Gatehouse of Fleet

Cette ville soignée et pittoresque est un exemple d'aménagement urbain conçu à la fin du 18e s. Le tourisme est maintenant sa principale ressource. Gatehouse devint le siège d'un groupe d'artistes dont faisaient partie les frères Faed. **John Faed** (1820-1902) est connu pour ses livres concernant l'histoire de l'Écosse : *The Wappenschaw, Tam o'Shanter* et *The Warning before Flodden.*

Prendre la direction de Newton Stewart.

Cardoness Castle

HS - ✆ (01557) 814 427 - avr.-septembre : tlj : 9h30-18h30 ; le reste de l'année le w.-end seulement de 9h30 (14h le dim.) à 16h30 - 3,50 £ (enf. 1,75 £).

Cette maison forte (milieu du 15e s.) est située sur un rocher dominant l'estuaire de la Fleet. La tour rectangulaire fut élevée à une époque où les bâtisseurs s'inquiétaient d'apporter d'élégants détails décoratifs à leurs constructions (piédroits, chapiteaux et baguettes). Un escalier à vis reliant les différents étages mène au parapet *(79 marches)* offrant une vue sur la Fleet jusqu'au Cally Palace Hotel, l'ancienne demeure de William Murray, et sur l'estuaire avec la presqu'île de Wigtown à l'horizon.

Poursuivre sur la A 75. 9,5 km plus loin, tourner à droite vers le site de Cairn Holy.

Cairn Holy

Parcourir 800 m sur une route de ferme étroite, garer la voiture, puis faire 150 m à pied.

Comme de coutume, les monuments funéraires néolithiques étaient situés sur une éminence ; aussi celui-ci procure-t-il une belle vue sur le Solway Firth.

Le Cairn Holy se divise en deux sites proches. Dans le premier, **Cairn Holy I**, une avant-cour précède la chambre funéraire ; le second, **Cairn Holy II** *(à deux minutes plus haut sur la route)*, présente une chambre double.

À 1,5 km de là, le long de la route principale, s'élève **Carsluith Castle**. Cette maison forte (16e s.) dotée d'une tour d'escalier plus tardive appartint à la famille Brown dont le membre le plus célèbre fut Gilbert Brown, dernier abbé de Sweetheart.

La route descend vers les terres inondables de l'estuaire avant d'atteindre Creetown.

Creetown

Ce village jadis célèbre pour ses carrières de granit possède un **musée des Pierres précieuses et des Roches** (Creetown Gem Rock Museum) à la collection éblouissante (spécimens provenant d'Écosse et du monde entier). *✆ (01671) 820 357/554 - www.gemrock.net - ♿ - du Vend. saint à sept. : 9h30-17h30 ; oct.-nov. : 10h-16h ; de déc. au Vendredi saint : 10h-16h - fermé lun.-vend. en déc. - gratuit - cafétéria - parking.*

Reprendre la A 75 ; à Newton Stewart, tourner à gauche sur la A 714.

E. Morris / MICHELIN

Entrée du site néolithique de Cairn Holy.

Wigtown

Cette pittoresque petite ville est devenue la ville écossaise du livre en 1998. Les deux larges avenues parallèles qui forment le centre-ville sont bordées de librairies dont l'une se flatte d'être « la plus grande librairie d'occasion d'Écosse » ! L'animation est à son comble vers la fin septembre lors du festival littéraire.

Continuer vers le sud le long de la A 746.

Whithorn

Whithorn précède l'île d'Iona *(voir ce nom p.293)* de 150 ans comme berceau du christianisme écossais. En 397, saint Ninian établit la première mission chrétienne au-delà du mur d'Hadrien alors que les légions romaines occupaient encore la Grande-Bretagne. Né semble-t-il dans la région, **saint Ninian** (v. 360-v. 432) reçut son instruction et fut sacré évêque à Rome. À son retour, il construisit une petite église de pierre connue sous le nom de **Candida Casa**, autrement dit la « maison Blanche », qui fut le premier édifice chrétien d'Écosse. Quoique déterminante, l'influence de cet évêque fut cependant éclipsée par la mission postérieure de Columba. La tombe du saint devint un lieu de pèlerinage, très populaire jusqu'au début du 16e s. L'évêché était tombé en désuétude lors de la domination viking qui prit fin après 1100. En 1128, Fergus, seigneur de Galloway, construisit sur les ruines de la *Candida Casa* une cathédrale desservie par des prémontés. Ces derniers rétablirent l'évêché qui resta dépendant de York. La séparation avec York survint en 1472 quand St Andrews *(voir ce nom p.327)* fut élevé au rang d'évêché. 20 ans plus tard, Galloway fut placé sous la juridiction de Glasgow qui venait d'acquérir le statut épiscopal.

Aujourd'hui, ce village modeste, avec sa large rue principale, est le centre de la région d'élevage laitier des Machars.

Whithorn Story Visitor Centre – *45/47 George Street - ✆ (01988) 500 700 - avr.-oct. 10h30-17h - 2,70 £ (billet combiné avec le prieuré).* L'exposition et la présentation audiovisuelle du centre d'accueil sont consacrées aux fouilles qui ont révélé les traces d'une présence humaine remontant à plus de 1 500 ans. Au sud du prieuré, on a découvert les vestiges d'une ancienne communauté chrétienne (5e s.), d'une colonie du 8e s. venant de Northumbrie (on devine notamment les fondations d'une église, d'un lieu de sépulture et d'une grande salle), d'un cimetière du 16e s. et, enfin, d'un jardin maraîcher. On a également retrouvé les traces d'un comptoir commercial viking à l'ouest du prieuré.

De là on accède aux vestiges du prieuré. L'une des petites maisons sur la droite abrite le musée.

Musée – À l'évocation historique du prieuré, le musée ajoute une collection remarquable de **croix paléochrétiennes★★**. Ces grandes croix remontant à la période chrétienne de Whithorn indiquaient des tombes individuelles. Le plus ancien monument funéraire chrétien d'Écosse est la **pierre de Latinus** (n° **1**) qui date de l'an 450 ; elle est gravée du nom de celui qui l'a érigée. Deux autres exemples se trouvent à Kirkmadrine. Plus décorative, la n° **7** est représentative de l'école de Whithorn. Des pierres plus tardives (n° **3** et n° **5**) témoignent d'une influence du Northumberland *(voir Ruthwell p. 99)*. La pierre de saint Pierre (n° **2**) date du 7e s. ou du début du 8e s.

Prieuré – HS - *✆ (01988) 500 508 ou (01988) 500 700 (centre d'accueil) - Pâques - oct. 10h30-17h - 3,50 £ (billet combiné avec les fouilles, le musée et le centre d'accueil). Demander la clé de la crypte et une lampe-torche au musée.*

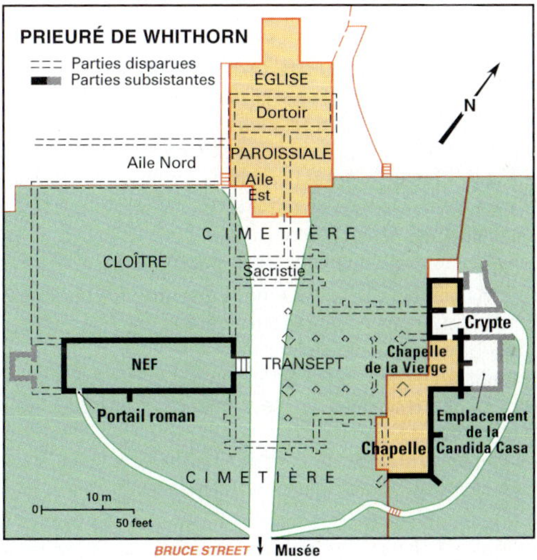

Situées sur un monticule, les ruines (la nef, la chapelle sud et la chapelle de la Vierge) sont clairsemées et appartiennent principalement à la cathédrale médiévale. Le bâtiment sur la gauche en était la nef avant de servir d'église paroissiale jusqu'en 1822. Remarquer le portail roman replacé dans le mur sud. Le reste date principalement du 13e s. À droite, la zone pavée et les murs marquent le chevet et la crypte. L'emplacement supposé de la *Candida Casa* est juste derrière.

Continuer vers le sud, prendre à gauche (B 7004) vers Isle of Whithorn, puis à droite vers St Ninian's Cave. Un chemin (1,5 mile – 2,4 km) conduit à la grotte.

St Ninian's Cave

Cette grotte dont les parois sont gravées de quelques croix aurait abrité la retraite du saint.

Retourner à la route principale et tourner à droite vers Isle of Whithorn.

Isle of Whithorn

Centre nautique très prisé, le village est connu pour les ruines de la **chapelle Saint-Ninian** qui se dressent sur un rocher du rivage *(5mn de marche depuis la jetée)* que l'on crut un temps être le site de la *Candida Casa*. Cette chapelle (13e s.) ceinte d'un mur pourrait situer l'endroit où saint Ninian débarqua, à moins qu'elle n'ait été bâtie pour la commodité des pèlerins arrivant par la mer.

Emprunter la route de Port William (B 7004, puis A 747).

Monreith

À Monreith, la route sur la gauche, signalée par le panneau du terrain de golf de St Medan, mène à la vaste baie sablonneuse de Monreith.

En descendant, on aperçoit, perchée sur le haut de la falaise à droite de la route, la loutre en bronze dédiée au naturaliste **Gavin Maxwell** (1914-1969), auteur du best-seller *Ring of Bright Water*.

Poursuivre vers le nord-ouest sur la A 747 qui rejoint la A 75, tourner à droite puis immédiatement à gauche vers Glenluce. Traverser le village.

Abbaye de Glenluce

Passer sous le viaduc de chemin de fer ; le parking se trouve 1,6 km plus loin - HS - ☎ (01581) 300 541 - avr.-sept., tlj 9h30-18h30 ; le reste de l'année, le w.-end seulement 9h30-16h30 (14h le dim.) - 3 £ (enf. 1,50 £).

Il ne reste pas grand-chose de l'abbaye fondée à la fin du 12e s. par Roland, seigneur de Galloway, dans cette magnifique vallée de la Luce convenant parfaitement à un établissement cistercien. Parmi les ruines se détache une exceptionnelle **salle capitulaire** (15e s.) remarquablement ouvragée. Le système d'écoulement d'eau est encore en place ; voir à ce propos les quelques tuyaux en terre cuite qui sont d'origine et l'exposition installée dans le bureau du conservateur. Cette abbaye évoque également le souvenir du mathématicien Michael Scott.

Rejoindre la A 75 et tourner à droite vers Stranraer. L'entrée de Castle Kennedy Gardens est sur la droite.

Castle Kennedy Gardens

☎ (01776) 702 024 - www.castlekennedygardens.co.uk - ♿ - avr.-sept. : 10h-17h - 4 £ - salon de thé - parking.

La beauté naturelle du **site**, un isthme entre deux lochs, constitue l'atout majeur de ces jardins où le regard peut glisser le long des pelouses et des allées bordées d'arbres. Les **ruines** sont celles du château Kennedy, ancien siège de cette puissante famille de l'Ayrshire. Au 17e s., la forteresse passa aux mains du 1er comte de Stair surnommé « le fléau de l'Écosse ». Après l'incendie du château en 1716, le **2e comte** chargea **William Adam** de créer un jardin régulier pour Newliston, sa résidence située dans l'ouest du Lothian, mais Adam préconisa pour le château Kennedy de créer un jardin informel afin de l'intégrer au mieux à son environnement.

En 1842, après plusieurs années d'abandon, Loudon rétablit l'aspect original des jardins, que l'on peut apprécier aujourd'hui en même temps que les ruines du château Kennedy, le château de Lochinch (19e s.), actuelle résidence des comtes de Stair, et plusieurs plans d'eau vers lesquels convergent perspectives et avenues. Il est recommandé de découvrir cet étonnant jardin lors de la floraison des rhododendrons et des azalées.

Reprendre la route de Stranraer pendant environ 1,6 km et tourner à gauche devant l'église signalée « Inch Parish Church » ; à l'intersection, tourner à gauche vers Sandhead.

Cette section du circuit explore le bras sud des **Rhinns of Galloway** jusqu'à sa pointe, le Mull of Galloway, le long de routes secondaires tranquilles. Le paysage est accidenté, avec des champs entourés de remblais rocheux ; les ajoncs et les genêts abondent dans cette campagne laitière où règne la race frisonne. Mais le splendide littoral est vraiment l'attraction principale, car les plages de sable alternent avec des falaises rocheuses déchiquetées ; de temps à autre, quelques baies abritent des villages et ports paisibles. Réchauffée par le Gulf Stream, la région jouit du climat le plus doux d'Écosse.

Sandhead

C'est un village typique des bords de mer, avec de grandes étendues de sable surplombant Luce Bay.

Après Sandhead, emprunter à droite la petite route vers l'église de Kirkmadrine.

Kirkmadrine Church and stones

Le porche a été protégé sous verre afin de préserver l'un des plus anciens **monuments chrétiens** que compte l'Écosse. Trois des pierres tombales portent le chrisme et des inscriptions latines. Datant des 5e et 6e s., ces pierres qui rappellent la première mission chrétienne établie à Whithorn *(voir ce nom p.127)* sont typiques de l'école du même nom.

Rejoindre la route principale et tourner à droite. Ardwell House Garden est sur la droite juste avant Ardwell.

Ardwell House Garden

(01776) 860 227 - ♿ - avr.-sept. : 10h-17h - 3 £ (-14 ans gratuit) - parking.
Il faut venir ici lorsque les jonquilles éclosent ou que les rhododendrons et les azalées sont en fleurs.

Continuer le long de la A 716 jusqu'au petit village de Drummore ; de là, la B 7041 mène à la pointe la plus méridionale. La dernière partie de la route est à voie unique.

Mull of Galloway

Courte promenade à pied depuis le parking. Au même niveau que Belfast et Hartlepool, ce cap accidenté est bordé de hautes falaises (61 à 76 m). Les eaux du large sont connues pour leurs marées de forte amplitude. Par beau temps, on aperçoit clairement Cumberland et l'Irlande.

Revenir sur Port Logan par les B 7041 et B 7065.

Port Logan

Situé à l'extrémité de la baie, le **Logan Fish Pond** est la principale attraction de ce petit village abrité derrière sa jetée. Ce bassin rocheux de 9 m de profondeur servait autrefois de réserve à poissons pour Logan House ; il est aujourd'hui rempli de thons suffisamment apprivoisés pour venir manger dans la main. *(01776) 860 300 - www.loganfishpond.co.uk - fév.-oct. : 12h-17h - possibilité de visite guidée en français - 3,50 £ (-16 ans 1,25 £).*

Logan Botanic Garden★ – *(01776) 860 231 - www.rbge.org.uk - ♿ - avr.-sept. : 10h-18h (mars et oct. 17h) ; reste de l'année : sur demande - possibilité de visite guidée sur demande - 3,50 £ (enf. 1 £) - cafétéria - parking.* Cette annexe du Jardin botanique royal d'Édimbourg *(voir ce nom p.199)* arbore une grande variété de plantes exotiques

SCOTTISH VIEWPOINT/VISIT SCOTLAND

Le charmant village de Portpatrick.

qui s'épanouissent à la chaleur du Gulf Stream. Parfaitement entretenu, le jardin comporte une partie close et une section boisée. Les noms des nombreuses plantes originaires des régions tempérées sont tous bien indiqués ; remarquer particulièrement les palmistes, appartenant en réalité à la famille des lys, et les deux espèces de fougères arborescentes.

Revenir à Ardwell, et prendre la route de Portpatrick (B 7042).

Portpatrick

Sur la côte ouest, ce village populaire des bords de mer est le plus important de la péninsule. Les maisons surplombent le petit port, qui, avant l'avènement des bateaux à vapeur, servait de terminal pour la traversée vers l'Irlande. Un sentier de grande randonnée, le Southern Upland Way, relie Portpatrick à Cockburnspath, situé sur la côte est.

Rejoindre Stranraer par la A 77.

Stranraer

Située au fond du loch Ryan, cette ville de marché agricole dépend de plus en plus des ferries qui vont à Larne (deux à huit départs quotidiens). La ville est un bon point de départ pour ceux qui veulent visiter les Rhinns.

GALLOWAY FOREST PARK★ 3

Le nom de l'ancien royaume de Galloway, qui couvrait autrefois Wigtown, Kirkcudbright et Carrick, survit grâce à ce parc forestier situé dans l'un des plus beaux sites des Uplands méridionales, où les montagnes et les collines boisées sont parsemées de lacs et de rivières.

Le parc fut créé en 1943. La forêt occupe aujourd'hui 60 % de sa superficie totale (65 200 ha). Le travail de plantation étant maintenant terminé, il reste à s'assurer que les arbres arrivés à maturité seront remplacés régulièrement. Les conifères sont les espèces les plus appropriées aux sols tourbeux ; le **sapin Sitka**, notamment, remplace maintenant d'anciennes espèces appréciées comme le pin d'Écosse (conifère d'origine), le mélèze d'Europe et le pin Lodgepole. Grâce au reboisement, de nombreux animaux autrefois en danger ont aujourd'hui l'habitat qui leur convient ; c'est le cas, entre autres, de l'aigle doré et du busard bleu. Les visiteurs pourront voir à la fois des cerfs, des chamois, des renards, des loutres, des martres, des chats sauvages, des écureuils roux, des crécelles, des busards, des éperviers et des coqs de bruyère sur leurs aires de parade nuptiale principalement situées en lisière de forêt.

Le parc propose un large éventail d'activités (escalade, randonnées en montagne, pêche, camping, natation et randonnées en voiture). Des brochures sont disponibles pour indiquer les différents sentiers forestiers.

Le sud du parc : Queen's Way★

À 27 km de Newton Stewart à New Galloway le long de la A 712 – Compter au moins une demi-journée, plus si vous voulez faire un parcours à vélo.

Cet itinéraire donne un aperçu des paysages typiques de la partie sud du parc forestier. La route serpente à travers une zone naturelle de toute beauté, avec des affleurements granitiques souvent à pic ; par endroits, la forêt cède la place aux collines dénudées sur lesquelles le granit poli par l'érosion alterne avec l'herbe courte ; différents points d'attraction, tous bien signalés, enrichissent encore le parcours. Quel que soit le temps, le paysage vaut le déplacement.

Newton Stewart

Agréable ville de marché construite sur les rives de la Cree, Newton Stewart est célèbre pour sa pêche au saumon. C'est un bon point de départ pour explorer les collines verdoyantes de Galloway, et notamment le parc forestier. Le petit **musée** *(York Road)* dépeint la vie d'une époque révolue en exposant des objets ruraux et domestiques. *✆ (01671) 402 472 - ♿ - juil.-sept. : 10h-12h30, 14h-17h, w.-end 14h-17h ; de Pâques à juin : tlj sf dim. 14h-17h ; reste de l'année : sur demande - parking.*

Prendre la A 712 vers New Galloway.

La route parcourt la forêt de Kirroughtree, laissant sur la droite la masse de Cairnsmore of Fleet (711 m).

À la hauteur de Talnotry, sur la gauche, s'élève le **monument Murray**, obélisque érigé à la mémoire du fils d'un berger local, Alexander Murray (1774/5-1813), qui naquit à Dunkitterick, non loin de là, et devint professeur de langues orientales à l'université d'Édimbourg.

Wild Goat Park

Ce parc de 60 ha au centre des rochers de Craigdews protège un troupeau florissant de chamois, tous nés à Galloway.

Poursuivre sur la A 712.

Galloway Red Deer Range

À environ 8 miles (12,5 km) à l'est de Newton Stewart - (01671) 402 420 - www.forestry.gov.uk - ♿ - avr.-oct. : 9h-17h - péage 2 £ - aire de pique-nique - parking.

Observez de près, dans leur environnement naturel, les cerfs qui peuplent ce parc.

Reprendre la A 712.

Clatteringshaws loch

Dans son écrin montagneux, ce joli lac artificiel fait partie du projet hydro-électrique de Galloway. Il a été conçu pour servir de réservoir saisonnier, vidé l'été et alimenté à nouveau durant l'hiver. Des conduites emportent l'eau de pompage jusqu'à la centrale électrique de Glenlee à l'est.

Juste après le barrage de Clatteringshaws, un panneau signale Raider's Road.

Raider's Road – *Piste forestière à péage ouverte à la circulation de mai à septembre de 9h à 18h ; non revêtue mais carrossable.* La **route du maraudeur**, à travers 16 km de forêt, dessert de magnifiques aires de pique-nique et de baignade dans la Black Water of Dee. On peut s'amuser à chercher la statue grandeur nature de la loutre.

Un peu plus loin, à environ 10 km avant d'atteindre New Galloway, vous pourrez vous arrêter au **Clatteringshaws Visitor Centre**, point de départ de promenades pédestres et de parcours à vélo *(tearoom et boutique)*.

Bruce's Stone

NTS. Indiquée à partir du Visitor Centre. **Robert Bruce** (1274-1329) se serait reposé contre cette pierre après la victoire qu'il remporta en 1307 contre l'armée anglaise d'Édouard Ier sur le site de Raploch Moss, maintenant noyé sous les eaux du lac artificiel.

La route (A 712) épouse les pentes boisées de la forêt de Bennan sur la droite ; c'est ici que l'on effectua les premières plantations d'arbres.

New Galloway

C'est un charmant village situé à l'extrémité nord du loch Ken. Il fut aménagé par le 6e vicomte de Kenmure, sir John Gordon (1559-1634), un Gordon de la branche de Lochinvar, qui possédait le proche château de Kenmure *(aujourd'hui en ruine et fermé au public)*.

Au nord de Newton Stewart : Glentrool

Quitter Newton Stewart par la voie rapide A 714 ou emprunter la petite route touristique qui traverse Minnigaff et la **réserve naturelle du bois de Cree** (les cascades et les sentiers sont indiqués). À Bargrennan, tourner à droite vers Glentrool Village.

A. Devlin / SCOTTISH VIEWPOINT

Ambiance hivernale sur le loch Trool.

La route monte au-dessus de la gorge et offre des vues splendides sur le **loch Trool** dans son écrin montagneux.

Glentrool Visitor Centre

℘ (01671) 840 302 - mi-avr.-mi-sep. : 10h-17h ; mi-sep.-fin oct. : lun.-vend. 10h30-16h, sam. et dim. 10h-16h - entrée libre.

Ce centre, qui marque la porte d'accès au Loch Trool, fournit tous renseignements utiles sur les activités dans cette partie du Galloway Forest Park : chemins de randonnée balisés, pistes cyclables, ascension du **Merrick** (843 m), sommet le plus élevé du sud-ouest, etc.

Forêt de Glentrool

On y trouve des sentiers forestiers, des aires de pique-nique et... une autre **pierre de Bruce** (Bruce's Stone) qui marquerait l'emplacement où Robert Bruce tendit une embuscade aux forces anglaises en 1307, au cours de la guerre d'Indépendance. Sur la rive du loch Trool, la **tombe-mémorial** commémore quant à elle la mort des six Covenantaires qui perdirent la vie au nom de leur idéal.

Kirkcudbright pratique

Informations utiles

KIRKCUDBRIGHT

Harbour Square – ℘ (01557) 330 494 - juil.-août : 9h30-18h, dim. 10h-17h ; avr.-juin et sept.-oct. : 10h-17h, dim. 11h-16h ; de mi-fév. à mars et nov. : 10h-16h, dim. 11h-16h.

Poste – *Harbour Square, ℘ (01557) 330 578. De 9h à 17h30 (13h le sam.).*

Banque – Royal Bank of Scotland, *St Mary's Street ; 9h-17h.*

Pharmacie – *9 St Cuthbert Street, ℘ (01557) 330 422.*

Hôpital - Cottage Hospital, *Townend, ℘ (01557) 330 755.*

Urgences – Police, pompiers, ambulance, *℘ 999 (112 à partir d'un mobile), appel gratuit.*

Commissariat – *High Street, ℘ (01557) 330 600.*

Internet – À la bibliothèque, *High Street, ouverte de 10h à 17h.*

ENVIRONS

Newton Stewart – *Dashwood Square - ℘ (01671) 402 431.* Ouvert d'avr. à oct. 9h30 (12h le dim.) - 16h (16h30 en juil. et août).

Stranraer – *28 Harbour Street - DG9 7RA Stranraer - ℘ (01776) 702 595* - se renseigner pour les horaires.

Se loger

KIRKCUDBRIGHT

Baytree House – *110 High Street - ℘ (01557) 330 824 - www.baytreekirkcudbright.co.uk - 3 ch. - 30-32 £.* Élégante maison georgienne entourée d'un beau jardin, à 5mn du centre-ville. Accueil chaleureux.

Selkirk Arms Hotel – *High Street- ℘ (01557) 331 639 - www.selkirkarmshotel.co.uk - P -16 ch. 45-50 £.* Hospitalité typiquement écossaise ; restaurant et bistro primés servant des fruits de mer et produits frais de la région.

ENVIRONS

Hillcrest House – *Station Road, Wigtown - ℘ (01988) 402 018 – www.hillcrest-wigtown.co.uk - P - 5 ch. 27-32 £.* Maison de maître victorienne à la périphérie S de la ville ; calme assuré ; cuisine basée sur des produits frais de la région.

The Steam Packet Inn – *Isle of Whithorn - ℘ (01988) 500 334 - www.steampacketinn.com - 7 ch. 30-35 £.* Sur le port ; specialités de fruits de mer et de produits regionaux frais.

Se restaurer

KIRKCUDBRIGHT

Voir le **Selkirk Arms Hotel** ci-dessus.

Harbour Lights – *32 St Cuthbert Street - ℘ (101557) 332 332 - de 10h à 16h tous les jours et de 19h à 21h vend. et sam. - 10 £.* Coffee House/bistrot en plein centre ville.

STRANRAER

L'Apéritif – *London Road - ℘ (01776) 702 991 - lun. à sam. de 12h à 21h - P - 15-20 £.* Restaurant italien renommé dans une élégante maison georgienne.

Événements

Literary festival de Wigtown – *www.wigtown-booktown.co.uk - ℘ 01988 402036* - fin sept.-déb. oct. : lectures, poésie, musiques et séances de dédicaces.

Selkirk

5 742 HABITANTS
CARTE GÉNÉRALE RABAT II D4 - CARTE MICHELIN REGIONAL 501 L 17 -
SCOTTISH BORDERS

L'ancien bourg royal de Selkirk, jolie et fière petite ville, est situé haut sur le flanc sud de la vallée de l'Ettrick. Le nom de la ville est associé au célèbre Selkirk bannock, une miche ronde aux fruits.

- **Se repérer** – *À* 30 km à l'ouest de Kelso.
- **À ne pas manquer** – Bowhill House and Grey Mare's Tail (circuit 1)
- **Organiser son temps** – Compter une demi-journée pour chacun des 2 circuits.
- **Avec les enfants** – La chute d'eau de Grey Mare's Tail (circuit 1)
- **Pour poursuivre le voyage** – La vallée de la Tweed s'étend d'est en ouest au nord de Selkirk.

A. Devlin / SCOTTISH VIEWPOINT

Selkirk est une bonne base de départ pour explorer les Tweedsmuir Hills.

Comprendre

La ville des cordonniers – Rendez-vous des chasses royales dans la forêt d'Ettrick, c'est là que David Ier établit des moines venus de France en 1113. Mais trouvant le site peu agréable, ces derniers déménagèrent à Roxburgh, puis, deux ans plus tard, à Kelso *(voir ce nom)*. La ville fut d'abord connue pour ses cordonniers, qui fournirent l'armée de Bonnie Prince Charlie. C'est l'arrivée du tissage au 17e s. et l'installation, au 19e s., d'usines de tweed au fond de la vallée qui apportèrent la prospérité. Selkirk est aujourd'hui une ville commerciale très active.

Les enfants célèbres – Le plus célèbre d'entre eux est le grand explorateur de l'Afrique, **Mungo Park** (1771-1806), qui naquit à Foulshiels *(voir p. 134)*. Après ses études de médecine, il fit son apprentissage chez un médecin de Selkirk. De nombreux musées et maisons des Borders possèdent des exemplaires de l'aquarelliste **Tom Scott** (1854-1927).

Visiter

Halliwell's House Museum

Halliwell's Close, proche de Market Place. ✆ (01750) 20054 - ♿ - avr.-oct. : 10h-17h, dim. 14h-16h - possibilité de visite guidée (30mn) - contribution bienvenue - parking.
Cette étonnante boutique de quincaillier présente des objets et des articles qui étaient encore vendus il y a peu de temps. À l'étage, une exposition pittoresque relate l'histoire du bourg royal.

Market Place

Au centre, la statue de **Walter Scott**, shérif de Selkirk durant 33 ans, situe la salle d'audience qui se trouvait dans l'ancien tolbooth.

Une statue de Scott en tenue de shérif domine l'actuel **tribunal** (Sir Walter Scott's Courtroom), où, entre autres souvenirs de l'homme, une présentation audiovisuelle évoque différents aspects de sa vie et de sa carrière. *℘ (01750) 20096 - avr.-sept. : tlj sf dim. 10h-16h, sam. 14h-16h ; oct. : 13h-16h - contribution bienvenue.*

Église paroissiale

Kirk Wynd. Depuis le cimetière on a une vue sur la vallée de l'Ettrick. Les ruines occupent le site de l'église où **William Wallace** fut proclamé gardien de l'Écosse en 1298. Dans le collatéral Murray reposent les ancêtres maternels de Franklin D.Roosevelt.

Plus haut dans Kirk Wynd, au carrefour, remarquer la statue d'un savetier logée dans le mur de la maison située sur la gauche.

High Street

Sur la gauche, le County Hotel, situé sur la route principale de Carlisle, constitue un bel exemple de relais de diligences. Le buste visible au premier étage au n° 49 (sur la gauche) est celui de Tom Scott, un artiste régional.

La chevauchée communale de Selkirk

Le deuxième vendredi de juin, le porteur de la bannière communale (Burgh Standard Bearer) suivi de cavaliers parcourent à cheval les limites des terres communales, avant que ne soient hissées les couleurs sur Market Place, puis interprété le *Lilting*, complainte que Selkirk a dédiée à ses soldats tombés à Flodden.
À l'extérieur de Victoria Hall se dresse la statue de bronze de **Fletcher** (1913), par Thomas J. Clapperton. Elle fut érigée en mémoire du contingent local qui combattit à Flodden avec l'armée du roi Jacques IV. Un seul de ses hommes survécut à la journée : il s'appelait Fletcher et rapportait une bannière capturée aux Anglais ; il la jeta sur les pavés en signe de désespoir.

Circuits de découverte

VALLEE DE LA YARROW ET TWEEDSMUIR HILLS 1

Circuit de 128 km. Quitter Selkirk vers l'ouest. *Voir carte p. 144-145.*
Cet itinéraire traverse des paysages contrastés de collines arides, de lacs profonds et de vallées verdoyantes.

Nouveau pont

Les deux ponts précédents furent détruits par les flots grondants d'automne de la rivière Ettrick. Le plus ancien, situé légèrement en aval, disparut en 1777. Deux cents ans plus tard, en octobre 1977, le second, Philiphaugh Bridge, fut également emporté par les flots et remplacé par la structure actuelle en béton.

Prendre à gauche la A 708.

Philiphaugh

Les prairies inondables de l'Ettrick furent le site de la **bataille de Philiphaugh** en 1645 où l'armée covenantaire, conduite par David Leslie, dispersa les forces royalistes menées par le marquis de Montrose.
Au **Salmon Viewing Centre**, signalé à partir de la A 708, il est possible de voir les saumons remonter la rivière et sauter par-dessus le barrage *(ouvert d'avril à décembre de 9h à 17h).*

La route longe ensuite la Yarrow, juste après son confluent avec l'Ettrick. Toutes les deux sont des affluents de la Tweed.

Foulshiels, sur la droite, est le berceau de l'explorateur africain **Mungo Park** ; c'est là qu'il écrivit *Travels in the Interior of Africa.*

Bowhill House and Country Park★★

℘ (01750) 22204 - ♿ - House : juil. : 13h-17h ; reste de l'année : sur demande - Country Park : Pâques, mai-juin (j. fériés), juil.-août : 10h-17h - possibilité de visite (1h) et de promenade guidées - 7 £ (parc 3 £) - aire de jeux - cafétéria - parking.
Bowhill abrite de nombreux trésors dont des peintures exceptionnelles ; c'était le foyer frontalier des Scott de Buccleuch. La propriété faisait autrefois partie de l'ancienne forêt d'Ettrick, que Robert Bruce offrit à la famille Douglas en 1322. Puis, en 1450, elle revint à la Couronne pour une centaine d'années, avant de devenir finalement la propriété de la famille Scott. Walter Scott, **l'intrépide Buccleuch** des incursions

frontalières, fut fait chevalier par la reine Élisabeth qui aurait déclaré : « Avec dix mille hommes semblables, nos frères d'Écosse pourraient faire vaciller le trône le plus stable d'Europe. » Sa petite-fille **Anne** épousa **James, duc de Monmouth**, l'aîné des fils naturels du roi Charles II et de Lucy Walter. Érigée duchesse à titre personnel, Anne se retira à Dalkeith *(voir ce nom p.208)* après l'exécution de son époux, qui avait mené une rébellion infructueuse contre Jacques VII (Jacques II d'Angleterre).
Le 3e duc, **Henry**, épousa lady Elizabeth Montagu, héritière de Boughton, unissant ainsi les familles Scott et Montagu. Ce n'est que plus tard, en 1810, à la mort du 4e duc, dit « Old Q. », que Henry hérita des terres et des titres des Douglas de Drumlanrig *(voir ce nom p.102)* et adopta le nom familial de Montagu Douglas Scott.

Vestibule d'entrée – Ajouté lors de modifications apportées aux 19e s., il est orné des portraits de quatre veneurs de l'équipage « Buccleuch Hounds », totalisant 160 années de service.

Galerie – Elle s'élève sur deux étages. Les murs supérieurs sont tendus de quatre tapisseries de Mortlake (17e s.) ; un ensemble impressionnant de portraits de famille domine le tapis façon Savonnerie frappé au monogramme anglais BQ, et un très beau mobilier français dont le canapé et les chaises sont recouverts d'Aubusson. La plupart des portraits proviennent de l'atelier de Van Dyck, bien que *Lady Ann Scott* soit de Peter Lely ; les enfants sont Guillaume II, prince d'Orange, et Henriette Marie Stuart, sœur de Charles II.

Salle Scott – Au nombre des portraits et souvenirs de sir Walter Scott qui y sont réunis figurent une toile (1808) de Henry Raeburn, *Sir Walter Scott and Camp,* où l'on distingue Hermitage Castle à l'arrière-plan, et une œuvre de David Wilkie, *Le Roi George IV,* en costume des Highlands, dont la visite officielle en Écosse en 1822, orchestrée par Scott, lança la vogue de cette tenue, ainsi que le manuscrit du *Lay of The Last Minstrel,* dédicacé à Harriet, femme du 4e duc. D'autres objets évoquent le poète James Hogg, le « berger d'Ettrick », un ami de Scott et du duc.

Salle Monmouth – Cette pièce, qui devait être la chapelle mais ne fut jamais consacrée, renferme aujourd'hui divers souvenirs du duc de Monmouth, depuis son berceau hollandais ou sa sellerie de maître écuyer, jusqu'à sa chemise de supplice ou son hochet en corail. Un portrait de Mytens représente le jeune duc avec cet anneau de dentition. Face à l'entrée sont accrochés un majestueux portrait de Lely figurant le duc en tenue de chevalier de la Jarretière, et un splendide portrait de groupe par Kneller représentant la duchesse Anne et ses deux fils, James et Henry.

Salon italien – Ancienne salle de billard, cette pièce doit son nom actuel aux chefs-d'œuvre italiens qu'elle abrite, en particulier du Vénitien Francesco Guardi (1712-1793), agrémentés de deux délicieuses tables de marqueterie hollandaise (18e s.) et d'une pendule (vers 1780) jouant des airs écossais.

Salle à manger – La **collection de tableaux**, en particulier les portraits de famille, fait tout l'intérêt de cette pièce, sobre mais élégante tant par ses proportions que par ses détails. La cheminée est flanquée de deux ravissantes toiles de Reynolds : **L'Hiver,** sous les traits de lady Caroline Scott, et **The Pink Boy**, représentant son frère

P. Tomkins / SCOTTISH VIEWPOINT/VISIT SCOTLAND

L'élégant salon de Bowhill House.

Charles, comte de Dalkeith. On remarquera également les portraits de leurs parents, *Le 3e duc de Buccleuch* par Gainsborough, sa femme *Elizabeth Montagu*, par Reynolds, et la mère de celle-ci, *Mary, duchesse de Montagu*, également par Gainsborough. Enfin, un Canaletto représente leur résidence londonienne, Montagu House, qui s'élevait à peu près sur le site actuel du Welsh Office ou Gwydyr House.

Petit salon – Cette partie de la maison date du 18e s. ; le papier peint chinois est du 17e s.

Salon – Sous un agréable plafond à motifs et une corniche rehaussée d'or se trouvent de véritables splendeurs : le tapis rouge, les tentures de brocart dont le rouge s'est un peu terni avec le temps, ainsi que des chaises et des canapés, recouverts d'Aubusson. Les tableaux comprennent des paysages de Vernet (18e s.) et de Ruysdael (17e s.). Quelques beaux meubles français retiennent l'attention : une table ornée de plaques de Sèvres, des crédences garnies d'écaille de tortue et d'incrustations de laiton, des commodes marquetées. Entre les deux cabinets Boulle contenant de la porcelaine de Sèvres et de Meissen se trouve un séduisant portrait exécuté par Reynolds, *Elizabeth*, l'héritière des Montagu, avec sa fille lady Mary Scott. Parmi les paysages de Claude Le Lorrain est placé l'un des premiers portraits de Kneller, *James, duc de Monmouth*. Point culminant de la visite : l'unique Léonard de Vinci faisant partie d'une collection privée, *La Madone au dévidoir*.

Bibliothèque – L'élément central en est la cheminée de marbre blanc frappée du A de la duchesse Anne, qui se trouvait primitivement à Dalkeith Palace ; elle est surmontée par un portrait de la duchesse par William Wissing. Au-dessus des rayonnages sont accrochés des tableaux de Bradwell, Thomas, Wissing, Lely, Lawrence, Beechey, Kneller et Landseer.

Salon Primrose – L'impressionnante **collection de miniatures** comprend des œuvres de maîtres tels que Samuel Copper, John Hoskins, Laurence et Nicholas Hilliard, Peter et Isaac Oliver. Le portrait inachevé de Cromwell par Cooper, de même que les deux Holbein *(Catherine Howard)* sont particulièrement intéressants.

Grand escalier et vestibule – Y sont pendus des portraits de famille plus récents.

Newark Tower – Une promenade bordant la rivière conduit à une belle tour du 15e s. entourée d'un mur d'enceinte, qui fut jadis le pavillon de chasse royal de la forêt d'Ettrick. L'infanterie de Montrose fut anéantie ici après la bataille de Philiphaugh en 1645.

La route pénètre ensuite dans une campagne agricole parsemée de petites fermes. À Yarrow, une route part sur la gauche pour traverser l'éperon et descendre dans la vallée de la rivière Ettrick. Alors qu'elles faisaient autrefois partie de la grande forêt d'Ettrick, les collines sont aujourd'hui dénudées. Heureusement, la Commission forestière s'occupe de leur reboisement.

La B 709 à droite, au Gordon Arms Hotel, permet un agréable parcours à travers la campagne typique des hautes terres des Borders et mène à Traquair *(voir p. 147)* et Innerleithen, dans la vallée de la Tweed.

St Mary's Loch

www.stmarysloch.com

Puis la vallée s'élargit et on aperçoit bientôt St Mary's Loch : son beau cadre vallonné se reflète dans les eaux du loch qui offrent de nombreuses possibilités de navigation et de pêche à la truite. Un échalier sur la droite conduit à St Mary's Kirk, où **James Hogg** (1770-1835), « le berger d'Ettrick », est enterré. Scott était l'ami et le protecteur de ce poète berger dont l'œuvre la plus connue sont les *Confessions d'un pêcheur légitime*. Chaque année sur le site se déroule un service en plein air destiné à commémorer les nombreux rassemblements organisés ici par les Covenantaires.

À Cappercleuch, prendre à gauche vers Moffat.

La route suit les berges sinueuses de St Mary's Loch relié à un lac plus petit, Loch of the Lowes, par un isthme étroit où se dresse l'auberge de Tibbie Shiel, lieu de rendez-vous de James Hogg et ses amis, rendu célèbre par les récits de Christopher North *(voir Paisley p;236)*. Sur la colline après la boutique de souvenirs et le café, on peut apercevoir la silhouette assise de **James Hogg** (1770-1835), « le berger d'Ettrick »

Plus loin, sur la droite après un tournant, vous découvrirez le **Glen Café**, établissement accueillant installé dans un site magnifique, où vous pourrez faire une pause tout en admirant le paysage grandiose et dénudé.

La route s'enfonce ensuite dans les collines couvertes d'herbe rase dont les moutons sont friands. Après le col, elle redescend dans le cadre sauvage de la vallée de la Moffat, à la caractéristique forme glaciaire en auge.

Grey Mare's Tail★★

NTS - ☏ (01683) 222 714 - www.nts.org.uk - toute l'année - entrée libre - parking : 2 £. prévoir des chaussures robustes - Ranger Service.

Les visiteurs ont la possibilité d'observer la nidification de faucons pèlerins soit avec des jumelles, soit par le biais d'images télévisées.
La Tail Burn qui forme cette spectaculaire chute d'eau plonge de 61 m pour rejoindre la Moffat qui coule dans sa profonde vallée glaciaire. Dans un enclos à moutons situé près du parking, en bordure de route, un panneau donne des explications sur l'histoire géologique du site.

Deux sentiers mènent à la chute : le premier sur la gauche, le plus praticable, conduit au pied de la cascade, tandis que celui de droite, plus pentu et rocailleux, monte jusqu'à la vallée du loch Skeen délimité par des moraines *(environ 300 m de dénivellation)*.

Poursuivre vers le sud-ouest sur la A 708.

BRITAINONVIEW.COM

La petite ville de Moffat, au pied des Tweedsmuir Hills.

Moffat

Située à la naissance de la vallée de l'Annan, Moffat est une petite ville nichée au cœur d'un paysage magnifique. Cette ancienne ville d'eau, prospère au 18e s., possède aujourd'hui une foire régionale connue pour son marché aux moutons et offre aux touristes une base permettant de rayonner alentour.

Moffat House Hotel – *High Street - ☏ (01683) 220 868 - Pâques et de Pentecôte à sept. : tlj sf merc. 10h45-16h15, dim. 13h15-16h15 -gratuit.*
Cet hôtel particulier érigé par John Adam au 18e s. fut la résidence du 2e comte de Hopetoun. Toute la sévérité de la façade est équilibrée par des matériaux de teintes et de couleurs diverses.

Colvin Fountain – *High Street.* Le bélier de bronze de la fontaine illustre l'importance de l'élevage du mouton dans la région.

Cimetière – *En retrait de High Street.* Dernière demeure de l'ingénieur des Ponts et Chaussées **John Loudon McAdam** (1756-1836), l'inventeur du revêtement connu sous son nom de « macadam ».

Musée – *The Neuk.* Ce musée relate l'histoire séculaire de Moffat (guerres claniques, époque des Covenantaires, lustres de la ville thermale).

Reprendre la direction du nord par la A 701 vers Tweedsmuir.

La vallée se rétrécit au fur et à mesure que la route se faufile entre les collines de Tweedsmuir à droite et celles de Lowther à gauche.

Devil's Beef Tub

La dépression située entre les collines de Tweedsmuir et de Lowther reçut le nom de « baille aux bœufs du diable », car elle servait à cacher le bétail volé à l'époque des rapines.
8 km avant d'atteindre Tweedsmuir, la route longe la Tweed qui prend sa source dans les parages.

À Tweedsmuir, tourner à droite vers Cappercleuch. La route longe la rivière Megget. Les bus ou les caravanes ne sont pas autorisés à emprunter ce chemin étroit qui comporte des refuges de croisement et requiert par endroits une extrême prudence.

Cette route étroite et très pittoresque franchit une succession de collines dénudées, domaine incontestable des moutons, tels d'innombrables taches blanches sur le vert pâle de la lande. Sur la droite on aperçoit successivement le réservoir de Talla – source d'approvisionnement en eau pour Édimbourg – et celui de Megget.

Megget Dam and Reservoir

Ce barrage, avec sa digue courbe et engazonnée, se marie bien avec le paysage. Il permet d'accroître les réserves d'eau de la région du Lothian. Il existe de beaux points de vue sur la route qui longe la rive nord sur le réservoir.

À Cappercleuch, prendre la A 708 à gauche pour retourner à Selkirk.

AU SUD VERS HAWICK 2

Circuit de 96 km. Quitter Selkirk vers le sud par la A 7.

Cet itinéraire offre une succession de paysages superbes, particulièrement au sud de Hawick.

Hawick

Le plus gros bourg de la région des Borders est un centre industriel dont l'activité principale est le tricot haut de gamme ; c'est également une ville de marché agricole possédant l'une des plus anciennes salles de vente à la criée et un centre commercial actif. L'histoire de la ville, comme celle de nombreuses villes des Borders, est un long récit d'incursions, d'incendies et de destructions, dont les événements les plus marquants sont repris dans les cérémonies du **Common Riding**, menées par le « Cornette ».

Bonneterie et tricot – Hawick est le centre incontesté de cette industrie. Le tricot fait à la main était de règle avant l'introduction du métier à tricoter en 1680 et il fallut attendre 1771 pour que cette activité soit commercialisée à Hawick.

Dès 1816, le district de Hawick possédait probablement la moitié des métiers à tricoter existant en Écosse. Les vêtements de laine, les bas à la mode et les pièces de tweed en vogue requéraient tous des fils de grande qualité ; c'est pourquoi, vers 1830, on eut de plus en plus recours à la laine importée. Bien que le filage et le cardage aient été mécanisés, les autres activités restaient avant tout une industrie domestique. Puis, dans la seconde moitié du 19e s., l'accent fut mis non plus sur la manufacture de bas mais sur celle des sous-vêtements de laine. Il fallut attendre 1880 pour que la machine à tricoter électrique ou à vapeur se généralise ; mais on l'utilisa peu pour travailler la laine de qualité.

Aujourd'hui, Hawick produit avant tout des vêtements, qu'il s'agisse d'articles de mode masculine ou de prêt-à-porter féminin. Depuis 1960, le tricot s'est avéré être le principal domaine de croissance de l'industrie textile. De grandes entreprises coexistent avec de petits producteurs indépendants, et la couleur, le tour de main et le style restent de première importance dans une industrie dominée par l'export.

Drumlanrig's Tower – *1 Towerknow - ✆ (01450) 377 615 - ♿ - mars-sept. : 10h-17h, dim. 12h-15h ; oct.-mars : 10h-17h - 2,50 £ - parking.* Cette robuste maison forte en plein centre-ville dominait autrefois le passage sur le Slitrig, un affluent de la Teviot. Elle a fait l'objet d'une restauration afin d'accueillir l'office de tourisme au rez-de-chaussée et, dans les étages, de vivantes expositions relatant son évolution de fortin grossier au 16e s. en demeure raffinée au 18e s, auberge au 19e et hôtel au 20e dans le contexte historique troublé des Borders. Une exposition est consacrée à la vie d'un enfant de Hawick, le champion de courses à moto Steve Hislop, affectueusement dénommé « Hizzy ». Les parapets procurent une belle vue de premier plan sur le centre-ville.

Equestrian Monument – À l'extrémité nord de High Street, le « Cheval », comme on l'appelle ici, commémore l'escarmouche de Hornshole en 1514, qui permit aux habitants de Hawick de se venger de la perte de tous leurs soldats lors de la bataille de Flodden l'année précédente. À l'occasion du Common Riding, le « Cornette » en chapeau haut de forme et redingote verte, perché au sommet d'une échelle, accroche à la statue des rubans bleu et or.

Motte féodale – Cette butte aplatie, jadis site d'un fort normand à palissade, a certainement été érigée par la main de l'homme : c'est aujourd'hui l'endroit où l'on vient saluer le lever du jour le samedi du Common Riding.

Hawick Museum and Art Gallery – *✆ (01450) 373 457 - museum@scotborders.gov.uk - ♿ - avr.-oct. : 10h-12h, 13h-17h ; oct.-mars : tlj sf. sam. 13h-16h (dim. 14h-16h) - parking.* Dans le parc public, un manoir héberge maintenant un musée local avec des salles consacrées au tricot à Hawick, à la ville d'antan, aux cérémonies du Common Riding et à l'histoire naturelle de la région.

Quitter Hawick vers le sud par la B 6399 en direction de Newcastleton.

La route sinueuse traverse, sur une distance d'environ 16 miles (25 km), une région de landes arides sillonnées par des murets de pierre sèche.

Hermitage Castle est signalé sur la droite après un petit pont en dos d'âne.

Hermitage Castle★

HS - avr.-sept. : 9h30-18h30 - 3,50 £ (enf. 1,80 £).

Au cœur de landes isolées, la silhouette menaçante et massive de Hermitage Castle semble inexpugnable. Témoin d'époques troublées, la place forte du gardien de la Marche (Warden of the March), c'est-à-dire des Borders, occupait une position stratégique permettant de défendre la rivière et les voies de pénétration entre Hawick et l'Angleterre, via Newcastleton. Le château figure à l'arrière-plan de la première version du portrait de Scott que réalisa Raeburn, visible à Bowhill.

Les vestiges de l'ermitage qui a donné son nom au château se situent en amont. Successivement aux mains des familles Soulis, Dacre, Douglas et Bothwell, la forteresse a vécu une histoire tumultueuse et souvent cruelle qui lui a valu d'occuper une place de choix parmi les ballades et les légendes locales. Elle est cependant plus connue pour la visite éclair que Marie Stuart fit en 1566 à son gouverneur des Borders, le comte de Bothwell.

Bâtiments – Cette grande masse rectangulaire d'une uniformité trompeuse se compose de plusieurs bâtiments et annexes. Les hauts **murs** extérieurs, dont certains présentent un fruit prononcé, sont percés de meurtrières et de quelques rares fenêtres disposées irrégulièrement ; ils sont couronnés par un mur d'appui et deux grands arcs brisés. Le bâtiment le plus ancien (milieu 14e s.) se distingue par ses **parements** rouges et comprend deux ailes reliées par des murs autour d'une cour intérieure. Les ruines de ce manoir fortifié furent incorporées à la maison forte (fin 14e s.) ; l'entrée se trouve à l'ouest. On ajouta quatre **tours** d'angle rattachées au corps principal par des arches pour donner à l'ensemble une forme proche du rectangle.

Continuer le long de la route secondaire pittoresque mais extrêmement étroite qui longe le château puis s'élance à travers une région encaissée où collines et vallées se recoupent continuellement, obstruant l'horizon... Attention aux moutons et aux faisans !

Au petit village de Fiddleton, tourner à droite sur la A 7 en direction de Hawick qui suit la vallée de la Teviot et rejoint Selkirk.

Vallée de la Tweed★★

Tweed Valley

CARTE GÉNÉRALE RABAT II CD4 - CARTE MICHELIN REGIONAL 501 K/L/M17-
SCOTTISH BORDERS

Cette rivière des Borders est l'une des plus longues d'Écosse et certainement l'une des plus belles. Elle est encadrée par un paysage magnifique, aux vues dégagées et aux formes gracieuses. En outre, d'imposantes abbayes et d'élégants manoirs la bordent et y attirent de nombreux touristes. Le Borders Festival regroupe différentes manifestations célébrant le patrimoine des Borders.

- **Se repérer –** La moyenne vallée de la Tweed s'étend d'est en ouest de Kelso à Peebles sur une distance de 80 km.
- **À ne pas manquer** – Les abbayes de Dryburgh et de Melrose; Abbotsford, la résidence de Sir Walter Scott; la forêt de Glentress dans le Tweed Valley Forest Park, à l'est de Peebles.
- **Organiser son temps** – Compter une journée pour apprécier pleinement les trésors que recèle la vallée de la Tweed.
- **Avec les enfants** – Toutes sortes d'activités de plein air sont possibles dans le Tweed Valley Forest Park et dans la Glentress Forest.
- **Pour poursuivre le voyage** – Édimbourg est à 40 km au nord de Peebles par la A 703; Selkirk.

SCOTTISH VIEWPOINT/VISIT SCOTLAND

Les douces collines bordant la Tweed, près de Peebles.

Comprendre

Rivière et paysages – La Tweed, troisième rivière d'Écosse par la longueur après la Tay et la Clyde, prend sa source dans les collines de Tweedsmuir et se termine en Angleterre, servant de frontière sur une partie de son cours. Son bassin est ourlé de montagnes : les Cheviots au sud, les Southern Uplands à l'ouest et les Lammermuir Hills au nord. Ses principaux affluents sont la Yarrow, l'Ettrick, la Gala, la Leader et la Teviot.

Dans sa partie haute, la Tweed traverse le relief de façon désordonnée; sa vallée est d'ailleurs étroite et irrégulière. Au milieu de son parcours, entre les hautes terres et la Merse, elle devient large et majestueuse et baigne des abbayes en ruine et les villes prospères des Borders.

Le passé – La région a toujours été favorable à l'installation humaine; les vestiges de l'âge du fer et des forts romains en témoignent. Les moines choisirent ses prairies irrigables et fertiles pour établir leurs monastères. Mais la région est davantage connue pour ses périodes de trouble racontées dans les ballades, lorsque les raids et les razzias sévissaient. Les lois de la Marche, acceptées par les deux royaumes, étaient appliquées par les trois gouverneurs, un par territoire. Ces officiers, dont la charge était souvent héréditaire, devaient empêcher toute invasion et maintenir la paix. La vallée de la Tweed possède un riche héritage de cette période, avec ses *peels* ou maisons fortes : Neidpath, Smailholm et Greenknowe en sont de bons exemples. La mémoire de ces périodes est aussi maintenue vivante par les chevauchées *(Common Riding – voir p.75),* au cours desquelles des groupes de citoyens parcourent à cheval les limites communales.

La Tweed aujourd'hui – La vallée est remarquable avant tout pour son agriculture, avec l'élevage des moutons sur les hautes terres et la polyculture sur les terres cultivables de la Merse, plus plates et plus riches. La Tweed, reine des rivières à saumon, et ses affluents apportent aux pêcheurs plusieurs centaines de kilomètres d'eau fraîche, où il est possible d'attraper jusqu'à 16 espèces différentes, tandis que dans les calmes eaux des lacs se reproduisent truites, brochets et perches.

Pour la description des curiosités situées en amont voir les pages consacrées à Moffat et à ses environs dans le circuit 1 du chapitre Selkirk. Voir Coldstream pour les curiosités situées en aval, de Kelso vers la côte. Berwick-upon-Tweed est décrit dans le Guide Vert Angleterre-Pays de Galles.

Circuit de découverte

LE COURS MÉDIAN DE KELSO À NEIDPATH CASTLE

Circuit de 80 km. Voir carte p. 144-145.

Kelso★ (voir ce nom)

Quitter Kelso vers l'ouest par la A 699 qui suit la rive sud.

On peut voir le château de Floors *(voir Kelso p.113)* dressé sur son site sur la rive nord. Le domaine de Mellerstain *(voir Kelso)* mérite également une visite.Passer en laissant sur la gauche le château de Roxburgh *(voir Kelso p.121).*

À l'intersection avec la A 68, tourner à droite vers St Boswells puis encore à droite sur la B 6404.

St Boswells

Une importante foire au bétail se tenait autrefois dans ce village.

Continuer le long de Main Street (B 6404) et tourner à gauche sur la B 6356 vers Dryburgh Abbey, prenant la route de gauche au croisement. L'Abbaye de Dryburgh est située au fond d'un cul-de-sac.

Dryburgh Abbey★★

HS - ✆ (01835) 822 381 - 9h30 (14h le dim. d'oct. à mars) à 18h30 (16h30 d'oct. à mars) - 4,50 £ (enf. 2,25 £).

Majestueuses et évocatrices, les vastes ruines de l'abbaye de Dryburgh sont nichées dans le **cadre★★★** retiré d'un méandre abrité de la Tweed. Les teintes rouges et douces de la pierre de Dryburgh au cœur d'un environnement de pelouses soignées et de vieux arbres majestueux en font l'une des plus intéressantes abbayes des Borders. Fondée au 12e s., l'abbaye de Dryburgh fut le premier établissement écossais de l'ordre des Prémontrés ; il dépendait de l'abbaye d'Alnwick. Ce monastère, dont la construction commença en 1150, connut une existence paisible et prospère ; ses moines cultivaient les terres. Les guerres d'Indépendance et les troubles ultérieurs des Borders provoquèrent des destructions et causèrent des incendies à trois reprises au moins : en 1322, 1385 et 1544, qui vit aussi le rasage de la ville. Au début du 17e s. s'acheva la vie religieuse de l'abbaye, qui devint la résidence des abbés commendataires et de leurs successeurs, ce qui explique le bon état de conservation des bâtiments conventuels.

Église abbatiale

Peu subsiste de cette église remontant principalement aux 12e et 13e s. et dédiée à sainte Marie. Privée de son parement, la façade ouest est percée d'une profonde porte en plein cintre ; si l'on n'y voit aucun chapiteau, on peut apprécier des motifs végétaux stylisés. À l'intérieur, seuls le mur sud de la nef à six travées et les bas-côtés subsistent. Comme le chevet, le transept date de la fin du 12e et du début du 13e s. ; il est de style gothique primitif. Afin d'avoir la meilleure vue d'ensemble, il faut se placer dans le bras nord, face aux chapelles est. L'arcade principale d'arcs brisés est surmontée d'une section médiane comportant des fenêtres lobées, tandis que la claire-voie supérieure, plus haute, se compose de lancettes triples. Le bras nord

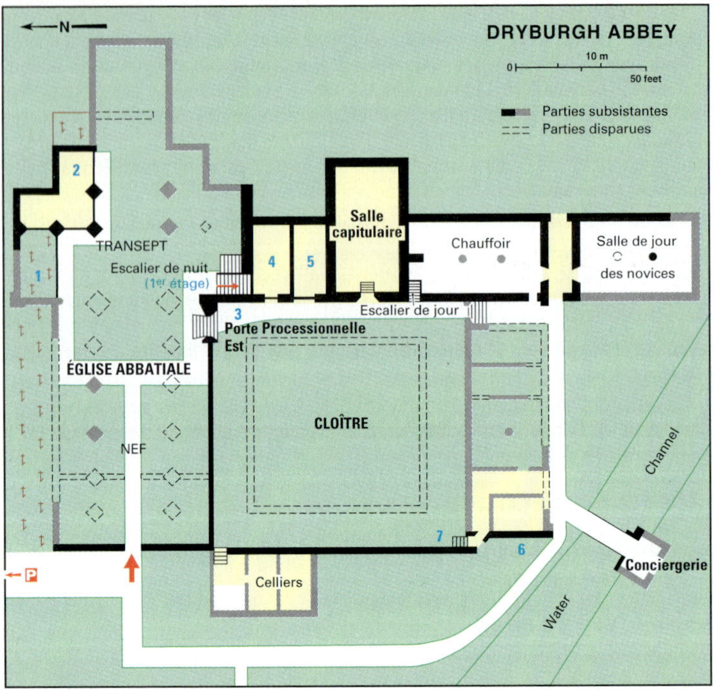

du transept et la chapelle est comportent des voûtes d'ogives et des clefs de voûte sculptées ; ici reposent le maréchal comte Haig (**1**) et Walter Scott (**2**). Le bras sud du transept contient les restes d'un escalier de nuit menant au premier étage vers le dortoir des chanoines, ainsi qu'une porte menant à la bibliothèque et à la sacristie. La grande ouverture de la partie supérieure du pignon du transept est partiellement obstruée par l'appui du toit du dortoir.

Bâtiments conventuels

Ils sont parmi les mieux préservés d'Écosse. Ils bordent le cloître, aux niveaux médian et inférieur ; la partie est comporte deux étages.

Cloître – Le côté est est le mieux préservé.

Porte processionnelle est – Il s'agit d'un ouvrage intéressant de la fin du 12e s. ; encore cintrée, cette porte présente des chapiteaux dissemblables et un petit ornement en pointe de diamant.

Sur la gauche se trouve une petite niche à rayonnage (**3**) ou alcôve à livres. La première porte ouvre sur la bibliothèque et la sacristie (**4**), une salle voûtée en berceau choisie plus tard comme caveau familial par les comtes de Buchan ; le parloir contient le caveau des Erskine (**5**).

Salle capitulaire – Semblable à celle réservée aux processions, la porte constitue, avec ses ouvertures latérales, une curiosité. Un escalier mène à une salle inférieure voûtée en berceau, avec des bancs en pierre et d'attrayantes arcatures s'entrecroisant sur le mur est.

Vient ensuite l'escalier de jour qui donnait accès au dortoir et au trésor. En face, des marches mènent au niveau le plus bas où une porte sur la gauche ouvre sur le chauffoir à deux piliers centraux. Initialement, la cheminée était placée contre le mur est, comme dans la salle de jour des novices située de l'autre côté du passage.

Dortoir – *Accès par l'escalier de nuit depuis le bras sud du transept*. Occupant tout l'étage des bâtiments est, il fut modifié une première fois après un incendie, puis à nouveau au 16e s. lorsque les pièces d'habitation furent créées.

Le réfectoire et le clos inférieur – Le réfectoire se trouvait au-dessus de deux salles voûtées en berceau situées du côté sud du cloître. Remarquer la **rose** (**6**) du pignon ouest.

Le mur ouest du cloître possède un lavabo (**7**) permettant de se laver les mains avant les repas.

Conciergerie – Au sud du réfectoire, de l'autre côté du canal, la conciergerie (15e s.) était jadis reliée au bâtiment principal par un pont couvert.

Retourner au croisement et tourner à gauche dans la B 6356 qui contourne Bemersyde Hill.

Scott's View★★

Cette vue étendue d'un paysage typique des Borders englobe, en partant de la droite, la vallée de la Tweed avec Melrose et Galashiels, les inévitables Eildons dont les flancs descendent vers Newtown St Boswells, puis Minto, Rubers et Black Laws. Au premier plan se trouve Bemersyde House, la maison offerte en 1921 par la nation reconnaissante au comte Haig qui est enterré à l'abbaye de Dryburgh. Sur le méandre de la Tweed se dresse Old Melrose, le site d'origine de la colonie cistercienne.

Continuer jusqu'à l'intersection en T et tourner à gauche vers le viaduc de Leaderfoot. Traverser Gattonside et poursuivre jusqu'à une deuxième intersection en T, tourner à gauche, franchir le pont puis tourner encore à gauche sur la B 6374 vers Melrose.

Melrose★

Groupée autour des belles ruines de son abbaye, au milieu des étendues de la Tweed, Melrose est ombragée par les triples pics des Eildons. Cette charmante ville grouille de visiteurs en été et constitue un centre idéal pour explorer la campagne environnante.

Melrose Abbey★★

Abbey House - ✆ (01896) 822 555 - été : 9h30-17h ; hiver : 10h-14h - 5 £ (enf. 2,50 £).

Les prairies irrigables et fertiles de la Tweed virent traditionnellement s'implanter les premiers colons avec des forts sur les Eildons et le grand camp romain de Trimontium, au-delà de Newstead. Les moines cisterciens qui établirent la fondation de **David Ier** en 1136 ne firent pas exception en choisissant le site de leur nouvelle abbaye. Les moines de Rievaulx construisirent à l'origine au 12e s. une église qui fut endommagée par des raids, en particulier par l'armée en retraite d'Édouard II en 1322. Robert Bruce assura la reconstruction de l'abbaye et c'est ici que son cœur fut enterré après l'assassinat en Espagne de James Douglas « the Good ». Les ruines, en gothique pur, datent de la fin du 14e s. et du début du 16e s. La communauté grossit et prospéra en devenant probablement la plus riche abbaye d'Écosse, un fait qui ne devait pas la sauver du destin de la plupart des abbayes écossaises : la sécularisation et le déclin de la communauté suivis du délabrement des bâtiments. C'est Walter Scott qui fut à l'origine des réparations entre 1822 et 1826, préservant quelques-unes des plus belles ruines et faisant d'elles un must pour les voyageurs du milieu du 19e s.

« Si vous voulez voir correctement Melrose la respectable
allez la visiter à la pâle lueur de la lune
car le gai rayon de la lumière du jour
la dore, mais se moque de ses ruines grises. »

Église abbatiale – Les teintes de la pierre, la profusion des sculptures décoratives – détail étonnant pour une fondation cistercienne – et la pureté du style gothique font de ces ruines un ensemble charmant.

Extérieur – Pour apprécier pleinement les **sculptures décoratives★★★**, il faut se promener autour de l'édifice. Les chapelles du côté sud sont éclairées par une série de larges fenêtres ogivales aux remplages élégants, que séparent des arcs-boutants couronnés de pinacles. Le pignon du bras sud du transept présente de nombreux détails sculptés particulièrement décoratifs. Le portail en arc brisé fortement ouvragé est surmonté de la grande fenêtre sud dont le gracieux réseau de pierre est encadré par un arc de décharge et plusieurs niches couvertes de dais ; l'ensemble est épaulé de contreforts à niches et à pinacles. À l'est, le gâble et la grande fenêtre sont coiffés d'un *Couronnement de la Vierge*.

Intérieur – La disposition est probablement similaire à celle de l'ancienne église du 12e s. dont il ne subsiste qu'un mur bas et un portail du côté ouest. Un pupitre sépare le chœur des frères convers de celui des moines. Au sud de la nef, les piliers fasciculés supportent des arcs brisés ouvragés et ouvrent sur huit chapelles. Le chœur situé au-delà du pupitre comporte une voûte en berceau et des contreforts qui furent ajoutés plus tard lorsque cette partie servit d'église paroissiale. Le bras nord du transept contenait l'escalier de nuit ; au-dessus des fenêtres hautes, on distingue des statues des saints Pierre et Paul.

Bâtiments conventuels – Les fondations permettent d'imaginer la conception de cet ensemble jadis vaste.

Cloître – Comme il était d'usage, les bâtiments bordent la totalité de l'enclos. L'aile est abritait la salle capitulaire au centre et les dortoirs au-dessus ; au nord se trouvaient les cuisines et le réfectoire ; à l'ouest, l'ancien réfectoire précédait le cloître des frères convers. Remarquer l'arcature du mur est et le portail nord réservé aux processions et orné d'une accolade très esthétique.

Maison de l'abbé commendataire – *Traverser la route ; de l'autre côté du grand fossé.* Le musée qu'abrite ce bâtiment restauré conserve des fragments de sculptures et explique les diverses méthodes de construction. En outre, on pourra s'intéresser au camp de Trimontium, à des souvenirs relatifs à Walter Scott, et aux fondations cisterciennes en Grande-Bretagne.

Priorwood Garden

Entrée par Abbey Street - ✆ (01896) 822 493 - www.nts.org.uk - d'avr. à fin déc. : 10h-17h, dim. 13h-17h.
Tout proche de l'abbaye, ce petit jardin se spécialise dans les fleurs à sécher. Le mur longeant la rue possède un joli ouvrage en fer forgé réalisé par Lutyens.

High Street

La rue est bordée par quelques beaux bâtiments du 18e s. situés à proximité de Market Square et sa croix de marché (17e s.).

Melrose Rugby Heritage Centre

The Greenyards - ✆ (01896) 822 993 - www.melrose7s.com
Le Club de Rugby de Melrose, fondé en 1877 est depuis 1945 un des clubs écossais les plus importants et il peut s'enorgueillir d'avoir produit de nombreux joueurs internationaux. Le jeu des Rugby Sevens, fondé à Melrose en 1883 par Ned Haig, a atteint une renommée internationale et, à l'occasion du plus ancien tournoi du monde qui a lieu le deuxième samedi d'avril, des équipes du monde entier se retrouvent à Melrose.

Aux alentours de Melrose

Newstead – Situé à l'est de Melrose, ce charmant hameau fut le lieu d'habitation des maçons qui bâtirent l'abbaye de Melrose ; ce serait le plus ancien village d'Écosse. Juste à la sortie de Newstead, un mémorial dressé au bord de la route marque le site de Trimontium.

Trimontium – *✆ (01896) 822 651/463 - avr.-oct. : 10h30-16h30 - possibilité de visite guidée jeu. 13h30-17h15 (juil.-août : mar. et jeu.) - prévoir de bonnes chaussures - brochure (3 langues) - 3 £ (thé inclus).* Les découvertes effectuées à Newstead au début du 20e s., réunies aujourd'hui à Édimbourg, ont fourni des détails sans précédent sur la vie de garnison sur cette lointaine frontière de l'Empire romain. Ici, un petit musée a été aménagé à partir de découvertes plus récentes faites sur le site du plus grand fort romain d'Écosse, bâti par Agricola au 1er s. de notre ère sur le tracé de la voie de Dere. Le bâtiment du Corn Exchange sur la place du marché de Melrose abrite une exposition consacrée à Trimontium.

Eildon Hills – *Quitter Melrose par la B 6359 en direction de Lilliesleaf et tourner à gauche au panneau indiquant Eildon Walk ; traverser le pont, puis emprunter le sentier qui mène au col situé entre les deux sommets. Compter 1h15. Prévoir de bonnes chaussures si le temps est humide, car les pentes herbues sont glissantes.*

Les Eildons sont d'origine volcanique, mais la légende veut que la colline formée de trois pics soit l'œuvre du sorcier du 13e s. **Michael Scott**, enterré à l'abbaye de Melrose. Scott était en fait un mathématicien, philosophe, docteur en théologie et également un ami de l'empereur Frédéric II. Il apparaît dans l'*Enfer* de Dante sous le nom de Michele Scotto. Les pics sont des points de repère bien visibles dans la région et l'Eildon Hill North (404 m) fut successivement une forteresse durant l'âge du fer et une station de transmission pendant l'époque romaine. Elle offre aujourd'hui un magnifique **panorama★★★** balayant Melrose et son abbaye, le viaduc de Leaderfoot, la tour de Smailholm, les Cheviots à l'est et au sud, le Waterloo Monument, la Tweed, puis la vallée du Gala avec Galashiels, tout en longueur.

Quitter Melrose vers l'ouest par la A 7 et, au deuxième rond-point, suivre les panneaux en direction d'Abbotsford.

Abbotsford★★

✆ (01896) 752 043 - www.scottsabbotsford.co.uk - ♿ - 20 mars-31 oct. : 9h30-17h, dim. 14h-17h (juin-sept. 9h30-17h) - 5 £ (jardins 2 £) - salon de thé - parking.

Fantaisie de pierre, Abbotsford est le reflet du goût de **sir Walter Scott** (1771-1832), l'homme qui fit beaucoup pour populariser l'Écosse et lui donner son atmosphère romantique. Scott mit toute son imagination et toute son énergie à construire sa résidence bien-aimée, qui devait abriter sa collection de « gabions », mot qu'il inventa pour désigner des « curiosités sans grand intérêt » et qui se référaient souvent à quelque épisode de l'histoire tourmentée de l'Écosse.

Cabinet de travail

Le massif bureau occupe presque entièrement cette petite pièce tapissée de livres, flanquée d'une « pièce pour apartés » dans une tourelle.

Bibliothèque

Le plafond mouluré est copié de la chapelle de Rosslyn *(voir ce nom p.206)*. Le buste de Scott par Chantrey date de 1820, année où George IV éleva l'auteur au rang de chevalier. La vitrine du bow-window contient de nombreux « gabions », précieusement conservés : la bourse de Rob Roy, le gobelet de Burns… Le tableau posé sur le chevalet rappelle l'unique rencontre de Burns et de Scott, alors âgé de 15 ans. Elle se déroula à Sciennes House, demeure du professeur Adam Fergusson, père de l'un des camarades de Scott à la High School, et eut pour témoins Joseph Black, Adam Smith, John Hume et James Hutton.

Salon

Les peintures comptent des portraits de la mère et du père de Scott ; au-dessus de la cheminée, on remarque le *Portrait de sir Walter,* son chien Camp à ses pieds, par Henry

L'enchanteur du Nord

Né le 15 août 1771, **Walter Scott** est le plus jeune des 13 enfants d'un avocat d'Édimbourg. Il effectue ses premiers séjours dans la région à Sandyknowe, la ferme de son grand-père. Après des études de droit, il devient en 1799 premier juge du district de Selkirk. En 1804, il acquiert une propriété à Ashiestiel puis, en 1812, il achète la petite ferme de Cartley Hall qu'il rebaptise Abbotsford.

Les poèmes épiques de Scott, dont la célèbre *Dame du lac*, furent écrits avant son arrivée à Abbotsford, contrairement à ses différents romans : *Waverley* (1814), *Guy Mannering* (1815), *L'Antiquaire* et *Les Puritains d'Écosse* (1816), *Rob Roy* (1818), *La Prison d'Édimbourg* (1818), *La Fiancée de Lammermoor*, *Ivanhoé* (1820), *Une légende de Montrose* (1819) et *Redgauntlet* (1824). Ces romans établirent la réputation de leur auteur, qui y démontre sa science des caractères et sa maîtrise des dialogues.

Raeburn. L'une des alcôves (à droite de la cheminée) abrite l'urne d'argent que Byron donna à Scott, et qui est aussi représentée dans le tableau de Sciennes House.

Armurerie

Dans cette pièce utilisée comme fumoir au temps de Scott sont exposés un sabre des Highlands dont la garde est l'œuvre d'Andrea Farara, des souvenirs de Rob Roy, un portrait de *Ginger* par Landseer (le pendant représentant son maître est à la National Portrait Gallery d'Édimbourg), ainsi qu'une nature morte des emblèmes royaux (Regalia) de l'Écosse rappelant que Scott fut l'artisan de leur redécouverte. Parmi les miniatures se démarquent celles de *Bonnie Prince Charlie* et de *John Graham of Claverhouse*.

Salle à manger

C'est dans cette pièce, d'où il pouvait contempler la Tweed, que Scott s'éteignit le 21 septembre 1832. Sa mort fut sans nul doute hâtée par la surcharge de travail qu'il accumula à partir de 1826. Suite à une difficulté financière, il réalisa en effet le tour de force d'écrire trois romans par an, à une époque où il n'y avait pas de machine à écrire.

Hall d'entrée

Les panneaux provenant de l'église de l'abbaye de Dunfermline sont surmontés des armoiries de familles des Borders, tandis que la cheminée et les statues sont copiées de détails de l'abbaye de Melrose. D'autres souvenirs évoquent des personnages et des événements majeurs de l'histoire écossaise.

La cour sud

Remarquer la porte provenant de l'ancien octroi (tolbooth) d'Édimbourg, appelé Heart of Midlothian.

La chapelle

Elle constitue, avec l'aile voisine, un ajout du 19e s. Une *Madone à l'Enfant* de Ghirlandaio domine l'autel.

Rejoindre la A 7 et la suivre jusqu'à Galashiels.

Le hall d'entrée d'Abbotsford.

Galashiels

Situé sur le fond étroit de la vallée de la Gala, ce centre de fabrication et de vente de tweed et de tricots est l'une des plus grandes villes des Borders. C'est sous le nom de **Braw Lad's Gathering** qu'est désignée sa chevauchée communale.
Deux centres permettent de découvrir l'histoire de la ville.

Old Gala House – *℘ (01896) 752 611 - ♿ - juin-août : 10h-16h, dim. 13h-16h - avr.-mai et sept.-oct. : mar.-sam. 10h-16h (oct. : 13h-16h) - contribution bienvenue - salon de thé - parking.* Cette maison de pierre du 16e s. possède des plafonds peints du 17e s.

Lochcarron of Scotland Visitor Centre – *℘ (01896) 751 100 - www.lochcarron.com - ♿ - juin-sept. : 9h-17h, dim. 12h-17h ; reste de l'année : tlj sf dim. 9h-17h - possibilité de visite guidée (40mn) 10h30, 11h30, 13h30, 14h30 (sf vend. apr.-midi et j. fériés) - parking.* Le Centre est consacré à l'évolution industrielle de la ville et permet d'assister aux phases de fabrication du tartan.

Continuer par la A 72 pour sortir de la vallée encaissée de la rivière Gala qui contourne Meigle Hill.

Clovenfords

L'hôtel, autrefois relais de diligences, eut pour client Walter Scott qui venait pêcher dans la Tweed. C'est autour de ce hameau qu'étaient plantées les treilles de la Tweed (Tweed Vineries), qui permettaient aux jardiniers du duc de Buccleuch de produire les fameux raisins de Clovenford.

La A 72 longe de près la rive nord, au fur et à mesure que les flancs boisés de la vallée se resserrent.

La vallée est encore large et harmonieuse à cet endroit.

Innerleithen

Cette charmante bourgade est située au confluent des rivières Leithen et Tweed, large et tortueuse à cet endroit. Petite ville spécialisée dans la laine, Innerleithen n'était au départ qu'un modeste village rural qui prospéra après l'ouverture de la première manufacture, créée en 1790 par Alexander Brodie.

C'est Walter Scott qui, dans son roman *Le Puits de St-Ronan*, popularisa les bienfaits thérapeuthiques de **St Ronan's Wells**, une source minérale déjà réputée. Les grandes heures de la source appartiennent au passé, mais le petit pavillon qui domine la ville a été restauré et abrite un **musée** consacré aux sources thermales et à leur lien avec les écrivains Hogg et Scott (*St Wells Brae Innerleithen - ℘ (01896) 833 583 - rhannay@scotborders.gov.uk - ♿ - avr.-oct. : 10h-13h, 14h-17h, w.-end 14h-17h - aire de pique-nique - parking*).

Témoins intéressants du passé, les **ateliers d'impression Robert Smail** (Robert Smail's Printing Works – *High Street*), qui cessèrent de fonctionner en 1986, permettent de connaître les méthodes d'impression du début de ce siècle.
℘ (01896) 830 206 - www.nts.org.uk - juin-oct. : jeu.-lun. 12h-17h (juin : 13h-17h ; dernière entrée 45mn av. fermeture) - 5 £ - parking.

Prendre la B 709 à gauche dans Innerleithen, pour gagner Traquair sur la rive sud.

Traquair House★★

℘ (01896) 830 323 - www.traquair.co.uk - ♿ - juin-août : 10h30-17h ; oct. : 11h-16h ; nov. : w.-end 12h-16h (dernière entrée 1h av. fermeture) - 6,20 £ (enf. 3,50 £) - restaurant - parking gratuit.
Sur la rive sud de la Tweed, la masse blanche de Traquair émerge des frondaisons. Dès 1107, Alexandre Ier séjournait à Traquair, qui demeura un rendez-vous de chasse royal jusqu'au 13e s. Résidence favorite de Guillaume le Lion, le pavillon fut transformé pendant les guerres d'Indépendance en maison forte, devenant ainsi une place forte stratégique à l'instar de Neidpath et d'Elibank. À la fin du 13e s., la tour était aux mains des Anglais ; Edouard Ier et Edouard II y résidèrent. Elle retourna à la couronne écossaise au début du 14e s. et Jacques III céda Traquair à deux de ses favoris, d'abord Robert, lord Boyd, puis William Rogers, son maître de musique, avant de vendre la propriété à son oncle James, comte de Buchan.

Le fils du comte, **James Stuart**, en hérita en 1491 ; les propriétaires actuels en sont les descendants directs. Les projets d'agrandissement qu'il prévoyait furent anéantis par sa mort prématurée à Flodden *(voir ce nom p.109)* en 1513 et ce ne fut pas avant les 16e et 17e s. que la tour fortifiée fut transformée en château. Le petit-fils de Jacques, **sir John Stuart**, 4e seigneur de Traquair, était capitaine et garde du corps de Marie

Stuart. Il fut même l'hôte de sa reine et de lord Darnley en 1566, ce qui explique le grand nombre d'objets et de souvenirs liés à cette période.

Autre figure notable, **John Stuart, 1er comte de Traquair** (1600-1659), reçut la charge de Grand Trésorier (Lord High Treasurer). La chance ayant tourné, il perdit sa charge et fut obligé de regagner ses terres. Forcé de s'occuper lui-même des affaires de sa maison, il fit modifier le cours de la Tweed et ajouta un étage à la maison. Son fils se convertit au catholicisme, ce qui fit de Traquair, la tradition catholique s'étant perpétuée, un centre actif de la cause jacobite au 18e s. **Charles, 4e comte** (1659-1741), fervent partisan de cette cause, épousa lady Mary Maxwell, ce qui unit les propriétés des Maxwell et des Stuarts. Un des sièges des Maxwell était Terregles House, aujourd'hui démolie, dans le comté de Dumfries ; plusieurs de ses richesses sont conservées à Traquair. Charles chargea James Smith d'y apporter certaines modifications entre 1695 et 1699. Les ailes latérales furent remaniées, une grille en fer forgé placée à l'entrée, un jardin à la française créé et doté de deux ravissants pavillons aux toits en accolade. Depuis, l'extérieur de Traquair n'a pas changé.

D. Barnes / SCOTTISH VIEWPOINT

La façade principale de Traquair House.

Rez-de-chaussée – L'armorial en chêne du hall frappé des armes royales remonte à la visite que Marie Stuart effectua en 1566. Les encoignures de l'office lambrissé contiennent de la porcelaine anglaise et chinoise. Les chaises en orme datent du milieu du 18e s. et sont de facture écossaise. L'escalier principal s'amorce dans le hall. Remarquer au fond la porte en chêne très ouvragée provenant de Terregles House ; une autre se trouve au Royal Museum of Scotland à Édimbourg.

Premier étage – Remarquer les fragments de poutres peintes (16e s.), le clavecin d'Andreas Ruckers (1651) et les portraits de Dryden, 4e comte, ainsi qu'un autre réalisé par George Jamesone (vers 1620). Traverser le cabinet de toilette pour gagner la **chambre du roi** ; le lit de parade jaune splendidement décoré provient de Terregles ; Marie Stuart l'aurait utilisé. Le couvre-lit est l'œuvre de Marie et de ses dames de compagnie, « les quatre Marie » ; le berceau abrita son fils le roi Jacques VI. La porte située à côté du cabinet donne accès à l'escalier secret qui est celui de la tour d'origine (12e s.).

Deuxième étage – On y accède soit par l'escalier secret, soit par l'escalier principal. La salle du musée présente une variété de documents historiques, de souvenirs et d'autres éléments intéressants tel ce fragment de peinture murale (1530).

Regagner l'escalier principal et monter une volée.

Troisième étage – La **bibliothèque** est pratiquement celle qui fut constituée entre 1700 et 1740. Certains livres portent encore leur marque de nomenclature. Contiguë à la première, une seconde bibliothèque rassemble des ouvrages du 19e s. Au bout du corridor, la salle du prêtre servait initialement de chapelle ; l'escalier secret avec son entrée par un faux placard témoigne de l'activité clandestine que le chapelain avait dans cette pièce exiguë.

Regagner le rez-de-chaussée.

Emprunter le passage de gauche pour voir la **chambre voûtée** du bâtiment d'origine. On y regroupait le bétail à l'époque des raids.

Aile sud – La salle à manger abrite une autre série de **portraits** de famille, notamment celui de Medina représentant le 4e comte et la comtesse de Traquair qui eurent 17 enfants, et celui représentant Charles, le 5e comte, qui était jacobite. Au-dessus de la cheminée, le 1er comte est représenté avec la canne de sa fonction de Lord High Treasurer.

Aile nord – Après la loi d'émancipation des catholiques en 1829, la chapelle fut réutilisée comme lieu de culte. Les 12 **panneaux de bois** sculpté (16e s.) illustrent des épisodes de la vie du Christ.

Les dépendances – À côté de la chapelle se trouvent le centre d'accueil et la boutique ; au-dessus se trouve une laverie. Sous la chapelle, la **brasserie** (qui produit une bière grandement estimée des amateurs) est contiguë aux écuries et à un grenier à grain. Le site de Well Pool marque l'emplacement de l'ancien lit de la Tweed et offre un choix de sentiers boisés.

The Steekit Yetts – Cette entrée célèbre, dite aussi portes de l'Ours (1737-1738), se dresse à l'extrémité d'une allée gazonnée et bordée d'arbres. Selon la tradition, le 5e comte les aurait fermées lors du départ de Bonnie Prince Charlie en jurant de ne les rouvrir qu'à la restauration d'un Stuart.

Poursuivre sur la A 72 en direction de Peebles.

Glentress Forest

Cet espace forestier est le paradis des amateurs de randonnées pédestres, de randonnées à cheval et surtout de parcours en VTT, dans un site remarquable. Il n'y a pas moins de 5 pistes cyclables ainsi qu'un centre VTT, (*The Hub - ✆ (01721) 721 736 - www.thehubintheforest.co.uk*), équipé de vestiaires, où l'on peut louer des VTT de toutes tailles, acheter des pièces détachées et se restaurer au retour d'une excursion. Des week-ends de perfectionnement sont également organisés.
Le centre d'observation des aigles pêcheurs est ouvert de Pâques à fin août.

Peebles

Cette ville agréable et tranquille constitue un bon centre d'excursion pour explorer la campagne du Tweeddale. C'était une station thermale florissante au 19e s. Le **Tweeddale Museum & Gallery** *(Chambers Institute, premier étage)* est un petit musée local présentant tout au long de l'année plusieurs expositions temporaires. La chambre secrète contient des **frises** de stuc à sujets historiques dont une version du Triomphe d'Alexandre réalisée par le sculpteur danois B. Thorvaldsen (19e s.), célèbre pour ses restaurations d'œuvres grecques. *✆ (01721) 724 820 - www.scotborders.gov.uk/outabout/museums - ♿ - tlj sf dim. 10h-12h, 14h-17h, sam. 10h-13h, 14h-16h - possibilité de visite guidée (30mn) sur demande - fermé w.-end d'oct. à Pâques - tarif non communiqué.*

Neidpath Castle

✆ (01721) 720 333 -Pâques, mai-sept. : tlj sf lun. et mar. 10h30-17h, dim. 12h30-17h - possibilité de visite guidée (30mn) sur demande - 3 £.

Immédiatement à l'ouest de Peebles, cette maison forte du 14e s. occupe un éperon rocheux surplombant la Tweed. D'un plan en forme de L typiquement écossais, ce château illustre à merveille l'adaptation d'une tour médiévale aux besoins du 17e s.

Vallée de la Tweed pratique

Informations utiles

OFFICES DE TOURISME

Borders Information Service – *(08706) 080 404* - Accommodation Bookings, *(08452) 255 121. www.visitscottishborders.com*

Kelso – TIC, *Town House, The Square - (01573) 223 464. Ouvert toute l'année de 10h à 17h (14h en hiver et le dim.).*

Melrose – TIC, *Abbey House - (01896) 822 555. Ouvert toute l'année de 10h à 17h (14h en hiver et le dim.).*

Peebles – TIC, *High Street - (01721) 720 138. Ouvert toute l'année de 9h à 17h (18h en juil. et août).*

URGENCES

Hôpital – *Voir Kelso Pratique.*

Urgences – Police, pompiers, ambulance, *999 (112 à partir d'un mobile), appel gratuit.*

POSTE/INTERNET

Poste – *Voir Kelso pratique.*
Buccleuch Street, **Melrose**.
Eastgate, **Peebles**.

Internet – *Voir Kelso pratique.*
Melrose Library, *18 Market Square, lun. et merc. de 10h à 13h et de 14h30 à 17h, vend. de 17h30 à 19h.*

Se loger

KELSO

Voir Kelso pratique p.121.

MELROSE

Braidwood – *Buccleuch Street - 01896) 822 148 - www. braidwoodmelrose.co.uk – 4 ch. 25-27,50 £*. B & B familial, proche de l'abbaye ; prestations de qualité, cuisine maison. Réservation conseillée.

The George & Abbotsford – *High Street - (01896) 823 363 - www.georgeandabbotsford.co.uk - P - 30 ch. 30-47,50 £*. Ancien relais de poste, entreprise familiale ; le menu table d'hôte, qui change tous les jours, inclut les meilleurs produits locaux. Activités sportives (golf, pêche, randonnées à vélo) organisées à la demande.

The Townhouse Hotel – *Market Square - (01896) 822 645 - www.thetownhousemelrose.co.uk - 11 ch. à partir de 45 £*. Même propriétaires que Burts Hotel *(voir ci-dessous)* ; chambres élégantes, décorées avec goût ; la brasserie de style contemporain propose des plats innovateurs au déjeuner et au dîner.

Burts Hotel – *Market Square, Melrose - (01896) 822 285 - www.burtshotel.co.uk - P - 20 ch. 50 £*. Cet hôtel, qui appartient à la même famille depuis trente ans, propose une cuisine raffinée renommée, préparée à partir de produits régionaux naturels.

PEEBLES

Rowanbrae – *Northgate - (01721) 721 630 - www.aboutscotland.com/peebles/rowanbrae.html - 2 ch. 22-23 £*. Hébergement de qualité dans une maison familiale ; calme et cependant central.

Cross Keys Hotel – *Northgate - (01721) 724 222 - P 5 ch. 28 £*. Relais de poste du 17e s. offrant confort et hospitalité. Cuisine internationale renommée : c'est l'endroit idéal où goûter une authentique côte de bœuf écossais.

Castle Venlaw Hotel – *Edinburgh Road - (01721) 720 384 - www.venlaw.co.uk - P - 12 ch. 65-110 £*. Imposante demeure seigneuriale sur une colline surplombant la ville ; cuisine raffinée servie dans le restaurant primé.

Se restaurer

La plupart des hôtels cités ci-dessus ont un restaurant renommé pour leur cuisine écossaise traditionnelle ou innovatrice préparée à partir de produits locaux frais, en particulier **The Townhouse Hotel** à Melrose, meilleure table 2004 des Scottish Borders toutes catégories.

ST BOSWELLS

The Buccleuch Arms Hotel – *The Green - (01835) 822 243 - www.buccleucharmshotel.co.uk - déjeuner et dîner tous les jours - P - 25-30 £.* Excellente cuisine élaborée à partir de produits écossais traditionnels (saumon, bœuf, fromage de chèvre, haggis…).

MELROSE

Marmions Brasserie – *Buccleuch Street - (01896) 822 245 - tous les jours de 9h à 22h - 20-25 £.* Le chef de ce restaurant a obtenu en 2005 le 2e prix au concours du Chef de l'année.

The Hoebridge Inn – *Gattonside, Melrose - (01896) 823 082 - merc.-sam. 12h-14h30, dim. à partir de 12h30, mar. à dim. de 18h à 22h - 25-30 £.* Primée en 2004 et 2005, cette entreprise familiale propose une cuisine traditionnelle avec l'accent sur les fruits de mer, ainsi que sur le bœuf et l'agneau écossais.

PEEBLES

Sunflower Restaurant – *4 Bridgegate - (01721) 722 420 - www.thesunflower.net - lun. à sam. de 12h à 15h, jeu. à sam. de 18h à 21h30 - 20-25 £.* Ce bistrot élégant, situé en plein centre-ville, offre un excellent rapport qualité/prix.

Halcyon Restaurant – *39 Eastgate - (01721) 725 100 - www. halcyonrestaurant.com - mar. à sam. de 12h à 14h et de 18h à 22h - 30£.* Lauréat du concours de la Meilleure Table de la région des Borders en 2005.

Sports et loisirs

GOLF

St Boswells Golf Club – *Braeheads, St Boswells, Melrose TD6 ODE - ✆ (01835) 823 527 - www.stboswellegolfclub.co.uk – ouvert toute l'année.* Parcours de 9 trous pittoresque situé sur les bords de la Tweed.

Peebles Golf Club – *Kirkland Street, Peebles EH45 8EU - ✆ (01721) 720 197 - www.peeblesgolfclub.co.uk - ouvert toute l'année.* Un des meilleurs terrains de golf de la région, avec vue sur la ville et les collines environnantes.

VTT

MB7 Mountain Biking – *23 Old Town, Peebles EH458JF - ✆ (08706) 093 096 - www.mb7.com - ouvert toute l'année sur rendez-vous.* Passionnantes randonnées à VTT pour tous niveaux ; possibilité de suivre des cours.

The Hub – Glentress Forest, *Innerleithen Road, Peebles EH45 8NB - ✆ (01721 721 736 - www.thehubintheforest.co.uk - ouvert toute l'année.* Location de vélos, boutique spécialisée, renseignements détaillés sur les pistes cyclables, les itinéraires de randonnée à vélo mais aussi à pied.

PONY TREKKING

Peebles Hydro Stables – *Innerleithen Road, Peebles EH45 8BQ - ✆ (01721) 721 325 - ouvert tous les jours.* Pony trekking dans la forêt de Glentress, toutes les randonnées sont accompagnées. Enfants à partir de 4 ans.

MULTI-SPORTS

Gytes Leisure Centre – *Walker'shaugh, Peebles EH45 8GL - ✆ (01721) 723 688 - www.bslt.org.uk - ouvert toute l'année.* Ce centre de loisirs, situé dans Riverside Park, propose un vaste choix d'activités sportives et de remise en forme : badmington, basketball, aerobics, roller…

Cardrona Adventure Centre – *Go Forth, Cardrona McDonald Cardrona Hotel, Cardrona, by Peebles EH45 9HX - ✆ (01721) 725 185 - www.goforth.co.uk - ouvert toute l'année.* Spendide centre sportif proposant pêche, kayaking, escalade, tir à l'arc, VTT…

Événements

Melrose : Le festival d'été (3e semaine de juin) et la journée des Melrose Sevens (2e samedi d'avril) sont des événements attendus.

calendrier complet des événements de la région *sur www.borderevents.com*

B. Perousse / MICHELIN

Comme celle d'Édimbourg, l'architecture de Glasgow a été fortement marquée par la période victorienne.

ÉDIMBOURG, GLASGOW ET LEURS ENVIRONS

Dominant la région charnière entre les Lowlands doucement vallonnées du sud de l'Écosse et les Highlands sauvages du nord, Édimbourg et Glasgow sont deux métropoles traditionnellement contrastées : l'une tournée vers la mer du Nord, l'autre vers l'Atlantique, l'une capitale historique et culturelle, l'autre capitale économique, toutes deux offrant à leurs visiteurs les témoignages de leur riche passé, de l'austérité médiévale du château d'Édimbourg à l'exubérance victorienne du centre de Glasgow. La campagne environnante, parsemée de châteaux et d'églises, déroule les tapis verdoyants de ses nombreux terrains de golf, tandis que la côte est bordée de belles plages de sable et d'îles rocheuses où nichent les oiseaux migrateurs.

Bon à savoir – Les deux principales villes écossaises, distantes d'à peine 75 km, sont reliées par la route, le train et le bus. Pour des informations détaillées sur les transports, reportez-vous au Carnet pratique de chaque ville (Édimbourg p. 210 et Glasgow p. 242).

Si vous disposez de plusieurs jours, profitez-en pour découvrir les environs de chaque ville :

La région d'Édimbourg, les Lothians est décrite dans les chapitres Dunbar (p. 161) et Linlithgow (p. 247) ;

la région au sud-est de Glasgow est décrite dans le chapitre Vallée de la Clyde (p. 154).

La vallée de la Clyde

CARTE GÉNÉRALE RABAT II C4 - CARTE MICHELIN REGIONAL 501 H 16
SOUTH LANARKSHIRE

Avant de parvenir à Glasgow et de devenir un axe de navigation important, la Clyde n'est qu'une calme rivière ent ourée de collines verdoyantes. Des parcs, des châteaux et de charmants villages ruraux occupent les vallées et reliefs du Lanarkshire. Ils constituent pour les habitants de la grande ville comme pour les touristes des lieux de repos et de découverte remarquables et variés.

- **Se repérer** – Région au sud-est de Glasgow que l'on parcourt en prenant son temps via les routes A 72 ou A 73 ou rapidement par la M 74.
- **À ne pas manquer** – New Lanark, un village spécialisé classé par l'Unesco, le château fort de Bothwell et la charmante bourgade de Biggar.
- **Organiser son temps** – Une ou plusieurs curiosités de cette région peuvent simplement faire l'objet d'une excursion depuis Glasgow. Ou encore être visitées en faisant route vers le sud du pays.
- **Avec les enfants** – New Lanark, le parc de Chatelherault, le château de Bothwell.
- **Pour poursuivre le voyage** – Édimbourg, sud de l'Écosse.

P. Tomkins/SCOTTISH VIEWPOINT/VISIT SCOTLAND

Le château fort de Bothwell (13e s.) occupe un site stratégique dominant la vallée de la Clyde.

Circuit de découverte

Cet itinéraire suit la vallée de la Clyde en partant de Glasgow (mais vous pouvez très bien explorer cette région à partir de Lanark par exemple).

Depuis le centre de Glasgow, prenez la direction de la M 74, puis quittez l'autoroute en suivant le panneau « Bothwell Castle » (et non Bothwell).

Bothwell Castle★

HS - Castle Avenue - ✆ (01698) 816 894 - www.historic-scotland.gov.uk - avr.-sept. : tlj 9h30-18h30 ; oct.-mars : tlj sf. jeu. et vend. 9h30-16h30 - 3,5 £ (enf. 1,75 £).

Les ruines du château fort de Bothwell, la plus imposante forteresse du 13e s., impressionnent toujours par leur situation qui domine la vallée de la Clyde. Le château, relativement contemporain des fortifications galloises d'Édouard Ier, appartient à ces constructions écossaises (Kildrummy, Tantallon et Dirleton) fortement influencées par les ouvrages défensifs du continent.

Une forteresse âprement disputée – Construit à la fin du 13e s., le château s'illustre lors de la guerre d'Indépendance. Il tombe aux mains des Anglais en 1301, puis est démantelé une première fois en 1314. Au cours d'une seconde occupation anglaise, il est réparé par Édouard III qui y établit son quartier général en 1336. L'année suivante, les Écossais le reprennent et le démantèlent à nouveau. Le château reste en ruine jusqu'au mariage en 1362 d'**Archibald the Grim**, qui en hérite et en fait sa résidence principale. À la fin du 14e s., on procède à de nouveaux ajouts et embellissements. Après la chute des Douglas, le château passe de main en main avant de devenir la propriété de Patrick Hepburn, qui l'échange avec Archibald Douglas, contre celui de l'Hermitage.

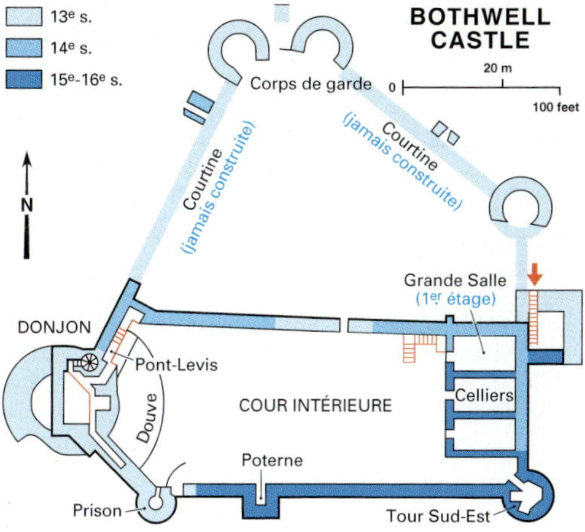

Ruines du château – À regarder cette ruine de grès rouge composée de tours et de courtines, on est immédiatement saisi par sa hauteur – encore faut-il savoir que seule une partie du plan original du 13e s. a été exécutée. La façade initiale devait présenter un corps de garde flanqué de tours cylindriques avec des courtines. Emprunter l'escalier de la tour nord-est pour atteindre la cour intérieure. À l'extrémité, la partie la plus ancienne et la plus impressionnante, le **donjon** circulaire du 13e s., a été remarquablement conçu et sa maçonnerie est exemplaire. Ce retranchement étant lui-même protégé par une douve creusée dans la cour, on y accède par un pont-levis débouchant sur un ouvrage en forme de bec. Murés à la suite d'un démantèlement partiel, trois étages et un niveau défensif s'élèvent au-dessus du soubassement. Cette tour communique avec la tour cellulaire (13e s.) et une poterne percée dans l'enceinte sud. À l'angle sud-est, la chapelle (début 15e s.), dont les fenêtres du premier étage sont ogivales, communique avec l'autre grande tour à quatre étages (également 15e s.). À l'arrière, contre la muraille d'enceinte est et au-dessus des celliers, se trouve la **grande salle** avec sa succession de fenêtres élégantes. Faire le tour par l'extérieur permet d'apprécier la disposition, le site, les proportions et la qualité de la maçonnerie des parties du 13e s.

Bothwell – La bourgade a grandi à l'ombre de son majestueux château fort, sur un important point de franchissement de la Clyde. Au 19e s., Bothwell se développe rapidement lorsque de riches négociants de Glasgow s'y intéressent. Le **chœur** de l'église paroissiale, jadis celui de la collégiale fondée en 1398, est un bel exemple de gothique flamboyant avec son toit formé d'un bloc de pierre d'un seul tenant. Auprès de Bothwell Bridge (rive nord), un monument commémore la **bataille** de 1679 qui vit les Covenantaires subir leur pire défaite : 400 d'entre eux furent tués et 1 200 faits prisonniers et retenus pour beaucoup durant plusieurs mois au cimetière des franciscains d'Édimbourg.

Depuis Bothwell, rejoignez la ville voisine de Blantyre.

Blantyre

À 2 km de Bothwell (Main Street) par Blantyre Mill Road et une passerelle enjambant la Clyde. Un ancien ensemble comprenant un moulin et ses logements, Shuttle Row (18e s.), accueille le **David Livingstone Centre★** - *℘ (01698) 823 140 - www.nts.org.uk - ♿ - 1er avr.-24 déc. : 10h-17h, dim. 12h30-17h (dernière entrée 1h av. fermeture) - 5 £ - café - parking.* Ce musée est consacré à la vie, à l'œuvre et aux réalisations de ce missionnaire explorateur *(voir encadré p. 156)*. Il est aménagé dans la maison qui l'a vu naître. Ce type de logement à pièce unique était considéré à l'époque comme un modèle en la matière.

Prenez la direction de Hamilton (Town Centre).

Hamilton

Siège de la puissante famille des Hamilton, premiers ducs d'Écosse, cette ville change son nom de Cadzow en Hamilton au 15e s. et devient un bourg royal un siècle plus tard, en 1548. L'agglomération grandit rapidement à la fin du 18e s. et au début du

Livingstone, l'explorateur

Cet homme extraordinaire (1813-1873) marche d'abord sur les traces de son père en travaillant à la filature locale, comme fileur puis comme conducteur. Puis, le jeune David suit des cours de médecine à l'Institution Anderson de Glasgow, où il rencontre son bienfaiteur James « Paraffin » Young, avec lequel il entretient une amitié très chère. Profondément croyant, il part comme missionnaire médical et s'embarque bientôt pour une série de voyages qui allaient assurer sa renommée d'explorateur. Lors de ses trois grands périples de pionnier à travers l'Afrique noire, il réalise la toute première traversée d'ouest en est, « découvre » les chutes Victoria et le lac Nyassa, aujourd'hui lac Malawi. À sa mort, peu après sa fameuse rencontre avec Stanley, le corps du grand homme est transféré sur la côte – un voyage de plus de 2 400 km – avant d'être transporté jusqu'à sa dernière demeure en l'abbaye de Westminster. La xylographie de Pilkington Jackson, *The Last Journey*, est un hommage émouvant rendu à Livingstone et à ses fidèles disciples africains.

19e s. en tant que centre industriel houillier, grâce à la découverte et à l'exploitation des gisements de charbon du Lanarkshire. Hamilton est aujourd'hui un centre commercial et administratif actif où les touristes pourront visiter des curiosités liées à l'histoire locale.

Hamilton Low Park Museum

129 Muir Street - ✆ (01698) 328 232 - www.southlanarkshire.gov.uk - ♿ - 10h-17h, dim. 12h-17h - gratuit.

Cet ancien relais de poste inclut la salle des fêtes du 18e s. et abrite une collection sur l'histoire locale, une section consacrée aux transports et des vitrines décrivant les industries locales passées, notamment celle de la dentelle. On y trouve exposés des exemples correspondant aux deux phases de cette industrie : la dentelle au fuseau, introduite au 17e s. par la duchesse Anne, et la dentelle brodée sur tulle, datant du 19e s.

Cameronian (Scottish Rifles) Regimental Museum

Le **musée du régiment de Cameron** *(voir Falkland p.287)*, ou de fusiliers écossais, occupe l'ancien manège des ducs d'Hamilton. Les 279 années d'histoire de ce régiment aujourd'hui dissous sont illustrées par des uniformes, des médailles, des drapeaux et des photos commémoratives.

Hamilton Mausoleum

129 Muir Street - ✆ (01698) 328 232 - www.southlanarkshire.gov.uk - visite guidée (45mn) merc. et w.-end 15h (avr.-sept.), 14h (oct.-mars) - 1,10 £.

Alexander, 10e duc d'Hamilton (1767-1852), connu sous le nom d'El Magnifico, commanda cet imposant édifice dont la construction s'étala sur 15 années. Le duc y fut enterré en 1852 dans un sarcophage égyptien. Ce mausolée est réputé pour son acoustique en écho.

Sortez d'Hamilton par la A 72 en suivant les panneaux Clyde Valley Tourist Road.

Chatelherault

High Parks - parking à côté du domaine récréatif - ✆ (01698) 426 213 - www.southlanarkshire.gov.uk - ♿ - centre d'accueil : 10h-17h, dim. 12h-17h - château : lun.-jeu. et dim. 12h-16h30 - gratuit - fermé 1er-2 janv. et 25-26 déc. - cafétéria - parking.

L'imposant chenil (« Dogg Kennell ») est un vestige de la résidence ducale, Hamilton Palace (1822-1927). Il s'élève au bord de la gorge de l'Avon, près de Cadzow Castle, résidence précédente des Hamilton. La magnificence du complexe dépassait l'entendement, principalement par son mobilier somptueux et sa superbe collection de tableaux. Vendu aux enchères en 1862, le palais est démoli en 1927 suite à l'affaissement de galeries de mines.

Le **centre d'information** (Visitor Centre) présente des expositions temporaires ainsi qu'un programme audiovisuel relatif au palais et au pavillon ainsi qu'à la faune et aux charmes du parc. Disposé autour de la cour intérieure, le centre d'interprétation – qui abritait jadis les chenils, l'armurerie, l'abattoir et le garde-manger – évoque le quotidien d'un domaine du 18e s.

Lors de la visite du jardin, arrêtez-vous pour admirer la perspective nord où se situait Hamilton Palace, face au mausolée *(voir ci-dessus)*. Une partie de la grande allée a été replantée. Le **pavillon de chasse** a été rénové et ses magnifiques plafonds ont été refaits sur la base des originaux qui étaient l'œuvre de Thomas Clayton (après 1710-1760), l'artisan stucateur le plus en vue de son époque ; il travailla également à Blair Castle, Hopetoun House et Holyroodhouse. Les ruines du **château de Cadzow**, de l'autre côté des gorges de l'Avon, sont une autre curiosité du parc, avec le troupeau de bœufs blancs tachés de noir au museau, aux oreilles et autour des yeux. Cette race ancienne est extrêmement rare.

Continuez par la A 72. À Crossford, suivre les panneaux indiquant Craignethan Castle.

Craignethan Castle

Castle Cottage - ✆ (01555) 860 364 - www.historic-scotlandgov.uk - avr.-sept. 9h30-18h30 ; oct. tlj sf. jeu. et vend. 9h30-16h30 ; nov.-mars : w.-end 9h-16h30 - 3,5 £.

Sir James Hamilton of Finnart (1512-1571) a construit cette attrayante maison forte couleur biscuit à double cour qui se dresse sur un promontoire à trois versants abrupts. Le côté vulnérable est défendu par un fossé et une cour extérieure. Édifié entre 1530 et 1540, le château a la particularité d'être conçu pour résister à l'artillerie. Dans l'angle à droite de la première cour se trouve l'habitation construite au 17e s. pour le Covenantaire **Andrew Hay**. Le fossé à sec séparant les deux cours recèle une **caponnière**, passage voûté que l'on rencontre assez rarement dans les places fortes. Une courtine épaisse de 1,5 m s'élevait jadis derrière le fossé ; l'accès à la cour intérieure se faisait par le portail visible sur la gauche.

Revenez vers la A 72 et suivez-la jusqu'à Lanark.

Lanark et New Lanark

Cette ville de marché affairée abrite l'une des foires de bétail les plus importantes d'Écosse. La ville est liée à William Wallace et possède ce qui est supposé être le trophée de course le plus ancien d'Écosse, le Silver Bell. Parmi les festivals de Lanark, citons le Lanimer, avec sa célèbre manifestation équestre (en juin) et l'étonnante cérémonie « Whuppity Scourie » (en mars). Du haut de High Street, la rue commerçante principale, on domine les collines et l'église de la ville (St Nicholas). Hope Street regroupe quant à elle les plus jolis édifices.

New Lanark★★ *Compter 2h.*

Visitor Centre – *✆ (01555) 661 1345 - www.newlanark.org - juin-août : 10h30-17h ; sept.-mai : 11h-17h - 5,95 £ (pour tout le site : Millemnium Experience, Annie MacLeod's Story...) - minibus fréquents depuis la gare de Lanark.*

La nouvelle ville, construite dans la profonde gorge de la Clyde, est un exemple réussi d'aménagement urbain du 18e s. Lorsque, après la guerre d'Indépendance américaine (1776-1783), le commerce du tabac s'effondre à Glasgow, le tissage du coton prend rapidement sa place en utilisant une force de travail experte dans la fabrication du lin. En 1783, l'industriel et banquier **David Dale** (1736-1806) fait venir Richard Arkwright, l'inventeur du métier à filer électrique, pour qu'il construise ici une nouvelle usine. Une fois le site choisi, on exploite les chutes de la Clyde pour alimenter les filatures en énergie hydraulique. La construction commence en 1785 et, dès 1799, les quatre usines et les bâtiments y attenant constituent la plus grande filature d'Écosse, assurant les ressources de plus de 2 000 personnes. Puis en 1800, Dale vend les filatures à son futur gendre, **Robert Owen** (1771-1858), un réformateur social qui prend la direction des usines et y demeure pendant 25 ans. Le succès commercial de la filature permet à Owen de mettre en pratique une série d'expériences sociales. Il crée un bâtiment d'apprentissage, un magasin de village et une école. L'« owenisme » devient très populaire durant cette période de croissance industrielle mais est vite éclipsé en raison de la réticence des employeurs et du gouvernement. On continue pourtant à produire ici du coton jusqu'en 1968. En 2001, le village rénové a été classé site du patrimoine mondial par l'Unesco.

Le village – *La meilleure façon d'y arriver est de venir à pied depuis le parking. Il faut s'arrêter en chemin à la plate-forme d'observation. On domine l'enfilade de bâtiments austères et les gorges de la Clyde. Les bâtiments se visitent quasiment tous et accueillent des attractions audiovisuelles interactives très élaborées.*

Le bâtiment central, les **New Buildings** (1798), aisément repérable à son horloge, est prolongé à droite par les **Nursery Buildings** (1809), destinés à abriter les apprentis indigents qui travaillaient dans les filatures et y vivaient souvent, puis par la **coopérative** (1810) – restaurée, elle propose désormais une exposition confrontant le magasin d'origine imaginé par Owen avec un magasin classique de l'époque. L'**immeuble des comptables** (counting house), qui se termine en forme de courbe, clôture un alignement de logements restaurés appelés **Caithness Row** : ce nom

New Lanark Conservation Trust

Le site de New Lanark a été classé au patrimoine mondial de l'Unesco en 2001.

provient des Highlanders qui, bloqués par la tempête en chemin vers l'Amérique, furent accueillis ici et décidèrent d'y rester. À l'autre extrémité du village, au-delà des maisons de Dale et d'Owen, se dressent d'autres logements, ainsi que l'imposante **filature** comprenant trois unités. La quatrième usine fut détruite par le feu en 1883. Le bâtiment le plus élégant est le **n° 3** – le seul qu'Owen ait reconstruit en 1826. La filature n° 1 fut entièrement reconstruite en 1995 et convertie en hôtel de luxe. Le bâtiment des machines donne accès à un nouveau pont en verre – du même modèle que l'installation originale – qui conduit à la filature n° 3 et son espace d'exposition, sa présentation audiovisuelle et ses infrastructures touristiques. C'est depuis le hall qu'on voit le mieux l'architecture de la structure à l'épreuve du feu. À côté du bâtiment des machines se trouve l'**Institut**, centre social et récréatif du village, tandis que l'école se dresse un peu plus loin. On y suit de manière très vivante les aventures de la jeune Annie MacLeod. Une maison d'ouvrier (Millworker's House) montre les conditions de vie dans les années 1820 et 1930.

La **teinturerie**, près de la rivière, est devenue un centre d'information du Scottish Wildlife Trust, avec une présentation audiovisuelle et des expositions sur la faune de la réserve des chutes de la Clyde (*voir plus bas*).

Falls of Clyde – *Wildlife Trust Visitor Centre - ☏ (01555) 665 262 - www.swt.org.uk - ♿ - 11h-18h - possibilité de promenade guidée - 3 £. De New Lanark, un sentier le long de la rivière remonte une partie des gorges de la Clyde avec leur succession de chutes utilisées maintenant pour la production hydroélectrique.*

Cette section de rivière et ses trois chutes, considérées autrefois comme l'un des sites les plus beaux d'Écosse, ont été peintes par Turner, Paul Sandby et Jacob More, et décrites par Wordsworth, Coleridge et Scott. Aujourd'hui, malgré l'absence de naïades, et parfois même d'eau, cette étendue boisée de la Clyde conserve un certain charme. Un point de vue situé après la centrale électrique de Bonnington procure une excellente **vue** de la chute la plus haute, **Corra Linn** (18 m), particulièrement spectaculaire les jours où l'eau est libérée et se déverse en une masse bouillonnante sur laquelle flotte un voile de vapeur.

Les étapes suivantes, Douglas, Biggar et Boughton, sont assez disséminées. Selon le temps dont vous disposez, vous pouvez vous rendre dans chacune d'entre elles, ou en choisir une, Biggar (à 21,5 km) étant sans doute la plus intéressante.

Quittez Lanark par l'est (rond-point au-delà de la gare ferroviaire) pour rejoindre la A 73. Prenez ensuite la A 72 vers Biggar.

Biggar★

Cette ravissante petite bourgade marchande, avec sa rue principale large et agréable, dessert un environnement de collines, de landes, de vallons et de terres agricoles.

Gladstone Court Museum★

North Back Road - ☏ (01899) 221 050 - ♿ - www.theguidlife.net - de Pâques à fin oct. : 11h-16h30 (dim. 14h-16h30) - 2 £ - parking.

Agencé en rue marchande, ce musée insolite est une authentique évocation de la vie quotidienne au siècle dernier. Originale et distrayante, la disposition des nombreux locaux commerciaux nous transporte d'une salle de classe à une banque, d'une quincaillerie à l'échoppe d'un bottier, d'un standard téléphonique au studio d'un photographe ou à la boutique d'un droguiste.

Greenhill Covenanting Museum★

(01899) 221 050 - ♿ - de Pâques à fin sept. : w.-end 14h-16h30 ; reste de l'année sur demande - 1 £ - parking.

Les objets et souvenirs exposés dans cette ferme du 17e s. reconstruite évoquent les persécutions religieuses de l'**époque du Pacte solennel**. L'obligation d'utiliser la liturgie anglicane (exemplaire du *Book of Common Prayer* à l'étage) à la cathédrale St Giles d'Édimbourg précipite la signature du Pacte en 1638 (une copie des documents établis à Biggar se trouve en haut de l'escalier) lorsque les Covenantaires s'engagent à défendre les options de l'Église presbytérienne. Le conflit qui oppose alors Covenantaires et royalistes se prolonge jusqu'aux années 1680. Forte d'une puissante ligue covenantaire, la région du sud-ouest de l'Écosse est riche de souvenirs évoquant les évictions de ses pasteurs, les réunions illégales se déroulant en plein air, les escarmouches et certains martyrs.

Moat Park Heritage Centre

(01899) 221 050 - www.theguidlife.net - ♿ - de Pâques à fin sept. : 11h-16h30 (dim. 14h-6h30) - 2 £ - parking.

Ce musée local illustre l'histoire de la haute vallée de la Clyde.

Biggar Gasworks Museum

(01899) 221 070 - www.theguidlife.net - ♿ - 14h-17h, dim. 12h-17h - 1 £ (enf. 50 p.).

Ce musée évoque les petites usines à gaz, courantes avant l'avènement du gaz naturel. De 1839 à 1973, on s'est servi du charbon pour fournir du gaz. Le procédé consistait à chauffer le charbon pendant 6 heures dans des cornues de fonte, d'argile réfractaire ou de silice, pour distiller un gaz qui était ensuite lavé, nettoyé et purifié avant d'être stocké dans des citernes, vision naguère familière dans de nombreuses villes.

World of Puppets

(01899) 220 631 - www.purvespuppets.com - ♿ - se renseigner pour horaires et réserv. (en fonction des spectacles) - salon de thé, aire de pique-nique.

La vieille remise d'une demeure victorienne a été miraculeusement transformée en un ravissant théâtre de marionnettes au plafond constellé d'étoiles, avec pour caryatides le pantin Punch et sa femme Judy. Les spectacles sont conçus pour plaire à tous. Le petit **Puppet Museum** relate l'histoire de cet art et initie les visiteurs aux secrets du marionnettiste.

Broughton

À 11 km à l'est de Biggar par la B 7016.

Avec ses jardins soigneusement entretenus, dont le Beechgrove Garden est un exemple éclatant, Broughton est un village soigné et coloré. Le **John Buchan Centre** – *(01899) 221 050 - de Pâques à fin mai et sept. : 14h-17h - 1,50 £ - parking* –, dans la vieille église, est un hommage à l'écrivain et homme d'État **John Buchan** (1875-1940), qui, en tant que 1er baron de Tweedsmuir, fut gouverneur général du Canada entre 1935 et 1940. Ayant passé ses vacances dans la région, Buchan lui resta fidèle et la prit souvent pour cadre de ses romans. On lui doit *Les Trente-Neuf Marches* (1915), rendu célèbre en 1935 par le chef-d'œuvre du grand cinéaste Alfred Hitchcock. Sur un coteau au-dessus du village, **Broughton Place** (galerie de peintures, de gravures et d'artisanat) fut construite vers 1930 par Basil Spence sur le site de la demeure de « M. Evidence » Murray, secrétaire du prince Charles Édouard Stuart – *(01899) 830 234 - www.broughtongallery.co.uk - ♿ - de déb. avr. à Noël : 10h30-18h - gratuit.*

Si vous devez rentrer à Glasgow, évitez de reprendre la même route. Retournez à Biggar, prenez la A 702 vers Abington. Rejoignez l'autoroute M 74. En route, faites un crochet par Douglas (bien indiqué).

Douglas

Les rues et ruelles sinueuses reflètent encore l'origine médiévale du village.

St Bride's Church

HS - clé disponible au n° 2 Clyde Road, derrière l'hôtel.

À côté du clocher octogonal, dont l'horloge aurait été offerte par Marie Stuart, se dresse le **chœur**, dernier vestige de l'église du 14e s. L'édifice abrite les sépultures de la famille Douglas, maison qui rivalisa en force et en richesse avec celle des premiers Stewart durant les 14e et 15e s. Quelques **tombes** médiévales sur la gauche : « le Bon » **sir James**, tué par les Maures alors qu'il emportait le cœur de Bruce en Terre sainte ; au-delà, le 2e duc de Touraine et maréchal de France, repose sous un arc ogival à crochets. Le cimetière offre une belle vue sur la rivière de Douglas, et, à droite, sur les bois du domaine ancestral des Douglas où se dressait leur château. Rasé par son propriétaire, « le Bon » sir James, il fut reconstruit par les Anglais avant que le premier et seul duc de Douglas n'entreprenne de construire un manoir qui devait surpasser celui du duc d'Argyll à Inveraray *(voir ce nom p. 298)*. L'ambitieux projet n'accoucha que d'une seule aile, qui fut détruite en 1937 par l'affaissement d'une mine.

La vallée de la Clyde pratique

Informations utiles

Hamilton – *Road Chef Services - (01698) 285 590 - 10h-17h, dim. 12h-17h.*

Lanark – *Horsemarket - Ladyacre Road - (01555) 661 661 - 10h-17h - fermé dim. en hiver.*

Biggar – *155 High St. - (01899) 221 066 - www.townofbiggar.com - lun.-sam. 10h-17h, dim. 12h-17h - fermé fin sept.*

Transports

Trains et bus – Depuis la gare centrale de Glasgow, train vers Lanark (terminus). De là, bus 191 vers Biggar. Biggar est aussi relié à Édimbourg ou Peebles par bus.

Voiture – Quittez Glasgow par la M 74 puis suivez les panneaux *Clyde Valley Tourist Road* (A 72) qui dessert toutes les curiosités jusqu'à Lanark.

Se loger

ROSEBANK

BW Popinjay Hotel – *Lanark Road - (0155) 860 441 - www.popinjayhotel.co.uk - P - 38 ch -* . Dans un village non loin de Lanark, cet hôtel propose des chambres fonctionnelles et agréables. Le bâtiment, coloré et boisé, est remarquable.

LANARK

Summerlea B&B – *32 Hyndford Road - (0155) 664 889 - elsie@elsiedickie.wanadoo.uk - P - 4 ch. -* . Charmante maison sur la route de New Lanark et à deux pas du Tourist Information Office. Chambres et parties communes confortables et colorées (lavande, vert, jaune). L'accueil comme le petit-déjeuner sont généreux.

NEW LANARK

Youth Hostel – *(0870) 004 1143 - www.syha.org.uk - 68 lits - mars-oct.* Des lits bon marché dans un bâtiment classé. Équipements et aménagement modernes et impeccables.

Mill Hotel - *(0155) 667 200 - www.newlanark.org - P - 38 ch. - - .* Vous dormirez ici au cœur du site classé par l'Unesco. Les chambres aux couleurs chaleureuses offrent tout le confort souhaité.

Se restaurer

LANARK

Crown Tavern – *17 Hope St. - (0155) 664 639 - fermé dim.* Plus que pour l'originalité des plats, on vient ici pour le cadre (bois verni et moquettes omniprésents), une auberge typique des petits bourgs écossais, située dans la plus belle rue de la ville.

Voir aussi **Brown** pour une cuisine plus recherchée.

BIGGAR

Skirling House – *Skirling, Biggar - (01899) 860 274 -fermé janv.-fév.* Cette guesthouse confortable accueille aussi les non-résidents (sur réservation) pour le dîner servit à 20 h. Cuisine locale familiale.

Événements

Biggar Little festival – en octobre à Biggar : musique, artisanat, marionnettes. infos : *www.biggar-little-festival.com.*

Classic Car Rally– en août, à Chatelherault, un défilé de voitures anciennes dans ce superbe parc. Infos : *www.eventslanarkshire.org.uk*

Dunbar

6 354 HABITANTS
CARTE GÉNÉRALE RABAT II D3 - CARTE MICHELIN REGIONAL 501 M 15
EAST LOTHIAN

Dunbar est un lieu de villégiature et un centre d'excursions situé sur la côte est du pays. Il tire son nom d'une forteresse autrefois puissante, autour de laquelle la ville a grandi. Ville natale du naturaliste John Muir, Dunbar doit aussi sa renommée à Belhaven Brewery, la plus ancienne brasserie écossaise.

- **Se repérer –** Petit port de la mer du Nord, situé à 48 km à l'est d'Édimbourg par la A 1.
- **À ne pas manquer** – John Muir's Birthplace, dans la rue principale.
- **Organiser son temps** – Consacrer une demi-journée à la visite du Centre John Muir ainsi qu'à une promenade dans la ville et le long du Cliff Top Trail, chemin qui part du port et suit la côte jusqu'à Belhaven Bay et au-delà.
- **Avec les enfants** – John Muir's Birthplace ; excursion en bateau pour observer les oiseaux de Bass Rock ; monter à bord du Concorde dans le Museum of Flight.
- **Pour poursuivre le voyage** – La région située à l'ouest de Dunbar est particulièrement pittoresque et animée tant le long de la côte que dans les Lammermuir Hills (voir les circuits 2 et 3). Par contre, la route côtière à l'est de Dunbar parcourt une région plus sauvage.

B. Coleman / PHOTONONSTOP

Vous pourrez observer des fous de Bassan dans la réserve de Bass Rock, à l'est de Dunbar.

Comprendre

Les batailles de Dunbar – Situé sur la route principale de la côte est et sur la voie des invasions, ce site fut le théâtre de deux importantes défaites écossaises. Au début de la guerre d'Indépendance, et durant sa première campagne contre les Écossais, Édouard Ier mit à sac Berwick ; puis il infligea une défaite à l'armée écossaise près de Spott (1296).

La bataille de 1650 eut lieu au cours de la campagne menée par Cromwell pour soumettre l'Écosse. Le général des Covenantaires, David Leslie, disposait d'une armée supérieure en nombre, mais abandonna sa position privilégiée sur Doon Hill pour devenir la proie de l'armée de Cromwell, menée alors par le général Monck.

Se promener

Parish Church

℘ (01368) 863 316 - ouv. sur RV.

Cet édifice de grès rouge et sa tour proéminente furent élevés en 1821 par Gillespie Graham pour remplacer la collégiale bâtie en 1342 par le 10e comte de Dunbar. Cette église paroissiale a été restaurée avec finesse après un incendie en 1988. À l'intérieur

SE LOGER

Hillside Hotel .... ①

The Barns Ness Hotel .... ④

Woodside .... ⑦

SE RESTAURER

Food Hamper .... ①

The Creel Restaurant .... ④

Umberto's Italian Restaurant ..... ⑦

se trouve l'imposant **monument funéraire** de marbre et d'albâtre de George Home (1556-1611), favori de Jacques IV ; celui-ci ne jurait que par son « Dodie », qu'il créa comte de Dunbar, auquel il confia les affaires de l'État écossais et qui le seconda pour faire triompher la cause de l'épiscopat. Ce monument extrêmement complexe représente le comte grandeur nature, agenouillé dans son costume de chevalier de la Jarretière et entouré d'hommes d'armes.

Dunbar Town House Museum★

High St. - ✆ (01368) 863 734 - www.dunbarmuseum.org - avr.-oct. : 12h30-16h30 - entrée libre.

Ce beau bâtiment en moellons du 17e s., agrémenté d'une tour octogonale coiffée d'un clocher et d'un pignon à redents, abrite un petit musée d'archéologie et d'histoire locale.

John Muir's Birthplace★

126 High Street - ✆ (01368) 865 899 - www.jmbt.org.uk - avr.-oct. : 10h-17h, dim. 13h-17h ; nov.-mars : tlj sf lun.-mar. - gratuit.

C'est ici que John Muir naquit et qu'il passa les toutes premières années de sa vie. La campagne environnante lui inspira l'amour de la nature bien avant que sa famille n'émigre vers le Nouveau Monde. La maison a été transformée en un centre interactif attrayant consacré à la vie et à l'œuvre de ce pionnier de la géologie, explorateur, naturaliste et conservateur par excellence, qui fut l'instigateur des parcs nationaux américains. Le rez-de-chaussée illustre l'enfance de John Muir à Dunbar ; au premier étage on le retrouve de l'autre côté de l'Atlantique, dans une ferme du Wisconsin, puis à l'université et découvrant la Yosemite Valley, tandis que le dernier étage relate sa vie de voyageur et d'écrivain, sa lutte pour la préservation des grands espaces sauvages et son amitié avec le Président Roosevelt.

Longtemps inconnu en Écosse, John Muir est aujourd'hui reconnu comme un des pionniers de la protection de la nature.

Lauderdale House

Cet hôtel de grès rouge domine l'extrémité nord de High Street. À la fin du 18e s., le comte de Lauderdale *(voir Lauder p. 117)* chargea Robert Adam d'apporter quelques modifications au bâtiment d'origine. Typique des réalisations de ce virtuose du classicisme, la façade ouvrant sur High Street se signale par de nombreux détails ornementaux. La façade sud est marquée par un portique d'entrée en plein cintre créé par Adam.

Dunbar Castle

Irrégulières et rouges, les ruines qui dominent le port sont les seuls vestiges de l'un des châteaux forts les plus importants sur le plan stratégique de l'époque médiévale.

La forteresse subit de multiples assauts, et l'épisode le plus marquant de son histoire est incontestablement l'ardente défense que soutint en 1339 « Black Agnes », comtesse de March et de Dunbar, contre les troupes anglaises conduites par Salisbury. Le Parlement écossais ordonna sa démolition en 1567, l'année même où Marie Stuart, reine d'Écosse, s'y rendit avec Darnley.

Le port

Le **nouveau port**, ou **Victoria Harbour**, fut inauguré en 1842 pour recevoir un nombre croissant de navires de commerce et de pêche. L'arrivée du chemin de fer, quatre ans plus tard, provoqua cependant le déclin des activités portuaires. Yellow Craig, maison couverte de tuiles rouges et surmontée d'une lucarne, contraste avec l'architecture moderne de l'ensemble résidentiel, le Basil Spence Housing Complex, construit entre les deux ports. Le **vieux port,** qui comporte des quais pavés et des remparts en ruine, fut construit par Cromwell en 1650.

Circuits de découverte

LA CÔTE SUD JUSQU'À BURNMOUTH 1

Circuit de 80 km. Quitter Dunbar par la A 1087 en direction de Berwick-on-Tweed. Parcourir environ 11 km, tourner à droite vers Dunglass puis encore à droite à East Lodge et suivre la petite route jusqu'aux ruines.

Dunglass Collegiate Church

Accès libre. Le merveilleux décor verdoyant rehausse les tons patinés et les formes doucement polies de la maçonnerie. Les fondations furent établies en 1450 par sir Alexander Hume : le bâtiment original se composait uniquement d'une nef et d'un chœur, auxquels furent ajoutés peu après la tour et le transept. Bien qu'il servît d'étable au 18e s., cet édifice en gothique tardif a conservé tout son charme et des sculptures décoratives de qualité. Par son chevet carré, sa couverture en dalles de pierre et ses contreforts angulaires, c'est un bel exemple d'édifice religieux du 15e s.

Reprendre la A 1 vers le sud et tourner à droite au rond-point suivant.

Cockburnspath

Le charmant village de « Copath », placé juste à l'écart de la A 1, est le berceau de **John Broadwood** (1732-1812), ébéniste et cofondateur de la fabrique des célèbres pianos. Vers 1880, le village devint le centre d'une colonie de peintres : des artistes de l'**École de Glasgow** y venaient, notamment James Guthrie, E. A. Walton et Joseph Crawhall. Le Southern Upland Way, un sentier de 341 km, relie ce village à Portpatrick situé sur la côte ouest *(voir p. 129)*.

Croix de marché – Elle fut élevée en 1503 pour célébrer le mariage de Jacques IV avec la princesse Margaret Tudor, à qui il donna en douaire les terres de Cockburnspath. Le fleuron, poli par le temps, représente le chardon et la rose.

Église – D'un plan simple, l'église présente toutefois à son extrémité occidentale une inhabituelle tour ronde antérieure à la Réforme. Les parties hautes datent du 19e s. On remarquera les contreforts angulaires dont l'un est orné d'un cadran solaire, la dalle de pierre couvrant la sépulture d'Arnott (extrémité est), ainsi que la galerie intérieure réservée aux seigneurs.

Pease Bay

À 1,6 km à l'est par la A 1 jusqu'à Cove, puis une route secondaire à droite.

Des rochers de grès rouge surplombent la très belle plage de sable entièrement occupée par un camping. Un peu plus loin vers l'est se trouve Siccar Point, le site géologique décrit par **James Hutton.**

Revenir au rond-point et, un peu plus loin, prendre la A 1107 à gauche. Une route secondaire mène à Dowlaw Farm et aux ruines du château de Fast (15mn de marche en descente par un sentier abrupt et souvent pierreux. Il est recommandé d'être très prudent).

Fast Castle

L'enceinte franchie, on découvre du haut de la falaise une belle **vue** vers l'ouest sur le littoral et ses falaises de grès rouge. Les quelques vestiges déchiquetés du château occupent un **site★★** audacieux. Perchés sur un rocher escarpé surplombant la mer, les murs se confondent avec la paroi de la falaise. Cette forteresse imprenable date du 16e s. *(fouilles en cours pour déterminer d'éventuelles origines plus anciennes)*. On retrouve ce château sous le nom de Wolf's Crag dans *La Fiancée de Lammermoor* de Walter Scott.

Reprendre la A 1107 jusqu'à Coldingham.

Coldingham

Ce village à l'intérieur des terres est surtout connu pour son **prieuré** – *✆ (01890) 771 820/420 - www.stebba-coldinghampriory.org.uk - juil.-août : merc. et dim. 14h-16h ; mai-oct. : merc. 14h-16h - parking* – fondé en 1098 par le roi Edgar pour des moines bénédictins. L'église paroissiale occupe le chœur d'un édifice des 12e et 13e s.

À Coldingham emprunter la B 6438 vers la côte. La route surplombe la côte rocheuse et serpente à travers une region d'élevage où les moutons côtoient les bovins à poil long.

St Abb's

La grande église en haut de la falaise permet de repérer avec précision cet attrayant village de pêcheurs concentré autour de son port. Il y a de nombreuses promenades dans les environs, le long de sentiers qui courent au sommet des falaises vers la baie de Coldingham au sud et la pointe de St Abb's au nord.

St Abb's Head National Nature Reserve★★

Accès par une route signalée sur la gauche de la B 6438, juste avant d'entrer à St Abb's - NTS - ✆ (01890) 771 443 - www.nts.org.uk - possibilité de promenades guidées - Reserve Centre : de fin mars à fin oct. : 10h-17h - parking (2 £).

Couvrant 81 ha, la **réserve naturelle** inclut différents habitats : prairies côtières, rivages de sable et de rochers, falaises. Elle renferme un lac artificiel, le Mire Loch, ainsi que le célèbre point de repère que constitue la pointe. Les falaises, quelques-unes des plus belles de la côte est, dépassent parfois 91 m de haut et offrent de multiples refuges pour les oiseaux (guillemots, petits pingouins, macareux, fulmars, goélands). Il est fascinant de voir ces parois abruptes couvertes d'oiseaux qui plongent et piquent en poussant des cris perçants. Le monticule à côté du phare offre un **panorama★** sur la côte sud : jusqu'à Hairy Ness vers le sud et, au nord, vers le promontoire de Fast Castle ; les jours de beau temps, on peut même apercevoir Bass Rock et la côte du Fife à l'horizon. La réserve est un sanctuaire pour les oiseaux migrateurs au printemps et à l'automne.

Reprendre la A 1107 vers Eyemouth.

Eyemouth

Port de pêche actif et lieu de villégiature populaire, Eyemouth se dresse sur la côte du Berwickshire à l'embouchure de la rivière Eye. La semaine du festival de Herring Queen est l'un des clous de la saison d'été.

Musée★ – *Auld Kirk Square - ✆ (0189) 075 1701 - avr.-sept. : 10h-16h30, dim. 10h-12h30 (juil.-août : 13h30) ; oct. : tlj sf dim. 10h-16h - possibilité de visite guidée sur demande - 2,50 £ - parking.* Les expositions donnent un aperçu de la vie rurale (agriculture, moulins à eau, charrues et forge). D'attrayantes présentations touchent tous les aspects de la vie des gens de mer : leurs maisons, leurs coutumes, leurs bateaux, leur équipement et le matériel des activités liées à la pêche. La **tapisserie d'Eyemouth**, riche en symboles, rappelle le grand désastre maritime de 1881 et raconte l'histoire de cette tragédie.

Le port – Les bateaux peints de couleurs vives s'alignent le long des quais et le **marché aux poissons** animé témoigne de l'importance de la pêche pour cette ville. Depuis le 12e s. en effet, la pêche a toujours été la principale activité d'Eyemouth. Le 14 octobre 1881, un vendredi noir, 189 hommes, dont 129 originaires d'Eyemouth, disparurent avec 19 bateaux, soit près de la moitié de la flotte de l'époque, dans la catastrophe maritime de la côte est.

Le vieux village de pêcheurs – Ce vieux quartier conserve certains des traits décrits autrefois par le révérend Daniel McIver. La contrebande y atteignit son paroxysme au 18e s. et Eyemouth fut un centre important de commerce illicite, qu'il s'agisse de vins, de spiritueux, de thé ou de tabac.

Grunsgreen Mansion – L'hôtel particulier solitaire situé sur le côté sud du port était autrefois connu comme un centre de contrebande. Il a appartenu au propriétaire de Fast Castle, Robert Logan de Restalrig (mort en 1606), qui fut impliqué dans la conspiration de Gowrie. Sept ans après sa mort, il fut exhumé, jugé et reconnu coupable.

J. Pringle / SCOTTISH VIEWPOINT

Le port de Eyemouth.

Burnmouth

À 5 km au sud d'Eyemouth. Au pied des falaises, le port et le village de pêcheurs d'origine forment un ensemble charmant. La route qui descend vers le village est escarpée et étroite et il est conseillé de klaxonner à chaque virage.

Retourner à Dunbar par la A 1.

VERS L'OUEST PAR LA ROUTE CÔTIÈRE 2

Circuit de 80 km. Quitter Dunbar par la A 199 en direction de Haddington ; un peu plus loin, prendre la A 198 à droite et tourner à gauche vers Preston Mill. Parking à proximité du moulin.

Preston Mill★

East Linton East Lothian - NTS - ✆ (01320) 860 426 - www.nts.org.uk - ♿ - du Vend. saint à fin sept. : tlj sf mar. et merc. 12h-17h ; reste de l'année sur demande - possibilité de visite guidée sur demande préalable - 5 £ - parking.

Le pittoresque **moulin de Preston** (18e s.), avec son toit de tuiles flamandes et sa maçonnerie en blocage, est l'un des rares moulins à eau fonctionnant encore en Écosse. Il cessa d'être utilisé commercialement en 1959. Sa conception serait hollandaise : l'avoine humide était séchée sur des plaques ajourées disposées dans l'étuve de forme conique, puis était précipitée dans le moulin via un plan incliné afin d'être tamisée, écrasée et moulue. La grande roue à aubes fut réalisée en 1760.

À 5mn à pied, dans un champ, le **colombier de Phantassie** présente une forme circulaire ornée de deux cordons protégeant des rats. La face sud présente des ouvertures permettant aux pigeons de s'envoler. À l'intérieur, un escalier mobile permet d'atteindre les nids.

Reprendre la A 198 vers le nord.

Tyninghame★

Très plaisant, ce village résidentiel se compose de nombreuses maisons de grès rose à étage unique. Déplacé en 1761, il occupait à l'origine les terres de Tyninghame House.

Whitekirk

Ancienne dépendance de l'abbaye de Holyrood, l'église paroissiale Ste-Marie (15e s.) est un édifice de grès rouge clair dont les pignons à redents et la tour ramassée sont typiquement écossais. La présence d'une source sacrée fit du sanctuaire un grand centre de pèlerinage, visité en 1435 par le légat du pape, Eneas Sylvius Piccolomini, le futur pape Pie II. Incendiée par des suffragettes en 1914, l'église fut restaurée par Robert Lorimer.

À l'arrière, un bâtiment à trois étages (16e s.) a peut-être servi de grange à dîme pour le stockage du grain.

La route continue en direction du nord. En haut d'une côte on découvre soudain la mer et la masse de Bass Rock au loin ainsi que les ruines du château de Tantallon.

Tantallon Castle★★

✆ (01620) 892 727 - www.historic-scotland.gov.uk - avr.-sept. : tlj 9h30-18h30 ; oct.- mars : sam.-merc. : 9h30-16h30 - fermé jeu. et vend. - 4,5 £ (enf. 2,25 £).

Les ruines imposantes du château de Tantallon, juché sur son splendide **site★★★** de falaises, continuent à défier les vagues déferlantes et les vents d'est hurlants que Scott a si justement décrits dans son poème *Marmion*.

À l'origine propriété des comtes de Fife, cette forteresse est célèbre dans l'histoire écossaise pour avoir été celle de la grande maison des **Douglas**. Il est probable que William, 1er comte de Douglas, l'ait fait construire. Les noms d'autres Douglas sont associés à ce site, comme Archibald, 5e comte d'Angus, plus connu sous le nom de « Bell the Cat », et Archibald, 6e comte d'Angus, qui y furent tous deux assiégés par leurs rois respectifs. En février 1651, le château tomba après 12 jours de bombardements aux mains du général Monck.

Élevé à la fin du 14e s. et modifié au 16e s., Tantallon compte parmi les grands châteaux à muraille. Haute de 15 m, la courtine qui relie le corps de garde aux tours circulaires isole ce promontoire inexpugnable. Cette ruine désolée et plutôt sinistre est toutefois mise en valeur par son grès rouge joliment patiné par le temps.

Côté terre, deux fossés et des remparts défendent le château ; on accédait à la cour basse par la porte extérieure aujourd'hui en ruine. Le pigeonnier du type lutrin date du 17e s. Le fossé intérieur coupe le promontoire à hauteur des courtines.

Tour médiane – À la fin du 14e s., une barbacane, caractérisée par sa pierre verte à cordons rouges, fut ajoutée au corps de garde et complétée au 16e s. par un ouvrage avancé. Les armoiries du comte d'Angus ornent la partie extérieure. Se diriger par le passage vers la porte d'origine. À droite se trouve une salle de garde, à gauche un passage vers l'escalier à vis donnant accès aux quatre étages supérieurs comprenant chacun un simple logement flanqué de petites pièces adjacentes.
Le **puits** de l'allée est profond de 32 m.

Tour est – Un escalier à vis dessert les cinq étages où l'on verra des cheminées, des bancs en pierre et des armoires murales.
Tour Douglas – 6 étages de logements semblables à ceux de la tour est surmontent un cul-de-basse-fosse.

Courtines – Épaisses de 3,5 m et hautes de 15 m, elles possèdent un chemin de ronde. À l'origine, chacune avait un escalier ouvrant sur des pièces pratiquées dans la muraille. Jadis, le chemin de ronde était couvert et bordé d'un parapet.

Cour intérieure nord – L'aile ouest comprenait des salles contemporaines, des tours et des courtines. Elle fut modifiée au 16e s. quand fut ajoutée la partie est équipée d'une cuisine et d'une boulangerie au rez-de-chaussée.

Reprendre la A 198 vers l'ouest.

Effet de brume sur Tantallon castle.

North Berwick

En entrant dans la ville, garer la voiture dans le parking du Scottish Seabird Centre, situé près de l'office de tourisme.

Sur le rivage sud du Firth of Forth, l'ancien bourg royal est un lieu de séjour et de golf populaire ; il offre un ensemble complet d'agréments : vastes étendues de sable, terrains de golf et greens, célèbre piscine chauffée en plein air, navigation de plaisance et pêche à la ligne en mer. La ville a également les faveurs des travailleurs de la capitale, qui peuvent accéder rapidement à Édimbourg grâce au chemin de fer. **Robert Louis Stevenson** (1850-1894) évoque North Berwick et ses environs dans *The Lantern Bearers*, roman où il donne vie à la région où il a séjourné, enfant, quelques étés.

Auld Kirk – Sur le promontoire du port séparant les deux plages, la première église paroissiale (12e s.) ne présente plus que de rares vestiges. Les familles Lauder et Douglas y furent inhumées. Elle fut abandonnée vers 1680 car l'entretien du pont reliant ce qui était alors le promontoire d'une île s'avérait trop onéreux.

Old Parish Church – *Kirk Port.* Cette église paroissiale aujourd'hui en ruine remplaça l'Auld Kirk au 17e s. Dans le cimetière, une stèle commémore John Blackadder, martyr covenantaire.

The Lodge – Ce bâtiment de crépi blanc (18e s.) aujourd'hui divisé en appartements était la résidence urbaine de la famille Dalrymple. Les jardins ont été transformés en parc public.

Town House – À l'angle de Quality Street et de High Street se dresse un charmant bâtiment (18e s.) doté d'un escalier extérieur et d'une tour d'horloge.

Museum – *School Road - ☎ (01620) 828 203 - www.eastlothian.gov.uk/museums - réouverture prévue pour oct. 2007.* Ce musée local consacré à l'histoire, l'archéologie et l'histoire naturelle propose également des expositions intéressantes sur le golf et ses origines, ainsi que sur les oiseaux de mer qui habitent les côtes rocheuses et les îles de la région.

The Scottish Seabird Centre★★ – *The Harbour - ☎ (01620) 890 202 - www.seabird.org - ♿ - avr.-oct. : tlj sf dim. 10h-18h ; nov.-janv. : 10h-16h, w.-end 10h-17h30 ; fév.-mars : 10h-17h, w.-end 10h-17h30 - 6,95 £ (enf. 4,50 £) - café - parking.*

Ce centre d'observation des oiseaux de mer est admirablement situé sur un petit promontoire rocheux face à Bass Rock, Fidra et la plus lointaine île de May. Toutes trois sont équipées de caméras grâce auxquelles il est possible de voir évoluer de février à novembre, en direct et de près grâce à des zooms puissants, plusieurs espèces d'oiseaux marins : fous de Bassan sur Bass Rock, macareux, guillemots et faucons pèlerins sur Fidra, macareux sur l'île de May qui abrite également une colonie de phoques gris. La salle de projection propose une série de courts films consacrés à la faune et à la flore d'Écosse. Un nouvel espace dédié à l'environnement et aux dangers qui le menacent a été ouvert récemment.

North Berwick Law – 187 m - *à 1,5 km au sud du centre-ville par Law Road - sentier bien balisé et jalonné de bancs.* Autre colline volcanique et point de repère du Lothian oriental, le North Berwick Law offre un **panorama★★★** *(table d'orientation)* jusqu'à St Abb's Head, sur les collines de Lammermuir, le Traprain Law et les collines de Garleton adossées aux Moorfoots et aux Pentlands (par beau temps, on peut apercevoir le Ben Lomond), ensuite le Forth, les Ochils et les Grampians avec l'East Neuk of Fife. Il sert chaque année en août de cadre à une course de côte.

Bass Rock

☎ (01620) 892 838 - mai-sept. (selon les conditions météorologiques) - se renseigner pour les tarifs - parking.

À l'entrée du Firth of Forth, à 5 km de North Berwick, la forme ronde de cette colline volcanique s'élève à 107 m au-dessus du niveau de la mer. Elle est maintenant équipée d'un phare et d'une corne de brume pour réguler la navigation sur le Forth. Son rôle a varié à travers l'histoire : ce fut une retraite pour saint Baldred, une forteresse, une prison pour les Covenantaires (Peden, John Blackadder, et Trail), et, enfin, la dernière place forte vouée à la cause des Stuarts (1691-1694). C'est actuellement un sanctuaire pour une myriade d'oiseaux de mer.

Suivant le temps, une excursion en bateau permet d'observer cette faune de près. Chaque fissure ou saillie de ces falaises verticales renferme un oiseau de mer, que ce soit un guillemot, un petit pingouin, un cormoran, un macareux, une hirondelle de mer, un eider, un goéland, ou le célèbre **fou de Bassan** (nom anglais : *gannet,* *voir photo p. 161*), qui tire son nom latin, *Sula Bassana,* de cette île. Seules treize réserves de fous de Bassan existent au Royaume-Uni, les plus célèbres étant celles de Bass Rock et de St Kilda.

Quitter North Berwick à l'ouest par la A 198.

« Sula Bassana »

Cet oiseau inhabituel vient à terre uniquement durant la saison de la reproduction (de février à mai) et repart en août lorsque le poussin a deux mois. Abandonnés, les jeunes oiseaux affamés descendent vers la mer où ils flottent et pataugent, protégés par leur excès de graisse; ils restent ainsi trois semaines environ avant d'apprendre à voler. Les parents couvent à tour de rôle le seul œuf pondu, en le protégeant alternativement avec leurs deux pattes palmées. Ces oiseaux, excellents plongeurs capables de descendre à 15 m pour attraper leur proie, peuvent vivre de 20 à 38 ans.

Dirleton

Village plein de charme, Dirleton groupe autour de deux vastes places herbeuses ses maisons et ses cottages des 17e et 18e s. entourés de jardins soignés. L'église, édifiée en 1612 mais modernisée à l'intérieur, est flanquée du tribunal d'instance et du traditionnel groupe scolaire. La ville doit toutefois sa réputation à son château, construit au 13e s., qui existait avant même la fondation du village et de l'église, construits pour remplacer le village de Gullane, disparu sous les sables.

Château★ – *✆ (01620) 850 330 - www.historic-scotland.gov.uk - visite 9h30 (14h30 le dim. d'oct. à mars)-18h30 (16h30 d'oct. à mars) - 4,50 £ (enf.2,25 £).* Au cours de l'histoire écossaise, cette forteresse appartint aux familles de Vau, Halyburton et Ruthven, et connut un sort identique à celui du château voisin de Tantallon *(voir p. 166)*, qui fut assiégé par les soldats de Cromwell en 1650.
S'élevant sur une butte rocheuse, le château possède des **jardins** charmants. À gauche de l'entrée, la **partie du 13e s.** comprenant trois tours entoure une cour plus petite. La tour ronde à deux étages contient deux logements; le premier est éclairé par des archères, le second, ou chambre du seigneur, possède des bancs de pierre, une cheminée à grande hotte et une antichambre. Le **logis Ruthven**, construit au 16e s. côté nord contre la partie du 13e s., surplombe la cour principale; il est embelli de bandeaux en saillie, de fenêtres droites et de meurtrières rondes. L'aile est, dite **aile Halyburton** (fin 14e-15e s.), fut bâtie autour de la courtine du 13e s., reliant deux tours contemporaines maintenant réduites à leurs fondations. Jadis entrée principale, elle était munie de meurtrières et abritait une salle des gardes sur la droite et une chambre de herse. Dans la cour, des portes permettent l'accès à la boulangerie, aux caveaux et finalement à la chapelle; au-dessus de la grande salle, une pièce impressionnante comprend un buffet, une estrade et de grandes fenêtres en alcôve. Au-delà se trouvent la chapelle et la sacristie.
Au fond du jardin, on peut voir le colombier en forme de ruche.

Gullane

Avec ses cinq parcours de golf, ce paradis du golfeur est connu pour le célèbre Muirfield Course, siège de l'Honorable Compagnie des golfers d'Édimbourg qui date de 1744; c'est également un lieu de rendez-vous régulier du British Open Golf Championship. De plus en plus populaire auprès des habitants d'Édimbourg, Gullane possède une plage de sable fin qui en fait un lieu d'excursion prisé pour la journée.

Une fois passé le Peffer Burn, un ruisseau, emprunter dans un virage sur la droite de la A 198 la petite route à gauche.

Myreton Motor Museum

À l'est d'Aberlady - ✆ (01875) 870 288 - ♿ - mars-nov. : 11h-16h; déc.-fév. : w.-end 11h-15h ou sur demande - 6 £ (enf. 3 £).
Ce petit musée privé présente une variété d'automobiles, de motos et de bicyclettes, toutes en parfait état de marche. Le visiteur n'y retrouvera pas le soin rutilant qu'offrent habituellement les musées de ce type, mais pourra se laisser séduire par l'aspect plus anecdotique de la collection, en appréciant entre autres : une Galloway décorée du chardon (1926), un autocar Ford à 14 places (1920), l'Eve (1892) de A. Benz, la plus vieille voiture d'Écosse, la Standard Beaverette aux lignes futuristes, et le Bollee Motor Tricycle (vers 1896) qui appartint à Mr Rolls.

Revenir sur la A 198 que l'on prend à gauche.

Aberlady

Aujourd'hui centre de golf et cité dortoir en expansion, cette agglomération était, au 12e s., le port du bourg royal d'Haddington *(voir ce nom p.170)*. Ses rues sont parfois bordées de maisons du 19e s., construites dans le style néogothique.

Une fois hors d'Aberlady, la route longe le mur d'enceinte de **Gosford House**, située sur la gauche ; derrière le mur d'enceinte se dressent des arbres sculptés par le vent en des formes étranges. La baie de Gosford se trouve à droite (plusieurs parkings permettent d'accéder à la plage, notamment le parking gratuit de Ferry Ness).

La A 198 tourne à gauche vers Longniddry. Traverser le village, la route (4 voies) longe la voie ferrée. L'église collégiale de Seton est signalée sur la droite (parking à gauche un peu plus loin).

Seton

Collegiate church – *HS - ✆ (01875) 813 334 - www.historic-scotland.gov.uk - avr.-sept. : 9h30-18h30 - 3 £ (enf. 1,50 £).*
Cette église est un bel exemple de gothique écossais tardif. Parmi les caractéristiques extérieures, on remarque la toiture de lauses et des arcs-boutants couronnés de pinacles et ornés de dais aveugles. L'ensemble est dominé par une tour ramassée dont la flèche est tronquée.

Intérieur – La voûte en berceau brisé datant de la fin du Moyen Âge bénéficie d'un éclairage très agréable. À hauteur du chevet polygonal, la plus ancienne partie de l'édifice, des nervures ouvragées tombent sur des corbeaux sculptés. Voir la stalle du mur sud, la piscine (15e s.), l'enfeu (15e s.) et les gisants.
La voûte d'ogives de la croisée repose sur des piliers dont les chapiteaux sculptés portent des pampres, des feuilles de palme et des motifs en chardon.
Le transept du 16e s. est également couvert d'une voûte en berceau brisé ; des enfeus sont visibles à l'extrémité de chaque bras.

Seton House

Cette gentilhommière *(privée)* fut construite par Robert Adam au 18e s. Elle s'élève à l'emplacement de Seton Palace, magnifique bâtiment du 16e s. qui fut la résidence de la famille **Seton**, notamment du 6e lord Seton, l'un des plus fervents partisans de Marie Stuart. La sœur de lord Seton fut dame de compagnie de la reine (l'une des « quatre Marie » bien connues des Britanniques). Quelques fragments sculptés provenant du palais sont exposés à l'angle nord-est du parc.

Reprendre la A 198 et tourner à gauche vers Tranent puis encore à gauche vers Dunbar le long de la A 199. Au-delà de Haddington, prendre la B 1347 à gauche vers le National Museum of Flight.

National Museum of Flight★

Sur l'aérodrome de East Fortune - ✆ (01620) 880 308 - www.nms.ac.uk/flight - juil.-août : 10h-18h ; avr.-juin et sept.-oct. : 10h-17h ; nov.-mars : w.-end 10h-16h - 5 £ y compris The Concorde Experience, 8 £ avec le Concorde Boarding Pass (réserv. indispensables) - cafétéria - parking gratuit.
Antenne des National Museums Scotland, ce vaste hangar abrite une collection d'avions, dont un Puss Moth (1930), un biplan DH Dragon à châssis de bois, un chasseur allemand Komet (1944) à moteur-fusée, un Spitfire de 1945 et un chasseur supersonique Lightning.
Des expositions présentent des simulateurs de vol, des moteurs d'avion, un tableau de bord, des maquettes et une section s'intéressant au développement de l'aviation de chasse de 1914 à 1940, avec pour point culminant la bataille d'Angleterre et des appareils aussi connus que le Spitfire, le Hurricane, le Heinkel et le Messerschmitt.
Le dirigeable exposé a pour noms Tiny (le minuscule) ou **HM Airship R 34**. C'est depuis ce terrain que ce « plus léger que l'air » s'éleva pour sa double traversée historique de l'Atlantique en 1919.
Un nouveau hangar plus spacieux présente 18 autres avions dont un Comet et un bombardier Vulcain.
Un autre hangar consacré à la **Concorde Experience** relate l'aventure du Concorde à travers la vie de ceux qui eurent la chance d'œuvrer à sa construction et de voyager à bord du premier avion supersonique de ligne. Il est possible de monter à bord en réservant un Concorde Boarding Pass, d'admirer l'intérieur d'origine, les instruments du poste de pilotage et de découvrir la technologie qui rend possible les vols supersoniques.

Rejoindre la A 199 et tourner à gauche vers Dunbar.

LES LAMMERMUIR HILLS★★ 3

Circuit de 60 km.

Les contreforts septentrionaux de cette contrée vallonnée abritent de charmants villages. Les tuiles des toits et le beau grès rouge sont deux éléments déterminants de cette belle harmonie.

Quitter Dunbar par la A 199 vers l'ouest, tourner à gauche à East Linton puis immédiatement à droite après avoir franchi la A 1.

Hailes Castle

Pencraig, près d'Haddington - ✆ (01316) 688 800 - www.historic-scotland.gsi.gov.uk - visite toute l'année (demander la clé au gardien) - entrée libre.

Cette forteresse en ruine, qui tire pleinement profit de la saillie rocheuse qui domine la Tyne, appartint aux Hepburn, notamment **James, 4e comte de Bothwell**, 3e époux de Marie Stuart. On dit qu'ils s'y reposèrent en avril 1567 alors qu'ils se rendaient à Dunbar Castle. Le Law Lord (spécialiste juridique de la Chambre des lords) David Dalrymple, également connu sous le nom de lord Hailes, en fut également propriétaire et se rendit célèbre par les baux de très longue durée qu'il accordait à ses fermiers.

La partie centrale et la section basse de la courtine qui longe la rivière relèvent de l'ouvrage original du 13e s. À l'ouest, les additions du 14e s. comprennent la tour, la courtine d'entrée et un cul-de-basse-fosse qui consiste en un sous-sol voûté surmonté de logements. Au 15e s., d'autres bâtiments furent ajoutés entre les deux tours ; parmi les vestiges, on reconnaît un fournil et une chapelle.

Au sud, la pointe volcanique de **Traprain Law** (239 m) contraste avec le paysage. Site défensif séculaire, cette éminence fut sans doute la capitale d'une tribu britannique, les Votadini. Cette pointe est célèbre pour le **trésor de Traprain**, qui fut enterré au 5e s. et découvert en 1919 ; ce trésor de vaisselle romaine est visible au Royal Museum of Scotland d'Édimbourg.

Continuer vers Haddington le long de la route parallèle à la A 1.

Haddington★

Ce joli bourg marchand, situé sur les rives de la Tyne, grandit autour du palais royal où naquit Alexandre II en 1198. La protection royale concerna également la ville, devenue bourg royal grâce à David Ier, lui-même à l'origine de l'établissement de deux communautés monastiques. Afin de permettre au bourg d'exercer ses privilèges commerciaux, Aberlady, établie à 8 km au nord, devint le port de la ville. L'insécurité qui suivit la guerre d'Indépendance entraîna le déclin du commerce. Dès le 16e s. pourtant, Haddington était devenue la quatrième ville d'Écosse. Puis la Réforme provoqua la destruction des monastères et les luttes qui s'ensuivirent poussèrent les habitants à construire un rempart vers 1604. Au 18e s., la ville connut son âge d'or avec une prospérité croissante engendrée par les progrès agricoles. Le Lothian oriental, toujours à la pointe dans ce domaine, vécut de nombreux changements durant la première moitié du 18e s., grâce aux efforts de précurseurs comme Fletcher et John Cockburn d'Ormiston.

Centre-ville

La première place du marché de ce bourg royal était coincée entre Market Street, Hardgate Street, High Street et Court Street. Les citoyens y construisirent des maisons à pignons, avec des passages couverts menant aux remparts de la ville.

Puis, au 16e s., des maisons adossées les unes aux autres furent construites dans le centre, donnant la disposition actuelle. Les bâtisses elles-mêmes furent souvent ravalées ; dans certains cas, un nouvel agencement des fenêtres fut assorti à un fronton terminé par une cheminée. Les rues bordées de quelques bâtiments de moellons, certains crépis et peints, ont toutes acquis une certaine harmonie de couleurs depuis le programme de conservation de 1962. Il existe une variété d'enseignes de magasins en fer forgé.

High Street★ – Le côté sud arbore une ligne continue de façades, avec des tailles, des styles et des couleurs variés, coiffées de toits diversement inclinés ; seules quelques impasses interrompent cet alignement de maisons.

La croix de marché sur laquelle est dessinée la chèvre d'Haddington est une réplique du 19e s. Noter en particulier le n° 27 pour sa cheminée décorative, le n° 31 pour les pierres angulaires de la lucarne, ainsi que les nos 43 et 45, où une tourelle d'escalier dessert trois étages.

Lodge Street – Prolongement de High Street, cette rue étroite associe des styles très contrastés. **Carlyle House** – nom impropre pour un palais italien surchargé d'ornements – possède une façade de style 18e, et s'oppose de manière frappante à la maison qui la jouxte de style local avec une jolie fenêtre vénitienne.

Le passage couvert intermédiaire conduit à la maison d'enfance de Jane Welsh, la femme de Thomas Carlyle. Elle héberge un petit **musée** présentant certains souvenirs des Carlyle – *℘ (01620) 823 738 - avr.-sept. : merc.-sam. 14h-17h - entrée payante.*

Town House – Cet édifice auquel William Adam (1748) conféra une dignité solennelle avec son fronton et ses pilastres encadrant une fenêtre vénitienne exprime la grandeur d'une ville qui prospéra grâce à la révolution agricole. Le clocheton fut ajouté en 1831.

Court Street – Cette rue bordée d'arbres est longée au nord par de splendides hôtels particuliers, tel celui de la Bank of Scotland de la fin du 18e s. En face se trouvent la Bourse du blé, de 1854, et les bâtiments du Conseil, dessinés par William Burn et situés sur le site de l'ancien palais royal.

Market Street – Des édifices à trois ou quatre étages (fin 18e-début 19e s.) ferment le troisième côté du triangle qui déterminait initialement le marché de ce bourg royal. Quelques pignons ont été remplacés par de nouvelles façades, sauf au n° 32. Charmant ensemble représentatif de l'architecture locale, **Mitchell's Close** (rénové en 1967), légèrement au nord, est avec sa maçonnerie en blocage, ses tuiles faîtières, ses lucarnes et ses degrés plus typiques du 17e s.

Hardgate – Remarquer **Kinloch House**, avec son pignon de style hollandais, caractéristique des demeures de propriétaires fonciers du 18e s. Face au George Hotel, la pierre d'octroi (Custom Cross) marque l'endroit où l'on acquittait des taxes au Moyen Âge.

Les bords de la Tyne

Church Street – Sur la droite se dresse un charmant édifice à trois étages, l'ancienne Grammar School et bibliothèque, qui allie la rigueur du style georgien à la douceur d'une maçonnerie en blocage et à la qualité de ses motifs décoratifs. En face, l'église occupe l'emplacement où se situait primitivement la « Lampe du Lothian » qui appartenait au monastère franciscain fondé en 1138 par Ada, femme du prince Henry. La rue mène aux berges de la rivière où le très solide **Nungate Bridge** (16e s.) aux éperons en tiers-point offre une belle vue en amont vers l'église Ste-Marie. L'autre rive était jadis occupée par une abbaye cistercienne dont elle prit le nom.
Connu sous le nom de Lady Kitty's Garden, le jardin clos possède un **colombier** cylindrique *(transformé en centre d'interprétation)* ; au Moyen Âge, ce terrain servait à l'entraînement des archers et même à jouer aux boules.

St Mary's Parish Church – *℘ (01620) 823 109 - ♿ - Pâques, mai-sept. : 11h-16h, dim. 14h-16h30 ; reste de l'année : se renseigner par téléphone - possibilité de visite guidée - brochure en plusieurs langues - entrée libre.*
Entourée d'un cimetière, cette église (fin 14e-début 15e s.), faite collégiale en 1540, a remplacé une église plus modeste édifiée en 1134. Suite à de multiples inondations et à des incursions successives, cet ouvrage long de 63 m (34 m au transept) se détériora au point que sous la Restauration l'église n'était plus utilisée comme lieu de culte. Entre 1808 et 1811, la nef fut fortement modifiée, puis le chœur fut restauré de 1971 à 1973. La tour tronquée de la croisée soutenait jadis une flèche couronnée. Tel qu'à l'origine, le chevet présente des contreforts de grès rouge ornés de gâbles. Cette pierre contraste avec la pierre grise des pinacles à fleurons coiffant les contreforts de la nef, qui datent des modifications apportées au début du 19e s.
Restaurée, la voûte de la nef (19e s.) a remplacé la couverture en bois ; le chœur a été recouvert d'une voûte en fibre de verre.
Agrandie en 1895, la fenêtre sud du bras sud du transept contient un vitrail de Burne-Jones. Le bas-côté Lauderdale abrite le **monument Lauderdale** (17e s.) dont les gisants en albâtre représentent John Maitland, 1er lord Thirlestane, sa femme Jane Fleming, leur fils John, 1er comte de Lauderdale, et son épouse Isabella Seton. Dans le chœur se trouve la dalle commémorative que Thomas Carlyle dédia à sa femme Jane Welsh, native de Haddington.

Sidegate – L'édifice le plus remarquable est **Haddington House** (début 17e s.). L'entrée donnant sur la rue est un ajout ultérieur ; l'entrée originale se situait sous l'escalier de la tourelle, côté jardin. St Mary's Pleasance recrée un jardin écossais traditionnel du 17e s.

Poldrate Mill – Restauré pour servir de centre social artistique, ce moulin à grains du 18e s. conserve encore sa petite roue à eau. Le moulin, ainsi que les entrepôts, les granges et les habitations des meuniers, sont tous construits avec de belles pierres couleur biscuit.

P. Tomkins / SCOTTISH VIEWPOINT/VISIT SCOTLAND

Le salon bleu de Lennoxlove House.

Lennoxlove★

À 1,5 km au sud par la B 6368 en direction de Bolton - ✆ 01620) 823 720 - www.lennoxlove.com - ♿ - réouverture prévue en juil. 2007 - se renseigner pour les horaires et les tarifs.

Lorsque les Maitland entreprirent la construction du château vers 1345, les lieux portaient le nom de Lethington. Secrétaire de Marie Stuart, **William Maitland** (1525-1573), dont la reine Élizabeth d'Angleterre disait qu'il était « la fleur des hommes d'esprit de l'Écosse » fut assurément le plus connu des membres de cette famille. Son frère John devint Grand Chancelier de Jacques VI. L'extension apportée à la vieille tour fut décidée par le 1er comte de Lauderdale et terminée par son fils, le 1er duc de Lauderdale, qui appartenait à la coterie de Charles II et possédait également le château de Thirlestane *(voir Lauder p. 117)* ainsi que Ham House, dans la banlieue londonienne. Sir William Bruce of Kinross, parent de sa deuxième femme Elizabeth, mena les travaux de rénovation de Thirlestane et Lethington.

À la mort du duc de Lauderdale, Lethington passa au fils de la duchesse, lord Huntingtower, puis fut acquis par les tuteurs de Frances Teresa Stewart, duchesse de Lennox (1647-1702), surnommée « la Belle Stewart » (en français), et l'une des nombreuses favorites de Charles II. Elle fut immortalisée en personnifiant la Grande-Bretagne sur les monnaies britanniques. Cousin de la duchesse de Lennox, Walter Stewart, le futur 4e lord Blantyre, hérita de Lethington. Une des conditions testamentaires imposait de rebaptiser la résidence, qui reçut donc le nom de Lennoxlove en souvenir de l'amour de la duchesse pour le duc de Lennox. La maison resta la propriété des lords Blantyre jusqu'en 1900, puis de leurs descendants, la famille Baird, jusqu'à ce qu'elle fût achetée en 1946 par le duc de Hamilton, raison pour laquelle on y voit maintenant de nombreux trésors provenant de la collection de Hamilton Palace *(voir Hamilton p. 155)*.

Intérieur – Les nombreux portraits font revivre le passé de cette demeure historique. La **salle en façade** recèle quelques portraits de qualité, notamment ceux attribués à Mytens représentant James, 2e marquis de Hamilton, qui accompagna Jacques VI en Angleterre en 1603, ainsi qu'un portrait par Ponsford du marquis de Huntly, oncle de Susan Beckford épouse du 10e duc de Hamilton. Sur le palier du premier étage se trouvent les portraits par Kneller de William Douglas, comte de Selkirk, et de sa femme Anne, qui lui transmit le duché de Hamilton. On y voit aussi ceux de sir William Hamilton, le célèbre diplomate collectionneur d'art, et de sa femme Emma, la maîtresse de Nelson, représentée sous trois angles différents par Angelica Kauffmann.

Les vitrines de la **salle des porcelaines** exposent des pièces armoriées du 18e au 20e s. Dans le **salon bleu**, un tableau représente William Beckford enfant. Ce collectionneur excentrique était le beau-père du 10e duc de Hamilton (1767-1852), surnommé « El Magnifico », qui fit agrandir Hamilton Palace et enrichir ses collections de meubles et de peintures. On peut voir son portrait par David Wilkie, de même que ceux des 8e et 11e ducs (celui-ci enfant) par Henry Raeburn ; celui du 8e duc évoque un pari qui le vit relier à cheval Édimbourg à Hamilton en moins de trois heures.

Plusieurs pièces sont de facture française, dont du mobilier de Courtois, un piano Pleyel, une table de chevet ayant appartenu à Napoléon, et un portrait du marquis de Marigny, le frère de Madame de Pompadour.

Dans la **chambre au petit point** se trouve un cabinet Boulle en ébène garni d'étain. Les tentures murales en damas sont décorées de broderies au petit point. Dans le **salon jaune**, un double portrait du 2e duc de Hamilton et du duc de Lauderdale réunit symboliquement les anciens et actuels propriétaires de Lennoxlove. On verra également des portraits du duc et de la duchesse de Lennox par Lely (le duc se noya au cours d'une mission diplomatique au Danemark). La **salle Stuart** est dominée par un secrétaire incrusté d'écaille, cadeau de Charles II à « la Belle Stewart ». La **grande salle** fut modifiée en 1911-1912 par Robert Lorimer. La salle de la tour contient le masque mortuaire de Marie Stuart, ainsi que son coffret de fiançailles en argent, cadeau de son premier mari, François II de France. Un portrait serait celui de John Knox.

Quitter Haddington par la A 6093 au sud-ouest.

Pencaitland

Divisé en deux par la Tyne, ce village possède une **église** paroissiale intéressante. La partie la plus ancienne est le collatéral Winton (13e s.) où le châtelain avait jadis fait aménager une galerie ; au 17e s., on a ajouté le collatéral Saltoun dont les beaux bancs de chêne datent des 16e et 17e s. Finement sculptée, la chaire (17e s.) présente une console baptismale. La section octogonale de la tour servait autrefois de colombier. Remarquer les trois cadrans solaires des contreforts du flanc sud. Sur les pierres tombales, des descriptions d'outils permettent de déterminer l'activité des défunts ; chaque entrée est dotée d'un poste de guet destiné à protéger l'enceinte des pilleurs de tombes.

Glenkinchie Distillery, située à 3 km au sud de Pencaitland, est un des rares centres de production de whisky de la région des Lowlands. Au cours de la visite, on vous expliquera que le single malt whisky produit ici se distingue de ceux du Nord par ce qu'il est sec, léger et épicé – *✆ (01875) 342 004 - www.malts.com - de Pâques à fin oct. : 10h (12h dim.)-17h ; reste de l'année : 12h-16h - fermé le w.-end - 5 £.*

À la sortie de Pencaitland, tourner à droite sur la B 6355.

East Saltoun

Ce village tout en longueur, avec son imposante église gothique et un alignement de jolis cottages, fut l'œuvre de propriétaires terriens entreprenants, les Fletcher de Saltoun Hall. Le patriote **Andrew Fletcher** (1655-1716) travailla sans relâche contre l'Union des parlements de 1707. Son frère Henry créa des entreprises de tissage, ainsi que le premier moulin à orge avec l'aide de James Meikle, qui avait rapporté la technique de Hollande. Hélas, la révolution industrielle entraîna le déclin de ce type de petites entreprises.

Continuer vers Gifford.

Gifford★

La rue principale de ce village résidentiel (fin 17e-début 18e s.) descend depuis l'église jusqu'à la croix de marché, puis tourne à angle droit pour suivre la magnifique allée de tilleuls qui monte vers Yester House *(privé)*, ancienne résidence des Hay de Tweeddale.

L'**église** (1710) qui présente un plan en forme de T est dotée d'une galerie de châtelain. Voir la chaire sculptée (17e s.) et la console baptismale.

Un monument du cimetière et une plaque murale (presbytère) évoquent la mémoire de **John Witherspoon** (1723-1794), premier président de l'Église presbytérienne, recteur de l'université de Princetown et unique ecclésiastique signataire de la déclaration d'Indépendance des États-Unis d'Amérique. Le village appartient à la ceinture périphérique d'Édimbourg, d'où l'attrait qu'il exerce sur les citadins.

Quitter par la B 6355 et peu après prendre la B 6370 à gauche. Prendre à droite une route locale pour atteindre le village de Garvald.

Garvald

Ce village possède des cottages de grès rouge, bâtis pour beaucoup vers 1780 après une inondation dévastatrice.

Reprendre la B 6370 vers le nord-est.

J. Pringle / SCOTTISH VIEWPOINT

Le village Stenton possède une très rare balance publique à balancier.

Stenton★

Ce village linéaire s'étire entre la place ouest herbeuse que domine une vieille école et la place est qui possède une rare **balance publique** utilisée à peser la laine. Dans le cimetière, la tour (16e s.), dont le couronnement présente deux pignons à redents et un colombier dans sa partie supérieure, marque l'emplacement d'une église remplacée en 1828 par une église paroissiale que William Burn conçut dans un style gothique.

Rejoindre Dunbar par la B 6370 et la A 199.

Dunbar pratique

Informations utiles

DUNBAR

Dunbar *143 High St. - ✆ (01368) 863 353* - juil.-août : 9h-19h, dim. 11h-16h ; juin et sept. : 9h-18h, dim. 11h-16h ; avr.-mai et oct. : tlj sf dim. 9h-17h.

Voiture – *Parking : une heure autorisée dans High St., stationnement prolongé au parking situé dans Victoria St.*

Poste – *High St. - 9h-17h30 (sam. 12h30) - ✆ (01368) 862 721.*

Banque – Royal Bank of Scotland - *High St. -lun.-vend. 9h15 (10h merc.)-16h45.*

Pharmacie – Aitken Pharmacy - *67 High St. - 9h-17h30 (13h sam.) - fermé dim. - ✆ (01368) 863 727.*

Centre médical – Dunbar Medical Centre - *✆ (01368) 863 226.*

Urgences – Police, pompiers, ambulance - *✆ 999 (112 à partir d'un mobile) - appel gratuit.*

Accès à l'Internet – Accès gratuit à la bibliothèque, située sur la droite de West Port en tournant le dos à High Street.

CIRCUITS

Eyemouth – *Auld Kirk, Manse Road - ✆ (0870) 608 0404 - avr.-oct. : 10h-17h, dim. 10h-13h.*

North Berwick – *Quality St. - ✆ (01620) 892 197 - se renseigner pour les horaires.*

Visites

Promenades guidées – Découvrez le Dunbar de John Muir ; renseignements à John Muir's Birthplace, *126 High St.*

Se loger

HÔTELS

Hillside Hotel – *3 Queens Road, Dunbar - ✆ (01368) 862 071 – www. hillsidehoteldunbar.co.uk - 16 ch. 26-55 £* . Hôtel familial en centre-ville avec vue sur la mer ; excellente cuisine.

The Barns Ness Hotel – *Station Road, Dunbar - ✆ (01368) 863 231 - www. barnsnesshotel.com - P - 16 ch. 40 £* . Hospitalité et cuisine écossaises traditionnelles dans cet hôtel récemment rénové.

B & B

Woodside – *13 North St., Belhaven, Dunbar EH42 1NU - ✆ (01368) 862 384 - www.dunbarwoodside.co.uk - P - avr.-sept. - 3 ch. 23-30 £* .

Chambres calmes, spacieuses et très confortables, accueil chaleureux.

Se restaurer

Food Hamper – *124 High St., Dunbar – ✆ (01368) 865 152 - 9h-17h - fermé dim. - 10 £.* Épicerie fine servant soupes, salades, quiches et sandwiches.

Umberto's Italian Restaurant – *121 High St., Dunbar - ✆ (01368) 862 354 - - 12h-21h30 - 15 £.*
Cuisine de qualité et ambiance conviviale.

The Creel Restaurant – *The Harbour, 25 Lamer St., Dunbar - ✆ (01368) 863 279 - 12h-14h et 18h-21h - fermé dim. soir, lun. et mar. - 20 £.* Bistrot du Vieux Port ; spécialité de poisson.

Sports et Loisirs

Dunbar Leisure Pool – *Castlepark - ✆ (01368) 865 456 - P - tlj 10h-17h.*

Piscine avec vagues et jets d'eau, sauna, gymnase et cafétéria.

East Links Family Park – *West Barns, Dunbar - ✆ (01368) 863 607 - P - tlj 10h-17h (18h en juil. et août) - 7 £, famille 24 £.*

Petit train, toboggan, animaux de ferme, go-carts, murs d'escalade, labyrinthe…

Sula II Boat Trips – *North Berwick Harbour - ✆ (01620) 892 838 - avr.-sept. tlj - se renseigner sur place.* Excursions commentées en bateau autour de Bass Rock pour observer de près les colonies d'oiseaux de mer.

Édimbourg★★★

Edinburgh

430 082 HABITANTS
CARTE GÉNÉRALE RABAT II C3/4 - CARTE MICHELIN REGIONAL 501 K16
CITY OF EDINBURGH

Capitale de l'Écosse, Édimbourg est une ville magnifique, ouverte et pleine de verdure, située sur un ensemble de collines volcaniques. Elle est fière de son riche passé historique, où deux villes, l'ancienne et la nouvelle, offrent un contraste frappant. Une grande variété d'attractions touristiques, une collection de riches musées et le prestigieux festival d'art incitent à visiter cette charmante cité qui voit son pouvoir renforcé en devenant à nouveau le siège du Parlement écossais.

W. Buss / MICHELIN

North Bridge avec la vieille ville et le château en arrière-plan.

- **Se repérer** – Située à 75 km à l'est de Glasgow, Édimbourg s'abrite dans le vaste estuaire du Firth of Forth qui débouche dans la mer du Nord.
- **À ne pas manquer** – Le château et la vue sur la ville et les environs depuis les remparts, la muséographie originale du Museum of Scotland, l'animation de Princes Street et l'harmonie tranquille de Charlotte Square.
- **Organiser son temps** – Compter une journée pour parcourir le Royal Mile du château au palais de Holyroodhouse, une demi-journée pour flâner le long de Princes Street bordée de magasins et apprécier le calme de la nouvelle ville au nord, une autre demi-journée pour visiter le Museum of Scotland et la National Gallery of Scotland, une demi-journée pour faire l'ascension de Calton Hill et admirer le panorama de la ville et, enfin, une demi-journée pour une excursion à Rosslyn Chapel.
- **Avec les enfants** – Le château, en particulier la nouvelle exposition permanente Prisons of War et l'énorme canon médiéval Mons Meg ; le Royal Yacht Britannia dans le port de Leith ; le Museum of Childhood ; Dynamic Earth et ses animations, Edinburgh Zoo et ses pensionnaires attachants, en particulier la colonie de pingouins.
- **Pour poursuivre le voyage** – Linlithgow et la rive sud du Firth of Forth sont aux portes d'Édimbourg ; Glasgow et les îles de la côte ouest (Arran) ne sont qu'à 80 km ; Dunbar et la pittoresque côte de la mer du Nord, paradis des oiseaux marins, est à moins de 50 km à l'est de la capitale.

Comprendre

La forteresse d'Edwin – Le rocher du château constituait sans nul doute un refuge très sûr pour les premiers colonisateurs, mais les Romains lui préférèrent les attraits de Cramond. La ville doit probablement son nom au roi Edwin de Northumbrie

(Edwinesburgh – la forteresse d'Edwin), bien que celui-ci soit mort avant que ses sujets ne s'emparent du site en 638. Castle Rock est aussi associé aux noms de **Malcolm Canmore** et de sa femme, la **reine Margaret**. Leur fils **David Ier** montra ensuite combien il appréciait le site en y érigeant l'abbaye de Holy Rood, en 1128, ainsi qu'une petite chapelle à la mémoire de sa mère. Durant la guerre d'Indépendance, l'importance stratégique du château permit de protéger le bourg en expansion, mais l'exposa aux attaques anglaises.

L'âge d'or de l'ère médiévale – Le premier mur de la ville date de 1450. Avec le règne des premiers Stuarts, Édimbourg devint successivement une résidence royale, le siège du Gouvernement et la capitale du pays. Déjà considéré comme un centre religieux important grâce à la présence de l'abbaye et de la cathédrale St Giles, l'Édimbourg du 15e s. vit construire deux églises collégiales, Kirk o'Field (1450) à l'extérieur du mur et Holy Trinity (1462), qui se dressait sur le site actuel de la gare de Waverley. Les contributions financières de la cour permirent notamment la fondation d'un collège de chirurgiens (College of Surgeons – 1505) et l'introduction de l'imprimerie en 1507. Quelques-unes des plus anciennes œuvres imprimées furent celles des poètes de la cour, **William Dunbar** (1460-1520) et **Gavin Douglas** (1475-1522) ; tous deux utilisaient la langue locale avec talent et appartenaient à un groupe de poètes appelés les Makars.

Cet âge d'or s'acheva avec la bataille de Flodden, où l'armée écossaise compta parmi ses morts le roi et le prévôt d'Édimbourg. Les habitants de la ville s'empressèrent alors de construire **le mur de Flodden.** Achevée en 1560 seulement, cette enceinte détermina les limites de l'ancienne ville royale pendant près de deux siècles ; la ville fut donc obligée de croître en hauteur, en érigeant des immeubles d'une hauteur de dix à douze étages.

Marie Stuart, reine d'Écosse, et la Réforme – Deux ans après l'accession au trône de Marie, encore enfant, l'armée d'Henri VIII vint mener sa **« campagne de courtoisie violente »**, n'apportant que ravages et destruction dans le sud et l'est du pays. Marie fut alors envoyée en France par mesure de sécurité.

À cette époque déjà, l'Église catholique, plus riche que la Couronne, était contestée et les idées de la Réforme gagnaient du terrain. L'avènement de la **Réforme** (1560) et le retour en 1561 de la catholique Marie firent d'Édimbourg, durant les six années de règne de la reine, le théâtre des rivalités opposant les protestants, favorables aux Anglais, et les catholiques, favorables aux Français. Le fils de Marie, Jacques VI, fit beaucoup pour les arts pendant la période qui suivit. Enfin, lorsque Jacques et sa cour quittèrent la ville après l'**Union des deux couronnes** (1603), quelques citoyens prospérèrent à Londres, comme « Jinglin Geordie » *(voir George Heriot's School p. 192),* mais Édimbourg perdit beaucoup de son apparat et de son dynamisme culturel.

Les dissensions religieuses – Une paix relative s'ensuivit jusqu'au couronnement en 1633 à Holyrood de Charles Ier, qui, reprenant la politique de son père, voulut imposer l'épiscopat (gouvernement de l'église par les évêques) et introduire le rituel anglican. Par l'accord, ou **National Covenant**, rédigé en 1638 et signé dans l'église franciscaine, les signataires juraient fidélité au roi mais s'opposaient fermement à sa politique religieuse. Un an plus tard, après l'assemblée générale de Glasgow, l'épiscopat fut aboli. Les Covenantaires, défenseurs de la foi réformée, s'emparèrent du château. Charles capitula en 1641, mais le déclenchement de la guerre civile anglaise conduisit les Covenantaires à conclure en 1643 un pacte avec les parlementaires anglais, le **Solemn League and Covenant**. La brillante campagne royaliste menée par le marquis de Montrose prit fin avec sa défaite à Philliphaugh en 1645 et l'issue finale de la victoire des parlementaires à Marston Moor, près d'York, fut l'exécution du roi en 1649.

Les Écossais, finalement ralliés à la cause du roi, furent battus à Dunbar en 1650 et Montrose exécuté sur l'ordre de Cromwell. Ses troupes entrèrent dans Édimbourg et utilisèrent le palais et d'autres édifices comme caserne. Certains bâtiments, tel le palais de Holyroodhouse, par exemple, furent endommagés par le feu. La République fut une période de paix troublée à Édimbourg et beaucoup se réjouirent de l'avènement de la Restauration, même si celle-ci signifiait la réintroduction du système épiscopal et la persécution des Covenantaires, dont l'opposition fut progressivement supprimée. La plupart des prisonniers furent soit exécutés à Grassmarket, soit gardés prisonniers dans le cimetière de l'église franciscaine *(voir plus loin Greyfriars Church p. 192).*

À la fin du 17e s., Édimbourg était devenue un centre juridique et médical prospère. L'échec du projet de Darien – dont l'objectif était de promouvoir le commerce écos-

Points de vue et perspectives

L'une des caractéristiques les plus remarquables du centre d'Édimbourg est le nombre de vues superbes, qui se révèlent à l'infini et enchantent les touristes. Outre les panoramas qui s'ouvrent depuis les monuments de Scott et de Nelson, les collines volcaniques (Calton Hill, Arthur's Seat - voir photo ci-dessous -, Castle Rock, Blackford, Costorphine...) sont de belles plates-formes d'observation. S'il est indéniable que le vieil Édimbourg se visite à pied, par contre une **visite en autocar** (d'une durée de 1 à 4 heures) offre une excellente vue d'ensemble de la ville.
Billetterie sur le Waverley Bridge - ✆ (0131) 554 4494 ou écrire à Lothian Region Transport, 27 Hanover Street, Edinburgh EH2 2DL.

sais à l'étranger et de contrôler les activités commerciales entre l'Atlantique et le Pacifique – fit naître un sentiment de xénophobie envers les Anglais, sentiment exacerbé par les débats sur l'union de l'Angleterre et de l'Écosse. Les activités des deux factions furent suivies de près par Daniel Defoe, alors espion du gouvernement. Puis en 1707, les parlementaires décidèrent de ne plus siéger à Édimbourg, mais à Londres. Les membres de la profession juridique s'approprièrent alors le Parlement et commencèrent à dominer la société édimbourgeoise.

Des deux soulèvements jacobites qui suivirent, celui de 1745 apporta une nouvelle (et brève) période de gloire à Holyroodhouse, avec l'installation au palais de la cour du prince Bonnie Prince Charlie. Mais beaucoup d'habitants d'Édimbourg quittèrent la ville pour manifester leur préférence envers une solution pacifique.

P. Tomkins / SCOTTISH VIEWPOINT/VISIT SCOTLAND

Arthur's Seat, dans Holyrood Park, offre un superbe panorama sur la ville.

La période des Lumières – À la fin du 18e s., un cercle de grands hommes vivait à Édimbourg : des juges de la Cour suprême, comme lord Kames, lord Monbuddo et lord Hailes, Hugh Blair, l'historien William Robertson, les philosophes David Hume et Dugald Stewart, l'économiste Adam Smith, le géologue James Hutton, le chimiste Joseph Black et l'architecte Robert Adam. Les clubs et les sociétés de savants prospéraient et ce fut dans un tel climat d'effervescence intellectuelle que l'on élabora un projet d'urbanisme novateur et audacieux.

Henry Mackenzie, auteur de *A Man of Feeling*, traversa les deux périodes des Lumières. La seconde phase, elle, fut dominée par des personnalités comme Scott, lord Cockburn et Francis Jeffrey. Ce fut également l'âge des magazines littéraires, certains de tendance Whig et d'autres pro-Tory (*Edinburgh Review* et *Blackwood's Magazine*), avec leurs journalistes Francis Jeffrey, Lockhart, Christopher North, James Hogg et le jeune Thomas Carlyle, ainsi que celui des éditeurs et des libraires Constable, Chambers et Creech. Le portraitiste Raeburn et des architectes tels que Robert Reid, Thomas Hamilton, William Playfair et Gillespie Graham contribuèrent tous à l'enrichissement de la période athénienne d'Édimbourg.

La nouvelle ville – La partie haute de la vieille ville d'Édimbourg était misérable et surpeuplée. Certains habitants avaient déjà quitté ce vieux centre pour s'installer dans George Square au sud mais c'est au nord de la vallée aujourd'hui occupée par Princes Street Gardens que se développa la nouvelle ville durant la seconde moitié du 18e s et le début du 19e s. Le projet d'urbanisme conçu dans le style néoclassique fut stimulé par l'établissement rapide d'édifices publics dans la nouvelle zone : le théâtre royal (1767-1768), Register House (1774-1822), Physicians Hall (1775-1777) et les Assembly Rooms (1784-1787). Au cours du 19e s., la population d'Édimbourg quadrupla et la Nouvelle Ville continua de s'étendre vers le nord. Cependant, malgré l'élégance des nouvelles places et rues, les gens continuaient de fréquenter les marchés, les venelles, les cours, les tavernes et les clubs de la vieille ville, pour y travailler et passer leurs moments de loisirs. À l'époque victorienne, le sud de la vieille ville autour de George Square connut également une période d'expansion urbaine.

La renaissance culturelle – La littérature écossaise connut un renouveau durant les années 1920 et 1930 autour de personnages comme Hugh MacDiarmid *(Carotid Cornucopions)*, Lewis Spence, Neil Gunn, Edwin Muir, Helen Cruickshank, qui se rencontraient dans des endroits comme l'Abbotsford (Rose Street) et le Café Royal. L'inauguration de l'**Edinburgh International Festival★★★** en 1947 renforça encore cette renaissance culturelle. Ce prestigieux festival annuel *(3 semaines de manifestations en août)* est consacré à diverses formes d'art, opéra, danse, théâtre et musique. Depuis son inauguration en 1947, quelques morceaux de choix ont été conçus tout spécialement pour le festival : *The Cocktail Party* (1948) de T.S. Eliot, l'opéra *The Lighthouse* (1980) de Peter Maxwell Davies et, en 2006, le ballet *Don Quichotte* de Balanchine (première britannique) ainsi que l'opéra *The Assassin Tree* (première mondiale) du compositeur écossais Stuart Mac Rae, livret de Simon Armitage. Les plus grands artistes, orchestres, troupes de théâtre et de danse sont au rendez-vous chaque année pour faire revivre les chefs-d'œuvre du passé et étinceler les nouvelles créations. L'**Edinburgh Festival Fringe** (théâtre, comédie, musique et danse) fait aussi partie du spectacle, avec plus de 700 productions qui couvrent un large éventail de divertissements. Souvent d'avant-garde ou simplement excentrique, The Fringe se répand dans les rues et les squares d'Édimbourg, qui deviennent alors une grande scène pour différents artistes, des cabotins aux jongleurs, en passant par les musiciens et les mimes.

Autre manifestation annuelle depuis 1979, le **Folk Festival** propose des concerts, des conférences et des ateliers. Le **Festival de jazz**, début août, est également très couru.

Le **Military Tattoo** *(voir Castle ci-après)*, toujours aussi populaire, offre sous les projecteurs de l'esplanade du château un spectacle haut en couleur, riche de tradition, de musique et d'enthousiasme. Environ 600 participants divertissent un public de 9 000 personnes *(pour les informations pratiques sur ces manifestations, voir le carnet pratique p. 215)*.

Juste avant la fin du 20e s., Édimbourg a vu son importance en tant que capitale de l'Écosse renforcée grâce à la réintroduction sur la scène politique du Parlement écossais aboli par l'entrée en vigueur de l'Acte d'union en 1707.

La France à l'honneur au festival...

En **1985**, les représentations artistiques prestigieuses du Festival international d'Édimbourg eurent pour thème principal la « **Vieille Alliance** » entre la France et l'Écosse *(voir encadré p. 52)*.
Pendant toute la durée du festival, les époques et les genres se télescopèrent avec bonheur. Après qu'ait résonnée, en concert inaugural, la *Marche écossaise* – œuvre de Debussy, composée à la demande du général Meredith Reid –, des chants anciens de France, d'Angleterre et d'Italie, qui étaient restés plus de 300 ans à l'état de manuscrits dans la bibliothèque de l'université d'Édimbourg, furent interprétés à nouveau. (Ces manuscrits appartenaient à Louis de France, maître de chapelle à la cour de Louis XIV, qui s'installa en Écosse en 1675).
Au théâtre, comme l'année 1985 marquait le centenaire de la mort de Victor Hugo, la Compagnie Renaud-Barrault choisit d'interpréter une des pièces de ce dernier, *Angelo, tyran de Padoue*. Avec tout autant de brio, le Théâtre national de Belgique joua le *Misanthrope* de Molière, tandis que des comédiens japonais interprétaient *Macbeth* de Shakespeare, et que la troupe du Theatre of Comedy, dirigée par John Wells, proposait une version anglaise du *Dindon* de Feydeau.
La danse fit l'objet de représentations tout aussi prestigieuses, grâce au Scottish Ballet, avec la première mondiale de *Carmen*, et *La Sylphide* avec Rudolph Noureev.

Découvrir

Les deux monuments les plus remarquables de la ville sont situés chacun à une extrémité du Royal Mile.

CASTLE★★ *1h30* A 1-2

HS - ✆ (0131) 225 9846 - ♿ - avr.-sept. : 9h30-18h (dernière entrée 17h15) ; reste de l'année : 9h30-17h (dernière entrée 16h15) - les heures d'ouverture peuvent être modifiées pendant le Military Tattoo et lors de manifestations politiques et militaires - fermé les 25 et 26 décembre - possibilité de visite guidée - 11 £ - parking payant (fermé de juin à oct.).

Perché sur le **site★★★** stratégique de Castle Rock, le château est impressionnant sous tous ses angles. Sa silhouette qui s'impose depuis chaque point de vue de la cité évoque le rôle crucial que cette citadelle joua dans l'histoire de la ville.

De la résidence royale à la forteresse militaire – Dès le 11e s., les bâtiments élevés au sommet de Castle Rock reçurent des hôtes royaux, en particulier la reine Margaret, femme de Malcolm III, et ses fils. Elle y décéda en 1093, peu de temps après avoir appris la double perte de son époux et de son fils aîné à Alnwick. Par la suite, le château fut alternativement occupé par les forces écossaises et anglaises ; en 1313, il eut à souffrir de démolitions causées par les Écossais. À la fin du 14e s., le fils de Bruce, David II, fit ériger une tour sur le site de Half Moon Battery, mais il n'en subsiste aucun vestige. Au cours de l'horrible **Black Dinner** (dîner noir) de 1440, on exécuta les jeunes frères Douglas en présence de Jacques II, leur souverain âgé de 10 ans, de façon à réprimer le pouvoir des Douglas. Jacques II naquit à Édimbourg ; il y fut couronné, s'y maria et y fut enterré, mais c'est son fils Jacques III qui reconnut officiellement la ville comme capitale.

Au 16e s., le régent Morton renforça considérablement les défenses du château qui souffrirent de nouveau, en 1573, pendant la défense courageuse de sir William Kirkcaldy of Grange qui luttait au nom de Marie Stuart. Finalement, Grange fut rapidement exécuté, et le château fut restauré et reconstruit. Dans les années 1650, les troupes de Cromwell s'en emparèrent et le château servit de garnison. Le 18e s. vit deux attaques jacobites, dont la seconde fut menée par Bonnie Prince Charlie en personne à partir de ses quartiers généraux situés à l'autre extrémité du Royal Mile. Les bâtiments visibles aujourd'hui servirent de garnison au cours des siècles derniers.

Esplanade – Vaste terrain de parade créé au 18e s., l'esplanade sert de cadre à la manifestation la plus populaire du festival, le **Military Tattoo**, au cours duquel le château est illuminé. Avant d'entrer, remarquer parmi les bâtiments deux constructions impressionnantes aux noms parfaitement appropriés : Half Moon Battery (batterie en demi-lune) et Palace Block (bloc du palais) qui se dressent à l'arrière, sur la gauche.

Corps de garde – Au-delà du fossé creusé dans les années 1650 par les troupes de Cromwell, le corps de garde (19e s.) a toute la majesté qui convient à sa fonction. Deux héros nationaux, Bruce (**1**) et Wallace (**2**) sont placés de part et d'autre de l'entrée. Une fois ce poste franchi se dressent les murs massifs de Half Moon Battery, délimitant la ligne des défenses extérieures originales. Sur la gauche, une plaque (**3**) commémore la résistance stoïque de Kirkcaldy of Grange, en 1573.

Chambre de herse – Section la plus basse des fortifications, elle fut construite dans les années 1570 par le régent Morton dont on remarque le blason parmi la décoration. La partie supérieure est une addition du 19e s.

Un peu plus haut, Argyle Battery et Mill's Mount Battery, sont deux ouvrages offrant d'excellentes **vues★★** sur Princes Street et la nouvelle ville avec le Firth of Forth en toile de fond. Chaque jour, le **salut aux couleurs** *(one o'clock salute)* est annoncé par une salve tirée depuis la batterie supérieure (**4**).

Sur la gauche, entre le Red Coat Café et la maison du gouverneur (1742), une route mène au **National War Museum**, inauguré en 2000, consacré à l'histoire militaire de l'Écosse – *Avr.-nov. : 9h45-17h30 (16h30 de déc. à mars) - entrée libre.*

L'imposant édifice que l'on aperçoit à l'arrière de la maison du gouverneur correspond aux quartiers bâtis dans les années 1790 pour loger la garnison.

Royal Scots Regimental Museum – Le Royal Regiment est le plus ancien de l'armée britannique. Levée le 28 mars 1633, cette unité, qui servit d'abord le roi Louis XIII en France où elle gagna le surnom de « garde du corps de Ponce Pilate », fut définitivement rappelée en Grande-Bretagne en 1676. Deux salles d'exposition retracent l'histoire du régiment : la Corogne, Waterloo, Alma, Sébastopol, la Marne… La section des médailles est impressionnante – *✆ (0131) 310 5014 - www.theroyalscots.*

co.uk - ♿ - avr.-sept. : 9h30-17h30 ; oct.-mars : tlj sf w.-end 9h30-16h - fermé 1er janv. et 25-26 déc. - gratuit - parking).

Prison – Les cellules furent construites dans les années 1840.

Foog's Gate – À l'origine, on accédait à la partie supérieure du château par l'escalier (le Lang Stairs actuel) situé à côté de la chambre de herse. Les réaménagements de niveaux opérés à Castle Rock ont entraîné l'ouverture de cette nouvelle entrée du côté ouest.

St Margaret's Chapel – Ce petit édifice rectangulaire situé sur la gauche recèle des vestiges des plus anciennes parties du château – et peut-être même d'Édimbourg. Construite par David Ier et dédiée à sa mère Margaret, canonisée en 1250, cette chapelle du 12e s., jadis environnée d'autres bâtiments, a connu plusieurs destinations jusqu'au milieu du 19e s. lorsque sa valeur fut enfin reconnue et qu'une restauration s'ensuivit. À l'intérieur, l'arc du sanctuaire est d'inspiration romane avec ses chapiteaux cubiques et sa décoration en chevron.

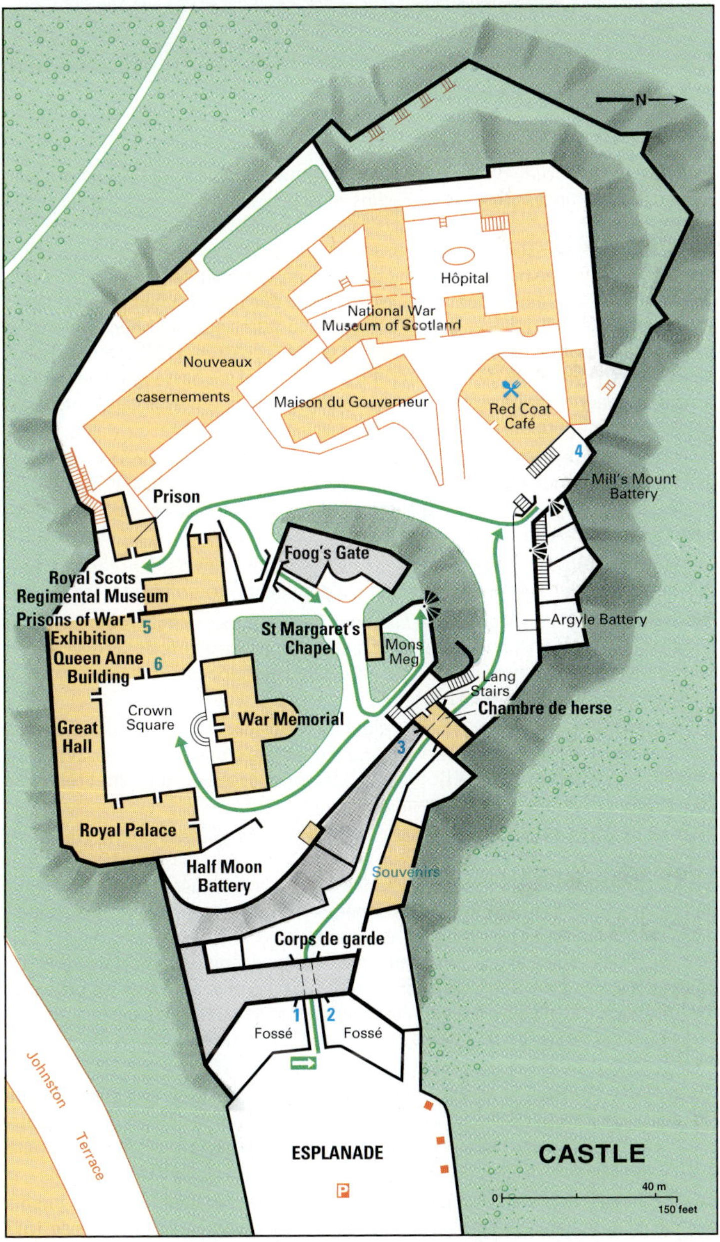

R. Campbell / ELTB

Le château veille sur la ville depuis le 11e s.

La terrasse de la façade offre un vaste **panorama★★★** sur le nord d'Édimbourg, en particulier sur Princes Street et les jardins, ainsi que sur le plan géométrique de la nouvelle ville.

Ce site privilégié est occupé par **Mons Meg**, un canon vieux de 500 ans, aujourd'hui resplendissant d'une nouvelle couche de peinture. Commandé par le duc de Bourgogne et forgé en 1449 à Mons dans le Hainaut, le duc le donna huit ans plus tard à son neveu Jacques II qui paya de sa vie son enthousiasme pour les bouches à feu. Au cours de sa longue carrière, Mons Meg aurait servi à Crookston (1489) et aux châteaux de Dumbarton (1489) et de Norham (1497) ; il aurait même passé quelque temps à la Tour de Londres. Walter Scott œuvra pour son retour, et l'énorme canon médiéval réintégra Édimbourg en 1829.

Half Moon Battery – Cette batterie fut construite après le siège de 1573, qui vit la destruction de la tour d'habitation de David II. D'ici, on comprend mieux l'importance stratégique de la tour originale qui contrôlait les voies d'accès au château et son entrée.

Le cœur de la forteresse médiévale – qui fut également une résidence royale – est délimité par **Crown Square**. Quatre édifices dominent aujourd'hui la place.

Scottish National War Memorial – *Côté nord.* Dans les années vingt, **Robert Lorimer** entreprit de transformer un édifice du 18e s. en mémorial de guerre de l'Écosse. L'extérieur, dont la ressemblance avec le palais de Stirling est frappante, a été parfaitement intégré aux bâtiments plus anciens.

À l'intérieur règne une atmosphère de dignité et de respect en l'honneur de ceux qui sont tombés pour leur patrie. Les remarquables vitraux logés dans des ouvertures en plein cintre sont l'œuvre de Douglas Strachan. Dans l'abside, un coffret renferme les noms des hommes morts au combat.

Prisons of War Exhibition (5) – *Dans les souterrains du château ; entrée côté ouest de Crown Square.*

Aux 18e et 19e s., deux étages de grandes salles voûtées situées sous les bâtiments de Crown Square ont hébergé des prisonniers français et américains. L'exposition permanente inaugurée en 2004 recrée, grâce à des effets sonores et visuels, l'atmosphère des souterrains du château lorsque celui-ci était un important camp de prisonniers de guerre. Notez les graffiti sculptés par les prisonniers sur les portes de leurs cellules ainsi que divers objets confectionnés par eux, en particulier un modèle très détaillé d'un navire de guerre de l'époque. Une présentation audio-visuelle complète l'exposition.

Great Hall – *Côté sud.* Construite à la fin du 15e s. pour Jacques IV, la **grande salle** succéda à une série de bâtiments anciens. Le principal attrait de ce logement spacieux réservé aux grandes occasions est sa **charpente en carène renversée★★★**, remarquablement peinte, qu'une habile restauration du 19e s. a su mettre en valeur.

Royal Palace – *Côté est.* Cette partie, qui date du 15e s., contient les appartements royaux qui dominent la vieille ville. L'intérieur fut spécialement réaménagé en 1617 pour Jacques VI, à l'occasion de sa seule visite de retour en Écosse après son installation à Londres.

Entrer par la porte la plus proche du Great Hall. À droite, une pièce expose les fouilles mises au jour à Mill's Mount et remontant à l'âge du fer. Face à l'entrée, la chambre de la reine Marie abrite des portraits de son fils Jacques VI, de son petit-fils Charles Ier, de ses arrière-petits-fils Charles II et Jacques II, ainsi que de son premier mari, le roi de France François II ; on peut également y voir un moulage en plâtre de l'effigie funéraire de Marie à l'abbaye de Westminster. La petite **chambre** contiguë est celle où naquit Jacques VI en 1566. La décoration date de sa remise à neuf en 1617.

La salle de la Couronne, au premier étage, abrite les **joyaux de la couronne écossaise★★★** (Honours of Scotland). Après l'Acte d'union en 1707, ils furent enfermés dans cette salle et ne furent redécouverts qu'à l'initiative de Walter Scott. La **couronne** incrustée de perles et de pierres précieuses, dont la datation n'est pas établie, est la seule couronne antérieure à la Restauration à avoir échappé à la fonte des bijoux royaux entreprise par Cromwell.

Le **sceptre** et **l'épée** furent donnés à Jacques IV, prince de la Renaissance, le premier par le pape Alexandre VI Borgia (1492-1503), la seconde par son successeur, le pape Jules II (1503-1513), grand protecteur des arts.

En 1996, **The Stone of Destiny** (la Pierre de la Destinée) fut disposée en grande pompe à côté des Joyaux de la Couronne, 700 ans exactement après avoir été confisquée par Edward Ier et installée sous le Fauteuil du Couronnement à Westminster Abbey. Ce petit bloc de grès aurait été rapporté de Terre sainte et aurait servi de repose-pieds aux monarques écossais durant la cérémonie du couronnement… jusqu'à ce qu'Edward Ier s'en empare ! *(voir aussi p. 310).*

ABBAYE ET PALAIS DE HOLYROODHOUSE★★

Accès par Canongate ou par Holyrood Road

À l'extrémité est du Royal Mile se dresse le palais de Holyroodhouse, résidence officielle de la reine en Écosse ; les ruines de la nef de l'abbaye sont adjacentes. On aperçoit en arrière-plan les pentes vertes et les rochers escarpés du parc de Holyrood qui monte vers Arthur's Seat.

The Holy Rood – La légende veut que **David Ier** ait été désarçonné et blessé par un cerf pendant qu'il chassait. Dans un geste de défense, il aurait saisi les bois de l'animal et se serait aperçu qu'il tenait un crucifix, le cervidé s'étant enfui dans la forêt. C'est pour montrer sa reconnaissance envers Dieu que David aurait fondé l'abbaye augustinienne de Holy Rood (Saint-Crucifix) en 1128 et aurait accordé aux chanoines la possibilité de fonder leur propre bourg, Canongate.

L'abbaye médiévale prospéra et bénéficia du soutien des rois Stuarts au 15e siècle. Jacques II naquit, se maria et fut enterré ici, et rompit avec la tradition de Scone *(voir Perth)* en s'y faisant couronner. Ses trois successeurs se marièrent dans l'abbaye. Durant cette période la maison d'hôtes fut utilisée comme résidence royale de préférence au château. Jacques IV, qui voulait faire d'Édimbourg la capitale de son royaume, commença à transformer la maison d'hôtes en château en y ajoutant la tour nord-ouest qui existe toujours. Les travaux continuèrent après sa mort à Flodden (1513). Les bâtiments de l'abbaye furent endommagés en 1544, pillés pendant la Réforme et brûlés lorsque les troupes de Cromwell y logèrent. Mais avant ce nouveau malheur, l'abbaye vécut un bref moment de gloire avec le couronnement de Charles Ier en 1633. Ensuite, la nef servit d'église paroissiale pour les habitants de Canongate jusqu'en 1688, date à laquelle Jacques VII délogea la congrégation avec l'intention de transformer l'abbaye en chapelle royale et de faire du château le siège du Très Ancien Ordre du Chardon.

Le palais royal – Bien que Charles II ne vînt jamais au château, il chargea l'architecte royal **sir William Bruce** (1630-1710) de concevoir de nouveaux plans. Bruce avait servi d'émissaire à tous ceux qui souhaitaient la restauration de Charles II sur le trône. Il se peut que Bruce ait été influencé par l'architecture de Whitehall érigé par Inigo Jones, car le résultat final illustre de façon élégante le style palladien.

Bruce et son maître maçon, **Robert Mylne** (1633-1710), créèrent un chef-d'œuvre d'élégance, notamment en ce qui concerne les bâtiments de la cour. Les deux hommes ont eu la bonne idée de conserver la tour du 16e s. située au nord-ouest et d'instituer une symétrie par la contruction d'une seconde.

Les résidents royaux – Après le séjour de Marie Stuart qui dura six ans, le second occupant royal fut Jacques, duc d'York (le futur Jacques VII) ; il demeura ici de 1679

Le palais royal de Holyrood et les vestiges de l'abbaye.

à 1682, représentant l'autorité suprême pour le compte de son frère Charles II. Il y eut une courte période de réceptions royales lorsque Bonnie Prince Charlie fit d'Holyroodhouse son quartier général avant sa dernière défaite à Culloden. Puis George IV organisa ici une autre réception royale en 1822. Enfin, le roi de France Charles X séjourna dans ce palais à deux reprises : d'abord lorsqu'il était comte d'Artois et fuyait la Révolution française et une nouvelle fois lorsqu'il s'exila après son abdication. Depuis le règne de la reine Victoria, le château est redevenu une résidence royale.

Palais

✆ (0131) 556 5100 - bookings@royalcollection.org.uk - www.royalcollection.org.uk - palace et abbaye avr.-oct. : 9h30-18h ; nov.-mars : 9h30-16h30 (dernière entrée 1h av. fermeture) - jardins : ouv. l'été - fermé 25-26 déc. et pdt visites royales - 8,80 £ (audioguide inclus) - une heure de visite.

Extérieur – La fontaine est une copie du 19e s. de celle de Linlithgow. La façade d'entrée est la dernière partie du palais à avoir été reconstruite car il fut envisagé de préserver la façade élevée par Jacques IV. Flanquée de colonnes, la porte est surmontée d'un travail de gros œuvre sculpté où l'on reconnaît les armoiries de l'Écosse (remarquer les licornes en soutien), d'un fronton brisé, d'une coupole et d'une couronne. Les bâtiments de la cour intérieure constituent un superbe exemple du style Renaissance de la période Stuart, un des premiers en Écosse. La superposition des ordres, les proportions générales, les arcades et le fronton sont tout à fait classiques et composent un ensemble très élégant.

Intérieur – La décoration des appartements d'État est tout aussi somptueuse que lorsqu'elle fut conçue par sir William Bruce dans un style Restauration des plus purs. Les plafonds à moulures de stuc à la décoration si complexe, les boiseries aux sculptures magnifiques (portes, châssis et guirlandes) et les toiles en médaillon participent intégralement au décor et sont d'une qualité d'exécution peu commune. Exceptionnels, les sept **plafonds★★★** en haut relief sont le fruit de dix ans de travail des maîtres **John Halbert** et **George Dunsterfield**. Ces artisans avaient travaillé auparavant à la Ham House, le domicile londonien des Lauderdale, protecteurs et parents de Bruce, ainsi qu'à Windsor pour Charles II.

Spectaculaire, le grand escalier conduit au portrait de Sa Majesté la reine, représentée ici par son peintre officiel, David Donaldson. Outre leurs plafonds, les **appartements d'État** recèlent d'autres merveilles, comme le portrait de George IV en costume des Highlands par David Wilkie, dans la salle à manger. Redécorée dans les années vingt, la salle du trône expose les portraits du roi Charles II et de son frère Jacques VII, en compagnie de leurs épouses, et de la reine Victoria habillée pour son sacre. Dans le salon du soir se trouvent des encadrements de porte sculptés et des tapisseries de Bruxelles du 18e s. représentant des scènes de marché en Asie et en Afrique. Le salon de jour est assurément le plus beau, avec sa décoration somptueuse (médaillon de Jacob de Wet ornant la face de la cheminée et tapisseries françaises du 17e s. décrivant l'histoire de Diane). La suite du roi occupait la partie orientale, surplombant les célèbres jardins symétriques conçus à l'emplacement du cloître démoli.

Dans la chambre du roi se trouvent un magnifique lit rouge (1672) et un plafond comportant un médaillon de de Wet représentant l'Apothéose d'Hercule, similaire à celui de la Vine Room de Kellie Castle *(voir p. 334)*. Les murs de la grande galerie sont tapissés de portraits, dont un grand nombre sont imaginaires ; quelques-uns représentent réellement des rois écossais, de Fergus (6e s.) à Jacques VII. Jacob de Wet a accompli ce travail en deux ans.

Les **appartements historiques** de la tour ronde (16e s.) occupent deux étages. Ils furent réaménagés vers 1672 quand sols et plafonds furent adaptés aux modifications décidées par Bruce. On y rencontrera de nombreux souvenirs liés à Marie Stuart. L'antichambre comporte des tapisseries de Mortlake (17e s.) provenant des ateliers fondés par son fils Jacques VI. À l'étage, deux ravissants **plafonds à coffrages** (16e s.) retiennent l'attention du visiteur ; le premier est orné de motifs peints. C'est dans la petite pièce communiquant avec la chambre que le secrétaire italien de la reine Marie Stuart, Rizzio, fut assassiné en 1566, bien que son corps eût été trouvé à l'extérieur de la chambre (une plaque de cuivre indique l'endroit). Des peintures représentent le second époux de Marie Stuart, **Henry, lord Darnley** (1546-1567), en compagnie de son frère et alors qu'il était âgé de 17 ans. En descendant, remarquer le portrait de sir William Bruce, architecte du palais, par Medina.

Abbaye *à 15mn*

La nef sans voûte est le seul vestige de cette abbaye autrefois grandiose. Elle date principalement de la fin du 12e s. et du début du 13e s., époque dont on peut voir quelques beaux détails sculptés. Comparer le réseau d'arcatures cintrées et aveugles (12e s.) du collatéral nord avec l'ouvrage en arc brisé (13e s.) lui faisant face. L'élévation de la partie sud témoigne du tracé conçu au 13e s.

La reine Victoria fit reconstruire le caveau royal après sa destruction suite au départ du catholique Jacques VII. David II, Jacques II, Jacques V et lord Darnley, père de Jacques VI, sont enterrés ici. Le portail en arc brisé et les arcatures de la façade ouest, ainsi que les restes de la tour qui la flanquent, permettent de se faire une idée relativement exacte de ce qu'était cet ensemble. Remarquer les portraits en médaillon.

Située en avant des grilles de Holyroodhouse Palace, au coin d'Abbey Strand et de Horse Wynd, la **Queen's Gallery** *(les heures d'ouverture sont les mêmes que celles du Palais de Holyroodhouse)*, installée dans une église désaffectée, est un lieu d'expositions temporaires thématiques consacrées aux trésors artistiques de la Royal Collection. Parmi les expositions récentes, citons un ensemble de dessins de Léonard de Vinci, une collection d'éventails et Canaletto à Venise.

Holyrood park

Le **parc de Holyrood**, le plus grand espace de verdure à l'intérieur de la ville, est dominé par Arthur's Seat (251 m) et les Salisbury Crags, deux éléments d'origine volcanique. À l'intérieur du parc, le sentier qui part du parking situé sur Queen's Road mène à **Arthur's Seat** *(une demi-heure)* : ce promontoire offre un superbe **panorama★★** sur Édimbourg et ses environs *(voir photo p. 178)*.

Au pied d'Arthur's Seat, à côté des palais historiques se distinguent d'importantes constructions reflétant la nouvelle silhouette de la ville, née de la décentralisation du pouvoir vers l'Écosse : le Dynamic Earth, bâtiment futuriste *(voir plus bas)* ; le remarquable édifice du Parlement écossais *(inauguré en 2004)* ; un autre bâtiment récent qui abrite le ministère de l'Intérieur (Offices of the Scotsman).

Après Dunsapie, on aperçoit le village de **Duddingston**, érigé dans un cadre remarquable entre le parc et le lac (refuge d'oiseaux). L'église du 12e s. possède quelques caractéristiques de l'architecture romane.

Se promener

ROYAL MILE★★

Du château au palais de Holyrood *une journée* 1

L'artère principale de la vieille ville part du château, dressé sur son site stratégique, et suit la corniche en direction de l'abbaye et du palais de Holyroodhouse. Le Royal Mile est en fait constitué par la succession de quatre rues : Castle Hill, Lawnmarket, High Street et Canongate. « C'est probablement la rue la plus large, la plus longue et la plus belle pour la qualité de ses édifices et le nombre de ses habitants, non seulement en Angleterre, mais également dans le monde », écrivait Daniel Defoe au début du 18e s. Les quelques bâtiments d'origine qui existent encore nous permettent d'imaginer l'Édimbourg médiéval. Des plaques apposées au-dessus des passages couverts répertorient les occupants célèbres ou infâmes, ainsi que les événements historiques qui ont eu lieu dans ces impasses.

En sortant du château, descendez Castle Hill.

Scotch Whisky Heritage Centre B2

354 Castle Hill - ✆ (0131) 220 0441 - www.whisky-heritage.co.uk - ♿ - 10h-17h - fermé 25 déc. - commentaires (8 langues) - 8,95 £ (avec dégustation gratuite) - restaurant.

En 1987, dix-neuf sociétés de production de whisky investirent des fonds considérables dans la fondation de ce centre d'exposition permanent consacré à l'histoire, au développement et à la promotion du whisky écossais. Le « Whisky tour » retrace le processus de fabrication du whisky depuis la production de la tourbe jusqu'à la mise en bouteille et le conditionnement du produit fini. Un film de dix minutes intitulé *The Water of Life* (L'eau de vie) explique les différents types de whisky existants, ainsi que la disposition et l'organisation d'une distillerie typique du Speyside. Enfin, une série de tableaux vivants explique de façon imagée la fabrication du whisky.

Outlook Tower and Camera Obscura B1P

Face au Scotch Whisky Heritage Centre, Castle Hill - ✆ (0131) 226 3709 - www.camera-obsura.co.uk - ♿ - juil.-août : 9h30-19h30 ; avr.-juin et sept.-oct. : 9h-18h ;, nov.-mars : 10h-17h - 6,45 £ (enf. 4,15 £).

Du sommet de la **tour de guet**, la **chambre noire** offre une vue fascinante de la ville. Des holographies et des photos y sont également exposées.

Dans les jardins de Ramsay, à gauche, se dresse **Ramsay Lodge**, construit au 18e s. par le poète Allan Ramsay (1686-1758), père du portraitiste du même nom.

The Hub

✆ (0131) 473 2067 - www.thehub-edinburgh.com - guichet pour le festival d'Édimbourg tlj sf dim. 10h-17h - café.

Une grande flèche couronne l'ancienne Highland Tolbooth Kirk, construite au milieu du 19e s. par James Gillespie Graham et Augustus Pugin. Remis à neuf avec beaucoup d'imagination, le bâtiment abrite désormais le centre du Festival d'Édimbourg. Le riche intérieur recèle des sculptures contemporaines, des carreaux et des vitraux, ainsi qu'une magnifique salle des Sculptures. Le Hub sert de lieu de rencontre lors des festivals de la ville.

Continuez votre promenade le long de Lawnmarket où le Royal Mile s'élargit.

Gladstone's Land★ B1

477B Lawnmarket - ✆ (0131) 226 5856 - www.nts.org.uk - juil.-août : 10h-19h ; avr.-juin et sept.-oct. : 10h-17h (dernière entrée 30mn av. fermeture) - 5 £.

Cette étroite maison à six étages est typique de l'Édimbourg du 17e s., lorsque tous les bâtiments se construisaient en hauteur. La propriété fut acquise en 1617 par un marchand, Thomas Gledstanes, qui la reconstruisit et l'agrandit vers la rue. Une boutique est aménagée sous les arcades du rez-de-chaussée tandis que des appartements occupent les étages supérieurs. Celui du premier étage, avec ses **plafonds peints** d'origine, son lit écossais sculpté et ses coffres hollandais, est un bon exemple d'appartement du 17e s.

Lady Stair's House B1

Au fond de l'impasse qui débouche juste à côté de Gladstone's Land. Construite en 1622, cette maison citadine tire son nom d'une occupante de la fin du 18e s., la veuve de John Dalrymple, 1er comte de Stair. Ayant subi d'amples aménagements intérieurs, la maison abrite le **Writers'Museum** qui expose des manuscrits et des souvenirs des trois plus grandes figures de la littérature écossaise : Robert Burns (1759-1796), Walter Scott (1771-1832) et Robert Louis Stevenson (1850-1894). Remarquez la Ballantyne Press : c'est sur cette presse que furent imprimés les « Waverley novels » de Sir Walter Scott – *Lady Stair's Close - ✆ (0131) 529 4901 - writers.museum@edinburgh.gov.uk - 10h-16h45, dim. 12h-17h - gratuit.*

En face, entrer dans **Riddle's Court** pour admirer les maisons traditionnelles en grès.

St Giles'Cathedral★★ B1-2

✆ (0131) 225 9442 - www.stgilescathedral.org.uk - 9h-17h - Thistle Chapel (brochure 5 langues) - offrande 1 £.

C'est ici que commence la section du Royal Mile connue sous le nom de High Street. La « High Kirk » d'Édimbourg est probablement la troisième église à occuper ce site. La première (9e s.) fut remplacée en 1126 par une construction romane, dont il ne reste que quatre piliers supportant la tour. Après son incendie par les Anglais en 1385, on éleva le présent édifice. Malheureusement, de nombreuses modifications et restaurations ont radicalement changé l'aspect de cette église du 15e s. Les troubles de la Réforme provoquèrent la dispersion de nombreux autels et le transfert à Nor'Loch du précieux reliquaire et de la statue de saint Gilles. Catholiques et réformés contrôlèrent l'église à tour de rôle, jusqu'à la nomination au poste de pasteur en 1560 de **Knox**, qui s'opposa bientôt à Marie Stuart. Cette église étant la plus importante de la capitale, elle servit de lieu de réunion au Parlement et à l'assemblée générale et fut le témoin de nombreux événements officiels tels que l'adieu de Jacques VI à ses sujets écossais et, 200 ans plus tard, la visite de George IV en 1822.

Extérieur – Vue de l'ouest, l'église est dominée par son **lanternon★★★** en forme de couronne datant de 1495. Sa conception octogonale le distingue de celui du King's College d'Aberdeen. L'extérieur de l'édifice a beaucoup perdu de son caractère initial suite aux travaux de maçonnerie entrepris au siècle dernier.

Intérieur – Le plan cruciforme original a été totalement masqué par l'ajout de bas-côtés et de chapelles latérales. L'intérieur a été épargné par la restauration systématique apportée à l'extérieur ; détails et monuments sont très intéressants.

Effectuer la visite à partir de l'angle nord-ouest dans le sens des aiguilles d'une montre.

Un certain style naturaliste et les couleurs très chaleureuses de la fenêtre du collatéral nord (**1**) caractérisent bien le style des **préraphaélites** que furent Burne-Jones et William Morris. C'est là que se trouve la statue (**2**) par Pittendrigh MacGillivray de **John Knox** (1512-1572), fondateur de l'Église presbytérienne et pasteur de St-Gilles. Voûté d'ogives, le bas-côté Albany fut élevé en expiation du meurtre du duc de Rothesay *(voir Falkland p.287)* en 1402. La travée suivante abrite l'imposant monument de marbre du 19e s. (**3**) dédié au 8e comte et 1er marquis d'Argyll (1607-1661) *(voir Dollar p.345)*, qui fut exécuté devant la croix de marché quelques jours après que son grand rival, le marquis de Montrose, eut été réhabilité et enterré de l'autre côté de l'église. Le vitrail héraldique décoré d'armoiries des principaux Covenantaires évoque la foi des comtes signataires de la Ligue. Se placer à la croisée du transept pour admirer le grand vitrail nord (**4**) de Douglas Strachan (1875-1950), et comparer les nervures (15e s.) et la voûte d'arêtes du sanctuaire avec la couverture de la nef, légèrement plus récente.

En 1911, Robert Lorimer conçut la **chapelle du Chardon** (Thistle Chapel) en style gothique flamboyant et dédiée au Très Ancien Ordre du Chardon fondé par Jacques VII en 1687 (bien que certains estiment qu'il fut créé bien avant). En se plaçant sous la voûte en éventail et ses nombreuses clefs, on peut admirer les stalles et les dais richement sculptés en l'honneur du souverain et de ses seize chevaliers. Ces ouvrages tout à fait remarquables ont été réalisés par des artisans du 20e s. et sont surmontés de casques, de cimiers et de bannières ; les armes des chevaliers sont frappées au dos des stalles.

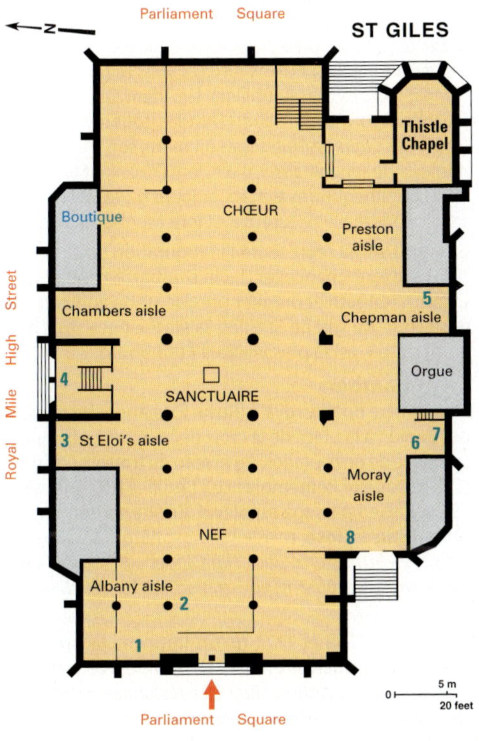

Derrière la **chapelle Preston**, la chapelle latérale connue sous le nom de **chapelle Chepman** commémore l'homme qui introduisit l'imprimerie en Écosse sous le règne de Jacques IV

(1488-1513). C'est là que repose (**5**) également le **marquis de Montrose** (1612-1650), un Covenantaire royaliste dont une brillante campagne en 1644-1645 fit la célébrité. La Restauration le réhabilita et fit exécuter Argyll pour trahison.

Dans la travée située au-delà de l'orgue se trouve un monument de marbre (**6**) du siècle dernier et dédié à James Stuart, comte de Moray (1531-1570) ; la plaque mortuaire en cuivre date du 16e s. Demi-frère de Marie Stuart et régent au nom de Jacques VI, il fut assassiné à Linlithgow *(voir ce nom p.247)* en 1570. Le vitrail de Noël Paton (**7**) relate le fait et montre Knox prêchant aux funérailles de celui qui fut l'un de ses plus ardents partisans.

Le bas-relief (**8**) visible au bout du bas-côté Moray représente Robert Louis Stevenson (1850-1894), descendant d'une famille d'ingénieurs, dont la célébrité littéraire a franchi les frontières.

Les imposants bâtiments à l'angle de Lawnmarket et du pont George IV, dominant Parliament Square, abritent la **Chambre des commissions** (Committee Chambers). À l'arrière de la cathédrale, la **bibliothèque Signet** date de 1810-1812. Près de la statue du 5e duc de Buccleuch, que Boehm a représenté en tenue de chevalier de la Jarretière, un **cœur gravé** dans les pavés indique l'emplacement de l'ancien tolbooth, construit au 15e s. et démoli au 19e s., que Scott popularisa dans *La Prison d'Édimbourg*. Cet édifice, longtemps considéré comme le cœur de la ville, servit successivement de lieu de réunion pour le Parlement, puis pour le conseil municipal, d'assemblée générale de l'Église d'Écosse, de tribunal, de prison et même de lieu d'exécution.

Située à l'autre extrémité de St Giles, la **croix de marché**, autour de laquelle marchands et négociants se réunissaient jadis pour tenir leurs transactions commerciales, servait aussi de lieu de célébrations, de manifestations, d'exécutions et de proclamations royales. Si la structure date du 19e s., le fût de la croix remonte au 16e s.

Situé tout à côté de la croix de marché, le **Loch Ness Discovery Centre** *– juil.-août : 9h-22h ; avr.-juin, sept. et oct. : 9h-20h ; nov.-mars : 10h-17h - 5,95 £* – illustre la légende de « Nessie » par le truchement d'un film en 3D et une série de photos.

Contourner la cathédrale pour voir, face à son côté sud, les bâtiments de Parliament Hall, invisibles depuis le Royal Mile.

Parliament Hall B2

✆ (0131) 225 2595 - www.scotcourts.gov.uk - ♿ - tlj sf w.-end et j. fériés 10h-16h - gratuit.

Rhabillé d'une imposante façade georgienne, le Parlement fut construit sur l'ordre de Charles Ier et conçu par son maître maçon **John Mylne**. Sous la **charpente à diaphragmes** dorée et sculptée de l'ancien siège (entre 1639 et 1707) de l'Assemblée écossaise s'affairent aujourd'hui les juristes sous le regard de leurs éminents prédécesseurs : Duncan Forbes (par Roubiliac), sir Adam Cockburn (par Brodie), Scott, le 1er vicomte Melville et son neveu, Robert Dundas (tous deux par Chantrey), le vicomte Stair, auteur (1681) des *Stairs Institutes* (par Aikman), son contemporain, sir George Mackenzie, surnommé « le sanguinaire », mais dont l'excellent travail sur la loi écossaise et la fondation de la Bibliothèque des avocats, aujourd'hui la Bibliothèque nationale écossaise, lui valent une notoriété plus heureuse, et lord Monbuddo, un excentrique du 18e s.

Le grand vitrail représente l'inauguration du College of Justice. Au premier plan se trouve le lord-chancelier Gavin Dunbar, en compagnie d'Alexander Mylne, abbé de Cambuskenneth et premier président ; on aperçoit la bulle papale devant Jacques V et sa cour. Au sud de St Giles, la statue équestre (1685) de Charles II dit le « Joyeux monarque », est la plus vieille d'Édimbourg.

City Chambers B2

La première Bourse royale (Royal Exchange) fut construite en 1753 pour servir de lieu de réunion à la place de la croix de marché. La façade, en face de Cockburn Street, se compose de onze étages. Au niveau du trottoir, une grille protège la pierre du Souvenir (City's Stone of Remembrance). L'édifice fut construit sur les vestiges de Mary King's Close, ancien passage médiéval. Ce site souterrain, aménagé et renommé The **Real Mary King's Close**, recrée l'atmosphère sombre et mystérieuse de la ville au 16e et 17e s. *– 2 Warrinston's Close, High Street - ✆ (08702) 430 160 - www.realmarykingsclose.com - avr.-oct. : 10h-21h ; nov.- mars : 10h-16h (21h le w.-end) - visites guidées, personnages costumés - 8 £.*

C'est entre 1768 et 1771 qu'on imprima la première édition de l'*Encyclopaedia Britannica*, à **Anchor Close**. Les premiers rédacteurs furent William Smellie, Colin MacFarquhar et Andrew Bell. L'*Encyclopaedia Brittanica* porte encore aujourd'hui un chardon écossais sur sa couverture.

Tron Kirk B1

De l'autre côté de la rue, au coin de South Bridge, cette église désaffectée, construite par John Mylne et dont on a remplacé la flèche au 19e s., abrite le **Old Town Information Centre** (*tlj 10h-17h, 19h en été*), véritable mine d'information sur les édifices de la vieille ville et point de départ des visites guidées de ses célèbres souterrains.

Traverser South Bridge et continuer le long du Royal Mile.

Museum of Childhood B1

42 High Street - ✆ (0131) 529 4142 - www.cac.org.uk - ♿ - 10h-17h, dim. 12h-17h - fermé 25-26 déc. et 1er-2 janv. - gratuit.

Ce musée unique a pour thème tout ce qui a trait à l'enfance. Pendant que les enfants découvrent, les parents se souviennent de jouets, de costumes, de livres, de poupées, de jeux, etc.

En face, Chalmer's Close est le siège du **Brass Rubbing Centre (B1)**, où l'on peut s'amuser à décalquer par frottis des répliques de dalles funéraires ou de pierres pictes. *✆ (0131) 556 4364 - tlj sf dim. 10h-17h (16h pour le brossage du cuivre) - gratuit (brossage du cuivre payant).*

Plus bas, du même côté, **Mowbray House (B1)**, maison du 15e s., fut l'atelier du portraitiste **George Jamesone** (1588-1644).

John Knox House B1

43-45 High Street - ✆ (0131) 556 4574 - www.scottishstorytelllingcentre.co.uk - ♿ - juil.-sept. : 10h-18h, dim. 12h-18h ; reste de l'année : tlj sf dim. 10h-18h - possibilité de visite guidée (30mn) sur RV - fermé 1er-2 janv. et 25-26 déc. - 3 £ (enf. 1 £).

Ce pittoresque hôtel particulier, voisin de Mowbray house, fut probablement érigé avant 1490. Le mur ouest porte les armoiries de l'orfèvre James Mosman, dont le père dessina la couronne royale d'Écosse. La maison où John Knox serait mort en 1572, abrite une exposition évoquant la vie de ce prédicateur, qui conduisit la Réforme en Écosse et fit du Presbytérianisme, directement issu de la doctrine calviniste, la tendance religieuse dominante. La pièce principale du deuxième étage possède un intéressant plafond peint (1600).

La maison est reliée au **Scottish Storytelling Centre (B1)**, édifice moderne consacré à l'art du conte populaire.

Plus loin, **Canongate (B1)** (porte, ou passage, des chanoines) était jadis un bourg indépendant où noblesse, ambassadeurs et autres officiers royaux construisirent leurs résidences, à proximité du palais royal de Holyroodhouse. Il n'en subsiste que quelques-unes. Il ne reste de **Moray House (B1)**, désormais plus connu sous le nom d'Institute of Education, qu'un passage à montants pyramidaux flanqué d'un bâtiment à pignon. À tort ou à raison, la tradition veut qu'on y ait signé l'Acte d'union en 1707.

W. Buss / MICHELIN

Replongez-vous dans le monde merveilleux de l'enfance au Museum of Childhood.

Canongate Tolbooth★ B1

Édifié en 1591, cet ancien bâtiment du bourg indépendant de Canongate constitue, avec sa flèche garnie de tourelles, un bel exemple d'architecture du 16e s. Il abrite aujourd'hui **The People's story (musée d'Histoire populaire)** - *℘ (0131) 529 4057 - 10h-17h - fermé 1er janv. et 25-26 déc. - entrée libre* – qui, à travers des présentations pittoresques, des documents, des photos ou des témoignages oraux et écrits, donne un aperçu émouvant de la vie quotidienne en Écosse, de la fin du 18e s. à nos jours.

Canongate Church B1

L'église de Canongate fut construite en 1688 pour la congrégation que Jacques VII déplaça de l'abbaye de Holyrood lorsqu'il décida de convertir la nef en chapelle royale. Au-dessus de la façade sud de style flamboyant, on aperçoit une tête de cerf portant une croix, rappel de la légende associée à la fondation de l'abbaye de Holyrood. À l'intérieur, le banc royal et ceux des officiers de la Maison royale se signalent par leurs armoiries. Dans le cimetière, entre autres monuments commémoratifs, on verra ceux d'Adam Smith et du jeune poète édimbourgeois Robert Fergusson, dont la pierre tombale fut offerte par Burns.

EDINBURGH

SE LOGER

- Bank Hotel 1
- Castle View Guest House 4
- Ibis Edinburgh 7
- St-Christophers's Inns 10
- The Balmoral 13
- The George Hotel 16
- The Hanover Hotel 19
- The Howard 21
- The Hudson 24

SE RESTAURER

- Atrium Restaurant 1
- Dirty Dick's 4
- Grain Store Restaurant 7
- Number One 10
- Oloroso Restaurant 13
- Petit Paris Restaurant 16
- Stac Polly Restaurant 19
- The Pizza Express 21
- The Witchery 24
- Tower Restaurant 27

- **Church of Scotland General Assembly Hall** .... **F**
- **Commitee Chambers** .... **K**
- **Baillie Mac Morran's House** .... **A**
- **Outlook Tower and Camera Obscura** .... **P**

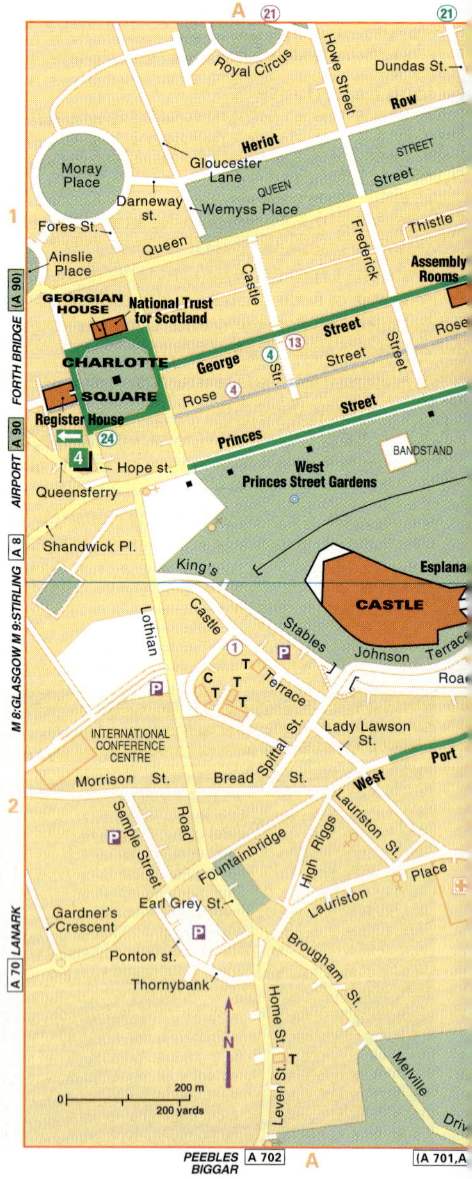

Huntly House B1

℘ (0131) 225 2424, poste 4143 - www.cac.org.uk - ♿ - 10h (14h dim. pdt le festival)-17h - fermé dim. (sf pdt le festival) - entrée libre.

Ces trois hôtels particuliers du 16e s. accueillent le principal musée d'histoire locale. Quelques salles (9-11) sont ornées de lambris (18e s.) dessinés par Memel. La collection d'argenterie (9-10) comprend en particulier quelques belles pièces du 18e s. Le musée possède un exemplaire original sur parchemin du National Covenant (1638).

Scottish Parliament

℘ (0131) 348 5200 - ♿ - www.scottish.parliament.uk - mar. et jeu. (jours des sessions parlementaires) 9h-19h, lun. et vend. 10h-18h (nov.-mars 16h), w.-end et j. fériés 10h-16h (dernière entrée 45mn av. fermeture) - possibilité de visite guidée (3,50 £) - gratuit.

L'édifice flambant neuf du Parlement écossais *(voir photo p. 48)*, inauguré en octobre 2004, est situé au coin de Canongate et de Horse Wynd, face à la Queen's Gallery. Impressionnant, original, insolite sont les épithètes qui viennent à l'esprit lorsque l'on contemple ce complexe architectural composé de plusieurs éléments reliés

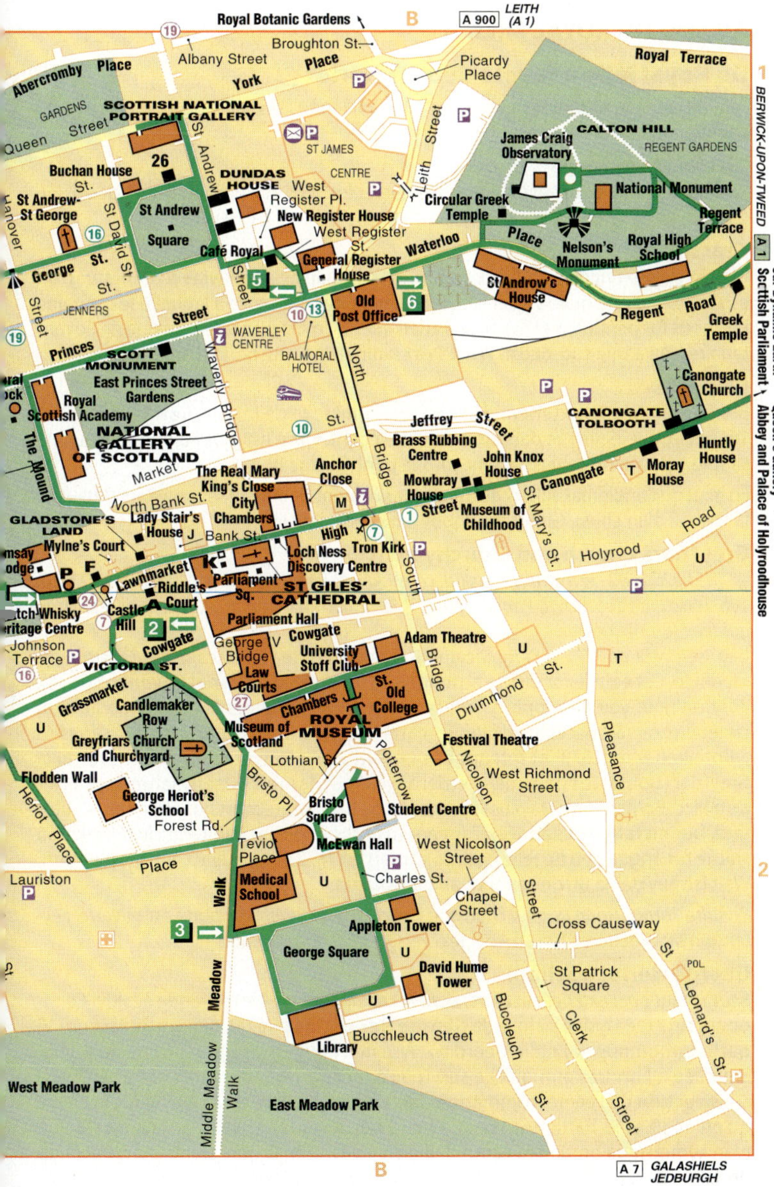

entre eux, conçu par l'architecte catalan **Enric Miralles**. Dans le hall d'entrée, une petite exposition fournit des renseignements sur le contexte historique et politique. Queensberry House, datant de 1681, est un des six bâtiments formant le complexe du Scottish Parliament dont le coût final fut plus de dix fois le budget initial !

Our Dynamic Earth

Derrière le Scottish Parliament, le long de Holyrood Road - ✆ (0131) 550 7800 - www.dynamicearth.co.uk - ♿ - juil.-août : 10h-18h (dernière entrée 1h10 av. fermeture) ; avr.-juin et oct. : 10h-17h ; nov.-mars : merc. et dim. 10h-17h - 8,95 £ (-15 ans 5,45 £) - café - parking.

Avec pour toile de fond les austères Salisbury Crags s'élève un étonnant édifice au toit en ogive dessiné par Michael Hopkins (1999). Une exposition novatrice présente l'histoire de la planète au moyen d'une technologie sophistiquée et des effets spéciaux particulièrement réussis : on y découvre le Big Bang, la formation du système solaire, les volcans et tremblements de terre, les glaciers, l'évolution de la vie, l'extinction d'espèces animales et végétales, la beauté et la puissance des océans. Un contraste saisissant est établi entre les régions polaires et les environnements de la toundra et des forêts tropicales. Des animations spéciales sont proposées dans un amphithéâtre en pierre pouvant accueillir jusqu'à 1 000 spectateurs.

AU SUD DU ROYAL MILE

Du Royal Mile à l'école George Heriot 2

Promenade dans une des parties les plus anciennes de la vieille ville, au pied du château.

Victoria Street★ B2

Cette rue courbe descendant vers Grassmarket (marché aux Herbes) est bordée d'une série de jolies boutiques.

Grassmarket B2

C'est ici que se tint du 15e s. au début du 20e s. le marché aux bovins d'Édimbourg. Un espace clos d'une grille signale l'emplacement de la potence à laquelle le capitaine Porteous fut pendu en 1736 ; c'est là aussi que l'on martyrisa une centaine de Coventenaires. À l'angle sud-ouest, **West Port** indique la porte occidentale de la ville.

Cowgate B2

Bien que située à l'extérieur de l'enceinte originelle de la ville, Cowgate était, au 16e siècle, une belle rue dans un quartier élégant. Elle n'est plus aujourd'hui qu'une simple voie abandonnée passant sous le pont George IV.

En haut de Candlemaker Row qui monte vers le pont George IV se trouve sur la gauche la **statue** d'un chien, Greyfriars Bobby *(voir ci-dessous)*.

Greyfriars Church and Churchyard B2

✆ 0131 225 1900 - www.greyfriarskirk.com - ♿ - de Pâques à fin oct. : 10h30-16h30, sam. 10h-14h30 ; de déb. nov. à Pâques : jeu. 13h30-15h30 - fermé dim. sf pour services - visite guidée (30mn) - gratuit.

L'église bâtie en 1612 à l'emplacement du monastère franciscain a été fortement modifiée. Cet édifice est un site historique où fut signé le **National Covenant** (1638), dont on peut voir une copie à l'intérieur. Parmi les monuments commémoratifs du cimetière, remarquer celui dédié aux martyrs covenantaires (mur nord-est) capturés à Bothwell Brig (1679) et retenus ici pendant cinq mois, et le tombeau que veilla Greyfriars Bobby, le fidèle chien terrier Skye. Après la mort de son maître, un officier de police, Bobby ne quitta plus sa tombe jusqu'à sa propre mort quatorze années plus tard. Durant toutes ces années, il fut nourri et choyé par les habitants du quartier. Sa statue fut érigée peu de temps après sa mort en 1872 et, presque cent ans plus tard, Walt Disney dédia un de ses films au héros canin.

Prendre Forrest Road jusqu'à Lauriston Place. De jour, quand sa porte est ouverte, l'extension du cimetière offre un raccourci vers l'école George Heriot.

George Heriot's School B2

Faire le tour par l'extérieur et entrer dans la cour intérieure. Cette grande école d'Édimbourg fut créée grâce au legs de **George Heriot** (1563-1624), orfèvre de Jacques VI qui le surnommait « Jinglin Geordie ». À sa mort, Heriot légua la fortune qu'il avait amassée à Londres afin qu'elle servît à l'éducation « des enfants sans père ». La construction de l'école, commencée par William Wallace en 1628, ne fut achevée qu'en 1659 et le bâtiment servit alors d'hôpital aux troupes de Cromwell. Son plan symétrique organisé autour d'une cour caractérise bon nombre d'édifices du début de la Renaissance, abondamment décorés de pierres sculptées et de bandes

G. Gonon / MICHELIN

En souvenir du fidèle Bobby.

ornementales. Le clocher et la statue de Geordie surplombant le cimetière sont de Robert Mylne (1693).

On peut voir un fragment du **mur de Flodden** à l'ouest de l'école, au bout de The Vennel. En face se trouve l'hôpital Royal datant de 1879.

Pour atteindre George Square, emprunter Meadow Walk et dépasser la Medical School.

CAMPUS UNIVERSITAIRE

De George Square à Chambers Street 3

Promenade dans le quartier le plus ancien d'Édimbourg en dehors de la vieille ville.

George Square B2

Cette place conçue vers 1760 fut le premier grand aménagement résidentiel réalisé à l'extérieur de la vieille ville. Parmi les résidents de renom, on peut citer Walter Scott (au n° 25 du côté ouest) et la duchesse de Gordon. Tout le côté ouest de la place est représentatif du style classique de la ville. Les autres côtés sont délimités par le complexe universitaire : la bibliothèque, édifiée en 1967 par Basil Spence, la tour David Hume, qui date de 1963, occupée par la faculté des Sciences sociales, et la tour Appleton, construite en 1966, qui accueille la faculté des sciences.

The Meadows B2

Avant d'être intégrée à la capitale, c'était une élégante promenade dépendant du bourg de Muir. C'est là aussi que les armées écossaises se rassemblaient et que le conseil municipal inspectait les troupes durant les parades.

Partir par Charles Street.

À l'extrémité de Bristo Square, une zone piétonne, s'élève un bâtiment rond, le Rowand Anderson's Victorian McEwan Hall. Durant le festival, le centre des étudiants héberge le Fringe Club.

Old University B2

Fondé en 1581, l'Old College s'installa d'abord extra-muros dans l'église collégiale de Kirk o'Field (1450), où lord Darnley trouva la mort. En 1789, **Robert Adam** projeta de réaliser un magnifique

Sur les pas de John Rebus

« John Rebus parcourait la jungle de la ville, une jungle que les touristes ne voient jamais trop occupés à mitrailler les temples dorés du passé. Édimbourg était une ville d'apparences ; le crime n'y était pas moins présent, tout juste plus difficile à repérer. » (*L'Étrangleur d'Édimbourg*). Imaginé par Ian Rankin (né en 1960 dans le Fife), l'inspecteur John Rebus est l'un des héros de romans policiers parmi les plus célèbres de Grande-Bretagne, au point qu'il fait l'objet d'un circuit touristique qui permet de découvrir, entre autres, le commissariat où il travaille (près de George Square) et son pub préféré *(infos au ✆ (0131) 553 7473 ou sur www.rebustours.com)*. Au travers de ce héros atypique et attachant, Ian Rankin jette un regard souvent drôle, parfois féroce, sur la société écossaise.

bâtiment doté de deux cours. En fait, il n'exécuta que la façade principale et son impressionnante entrée surplombant South Bridge. Playfair modifia le tracé d'une cour et compléta les parties environnantes. La **Talbot Rice Gallery** – *Entrer par l'angle sud-ouest et gagner le premier étage - ✆ (0131) 650 2211 - www.trg.ed.ac.uk - ♿ - mar.-sam. 10h-17h - gratuit sf pour les expositions spéciales* – logée dans la galerie georgienne de Playfair, présente une partie des collections de tableaux de maîtres anciens de l'Université d'Édimbourg et organise en outre régulièrement des expositions d'art contemporain de qualité, particulièrement pendant le Festival.

Chambers Street B2

Quand le lord-prévôt Chambers ordonna la démolition des taudis, au milieu de l'époque victorienne, Adam, Argyle et Brown Squares furent rayés de la carte, mais South Bridge et George IV Bridge furent reliés par cette splendide rue. La partie nord d'Old College, le Royal Museum et le Museum of Scotland bordent le côté sud de la rue. En face s'élèvent l'Adam Theatre, puis l'University Staff Club (du n° 9 au n° 15) que remodela Basil Spence vers 1950. Plus loin se dresse l'université Heriot Watt (n° 23). L'institut d'origine fut fondé en 1821 et dédié à l'ingénieur James Watt. Mais après la démolition d'Adam Square, l'institut élut domicile au n° 23. En 1885, il prit le nom de collège Heriot Watt avant d'acquérir le statut d'université en 1965. Son campus se trouve à Riccarton Estate, au sud des murs de la ville. Aujourd'hui le bâtiment fait office de palais de justice.

Royal Museum et Museum of Scotland★★★

Voir visiter p. 202 et 203.

LA NOUVELLE VILLE 1767-1830★★ (NEW TOWN)

Lorsque la décision fut prise d'étendre la ville royale d'Édimbourg au nord de la vieille ville, un concours fut organisé : c'est un jeune architecte inconnu du nom de **James Craig** (1710-1795) qui le remporta. Une fois North Bridge construit au-dessus de la vallée, le développement de la nouvelle ville d'Édimbourg avança rapidement. Le projet urbain prévoyait que les nouveaux quartiers soient uniquement résidentiels, les affaires et les activités commerciales devant rester dans la vieille ville, concentrées autour de la Bourse.

Ce projet fut respecté et facilita la construction d'une série de splendides places et rues élégantes selon un plan parfaitement adapté à la topographie : la rue centrale, George Street fut construite sur la crête dominant la vallée et flanquée de deux rues parallèles, Princes Street au sud et Queen Street au nord, offrant de magnifiques vues sur la vallée et sur le port. Si l'ensemble manquait au départ d'homogénéité architecturale, divers règlements permirent dès 1782 de réguler le nombre d'étages, la largeur des façades, etc. Le succès du projet urbain fut immédiat et nombre de gens imitèrent Hume et lord Cockburn en s'installant dans la nouvelle ville.

Plusieurs architectes, en particulier **Robert Adam**, participèrent à l'aménagement de ces nouveaux quartiers qui s'étendirent, donnant naissance à une seconde nouvelle ville plus au nord, au domaine du Moray au nord-ouest et à divers prolongements vers l'ouest et l'est. La conception de cette nouvelle ville exceptionnelle, parsemée de jardins et d'espaces verts, est l'une des plus belles réussites de planification urbaine. La protection des 310 ha splendides sur lesquels s'étend la partie d'Édimbourg construite à l'époque georgienne a été confiée au **New Town Conservation Committee** *(13A Dundas Street)*.

Quand on explore l'Édimbourg georgien, il faut s'arrêter aux nombreux détails décoratifs qui confèrent à la nouvelle ville son caractère unique. Les ouvrages en fonte sont très variés (Heriot Row et Abercromby Place). Les balustrades de balcons qui barrent les façades (Windsor Street et Atholl Crescent) alternent avec les grilles protégeant les fenêtres ; les alignements de grilles à crête et à fleurons sont ponctués de réverbères, de consoles et d'éteignoirs (Charlotte Square, York Place et Melville Street).

De Charlotte Square à l'extrémité est de Princes Street 4

Charlotte Square★★★ A1

Suite à ses propositions d'aménagement de la nouvelle ville, **Robert Adam** fut chargé en 1791 de concevoir ce qui constitue aujourd'hui la place la plus splendide de cette nouvelle partie d'Édimbourg. Ses élégantes façades encadrent harmonieusement le jardin au centre duquel se dresse la statue équestre du **prince Albert** due à Steell. Le **côté nord** est un bel exemple d'urbanisme dont les lignes verticales des blocs en saillie sont équilibrées par la maçonnerie du rez-de-chaussée. Quant aux lignes des fenêtres droites et des portes cintrées à tympan en éventail, que rythment des fenêtres

W. Buss / MICHELIN

L'élégante façade de la Georgian House.

vénitiennes, elles s'épousent avec bonheur. Les grilles en fer forgé, les lanternes d'applique, les éteignoirs et les grattoirs témoignent du soin dont a bénéficié l'ensemble. La **partie centrale** réunit l'administration du National Trust for Scotland (n° 5), Bute House (n° 6), résidence officielle du secrétaire d'État pour l'Écosse, et, au n° 7, la **Georgian House★ (A1)**. Aux étages inférieurs, le National Trust for Scotland a reconstitué un intérieur georgien typique de la période 1790-1810. Dans l'une des pièces du sous-sol a lieu une présentation audiovisuelle d'Édimbourg à l'époque georgienne – *☎ (0131) 226 3318 - www.nts.org.uk - juil.-août : 10h-19h ; avr.-juin et sept.-oct. : 10h-17h ; mars et nov. : 11h-15h (dernière entrée 30mn av. fermeture) - 5 £.*
Reflet identique du côté nord de la place, le côté sud a été restauré au détail près, aussi fidèlement que possible par le National Trust.
St George's Church (1811-1814), conçue sur le côté ouest par Robert Reid, sert de point de mire à George Street ; elle est devenue l'annexe des Archives nationales (National Archives of Scotland), **West Register House**. À l'intérieur se tient en permanence une exposition historique – *Princess Street - ☎ (0131) 535 1314 - www.nas.gov.uk - ♿ - expositions tlj sf w.-end 9h-16h45 - fermé j. fériés - entrée libre - dépliant en allemand, espagnol, français et néerlandais.* Parmi les résidents célèbres, on peut citer lord Cockburn qui a habité au n° 14, lord Lister au n° 9, et Douglas Haig au n° 24.

George Street A1

La rue principale dessinée par Craig débouche d'un côté sur Charlotte Square et de l'autre sur St Andrew Square ; elle mesure 800 m de long et 35 m de large. La plupart des maisons qui bordaient cette rue jadis résidentielle ont été transformées en banques, en bureaux et en boutiques. Des statues se dressent à l'intersection des rues : on peut voir le Dr Chalmers, sculpté par Steell, au coin de Castle Street, Pitt (œuvre de Chantrey), à l'angle de Frederic Street et George IV (également par Chantrey) sur Hanover Street. Chacun de ces personnages dispose d'une vue dégagée sur le Forth ou sur les jardins de Princes Street avec le château et la vieille ville en toile de fond. Partager tout particulièrement la **vue** dont profite George IV sur son piédestal : il voit en effet successivement la Royal Scottish Academy, la National Gallery, l'Assembly Hall et la flèche de Tolbooth Kirk.
En se dirigeant vers l'est, on passe devant les **Assembly Rooms** (n° 54) contruites en 1784. Le fronton à portique fut ajouté plus tard. À leur achèvement, ces salles représentaient la cinquième institution de ce type dans Édimbourg, mais la première dans la nouvelle ville. Paradoxalement, ces salles cessèrent d'être un lieu de rassemblement mondain après l'édification de logements plus spacieux dans cette nouvelle partie de la ville. Leur construction débuta en 1784 et s'acheva trois ans plus tard, lors du premier séjour de Burns dans la capitale. C'est dans cet édifice également que Scott déclara avoir écrit *Waverley*. Cette belle suite de pièces, avec le Music Hall qui se dresse à l'arrière, représente un cadre magnifique pour toutes sortes de manifestations publiques.
L'église **St Andrew and St George** (1785), avec sa tour à flèche, devait fermer la vue sur St Andrew Square, mais Dundas modifia les plans prévus. C'est dans cette église qu'eut lieu la Scission de 1843, lorsqu'un groupe de pasteurs conduit par le

Dr Chalmers sortit de l'église après un débat sur le contrôle des nominations dans le service public, et fonda la Free Church of Scotland.

Scottish National Portrait Gallery★ B1

Voir Visiter p; 205.

St Andrew Square

Du haut d'une colonne cannelée de 46 m, la statue d'**Henry Dundas**, vicomte Melville, plus connu sous le surnom de « roi Harry le neuvième » pour sa conduite des affaires écossaises entre 1782 et 1805, domine la place, où se concentrent banques et compagnies d'assurance.

Elle n'offre rien de l'élégante harmonie de Charlotte Square malgré quelques beaux bâtiments. Du côté nord, les n°s 21 à 26 témoignent de ce style classique local qui correspond à la première phase du développement de la nouvelle ville. Sise aux n°s 21 et 22, **Buchan House** perpétue le nom du 11e comte de Buchan (1742-1829) ; fondateur de la Société des antiquaires, cet excentrique correspondait régulièrement avec George III auquel il s'adressait en l'appelant « Mon cousin ».

Le **n° 26** fut réalisé par le principal concurrent d'Adam, William Chambers, qui conçut aussi le magnifique hôtel particulier du côté est. Construit de 1772 à 1774 pour sir Laurence Dundas sur un terrain d'abord destiné à une église, **Dundas House★** est un hôtel particulier de trois étages dont le bloc central en saillie est doté de trois baies flanquées de pilastres, décoré d'armoiries et coiffé d'un fronton, et dont le couronnement est orné d'une frise. À l'intérieur, le vestibule d'entrée est magnifique avec ses chapiteaux et ses clefs de voûte rehaussés à la feuille d'or. L'édifice fut acheté par la Royal Bank of Scotland en 1825 ; la salle couverte d'une coupole fut ajoutée en 1858. En face du bâtiment se dressent un soldat, le 4e comte de Hopetoun, et son cheval. Des deux pavillons symétriques flanquant l'hôtel particulier, celui situé au nord (n° 35) fut en 1768 la première maison de la place. La façade du n° 38 – également une banque – frappe le regard par ses colonnes corinthiennes s'élevant sur deux étages et couronnées par une statue. Le philosophe David Hume (1711-1776) fut parmi les premiers notables d'Édimbourg à s'établir dans une maison de la nouvelle ville, dans St David Street qui lui doit son nom.

Robert Louis Stevenson (1850-1894)

Une plaque commémorative sur laquelle est gravée un verset du poème pour enfants *The Lamplighter* indique l'emplacement de la maison d'enfance de Stevenson, au 17 Heriot Row, dans la nouvelle ville d'Édimbourg. Robert Stevenson est célèbre pour ses récits tant appréciés des enfants, *L'Île au trésor* et *Enlevé*, et pour l'histoire plus macabre de *L'Étrange Cas du Dr Jekyll et de Mr Hyde*, dont l'action se situe dans le vieil Édimbourg. Esprit bohème, Robert Stevenson a dû souvent partir vers des pays au climat tempéré pour des raisons de santé ; il a également fait deux séjours en France, sources d'inspiration de : *Un Voyage sur le continent* (1878) et du délicieux *Voyages avec un âne dans les Cévennes* (1879), où il raconte ses difficultés avec Modestine.

West Register Street mène au **Café Royal**, pub littéraire également connu pour son bar à huîtres, puis à **New Register House**, reconnaissable à ses grilles en fer forgé et ses montants de porte couronnés, qui signalent les bureaux du Lord Lyon. En Écosse, le Lord Lyon est le Roi d'armes, qui règle toute question d'armoiries, détermine qui est chef de clan, dirige et exécute les proclamations royales ainsi que les cérémonies publiques.

L'extrémité est de Princes Street est ponctuée par la magnifique façade de **Register House** (1774-1822) qui abrite les Archives nationales (Scottish Record Office) ; son portique en saillie, son fronton, ses pavillons couronnés de dômes signalent North Bridge. Des expositions tournantes ont lieu dans la grande salle ; ne pas manquer de regarder l'intérieur de la splendide salle dotée d'une coupole et ornée de motifs caractéristiques d'Adam – *☎ (0131) 535 1314 - www.nas.gov.uk - ♿ - expositions tlj sf w.-end 9h-16h45 - fermé j. fériés - entrée libre - dépliant en allemand, espagnol, français et néerlandais.*

La **statue équestre de Wellington** a été réalisée par Steell.

Le **General Post Office** se dresse sur le site du Théâtre royal construit en 1768, l'un des premiers bâtiments de la nouvelle ville. Au temps de sa gloire, c'est-à-dire lorsque Scott en était administrateur, des comédiens célèbres tels que Sarah Siddons et John Kemble s'y produisirent. Le théâtre ferma en 1859 et brûla en 1946. En face, de l'autre côté de North Bridge, l'hôtel Balmoral est célèbre pour sa tour d'horloge qui sert de point de repère ; on dit que son horloge sonne en avance de deux minutes.

Princes street et ses jardins 5

Princes Street B1

La principale rue commerçante d'Édimbourg était à l'origine entièrement résidentielle. Bordée d'habitations d'un seul côté, cette rue délimitait au sud la nouvelle ville. Les maisons construites dans les années 1770 étaient modestes, mais possédaient une vue dégagée sur la vallée, laquelle devint plus tard un jardin réservé aux habitants d'Édimbourg. C'est avec l'arrivée du chemin de fer (1845-1846) que Princes Street commença à se développer en tant que pôle commercial. Aujourd'hui s'y côtoient hôtels, boutiques de l'époque victorienne et magasins modernes. Certains de ces établissements, comme Jenners, rappellent la présence des grands magasins opulents qui bordaient autrefois cette rue.

Princes Street Gardens B1

La vallée de Nor'Loch fut comblée lors des travaux d'aménagement de la nouvelle ville, puis agencée en jardins réservés aux résidents de la ville. C'est une loi imaginée par lord Cockburn qui préserva le côté sud de Princes Street d'un développement ultérieur. Avec l'arrivée du chemin de fer, boutiques et hôtels remplacèrent les maisons. Et les jardins furent ouverts au public en 1876. Ces derniers offrent aujourd'hui, grâce à leur verdure, leurs bancs et leurs nombreux monuments, un refuge agréable à l'animation et à la foule de Princes Street.

Scott Monument B1

✆ (0131) 529 4068 - tlj 9h-20h (18h en sept.-oct., 16h de nov. à fév.) - 2,50 £.

Ce monument pyramidal dominant Princes Street est le point de repère le plus familier d'Édimbourg. Après la mort de Walter Scott en 1832, une souscription publique fut organisée avec succès. En dépit des nombreuses controverses à propos du site et de la nature du monument, la première pierre fut posée en 1840. Cette flèche néogothique haute de 61 m fut conçue par un menuisier dessinateur, **George Meikle Kemp**, qui décéda avant l'achèvement de son œuvre. La statue exécutée par Steell en marbre de Carrare représente Scott et sa chienne, Maida ; elle est accompagnée par 64 statuettes s'inspirant de personnages de ses romans (dans les niches) et par 16 têtes de poètes écossais (sur les chapiteaux). Ce monument est devenu une attraction majeure, et quatre plates-formes (287 marches) permettent aux personnes agiles d'admirer plusieurs belles **vues★** du centre d'Édimbourg. Au premier étage, une salle présente une exposition consacrée au concepteur et à la construction du monument.

Sur la gauche, deux édifices imposants de style classique divisent les jardins de Princes Street : la National Gallery et la Royal Scottish Academy, récemment reliées par un espace souterrain, **Weston Link**, qui comprend un café, un restaurant, une boutique et une salle de conférence.

National Gallery of Scotland★★ B1

Voir Visiter p. 203

Royal Scottish Academy B1

The Mound - ✆ (0131) 225 6671 - www.royalscottishacademy.org - 10h-17h, dim. 12h-17h - tarif non communiqué.

L'Académie fut bâtie sur commande par William Playfair en 1826, afin d'embellir l'extrémité nord du Mound ; elle devait également faire pendant au bâtiment imposant de la banque d'Écosse situé à l'autre extrémité du Mound. De son perchoir au-dessus du portique, la reine Victoria, sculptée par Steell, lève les yeux vers son oncle George IV, en direction de Hanover Street. La rivalité existant entre l'Institution et l'Académie s'acheva lorsque cette dernière devint royale en 1838. L'Académie royale d'Écosse, composée de 60 membres (30 académiciens et 30 membres associés) organise des expositions tout au long de l'année.

The Mound B1

C'est un confectionneur entreprenant de Lawnmarket qui traversa la vallée

R. Campbell / ELTB

Princes Street Gardens.

de Nor'Loch en y construisant une allée de pierres ; ce raccourci lui permettait d'aller plus vite chez ses clients. Ensuite, les déblais provenant de la construction de la nouvelle ville servirent à construire le Mound (entre 1781 et 1805) tel qu'il est aujourd'hui.
Plus loin, dans les West Princes Street Gardens, on peut découvrir : une **horloge florale**, composée de 20 000 fleurs annuelles, un kiosque à musique, un centre de réjouissances estivales en plein air, ainsi que des statues du poète Allan Ramsay (extrémité est) et de l'inventeur du chloroforme, sir James Y. Simpson.

Calton Hill 6

À l'extrémité est de Princes Street s'élève Calton Hill (100 m d'altitude) : avec sa ligne d'horizon familière, où se découpent des monuments classiques, on l'a surnommée l'acropole d'Édimbourg. Autrefois site d'activité volcanique, les 9 ha de Calton Hill furent laissés à l'abandon au moment de la construction de la nouvelle ville.
L'**observatoire** de James Craig fut le premier édifice construit et on poursuivit l'aménagement après 1815, une fois le ravin situé à l'est de Princes Street franchi par Regent Bridge. Les portiques d'encadrement et les façades classiques de **Waterloo Place** forment une entrée conventionnelle sur la rue, servant de cadre à Calton Hill qui se découpe au loin.
Sur la droite, **St Andrew's House**, l'ancien centre administratif d'Écosse, occupe le site où se dressaient autrefois deux prisons, construites pour remplacer le vieux tolbooth.

Calton Hill

On y accède par des escaliers depuis Waterloo Place (Regent Road) ou par une rue étroite accessible aux voitures, qui part vers la gauche en face de St Andrew's House.
Le monument le plus étonnant est le **National Monument**, qui comporte un portique avec douze colonnes et sert de monument aux Écossais morts pendant les guerres napoléoniennes. Il devait être une réplique fidèle du Parthénon, mais sa construction fut arrêtée par manque de fonds.
En progressant dans le sens des aiguilles d'une montre, on gagne le **Monument Nelson** – *✆ (0131) 556 2716 - avr.-sept. : lun. 13h-18h, mar.-sam. 10h-18h ; oct.-mars : tlj sf dim. 10h-15h - fermé 1-3 janv. et 25-26 déc. - 3 £ - parking.* Ce bâtiment haut de 32 m consiste en une tour circulaire dédiée à la victoire de Trafalgar. La galerie d'observation *(143 marches permettent d'y accéder)* offre un splendide **panorama★★★** sur Édimbourg : les yeux parcourent Princes Street, puis, en partant du château, suivent l'arête du Royal Mile jusqu'à l'église de Canongate, avant d'apercevoir Holyroodhouse avec Arthur's Seat à l'arrière-plan. Le **temple** grec circulaire, élevé par Playfair, commémore le professeur de morale philosophique Dugald Stewart. Dans l'angle sud-ouest d'un enclos se dresse le vieil observatoire du 18e s. érigé par James Craig, qui fut par la suite remplacé par un bâtiment construit au centre par Playfair en 1818, lui-même remplacé par le nouvel observatoire érigé sur Blackford Hill *(voir plus loin)*. Au coin sud-est de l'enceinte, on trouve un autre édifice de Playfair, que l'architecte a dédié à son oncle, le mathématicien et physicien John Playfair.

Regent Road B1

La **Royal High School** présente une imposante façade, avec un portique à colonnes surmonté d'un fronton. Elle fut conçue par un ancien élève de Thomas Hamilton entre 1825 et 1829. La salle ovale est aujourd'hui utilisée par les députés écossais lorsqu'ils débattent sur des sujets concernant leur pays.
Plus loin, sur la droite, se trouve le temple grec dédié à **Robert Burns**, réalisé par l'architecte qui a édifié la Royal High School.
Contourner Calton Hill et emprunter à gauche l'élégante courbe formée par **Regent Terrace** (1825-1846), **Calton Terrace** (vers 1820-1860) et **Royal Terrace** (1821-1860). Ce quartier résidentiel, riche en éléments décoratifs et architecturaux typiques de la nouvelle ville, fut conçu par William Playfair, et le parc privé qui le jouxte dessiné par Joseph Paxton.

Beltane Fire Festival

Depuis 1988 a lieu tous les ans sur Calton Hill un festival célébrant la fin de l'hiver. Né d'une vieille tradition celtique, il était célébré jusqu'au début du 20e s. sur le site de St Anthony's Well la veille du 1er mai. Les personnages principaux de ce festival sont aujourd'hui : la reine de Mai (May Queen) et sa cour, des combattantes dites les Femmes blanches (White Women), l'Homme vert et l'Homme bleu. Quelques autres, comme les Hommes rouges, défilent autour de Calton Hill au rythme des tambours, en brandissant des torches enflammées autour d'un immense feu de bois.

LES PARTIES NORD ET OUEST D'ÉDIMBOURG

Mansfield Traquair Centre

15 Mansfield Place - www. mansfieldtraquair.org.uk - visite le 2e dim. du mois 13h-16h et ts les mat. pdt le Festival Fringe.

Située à la périphérie nord de la nouvelle nille, au coin de Mansfield Place et d'East London Street, cette ancienne église contient un remarquable ensemble de peintures murales exécutées sur des thèmes bibliques à la fin du 19e s.par **Phoebe Anna Traquair**, représentante du mouvement préraphaélite en Écosse. Rénové à la fin du 20e s. pour sauvegarder les peintures, l'édifice abrite aujourd'hui les bureaux de plusieurs organisations bénévoles, ce qui explique les horaires de visite restreints.

Continuer vers le nord-ouest pour rejoindre Inverleith Row et le Jardin botanique.

R. Campbell / EL°B

Une serre du Jardin botanique.

Royal Botanic Garden★★★

À 1,7 km du centre-ville par Broughton Street - parking près du portail ouest sur Arboretum Road ; entrées sur Inverleith Row et Arboretum Place - ✆ (0131) 552 7171 - www.rbge.org.uk - ♿ - avr.-sept. : 10h-19h ; mars et oct. : 10h-18h ; nov.-fév. : 10h-16h - possibilité de visite guidée (3 £) tlj (rassemblement à la porte ouest) à 11h et 14h - gratuit.

Les 28 ha du Jardin botanique royal sont un havre de paix pour ceux qui sont las de l'excitation de la ville. C'est un plaisir de flâner à travers ce splendide domaine qui offre aux initiés de nombreux trésors.

Les origines – Lorsque à la fin du 17e s., Édimbourg devint un centre d'études médicales, le Dr Robert Sibbald, professeur de médecine en chef à l'université d'Édimbourg, et le Dr Robert Balfour, autre éminent médecin, créèrent (1670) un jardin de plantes médicinales près de l'abbaye de Holyrood. Puis, en 1676, ces deux personnages acquirent un lopin de terre près de l'hôpital de la Trinité (où se trouve aujourd'hui Waverley Station) et nommèrent James Sutherland intendant. Le jardin fut ensuite transféré à Leith Walk, puis, en 1820, sur le site actuel, où il occupait alors une surface de 5,6 ha. Des agrandissements ultérieurs permirent d'inclure Inverleith House et les terres alentour.

Aujourd'hui – Le jardin, les serres et l'herbier, avec sa collection importante de spécimens, représentent des outils de recherche, rôle principal de ce jardin. La réputation d'Édimbourg dans la culture des rhododendrons est en grande partie due à l'acharnement de collectionneurs comme George Forrest.

Jardins et bâtiments – Les **rhododendrons** représentent l'une des principales attractions du domaine. À l'intérieur des serres d'exposition futuristes (1967), on se promène sur des sentiers sinueux qui mènent à des décors offrant un changement agréable aux rangées de pots des serres classiques. Le hall présente des expositions temporaires sur les différents aspects de la botanique. Les deux pavillons consacrés aux palmiers des régions tropicales (1834) et des climats tempérés (1858) sont à la fois plus classiques et plus imposants.

Quant au centre du domaine, il est occupé par **Inverleith House**, demeure du 18e s. qui abrite des expositions temporaires d'art contemporain. Une table d'orientation permet de situer avec précision les différents lieux les plus connus d'Édimbourg.

Royal Yacht Britannia★

Ocean Terminal, dans le port de Leith, à 4 km au nord du centre-ville, via Leith Walk - ✆ (0131) 555 5566/8800 - www.royalyachtbritannia.co.uk - ♿ - avr.-sept. : 9h30-16h30 ; oct.-mars : 10h-15h30 - fermé 1er janv. et 25 déc. - parking.

Le *Britannia* fut mis à la mer depuis un chantier naval de la Clyde en avril 1953. Symbole de la royauté post-impériale, le navire fut relevé de ses fonctions en 1997 ; il avait alors parcouru près de 2 millions de kilomètres, la reine Élisabeth II et sa famille à bord, lors des quelques 1 000 visites officielles rendues par la famille royale dans le monde entier.

Palace flottant, lieu de réception autant que vitrine de la Grande-Bretagne, le rôle du *Britannia* est décrit dans un centre d'information touristique spacieux, suffisamment pour contenir le canot royal à flot sur un réservoir d'eau. À bord, les visiteurs suivent un parcours qui les conduit à travers les appartements royaux, les quartiers de l'équipage, le pont, la timonerie et la salle des moteurs. Conçus par sir Hugh Casson en étroite collaboration avec la reine et le prince Philippe, les appartements royaux, sobres mais confortables, allient ingénieusement le luxe de la maison de campagne à l'aspect pratique.

Une visite audio permet de découvrir ce qu'était la vie à bord, expliquant les méticuleuses dispositions protocolaires prises pour les dîners officiels ainsi que les règles du jeu bruyant appelé *wombat tennis*, auquel s'adonnaient les officiers dans le carré.

St Mary's Episcopal Cathedral

Entrée par Palmerston Place - ✆ (0131) 225 6293 - www.cathedral.net - ♿ - 7h30-18h (w.-end 17h) - brochure (8 langues).

La cathédrale Ste-Marie fut construite par George Gilbert Scott dans les années 1870 pour le diocèse anglican d'Édimbourg. Ses dimensions particulièrement ambitieuses, même pour l'époque victorienne, font de cet édifice un réel testament de foi. Trois flèches dominent son enveloppe extérieure et ses deux façades occidentales, ajouts plus tardifs (1917).

À l'intérieur s'imposent l'époque victorienne et son artisanat de qualité. On remarquera le lutrin en forme de pélican, le crucifix conçu par Robert Lorimer et le retable du maître-autel réalisé par le fils de l'architecte, J. Aldrich Scott ; dans les niches latérales, on reconnaît sainte Margaret, reine d'Écosse, et saint Columba, deux personnalités majeures de la première Église d'Écosse.

Tout près se trouvent l'ancienne Coates House du 17e s. (aujourd'hui un institut théologique) et l'école de chant, célèbre pour ses peintures murales exécutées par Phoebe Anna Traquair (1888-1892) sur le thème de *Benedicte omnia opera*.

Scottish National Gallery of Modern Art★ et Dean Gallery★

Ces deux musées d'art moderne et contemporain sont situés à l'ouest de la nouvelle ville, dans le prolongement de Queen Street (*voir visiter p. 205-206).*

Edinburgh Zoo★★

À 5 km du centre-ville, sur la A 8, route principale d'Édimbourg à Glasgow - ✆ (0131) 334 9171 - www.edinburghzoo.org.uk - ♿ - 9h-18h (oct.-mars : 17h ; nov.-fév. : 16h30) - 7,50 £ - cafétéria, aire de pique-nique.

Les 32 ha du Parc zoologique national d'Écosse occupent le versant sud de Corstorphine Hill. Les enclos étant parfois dépourvus de barreaux ou de vitres, les visiteurs ont une meilleure vision des animaux et de leurs cabrioles. Mais les rôles sont inversés lorsque les orangs-outans et les chimpanzés, du haut de leur perchoir et de leurs appareils d'escalade, sont aux premières loges pour voir le public. La célèbre collection de pingouins d'Édimbourg (une colonie de 30 manchots royaux et de 100 gentoos) représente l'attraction la plus populaire, avec leur **Penguin Parade** quotidienne. En plus de la visite des animaux familiers, ne pas manquer quelques espèces indigènes : le chat sauvage, la martre des pins ou l'aigle doré.

Du haut de la colline (155 m ; *table d'orientation*), on a une **vue** de l'ensemble d'Édimbourg, des Pentlands au sud, ainsi que des monts du loch Lomond.

Lauriston Castle

À 8 km à l'ouest par la A 90 et Cramond Road South - ✆ (0131) 336 2060 - avr.-oct. tlj sf vend. 11h-13h, 14h-17h ; reste de l'année : le w.-end 14h-16h - 4 £ - visite guidée (40mn)- parc : ouv. de 9 h à la tombée de la nuit - entrée libre.

Cette maison forte du 16e s. fut érigée par sir Archibald Napier, père de l'inventeur des logarithmes. **John Law** (1671-1729), financier et contrôleur général des Finances de France, y passa une partie de sa jeunesse. Agrandie au 19e s. et remise à neuf au début du 20e s., cette demeure témoigne aujourd'hui des intérieurs raffinés édouardiens. Quelques pièces du mobilier retiennent l'attention (18e s. et copies 20e s.), de même que des patchworks de laine et une collection de faïences « Blue John ». Des tapisseries et de nombreuses gravures ornent les murs. Ne pas manquer les moules des célèbres intailles de James Tassie (1735-1799).

LES FAUBOURGS SUD DE LA VILLE

The Royal Observatory

Blackford Hill, à 5 km du centre-ville par la A 7 - ✆ (0131) 668 8404 - www.roe.ac.uk/vc - ♿ - programme d'été (nuits à l'observatoire, ateliers, etc.) sur demande - visite 10h (12h dim.)-17h - 3,50 £ - parking.

L'observatoire fut transféré à Blackford Hill en 1896 pour échapper à l'air enfumé de Calton Hill *(voir plus haut)*. Le **centre d'accueil** (tour est) présente au public l'histoire de l'observatoire actuel et le fonctionnement d'un observatoire moderne.

La **tour ouest** renferme un télescope Schmidt de 40 cm de diamètre *(il n'est plus utilisé)* ; sur les murs, des panneaux décrivent le rôle du télescope anglais Schmidt (1,2 m de diamètre) qui se trouve en Australie.

La terrasse supérieure de la tour offre une belle **vue★** de la ville d'Édimbourg, depuis Bass Rock à l'est jusqu'au Fife et aux Lomond Hills à l'horizon. Calton Hill, le site originel de l'observatoire, semble minuscule mais se distingue bien.

La **Rooftop Gallery** présente l'histoire de l'astronomie d'observation, ainsi que le développement du télescope astronomique, expliquant, entre autres, le rôle joué par l'Écossais James Gregory *(voir St Andrews)* dans ce domaine. Installé dans la **tour est**, le télescope le plus important d'Écosse (90 cm de diamètre) date de 1930.

Craigmillar Castle★

À 5 km au sud-est par St Leonard's Street et la A 68 - ✆ (0131) 661 4445 - 9h30 (14h vend. et dim. d'oct. à mars)-18h30 (16h30 d'oct. à mars, 12h le jeu. d'oct. à mars) - 4 £.

Édifié sur une éminence, le château de Craigmillar impressionne les visiteurs car il s'en dégage un sentiment de force qui semble le rendre inexpugnable. La maison forte (14e s.) surplombe massivement deux rangs de courtines. Le mur extérieur délimite une cour de façade et des jardins dont la superficie couvre un demi-hectare. Élevée en 1427, la courtine intérieure est divisée en quatre parties par des tours rondes, percée de canonnières et coiffée d'intéressants parapets désengagés à mâchicoulis. Surmontée des armoiries de la famille Preston, la porte intérieure fait face à la **maison forte** en L, aujourd'hui reliée à des constructions du 15e s. (est) et des 16e et 17e s. (ouest). La **grande salle** du premier étage comprend une magnifique cheminée à hotte et trois fenêtres dont les embrasures sont bordées de bancs de pierre. Depuis le sommet, on bénéficie d'une vue plongeante sur toutes les constructions et l'on peut apprécier pleinement la valeur stratégique du dispositif. Remarquer en outre le colombier à l'angle nord-est du mur extérieur.

C'est dans cette forteresse que Marie Stuart trouva refuge après le meurtre de Rizzio et que se trama le complot perfide à l'encontre de Darnley.

P. Tomkins / SCOTTISH VIEWPOINT/VISIT SCOTLAND

Le château de Craigmillar.

Midlothian Ski Centre

À 9 km du centre-ville par la A 702, à l'est et à l'écart de la route - Hillend - ✆ (0131) 445 4433 - mai-août : 9h30-21h (w.-end 19h) ; sept.-avr. : 9h30-21h (dim. 19h) - télésiège 2 £ (enf. 1,50 £) - se renseigner pour les tarifs des leçons et de l'équipement - café - parking.
Cette station de ski, située sur le versant nord des Pentland Hills, a été inaugurée en 1965. Les pistes de ski artificielles sont ouvertes toute l'année et les skieurs de tout niveau y trouvent leur bonheur. Les visiteurs peuvent emprunter le téléski qui les emmènera au sommet de la station *(on y trouve une table d'orientation et des jumelles)* ; ils profiteront alors d'un magnifique **panorama★★** sur Édimbourg et ses faubourgs sud avec, à l'horizon, Ben Lomond, la centrale électrique de Cockenzie, North Berwick Law, Taprain et les Cheviots.

Visiter

Les grands musées

Après l'Exposition universelle de 1851, musées et galeries d'art proliférèrent à travers toute l'Angleterre. En 1854, des fonds furent alloués à Édimbourg pour y fonder un musée de l'Industrie. Le capitaine Fowke, connu pour sa réalisation de l'Albert Hall à Londres, dessina un chef-d'œuvre d'architecture victorienne alliant la fonte et le verre, inauguré en 1861 par le Prince Albert. Il abrita les collections du Royal Museum of Scotland jusqu'en 1998, date à laquelle fut inauguré un nouveau bâtiment communiquant avec l'ancien mais offrant un contraste frappant, qui accueille désormais – sous le nom de Museum of Scotland – les collections historiques. Les deux musées, regroupés sous le nom générique de **National Museum Scotland**, se complètent parfaitement, le plus ancien reflétant la vision que l'Écosse se fait du monde extérieur tandis que l'édifice moderne présente au reste du monde l'Écosse et les Écossais dans leur contexte historique.

Royal Museum★★ B2

Chambers Street - ✆ (0131) 247 4422 - www.nms.ac.uk - ♿ - 10h (12h dim.)-17h (20h mar.) - possibilité de visite guidée en allemand, français et italien ; audioguide en français - fermé 25 déc. - gratuit - cafétéria.
Disposées par thèmes, sur trois niveaux dont deux de galeries entourant un vaste hall central, les collections du Royal Museum comprennent une foule hétéroclite d'objets recueillis par les Écossais au cours de leurs voyages à travers le monde et par des acquisitions ponctuelles.
Remarquez dans le hall central, à gauche de l'entrée principale, une étrange horloge surmontée d'une flèche, **The Millenium Clock**, inaugurée le 1er janvier 2000 (l'horloge est activée tous les jours à 11h, sauf le dimanche, 12h, 14h et 16h). Construite en bois autour d'un cadre en métal, l'horloge évoque une tour d'église et comporte trois étages de rouages décorés de personnages historiques mais aussi anonymes représentant les différents aspects de la société : la crypte suggère la base même de la société, la nef est le lieu où les gens vivent, aiment et meurent, tandis que le beffroi est le cœur de l'horloge ; le cadran représente un œil, un soleil, une lune avec ses différents cycles, mais il symbolise aussi le cycle de la vie avec ses hauts et ses bas et parfois un rayon de soleil. Quant à la flèche, elle évoque l'Homme perçant le ciel pour atteindre le paradis. Elle est surmontée d'une Pietà en forme de croix, symbolisant la tristesse de celui ou celle qui reste sur terre et du courage nécessaire pour continuer malgré tout.
Parmi les autres points forts du musée, notez la galerie des **fossiles** et celle du **Moyen-Orient** (tentures brodées, lampe de mosquée) au 2e étage, la galerie d'**Art européen** (nécessaire de voyage de la Princesse Pauline, sœur de Napoléon, par Biennais, service à thé commandé par Napoléon) au 1er étage, et la galerie **Connect**, espace scientifique interactif, au rez-de-chaussée.

E. Morris / MICHELIN

L'étonnante Millenium clock.

Museum of Scotland★★★

L'entrée principale de ce musée est dans la tour, à la jonction de Chambers Street et du pont George IV. Il est conseillé de se joindre aux visites guidées, gratuites et proposées à divers moments de la journée.

Habillé de grès de Clasach provenant du Morayshire, l'extérieur de cette surprenante construction présente une **tour ronde** qui surplombe la jonction de Chambers Street et du pont George IV. Contrairement aux musées traditionnels, le Museum of Scotland est percé de fenêtres ajourées laissant entrevoir les richesses qu'il renferme. À l'intérieur, une extraordinaire diversité d'espaces comme **Hawthornden Court**, divinement léger et aérien, ou à l'inverse de mystérieuses cavités creusées dans le sol, ne manqueront pas d'étonner les visiteurs. Des escaliers en spirale semblent être encastrés dans l'épaisseur de murs imposants, tandis que balcons, galeries et fenêtres créent un effet d'optique tant à l'intérieur du bâtiment qu'au-delà de celui-ci vers l'extérieur. Cette nouvelle construction a rendu possible l'exposition d'une plus grande partie des collections écossaises, infiniment riches et variées. Ceci, ajouté à une présentation originale, fait de la visite de cette partie du musée une approche essentielle et agréable de la nature profonde du pays et de ses habitants.

Les collections sont exposées par ordre chronologique du sous-sol au niveau 6.

Le **niveau 0** est consacré aux origines géologiques de l'Écosse (remarquez un fragment de gneiss de Lewis vieux de 2 900 millions d'années !) mais aussi à ses premiers habitants de 8 000 environ av. J-C. à 1 100 apr. J.-C. et à leurs premières réalisations artistiques, telle une pierre sculptée provenant de l'ancien comté d'Angus et représentant un cavalier buvant dans une corne, une sculpture funèbre romaine représentant une lionne dévorante ou encore un trésor en argent provenant de la pointe volcanique de Traprain Law, dans le Lothian oriental.

Les **niveaux 1 et 2** montrent l'évolution du royaume d'Écosse depuis sa naissance en 900 à l'Acte d'union en 1707. Parmi les objets les plus remarquables, il faut noter le Bute Mazer, une coupe utilisée au 14e s. par tous les membres d'une communauté, une statuette de saint André, saint patron de l'Écosse, datant du début du 16e s., la « Queen Mary Harp » (1500), un plafond peint du château de Rossend, une copie de la tombe de Mary Queen of Scots, dont l'original se trouve dans l'Abbaye de Westminster, et un coffre à trésor fabriqué au 17e s. au moment où les Écossais se tournaient vers l'Amérique.

Les **niveaux 3 et 4** illustrent la transformation de l'Écosse après l'Acte d'union, en particulier le développement de l'industrie textile, la production d'énergie avec une machine à vapeur de la fin du 18e s., mise au point par le mécanicien anglais Newcomen et une machine à vapeur à cylindre unique de 1923 des ateliers de Douglas & Grant of Kirkcaldy utilisée dans un atelier de tissage, la vie rurale, l'Église (magnifique cloison réalisée en style néogothique pour l'église St Giles d'Édimbourg).

Le **niveau 5** continue à illustrer le développement économique de l'Écosse en traitant plus particulièrement l'industrie et l'Empire. Il est impossible de ne pas remarquer la volumineuse locomotive Ellesmere de 1861 ainsi que l'impressionnant alambic à whisky. Cette section rend aussi hommage aux Victoriens et Édouardiens célèbres, tels que Charles Rennie Mackintosh, Robert Lorimer, Phoebe Anna Traquair, etc.

Le **niveau 6**, temporairement fermé, est consacré à l'Écosse au 20e s.

La terrasse sur le toit offre un incroyable panorama sur le château et la ville.

National Gallery of Scotland★★ B1

The Mound - ✆ (0131) 624 6200/332 2266 - www.nationalgalleries.org - ♿ - 10h-17h (jeu 19h) - horaires aménagés pdt le festival d'Edinbourg - fermé 25-26 déc. - gratuit pour la collection permanente - parking.

La National Gallery of Scotland est l'un des cinq musées nationaux abritant les richesses artistiques de l'Écosse, avec la Scottish National Portrait Gallery, la Scottish National Gallery of Modern Art et la Dean Gallery (*voir p. 205-206*), qui sont reliés entre eux par un service de bus gratuit (*ttes les 45mn*).

Les collections du musée illustrent l'art européen et écossais de la Renaissance à la fin du 19e s. Les premières œuvres provenaient de la collection de la Royal Institution. Ce fonds profita ensuite d'une série de legs et d'une politique d'achat. Entre 1850 et 1857, Playfair éleva cet imposant bâtiment classique dont les élégantes salles octogonales ont été remarquablement refaites. Les peintures sont exposées chronologiquement en commençant à l'étage supérieur ; on a judicieusement rappelé l'époque de leur création en disposant du mobilier et des sculptures qui leur sont contemporains.

Se rendre à l'étage supérieur en empruntant l'escalier se trouvant face à l'entrée principale.

La **Salle A1** contient une sélection de tableaux de maîtres italiens et flamands de la Renaissance jusque vers 1530.
Le *Retable de la Sainte Trinité* (vers les années 1470) de Van der Goes, primitif flamand, est un exemple unique de l'art de la pré-Réforme ; il fut commandé pour la collégiale de la Sainte-Trinité d'Édimbourg, démolie depuis. Ouverts, les panneaux représentent Jacques III et Marguerite de Danemark accompagnés de leurs saints patrons. Les *Trois Légendes de saint Nicolas* de Gérard David illustrent des scènes de la vie de Saint Nicolas de Myra, plus communément connu sous le nom de Père Noël. Notons aussi la belle *Allégorie de la mélancolie* de Cranach le Vieux. Parmi les œuvres des maîtres italiens retenons *La Sainte Famille au palmier* de Raphaël, *La Vierge adorant l'Enfant Jésus endormi* de Sandro Botticelli ou encore *La Sainte Famille et saint Jean-Baptiste* de Giulio Romano.
Continuer la visite au rez-de-chaussée qui présente une admirable sélection d'œuvres du 16ᵉ au 19ᵉ s.

Les **galeries I** et **II** introduisent les principales figures de la peinture vénitienne du début du 16ᵉ s. : Jacopo Bassano avec son *Adoration des Mages* très colorée, et Titien avec sa composition religieuse *Les Trois Âges de l'homme*. Deux œuvres de ce dernier appartenant à son style tardif de peinture mythologique (années 1550) révèlent toutes les qualités de l'art vénitien : *Diane et Actéon* et *Diane et Callisto* expriment une liberté de facture et une maîtrise de la couleur et de la matière. Il n'est pas inutile de comparer ces œuvres avec celles d'autres artistes majeurs de la seconde génération des peintres du 16ᵉ s. : Bassano, le Tintoret et le style sommaire qui le caractérise *(La Descente de croix)*, et Véronèse qui fut avant tout un coloriste *(Mars et Vénus, Saint Antoine abbé)*.
Aménagée en cabinet, la **galerie III** expose divers tableaux de collection européens des 16ᵉ et 17ᵉ s. : Van der Heyden, Metsu, Hobbema et Avercamp dont on admirera le *Paysage d'hiver*.
La **galerie IV** rassemble des œuvres (17ᵉ s.) de Poussin *(Le Mariage mystique de sainte Catherine)*, de Claude Lorrain *(Paysage avec Apollon et les Muses)*, du Greco *(Le Sauveur du monde* à la coloration si particulière, prolongement spirituel d'un thème profane rarement traité), de même qu'une œuvre de jeunesse de Vélasquez *(Vieille Femme cuisant des œufs)*. Noter également une énigmatique *Allégorie* du Greco qui traitait rarement les sujets profanes.
Les admirables *Sept Sacrements* de Poussin sont mis en valeur par le cadre gracieux de la **galerie V** ; il est à remarquer combien le marbre du sol fait écho à celui de la *Confirmation*. Poussin entreprit cette deuxième série de très formelles compositions classiques pour son ami parisien Chantelou.
Toute la diversité de l'art hollandais du 17ᵉ s. est visible dans les **galeries VI, VII** et **IX**. Jan Weenix est un spécialiste des grandes scènes de chasse. Dans sa *Vue de Nimègue,* Cuyp a introduit d'intéressants effets de lumière ; *Début de tempête* de Koninck combine des vues imaginaires et un paysage naturel.
Dans la **galerie VIII**, on admirera un autoportrait de Rembrandt le représentant à l'âge de 51 ans, où la technique du clair-obscur concentre toute l'attention du spectateur sur le visage. À voir également, les portraits de Franz Hals et la vaste composition de Philip Koninck, *Vaste Paysage* (1666) dont la perspective est caractéristique. La **galerie IX** (peinture flamande et hollandaise du 17ᵉ s.) contient des toiles du maître du 17ᵉ s., Rubens. Le mouvement tourbillonnant de son *Festin d'Hérode,* grande scène de banquet tout en couleur et réalisme, contraste avec la gravité formelle de *La Famille Lomellini* et de *l'Aristocrate italien* de Van Dyck.
Les principales figures de l'art britannique du 18ᵉ s. sont présentées dans la **galerie X** : Gainsborough *(The Hon. Mrs Graham)*, Reynolds *(Ladies Waldegrave)*, Romney, Raeburn et Lawrence. D'autres écoles du 18ᵉ s. sont encore représentées par deux pastorales d'une joyeuse frivolité du plus rococo des peintres français, François Boucher, dernier représentant de la tradition vénitienne Renaissance, par *La Découverte de Moïse* de Tiepolo, et *Achille pleurant la mort de Patrocle* de Gavin Hamilton, un pionnier du néoclassicisme.
Les œuvres anglaises du 19ᵉ s. exposées dans la **galerie XI** comprennent des paysages de Turner *(Somer Hill, Tunbridge)*, de David Roberts *(Rome, coucher de soleil vu du couvent de San Onofrio)* ; mais aussi de peintres américains, dont Church *(Niagara Falls)*.
Dans la **galerie XII** adjacente est accrochée la toile gigantesque de Benjamin West, *Alexander III of Scotland rescued from the fury of a stag,* une composition colorée pétrie d'action frénétique, ainsi qu'une collection de portraits en pied dus à Raeburn *(Sir John Sinclair)*.

Emprunter l'escalier entre les galeries VI et IX menant aux salles A2-6 de l'étage supérieur.

Les petits formats des 18e et 19e s. des **salles A2** et **A3** comprennent des Watteau *(Fêtes vénitiennes)*, Greuze, Boucher *(Madame de Pompadour)*, Guardi, Chardin, Hogarth, Allan Ramsay *(Épouse de l'artiste)*, et des paysagistes du début du 19e s. tels John Crome et Gainsborough.
Parmi les précurseurs des impressionnistes français **(salle A4)**, on remarque des paysages romantiques de Corot et une scène exotique de Delacroix.
Dans la **salle A5**, on peut admirer toute la luminosité des toiles de Monet, de Sisley et Pissarro. L'exotisme de Gauguin caractérise *Les Visions après le sermon* et *Trois Tahitiennes*; remarquer aussi la *Femme et enfant au jardin* de Berthe Morisot, ainsi que *Danseuses* et *Diego Martelli* de Degas.

Prendre l'escalier situé derrière la galerie VII pour gagner l'aile du sous-sol.

Galeries B1 à B8 – Ces galeries exposent une sélection de peinture écossaise de 1600 à 1900. Le portrait domine les premières œuvres de Aikman et Ramsay, qui sut exalter la délicatesse féminine. De l'autre côté, parmi de nombreuses œuvres de Raeburn se démarquent son autoportrait et *The Reverend Robert Walker Skating on Duddingston Loch*. David Wilkie connut une grande popularité de son vivant pour ses scènes réalistes de la vie écossaise; remarquer sa première toile importante, *Pitlessie Fair*. *The Gentle Shepherd* s'inspire d'un poème de Ramsay. *The Valley of the Tweed* et *The Distant View of Stirling* sont des compositions douces et d'atmosphère dues à Nasmyth. Précurseur des préraphaélites, William Dyce se spécialisa dans les scènes religieuses et les paysages *(Ste Catherine)*. *Francesca di Rimini* illustre un épisode de *l'Enfer* de Dante. *The Porteous Mob* de J. Drumond s'inspire d'un épisode historique décrit dans *La Prison d'Édimbourg* de Walter Scott.
McTaggart excella dans les paysages *(The Storm, Spring, Summer Day)* où une facture audacieuse et des effets de lumière spectaculaires participaient à créer un certain réalisme. Le mouvement se poursuivit avec l'École de Glasgow à laquelle Guthrie et Hornel adhérèrent.

Scottish National Portrait Gallery★ B1

1 Queen Street - ✆ (031) 624 6200/332 2266 - www.nationalgalleries.org - ♿ - 10h-17h (jeu. 19h) horaires aménagés pdt le festival d'Édimbourg - fermé 25-26 déc. - gratuit pour la collection permanente - café - parking.

Dans la meilleure tradition victorienne, c'est un généreux don de la part du propriétaire du quotidien *The Scotsman* qui permit d'édifier un bâtiment pour illustrer l'histoire de l'Écosse « grâce aux portraits de ses principaux acteurs ». Rowand Anderson dessina un édifice de style gothique italien, décoré de statues, pour abriter la collection de portraits constituée en 1882. En 1890 et 1891, la Société des antiquaires s'installa dans ces locaux après avoir déménagé du Mound.
La plupart des portraits qu'il présente sont des chefs-d'œuvre de cet art. Parmi les maîtres, on peut citer George Jamesone *(Autoportrait)* et John Michael Wright pour le 16e s., Ramsay *(David Hume)* et Raeburn *(Scott)* pour le 18e s. On verra en outre des toiles de Wissing, Lely, Gainsborough, Lawrence, etc. Quelques sujets sont de sang royal : Marie Stuart, lord Darnley, Jacques VI, Charles 1er, Élisabeth de Bohême et Jacques VII; des hommes d'État, tels le 1er comte de Dunfermline et le duc de Lauderdale; des politiciens des 18e et 19e s. comme Kier Hardie, Ramsay MacDonald et W.E. Gladstone; ou des figures littéraires, à savoir Drummond of Hawthornden, Burns, Scott, Byron, Carlyle, Stevenson et Barrie.

Scottish National Gallery of Modern Art★

Belford Road - ✆ (0131) 624 6200/332 2266 - www.nationalgalleries.org - ♿ - 10h-17h (horaires aménagés pdt le festival d'Édimbourg) - fermé 25-26 déc. - gratuit pour la collection permanente - café - parking.

Un site boisé à l'ouest de la nouvelle ville offre un cadre magnifique aux sculptures de Bourdelle, Epstein, Hepworth, Moore et Rickey; le musée est installé dans un imposant bâtiment néoclassique qui abrita autrefois la John Watson's School.
La collection met surtout l'accent sur **l'art écossais du 20e s.** tout en offrant au visiteur un excellent aperçu des principaux artistes et mouvements internationaux : nabis et fauvisme (Vuillard, Bonnard, Matisse, Derain, Rouault), expressionnisme allemand (Kirchner, Nolde, Jawlensky, Kokoschka, Dix), cubisme et influences (Braque, Picasso, Léger, Delaunay, Lipchitz), primitivisme et art abstrait russe (Gontcharova, Larionov, Popova), abstraction (Moholy-Nagy, Mondrian, Schwitters, Nicholson), école de Paris (de Staël, Balthus, Dubuffet, Soulages, Riopelle, Tapies, Appel, Picasso), nouveau réalisme (César, Arman, Tinguely), école de St Ives (Nicholson, Hepworth, Lanyon,

Hilton), pop art (Lichtenstein, Hockney, Hamilton, Paolozzi, Tilson, Kitaj), et enfin minimalisme (Lewitt, Judd, Flavin). Riche et étendue, la collection écossaise possède en particulier une excellente sélection d'œuvres de coloristes, avec Peploe, Cadell, Hunter, Fergusson, et de l'École d'Édimbourg : Gillies, Maxwell, McTaggart et Redpath.

P. Tomkins / SCOTTISH VIEWPOINT/VISIT SCOTLAND © Adagp, 2007

« Vulcan» une étrange créature d'Eduardo Paolozzi (Dean Gallery).

Dean Gallery★

75 Belford Road, en face de la Scottish National Gallery of Modern Art - ✆ (0131) 624 6200/332 2266 - www.nationalgalleries.org - ♿ - 10h-17h (horaires aménagés pdt le festival d'Édimbourg) - fermé 25-26 déc. - gratuit - café - parking.

Construit en 1833 comme orphelinat, ce bâtiment, imposant et caractéristique, conçu dans le style néoclassique par l'architecte Thomas Hamilton, constitue un cadre étonnamment propice aux collections d'art contemporain de la National Gallery. L'intérieur, empreint de créativité, a été redessiné par Terry Farrell.

Parmi les **compositions dadaïstes et surréalistes**, puisées dans les collections de sir Roland Penrose et Gabrielle Keille, figurent des œuvres de Ernst, Dalí, de Chirico, Magritte, Schwitters, Miró, Picasso, Delvaux, Tristram Hillier et Henry Moore. L'étrange atmosphère apportée par les œuvres des surréalistes se trouve renforcée par la présence de masques, crânes, autres objets trouvés et meubles provenant du cabinet de curiosités de Penrose.

La donation Paolozzi est constituée d'un grand nombre d'œuvres réalisées par le sculpteur originaire d'Édimbourg, **Eduardo Paolozzi** (1924) ; parmi ces œuvres, on pourra admirer le gigantesque *Vulcan* en inox qui s'élève sur deux étages au centre du bâtiment. Derrière la salle qui renferme des pièces caractéristiques de l'artiste se trouve une reconstitution du studio de Paolozzi, où règne un fascinant capharnaüm.

L'étage supérieur accueille des expositions temporaires.

Aux alentours

Rosslyn Chapel ★★★

Bus direct (n° 15A) depuis St Andrew Square toutes les heures, 41mn après l'heure en semaine, 36mn après l'heure le dim. ; retour depuis Roslin Hotel, 17mn après l'heure en semaine, 51mn après l'heure le dim. - ✆ (0131) 440 2159 - www.rosslynchapel.org.uk - 9h30-18h (oct. 17h), dim. 12h-16h45 - 7 £ (-16 ans gratuit).

Située au bord de l'Esk, la chapelle de Rosslyn (15e s.) est célèbre pour ses sculptures. Ce chef-d'œuvre d'artisanat est unique par son style, et d'une telle beauté, d'une telle complexité et d'une telle richesse qu'il faut le voir pour y croire.

Le fondateur, **sir William St Clair**, troisième et dernier prince des Orcades (1396-1484), seigneur du proche château de Rosslyn, réunit des artisans originaires de différents pays d'Europe afin de créer une œuvre unique. Commencés en 1446, les travaux s'achevèrent en 1486, soit deux ans après la mort de sir William. De la collégiale cruciforme, seul le chœur était terminé. Endommagée en 1592, l'église fut utilisée comme écurie par les troupes du général Monck en 1650, puis restaurée en 1861 ; l'entrée et la tribune d'orgue furent ajoutées vers 1880. La chapelle appartient toujours au comte de Rosslyn, descendant du fondateur et sert encore de lieu de culte anglican.

Extérieur – Avant-goût de la richesse intérieure, les arcs-boutants à pinacle, les larmiers des fenêtres, la corniche armoriée, les corbeaux et les dais des niches sont couverts de **sculptures décoratives**. Ces merveilleuses sculptures étaient d'abord réalisées sur bois puis reproduites sur la pierre sur le site d'extraction. Le charme émanant de l'intérieur de la chapelle est en grande partie dû aux chaudes nuances de la pierre blonde qui rehaussent la beauté harmonieuse des sculptures.

Intérieur – Les cinq travées du **chœur** sont éclairées par des fenêtres hautes et bordées de bas-côtés au nord, au sud et à l'est. Celui-ci est prolongé par la chapelle de la Vierge (Lady Chapel), surélevée d'une marche, qui occupe la pleine largeur du bâtiment ; elle est couverte de voûtes à clefs pendantes. Parsemée d'étoiles, de roses et de patères décoratives, la voûte du chœur est subdivisée par des nervures sculptées. Dans les bas-côtés, des architraves très ouvragées séparent des voûtes ogivales perpendiculaires à l'axe de l'édifice. De cette profusion de détails émerge l'exceptionnel **pilier de l'Apprenti★★★**. Selon la légende, alors que le maître maçon était en voyage à l'étranger, son apprenti sculpta le pilier que nous admirons aujourd'hui. À son retour, le maître maçon fou de rage et emporté par un accès de jalousie aurait tué l'apprenti (voir **30**, **29** et **27**). De la base aux huit dragons entrelacés s'élèvent des garnitures végétales s'enroulant autour de la colonne jusqu'au chapiteau sculpté ; le Stafford Knot situé au côté sud du pilier représente l'emblème de cette famille. La richesse et l'abondance des sculptures sont telles qu'elles défient toute description. Certaines scènes de cette « bible de pierre » sont précisées ci-dessous et localisées sur le plan.

Bas-côté nord – (**1**) Pilier mural sur la droite de la porte : crucifixion ; (**2**) pilier mural : couronne d'épines tressée ; (**3**) pilier : diablotin ; (**4**) pilier : tête de lion ; (**5**) pilier mural : écu ; (**6**) pilier mural : écu portant les armoiries du fondateur et de sa femme ; (**7**) architrave, côté est : Christ en majesté ; (**8**) fenêtres : deux des douze apôtres ; (**9**) arc : Samson démolissant les piliers de la maison de Dagon.

Chapelle de la Vierge – (**10**) et (**11**) Nervures de la couverture : la danse de la mort est représentée par une série de 16 personnages ; (**12**) clef pendante : l'étoile de Bethléem avec 8 personnages évoquant la naissance du Christ ; (**13**) piliers : anges ; (**14**) **pilier de l'Apprenti★★★** ; parmi les sculptures supérieures on reconnaît Isaac sur l'autel ainsi qu'un bélier pris dans un fourré ; (**15**) et (**16**) nervures de la couverture : série de 8 personnages.

Bas-côté sud – (**17**) Architrave : inscription en caractères lombards : « Le vin est fort, le roi est plus fort, les femmes sont plus fortes encore, mais par-dessus tout c'est la vérité qui triomphe » ; (**18**) fenêtre : deux des douze apôtres ; sur l'architrave surmontant la fenêtre, vous remarquerez un épi de maïs, originaire d'Amérique ; ceci semblerait confirmer l'hypothèse qu'un ancêtre de Sir William St-Clair, Henri le Navigateur, aurait atteint les côtes d'Amérique 100 ans avant Christophe Colomb ; (**19**) architrave, côté est : les vertus ; côté ouest : les vices ; (**20**) arc de la fenêtre : les 9 ordres de la hiérarchie angélique.

Chœur – (**21**) Niche : Vierge à l'Enfant de facture moderne remplaçant la statue détruite lors de la Réforme ; (**22**) sol : pierre funéraire du fondateur ; (**23**) pilier : personnages et animaux ; (**24**) pilier : Anne la prophétesse ; (**25**) arc : les douze apôtres et quatre martyrs, chacun accompagné de l'attribut de son martyre ; (**26**) pilier : Jésus en charpentier de Nazareth, deux hommes combattant et Samson ou David dans la fosse aux lions ; (**27**) sous la niche : la mère veuve ; (**28**) pilier : personnage couronné ; (**29**) à hauteur de la corniche : le maître maçon ; (**30**) à hauteur de la corniche : l'apprenti avec une balafre sur la tempe gauche ; (**31**) pilier : le fils prodigue donnant à manger à un cochon ; (**32**) pilier : trois personnages regardant la crucifixion (**1**).

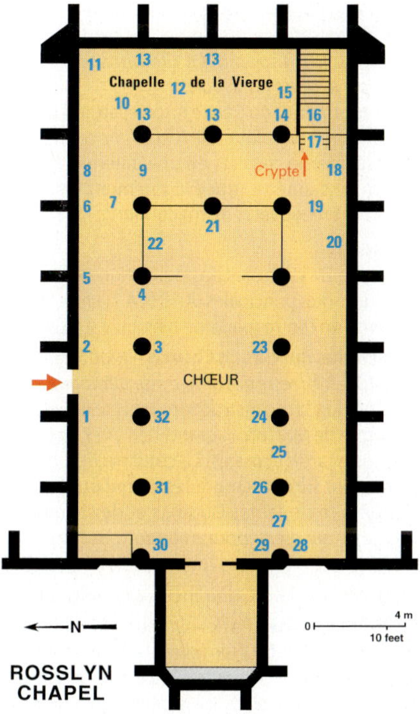

Le symbolisme qui orchestre la profusion de sculptures décorant la chapelle, telle la centaine de représentations du « Green Man », symbole païen de fertilité masculine, la reproduction fidèle d'un épi de maïs d'Amérique bien avant la découverte du Nouveau Monde par Christophe Colomb, la ressemblance frappante entre la croix des St-Clair et la croix des Templiers ainsi que les liens étroits qu'auraient eus certains membres de la famille St-Clair avec l'ordre du Prieuré de Sion, lui-même lié à l'ordre des Templiers, toutes ces coïncidences troublantes donnèrent naissance à une série de rumeurs et de suppositions dont une en particulier retint l'attention de Dan Brown : Rosslyn détiendrait le secret du Saint-Graal ! Il n'en fallait pas plus pour que l'auteur fît de Rosslyn Chapel la clé du dénouement de son célèbre roman *Le Da Vinci Code* !

Scottish Agricultural Museum★

À Ingliston, 11 km à l'ouest par la A 8 - ✆ (0131) 333 2674 - ♿ - 10h-17h - fermé le w.-end d'oct. à mars - entrée libre.

Le **musée national de l'Agriculture** explique de façon détaillée et bien documentée le passé rural de l'Écosse. Au rez-de-chaussée, plusieurs expositions, agrémentées de textes explicatifs et de photographies, présentent les activités agricoles saisonnières, depuis le labourage jusqu'à la récolte. Contrastant avec la mécanisation sophistiquée d'aujourd'hui, les outils du passé, comme la herse, la faucille et la faux nous rappellent la place que tenait l'effort physique dans l'agriculture de l'ancien temps. D'autres expositions évoquent des scènes qui sont maintenant révolues : les équipages de chevaux, les récoltes avec les botteleuses, les moyettes, les meules de paille et le travail du grain. Noter les détails authentiques ornant l'intérieur des maisons, tout particulièrement la cabane abritant les célibataires.

Malleny Garden

À 15 km au sud-ouest par la A 70 - à Balerno, prendre la route vers le Threipmuir Reservoir - ✆ (0131) 449 2283 - www.nts.org.uk - jardin 10h-18h - maison dim. (se renseigner par téléphone) - 3 £.

Située sur la rive sud de la Leith, une demeure du 17e s. *(privée)* se dresse sur le site d'un pavillon de chasse royal et possède, côté est, une aile élégante ajoutée au 19e siècle. Le jardin boisé qui l'entoure est très agréable.

Castlelaw Hill Fort

À 15 km au sud par la A 702, par laquelle on quitte Édimbourg. Prendre ensuite à gauche la route qui monte à Castlelaw Farm et au parking. Le fort dépend du ministère de la Défense ; obéir aux instructions annoncées par des drapeaux ou des signaux lumineux. Clé disponible à Crosshouse Farm, sur la route principale.

Situé au sommet du Castle Knowe, au sud des versants est des Pentland Hills, ce fort est constitué de talus et de fossés concentriques. La maison de terre construite dans le fossé interne consiste en une galerie de 17 m et une chambre en forme de ruche de 3 m de diamètre située légèrement sur la droite. La roche est à nu tandis que les murs sont recouverts de maçonnerie.

Royal Highland Show

Cette manifestation qui se tient à Ingliston chaque année en juin est un événement important pour la région et attire une public considérable (161 000 personnes en 2006). Elle permet d'admirer, entre autres, des danses des Highlands, des défilés de bétail entre les plus belles bêtes, des concours de chiens de bergers organisés par ces derniers mais aussi de déguster des produits gastronomiques – *✆ (0131) 335 6200 - www.royalhighlandshow.org.*

Dalkeith

À l'origine, Dalkeith était un bourg seigneurial dominé par les Douglas. Située au carrefour de deux routes principales (A 68 et A 7) entre les rivières North Esk et South Esk, cette ville présente un centre moderne bien qu'y subsistent plusieurs monuments historiques.

St Nicholas Buccleuch Church – *High Street - ✆ (0131) 660 3587 - ♿ - de mi-avr. à fin oct. : 10h-16h ; reste de l'année : sur demande - café - parking.* C'est à sir James Douglas que l'on doit la reconstruction de cette église, faite collégiale en 1406. James Douglas, 1er comte de Morton, l'agrandit en 1477, et fit probablement élever le chœur de style gothique tardif écossais. La construction du chevet fut délaissée en 1590 ; la nef et le transept furent remodelés au milieu du 19e s. Le **monument Morton** (16e s.), à la mémoire de James Douglas et de sa femme, la princesse Joanna, se situe dans le chœur, qui est dépourvu de toit. Usées par le temps, les effigies les représentent habillés en bourgeois avec des lions à leurs pieds.

High Street s'élargit, dominée par le tolbooth du 17e s.

Dalkeith Country Park – *Entrée au bout de High Street - voitures interdites - ✆ (0131) 654 1666 ou 665 3277 (en hiver) - ♿ - mars-oct. : 10h-18h ; reste de l'année : sur RV - 2 £.* Le parc régional comprend le parc et les bois de **Dalkeith House**, appartenant au domaine de Buccleuch. Il est traversé par les rivières North Esk et South Esk. Depuis le chemin, on aperçoit parfaitement Dalkeith House *(fermée)*, reconstruction (1708) du vieux château Douglas. La propriété fut achetée en 1642 aux comtes de Morton par le 2e comte de Buccleuch. Construit par James Smith pour la duchesse Anne *(voir Bowhill p.134)*, le présent bâtiment appartient à cette série de grandes demeures édifiées dans le style néo-palladien hollandais. Quand il fut appelé à Dalkeith, l'architecte venait à peine d'achever le palais de Hamilton *(voir p. 156)*.

On peut également admirer le **pont Montagu** (Montagu Bridge – 1792) de Robert Adam, dont l'arche cintrée enjambe la North Esk.

À proximité des portes d'entrée, l'ancienne chapelle **St Mary** a été bâtie par William Burn et David Bryce. L'édifice ne possède pas de collatéral et son toit est pourvu d'une charpente à double diaphragme. Remarquer les quelques très beaux carreaux armoriés de Minton, devant le chœur, de même que les garnitures des bancs.

Newbattle Abbey

À 1,5 km au sud de Dalkeith.

Sur la rive ouest de la rivière South Esk se dresse l'édifice qui englobe les restes d'une abbaye cistercienne, filiale de l'abbaye de Melrose *(voir ce nom p. 143)*, fondée par **David Ier** en 1440. Les moines furent les premiers à exploiter les gisements locaux de charbon ; enhardis par cette expérience, ils étendirent leurs activités au saunage et se placèrent vite à la pointe des techniques agricoles. L'habileté de ses moines fit de l'abbaye l'une des plus puissantes d'Écosse.

Lors de la Réforme, l'abbé Mark Kerr devint seigneur temporel ; les bâtiments du monastère furent transformés alors en résidence privée et intégrés au 18e s. dans un élégant ensemble aux proportions palladiennes qui est l'un des sièges de la famille Kerr.

Butterfly and Insect World

Melville Nurseries, à Lasswade - quitter Dalkeith par la A 6094 au sud-ouest ; au rond-point d'Eskbank, prendre la A 7 en direction d'Édimbourg, puis tourner à gauche dans la A 768 - ✆ (0131) 633 4932 - www.edinburgh-butterfly-world.co.uk - ♿ - 9h30-17h30 ; hiver : 10h-17h - fermé 1er janv. et 25-26 déc. - 5 £ - cafétéria - parking.

On découvrira le monde coloré des papillons en se promenant dans la verrière où ces insectes sont élevés en liberté ; les espèces des pays chauds y ont leur propre bassin de vase bouillonnante. Plus loin, une exposition présente le monde des insectes et le cycle de vie des papillons. On peut également voir un rucher.

Scottish Mining Museum

Quitter Dalkeith par la A 6094 au sud-ouest et, au rond-point d'Eskbank, prendre la A 7 vers le sud - le musée se trouve au sud de Newtongrange - ✆ (0131) 663 7519 - www.scottishminingmuseum.com - ♿ - mars-oct. : 10h-17h ; nov.-fév. : 10h-16h - 5,95 £ (enf. 3,95 £) - cafétéria - parking.

Il s'agit d'une mine de charbon de la fin du 19e s., **Lady Victoria Colliery**, progressivement ouverte au public. Dans le centre d'information, une exposition permanente Newtongrange comprend six tableaux vivants recréant la vie du village minier dans les années 1890. La visite guidée emmène le visiteur au carreau de la mine et lui présente toutes les machines utilisées : on y trouve, par exemple, une machine à vapeur datant de 1894, avec sa roue de 6 m de diamètre, qui servait à monter et descendre les cages des mineurs et les wagonnets de charbon, dans un puits d'une profondeur de 500 m environ. Le musée possède un second site à Prestongrange.

Crichton Castle

À 10 km au sud-est de Dalkeith - prendre la A 68 vers Pathhead, puis la B 6367 jusqu'à Crichton - ✆ (01875) 320 017 - avr.-sept. : 9h30-18h30 - 3,50 £ (enf. 1,75 £).

Au cœur d'un environnement isolé, les ruines imposantes du château de Crichton *(parking à côté de l'église)* dominent la rive orientale de la Tyne. Cette forteresse fut le fief de sir William Crichton (mort en 1454), chancelier d'Écosse sous le règne de Jacques II mais aussi instigateur infernal du « Black Dinner » *(voir p. 180)*. Le château fut confisqué au moins à trois reprises, entre autres à Francis Stewart, « une brute cultivée » auquel on doit le style italianisant de la partie nord, caractéristique de ce château.

Bâtiments – Les extensions et les modifications des 15e et 16e s. ont transformé la tour originale de la fin du 14e s. en ensemble résidentiel entourant une cour. Le visiteur est immédiatement frappé par le **style italianisant★** de cette cour intérieure, avec son bossage en pointe de diamant très particulier. Elle fut réalisée en 1591 par ce grand voyageur qu'était Francis Stewart, 5e comte de Bothwell. Crichton Castle est unique, car on recense fort peu d'exemples d'une telle influence étrangère dans l'architecture écossaise du 16e s.

Du côté est, la **maison forte** (fin 14e s.) comporte une basse-fosse, une cuisine et une salle supérieure. Le lord-chancelier lui ajouta un donjon-corps de garde au sud. Les trois niveaux comprennent des caves, une grande pièce avec une cheminée à manteau et une salle supérieure. L'aile ouest, également à trois niveaux, fut complétée d'une tour sud à six niveaux. L'aile nord (fin 16e s.) présente une façade intérieure étonnante, constituée par une galerie à sept travées surmontée de bossages en pointes de diamant. Sur le côté, un escalier droit rehaussé de motifs Renaissance mène au petit salon, à la salle à manger et aux chambres supérieures.

Église paroissiale de Crichton – C'est l'une des nombreuses collégiales fondées par les seigneurs écossais du 15e s. Elle fut bâtie par sir William Crichton en 1449. Bien qu'incomplète – il manque une nef –, il s'agit d'une église écossaise typique, en forme de T, avec un chevet carré, une tour crénelée et un toit de transept à deux pignons avec un mur-clocher.

Édimbourg pratique

Informations utiles

Tourist Information Centre – *3 Princes St., côté S de Waverley Station - ✆ (0131) 473 3800 - www.edinburghguide.com, www.edinburgh-festivals.com, www.edinburgh.org.*

Le centre d'information touristique propose un service de réservation de chambres pour le jour même ainsi que des places de théâtre ; c'est également un bureau de change, un office de tourisme et une boutique vendant livres, cartes et souvenirs.

Police – *188 High St. - ✆ (0131) 226 6966/311 3133.*

Urgences

Primary Care Centre – *✆ (0131) 537 8424 - Centre médical regroupant généralistes, dentistes et opticiens.*

Royal Infirmary of Edinburgh – *51 Little France Crescent – ✆ (0131) 536 1000.*

Consulats

Consulat de France – *11 Randolph Crescent - ✆ (0131) 225 7954 - www.consulfrance-edimbourg.org.*

Consulat de Belgique – *152 Morrison St. - ✆ 0131 200 60 80.*

Consulat du Canada – *50 Lothian Road. ✆ (0131) 473 6320.*

Pour les personnes handicapées – La Lothian Coalition of Disabled People publie plusieurs dépliants qui répertorient les galeries d'art, musées, salles de concert, hôtels, pubs, toilettes publiques, parcs et jardins proposant des aménagements pour les handicapés. Pour obtenir ces dépliants, s'adresser à la Lothian Coalition of Disabled People – *8 Lochend Road - ✆ (0131) 555 2151.*

Transports

ARRIVER/PARTIR

En avion – L'aéroport se trouve à 12 km à l'ouest de la ville. Liaisons 24h/24 en bus (départs ttes les mn du centre-ville au niveau du pont Waverley, comptez 25mn et 3 £ (environ 15 £ en taxi - *✆ 08700 400 007 ou (0131) 333 2255).*

En train – *Waverly Railway Station - ✆ 08457 484 950 - www.travelinescotland.com.* Liaisons avec Londres, Glasgow, Inverness et de plus petites villes d'Écosse. Liaisons avec Eurostar.

En Ferry – Superfast Ferries - *✆ (0870) 234 0870 (UK) ou (08457) 484 950 (UK) ou (050) 252 252 (Belgique) - www.superfast.com.* Liaisons quotidiennes entre Zeebrugge et Rosyth (au nord d'Édimbourg, 30mn par la route).

En Bus – Plusieurs compagnies se répartissent le réseau en Écosse ou en liaison avec le reste du Royaume-Uni.

Citylink – *www.citylink.co.uk.* Liaisons avec plus de 200 villes dans le Royaume-Uni. Les Explorer Passes, à partir de 39 £, vous permettent des déplacements illimités (à partir de 3 jours).

First Edinburgh – *www.firstedinburgh.co.uk.* Pour les régions du centre et du Fife.

National Express – *www.nationalexpress.co.uk.* Sur tout le territoire du Royaume-Uni.

G. Gonon / MICHELIN

Bus de la compagnie écossaise Lothian.

Traveline Scotland – *www.travelinescotland.comk.* Compagnie indépendante écossaise.

Location de voiture

Europcar – *Gare de Waverley - ✆ (0131) 556 5210.*

Avis Rent a Car – *Terminal Building, aéroport d'Edinburgh - ✆ (0870) 608 6335*

VISITER

L'Edinburgh Pass, comprenant le transfert de l'aéroport et les déplacements en centre-ville, vous ouvre les portes de plus de 25 attractions, pour une période de 1 à 3 jours. En vente à l'aéroport, à l'office de tourisme ou sur *www.edinburghpass.com*

Transports en commun – À Édimbourg, les bus sont fréquents et respectent leurs horaires ; le Transport Information Centre, situé sur Waverley Bridge, propose des titres de transport pour les touristes (validité 2 à 13 jours) ou un « Freedom Ticket », valable une journée.
Trois lignes peuvent vous intéresser plus particulièrement : n° 100, liaisons avec l'aéroport, n° 35 pour vous rendre à Leith et n° 747 qui relie l'aéroport à la gare Inverkeithing Railway Station.

Pour vos déplacements en ville, vous pourrez bientôt (2010) aussi utiliser le tramway - *www.tt.tiedinburgh.co.uk.*

Lothian Buses – *✆ (0131) 555 6363 - www.lothianbuses.com.* Desserte du centre-ville et des environs.

Edinburgh Bus Tour – 4 bus aux couleurs sensiblement différentes proposent divers circuits touristiques au départ de Waverley Bridge – *✆ 0131 220 0770 - www.edinburghtour.com.*

Taxis – City Cabs - *✆ (0131) 228 1211* - Central Taxis - *✆ (0131) 229 2468.*

En bateau – Il est possible de visiter certaines régions d'Écosse en suivant le tracé d'un des canaux construits entre 1768 et 1822, constituant un réseau de 220 km. Nous vous conseillons la visite de deux sites : *www.re-union.org.uk* et *www.scottischcanals.co.uk.* Pour une promenade sur l'Union Canal et le Forth & Clyde Canal, qui sont les plus proches d'Édimbourg, voir Linlithgow p. 247.

Se loger

Bon à savoir – Pendant l'été et plus particulièrement au moment des festivals, il est particulièrement recommandé de réserver à l'avance.

ÉDIMBOURG CENTRE

St Christophers's Inns – *9-13 Market St. - ✆ (0131) 226 1446 - www.st-christophers.co.uk - 180 lits - 32-48 £.*

À deux pas de la gare, auberge de jeunesse populaire avec un pub au rez-de-chaussée. Réservation indispensable si vous désirez une des sept chambres doubles, disposant de minuscules salles de bains privées.

Ibis Edinburgh – *6 Hunter Square - ✆ (0131) 240 7000 - www.ibishotel.com - 99 ch. 75 £.*

Hôtel moderne avec des petites chambres standardisées au bout de couloirs tristes. Mais les prix sont raisonnables vu la situation en centre-ville.

Castle View Guest House – *30 Castle St. - ✆ (0131) 226 5784 - www.castleviewgh.co.uk - 8 ch - 80 £.*

Pension au dernier étage d'un immeuble victorien, avec quatre chambres jouissant d'une belle vue sur le château. L'ensemble est charmant et impeccablement tenu. Réservation indispensable.

Bank Hotel – *Royal Mile - ✆ (0131) 556 9940/440 3290 - www.festival-inns.co.uk - 9 ch. 125-140 £.*

Central, avec un pub typique au rez-de-chaussée. Toutes les chambres, différentes, sont décorées sur un thème évoquant un Écossais célèbre.

The Hanover Hotel – *37-43 Rose St. - ✆ (0131) 226 7576 - www.thehanoverhotel.com - 40 ch. 130-150 £.*

Chambres modernes et confortables au calme dans une rue piétonne. L'adresse est particulièrement intéressante hors saison, avec des réductions de 50 %.

The Hudson – *7-11 Hope St. - ✆ (0131) 247 7000 - www.thehudsonhotel.co.uk - 31 ch. 140-160 £.*

Ancienne poste récemment transformée en hôtel. Les chambres aux tons chaleureux, avec parquets et boiseries, sont d'un excellent rapport qualité-prix. Vous trouverez à la même adresse un bar branché, un club et un restaurant.

The George Hotel – *19-21 George St. - ✆ (0131) 225 1251 - www.principal-hotels.com - 195 ch. 120-200 £.*

Bâtiment victorien entièrement restauré et réaménagé avec des moyens considérables. La salle du restaurant, avec ses colonnades et sa coupole en verre, mérite à elle seule le détour.

The Howard – *34 Great King St. - ✆ (0131) 557 3500 - www.thehoward.com - 18 ch. 135-400 £.*
Trois appartements de ce quartier résidentiel ont été transformés en hôtel dans les années 1950. La décoration est entièrement dans le style victorien et l'ensemble vous donne l'impression d'être un hôte particulier plutôt que le client d'un grand hôtel.

The Balmoral – *1 Princes St. - ✆ (0870) 460 7040 ou (0131) 622 8880 (Spa) - www.roccofortehotels.com - 180 ch. 250-1000 £.* Vénérable hôtel d'Édimbourg mêlant modernisme et authenticité. Deux restaurants, dont l'excellent Number One, l'un des meilleurs d'Écosse. Belle piscine intérieure, salle de fitness et Spa. Réservation indispensable de mai à octobre, particulièrement pendant le festival en août.

B. Perousse / MICHELIN

Les quais de Leith.

LEITH

Malmaison – *1 Tower Place, Leith - (0845) 365 4247 (réserv.) ou (0131) 468 5000 - www.malmaison.com - 135-195 £.* Imposant bâtiment face au canal de Leith. Comme tous les hôtels de la chaîne, les chambres sont particulièrement confortables et chaleureuses, mêlant boiseries et matériaux nobles.

Pour d'autres adresses d'hôtels à proximité d'Édimbourg, voir le Carnet pratique de Linlithgow (p. 259).

Se restaurer

Bon à savoir – En cas de séjours prolongés, pour profiter d'un plus large choix gastronomique, nous vous conseillons la lecture (en anglais) du magazine *Eating & Drinking guide* recensant plus de 800 restaurants et bars à Édimbourg, Glasgow et dans les environs.

Édimbourg comporte un grand nombre de restaurants, mais ceux qui proposent des spécialités écossaises affichent le logo **Taste of Scotland**.

ÉDIMBOURG CENTRE

The Pizza Express – *Deanhaugh St. - (0131) 332 7229 - 10-17 £.* Ancienne maison de la tour de l'horloge, construite en 1900, et agrandie d'une large salle vitrée accueillant le restaurant. On appréciera particulièrement sa situation, au bord de la Leith, avec une large terrasse très agréable pendant les beaux jours.

Dirty Dick's – *159 Rose St. - (0131) 225 4610 - www.belowthebeltfoodco.com - 12-17 £.* Un des plus anciens pubs de la rue, établi en 1859. Pintes, miroirs et souvenirs en tout genre décorent la salle des murs au plafond. Concerts le samedi. Deux autres adresses du même propriétaire dans la même rue, dont The Bad Ass (au n° 167) qui propose une cuisine plus gastronomique.

Petit Paris Restaurant – *38-40 Grassmarket - (0131) 226 2442 - www.petitparis-restaurant.co.uk - 12h-15h, 17h30-22h - fermé dim. d'oct. à mars - 17-24 £.* Sympathique petit restaurant dans le quartier étudiant avec quelques tables sur la place, dressées de nappes vichy. Le cuisinier et les serveurs sont français et affectionnent de créer un îlot d'atmosphère française.

Grain Store Restaurant – *30 Victoria St. - (0131) 225 7635 - www.grainstore-restaurant.co.uk - tlj 12h-14h et 18h-22h, w.-end 12h-15h et18h-23h - 20-40 £.* Ambiance rustique avec une succession de salles sous des voûtes de pierres noircies par le temps. Cuisine typiquement écossaise proposant des classiques tels le bœuf Angus d'Aberdeen et des entrées plus particulièrement tournées vers la mer.

Tower Restaurant – *Museum of Scotland, Chambers St. - (0131) 225 3003 - www.tower-restaurant.com - tlj 12h-23h (le bar ouvre à 11h) - 25-36 £.*
Salle à l'architecture contemporaine au 5e étage du musée, avec vue sur le jeu des toitures du quartier. Cuisine écossaise avec une touche Tuscan, d'excellentes viandes et des produits de la mer d'une grande fraîcheur.

Stac Polly Restaurant – *2 adresses : 8-10 Grindlay St. et 21-23 Dublin St. - (0131) 229 5405 ou (0131) 556 2231 - www.stacpolly.co.uk - tlj 12h-14h et18h-21h30, w.-end 18h-21h - 30-36 £.* Canard fumé, daim et faisan sont à l'honneur dans ces deux restaurants spécialisés dans la cuisine écossaise. Le cadre de celui de la rue de Dublin, petites salles installées dans les caves est le plus original.

Atrium Restaurant – *Traverse Theatre, Cambridge St. - (0131) 228 8882 - www.atriumrestaurant.co.uk - tlj sf dim. 12h-14h et 18h-22h, sam. 18h-22h - 28-38 £.* Dans le quartier des théâtres. Belle salle aux murs patinés, avec des vélums au plafond et des tables en bois massif. Côté cuisine, si la carte est succincte, le chef se concentre sur un renouvellement quotidien du menu, en fonction du marché et de la pêche du jour.

Oloroso Restaurant – *33 Castle St. - (0131) 226 7614 - www.oloroso.co.uk - 12h-14h30, 19h-22h (le bar et la terrasse sont ouverts jusqu'à 1h) - 28-40 £.*
Salle à la décoration moderne et grande terrasse au quatrième étage d'un immeuble jouissant d'une belle vue sur le château et portant jusqu'à la mer. N'hésitez pas à venir prendre un verre en journée.

Number One – *Balmoral Hotel, 1 Princes St. - (0131) 557 6727 - tlj sf vend. 12h-14h et19h-22h, w.-end 19-22h - 40-55 £.*
Un des meilleurs restaurants d'Écosse (une étoile au Guide Michelin), dans un cadre élégant et luxueux.

The Witchery – *Castlehill, The Royal Mile - (0131) 225 5613 - www.thewitchery.com - 12h-16h, 17h30-23h30 - 29-47 £.* Dans une ancienne maison de marchand du 16e s., deux salles sensiblement différentes vous accueillent dans une atmosphère particulièrement authentique et raffinée. Cuisine écossaise utilisant des produits de saison, poissons, fruits de mer et gibier.

LEITH

Bon à savoir – En raison de sa proximité avec la mer, les restaurants de Leith se sont spécialisés dans les produits de la mer avec, pour la plupart, deux arrivages quotidiens pour assurer un maximum de fraîcheur.

Skippers Seafood Bistro – *1a Dock Place, Leith - (0131) 554 1018 - www.skippers.co.uk - 12h-16h, 17h30-22h - 21-35 £.* Carte assez simple à la terrasse donnant sur les docks. En revanche, le restaurant principal propose un menu plus sophistiqué évoluant constamment afin de servir les fruits de la pêche la plus récente. Ambiance typique, murs en brique, boiseries et décoration faite de vieilles cartes marines, de vieilles caisses de vin empilées, le tout jauni par le temps. Il est recommandé de réserver.

C. McPherson / SCOTTISH VIEWPOINT

The Shore Bar à Leith.

Fisher Bistro – *1 Shore, Leith - (0131) 554 5666 - www.fishersbistros.co.uk - 12h-22h30 (le bar ferme à 1h) - 23-32 £.* Restaurant installé dans un ancien moulin, sur les bords du canal de Leith, à proximité des docks. Vous trouverez ici principalement poissons et fruits de mer. Le menu change tous les jours, mis à part quelques classiques comme la soupe de poisson et les plateaux de fruits de mer. Le midi, quand il fait beau, les tables sont dressées dehors le long du canal.

The Shore Bar & Restaurant – *3/4 Shore, Leith - (0131) 553 5080 - www.theshore.biz - 12h-14h30, 18h30-22h - 25-34 £.* Voisin du Fisher, un restaurant équivalent avec une ambiance légèrement plus décontractée. La salle du restaurant jouxte celle du bar où se tiennent de petits concerts les mardi, mercredi et samedi soir.

Martin Wishart Restaurant – *54 Shore, Leith - (0131) 553 3557 - www.martin-whishart.co.uk - tlj sf dim. 12h-14h et 18h30-21h30, sam. 18h30-21h30 - 50-60 £.* Le restaurant le plus chic du quartier mais aussi le plus gastronomique, avec une vraie carte de desserts.

En soirée

PRENDRE UN VERRE

à Édimbourg

Bon à savoir : Pubs et restaurants – Pour apprendre à connaître les breuvages locaux, il faut faire la tournée des pubs en commençant par le Abbotsford, dans Rose Street, ou le Café Royal, repaire des personnalités du monde littéraire situé West Register Place, qui comporte un bar à huîtres ; les touristes apprécient le Deacon Brodie's dans Lawnmarket ou le Greyfriars Bobby dans Candlemaker Row ; on poursuit ensuite la tournée par l'un des lieux de rendez-vous estudiantins dans Grassmarket, avant de se diriger vers Leith et l'un des pubs en vogue ou bars à vin situés en bord de la rivière. L'ambiance chaleureuse de ces lieux et les spectacles qui y sont organisés ne doivent pas faire oublier qu'on peut y déguster un repas simple pour un prix raisonnable.

The White Hart Inn – *34 Grassmarket - (0131) 226 2806.* La plus vieille auberge d'Édinbourgh, fondée en 1516, dont il subsiste les caves. L'établissement actuel date de 1740. Une dizaine d'autres établissements se suivent sur cette place, quartier général de la jeunesse d'Édimbourg

The Elephant House – *21 George IV Bridge - (0131) 220 5355 - 8h-22h - 5-15 £.* Salon de thé, bons cafés, snacks, quelques plats et internet à l'entrée de ce lieu prisé par les étudiants. On appréciera particulièrement l'atmosphère et la vue depuis l'arrière-salle sur le parc et le château.

Jazz Bar – *Chambers St. - (0131) 220 4298 - www.thejazzbar.co.uk - 16h30-2h, w.-end 14h30-2h - 5-15 £.* Entrée gratuite. Jazz moderne et traditionnel, groove nights, Latin Music, blues… et flamenco le mercredi après-midi. Musiques apaisantes « after work relaxation » les autres après midi.

Jazz Centre – *4-6 Grassmarket - (0131) 467 5200 - www.jazzcentre.co.uk.* Le jazz comme on aime à le voir et l'entendre de près, dans une petite salle dotée d'une excellente acoustique. Petit bar-restaurant au rez-de-chaussée.

à Leith

King's Wark – *36 Shore, Leith - (0131) 554 9260 - 12h-22h.* Après un bon repas dans un des restaurants du quartier, faites une halte dans ce lieu chargé d'histoire puisqu'il fut à l'origine, en 1434, une résidence royale avant de devenir une taverne en 1613.

MUSIQUE

Bon à savoir – Une multitude d'adresses accueillent de nombreux groupes de rock, jazz, blues, folk et musiques du monde, comme Ensign Ewart dans Lawnmarket ou The Car Wash dans North Bank Street. Vous trouverez dans la plupart des lieux touristiques, guides et brochures gratuites pour vous aider à faire votre choix. Vous trouverez aussi la liste de ces petits concerts sur *www.gigguide.co.uk.* Certains grands hôtels organisent des « Scottish Evenings », avec des spectacles typiquement écossais et un repas traditionnel.

SPECTACLES

Bon à savoir – La revue mensuelle *What's on* présente une longue liste de films, concerts et pièces de théâtre à l'affiche dans la capitale. Vous trouverez aussi le programme des théâtres dans *The List Edinburgh & Glasgow Guide* ou sur *www.taste-of-scotland.com.* La liste des concerts (jazz, pop, rock, blues, folk et world) se trouve dans le dépliant mensuel *Gig Guide - www.gigguide.co.uk.*

Tickets Scotland – *127 Rose St. - ✆ (0131) 220 3234 - www.tickets-scotland.com.* Solution pratique pour réserver ses billets de théâtre ou de concert dans ce petit bureau qui regroupe toutes les réservations.

Traverse Theatre – *Cambridge St. - ✆ (0131) 228 1404 - www.traverse.co.uk -* **UsherHall** – *Lothian Road - ✆ (0131) 228 1155 - www.usherhall.co.uk -* **National Theatre** – *45 Hope St. - ✆ (0131) 228 1155 - www.usherhall.co.uk.*

Sports et loisirs

À la recherche de ses ancêtres – 700 ans après l'Auld Alliance entre l'Écosse et la France, beaucoup de Français ont de bonnes raisons de partir à la recherche de leurs ancêtres écossais.

Scots Ancestry Research Society, *29b Albany St. – ✆ (0131) 556 4220 - www.royalmile.com/scotsancestry.*

Scottish Roots Ancestral Research Service – *57/59 High St., Royal Mile - ✆ (0131) 557 6550 - www.scottish-roots.co.uk.*

Achats

Bon à savoir – À voir les foules qui l'arpentent, Princes Street est bien la principale rue commerçante de la capitale : on y trouve la plupart des magasins à succursales en vogue, comme John Lewis (St James Shopping Centre), Marks and Spencer et Boots, ou des enseignes telles que Jenners, souvenir des grands magasins qui bordaient autrefois cette rue (cette dernière adresse a gardé son large patio intérieur typique des grands magasins de cette époque). Parallèlement à Princes Street se situe Rose Street, avec sa sélection de boutiques de mode et de musique. George Street est bordée de boutiques avant-gardistes telles que Harvey Nichols ou Kanren Millen.

C'est dans la vieille ville, dans les quartiers de Royal Mile, Victoria Street et Grassmarket, ou dans les rues Dundas et Thistle de la nouvelle ville que l'on rencontre les échoppes d'antiquaires et d'articles d'occasion.

Si l'on recherche des vêtements de tweed, des tartans, des chandails en cachemire ou des articles de laine de qualité, il faut aller chez Jenners, Burberrys, the Scotch House ou Romanes Paterson, tous situés dans Princes Street ou à Kinloch Anderson ; on peut également se rendre au Cashmere Store, dans Royal Mile, au Retail Shop de Kinloch Anderson dans le quartier de Leith, au coin de Commercial Street et Dock Street.

Quant aux objets en cristal, on les trouve au magasin d'usine d'Edinburgh Crystal, à Penicuik (navette gratuite au départ de Waverley Bridge).

Les boutiques spécialisées proposant whisky, saumon fumé, galettes d'avoine, petits sablés, Dundee cake, harengs fumés *(kippers)*, *haggis* et fromages sont regroupées dans le Royal Mile.

Barbour – *21 Frederick St. - ✆ (0131) 225 1681 - www.barbour.com.* Marque mythique, célèbre pour ses vêtements chauds et ses vestes en coton ciré.

The Royal Edinburgh Repository and Self Aid Society – *23a Castle St. - ✆ (0131) 220 1187.* Boutique dont les bénéfices sont redistribués par cette société caritative créée en 1882. Les marchandises sont fabriquées à la main et le produit de la vente est intégralement restitué aux ouvriers. Vous trouverez lainages, jouets et cadeaux évoquant souvent l'époque de l'ancien empire britannique.

Royal Mile Whiskies – *379 High St., Royal Mile - ✆ (0131) 225 3383 - www.royalmilewhiskies.com.* Si vous n'avez pas le temps au cours de ce voyage de visiter les terres légendaires du whisky, autour de Dufftown, cette boutique spécialisée vous permettra un rapide tour d'horizon.

Tiso - The Outdoor Specialist – *Rose St. ou à Leith, 41 Commercial St. - ✆ (0131) 225 9486/554 0804 - www.tiso.com.* La nature en Écosse est une invitation à de multiples activités en plein air : randonnées, sports nautiques, camping… Vous trouverez tout le matériel nécessaire dans ces vastes boutiques spécialisées. Cette chaîne de magasins possède d'autres adresses en Écosse mais c'est à Édimbourg et à Glasgow que vous trouverez le plus grand choix d'équipements pour un plus grand panel d'activités.

Événements

Hogmanay – Du 29 décembre au 1er janvier : 4 jours de festivité pour fêter l'arrivée de la nouvelle année avec le défilé aux flambeaux (29 déc.), le carnaval « Night Afore international » (30 déc.), le banquet de réveillon « Royal Bank Street Party » (31 déc.) et des activités sportives « décoiffantes » (1er janv.) comme le Loony doon (plongeon dans les eaux glacées du Forth). Réservation conseillée au *✆ (0131) 473 2000 ou sur www.edinburghshogmanay.org.*

Turner Exhibition – En janvier, exposition annuelle des aquarelles de Turner à la National Gallery of Scotland.

Beltane Fire Festival – la veille du 1er mai : *voir p. 198.*

Les festivals de l'été :

Bon à savoir - Pendant la période des festivals, beaucoup de musées, de galeries et de maisons prolongent leurs horaires d'ouverture et organisent des expositions spéciales pendant cette période. Se renseigner auprès du Centre d'information touristique, situé près du marché Waverley.

Pour connaître l'emplacement des principaux théâtres, salles de récital et de concert, auditoriums et locaux à usage multiple, où ont lieu les manifestations des festivals, s'adresser à l'office de tourisme ou aux bureaux de renseignements officiels de chaque festival.

Edinburgh International Festival – Juillet-août : théatre, danse, musiques et opéras dans les principaux théâtres de la ville – *Billetterie du festival au Ticket Office, The Hub - à partir de juil. : tlj sf dim. 10h-17h - ☏ (0131) 473 2000 - ww.eif.co.uk.*

Edinburgh Festival Fringe – Août : théâtre, musique et danse - *180 High St. - se renseigner auprès du Fringe Office - ☏ (0131) 226 0026/0000 (juil.-août) - www.edfringe.com.*

P. Tomkins / SCOTTISH VIEWPOINT/VISIT SCOTLAND

Concert devant la Royal Scottish Academy pendant le festival Fringe.

Military Tattoo – Août - *32-34 Market St. - ouv. des réserv. 1er déc. - ☏ (0131) 225 8627 - www.edinburgh-tattoo.co.uk.*

Folk Festival – *Billets et informations auprès de Folk Festival, P.O. Box 528, EH6 5YR - ☏ (0131) 557 1050 - www.edinburghfestivals.co.uk.*

Edinburgh International Jazz Festival – *29 St Stephen's St. - ☏ (0131) 225 2202. Billets disponibles au Hub - ☏ (0131) 473 2000.*

Edinburgh International Film Festival – Août - *Au Filmhouse, 88 Lothian Road - ☏ (0131) 228 4051 - www.edfilmfest.org.uk.*

Glasgow★★★

629 501 HABITANTS
CARTE GÉNÉRALE RABAT II C4 - CARTE MICHELIN REGIONAL 501 H 16
CITY OF GLASGOW

Celle dont le nom signifie « espace vert » en gaélique est depuis longtemps la ville la plus peuplée d'Écosse. Glasgow, l'industrielle dont le cœur bat pour le football, est traditionnellement opposée à Édimbourg, l'intellectuelle férue de rugby. Mais la réalité ne colle plus à ces clichés vieux d'un siècle. Si elle ne renie pas son passé (ni son présent) ouvrier, elle ne pense plus seulement qu'à produire. Une foule enthousiaste anime les rues, les musées, les salles de concerts, les clubs, les pubs et les stades aux noms mythiques. L'énergie créatrice de la population redessine peu à peu l'agglomération portuaire. Sur chaque rive de la Clyde, les édifices médiévaux et victoriens, les bâtiments industriels et futuristes se côtoient, se superposent, se complètent pour créer une cité attrayante et unique.

Se repérer – Glasgow encercle le fond de l'estuaire de la Clyde. Routes et autoroutes qui y convergent lui assurent le statut de carrefour de l'Écosse. La M 8 traverse la ville de part en part et permet de passer rapidement les vastes banlieues pour atteindre le cœur de la cité *(voir plan p. 232)*. Le centre se compose d'un quadrillage de rues qui occupe un espace réduit sur la rive nord.

Se garer – Les parkings payants sont omniprésents et bien indiqués, mais très onéreux.

À ne pas manquer – Les réalisations de Mackintosh, le charmant quartier de West End et son Kelvingrove Museum, la cathédrale et la collection Burrell. Mais le dynamisme de la ville se vit aussi dans la rue. Sillonner le centre-ville permet d'apprécier en direct l'évolution de Glasgow.

Organiser son temps – Un ou deux jours suffisent pour survoler le centre-ville. Mais pour visiter sérieusement les différents musées et attractions disséminés dans toute l'agglomération, deux jours de plus sont nécessaires. De juin à septembre les festivals sont légion. Et, en hiver, on se console de la grisaille avec les concerts des Celtic Connections (les deux dernières semaines de janvier). Les amateurs de football viendront en fin de semaine pour assister à un match.

Avec les enfants – Kelvingrove Art Gallery & Museum, musée des Transports, Science Centre, The Tall Ship, X-Scape.

Pour poursuivre le voyage – La vallée de la Clyde, Stirling, Les Trossachs.

Comprendre

Un foyer religieux – Glasgow faisait partie du royaume breton de Strathclyde, bordé au nord par les Pictes, au nord-ouest par les Écossais et au sud par les Angles de Northumbrie. Quand **Saint Mungo** arrive dans ce royaume déchiré au milieu du 6e siècle, il est proclamé évêque et établit son église de bois sur les rives de la

B. Perousse / MICHELIN/Norman Foster and Partners, 2006

L'un des symboles de la « nouvelle Glasgow » : le Clyde Auditorium dessiné par Norman Foster.

Molendinar. Son nom et ses actes ont traversé les âges en s'inscrivant sur les armoiries de la ville. Le poisson et l'anneau qui figurent sur ces dernières font en effet référence à la légende selon laquelle il sauva une femme infidèle du courroux de son royal mari. Après une courte période de domination northumbrienne au 7e s., la ville est incorporée au royaume d'Alba en 1034, créé quelques années auparavant par l'unification des territoires dominés par les Pictes et les Écossais. Le 12e s. voit la consécration de la nouvelle cathédrale, autour de laquelle Glasgow se développe rapidement. On inaugure la deuxième université d'Écosse en 1451. Et en 1492, la ville est élevée au rang d'archevêché. Lors des troubles religieux du 17e s., Glasgow accueille l'Assemblée générale qui décide d'abolir l'épiscopat écossais. La ville reste un fief covenantaire, mais la restauration de l'épiscopat entraîne une répression accrue du mouvement.

Sucre, tabac et textiles - Au 17e s., le commerce avec les colonies américaines représente déjà une activité importante pour la ville. Mais lorsque les obstacles créés par le Navigation Act sont enfin surmontés grâce à l'établissement de l'Union en 1707, les échanges transatlantiques se développent de manière exponentielle. Et rapidement d'énormes fortunes se créent autour du sucre, du rhum et du tabac. Le groupe de négociants connus sous le nom de **Tobacco Lords** (les rois du tabac) joue à cette époque un rôle important dans la vie économique et sociale de Glasgow. Ils égayent de leur habit traditionnel (cape écarlate et costume noir) l'unique lieu où se traitent les affaires : l'esplanade pavée précédant le Tontine Hotel à Glasgow Cross. Les noms des rues actuelles, comme Jamaica, Virginia, Glassford, Dunlop, Miller et Buchanan, évoquent cette activité florissante et les négociants qui en étaient les maîtres-d'œuvre. À la fin du 18e s., la guerre d'Indépendance américaine entraîne la chute de ce commerce. Mais les nababs locaux avaient su investir leur fortune dans des industries naissantes (banque, textile, mines de charbon et métallurgie).

La deuxième City – L'essor de l'activité cotonnière marque le début d'une importante augmentation de la population. La tendance se poursuit avec la révolution industrielle, quand les usines sidérurgiques s'installent dans la région. La ville s'étale alors le long des nouveaux axes de communication : rivière Clyde désormais navigable jusqu'à Broomielaw, canaux, rail. Cité du fer, du charbon et de la mer, Glasgow se tourne naturellement vers la construction navale. On y développe la fabrication de bateaux à coques métalliques avec propulsion à hélice. Quelques-uns des plus grands paquebots sortent des chantiers de la Clyde *(voir le musée des Transports p. 227)*. La ville prospère et se dote de solides édifices victoriens, dignes de son statut de deuxième atelier de l'Empire. Un titre qu'elle conserve jusqu'en 1951.

L'école de Glasgow – La prospérité commerciale donne naissance à une nouvelle génération d'hommes d'affaires s'intéressant à l'art. Ils constituent des legs (Mitchell) ou des collections (McLellan, Burrell, sir William Maxwell Stirling), que l'on peut encore admirer aujourd'hui, et attisent l'activité culturelle locale. À la fin du 19e s. apparaissent les **Glasgow Boys** en réaction contre les traditions incarnées par les académiciens édimbourgeois et les conventions artistiques victoriennes. Leurs chefs de file sont **W.Y. MacGregor**, père spirituel du groupe, **James Guthrie, George Henry, E.A. Hornel** et **John Lavery**. Ces artistes aspirent à instaurer un art résolument réaliste en pleine période de romantisme, de sentimentalité et de gravité. Par bien des aspects, ce groupe correspond aux expressions contemporaines des écoles de La Haye et de Barbizon. Cette effervescence artistique encourage le développement dans la dernière décennie du 19e s. de l'Art nouveau, dont le représentant le plus brillant est sans conteste l'architecte et décorateur **Charles Rennie Mackintosh (1868-1928),** à l'origine d'un renouveau des beaux-arts et des arts appliqués.

La capitale du ballon rond – Glasgow est la capitale écossaise du football. Hampden Park, le stade où évolue l'équipe nationale (*voir Scottish Football Museum p. 232*) se trouve d'ailleurs ici et non à Édimbourg. Ici, comme à Buenos Aires, Rome, Istanbul, Bucarest ou Téhéran, on pense football, on s'habille football, on se rassemble ou on se divise pour le football. Plusieurs clubs de Glasgow évoluent en Scottish Premier League, l'un des plus vieux championnats du monde. Mais deux géants écrasent, au sens propre comme au sens figuré, toutes les autres équipes du pays : les **Rangers** (créée en 1872) et le **Celtic** (créée en 1888) qui se partagent quasiment tous les titres depuis plus de cent ans. Les deux clubs ont bien des points communs, à commencer par la passion fabuleuse des supporters pour leur équipe. Mais leur rivalité est réelle et très ancienne. Elle est d'abord d'ordre sportif, les rencontres entre eux, appelées **Old Firm**, déchaînant des passions qui ne s'arrêtent pas toujours aux limites du terrain, ni même du stade. La violence entre supporters n'est pas rare... suivant une très ancienne tradition. Les Rangers se revendiquent historiquement comme le club des orangistes, groupement protestant et anti-catholique très virulent en Irlande du Nord, mais aussi à Glasgow. Fidèles à la couronne britannique, leurs fans brandissent fièrement l'Union Jack dans les travées d'Ibrox Park. Par opposition, le Celtic est le club des immigrés irlandais et catholiques qui vinrent travailler à Glasgow à la fin du 19e s. et au début du 20e s. Les ouvriers locaux voyaient d'un mauvais œil l'arrivée d'une main-d'œuvre concurrente et cette rivalité sociale s'exprima à travers les deux clubs. Pendant des décennies, les Rangers n'engagèrent jamais de catholiques. Cela n'est plus aussi vrai. Mais même si l'on ne s'intéresse pas à la politique, même si on a oublié parfois l'origine de la rivalité, on continue à se haïr en entonnant des chants parfois discriminatoires. Certains vous diront que c'est plus par habitude que par réelle volonté de nuire. Mais les autorités écossaises s'inquiètent de cette tradition. Tout cela montre une fois de plus que le football est un formidable miroir de la société, de la vie et de l'histoire d'une ville *(pour assister à un match, voir le carnet pratique p. 246)*.

Se promener

LE CENTRE-VILLE AVEC MACKINTOSH★★ 1

En posant le pied dans le Glasgow touristique, vous ne pouvez échapper au « phénomène » Mackintosh *(voir encadré ci-dessous)*. Ses superbes réalisations ont contribué à placer Glasgow sur la carte européenne des capitales de l'Art nouveau, au côté de Prague, Bruxelles ou Riga. Et aujourd'hui la cité de la Clyde exploite largement cet héritage qui enrichit considérablement son catalogue architectural... et se décline très bien en produits dérivés (affiches, mobilier urbain, vaisselle, etc.).

Les différentes réalisations de l'artiste sont réparties dans toute l'agglomération. Le Mackintosh Trail Ticket, vendu au Tourist Information Centre, permet, pour 12 £, de visiter les sites liés à Mackintosh et de s'y rendre par les transports en commun.

La promenade décrite ici permet de parcourir une partie du centre-ville tout en découvrant quelques œuvres de Charles Rennie Mackintosh.

Débutez votre parcours à la gare centrale (Central Station) et ses belles boutiques en bois disposées au bout des quais, puis rejoignez The Lighthouse.

The Lighthouse★ Plan I B1

56 Mitchell Lane - ✆ (0141) 225 6342 - www.thelighthouse.co.uk - 10h30-17h (mar. 11h, dim. 12h) - 3 £ (enf. 1,50 £).

Ce centre d'Architecture et du Design résulte d'une transformation des anciens bureaux du Glasgow Herald dessinés par C R Mackintosh. La modernisation du bâtiment est réussie : verre, lumière, volumes variés. Vous y verrez une exposition permanente et multimédia sur l'œuvre de Mackintosh. D'autres salles accueillent des expositions, un centre de conférences. De la tour, dans laquelle on monte par un superbe escalier hélicoïdal, on jouit de vues intéressantes sur le centre-ville.

Rejoignez Buchanan Street et plongez au cœur du Glasgow victorien et commerçant.

Charles Rennie Mackintosh

Né dans Parson Street, Mackintosh rejoint à 16 ans la Glasgow School of Art. Il y côtoie les sœurs MacDonald (Margaret deviendra sa femme) et H. MacNair. Influencé par l'art japonais, par les courbes végétales et par les traditions écossaises, il crée avec eux un style qui s'inscrit dans la lignée du mouvement Art nouveau naissant. Ces quatre maîtres de l'art décoratif, surnommés les Glasgow Four, engendrent le **Glasgow Style**.
Mackintosh passe du papier à la pierre et réalise son chef d'œuvre en 1896. Le nouveau bâtiment de « sa » Glasgow School of Art devient l'une des plus belles interprétations de l'Art nouveau. Aidée par son épouse, il embellit les pièces des nantis avec des meubles avant-gardistes où se mêlent géométrie stricte et courbes de la nature.
Mais, de moins en moins compris, il quitte sa ville en 1914. Il vit à Port-Vendres de 1923 à 1927 et peint de remarquables aquarelles. Il meurt à Londres à l'âge de 60 ans, un peu oublié.
Ce n'est que durant les années 1990 qu'on le « redécouvre ». Glasgow s'aperçoit de l'immense patrimoine que représentent ses réalisations. Son style est encensé et devient le symbole du renouveau culturel de la ville. Le plus beau témoignage de cette reconnaissance lui est rendu en 1996, quand des designers contemporains réalisent selon ses plans, la House for an Art Lover *(voir p. 222)*.
Pour des informations complètes sur les œuvres de Mackintosh, voir le site *www.crmsociety.com*.

Quasiment face à Mitchell Lane se trouve le luxueux centre commercial Arts déco de **Princes Square**, *surmonté d'un grand paon de métal. En remontant la rue, bifurquez à droite pour tourner autour de la* **Gallery of Modern Art** *(voir Visiter p. 228), lieu de rendez-vous à l'heure du déjeuner. Faites un écart par Reinfield Lane, une ruelle où au nº 20 se dresse le* **Daily Record Building**, *contruit par Mackintosh. Remarquez comment l'artiste a utilisé différents matériaux et teintes pour profiter du peu de lumière disponible en ce lieu. Suivez les rues commerçantes et piétonnes de* **Buchanan et Sauchiehall**. *D'immenses centres commerciaux perpétuellement bondés s'y côtoient.*

Willow Tearoom Plan I B1

217 Sauchiehall St. - ✆ (0141) 332 0521 - www.willowtearooms.co.uk - ♿-lun. sam. : 9h-17h, dim. : 11h-17h.

Entre un magasin du Celtic et un supermarché, au-dessus d'une bijouterie, on reconnaît aisément l'œuvre de Mackintosh. La façade noir et blanc cache un salon de thé à nouveau ouvert (après 70 ans de fermeture) où l'on peut se restaurer en s'asseyant sur des copies des meubles de l'artiste. Ce salon fut commandé à Mackintosh en 1903 par Kate Cranston, une admiratrice, propriétaire de plusieurs salons de thé dans la ville.

Suivez Sauchiehall avant de monter, à droite, par Douglas Street ou Scott Street.

Glasgow School of Art★★ Plan I B1

167 Renfrew Street - ✆ (0141) 353 4500 - www.gsa.ac.uk - visite guidée (réservation conseillée) 10h30, 11h, 11h30, 13h30, 14h, 14h30 ; oct.-mars : tlj sf dim. 11h et 14h - 6,50 £.

Charles Rennie Mackintosh n'avait que 28 ans lorsqu'il conçut cette œuvre capitale de l'architecture européenne (l'école est toujours en activité). Le bâtiment fut réalisé en deux étapes : 1897-1899 et 1907-1909. Près de 90 ans plus tard, cette construction qui abrite depuis l'une des plus grandes collections de mobilier, de dessins et de peintures de Mackintosh, étonne encore les visiteurs par son fonctionnalisme. Avec ses hautes fenêtres s'élevant sur trois niveaux et son plafond suspendu, la bibliothèque est un tour de force architectural qui offre l'un des aménagements intérieurs des plus originaux et des plus connus réalisés par ce créateur génial. On peut également admirer une verrière décorative, des pièces en métal et des appareils d'éclairage dans la chambre du conseil, le bureau du directeur et la galerie des meubles (et les fameuses chaises) conçus pour l'école. À l'extérieur, observez les lampadaires et autres détails d'un mobilier urbain « très Mackintosh ».

Les **alentours** de la School of Art sont charmants. Les rues « bombées », Renfrew Street ou Hill Street la bien-nommée, sont bordées de belles demeures. La seconde se termine en un cul-de -sac mais le **panorama sur West End** et les quartiers ouest de la ville vaut un détour. Non loin de là, se trouve la Tenement House (voir *Visiter p. 229*).

Un peu plus loin sur Sauchiehall Street, au 350, vous rencontrez le **Centre for Contemporary Arts** *(www.cca-glasgow.com - tlj sf lun. et dim. - gratuit)*. L'entrée discrète de ce lieu cache de vastes pièces accueillant de nombreuses expositions temporaires, des œuvres d'artistes locaux ou du monde entier. Un café, des concerts donnent encore plus de volume à ce poumon de la vie artistique de Glasgow. Non loin, vous ne pouvez pas manquer le **Beresford** building, un immeuble Arts déco blanc souligné de rouge. Cet ancien hôtel a récemment été transformé en ensemble d'appartements.

Sur les pas de Mackintosh, en dehors du centre-ville

Bien d'autres œuvres de Mackintosh peuvent être visitées dans les environs du centre-ville. Étant très disséminées, vous devrez sans doute les rejoindre en transport en commun si vous manquez de temps.

Martyr's School Plan I B1

Parson Street - ✆ (0141) 553 2557 - www.glasgowmuseums.com - sur rdv uniquement 14h-16h - gratuit.

À quelques pas de la cathédrale, ce massif bâtiment de briques domine la rue qui a vu naître l'artiste. Sur le toit de cette école de 1897, on remarquera les trois gros éléments de ventilation.

Queen's Cross Church Plan I B1

870 Garscube Road - ✆ (0141) 946 6600 - www.crmsociety.com - ♿ - avr.-oct. : tlj sf sam. 10h-17h, dim. 14h-17h ; reste de l'année : tlj sf w.-end 10h-17h - 2 £ - parking.

La conception novatrice de cette église (1898-1899) à tribune et collatéral unique fut imposée à Mackintosh par la parcelle cadastrale. Spacieux, l'intérieur de pierres et de bois est rehaussé de garnitures Art nouveau (motifs de tulipes notamment). L'église, rénovée en 2006, est le seul édifice religieux entièrement conçu par Mackintosh. Elle abrite la Charles Rennie Mackintosh Society.

Kelvingrove Art Gallery and Museum★★★

Ce vaste et superbe musée compte une salle consacrée au Glasgow Style, où Mackintosh est à l'honneur. Voir l'itinéraire *Parcs et musées de West End p. 225* et *Visiter p 230*.

Mackintosh House★★★ Plan I A1

Hunterian Art Gallery, 82 Hillhead St. - ✆ (0141) 330 5431 - www.hunterian.gla.ac.uk - ♿ - tlj sf dim. 9h30-17h - tarif non communiqué.

Cette aile de l'Hunterian Art Gallery est une reconstruction de la maison de l'architecte. Ces intérieurs aux motifs décoratifs très originaux démontrent combien il fut un pionnier de l'architecture et de ce que l'on nomme aujourd'hui le design. Les boiseries blanches rehaussées de décors présentent des lignes sobres et pures délibérément fonctionnelles. La chambre d'amis montre

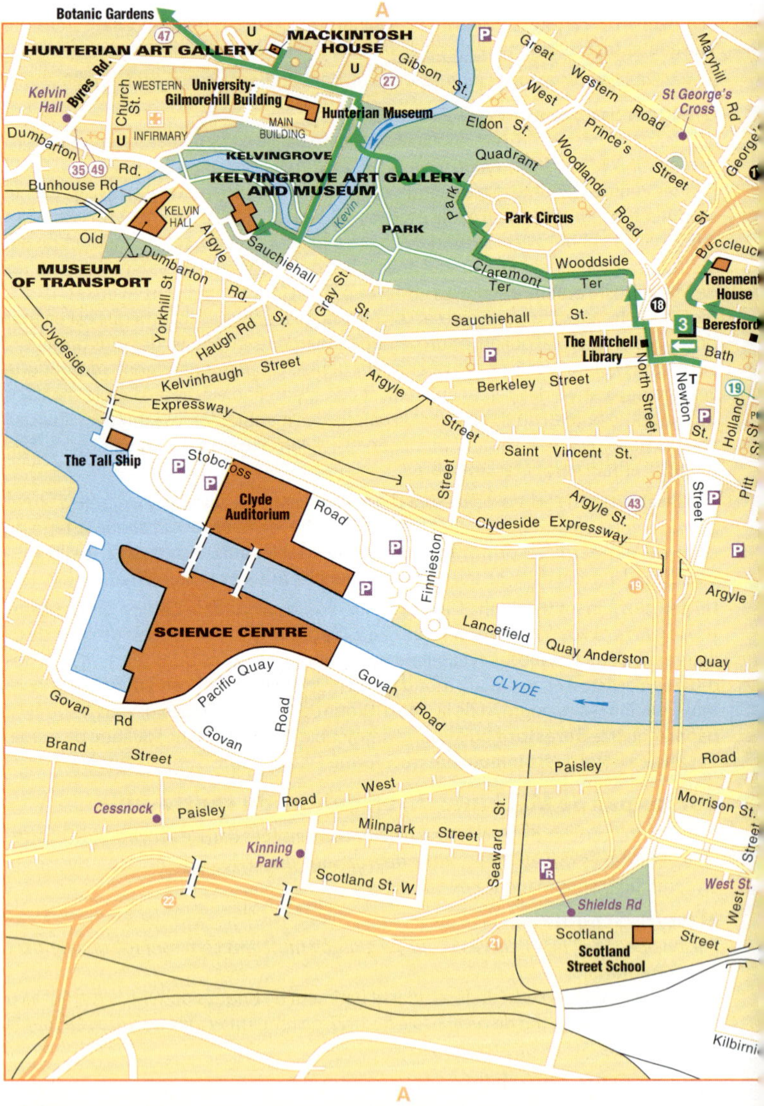

SE LOGER

- Artto Hotel ... 3
- Babbim Bowsier ... 7
- Buchanan Hotel ... 11
- Hotel Ibis Glasgow ... 19
- Jurys Inn ... 23
- Langs Hotel ... 29
- Malmaison ... 33
- Quality Hotel ... 37

l'influence japonaise sur l'œuvre de Mackintosh. Le mobilier comprend des plaques décoratives réalisées par sa femme, Margaret Macdonald. La galerie du dernier étage expose des sélections de nombreux dessins, aquarelles et croquis de la collection Mackintosh.

La Mackintosch House se trouve aussi sur l'itinéraire *Parcs et musées de West End*.

Ruchill Church Hall

15 Shakespeare St. - ☏ (0141) 429 6760 - www.crmsociety.com - ♿ - lun.-vend. : 11h-15h - gratuit.

Ce bâtiment de taille modeste est l'une des premières œuvres de Mackintosh. À première vue très sobre, il est pourtant riche de multiples détails décoratifs : vitraux, « sourcils » au-dessus des ouvertures.

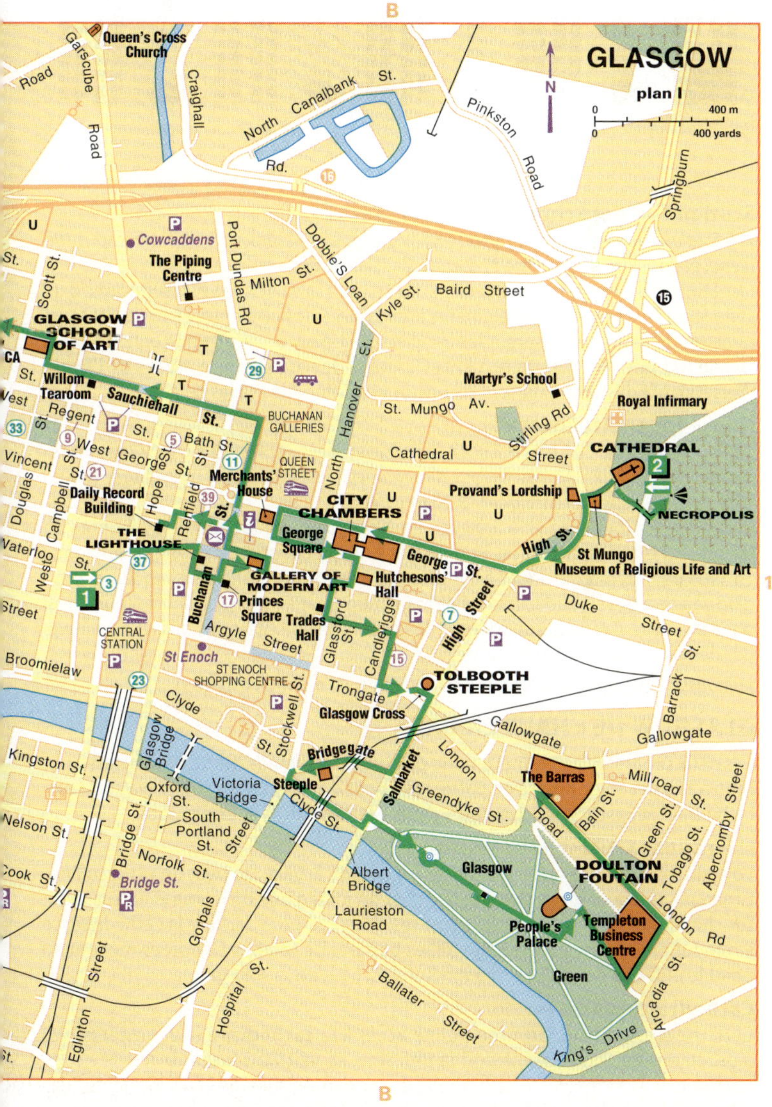

SE RESTAURER		
Amber Regent 5	Étain 17	St. Vincent 39
Brian Maule at Chaudron d'Or 9	Gamba 21	The Buttery 43
City Merchant 15	La Parmigiana 27	The Ubiquitous Chip 47
	N° Sixteen 35	Two Fat Ladies 49

Détail de la façade de la House for an Art Lover dessinée par Charles Rennie Mackintosh.

Scotland Street School Plan I A1

225 Scotland St. - ✆ (0141) 287 0500 - www.glasgowmuseums.com - ♿ - avr.-sept. : 10h (vend. et dim. 11h-17h) - fermé 1er-2 janv., 25-26 et 31 déc. - café.

Ce bâtiment de 1904 est le dernier legs de l'artiste à sa ville chérie et résulte donc d'un style abouti. Il comporte des éléments intéressants : le hall d'entrée carrelé, les tours jumelles de verre où s'insèrent les escaliers, de beaux détails de maçonnerie sur la façade sud, une salle d'entraînement et les salles de classe, enfin le **musée de l'École** (Museum of Education), où sont reconstituées différentes salles de classe.

House for an Art Lover★ Plan II

10 Dumbeck Road - ✆ (0141) 353 4449 (information) - (0141) 353 4770 - www.houseforanartlover.co.uk - ♿ - avr.-sept. : dim.-jeu. 10h-16h (sam. 15h) ; oct.-mars : w.-end 10h-16h, lun.-vend. se renseigner - 3,50 £ - café.

Cette impressionnante villa achevée en 1996 complète la série de bâtiments de Glasgow dessinés par Charles Rennie Mackintosh. Elle s'inspire d'un projet conçu en 1901 par l'architecte pour un concours en Allemagne. Cette magnifique « maison d'un amateur d'art », audacieuse réalisation municipale, est aujourd'hui le cadre idéal pour le Centre d'études supérieures de l'école d'art de Glasgow, un bel hommage des designers actuels à leur maître.

Voir aussi la **Hill House à Helensburg** (*Circuits de découverte p. 239*)

GLASGOW DE « HAUT EN BAS » 2

Ces deux promenades permettent de parcourir une grande partie du centre-ville. L'itinéraire décrit emprunte en partie l'axe principal du Glasgow médiéval, entre la cathédrale et East End, via George Square, Glasgow Cross et Bridgegate.

Necropolis★ (Nécropole) Plan I B1

Voici un bel endroit pour commencer la visite de la ville. Du haut de cette colline-cimetière verdoyante, on domine la cité et on jouit d'une belle **vue★** sur Glasgow, ses cheminées, ses barres de béton et ses clochers. Situé derrière la cathédrale, ce jardin funéraire date de 1833. Ses allées bordées de tombes élaborées mènent au point le plus élevé que domine John Knox du haut de sa colonne.

Cathedral Square Plan I B1

Cette belle esplanade arborée donne accès à la **cathédrale** (*voir Visiter p.228*) légèrement en contrebas. Avant la Réforme, ce véritable cœur de la cité ecclésiastique était fermé par la cathédrale, le château de l'évêque et les demeures des chanoines. Le château de l'évêque (une pierre de l'avant-cour de la Royal Infirmary en marque l'emplacement) fut détruit pour faire place à la **Royal Infirmary** érigée par les frères Adam en 1792 et reconstruite au 20e s. C'est dans une de ses salles que **sir Joseph Lister** (1827-1912) utilisa pour la première fois de l'acide phénique comme antiseptique dans le traitement des blessures. Parmi les statues de la place, on remarque celle de David Livingstone ainsi qu'une statue équestre du roi Guillaume d'Orange.

St Mungo Museum of Religious Life and Art Plan I B1

2 Castle Street – ✆ (0141) 553 2557- www.glasgowmuseums.com - ♿ - lun.-jeu. et sam. 10h-17h, vend. et dim. 11h-17h - gratuit.

Le **musée de la Vie et de l'Art religieux** présente ses collections d'objets de culte dans trois galeries. La première, consacrée à l'art religieux, abrite un bronze de Shiva du 19e s. et un tapis de prière islamique ; la deuxième traite des mille et une façons dont la religion imprègne la vie quotidienne ; la troisième expose la diversité des cultes pratiqués en Écosse depuis 5 000 ans. Le musée dispose en outre d'une quatrième galerie accueillant des expositions temporaires et d'un authentique jardin zen japonais.

Traversez Castle Street.

Provand's Lordship Plan I B1

3 Castle Street – ✆ (0141) 552 4744 - www.glasgowmuseums.com - mêmes horaires que St Mungo Museum - gratuit.

Le plus vieux bâtiment de la ville (1471) servait de résidence au prébendier. C'est avec la cathédrale l'unique vestige de la cité médiévale. Le mobilier des deux étages inférieurs s'étale du 16e au 20e s. À l'arrière, un petit jardin présente entre autres des plantes médicinales.

Depuis le quartier de la cathédrale, descendez par High Street.

High Street Plan I B1

Une plaque de l'ancienne cour aux marchandises située face à College Street marque l'emplacement de l'**Old College** actif de 1632 à 1870. Cet édifice, disposé autour d'une double cour carrée, formait un ensemble harmonieux et abritait l'université. Mais, en 1870, l'institution (ainsi que l'Hunterian Museum) s'installe dans le West End, ce qui entraîne l'abandon et la destruction des locaux de l'Old College. Au n° 215, l'ancien bâtiment de la British Linen Bank est encore couronné de la statue de Pallas, déesse de la Sagesse et du Tissage. Le vitrail surplombant la porte représente un bateau linier.

De High Street, tournez à droite sur **George Street**. *Cette rue en pleine réfection (création du quartier moderne de City Science) n'est pas la plus agréable. Mais la perspective sur la Scottish Church de Buchanan Street laisse espérer mieux.*

George Square Plan I B1

Aujourd'hui cœur de Glasgow, cette place animée est bordée d'imposants édifices du 19e s. Sur la colonne centrale, la statue de Walter Scott domine une série d'hommes illustres, comme Peel, Gladstone, lord Clyde, John Moore, Watt... (à regarder dans le sens des aiguilles d'une montre). C'est en 1782 qu'on commence à aménager George Square qui devient le centre hôtelier de la ville. Son changement de statut commence avec la construction en 1869 de divers édifices administratifs. À l'ouest, **Merchants' House**, aujourd'hui siège de la Chambre de commerce, se repère à son Navire du Commerce, réplique exacte de celui de Bridgegate. Les bâtiments de la poste se dressent eux au sud de la place. Quant au côté est, il est occupé par les **City Chambers★ (hôtel de ville)**, un magnifique bâtiment victorien hérité de l'époque où Glasgow était la deuxième ville de l'Empire. À l'intérieur, grandeur et opulence règnent en maître, particulièrement dans la loggia, dans la salle du conseil municipal et dans les salons de réception – *✆ (0141) 287 4017/4018 - www.glasgow.gov.uk - ♿ - visite guidée 45mn lun.-vend. 10h30 et 14h30 - fermé j. fériés.*

Depuis George Square, prenez Cochrane Street.

Merchant City Plan I B1

Ce quartier en pleine mutation se compose d'un quadrillage de rues bordées de hautes demeures, édifiées pour les riches marchands du 19e s. Aujourd'hui, on ravale les façades à l'identique, ou on ajoute quelques touches modernes avec plus ou moins de bonheur. Des lofts accueillent la jeunesse dorée. Des restaurants à la mode, des pubs, des galeries d'art et des boutiques de luxe s'installent au rez-de-chaussée de rues devenues semi-piétonnes. John Street, avec les terrasses de l'Italian Centre et l'Hutchesons' Hall, en est le plus brillant exemple. Et ce quartier qui affiche son nom en grandes lettres, est devenu furieusement tendance.

Hutchesons' Hall – *150 Ingram Street - ✆ (0141) 552 8391 - tlj sf merc. et w.-end 10h-17h - fermé j. fériés et 2 sem. fin déc. - gratuit.* Deux frères du nom de Hutcheson fondèrent en 1639 un « hôpital » destiné à recevoir 11 vieillards et 12 orphelins de sexe masculin. Les bâtiments furent détruits lors du percement de Hutcheson Street et l'institution fut relogée dans un nouvel édifice construit (1802-1805) par David Hamilton. Les statues des deux fondateurs, déplacées de l'immeuble d'origine, furent installées dans des niches sur la nouvelle façade principale. Deux des meilleures écoles privées de Glasgow doivent leur existence à la fondation d'origine.

Prenez Glassford Street.

Trades Hall – *85 Glassford Str. - ☏ (0141) 552 2418 - www.tradeshallglasgow.co.uk - lun.-vend. : 10h-16h, sam. : 10h-14h, dim. : 12h-17h - 3,5 £.* Ce bel édifice abrite une exposition décrivant le rôle des 14 corps de métiers qui permirent à Glasgow de devenir un pôle économique. Le Grand Hall et les autres salles sont particulièrement luxueux. À côté du Trades Hall, vous remarquerez le beau magasin Peckhams.

Prenez Wilson Street puis Belle Street. Au niveau de Candleriggs, vous atteignez Merchant Square, un ancien marché transformé (sans grande imagination) en petit centre commercial. Au bout de la rue vous apercevez The Ramshorn Theatre, aménagé dans une église néo-gothique. Candlerrigs Street vous emmène vers Trongate. Vous passez devant la tour horloge du Trongate Theatre pour atteindre Glasgow Cross.

Glasgow Cross Plan I B1

Jusqu'à l'époque victorienne, ce carrefour à la jonction de Salt Market, de High Street, de Gallowgate et de Trongate, symbolisait l'âme de Glasgow. Defoe appréciait ce poumon commercial à l'activité prospère connu sous le nom d'Arpent d'Or (Golden Acre). Au milieu de l'artère, le **clocher du tolbooth★**, qui flanquait jadis le marché, est tout ce qui reste de cette élégance évanouie. L'actuelle **croix du marché** est une réplique datant de 1929.

Saltmarket et Bridgegate Plan I B1

Saltmarket supplante Bridgegate au 19e s. comme principale artère urbaine. Cette rue courbée est bordée de bâtiments homogènes. Leurs parties supérieures, grises, contrastent nettement avec les vitrines multicolores des rez-de-chaussée. À gauche, vous apercevez l'église georgienne de St-Andrew-in-the-Square.
Tournez vers Bridgegate. Cette rue aujourd'hui plutôt triste était jadis un passage important et populaire conduisant au premier pont de pierre de la ville, construit en 1345. Le **clocher (steeple)** qui s'élève au-dessus des entrepôts abandonnés est le seul vestige du Merchants Hall de 1659 (détruit en 1818), lieu de rendez-vous commercial et social des négociants de Glasgow. S'élevant en gradins jusqu'à une hauteur de 50 m, il servait à observer les cargos remontant la Clyde. Le Navire du Commerce, toutes voiles dehors, symbolise les activités d'origine de Glasgow. Une nouvelle Merchants' House fut construite en 1877 à George Square.

En longeant la rivière Clyde, rejoignez Glasgow Green.

Glasgow Green Plan I B1

Situé sur la rive nord de la Clyde, ce parc est l'un des sites historiques majeurs de Glasgow. Siècle après siècle, il est successivement, ou simultanément, un terrain communal où l'on vient faire paître les troupeaux et laver le linge. On y assiste aussi aux pendaisons, revues et défilés militaires, foires et réunions publiques. Tour à tour endroit à la mode ou site malfamé, il a toujours été âprement défendu contre toute récupération. Ses vastes pelouses sont très appréciées en été par toute la population. C'est ici qu'en août se déroule le Championnat du monde de cornemuse et des Jeux écossais. Vous repérerez une fontaine à la mémoire de Nelson, et, à proximité, la pierre commémorant l'endroit où James Watt, à l'occasion d'une promenade dominicale, paracheva sa découverte de la machine à vapeur.

People's Palace Plan I B1

Glasgow Green - ☏ (0141) 271 2951 - www.glasgowmuseums.com.
Le musée du Palais du peuple et les jardins d'hiver ouvrent en 1898 pour servir de centre culturel aux quartiers est de la ville. C'est aujourd'hui un musée d'Histoire

Vous ne passerez pas inaperçu

Après quelques jours à Glasgow et en Écosse, vous aurez sans aucun doute remarqué les signalisations CCTV. Derrière ce sigle se cache un immense réseau de surveillance vidéo, dans les rues, les boutiques, les administrations. On estime que toute personne est en moyenne filmée 300 fois par jour ! Dans les zones résidentielles, la surveillance ne se relâche pas, mais est d'un autre type. Sur les petits panneaux « Neighbour Watching Area », un policier souriant est entouré de sympathiques et irréprochables citoyens. Ils vous signalent que dans ce quartier, on s'observe, on se connaît, on remarque toute personne ou tout fait inhabituels. Et on n'hésitera pas à signaler à la police tout ce qui semble suspect. Ce système de surveillance est au cœur du film *Red Road* d'A. Arnold (2006) qui a pour héroïne un opératrice de la CCTV.

locale et sociale, dont les expositions retracent de manière très vivante (objets du quotidien, jeux) le parcours de Glasgow depuis les temps les plus reculés jusqu'à nos jours. Les jardins d'hiver abritent des plantes exotiques et un café. Face au People's Palace se dresse la **fontaine Doulton★**, la plus vaste fontaine en terre cuite du monde, représentant la reine Victoria et les colonies britanniques.

Templeton Business Centre Plan I B1

Construit en 1889, cet étonnant pastiche du palais des Doges, curieux et richement décoré, hébergeait à l'origine une fabrique de tapis. Une partie abrite désormais de luxueux *lofts*, typiques des cités industrielles renaissantes.

The Barras Plan I B1

Marché le week-end 10h-17h. Situé au commencement du quartier populaire d'East End, c'est durant le week-end un marché aux puces. On y trouve une variété de marchandises à bas prix, des personnages pittoresques et des animations de rue. Un programme de rénovation a permis de mettre en place des zones piétonnes et divers aménagements. En semaine, lorsque les magasins sont fermés, le lieu évoque une ville fantôme digne d'un décor de western.

PARCS ET MUSÉES DE WEST END 3

Cet itinéraire sillonne l'élégant quartier universitaire de West End, dont l'architecture diffère totalement de celle du centre-ville. Vous partez de Charing Cross Station, traversez la M 8, puis passez par la **Mitchell Library** *(tlj sf. dim., gratuit)*, une des plus grandes bibliothèques d'Europe, riche de rares collections. Coupez Sauchiehall puis remontez vers Woodside Crescent et Woodside Terrace.

Quartier de Park Circus Plan I A1

Dominé par plusieurs flèches et tours, cet agréable quartier se constitue de plusieurs rues calmes et chics qui tournent autour de Park Circus. Vous longez de belles enfilades de demeures victoriennes, typiques des quartiers aisés britanniques : colonnes, escaliers et ferroneries, appartements en sous-sol. Park Terrace domine le parc de Kelvingrove, poumon de verdure du West End que vous allez traverser.

Kelvingrove Park Plan I A1

Le parc est vraiment très agréable avec ses parterres de fleurs, ses statues, ses grands arbres et ses pelouses très prisées en été. Le calme qui y règne ne laisse en rien présager de la proximité du centre-ville. De bien des endroits, on jouit de vues superbes sur les tours imposantes de l'université et du Kelvingrove Museum.

Par un pont qui enjambe la rivière Kelvin, vous rejoignez l'université.

L'université Plan I A1 U

Elle est fondée par l'évêque William Turnbull en 1451 et les premiers cours ont lieu dans la cathédrale. À ses débuts, elle dépend de l'Église et les évêques, puis archevêques, en sont chanceliers jusqu'en 1642. Elle acquiert des propriétés dans High Street, et construit l'**Old College** en 1632 *(voir p. 223)*. C'est en 1870 qu'elle s'installe finalement à l'emplacement qu'elle occupe aujourd'hui. L'imposant complexe se constitue d'un ensemble de bâtiments neufs (édifices Adam Smith, Boyd Orr et Hetherington, galerie et bibliothèque Hunter) ou rénovés, dispersés dans les rues environnantes. Aujourd'hui, huit facultés (arts, théologie, technologie, droit, médecine, sciences, médecine sociale et vétérinaire) accueillent plus de 14 000 étudiants.

Le Gilmorehill Building domine tout le campus de sa flèche noire dentelée et colle parfaitement à l'image que l'on a d'une université britannique traditionnelle. Ce massif édifice de style gothique renaissant, le plus vieux des bâtiments actuels de l'université, fut dessiné par George Gilbert Scott. Mais le projet ne put être achevé par manque de fonds, et ce fut le fils de George Scott, John Oldrid, qui l'agrandit en ajoutant Bute Hall (1882) et la tour (1887). Dans la cour des professeurs, située à l'extrémité ouest du bâtiment principal, on trouve l'**escalier au lion et à la licorne** provenant, comme l'escalier et Pearce Lodge qui font face à University Avenue, de l'ancien collège.

Le **centre d'accueil** (Visitor Centre) abrite des expositions, des ordinateurs et une chambre noire permettant de découvrir le **panorama★** qu'offre la haute tour de l'édifice.

Hunterian Museum Plan I A1

Bâtiment principal de l'Université (Gilmorehill, face au Visitor Centre), cour d'honneur est, premier étage ; entrer côté University Avenue - ✆ (0141) 330 4221 - www.hunterian.gla.ac.uk - ♿ - tlj sf dim. 9h30-17h - gratuit.

Médecin renommé, anatomiste et pionnier de l'obstétrique, **William Hunter** (1718-1783) est aussi un grand collectionneur qui s'intéresse à la numismatique, aux manuscrits, à la peinture, aux minéraux, à l'ethnographie, à l'anatomie et à la zoologie. Il lègue ses trésors à l'université qui ouvre le Hunterian Museum en 1807 (sur le site de High Street). La collection de son frère John forme le noyau d'un second Hunterian Museum, abrité par le Royal College of Surgeons, à Londres. Aujourd'hui, les pièces réunies par William se répartissent entre le musée et la galerie d'art.

La première galerie évoque l'histoire de l'université et quelques élèves illustres. La **collection de monnaies et de médailles★** constituée par Hunter, jadis réputée n'être surpassée que par la seule collection de la Cour de France, est exposée dans une autre galerie bâtie tout spécialement. Une présentation chronologique de plus de 30 000 pièces retrace le développement du monnayage depuis les temps anciens jusqu'à l'époque actuelle. La première monnaie écossaise apparaît en 1136 et, dès 1200, le pays ne compte pas moins de 16 hôtels des Monnaies. Mais aucune monnaie n'est frappée en Écosse après la fermeture de l'hôtel des Monnaies d'Édimbourg qui suit l'Acte d'union. Remarquez un exemplaire rarissime de la première monnaie d'or émise vers 1357 par David II ainsi qu'une pièce à base d'or écossais représentant Jacques V coiffé d'un chapeau. L'un des derniers clous de la collection est la pièce d'une livre de 1984 portant l'emblème écossais au revers.

Les expositions du hall principal évoquent les périples du capitaine Cook, les Romains en Écosse, les civilisations antiques et la préhistoire britannique. La galerie supérieure est consacrée à la géologie et à l'archéologie. Enfin, ne manquez le requin de Bearsden et l'unique exemplaire de dinosaure découvert en Écosse.

Traversez University Avenue.

Hunterian Art Gallery★★ Plan I A1

University of Glasgow - ✆ (0141) 330 5431 - www.hunterian.gla.ac.uk - ♿ - tlj sf dim. 9h30-17h - fermé j. fériés - participation suggérée.

Les numéros dans le cours du texte correspondent à ceux des salles.

Cette construction de 1980 abrite en permanence la collection d'art de l'université, célèbre surtout pour ses œuvres écossaises des 19e et 20e s., celles de Whistler, ainsi que pour son aile Mackintosh. Les toiles anciennes comptent une *Mise au tombeau* **(1)** de Rembrandt et une *Tête de vieillard* **(1)** de Rubens. Aux côtés de portraits de Raeburn (*Mrs Hay of Spot*, **2**), Ramsay (le fondateur, *William Hunter*, **2**), Romney et Reynolds se trouvent quelques travaux de Stubb et de Chardin. Couvrant pratiquement toutes les périodes de la carrière de **James McNeill Whistler** (1834-1903), la **collection Whistler★★★ (4, 5 et 6)** constitue un ensemble important dont se détache un groupe **(4)** de portraits en pied : *Pink and Silver – The Pretty Scamp ; Red and Black – The Fan ; Pink and Gold – The Tulip.* Maître graveur incontesté, ses séries française et vénitienne, ainsi que son ensemble de travaux sur la Tamise, témoignent de l'évolution de son talent. Les autres galeries présentent l'art écossais des 19e et 20e s. ainsi que quelques impressionnistes français. Rompant avec les conventions de l'art victorien, **William McTaggart** (1835-1910) développe un style personnel hardi et une approche de la lumière tout en sensibilité (*The Sound of Jura, The Fishers' Landing*, **3**). Il faut le considérer comme un précurseur des **Glasgow Boys** qui, à la fin du 19e s., réagissent contre le sérieux des autorités artistiques d'Édimbourg et partagent un souci du réalisme. W. McGregor *(Carse of Lecropt)* est le père spirituel de ce mouvement qui comptait entre autres Hornel *(Gathering Primroses, Japanese figures)*, Guthrie *(The Gypsy Fires)*, Henry, Walton et Lavery **(7, 10)**. Les paysages urbains de Pringle (*Tollcross*, **10**) aux pastels délicats annoncent les coloristes écossais **(8)** : *Les Eus, Le Voile persan* de Fergusson, *Iona, Tulips and Cup* de Peploe, *The Red Chair* de Cadell et des œuvres de Hunter. La section moderne comprend des toiles touchantes de Joan Eardley *(Salmon Nets and the Sea, 1960)*, de Philipson (*Never Mind*, 1965) et de Davie (*Sea Devil's Watch Tower*, 1960). La galerie abrite aussi la collection d'estampes de l'université ; une cour est consacrée à la sculpture.

Mackintosh House★★★ Plan I A1

Au sein de Hunterian Museum. *(Voir Se Promener : découvrir l'œuvre de Charles Rennie Mackintosh).*

Si vous disposez de suffisamment de temps, vous pouvez prolonger d'une petite heure cet itinéraire en effectuant un aller-retour vers les Jardins botaniques. Vous suivez la rue animée de **Byers Road**, *axe principal et élégant du quartier étudiant. Ou encore* **Ashtone Lane**, *une ruelle parallèle bordée de petites maisons blanches et noires occupées par des dizaines de pubs où les étudiants, après avoir étanché leur soif d'apprendre, viennent étancher leur soif tout court. Face à l'entrée des Botanic Gardens se trouve* **Oran Mor,** *un centre culturel gaélique installé dans une église.*

Botanic Gardens Plan II

730 Great Western Road - ✆ (0141) 334 2422 - ♿ - jardins : 19h-coucher du soleil - Kibble Palace et Main Range : 10h-16h45 (hiver 16h15) - centre d'accueil : 11h-16h.

Les **Jardins botaniques** sont renommés pour leurs collections d'orchidées, de bégonias et de fougères. Le Kibble Palace, qui abrite les fougères arborescentes et les plantes des zones tempérées, est un exemple unique de serre victorienne à armature métallique. L'allée principale (Main Range), bordée de bancs portant les noms de défunts jadis habitués des lieux, mélange plantes tropicales et domestiques. Un carré rassemble également les différentes plantes que l'on trouve sur le sol écossais.

Après la visite, revenez vers l'Hunterian Museum. Éventuellement, longez les rues du quartier résidentiel de Dowanhill qui partent de Byers Road, où de belles villas et des petits jardins privés se succèdent.

Depuis l'Hunterian Museum, suivez Kelvin Way, une belle rue qui traverse Kelvingrove Park, et rejoignez le Kelvingrove Art Gallery and Museum.

Kelvingrove Art Gallery and Museum★★★

Voir Visiter p. 230.

Museum of Transport★★ Plan I A1

1 Bunhouse Road - ✆ (0141) 287 2720 - www.glasgowmuseums.com - ♿ - 10h-17h, vend. et dim. 11h-17h - fermé 1er-2 janv. et 25-26 déc. - gratuit.

Si le bâtiment n'est pas très attrayant, cette collection, qui s'intéresse à toutes les formes de transport, sauf l'aviation, présente un tel intérêt que le visiteur passionné risque de passer au musée plus de temps que prévu.

Tramways et trolleybus – D'une passerelle surélevée, la vue plonge sur les impériales de ces tramways qui furent si typiques des rues de Glasgow entre 1872 et 1962. Parmi les véhicules rangés chronologiquement : le n° 543 est hippomobile, le n° 1 089 est une voiture sans impériale (1926) et le n° 1 392, dernier tramway construit au Royaume-Uni (1952), est du type dit « Cunarder » en raison de son confort (Cunard était le nom d'une compagnie de ligne transatlantique). Cette collection extrêmement prisée constitue le noyau du musée. Le trolleybus est un exemplaire de ceux qui parcoururent Glasgow de 1949 à 1967.

Locomotives – La plupart des sept modèles conservés appartenaient aux anciennes compagnies ferroviaires écossaises. Une maquette étonnante passionnera un vaste public.

Automobiles – Cette section s'enorgueillit à juste titre de ses **voitures de construction écossaise★★** : Argyll, Albion et Arrol-Johnston, toutes en vogue au début du siècle dernier. La grande tradition de l'industrie automobile écossaise est représentée ici par une Argyll Light Car, voiture légère datant de 1902, une Arrol-Johnston TT 18, un modèle de 1906 rapide et puissant pour son époque, et une voiturette Argyll. La Hillman IMP 1 de 1963 est la première voiture construite en Écosse après 30 ans d'interruption.

Véhicules hippomobiles – Remarquez la splendide malle-poste (vers 1840) et les deux roulottes de *travelers* écossais décorées de motifs traditionnels.

Véhicules de pompiers – Cette section (derrière les automobiles écossaises) présente une gamme de modèles allant des premiers engins utilisés par les sociétés d'assurances jusqu'au très moderne Firemaster de British Leyland.

Kelvin Street – Cette rue bordée de boutiques évoque la vie quotidienne en décembre 1938. La station de métro est un doux souvenir du réseau avant sa modernisation dans les années soixante-dix.

Bicyclettes et cyclomoteurs – On peut suivre l'évolution de la bicyclette depuis la réplique d'un spécimen MacMillan de 1839 (au mur), quelques « vieux clous » et autres tricycles, jusqu'à des vélos de loisir actuels et d'étincelants modèles de course ultralégers. Les cyclomoteurs comptent quelques beaux exemplaires anciens conçus en Grande-Bretagne, à l'époque où ses fabricants dominaient cette industrie (Zenith, BSA, Triumph, AJS, Beardmore-Precision, Norton et Douglas).

The Clyde Room of Ship Models★★★ – Cette collection remarquablement présentée expose les productions des chantiers navals écossais au cours des âges, et en particulier celles des chantiers de la Clyde. On trouve côte à côte des répliques parfaites de voiliers (le *Cutty Sark* complètement gréé), de vapeurs fluviaux (*Comet, Columba* et autres vapeurs de tourisme), de vapeurs transmanche souvent sortis des chantiers Denny, de transatlantiques (les *Queens*), de bâtiments de guerre (HMS *Hood*) et de yachts, dont celui du tsar Alexandre II, ainsi que des maquettes d'insubmersibles.

Visiter

Pour prendre en compte le temps à consacrer aux déplacements, les curiosités ci-dessous sont présentées selon un ordre géographique : du centre vers la périphérie. Mais cela ne doit en aucun cas vous détourner des attractions majeures que l'on trouve dans les faubourgs de la ville, en particulier la **Burrell Collection★★★** *(voir p. 232)* et le **Science Centre★★** *(voir p. 231)*.

La cathédrale saint Mungo★★★ Plan I B1

℘ (0141) 552 6891 - www.glasgow-cathedral.com - ♿ - avr.-sept. : tlj 9h30-18h, dim. 13h-17h ; oct.-mars : tlj 9h30-16h, dim. 13h-16h - gratuit.

Cet édifice gothique situé un peu en contrebas ne semble pas, à première vue, être doté de dimensions exceptionnelles. Il est aujourd'hui coincé entre l'immense Royal Infirmary et la nécropole. Pour bénéficier d'une **vue★★** intéressante sur la cathédrale, il faut se placer au sommet de la nécropole *(voir Se Promener : Glasgow de haut en bas p. 222)*. De là, on peut apprécier la verticalité de la composition et constater ses proportions imposantes. Il s'agit du quatrième sanctuaire édifié sur le site où **saint Mungo** construit son église au 7e s. La plus grande partie de la cathédrale date des 13e et 14e s. (la construction ayant progressé du chevet vers la nef), mais c'est seulement au 15e s. qu'elle est achevée avec le collatéral Blacader, la tour centrale et sa flèche, les tours de façade aujourd'hui détruites, ainsi que la reconstruction de la salle capitulaire. Cet édifice présente deux caractéristiques relativement insolites : un transept dont les bras ne sont pas en saillie et un chevet à deux niveaux.

Intérieur – Malgré trois siècles de travaux, l'église offre une agréable impression d'unité où domine l'arc brisé.

Nef – Son style est plus récent que celui du chœur. L'élévation richement ornée présente des arcs brisés – dont le nombre augmente à chaque niveau – jusqu'à la charpente. Unique en Écosse, le jubé de pierre sépare la nef du chœur. Les figures du sommet représentent les sept péchés capitaux ; celles de la face de l'autel sont peut-être celles des onze disciples.

Chœur – Datant du milieu du 13e s., le chœur et l'église basse sont d'un style gothique primitif dont la grande beauté est le fruit d'une conception harmonieuse et de détails finement ouvragés. Remarquez en particulier les chapiteaux à feuillage aux formes variées et dynamiques, les corbeaux et les clefs de voûtes nuancées du déambulatoire (derrière le maître-autel). Les triples lancettes des fenêtres hautes répondent au tracé de la fenêtre orientale où l'on reconnaît les quatre Évangélistes. Le déambulatoire ouvre sur quatre chapelles dont la plus septentrionale permet d'accéder à la salle capitulaire supérieure (reconstruite au 15e s.), où se tenaient les cours de l'université médiévale.

Église basse – *Accès par l'escalier au nord du jubé.* Ce sanctuaire est une merveille gothique où lumière et ombre se défient dans la multitude des piliers et des arcs brisés. Cet espace bas fut conçu pour enchâsser la **tombe de saint Mungo**, le saint patron de Glasgow ; un cordon en isole l'emplacement. Le panneau central de la tapisserie de saint Kentigern (1979) représente l'église et les attributs de saint Mungo ; le panneau sud présente l'anneau et le saumon de la légende du saint. Cette tapisserie a été tissée par les ateliers Dovecot d'Édimbourg sur des cartons de Robert Stewart. Immédiatement à l'est, la chapelle de la sainte Vierge se distingue par son réseau élaboré de voûtes et de clefs aux sculptures compliquées. La salle capitulaire basse (milieu 13e s.) fut remaniée sous l'évêque William Lauder (1408-1425), dont on distingue les chiffres sur le dais. La voûte d'ogives (15e s.) contient des clefs héraldiques portant notamment les armes de Jacques Ier.

Collatéral Blacader – Développé à partir du bras sud du transept, ce dernier ajout apporté à l'église fut conçu par le premier archevêque de Glasgow, Robert Blacader. Seul le premier niveau des deux prévus initialement a été achevé. Son style gothique flamboyant aux voûtes d'ogives très travaillées procure un effet de richesse. La clef de voûte faisant face à l'entrée rappelle la légende de l'ermite Fergus trouvé agonisant par saint Mungo. Au lendemain de sa mort, on plaça son corps sur une carriole attelée à deux taureaux, dont l'arrêt devait indiquer la sépulture de l'ermite ; certains prétendent que la chapelle marque cet endroit.

Gallery of Modern Art★ (GOMA) Plan I B1

Queen Street - ℘ (0141) 229 1996 - www.glasgow.gov.uk - ♿ - 10h-17h, vend. et dim. 11h-17h - gratuit - cafétéria - parking.

C. Bowman / SCOPE

L'imposante cathédrale saint Mungo, vue depuis la nécropole.

D'intéressantes et parfois controversées collections d'art contemporain sont logées dans ce qui était au 18e s. le plus bel hôtel particulier de la ville. Construit pour le roi du tabac William Cunninghame, le grand édifice néoclassique présente un imposant portique corinthien et un somptueux hall d'entrée coiffé d'une voûte en berceau. Pendant plus d'un siècle, ce bâtiment situé au cœur du quartier commerçant a abrité la Bourse (Royal Exchange), pivot de la vie des affaires. Il est ensuite aménagé en bibliothèque, puis entièrement transformé au milieu des années quatre-vingt-dix pour présenter quatre galeries d'exposition : la Terre *(grande salle)*, le Feu *(sous-sol)*, l'Eau *(premier étage)* et l'Air *(terrasse du toit)*. Des ateliers et des postes informatiques interactifs ont été installés aussi.

Le lieu abrite surtout des expositions temporaires. Mais la collection permanente s'enrichit sans cesse et n'attire pas moins l'attention que les motifs colorés réfléchissants sertis dans le fronton du bâtiment. Les œuvres présentées (sculptures, arts graphiques, photographies, mobiles, installations ou peintures) ne sont pas uniquement des réalisations d'origine écossaise, car l'objectif du musée est de permettre au public d'approcher et apprécier l'art en général. Les choix effectués ont suscité et suscitent encore quelque remous au sein du monde artistique, en particulier en raison de la sélection de tableaux de peintres dits « populaires » comme Beryl Cook (*Karaoké*, 1992). Mais on rencontre cependant de nombreuses œuvres d'artistes britanniques vivants appartenant à des courants plus « acceptés », tels Anthony Caro (*Table Piece Z85 « Tiptoe »*, 1982), Ian Hamilton Finlay (*Star/Steer*, 1966), Andy Goldsworthy *(Overcast Cold/Upturned Leaves... Sidobre, 4 June 1989)*, David Hockney (*Illustration from « Fourteen Poems » by C.P. Cavafy*, 1966) et Bridget Riley (*Arrest III*, 1965). Parmi les œuvres étrangères, on peut voir celles de Victor Vasarely, pionnier hongrois de l'op art, de Peter Angermann (*Baggersee*, 1988), d'un constructeur de merveilles mécaniques inspiré par Tinguely, Eduard Bersudsky *(The Great Idea, Karl Marx)*, et de Niki de Saint-Phalle (*Autel du chat mort*, 1962) ; s'y trouvent aussi de curieuses peintures aborigènes d'Australie par Robert Campbell Jr (*Who Said You Could Fish Here*, 1988) et Paddy Japaljarri Sims (*The Night Sky Dreaming*, 1993).

Tenement House Plan I A1

145 Buccleuch St., Garnethill - ✆ (0141) 333 0183 - www.nts.org.uk - ♿ - mars-oct. : 13h-17h - brochure (4 langues) - 5 £.

L'appartement (deux pièces, cuisine et salle de bains) de cette maison de rapport - un immeuble couleur rouille, à flanc de colline - est équipé d'installations domestiques du 19e s. On verra un lit-armoire, des lampes à gaz et des fourneaux alimentés au charbon. La crise du logement qui avait secoué Glasgow fut jugulée en construisant des maisons de rapport de ce type ; certaines ne comprenaient que de modestes studios, d'autres étaient des résidences nettement plus imposantes, qui se révélaient pour certaines fort agréables.

The Piping Centre (musée de la Cornemuse) Plan I B1

30-34 Mc Phater St. - ✆ (0141) 353 03220 - www.thepipingcentre.co.uk - tlj 10h - 16h30. (sf dim. oct.-avr.) - 2/3 £.

Entre immeubles de béton brut, entrepôts rénovés et buildings modernes et prétentieux, ce nouveau musée à trouvé sa place dans un joli bâtiment de 1872. L'exposition elle-même se réduit à une seule salle. Mais on y apprend en musique l'histoire de la cornemuse, son fonctionnement, les différents types d'instruments et les cousines des autres pays. Une boutique propose des CD et tout ce dont un joueur de cornemuse a besoin. Vous pouvez également prendre des cours (sur demande).

Kelvingrove Art Gallery and Museum★★★ Plan I A1

Kelvin Park - (0141) 276 9599 - www.glasgowmuseums.com - ♿ - 10h-17h, vend. et dim. 11h-17h - possibilité de visite guidée - gratuit - restaurant.

Après des années de travaux, le « **musée préféré des Écossais** », visité par des générations d'écoliers locaux, a réouvert ses portes en 2006. Sa popularité est avant tout due à la beauté du lieu. Mais aussi à la grande variété des pièces présentées (8 000 au total) et la qualité des collections de beaux-arts qui comptent des œuvres d'artistes célèbres ou moins connus. Le succès du musée, agrandi et nouvellement agencé (ouest : la vie, est : l'expression) devrait sans mal se perpétuer. Désormais, les objets des expositions ethnologique, zoologique et autres sont mis en scène grâce à de grandes photos, des présentations très colorées et attrayantes. Et des expositions directement liées à la ville de Glasgow (Glasgow Style, Glasgow dans le monde), intéresseront tous les touristes tombés amoureux de la ville.

Origine de la collection – Inauguré en 1902, cet imposant édifice de grès rouge installé dans Kelvingrove Park fut partiellement financé par les bénéfices réalisés lors de l'Exposition internationale organisée sur le même site en 1888. Constitué par le legs McLellan (1854), le noyau de la collection fut enrichi par la générosité d'éminents habitants de la ville et par des magnats de l'industrie tels Graham-Gilbert, James Donald et William McInnes, qui léguèrent leurs trésors artistiques.

Rez-de-chaussée – Le vaste et majestueux hall d'entrée, surmonté d'orgues superbes, permet de distribuer efficacement le flot de visiteurs. S'y détachent dans l'aile ouest les sections relatives à la faune et flore écossaise, à la paléontologie, à l'Égypte ancienne, à l'histoire (et aux histoires de Glasgow). Les enfants apprécieront le *spitfire* en suspension et les grands animaux empaillés. L'aile est abrite des œuvres d'artistes écossais ainsi que la Glasgow Style Gallery qui présente l'œuvre de Charles Rennie Mackintosh et de ses collègues (notamment des meubles et éléments décoratifs du salons de thé conçus pour K. Cranston).

Premier étage – Plusieurs expositions évoquent ici l'Écosse (L'identité écossaise dans l'art, Les paysages écossais, Les premiers Écossais) ou Glasgow (Glasgow dans le monde). Diverses œuvres illustrent ces sujets. David Wilkie et les frères Faed excellent dans la peinture d'histoire et les scènes d'intérieur alors qu'Horatio McCulloch représente l'imposante grandeur des paysages écossais *(Glencoe)*. Les préraphaélites (Burne-Jones, Ford Madox Brown et Rossetti) allient symbolisme et soin du détail. Le coup de pinceau très libre de William McTaggart confère à son œuvre une luminosité rompant avec les traditions de son temps *(Dawn at sea – Homewards)*. Les toiles éclatantes des coloristes écossais, prépondérants à la fin du 19e s. et au début du 20e s., ont subi l'influence du fauvisme : *The Brown Crock* (Peploe), *The Pink Parasol, Montgeron* (Fergusson), *Old Mill Fife, Sails Venice* (Hunter) et *Interior, the Orange Blind* (Cadell).

Premier étage, aile est – L'aile est est à l'image du musée : éclectique. On y trouve des expositions culturelles, historiques (galerie « Guerres et conséquences » : vaste collection d'armes anciennes du monde entier) et cinématographiques. Une salle contient une intéressante collection d'objets qui, bien mis en scène, donnent un aperçu de la vie des peuples de l'Arctique. Une autre présente la vie des premiers habitants de l'Écosse. Au bout d'une allée en balcon, on découvre la pièce maîtresse du musée : le fameux *Christ de Saint Jean de la Croix* de Salvador Dalí, reconnu comme un chef-d'œuvre de perspective.

Premier étage, aile ouest – Elle regroupe de belles collections de peintures d'écoles européennes :

ITALIE : *La Femme adultère devant le Christ* de Giorgione est accompagnée d'un fragment de *Tête d'homme. Le Baptême dans le Jourdain* est un sujet représentatif de l'œuvre de Salvator Rosa. On verra également de belles toiles de Filippino Lippi, du Dominiquin et de Guardi.

HOLLANDE ET FLANDRE : Cette section est particulièrement riche en peintures du 17e s. Parmi les œuvres majeures : le *Vendeur de fruits* de Jacob Jordaens, l'émouvante *Vierge à l'Enfant* de Van Orley et une composition due à Rubens et Bruegel le Vieux,

P. Tomkins / SCOTTISH VIEWPOINT/VISIT SCOTLAND

Le Kelvingrove Museum.

La Nature embellie par les Grâces. L'*Homme en armure* et la nature morte *Carcasse de bœuf* de Rembrandt voisinent avec des paysages de Jacob Van Ruisdaël.

FRANCE : La peinture est fortement représentée par les artistes de la fin du 19e et du début du 20e s, notamment par ceux de l'école de Barbizon tels Millet (*Au travail* est une toile majeure), Daubigny et Harpignies, précurseurs des impressionnistes. Plusieurs travaux de Fantin-Latour, dont *Chrysanthèmes*, ou la splendide nature morte de Courbet, *Fleurs dans un panier*. Il est intéressant d'admirer ensuite les diverses œuvres impressionnistes de Monet *(Vétheuil)*, Pissarro, Renoir et Sisley. Le portrait par Van Gogh du célèbre marchand d'art de Glasgow, *Alexander Reid* (1887), fut réalisé alors que l'artiste et le marchand partageaient un logement à Paris. Reid fit connaître les impressionnistes en Écosse et de nombreuses toiles de la collection sont passées entre ses mains. Le bronze de Reid par Benno Schotz fut exécuté en 1927, soit un an avant la mort du modèle. Citons enfin Cézanne et Gauguin, géniaux contemporains de Van Gogh. Les tendances et mouvements ultérieurs sont également présents avec Vuillard *(Mère et enfant)*, les nabis, Braque et Picasso, les cubistes, Derain *(Les Dominicains)*, Matisse et les fauves.

Sous-sol – Les caves voûtées et victoriennes du vaste édifice ont été aménagées en zone d'expositions temporaires, et accueillent café et boutique.

Glasgow Harbour et Science Centre★ Plan II

Accès : en voiture, depuis la M 8, prendre les sorties 20 ou 21 et suivre les indications. En train depuis la gare centrale, s'arrêter à Exhibition Centre Station. Sinon, bus 89 ou 90. 50 Pacific Quay - ✆ (0871) 540 1000 - www.glasgowsciencecentre.org - ♿ - 10h-18h - 6,95 £ (enf. 4,95 £) ; 9,95 £ (enf. 7,95 £) billet combiné 2 attractions, au choix cinéma IMAX, Glasgow Tower, Science Mall - café - parking.

Ce quartier en plein développement s'étend sur chaque rive de la Clyde, à l'ouest du centre-ville. On veut ici véhiculer une image moderne de Glasgow, tout en rapprochant les habitants de leur rivière. Outre les curiosités décrites ci-dessous, on y trouve le parc des expositions de la ville. On construit aussi de nombreux appartements huppés et on projette d'y établir le musée des Transports. Ce nouveau quartier qui sort de terre est dominé par la haute **grue Finnieston**, judicieusement conservée pour rappeler le passé glorieux du port de la ville.

Clyde Auditorium – Surnommé le « tatou » à cause de son toit stratifié qui rappelle l'opéra de Sydney, cette salle de concert est devenue l'un des symboles de la ville.

Science Centre★★ – *50 Pacific Quay - www.gsc.org.uk*. Trois immeubles de belle facture abritent de pures merveilles scientifiques et technologiques. Au sommet de la tour rotative éfilée comme une aiguille, vous bénéficierez d'une splendide vue sur la ville. Cette construction de 127 m est la plus haute construction du monde à tourner sur elle-même depuis sa base. La salle IMAX, sorte de cocon métallique, mérite aussi qu'on s'y attarde avec ses projections spectaculaires. Le bâtiment principal, de verre et d'acier, abrite maintes expositions interactives, qui permettent de comprendre tout en s'amusant les mystères de la science. Idéal pour les enfants. Mais il est préférable de parler anglais pour suivre les explications.

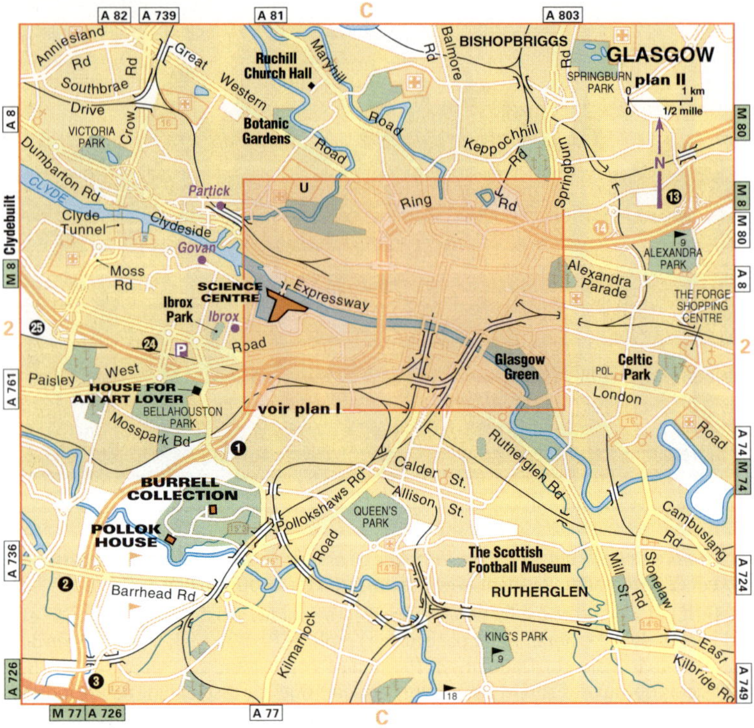

The Tall Ship – *100 Stobcross Road - ✆ (0141) 222 2513 - www.thetallship.com - tlj 10h-17h (16h nov.-fév.) - 6 £.* Situé dans une zone en pleine transformation, le *SV Glenlee*, bateau construit en 1896, est l'un des derniers voiliers construits le long de la Clyde à flotter encore. Vous visitez tout le vaisseau : cabines, cuisines, cales.

Clydebuilt

À Braehead (accès en voiture par la M 8, sortie 26 ou 25) - ✆ (0141) 886 1013 - www.scottishmaritimemuseum.org - lun.-sam. : 10h-17h30, dim. : 11h-17h - 4,5 £.

Le but de cette exposition est de présenter l'histoire du commerce maritime et des chantiers navals de Glasgow. Malheureusement, cette attraction est bien mal située, au sein d'une zone commerciale. Mais on peut s'y rendre de manière agréable en empruntant un **bateau-navette** qui relie le centre de Glasgow (Jamaica Street) à Braehead, tout en découvrant les bords de la Clyde (Science Centre, grues). Info : *www.clydewaterbusserservices.co.uk - 7,50 £ AR.*

Toujours à Braehead, vous trouverez de quoi occuper toute la famille lors d'une journée pluvieuse. **X-Scape** *(www.xscape.co.uk - tlj sf Noël)*, ouvert en avril 2006, est un vaste et futuriste complexe de loisirs où chacun peut trouver son bonheur : piste de ski couverte, bowlings, jeux vidéo, escalade et parcours d'aventure, bowling, cinéma…

The Scottish Football Museum Plan II

Hampden Park (accès par le bus 66 depuis le centre) - ✆ (0141) 616 6139 - www.scottish-footballmuseum.org.uk - 10h (11h le dim.) à 17h - entrée musée + stade : 8,50 £.

Situé dans le quartier de Govanhill, Hampden Park est l'un des trois grands stades de football de Glasgow. Aucun club n'y évolue, seule l'équipe nationale en foule le gazon. Sous les gradins, une exposition retrace l'histoire de ce sport dans le pays : les origines, les succès et déboires (la Coupe du monde 1978…) de l'équipe nationale, les grands clubs. Une exposition des objets ayant appartenu à des vedettes locales et une visite des vestiaires sont également au programme.

The Burrell Collection★★★ Plan II

2060 Pollokshaws Road, sur le domaine de Pollok House, à 5 km du centre-ville par la M 77 ; accès en train (station Pollokshaws West) - ✆ (0141) 287 2550 - www.glasgowmuseums.com - ♿ - 10h-17h, vend. et dim. 11h-17h - possibilité de visite guidée (1h) - fermé 1er-2 janv. et 25-26 déc. - gratuit - restaurant - parking.

Une visite à la collection Burrell s'impose doublement. Pour le lieu : Pollok Park, le plus grand de la ville. Pour le musée : la réussite d'un collectionneur, les ambitions et la densité de sa collection, ainsi que la modernité d'un édifice (qui utilise la nature environnante) adapté aux trésors qu'il renferme.

La collection – Il est important de rappeler qu'elle a été intégralement constituée par un seul homme, et essentiellement pour son plaisir. Cet ensemble, réuni durant quelque 80 ans avec des ressources bien inférieures à celles de millionnaires tels que Frick, Hearst et Mellon, témoigne d'un goût rare mais également de la perspicacité, du discernement et de la détermination indispensables à cette politique de recherche et d'acquisition regroupant plus de 8 000 pièces. Burrell avait une préférence pour la verrerie et les tapisseries médiévales, les céramiques chinoises et les peintures françaises du 19e s. Au cours des dernières années de sa vie, il s'est efforcé d'accroître sa collection qui allait s'ouvrir au public.

Le collectionneur – Homme secret, **sir William Burrell** (1861-1958) soutenait que « le plus important n'est pas le collectionneur, mais sa collection ». Dès sa quatorzième année, William rejoint l'entreprise familiale d'armement maritime. À 40 ans, lui et son frère font fortune. Après la vente de leur flotte au cours de la Première Guerre mondiale, il consacre le reste de son existence à constituer une vaste collection d'objets d'art (plus de 9 000) qu'il installe dans sa maison de Glasgow, au 8 Great Western Terrace, puis à Hutton Castle. À partir de 1911, Burrell consigne le détail de ce quasi-sacerdoce dans 28 cahiers d'écolier intitulés « livres d'achats ». En 1944, âgé de 82 ans, il lègue ses trésors à sa cité natale à la condition expresse que la ville les installe « dans un environnement rural suffisamment protégé de la pollution atmosphérique et éloigné d'au moins 26 km du Royal Exchange ».

L'édifice – En 1983, c'est-à-dire près de 40 ans après la donation, et après des années d'indécision, de retards, de déceptions, de propositions et de contre-propositions, la collection trouve un écrin permanent et peut enfin être exposée au public dans un bâtiment conçu tout spécialement pour elle. Cette élégante construction moderne de grès rouge, de boiseries légères et de parois de verre (qui vous donnent l'impression de vous promener en forêt), installée dans un parc boisé et d'une muséologie très réussie, répond au souhait de Burrell d'abriter « aussi simplement que possible le beau contenu de sa collection ».

Pour une visite rapide, se reporter au plan, qui situe les œuvres principales ; mais attention à ne pas se laisser détourner ! Certaines œuvres sont exposées en permanence, d'autres en rotation périodique. Visite 1h 1/2.

Civilisations antiques – Au centre de la cour intérieure, le **vase de Warwick (1)** du 2e s. est une reconstitution du 18e s. en marbre incorporant quelques fragments originaux mis au jour dans la villa d'Hadrien à Tivoli. Il est instructif de comparer l'équilibre, les proportions et le naturalisme des pièces égyptiennes (tête de Sekhmet – 18e dynastie, shaouabtis funéraires, bronze d'Osiris) avec les œuvres grecques plus récentes dont les motifs empruntent souvent à l'art du Proche-Orient. L'habileté des peintres de vases grecs est illustrée par un cratère de Lucanie (4e s. av. J.-C.) à figures rouges, et par un lécythe attribué au peintre de Gela (vers 6e-5e s. av. J.-C.). La noble **Tête de Zeus ou de Poséidon (2)** en porphyre est une copie romaine d'un bronze grec présentant autant de réalisme que le coquelet en mosaïque, également romain, du 1er s. av. J.-C. Pièce mésopotamienne de la période d'Isin-Larsa (v. 2020-1600 av. J.-C.), la tête de lion en terre cuite appartenait probablement à l'une de ces figures protectrices situées devant les temples.

Art oriental – Burrell étant particulièrement épris de céramiques, de bronzes et de jades chinois, cette importante section possède des pièces du 3e millénaire av. J.-C. au 19e s. de notre ère. Le charmant chien de garde en faïence au harnais compliqué, de même que la jarre et le couvercle Boshanlu, sont d'excellents exemples des premières pièces produites par la dynastie Han (3e s. av. J.-C.-3e s. apr. J.-C.). Le chameau, le cheval et le domestique, ainsi que les figurines funéraires datent de la 8e dynastie Tang. Ces faïences sont toutes recouvertes de glaçure verte et ambrée ainsi que d'engobe plombifère. Un **lohan (3)** est un disciple de Bouddha ; ce personnage assis que rehausse ici un arrière-plan boisé exprime une absolue sérénité. Quasiment de taille humaine, cette pièce de la dynastie Ming datant de 1484, est un chef-d'œuvre de terre cuite émaillée. L'aiguière **(4)** au superbe décor rouge vernissé date de la période Ming (fin 14e s.) ; le système décoratif développe deux cartouches ornés de fleurs de lotus diversement ouvertes et fermées. On peut admirer toute la gamme et toute la beauté des céramiques, des bronzes et des jades en suivant le couloir des porcelaines.

Art européen médiéval et post-médiéval – Les sections consacrées aux tapisseries et aux vitraux constituent l'intérêt majeur de ce département. Il faut s'attarder devant les tapisseries, en particulier le *Vol du héron* (16e s.) et les **Paysans chassant le lapin au furet (5)**, réalisée à Tournai au 15e s., dont l'ensemble présente des détails étonnants et amusants. Les thèmes décoratifs sont généralement liés à des allégories, à la mythologie ou à l'histoire romanesque, bien que l'on connaisse également des scènes à caractère héraldique ou purement décoratif. La verrière mérite d'être observée de près : ce fragment (12e s.) provient de l'ancienne église abbatiale de Saint-Denis (France) et représente le **prophète Jérémie (6)**.

Le mur de verre au sud du bâtiment a été judicieusement agrémenté de vitraux.

Le **ciboire du temple (7)** est un bronze roman représentant trois guerriers endormis. En surplomb se trouve une belle Vierge à l'Enfant en albâtre faisant face à une urne funéraire, deux œuvres anglaises du 14e s. Enfin, trois belles pièces de sculpture européenne du 15e s. : une Pietà de l'atelier du maître de Rimini, un retable bourguignon **(8)** et une Vierge à l'Enfant en albâtre.

Peintures, dessins et bronzes – *Mezzanine*. La *Vierge à l'Enfant* de Giovanni Bellini est une œuvre ravissante où l'Enfant balance une fleur au bout d'un cordon. **Cupidon, l'ange voleur (10)** et **La Chasse au cerf** sont des œuvres majeures de Cranach.
Si Burrell accumula une quantité de peintures françaises du 19e s., il sut choisir des œuvres de qualité. Dans la salle 16 sont accrochés l'impressionnant *Cheval gris cabré* **(11)** de Géricault, *Le Collectionneur d'estampes* de Daumier, des scènes de bord de mer comme *Jetée à Trouville* de Boudin, *Fleurs printanières* de Fantin-Latour, ainsi que des œuvres de l'école de Barbizon parmi lesquelles certains Corot, Millet et Daubigny. La salle 17 expose des toiles centrées sur les deux thèmes que privilégia Degas, les danseuses et les chevaux ; le pastel *Jockeys sous la pluie* **(12)** montre un sens affirmé du mouvement. *Femmes buvant de la bière* et *Roses dans un verre de champagne*

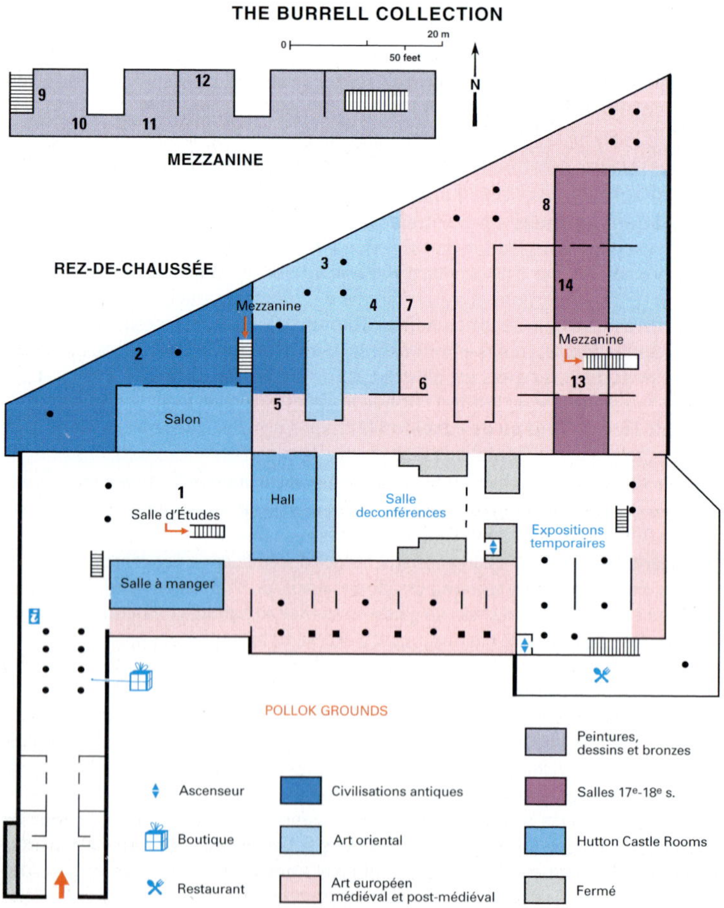

illustrent tout le talent de Manet. La salle 18 regroupe des expositions spéciales provenant de la collection du musée, dont des œuvres de l'école de La Haye (les frères Maris), Joseph Crawhall (membre des Glasgow Boys), Dürer, Le Nain et Whistler. Au rez-de-chaussée, la salle consacrée à la période des 17e et 18e s. présente une sélection de portraits : **Portrait d'un gentilhomme (13)** de Frans Hals, qui fut en son temps la pièce la plus chère de la collection originale, un **autoportrait (14)** du jeune Rembrandt, et *Mrs Ann Lloyd* de Hogarth.
Des bronzes de Rodin et d'Epstein sont exposés dans la cour intérieure et dans la galerie sud-est du rez-de-chaussée.

THE BRIDGEMAN ART LIBRARY/Burell Collection, Glasgow

Autoportrait de Rembrandt (1632).

Hutton Castle Rooms – Burrell exigea que le hall, le salon et la salle à manger de sa demeure soient intégrés à la galerie. Disposées autour de la cour intérieure, ces pièces présentent un bel ensemble de panneaux, de tapisseries, de cheminées médiévales, de meubles anciens, de tapis précieux et de vitraux, ainsi que d'intéressantes sculptures médiévales.

Pollok House★ Plan II

Voir Burrell Collection pour l'accès -2060 Pollokshaws Road - ✆ (0141) 616 6410 - www.nts.org.uk - ♿ - 10h-17h - brochure (5 langues) - fermé 1er-2 janv. et 25-26 déc. - 8 £ (nov.-mars gratuit) - restaurant - parking.

Ce manoir du 18e s. dont le vaste parc accueille la collection Burrell abrite lui-même une superbe collection de peintures acquise par l'amateur et collectionneur d'art **sir William Stirling Maxwell** (1818-1878), qui fut indéniablement un spécialiste précoce de l'école espagnole. Ses acquisitions éclairées composent une collection exemplaire aujourd'hui exposée dans le cadre élégant de salles remarquablement meublées. La **collection de peintures★★** recèle deux pièces exceptionnelles, à savoir deux tableaux peints par Le Greco et exposés dans la bibliothèque : *Portrait d'homme* et *Femme à la fourrure*. Le salon expose l'*Adoration des Mages* de Tristan et *Adam et Ève* d'Alonso Cano. Dans le passage vers la salle à manger se trouve une série de gravures, *Los Disparates* de Goya, et l'on verra dans le passage menant à la salle de billard une *Vierge à l'Enfant avec saint Jean* de Murillo. Outre les toiles du peintre de la cour espagnole Sanchez Coello (salle de billard), on pourra admirer des œuvres d'artistes divers : Morales, del Piombo, Jordaens, Mengs, Kneller, Hogarth, Knox et Nasmyth. Des œuvres de William Blake dont *Chaucer and the Canterbury Pilgrims* sont exposées dans le couloir principal. Les portraits de la famille Maxwell sont accrochés dans le vestibule, un ajout de la fin du 19e s.

Aux alentours

Summerlee Heritage Park

À Coatbridge, 14 km à l'est par M 8 et A 89 - ✆ (01236) 431 261 - museums@northlan.gov.uk - site fermé automne 2006-printemps 2008.

Le musée est situé dans une fonderie du 19e s reconvertie, dressée sur les bords du canal de Monkland. L'exposition montre les activités industrielles qui ont apporté la prospérité à la contrée, ainsi que les conditions de vie des travailleurs et de leurs familles.

Holmwood House

61-63 Netherlee Road, Cathcart (à 6,5 km du centre de Glasgow) - train pour Cathcart (puis 1,6 km à pied) ou accès en voiture en suivant Clarkston Road - ✆ (0141) 637 2129 - www.nts.org.uk - avr.-oct. : tlj 12h-17h.

Cette vaste villa de la banlieue sud de Glasgow date de 1858 et contentera tous les amateurs de design. Elle est l'une des nombreuses œuvres (villas, églises) d'**Alexander « Greek » Thomson** (1817-1875), remarquable architecte malheureusement éclipsé par Mackintosh. La décoration intérieure justifie amplement le surnom de l'artiste.

Il a ici adapté le style grec classique pour créer une ambiance étonnante, grâce à la combinaison de matériaux (marbre, bois) et de couleurs. Beaux jardins.

Paisley

À environ 13 km à l'ouest du centre-ville par l'autoroute M 8, sortie 28 ou 29.

Paisley, « ville textile » longtemps célèbre pour ses châles et sa production de fil *(voir encadré)*, possède aujourd'hui un tissu industriel plus diversifié, même si la production de fil joue encore un rôle important. Le village, qui a grandi autour d'un établissement monastique du 12e s., s'est développé au 18e s. grâce à la manufacture du lin. Il a depuis été « rattrapé » par la banlieue de Glasgow dont il fait désormais partie.

La ville s'enorgueillit aussi d'être le berceau des Stewart : David Ier, en accordant les terres et la charge héréditaire de High Steward (grand régisseur) à Walter Fitzalan, contribue à l'éclosion de la dynastie. Le règne de la **famille royale des Stewart** (orthographiés plus tard Stuart) commence avec Robert II. En dépit de la prophétie de Jacques V *(voir Falkland p. 287)*, la dynastie ne s'achève pas avec Marie Stuart, reine d'Écosse, mais continue jusqu'au 17e s. Douze Stuarts ont régné pendant 300 ans et six ont occupé le trône d'Angleterre. Son Altesse Royale le prince Charles est le 29e Lord High Steward d'Écosse.

Les autres enfants célèbres de Paisley sont : **John Wilson** (alias **Christopher North,** 1785-1854), à la fois poète et essayiste, contemporain de Scott et très bon ami du « berger d'Ettrick » *(voir Selkirk p. 136)* et de Thomas de Quincey (ce dernier figure d'ailleurs dans le chef-d'œuvre de North, *Noctes Ambrosianae)* ; le poète et tisserand **Robert Tannahill** (1774-1810) ; l'ornithologue **Alexander Wilson** (1766-1813), dont les études sur les oiseaux d'Amérique du Nord influencèrent Audubon.

Les châles de Paisley

Lorsque la mode des faux châles en cachemire envahit l'Europe au 18e s., Paisley est devancé par Édimbourg et Norwich en tant que centre de production. Mais un fabricant de la capitale introduit cet art à Paisley en 1805, où il prend rapidement de l'ampleur comme activité à domicile. Le succès de ces articles est tel que tous les châles portant le traditionnel motif de la pomme de pin sont qualifiés de **châles de Paisley**. Sur les premiers modèles, on applique des coins et des bordures comportant deux ou trois couleurs sur un carré de tissu uni, orné par la suite d'un petit motif. Avec l'introduction du métier à tisser Jacquard vers 1820, l'industrie devient moins artisanale et les acheteurs se mettent à apprécier des châles entièrement recouverts de décorations, avec des motifs plus complexes d'au moins dix couleurs. Puis le châle imprimé apparaît vers 1840, suivi une vingtaine d'années plus tard du châle réversible, qui n'eut jamais vraiment de succès. Le musée local *(voir ci-dessous)* possède une belle collection de châles, démontrant ainsi toute la beauté et la minutie de ces vêtements appréciés à la fois pour leur chaleur, leur légèreté et leur douceur.

Abbey

✆ (0141) 889 7654 (le matin) - www.paisleyabbey.org.uk - tlj sf dim. 10h30-15h30 - possibilité de visite guidée sur demande - brochure (6 langues) - fermé Vendredi saint et 25 déc. (sf pour services) - cafétéria.

En 1163, Walter Fitzalan fonde un prieuré où s'établissent des moines venant de la maison clunisienne de Wenlock. Élevé au rang d'abbaye en 1245, le monastère devient l'un des plus riches et des plus puissants d'Écosse. Bien que le prieuré remonte au 12e s., l'église que nous voyons aujourd'hui date en grande partie du 15e s. Cet édifice est le fruit de plusieurs reconstructions et de restaurations importantes. Le **portail** fortement ébrasé de la façade ouest, du 13e s., est de style gothique primitif. À l'intérieur, les galeries en encorbellement qui contournent les piliers sont assez insolites. La chapelle St-Mirin du bras sud du transept commémore cet ami de saint Columba. Long, le chœur est une restauration des 19e et 20e s. ; le mobilier est de Robert Lorimer. Ce sanctuaire contient aussi une tombe qui serait celle de Marjory Bruce, la femme du 6e High Steward d'Écosse et mère du premier roi Stuart.

Museum and Art Gallery

High St. - ✆ (0141) 889 3151 - www.renfewshire.gov.uk - ♿ - tlj sf lun. (sf lun. Bank Hol.) 10h-17h, dim. 14h-17h - possibilité de visite guidée (30mn) sur demande - tarif non communiqué.

Ce bâtiment du 19e s. présente une suite de collections bien exposées. Très complète, la **section des châles de Paisley★** explique dans les grandes lignes le développement de cette spécialité locale à travers des exemples nombreux et variés *(voir encadré pour plus de détails)*. La galerie d'art possède un grand nombre d'œuvres de l'École écossaise (Gillie, Walton et George Henry). On remarquera enfin une belle collection de poteries locales et une section consacrée à l'histoire naturelle.

Observatoire Coats

49, Oakshaw St. West - ☏ (0141) 889 2013 - www.renfrewshire.gov.uk - ♿ - tlj sf lun. (sf lun. Bank Hol.) 10h-17h, dim. 14h-17h - brochure (3 langues) - tarif non communiqué.
Dans cet observatoire d'architecture victorienne (en activité), on propose des expositions consacrées à l'astronomie, la météorologie et au vol spatial.

Weaver's Cottage

The Cross, Shuttle St., à Kilbarchan (à 8 km de Paisley, prenez la M 8, sortie 28, puis l'A 737) - ☏ (01505) 705 588 - www.nts.org.uk - avr.-sept. : tlj sf merc. et jeu. 13h-17h - tarif non communiqué.
Ce cottage de tisserand du 18e s., avec un intérieur typique de son siècle, est un souvenir de cette activité pratiquée à domicile, qui prédominait encore à la fin du siècle dernier. Dans toute la maison, on découvre des exemples du tissage local, incluant la fabrication du tartan, plus récente. Les métiers à tisser manuels situés au sous-sol sont encore en état de marche et servent à faire des démonstrations aux visiteurs. Le charmant jardin du cottage possède une intéressante collection d'herbes aromatiques, ainsi que d'anciens objets utilisés localement.

Largs et Great Cumbrae Island

À 50 km de Glasgow : quittez le centre-ville par la M 8 (direction « Aéroport ») et prenez la sortie 28 ou 29, pour rejoindre la A 737. Sortez à Lochwinnoch et rejoignez Largs par la A 760. Un autre trajet, plus long, est possible : quittez le centre-ville par la M 8 (direction « Aéroport ») que vous empruntez jusqu'au bout. La M 8 devient A 8 avant Port Glasgow, à Greenock, suivez la A 78 (60 km). Comptez une bonne demi-journée si vous allez sur Great Cumbrae Island.

Largs

Largs est une populaire station balnéaire du comté d'Ayr, très fréquentée par les habitants de Glasgow qui en apprécient les nombreuses possibilités d'hébergement et de loisirs. C'est ici qu'eut lieu la **bataille de Largs** (1263) sous le règne d'Alexandre III. Le roi de Norvège Haakon effectuait une visite de ses territoires des îles occidentales et de l'île de Man lorsque sa flotte fut attaquée au large de Largs. Haakon mourut à Kirkwall, dans les Orcades, sur le chemin du retour. Un monument érigé sur le rivage au sud de la ville, le **Viking Festival** (*www.largs-vikingfestival.com, fin octobre*) et Vikingar ! *(voir ci-dessous)* commémorent cette bataille. Trois ans plus tard, par le traité de Perth, les Norvégiens renonçaient à toute revendication sur les îles occidentales, mais conservaient les Orcades et l'archipel de Shetland. Dès lors, les relations entre les deux pays s'améliorèrent au point que la fille d'Alexandre, Margaret, épousa le roi Éric en 1281.

Old Kirk – *Dans l'ancien cimetière (Old Kirkyard), en retrait de Main St. - HS - www.historic-scotland.gov.uk - fin mai-déb. sept. : 14h-17h - la clé est disponible au Largs Museum - gratuit.* Le **collatéral Skelmorlie**, ancien bras nord du transept d'une église plus grande, fut transformé en mausolée par sir Robert Montgomery en 1636. La simplicité austère mais raffinée des murs extérieurs ne laisse rien supposer des splendeurs intérieures. Massif, l'élégant **monument Renaissance** couvert d'un dais présente de ravissants détails sculptés rappelant les décors du Logis Argyll à Stirling *(voir ce nom p. 343)*. Les caissons du **plafond peint** encadrent des écus, des signes du Zodiaque, des représentations des saisons et des motifs italianisants. Remarquez les joueurs de golf (ou *kolf*) dans la scène hivernale.

Vikingar ! – *Greenock Road - ☏ (01475) 689 777 - www.vikingar.co.uk - ♿ - Viking Experience de déb. juil. à mi-sept. : 10h30-17h30 ; de mi-sept. à fin oct. : 10h30-15h30 ; nov. et fév. : w.-end 10h30-15h30 ; avr.-juin : 10h30-16h30 - 4,10 £ (-15 ans 3,10 £).* Aménagé dans un centre de loisirs, Vikingar ! est une passionnante présentation multimédia qui évoque de manière vivante le mode de vie des Vikings, leur connaissance des astres et leur éthique guerrière illustrée par la bataille de Largs.

Clyde Muirshiel Regional Park – Les montagnes abruptes qui s'élèvent au-dessus de Largs font partie des parcs régionaux écossais ouverts au public. Cette zone de 260 km^2 qui couvre des bois, des vallées, des lacs, abrite une faune riche et variée et

I. McLean / SCOTTISH VIEWPOINT

Millport et ses belles villas.

offre des vues magnifiques sur la Clyde et les reliefs alentour. Juste au sud de Largs, dans les limites du parc, le **Kelburn Castle & Country Centre** propose une gamme de loisirs familiaux : marche, équitation, fauconnerie, visite du château et de ses jardins, découverte de la « forêt secrète ». *℘ (01475) 568 685 - www.kelburncountrycentre.com - se renseigner pour les horaires et les tarifs.*

Hunterston Nuclear Power Station – *À 8 km au sud de Largs par la A 78* - Cette centrale nucléaire fait partie de la zone industrielle située au sud de Largs, au-delà de la résidentielle et prospère station balnéaire de **Fairlie**, mondialement réputée pour ses chantiers de construction nautique. On y a notamment produit les yachts de la série des Shamrock, commandés par le navigateur enthousiaste qu'était le fondateur de l'empire du thé, **Thomas Lipton** (1850-1931), qui participa cinq fois à l'America Cup. Hunterston est perché sur un promontoire abrité par les Cumbraes. Hunterston A fut la première centrale nucléaire à vocation commerciale en Écosse, après le bâtiment expérimental de Dounreay. Mise en service en 1964, elle utilisa la première génération de réacteurs Magnox. Les travaux démarrèrent sur Hunterston B trois ans plus tard, avec un réacteur à refroidissement au gaz carbonique (AGR), et celle-ci commença à produire de l'électricité en 1976. Ce complexe, dont le développement continue, joue un rôle vital dans la production d'électricité en Écosse.

Great Cumbrae Island

En été, très nombreux services quotidiens (10mn de trajet) de Largs à Cumbrae Slip avec Caledonian MacBrayne Ferries - ℘ (08705) 650 000 - www.calmac.co.uk. Navettes de bus entre Cumbrae Slip et Millport. On peut louer des vélos à Millport pour sillonner l'île qui se prête très bien à cette activité.

Millport est la principale ville de cette île. Dispersée autour de la baie homonyme, elle est très prisée par les vacanciers venus de Glasgow, qui apprécient les élégantes villas du lieu et les nombreuses possibilités de loisirs. La cathédrale Argyll & the Isles se cache dans un bois proche de la ville. Construite en 1851 par W. Butterfield, elle est qualifiée de plus petite cathédrale de Grande-Bretagne.

À 1,5 km de la ville se trouve l'**University Marine Biological Station**. Ce centre de recherche scientifique spécialisé dans la biologie marine possède une exposition intéressante sur la géologie dans la mer de Clyde. L'**aquarium** (Robertson Museum & Aquarium) adjacent renferme des spécimens de différentes espèces locales. *℘ (01475) 530 581 - www.gla.ac.uk/Acad/Marine - ♿ - juil.-août : 9h-16h45 (vend. 16h15), sam. 10h-16h45 ; juin et sept. : 9h-12h30, 13h30-16h45 (vend. 16h15), sam. 10h-16h45 ; reste de l'année : tlj sf w.-end 9h-12h30, 13h30-16h45 (vend. 16h15) - fermé dim. - 1,50 £ (enf. 0,75 £).*

Circuits de découverte

Les Trossachs et loch Lomond★★★ *(voir ce nom).*

La vallée de la Clyde *(voir ce nom).*

L'estuaire de la Clyde par bateau

Au 19e s., de nombreux vapeurs embarquaient les habitants de Glasgow pour des excursions d'une journée sur la Clyde. Les croisières d'une journée ou d'une demi-journée sont un excellent moyen de découvrir l'attrayant estuaire de la Clyde et ses nombreuses stations. Voir ci-dessous la description de ces différentes curiosités *(voir aussi Clydebuilt p. 234).*

Un vapeur à aubes dessert Glasgow, Greenock, Helensburgh, Kilcreggan, Dunoon, Rothesay, Largs, Millport et Ayr - ✆ (08451) 304 647 - www.waverleyexcursions.co.uk - juin-août : pour les horaires, se renseigner auprès de Waverley Excursions Ltd, Andeston Quay Les tickets s'achètent au départ ou auprès du Tourist Information Centre de Glasgow et sa région. Autre compagnie, mais sur des bateaux modernes et rapides : www.seaforce.co.uk.

Estuaire de la Clyde : rive nord et péninsule de Cowal★ 1

124 km, compter 2-3h sans les visites et le passage en bac. Ce circuit peut être complété par celui qui suit, en prenant le bac à Dunoon (voir plus loin).

Quittez Glasgow par Great Western Road et la A 82. Prendre à gauche en direction de Dumbarton et Helensburgh.

Château de Dumbarton

HS - ✆ (01389) 732 167 - www.historic-scotland.gov.uk - avr.-sept. : tlj 9h30-18h30 ; oct.-mars : sam.-merc. 9h30-16h30 - 4 £ (enf. 2 £).

Ce château fort est perché sur le **site★** stratégique de Dumbarton Rock, masse basaltique de 73 m de haut. Jadis capitale du royaume indépendant de Strathclyde (incorporé à l'Écosse en 1034), puis résidence royale, cette forteresse fut âprement disputée au cours du Moyen Âge. Les vestiges des fortifications remontent principalement au 18e s. Des marches *(278 depuis la maison du gouverneur)* mènent à la table d'orientation au sommet de la tour Blanche puis à la poudrière *(encore 81 marches)*. De la table, vous contemplerez un beau **panorama** sur l'estuaire de la Clyde et ses environs. En 1548, Marie Stuart, alors âgée de 5 ans, partit de Dumbarton pour la France où elle passa 14 années en compagnie des enfants de Henri II et de Catherine de Médicis.

Si vous êtes passionné par la construction navale, faites un détour par le **Denny Ship Model Experiment Tank**, *dans le centre de Dumbarton (bien indiqué). Rejoignez Helensburg par la route côtière A 814, en traversant Cardross où Robert Bruce mourut en 1329.*

Hill House★

Upper Colquhoun St., Helensburgh - ✆ (01436) 673 900 - www.nts.org.uk - avr.-oct. : 13h30-17h30 - 8 £ - salon de thé.

Sur un coteau dominant la Clyde se dresse une maison considérée comme le meilleur exemple d'architecture locale de Mackintosh. Construite en 1902-1904 pour un éditeur de Glasgow, Walter W. Blackie, cette habitation a été conçue avec beaucoup de soin. Tout y porte l'empreinte indélébile de l'immense talent de l'architecte. Chaque couloir, hall, lit ou recoin a reçu une attention particulière, avec le souci constant d'intégrer harmonieusement chaque partie à un tout. Les surfaces à dominante blanche ou sombre ont été rehaussées par des vitres de couleur, des panneaux de stuc, des éclairages appropriés ou des motifs au pochoir.

Le monument sur le front de mer rappelle **Henry Bell** (1767-1830), l'architecte du premier bateau à vapeur, *The Comet*, qui parcourut la Clyde entre 1812 et 1820.

La route A 814 suit ensuite les rives est du loch Gare et du loch Long, plans d'eau appréciés pour la navigation à voile. Les villages qui bordent ces lacs sont de bons centres nautiques (Rhu, Garelochhead, Kilcreggan et Arrochar).

Arrochar et Argyll Forest Park

Ce village situé à la pointe du loch Long est un centre d'escalade populaire niché au pied des Alpes d'Arrochar, des monts Ime, Vane et Arthur (appelé le Cobbler), chacune de ces montagnes dépassant 900 m d'altitude. *D'Arrochar, prenez la A 83.* L'itinéraire traverse l'Argyll Forest Park, premier parc forestier écossais, créé en 1935 et désormais intégré au loch Lomond & Trossachs National Park. Il recouvre 25 000 ha de paysages pittoresques sur la péninsule de Cowal, entre les lacs Fyne et Long. Les visiteurs disposent de routes forestières et d'installations récréatives. Les bords boisés du glen Croe sont dominés par les pentes du Ben Arthur, plus connu sous le nom populaire de « Cobbler » (le cordonnier, 881 m).

Rest and be Thankful

262 m. Ce col venteux et curieusement nommé est la principale porte permettant d'atteindre l'Argyll. Il tire son nom d'un siège de pierre, aujourd'hui disparu, qui portait autrefois cette inscription.

Après avoir parcouru le glen Kinglas, rejoignez Cairndow et suivez les panneaux « Ardkinglas Woodlands Gardens ».

Ardkinglas Woodland Gardens

Cairndow - ✆ (01499) 600 261 - www.ardkinglas.com - ♿ 🅿 - tlj du lever au coucher du soleil - 3 £.

Pour les passionnés de beaux arbres, ce jardin forestier représente une excursion de choix. Des chemins sillonnent une forêt plantée de rhododendrons et d'azalées (venez quand ils sont en fleurs : printemps, début de l'été). Selon la saison, on s'émerveille devant l'abondance et la variété des mousses, des champignons. Les différentes essences, locales ou non, sont étagées sur une pente le long d'une rivière. Dans la partie basse, s'élèvent quelques-uns des plus grands arbres de Grande-Bretagne, des conifères plantés à partir de 1750. Vous verrez ainsi un pin (Grand Fir) de 1875, haut de 63 m (mesure de 1989), un pin argenté (Silver Fir), énorme et à quatre ramifications.

Revenez sur vos pas et rejoignez la A 815, direction Dunoon. La route offre de belles vues du **loch Fyne** *et jusqu'à Inveraray sur la rive opposée. À Strachur, poursuivre vers l'intérieur par la A 815 en suivant les rives encaissées du loch Eck, afin de rejoindre l'autre côté de la péninsule de Cowal.*

Botanic Garden

À Benmore - ✆ (01369) 706 261 - www.rbge.org.uk - avr.-sept. : 10h-18h ; mars et oct. : 10h-17h - 3,50 £ (enf. 1 £) - café - parking.

Cette annexe du Royal Botanical Garden d'Édimbourg est un jardin boisé qui occupe un agréable site montagneux. Il est renommé pour ses conifères, sa collection de rhododendrons (250 espèces) et d'azalées. La principale saison de floraison s'étend de fin avril à début juin. Des plantes asiatiques, himalayennes, font aussi partie des attractions.

Dunoon

Cette ville de vacances populaire sur l'estuaire de la Clyde est, chaque mois d'août, le lieu de rassemblement du **Cowal Highland Gathering** et du Pipe Band Championship. Dunoon représente un excellent point central pour découvrir la péninsule de Cowal et les autres villes de la Clyde pendant la haute saison, en empruntant le bateau à vapeur.

Des bacs partent toutes les heures en journée vers Gourock et permettent de raccourcir le trajet (*et de rattraper éventuellement le circuit qui suit*) retour vers Glasgow.

Estuaire de la Clyde : rive sud et île de Bute 2

50 km ; 2h, sans compter les visites et la traversée en ferry. Quittez Glasgow par la M 8 en direction de Greenock. En route, en vous arrêtant à Braehaed (sortie 26 ou 25), vous pouvez visiter l'ancien chantier naval de Clydebuilt (voir p. 232).

Port Glasgow

La ville de New Port of Glasgow grandit autour du port construit au 17e s. par les citoyens de Glasgow pour contrôler le commerce qui, jusqu'alors, transitait par les ports de l'Ayrshire. Port Glasgow est encore un centre de construction navale actif. Parmi les entrepôts et les chantiers du front de mer s'élève un château du 16e s., **Newark Castle**, qui se trouvait sur les terrains achetés pour établir le nouveau port. Le corps de garde (15e s.) et la maison forte sont reliés par des bâtiments du 16e s., fermant ainsi trois côtés d'une cour intérieure. Ce château présente une toiture juxtaposant des tourelles à encorbellement, des pignons à redents, des lucarnes et de hautes souches de cheminées. À l'intérieur, un escalier à volée droite mène au premier étage dont la grande salle possède une splendide cheminée Renaissance, ainsi qu'à des pièces dont deux présentent des vestiges de plafonds peints du 16e s. – *HS - ✆ (01475) 741 858 - www.historic-scotland.gov.uk - avr.-sept. : tlj 9h30-18h30 - 3,50 £ (enf. 1,75 £).*

Greenock

Cet important centre de constructions navales fut le berceau de **James Watt** (1736-1819), pionnier du développement de la machine à vapeur. Lyle Hill, derrière la ville, constitue un excellent point de repère et offre une vaste **vue★★** sur l'estuaire de la Clyde, depuis Helensburg jusqu'à Dunoon. À proximité se trouve le mémorial dédié aux hommes de la Force navale française libre qui ont perdu la vie entre 1940 et 1945 : il s'agit d'une croix de Lorraine et d'une ancre entrelacées.

Prenez la A 770 vers Gourock.

Gourock

Prolongement de Greenock, cette ville de la Clyde est le terminal pour Dunoon, que ce soit pour le ferry ou pour le chemin de fer.

Depuis Gourock, en prenant un bac vers Dunoon (Cowal) vous pouvez rattraper le circuit précédent (à emprunter en sens inverse). Pour continuer le circuit présent, continuez par la A 770 puis rejoignez la A 78.

Wemyss Bay

Terminus ferroviaire avant l'embarquement pour Rothesay et l'île de Bute, la localité s'enorgueillit de sa magnifique **gare** construite en 1903 par la Caledonian Railway. Alliant les styles Tudor et italien, elle est la plus belle du genre en Écosse.

Un bac de la Caledonian MacBrayne – www.calmac.co.uk - tlj 15/20 trajets en été - 13,50 £ par voiture et 5,45 £ par passager AR – permet de rejoindre Rothesay et l'île de Bute en 35mn.

Rothesay

Les eaux sûres de la baie de Rothesay constituent une base nautique idéale pour les plaisanciers de la Clyde. Ce qui fait de l'unique ville de l'**île de Bute** une station balnéaire très appréciée. L'imposant front de mer victorien date de l'apogée de Rothesay comme station thermale. Vous pourrez visiter… de superbes toilettes de cette époque (dans un beau bâtiment sur le quai des ferrys), décorées de céramiques et de marbres colorés. Autre témoignage coloré des splendeurs de la station : les **jardins d'Ardencraig**, qui se situent un peu en dehors de la ville – *mai-sept., 1,5 £.* Le **château** – *HS - ✆ (01700) 502 691 - www.historic-scotland.gov.uk - avr.-sept. : tlj 9h30-18h30 ; oct.-mars : sam.-merc. 9h30-16h30 -4 £ (enf. 2 £)* - est l'un des premiers à avoir reçu une enceinte. La grande courtine circulaire est entourée de douves et encadrée par quatre tours rondes dont deux sont réduites à leurs fondations. L'une a été partiellement transformée en colombier. Une grande salle a été ajoutée à l'avant et l'on peut voir une chapelle en ruine dans la cour intérieure.

Mount Stuart★

Au sud-est de Rothesay, bus ttes les heures depuis Rothesay - ✆ (01700) 503 877 - www.mountstuart.com - mai-sept. : manoir : 11h-17h, sam. 10h-14h30 ; jardins et centre d'accueil : 10h-18h - tarif non communiqué - aire de pique-nique, salon de thé, restaurant.

Une plage de sable que dominent les hauteurs de l'Argyll offre un cadre superbe à cette imposante demeure victorienne rose, bâtie sur le site d'une maison du début du 18e s. détruite par un incendie. R. Rowand Anderson l'édifia pour le 3e marquis de Bute (1847-1900), connu pour son érudition, ses penchants mystiques et sa passion pour l'architecture. Un extraordinaire **plafond voûté★★★** parsemé d'étoiles coiffe la vaste **salle** principale entourée d'arcades et ornée d'une profusion d'éléments décoratifs : colonnes en marbre rare polychrome, chapiteaux décorés de fleurs en marbre blanc, fenêtres rehaussées de vitraux, balustrade en bronze doré. Au fond des arcades, des miroirs soulignent l'effet général. Une belle collection de portraits retrace l'histoire de la famille. Il faut signaler la chapelle, en marbre blanc étincelant, le cabinet de l'horoscope à la décoration

C. McPherson / SCOTTISH VIEWPOINT

Résidence de Mount Stuart, sur l'île de Bute.

très chargée, l'élégant salon dont le plafond à caissons reproduit l'arbre généalogique familial, sans oublier la spacieuse bibliothèque. Les bois et les jardins à l'anglaise sont plantés d'espèces exotiques.

Glasgow pratique

Informations utiles

TOURISME - INFORMATIONS

Centre d'information – *11 George Square - ✆ (0141) 204 4400 - www.seeglasgow.com - glasgow@visitscotland.com - avr.-sept. : tlj 9h-20h (dim. 10h-18h) ; oct.-mars : 9h-18h.* Fournit un service de réservation de chambres et propose des billets de théâtre, des circuits ou promenades touristiques, des livres, des cartes et des souvenirs, ainsi que les prestations d'un bureau de change. Vous trouverez également un bureau d'information à l'aéroport international de Glasgow.

Alliance française – *3 Park Circus - ✆ (0141) 331 4080 - www.afglasgow.org.uk.*

Presse francophone – On peut la trouver dans la principale librairie du centre, Borders *(98 Buchanan St., ouv. tlj).*

POSTE ET TÉLÉCOMMUNICATIONS

Indicatif téléphonique – 0141.

Internet – Comme partout en Écosse, les bibliothèques proposent des connections gratuites. La principale est la Mitchell Library sur *North Street* (à côté de Charing Cross Station). Sinon, dans le centre-ville : EasyEverything au *57 St Vincent St.*

Poste centrale – *47 St Vincent St. - tlj sf dim.*

URGENCES

Urgences, police, pompiers – *✆ 999 ou 112.*

Strathclyde Police Headquarters – *173 Pitt St. - ✆ (0141) 532 2000.*

Southern General Hospital – *1345 Govan Rd - ✆ (0141) 201 1100.*

Transports

ARRIVER/PARTIR

En avion :

Glasgow International Airport – *À 13 km du centre-ville - ✆ (0141) 848 1444 et (0870) 040 0008 - www.baa.co.uk/glasgow.* Il est relié au centre-ville (station de bus de Buchanan et quelques arrêts sur West George St. et sur Bothwell St.) par bus : Airbus Express (n° 950) ou Citylink (n° 905) toutes les 15mn (moins fréquent à partir de 20h). Comptez 25mn de trajet. Les euros sont acceptés.

En taxi, comptez entre 15 et 18 £ vers la ville.

Glasgow Prestwick International Airport – *À 48 km du centre-ville - ✆ (0871) 223 0700 - www.gpia.co.uk* - Vous atterrirez sans doute ici si vous utilisez la compagnie Ryanair. Liaisons vers le centre-ville en train : depuis la station de l'aéroport (même nom que ce dernier), départs toutes les 30mn (toutes les heures le dimanche), de 6h à 23h, pour Glasgow Central. Trajet de 45mn. Liaison en bus : bus express vers la station de Buchanan, toutes les 30mn mais il est moins rapide (50mn) et plus cher que le train.

En bus :

La gare routière de la ville est **Buchanan Station** – *Kilermont St. - ✆ 333 3708 - tlj 6h30/7h-22h30* - Idéalement située à deux pas de George Square et de la gare ferroviaire Queen Street Station (liaison vers la Central Station en 5/10mn de marche ou par le bus n° 398). D'ici, les aéroports, les villes d'Écosse et du Royaume-Uni, sont très bien desservies. Informations générales – *www.traveline.org.uk.*

Scottish Citylink – *✆ (08705) 505 050 - www.citylink.co.uk.* - Relie Glasgow à toutes les villes d'Écosse.

National Express – *✆ (08705) 808 080 - www.nationaexpress.com* - Pour les liaisons vers le reste du Royaume-Uni.

En train :

Pour toutes les informations concernant le transport ferroviaire : Scotrail – *✆ (08457) 484 950 - www.firstscotrail.com* ou National Rail Enquiries - *www.nationalrail.co.uk.*

G. Gonon / MICHELIN

La belle verrière victorienne de Central Station.

Deux grandes gares en centre-ville, situées à 5/10mn à pied l'une de l'autre. Elles sont également reliées par le bus n° 398 :

Queen Street Station – Liaisons avec Édimbourg et le nord de l'Écosse.

Glasgow Central Station – Liaisons avec Londres et le sud de l'Écosse.

En voiture/Se garer :

De **nombreuses autoroutes** et voies rapides vous mènent directement dans le centre de Glasgow. La M 8 traverse la ville d'est en ouest en traversant le centre, et relie la ville à Édimbourg et l'aéroport. La M 74 relie Glasgow au sud du pays.

Glasgow est très bien équipé en matière de **parkings** (P). Ils sont tous très bien indiqués en centre-ville. Mais les tarifs vraiment prohibitifs vous amèneront sans doute à laisser votre véhicule à votre hôtel et à emprunter les transports en commun.

SE DÉPLACER

À pied :

La zone centre-ville/West End peut être très facilement parcourue à pied. La circulation des piétons est facilitée par divers aménagements. Et les curiosités sont bien indiquées.

Transports en commun :

Le Travel Centre, à St Enoch Square, fournit des informations sur les titres de transport donnant accès au métro, aux bus et aux trains. Le site *www.spt.co.uk* résume les informations sur les transports en métro, train, bus et ferrys dans la région du Strathclyde. Autres informations générales : *℘ (0870) 608 2608 - www.travelinescotland.com.*

Bus – Le réseau est dense et géré par diverses compagnies dont First Glasgow – *℘ (0141) 423 6600 - www.firstgroup.com.*

Métro – Une seule ligne circulaire dessert le centre, West End et les rives sud de la Clyde. Les rames oranges circulent du lundi au samedi de 6h30 à 23h et le dimanche de 11h à 18h. Tarif : 1 £. Tickets journaliers (Discovery Ticket) utilisable à partir de 9h30 : 1,90 £.

Trains – Équivalents du RER parisien, ils desservent efficacement les vastes banlieues de la ville. Des lignes aisément compréhensibles permettent de rejoindre toute l'agglomération et la région (Lanark, rives de la Clyde, loch Lomond) depuis Central Station ou Queen Street Station.

Tickets de découverte – Sur le site *www.spt.co.uk* sont présentées les nombreuses formules (au jour, à la semaine, par zone). Il existe par exemple un billet pour le Underground Discovery, valable une journée : ce circuit souterrain est en réalité une succession de promenades permettant de découvrir plusieurs facettes de Glasgow en partant de différentes stations de métro et de bus.

En taxi :

Ces belles voitures circulent en nombre dans le centre-ville. Il suffit de leur faire signe pour qu'elles s'arrêtent. Des arrêts spéciaux sont prévus aux sorties des gares ferroviaires et routière du centre-ville. Pour un trajet vers la Burrell Collection, par exemple, comptez 9/10 £. Pour réserver – *℘ (0141) 429 7070.*

Visites

Visites touristiques – Il est possible de découvrir Glasgow en prenant le bus, le taxi ou l'hélicoptère.

City Sightseeing – *Départs sur George Square - 153 Queen St. - ℘ (0141) 204 0444 - www.citysightseeingglasgow.co.uk.* Pour un tour d'une heure et quart de la ville. Tous les jours de la semaine à intervalle de 30mn.

Citytour – *Départ à la gare centrale.* Pour un tour de la ville en taxi privé (parcours équivalent à celui du City Sightseeing en bus). **Glasgow Taxis** – *℘ (0141) 429 7070 - www.glasgowtaxisltd.co.uk.*

Clyde Helicopters – *City Heliport, SECC, Glasgow - ℘ (0141) 226 4261.* Propose des vols superbes au-dessus de la ville et du loch Lomond. Tarifs sur demande.

Aller **« doon the watter »** est un autre parcours typique de cette ville : il s'agit de descendre le Firth of Clyde en bateau en passant devant les quais et les usines qui avaient fait de Glasgow la « deuxième cité » de l'Empire britannique. Voir *Circuits de découverte* et *Visiter* (Clydebuilt). Informations – *www.waverleyexcursions.co.uk, www.seaforce.co.uk et www.clydewaterbusserservices.co.uk.*

Se loger

⊖⊖ **Hotel Ibis Glasgow** – *220 West Regent St. - ℘ (0141) 225 6000 - www.ibishotel.com - 141 ch. 47-52 £* Aucune surprise dans les hôtels de cette chaîne qui propose des chambres standardisées à petit prix. Juste à côté, un hôtel Novotel, un peu plus chic et plus cher.

⊖⊖⊖ **Babbim Bowsier** – *16-18 Blackfriars St. - ℘ (0141) 552 5055 - 6 ch. 55 £.* Le seul hôtel à l'heure actuelle au cœur de Merchant City. L'adresse étant particulièrement sympathique, il est indispensable de réserver. Bar avec petite terrasse ainsi qu'un excellent restaurant à l'étage. Parking. Le patron parle français.

⊖⊖⊖ **Artto Hotel** – *37-39 Hope St. - ℘ (0141) 248 2480 - www.arttohotel.com - 51 ch. 60-75 £.* La meilleure adresse à proximité de la gare. Immeuble victorien réaménagé dans un style contemporain avec des chambres très confortables, TV à écran plat... Attention : demandez une chambre sur cour, la rue étant particulièrement bruyante. Les tarifs dépendent du remplissage de l'hôtel, avec des augmentations ponctuelles comme pour le Nouvel An.

⊖⊖⊖⊖ **Jurys Inn** – *80 Jamaïca St. - ℘ (0141) 314 4800 - www.jurysdoyle.com - 321 ch. 80-90 £.* Tout proche de la gare, cet immeuble de 10 étages de brique et d'acier offre des chambres standardisées ; le choix des matériaux en fait un des plus agréables de cette catégorie. Réductions en passant par le site internet ; les prix doublent en quelques rares occasions, telles que les matches des Celtics.

⊖⊖⊖⊖ **Buchanan Hotel** – *185 Buchanan St. - ℘ (0141) 332 7284 - www.strathmorehotels.com - 60 ch. 90 £.* Si les parties communes sont un peu défraîchies, en revanche les chambres sont agréables. Lucarnes côté cour et grandes fenêtres donnant sur la rue piétonne. Très bon rapport qualité-prix au cœur de la ville.

Quality Hotel – *99 Gordon St. - ✆ (0141) 221 9680 - www.quality-hotels-glasgow.com - 222 ch. 90 £.* Un des hôtels pionniers de Glasgow, dans un immeuble classé attenant à la gare. Les couloirs immenses sont un peu défraîchis mais les chambres, assez petites, ont été entièrement refaites avec tout le confort moderne. Piscine.

Langs Hotel – *2 Port Dundas Place - ✆ (0141) 333 5700 - www.langshotels.co.uk - 100 ch. 115-195 £.* Immeuble contemporain à proximité des théâtres et du quartier commerçant. Les chambres disposent de tout le confort moderne (il y a même la Play Station) et les suites bénéficient de larges baies vitrées. Douches équipées de jets massants. Spa et deux restaurants réputés : Oshi (européen et asiatique) et Aurora (cuisine écossaise contemporaine).

Malmaison – *278 West George St. - ✆ (0141) 572 1001 - www.malmaison.com - 72 ch. 140-300 £.* Atypique, comme tous les autres hôtels du groupe, avec une entrée évoquant celle d'un temple. On retrouve l'habituel choix de matériaux nobles et un certain savoir-faire dans la mise en scène. Un escalier en spirale mène au sous -sol, à la superbe brasserie et au luxueux bar à Champagne.

Se restaurer

Bon à savoir – La plupart des bons restaurants de Glasgow sont regroupés dans le quartier des affaires, entre West Regent St. et St Vincent St.

CENTRE-VILLE

City Merchant – *97-99 Candleriggs - ✆ (0141) 553 1577 - www.citymerchant.co.uk - lun.-sam. 12h-22h30 - 15-35 £.*
Un des premiers restaurants à s'établir, en 1988, dans ce quartier en passe de devenir le plus branché de la ville. D'ores et déjà une institution. Venez déguster une des nombreuses spécialités de la mer, mais aussi des viandes des Highlands. L'occasion d'avoir un T-bone de 454 g dans votre assiette !

Amber Regent – *50 West Regent St. - ✆ (0141) 331 1655 - www.amberregent.com - lun.-vend. 12h-14h15, 17h30-23h, sam. 12h-0h - 18-30 £.* Restaurant chinois spécialisé dans une cuisine de Canton et du Sechwan combinée avec des produits frais écossais. Pendant l'été et en semaine, les plats sont à moitié prix avant 19h.

78 St. Vincent – *78 St Vincent St. - ✆ (0141) 248 7878 - www.78stvincent.com - lun.-jeu. 12h-15h, 17h-22h, ferme à 23h le vend. et sam - 23-35 £.* La décoration, inspirée du restaurant Chartier à Paris, évoque les luxueux wagons-restaurants d'antan, avec un antique porte-bagages en cuivre et en bois surplombant les

G. Gonon / MICHELIN

L'enseigne du Willow Tearoom conçu par Mackintosh.

tables. Cuisine écossaise avec quelques inspirations italienne, française…

Étain – *Springfield Court (ou entrée au 2e ét. de Princes Sq.) - ✆ (0141) 225 5630 - www.zincbar.co.uk/étain - lun.-vend. 12h-14h30, 19h-23h, sam. 18h30-23h et dim. 12h-15h - 26-55 £.* Le menu puise ses racines dans la cuisine française. Soirées spéciales, gastronomiques et épicuriennes. Juste à côté, le Zinc Bar, du même propriétaire, ouvert de 12h à 22h, offre une ambiance plus décontractée et une vue plongeante sur la splendide cour fermée du Princes Square.

The Buttery – *652 Argyle St. - ✆ (0141) 221 8188 - www.eatbuttery.com - lun.-vend. 12h-14h, 18h-21h30, sam. 18h-22h - 34-39 £.* Ce restaurant, le plus vieux de Glasgow, est une véritable institution fondée en 1856. Si les portions ne sont pas très copieuses, les plats sont raffinés et le service irréprochable. N'hésitez pas à passer dans la journée au Buttery Lounge Bar. Concerts de jazz le vendredi.

Brian Maule at Chaudron d'Or – *176 West Regent St. - ✆ (0141) 248 3801 - www.brianmaule.com - lun.-sam. 12h-14h30, 18h-22h - 33-44 £.* Le chef, Brian Maule, a dirigé les cuisines du restaurant Le Gavroche à Londres avant d'ouvrir son propre établissement à Glasgow. Cuisine écossaise mêlée de recettes et de techniques plus typiquement françaises.

Gamba – *225a West George St. - ✆ (0141) 572 0899 - www.gamba.co.uk - lun.-sam. 12h-14h30, 17h-22h30 - 34-44 £.* Poissons et fruits de mer sont à l'honneur avec une cuisine inspirée des techniques d'Asie du Sud-Est. Les amateurs de viande devront se rabattre sur l'unique plat carné. La maison édite par ailleurs un livre de recettes simples à réaliser avec les produits de la mer.

WEST END

No Sixteen – *16 Byres Rd - ✆ (0141) 339 2544 - www.number16.co.uk - lun.-sam. 12h-14h30, 17h30-22h, dim. 12h30-15h30, 17h30-21h30 - 18-25 £.* Peu de choix au menu, qui change tous les jours. Mais ce petit restaurant sans prétention s'est déjà fait une belle réputation et les connaisseurs n'hésitent pas à réserver deux semaines à l'avance.

Two Fat Ladies – *118a Blythswood St. - ✆ (0141) 847 0088 - www.twofatladies.5pm.co.uk - lun.-dim. 12h-15h, 17h30-22h30 (fermé dim. midi) - 20-28 £.* Spécialiste des produits de la mer avec surtout un grand choix de poissons, selon la pêche du jour. Fort de son succès, un deuxième restaurant a ouvert ses portes dans le centre-ville, 88 Dumbarton Rd. (Blythswood Sq.)

La Parmigiana – *447 Great Western Rd. - ✆ (0141) 334 0686 - www.laparmigiana.co.uk - lun.-sam. 12h-14h30, 18h-23h - 26-34 £.* Un des premiers restaurants italiens en Écosse, ouvert en 1978. Le chef cuisinier, italien d'origine, marie avec habileté ses influences méditerranéennes et sa connaissance des meilleurs produits de saison en Écosse. Les poissons viennent du marché et sont de la pêche du jour.

The Ubiquitous Chip – *12 Ashton Lane - ✆ (0141) 334 5007 - www.ubiquitouschip.co.uk - lun.-vend. 12h-14h, 18h-21h30, sam. 18h-22h - 30-40 £.* Ancien quartier ouvrier typique avec ses maisons en brique, reconverti en un mini quartier Latin où se mêlent pubs et restaurants. La chip au don d'ubiquité en est sans conteste la meilleure adresse. Plusieurs salles, dont celle sous une large verrière avec mezzanine, plantes vertes et petite cascade artificielle.

En soirée

PRENDRE UN VERRE

Bon à savoir – Les habitants d'Édimbourg n'hésitent pas à faire la route pour profiter de la vie nocturne de Glasgow. En effet, si le nord-ouest du centre-ville regroupe les meilleurs restaurants, les quartiers s'étendant jusqu'à Merchant City regorgent de pubs. N'hésitez pas à explorer par vous-même ce dernier quartier, à l'heure actuelle en pleine mutation et le cœur de la vie nocturne.

Pubs – Les habitants de Glasgow sont connus pour leur gentillesse et leur accueil chaleureux, que l'on ressent tout particulièrement dans les pubs, comme à **Rab Ha's,** dans Hutcheson Street, à **Times Square**, St Enoch Square, à **Bonhams** dans Byres Road, à **Dows** dans Dundas Street, pour n'en citer que quelques-uns. **The Willow Rooms** – *217 Sauchiehall Street*, permet de prendre une légère collation dans une ambiance chaleureuse : c'est Mackintosh qui dessina le salon de thé d'origine pour Miss Cranston.

Corinthian – *191 Ingram St. - ✆ (0141) 552 1101 - www.g1group.co.uk.* Un des établissements les plus chics de Glasgow. Le bâtiment fut édifié en 1842 pour la maison mère d'une banque dédiée au commerce maritime alors très lucratif. Depuis 1999, après restauration de cet immeuble classé, le groupe g1 a ouvert un restaurant réputé, un piano bar intimiste et le sublime Lite Bar, éclairé par une coupole en verre de 7 m. Boîte de nuit au sous-sol.

B. Perousse / MICHELIN

Goûtez à l'ambiance chaleureuse des nombreux pubs de la ville.

THÉÂTRES, CONCERTS

Bon à savoir – La ville conserve sa réputation de scène dynamique grâce aux pièces d'avant-garde données par le Citizens Theatre, le Centre for Contemporary Arts, le Tramway and le Tron Theatre.

D'un tout autre genre sont les spectacles montés aux Mitchell Theatre, King's Theatre et Theatre Royal.

Les expositions se déroulent surtout aux McLellan Galleries, The Third Eye Centre et The Old Fruitmarket.

La revue mensuelle *What's On* répertorie les spectacles (pièces, concerts et films du moment) et manifestations qui ont lieu dans le périmètre du Greater Glasgow. La revue *Glasgow Diary* est plus hétéroclite et mêle événements sportifs, expos, concerts…

La liste des concerts (jazz, pop, rock, blues, folk et world) se trouve dans le dépliant mensuel *Gig Guide - www.gigguide.co.uk.*

Réservations – **Tickets Scotland** – *239 Argyle St. - ✆ (0141) 204 5151 - www.tickets-scotland.com.* Solution pratique pour réserver ses billets de spectacle dans ce petit espace qui regroupe toutes les réservations en centre-ville, sous la gare centrale.

Moins central, le kiosque à billets situé au City Hall, dans le quartier de Candleriggs, vend des billets pour la plupart des événements.

Citizens Theatre – *119 Gorbals St. - ✆ (0141) 429 0022 - www.citz.co.uk.*

Tramway – *25 Albert Drive - ✆ (0845) 330 3501 - www.tramway.org.* Espace dédié à l'art contemporain : art graphique, musique et danse.

The Pavilion Theatre – *121 Renfield St. - ✆ (0141) 332 1846 - www.paviliontheatre.co.uk.* Théatre populaire assez éclectique.

RSAMD - The Royal Scottish Academy of Music & Drama – *100 Renfield St. - ✆ (0141) 332 4101 - www.rsamd.ac.uk.*

National Theatre of Scotland – *Atlantique Chambers - 45 Hope St. - ✆ (0141) 221 0970 - www.nationaltheatrescotland.com* - Sans théâtre attitré, leurs pièces se jouent aux quatre coins d'Écosse.

Royal Concert Hall – *2 Sauchiehall St. - ✆ (0141) 353 8000 - www.rsno.org.uk.*

CCA : Center for Contemporary Arts – *350 Sauchiehall St. - ✆ (0141) 352 4900.*

Personnes handicapées – Le *BP Access Guide*, publié par le service marketing du Scottish Theatre, donne des informations sur les différents aménagements proposés aux handicapés lors des spectacles. Ce guide est disponible à l'office de tourisme.

FOOTBALL

« Fitba crazy and fitba mad » – Aucune ville ne propose un tel éventail de matches de football en première ou seconde division, matches disputés par les quatre équipes locales : Celtic, Partick Thistle, Queen's Park et Rangers.

Pour vivre les rencontres « de routine » du championnat, il suffit souvent de se rendre au stade deux heures avant le match pour trouver des billets. Pour un « Old Firm » (match disputé entre les Rangers et l'équipe du Celtic), en revanche, il faut s'y prendre à l'avance via les sites Internet des clubs.

F. Sichet / MICHELIN

Devant le stade des Rangers à Ibrox.

Le stade des Rangers, situé dans le quartier très populaire d'Ibrox (Southside), fait partie de la poignée des stades 5 étoiles européens, les seuls qui peuvent accueillir la finale de la Ligue des champions. Quant à Celtic Park, il se dresse le long d'une avenue du quartier de Parkhead (à l'est du centre-ville). Du haut de certaines tribune (Lisbon Lion stand), la vue sur la ville est superbe.

Achats

Shopping – Glasgow offre une grande variété de lieux de shopping et les principales rues commerçantes, comme Sauchiehall, Buchanan et Argyle Streets, sont piétonnes. Le centre commercial **Princes Square**, dans Buchanan Street, où l'on achète des spécialités écossaises, est surmonté d'une verrière offrant un cadre agréable et tranquille pour les achats de dernière minute.

L'**Italian Centre** au coin des rues John et Ingram propose les plus beaux articles de la mode italienne, ainsi qu'un large choix de bars, brasseries, restaurants et cafés dans un décor architectural exceptionnel.

Autre lieu de shopping typique de cette ville : le marché aux puces, **The Barras**, où il est toujours possible de dénicher une affaire. N'y allez pas seulement pour les boutiques, mais pour l'ambiance, les gens et le bagout des marchands.

Dans Princes Square, le **Scottish Craft Centre**, lieu idéal pour trouver des souvenirs et des cadeaux, expose les réalisations de grande qualité des artisans contemporains écossais.

La plus grande **librairie** de la ville, très bien fournie en guides et ouvrages sur l'Écosse, en presse étrangère, est **Borders** – *98 Buchanan St. - ouv. tlj.*

Événements

Celtic Connections – *✆ (0141) 353 8000 - www.celticconnections.com* - Grand festival de musique celtique traditionnelle, en janvier.

Glasgow International Jazz Festival – *81 High St. - ✆ (0141) 552 3552 et (0141) 353 8000 (réserv.) - www.jazzfest.co.uk* - Une centaine de concerts dans divers salles de Glasgow, fin juin.

West End Festival – *✆ (0141) 341 0844 - www.westendfestival.co.uk.* En juin, musique, théâtre, cinéma, danse, parade autour de Byres Road.

Glasgow River Festival – *www.glasgowriverfestival.co.uk.* En juillet, activités sportives et culturelles en plein air pour célébrer la rivière Clyde.

Glasgow International Piping Festival – *www.pipingfestival.co.uk.* En août, durant une semaine, l'instrument écossais le plus connu du monde est à l'honneur. Tartans et cornemuses envahissent alors le Glasgow Green pour un mélange de festivités et de compétition.

Gourmet Glasgow – *www.gourmetglasgow.com* - En août, la ville et ses restaurants célèbrent la bonne chère à travers diverses initiatives.

Whisky Live – *www.whiskylive.com* - En septembre, le liquide ambré originaire de toutes les régions du pays se déguste sur George Square.

Merchant City Festival – *www.merchantcityfestival.com.* En septembre, le quartier à la mode du centre-ville, met en scène (musique, théâtre) sa renaissance.

Glasgay – *www.glasgay.co.uk.* En novembre, le plus grand festival gay artistique et culturel du royaume.

Linlithgow★★

9 524 HABITANTS
CARTE GÉNÉRALE RABAT II C3 - CARTE MICHELIN REGIONAL 501 J 16
WEST LOTHIAN

La région dite des West Lothians est un « carrefour » entre Édimbourg, Glasgow et Stirling, une situation stratégique qui lui a offert un rôle historique et économique majeur. Les rois et seigneurs y ont construit des forts et palais pour mieux la contrôler. Puis les ingénieurs ont imaginé d'audacieuses infrastructures de transports pour la maîtriser. Toutes ces réalisations font aujourd'hui le bonheur des touristes.

Se repérer – Entre Édimbourg et Glasgow, cette région qui borde la rive sud du Firth of Forth est très bien desservie par les autoroutes M 8 et M 9 et de nombreux transports en commun.

À ne pas manquer – Lilingthow et son palais, South Queensferry, Hopetoun House et la Falkirk Wheel.

Organiser son temps – Étant donné la petite taille de cette région et la très bonne desserte routière, une journée suffit pour la survoler et deux jours pour visiter toutes les attractions.

Avec les enfants – Le château fort de Blackness ; un « voyage » dans la Falkirk Wheel ; une croisière sur le Firth of Forth.

Pour poursuivre le voyage – Édimbourg, Glasgow, Stirling, St Andrews.

BRITAINONVIEW.COM

Telle une sculpture géante posée sur le Firth of Forth : le Forth Rail Bridge.

Comprendre

Un « carrefour » royal – L'histoire de la ville se résume à celle de son palais. Le bourg a grandi autour de son château seigneurial et, dès l'époque d'Édouard Ier, on fait grand cas de sa position stratégique contrôlant la liaison est-ouest du royaume. Grâce au port de Blackness, il se développe avec une telle rapidité qu'il est admis à la « Court of the Four Burghs » (Cour des quatre bourgs) en 1368. La prospérité des 15e et 16e s., marquée par la reconstruction du palais et de l'église St-Michel, prend fin avec l'union des deux couronnes. Malgré l'introduction de l'industrie du cuir pendant la République de Cromwell, les bourgs de l'intérieur comme Linlithgow déclinent peu à peu face à la concurrence des grands centres industriels de la côte occidentale, qui prospéraient grâce au développement des liaisons transatlantiques. En 1822, le **canal de l'Union** est ouvert et assure 20 ans de bonheur au commerce fluvial. Puis apparaît le chemin de fer en 1842 qui imprime un renouveau à plusieurs petites villes. En 1972, la nouvelle autoroute M 9 soulage Linlithgow d'une circulation devenue trop intense.

Se promener

La ville se dresse sur la rive sud du loch, loin du bruit de l'autoroute M 9. Tranquille et résidentielle, Linlithgow ne laisse pas deviner son passé dramatique, symbolisé par le palais royal. Son tracé, en revanche, s'est peu modifié.

Linlithgow Palace★★

HS - ✆ (01506) 842 896 - www.historic-scotland.gov.uk - avr.-sept. : tlj 9h30-18h30 : oct.-mars : tlj 9h30-16h30 - dernière entrée 45mn av. la fermeture - 5 £ (enf. 2,50 £).

Cette ancienne résidence, fréquentée par plusieurs monarques issus de la famille Stuart, domine la ville et le loch de Linlithgow. Avec ses nombreux escaliers et couloirs, le plan du vaste bâtiment (15e-17e s.) aujourd'hui sans toit étonne par son souci de confort et la rationalité de son agencement.

Implanté à l'origine sur une île, le manoir était apprécié pour sa situation stratégique et sa proximité d'agréables lieux de chasse. On y adjoignit à proximité un lieu de culte, et il fut entouré d'une palissade de bois par Édouard Ier en 1302. Un incendie le ravagea, ainsi que la ville et l'église, en 1424. Jacques Ier, troisième roi de la dynastie Stuart, entreprit la première phase de construction (1425 à 1435).

Linlithgow devint l'une des résidences préférées des rois dès 1490, quand **Jacques IV** entama une deuxième phase de constructions et de modifications, probablement en vue de son futur mariage avec Margaret Tudor. Cette période correspond à un véritable âge d'or pour la couronne écossaise et sa cour, dont l'éclat se manifestait dans ce palais où le temps déroulait son fil au rythme des charmes du lieu. Amateur de sport et de chasse, particulièrement au faucon, Jacques IV appréciait beaucoup aussi les divertissements que pouvaient procurer jongleurs, acrobates, funambules, ménestrels et poètes. Le 10 avril 1512, le futur Jacques V naquit à Linlithgow, un an avant la date fatidique de 1513 qui vit la fine fleur de la chevalerie écossaise mourir aux côtés de son roi à Flodden. La reine douairière et ses enfants partirent alors pour Stirling, mais **Jacques V** qui partageait avec son père un même amour pour Linlithgow vint plusieurs fois séjourner dans ce palais dont **Marie de Guise**, sa seconde femme, dit « qu'elle n'en avait jamais vu d'aussi princier ». Ayant perdu deux fils, Marie de Guise donna naissance à Marie Stuart, future reine d'Écosse, le 8 décembre 1542, quelques jours seulement avant le décès du roi. Toutes deux séjournèrent au palais à maintes reprises. Mais le déclin de Linlithgow s'amorça avec l'union des deux couronnes anglaise et écossaise en 1603. Bonnie Prince Charlie y fit une visite éclair en 1745, immédiatement suivi des hommes du duc de Cumberland qui ne laissèrent que les quatre murs et les ruines visibles aujourd'hui.

Portail★ – Construit par Jacques V vers 1535 au bout de Kirkgate, il donne accès au parc royal où se dressent le palais et l'église St-Michel. Côté ville, la porte monumentale est décorée des armoiries peintes des 4 ordres : de gauche à droite, la Jarretière, le Chardon, la Toison d'or et Saint-Michel.

Cour intérieure – Pièce centrale, la magnifique **fontaine★★** de pierre a été réalisée vers 1530 à l'initiative de Jacques V. De forme octogonale, les trois bassins sont ornés de personnages, d'éperons, de médaillons, d'armes et de supports variés. Les façades

W. Buss / MICHELIN

Les silhouettes imposantes du palais et St Michael's church depuis le loch.

du palais mêlent plusieurs styles. Trois d'entre elles datent des 15e et 16e s. (17e s. au nord). À l'est, l'arc en plein cintre de l'ancienne entrée est surmonté de trois niches à dais, elles-mêmes couronnées d'une moulure au tracé complexe. La façade nord (1618-1620), la plus symétrique avec ses bandeaux décoratifs, présente des fenêtres à frontons frappés des emblèmes nationaux.

Prendre l'escalier à vis nord-est pour gagner l'appartement royal du premier étage.

Premier étage – À gauche du couloir se trouve la cuisine avec sa vaste cheminée. Impressionnante par ses dimensions, la **grande salle** occupe toute la longueur de l'aile est. Près de l'estrade, une superbe **cheminée à hotte★★** se distingue par son décor sculpté. Derrière la pièce d'angle, la **chapelle** recèle entre ses fenêtres quatre niches joliment ouvragées. Le couloir côté cour intérieure est une innovation. Les appartements de l'aile ouest comprennent la salle du roi, la salle d'audience et la chambre à coucher du roi à l'extrémité. Adjacents, les **oratoires du roi et de la reine** présentent des clefs de voûte ornées de la licorne. Un passage mène à l'aile transformée par William Wallace au début du 17e s. Son style, nouveau à l'époque, est perceptible à quelques vestiges décoratifs, notamment à hauteur des cheminées.

On peut également visiter les celliers et les salles des gardes, et emprunter l'un des escaliers tournants (nord-ouest) pour bénéficier d'une vue d'ensemble.

Extérieur – Lorsque l'on regarde la façade d'entrée, l'œil est immédiatement attiré par l'ensemble de cinq fenêtres à lancettes qui indique la chapelle. En contournant la façade est, on aperçoit l'entrée originale flanquée de niches élancées couvertes de dais et surmontées par les armoiries royales. La grande fenêtre surmontée de six autres fenêtres assez larges localise la grande salle. Les baies sont plus nombreuses et plus régulières sur la façade nord élevée au 17e s., tandis que la façade ouest, plus simple, se distingue par ses tours d'angle.

St Michael's church★

✆ (01506) 842 188 - info@stmichaels-parish.org.uk - www.stmichaelsparish.org.uk - mai-sept. : 10h-16h, dim. 12h30 ; oct.-avr. : lun.-vend. 10h30-13h30 - possibilité de visite guidée (30mn) sur demande - brochure (4 langues) - parking.

L'édifice actuel correspond essentiellement à la reconstruction menée au 15e s. sur les bases d'un sanctuaire détruit par un incendie. Cette église est l'un des bâtiments ecclésiastiques les plus grands par ses dimensions de la pré-Réforme ; il fallut plus d'un siècle pour l'achever. La construction débuta par la nef et s'étendit au chœur (1497), puis à la tour et finalement à l'abside (1531). De style rayonnant, elle présente un caractère typiquement écossais et rappelle fortement l'église of the Holy Rude de Stirling *(voir p. 343)*.

Extérieur – Cette église cruciforme à bas-côtés et abside polygonale intrigue par la **flèche** très controversée de sa tour occidentale, qui perpétue pourtant cette tradition médiévale qui veut que tout ajout soit l'expression de son temps et de la pérennité de l'édifice. Cette flèche en aluminium et bois lamellé fut conçue par Geoffrey Clarke en 1964 pour remplacer l'ancienne flèche couronnée. Tout aussi insolite, le **porche sud** est surmonté d'un oriel et flanqué d'une tourelle d'escalier. Le contrefort sud-ouest porte une statue de l'Archange saint Michel, patinée par les siècles, la seule à avoir survécu au « nettoyage » opéré par la congrégation en 1559.

Intérieur – Relativement sobres, les arcs brisés et les piliers fasciculés de la **nef** à cinq travées sont répétés aux trois travées du sanctuaire, dont ils sont séparés par le grand arc qui ouvre sur le maître-autel ; dans l'abside, les arcades sont surmontées de fenêtres hautes. Les élévations de ces deux sections sont similaires à l'exception du triforium aveugle du sanctuaire. La nef, le sanctuaire et l'abside sont couverts d'un plafond en stuc réalisé au 19e s. pour remplacer le plafond en chêne qui datait de 1812 ; la voûte d'ogives originale est toujours visible à hauteur des bas-côtés et dans les chapelles du transept. Le **remplage** des ouvertures et leurs **vitraux** méritent toute l'attention du visiteur. Les trois grandes fenêtres de l'abside sont dotées d'un réseau perpendiculaire ; la fenêtre centrale (8 compartiments) illustre le psaume 104, à savoir la Création. Dans le bas-côté sud du sanctuaire, la fenêtre surplombant le mémorial retrace l'histoire de l'église et représente trois souverains, Jacques IV, David Ier et la reine Victoria (remarquer les tailleurs de pierre du registre supérieur). Juste avant la chapelle du transept se trouve une adorable réalisation de Burne-Jones (1899) aux couleurs en demi-teintes. Mais l'intérêt majeur de l'église est sans nul doute la **fenêtre** en style flamboyant de la chapelle du bras sud du transept, avec le remplage extrêmement décoratif et particulièrement rare de ses six compartiments. C'est précisément dans cette chapelle que Jacques IV aurait été

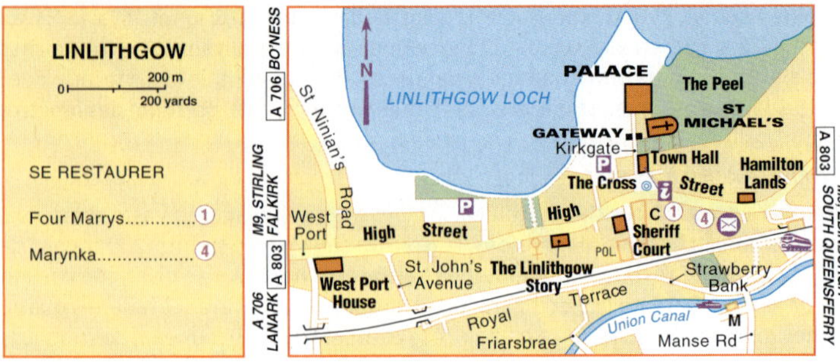

averti par un fantôme du sort fatal qui l'attendait à Flodden. Un vitrail d'Herbert Hendrie (1936) du mur sud-ouest domine les fonts baptismaux (à l'extrémité ouest du bas-côté sud). Enfin, la fenêtre ouest est ornée d'une Transfiguration (1898) mise en vedette par un cadre plus sobre. Dans la sacristie se trouvent les fragments d'un retable antérieur à la Réforme.

La ville★

La ville a conservé son tracé médiéval, avec sa longue rue principale (High Street) bordée d'habitations bourgeoises qui débouche sur la place du marché. Cette dernière, appelée **The Cross**, est ponctuée en son centre d'un **puits,** réplique du 19e s. d'un édicule antérieur. L'imposant **hôtel de ville (Town Hall)** du 17e s. occupe le côté nord et remplace le bâtiment d'origine détruit par Cromwell. L'escalier actuel (20e s.) remplace une loggia en fer forgé. Il accueille aussi l'office de tourisme, avec une exposition sur la ville et ses alentours immédiats. En parcourant High Street, repérez les maisons situées aux nos 40-48, connues ici sous le nom de **Hamilton Lands** *(fermées au public).* Elles présentent un appareil en blocage et des pignons à gradins typiques de la fin du 16e s. et du début du 17e s., époque de l'apogée commerciale de Linlithgow. L'étroitesse des façades résulte de la forme des terrains, et le passage couvert en berceau est une caractéristique de ce type de lotissements. Dans **Annet House** est présentée une exposition, **The Linlithgow Story**, qui met l'accent sur les liens unissant la ville à la royauté (rez-de-chaussée) et sur son évolution commerciale (premier étage). *☏ (01506) 670 677 - www.linlithgowstory.org.uk - avr.-oct. : 11h-17h, dim. 13h-16h - possibilité de visite guidée sur demande - 1,50 £ (enf. 1 £) - aire de pique-nique - parking.*
Le site de l'ancienne porte occidentale du bourg est marqué par **West Port House**, maison à trois étages en forme de L (vers 1600) présentant une tourelle d'escalier.

Union Canal

Ce canal ouvert en 1822 fait partie du réseau qui permet de relier Édimbourg à Glasgow par la voie fluviale. Long de 50 km, il traverse Linlithgow avant de continuer vers l'ouest et la Falkirk Wheel (*voir plus bas*) où il rejoint le Forth & Clyde Canal. Les canaux ont fermé en 1965 mais les autorités ont eu la bonne idée de les rénover (voie cyclable le long des berges, nettoyage des abords, rénovation des tunnels) pour développer leur potentiel touristique. Dans un cadre charmant dominant la ville (au-dessus de la gare), **Manse Street Basin** est doté d'un petit musée consacré au canal – **Linlithgow Canal Centre** - *☏ (01506) 671 215 - www.lucs.org.uk - ♿ - juil.-août : 14h-17h ; de Pâques à juin et sept. : w.-end 14h-17h - aire de pique-nique, salon de thé - parking.* Il sert surtout de point de départ à quelques bateaux de promenade qui vous emmènent jusqu'au pont-aqueduc franchissant l'Avon, 4 km à l'ouest *(voir Carnet pratique).*

Aux alentours

Falkirk Wheel★★

Lime Road, Tamfourhill, Falkirk. Accès : en voiture, que l'on arrive par la M 9 ou M 80, il suffit de suivre les panneaux ; en train, vous devrez vous arrêter aux stations Falkirk Grahamston ou Falkirk High Station puis prendre le First bus n° 3 (tlj sf. dim.) - ☏ (08700) 500 208 - www.thefalkirkwheel.co.uk - ♿ - avr.-juil. et sept.-oct. : 9h30-18h ; août : 9h30-18h (sam. et dim. 19h) - exposition gratuite - mini-« croisière » dans l'ascenseur : 8 £.

Cet **ascenseur rotatif pour bateaux** est une première mondiale**.** Depuis 2002, il effectue la connexion entre le Forth & Clyde Canal et l'Union Canal et fait de ce réseau fluvial une vraie attraction touristique. Vous le voyez de loin, tel un ouvre-boîte géant campé en pleine nature. Deux bacs reliés et situés à chaque extrémité de « l'hélice » transportent les bateaux (petites péniches de croisière, canoës, de plus en plus nombreux) et deux fois 300 tonnes d'eau avec une consommation d'énergie minimum. L'exposition au Visitor Centre explique le procédé et on vous propose d'essayer la merveille technologique le temps d'un cours voyage aquatique et aérien. Si vous ne désirez pas effectuer le « voyage », attendez tout de même d'assister à une rotation : l'ascenseur bascule et transporte le bateau dans les airs en grinçant à peine plus qu'une vieille porte.

Nous vous conseillons de monter le chemin vers Union Canal pour dominer l'ensemble du mécanisme et voir les eaux du canal suspendues au-dessus du vide, à 33 m au-dessus du Forth & Clyde Canal.

Torphichen

Sortez de Linlithgow par le sud par la A 706 puis, après 4,5 km, tournez à gauche vers Torpichen.

C'est dans ce village que David Ier fonda en 1153 le premier établissement de l'ordre des frères de l'hôpital Saint-Jean de Jérusalem. À cette époque de troubles, on avait fréquemment recours à « l'immunité de saint Jean », ou droit du sanctuaire, qui était un droit d'asile symbolisé dans le cimetière limitrophe par une pierre centrale et quatre pierres d'angle. L'ordre fut supprimé en 1554, et remplacé par une seigneurie temporelle accordée au dernier prieur. L'ordre souverain de Malte fut rétabli en Angleterre en 1831, et l'ordre protestant de St-Jean reconnu par une charte royale en 1888. Un prieuré écossais fut créé en 1947.

Preceptory – *HS - ✆ (01506) 653 733 - www.historic-scotland.gov.uk - avr.-sept. : le w.-end et en période des vac. scol. 12h-17h - 2 £ (enf. 0,80 £).*

De la commanderie du 12e s. seuls restent le transept et la tour centrale. Ils sont contigus à une église paroissiale du 18e s. édifiée à l'emplacement de la nef. À l'extérieur, le clocher et les pignons du transept ont été dotés de redents lors des modifications entreprises au 15e s. Les fondations des bâtiments domestiques se trouvent au nord. À l'intérieur, des voûtes d'ogives couvrent le transept ; un monument à sir George Dundas a été placé dans l'arc ouest aujourd'hui muré. Un escalier à vis de 45 marches mène aux salles supérieures (exposition sur les hospitaliers et quelques fragments sculptés) et au clocher.

Cairnpapple Hill★ – *2,5 km à l'est de Torphichen par une route étroite et sinueuse bien signalée - HS - ✆ (01506) 634 622 - www.historic-scotland.gov.uk - avr.-sept. : tlj 9h30-18h30 - 3,50 £ (enf. 1,75 £)* - Clairement balisé depuis les fouilles menées en 1947, ce site (305 m) est unique car il est représentatif de cinq ères distinctes (une maquette et des panneaux didactiques ont été placés à l'intérieur de la hutte du conservateur). Le monument le plus ancien remonte à la dernière phase du néolithique (2500-2000 av. J.-C.). Délimité par une succession d'ouvertures à destination funéraire, il fut modifié à l'âge du cuivre (2000-1650 av. J.-C.) lors duquel furent ajoutés un talus extérieur, un fossé et d'autres ouvertures formant un ovale, dont un cercle de pierre (1-24).

La partie centrale du site est protégée par un dôme en ciment ; une échelle permet de descendre. Premier âge du bronze 1 (1650-1500 av. J.-C.) : large cairn funéraire bordé par 21 pierres avec deux cistes au milieu. Âge du bronze moyen 1 (1400-1200 av.

F. Sichet / MICHELIN

L'étonnante silhouette de la Falkirk Wheel.

J.-C.) : élargissement de la bordure de pierre accompagné de deux tombeaux. La phase finale, probablement le début de l'âge du fer, consiste en quatre tombes placées du côté est et orientées est-ouest.

Une large **vue** s'étend de Bass Rock à l'est aux montagnes d'Arran à l'ouest.

Livingston

À 10 km au sud de Linlithgow.

La quatrième ville-nouvelle d'Écosse se situe entre des terrils et les collines de Pentland et de Bathgate. En avril 1962, on décida que cette agglomération ferait partie d'un programme destiné à favoriser le développement et la croissance du centre de l'Écosse. Livingston possédait en effet un atout majeur comme centre de croissance industrielle : elle se trouvait au cœur du réseau écossais de communication, avec des routes et des voies ferrées assurant un accès facile aux principaux aéroports, ports et villes du pays (*voir encadré*). Livingston est également célèbre pour sa communauté protestante œcuménique où les pasteurs de différentes traditions, associés dans l'exercice de leur ministère, officient en commun.

Livingston, ville nouvelle

La population locale (2 000 âmes) était concentrée en deux zones : la communauté minière de la centrale de Livingston et le village lui-même, les raisons historiques de cette séparation remontant au 17e s. Aujourd'hui, le tracé des routes est semblable à une grille, avec un maillage routier isolé des voies piétonnes. L'habitat, réparti sur une douzaine de secteurs et parsemé de vastes aires de jeux, est diversifié tant du point de vue architectural que sur le plan de l'aménagement intérieur. Le principal centre urbain, Almondville, comprend un centre commercial, des bureaux et des édifices publics ainsi que plusieurs centres de loisirs. Sur les cinq principaux secteurs industriels sont déjà implantées 200 sociétés œuvrant essentiellement dans le domaine de l'électronique (30 entreprises) et du développement des plates-formes offshore. Un parc scientifique assure la liaison avec les différents départements de recherche universitaire.

Almond Valley Heritage Centre - *Signalé près de la A 705 à la sortie ouest de la ville - ✆ (01506) 414 957 - www.almondvalley.co.uk - ♿ - 10h-17h - 3 £ - aire de pique-nique, café - parking.* Un **musée** a été construit pour abriter une très intéressante exposition sur l'extraction de l'huile de schiste, industrie locale florissante au début du 20e s. Cette activité a employé jusqu'à 10 000 personnes avant d'être supplantée par l'importation de pétrole. Plus loin, sur la pente douce descendant vers la rivière Almond, on trouve des bâtiments agricoles abritant une foule de sympathiques animaux de ferme et un **moulin** restauré de la fin du 18e s.

Circuit de découverte

LA RIVE SUD DU FIRTH OF FORTH★

Ce circuit (45 km) qui part de Linlithgow permet de découvrir les curiosités architecturales et techniques de la rive sud du Firth of Forth.

Prenez la A 706 vers Bo'ness.

Bo'ness and Kinneil Railway

Une gare et 6 km de voie ferrée ont été reconstruits par la Scottish Railway Preservation Society pour abriter et présenter son importante collection d'objets appartenant au patrimoine ferroviaire national. La gare, avec son guichet, sa passerelle, son auvent et son poste d'aiguillage, évoque les belles années de l'une des principales compagnies écossaises, la North British. Dans un hangar de belle taille situé à proximité des docks des baleiniers, on peut voir locomotives, wagons et nombre d'accessoires. Des excursions en train à vapeur emmènent les visiteurs le long de la plage, puis à l'intérieur des terres jusqu'à la gare de **Birkhill**, où ils peuvent découvrir la **mine d'argile** (Fireclay Mine). *✆ (01506) 825 855/822 298 (horaires et tarifs) - www.srps.org.uk - visite guidée juil.-août : tlj ; avr.-juin et de déb. sept. à mi-oct. : w.-end - déb. de la visite 5mn apr. l'arrivée du train à vapeur Bo'ness and Kinneil - vêtements et chaussures adaptés - 3 £.*

Retournez vers Linlithgow. À la sortie de Bo'ness, tournez à droite (Dean Road). L'entrée se situe à gauche dans une grande courbe.

Kinneil House

Ne se visite pas.

Cette ruine partielle réunit la maison forte d'origine et l'aile contiguë qui était le palais. **James Hamilton**, 2e comte d'Arran (vers 1516-1575), régent et gouverneur pendant la minorité de Marie Stuart, fit élever la maison (1546-1550), puis le palais à partir de 1553. Le 1er duc d'Hamilton fit ajouter des pavillons, dont l'un reliait les deux édifices. L'ensemble se délabra peu à peu. En 1936, alors que l'on avait entrepris de démolir le palais, on y découvrit des **peintures a tempera** datant des 16e et 17e s. La voûte en berceau de l'Arbour Room présente un motif floral et des médaillons partiellement recouverts par une peinture apposée en 1621-1624. Remarquez les armoiries des Hamilton frappées sur la lunette d'une fenêtre et le médaillon représentant Samson et Dalila (1570). Les peintures de la chambre de la Parabole illustrent l'histoire du Bon Samaritain; le plafond à caissons en bois date du 17e s. Dans l'une des dépendances, **James Watt** (1736-1819) entreprit ses expériences sur sa machine à vapeur, financées par le fondateur des chantiers Carron, alors propriétaire des lieux.

Depuis Bo'ness, prenez la B 993 puis la B 903 vers le village de Blackness.

Château de Blackness

HS - ✆ (01506) 834 807 - www.historic-scotland.gov.uk - avr.-sept. : tlj 9h30-18h30; oct.-mars : sam.-merc. 9h30-16h30 - 4 £ (enf. 2 £).

Ce paisible village était jadis le port florissant de Linlithgow. Son château fort dont la silhouette fait penser à un navire se dresse sur un éperon rocheux dominant le Firth of Forth. Après l'Acte d'union de 1707, il fut l'une des quatre places fortes d'Écosse (avec Édimbourg, Stirling et Dumbarton) à abriter une garnison. Il fit fonction d'auberge de jeunesse après avoir été château royal, prison pour les Covenantaires et dépôt d'artillerie. Enfermant une tour centrale (15e s.), les courtines sont contemporaines de la tour sud (16e s.) ou « tour de poupe », et se rejoignent au nord à la « tour de proue », réduite pour servir de plate-forme à canons. Cette terrasse offre une belle **vue** sur le Firth of Forth et les ponts situés « à tribord ».

Revenez sur vos pas et suivez la direction « The Binns ».

The Binns

✆ (01506) 834 255 - ♿ - visite guidée (40mn) juin-sept. : sam.-merc. 14h-17h - brochure (9 langues) - 8 £ - aire de pique-nique - parking.

The **Binns**, foyer de la famille Dalyell, s'élèvent au sommet d'une colline jouissant d'une belle vue sur l'estuaire du Forth.

Thomas Dalyell, négociant en beurre d'Édimbourg, qui fait fortune à Londres sous Jacques VI, achète et embellit cette propriété à son retour en Écosse à partir de 1612. Son fils, **Thomas Dalyell** (1599-1685), plus connu sous le nom de **général Tam**, est une personnalité pittoresque qui domine l'histoire de la maison. Malgré certaines modifications et quelques ajouts, la maison a conservé de nombreux éléments datant de la reconstruction de 1630 et de l'époque de Thomas Dalyell dont un portrait de Jamesome trône dans le bureau. Les **plafonds moulurés★** de la grande salle et de la salle du Roi figurent parmi les plus anciens exemples du genre en Écosse. Parmi les nombreux souvenirs familiaux ou militaires du général Tam se trouvent ses bottes et son épée de la période russe, un peigne géant et la Great « She » Bible de 1611. Dans la salle à manger sont accrochés le portrait de Christian Shairp, œuvre célèbre d'Allan Ramsay, et un portrait du général après la Restauration.

La vie mouvementée du général Tam (1599-1685)

Lors de l'exécution de Charles Ier en 1649, ce militaire entièrement dévoué à la cause royaliste fait le serment de ne plus se couper les cheveux ni se tailler la barbe tant que la monarchie ne serait pas restaurée. Après sa capture à la bataille de Worcester (1651) et son emprisonnement à la tour de Londres, Tam gagna la Russie où il met son expérience militaire au service du tsar. Avec la restauration de Charles II en 1660, il revient commander les forces du roi en Écosse, s'opposant irréductiblement aux Covenantaires, qu'il défia à Rullion Green. Tam fut aussi à l'origine de la formation d'un nouveau régiment, le **Royal Scots Greys**, qu'il passe pour la première fois en revue aux Binns, en 1681. La fusion ultérieure avec le 3e régiment de carabiniers donne naissance à un nouveau régiment de cavalerie, les Royal Scots Dragoon Guards.

Rejoignez Abercorn, à 5 km à l'est des Binns.

Église paroissiale d'Abercorn

La vieille église du petit hameau d'Abercorn, refaite en 1579, restaurée en 1838, abrite un très bel exemple de galerie seigneuriale, le **Hopetoun Loft★★**. Lorsqu'il l'aménage entre 1707 et 1708, sir William Bruce a l'idée insolite d'y inclure une suite de pièces surmontant un caveau funéraire. Avec ses lambris, la galerie n'est pas sans rappeler une loge de théâtre : les sculptures sont d'Alexander Eizat et les éclatantes armoiries des Hope de la main de Richard Wiatt. Sur le côté se trouve le collatéral de la famille Dalyell.

Continuez vers l'est et suivez les nombreuses indications « Hopetoun House ».

Hopetoun House★★

✆ (0131) 331 2451 - www.hopetounhouse.com - ♿ - de Pâques à sept. : 11h-17h30 (dernière entrée 1h av. fermeture) - 8 £ - salon de thé, aire de pique-nique - parking.

Cet imposant bâtiment se dresse dans un cadre soigné (les pelouses sont irréprochables) offrant de magnifiques perspectives. L'architecture de Hopetoun House permet de comprendre les différences qui séparent les conceptions de William Bruce (17e s.) de celles de William Adam (18e s.), de même qu'on pourra saisir la diversité des intérieurs conçus par Bruce et les fils de William Adam, Robert et James, rehaussés par un très beau mobilier et une remarquable collection de peintures.

Le domaine d'Abercorn avec le château de Midhope sont achetés par John Hope en 1678. La résidence que conçoit initialement (1699-1703) **sir William Bruce** est modifiée et agrandie peu après par le fils de John, **Charles Hope**, qui confie les travaux à **William Adam**. Ce dernier réalise la façade est, toujours visible aujourd'hui, dont le style baroque s'inspire directement des exemples romains. Après la mort de William Adam en 1748, ses fils **Robert** et **James** reprennent les travaux en réalisant notamment la décoration intérieure des pièces d'apparat. Il est intéressant de noter que Robert Adam entreprit son *Grand Tour* (long voyage sur le continent, en vogue en Grande-Bretagne au 18e s.) entre 1754 et 1758 à l'âge de 26 ans, en compagnie de Charles, lord Hope, et James, futur 3e comte. La plupart des idées de Robert Adam pour Hopetoun proviennent ainsi d'Italie, d'où il expédiait ses instructions par écrit.

Extérieur – De style classique, le logis carré conçu par Bruce, dont les deux étages reposent sur un soubassement traité de façon rustique, reste l'élément majeur de la façade ouest. Avec ses sept baies, la section centrale est légèrement en retrait. Les fenêtres droites, les larmiers, les bandeaux et les encoignures contrastent avec le fronton dont le tympan porte un réseau complexe. La splendide façade est s'avère nettement plus théâtrale ; sa colonnade courbe relie le corps central à des pavillons. C'est assurément l'un des chefs-d'œuvre de William Adam. Le toit est couronné d'une balustrade rigoureusement symétrique qui unifie l'ensemble ; la corniche assure un rôle identique au niveau inférieur. La verticalité du bloc central a été rehaussée par l'utilisation de l'ordre corinthien sur deux des quatre niveaux, tandis que les pavillons les moins hauts dotés de lanternons possèdent des fenêtres à fronton encadrées par des pilastres jumelés. *(Pour la ressemblance avec Buckingham House, voir le Guide Vert Londres.)*

Intérieur – Ici aussi le tracé sévère de Bruce se distingue aisément, en particulier par ce recours presque exclusif à des matériaux locaux tranchant fortement avec l'opulence des pièces d'apparat créées par Adam. Traverser directement le vestibule et commencer la visite par les pièces dues à Bruce.

Bibliothèque – On a réuni deux salles pour créer cette pièce lambrissée de pin et garnie de rayonnages. Au-dessus de la cheminée de marbre, une toile (vers 1782) de David Allan représente les deux filles cadettes du 3e comte. Dans la petite bibliothèque aux lambris de chêne joliment ciselés et dorés se trouve une œuvre de Nathaniel Dance, *Charles, lord Hope* (1740-1766), qui accompagna Adam lors de son « Grand Tour » ; la **cheminée** est en marbre de Portsoy.

Salon sur le jardin – Cet ancien vestibule jouit d'une merveilleuse décoration réalisée par Bruce : d'élégants panneaux de chêne dont la sobriété est équilibrée par une corniche dorée côtoient des linteaux, des chapiteaux de pilastres et un ensemble d'appliques en argent. Au-dessus de la cheminée, le 4e comte est représenté en uniforme de capitaine de la Royal Company of Archers, qui assure la protection royale en Écosse. En face, la pendule hollandaise (18e s.) est une œuvre de Jan Henkels ; son moulin à vent et ses musiciens s'animent à heure fixe.

Chambre de Bruce – Somptueusement décorée, elle est garnie d'un **lit** magnifique aux tentures en damas rouge (Mathias Lock) faisant écho aux panneaux qui alternent avec le décor peint sur arrière-plan blanc. La suite originale comprenait le cabinet de toilette et le boudoir (exposition sur William Bruce et son œuvre) et, à l'arrière, le chartrier à l'épreuve du feu.

Escalier de Bruce – Les lambris de pin octogonaux admirablement sculptés par Alexander Eizat répondent au tracé octogonal de la cage d'escalier dont la rampe et les balustres sont en chêne. Les peintures (1967) sont de William McLaren.

Chambre lambrissée ouest – Cette pièce est garnie de tapisseries d'Anvers (vers 1700).

Vestibule d'entrée – Il réunit les salles conçues par Bruce aux pièces d'apparat réalisées par Adam et n'est qu'un pâle reflet de ce qui suit. Le plafond cintré et les murs vert pâle sont rehaussés de détails blanc et or, ainsi que par des médaillons de marbre.

Salon jaune – Aujourd'hui restaurés, les salons d'apparat sont indubitablement de William Adam, tandis que leur décoration intérieure est de son fils Robert. Au-dessus des murs recouverts de soie damassée jaune, le **plafond** cintré est orné de cartouches dorés et d'un motif central assorti. Les détails de la frise, les frontons et les cadres des portes sont également rehaussés d'or. Parmi les tableaux, on remarque un Teniers et une copie d'époque de la *Vieille Femme* de Rembrandt, ainsi qu'une *Adoration des bergers* attribuée à l'école de Rubens. Les larges miroirs et les consoles (Cullen) entre les fenêtres font partie du mobilier original de la salle à manger. Les commodes de Cullen situées de part et d'autre de la cheminée proviennent de la chambre d'apparat où, en 1822, le roi George IV anoblit le portraitiste Henry Raeburn et le capitaine Adam Ferguson, gardien des Regalia of Scotland (joyaux de la couronne).

Salon rouge – Le stucage doré (Clayton) du plafond rococo est l'une des premières œuvres conçues par Adam. Dessiné spécialement pour cette pièce, le mobilier de James Cullen (fauteuils et chaises en acajou, consoles dorées surmontées de

SCOTTISH VIEWPOINT/VISIT SCOTLAND

Le salon jaune de Hopetoun House.

miroirs ovales) a pour fonction essentielle d'être décoratif. La cheminée de marbre blanc ornée de caryatides est un travail de Michael Rysbrack (1756). Noter parmi les tableaux, *James, futur 3e comte* et *Charles, lord Hope*, représentés pendant leur « Grand Tour ».

Salle à manger d'apparat – Rénovée en 1820, elle témoigne du dernier style Régence par sa corniche décorative, ses revêtements muraux de cuir doré, ses rideaux et ses lambrequins élégants. Les chaises et les consoles à tablette de marbre sont également dues à Cullen.

Un escalier monte au musée.

Musée – Outre quelques costumes, de la porcelaine et l'historique de la famille Hope, on pourra s'intéresser à toutes les solutions étudiées pour traverser le Forth depuis les temps les plus reculés (y compris le tunnel proposé naguère pour relier les terres de Hopetoun).

Un autre escalier mène à la **terrasse du toit** qui offre de belles **vues** sur les jardins et l'estuaire du Forth.

South Queensferry★

Vous pouvez quittez Hopetoun en rebroussant chemin. De retour sur la A 904, prenez à gauche vers South Queensferry. Autre solution : quittez Hopetoun par l'entrée principale (l'allée qui traverse les beaux gazons). Après les grilles vous rejoignez une petite route côtière que vous prenez vers la droite. Elle mène directement à South Queensferry.

Ancien bourg royal, South Queensferry était jadis un port de ferry congestionné; c'est aujourd'hui une petite ville calme et charmante nichée sur la rive sud du Firth of Forth, à l'ombre des deux ponts sur le Forth. Bordée par une colline pentue où s'étagent les immeubles récents, l'ancienne partie de la ville domine le rivage. Le village est aussi le point de départ des excursions le long du Firth of Fourth et vers Incholm Island *(voir Carnet pratique p. 259)*.

La traversée du Forth – Point le plus étroit du Forth, cet endroit représente depuis longtemps un lieu de passage naturel. Le premier bac, lancé par la **reine Margaret** – d'où le nom de la ville – pour les pèlerins se rendant à Dunfermline, est exploité par les moines de Dunfermline, puis par les marins de la région. Dès le 17e s., ce bac était l'un des plus fréquentés d'Écosse et la première route à péage le reliait à la capitale. En 1650, le prix d'un passage s'élevait à « 3 shillings 4 pence pour un duc, un comte ou un vicomte, 1 shilling 4 pence pour un seigneur, 1 penny pour un homme ou une femme, 2 pence pour un cheval, une vache ou un veau et 4 pence par groupe de 20 moutons ». Dès le 18e s., lorsqu'il n'y avait encore aucun service régulier, on projette de construire à la fois un tunnel et un pont suspendu pour relier les terres d'Hopetoun situées des deux côtés du Forth. Les ferries à vapeur sont introduits en 1821, et, en 1850-1851, à l'aube de l'âge du chemin de fer, le Forth et la Tay voient l'inauguration du premier ferry-boat au monde. Ce service fonctionne jusqu'à la construction du Tay Bridge en 1878 et celle du Forth Bridge en 1890. Le bac de la reine, lui, continue de naviguer entre North et South Queensferry jusqu'en 1964, date à laquelle la reine Élisabeth II fait la dernière traversée sur le ferry à aubes *Queen Margaret,* après l'ouverture du New Road Bridge *(voir encadré p. 257)*.

Burry Man Festival

Le personnage central de ce festival (en août) est un être disgracieux couvert de la tête aux pieds de teignes vertes de bardane. Les origines exactes de cette manifestation populaire restent mystérieuses. *✆ (0131) 331 3719 - www.ferryfair.co.uk.*

High Street vers Rail Bridge

Cette rue sinueuse, qui organise le village, a été joliment repavée de façon à mettre en valeur les nombreuses demeures élégantes et colorées, construites pour la plupart à l'époque où le commerce était florissant. Certaines s'alignent uniformément en **« terraces »** que l'on gagne par des marches et des rampes. C'est le cas de West Terrace, Mid Terrace et East Terrace, bordées au sud de maisons qui appartenaient à d'opulents marchands. Remarquez en particulier **Black Castle** et ses lucarnes à fronton dont l'un porte la date de 1626, un cœur, des lacs d'amour (cordons décoratifs) et des initiales. Le **tolbooth** possède plusieurs horloges publiques. Outre une statue grandeur nature du Burry Man, le petit **musée** (au n° 53) offre une vue dominante sur le Forth. Des télescopes et des jumelles permettent d'observer les détails des ponts et la vie animale au bord de l'estuaire. *✆ (0131) 331 5545 - www.cac.org.uk - tlj sf mar.-merc. 10h-13h, 14h15-17h, dim. 12h-17h (dernière entrée 30mn av. fermeture) - gratuit.*

En continuant vers le pont ferroviaire, les maisons s'espacent. Au pied du premier pilier, vous remarquerez **Hawes Inn** (*voir aussi Carnet pratique*). Cette auberge du 17e s se dresse probablement à l'emplacement de l'un des hospices pour pèlerins créés par la reine Margaret. Ce pub, encore en activité, est cité dans des romans de Scott *(Antiquary)* et de R.L. Stevenson *(Kidnapped)*.

Excursion à Incholm Island

✆ (0131) 331 5000/1454 - www.maidoftheforth.co.uk - dép. de Southqueensferry - se renseigner pour les horaires - 9/13 £ (enf. 3/4,70 £).

Appelée l'« Iona de l'Est », l'île d'Inchcolm, célèbre pour son abbaye, s'étend à 2,5 km au sud d'Aberdour. Mais c'est depuis South Queensferry (face au Hawes Inn) qu'on peut la visiter *(voir encadré pratique pour les détails)*. Plusieurs itinéraires sont proposés. Mais tous offrent une vue plaisante sur les deux ponts, sur la partie sud du littoral. Vous passez le long de Hound Point, un terminal pétrolier en mesure

Forth Bridges★ : deux prouesses techniques

Les esplanades ou le port de South Queensferry offrent d'excellents **points de vue** sur les ponts du Forth, notamment le pont ferroviaire. L'aire de service à l'extrémité sud du pont routier possède une terrasse d'observation.

Forth Rail Bridge – Largement reconnu à son époque comme un grand exploit d'ingénierie, la silhouette familière de ce pont cantilever (suspendu sans câbles) est célèbre. Construit entre 1883 et 1890 pour un coût total de 3 177 206 £, il représentait alors un effort intrépide, peu de temps après le grand désastre du Tay Bridge en 1879 ; sa construction ne se fit d'ailleurs pas sans accidents et sans morts. Pour repeindre entièrement les 54 ha de surface de ses 50 000 t de poutres métalliques, il faut au moins 3 ans et 31 822 l de peinture spéciale. Attendez de voir un train y passer, comme suspendu dans les airs sur la première portion de l'ouvrage.

Forth Road Bridge – En amont du Forth se dresse l'élégante silhouette de ce pont suspendu, avec son étonnante « courbe ». Il fallut 6 ans (entre 1958 et 1964) pour achever ce pont comportant deux chaussées larges de 7,3 m, des pistes cyclables et des trottoirs ; on employa 39 000 t d'acier et 114 750 m³ de béton pour un coût total de 20 000 000 £.

Sur la rive nord, le **Forth Bridges Visitor Centre** fournit maints détails historiques et numériques sur les deux ponts *(accès par la route B 981, signalé depuis les abords du pont routier et installé au Corus Hotel, à North Queensferry, de l'autre côté du pont - ✆ (01383) 417 759 - tlj 9h-20h - gratuit).*

	Road Bridge	**Rail Bridge**	
Travée principale	1 006 m	521 m	Chaque travée centrale
Longueur totale	2 413 m	2 413 m	Longueur totale
Hauteur des pylones	156 m	110 m	Hauteur des pylones
Hauteur libre	46 m	48 m	Niveau des rails au-dessus de l'eau

d'accueillir des bateaux de plus de 280 000 tonnes qui y chargent le pétrole de la mer du Nord raffiné à Grangemouth. Plus loin, sur la plage, le château de Barnbougle, datant du 12e s. *(privé)* et restauré en 1880, fut le premier siège des Rosebery. On le dit hanté par un chien à la recherche de son maître, d'où le nom Hound Point mentionné plus haut. Du large, belles vues sur Édimbourg. En approchant de l'île peut-être apercevrez-vous des cormorans, des macareux et des phoques sur les récifs. Les dauphins ne sont pas rares dans les parages.

Inchcolm Abbey - En 1123, une tempête force Alexandre Ier à accoster sur l'île, et, en remerciement de l'hospitalité que lui accorde un ermite, il fonde un monastère augustin. Plus tard, le prieuré est élevé au statut d'abbaye. En dépit de nombreux raids anglais, celle-ci prospère jusqu'à la Réforme, époque où elle passe aux mains des Stewart qui en furent les commendataires, puis aux comtes de Moray. Les bâtiments conventuels sont bien préservés et comprennent des cloîtres du 14e s. et l'une des rares salles capitulaires octogonales d'Écosse (13e s). L'église présente des vestiges des 13e et 15e s.

Depuis South Queensferry prendre la A 90 (ou une route secondaire) et sortir aussitôt à Dalmeny.

Dalmeny peut aussi être atteint à pied depuis South Queensferry, par un chemin qui part non loin de Hawes Inn et qui traverse Dalmeny Park.

Dalmeny★

Ce charmant village très verdoyant doit son renom à son église paroissiale du 12e s., exemple exceptionnel d'architecture romane.

St-Cuthbert's Church★

✆ (0131) 331 1479 - avr.-sept. : dim. 14h-16h ; reste de l'année : clé disponible à la poste ou 5 Main St. (en face de l'église).

En raison de la situation de cette église près de la route du pèlerinage de Dunfermline, qui possède un autre ouvrage roman, il est légitime de penser que les mêmes maçons ont travaillé sur les deux chantiers. La simplicité du plan peut être perçue de l'extérieur : une tour occidentale massive (ajoutée par Lorimer au 20e s.) s'appuie contre une longue nef prolongée par un chœur assez court et une abside semi-circulaire. Au-dessus du bandeau, des fenêtres étroites et cintrées sont encadrées par des décorations en chevron. Mais le joyau est le superbe **portail roman sud★★** sans tympan, qui servait initialement d'entrée. Des silhouettes et des têtes d'animaux fabuleux tirés du bestiaire sont sculptées sur les voussures, hautes, étroites et cintrées, que surmontent des arcs entrecroisés. À **l'intérieur**, vus depuis l'extrémité ouest, les deux arcs décroissants attirent l'attention sur le maître-autel. Les arcs élégants du chœur et de l'abside sont appareillés en chevrons, tandis que les nervures de la voûte du chœur et de l'abside reposent sur une série de **corbeaux sculptés** figurant des têtes monstrueuses. Construite en 1671, la petite nef Rosebery fut remaniée au 19e s. ; les armes de la famille sont sculptées sur le panneau.

Dalmeny House★

✆ (0131) 331 1888 - www.dalmeny.co.uk - juil.-août : tlj sf lun. 14h-17h30 - possibilité de visite guidée - 5 £ - salon de thé.

Sir Archibald Primrose (1616-1679) achète cette propriété en 1662. Deux siècles plus tard, on charge William Wilkins de construire la maison néogothique que nous pouvons voir aujourd'hui. Parmi les portraits de famille du vestibule, on peut voir, outre celui du bâtisseur de la maison, le 4e comte de Rosebery, par Raeburn, celui du Premier ministre, par Millais. L'ensemble des cinq tapisseries madrilènes a été réalisé à partir de cartons de Goya. La bibliothèque abrite un tableau de Stubbs et un meuble à décoration en « feuille de lotus » commandé à Wilkins. Le style néoclassique du salon sert de cadre à la collection Rothschild de mobilier et de tapisseries françaises du 18e s. Le tapis provient de la manufacture de la Savonnerie ; quelques meubles portent l'estampille du dauphin ou des L entrelacés. Le corridor présente du mobilier écossais des 16e et 17e s. La chambre de Napoléon est l'œuvre du 5e comte, grand collectionneur de pièces historiques, qui écrivit même une biographie de l'empereur. Cette pièce conserve l'un des croquis du couronnement par David. Dans la salle à manger sont accrochés des portraits exécutés par Reynolds et Gainsborough : *Dr Johnson, Edward Gibbon, William Pitt le Jeune,* de même que *Henry Dundas, 1er vicomte de Melville,* autant de personnalités célèbres en Grande-Bretagne. Une suite de cinq chambres constitue les anciens appartements privés. Parmi les souvenirs hippiques présentés dans le petit salon du 6e comte, on ne peut manquer les célèbres couleurs rose et primevère de la casaque du comte. Le boudoir contient la plupart des meubles de la collection Mentmore. De la porcelaine est également exposée, dont des pièces de Sèvres et de Vincennes ; dans le salon Rothschild, on découvre des portraits de famille et des vues de Mentmore, la maison d'Hannah.

Rejoignez la A 90 puis la M 9 qui vous ramènent rapidement vers Linlithgow.

Linlithgow pratique

Informations utiles

Linlithgow – Burgh Halls - t (01506) 844 600 - avr.-oct. : 9h-17h, dim. 10h-17h.

Transports

Route – La région est très bien desservie par les autoroutes M 8 et M 9.

Train et bus – Linlithgow se trouve sur les lignes de bus reliant Édimbourg à Glasgow ou Stirling, et sur la ligne ferroviaire Édimbourg-Glasgow (Queen Street station). South Queensferry est relié par de nombreux bus (n° 43) à Édimbourg. La gare ferroviaire la plus proche est à Dalmeny (ligne Édimbourg-Aberdeen).

Se loger

LINLITHGOW

Carriden House – Bo'ness - (01506) 829 811 - carriden_house@compuserve.com - P. Petit château ou vaste demeure ? En tout cas une belle construction de pierre, dans la campagne entre Bo'ness et Linlithgow. Les vastes chambres offrent un confort simple largement compensé par le cadre magnifique et le calme offert. Vue sur le Firth of Forth entre les arbres majestueux qui entourent le domaine.

SOUTH QUEENSFERRY

Bon à savoir – Loger à South Queensferry permet aussi de profiter d'Édimbourg. Voir Hawes Inn.

Orocco Pier – *17 High Str. - (0870) 118 1664 - www.oroccopier.co.uk.* Belle adresse sur le petit port du village. Les chambres, le bar, les parties communes sont résolument modernes, colorées et chaleureuses. La vue sur les deux ponts est un plus non négligeable.

Se restaurer

LINLITHGOW

Four Marrys – *65 High St. - (01506) 842 171 - jusqu'à 21h.* Pub au décor chaleureux attendu. Les plats du jours viennent égayer de belle manière la carte classique. C'est bon, copieux et populaire, à tel point qu'il est conseillé de réserver le soir en fin de semaine.

Marynka – *57 High St. - (01506) 840 123 - midi et soir tlj sf lun.* Menus avantageux en semaine, même le soir. Intérieur tout jaune, chaleureux en hiver et rafraîchissant en été. Les produits locaux, très frais, sont accommodés de belles manières : locale, méditerranéenne, française, avec parfois quelques touches asiatiques.

The Chop & Ale House – *Champany - (01506) 834 532 - www.champany.com - tlj midi et soir.* P - ♿. Entre Linlithgow et Bo'ness, ce cottage qui entoure une petite cour fleurie abrite trois adresses en une : un pub réputé, un restaurant (beaucoup plus cher) et quelques chambres. Le second est particulièrement recherché pour ses grillades. Réservation impérative.

SOUTH QUEENSFERRY

Hawes Inn – *Newhalls Road - (0131) 331 1990 - tlj.* Pub « historique » sous un des piliers du plus vieux et plus beau des deux ponts. La carte fait la part belle aux produits de la mer. Dormir dans cette institution est également possible.

Excursions en bateau

Excursion sur les canaux depuis Linlithgow – *(1506) 671 215 - www.lucs.org.uk.* Petite promenade aux mêmes horaires que le musée (voir Linlithgow), 2,50 £. Pour une excursion vers l'aqueduc Avon : de Pâques à sept., week-end seulement, à 14h, 7 £.

Croisières sur le Firth of Forth et vers Incholm Island – D'avril à octobre, depuis Hawes Piers à South Queensferry, deux compagnies proposent divers itinéraires durant de 1h à 4h - 8,50/13 £. *Forth Boat Tours : (0870) 850 6123 - www.forthtours.com. Maid of the Forth : (0131) 331 5000 - www.maidoftheforth.co.uk.*

F. Sichet / MICHELIN

Canal du Firth of Forth.

Événements

The Ferry Fair – À South Queensferry, une semaine de festivités dédiées aux enfants se tient durant le mois d'août. C'est à cette occasion que le Burry Man défile (voir encadré p. 256).

Infos sur www.ferryfair.co.uk.

INVERNESS
Loch Arkaig
A 82
★★Ardnamurchan Point
★Arisaig
A 830
Glenfinnan★
Spean Bridge
Sanna★★
Loch Shiel
Fort William
A 86
Loch Laggan
1344
Ben Nevis
Loch Ericht
Kilchoan
Corran
Inchree
Calgary Bay★★
★Tobermory
Strontian
A 861
Rannoch Station
Dervaig
A 848
Lochaline
A 884
Loch Linnhe
A 828
A 82
Loch Rannoch
Stalker
Rannoch Moor
Ulva
Torosay
Lismore
Scottish Sea Life Sanctuary
Craignure
★★Ben Lawers
1214
★★Staffa
★MULL
Duart
Bonawe Furnace★
Tyndrum
Killin
Iona★
★Oban
★★Loch Earn
Fionnphort
A 849
Lochbuie
★Cruachan Power Station
Kilchurn Castle
A85
★Ross of Mull
Carsaig
Inverlochlarig
Firth of Lorn
Arduaine Garden
Loch Awe
A 82
Inveraray★★
Inversnaid Hotel
★★Loch Katrine
★Callander
A 816
★★
Carnassarie
Cairndow
Tarbet
Ben Lomond★★
974
★Auchindrain
Arrochar
Colonsay
★Crinan
Dunadd
Lodge
★Luss
Ardlussa
Aberfoyle
Lochgilphead
JURA
Loch Lomond★★
Sound of Jura
Helensburgh
Balloch
Kilmory
Knapdale
A 83
Loch Fyne★
Dunoon
Dumbarton
Port Askaig
Feolin Ferry
Greenock
A 8
M 8
ISLAY
Craighouse
Tarbert
Rothesay
Île de Bute
Mount Stuart★
★★★GLASGOW
Skipness
Port Ellen
Gigha
M 77
Lochranza
Tayinloan
Kintyre
Carradale★
Brodick★★
Kilmarnock
A 83
Lamlash Bay
Machrie
A 71
Île d'Arran
Whiting Bay
Mauchline
Machrihanish
A 841
★Ayr
NORTH CHANNEL
Campbeltown
Kilmory
A 76
★Culzean
Alloway★
Mull of Kintyre

LE CENTRE

Cette région couvre une bande de terre diagonale allant de l'Argyll à l'ouest à l'Angus à l'est. Les grandes lignes de l'histoire de l'Écosse se sont écrites ici, sur les murs gris ou roses de nombreuses cités au patrimoine riche et varié. Ni trop grands ni trop petits, ces ports, bourgs royaux et anciennes capitales, vous font quitter en douceur les métropoles du sud, tout en vous préparant au désert urbain du nord. Les paysages côtiers, insulaires, les lochs et les reliefs sont ici grandioses sans être démesurés. Tout en fascinant ceux qui les parcourent, ils invitent à pousser l'exploration toujours plus au nord. Le centre vous apparaîtra donc comme un « tartan géographique », où les traditions et couleurs de toutes les régions d'Écosse se rencontrent et se superposent.

Dundee★

154 674 HABITANTS
CARTE GÉNÉRALE RABAT II D3 - CARTE MICHELIN REGIONAL 501 L 14
CITY OF DUNDEE

La quatrième ville d'Écosse étale ses quartiers sur les pentes des premières collines de la rive nord de la Tay. Elle prospéra à l'époque victorienne grâce à l'activité portuaire et aux « trois j » : le jute, la marmelade *(jam)* et le journalisme. Mais aujourd'hui, ce sont les industries de haute technologie, l'université et une vie culturelle intense qui assurent sa réputation. Cette évolution se reflète dans l'architecture du centre, où de belles demeures de style victorien côtoient des musées et des centres commerciaux modernes. La capitale de l'Angus est aussi une base idéale pour découvrir glens, châteaux et plages de la région.

Se repérer – L'Angus s'étend sur la rive nord de la Tay. Traversée par la A 90, la région est très facile d'accès. Un réseau de charmantes routes secondaires sillonnent de doux reliefs avant de buter sur le massif des Cairngorms.

À ne pas manquer – Discovery Point à Dundee, Arbroath, Glamis Castle, Edzell Castle, une randonnée dans le glen Esk ou le glen Clova.

Organiser son temps – Dundee et quelques curiosités des alentours peuvent être visitées en une grosse journée. Une journée permet également de rejoindre Aberdeen par la côte ou l'intérieur des terres. Tout trajet sera rallongé en « s'enfonçant » dans les glens et leurs routes culs-de-sac superbes mais sinueuses.

Avec les enfants – Discovery Point et Sensation à Dundee.

Pour poursuivre le voyage – Aberdeen, Perth, St Andrews.

VISIT SCOTLAND, Angus and Dundee

Le « Discovery » du capitaine Scott a retrouvé la ville où il a été construit au début du 20e s.

Comprendre

L'Angus, région gastronomique – Sur une surface assez réduite, l'Angus possède tous les éléments géographiques et historiques nécessaires à la création de spécialités gastronomiques. Sur la côte, on pêche depuis des siècles le hareng ou le haddock qui, comme les saumons des rivières, sont fumés (à Arbroath notamment) et appréciés dans tout le pays sous le nom de *smokies*. Dans les vallées et collines, on cultive les céréales, on cueille des baies sauvages ou cultivées. Cela a permis de créer de savoureux biscuits et gâteaux comme le *Dundee fruit cake*. Dans les prairies paissent les fameux bœufs d'Angus, dont la viande est réputée dans le monde entier pour sa tendresse. À Forfar, on l'utilise pour confectionner des petites tourtes appelées *bridies*. Enfin, les bateaux qui accostaient dans le port de Dundee apportaient des denrées exotiques. C'est une cargaison d'oranges, pourries après un trop long voyage, qui fit germer l'idée de la marmelade, dont la ville est devenue la capitale.

Pêche à la baleine – Après Hull puis Peterhead, Dundee accède au rang de premier port britannique de pêche à la baleine vers 1860 avec l'arrivée d'une nouvelle génération de bateaux à vapeur destinés à pêcher la baleine et le phoque dans les eaux lointaines du Nord. Ces navires restaient huit mois en mer, de mars à octobre. Les équipages étaient soit des gens du cru, soit des marins de Lerwick ou de Stromness qui servaient de rameurs. L'huile produite trouvait un débouché dans la bourgeonnante industrie du jute *(voir encadré)*, car elle servait à assouplir les fibres brutes. La pêche à la baleine se poursuivit jusqu'à la Première Guerre mondiale. Le musée de Broughty Castle *(voir plus loin)* possède une section consacrée à cette pêche.

Le jute de Dundee

L'utilisation du jute se développa dans la seconde moitié du 19e s. avec l'explosion de la demande mondiale en matériaux d'emballage. L'armée utilisait la toile de jute pour les housses d'armes, les sacs de sable et les tentes ; les chariots qui roulaient vers l'ouest américain étaient bâchés de toile fabriquée à Dundee. À son apogée, la fabrication de cette toile occupait 50 000 employés à Dundee. Ils vivaient et travaillaient pour la plupart à la périphérie nord-ouest de la ville, dans le quartier de Blackness, l'une des premières zones industrielles d'Écosse (18e s). Mais ce quartier avait gardé un aspect suffisamment campagnard pour que l'usine de David Lindsay, créée en 1833, reçoive le nom de Verdant Mill (la fabrique verdoyante). Celle-ci, l'un des meilleurs exemples de fabrique de toile de jute, a été convertie en un musée très dynamique (Verdant Works) qui raconte l'histoire de ce qui fut une activité importante sur le plan international.

Célébrités locales – C'est à Dundee que résidait **James Chalmers** (1823-1853), reconnu comme l'inventeur du timbre-poste adhésif. C'est aussi à Dundee que se trouve le siège de l'empire de presse Thomson dont les bandes dessinées ont rendu célèbres les personnages de Desperate Dan, Denis the Menace, Korky the Cat.

Visiter

Le centre-ville

Ce quartier compact et piétonnier mêle divers styles architecturaux qui traduisent l'évolution rapide de la ville aux 19e s. et 20e s. Il se parcourt rapidement. La promenade est égayée par de nombreuses sculptures parfois comiques : lampadaires torsadés, pingouins, dragon agressif, singe malin, héros de BD (Desperate Dan)…

McManus Galleries★ B2

Albert Sq. - fermé en 2007 pour rénovation (avec probable réaménagment des collections), réouverture prévue déb. 2008 - www.mcmanus.co.uk.

Ce musée est un très beau bâtiment victorien (on passe d'ailleurs devant la statue de la massive souveraine) de style néogothique, édifié par George Gilbert Scott. Il abrite une galerie consacrée au commerce et à l'industrie, qui présente les activités qui firent de Dundee une ville prospère à la fin du 19e et au début du 20e s. La **salle Albert** regroupe un magnifique ensemble de pièces d'art et d'artisanat rassemblées par d'éminents collectionneurs de l'époque victorienne. La galerie Victoria met en valeur de nombreuses peintures du 19e s. (portraits, paysages et scènes de genre), tandis que la galerie MacKenzie donne un parfait aperçu de la peinture écossaise du 20e s. Vous remarquerez les œuvres du paysagiste local James McIntosh Patrick, né en 1907, en particulier son tableau *Autumn, Kinnordy*, minutieuse étude des méthodes agricoles traditionnelles dans la campagne écossaise.

St Mary's A-B2

Le « vieux clocher » (Old Steeple), comme on l'appelle ici, est le plus vieux bâtiment de Dundee et le seul vestige de l'église paroissiale originelle des 14e et 15e s. Comme beaucoup d'autres églises, elle fut subdivisée après la Réforme. Occupant la partie est, St Mary's est ornée de quelques beaux vitraux de Burne-Jones et de Morris (chevet et bas-côté nord), ainsi que par une belle scène illustrant Gethsémani dans le bas-côté sud.

DCA - Dundee Contemporary Art A2

152 Nethergate - ✆ (01382) 909 900 - www.dca.org.uk - complexe : tlj 10h30-0h (sf dim. à partir 12h) ; galeries : mar.-sam. 10h30-17h30 (jeu. 20h30), dim. 12h-17h30.

Le DCA est situé à 200 m de St Mary's, à côté de la cathédrale St Andrews (1772). Ce bâtiment, transformé par R. Murphy en 1999, abrite un centre culturel, qui traduit la nouvelle vocation de la ville. L'intérieur, très agréable, offre au public une salle d'expositions temporaires, un cinéma art et essai, et des ateliers où l'on organise divers évènements.

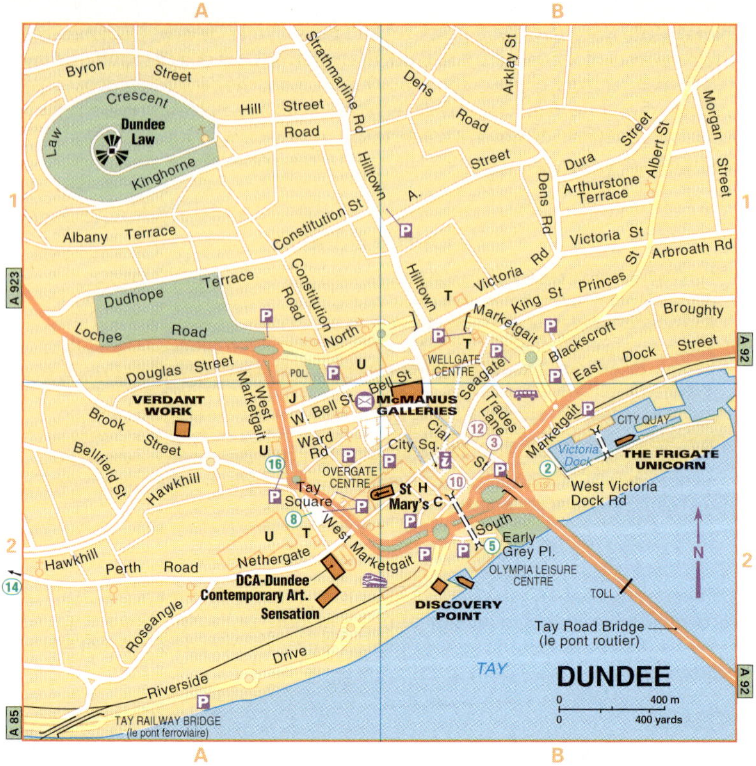

SE LOGER

- Apex City Quay Hotel & Spa ... (2)
- Hilton Dundee ... (5)
- Number twenty five ... (8)
- The Shaftesbury Hotel ... (14)
- Travelodge ... (16)

SE RESTAURER

- Bon Appetit ... (3)
- Rama Thai ... (10)
- The Italian ... (12)

Sensation A2

Green Market - ☏ (01382) 228 800 - www.sensation.org.uk - ♿ - à partir de 10h - 6,50 £ (-15 ans 5,50 £) - café - parking.

Dans ce centre tout à fait passionnant, dédié à la science, découvrez les diverses façons dont les humains, plantes et animaux utilisent leurs sens pour explorer le monde qui les entoure.

Verdant Works★ A2

West Henderson's Wynd - ☏ (01382) 225 282 - www.verdantworks.com - ♿ - avr.-oct. : 10h-17h, dim. 11h-17h ; reste de l'année : 10h-16h - 5,95 £ billet combiné avec Discovery Point - café - parking.

Les expositions et présentations astucieuses du musée évoquent l'utilisation du jute et l'importance de cette industrie pour la ville *(voir encadré)*. On découvre les laborieux procédés qui permettaient de transformer en un produit exploitable la plante cultivée et récoltée en Inde par un million de personnes. Le mode de vie des employés de la fabrique est abordé de façon souvent amusante.

Les « hauteurs »

Dundee Law A1

Suivre la signalisation vers le War Memorial. Du haut de ce culot volcanique (178 m), un **panorama** circulaire s'offre sur Dundee et la campagne environnante. La ville se déploie en contrebas, avec les ponts de la Tay la reliant au Fife. Les monts Vorlich, Lawers et Macdui sont visibles vers le nord.

Mills Observatory

Balgay Park. Suivre les panneaux. Glamis Road - ☏ (01382) 435 846 - www.dundeecity.gov.uk/mills - avr.-sept. : tlj sf lun. 11h-17h, w.-end 0h30-16h ; oct.-mars : 16h-22h, w.-end 12h30-16h - gratuit - parking.

Cet observatoire public comporte au rez-de-chaussée une exposition sur l'astronomie et l'exploration spatiale. Sur la terrasse, un télescope et des jumelles permettent d'avoir une vue étendue sur la Tay. Le télescope principal *(accès avec un membre du personnel uniquement)* ne fonctionne que les soirs où le ciel est dégagé, entre octobre et mars.

Les bords de la Tay

Comme dans d'autres villes, les bords de la rivière sont séparés du centre-ville par une zone réservée aux transports, aménagée à l'époque du « tout automobile ». Les autorités y remédient et transforment les quais en un quartier attractif : musées rappelant le passé maritime, équipements de loisirs ou shopping, promenades.

Discovery Point★ B2

Craig Harbour - ✆ (01382) 201 245 - ♿ - 10h-18h, dim. 11h-18h (nov.-mars 17h) - possibilité de visite guidée sur demande - fermé 1er-2 janv. et 25-26 déc. - 6,45 £ ; 10,95 £ billet combiné avec Verdant Works - café - parking.

Dundee tire une immense fierté du navire d'exploration *RRS Discovery* *(voir photo p. 262)*, sorti de ses chantiers navals en 1901 et commandé par le capitaine Scott durant son **expédition dans l'Antarctique** (1901-1904). De retour sur la Tay en 1986, aujourd'hui en cale sèche, le *Discovery* est la pièce maîtresse d'une présentation ambitieuse commémorant son célèbre voyage. La visite débute sur le quai, dans le centre qui lui est consacré. Là, une exposition remarquablement organisée évoque de façon très complète l'enthousiasme qui a entouré la construction du navire, son lancement, son voyage et les deux hivers passés dans l'Antarctique, décrits fort justement comme une « épopée de l'endurance humaine ». Le point fort en est la spectaculaire présentation audiovisuelle intitulée *Locked in the Ice* (« Prisonniers de la banquise »). Le *Discovery* ayant poursuivi sa carrière de navire d'exploration, il est présenté avec les aménagements utilisés en 1929 lors d'une nouvelle expédition vers l'Antarctique associant la Grande-Bretagne, l'Australie et la Nouvelle-Zélande.
Vous visitez ensuite le **trois-mâts noir** lui-même. Remarquez le pont principal en teck et ses châssis en tabatières (en substitution de hublots, incompatibles avec les icebergs), les chambres des machines maintenant vides, les laboratoires, la cabine de radio et la salle des cartes, les magasins, la chambre froide, le pont du mess pour les 26 membres d'équipage, ainsi que le carré des officiers lambrissé en teck et les cabines contiguës. L'environnement hostile de l'Antartique est présenté dans la galerie Polarama, qui propose des expositions interactives.

The Frigate Unicorn★ B2

Victoria Dock - ✆ (01382) 200 900 - www.frigateunicorn.org - avr.-oct. : 10h-17h ; nov.-mars : merc.-vend. 14h-16h, w.-end 10h-16h - fermé 2 sem. à Noël - 4 £ - salon de thé, aire de pique-nique - parking.

Cette frégate de 46 canons est à quai dans un quartier en pleine rénovation. Elle fut commandée par la Royal Navy en 1824, 19 ans après la bataille de Trafalgar. Les visiteurs peuvent découvrir les quartiers du capitaine et le pont des batteries, où chaque pièce de 18 était servie par neuf canonniers qui mangeaient et dormaient sur ce même pont. Le pont supérieur comporte toujours des toilettes de l'époque. Sur le gaillard d'arrière se trouvaient les 32 caronades (type de canons), surnommés « pulvériseurs ». Dans les cabines des officiers se tient une exposition sur la Royal Navy.

Les ponts sur la Tay

Le **Tay Road Bridge** (le pont routier), ouvert en 1966 deux ans après son homologue sur le Forth, est longtemps demeuré l'un des plus longs d'Europe. Il mesure 2 250 m

« Le plus mauvais poète du monde »

William Topaz McGonagall (1825-1902) est sans doute une des personnalités les plus pittoresques de la capitale de l'Angus. Cet artisan tisserand, natif d'Édimbourg, découvrit sa « vocation » de poète en 1877 et rencontra une certaine notoriété, non pas grâce à la qualité de ses vers mais plutôt à cause de leurs maladresses qui provoquèrent un amusement général. On lui décerna le titre du « plus mauvais poète du monde ». Parmi les 200 poèmes qu'il écrivit, le plus célèbre est *The Tay Bridge Disaster* évoquant le terrible accident survenu sur le pont ferroviaire en 1879 *(voir page suivante)*. McGonagall se fit aussi connaître par ses campagnes contre l'alcoolisme, apparaissant régulièrement dans les pubs de la ville pour défendre ses idées… et déclamer ses poèmes.

de long, possède 42 travées et comporte deux voies de chaque côté de l'esplanade centrale, réservée aux piétons. Ce passage est ponctué de plates-formes d'observation *✆ (01382) 221 881 - www.tayroadbridge.co.uk - 80 p./voiture.*

Le premier **Tay Railway Bridge** (le pont ferroviaire) est inauguré en 1870 pour remplacer le premier ferry au monde capable de transporter un train (1850). Il mesurait près de 3 km. Durant une nuit orageuse de décembre 1879, le pont s'effondre sous un train transportant 75 passagers, qui tous décèdent. Thomas Bouch, l'ingénieur des travaux publics qui avait conçu ce pont, fut très affecté par cette tragédie et mourut peu de temps après. Huit ans plus tard, le pont actuel fut inauguré, réutilisant une partie de la charpente en fer d'origine.

Circuits de découverte

LES COLLINES ET VALLÉES DE L'ANGUS★ 1

Environ 140 km. Immédiatement au nord de Dundee s'étalent les collines de Sidlaw. Vient ensuite la région du Strathmore et ses belles curiosités. De là partent plusieurs vallées étroites, dites **glens**, qui coupent les Highlands orientales. Elles constituent toutes des culs-de-sac routiers. Mais plusieurs sentiers pédestres mènent à la Dee et offrent de beaux panoramas.

Prenez la A 90 puis, à 8 km, une route secondaire à gauche vers Balgray.

Souterrain de Tealing

Près d'une ferme se situent un **colombier** (1595) et, plus loin, une **maison en terre**, qui est en fait un long passage cintré, aujourd'hui sans toit, menant à une pièce intérieure. Cette maison date de l'époque picte et peut avoir servi de logement, de refuge, de garde-manger ou d'abri pour animaux.

Reprenez la A 90 puis bifurquez de nouveau à gauche vers Glamis par la A 928.

Glamis★

Situé dans la riche campagne agricole du bassin de Strathmore, ce charmant village se dresse à la périphérie du domaine de Glamis Castle.

Angus Folk Museum★ – *Kirkwynd Cottages - ✆ (01307) 840 288 - www.nts.org.uk - se renseigner pour les horaires et les tarifs.* Un alignement de cottages du 19e s. abrite une remarquable exposition sur la vie rurale d'autrefois. La section consacrée à l'habitat comprend un salon de presbytère du 19e s., suivi d'une laiterie, d'une blanchisserie et d'une salle d'école. La travée suivante rappelle l'importance tenue dans les foyers par la pratique d'activités artisanales comme le filage et le tissage. De l'autre côté de la rue, la section agricole expose de nombreux outils fabriqués sur place et illustre les conditions de vie des ouvriers agricoles, tant du point de vue matériel que du point de vue financier.

Glamis Castle★★

✆ (01307) 840 393 - www.glamis-castle.co.uk - mars-déc. : 10h-18h (dernière entrée 1h30 av. fermeture) - 7,30 £ (enf. 4,10 £) ; parc : 3,70 £ (enf. 2,70 £).
Le château de Glamis, qui symbolise par excellence le château écossais, ajoute à son intérêt le fait d'être associé à la famille royale (Glamis est une résidence de la famille de la reine mère et c'est là qu'est née la princesse Margaret). Le lieu possède aussi son fantôme à demeure et accueille le rendez-vous annuel du **Scottish Transport Extravaganza** *(voir Carnet pratique p. 275).*

Le château est le fief de la même famille depuis 1372. En 1376, le chambellan d'Écosse, sir John Lyon, épouse une jeune veuve, Joanna, fille du roi Robert II. Mais en dépit de ses bons et loyaux services envers l'État, la famille perd les faveurs royales durant le règne de Jacques V, lorsque le 6e lord Glamis épouse une Douglas (en conflit avec le roi). Après la mort de lord Glamis, le roi occupe le château et retient longtemps lady Glamis prisonnière avant de l'envoyer au bûcher pour sorcellerie. Son fantôme, la « Dame grise », hante le château.

Extérieur – Vu du bout de l'avenue bordée d'arbres, le château est impressionnant. Hérissé de tours, de tourelles, de toits coniques et de souches de cheminée, le corps central domine l'ensemble de la construction dont les fenêtres semblent être diposées au hasard.

Intérieur – La visite guidée conduit parmi des pièces de diverses époques, décorées de nombreux portraits et d'une infinité d'objets intéressants. C'est à la suite d'un incendie de l'aile ouest en 1800 que la **salle à manger** gagna le beau plafond de stuc qu'elle présente aujourd'hui. Elle est ornée de portraits des grands-parents et des frères de l'actuelle reine mère. Du mobilier de style Jacques Ier, des armures et des armes sont exposés dans la **crypte** voûtée, salle principale de la tour d'origine, qui ouvre sur un grand escalier circulaire. L'axe central de cet ajout tardif servait de conduit à l'ancien système de chauffage. On chuchote qu'au niveau de la crypte se trouve une salle secrète où l'un des comtes et ses compagnons de ripaille, emmurés par le diable pour avoir enfreint le sabbat, continueraient à jouer aux cartes... Splendide, le **salon** est rehaussé d'un superbe plafond voûté orné de **moulures en stuc** (1621) et d'une magnifique cheminée (probablement due à Inigo Jones) construite pour commémorer l'Union de 1603. Parmi les tableaux, on remarque le groupe formé par le 3e comte, Patrick, et ses fils, avec en arrière-plan le château avant sa transformation. Le portrait du vicomte Dundee par Kneller sert à rappeler que son château, Claverhouse *(en ruine, ne se visite pas)*, est maintenant inclus au domaine de Glamis.

Les panneaux de la **chapelle**, que hanterait la « Dame grise », sont décorés de peintures du 17e s. représentant les apôtres et 15 scènes bibliques. Elles sont l'œuvre de **Jacob de Wet** (1695-1754), artiste hollandais qui travailla aux châteaux de Blair et de Kellie *(voir ces noms)* ainsi qu'à Holyroodhouse ; remarquez ce détail étonnant du Christ portant un chapeau. Le plafond de la **bibliothèque** date du 20e s. ; il est intéressant de le comparer à celui du salon. Les belles tapisseries (17e s.) furent tissées dans les ateliers de Mortlake ; *The Fruit Market* combine des cartons de Rubens et de Frans Snyders. La **chambre du roi Malcolm** présente des tentures délicatement travaillées, un plafond mouluré, des blasons et de la porcelaine armoriée. Dans l'**appartement royal** aménagé pour le duc et la duchesse d'York (titre porté par le roi George VI avant son accession au trône), vous ne pouvez manquer les tentures du lit à colonnes brodées par lady Strathmore et le lit dit « de Kinghorne », fabriqué en 1606 pour le 1er comte. Correspondant à la partie la plus ancienne, la **salle de Duncan** rappelle le *Macbeth* de Shakespeare écrit pendant le règne de Jacques VI ; vous y verrez un ensemble de portraits de personnages royaux ayant occupé le château.

Jardins – Des statues de Jacques VI et de son fils Charles Ier flanquent l'extrémité de l'allée. Au-delà d'un magnifique châtaignier se trouve un délicieux **jardin italien**.

Rejoignez **Forfar**, *ville principale de la région du Strathmore. Cette ancienne capitale picte compte une très belle rue principale et est célèbre pour ses bridies (pâtés à la viande et aux oignons). Prenez ensuite la A 926 vers Kirriemuir.*

W. Cheung / GHFP/GAMMA/CAMERA PRESS

Chambre de la reine mère dans Glamis Castle.

Kirriemuir

La petite ville de Kirriemuir, avec ses rues étroites et sinueuses bordées de maisons en grès rouge, possède un certain charme. Située au pied des Highlands, elle fait face au grand bassin courbe du Strathmore et se dresse au cœur d'une campagne où poussent les framboisiers.

J. M. Barrie's Birthplace – *9 Brechin Road - ✆ (01575) 572 646 - ♿ - juil.-août : 11h-17h, dim. 13h-17h ; avr.-juin et sept. : tlj sf jeu. et vend. 11h-17h, dim. 13h-17h - 5 £, billet combiné avec Camera Obscura - cafétéria.* La maison natale de **James Matthew Barrie** est un petit cottage de quatre pièces. La salle au rez-de-chaussée, qui contient différents

Le père de Peter Pan

Kirriemuir est le berceau du dramaturge **James Matthew Barrie** (1860-1937) qui en fit, sous le nom de Thrums, le cadre de certains de ses livres. L'enfance de Barrie fut marquée par la mort accidentelle de son frère aîné, drame dont il ne se remit jamais et qui imprégna profondément son œuvre. Après des débuts dans le journalisme, Barrie se fit connaître avec des romans ayant pour cadre son Écosse natale (*Ogilvy*, 1896, *Tommy le sentimental*, 1896, *Tommy et Grisel*, 1900). Mais c'est le personnage de Peter Pan, héros d'une pièce de théâtre (1904) puis d'un roman, qui lui apporta la notoriété. Personnage complexe et attachant, Peter Pan, « le petit garçon qui ne voulait pas grandir », peut être interprété comme un double de l'auteur, éternellement réfugié dans l'enfance et inadapté au monde des adultes.

albums et souvenirs, est sans aucun doute le lieu où le père de Barrie conservait son métier à tisser le lin. Le banc placé contre le mur opposé provient de l'appartement londonien de Barrie, situé Adelphi Terrace, un ensemble résidentiel édifié le long de la rivière par Robert Adam et démoli l'année de la mort de Barrie. On peut voir ce banc dans le portrait exécuté par James Lavery. Au premier étage à gauche se trouve la cuisine de Barrie et, en face, sa chambre à coucher. Plus loin, dans la salle d'exposition, un exposé nous dévoile les facettes de cet homme plutôt discret et sa maîtrise de la technique de scène *(Cher Brutus, L'Admirable Crichton).* Noter particulièrement deux costumes historiques de Peter Pan. Le petit lavoir à l'extérieur de la maison servait de théâtre de fortune et inspira certainement Barrie lorsqu'il inventa la maison de Wendy construite par les Garçons Perdus dans l'île du Pays Imaginaire. La tombe de Barrie se situe dans le **cimetière** *(tournez à gauche en quittant Brechin Road et empruntez Cemetery Road).* La courte promenade offre des vues du paysage agricole bigarré du Strathmore situé en contrebas.

Gateaway to the Glens Museum – *Main Square - tlj sf dim. 10h-17h - gratuit.* Une toute petite mais intéressante exposition (géographie, histoire, environnement) où la bourgade jumelée avec Volvic s'autoproclame porte des Glens.

Camera Obscura – *Barrie Pavilion, Kirriemuir Hill - ✆ (01575) 572 646 - www.nts.org.uk - du Vendredi saint à fin sept. 12h-17h, dim. 13h-17h (dernière entrée 20mn av. fermeture) - 3 £ (enf. 2 £).* Cette chambre obscure, offerte par Barrie en 1929, permet de voir « à l'ancienne » les vallées des Highlands au nord et, en direction du sud, vers Dundee.

Glen Clova★

Prenez la B 955 qui suit le superbe glen Clova sur 32 km.

Après avoir apprécié un paysage bucolique puis plus sauvage, vous atteindrez Braedownie, qui marque la fin de route.

De là, un sentier de randonnée rejoint Braemar et la vallée de la Dee *(voir Aberdeen p. 364)* ; d'autres marches plus courtes sont également possibles. En redescendant, profitez du dédoublement de la route (à Clova, prenez la route par laquelle vous n'êtes pas arrivé) pour changer de perspectives.

P. Tomkins / SCOTTISH VIEWPOINT/VISIT SCOTLAND

Une randonnée dans les glens vous fera découvrir une nature préservée.

De retour à Dykehead, vous pouvez prolonger le plaisir en tournant vers Cortachy et/ou le **glen Prosen**, moins fréquenté que le glen Clova.

De Kirriemuir, rejoignez Meigle par la jolie route A 926, puis B 954.

Musée de Meigle★★

À 11,5 km à l'ouest - HS - ✆ (01828) 640 612 - ♿ - avr.-sept. : 9h30-18h30 - 3 £ (enf. 1,50 £). Sur une butte derrière l'église, l'ancienne école du village abrite une collection exceptionnelle de **stèles pictes sculptées**★★ en grès rouge (7e-10e s.) découvertes dans les environs. Des dalles cruciformes, des tombes et divers fragments évoquent la vie et l'art des Pictes *(voir le chapitre Comprendre p. 49 et 61)*. Si la destination exacte de ces monuments demeure obscure, ils témoignent cependant d'une habileté hors du commun. Remarquez *(les pierres sont numérotées)* les énigmatiques symboles pictes – dessins en Z (1) ou en V (4), le miroir (1), le peigne, le double cercle (3) et le croissant (4) –, les croix de type celte avec leurs entrelacs et leurs motifs complexes, quelques scènes pittoresques, dont Daniel dans la fosse aux lions (2), les animaux fabuleux et les personnages (26). Ces monuments constituent l'unique témoignage nous renseignant sur les coutumes, l'habillement, les armes et les outils des Pictes. Enfin, ne manquez pas les groupes de cavaliers (26, 2, 3, 4 et 11) que l'artiste anonyme a voulu nous montrer en pleine action.

Rejoignez Dundee par la B 954.

ROUTE CÔTIÈRE DE L'ANGUS★ 2

Cet itinéraire de 50 km longe le littoral vers le nord. Il vous permettra par la suite de continuer votre route vers Aberdeen : soit par la côte *(voir Stonehaven p. 470)*, soit par le Cairn O'Mount (*voir circuit* 3).

Quittez Dundee par la A 930, en traversant une banlieue de villas cossues construites par les barons du jute au 19e s.

Broughty Ferry

Cet ancien village de pêcheurs devint, comme son nom le suggère, le terminal du ferry mais aussi la station balnéaire de Dundee. Restauré, le fort (15e s.) abrite le **Broughty Castle Museum** qui présente des expositions locales, des armures et une section intéressante sur la pêche à la baleine. *✆ (01384) 436 916 - www.dundeecity.gov.uk/broughtycastle - 10h-16h, dim. 12h30-16h ; oct.-mars : tlj sf lun. - gratuit.*

Dans les faubourgs nord, **Claypotts Castle,** jadis propriété des Graham de Claverhouse, est un exemple parfait de maison forte en Z du 16e s. ; les angles opposés de la partie centrale sont dotés de tours rondes. Remarquez la position stratégique des canonnières, situées à hauteur du sol, et le changement de section assuré par un encorbellement à hauteur de la toiture (*Ne se visite pas)*.

Reprenez la A 930 pour gagner **Monifieth**, *ville côtière qui possède de longues plages de sable et des parcours de golf intéressants. À la sortie de Monifieth, empruntez la B 962 vers le nord. À Mains of Ardestie, prendre à droite la A 92, puis une route secondaire à gauche.*

Souterrain de Carlungie

Datant de l'âge du fer, les « souterrains », ou maisons enterrées, sont caractéristiques des comtés d'Angus et de Perth. Ces chambres enterrées, dotées de murs, d'un dallage et d'un toit, étaient en général associées à un habitat plus traditionnel et servaient probablement de réserves pour les aliments. Le souterrain de Carlungie, auquel on accède en traversant un champ, comprend une galerie d'environ 40 mètres de long, reliée à d'autres pièces et passages.

Revenez sur la A 92 que l'on prend à gauche, puis tournez à droite vers Barry.

Moulin à eau de Barry

✆ (01241) 856 761 - pellis@nts.org.uk - ♿ - Pâques-sept. : tlj sf mar. 12h-17h, dim. 13h-17h - 5 £.

Ce moulin à farine restauré et en état de marche date du 18e s. Les expositions rappellent son importance pour la population locale.

Retrouvez la A 930. Vous l'empruntez pour rejoindre **Carnoustie,** *une station estivale fière de son terrain de golf, qui a la réputation d'être l'un des plus difficiles de sa catégorie. Continuez vers Arbroath.*

Arbroath★

Surnommée la « vieille ville rouge » en raison des maçonneries caractéristiques du quartier des pêcheurs, Arbroath est connue pour les belles ruines de son abbaye et ses haddocks fumés (les *smokies*) dont les fumeries assurent l'ambiance olfactive du lieu. Un vaste front de mer et de nombreuses promenades rappellent les efforts entrepris par la ville au milieu du siècle pour accéder au rang de station balnéaire.

Les moines tironensiens

Le monastère de Tiron, qui donna son nom à cette congrégation de moines bénédictins réformés, fut fondé en France au début du 12e s., près de Nogent-le-Rotrou, par un moine nommé Bernard. Ce dernier, après avoir observé longtemps la règle bénédictine, s'en sépara pour se rendre dans le Perche où il fonda le monastère de la Sainte-Trinité, cherchant à ramener la règle bénédictine à son observance primitive faite de méditation, de solitude et de travaux manuels, et instituant par là même la réforme de l'ordre de Saint-Benoît. La prospérité de l'abbaye et la réputation de sainteté du fondateur furent telles que de nombreux monastères et abbayes essaimèrent tant en France qu'en Angleterre et en Écosse. David Ier fit venir des moines de Tiron à Selkirk, pour les transférer quelques années plus tard à Kelso, puis à **Arbroath**. En 1116, lui-même se rendit au monastère de Tiron dans l'intention de rencontrer son fondateur, mais ce dernier mourut avant l'arrivée du roi.

Abbaye★ – *HS - ✆ (01241) 878 756 - www.historic-scotland.gov.uk - ♿ - avr.-oct. : 9h30-18h30 ; reste de l'année : 9h30-16h30 - 4,50 £ (enf. 2,25 £).* En 1178, à son retour de captivité, **Guillaume le Lion** (1143-1214) fonde un prieuré en hommage à son ami d'enfance Thomas Beckett, cruellement assassiné dans la cathédrale de Canterbury huit ans plus tôt. La construction est achevée en 1233 (après la mort de Guillaume) et, en 1285, l'édifice reçoit le statut d'abbaye. Il est occupé par des moines tironensiens *(voir encadré ci-dessus)* et devient le cadre d'un événement historique : la rédaction et la signature de la **déclaration d'Arbroath**, le 6 avril 1320, pendant la guerre d'Indépendance. Rédigée selon toute probabilité par l'abbé Bernard de Linton, cette éloquente déclaration d'indépendance de l'Écosse est expédiée au pape Jean XXII exilé en Avignon. Opulente par le rôle influent de son abbé dans le royaume, l'abbaye prospère jusqu'en 1606. L'oubli dans lequel elle tombe ensuite la condamne à la ruine. En 1951, elle refit l'actualité lorsque la pierre de la Destinée *(voir Scone Palace p. 309)*, réapparaît sur l'autel après avoir été « volée ».

L'enceinte pavée est dominée à droite par un alignement dont l'élément central, la **conciergerie**, commande l'accès à l'abbaye. À l'avant, la façade ouest est flanquée de tours carrées à contreforts. La voûte en plein-cintre du porche d'entrée soutient une galerie surmontée des restes de la moitié inférieure d'une rosace massive. Les vestiges de l'église abbatiale laissent apercevoir le mur sud de la nef et un magnifique **croisillon sud** à deux rangées d'arcades pointant jusqu'au triforium. Au-dessus se dressent les lancettes du grand vitrail circulaire qui servait jadis de repère pour les navires. Le chevet plat possède davantage d'arcades que surplombent trois lancettes. Une plaque indique la sépulture de Guillaume le Lion. La **sacristie** (15e s.), située à l'extérieur de l'aile sud du chœur, est une pièce voûtée d'ogives aux proportions harmonieuses. C'est sans doute ici que les moines gardaient le **reliquaire de Monymusk**, connu comme le « Brecbennoch » de saint Columba, et dont la garde avait été confiée aux moines par Guillaume le Lion. Le reliquaire suivait solennellement l'armée écossaise au combat. Séparée, la **demeure de l'abbé** (fin 15e-déb. 16e s.) est une habitation agréable de tradition locale malgré de nombreuses modifications (voir notamment la façade côté rue). Cette maison sert de musée et renferme d'intéressants objets, dont les

Ruines de l'abbaye.

effigies de Thomas Beckett et du fondateur (sans tête).

Signal Tower Museum – *Ladyloan - ✆ (01241) 875 598 - www.angus.gov.uk/history - juil.-août : 10h-17h, dim. 14h-17h - possibilité de visite guidée (1h) sur demande - gratuit - parking.* Joliment aménagé, ce musée local est situé sur le port, dans un élégant petit ensemble de bâtiments Régence au pied du sémaphore érigé pour communiquer avec le phare de Bell Rock à 20 km au sud-est. L'histoire de cette étonnante réalisation technique est parfaitement décrite dans le musée ; celui-ci met par ailleurs l'accent sur la vie particulière et souvent rude des pêcheurs de la ville, installés ici à la fin du 18e s. lorsqu'ils furent libérés du servage du comte de Northesk.

Goûtez les smokies !

L'odeur de poisson fumé titille les narines lorsqu'on se promène sur le port d'Arbroath. Et il est possible de goûter à ces haddocks (mais aussi flétans, truites, saumons) tout chauds dans quelques boutiques/fumeries, à des prix réduits. Ainsi : M&M Smith, sur High Street, ou Scott's et Spinks, sur Seagate. Le morceau choisi est emballé dans un papier journal et n'a plus qu'à être dégusté face à la mer.

St Vigeans★

Accès par la A 92. Au sortir de Arbroath, ce hameau se compose de cottages disposés en cercle autour de l'église, située sur une butte. Son **Musée** – *HS - ✆ (01241) 878 756 - www.historic-scotland.gov.uk - s'adresser à l'accueil de l'abbaye d'Arbroath pour organiser la visite - mêmes horaires que l'abbaye - gratuit)* contient une importante collection d'archéologie paléochrétienne. L'art des Pictes est bien illustré par une pierre gravée de symboles, la pierre Drosten (n° 1) comportant une croix et des animaux sur sa face avant, et des symboles au dos. Sur le grès rouge (n° 7) taillé en croix, on déchiffre des figures bibliques. Les pierres tombales en forme de cercueil sont richement décorées ; la n° 8 porte un oiseau fantastique sur son flanc.

Par la A 92, gagner Inverkeilor, où l'on prend à droite une route secondaire vers la **baie de Lunan**. *Longue de 6,4 km, la plage de sable est dominée par Red Castle, un édifice du 15e s. aux ruines déchiquetées. Guillaume le Lion aurait occupé la forteresse primitive pendant la construction de l'abbaye d'Arbroath. Ne manquez pas le minuscule village de pêcheurs d'***Auchmithie**, *célèbre lui aussi pour ses fumeries. Continuez vers par l'A 92.*

Montrose

On aperçoit la cité de loin grâce au clocher de l'église paroissiale. Ce port dynamique s'étend sur une péninsule qui sépare la mer d'une sorte de lagune (Montrose Basin). Montrose est depuis longtemps une ville de marché dynamique pour le riche arrière-pays agricole. Sa prospérité s'est accrue grâce au pétrole de la mer du Nord. Une vaste étendue de sable fin, plusieurs parcours de golf et une campagne environnante agréable à explorer la rendent par ailleurs populaire auprès des vacanciers estivaux.

High Street et le centre-ville – Sa forme triangulaire et allongée remonte à l'époque médiévale, comme les nombreux passages et ruelles sillonnant ce quartier aux habitations bourgeoises. De nombreuses maisons à pignons rappellent ce surnom de *gable endies* attribué aux habitants de Montrose à l'époque où la ville commerçait avec les Pays-Bas. Parmi les édifices les plus remarquables, citons l'**Old Town House**, un bâtiment du 18e s. agrandi au 19e s. qui présente une arcade élégante face à la statue de Joseph Hume, politicien et réformateur. Mais aussi **Castlehead,** au sud de High Street, un bâtiment à l'aspect de château fort, construit au 13e s. comme résidence urbaine de la famille Graham. Haut de 67 m, le clocher néogothique (19e s.) de **Old Church and Steeple** constitue un point de repère remarquable. Il fut ajouté à l'église du 18e s. par Gillespie Graham. Les célèbres « panneaux Panniter » du Museum of Scotland d'Édimbourg proviennent de l'église primitive.

Museum – *Panmure Place - ✆ (01374) 673 232 - www.angus.gov.uk/history/museums - ♿ - tlj sf dim. 10h-17h - fermé 1er-2 janv. et 25-26 déc. - parking.* On y présente les activités traditionnelles de la ville (pêche au saumon, commerce du tabac au 18e s. et pêche à la baleine). Vous en apprendrez aussi un peu plus sur les célébrités locales : le marquis de Montrose, chef du parti royaliste, le politicien et réformateur Joseph Hume, le sculpteur William Lamb (20e s.). Remarquez le buste de Hugh McDiarmid, éditeur du journal local dans les années vingt.

William Lamb Sculpture Studio – *Market St. - ✆ (01674) 673 232 - www.angus.gov.uk - ♿ - de déb. juil. à mi-sept. : 14h-17h ; reste de l'année : sur demande.* Ce petit atelier abrite une exposition de sculptures, de peintures et d'esquisses réalisées par **William Lamb** (1893-1951), artiste relativement inconnu et cependant talentueux. Les bronzes témoignent d'une verve et d'une sûreté étonnantes de la part d'un homme qui fut blessé à la main droite pendant la guerre avant de s'imposer de travailler de la main gauche. Le mobilier du petit salon lambrissé à l'étage évoque l'œuvre de Mackintosh. L'une de ses œuvres grandeur nature, *The Seafarer (Le Marin)*, coulée après sa mort, se dresse aujourd'hui près du port.

Contournez le bassin de Montrose par la rive sud.

Montrose Basin Wildlife Centre – *1,5 km au sud-ouest par la A 92 - Rossie Braes - ✆ (01674) 676 336 - ♿ - 10h30-17h ; nov.-mars : vend.-dim. : 10h-16h30 - 3 £ (-16 ans gratuit) - brochure en français - parking.* Un centre d'accueil construit par le Scottish Wildlife Trust se dresse sur la rive sud du magnifique bassin de Montrose, sorte de lagune intacte et relativement peu polluée dont les secteurs marécageux présentent un grand intérêt dans le domaine de la protection de l'environnement et jouent un rôle majeur pour la migration des oiseaux. Des présentations expliquent l'écologie des bassins à marée et on peut observer la faune au moyen de puissantes jumelles et d'autres équipements.

Continuez à longer le bassin en direction de Brechin.

House of Dun

✆ (01674) 810 264 - www.nts.org.uk - se renseigner pour les horaires et les tarifs.
Cette belle résidence de style palladien a été construite au début du 18e s. par William Adam pour remplacer l'ancien château de la famille Erskine, seigneurs des lieux. Déjà transformée au 19e s., cette maison a profité d'une restauration récente qui a respecté ces deux périodes. Les **pièces de réception** sont typiques de ce que l'on nomme en Grande-Bretagne le style « stone and lime », caractérisé par des guirlandes, des festons, des insignes, des trophées armoriés et des scènes allégoriques, voir le **salon** dont les motifs sont de Joseph Enzer (1742-1743). Au premier étage, les pièces privées sont décorées comme elles l'étaient au 19e s. La chambre rouge et la salle des tapisseries présentent des créations flamandes du 17e s. La visite des pièces réservées aux domestiques permet de se rendre compte de la vie que ceux-ci menaient à deux pas du luxe. Les jardins ont également été recréés. Le parc domine le bassin de Montrose, aujourd'hui réserve naturelle.

De là vous pouvez retourner à Dundee par la A 90 (et visiter quelques sites du circuit 1*) ou encore poursuivre vers Aberdeen par la côte (voir Stonehaven) ou par l'itinéraire* 3.

L'EST DE L'ANGUS ET CAIRN O'MOUNT★ 3

55-60 km de Brechin à Banchory. Comptez 1h sans les visites. Les excursions aux alentours de Brechin (1h) et le glen Esk (51 km AR) sont à ajouter.

Cette route panoramique suit l'un des passages les plus fréquentés, vers la vallée de la Dee ou Aberdeen. Elle passe par le col historique de Cairn o'Mount, que les conducteurs de troupeaux et les contrebandiers n'étaient pas seuls à franchir. La royauté et ses armées empruntaient aussi cette voie. Macbeth s'enfuit par ici en direction du nord vers sa défaite finale. Édouard Ier l'emprunta deux fois ; et Montrose ou Bonnie Dundee y étaient très à l'aise.

Brechin

Sur les rives de la South Esk, cette petite cité de pierre rouge s'est développée à hauteur d'un gué autour de son monastère de fondation celtique. La ville est connue pour sa **Round Tower★** (tour ronde - *à voir depuis le cimetière)*. Pratiquement millénaire, ce clocher rond est l'un des deux de type irlandais que compte l'Écosse. À l'origine, cet ouvrage de 34 m (la flèche date du 14e s.) se dressait seul ; il est probable qu'il servit de beffroi, de poste de guet et de refuge. À 2 m de hauteur, l'étroite **entrée** possède des piédroits dotés de sculptures d'ecclésiastiques et un linteau enrichi d'une crucifixion.

La cathédrale – *9h-17h - gratuit.* - Au milieu du 12e s., David Ier installa un évêché dans ce bourg celtique. Bien que bâtie au 13e s. (entrée ouest), l'église a été profondément modifiée depuis. La tour carrée date des 13e-15e s. L'intérieur renferme deux anciennes **pierres sculptées** (St Mary Stone, dans le mur nord de la voûte du chœur, et Aldbar Stone, à l'extrémité ouest du bas-côté sud), deux excellents exemples d'art picte. La tombe incurvée remonte probablement au 11e s. Les vitraux sont l'œuvre d'artistes du 20e s., tels que Douglas Strachan (fenêtre commémorative de la guerre), Gordon Webster et William Wilson.

Les alentours de Brechin

Avant de vous lancer vers le Cairn o'Mount, nous vous conseillons d'explorer les alentours de Brechin, riches de nombreuses curiosités.

Pictavia – *À 1,5 km du centre, en direction de Forfar-Haughmuir - ✆ (01356) 626 241 - www.pictavia.org.uk - ♿ - de Pâques à mi-oct. : 9h30-17h30, dim. 10h30-17h30 ; reste de l'année : 9h-17h, dim. 10h-17h - 3,25 £ (enf. 2,25 £) - cafétéria - parking gratuit.* Admirez la complexité des pierres sculptées ainsi que la délicatesse des bijoux celtiques, legs des anciennes tribus de guerriers pictes qui avaient pour habitude de peindre leurs corps.

Pierres d'Aberlemno★ – *À 10 km au sud-ouest par la route de Forfar (A 935). Une fois passées les portes du château fort, tourner franchement à gauche pour prendre la B 9134. Les pierres sont coffrées en hiver.* La route qui monte doucement offre de splendides vues vers le nord, sur Strathmore et la sinueuse South Esk et, au loin, les premiers contreforts des Highlands. Le village possède quatre **stèles pictes sculptées★** datant des 7e-9e s. Parmi ces pierres bordant la route, la plus proche de la salle paroissiale porte une croix flanquée d'anges et, au revers, une scène de chasse accompagnée de symboles pictes. On peut voir d'autres exemples de ces symboles énigmatiques sur le bord de la route (en face de la pierre est). Sur la gauche, une route mène au cimetière et à sa **pierre★**, autre brillant témoignage de cet art du haut Moyen Âge. Une face présente une croix et des entrelacs flanqués d'animaux enlacés ; l'autre porte une scène de bataille d'une composition dynamique

White Caterthun – *À 8 km au nord-ouest. Quittez Brechin vers le nord en direction de Menmuir.* Deux fortins datant de l'âge du fer se dressent de part et d'autre de la route. Le **White Caterthun** *(à 400 m à gauche)* est le plus proche et le mieux conservé. Deux murs de pierre, massifs mais en ruine, entourent un site d'un hectare situé au sommet de la colline. À l'arrière se trouvent les vestiges des remparts extérieurs.

Rejoignez Edzell par les petites routes ou en retrouvant la A 94.

Edzell Castle★

HS - ✆ (01356) 648 631 - www.historic-scotland.gov.uk - ♿ jardins - avr.-sept. : 9h30-18h30 ; reste de l'année : sam.-merc. 9h30-16h30 - 4,50 £ (enf. 2,25 £).

Les attrayantes ruines du château, ancienne résidence des Crawford Lindsay, se trouvent à 2 km à l'ouest du charmant village d'**Edzell**, qui s'élevait autrefois à proximité du château, et qui a été déplacé sur le présent site au 19e s.

P. Tomkins / SCOTTISH VIEWPOINT/VISIT SCOTLAND

Edzell Castle.

Le château – L'entrée actuelle mène à la cour pavée de la résidence édifiée à la fin du 16e s. Aujourd'hui en ruine, cette extension ne fut jamais achevée. Emprunter le passage couvert pour voir l'ancienne façade principale. Sur la droite, la maison forte (début 16e s.) présentant un plan en L traditionnel est garnie d'un encorbellement très décoratif. Le reste de la façade ouest date de l'ajout apporté à la fin du 16e s. La grande salle de la tour d'habitation offre une bonne vue plongeante sur le jardin d'agrément.

The Pleasance★★★ – Ce jardin classique clos – l'un des rares que l'on puisse admirer en Écosse – fut tracé en 1604 par **sir David Lindsay** (1550-1610) auquel on doit la cour intérieure du château. Sa conception procède des idées qui fleurirent lors de cette période de paix que fut la Renaissance. Très cultivé et grand voyageur, sir David était un homme de goût qui fut sans aucun doute très influencé par ce qu'il avait découvert au cours de ses voyages. Son œuvre remarquable témoigne d'une grande élégance et d'un raffinement incomparables en Écosse. En été, l'éclat des massifs de roses et des lobélies bleus et blancs tranche avec le rouge vif des murs. La **sculpture** héraldique et symbolique du mur mérite un examen attentif : entre les compartiments muraux portant les armes et les couleurs des Lindsay se trouvent des panneaux sculptés figurant les divinités planétaires (mur est), les arts libéraux (mur sud) et les Vertus cardinales (mur ouest). Des haies adroitement taillées tracent la devise des Lindsay : *Dum spiro spero*. Le pavillon réservé aux bains (angle sud-ouest) constituait un luxe dans l'Écosse du 17e s. ; il répond à un pavillon d'été situé dans l'angle opposé, au premier étage duquel on peut admirer des panneaux de bois sculptés provenant de la maison forte.

Quittez Edzell par la B 966 (route de Fettercairn) et tournez à gauche après la rivière.

Glen Esk★

En remontant la vallée du North Esk (*total AR 52 km*), on atteint **The Retreat**, où a été installé le **Folk Museum** (**musée des Traditions**) - *℘ (01356) 648 070 - visit@gleneskretreat.wanadoo.co.uk - ♿ - réouverture prévue printemps 2007 - juil.-août : 10h-18h ; de fin mars à juin : w.-end 10h-18h - 2 £ - salon de thé - parking* - qui retrace de manière passionnante la vie dans la vallée, les occupations et loisirs de ses habitants. La route poursuit son ascension et s'arrête juste avant les ruines du château d'Invermark, une autre forteresse des Lindsay.

De là, plusieurs balades sont possibles. Un sentier permet ainsi de découvrir *(1h)* le loch Lee, le réservoir d'eau de Dundee. Pour grimper le Mount Keen (939 m), en empruntant un superbe chemin, comptez 4h.

Redescendez le glen Esk et rejoignez la B 966. Prenez à gauche vers **Fettercairn,** *un village de grès rouge possède un certain charme, avec sa place pittoresque et son arche imposant. Prenez ensuite la route B 974 vers Cairn O'Mount.*

La route de Cairn O'Mount ★

Fasque – *℘ (01561) 340 215 - www.fasque.com - visite guidée sur RV - 5 £.* Construit entre 1820 et 1828, Fasque offre un aperçu de l'époque victorienne et, en particulier, de la vie de **William Ewart Gladstone** (1809-1898), quatre fois Premier ministre. L'escalier inférieur et les salles publiques illustrent la vie de cette époque. L'élément essentiel de cette maison est l'**escalier ovale**. Des volées jumelées s'élèvent pour se rejoindre sur un palier central, qui donne lui-même sur une série de salles ovales assorties, reliées par des couloirs. Le domaine de Fasque comprend un élevage commercial de cerfs et l'on peut parfois voir la harde dans l'enclos situé en face de la maison.

Continuez par la B 974.

Au loin, sur la droite, un monticule verdoyant est tout ce qui reste du château de Kincardine, une résidence royale. Les collines faisaient partie du parc aux cerfs appartenant au roi et quelques versants sont encore marqués par les vestiges des fosses aux cerfs. La route remonte ensuite une vallée encaissée jusqu'à Clattering Brig puis monte rapidement à travers la lande jusqu'au **Cairn O'Mount** (454 m). Depuis le sommet, on a une splendide **vue★★** sur le Howe of the Mearns, langue de plaine qui s'étend jusqu'à la mer. La route descend ensuite vers la Dee à travers les collines et, parfois, des zones boisées, empruntant plusieurs ponts étroits au-dessus de la Dye et de fortes pentes.

Traversez la Feugh à Strachan (prononcez Strouan), puis tournez à droite pour suivre la B 974 vers Banchory.

Dundee pratique

Informations utiles

DUNDEE

Office de tourisme – TIC, *21 Castle St. - ✆ (01382) 527 527 - dundee@visitscotland.com - www.angusanddundee.co.uk - 9h-18h, dim 12h-16h.*

Garage – RAC Service Center, dépannage 24h/24 – *✆ (0800) 828 282.*

Pharmacie – *Boots the Chemist - High St. - ✆ (01382) 221 756 - 8h30-18h (sauf mar. ouvre à 9h et jeu. jusqu'à 19h), dim. 11h-17h.*

Police – *Tayside Police Headquarters - West Bell St. - ✆ (01382) 223 200.*

KIRRIEMUIR

TIC, *Cumberland Close - ✆ (01575) 574 097 - se renseigner pour les horaires - fermé oct.-mars.*

Transports

En bus – Dundee Bus Station, Seagate - *✆ (01382) 228 345.*

Visite – Autobus : billets valables une soirée ou une journée, possibilité de forfaits.

En train – Blair Road - *✆ (08457) 484 950.*

En avion – Dundee Airport - Riverside Drive - *✆ (01382) 643 3242.*

Tay Taxis – *✆ (01382) 450 450.*

Se loger

Bon à savoir – Afin de rendre à la ville son accès à la mer, un immense projet urbain a été lancé et les quais seront en chantier jusqu'en 2020.

Travelodge – *West Market Gait - ✆ (08700) 850 950 - www.travelodge.co.uk - 48 ch. 46 £.* Bâtiment moderne et chambres standardisées d'un bon rapport qualité-prix, à 2 pas du centre-ville. Promotions fréquentes sur internet (jusqu'à presque 50 % de réduction).

The Shaftesbury Hotel – *1 Hyndford St., env. 2 miles du centre-ville - ✆ (01382) 669 216 - www.shaftesbury-hotel.co.uk - 11 ch. 66 £.* Tons pastel dans cette superbe demeure de ce quartier résidentiel. L'hôtel dispose de deux bons restaurants, proposant une cuisine européenne et chinoise.

Number twenty five – *25 South Tay St. - ✆ (01382) 200 399 - www.g1group.co.uk - 4 ch. 60 £.* En face du théâtre de Dundee, petite adresse très complète : restaurant/bar, night-club et quelques chambres à l'étage. Décoration new-yorkaise avec des photos aux murs. Restaurant idéalement placé pour le pré-théâtre.

Hilton Dundee – *Early Grey Place - ✆ (01382) 229 271 - www.hilton.co.uk - 129 ch. 70-155 £.* Bâtiment d'extérieur peu attrayant, sur les rives de l'estuaire. Mais les chambres, récemment réaménagées, sont d'un bon rapport qualité-prix et la salle du restaurant s'ouvre par une large baie vitrée sur la mer.

Apex City Quay Hotel & Spa – *1 West Victoria Dock Road - ✆ (01382) 202 404 - www.apexhotels.co.uk - 153 ch. 100-220 £.* Premier jalon dans ce quartier en pleine restructuration, cet immeuble contemporain de verre et d'acier, sur les quais. Chambres superbes. Avec les voies rapides qui le séparent de la ville, cet hôtel est encore un peu isolé, mais il offre le luxe qui manquait à Dundee.

F. Sichet / MICHELIN

Goûtez aux délicieux « Smokies », une des spécialités de la région.

Se restaurer

Bon Appetit – *22-26 Exchange St. - ✆ (01382) 809 000 - www.bonappetit-dundee.com - 12h-14h30, 18h-22h30, fermé le dim. - 20 £.* Tenu par un couple originaire de Dundee, parti travailler 20 ans en France, ce petit restaurant sans prétention est une des meilleures tables de la ville.

Rama Thai – *32-34 Dock St. - ✆ (01382) 223 366 - 12h-14h30, 17h-23h - 20-27 £.* Autre bonne table de Dundee proposant des saveurs plus lointaines. Malheureusement, le restaurant est en bordure du futur chantier, avec vue sur le parking et la voie rapide.

The Italian – *36 Commercial St. - ✆ (01382) 206 444 - www.theitalian.co.uk - 12h-14h, 17h30-0h (dernier service 21h30) - 20-35 £.* Récompensé peu après son ouverture, ce restaurant figure déjà sur la liste des bonnes adresses de Dundee.

Faire une pause

Fisher & Donaldson – *12 Whitehall St. - ✆ (01382) 223 488.* Salon de thé, chocolaterie, confiserie, boulangerie et pâtisserie. La première boulangerie établie sur la côte est de l'Écosse est devenue une petite chaîne avec 5 boutiques dans la région.

Costa Coffee – *35 Commercial St. - ✆ (01382) 200 322 - 9h-18h, dim. 11h-17h.* La mezzanine de la librairie Waterstone est aménagée en café convivial.

The Tasting Room – *5 South Ward Road - ✆ (01382) 224 188 - www.thetastingrooms.co.uk - 9h-11h30, 11h30-18h.* Ancien entrepôt de toile de jute récemment reconverti en espace moderne et branché. Les petits-déjeuners et les snacks se prennent sur la mezzanine tandis que le rez-de-chaussée est réservé à la cave à vin.

Chambers Bar – *59-61 Gellaty St. - ✆ (01382) 225 616* - Live Music & Food. La façade est déjà un voyage au pays des pubs.

En Soirée

SPECTACLES

Dundee Rep Theatre – *Tay Square - ✆ (01382) 223 530 - www.dundeerep.co.uk.* Pièces de théâtre contemporain, variétés, danse et musiques.

DCA – *152 Nethergate - ✆ (01382) 909 900 - www.dca.org.uk - lund.- sam. 10h30-17h30 (jeu. 20h30).* Centre moderne dédié à l'art contemporain et au cinéma. Expositions, cinéma, ateliers pour enfants et adultes, café-bar et boutique.

Whitehall Theatre – Théâtre et variétés.

Caird Hall – Concerts de musique classique et pop.

The Music Centre *(Bell St.)* – Récitals et musique de chambre.

PRENDRE UN VERRE

Fat Sams – *South Ward Road - ✆ (01382) 228 181 - www.fatsams.co.uk.* Boîte de nuit 7j/7, sur 3 étages, 7 bars, 4 ambiances différentes à partir de 22h30.

Sports et loisirs

Excursions en bateau - Badger – *✆ (01382) 542 516 - www.badgerdundee.org.uk.org.uk.* Tour de l'estuaire, excursions à Elcho Castle, Perth… vous aurez peut-être la chance de voir des dauphins.

Dundee Ice Arena – Matches de hockey sur glace et curling. Activités avec les enfants : **Sensation** (sciences), **Shaw's Dundee Sweet Factory** (confiserie).

Détente – Bowling, golf, sports nautiques, pêche à la ligne, équitation, marche et bicyclette (piste The Green Circular).

Achats

Centres commerciaux de City Quay, Wellgate et Overgate.

Allan Braithwaite Ltd Tea & Coffe Merchants – *6 Castle St. - ✆ (01382) 322 693.* Maison fondée en 1868, la boutique actuelle date de 1932.

Événements

DUNDEE

Dundee Jazz Festival – *✆ (01382) 202 902 (brasserie de l'hôtel Apex) et (01382) 434 940 (Res. festival) - www.jazzdundee.co.uk.* En dehors du festival qui se tient à la mi-avril, vous pouvez aussi profiter des concerts du dimanche à The Metro Brasserie de l'hôtel Apex de 13h à 15h.

Dundee Blues Bonanza Festival – *✆ (07941) 676 292 - www.dundeebluesbonanza.co.uk.* Le blues est à l'honneur début juillet avec des concerts dans les pubs de la ville.

Et aussi : Dundee Water Festival *(août)* ; Shinty/Hurling Festival (sorte de hockey sur gazon ; *juillet*) ; Flower and Food Festival *(septembre)*.

GLAMIS

Glamis Castle – *12 km au N de Dundee par A 928 - ✆ (01307) 840 393 - www.glamis-castle.co.uk.* Un grand nombre d'évènements annuels prennent place dans le château et ses jardins : **Glamis Extravaganza** (parade d'automobiles anciennes), **Glamis Prom** (musique écossaise et classique) et **Strathmore Highland Games** sont les principaux événements dont les détails sont sur *www.glamis-castle.co.uk.*

Dunfermline★

39 229 HABITANTS
CARTE GÉNÉRALE RABAT II C3 - CARTE MICHELIN REGIONAL 501 J 15 - FIFE

Capitale écossaise jusqu'à l'Union de 1603, la « vieille ville grise » a toujours été très présente dans l'histoire locale. Elle a prospéré, grâce à l'exploitation minière d'abord, puis au tissage du lin. Le centre-ville aux clochers pointus est perché en haut d'une colline et s'organise autour d'une grande abbaye et d'un vaste parc. Ses rues bordées de belles demeures de granit ne se situent qu'à quelques minutes seulement des charmants villages côtiers du West Fife.

- **Se repérer** – Dunfermline se trouve à quelques kilomètres seulement de la rive nord du Firth of Forth, à l'ouest du Royaume de Fife. La M 90 la place sur l'axe Édimbourg-Highlands. Des voies rapides la relient à la transversale vers Glasgow.
- **À ne pas manquer** – Le charmant village médiéval de Culross, l'abbaye de Dunfermline, le château et la plage d'Aberdour.
- **Organiser son temps** – L'ouest du Fife couvre une toute petite superficie. Une journée peut suffire si vous vous limitez à vos centres d'intérêt. Mais une demi-journée supplémentaire vous permettra d'en voir un peu plus.
- **Avec les enfants** – Deep Sea World, la plage de Silver Sands à Aberdour.
- **Pour poursuivre le voyage** – Rejoindre le Castle Campbell par la jolie route A 823 (voir Stirling), Édimbourg, Perth, St Andrews, les Trossachs.

D. Ba / BRITAINONVIEW.COM

La splendide abbaye abrite le tombeau du héros écossais Robert Bruce (1274-1329).

Comprendre

Au 11e s., **Malcolm III** Canmore (1031-1093) offre l'hospitalité dans sa tour de Dunfermline à l'héritier du trône anglais, Edgar Atheling, qui fuyait la conquête normande (1066). La **princesse Margaret** (1045-1093), la sœur d'Edgar, épouse le roi d'Écosse en 1070. Elle est à l'origine de la propagation des rites de l'Église catholique, qui supplantent progressivement ceux de l'Église celtique. Trois de ses fils montent sur le trône : Edgar, Alexandre Ier et David Ier. C'est Alexandre qui proclame la ville bourg royal entre 1124 et 1127 et David Ier (1084-1153) qui fonde l'abbaye bénédictine qui fera prospérer Dunfermline. Après les morts prématurées d'Alexandre III et de Marguerite de Norvège, la lutte pour la succession fait rage. Les bâtiments du monastère tombent en ruine. **Robert Bruce** (1274-1329), grand héros national, qui contribue à sa reconstruction, est enterré dans l'abbaye. Son cœur est conservé à l'abbaye de Melrose.

Découvrir

Abbaye de Dunfermline

La première église du lieu datait de l'époque celte. Elle est remplacée en 1072 et dédiée à la Sainte Trinité par Malcolm Canmore et la reine Margaret. Leur fils David Ier lui accorde le statut d'abbaye en 1128, reconstruit l'église monastique (1128-1150) et attire une communauté bénédictine. Avec ses terres immenses, ses biens, ses mines de charbon, ses salines et son bac, l'abbaye prospère vite. Son prestige est encore rehaussé par son statut royal qui en fait une « abbaye de Westminster écossaise » où 22 personnes de sang royal sont enterrées. Au 13e s., le transfert des restes de Malcolm et de son épouse entraîne la construction de la chapelle Ste-Margaret à hauteur du chevet. Puis Édouard Ier incendie l'abbaye, qui, malgré les restaurations engagées par Robert Bruce, ne recouvre plus jamais sa gloire passée. Au 14e s., une nouvelle résidence royale est ajoutée à l'hôtellerie. Lors de la Réforme, la direction de la communauté passe à des abbés commendataires : l'abbaye décline et n'est plus utilisée comme lieu de culte ; la partie est tombée en ruine et n'est relevée (1818-1821) qu'après l'écroulement de la tour centrale.

Église abbatiale★★

HS - ✆ (01383) 724 586 - www.dunfermlineabbey.co.uk - du Vendredi saint à fin oct. : 10h-16h30, dim. 14h-16h30 - 3,50 £ (enf. 1,75 £).

Nef romane – Cette partie de l'église bâtie par David Ier de 1128 à 1150 fut restaurée par William Schaw, maître d'œuvre d'Anne de Danemark. Outre le porche nord, la tour nord-ouest, la façade occidentale et des contreforts très massifs, on lui doit donc l'une des plus belles nefs romanes d'Écosse. Elle rappelle fortement Durham et la cathédrale St-Magnus de Kirkwall et voit triompher l'arc en plein cintre et les formes simples et massives. De grands piliers cylindriques, dont quatre présentent des motifs en chevron et en spirale, séparent les 7 travées centrales des bas-côtés et supportent des arcs en plein cintre. On peut observer au sol les limites *(en bleu sur le plan)* de l'église celtique originelle et de l'église de la Sainte Trinité de la reine Margaret (1072).

Parmi les nombreux monuments, celui de **William Schaw (1)** (1550-1602), près du porche nord, a été érigé par la reine Anne à la mémoire de son chambellan et maître d'œuvre qui restaura si habilement une partie de l'édifice. Celui de Robert Pitcairn **(2)** (1520-1584), commendataire de 1560 à 1584, est de facture Renaissance ; les quartiers de la voûte sont décorés de peintures.

Église paroissiale – La partie est de l'église abbatiale, reconstruite de 1818 à 1821, sert aujourd'hui d'église paroissiale. Une dalle **(3)** indique la tombe de Robert Bruce (1274-1329), le héros écossais. Le nouveau banc royal **(4)** commémore le 900e anniversaire de l'abbaye en 1972.

Quittez l'édifice par la nef et la porte de procession est **(5)**, *exemple d'art roman très bien préservé.*

Chapelle Ste-Margaret – Seules subsistent les fondations de l'édifice qui renfermait jadis les reliques de sainte Margaret, objet d'un pèlerinage populaire. Du cimetière, on a une belle **vue** sur la Forth, en direction d'Édimbourg.

Bâtiments monastiques

Du grand ensemble de bâtiments qui s'étendait autrefois au sud de l'église, il ne reste que les quatre murs du réfectoire, surplombant des salles et adjacent à la conciergerie, laquelle enjambe le passage couvert menant aux cuisines et à l'ancien palais royal.

Palais royal – Au 14e s., un nouveau palais royal fut construit à côté de l'hôtellerie. Quand Jacques VI offre l'abbaye et le palais à sa femme, **Anne de Danemark**, Dunfermline devient une

Le damas de Dunfermline

Dunfermline fut l'un des principaux centres de la fabrication de lin, issue de la pratique traditionnelle du tissage à domicile. La spécialisation de la ville dans le tissage du damas favorisa le maintien de cette tradition, car le travail demandé était complexe et de qualité. C'est en 1877 seulement que les métiers mécaniques supplantèrent les métiers à tisser manuels. La ville s'agrandit au fur et à mesure que les usines s'implantaient pour satisfaire les besoins en linge de table de qualité, en réponse aux demandes du marché local et de l'exportation. Les reconversions rendues nécessaires par la Première Guerre mondiale, l'amoindrissement des marchés et la compétitivité de nouveaux tissus entraînèrent le déclin de l'industrie. Le musée local retrace l'histoire et les techniques de la fabrication du lin et expose différents échantillons de tissu.

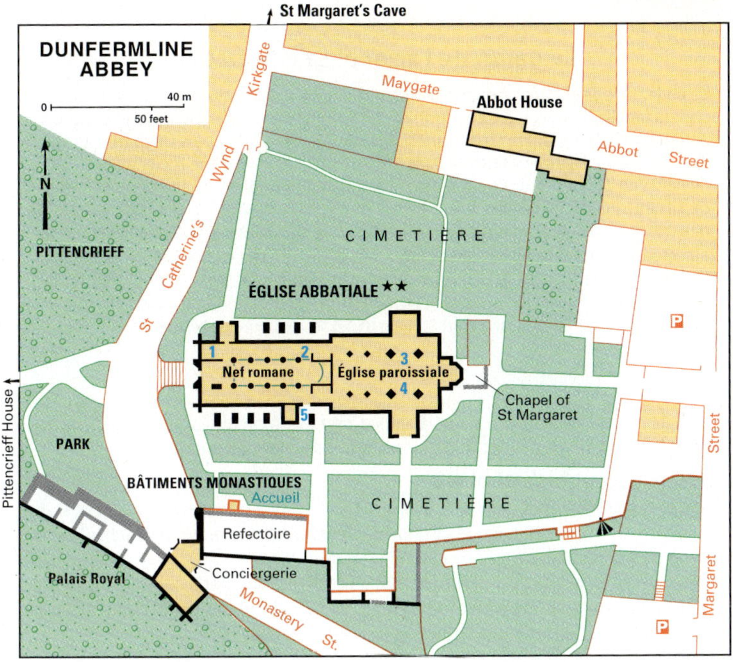

nouvelle fois demeure royale. Mais avec l'union des deux couronnes en 1603, la cour part pour Londres. La ville recevra néanmoins quelques visites royales dont celle de Charles II, qui vient y signer la déclaration de Dunfermline. Seul un mur évoque encore la splendeur de cet édifice que l'on verra avantageusement depuis le parc Pittencrieff.

Abbot House (Logis de l'abbé) – *Maygate - ✆ (01383) 733 266 - www.abbothouse.co.uk - ♿ - 10h-17h (dernière entrée 45mn av. fermeture) - fermé 1er janv. et 25 déc. - 4 £ - cafétéria - parking.* Ce bâtiment crépi de rose, le plus vieux de la ville, est pour le moins visible au cœur de « la ville grise ». Il présente une agréable silhouette hérissée de tourelles, cheminées, gradins et mansardes. Récemment rénové, il renferme de vivantes présentations historiques sur Dunfermline. Vous en saurez plus sur sainte Margaret, lady Anne Halkett, auteur d'un journal intime, qui vécut ici de 1670 et 1699, ou le poète **Robert Henryson** (l'un des grands poètes du 15e s., auteur du *Testament of Cresseid*, ou de la version humoriste des *Fables d'Ésope* et *Robin et Makyne*). Le jardin clos rappelle les loisirs d'herboriste de lady Anne ; quant à la ferronnerie étonnamment moderne des **grilles★** et de la tonnelle, elle évoque le travail des forgerons médiévaux dont les ateliers se situent en contrebas du jardin. Au-dessus de la porte principale, l'inscription : *Sen Vord Is Thrall And Thocht Is Fre - Keip Veill Thy Tongue I Coinsell The,* qui conseille de bien réfléchir avant de parler, est extraite du poème *The Kingis Quair,* écrit en 1424 par Jacques Ier d'Écosse.

Visiter

High Street, la rue piétonne principale de la ville mène au **City Chambers** (style gothique français) puis à l'entrée du vaste parc Pittencrieff. Avant de pénétrer dans ce dernier, faites un écart par **St Margaret's Cave**, où un escalier de 84 marches descend dans la grotte où la sainte venait prier – *✆ (01383) 314 228 - (01383) 313 838 (hors saison) - www.fifedirect.org.uk - avr.-sept. : 11h-16h ; reste de l'année : sur demande - gratuit).*

Pittencrieff Park

Appelé localement « The Glen », ce parc agréable et bien entretenu, situé au cœur de Dunfermline, fut donné par Andrew Carnegie à sa ville natale. Il dispose d'aménagements variés : des sentiers de nature, une aire réservée aux animaux familiers, une volière, des pataugeoires, une grande salle d'exposition florale et un jardin à la française. **Pittencrieff House** est un musée consacré à l'histoire locale et aux costumes régionaux. Les moulures des plafonds de cette demeure sont l'œuvre de Robert Lorimer, qui les réalisa au cours d'une rénovation faite au début du 20e s. *✆ (01383) 313 838 - www.fifedirect.org.uk - ♿ - 11h-17h (oct.-mars : 16h) - gratuit.*

Surplombant la tour Burn, une éminence rocheuse supporte les quelques vestiges de

Le baron de l'acier et sa ville natale

Le philanthrope et baron de l'acier **Andrew Carnegie** (1835-1919) naît à Dunfermline dans la famille d'un tisseur de lin, qui, en 1848, émigre en Amérique. Le jeune Andrew commence comme fileur de bobines, devient télégraphiste, puis travaille dans les chemins de fer. Il se lance ensuite dans le commerce du fer, puis de l'acier et, dès 1881, devient l'un des principaux barons américains dans ce domaine. En 1901, après la vente de ses entreprises, il fait de nombreux dons à sa ville natale : les bains Carnegie, la bibliothèque, l'école technique Lauder et le parc de Pittencrieff. Il contribue également à la création de maintes œuvres à travers le monde : le palais de la Paix à La Haye, le Carnegie Institute de Pittsburgh, le Carnegie Hall à New York, la bibliothèque de Toxteth, l'une des 660 fondées par Carnegie au Royaume-Uni, ainsi que les multiples fonds créés pour commémorer différents héros d'Europe et des États-Unis.

la tour de Malcolm Canmore. C'est là sans doute que Malcolm accueillit la princesse saxonne, sa future femme, et que leur nombreuse progéniture naquit.

Andrew Carnegie Birthplace

Moodie St., au sud de l'abbaye - ✆ (01383) 724 302 - www.carnegiebirthplace.com - ♿ - 11h-17h, dim. 14h-17h - possibilité de visite guidée (1h) sur demande - mai-oct. : 1er vend. du mois démonstration de tissage - 2 £ (-15 ans gratuit).

Le cottage où est né Andrew Carnegie (1835-1919) a été aménagé comme une maison traditionnelle de tisseur. Le Memorial Hall adjacent abrite des expositions illustrant la vie et l'œuvre du grand philanthrope (*voir encadré*).

Dunfermline Museum

Viewfield (suivez High St. puis East Port) - ✆ (01383) 313 838 - www.fifedirect.org.uk - ♿ - lun.-vend. sur demande - parking.

Outre diverses collections locales, ce musée présente une exposition intéressante sur le tissage du damas et du **lin de Dunfermline**, illustrée par des outils et des métiers à tisser, ainsi que des motifs de tissage.

Aux alentours

Loch Leven

À 19 km au nord par M 90. Le loch Leven est le plus grand lac des Lowlands (plus de 14 km²), connu internationalement comme site de reproduction et d'hivernage du gibier d'eau. Près de la B 9097, sur la rive sud, autour d'une ferme du 18e s. équipée d'une salle d'observation, **Vane Farm Nature Centre and Reserve** englobe dans ses 231 ha les habitats naturels du rivage et des marais – *✆ (01577) 862 355 - vane.farm@rspb.org.uk - 10h-17h - fermé 1er-2 janv. et 25-26 déc. - 3 £ (enf. 50 p.) - aire de pique-nique - parking.*

Dans une île du lac *(accès par bac à partir de Kinross)*, le **loch Leven Castle** se compose d'une maison forte du 14e s. et d'un mur d'enceinte du 16e. L'accès à la tour se faisait par une ouverture à tête ronde au niveau du deuxième étage. C'est dans cette forteresse des Douglas que fut incarcérée Marie Stuart, reine d'Écosse, depuis le 17 juin 1567 jusqu'à son évasion, le 2 mai 1568. Après la défaite de Langside, Marie s'enfuit d'Écosse pour ne plus jamais y revenir. *HS - ✆ (07778) 040 483 ou (07767) 651 566- www.historic-scotland.gov.uk - avr.-sept. : 9h30-17h30 - 4,50 £ (enf. 2,25 £) incluant le passage en bateau.*

Circuit de découverte

LE WEST FIFE : LE « LITTORAL » DE DUNFERMLINE★

Circuit de 42 km. Quittez Dunfermline par l'ouest et la A 907.

Oakley

Au cœur d'un « pays noir », la petite communauté d'Oakley s'est développée dans les années trente et quarante après la fermeture de la mine de Comrie et avec l'arrivée de nombreux mineurs catholiques venus des bassins houillers du Lanarkshire. L'**église du Très-Saint-Nom** (Church of the Most Holy Name, 1956-1958), un bâtiment de crépi blanc isolé sur une petite colline, possède un ensemble exceptionnel de **vitraux**, taillés selon la technique appliquée par le célèbre verrier français **Gabriel Loire**, originaire de Chartres. Très colorés, même lorsqu'ils sont peu éclairés, les plus petits vitraux ronds (sur la façade sud) décrivent des scènes de la vie du Christ. Sur les pans intermédiaires des murs de la nef, les différentes stations du *Chemin de croix* ont été sculptées et peintes dans des blocs de bois, également par Gabriel Loire. *✆ (01383) 850 335 - ♿ - visite sur demande auprès du presbytère, Srub Cottage, Station Road.*

Prendre la direction de Culross par la B 9031. Avant d'arriver dans le village, vous passez devant **St Mungo Chapel**. *Les quelques ruines restantes indiquent l'endroit où naquit le futur saint Mungo ou Kentigern (voir Glasgow p. 216). Le premier archevêque de Glasgow, Robert Blacader, construisit une chapelle en 1503 pour commémorer le saint patron de la ville.*

Culross★★

Culross (ne pas prononcer le l) est un séduisant petit bourg écossais, situé sur la rive nord de l'estuaire de la Forth. Une restauration consciencieuse a préservé son architecture locale, ce qui permet de se faire une bonne idée de ce qu'était un bourg de la côte est aux 16e et 17e s.

Nous vous conseillons de vous rendre à Culross en semaine ou tôt le matin le week-end. Vous éviterez ainsi la foule de visiteurs et profiterez de ces moments calmes où les habitants vous saluent en arrosant leurs fleurs.

Un bourg royal industriel des 16e et 17e s. – Si l'on en croit la légende, c'est ici que naît saint Kentigern (le saint Mungo de Glasgow) après que sa mère eut fui Traprain (Lothian). Une maison cistercienne y est fondée au 13e s. sur la colline, à proximité de l'ancienne grand-route *(voir St Mungo Chapel, plus haut)*. Au 16e s., une mine de charbon, la production de sel et le commerce avec les Pays-Bas constituent l'essentiel des activités. Le port de Sandhaven est florissant et cette prospérité permet au village d'accéder au statut de bourg royal, accordé par Jacques VI en 1588. L'âge d'or se prolonge jusqu'à la fin du 17e s., puis le déclin s'amorce avec l'accroissement du commerce transatlantique et le développement industriel des régions de l'Ouest et du Centre. Le village sombre dans l'oubli durant près de deux siècles avant de renaître suite à l'achat du palais en 1932 par le National Trust for Scotland, peu de temps après sa création en 1931. Un vaste programme de restauration s'est alors engagé. En 1981, à l'occasion du cinquantenaire du National Trust, Culross est jumelée avec Veere, localité des Pays-Bas, renouant ainsi avec leur passé. On envisage désormais de rénover le port médiéval.

Architecture – Au cours de sa promenade, vous pourrez apprécier les détails et la richesse de l'architecture typique écossaise : crépi blanc ou badigeon de couleur délavée, gros œuvre en moellons, fenêtre à moulures de pierre, porte ouvragée, tuiles flamandes rouges parsemées de tuiles en verre, lucarnes (parfois garnies d'un fronton), couronnement des pignons, redents, pierres angulaires, linteaux datés ou historiés d'inscriptions, fleurons décoratifs, escaliers extérieurs.

Le Palais★★

✆ (01383) 880 359 - www.nts.org.uk - ♿ - palais de Pâques à sept. : 12h-17h - visite guidée town house et study de Pâques à sept. : 12h-17h - 8 £ (-16 ans 5 £) - parking - cafétéria.

Construit entre 1597 et 1611 par George Bruce, le palais est à la fois le monument d'une époque et celui d'un homme. Le règne de Jacques VI (1578-1625) connaît des bouleversements économiques lorsque des marchands tels que Bruce, Danzig Willie Forbes et le prévôt Skene d'Aberdeen s'enrichissent par le négoce et financent la construction de demeures importantes (ce palais, le château de Craigievar et Provost Skene's House). **Sir George Bruce** (mort en 1625) était un marchand entreprenant, un bourgeois au faîte

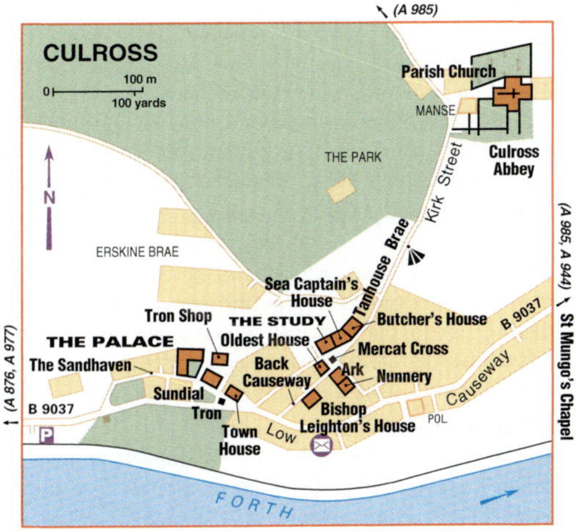

de la prospérité du bourg, ayant des intérêts dans les mines locales, l'exploitation du sel et le commerce extérieur.

Malgré l'origine étrangère de nombreux matériaux (tuiles, pin de la Baltique, carreaux hollandais, verre), les bâtiments témoignent avec superbe de l'architecture domestique des 16e et 17e s. L'intérieur permet d'imaginer le cadre quotidien d'un commerçant prospère de l'époque. Les pièces sont petites, lambrissées de pin pour y conserver la chaleur, et offrent d'intéressants exemples de peinture décorative typique de la fin du 16e s. et du 17e s. On est surpris d'y découvrir 21 cheminées, dans lesquelles on brûlait du charbon et non pas du bois comme ailleurs – ce qui devait somme toute paraître bien naturel à un propriétaire de mine de charbon.

BRITAINONVIEW.COM

Entrée du palais.

Aile ouest - À gauche de la cour principale, le bâtiment le plus ancien porte les initiales de George Bruce et le millésime de 1597 au fronton d'une lucarne. Le logis initial fut agrandi au nord et au sud par une longue galerie. Au rez-de-chaussée, la « salle du nomade » était réservée aux personnes de passage ; la peinture du plafond date de 1620 (non restauré). Au-delà, une chambre des quartiers domestiques est pavée de carreaux hollandais ajourés. L'extension nord formant un côté de la cour contient la cuisine et la boulangerie, ainsi qu'un cellier à vin de l'autre côté du passage. Les escaliers extérieurs donnent accès au **premier étage** où la longue galerie est maintenant compartimentée. Cette pièce pourrait être à l'origine de la désignation de la demeure par le terme de *palace*, dérivé du mot *palatium* utilisé au temps d'Élisabeth Ire et de Jacques Ier pour identifier les grandes salles. Le salon de la maîtresse de maison, à l'extrémité sud, est lambrissé de pin de la Baltique ; la chambre du soleil doit son nom à ses peintures à la détrempe. Offrant une vue sur le port, le bureau où Bruce recevait ses capitaines ne possède que des demi-fenêtres, subterfuge fiscal pour réduire l'impôt acquitté alors sur les fenêtres. La chambre forte contiguë est à l'épreuve du feu : des carreaux hollandais émaillés pavent le sol, des coffres-forts muraux et des portes métalliques assurent la sécurité. Au **second étage**, on peut remarquer dans la chambre ouest l'insertion de tuiles de verre, autre artifice fiscal. La deuxième pièce lambrissée présente une voûte en berceau en bois de pin, garnie d'un bel exemple de peinture décorative à **thème allégorique** ; les vestiges de scènes bibliques (16e s.) ont fait l'objet de six années de restauration.

Aile nord – Isolée, cette extension date de 1611. Les initiales S G B commémorent le titre de chevalier de sir George. Ce bâtiment à trois niveaux comporte des écuries, une étable à vaches et une remise à foin au rez-de-chaussée, ainsi que des pièces dans les étages supérieurs. Les pièces sont lambrissées, et on distingue difficilement les peintures des murs et des plafonds : le Jugement de Salomon dans une salle du premier étage, des devises héraldiques, des fruits et des motifs géométriques de plus de 380 ans dans les autres pièces.

Le Village★★★

En s'éloignant du palais par The Sandhaven, on aperçoit sur la gauche, au premier étage, un cadran solaire coiffant un pignon, face à une **balance publique**, dont le bureau (Tron Shop) se trouve dans le passage voisin.

Town House *(Centre d'information du National Trust for Scotland).* Cet édifice de pierre et d'ardoise domine The Sandhaven et contraste avec le crépi blanc et les tuiles rouges des bâtiments voisins. Construit en 1625, il a subi une forte influence flamande. Sa tour date de 1783. Il est préférable de voir l'exposition et la présentation audiovisuelle avant de visiter le bourg. Les anciennes chambres du conseil du premier étage sont typiques du 16e s.

La ruelle dite Back Causeway présente une ligne centrale de pavés légèrement surélevée. Appelée « crown o'the causie » (couronne du passage), elle était réservée aux notables. Remarquez la tour en encorbellement du Study.

The Study★ – Ce délicieux spécimen de l'architecture des bourgs écossais du 17e s. date de 1610. On dit que l'évêque Leighton de Dunblane l'utilisait comme centre d'étude théologique lors de ses visites pastorales. À l'intérieur, le plafond peint de la pièce principale a été restauré et les lambris, d'origine, remontent à 1633. L'armoire de mariage est norvégienne ; l'imposant portrait de George Bruce est de Jamesone. Juste en face, on peut admirer la **maison** la plus ancienne de Culross, et une réplique de la **croix de marché** de 1588. Une inscription grecque (« Dieu donne et donnera encore ») est apposée sur le linteau d'une des fenêtres de l'ancienne **capitainerie**, à gauche de Tanhouse Brae. Une plaque sur le mur de la **boucherie** représente les outils propres à ce commerce.
La route monte vers l'actuelle église paroissiale et mène aux vestiges de l'abbaye. Pendant la promenade, il ne faut pas manquer la **vue** qu'offrent les brèches sur la rivière Forth. Jeter également un coup d'œil sur Abbey House *(privée)*, qui fut construite en 1608 pour le frère de sir George Bruce et qui est probablement l'un des plus vieux hôtels particuliers d'Écosse.

Culross Abbey – De l'abbaye fondée en 1217 par Malcolm, comte de Fife, peu subsiste. Elle n'est pas sans rappeler celle d'Inchcolm.

Parish Church – L'**église paroissiale** occupe le chœur des moines de l'ancienne abbaye cistercienne. Dans le bras gauche du transept, le caveau des Bruce abrite le **monument funéraire** de sir George, représenté par une effigie en albâtre, ainsi que sa femme et ses 8 enfants ; c'est un cas rare en Écosse. Le cimetière compte quelques pierres tombales intéressantes.

En redescendant vers la place, remarquez dans Wee Causeway le **couvent de religieuses**, repérable à son escalier extérieur et une statue, et, après l'**Ark**, une ancienne auberge pour marins, la **maison de l'évêque Leighton**.

Quittez Culross par la route touristique East Fife Coastal Road (A 985), en direction de Forth Bridge. Après Combrie, arrêtez-vous sur le parking et profitez d'un double panorama : les clochers de Dunfermline au nord et les deux ponts de Forth Bridge au sud. À Inverkeithing, prenez la direction de North Queensferry et Deep Sea World.

Deep Sea World

À North Queensferry - ✆ (01383) 411 880 - www.deepseaworld.com - ♿ - à partir de 10h - fermé 1er janv. et 25 déc. - 8,55 £ (-15 ans 6,30 £) - café - parking.

Cet aquarium spectaculaire est aménagé au pied d'un solide pilier du Firth Rail Bridge, immense structure métallique qui écrase le village tout entier. Extrêmement fréquenté, il réussit à informer tout en distrayant grâce à ses superbes attractions, dont une exposition de piranhas, des requins-taureaux, et un « safari sous-marin » qui entraîne le visiteur dans ce qui est annoncé comme **l'un des plus grands tunnels transparents du monde**. En le parcourant, vous vous retrouvez entouré de bancs de maquereaux aux reflets métalliques, de requins de toutes tailles dont vous pouvez observer sans crainte les dents aiguisées, de raies « souriantes », de murènes ou congres qui jouent à cache-cache. Le côté « parc d'attractions » (enseignes criardes, sollicitations) est un peu gênant pour apprécier le monde du silence. Mais la **variété des milieux** présentés (coralien, grand fond, rivières amazoniennes, lacs africains) est vraiment intéressante. Une exposition de grenouilles multicolores et un bassin de phoques complètent la visite.

Quittez Deep Sea World en direction d'Inverkeithing. En chemin, à l'écart de la B 981, vous pouvez vous arrêter au Corus Hotel pour visiter la petite exposition sur les Forth Bridges (Forth Bridges Visitor Centre - Corus Hotel - St Margaret's Head - North Queensferry - ✆ (01383) 417 759 - 9h-20h - gratuit). Reprenez ensuite l'A 921 en direction de Burntisland.

Aberdour★

Petite station sur l'estuaire du Forth, célèbre pour son château et sa plage argentée, Aberdour est une destination culturelle ou balnéaire très plaisante.

D'abord accordé vers 1325 par Robert Bruce à son neveu Thomas Randolph, comte de Moray, le château d'Aberdour passe en 1342 à William Douglas, qui acquiert également les terres de Dalkeith *(voir ce nom)*. Celles-ci deviennent d'ailleurs la résidence principale de cette branche de la famille Douglas. James, 4e lord Dalkeith, est fait comte de Morton avant son mariage avec la fille de Jacques Ier, Joanna. Le **régent Morton**, James Douglas, 4e comte de Morton (1516-1581), hérite d'Aberdour en 1548. On se souvient de ce seigneur écossais, qui joua un rôle actif dans l'abdication de Marie Stuart, pour la fermeté de sa régence (1572-1578) durant la minorité de Jacques VI. Son autorité parvient à assurer une période de paix à une époque de troubles religieux. Forcé de renoncer à la régence en 1578, il est jugé, condamné et décapité en 1581 pour complicité dans le meurtre de Darnley, perpétré 14 ans plus tôt. Le **6e comte, William**, (mort en 1648), lord Trésorier d'Écosse, est contraint de vendre les terres de Dalkeith en 1642 ; dès lors, Aberdour devient la résidence principale de la famille Morton. Des extensions et des améliorations s'ensuivirent. En 1725, le château est abandonné au profit d'Aberdour House, toute proche.

Château★

☏ (01383) 860 519 - www.historic-scotland.gov.uk - ♿ - avr.-oct. : 9h30-17h30, nov.-mars : sam.-merc. 9h30-16h00 - 4 £ (enf. 2 £).

Bâtiments – Le château actuel se compose de la tour primitive du 14e s., dont la partie supérieure est reconstruite au 15e s. Au siècle suivant, on ajoute vers le sud-est une extension rectangulaire, qui se distingue par le décor Renaissance des fenêtres ouvrant sur la cour intérieure. La disposition interne était innovante en ce sens qu'un corridor desservait les pièces sur deux niveaux. L'extension en L est édifiée pour William, 6e comte ; elle comprenait une galerie de peinture au premier étage. Conformément à l'époque, elle devait être garnie de panneaux et d'un plafond en bois peint.

Jardins – À l'est, le jardin clos, exemple typique des jardins symétriques du 17e s., est transformé en terrain de boules ; sa pelouse est maintenant bordée de plantes herbacées. Le fronton situé à l'entrée du chemin d'accès à l'église est frappé du monogramme du 6e comte et de son épouse ; il porte la date de 1632. Autrefois, le terrain qui décline vers le sud du château était aménagé en terrasses, derrière lesquelles on trouvait un colombier et un verger. Ces jardins en terrasses du 16e s. ont été remis en état. Il est intéressant de noter qu'à la fin du 16e s. et au début du 17e s. deux relations proches de la famille étaient propriétaires de deux autres jardins célèbres, en l'occurrence Edzell et Glamis *(voir ces noms p. 266 et 273)*.

Église paroissiale St Fillans

Au sud du jardin clos. Sous une toiture immense et assez pentue, la nef et le chœur de style roman (12e s.) s'achèvent par un chevet carré. L'église servait de lieu de culte jusqu'en 1790, puis, sa toiture s'étant effondrée, elle est laissée à l'état de ruines jusqu'à sa restauration en 1926, date à laquelle elle devient église paroissiale.

Silver Sands

Cette vaste et belle plage sablonneuse attire les promeneurs d'un jour. En été, le lieu est très fréquenté, ce qui laisse présager un développement immobilier malheureusement encore plus important. Mais en hiver, vous y serez seul pour apprécier le sable fin et les embruns.

Depuis Aberdour et alentours, vous remarquerez l'île d'Incholm et les ruines de son abbaye. Bien que géographiquement plus proche de la rive nord du Firth of Forth, nous la décrivons dans la partie Rive sud du Firth of Forth (p. 252). C'est en effet depuis South Queensferry que l'on peut atteindre par bateau cette réserve ornithologique.

Continuez vers **Burntisland**, *station balnéaire populaire d'où l'on bénéficie de belles vues sur Édimbourg. Puis revenez à Dunfermline par la A 0909.*

Dunfermline pratique

Informations utiles

Office de tourisme – *1 High St. - (01383) 720 999 - de Pâques à fin sept. : 9h-17h30 ; reste de l'année : tlj sf dim. 9h-17h.*

Transports

Route – La M 90 permet de rejoindre rapidement la capitale, Dundee et Perth. Des voies rapides mènent à Glasgow. Vous trouverez de nombreux parkings payants en ville.

Train et bus – Nombreux trains de la ligne Édimbourg-Aberdeen. Bus vers Glasgow, Stirling et toutes les villes du Fife.

Se loger - Se restaurer

Davaar House Hotel – *126 Grieve St. - (01383) 721 886 - www. davaar-house-hotel.com* - P. Maison victorienne dans une rue calme de la ville. En plus de proposer des chambres douillettes, on sert une cuisine familiale réputée *(dîner, tlj sf dim.).*

Keavil House Hotel – *Crossford (2 km de Dunfermline par l'A 944) - (01383) 736 258 - www.keavilhouse. co.uk* - ♿ - P. Demeure du 16e s. dans un environnement agréable. Outre les chambres confortables, on profite ici d'un bon restaurant et d'équipements de loisirs (piscine, spa).

Sports et loisirs

Golf – Les parcours ne manquent pas : autour de Dunfermline, Aberdour, Culross ou Burntisland. Infos : *www.fifegolf.com.*

Vélo – Le relief de l'ouest du Fife se prête bien à la pratique du vélo et de nombreuses routes sont proposées. Ainsi, celle de Devilla Forest (section le long d'un rail désaffecté), près de Culross. Infos : *www.fife-cycleways.co.uk.*

Randonnée – Un chemin côtier bien marqué, le **Fife Coastal Path**, relie Culross à St Andrews. Vous pouvez l'emprunter en totalité ou sur une courte portion. Une carte est disponible dans les Visitor Centres. Infos : *www.fifecoastalpath.co.uk.*

Kirkcaldy

46 912 HABITANTS
CARTE GÉNÉRALE RABAT II C3 - CARTE MICHELIN REGIONAL 501 K15 - FIFE

Kirkcaldy, une des plus vieilles villes d'Écosse, n'est pas, a priori, une destination touristique majeure. Mais malgré ses charmes plus que discrets, sa situation au cœur du royaume du Fife en fait une étape pratique pour visiter le charmant village de Falkland ou les stations balnéaires. Elle est à la fois un lieu de villégiature et une ville industrielle qui, au 19e s., était célèbre pour sa fabrication du linoléum. Cette activité fait encore partie d'un tissu industriel diversifié d'aujourd'hui.

- **Se repérer** – Kirkcaldy se situe sur la rive nord du Firth of Forth, le long d'une jolie route côtière très touristique. La A 92 relie la ville à Dundee ou la M 90.
- **À ne pas manquer** – Falkland, le château de Ravenscraig.
- **Organiser son temps** – A priori, une journée suffit pour explorer Kirkcaldy et les alentours. Pour voir Kirkcaldy animée, venez en avril lors de Links Market.
- **Pour poursuivre le voyage** – Édimbourg, St Andrews, Dundee, Perth.

Visiter

Museum and Art Gallery

War Memorial Gardens, sur les hauteurs - (01592) 412 860 - www.fifedirect.org.uk/ museums - ♿ - 10h30-17h, dim. 14h-17h - fermé j. Bank Hol. - gratuit - café - parking.
La collection présentée dans l'Art Gallery présente quelques pièces exceptionnelles dues à McTaggart et S.-J. Peploe. Les œuvres (salle 4) de **William McTaggart** (1835-1910), qui travailla en plein air dès les années 1870, expriment une luminosité tout à fait subtile et une facture audacieuse. Son tempérament de chercheur est perceptible dans *Corn in the Ear* (1887), aux riches coloris, et dans le spectaculaire *Storm* (1883). Appartenant à la génération suivante, le coloriste **S.-J. Peploe** (1871-1935) relaya cette facture puissante et cette recherche des coloris. Ses toiles occupent la salle 6, dont une nature morte aux contours noirs dénotant toute l'influence cubiste si caractéristique de l'œuvre de cet artiste. Les pièces du rez-de-chaussée comprennent une exposition consacrée à l'histoire et à l'actualité de la région de Kirkcaldy. On verra également des poteries locales, en particulier des faïences peintes à la main

dites « Wemyss Ware » ; traditionnels, les motifs décoratifs représentent des fleurs, des fruits et des oiseaux.

Ravenscraig Castle

À l'est de la ville par la route côtière. Entrez par Ravenscraig Park (parking) et suivre les indications.

Les ruines de Ravenscraig Castle se dressent sur un promontoire rocheux surplombant la baie de Kirkcaldy. Commencé en 1460, ce château fort fut construit pour la femme de Jacques II, **Marie de Gueldre**. Pendant la guerre des Deux-Roses, Marie offrit à Marguerite d'Anjou de se réfugier sur ses terres de Falkland. Après la mort de la reine douairière, en 1463, le château fut inclus dans un échange entre Jacques III et William Sinclair, et il appartint à la famille de ce dernier jusqu'en 1896. Ce château, l'une des premières forteresses conçues pour des pièces d'artillerie, répond au goût de Jacques II pour les armes à feu. Remarquez la disposition de la façade principale tournée vers un terrain vulnérable situé au-delà d'un fossé profond. Les fenêtres y sont remplacées par des canonnières. Flanquée de deux tours, cette façade est une batterie formidable. Conçue comme un tout indépendant du bloc central, la tour de gauche servait de résidence à Marie de Gueldre.

Enfants du pays

Kirkcaldy est le berceau du sorcier du 13e s. **Michael Scott**, de l'économiste **Adam Smith** (1723-1790), auteur de *La Richesse des nations*, ainsi que de l'architecte **Robert Adam** (1728-1792). Ces deux derniers personnages contribuèrent à enrichir la période des Lumières à Édimbourg.

Aux alentours

Kinghorn

À 7 km au sud de Kirkcaldy par la routre côtière A 921.

Les amateurs de belles plages apprécieront **Pettycur Bay**, au sud du village. À Kinghorn Loch, vous visiterez **Earthship Visitor Ressource Centre,** où l'on s'intéresse aux problèmes d'environnement, aux opportunités apportées par le recyclage. Vous y verrez un bâtiment entièrement réalisé en canettes ou pneus usagés, qui produit sa propre énergie (*Kinghorn Loch - ✆ (01592) 891 884 - www.sci-scotland.org.uk - ♿ - été : merc.-dim. 10h-17h ; hiver : merc.-vend. 12h-15h - 4 £).*

Circuit de découverte

LE FIFE CENTRAL

Circuit de 50 km. Quittez la ville vers l'est, par la route côtière A 955.

John McDouall Stuart Museum

À Dysart - ✆ (01592) 412 860 - se renseigner pour les horaires.

Autrefois bourg royal et aujourd'hui pratiquement incorporé à Kirkcaldy, Dysart possède encore son petit port, bordé par les maisonnettes restaurées de Pan Ha, site d'anciens marais salants, et dominé par la haute tour de guet, autrefois partie de l'église St-Serf. Non loin de la côte se trouve la maison natale de **John McDouall Stuart** (1815-1866). Une exposition présente l'intrépide explorateur dont l'endurance et la ténacité « marathoniennes » ont effacé de la carte « l'effrayante zone blanche » du désert intérieur australien.

Suivez la côte jusqu'aux **Wemyss** *(East, West...), connus notamment pour leurs grottes, jadis prisées des Vikings. Rejoignez la A 915, puis tournez à gauche par la A 911. Avant Glenrothes, tournez vers Markinch.*

Balgonie Castle

À l'est de Markinch - ✆ (01592) 750 119 - www.balgonie-castle.com - 10h-17h - 3 £ - aire de pique-nique - parking.

Cette forteresse en partie restaurée, en partie en ruine, domine la vallée sillonnée par les méandres de la Leven. Son donjon du 14e s. en est l'élément le plus impressionnant. À l'intérieur : pièces obscures, foyers fumeux, chiens de chasse au loup assoupis sur les canapés,... rappellent la demeure de l'excentrique colonel Hector Campbell, seigneur de l'île fictive de Mugg, que décrit Evelyn Waugh dans *Officiers et Gentlemen*.

Évitez Glenrothes pour rattraper la A 92, direction Dundee. Tournez vers Falkland.

Falkland★

Serré au pied des vertes collines de Lomond, à l'abri des ravages des conflits qui ponctuent l'histoire écossaise, Falkland a gardé le charme paisible d'un bourg royal d'antan. Ce qu'en disait le graveur hollandais du 17e s., John Slezer, est donc toujours vrai : « *Une jolie petite ville… un palais majestueux.* »

Fife, le centre du royaume – Le château d'origine appartenait aux Macduff, comtes de Fife. Les débuts de son histoire sont marqués par la mort mystérieuse en 1402 de David, duc de Rothesay, lorsqu'il y séjourne avec son oncle le duc d'Albany *(voir Doune p. 349)*. En 1424, quand Jacques Ier, frère de David, est libéré des geôles anglaises, il entreprend de restaurer la puissance de la monarchie. Sa revanche est totale et, l'année suivante, les membres de la famille d'Albany sont décapités. Leurs propriétés, dont Falkland, passent à la Couronne. Jacques II fait don du château à son épouse, **Marie de Gueldre**, en 1451 et élève la ville au rang de bourg royal. Le château devient palais.

Résidence royale (15e et 16e s.) – Rendez-vous de chasse des Stuarts, Falkland devient l'un de leurs palais favoris. Jacques II le fait agrandir par l'édification de l'aile nord qui comprenait à l'origine la grande salle et servait de refuge à Marguerite d'Anjou et son fils quand Henri VI fut emprisonné. Le futur Jacques III (1451-1488) y passe son enfance. Son règne troublé et ponctué de conflits s'achève par son assassinat à Sauchieburn. **Jacques IV** (1473-1513), monarque typique de la Renaissance, entretient une cour splendide. Le mécénat royal s'étend au poète **William Dunbar** (1465-1530), qui dédie *The Thistle and the Rose* à ses bienfaiteurs. Jacques, qui adore chasser dans la forêt de Falkland et sur les collines de Lomond, construit la partie sud du château. **Jacques V** (1512-1542) modifie de façon importante la résidence en vue de son mariage d'abord avec Madeleine de France, fille de François Ier, puis après la mort prématurée de celle-ci, avec Marie de Guise en 1538. Ce sont des ouvriers français qui préparent le palais pour une mariée française. Il en résulte une ornementation Renaissance sur la façade de l'aile sud du château. Innovation radicale par rapport au style gothique de l'époque, ces fioritures sont les premières du genre en Grande-Bretagne. Les deux fils de Jacques meurent en bas âge et c'est à sa fille, **Marie Stuart**, que le trône revient à sa mort. Marie vient chasser ici occasionnellement. Son arrière-petit-fils Charles II introduit à Falkland les gardes écossais avec leur couleurs en 1650. Suite au soulèvement des Jacobites (1715), le palais est peu à peu abandonné et se délabre. C'est à la fin du 19e s. qu'on entreprend des travaux de restauration. Bien que propriété de la famille royale, le palais est aujourd'hui sous la tutelle du National Trust for Scotland.

Palais★

NTS - ✆ (01337) 857 397 - www.nts.org.uk - ♿ - mars-oct. : 10h-17h, dim. 13h-17h - 10 £ (jardin 5 £).

Façade principale de l'aile sud – La *South Range* comprend deux parties distinctes. À l'extrême gauche se trouve le corps de garde à tours jumelées ; achevé dans sa forme actuelle en 1541, il servait de logement au connétable, au capitaine et au

P. Davenport / SCOTTISH VIEWPOINT

Ancienne résidence royale, Falkland possède de très beaux jardins.

gardien. Voir le parapet en encorbellement, l'ornement du pignon et les gargouilles, de même que les contreforts ornés de niches de la partie est. Les statues sont l'œuvre d'un artiste d'origine flamande (1538). Cette façade sur rue est un bon exemple de style gothique écossais.

Aile sud – Par le hall d'entrée du **corps de garde**, montez à l'appartement du gardien au deuxième étage. La **chambre à coucher** présente un magnifique lit à baldaquin de Jacques VI ; la pièce est tapissée de portraits royaux en pied. Lui sont contigus un cabinet de toilette et une petite salle de bains lambrissée.

Le **salon** a été restauré par la marquise de Bute dans les années 1890. Le plafond en chêne est décoré des armes des Stuarts et des différents gouverneurs du palais. Parmi les peintures, on peut voir des portraits de Jacques VII, de Marie Stuart, de Charles II et de sa femme, Catherine de Bragance. Dans la **chapelle royale** dont l'intérieur date du 16e s., on remarque une clôture en chêne séparant la chapelle de son avant-corps, ainsi que le plafond peint dont le décor fut créé pour la visite de Charles Ier en 1633. La **galerie aux tapisseries** comprend des pièces flamandes du 17e s. ; les meubles sont des copies de pièces des 16e et 17e s. La vitre aux motifs héraldiques représente des couples de souverains étroitement associés au palais. L'ancienne **bibliothèque** possède des souvenirs des gouverneurs du 20e s., les Crichton Stuart, marquis de Bute.

Aile est – Elle fut construite en même temps que l'aile sud pour recevoir les appartements royaux. D'ici, l'on jouit d'une belle vue sur la belle façade de la cour intérieure, très différente de la façade gothique donnant sur la rue. Les contreforts à pilastres engagés témoignent d'une influence Renaissance que l'on devine également dans l'ensemble des médaillons couplés qui ne sont pas sans rappeler les médaillons en terre cuite réalisés par Wolsey à Hampton Court et les têtes du château de Stirling *(voir ce nom)*. Les remarquables idées retenues pour décorer la façade gothique primitive furent reprises et développées au palais de Stirling, mais cette expérience se limita aux commandes royales et n'eut guère d'influence sur l'architecture écossaise.

La **chambre à coucher du roi** a été reconstruite au 19e s. Le magnifique plafond peint est orné des monogrammes de Jacques V et de Marie de Guise. Le lit dit « Golden Bed of Brahan » est une pièce d'artisanat hollandais du début du 17e s. C'est dans cette chambre que mourut Jacques V en 1542, quelques jours après avoir appris la naissance de sa fille Marie, future reine d'Écosse, en disant : « Il nous est venu par une femme, il repartira par une femme. »

Jardins★ – On peut y voir les fondations de l'aile nord du château et de la tour ronde de la première forteresse des Macduff. Utilisés pour la culture des pommes de terre pendant la Seconde Guerre mondiale, puis réaménagés, les jardins sont aujourd'hui resplendissants de couleurs, avec des arbustes, des parterres de fleurs et une partie dessinée à la française. Un peu plus loin, le **court de tennis royal** fut construit en 1539, avant celui d'Henri VIII à Hampton Court *(voir le Guide Vert Londres)*.

Le village

Une petite promenade autour du **village★** permet aux visiteurs de découvrir l'architecture locale et d'apprendre quelques détails sur la vie des fonctionnaires de la cour, des serviteurs du roi et des commerçants qui résidaient dans le village. Notez particulièrement les nombreux **linteaux et pierres de mariage**. On a fait de gros efforts pour préserver le caractère original du bourg. Le statut de site protégé et le plan d'amélioration de l'habitat rural mené par le National Trust for Scotland sont à l'origine des importantes restaurations effectuées ici. Du côté sud de High Street, **Moncreif House** (17e s.) exhibe un toit de chaume formé de roseaux de la Tay, un linteau de mariage et un panneau sur lequel le constructeur a inscrit sa loyauté envers son monarque. La porte du Hunting Lodge Hotel adjacent se caractérise par des panneaux plus nombreux. Au-delà de Black Wynd

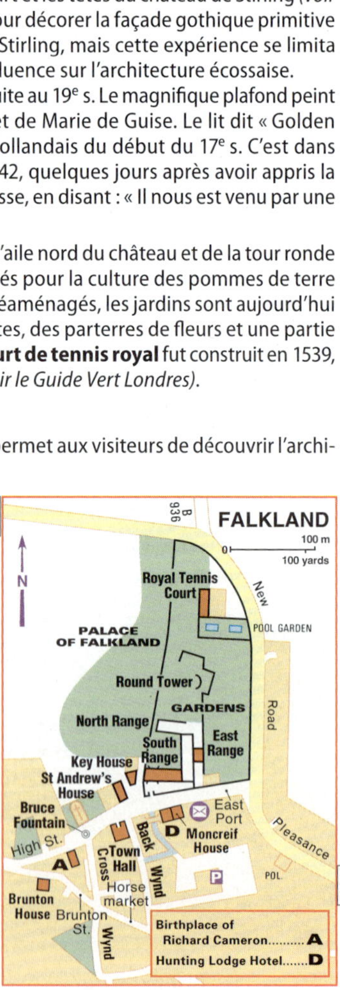

se dresse l'hôtel de ville **(H)** surmonté d'une flèche : orné de panneaux sculptés représentant les armoiries du bourg, il date de 1801.De l'autre côté de la rue, près du palais, **Key House**, avec son linteau datant de 1713, voisine avec **St Andrew's House**, du 18e siècle, aux murs crépis et au toit de tuiles rouges imbriquées. La fontaine de Bruce date du 19e s.

Cross Wynd est bordée d'un rang de cottages à un étage que vient ébrécher une place pavée, Parliament Square. Jeter un coup d'œil au marché aux chevaux (Horse-market) pour voir les escaliers extérieurs du bâtiment. Avec ses trois étages, **Brunton House** (1712), demeure des fauconniers royaux, domine Brunton Street de manière imposante.

De retour dans l'artère principale, on peut apercevoir, marquée d'un autre linteau gravé, la maison où naquit le « Lion du Covenant », **Richard Cameron** (1648-1680). Celui-ci fut un fervent Covenantaire et, après une période d'exil, dirigea les plus extrémistes de ces rebelles, appelés les Caméroniens : c'est ce noyau d'hommes qui devait former plus tard le régiment du même nom.

Retrouvez la A 92 et revenez sur vos pas, pour rejoindre Glenrothes.

Glenrothes

S'étendant de la vallée de la Leven au sud des Lomond Hills, Glenrothes est l'une des cinq villes nouvelles créées en Écosse après la Seconde Guerre mondiale. Liée à l'exploitation d'un important gisement houiller, la ville s'est ensuite ouverte aux activités modernes (électronique de pointe) et bénéficie d'installations de loisirs et commerces modernes et nombreuses. Le style architectural conventionnel des banlieues résidentielles est compensé par tout un éventail d'**œuvres d'art en plein air**, pour la plupart œuvres d'artistes locaux qu'on sollicite depuis 1968 pour égayer le paysage urbain. Les expositions constamment renouvelées – peintures murales colorées, spectaculaires sculptures de fleurs, d'animaux ou de personnages, scènes symboliques et pleines de vie – stimulent l'imaginaire.

Revenez vers Kirkcalkdy par la A 92.

Kirkcaldy pratique

Informations utiles

Office du tourisme – *The Merchant's House - 399 High St. - (01592) 267 775 - oct-mars : tlj sf dim.*

Transports

Voiture – Accès rapide par l'A 92 (Dunfermline-Dundee) ou plus pittoresque par la route côtière.

Trains et bus – Trains fréquents vers Dundee, Édimbourg ou Perth. De la gare routière en plein centre-ville, bus très réguliers vers St Andrews ou les grandes villes.

Se loger - Se restaurer

KIRKCALDY

Ahaven Guest House – *288 High St., Kirkcaldy - (01592) 267 779 - www.ahaven.co.uk* - P. Petit établissement très central, meublé avec goût. Le rapport qualité-prix est excellent.

Dunnikier House Hotel – *Dunnikier Park, Dunnikier Way - Kirkcaldy - (01592) 268 393 - www.dunnikier-house-hotel.co.uk* - P. Chambres tout confort dans un cadre verdoyant et agréable, près d'un des golfs de la ville. Bon restaurant.

WEST WEMYSS

Belvedere Hotel – *Coxtool, West Wemyss (5 km à l'E de la ville) - (01592) 654 167 - www.thebelvederehotel.co.uk* - P. Belle maison sur les hauteurs de la station balnéaire qui, comme son nom l'indique, offre de belles vues sur la mer. Chambres confortables et restaurant.

Sports et loisirs

Les amateurs de **sports nautiques** profiteront des nombreuses possibilités qu'offre Kinghorn.

Marcheurs et cyclistes pourront suivre les chemins qui sillonnent tout le Fife. Infos sur *www.fife-cycleways.co.uk* et *www.fifecoastalpath.co.uk*.

En cas de pluie, profitez des piscines variées du Sports Centre du village de Leven.

Il est possible de **survoler la région** depuis le petit aérodrome du Fife (Goatmilk Road, Glenrothes - *(01592) 753 792*).

Achats

Farmer Market – À Kirkcaldy, face au County building, le dernier samedi du mois (9h-13h).

Événements

Links Market – *(01592) 260 595 - www.fife.gov.uk*. En avril, durant deux semaines, fête du linoléum devenue fête foraine d'un mile le long du front de mer.

Île de Mull★

Isle of Mull

1 841 HABITANTS
CARTE GÉNÉRALE RABAT II AB3 - CARTE MICHELIN REGIONAL 501 B/C 14
ARGYLL AND BUTE

Les paysages variés de cette tranquille île des Hébrides intérieures forment un remarquable « concentré d'Écosse » : landes sauvages, reliefs marqués, lochs somptueux, plages de sable fin, châteaux inquiétants, jardins soignés. Toutes ces merveilles se visitent à partir du charmant port coloré de Tobermory. À quelques encablures de la côte ouest, plusieurs îles complètent la palette touristique de Mull, dont Iona, l'île vénérée, ou Staffa et ses orgues de basaltes.

Se repérer – Le détroit abrité de Mull sépare l'île, longue de 38 km et large de 42 km, de Morvern.

À ne pas manquer – Tobermory, le plus charmant des ports de l'est, les îles d'Iona et Staffa, la plage de Calgary Bay, Duart Castle.

Organiser son temps – On peut en faire le tour en une journée mais… ce serait dommage. De plus, les routes sont parfois difficiles et les curiosités éloignées les unes des autres. Enfin, se rendre dans les petites îles peut prendre du temps.

Pour poursuivre le voyage – Oban, Fort William et Ardnamurchan.

C. Bowman / SCOPE

Le petit port Tobermory a bonne mine avec ses maisons aux couleurs vives.

Comprendre

Les 483 km du littoral profondément découpé voient alterner aussi bien les falaises rocheuses comme celles du Ross of Mull et leurs récifs que les petites criques et leurs plages de sable comme la baie de Calgary. À l'intérieur, le paysage peut être soit désolé et spectaculaire, comme les landes qui s'élèvent vers le plus haut pic de l'île, **Ben More** (966 m), ou tranquille et pastoral, parsemé de hameaux agricoles. Comme pour toutes les Hébrides intérieures, les vues sur la mer sont superbes. Les routes de l'île sont étroites et sinueuses, à l'exception des deux tronçons qui vont de Craignure à Fionnphort et de Craignure à Salen. Elles sont pourtant parfaitement adaptées à une découverte tranquille des charmes de Mull.

Circuits de découverte

Attention, les stations d'essence sont rares (Tobermory et Craignure). Penser à remplir régulièrement son réservoir d'essence.

AU NORD DE MULL★ 1

Circuit en boucle de 70 km au départ de Tobermory.

Tobermory★

Ce joli petit port de plaisance et de pêche aligne d'impeccables **maisons de poupées colorées** : restaurants, B&B, une poste multicolore, un pub pittoresque, un petit musée, une église devenue galerie de souvenirs et une tour horloge sous laquelle les touristes viennent déguster leurs fish & chips. Centre de yachting populaire, le port est souvent rempli de bateaux de plaisance cliquetant et dansant sur l'eau. Une **distillerie** (pas de visite) et le port de ferry (pour Kilchoan) encadrent le tout. Photogénique et populaire, cette Main Street ne constitue qu'une partie de la ville. Les autres quartiers, calmes et fleuris, se situent sur les hauteurs. Le long des rues Breadelbane et Argyll Terrace se succèdent de belles maisons blanches ou colorées. En suivant le sentier qui part vers le phare au nord (*voir plans de la ville sur le port*), on découvre aussi quelques élégantes villas. Et de « là-haut », on domine la baie de Tobermory, également connue comme l'endroit où repose un galion venant de Raguse, qui faisait alors partie de l'empire vénitien. Le galion avait vogué avec l'Invincible Armada espagnole (1588) et on n'a jamais réussi à élucider les légendes concernant son trésor.

De Tobermory à Balamory

Tobermory, connu pour être un des plus jolis petits ports du pays, attire depuis longtemps les touristes. Mais, ces dernières années, leur nombre a fortement augmenté, grâce à une série télévisée pour enfants nommé *Balamory*, qui a connu un grand succès outre-Manche. Tournés à Tobermory, les nombreux épisodes ont ancré les images du port coloré dans les mémoires de toute une génération d'enfants. On vient désormais à Mull en famille, non pas pour voir Tobermory, mais pour parcourir le décor de *Balamory*. Et les commerçants du coin tirent bien sûr sur les ficelles commerciales de la série : enseignes reprenant les caractères colorés de la série, noms et produits dérivés…

Prenez la B 8073 vers Dervaig.

Dervaig et Calgary Bay★★

Dervaig est un charmant village composé d'une unique rue de maisons basses et blanches. Au fond du loch étroit, sous un petit pont de pierre passe un ru qui avec le clocher effilé d'un blanc immaculé constituent un paysage campagnard charmant. En continuant par la même route, on atteint Calgary Bay. Le lieu, très fréquenté en été, possède une belle plage de carte postale. Le sable blanc et fin, la transparence de l'eau attirent tous les amateurs de baignade ou bronzage. Bus depuis Tobermory (sur le port). Camping sauvage permis.

La route B 8073 continue vers le sud. Bien que par endroit difficile, elle offre des paysages somptueux. À Ensay, vous pouvez faire un crochet vers Haunn, au-dessus des falaises. De retour sur la B 8073, vous longez le loch Tuath pour parvenir à Ulva Ferry.

Ile d'Ulva

Petit ferry pour piéton et cyclistes, lun-vend. et dim. en été, 5 £ AR. Infos : www.ulva.mull.com. Sur l'île, tearoom et petite expo historique.

Cette île relativement vaste s'étend de l'autre côté du loch Tuath. Jadis habitée par plusieurs centaines de personnes, elle est aujourd'hui quasi-déserte. Des chemins de courtes randonnées permettent de découvrir les villages abandonnés et de beaux paysages variés (falaises basaltiques, landes, bois).

Loch na Keal

Les berges sud de ce bras de mer situé sur la côte ouest descendent doucement vers l'océan *(comptez 28 km AR)*. Les prairies, rochers, ruisseaux (et les moutons) invitent à un arrêt pique-nique. Le lieu est idéal pour faire du vélo, observer les oiseaux, la faune des rochers. Plus loin, la route se colle brusquement à la paroi de la falaise.

Après avoir longé le sud du loch Keal, vous pouvez revenir sur vos pas pour relier Salen et la côte est (B 8035), puis Tobermory (A 848). Avec beaucoup de temps devant vous, rejoignez la route du sud 2 en contournant le Ben More par la péninsule d'Ardmeanach.

CHÂTEAUX ET ROUTE DU SUD★ (VERS IONA) 2

Ce circuit de 56 km AS (sans compter les détours vers Lochbuie et Carsaig) permet de rejoindre Fionnphort où se trouve l'embarcadère des ferries vers l'île de Iona. Départ de Craignure, l'un des deux terminaux pour le ferry venant d'Oban ; le seul intérêt du hameau est sa station-service.

Prenez la A 849 (direction Fionnphort). À la sortie du village, suivez « Torosay Castle ».

Torosay Castle

☎ (01680) 812 421 - www.torosay.com - avr.-oct. : 10h30-17h - jardins : 9h-19h ; hiver : 9h-coucher du soleil - 5 £, jardins 4,75 £ - cafétéria - parking.

Ce château (1856) témoigne du talent de David Bryce qui excellait dans le style seigneurial écossais. La famille Guthrie en est propriétaire depuis le début du 19ᵉ s. (souvenirs à l'intérieur). Murray Guthrie, qu'esquissa Sargent (bibliothèque), chargea Robert Lorimer d'en dessiner les merveilleux **jardins★** : voir les terrasses de la fontaine et du lion, les jardins aquatique et japonais, ainsi que la promenade des statues. Plutôt inattendus, ces jardins en terrasses tracés à l'italienne réservent des **vues★** très étendues, de Duart Castle au premier plan *(distant de 3,5 km par un sentier)* jusqu'au Ben Nevis par beau temps.

Revenez sur la A 849 et tournez à gauche vers Duart Castle.

Duart Castle

☎ (01680) 812 309 - www.duartcastle.com - de déb. mai à mi-oct. : 10h30-17h ; avr. : tlj sf sam. 11h-16h - brochure (4 langues) - 5 £ - cafétéria - parking.

Château du chef du **clan Maclean**, cette place forte stratégiquement perchée sur un rocher à pic contrôle le détroit de Mull. C'est depuis le ferry que la silhouette compacte du château apparaît sous son meilleur jour. Le donjon élevé vers 1250 est pris d'assaut pour la première fois au 17ᵉ s. On y installe alors une garnison de soldats anglais au 18ᵉ s. Peu à peu abandonné, il tombe en ruine. La forteresse actuelle correspond à la restauration du 26ᵉ chef de clan. À l'exposition lié à ce clan s'ajoute celle sur le scoutisme auquel lord Maclean (1916-1990) consacra une partie de sa vie. On bénéficie d'une belle vue de la côte depuis les remparts et le donjon.

Découvrir l'île de Staffa★★

L'île déserte de Staffa, située à l'ouest de Mull, doit sa célébrité à l'ouverture de Mendelssohn la « Grotte de Fingal » qu'il composa après y être venu en 1829. On s'y rend en nombre pour admirer cette île soulevée hors de l'eau et soutenue par de sombres **orgues de basaltes** aux courbes inattendues. Les amoureux de la grotte « musicale » conseillent d'y aller par gros temps, quand la mer chante dans la cavité. Cette merveille géologique est née il y a 60 millions d'années, tout comme la Chaussée des Géants (Irlande du Nord) dont elle serait la continuation. L'île abrite de nombreux oiseaux (macareux) et il n'est pas rare de voir des phoques et baleines. En été, de nombreuses excursions vers Staffa sont proposées. Des bateaux partent de Fionnphort *(www.staffatours.com, www.staffatrips.f9.co.co.uk - environ 20 £)*, Ulva Ferry *(www.turusmara.com)* et même d'Oban *(www.calmac.co.uk - 45 £)*. Certaines incluent la découverte de Iona, des îles désertes de Treshnish. Pensez à vous couvrir et prenez en compte que le chemin menant à la grotte est très glissant. Infos sur l'île : *www.nts.org.uk.*

Ross of Mull, la route vers Fionnphort★

La A 849 traverse de magnifiques paysages jusqu'a Fionnphort, port de départ des ferries vers Iona. À Strothcoil, vous pouvez bifurquer vers **Lochbuie**, un long détour (*AR 29 km*) qui vous mène vers ce charmant village isolé au milieu d'un paysage sauvage.

De là, il est possible de rejoindre à pied, par la côte (sur 8 km), le village de Carsaig *(voir plus bas)*.

De retour sur la A 849, vous vous engagez dans le **glen More**, où vous surveille le mont **Ben More**. Notez, à gauche, l'enfilade de trois petits lacs très photogéniques. Arrivés au fond du **loch Scridain** (et ses grandioses paysages), vous passez par Pennyghael d'où une route en cul-de-sac part vers **Carsaig** *(14 km AR)* et son cadre grandiose.

De là, de petites marches permettent de longer la côte et des grottes ; un chemin *(13 km AR)* mène à Malcolm's Point et aux spectaculaires reliefs côtiers de Carsaig Arches.

De retour sur la A 849, vous traversez le **Ross of Mull** pour atteindre Bunessan, village tranquille niché au fond d'une baie. De l'autre côté du loch, les falaises vertes et étagées de **Rubhba na** composent une merveilleuse toile de fond. **Fionnphort** est à peine plus qu'un parking et embarcadère vers Iona. L'exposition du **Columba Centre** (*près du parking, tlj en été, gratuit*) est une bonne introduction à l'histoire d'Iona.

Si vous avez passé la nuit à Iona et disposez de plus de temps, vous pouvez contourner le loch Scridain par la B 8035 et rejoindre le loch Keal et l'itinéraire précédent.

Aux alentours

L'île d'Iona★

Accès depuis Fionnphort (dessertes fréquentes par Caledonian MacBrayne, 10mn de trajet). Les voitures ne sont pas autorisées sur l'île. Les curiosités sont bien indiquées et aisément accessibles à pied depuis l'embarcadère de Baile Mór.

L'un des endroits les plus vénérés d'Écosse est une île solitaire et battue par les vents, au large de la pointe sud-ouest de l'île de Mull. Prévoyez du temps pour la découvrir. L'abbaye, important lieu de pèlerinage, est certes le lieu le plus visité mais il serait dommage de ne pas profiter de l'île elle-même, de ses plages de sable fin, de ses criques et de son ambiance particulière.

L'église Columbaine – En 563, soit 166 ans après la mission de saint Ninian *(voir Whithorn p. 127)*, **saint Columba** (521-597) et un groupe de disciples quittent l'Irlande pour cette île nue et inhospitalière qui répondait à leurs traditions monastiques. La communauté devient rapidement florissante et parvient à convertir les natifs du continent (par l'intermédiaire de saint Aidan notamment). Après la mort de saint Columba en 597, la communauté continue de grandir et devient la maison mère des monastères colombains. Bien que rien ne subsiste du monastère de l'époque pour en témoigner, ce fut une période de grande réalisation artistique. Il existait de belles croix et pierres tombales aux ciselures complexes, et l'on dit même que le *Livre de Kells*, ouvrage d'art sacré aujourd'hui conservé au Trinity College de Dublin, fut en partie au moins entrepris par les scribes et enlumineurs de la communauté d'Iona. Mais cette période faste s'achève avec les incursions vikings des 8e et 9e s. Quelques moines se réfugient alors à Dunkeld, qui devient le nouveau centre de l'Église colombaine. À la suite d'une incursion particulièrement sauvage en 803, où 68 moines perdent la vie, les survivants retournent à Kells, en Irlande, avec les reliques de saint Columba et peut-être même le *Livre de Kells*.

La fondation médiévale – Au début du 13e s., **Reginald**, fils de Somerled, le seigneur des Îles, fonde un monastère bénédictin et un couvent. Si Iona fait partie du principal courant monastique médiéval, son importance est purement locale. Après la forfaiture, à la fin du 15e s., du seigneur des Îles, le monastère perd son indépendance. Pendant une brève période, au 16e s., l'église est élevée au rang de cathédrale, mais à l'époque de la Réforme son déclin commence.

Une renaissance – À la suite de la fondation, en 1938, de la Communauté d'Iona, fraternité relevant à l'origine de l'Église d'Écosse et aujourd'hui communauté œcuménique mixte, on entreprend un programme de restauration des bâtiments qui s'achève en 1966. L'abbaye est ouverte toute l'année comme lieu d'accueil, de réflexion et de culte. Bien que l'enceinte sacrée appartienne au Church of Scotland Trust, le reste de l'île appartient à l'État sous l'égide du National Trust for Scotland.

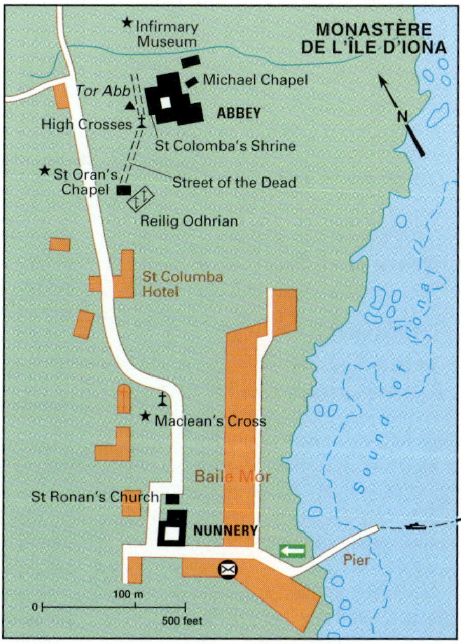

Nunnery – La fondation du **couvent** est contemporaine de celle du monastère. Les ruines donnent une idée de ce que pouvait être un petit couvent du Moyen Âge. La cour gazonnée du cloître est bordée par l'église du 13e s. et les bâtiments conventuels dont une partie date de la fin de la période médiévale. Des fragments d'arcades provenant du cloître sont exposés à l'Infirmary Museum. Derrière le bloc principal, l'**église St-Ronan** est une simple construction rectangulaire qui se distingue par ses fenêtres étroites terminées en triangle. En chemin pour l'abbaye, vous passez devant **Maclean's Cross★** une croix du 15e s. gravée par des sculpteurs locaux. La face ouest porte une crucifixion, tandis que le revers présente des ciselures complexes dans la pure tradition celtique.

Les abords de l'abbaye – Le cimetière paléochrétien de **Reiligh Odhrian** aurait accueilli les restes des rois d'Écosse, depuis Kenneth MacAlpine jusqu'à Malcolm III, des seigneurs des Îles et d'autres chefs de clan. Les effigies médiévales et les dalles funéraires les plus remarquables sont réunies à l'Infirmary Museum. Juste à côté, **St Oran's Chapel★** (12e s., restaurée au 20e s.) est le plus ancien édifice de l'île. Très simple, la structure rectangulaire présente, malgré l'usure, une belle porte ouest de facture romane avec trois arcs en forme de bec et un décor en chevron.
La section du chemin dite **Street of the Dead**, emprunté par les processions, reliait le débarcadère à l'abbaye n'est plus pavée comme à l'origine. Des trois croix dressées, celle de **saint Martin★** (8e s.), complète et d'origine, présente une face ouest portant des scènes historiées. De celle de saint Matthieu (9e-10e s.) ne subsiste qu'un fût tronqué. La troisième est une réplique de la croix de saint Jean (8e s.) *(voir ci-dessous)*.
La butte de **Tor Abb** marquerait l'emplacement de la cellule de saint Columba.

Abbaye – *✆ (01681) 700 512 - www.historic-scotland.gov.uk - avr.-sept. : 9h30-18h30 (16h30 le reste de l'année) - fermé 25 et 26 déc., 1er et 2 janv. - 4,50 £ (enf. 2,25 £).* L'église actuelle se dresse sans aucun doute sur l'emplacement de celle de saint Columba. Elle date du 13e s. et fut modifiée vers la fin du siècle, puis agrandie au 15e s. par l'ajout d'une tour à la croisée du transept et d'un bas-côté sud à hauteur du chœur. Des restes de l'église bénédictine du 13e s. sont visibles au bras nord du transept nord et dans une arcade du mur nord du chœur au-dessus d'une porte à couronnement tréflé. Celle-ci fut insérée lorsque le collatéral nord fut converti en sacristie au 15e s. Remarquez les chapiteaux sculptés de l'arcade et les piliers de la croisée. La table de communion vert clair est en marbre d'Iona. Une porte du mur nord de la nef ouvre sur le cloître dont l'arcade à colonnes jumelées est relativement inhabituelle (deux d'entre elles, du côté nord, sont d'origine). Au nord se trouve le tombeau *(shrine)* de saint Columba, qui serait sa sépulture d'origine. On ignore où se trouvent précisément ses reliques. Juste à l'est de l'abbaye, la **Michael Chapel** sert de lieu de culte durant les mois d'hiver.

Infirmary Museum★ – Ce musée abrite une remarquable collection de pierres paléochrétiennes et médiévales. La **croix celtique de saint Jean★** (8e s.) est bien mise en évidence. Ces œuvres paléochrétiennes sont datées entre 563 et la seconde moitié du 12e s. ; remarquer les croix gravées et à anneaux. La section médiévale expose des spécimens de l'École de sculpture de Iona (14e-15e s.). On y verra des dalles funéraires, des effigies et des croix de chemin *(voir la Maclean's Cross)*. Parmi les dalles funéraires, on distingue des silhouettes humaines et des galères typiques des Highlands ; les nos 98 à 101 permettent d'imaginer les armures de l'époque.

Île de Mull pratique

Informations utiles

Office de tourisme – TIC, *The Pier, Tobermory - ✆ (08707) 200 625 - avr.-oct.*

Transports

En ferry :

Caledonian MacBrayne - *✆ (01631) 566 688 - www.calmac.co.uk.* Liaison quotidienne entre Craignure et Oban (45mn, en moyenne 6 allers-retours par jour). Également, liaison plus courte entre Fishnish et Lochaline (15mn, environ 15 allers-retours par jour, une dizaine le dimanche).

De Tobermory, liaisons avec les îles de Coll et de Tiree.

En voiture :

Bon à savoir – Attention, conduire avec prudence car les routes sont tortueuses et étroites. Il y a peu de stations-service.

Tobermory Taxis – *✆ (07810) 666 222.*

Se loger

CRAIGNURE

Isle of Mull Hotel – *Craignure, à moins d'1,5 km du débarcadère - ✆ (01680) 812 351 - www.crerarhotels.com - 85 ch. 95 £.* Grand bâtiment des années 1970 qui peut être une solution de repli quand tous les hôtels de charme de l'île sont pleins.

TOBERMORY

The Tobermory Hotel – *(01668) 302 091 - www.thetobermoryhotel.com - 16 ch. 86-110 £.* Dans une ancienne maison de pêcheur colorée, l'hôtel le plus confortable du charmant port de Tobermory. Les chambres sont en revanche un peu à l'étroit.

Highland Cottage – *Breadalbane St., Tobermory - (01688) 302 030 - www.highlandcottage.co.uk - 6 ch. 125-160 £.* Sur les hauteurs de la ville, cette maison résidentielle abrite un petit hôtel familial dont l'intérieur est aménagé selon le goût d'antan. Le restaurant est le plus primé de l'île et de réputation nationale.

Glengorm Castle – *6,5 km au NO de Tobermory - (01688) 303 231 - www.glengormcastle.co.uk - 5 ch. 140-180 £.* Ambiance très familiale avec les enfants qui jouent dans les pièces communes de ce superbe château de la seconde moitié du 19e s., surplombant la mer. Il s'agit d'un B&B mais les chambres, toutes différentes, sont dignes des meilleurs hôtels. Réservation indispensable.

DERVAIG ET ALENTOURS

The Bellachroy – *(01688) 400 447 - www.thebellachroy.co.uk - 6 ch. 75 £.* La plus vieille auberge de l'île, établie en 1608, est à l'entrée du charmant petit village de Dervaig. Pub et restaurant populaires.

Calgary Hotel – *7 km de Dervaig et 19 km de Tobermory - (01688) 400 256 - www.calgary.co.uk - 9 ch. 70-100 £.* Adresse incontournable dans cette partie particulièrement belle de l'île, à proximité de la plage de Calgary. Cet ancien petit corps de ferme abrite un charmant hôtel, un restaurant renommé, un salon de thé et une galerie artisanale et artistique. Réservation plusieurs mois à l'avance indispensable.

Se restaurer

Bon à savoir – La plupart des restaurants de l'île se trouvent sur les quais du port de Tobermory. Nous vous indiquons deux adresses moins faciles à trouver.

The Dining Room – *Highland Cottage Hotel, Tobermory - (01688) 302 030 - 19h-20h30 (attention, un seul service à 19h) - 40 £.* Le restaurant le plus fameux de l'île. Il n'y a que sept tables à partager avec les hôtes de cette charmante pension. Réservation une fois de plus indispensable.

The Dovecote Restaurant – *À l'hôtel Calgary, à 7 km de Dervaig et 19 km de Tobermory - (01688) 400 256 - 18h-20h45 - 22-28 £.* Une des meilleures tables de l'île dans le cadre bucolique de cette fermette. De même que pour l'hôtel, les réservations sont indispensables. Le salon de thé est ouvert de 10h30 à 16h30.

En soirée

PRENDRE UN VERRE

The Mishnish – *Mains St., Tobermory - (01688) 302 009 - www.mishnish.co.uk - hôtel 6 ch.* Restaurant et pub, le plus authentique du port. Certains soirs, des chœurs écossais retentissent du fond du restaurant. Une institution sur l'île.

ARTS ET SPECTACLES

L'atmosphère de l'île est propice aux artistes qui exposent dans les galeries principalement regroupées à Tobermory.

Le théâtre est aussi étonnamment représenté sur cette petite île : le théâtre miniature de Mull, construit sur les terres de Druimard House près de Dervaig, organise une saison d'été, où les pièces ne mettent en scène que deux acteurs. Les « gradins » n'offrent que 37 places. Consulter le site *www.multheatre.com.*

Sports et loisirs

Depuis la diffusion de quelques documentaires évoquant la nature sauvage de l'île, le nombre de touristes a considérablement augmenté mais Mull reste une excellente destination pour les amoureux de la nature et de nombreux organismes proposent randonnées et sorties en mer.

Wildlife Expeditions – *(01688) 500 121 - www.scotlandwildlife.com.*

Pony Trekking – *(07748) 807 447 - www.mullponytrekking.co.uk.*

Tacle & Books – *Main St., Tobermory - (01688) 302 336.* Boutique de matériel de pêche et le patron organise des sorties de pêche en mer (sauf le dimanche).

Sea Wild Scotland – *(01688) 302 916 - www.sealifesurveys.com.*

Wildlife & Birdwatch Safaris – *(01680) 300 441 - www.mullwildlife.co.uk.*

Birds of Prey Conservation Center & Sanctuary – *(01680) 812 594 - www.wingsovermull.com.*

Train de collection Mull Rail – *Craignure, dép. au niveau du vieux port - (01680) 812 494 - www.mullrail.co.uk.* Cette petite balade en train de 20 minutes vous mène au château de Torosay et ses jardins.

Événements

Le Festival de musique traditionnelle (Mull Music Festival), en avril reflète le riche héritage musical de l'île, avec des concerts pour accordéons, violons, cornemuses et chœurs gaéliques.

Les Tobermory Highland Games, en septembre, sont connus pour les marches des clans au son de la cornemuse.

consulter le site *www.isle.of.mull.com* pour infos plus précises.

Oban★

8 120 HABITANTS
CARTE GÉNÉRALE RABAT II B3 - CARTE MICHELIN REGIONAL 501 D 14
ARGYLL AND BUTE

L'agréable cité victorienne d'Oban est construite autour de la baie du même nom, derrière laquelle moutonnent des collines verdoyantes. Ses activités se concentrent autour du port, havre protégé par l'île de Kerrera, où navires de pêche et ferries mènent un ballet incessant. Centre de services pour l'arrière-pays et les îles, la capitale de l'Argyll est tout entière tournée vers le tourisme. Elle constitue un centre idéal non seulement pour les excursions maritimes, mais aussi pour découvrir un arrière-pays très riche en curiosités.

Se repérer – L'Argyll, nom de la région d'Oban, est un carrefour géographique entre le monde des îles et le centre du pays. L'impression de relatif isolement d'Oban n'est dû qu'au caractère campagnard, voire sauvage, des routes qui y mènent. Mais il est très aisé de s'y rendre.

À ne pas manquer – Oban, la ville des ferries ; le village historique d'Inveraray ; les paysages du loch Fyne et de la région de Knapdale ; la côte ouest et sud du Kintyre.

Organiser son temps – Oban est une sympathique petite ville qui se parcourt rapidement. L'arrière-pays peut être visité en une journée (*voir Circuits de découverte*) mais mérite plus de temps si vous en disposez. La période estivale est la plus agréable avec des Highlands Games « un peu partout » : Oban, Inveray *(voir encadré)*.

Avec les enfants – Sea Life Sanctuary pour découvrir la faune marine locale.

Pour poursuivre le voyage – Fort William, les Trossachs, les îles desservies depuis Oban (Mull, Iona, Staffa), les Hébrides Extérieures.

D. Ha / SCOTTISH VIEWPOINT

Kilchurn Castle, la forteresse des Campbell, sur les bords du loch Awe.

Se promener

La ville devient un port de pêche au 18e s. mais ne se développe qu'un siècle plus tard, avec l'arrivée des bateaux à vapeur, puis du chemin de fer. C'est alors qu'elle acquiert son aspect très victorien. C'est une cité sans musée ni monument majeur. Mais, mise en valeur par le **site★** qu'elle occupe, animée par le va-et-vient incessant des ferries de toutes tailles, elle enchante tous ceux qui y passent.

La baie d'Oban

Vous prendrez de toute évidence beaucoup de plaisir à parcourir les **quais** autour de la gare maritime moderne aux allures d'aéroport. Autour, on vend des fruits de mer frais en sandwiches ou en salades, qui constituent des pique-niques bon marché. La ville s'étage sur des collines au fond d'une large baie presque fermée par des îles. Une **distillerie** aux murs noirs et blancs est nichée au fond de cette baie, en pleine ville. Cela en fait une des rares distilleries urbaines du pays. La visite est brève mais intéressante *(Stafford St. - ✆ (01631) 572 004 - mars-Pâques et nov. : lun.-vend. ; Pâques-juin et oct. : lun.-sam. ; été : tlj. - fermé déc.-janv. - 4 £)*. N'oubliez pas de passer par le Visitor Centre, aménagé dans une église sur Argyll Square. Le personnel, particulièrement dynamique, et la documentation, très fournie, vous renseigneront sur les nombreuses attractions de la région.

Tour McCaig

Des rues pentues et bordées de belles maisons permettent de « grimper » sur les hauteurs d'Oban. Elles vous mènent aussi vers la **tour McCaig** (suivre les panneaux), un curieux monument, bien visible depuis le port. Il s'agit d'une copie un peu ridicule du Colisée, en granit, avec un parc aménagé en son mileu. Le projet fut initié en 1897 par un banquier d'Oban qui voulait ainsi diminuer le chômage dans la ville et faire de la tour un mémorial de famille. Le bâtiment est resté inachevé depuis la mort du banquier. De là-haut, on bénéficie de belles vues sur la baie.

Corran Esplanade

La **balade sur le front de mer** est très agréable à n'importe quelle heure du jour. S'y alignent une église massive (Ste Columba et sa tour carrée en granit rose), et des villas transformées en hôtels. On atteint plus loin un petit phare et les ruines d'un château du 13e s noyées dans la verdure. Cette courte marche est surtout un prétexte pour regarder la mer, les bateaux, et écouter les cris stridents des huîtriers pies.

Aux alentours

Scottish Sea Life Sanctuary★

À 18 km au nord d'Oban, avant Barcaldine à l'écart de la A 828 - ✆ (01631) 720 386 - www.sealsanctuary.co.uk - de Pâques à sept. : 10h-17h (reste de l'année 16h) - fermé 25 déc. 10,50 £. - café.

Ce centre original permet de découvrir les créatures vivantes du monde marin local. Vous êtes invité à vous promener autour, au-dessus et au-dessous d'aquariums pour observer leurs occupants (oursins, étoiles de mer, crabes, entre autres). Dans un aquarium circulaire, des harengs brillants (d'habitude peu mis en valeur dans les aquariums) sont lancés dans une course sans fin. Vous verrez une exposition sur l'agriculture marine ou les bébés phoques que l'on soigne avant de les réintroduire dans leur milieu naturel. Dehors s'amusent (ou s'ennuient) les phoques et des loutres joueuses.

Castle Stalker

À 21 km au nord d'Oban.

Ce château très photogénique se situe non loin de **port Appin**, à l'écart de la route A 828 (Oban - Fort William). C'est d'ailleurs depuis cette route que sa silhouette est la mieux mise en valeur. Planté sur un îlot rocheux, il semble surveiller la côte dentelée et les innombrables îles-rochers alentour. Construit sans doute avant le 14e s., il était le siège des Stewarts d'Appin. Il ne peut être visité que sur rendez-vous – *✆ (01631) 730 234*. Port Appin, non loin, est un charmant village de pêcheur d'où il est possible de faire de belles balades à vélo *(location sur place)* et de rejoindre par ferry l'île de Lismore *(voir ci-dessous)*.

Isle of Lismore

Deux ferries desservent l'île : le premier part d'Oban – tlj sf dim. - durée 50mn - www.calmac.co.uk – et emmène passagers et voitures vers Achnacroish au « centre » de l'île ; le second part de port Appin vers la pointe nord de l'île (tlj, 5mn de trajet) et est réservé aux piétons et cyclistes. Si vous voulez y passer la nuit, réservez à l'avance car les hébergements sont rares. Informations sur www.isleoflismore.com.

Cette île toute en longueur (13 km sur 1,5 km) se trouve à un **« carrefour » de lochs et de bras de mer majeurs** : Firth of Lorn, loch Linnhe, Sound of Mull. C'est pourquoi on y bénéficie par beau temps de vues superbes sur les côtes alentour : île de Mull, péninsule de Morvern, région d'Oban. Et vous aurez tout le temps de les admirer (ainsi que des ruines) en sillonnant à pied ou à vélo *(location sur place)* les doux chemins de l'île.

Circuits de découverte

L'ARRIÈRE-PAYS D'OBAN★★ 1

Ce circuit de 190 km (sans compter l'aller-retour de 38 km vers Kilmory) permet de découvrir l'intérieur des terres (lochs, paysages assez escarpés) et la côte au sud d'Oban. Il peut être effectué en une journée. Mais rien ne vous empêche de prolonger le plaisir en passant la nuit à mi-chemin, surtout si vous effectuez le détour vers Point of Knap.

Quittez Oban par le nord (A 85).

Dunstaffnage

HS - ☏ (01631) 562 465 - avr.-sept. : 9h30-18h30 ; oct.-mars : sam.-merc. 9h30-16h30 - 3,50 £ (enf. 1,75 £).

Cet impressionnant château du 13e s., l'un des sièges principaux des MacDougall, s'élève sur une éminence rocheuse commandant l'entrée du loch Etive. Les épaisses courtines de la forteresse sont ponctuées par trois tours et une maison forte du 17e s. On prétend que Dunstaffnage a abrité la cour d'Écosse avant que Kenneth MacAlpine n'unifie le pays et que Scone *(voir p. 309)* devienne le centre du pouvoir.

Reprenez la A 85. Arrêtez-vous à Connel, au niveau du pont dominé par la colline de Lora et ses pentes en escalier. Ici, les eaux du loch Etive affontent celles de la mer et forment parfois de beaux courants et tourbillons d'écume appelés **Falls of Lora**. *Poursuivez sur la A 85 jusqu'à Taynuilt, où l'on prend à gauche la B 845.*

Bonawe Furnace★

HS - ☏ (01866) 822 432 - www.historic-scotland.gov.uk - avr.-sept. : 9h30-18h30 - 4 £ (enf. 2 £). Ce fourneau alimenté au charbon fut utilisé pour fondre le fer dès 1753 et jusque dans les années 1870 ; on y mélangeait le minerai de fer, transporté du Cumberland par mer, avec du charbon local. On peut encore le voir, avec sa roue à aubes pour activer les souffleries, ainsi que les vastes hangars à charbon et à minerai de fer.

Reprendre la A 85 vers l'est.

Pass of Brander

Ce défilé étroit et sans arbres allant du loch Etive au loch Awe est bordé au nord par les pentes les plus basses du **Ben Cruachan** (1 126 m), une montagne avec plusieurs pics. C'est là que Robert Bruce, aidé par les brouillards tourbillonnants, obtint une victoire décisive (1308) sur les MacDougall de Lorn. Ce défilé représente la sortie post-glaciaire du loch Awe, qui s'écoulait à l'origine vers le sud-ouest.

Cruachan Power Station★

Dalmally Argyll - ☏ (01866) 822 618 - ♿ - 9h30-17h - possibilité de visite guidée (30mn) en minibus - fermé janv. - 5 £ (-16 ans 2 £) - cafétéria, aire de pique-nique - parking.

La centrale de Cruachan a été mise en service en 1965 : elle a une capacité totale installée de 400 mégawatts et une production annuelle de 450 millions d'unités d'électricité. Cette station est une prouesse technique sur deux plans. Premier point : les turbines de la pompe sont réversibles et sont utilisées pour pomper l'eau du loch Awe vers le réservoir supérieur situé sur les flancs du Ben Cruachan ; celui-ci alimente à son tour, au moyen de deux cuves, une centrale souterraine construite au cœur de la montagne. Deuxième performance technique : un tunnel comportant une route d'1,5 km mène à la salle des machines, creusée dans la roche.

La route longe ensuite le loch Awe, tout en contournant les pentes inférieures du Ben Cruachan.

Loch Awe★★

Avec ses 40 km de long, ce lac est le plus long d'Écosse. À l'époque pré-glaciaire, son embouchure se situait à Ford. Il s'écoule aujourd'hui par la rivière Awe et le défilé de Brander ; la rivière elle-même est exploitée pour produire de l'énergie hydraulique. Ce lac se trouve au cœur des terres de la famille Campbell, dont le siège se situa d'abord sur l'île Innischonnail, puis à Kilchurn, à la pointe du loch.

Tourner à droite sur la A 819.

Depuis la route, on aperçoit très nettement les ruines de **Kilchurn Castle**, château fort (15e s.) construit par sir Colin **Campbell** sur une pointe de terre bordant les eaux du loch Awe *(voir photo p. 296)*. En 1693, John Campbell, 1er comte de Breadalbane, fit agrandir le château, mais la famille le délaissa dès le milieu du siècle suivant.

La route offre de larges vues sur le loch avec Ben Cruachan et le défilé de Brander en arrière-plan.

Inveraray★★

Située sur les rives du loch Fyne, Inveraray, délicieuse ville blanchie à la chaux, se trouve à une courte distance de son château, siège du chef du clan Campbell.

Neil Campbell, l'un des partisans les plus loyaux de Bruce, acquit au 14e s. les terres des MacDougall, confisquées pour forfaiture. La famille, dont la puissance ne cessa de s'accroître, établit au 15e s. son siège principal à Inveraray. La colonie médiévale s'agrandit à l'embouchure de l'Aray, autour de la forteresse des Campbell. La ville obtint le statut de bourg royal en 1648, mais ce fut presque un siècle plus tard que le 3e duc d'Argyll entreprit de reconstruire le château et l'agglomération. Le projet était particulièrement ambitieux, et les travaux commencèrent un an seulement après l'inquiétant soulèvement de 1745, dans une zone où n'existait pas d'autre route que la voie militaire de Dumbarton. La construction du château demanda 12 ans (1746-1758), avec Roger Morris comme architecte et William Adam comme maître d'œuvre, et la ville, elle, ne fut achevée que 100 ans plus tard. Le 5e duc redécora l'intérieur de la demeure en style néoclassique, à la manière de Carlton House à Londres. Robert Mylne dessina le pont sur l'Aray, près du château, et Roger Morris le pont à arche unique sur la Garron, à 3 km au nord d'Inveraray.

La Ville★★ – Cette bourgade proprette possède un front de mer superbe faisant face à la partie amont du loch. Sur la jetée est ancré un petit trois-mâts en bois qui contribue à la beauté du tableau. L'église paroissiale occupe un emplacement privilégié dans l'axe de la rue principale bordée de jolies maisons blanches.

Campanile – *avr.-sept. : 10h-13h, 14h-17h - montée 2 £, exposition gratuite - parking.* Le 10e duc eut l'idée de construire cette tour en mémoire de tous les Campbell tombés à la guerre. Chacune des dix cloches du carillon porte le nom d'un saint celtique. Saint Mund, le patron du clan Campbell, est le numéro trois *(Les cloches sonnent régulièrement).* 176 marches montent au sommet, d'où l'on a une belle vue du loch Fyne et de la contrée environnante.

Prison – *℘ (01499) 302 381 - www.invererayjail.co.uk - ♿ - avr.-oct. : 9h30-18h ; nov.-mars : 10h-17h (dernière entrée 1h av. fermeture) - fermé 1er-2 janv. et 25-26 déc. - possibilité de visite autoguidée (1h) - brochure (4 langues) - 6,75 £.* L'exposition recrée les rudes conditions de vie dans une prison du 19e s., les procès dans la salle d'audience ainsi que les punitions infligées aux prisonniers.

Maritime Museum – *été : 10h-18h - hiver : 10h-17h - ticket groupé avec la prison.* Le beau trois-mâts *Arctic Penguin* fait office de musée maritime un peu fourre-tout : salle des machines, cales de migrants, maquettes, objets en coquillages confectionnés par les marins pour leurs bien-aimées, etc.

Le Château★★ – *℘ (01499) 302 203 - www.inveraray-castle.com - de fin avr. à fin oct. : tlj sf sam. 10h-17h45, dim. 13h-17h45 (dernière entrée 45mn av. fermeture) - 6,30 £ (-16 ans 4,10 £) - salon de thé - parking.* L'édifice néogothique de Roger Morris a été altéré par l'addition d'une rangée de lucarnes à hauteur des créneaux et l'ajout de toits coniques aux tours d'angle. Les quatre façades présentent une majorité de fenêtres ogivales et un donjon central.

Les Highland Games d'Inveraray

Comme dans de nombreuses autres régions écossaises, l'été est dans l'Argyll la saison des Highland Games. Les deux plus importants sont sans doute ceux d'Oban et Inveraray (les dates changent chaque année, voir *www.visitscotland.com*). Les Highlands Games à Inveraray se déroulent sur de belles pelouses aux alentours du château. Ils évoquent un peu une kermesse ou une fête foraine, avec leurs stands de sucreries et leurs manèges. Mais le son permanent des cornemuses et l'odeur des haddocks fumés en direct rappellent que l'on est en Écosse. Les concours de danses « ouvrent le bal ». Des petites filles ou adolescentes aux chaussettes à carreaux colorés passent en groupe devant un jury et sautillent sur les estrades devant leurs parents évidemment émerveillés. Dans les prés, les joueurs de cornemuse font fuir les vaches en s'exerçant, avant eux aussi de passer devant un jury. Puis le cortège des fanfares arrive depuis la ville, mené par la mascotte locale, un poney minuscule. Les cousins venus de Nouvelle-Zélande ferment la marche. Le speaker salue leur long voyage. Le kilt est porté par tous les hommes : personnes âgées comme gamins à crêtes et piercings. Sur l'aire centrale, les gros bras entrent en scène pour le lancer de troncs. Puis se succèdent des courses à pied ou à vélo. L'ambiance est bon enfant. Locaux et touristes sont comblés. À Oban, l'atmosphère est la même, peut-être un peu plus « urbaine »., capitale régionale oblige. Le jour de l'ouverture des **Jeux des Highlands** (Argyllshire Highland Gathering), est consacré à un concours de **cornemuse**. On peut ensuite assister à des lancements de marteau, de javelot (il s'agit de jeter le javelot aussi droit que possible, et non pas aussi loin que l'on peut) et à des compétitions de tir.

Intérieur★★★

Salle à manger – Le décor de cette pièce est un chef-d'œuvre de délicatesse. Exécuté par un stucateur londonien, le plafond à caissons complété par une frise et une corniche réalisées par Clayton s'accorde admirablement aux superbes décors peints de Girard et Guinand (médaillons en grisaille des portes et des panneaux muraux). Les chaises (18e s.), de fabrication écossaise d'après un dessin français, sont recouvertes de tapisserie de Beauvais (18e s.). La table due à Gillow porte de l'argenterie allemande (vers 1900), juste en dessous d'un lustre de Waterford (1800).

Salon des tapisseries – Le remarquable ensemble de tapisseries de Beauvais (18e s.) et de panneaux décoratifs de Girard rivalise de beauté avec le plafond à caissons exécuté sur la base d'un dessin de Robert Adam.

Salle d'armes – Cette salle qui s'élève sur plusieurs niveaux possède un plafond armorié et propose une impressionnante exposition d'armes (lances, haches et sabres). C'est depuis l'un des balcons que le joueur de cornemuse personnel du duc réveille la maisonnée par un pot-pourri d'airs des Campbell.

Salon – Les principaux portraits de famille sont accrochés dans cette pièce dont la décoration se réduit à une jolie frise, des lambrequins de rideaux et des chandeliers à plusieurs branches. On peut y admirer le portrait du 8e duc de Hamilton par Pompeo Batoni et celui de Conway par Gainsborough, qui a été agrandi pour s'accorder avec le précédent auquel il fait face. Parmi les souvenirs exposés dans les vitrines figurent quelques objets ayant appartenu au duc, ennemi juré du marquis de Montrose.

Vestibule et escalier nord-ouest – Parmi les portraits, voir ceux du 3e duc (par Allan Ramsay) qui se chargea de la reconstruction des lieux, du 5e duc (par Gainsborough), qui les décora, et de son épouse, Elizabeth Gunning.

Quittez Inveraray par la A 83, direction Auchindrain et Lochgilphead.

Loch Fyne★★

Ce grand bras de mer commence au cœur des montagnes d'Argyll, dépasse le bras du loch Gilp, puis continue vers le sud pour atteindre la mer au nord d'Arran. Au 19e s., ce magnifique lac était le cadre de pêches au hareng fructueuses. 500 à 600 bateaux l'exploitaient à partir des nombreux villages de pêcheurs établis sur ses rives.

Auchindrain★

Auchindrain est une agglomération très ancienne, dont l'histoire remonte à plus de 1 000 ans. Le **Township Open Air Museum** présente la vie quotidienne des habitants des Highlands occidentales. Le bail communal, par lequel un groupe de locataires détenait et exploitait une ferme, était le système d'exploitation le plus répandu en Écosse. C'est d'ailleurs dans les Highlands que ce type d'exploitation survécut le plus longtemps. Commencez la visite par le centre d'exposition, qui donne des détails sur le style de vie (disposition des champs, intérieur des maisons, occupations), puis traverser la bourgade où l'on est en train de restaurer maisons, granges et étables, aménagées comme de véritables pièces de musée. *✆ (01499) 500 235 - www.visitscotland.com - ♿ - mai-oct. : 10h-17h (dernière entrée 1h av. fermeture) - 4,50 £ (enf. 2,20 £) - parking.*

Continuez par l'A 83 et suivez les panneaux « Crarae Garden ».

P. Tomkins / SCOTTISH VIEWPOINT/VISIT SCOTLAND

Le loch Fyne n'accueille plus que des bateaux de plaisance.

Crarae Garden

Au nord de Minard - ✆ (01546) 886 614 - www.nts.org - centre d'accueil : avr.-sept. : 10h-17h - jardin : 9h30-coucher de soleil - possibilité de visite guidée (1h) sur demande - 5 £ - aire de pique-nique, cafétéria - parking.

Les 20 ha de ce charmant jardin boisé occupent un site en pente surplombant le loch Fyne. Le cadre naturel magnifique, incluant un petit glen où bondit un ruisseau et jaillissent des chutes, est enrichi par des plantations d'arbres, d'arbustes et de plantes réalisées par l'homme. Le jardin est au pic de sa beauté au printemps, avec les rhododendrons ou, en automne, lorsque les feuilles déclinent toutes les nuances du brun-roux. Les sentiers sinueux et grimpants permettent d'entrevoir le loch Fyne encadré de montagnes.

Continuez le long de la A 83.

Lochgilphead

Cette petite ville affairée est située à la pointe du loch Gilp, un bras du loch Fyne ; elle s'est développée après l'achèvement du canal de Crinan.

De Lochgilphead, vous pouvez rejoindre Tarbert à 24 km plus au sud (par la A 83) pour rejoindre le circuit 2 *consacré à la péninsule de Kintyre et décrit* *p. 303.*

Pour poursuivre le circuit présent, quittez Lochgilphead par la A 816 et tournez à gauche vers Dunadd Fort.

Dunadd Fort

Au nord-ouest de Bridgend.

L'éminence rocheuse qui s'élève brutalement au-dessus des terres du Great Moss fut fortifiée dès le haut Moyen Âge ; le site abrita l'une des trois capitales du royaume écossais de Dalriada entre 498 et 843. Une pierre au sommet est gravée d'une image de sanglier qui serait à associer avec les rituels de cette royauté.

Revenez sur la A 816 et retournez sur vos pas (direction Lochgilphead) puis à Cairnbaan, prenez à droite la B 841 vers Crinan et la péninsule de Knapdale.

Crinan★

Ce merveilleux hameau se dresse à l'extrémité ouest du **canal de Crinan** (14,5 km de long), qui relie le détroit de Jura au loch Fyne. Avec ses 15 écluses, le canal fut percé en 1801 pour éviter aux bateaux de pêche de contourner le Mull of Kintyre. Aujourd'hui, les yachts et les navires créent un spectacle coloré lorsqu'ils manœuvrent et se bousculent pour prendre place dans le bassin de retenue et passer les écluses.

Knapdale (de Crinan à Kilmory Knap)

Cet aller-retour de 38 km depuis Crinan (comptez plus d'une heure) vous permet de vous enfoncer dans la péninsule de Knapdale, partie nord de la péninsule du Kintyre, qui s'étend du canal de Crinan au nord au loch Tarbert au sud. Les lochs Sween et Coalisport pénètrent profondément cette zone de crêtes parallèles où les collines, la forêt et l'eau sont les éléments de base du paysage. *La plupart des routes sont d'étroits culs-de-sac pourvus de refuges de croisement. Si vous devez être à Oban en soirée, le temps vous sera peut-être compté.*

Emprunter la route de Cairnbaan qui longe le canal, puis tourner brusquement à droite à Bellanoch. Prendre à gauche en direction d'Achnamara, un village forestier dans une zone comptant le plus grand nombre de chênes en Grande-Bretagne.

Castle Sween, un château carré et en ruine se situe malheureusement sur le site d'un terrain de camping. Il fut construit par Somerled (12e s.) sur une éminence rocheuse de la rive orientale du loch Sween. Il serait l'un des premiers châteaux des îles Britanniques à avoir été construit en pierre. En continuant vers le sud vous atteignez **Kilmory**. Couverte par un toit en plexiglas, la **chapelle** abrite une belle **collection** de monuments sculptés des Highlands occidentales. La **croix Macmillan★** en constitue un excellent exemple. Une face représente le Christ crucifié avec la Vierge et saint Jean au pied de la croix et un glaive écossais ; le revers présente une scène de chasse. Cette croix commémore Alasdair Macmillan, un membre du clan qui régnait sur Knapdale. À proximité du mur, les dalles funéraires sont gravées de guerriers en tenue martiale ou d'entrelacs complexes.

Revenez sur vos pas et, à Bellanoch, suivez la B 8025 en direction de Kilmartin.

Kilmartin

La bourgade se situe au cœur de l'agréable paysage de Kilmartin Glen. Dans le cimetière se trouve une belle collection de **pierres sculptées** datant généralement du 14e au 16e s. Principalement funéraires, ces pierres sont propres aux Highlands et

aux îles occidentales. Elles sont ornées de motifs celtiques traditionnels ainsi que d'effigies de chefs guerriers représentés en armes. À l'intérieur de l'**église**, la **croix n° 3** est exceptionnelle. Une face porte une Crucifixion admirablement exécutée ; le revers présente un Christ en majesté. Cette croix daterait du 16e s.

Dans Kilmartin House, le **Museum of Ancient Culture**, centre d'archéologie et d'interprétation du paysage, présente une exposition sur les relations entre le paysage et les habitants de la vallée pendant plus de 5 000 ans. On y découvre, grâce à des objets trouvés lors de fouilles et une intéressante présentation audiovisuelle, les aspects de la vie préhistorique. *✆ (01546) 510 278 - www.kilmartin.org - ♿ - 10h-17h30 - fermé 1er janv. et 25 déc. - 4,50 £ - café - parking.*

Quittez Kilmartin vers le nord par la A 816 (direction Oban).

Carnasserie Castle

Par sa position stratégique, ce château fort contrôlait la route qui menait au loch Awe vers le nord. Cette construction du 16e s. est remarquable pour ses détails sculptés et ses moulures influencés par la Renaissance. Les cheminées sont particulièrement belles. De 1566 à 1572, Carnasserie fut le siège du surintendant et évêque John Carswell, où il traduisit en gaélique le *Book of Common Prayer* (livre de liturgie anglicane) de John Knox, premier livre imprimé dans cette langue. Par la suite, le château appartint aux Campbell. On y verra d'intéressants panneaux armoriés au-dessus de l'entrée.

Reprenez la A 816 et tournez au panneau « Arduaine Garden ».

Arduaine Garden

NTS - ✆ (01852) 200 366 - www.nts.org.uk - 9h30-coucher du soleil - 3,5 £.

Situé au fond d'une baie, ce jardin offre quelques belles vues sur la mer, les îles et le petit port voisin de Craobh. Des essences du monde entier s'y épanouissent dont les immanquables rhododendrons, fleurs favorites des jardins écossais. Les chemins traversent des micro-paysages variés, évidemment plus agréables en période de floraison… et par beau temps.

Suivez la A 816 pour rentrer à Oban.

LA PÉNINSULE DE KINTYRE 2

Ce circuit de 220 km au départ de Tarbert permet de faire le tour de la péninsule de Kintyre.

Kintyre constitue la partie sud de la longue péninsule de la côte ouest. Les rivages occidentaux sont balayés par les lames de l'océan Atlantique, tandis que la côte est est baignée par le détroit de Kilbrannan qui la sépare de l'île d'Arran. Les sites variés et les paysages maritimes de Kintyre composent une agréable promenade. On parcourt la longue bande de terre grâce à une route côtière qui en fait le tour (sans qu'il soit possible de la traverser dans sa largeur. La route ouest (A 83), plus large et plus rapide, offre de belles vues sur l'Irlande et permet de s'arrêter le long de plages sauvages. La route de l'est (B 842) ne comporte qu'une voie avec des refuges de croisement et se parcourt beaucoup plus lentement.

Tarbert

À l'extrémité est du loch Tarbert, cette petite ville balise l'isthme séparant Kintyre de Knapdale au nord. Les maisons bordent le port et la baie, animés par les bateaux de pêche et les yachts en été. Il ne reste ici que quelques vestiges du château de **Bruce**, envahis par les ronces. L'histoire rappelle que ce roi guerrier, à l'exemple du roi de Norvège Magnus Barefoot au 11e s. *(voir p. 50)*, traîna ses bateaux à travers l'isthme pour attaquer le château de Sween en 1315.

Quittez Tarbert vers le sud par la A 83. Suivez-là jusqu'à Campbeltown, en profitant des paysages, des plages.

De Tarbert à Campbeltown par la côte ouest

Vous passez par **Kennacraig**, port d'où partent les ferries vers Port Ellen (Islay), Port Askaig (Islay/Jura) et l'île de Colonsay. Les horaires sont assez complexes et varient selon les saisons *(informations sur www.calmac.co.uk)*.

La route se poursuit vers **Clachan**. De la pointe de Ronachan toute proche, on peut voir des phoques gris se dorer au soleil sur les rochers.

Plus au sud encore, vous atteignez **Tayinloan**. C'est de là que part le bac *(tlj en été, trajet de 20mn - www.calmac.co.uk)* pour la petite île de **Gigha**, située à 5 km de la côte de Kintyre. Elle est connue pour les remarquables **jardins** boisés d'Achamore – *✆ (01583) 505 390 - www.gigha.org.uk - du lever au coucher du soleil - 3,50 £ (enf. 1 £.) - parking.* Lorsqu'ils sont en fleurs à la fin du printemps, les rhododendrons, les azalées et les camélias apportent une débauche de couleurs.

Campbeltown

Principale ville commerçante de la péninsule, Campbeltown souffre un peu de son isolement. Elle renaît en été comme centre de vacances. Au 19e s., sa prospérité reposait sur la pêche au hareng dans le loch Fyne et sur ses 30 distilleries produisant différentes variétés de whisky. Seules quelques-unes d'entre elles sont encore en activité. La croix près de la jetée date du 15e s.

Quittez Campbeltown vers le sud-est (direction Feochaig) pour longer la côte est du Mull of Kintyre.

Mull of Kintyre vu par Paul McCartney et les Wings (1977)

Refrain : *Mull of Kintyre, oh mist rolling in from the sea*
My desire is always to be here
Oh Mull of Kintyre

> Far have I travelled and much have I seen
Dark distant mountains with valleys of green
Past Painted desert the sunset's on fire
As he carries me home to the Mull of Kintyre.
> Sweep through the heather like deer in the glen
Carry me back to the days I knex then
Nights when we sang like a heavenly choir
Of the life and the times of the Mull of Kintyre.
> Smiles in the sunshine and tears in the rain
Still take me back where my mem'ries remain
Figuring ambers grow higher and high'r
As they carry me back to the Mull of Kintyre.

Mull of Kintyre

Cette route côtière et sauvage permet de découvrir les plus beaux paysages de la péninsule, jusqu'à Southend, puis le phare du Mull of Kintyre. Le Campbeltown Pipe Band et Paul McCartney avec leur chanson *Mull of Kintyre (voir p. 303)* ont fait connaître mondialement ce cap, situé à 21 km de l'Irlande. Autrement dit... au bout du monde.

Revenez vers Campbeltown par la B 842. Mais à Stewarton, prenez à gauche la B 843 vers Machrihanish.

Machrihanish

Cette ville de la côte ouest est connue pour sa plage de sable de 10 km de long et son parcours de golf à 18 trous. La ville possédait une mine de charbon, fermée depuis 1967. **William McTaggart** (1835-1910) vécut dans une ferme proche et fut inspiré par les paysages de la région. Nombre de ses toiles, dont *The Herring Fishers, The Golden Grain* et *Dawn at Sea* (Kelvingrove Art Gallery, Glasgow), furent novatrices par sa capacité à capter l'éclat éphémère de la lumière.

Revenez vers Campbeltown. Quittez la ville vers le nord par la route B 842 qui longe la côte est et permet de rejoindre Tarbert en vous arrêtant (entre autres) aux sites décrits ci-dessous.

Carradale★

Ce petit village occupe un site agréable près d'un petit port, où une flotte de pêche déborde d'activité.

Saddell

Il ne reste que des ruines envahies par la végétation de l'importante abbaye fondée en 1207 par le fils de Somerled, seigneur des Îles, **Reginald**, gouverneur de Kintyre et d'Islay, qui y serait enterré. Dans le cimetière, une **série★** de stèles funéraires (14e-16e s.) illustre l'aspect militaire des West Highlands ; la galère noire aux voiles serrées symbolise la fin d'un voyage.

Claonaig

C'est de là que part le bac saisonnier vers Lochranza, sur l'île d'Arran *(www.calmac.co.uk)*.

Skipness Castle

Laissez la voiture à l'entrée du domaine. Les courtines de cette vaste forteresse *(ne se visite pas)* enserrent une cour intérieure, un manoir (13e s.) et une maison forte (16e s.). L'entrée en grès rouge et les ornements des fenêtres égayent cette imposante place forte qui marquait la limite sud des possessions des Campbell. On y bénéficie de belles vues sur Arran au-delà du détroit de Kilbrannan.

La B 8001 vous permet de rejoindre la A 83 et Tarbert.

Oban pratique

Informations utiles

Office de tourisme – *Argyll Sq. - (01631) 563 122 - oban@visitscotland.com.*

Transports

VERS LES ÎLES

Caledonian MacBrayne Ferries – *Ferry Terminal - (08705) 650 000 ou (01631) 566 688 - www.calmac.co.uk.*
Liaisons maritimes avec l'île de Lismore, l'île de Mull, la plupart des îles de South Uist (même latitude que l'île de Skye), l'île d'Islay via l'île de Colonsay (latitude de Glasgow).

EN BUS

Oban & District Buses – *(01631) 570 500 - www.obanbuses.co.uk.*

Scottish Citylink Coaches – *(08705) 552 319 - www.westcoastmotors.co.uk.*

Oban Open Top Tour – *17 George St. - (01586) 552 319 - www.gowestcoasting.com.* Tour de 2h30 au départ de la gare ferroviaire. Découverte de la région et halte dans une petite galerie artisanale.

EN TRAIN

Gare ferroviaire dans le centre-ville, sur les quais - *(08457) 550 033 - www.firstscotrail.co.uk.*

Se loger

Ayres Guest House – *3 Victoria Crescent, Esplanade - (01631) 562 260 - ayresguesthouse@btinternet.com - 11 ch. 48-56 £.* Chambres simples et confortables, toutes équipées de salles de bains. Donnant sur une petite pelouse face à la mer, ce petit immeuble est encadré par deux autres pensions presque identiques, dont le rez-de-chaussée de l'une est occupé par un authentique pub.

Swallow Oban Caledonian Hotel – *Station Rd - (01631) 563 133 - www.swallowhotels.com - 59 ch. 60-190 £.* Le plus confortable des grands hôtels des quais de Oban. Les prix varient du simple au triple, en fonction de la saison, du type de chambre ainsi que de la vue.

The Kimberley Hotel – *13 Dalriach Rd - (01631) 571 115 - www.kimberley-hotel.com - 18 ch. 115-125 £.* Belle maison d'époque sur les hauteurs de Oban. Les chambres supérieures, légèrement plus chères, sont bien plus grandes et jouissent de larges fenêtres ouvertes sur la baie. Très bon restaurant ouvert aux non résidents.

The Manor House – *Gallanach Rd - (01631) 562 078 - www.manorhouseoban.com - 11 ch. 130-170 £.* Ancienne résidence secondaire du Duc d'Argyll, cette maison typique en pierre offre un autre point de vue sur la baie et la ville d'Oban.

Dungallan House Hotel – *Gallanach Rd - (01631) 563 799 - www.dungallanhotel-oban.co.uk - 11 ch. 150 £.* Petite propriété sur les hauteurs, surplombant la baie et le petit port de plaisance. Les chambres sont simples et confortables. La plus haut perchée, une chambre mansardée aux allures de petit appartement. Bon restaurant proposant une liste de vins conséquente.

Isle of Eriska Hotel & Spa – *Ledaig, 4 km au N d'Oban, suivre les panneaux dans le village de Benderloch - (01631) 720 371 - www.eriska-hotel.co.uk - 24 ch. 275-380 £.* Superbe propriété de 300 acres englobant l'intégralité de cette petite île. Piscine, sauna et spa. Très bon restaurant, malheureusement souvent entièrement rempli par les résidents de l'hôtel (téléphonez à l'avance).

Se restaurer

The Gathering Restaurant – *Breadalbane St. - (01631) 565 421 - 17h-23h, pub 12h-1h - 17-30 £.* L'histoire de ce lieu est lié à la salle de bal Argyllshire Gathering Hall, construite à la fin du 19e s. Cuisine écossaise typique dans le restaurant, le plus dépaysant d'Oban.

McTavish's Kitchens – *George St. - (01631) 563 064 - www.mctavishs.com - 18h-22h - 18-20 £.* Le bâtiment est sans conteste le plus laid des quais mais les repas-spectacles, avec musique et danses à partir de 20h, sont populaires auprès des touristes.

EE-Usk – *North Pier - (01631) 565 666 - 20-35 £.* Deux bâtiments modernes en verre se faisant face (ne pas confondre avec la pizzeria). Ici, spécialités de poissons et fruits de mer, sans doute les plus réputées en ville.

Sports et loisirs

Argyll Trail Ridding – *Brenfiel Farm, Ardrishaig (S de Oban) - (01546) 603 274 - www.brenfield.co.uk.* Balades à cheval d'une heure ou randonnées d'une semaine pour les cavaliers plus expérimentés. Une excellente manière de découvrir la nature écossaise, encadré par une équipe expérimentée.

Événements

Argyllshire Gathering – Fin août : jeux, concours de danse et de cornemuse.
www.obangames.com.

Perth★

43 450 HABITANTS
CARTE GÉNÉRALE RABAT I C3 - CARTE MICHELIN REGIONAL 501 J 14
PERTHSHIRE AND KINROSS

Perth possède un agréable petit centre-ville georgien, dont les rues plates s'étendent entre la rivière Tay et deux vastes parcs. Cet ancien bourg royal ne possède pas de monument extraordinaire, mais a réussi à garder une atmosphère de ville agricole, qui s'affirme un peu plus lors des nombreuses foires. Elle a donné son nom à une charmante région rurale, le Perthshire, où des reliefs plus ou moins doux accueillent des rangées de framboisiers et des vaches mondialement « connues ». Les vestiges de diverses périodes de l'histoire sont nombreux dans ces glens et collines : palais royal de Scone, pierres pictes, village-capitale de Dunkeld…

Se repérer – La région de Perth, le Perthshire, étale ses collines le long des rivières Tay et Earn. La partie nord jouit de beaux reliefs plus marqués, prémices des Grampians. La A 9 traverse la région du nord au sud et la relie au reste du pays.

À ne pas manquer – Le palais royal de Scone ; Dunkeld, l'ancienne petite capitale ; les jardins de Branklyn ou du Drummond Palace ; les paysages du glen Shee et Smaa Glen.

Organiser son temps – La région est petite mais riche en curiosités. Deux journées sont suffisantes pour faire plus que la survoler. Les dates des nombreuses foires de Perth peuvent vous amener à préférer une période ou une autre.

Avec les enfants – Observer les orfraies du loch Lowes, skier à glen Shee.

Pour poursuivre le voyage – Aberdeen, les Cairngorms, Pitlochry, St Andrews, Stirling, Les Trossachs.

Comprendre

Une « presque capitale » – On a retrouvé des restes de camps romains, au nord, à Bertha et, au sud, à Carpow. Mais la communauté d'origine grandit autour de son port fluvial situé à l'extrémité de l'actuelle High St. La ville obtient le statut de bourg royal au 12e s., statut confirmé à la fois par Guillaume le Lion et Robert Bruce. Pendant le règne de Jacques Ier, Perth est plusieurs fois le lieu de réunion du Parlement et la ville serait sans doute devenue la capitale si le monarque n'avait perdu la vie dans l'un de ses monastères. Dès le 16e s., la ville entourée de remparts prospère. Les divers commerces et métiers de cette période sont perpétués aujourd'hui par les noms de rues : les venelles Cow, Meal, Flesher's, Cutlog, Baxter's (boulangers) et Ropemakers Close, Mercer Terrace, Glover St. et Skinnergate.

« La foule de vauriens » – Le relâchement des maisons monastiques et le mécontentement croissant de la population à l'égard de l'Église établie génèrent un grand nombre de partisans de la Réforme. Durant cette période troublée, le violent sermon de John Knox, le 11 mai 1559, excite la foule et pousse à la destruction des quatre couvents de la ville. Le mouvement s'étend ensuite à l'ensemble du pays.

Période de déclin – Le 17e s. marque une période de déclin dû à l'évolution du commerce mondial. Perth, comme d'autres villes de la côte est, se soumet à la campagne de pacification de Monck. Dans la seconde moitié du 17e s., la ville se prépare à accueillir l'université de St Andrews, alors en conflit avec des citoyens de sa ville, à Gowrie House. Mais le projet n'aboutira jamais. La prospérité

P. Tomkins / SCOTTISH VIEWPOINT/VISIT SCOTLAND

Les abords verdoyants de la capitale du Perthshire.

revient au 18e s. avec les progrès de l'agriculture. À cette période, la ville s'agrandit au-delà de ses limites médiévales.

Port fluvial – La Tay a toujours joué un rôle important pour le commerce local et dans le trafic fluvial assuré à la fois par des vaisseaux étrangers et côtiers. Entre 1814 et les années trente, des vapeurs faisaient la navette entre Dundee et Perth. Le port de Perth, situé en aval de la Tay, importe aujourd'hui des engrais et exporte principalement des céréales, du bois, du malt et des pommes de terre. Richement peuplée de saumons, la Tay se flatte aussi d'être un site de production de perles blanches, grises, dorées ou de couleur lilas, obtenues par l'élevage de moules d'eau douce.

Se promener

Le centre-ville de Perth, plat et peu étendu, se parcourt très facilement à pied. Cet itinéraire urbain débute à l'angle de Shore Road et Marshall Place. Cette dernière rue est un bel alignement georgien, ponctué par la flèche couronnée de St Leonard's-in-the-Fields (19e s.) qui domine les pelouses vertes de South Inch.

Water Works et Fergusson Gallery

✆ (01738) 441 944 - www.pkc.gov.uk - ♿ - tlj sf dim. 10h-17h - gratuit.

Ce bâtiment de distribution d'eau conçu en 1810 par le directeur de l'Académie fut achevé vers 1930. De forme circulaire, entouré d'une balustrade, il est couvert d'un dôme élégant ; remarquez l'urne couronnant le sommet de la tour.

Il abrite la **Fergusson Gallery** qui expose par roulement les œuvres de **John Duncan Fergusson** (1874-1961), membre éminent des coloristes écossais. Les teintes pastel de ses premiers paysages et portraits *(Princes St. Gardens, The White Dress)* contrastent avec le coloris et la luminosité des dernières toiles où se perçoit l'influence du fauvisme *(People and Sails at Royan, Cassis from the West)*. On remarquera également un étonnant groupe de nus féminins aux couleurs vives et aux contours appuyés *(Bathers : The Parasol, Bathers in Green, Danu Mother of the Gods)*. Les réalisations écossaises comprennent des paysages des Highlands *(Cairngorm)* et des vues de Glasgow *(The Red Dress – 1950, The Dome, Botanic Gardens – 1953)*.

Remontez Tay St., façade du centre-ville sur la rivière Tay.

Tay St.

Elle constitue une agréable promenade, où des sculptures parfois originales surprennent le marcheur. Depuis Queen's Bridge ou Perth Bridge, vous bénéficiez de belles vues d'ensemble sur la ville. Ce dernier, très élégant avec ses neuf arches, a été érigé par Smeaton. La façade à colonnade du **Sheriff Court** (1820) est typique de l'œuvre d'inspiration grecque de Robert Smirke. Sur la gauche, une plaque à son effigie commémore la magnifique Gowrie House (1520), où se trama la très mystérieuse **conspiration de Gowrie** (5 août 1600) au cours de laquelle furent assassinés les descendants du 1er comte de Gowrie. S'agissait-il d'un attentat régicide ou d'une vengeance de la part de Jacques VI ? Le doute n'est pas levé.

Suivez la rue piétonne de South St. Un écart par St John St. vous emmène vers St John's Kirk.

St John's Kirk

✆ (01738) 638 482 - ♿ - de Pâques à oct. : 10h-12h, 14h-16h - possibilité de visite guidée sur demande - gratuit.

Avec sa tour à clocher, cette église est un bel exemple des églises de bourg. Fondée au 12e s., elle date principalement du 15e s. et a été restaurée en 1925-1926 pour abriter un mémorial de guerre. C'est probablement à cet édifice que Perth dut son ancien nom de St John, que rappelle encore aujourd'hui le nom de l'équipe locale de football (St Johnstone). À côté de l'église vous ne pouvez manquer l'imposant **City Hall.**

Revenez vers South St. À l'intersection avec South St., le bâtiment de gauche porte une plaque indiquant l'ancien emplacement de la maison des évêques

Des foires et du curling

Perth, siège de sociétés de protection des races bovines d'Aberdeen-Angus et Highland, est célèbre pour ses **foires** et ventes d'Aberdeen-Angus *(en février et octobre)* et pour la foire agricole du comté de Perth *(en août)*. Elle voit également se dérouler cinq courses de chevaux *(en avril, mai, août, sept. et oct.)*, une foire aux chevaux, un championnat de conduite d'attelages *(en mai)* sur le champ de courses de Scone, les Jeux des Highlands *(en août)*.

Le Perth Ice Rink (au Dewar's Centre) accueille fréquemment des championnats de **curling** majeurs. Ce sport créé en 1510 est d'ailleurs lié à cette cité. La reine Victoria l'a en effet pratiqué dans une des galeries du palais de Scone. Pour cette version royale et indoor, le parquet ciré remplaçait la glace.

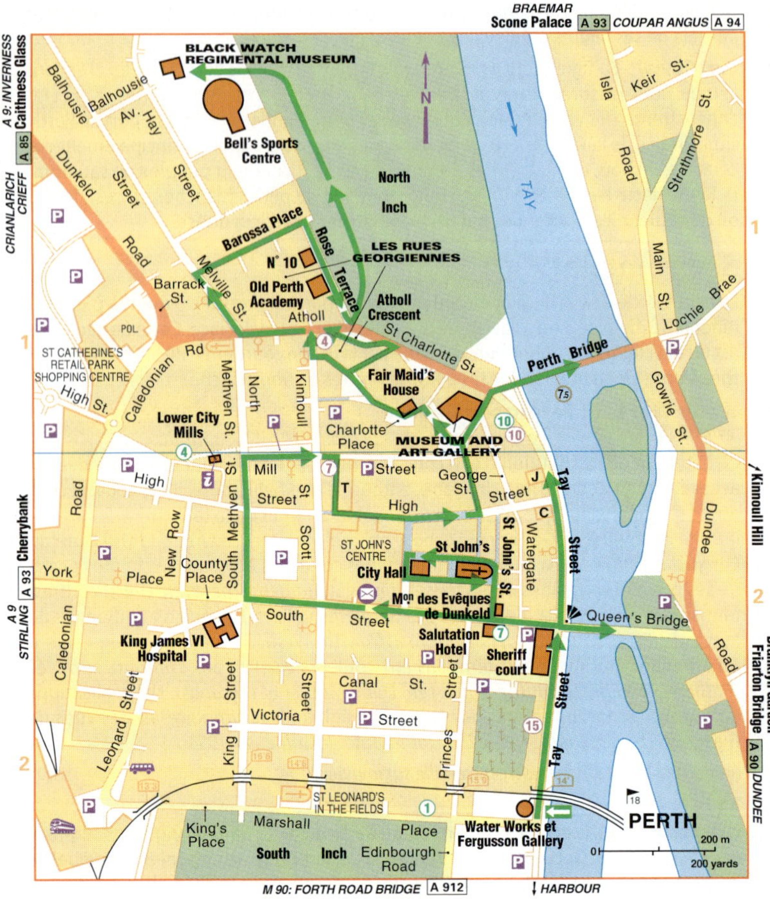

SE LOGER		SE RESTAURER	
Kinnaird Guest House	1	Deans@Let's Eat Restaurant	4
Ramada Hotel	4	The Bothy	7
Salutation Hotel	7	The Royal George	10
The Royal George Hotel	10	63 Tay Street Restaurant	15

de Dunkeld. Bonnie Prince Charlie passa par le Salutation Hotel (1699), identifiable à sa fenêtre vénitienne.

Parcourez les rues piétonnes du centre-ville en profitant de l'animation. Puis rejoignez King St., rue perpendiculaire à l'extrémité est de la très commerçante South St.

King James VI Hospital

En 1429, Jacques Ier fonda ce qui allait être l'unique **chartreuse** d'Écosse. Il y fut enterré avec sa femme, Jeanne Beaufort, de même que Margaret Tudor, l'épouse de Jacques IV. Détruite en 1559, la chartreuse fut remplacée par un hôpital fondé en 1587 par Jacques VI. Le bâtiment à quatre étages et à plan en H est maintenant divisé en appartements. La façade dominant Hospital St. est couronnée d'un dôme inhabituel provenant de Nairne House.

Remontez South Methven St. Vous atteignez **Lower City Mills**, *bel ensemble de bâtiments industriels anciens qui enjambe le Town Lade, canal de 6 km qui amène l'eau d'un affluent de la Tay. Les fabriques « d'en bas » abritent le Tourist Information Centre. Prenez Mill St. pour rejoindre le musée.*

Museum and Art Gallery★

☏ (01738) 632 488 - www.pkc.gov.uk - ♿ - tlj sf dim. 10h-17h - fermé 25 déc.-1er janv. - gratuit.

Caractérisé par son dôme vert et son portique blanc imposants, ce musée propose des expositions consacrées à l'histoire naturelle et au mobilier, ainsi que des sections particulièrement intéressantes portant sur les manufactures locales de verrerie (articles Monart et Vasart), d'argenterie et d'horlogerie, ainsi que sur l'histoire de la région. La section britannique de la galerie possède de grands paysages de **John Millais** (1829-1896), lié à Perth par son mariage avec Effie Gray. Chasseur et pêcheur passionné, cet artiste a su saisir l'atmosphère et les teintes automnales des rives de la Tay, notamment dans **Chill October** (1870). *Loch Katrine* (1866) est une toile d'un spécialiste des paysages des Highlands, Horatio McCulloch (1805-1867), que côtoient des œuvres de Cadell, de Henry et de David Wilkie. Dans la section étrangère adjacente, on verra un *Saint André* réalisé par Ribera (1591-1652), dont on reconnaît le style robuste et le réalisme sans concession.

Les rues georgiennes★

Avec la réalisation du pont de Perth en 1772, la ville commença à franchir ses limites médiévales. Des rues entières furent construites dans le nouveau style georgien, telles Barossa Place et ses importantes demeures résidentielles, et **Rose Terrace** que domine l'Old Perth Academy (1807). John Ruskin (1819-1900) passa une bonne part de son enfance au nº 10. Suivre la délicieuse courbe d'**Atholl Crescent**, première extension de la nouvelle ville. Une plaque placée à l'angle sud-ouest de Blackfriars St. indique le site du monastère dominicain fondé en 1231 où fut assassiné Jacques Ier en 1437. Les bâtiments furent détruits en 1559, de même que tous les autres établissements monastiques de la ville. North Port mène à **Fair Maid's House**, la maison de Catherine Glover, l'héroïne du roman de W. Scott *La Jolie Fille de Perth* ; c'est aujourd'hui une boutique d'artisanat écossais. Menant à Tay St., Charlotte St. est adossée à une courte rangée de maisons georgiennes.

En parcourant North Inch, rejoignez le musée suivant.

North Inch

Il y eut peu de survivants au grand **combat des clans** qui s'y déroula en 1396 entre 30 champions issus des clans Chattan et Kay et que décrit Scott dans *La Jolie Fille de Perth*. Robert III et la reine y assistèrent depuis le monastère dominicain voisin, édifié autrefois à l'extrémité sud du parc. Les 50 ha de North Inch sont aujourd'hui consacrés en grande partie aux équipements sportifs. Remarquez particulièrement le dôme du centre sportif de Bell construit en 1978.

Black Watch Regimental Museum★

✆ (0131) 310 8530 - mai-sept. : tlj sf dim. 10h-16h30 ; oct.-avr. : tlj sf w.-end 10h-15h30 - fermé dernier sam. de juin et 23 déc.-6 janv. - gratuit - parking.

Ancienne demeure des comtes de Kinnoull, Balhousie Castle abrite les quartiers généraux ainsi que le musée de ce régiment dont les origines remontent au début du 18e s., lorsque le général Wade fut chargé d'établir paix, loi et ordre dans les Highlands. Pendant son programme de construction de routes et de ponts, Wade enrôla et arma des groupes d'Highlanders pour maintenir la paix. Ces compagnies étaient connues sous le nom de **Black Watch** *(voir à Aberfeldy p. 325)*, ou garde noire, parce qu'elles surveillaient les Highlands et portaient un tartan noir contrastant avec le rouge des troupes gouvernementales. Bien présenté, ce musée relate chronologiquement l'histoire de ce régiment créé en 1739, à travers ses batailles et ses campagnes, des tableaux, des pièces d'argenterie, des drapeaux et des uniformes.

Aux alentours

Scone Palace★★

À 3,2 km au nord-est par la A 93 - ✆ (01738) 552 300 - www.scone-palace.net - ♿ - avr.-oct. : 9h30-17h45 (dernière entrée 45mn av. fermeture) ; nov.-mars : sur demande - visite guidée des State Rooms - palace 7,20 £ (enf. 4,20 £) ; parc 3,80 £ (enf. 2,50 £).

Situé sur la rive est de la Tay, le domaine du palais de Scone inclut Moot Hill, l'un des sites historiques les plus sacrés d'Écosse depuis l'époque des Pictes. Kenneth MacAlpine au milieu du 9e s. en fait le centre de son nouveau royaume picto-écossais et un pendant du foyer ecclésiastique qu'il vient de créer à Dunkeld *(voir circuit)*. Dès lors, les rois d'Écosse y seront toujours intronisés sur la **pierre de la Destinée** *(voir encadré p. 310)* plus connue sous le nom de pierre de Scone, que MacAlpine a fait venir de Dunstaffnage en 838.

Centre religieux puis résidence royale – La communauté celtique d'origine disparaît lorsque Alexandre Ier fonde un prieuré augustin en 1120, le premier de cet ordre en Écosse. Ce prieuré est accordé aux chanoines de Nostell dans le Yorkshire. En 1164, les chanoines quittent Scone pour l'abbaye de St Andrews. L'abbaye et le palais servent alors de résidence royale. L'abbaye est pillée lors de la vague de destruction de 1559 qui suit le sermon incendiaire de John Knox à Perth. Elle devient en 1580 la propriété des comtes de Gowrie, qui construisent un palais avec les pierres du vieux bâtiment. Après la conspiration de Gowrie et la confiscation des biens familiaux en 1600, Jacques VI confie le domaine à la famille Murray, plus tard comtes de Mansfield. Le 3e comte charge William Atkinson, un élève de James Wyatt, d'ériger un manoir néogothique entre 1802 et 1808.

Intérieur – Parmi les pièces de **style néogothique** richement meublées se détachent quelques superbes meubles de facture française, ainsi qu'une série d'horloges inhabituelles et intéressantes. La **salle à manger** abrite une collection d'**ivoires européens** (17e-19e s.) merveilleusement travaillés. Dressée avec une nappe en damas armorié, la table est entourée de chaises de style Chippendale réalisées localement. Éminent avocat et homme politique, **William Murray** (1701-1779), qui embellit Kenwood House *(voir le Guide Vert Londres)*, est représenté ici en tant que 1er comte de Mansfield. Dans **l'antichambre** voisine, on peut voir un portrait de sir David Murray, échanson de Jacques VI et heureux bénéficiaire des terres et du palais confisqués aux Gowrie. Le **salon** aux murs décorés de soieries de Lyon brochées (18e s.) conserve une série de portraits parmi lesquels on reconnaît deux personnalités royales, George III et la reine Charlotte, immortalisés par Allan Ramsay en 1765 ; un portrait réalisé par Reynolds représente le 1er comte de Mansfield dans sa tenue de ministre de la Justice d'Angleterre (1776). Réputé pour son éloquence et surnommé « Murray à la langue d'argent », il était l'un des plus grands avocats de son temps. L'ensemble de fauteuils (1756) signés Pierre Bara et recouverts d'un bel ouvrage à l'aiguille accompagnent deux commodes Boulle flanquant la cheminée. Cependant, la plus belle pièce de l'ensemble est un **bureau** particulièrement raffiné réalisé par Riesener (1734-1806) et ayant appartenu à Marie-Antoinette. La collection de **porcelaines** disposée dans la **bibliothèque** fut réunie par les 1er et 2e comtes. Le 1er comte est représenté dans un portrait où apparaît son bien le plus précieux, un buste d'Homère par le Bernin que lui avait offert Alexander Pope, et, en tant que ministre de la Justice, dans un buste par Rysbrack. Le **salon de l'ambassadeur** tire son nom du 2e comte : homme d'État et ambassadeur à Dresde, Vienne et enfin Paris, il y devint le confident de Louis XVI et

La pierre de la Destinée

Premier d'une longue série, Robert Bruce se fait couronner roi à Scone, sur la pierre de la Destinée, comme le feront quarante rois jusqu'à Charles II en 1651. Cette pierre avait une telle importance qu'Édouard Ier, après la défaite des Écossais et l'emprisonnement du roi John Balliol, la fait transporter à l'abbaye de Westminster en 1296 avec d'autres insignes du pouvoir. Depuis cette date, la pierre a toujours été placée sous le trône du sacre en Angleterre, sauf durant un bref intermède de six mois, entre 1950 et 1951 *(voir Arbroath p. 269)*. Marque de l'importance du symbole qu'elle représente, elle a été ramenée au château d'Édimbourg en 1996 et ne retourne à Westminster qu'à l'occasion des couronnements.

SCONE PALACE

La bibliothèque renferme une collection de porcelaines.

de Marie-Antoinette et y acquit la plupart du remarquable mobilier français visible à Scone. Le lit est une commande royale réalisée pour *S.-E. l'ambassadeur,* représenté ici par Pompeo Batoni ; le portrait de sa fille par Zoffany, *Lady Elizabeth Murray,* la représente sur les terres de Kenwood, domaine anglais du comte, où il s'installa après les émeutes qui détruisirent sa résidence de Bloomsbury. La **grande galerie** (51 m) présente encore son plancher original en chêne (noirci en tourbière). Outre les tableaux (voir *The Village Politicians* de David Wilkie) et le mobilier, vous apprécierez une collection unique d'objets d'art au **vernis Martin** réalisés en papier mâché.

Le domaine – En face du palais se trouve **Moot Hill**, aujourd'hui occupée par une chapelle du 19e s. Les explications sur l'origine du nom Moot sont nombreuses. L'éthymologie gaélique *(Tom-a-mhoid)* signifierait « endroit où la justice était rendue », tandis que la version à partir du mot *Boot*, moins vraisemblable, est pourtant plus intéressante. On dit que lorsque les comtes, les chefs et autres hommes importants venaient jurer fidélité au lord High Ardh, ils apportaient dans leurs bottes de la terre de leurs domaines, car le serment de fidélité n'était valable que s'ils se tenaient sur leurs propres terres. Après quoi, ils vidaient le contenu de leurs bottes sur place, d'où le nom de Boot Hill.

L'avenue en face de l'entrée principale mène à l'**ancienne entrée**, arborant les armes de Jacques VI et du 1er vicomte. Au-delà se situe le site originel du village de Scone, avant que celui-ci ne soit déplacé lors des travaux effectués au 19e s.

La **pinède** contient plusieurs espèces de pins parmi les plus anciennes, dont quelques sapins de Douglas. Le célèbre botaniste David Douglas (1798-1834), qui naquit sur le domaine, et planta le premier spécimen de l'arbre qui porte son nom.

Caithness Glass

À 3 km au nord, un peu à l'écart de la A 9, dans la zone industrielle d'Inveralmond. Sortir par Dunkeld Road. Centre d'accueil - ✆ (01738) 492 320 - www.caithnessglass.co.uk - ♿ - de mi-juin à mi-sept. : 9h-18h, dim. 10h-17h ; de mi-sept. à fin nov. et de déb. mars à mi-juin : 9h-17h, dim. 10h-17h ; déc.-fév. : 9h-17h (dim. 12h) - fermé 1er-2 janv. et 25-26 déc. - gratuit - restaurant - parking.

Dans cette usine, ouverte en 1979, on fabrique à la main de magnifiques objets en verre soufflé. Une galerie permet au visiteur d'observer les différents stades de fabrication (lors des heures de travail en semaine).

Branklyn Garden★

Signalé à l'écart de la A 85. Sortir par Dundee Road - ✆ (01738) 625 535 - www.nts.org.uk - se renseigner pour les horaires et les tarifs.

Le proverbe anglais *Small is beautiful* s'applique avec justesse à cet ancien jardin privé dessiné en 1922 sur le terrain pentu de la rive est de la Tay. D'une superficie de 1 ha, il recèle une grande variété de plantes (chinoises, himalayennes, alpines) et offre une symphonie de couleurs et de senteurs très agréable.

Kinnoull Hill

Sortir par Boswerswell Road. 20mn de marche depuis le parking de Braes Road jusqu'à la table d'orientation. Diverses petites promenades à pied possibles.

Le sommet offre une large **vue★** permettant de distinguer la naissance des Highlands, Perth, le New Friarton Bridge, la Tay et au loin les reliefs des Ochils et des Lomonds. Surplombant la Tay de 213 m, les falaises à pic de Kinnoull sont dominées par une tour de guet imitant un château fort rhénan, à l'instar de celle située vers l'est sur Binn Hill.

Huntingtower Castle★

À 5 km au nord-ouest par la A 85 - HS - ✆ (01738) 627 231 - www.historic-scotland.gov.uk - ♿ - avr.-sept. : tlj 9h30-18h30 ; oct.-mars : sam.-mer. 9h30-16h30 - 4 £ (enf. 2 £).

Histoire – Initialement connu sous le nom de Castle of Ruthven, ce château était le rendez-vous de chasse de la famille du même nom. En 1582 s'y déroula un épisode que l'histoire a retenu comme le **raid de Ruthven** : William, 4e lord Ruthven et comte de Gowrie, invite Jacques VI, alors âgé de 16 ans, à lui rendre visite en son château. Ce dernier y est retenu prisonnier durant 10 mois par un groupe de nobles jaloux de l'influence que le comte d'Arran et le duc de Lennox exerçaient sur le jeune monarque. Bien que le roi lui ait officiellement pardonné, le comte de Gowrie est décapité en 1584 à Stirling à cause d'une attaque menée contre le château de Stirling. En 1600, la **conspiration de Gowrie** venge cette exécution. Le château est confisqué et rebaptisé Huntingtower. En 1643, le château passe à William Dysart, « tête de Turc » de Charles Ier et père d'Elizabeth Dysart, duchesse de Lauderdale.

Le château – Typique des 15e et 16e s., cette maison forte comprend deux tours reliées au 17e s. afin d'agrandir le logement; les soupentes sont desservies par des escaliers tournants. Remarquez à hauteur de la toiture le chemin de ronde en encorbellement et les tourelles d'angle, de même que le rythme créé par les cheminées et les pignons à redents. Le **plafond de bois peint** du premier étage de la tour est est l'un des plus vieux du genre (vers 1540). La soupente de la tour ouest abrite un pigeonnier.

Elcho Castle★

Quitter Perth par la A 912; avant l'autoroute, prendre une route secondaire sur la gauche en direction de Rhynd. Suivre le panneau de l'association Historic Scotland - HS - ✆ (01738) 639 998 - www.historic-scotland.gov.uk - avr.-sept. : 9h30-18h30 - 3 £ (enf. 1,50 £).

Surplombant la Tay, la résidence familiale des comtes de Wemyss occuperait le site d'une ancienne forteresse où Wallace fit retraite. Construit dans la seconde moitié du 16e s., le corps principal du château est hérissé de tours augmentant la surface habitable. Au-dessus de murs percés de meurtrières et de fenêtres protégées par des grilles en fer forgé, on observe une curieuse composition décorative mêlant frontons, encadrements de fenêtres en rouleau, tourelles en saillie, pignons à redents et souches de cheminées. Les façades nord et ouest témoignent de l'esprit créatif des maçons écossais alors à leur apogée.

Abernethy

À 13 km au sud-est par les A 912 et A 913.

Ce paisible village des premiers contreforts des Ochils se situe au cœur du royaume picte dont il aurait été la première capitale. Il connaît plus tard une station celtique. L'unique témoignage de son passé historique est un **clocher rond★** du 11e s. – *HS - www.historic-scotland.gov.uk - avr.-sept. : tlj sauf lun. 10h-17h - demander les clés au village - gratuit.*

De type irlandais, ce bâtiment servait à la fois de refuge et de beffroi. Isolée à la porte du cimetière, cette tour haute de 22,5 m est légèrement fuselée. On distingue clairement deux périodes de construction. Dans un souci défensif, la porte a été placée à une certaine hauteur.

Circuits de découverte

Les deux circuits qui suivent peuvent se compléter grâce à la route A 822 qui relie Dunkeld à la région de Crieff.

LE NORD DU PERTHSHIRE★ 1

Ce circuit de 175 km permet de parcourir le piémont des Grampians et de visiter le joli village de Dunkeld. Quittez Perth en direction du nord par la A 93. Vous pouvez vous arrêter au **Scone Palace★★** *(voir p. 309) avant de continuer plus au nord.*

Meikleour Beech Hedge

Cette haie de hêtres de 30,5 m de haut (un record mondial) et 530 m de long fut plantée en 1746. Le long de la route, elle forme un mur végétal impressionnant.

Poursuivez vers Blairgowrie.

Blairgowrie

Située au cœur de cette douce campagne parsemée de vergers (nombreux framboisiers), cette ville devient en hiver la principale station de ski de la région. Immédiatement en amont (A 93) de Blairgowrie, dans la romantique vallée boisée de l'Ericht, s'élève le **moulin de Keathbank** (Keathbank Mill). Cette manufacture de lin et de jute est équipée de la plus grande roue à aubes d'Écosse *(ne se visite pas).*

Glen Shee

La route A 93 remonte le Glenshee, un glen typique d'Angus, le long de la rivière Black jusqu'à Spittal of Glenshee. Les paysages deviennent ensuite nus et sauvages lors de l'ascension finale pour atteindre le col de Cairnwell (665 m - le plus haut de Grande-Bretagne). Le lieu est célèbre pour sa courbe en zigzag, appelée de façon appropriée le **coude du diable** (Devil's Elbow), que l'on peut aujourd'hui éviter grâce au nouveau tronçon de la A 93 (cette route continue vers Braemar et la vallée de la Dee - *voir circuits Aberdeen p. 364*).

Le domaine skiable de Glenshee borde la A 93. Un réseau de pistes (dont une artificielle en plastique pour l'été) et de remonte-pentes couvre trois pics (*Glenshee Ski Centre, Cairnwell - ✆ (01339) 741 320 - www.ski-glenshee.co.uk - déc.-avr. : 8h30-17h - se renseigner pour les tarifs - restaurant.* En été, le télésiège du Cairnwell conduit les visiteurs au sommet (933 m). Le **panorama★★** embrasse Ben Macdui, Beinn à Bhuird,

Le glen Shee et son manteau neigeux.

Lochnagar et le Glas Maol de l'autre côté de la vallée. Ce site est également un centre de deltaplane en été.

Après avoir apprécié les paysages de glen Shee, revenez sur vos pas pour rejoindre Blairgowrie. Là, prenez la A 923 en direction de Dunkeld.

Loch of Lowes Wildlife Centre

(01350) 727 337 - www.swt.org.uk - ♿ - avr.-sept. : 10h-17h - 3 £ (enf. gratuit) - parking.

Les 98 ha de la réserve comprennent le lac d'eau douce de Lowes et la région boisée qui l'entoure, abritant ainsi une grande variété d'animaux et de végétaux. Du poste d'observation, sur le rivage sud, on peut apercevoir l'aire d'un couple d'orfraies, l'un des rares nids de cette espèce visibles en Écosse *(des jumelles sont fournies)*.

Poursuivez par la A 923 vers Dunkeld.

Dunkeld★

Ce charmant village de basses maisons blanches se situe sur la rive nord de la Tay. Il doit son charme particulier à sa cathédrale et son riche passé historique. Dès 700, Dunkeld est le site d'un établissement épiscopal qui devient, pendant une brève période, le principal centre ecclésiastique du royaume sous Kenneth MacAlpine en 843. Confirmé durant le règne d'Alexandre Ier, l'archevêché est soutenu par des personnages historiques tels que William Sinclair et le poète et érudit **Gavin Douglas** (1474-1522). La communauté qui se développe autour de la majestueuse cathédrale (14e-16e s.) demeure néanmoins modeste. Dès 1650, la cathédrale tombe en ruine et, en 1689, le village est incendié durant la bataille de Killiecrankie, quand le régiment de Cameron *(voir Falkland p. 287)* résiste aux restes de l'armée jacobite du vicomte Dundee.

The Cross et Cathedral St.★ – Sur la place The Cross se trouve *Ell Shop*, une boutique du National Trust for Scotland qui tire son nom de l'aune, ou mesure de tisserand, fixée sur l'un de ses murs.Comme The Cross, Cathedral St. a été reconstruite selon les plans d'origine après sa destruction en 1689. Vers 1950, de nombreuses maisons du 17e s. étaient tombées en ruine. Un vaste programme de restauration entrepris par le National Trust for Scotland et les autorités locales a permis de retrouver l'aspect originel de ces rues, rendant ainsi agréable le trajet vers la cathédrale. La rue est bordée de maisons dont les moulures entourant les portes et les fenêtres mettent en valeur le crépi de couleur pâle ; des passages couverts les séparent les unes des autres. C'est dans la maison du doyen située au **nº 19** que le poète et érudit de la Renaissance écossaise **Gavin Douglas** (1474-1522) a été consacré évêque de Dunkeld en 1516. En plus de son engagement politique en faveur du clan Douglas, cet homme est resté célèbre pour sa traduction en écossais de l'*Énéide* de Virgile.

Cathédrale – *HS - (01350) 727 792 - www.dunkeldcathedral.org.uk - ♿- avr.-sept. : 9h30-18h30 ; le reste de l'année : 9h30-16h30 - visite guidée possible en été : tlj sf w.-end 10h30-12h30, en hiver : sur réserv. - gratuit.* Agréablement située au bord de la rivière, entourée de pelouses ombragées, elle se compose de deux parties distinctes : le chœur et une nef en ruine dépourvue de toit.

Commencée en 1315 par William Sinclair (évêque de Robert Bruce), la construction du **chœur** se poursuit jusqu'en 1400. En 1600, le chœur ruiné de la cathédrale est rénové pour servir d'église paroissiale. Celle-ci a fait depuis l'objet de plusieurs restaurations. À l'intérieur, des gisants représentent l'évêque Sinclair (sans tête) et Alexander Stewart, « le Loup de Badenoch », revêtu d'une impressionnante armure. La salle capitulaire sert de mausolée à la dynastie Atholl et abrite un petit musée sur l'histoire sociale et religieuse de la région. À l'extrémité ouest du chœur se trouve un exemplaire de la Bible de 1611, version « SHE », ainsi nommée pour la distinguer d'une autre version parue la même année, où le pronom *il* était utilisé par erreur pour désigner Ruth.

La construction de la **nef** commence au 15ᵉ s. par Robert Cardney, dont l'effigie coiffée de la mitre repose dans la chapelle St-Ninian (bas-côté sud). Parmi les personnes enterrées ici, on peut citer le colonel Cleland, chef des Caméroniens, et le comte Rohenstart, petit-fils illégitime du prince Charles Édouard Stuart. Les fenêtres au niveau du triforium sont inhabituelles. La tour en style gothique tardif (1469-1501) fut le dernier élément ajouté au bâtiment ; elle renferme deux peintures murales et sa plate-forme offre une belle vue sur les alentours.

Les portes imposantes de la cathédrale (1730) viennent de Dunkeld House (transformée aujourd'hui en hôtel), qui était autrefois le siège ducal des Atholl. Derrière la cathédrale se trouve un des premiers mélèzes importés du Tyrol en 1738 par le duc d'Atholl.

Des pelouses, on peut voir le pont de Telford dont la première construction par **Alexander Mylne** date de 1809. Il mène à **Birnam**, le charmant village voisin, patrie d'adoption de Beatrix Potter *(voir encadré ci-dessous)*. De la gare, une belle balade (7 km environ) permet d'atteindre le sommet de la Birnam Hill et ses belles vues.

Les contes de Beatrix Potter

Ce fut durant ses nombreuses vacances passées dans la région de Dunkeld que Beatrix Potter (1866-1943) créa les personnages adorables de Peter Rabbit, Jemima Puddle-Duck, etc., qui ont tant captivé des générations d'enfants. Un parc à thème est consacré à son œuvre à Birnam, village voisin de Dunkeld. Les livres de Beatrix Potter, illustrés d'adorables aquarelles, ont été traduits en français et édités par Gallimard jeunesse, dans la collection « La Bibliothèque de Pierre Lapin ». Notons parmi ces titres : *Le Tailleur de Gloucester, Madame Piquedru la blanchisseuse, Jérémie Pêche-à-la-Ligne, Madame Trotte-Menu.*

Rejoignez The Hermitage, à 3,2 km à l'ouest de Dunkeld, à l'écart de la A 9.

The Hermitage

Ce site est accessible par un sentier boisé qui longe la rivière Braan. Construit en 1758, **l'Hermitage** était célèbre au 18ᵉ s. Charles Stewart l'a représenté dans l'un de ses tableaux, exposé dans la salle à manger de Blair Castle *(voir p. 320)*. Il surplombe les chutes du Braan, là où ce torrent des Highlands s'engouffre dans la crevasse et sous le pont. Plus loin se trouve la grotte d'Ossian, une autre folie érigée à la même époque que l'Hermitage.

Revenez vers la A 9 qui mène rapidement à Perth. De Dunkeld, vous pouvez également atteindre Crieff par la A 822 qui longe le Smaa Glen et ainsi rejoindre le circuit 2.

CRIEFF ET LE STRATHEARN★ 2

Ce circuit parcourt les alentours de Crieff, ville principale de l'ouest du Perthshire. De Perth à Crieff, comptez 65-70 km avec les visites. Ensuite, pour boucler le circuit, comptez 40 à 60 km de plus. *Quittez Perth par la A 9 en direction de Stirling.*

Auchterarder

Cette petite ville toute en longueur possède un riche passé historique. Lieu de chasse très prisé au 11ᵉ s., elle devient ensuite le chef-lieu du comté de Strathearn. Elle est détruite en 1715 après la retraite jacobite de la bataille de Sheriffmuir. La bourgade est aujourd'hui réputée pour la proximité du fameux **Gleneagles Hotel**. Sur des terres spacieuses, l'établissement le plus luxueux d'Écosse est synonyme d'un style de vie raffiné et est doté d'un golf première classe (quatre parcours). Le lieu a accueilli les « grands » de ce monde en 2005 lors d'un sommet du G8.

Rejoignez la A 823 que vous prenez en direction de Muthill. En chemin, arrêtez-vous à la Tullibardine Chapel.

Tullibardine Chapel★

Cette attrayante église de grès rouge, flanquée de quelques arbres noueux courbés par le vent, est isolée au cœur d'un riche terroir agricole. Sir David Murray, propriétaire du château de Tullibardine maintenant disparu, fonda cette église cruciforme en 1446. Agrandie vers 1500, elle n'a subi depuis aucune altération. Le gros œuvre en moellons, les pierres angulaires armoriées et les pignons à redents sont caractéristiques du gothique tardif écossais à son plus haut degré.

Reprenez la A 823 vers Muthill. Avant ce village, prenez à gauche la route de Braco.

Fort romain d'Ardoch

À Braco, au nord du village. Le fort fut construit durant la courte période (81-90 apr. J.-C.) de l'occupation romaine au nord de la ligne Clyde-Forth. Une voie romaine le reliait à un second fort situé à Inchtuthil, au nord de Perth. Les travaux de terrassement des côtés nord et est sont particulièrement impressionnants. Plus loin apparaissent quelques traces d'un fort annexe et d'un camp militaire.

Prenez la A 822 vers le nord pour rejoindre Muthill.

Muthill

Détruit en 1715 après la bataille de Sheriffmuir, ce village du Strathearn est dominé par une **tour** haute de 21 m (12e s.) typique de cette région. Jadis isolée, cette tour dotée de deux pignons à redents adosse maintenant l'extrémité occidentale des ruines de l'église du 15e s. Le chevet abrite deux gisants de la famille Drummond.

Depuis le centre du village, suivez les indications menant à Drummond Castle.

Jardins de Drummond Castle★

✆ (01764) 681 257 - Pâques, mai-oct. : 13h-18h (dernière 1h av. fermeture) - 3,50 £ - parking.

Le siège de la famille Drummond occupe une éminence rocheuse où se dressent une tour datant de 1491 et des adjonctions ultérieures. Disposés en terrasses en contrebas, les **jardins à la française** forment une croix de Saint-André. Avec en arrière-plan des étendues de pelouse et de gravier, les haies de buis et les nombreux arbres et arbustes sculptés et taillés constituent un mélange de verdure et de formes aux dessins minutieux. Des roses et d'autres parterres rehaussent encore la couleur de l'ensemble.

Suivez la route secondaire puis la A 822 vers Crieff. Avant d'arriver en ville, le long de Muthill Road, vous trouverez les deux attractions suivantes :

Visitor Center et Stuart Crystal

✆ (01764) 654 014 - www.crieff.co.uk - ♿ - 10h-16h30 - payant pour les expositions temporaires - aire de jeux - restaurant.

Dans cet ensemble – très commercial –, il est possible de visiter deux ateliers d'artisanat et d'assister à la fabrication d'articles sur lesquels des chardons, de la bruyère et des campanules sont peints à la main (Buchan's Thistle Pottery). Vous verrez aussi comment se fait le verre millefiori (presse-papiers du Perthshire). Plus loin, vous pourrez faire une halte à **Stuart Crystal** – *✆ (01764) 654 004 - ♿ - magasin d'usine : juin-sept : 10h-18h ; oct.-mai : 10h-17h, dim. 11h-17h - gratuit - parking.* La visite de cette cristallerie permet de découvrir les différentes étapes de fabrication à la main d'objets en cristal.

Crieff★

Placé en limite des Highlands, à la frange d'une colline dominant la courbe fertile du Strathearn et ses beaux paysages, Crieff est une étape très agréable.

Avant 1770, la convergence des routes du nord vers la localité en faisait un grand marché du bétail sur pied. La croix du 17e s. date de la période où la ville s'appelait Drummond. Incendiée par les jacobites après le soulèvement de 1715, elle est reconstruite par les commissaires de la Couronne, mais périclite à la fin du 18e s. L'arrivée du chemin de fer en 1856 permet l'épanouissement de l'établissement thermal, et la physionomie actuelle de Crieff témoigne de sa popularité à l'époque victorienne en tant que ville d'eaux. Les rues du centre-ville, bordées de maisons de pierre rose, sont particulièrement animées en période touristique. Le **rassemblement de Crieff** (Crieff Highland Gathering), Highland Games locaux, se déroule en août chaque année. Avec son officiel championnat d'Écosse des poids lourds, il demeure une manifestation populaire depuis 1870.

Depuis Crieff, faites un aller-retour de moins de 2 km le long de la A 85 (direction Comrie) pour visiter la célèbre distillerie Famous Grouse.

Glenturret Distillery - Famous Grouse Experience

The Hosh - ✆ (01764) 656 565 - www.famousgrouse.co.uk - ♿ - visite guidée : 9h30-16h30 (dernière entrée) - 4,50 £ ; visite expérience 7,50 £ ; visite dégustation 10 £ - restaurant - parking.

Installée depuis 1775 sur les rives de la Turret, la plus ancienne distillerie d'Écosse emploie encore des méthodes traditionnelles pour produire son célèbre breuvage. On y produit en partie le whisky Famous Grouse, l'un des plus largement consommés en Écosse (il est d'ailleurs le sponsor de l'équipe de rugby écossaise). Selon le circuit guidé choisi, vous verrez une partie ou la totalité des étapes de fabrication, avant une dégustation. Le chat de la distillerie, mort à 24 ans après avoir tué des milliers de souris, a droit à sa statue sur l'allée qui mène au restaurant.

Revenez vers Crieff. De là, plusieurs options s'offrent à vous pour boucler le circuit. Tout dépend du temps dont vous disposez et de vos points d'intérêt. Vous pouvez revenir vers Perth par la A 85 en passant par Fowlis Wester. Ou bien emprunter le Smaa Glen pour rejoindre Dunkeld et le circuit 1. *Et si vous avez le temps, avant ces deux options, effectuez un aller-retour depuis Crieff vers Innerpeffray.*

F. Sichet / MICHELIN

La distillerie Famous Grouse, à Crieff, est la plus ancienne d'Écosse.

Innerpeffray

AR de 13 km depuis Crieff, par la B 8062.

Library and Chapel – *✆ (01764) 652 819 - ♿ - mars-oct. : merc.-sam. 10h-12h45, 14h-16h45 (mars et oct. 16h), dim. 14h-16h ; reste de l'année : sur demande - possibilité de visite guidée - 2,50 £ - cafétéria - parking.* En 1680, David Drummond, 3e lord Madderty, fonde ici **l'une des premières bibliothèques publiques d'Écosse**. L'un de ses descendants, Robert Hay Drummond, archevêque d'York, accroît la collection et érige le bâtiment actuel à la fin du 18e s. De nombreux ouvrages à valeur historique garnissent cette pièce décorée de livres : la bible de poche de Montrose, des exemplaires des bibles de Breeches et de Treacle, un livre de comptes du 18e s., curieusement appelé le « livre des dépenses inutiles », et un ancien registre de prêt.

La **chapelle** attenante est construite en 1508 sur le site d'un ancien lieu de culte. À l'intérieur de ce long et bas édifice se trouve un autel en pierre construit avant la Réforme. À l'étage supérieur, une salle située au-dessus de l'extrémité ouest abritait à l'origine la bibliothèque.

Fowlis Wester

Sur la A 85 entre Crieff et Perth.

Au centre du village se dresse une stèle picte sur laquelle sont gravées d'un côté une croix, de l'autre des scènes pittoresques (notamment des cavaliers). Dans l'église St Bean du 13e s. se trouve une autre pierre picte richement sculptée.

Smaa Glen et la route du général Wade

Compter 35 km jusqu'à Dunkeld. Quitter Crieff par la A 85 au nord-est, et prendre la A 822 à gauche à Gilmerton.

Cet itinéraire suit partiellement le tronçon de route militaire du général Wade qui allait de Crieff à Dalnacardoch, et qui permit en 1730 de relier Stirling à Inverness. On quitte la campagne du Perthshire pour pénétrer dans le domaine des Highlands. Site réputé pour sa beauté, le **Smaa Glen** vallée comporte des pentes abruptes couvertes d'éboulis. On accède toutefois facilement aux rives de la rivière Almond, qui court entre les rochers. À l'extrémité nord de la vallée, entre la route et la rivière, se trouve un énorme rocher appelé Ossian's Stone, qui indiquerait l'emplacement de la tombe du barde gallois du 3e s., **Ossian** *(voir p. 69)*. Après la rivière, la route monte pour traverser la lande avant de redescendre sur le glen Quaich à Almuree, et longe la rivière Braan jusqu'à Dunkeld *(voir p. 313.)*

Perth pratique

Informations utiles

Office de tourisme – *Lower City Mills, West Mill St. - (01738) 450 600 - www.perthshire.co.uk - 9h-17h, sam. 10h-16h, dim. 11h-16h.*

Murray Royal Hospital – *Muirhall Road - (01738) 621 151.*

Transports

A&M Travel Taxis – *(01738) 628 657.*

Location de voiture - National Car Rental – *26 Glasgow Rd - (01738) 631 531.*

Se loger

CENTRE VILLE

Salutation Hotel – *34 South St. - (01738) 630 066 - www.strathmorehotels.com - 84 ch. 45-50 £.* Il s'agit du plus vieil hôtel d'Écosse, ayant eu Bonnie Prince Charlie comme hôte. Les chambres sont assez confortables, certaines avec des lits à baldaquin. Préférez tout de même la partie principale de l'hôtel où les chambres sont plus agréables. Belle salle de restaurant.

Kinnaird Guest House – *5 Marshall Place - (01738) 628 021 - www.kinnaird-guesthouse.co.uk - 7 ch. 50-60 £.* Faisant face au grand South Inch Park, un B&B accueillant et confortable. Le propriétaire est une mine d'informations sur la région.

The Royal George Hotel – *Tay St. - (01738) 624 455 - www.theroyalgeorgehotel.co.uk - 44 ch. 90-150 £.* L'hôtel, qui date de 1770, n'est pas officiellement aussi ancien que l'hôtel Salutation mais il n'en demeure pas moins, avec les armoiries de la reine Victoria dans un salon, le plus authentique et confortable de la ville. Vous profiterez aussi de la situation sur la berge de la rivière Tay.

Ramada Hotel – *West Mill St. - (01738) 628 281 - www.ramadajarvis.co.uk - 76 ch. 100-200 £.* Hôtel moderne et confortable dans un ancien moulin à eau du 15e s. Dans le jardin coule toujours le petit ruisseau qui alimentait la roue à aubes.

Se restaurer

The Bothy – *33 Kinnoull St. - (01738) 449 792 - www.g1group.co.uk - 7j/7, 10h30-0h - 15-25 £.*

À proximité du théâtre, restaurant aux allures de bar avec de confortables canapés en cuir. Boissons, snacks et cuisine écossaise.

63 Deans@Let's Eat Restaurant – *77 Kinnoull St. - (01738) 643 377 - www.letseatperth.co.uk - 12h-14h, 18h30-21h30, fermé dim.-lun. - 20-25 £.* Restaurant convivial jouissant d'une excellente réputation depuis plus de 10 ans. Repris récemment par de nouveaux propriétaires, la cuisine reste de qualité, utilisant toujours principalement des produits locaux.

63 Tay St. Restaurant – *63 Tay St. - (01738) 441 451 - www.63taystreet.co.uk - 7j./7, 12h-14h30, 18h-21h15 - 20-30 £.* Bœuf écossais et mouton sont à l'honneur dans ce restaurant chic, sur les quais, régulièrement récompensé par les critiques. Le menu change en fonction des produits de saison.

The Royal George – *Restaurant de l'hôtel du même nom - (01738) 624 455 - 20-30 £.* Une bonne adresse pour profiter du décor historique de ce charmant hôtel au bord de la rivière Tay.

En soirée

PRENDRE UN VERRE

The Greyfriars – *15 South St. - (01738) 633 036 - www.greyfriarsbar.com.* Bar, snacks et Real Ales. Un pub tout en longueur réputé pour la qualité de ses Ales.

City People – *6-8 South Methven St. - (0845) 612 6320 - www.citypeople.info.* Un pub, un restaurant, un night-club dans un ancien bâtiment de la ville.

SPECTACLES

Perth Theatre – *185 High St. - (0845) 612 6320 - www.horsecross.co.uk ou www.ticketweb.co.uk.*

Perth Concert Hall – *Mill St. - (0845) 612 6320 ou sur les mêmes sites internet que pour le théâtre.*
Programme à l'office de tourisme.

Sports et loisirs

Marches et randonnées – En dehors des nombreuses balades que vous pouvez faire par vos propres moyens, une association propose chaque année au printemps un festival de randonnée. *www.walkingfestival.org*
Se procurer les brochures sur le sentier Old Perth Trail auprès du TIC.

Faune et flore – La ville de Perth, au centre des royaumes du Perthshire, d'Angus et de Dundee, est une excellente base pour une découverte de la faune de la région. Vous trouverez la liste complète des réserves naturelles sur le site *www.swt.org.uk*.

Jardins – Le Perthshire est particulièrement riche en jardins botaniques. Voir le site *www.perthshiregardens.co.uk.*

Voir aussi le site national *www.nts.org.uk* présentant les innombrables châteaux, jardins et champs de bataille de la région.

Achats

Perth Farmers Market – *www.perthfarmersmarket.co.uk*. Sur King Edward St., ce marché réunit des producteurs de la région, tous les premiers samedis de chaque mois.

Boutiques – La plupart des commerces de luxe sont regroupés au niveau de la rue piétonne St John St.

Pitlochry★

2 564 HABITANTS
CARTE GÉNÉRALE RABAT I C3 - CARTE MICHELIN REGIONAL 501 I 13
PERTHSHIRE AND KINROSS

Située dans la charmante vallée du Tummel, la très touristique cité de Pitlochry est une étape idéale pour découvrir les magnifiques paysages de la campagne environnante. Cette région Nord du Perthshire annonce franchement les Highlands, avec ses routes sinueuses qui longent des lochs aux rives sauvages (Rannoch) ou bucoliques (Tummel). Ici, afin de contrôler l'axe historique nord-sud, on a élevé des forts et des châteaux de toutes tailles. Ils embellissent les abords de pittoresques villages dynamisés par le tourisme.

Se repérer – Pitlochry est traversée par l'A 9, l'axe nord-sud principal entre Inverness et Édimbourg. Les principaux points d'intérêt se situent aux abords de la ville ou à l'ouest de celle-ci, dans la région de lochs qui la sépare des Trossachs.

À ne pas manquer – Le blanc château de Blair Castle, la route sauvage et fleurie vers Rannoch Station, les paysages grandioses du loch Tay.

Organiser son temps – La visite de Pitlochry même est rapide (une demi-journée). Les lochs alentour se parcourent lentement via des routes étroites.

Pour poursuivre le voyage – Autour de Pitlochry, quelle que soit la direction prise la route est superbe : Inverness, les Cairngorms, Perth, les Trossachs.

Comprendre

L'une des voies majeures empruntées par le bétail venu du nord suivait l'alignement de la vallée ; dans les années 1720-1730, le **général Wade** (1673-1748) construit l'une des premières routes militaires, reliant Dunkeld à Inverness. En 1880, Pitlochry s'appelle Moulin et ne compte que 300 âmes. La croissance de la ville ne démarre qu'à l'époque victorienne, grâce à sa popularité en tant que station thermale. Depuis, Pitlochry est devenue un centre de tourisme idéalement situé sur la route du Grand Nord. La ville s'étend le long d'une rue principale bordée de très (trop ?) nombreux hôtels, maisons d'hôtes, restaurants et boutiques de souvenirs.

Se promener

Le centre et les alentours se parcourent aisément à pied. La carte *Pitlochry Walks*, affichée et disponible au Tourist Centre, vous fera découvrir de nombreuses promenades, courtes mais intéressantes.

L'échelle à saumons et la centrale électrique (Power Station)

(01796) 473 152 - www.scottish-southern.co.uk - ♿ - avr.-sept. : tlj sf w.-end 10h-17h30 (dernière entrée 30mn av. fermeture) - fermé j. Bank Hol. - 3 £.

Cette centrale électrique, située à quelques pas de la gare ferroviaire, est l'un des éléments du plan d'aménagement de la vallée du Tummel. Le barrage (16,5 m de haut et 139 m de long) retient les eaux du loch Faskally afin d'en réguler le flux. Une exposition comprend deux vidéo sur le plan d'aménagement du Tummel et sur le cycle de vie du saumon. Une **échelle à saumons (fish ladder)** permet à ces poissons de remonter le courant vers leurs lieux de ponte, entre avril et octobre. 34 piscines, dont trois sont des aires de repos, les aident à atteindre progressivement le lac. Une salle d'observation entourée de vitres permet aux visiteurs de les regarder de près.

Le **lac artificiel de Faskally** (5 km de long) est rempli de saumons et de truites. Il offre des parties de pêche fructueuses, des possibilités de canotage, ainsi que de belles balades sur ses rives *(compter 1h)*.

Scottish Plant Hunters' Garden

(01796) 484 600 - www.explorersgarden.com - P - ♿ - mars-oct - 3£.

Ce jardin, ouvert récemment, s'étend de l'autre côté de la rivière Tummel (par rapport au centre-ville), non loin du barrage électrique. Il contentera avant tout les amateurs de botanique qui y découvriront des essences du monde entier (arbres principalement) et l'histoire de quelques botanistes écossais célèbres.

Moulin Village

Le minuscule village de Moulin se situe à 1,5 km de la rue principale de Pitlochry. La balade est brève mais intéressante. En remontant West Moulin Road, vous passez devant de belles villas de pierre étagées sur la colline, des jardins, le terrain de bowling

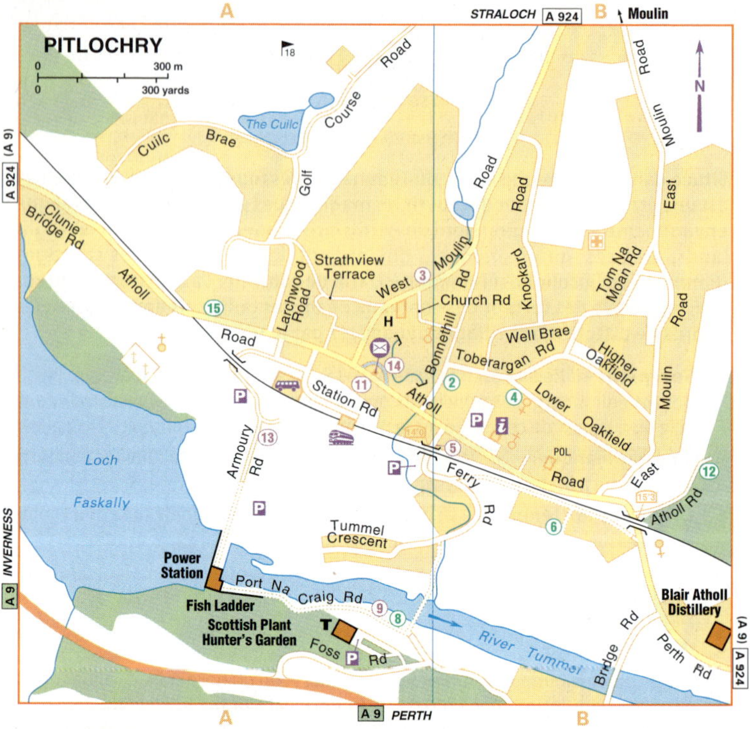

SE LOGER
- Best Western ... (2)
- Craigroyston House & Lodge ... (4)
- Dundarach Hotel ... (6)
- Ferryman's Cottage ... (8)
- The Atholl Palace Hotel ... (12)
- Westlands Hotel ... (15)

SE RESTAURER
- Chez Éric ... (3)
- Fern Cottage ... (5)
- Port-Na-Craig Inn & Restaurant ... (9)
- Strath Garry ... (11)
- The Old Armoury Restaurant ... (13)
- The Old Mill Inn ... (14)

au gazon impeccable. Vous parvenez ensuite à Moulin, groupement de petites maisons blanches et basses, groupées autour d'un vieil hôtel et d'une église. Il est possible de visiter la plus petite brasserie du pays, celle d'**Edradour** *(www.edradour.co.uk, gratuit)*, et de déguster sa production. Vous pouvez redescendre à travers champs, en passant devant les ruines d'un château ou en longeant le bel hôtel Atholl.

Blair Atholl Distillery

Atholl Road/Perth Road - ✆ (01796) 482 003 - oct.-Pâques : lun.-vend. 11h-16h ; Pâques-sept. : lun.-sam. 9h30-17h (et juin-sept. : dim. 12h-17h) - 4 £.

À l'entrée de Pitlochry, sur Perth Road, le Visitor Centre permet de comprendre, grâce à une visite guidée, les différents processus de fabrication de ce célèbre whisky.

Aux alentours

Blair Castle★★

À 12 km au nord de Pitlochry - ✆ (01796) 481 207 - www.blair-castle.co.uk - ♿ - avr.-oct. : 9h30-16h30 (dernière entrée) - brochure (4 langues) - 7,20 £ (parc 2,30 £) - aire de pique-nique, restaurant - parking.

Hérissée de tourelles, de pignons à redents, de cheminées et de parapets crénelés, la silhouette blanche du château fort de Blair se dresse sur les pentes boisées d'un site d'une grande importance stratégique commandant une voie d'accès vers le cœur des Highlands. Le château fort, la famille et l'histoire de la nation sont étroitement mêlés, et visiter Blair et ses nombreux trésors redonne vie aux trois éléments.

Un royaume, un comté, un duché – Le royaume d'Atholl, qui constitue la province d'origine, avait sa forteresse principale à Logierait. En 1269, on édifie la tour Cumming à Blair, qui devient le siège du comté puis duché d'Atholl, que tiennent successivement les familles Stuart et Murray. Le château a été considérablement modifié au fil des ans. Les Murray le reçoivent en 1629, et c'est à Blair que le 1er comte de Montrose lève l'étendard royaliste de la révolte en 1644. Cet acte de rébellion se solde par l'occupation des troupes de Cromwell en 1652. Au début du 18e s. d'autres troubles éclatent quand les fils du 1er duc, John Murray, suivent les jacobites. Quatre membres de la famille lèvent localement des régiments lors du soulèvement de 1715. En 1745, l'un d'entre eux, **lord George Murray** (1694-1760), devient lieutenant général de Bonnie Prince Charlie, ce qui l'oblige à faire le siège de sa propre résidence. Suite à ces événements, le 2e duc apporte de nombreuses améliorations à son domaine, dont les plantations de mélèzes, et transforme le château en un manoir de style georgien. Au 19e s., sir David Bryce ajoute au château des éléments de style seigneurial.

Les salles sont numérotées de 1 à 32 ; chacune possède une table généalogique renvoyant aux portraits exposés. Les remarquables intérieurs du 18e s. sont rehaussés par du mobilier de la même époque, des moulures dues à Clayton, des portraits de famille, de belles armes et des collections de porcelaine. *Visite 1h1/2.*

Rez-de-chaussée (salles 1 à 4)

Salle Stuart (1) – Elle conserve des souvenirs de cette famille, du mobilier des 16e et 17e s., des portraits représentant Marie Stuart, reine d'Écosse, son fils Jacques VI et ses parents, Jacques V et Marie de Guise.

Salle du comte John (2) – Remarquez l'un des 4 exemplaires originaux du Pacte solennel de 1638 ; le lit est du 17e s., les jolies chaises sont en noyer ; portraits de John, le 1er comte royaliste, de son fils, le 2e comte, de son épouse lady Amelia Stanley (Lely), et du marquis de Montrose.

L'escalier aux peintures (4) – Durant plus de neuf ans, le 2e duc emploie Thomas Clayton à la décoration intérieure lorsqu'il transforme le château. Le plafond de stuc témoigne de ce travail. Aux panneaux et cadres décorés de stuc s'ajoutent les portraits des aïeux du 2e duc : en Jules César, John, 2e comte, par Jacob de Wet, lady Amelia Stanley, par Lely, un portrait en pied de son père, le 1er duc John, avec Dunkeld House à l'arrière-plan, et son propre portrait.

Premier étage (salles 5 à 10)

Petit salon (5) – Élégante pièce georgienne avec un ensemble insolite de chaises en acajou (1756) dont le motif en écailles de poisson est de William Gordon.

Salon de thé (6) – Remarquer la frise, la cheminée et son étagère. Les portraits sont de Gerard Honthorst : Élisabeth, « the Winter Queen », son fils le prince Rupert (copies) et trois de ses filles, cousines de lady Amelia. Les cabinets chinois (18e s.) sont de style Chippendale et Sheraton ; remarquer les deux tables à thé.

Salle à manger (7) – Les murs vert pâle et le stucage blanc élaboré mettent en valeur les médaillons du plafond de Thomas Bardwell, représentant les quatre saisons et de charmants paysages de la contrée.

Chambre bleue (9) – Cette partie de la tour Cumming recèle un délicieux portrait de la femme du 7e duc, Louisa Moncrieffe, d'une beauté toute victorienne, dont les six enfants n'eurent pas d'héritier !

Deuxième étage (salles 11 à 24)

Galerie du 4e duc (11) – On peut y voir une œuvre de David Allan, exécutée peu après le décret de 1782 mettant un terme à la proscription du costume des Highlands ; ce tableau représente le 4e duc, dans un costume splendide, entouré de sa famille. Il fut appelé le « duc planteur » en raison des nombreuses plantations de mélèzes qu'il réalisa.

Bibliothèque (12) – Certains livres de la bibliothèque appartenaient à lord George Murray durant son exil en Hollande.

Salon Derby (13) – Les boiseries sont en genêt, une rareté ; le cabinet est l'œuvre de Sandeman.

Salle Derby (14) – Parmi les portraits se trouvent ceux des filles du 2e duc et de son neveu, qui épousa sa cousine, la deuxième fille, devenant ainsi le 3e duc.

Salon (16) – Les tentures damassées cramoisies de cette somptueuse pièce

Les Atholl Highlanders

Le duc conserve l'unique armée privée des îles Britanniques, connue sous le nom des « Atholl Highlanders » ; cette armée de 80 hommes, composée principalement d'employés du domaine, participe encore à certaines cérémonies. C'est la seule survivance du système clanique d'entraînement prémilitaire, qui permettait au roi de faire appel à chaque clan pour disposer de forces exercées. Le défilé annuel a lieu le dernier dimanche de mai.

Détail de la façade de Blair Castle avec sa multitude de tourelles, pignons et cheminées.

rehaussent le plafond blanc cintré à compartiments réalisé par Clayton. Au-dessus de la cheminée, la scène d'intérieur de Johann Zoffany représentant le 3e duc et sa famille est flanquée de portraits du 4e duc (Hoppner) – le garçon vêtu de vert dans le tableau de Zoffany – et de sa femme. Les canapés et les chaises sont de Chipchase (1783) et les glaces de George Cole.

Salle Tullibardine (17) – Elle contient le fameux portrait de lord George Murray en costume des Highlands et d'autres souvenirs jacobites.

Salle de la tapisserie (18) – Au dernier étage de la tour Cumming, cette pièce est tendue d'une série de tapisseries de Bruxelles intitulée *Atalante et Méléagre*. Le magnifique lit d'apparat (1700) aux rideaux en soie de Spitalfields se trouvait primitivement dans la première suite du duc à Holyroodhouse.

Rez-de-chaussée (salles 25 à 32)

Salle de la terrasse (25) – Parmi les objets exposés figurent les pistolets (18e s.) de Doune *(voir ce nom p. 349)*, réalisés par les célèbres armuriers T. Cadell et Alexander Campbell. Entièrement en métal, richement ciselés, ils ont pour caractéristiques la crosse en corne de bélier et la culasse cannelée.

Salle de bal (30) – Ajoutée au 19e s., ses murs sont décorés d'armes, de ramures et de portraits, ainsi que d'une œuvre de Henry Raeburn représentant Neil Gow, le violoniste légendaire des ducs.

Salle des porcelaines (31) – Riche collection de porcelaines fines anglaise, continentale et orientale.

Parc

La promenade traverse les plantations de mélèzes effectuées au 18e s. et mène aux ruines de St-Bride, où John Graham of Claverhouse, vicomte Dundee (1643-1689), fut inhumé après sa mort à la bataille de Killiecrankie.

Circuits de découverte

ATHOLL ET RANNOCH MOOR★★ 1

Ce circuit de 125 km peut très bien être effectué dans le sens inverse. Tout dépend des horaires d'ouverture du Blair Castle et du temps que vous voulez consacrer à la route ou à la marche.

Quittez Pitlochry au nord pour rejoindre la A 9. Au-delà du pont de Garry Bridge qui mène aux lochs Tummel et Rannoch, la rivière, la route et le chemin de fer deviennent parallèles pour franchir l'étroit défilé du col de Killiecrankie.

Killiecrankie Visitor Centre

(01796) 473 233 - www.nts.org.uk - ♿ - centre d'accueil : avr.-oct. : 10h-17h30 - site : tte l'année - brochure en français - gratuit - cafétéria, aire de pique-nique - parking 2 £.

Ce centre d'accueil commémore la **bataille de Killiecrankie** (27 juillet 1689) qui eut lieu au nord du col (le champ de bataille se trouve sur un terrain privé). Lorsque Guillaume et Marie débarquent ici, provoquant la fuite de Jacques VII, les jacobites restés fidèles à la cause des Stuarts se rallient à **John Graham of Claverhouse**,

vicomte Dundee (1649-1689). Ayant pris Blair Castle, la principale armée jacobite se déplace vers le sud pour affronter les troupes gouvernementales conduites par Mackay. Le combat est bref et se conclut par la victoire de Dundee, mortellement blessé au cours la bataille. Privés de chef, les Highlanders sont battus à Dunkeld un mois plus tard *(voir ce nom p. 313)*. La saga des jacobites s'achève finalement en 1746 à Culloden.

Depuis le centre d'accueil, un sentier (balisé) mène au **saut du soldat** (Soldier's Leap), où un soldat gouvernemental en fuite aurait sauté pour échapper à ses poursuivants jacobites. Un second sentier conduit les visiteurs à travers le col boisé de Killiecrankie, jusqu'au parking situé à côté du pont de Garry.

Poursuivez la A 9.

Blair Atholl

Blair Atholl est la dernière agglomération d'importance sur la Great North Road, avant de s'engager sur la grand-route de Wade qui emprunte le glen Garry et le col de Drumochter vers la vallée de la Spey.

Moulin – *(01796) 481 321 - www.blairathollwatermill.co.uk - Pâques-oct. : 10h-17h30 - 1,50 £ (enf. 75 p.) - salon de thé, boulangerie - parking.* Dans ce moulin à blé (reconstruit après un incendie en 1981) sont expliquées les différentes étapes de la meunerie, depuis la hotte du moulin jusqu'au sous-sol.

Atholl Country Life Museum – *Dans l'ancienne école - (01796) 481 232 - www.blairatholl.org.uk - ♿ - juil-.août : 10h-17h, w.-end 13h30-17h ; juin et sept. : 13h30-17h - 3 £ - parking.* Ce petit musée local, bien agencé, donne un aperçu de la vie d'antan en Atholl. On peut y voir un intérieur domestique et des instruments agricoles, ainsi que des outils ayant appartenu à des artisans aujourd'hui en voie de disparition, comme les forgerons et les charrons.

Continuez vers le nord vers **Blair Castle★★** *(décrit dans Aux alentours). Après la visite du château, suivez toujours la A 9 et arrêtez-vous au parking indiquant Falls of Bruar.*

Falls of Bruar★

Les chemins qui bordent la rivière et les deux ponts permettent de remonter les chutes le long d'une rive et de redescendre par l'autre. Les deux chemins offrent de belles **vues** sur la Bruar et ses profonds bassins : cette rivière impétueuse coule entre deux gros rochers.

Clan Donnachaidh Museum

Derrière les chutes de la Bruar, sur la grand-route. (01796) 483 338 - www.donnachaidh.com - ♿ - 9h30-16h30 - gratuit - parking.

Le musée raconte l'histoire du clan et celle de ses chefs, descendants des comtes celtiques d'Atholl. L'un des premiers, Duncan le Brave (Stout Duncan), apporta une contribution décisive à la bataille de Bannockburn. C'est de son arrière-petit-fils Robert que vient le patronyme Robertson. Le clan Donnachaidh inclut les branches Robertson, Duncan, Reid ainsi que d'autres familles alliées.

De retour sur la A 9, continuez jusqu' à Calvine et prenez la B 847 qui longe le glen Errochty. À Dalchalloch, suivez toujours la B 847 et rejoignez la B 846 qui longe le loch Rannoch. Prenez la direction de Rannoch Station.

Loch Rannoch

Ici, comme dans toutes les Highlands centrales, la succession de montagnes et de lochs confère une grande beauté au paysage. Le lac mesure presque 16 km de long et 1 km de large. Sur la rive sud, on aperçoit les restes de la forêt de pins d'origine, appelée la forêt noire de Rannoch. De l'extrémité du loch, la B 846 rejoint la gare de Rannoch, étape de la ligne ferroviaire des West Highlands (Glasgow-Fort William). Le site est parsemé de tertres, de débris et de roches glaciaires. La Gaur est une rivière typique des Highlands, avec un lit hérissé de rochers. Une fois parvenu à la ligne de partage des eaux, on obtient une belle vue de la lande de Rannoch qui s'étend à l'horizon.

Rannoch Moor

C'est une région sauvage et désolée. À une altitude moyenne de 305 m, le sol de granit est en majeure partie recouvert de tourbières et de quelques petits lacs. La couche de tourbe atteint parfois une épaisseur de 6 m. Pendant la période glaciaire, la lande était un centre de partage des glaciers qui y ont creusé des dépressions, comme celles de la vallée du Tummel et de glen Coe à l'ouest.

Rannoch Station est un cul-de-sac. Il vous faut rebrousser chemin (sauf si vous prenez le train). Après 38 km vous atteignez Tummel Bridge. De là, en prenant la B 846, vous rejoignez Aberfeldy et le circuit 2*. Sinon, continuez le circuit* 1 *par le loch Tummel.*

Après l'aspect désolé et spectaculaire de la lande de Rannoch, vous aurez peu à peu l'impression de traverser un jardin idéal (fleurs, moutons, bois).

Loch Tummel

La construction d'un barrage hydro-électrique a fait passer la longueur du lac de 4,5 à 11 km et augmenté sa profondeur de 5 m. La centrale qui se trouve à l'entrée de Tummel Bridge est alimentée par le loch Errochty, réservoir situé dans les montagnes au nord dont les eaux parviennent à la centrale par un tunnel de 10 km de long.

Queen's View★★★

Accès depuis le parking de la Commission forestière et de son centre d'information. Parking 1 £. Ce point de vue doit son nom à la visite de la reine Victoria en 1866 : il offre une vue superbe sur le loch Tummel, et le sommet conique du Schiehallion (1 083 m).

Retrouvez la A 9 et rejoignez Pitlochry.

G. Gonon / MICHELIN

Queen's View, sur les hauteurs du loch Tummel, rappelle la visite de la reine Victoria en 1866.

EN ROUTE VERS LES TROSSACHS PAR LE LOCH TAY★★ 2

Pour débuter ce circuit de 65 km, quittez Pitlochry par la A 9 en direction du sud (Perth). À Ballinluig, prenez la A 827 vers Aberfeldy.

St Mary's Church

Suivez les panneaux à partir de la route. Cette église du 16e s., modeste petit édifice blanchi à la chaux, s'élève derrière les bâtiments de la ferme. L'intérieur recèle un extraordinaire **plafond peint★** du 17e s. ne couvrant que la moitié de la charpente. De conception élaborée, il représente des motifs héraldiques des Stuarts, propriétaires terriens locaux, des textes bibliques et les Évangélistes, dans une décoration entremêlant vases, fruits, fleurs et chérubins. Les coloris sont vifs, mais le dessin des personnages est grossier si on le compare à la dextérité réservée aux motifs héraldiques ou aux décors géométriques.

Aberfeldy

Aberfeldy est une petite ville du Nord Perthshire agréablement située dans le Strath Tay. Robert Burns l'a immortalisée, comme il a chanté les trous profonds et les chutes majestueuses de la Birks, situées juste à la sortie de la ville, qui accueille en été bon nombre de vacanciers.

Water Mill – *☏ (01887) 822 896 - 10h-17h, dim. 12h-17h - fermé 1er janv. et 25-26 déc. - gratuit.* Un tunnel de 500 m amène l'eau de la Birks jusqu'à la grande roue de ce moulin restauré du début du 19e s. situé au centre de la ville. À l'intérieur, des grondements et des grincements ambiants accompagnent la meunerie et une exposition souligne l'importance dans la diététique écossaise des flocons d'avoine, qui entrent dans la composition du porridge, de biscuits et du *haggis*.

General Wade's Bridge – Cet élégant pont à cinq arches, orné d'obélisques, a été construit par le général Wade selon les plans, dit-on, de William Adam. Ce général voulait prolonger sa route militaire à partir du nord de Crieff jusqu'à Dalwhinnie.

Black Watch Monument – La statue d'un homme en kilt, revêtu d'un uniforme d'époque, commémore la formation du Black Watch Regiment *(voir Perth p. 309)* en 1739, après la fusion de six compagnies indépendantes. Ce monument indique l'emplacement du premier défilé.

Depuis Aberfeldy, faites un rapide AR (5 km) vers le Castle Menzies, par la B 846.

Castle Menzies

✆ (01887) 820 982 - www.menzies.org - ♿ - de déb. avr. à mi-oct. : 10h30-17h, dim. 14h-17h - brochure (3 langues) - 4 £ - parking.

Ce château en Z, du 16e s., a été la résidence principale des Menzie jusqu'à l'extinction de la branche principale voici environ 50 ans. En 1959, la « Société du clan Menzie » s'en porte acquéreur et engage une longue restauration toujours en cours depuis 1971. Vous verrez deux jolis plafonds moulurés.

De retour à Aberfeldy, prenez la A 827 vers Kenmore.

Kenmore★

Kenmore se dresse à l'extrémité est du loch, où la Tay prend sa source. Près de ce village modèle, les Campbell de Glenorchy ont construit leur siège principal, le **château de Taymouth**, au début du 19e s. (*transformé aujourd'hui en hôtel de luxe).* C'est de ce château et de celui de Balloch, antérieur, que la branche des Campbell de Breadalbane exerçait sa domination. **The Scottish Crannog Centre** – *✆ (01887) 830 583 - www.crannog.co.uk - ♿ - de mi-mars à fin oct. : 10h-17h30 ; nov. : w.-end 10h-16h (dernière entrée 1h av. fermeture) - 4,95 £ (enf. 3 £)* – est une autre attraction majeure. On a découvert dans le loch les emplacements de 18 crannogs (habitations lacustres en rondins) datant de l'âge du fer. Au rang des premières reconstitutions jamais réalisées figure l'un de ces édifices dans lequel le centre nous relate l'histoire du peuple crannog et son mode de vie.

De Kenmore, deux routes longent le loch Tay. Celle du nord, la plus rapide, passe sous le Ben Lawers, alors que la voie du sud, plus étroite et plus sinueuse, offre des vues splendides sur les montagnes.

Loch Tay★★

Le loch Tay est un charmant lac d'eau douce. Il est dominé par des montagnes sur lesquelles règne le majestueux Ben Lawers au nord. S'étirant sur 22,5 km entre Killin et Kenmore et n'excédant jamais 1,5 km de large, le loch est alimenté par la Dochart et la Lochay, et donne naissance à la Tay à son extrémité est. En route, vous apercevrez l'inaccessible **île du loch Tay.** En 1122, le roi Alexandre Ier la confie aux moines de Scone. Un couvent succède au monastère. À la fin du 15e s., le lieu est sécularisé au profit des Campbell qui quittent leur fief d'origine sur le loch Awe et l'occupent jusqu'à leur installation au château de Taymouth.

Ben Lawers★★

Empruntez à gauche une route à voie unique (4 km de long) indiquant la direction du « Ben Lawers Visitor Centre » - NTS - ✆ (01567) 820 397 - centre d'accueil mai-sept. : 10h30-17h - site ouv. tte l'année - exposition 1 £ (enf. 60 p.) - parking.

Le **centre d'accueil**, situé à une altitude de 518 m, présente un excellent programme audiovisuel sur la montagne, sa formation et les rares espèces de flore alpine. On a restreint l'accès aux sentiers de montagne par souci de protéger l'équilibre écologique de la région. Un **sentier de nature** *(1h30mn)* présente quelques-unes des plantes les plus étranges.

L'ascension vers le sommet du Ben Lawers est possible en 5 h (AR) pour les personnes convenablement équipées. À la descente, le chemin offre de belles **vues** sur le loch Tay.

Killin

Situé à l'extrémité ouest du loch Tay, ce village s'anime l'été. À l'ouest, la rivière Dochart dévale vers le loch parmi des rapides connus sous le nom de **chutes de la Dochart**. Un ancien moulin accueille aujourd'hui l'office de tourisme et le **Breadalbane Folklore Centre**, qui se consacre à l'histoire des clans locaux tels les MacDonald et les MacGregor – *Main St. - SK31 8XE Killin - ✆ (01567) 820 254 - juil.-août : 10h-17h30 ; avr.-juin et sept.-oct. : 10h-17h*. Sur un affleurement rocheux dominant le loch se dressent parmi les arbres les ruines du château de Finlarig, envahies par la végétation. Fief de Black Duncan of the Cowl, le cruel chef du clan Campbell, le château était célèbre pour son échafaud.

Depuis Killin, vous rejoignez la A 85 au sud, qui dessert les Trossachs (voir ce nom p. 357).

Pitlochry pratique

Informations utiles

Office de tourisme – *22 Atholl Rd - (01796) 472 215 - www.perthshire.co.uk.*

Transports

Location de voiture - Pitlochry Car Hire – *Dundarach, Dundarach Hotel - (01796) 472 203.*

Se loger

Bon à savoir – Pitlochry est un lieu de séjour particulièrement apprécié des Écossais en vacances, il est donc indispensable de réserver en été.

Ferryman's Cottage – *Port Na-Craig - (01796) 473 681 - www.ferrymanscottage.co.uk - 2 ch. 50-60 £.* Réservation indispensable dans cette ravissante maison du milieu du 18e s. superbement fleurie. Vous profiterez de la situation sur la rive, à deux pas du théâtre et d'une passerelle pour piétons facilitant l'accès au centre-ville.

Best Western – *40 Bonnethill Rd. - (0870) 950 6276 - www.dundarach.co.uk - 57 ch. 120-160 £.* L'intérêt principal de cet hôtel est sa petite piscine couverte.

Craigroyston House & Lodge – *2 Lower Oakfield - (01796) 472 053 - www.craigroyston.co.uk - 8 ch. 60 £.* Avec toutes les chambres meublées dans le style victorien, cette pension s'avère la plus chic parmi les nombreux B&B regroupés dans cette portion de rue. Cette adresse a aussi l'avantage de disposer d'un petit passage privé menant directement à la rue principale sans avoir à faire le détour.

Westlands Hotel – *160 Atholl Rd - (01796) 473 994 - www.westlandshotel.co.uk - 14 ch. 90-100 £.* Grande maison de pierre au toit d'ardoise, à deux minutes à pied du centre. Mieux vaut téléphoner à l'avance, l'hôtel accueillant régulièrement des mariages. Les chambres avec lit à baldaquin sont légèrement plus chères. On regrettera seulement sa proximité à la route principale.

Dundarach Hotel – *Suivre les panneaux au niveau du pont pour la voie ferrée - (01796) 472 862 - www.dundarach.co.uk - 40 ch. 120-140 £.* Superbe demeure de pierre et d'ardoise, transformée en hôtel en 1935. L'ensemble mériterait cependant un rafraîchissement, en particulier les chambres qui s'avèrent un peu tristes. Bon restaurant.

The Atholl Palace Hotel – *Atholl Rd - (01796) 472 400 - www.athollpalace.com - 108 ch. 180 £.* Vaste château de l'époque victorienne, sur les hauteurs surplombant la vallée et Pitlochry. Jardins à thème et courts de tennis dans la propriété, piscine, spa…

Se restaurer

Strath Garry - *113 Atholl Rd - (01796) 472 469 - www.strathgarryhotel.co.uk - £10-20.* Restaurant à la décoration moderne, en centre-ville. On retrouve les plats habituels des pubs avec une cuisine un peu plus raffinée. À l'étage, 6 chambres confortable d'un très bon rapport qualité-prix.

The Old Mill Inn – *Atholl Rd - (01796) 474 020 - www.old-mill-inn.com - 10h-22h - 10-25 £.* Ancien moulin avec jardin et petit canal alimentant une roue à aubes. Côté cuisine, la carte des assiettes de bœuf écossais est particulièrement impressionnante, ainsi que celle des vins (nombreux bordeaux) et des whiskys. Avec sa borne wifi, il s'agit du seul accès à internet de Pitlochry. La maison propose aussi 6 grandes chambres d'un très bon rapport qualité-prix dans un bâtiment moderne.

Port-Na-Craig Inn & Restaurant – *Port Na Craig - (01796) 472 777 - www.portnacraig.com - 20-30 £.* Idéal à toute heure de la journée pour une halte en terrasse au bord de la rivière. Menu pré-théâtre avec le centre culturel juste de l'autre côté de la rue.

Chez Éric – *hôtel Burnside, 19 West Moulin Rd - (01796) 472 203 - tlj sf mar. 10h30-21h - 15-22 £.* Les produits sont du terroir et la cuisine mêle astucieusement inspirations écossaise et française.

Fern Cottage – *Ferry Rd. - (01796) 473 840 - www.ferncottagepitlochry.co.uk - 10h30-22h pour le salon de thé, à partir de 17h30 pour le dîner - 17-26 £.* Pâtisseries et snacks en journée. Aux heures des repas, la carte est complétée par un bon choix de plats écossais panachés d'inspirations méditerranéennes, avec en particulier des spécialités turques et grecques.

The Old Armoury Restaurant – *Armoury Rd - (01796) 474 281 - www.theoldarmouryrestaurant.com - 18-35 £.* Cette ancienne armurerie du régiment « Black Watch », construite au 18e s., accueille aujourd'hui un des meilleurs restaurants de la ville. Carte de vins et sélection de whisky. Beau jardin avec un puits recouvert de lierre.

Sortir

Festival Theatre – *Sur les rives de la rivière Tummel - (01796) 484 626 - www.pitlochry.org.uk.* Concerts, théâtre, ateliers, expositions et restaurant.

Achats

Macnaughtons of Pitlochry – *Station Rd - (01796) 472 722 - www.macnaughton-group.com.* Tartans et vêtements des Highlands dans cette boutique établie au milieu du 19e s.

St Andrews★★

14 209 HABITANTS
CARTE GÉNÉRALE RABAT I D3 - CARTE MICHELIN REGIONAL 501 L 14 - FIFE

Au bout de l'East Neuk et ses adorables villages de pêcheurs, St Andrews étend ses rues médiévales et Belle Époque, entre deux plages de sable sans fin. Les majestueuses ruines marines de la cathédrale témoignent d'un titre perdu de capitale religieuse écossaise. Mais les greens qui entourent la ville rappellent qu'elle a retrouvé son rang en changeant de catégorie. Elle est aujourd'hui la capitale mondiale du golf et attire les joueurs en mocassins, comme les touristes. Tous repartent charmés par l'atmosphère du lieu et envient ces étudiants du monde entier qui la vivent au quotidien et perpétuent une tradition universitaire vieille de 600 ans.

Se repérer – La région de St Andrews s'étend à l'extrémité est du Fife. La A 92 entre Dunfermline et Dundee la traverse et la dessert rapidement. St Andrews, la ville principale, se love entre deux belles plages. De là, la A 917 longe la côte sud du Fife, appelée East Neuk.

À ne pas manquer – St Andrews pour ses ruines en bord de mer, ses plages, son ambiance « chic et golf ». Les charmants villages de pêcheurs de l'East Neuk, tantôt gris, tantôt roses.

Organiser son temps – Le charme de St Andrews amène souvent les touristes à y passer beaucoup plus de temps que prévu, même si une journée suffit pour en visiter les attractions. Les périodes de tournois de golf assurent une belle animation mais de sérieux problèmes pour se loger.

Avec les enfants – À St Andrews : l'aquarium et les balades sur la longue plage de West Sands ; le Scottish Deer Centre à Cupar (circuit 2).

Pour poursuivre le voyage – Dunfermline, Dundee, Kirkcaldy, Perth.

Comprendre

Capitale religieuse – Le statut de « ville pieuse » débute avec l'édification de St Mary of the Rock par la communauté celtique. D'abord associée aux reliques de saint André, la cité acquiert plus d'importance avec la fondation de l'église St-Régulus, un prieuré du 12e s. transformé plus tard en grandiose cathédrale. Lieu d'études réputé, l'établissement monastique précède le site universitaire.
Grâce au développement de son université, qui attire des savants et des étudiants d'envergure, St Andrews devient un bourg actif et prospère au 15e s., méritant bien son rôle de capitale ecclésiastique d'Écosse en 1472.
Prospérité et population déclinent pourtant au 17e s. pour différentes raisons : la perte de l'archevêché (révolution de 1689), l'apparition des échanges commerciaux avec les colonies américaines et les changements politiques après l'Acte d'union de 1707. Le 18e s. marque une période de déclin général. Mais la popularité croissante du golf

B. Perousse / MICHELIN

La cathédrale et l'église St-Regulus.

à partir du 19e s. fait de St Andrews le sanctuaire de cette discipline. Elle renaît alors comme lieu de villégiature et sa popularité ne cesse de grandir.

L'université – Sa fondation en 1410 (reconnue par une bulle du pape en 1413) par **Henry Wardlaw**, évêque de St Andrews, en fait la première université d'Écosse et la troisième de Grande-Bretagne, après Oxford et Cambridge. Comme tous les collèges médiévaux, elle ne comporte aucun bâtiment avant la construction de l'immeuble de la Pédagogie en 1430, suivie par celles des collèges du St-Sauveur en 1450, St Léonard en 1512, et Ste-Marie en 1537. Trois poètes écossais du 15e s., William Dunbar, Gavin Douglas et David Lindsay, étudient ici. Dès le 16e s., le collège St-Léonard est associé aux doctrines de la Réforme et à de nombreux personnages jouant un rôle de premier plan à cette époque : Patrick Hamilton, Alexander Alane (Alesius), Henry Scrimger, ainsi que Andrew et James Melville. Il en résulte de nombreuses luttes avec la Couronne et la hiérarchie ecclésiastique établie. Vers la fin du 17e s., le succès de l'université commence à décliner, malgré l'échec du transfert du site universitaire à Perth ; la baisse des effectifs continue durant le 18e s. Réformes et réorganisations sont menées au 19e s. La population d'étudiants atteint son niveau le plus faible vers 1870 (130 âmes). Mais, après l'union de 1897 avec Dundee, le nombre d'étudiants ne cesse de croître. Malgré la disparition du collège de la Reine en 1967, la population estudiantine, qui se monte actuellement à 4 250, dispose de locaux agrandis où une grande partie des étudiants vivent à demeure.

Se promener

L'agréable centre-ville, tout en longueur, a préservé son tracé originel et ses trois rues principales : South, Market et North. Ces trois axes historiques, devenus rues commerçantes, convergent vers les ruines splendides de la cathédrale. Nous vous proposons de partir depuis l'ancienne porte de la ville, au bout de South St.

West Port★

Ouvrant sur South St., cette porte fortifiée monumentale marque la principale entrée de la vieille ville. Elle est la dernière du genre en Écosse. C'est en 1589 qu'elle acquiert définitivement sa silhouette actuelle.

En remontant South St., vous passez devant une chapelle.

Blackfriars Chapel

Si les fondations furent entreprises par des dominicains au milieu du 15e s., la chapelle date du 16e s. L'imposant bâtiment situé à l'arrière fait partie du Madras College.

Quittez South St. au niveau du Town Hall (en forme de petit château), par Church St.

Holy Trinity Church

✆ (01334) 478 317 - 10h-12h, 14h-16h - possibilité de visite guidée sur demande.
Reconstruite en 1410, cette église fut modifiée à la fin du 18e s. et restaurée au 20e s. Seule la tour en encorbellement et sa flèche de pierre datent du 15e s.

Après quelques pas sur la très animée et commerçante Market St. et son sympathique Central Pub, revenez vers South St., repassez devant le Town Hall pour atteindre St Mary's College.

St Mary's College

Les premiers cours se tenaient dans le prieuré. Puis, l'évêque Henry Wardlaw fait édifier le bâtiment dit « de la Pédagogie » (1430), lui-même remplacé 100 ans plus tard par le St Mary's College (1537). Fondée par l'archevêque James Beaton, cette institution devient un collège de théologie. Les bâtiments situés du côté ouest de la cour d'honneur datent du 16e s. Au rez-de-chaussée, la grande salle du collège est ornée des portraits des anciens directeurs, dont celui du cardinal Beaton. Deux volées d'escalier plus haut, on peut voir des chambres d'étudiants d'origine équipées de lits armoires. Du côté nord se trouve l'ancienne **bibliothèque universitaire**, à l'emplacement du *Pedagogy* ; elle est aujourd'hui occupée par le département de psychologie. La façade donnant sur la rue est décorée des armoiries des recteurs de l'université. Au premier étage, la salle de la chancellerie universitaire (Senate Room) fait partie des extensions apportées au 19e s. Les deux horloges à grand boîtier de Joseph Knibb flanquant la cheminée appartenaient à Gregory *(voir ci-dessous)*. Parmi les portraits de notables, remarquez ceux de l'archevêque Sharp et du cardinal Beaton. La grande salle supérieure (1612-1643) est une pièce élégante dotée d'une galerie et lambrissée de pin de la Baltique. C'est ici que travaillait l'astronome **Gregory** (1638-1675), inventeur du télescope à miroir. Achevé en 1643, le « Parliament Hall » du rez-de-chaussée accueillit le Parlement écossais à partir de 1645-1646 après la bataille de Philiphaugh.

Le golf, un jeu royal et ancien

Le terrain de golf de St Andrews – avec des mottes de gazon moelleux et des bunkers de sable – est, depuis le 15e s., un endroit où l'on joue au golf ou à l'ancienne version de ce sport. Dès 1457, le jeu devient si populaire que le Parlement écossais vote une loi exigeant que « la balle au pied et le golf soient totalement bannis » en faveur de la fréquentation de l'église et de la pratique du tir à l'arc. Pourtant, Marie Stuart y joue de temps en temps tandis que son fils Jacques V diffuse le jeu en Angleterre.
Fondée en 1754, la Société des golfeurs de St Andrews reçoit le titre de **royale et ancienne** par Guillaume IV en 1834. Elle est aujourd'hui considérée comme l'instance dirigeante de ce sport. Pour répondre à sa popularité croissante, de nouveaux parcours (New en 1895, Jubilee en 1897, Eden en 1912) sont ajoutés à l'**Old Course**, dessiné il y a plusieurs siècles.
Au début du 20e s., St Andrews est déjà considérée comme La Mecque du golf. La ville accueille régulièrement le British Open, des rencontres de la coupe Walker, ainsi qu'une variété d'autres tournois. Ils attirent les stars du circuit professionnel, déplacent des foules immenses malgré leur retransmission télévisée et représentent tous de grands enjeux financiers. Deux trous de l'ancien parcours immortalisent deux des plus grandes vedettes de ce sport : Tom Morris (18e trou) et Bobby Jones (10e trou).
Pour les amoureux du golf, outre le plaisir de jouer sur le fameux Old Course, diverses activités sont possibles : visiter le British Golf Museum *(voir Se Promener)*, le St Andrews Museum *(voir Visiter)* et ses quelques informations sur l'histoire de la discipline. On peut aussi effectuer la visite guidée de l'Old Course *(voir Se Promener)*.

Continuez par South St. en direction de la cathédrale. Avant de parvenir à cette dernière, vous passez devant les trois curiosités qui suivent, « serrées les unes contre les autres ».

St Leonard's Chapel

Cette chapelle *(ne se visite pas)* faisait partie du collège du même nom. Les bâtiments d'origine servaient d'hôpital aux pèlerins venus prier le reliquaire de saint André. Ils font ensuite office de couvent de religieuses avant d'être acquis pour former le noyau du nouveau St Leonard's College. Quand St Leonard et St Salvator sont réunis en 1747, la chapelle cesse d'être entretenue. Les bâtiments et les jardins sont alors absorbés par une école de jeunes filles. La restauration entreprise dans les années cinquante a replacé la clôture et la tribune d'orgue qui divisaient l'édifice en deux à l'époque médiévale.

Queen Mary's House

Cette maison du 16e s. présente un appareil en moellons et un toit couvert de tuiles flamandes. Son nom lui vient d'un séjour qu'aurait effectué la reine Marie en 1563. Le bâtiment actuel, conséquence d'une rénovation des années 1920, abrite une bibliothèque.

The Pends

L'accès principal au prieuré se faisait par cette imposante porte voûtée de la conciergerie (14e s.). La rue longe le mur d'enceinte jusqu'au port.

Les ruines de la cathédrale se dressent face à vous.

Cathédrale★ *(Voir Visiter).*

Church of St Mary of the Rock

Le site de la fondation celte du 12e s. fut peu à peu englobé par l'église St-Regulus, la nouvelle cathédrale et le prieuré. De ces quelques pierres, on jouit d'une belle vue sur le château et le port.

Vous sortez de l'ensemble constitué par la cathédrale et St Mary et dominez le port et la plage d'East Sands.

Le port et East Sands

Reconstruit au 17e s. avec des pierres provenant du château et de la cathédrale, il s'étend en contrebas de cette dernière. À l'heure du retour des pêcheurs, il constitue une agréable promenade. La plage d'East Sands, plus petite et moins fréquentée que West Sands, permet de prolonger le plaisir. C'est d'ici que part

Le plus long

C'est dans le sable de la plage d'East Sands que l'on a trouvé en 1864 le plus long animal du monde : un ver marin long de 55 m. Cette partie de la côte écossaise est très réputée pour ses vers démesurés.

le Coastal Path (chemin de randonnée) qui relie les ports de l'East Neuk en longeant la côte du Fife.

Remontez vers la cathédrale puis suivez le chemin aménagé le long de la côte en direction de la ville. Vous longez The Scores, rue bordée d'élégantes maisons.

Château *(Voir Visiter).*

Face au château se dresse St Salvator's College. Prenez North Castle St. pour rejoindre North St. où se trouve l'entrée.

Université

✆ (01334) 462 245 - www.st-and.ac.uk - visite guidée - 4 £.

St Salvator's College – Aujourd'hui centre de l'United College, il est fondé en 1450 par l'évêque James Kennedy. La chapelle et la tour – surplombant la voûte d'entrée – forment la façade sur North St. et sont un bel exemple d'architecture gothique religieuse du 15e s. Les deux ailes donnant sur la cour d'honneur sont des reconstructions 18e s. La collégiale est restaurée aux 19e et 20e s. À l'intérieur, la **tombe du fondateur** est une œuvre gothique (15e s.) d'une étonnante complexité. En face, la chaire (remarquez le sablier de prêche) serait celle depuis laquelle officia John Knox. Devant l'entrée, les initiales PH tracées sur le dallage marquent l'endroit où fut brûlé le 29 février 1528, **Patrick Hamilton** (1504-1528), un des premiers Réformateurs.

Revenez à The Scores par Murray Park St. Depuis un modeste parc, vous surplombez d'un côté une petite baie où est aménagé l'aquarium de la ville, de l'autre l'immense plage de West Sands (voir plus loin).

St Andrews Aquarium

The Scores - ✆ (01334) 474 786 - www.standrewsaquarium.co.uk - 10h-18h ; hiver : 10h-17h (dernière entrée 1h av. fermeture) - fermé 1er janv. et 25-26 déc. - 6,20 £ (-15 ans 4,40 £) - restaurant - parking.

Les espèces de la vie marine présentées ici incluent des pastenagues, des requins, des congres, des poissons-chats et des poissons exotiques, ainsi que des créatures marines qui s'adaptent à des habitats comme les mares d'eau au milieu de rochers, les ports, les récifs et les épaves. Un bassin de phoques se situe à l'extérieur du musée.

De retour sur The Scores, vous pénétrez dans le quartier des golfeurs : superbes demeures, boutiques de golf, hôtels cossus.

Royal and Ancient Golf Club

Réservé aux membres du club. Datant de 1854, l'imposant pavillon du club est le siège du Royal and Ancient Golf Club. Autour de lui se pressent des golfeurs du monde

SE LOGER		SE RESTAURER	
Mac Donald Rusacks Hotel	1	Le Rustique	1
Montague Guest House	4	The Doll's House Restaurant	4
Old Course Hotel	7	The Seafood Restaurant	7
The Inn on north Street	10	The Vine Leaf	10
The Russell Hotel	13		

entier, venus jusqu'ici pour fouler le *green* le plus connu de la planète. Le lieu est un peu le centre du monde pour les amateurs de la petite balle blanche. C'est en effet ici que se réunissent les autorités qui régissent ce sport.

Il est possible de parcourir l'**Old Course**, lors de visites guidées (en anglais) qui débutent à la boutique près du 18e trou *(dép. ttes les heures de 11h et 16h, tlj juil.-août, et le week-end seult de fin mai à fin juin - tarif : 2,50 £).*

British Golf Museum

℘ (01334) 460 046 - www.britishgolfmuseum.co.uk - avr.-oct. : 9h30-17h30, dim. 10h-17h ; nov.-mars : 10h-16h - 5 £ (enf. 2,75 £).

Ce musée récemment rénové est un must pour les enthousiastes du golf. Cinq cents ans d'histoire renaissent grâce à des expositions audiovisuelles et des représentations interactives sur écran : on y retrace les origines du jeu, l'évolution de l'équipement – des clubs de bois à ceux d'acier, des premières balles en plume à celles en caoutchouc – et on détaille aussi les différents tournois et personnalités du golf.

Contournez le golf par The Links et ses belles demeures, en passant devant le 18e trou le plus connu du monde, puis le fameux **Swilken Bridge**, *symbole de ce parcours myhtique. Votre promenade peut ensuite continuer le long des greens et sur* **West Sands**, *immense plage qui servit de décor au film* Les Chariots de feu. *Marcher, courir, sur ces 3 km de sable est un bonheur quels que soient la saison et le temps.*

Visiter

Cathédrale★

HS - ℘ (01334) 472 563 - www.historic-scotland.gov.uk - ♿ - avr.-sept. : 9h30-18h30 ; reste de l'année : 9h30-16h30 - 4 £ (enf. 2 £), billet combiné avec le château : 7 £ (enf. 3,50 £).

Ces ruines imposantes qui dominent la mer comprennent la cathédrale et **l'église St-Regulus**. Cette dernière, avec sa haute tour occidentale, a sans doute été élevée pour abriter les reliques de saint André (rapportées de Grèce). C'est Robert, prieur de Scone, qui la construit entre 1127 et 1144. La tour *(151 marches)* offre un magnifique **panorama★★** sur la ville et ses monuments principaux.

L'évêque Robert, toujours lui, fonde le prieuré vers 1159. Son successeur, l'évêque Arnold, initie les travaux de la nouvelle **cathédrale** consacrée en 1318 en présence de Robert Bruce. De cet édifice jadis immense, seuls subsistent le chevet (12e s.), le pignon ouest (fin 13e s.) et le mur sud de la nef. Les destructions de la Réforme, une certaine indifférence et le pillage des pierres (pour construire le port notamment) ont réduit la cathédrale aux ruines que nous voyons aujourd'hui. Au sud se trouvaient les bâtiments de l'un des établissements monastiques parmi les plus puissants d'Écosse ; les fondations permettent d'en reconstituer le tracé. Dans la tour St Rule, le **musée** possède une belle collection de pierres sculptées paléochrétiennes – fragments de dalles funéraires cruciformes des 8e et 9e s. – provenant de St Mary of the Rock (*voir Se Promener*), ainsi qu'un splendide **sarcophage** du 8e ou du 10e s.

Château

HS - ℘ (01334) 477 196 - www.historic-scotland.gov.uk - ♿ - mêmes horaires de visite que la cathédrale - 5 £ (enf. 2,50 £), billet combiné avec la cathédrale : 7 £ (enf. 3,50 £).

Surplombant les plages, ces ruines appartenaient autrefois au palais et à la forteresse des évêques et archevêques de St Andrews. Fondé vers 1200, le château souffre gravement des guerres d'Indépendance. Jacques Ier vit sans doute un temps ici avant de connaître la captivité en Angleterre.

La prison du château « accueille » de nombreux acteurs de la Réforme, dont Patrick Hamilton et **George Wishart** que le cardinal Beaton fait brûler face à son palais. Après le martyre de Wishart, un groupe de protestants déguisés en tailleurs de pierre réussit à s'introduire dans le château. Ils tuent le cardinal Beaton et contrôlent le château durant une année, périodiquement rejoints par d'autres protestants, tel **John Knox**. Le siège n'est levé que lorsque la garnison capitule devant la flotte française. Les assiégés sont emmenés en France, et John Knox envoyé aux galères.

Avec sa tour centrale, l'aile d'entrée (fin 16e s.) initialement flanquée de deux tours rondes a été élevée par l'archevêque Hamilton. Les vestiges de la tour nord-ouest, dite « tour de la Mer » (Sea Tower), comprennent le sinistre cul-de-basse-fosse dit **« cachot bouteille »** (fin du 14e s.), profond de 7,30 m et taillé dans la roche. Remarquez aussi la **mine** et la **contre-mine** *(entrée par le fossé se trouvant devant l'entrée du bâtiment)* mises au jour pendant le siège de 1546-1547.

Le pavement en face du château porte les initiales de George Wishart indiquant l'emplacement de son bûcher en 1546.

St Andrews Museum

Kinburn Park, Doubledykes Road - ✆ (01334) 412 690 - ♿ - avr.-sept. : tlj 10h - 17h ; oct. - mars : 10h30 - 16h - gratuit.
Ce musée retrace l'histoire de la ville, de l'âge de bronze à nos jours, à travers objets, photos ou œuvres d'art. Des expositions temporaires diversifient la visite.

Botanic Garden

The Canongate - ✆ (01334) 476 452 - www.st-andrews-botanic.org - mai-sept. : 10h-19h ; oct.-avr. : 10h-16h - 2 £ (-15 ans 1 £) - parking.
Il faut voir les rhododendrons de Peat Garden, l'Heath Garden plein de couleurs, les variétés alpines du Rock Garden, de même que le Water Garden avec ses espèces exotiques, ses plantes des landes et ses serres.

Aux alentours

Scotland's Secret Bunker

Près de Dunino, à 16 km au sud-est par les A 917, B 9131 et B 940 (bien indiqué) - Crown Buildings Troywood - ✆ (01333) 310 301 - www.secretbunker.co.uk - de fin mars à oct. : 10h-17h - 7,80 £ (enf. 4,80 £) - café - parking.
Profondément creusés sous les plaisantes terres agricoles du Fife, les sinistres salles et corridors de cette installation secrète rappellent l'époque menaçante de la guerre froide. Le bunker faisait partie d'une ligne de stations de surveillance lointaine établie le long des côtes est de la Grande-Bretagne avant d'être réaménagé en centre de commandement anti-atomique. Siège régional du gouvernement parmi d'autres, il devait servir à administrer ce qui resterait du pays après un holocauste atomique. La menace soviétique ayant disparu, il a été ouvert au public en 1994.
Profond de près de 40 m, l'abri est protégé par 3 m de béton armé. On y accède en descendant un couloir de 150 m de long, après être passé par le poste de garde astucieusement camouflé en bâtiment de ferme traditionnel. L'évocation des différentes phases de ses 40 années de service laisse une impression troublante. Films d'époque et vidéo reconstituent l'ambiance orwellienne d'une éventuelle attaque atomique ; on voit des personnages aux cheveux ébouriffés cartographier l'étendue des retombées radioactives, et des équipes de secours communiquer avec les zones contaminées en surface. Le bureau du secrétaire d'État, équipé d'un lit, domine la salle des opérations. Dans la chapelle, une plaque rend hommage à « ceux qui ont donné leur vie pour préserver la paix pendant la guerre froide ».

Circuits de découverte

LA FRANGE D'OR DE L'EAST NEUK★★ 1

Dès le 11e s., le Fife était le cœur du pays, avec Dunfermline comme centre politique et St Andrews comme foyer ecclésiastique. Les ports commerçaient activement avec la Hanse et les Pays-Bas, et le roi Jacques VI disait du comté qu'il était comme « le manteau d'un mendiant portant une **frange d'or** ». Cette frange d'or représentait l'ensemble des bourgs royaux érigés le long de la côte, avec leurs lucratives activités de commerce, de pêche et de contrebande, que le développement des voies transatlantiques devait plus tard limiter à la pêche. Aujourd'hui, The East Neuk, ou coin est, est une bande côtière ponctuée de charmants villages de pêcheurs, chacun rassemblé autour de son port.

La côte de l'East Neuk peut aussi être parcourue à pied, en suivant le *Fife Coastal Path*. Ce dernier suit toute la côte de Culross (sud-ouest de Dunfermline) à Tay Bridge (face à Dundee). Des cartes précises sont vendues dans les Tourist Informations Centre. Voir aussi le site *www.fifecoastalpath.co.uk*.

Pour débuter ce circuit de 60-70 km, quittez St Andrews par le sud et la A 917.

Crail★★

Cette station balnéaire très attrayante se concentre autour d'un petit port. Sa partie basse (et rose) est la plus ancienne. La ville haute est beaucoup plus étendue.

Ville haute★ – Le beffroi du **tolbooth** (1598) domine la large place du marché. La girouette représente un poisson doré, en souvenir de l'époque où le haddock fumé était la principale production du bourg. Derrière le tolbooth, aux nos 62 et 64, se trouve un petit **musée** relatant l'histoire, l'architecture et les activités locales *✆ (01333) 450 869 - www.crailmuseum.org.uk - ♿ - juin-sept., w.-end Pâques et lun. Bank Hol. : 10h-13h, 14h-17h, dim. 14h-17h - contribution bienvenue.*

Entourée d'un cadre verdoyant, la porte du marché est bordée d'habitations élégantes à deux ou trois étages, en particulier les nos 30 et 44, du côté sud, ainsi que l'Auld

D. Barnes/SCOTTISH VIEWPOINT

L'imbrication des maisons de pêcheurs dans le port de Crail.

House (16e s.) et Kirkmay House (début 19e s.) qui leur font face. La « pierre bleue » que l'on voit juste à l'extérieur du cimetière, sur la gauche, aurait été lancée par le diable depuis l'île de May pour détruire l'église.

Empruntez Kirk Wynd pour passer devant le colombier circulaire du 16e s., unique vestige d'un prieuré. Suivez le chemin *(Castle Walk)* qui contourne les restes de l'ancienne forteresse royale. Parmi les amers situés de l'autre côté du Forth, on distingue *(à l'aide de la longue-vue)* la pointe St-Abb, Bass Rock, le château de Tantallon, l'île de May…

Centre ancien★★ – Descendant doucement vers le port, **Shoregate** est bordé par une série de jolies petites maisons (nos 22 à 28). Les pêcheurs de crabes et de langoustes utilisent encore le **port intérieur** qui possède une remarquable maçonnerie. Sur les quais se trouve la **douane** (no 35). Remarquez le bateau sculpté sur le linteau du passage couvert. Le groupe de maisons adjacent entoure une cour pavée. En remontant, remarquez la demeure située au no 32, Castle St., et la charmante maison (18e s.) construite au no 1 de Rose Wynd, avec son escalier extérieur et l'encadrement coquet de la porte. Les beaux matins d'été, dans une maisonnette en bois sur le port, on vend des crabes préparés, qu'il ne vous reste plus qu'à déguster en regardant la mer.

Anstruther

Ce village étendu regroupe les agglomérations autrefois indépendantes de Cellardyke, Anstruther Easter et Anstruther Wester. Si l'on y pêche encore le crabe et la langouste au panier ou le poisson à chair blanche, la plupart des pêcheurs opèrent aujourd'hui à partir de Pittenweem (1,6 km à l'ouest), devenu le port d'attache des chalutiers pour tout l'East Neuk.

Scottish Fisheries Museum★★ – *✆ (01333) 310 628 - www.scotfishmuseum.org - ♿ - avr.-sept. : 10h-17h30, dim. 11h-17h ; oct.-mars : 10h-17h30, dim. 12h-16h30 - 4,50 £ - salon de thé - parking.*
Hébergé dans un groupe de bâtiments construits entre le 16e et le 19e s. bordant les trois côtés d'une cour pavée, ce musée retrace l'histoire des pêcheries écossaises et la vie de ses pêcheurs.

Marine Aquarium – Poissons et coquillages des eaux écossaises.

West Room et West Gallery – Ces deux galeries présentent « Au temps de la voile », une exposition illustrée par des peintures, des maquettes de bateaux, des scènes de travail avec des personnages grandeur nature, du matériel de pêche, et des dioramas expliquant les différents modes de pêche.

Long Gallery – Cette galerie expose une carte illustrée des villages de pêche en Écosse. On y présente également les activités dépendant de la pêche, comme les femmes vidant et empaquetant les harengs, les tonneliers fabriquant des tonneaux, etc.

Whaling Corridor – On illustre ici l'importance qu'occupait la pêche à la baleine dans l'industrie écossaise.

Ship's Loft – Exposition intitulée « Au temps de la vapeur » et consacrée à l'ère du chalutier à vapeur : peintures, maquettes, peinture murale, exemples d'équipement et de techniques de pêche.

Red Fish Room and China Tea Clipper – On y présente la pêche au saumon et l'histoire des clippers.

Modern Era Gallery – Galerie où des maquettes de bateaux, des équipements de pêche, des tableaux et des photos présentent l'évolution de l'industrie de la pêche, depuis l'avènement du moteur électrique jusqu'à aujourd'hui.

Courtyard Gallery – Ici sont exposées des machines de taille importante.

Courtyard – Dans cette cour, on peut voir de véritables petits bateaux de pêche, des filets et des ancres, ainsi qu'une timonerie complètement équipée.

La course au thé

Dans les temps héroïques où l'on faisait commerce du thé avec la Chine, avant l'ouverture du canal de Suez, chaque jour comptait et les clippers rivalisaient de vitesse sur les mers. Deux capitaines de ces magnifiques vaisseaux étaient originaires de l'East Neuk : le capitaine Alexander Rodger (1802-1877) et le capitaine Keay. Ce dernier, célèbre pour sa course contre le *Taeping* de Rodger, fut aussi le skipper de l'*Ariel*, qui battit tous les records en ralliant Gravesend à Hong-Kong en 83 jours.

Abbot's Lodging – Ce bâtiment du 16e s., ayant appartenu aux moines de Balmerino, a été transformé en une maison de pêcheur de la côte est vers la fin du siècle dernier, à une époque où la pêche aux harengs était source de prospérité. Au-dessus de la salle familiale se trouve le grenier à filets.

Dans le hangar Smith & Hutton situé sur le port sont exposés des vaisseaux de pêche de différentes époques et origines, comme *Fifie* et *Zulu*.

Excursions en bateau à l'île de May – ♿ *Trajet d'Anstruther à l'île de May, de mai à octobre tous les jours. Les horaires de la traversée et le temps passé sur l'île dépendent de la marée et des conditions météo. 15 £ (AR). Informations et réservations : ✆ (01333) 310 103 - www.isleofmayferry.com.*
Transformée en réserve naturelle en 1956, l'île abrite une importante population de phoques et d'oiseaux de mer : macareux, mouettes tridactyles, guillemots, eiders, pingouins et fulmars. Le premier phare (1630) – le premier construit en Écosse – est toujours visible, juste à côté de son successeur, érigé au 19e s. Le feu était généré par des charbons brûlant dans le foyer situé sur le toit.

Quittez Anstruther par la B 9131 puis prenez la B 9171.

Kellie Castle and Gardens★ – *✆ (01333) 720 271 - www.nts.org.uk - ♿ - château : de Pâques à sept. : 13h-17h - jardins et parc : 9h30-17h - brochure (7 langues) - 8 £ (jardins 3 £) - salon de thé - parking.*
Cette demeure seigneuriale permet d'apprécier un exemple intact d'architecture traditionnelle écossaise des 16e et 17e s. D'abord foyer des Oliphant, elle passe en 1613 aux Erskine, comtes de Mar et de Kellie. Le château et les terres sont dissociés à la fin du 18e s. Il s'ensuit une période de négligence jusqu'en 1830. Ce n'est qu'en 1876 qu'un bail est accordé au professeur James Lorimer, un juriste d'Édimbourg. Le château est alors progressivement restauré dans son style d'antan grâce au soutien de la talentueuse famille Lorimer. Signalons notamment l'architecte et restaurateur **Robert Lorimer** (1864-1929), célèbre pour la chapelle aux Chardons de la cathédrale St-Giles d'Édimbourg et le Scottish National War Memorial au château d'Édimbourg ; le peintre John, son frère et, à la génération suivante, le sculpteur Hew Lorimer et sa femme.

Jardins et domaine – Construit en blocage de grès, il présente un plan en T dont chaque aile est formée d'une tour. La tour nord-ouest correspondant au donjon original (14e s.) est ultérieurement surélevée à cinq étages. Vers 1573, on ajoute à l'est une tour totalement séparée. Enfin, entre 1573 et 1605, un agrandissement aboutit au plan en T. La tour sud-ouest offre une silhouette splendide avec ses tourelles à surplomb d'angle coiffées de toits coniques et ses pignons à redents. Une promenade extérieure vers les jardins permet d'apprécier cet étalage de détails propre à l'architecture locale : tourelles à surplomb d'angle, toits coniques, lucarnes à fronton, pignons à gradins, souches de cheminée, toits aux pentes variées et multiplication des cordons ornementaux. Cette profusion communique un sentiment d'architecture spontanée plutôt que réfléchie.

Intérieur – Un programme audiovisuel présente la famille Lorimer et la restauration du château. Les **plafonds en stuc** (fin 17e s.) sont remarquables, notamment ceux de la **Vine Room** où courent de délicates branches de vigne le long de la courbure du panneau central représentant le mont Olympe (Jacob de Wet). Les plafonds de la salle du comte et de la grande salle sont plus simples. La boiserie en pin que Memel a réalisée dans la **chambre de repos** est également typique de cette période ; on pourra y voir près de 60 paysages romantiques.

Revenez vers la côte en prenant la direction de Pittenweem.

Pittenweem

Le nom de Pittenween signifie « le lieu de la grotte ». On y trouve en effet la **grotte de St-Fillan** (St Fillan's Cave). Celle-ci aurait servi d'asile au saint missionnaire chrétien Fillan. *✆ (01333) 311 495 - juin-oct. : tlj sf dim. 10h-17h ; nov.-juin : tlj sf. lun. 10h-17h, dim. 12h-17h - clé disponible auprès de Gingerbread, 9 High St. - 1 £ - parking.*

Le bourg côtier est étagé sur deux niveaux. Dans High St., **Kellie Lodge** *(privé)* était la résidence urbaine des comtes de Kellie qui occupaient Kellie Castle *(voir ci-dessus)*. L'encorbellement, les tuiles faîtières et les gradins soulignent cet excellent exemple de style local. Empruntez l'une des six ruelles pour descendre au port, aujourd'hui le plus actif des ports de pêche du Fife. Sur le front de mer, remarquez **The Gyles**, tout à l'est, et, au n° 18 d'East Shore, un bâtiment à trois étages dont le pignon est de style hollandais.

St Monans

Ce village se pelotonne contre son petit port. Impasses et venelles débouchent sur un dédale de ruelles, d'allées et de jardins, véritable paradis pour les contrebandiers.

B. Perousse / MICHELIN

Le petit port de St-Monans.

C'est probablement la reine Margaret qui décide, au 11ᵉ s., la construction de l'**église**. Une grande partie de cet édifice date du 13ᵉ siècle ; le chœur est reconstruit par le roi David II en 1346. On peut y voir un bateau suspendu, des armoiries et un panneau peint provenant de la galerie réservée au seigneur ; la couverture est voûtée en arêtes.

Pour revenir vers St Andrews, suivez la jolie A 917 jusqu'à Kirkton of Largo. Cette route touristique s'enfonce dans les terres et traverse un paysage ondulé, des prés bordés de coquelicots où vaches et moutons paissent paisiblement. À Kirk of Largo, prenez la A 915 vers St Andrews. Au croisement avec la B 940, vous pouvez suivre les indications menant au **Scotland's Secret Bunker** *(voir Aux alentours p. 332) pour une dernière visite.*

LE FIFE INTÉRIEUR★ 2

Ce circuit de 54 km à travers l'arrière-pays agricole de St Andrews comporte un certain nombre de lieux intéressants à visiter.

Quittez St Andrews au nord-ouest par la A 91. Une fois passé l'Eden, tournez à droite par la A 919 en direction de **Guardbridge**. *Ce petit village, avec un pont étroit du 15ᵉ s., construit par l'évêque Wardlaw, abrite une importante papeterie.*

Leuchars

Si Leuchars doit une partie de sa célébrité à sa base aérienne de la Royal Air Force et à Leuchars Junction, la gare ferroviaire de St Andrews, elle est davantage connue pour son **église paroissiale**★ – *✆ (01334) 870 038 - www.leucharsstathernase.org.*

uk - avr.-oct. : 9h-18h – qui domine le village. Le chœur (12e s.) et son chevet semi-circulaire constituent de beaux témoignages d'**art roman**. Sous la corniche ornée de grotesques, deux registres d'arcades animent les murs extérieurs. La tour et la lanterne datent du 17e s. À l'intérieur, le chœur a été généreusement décoré ; les corbeaux sculptés de grotesques sont semblables à ceux visibles à l'église de Dalmeny *(voir ce nom p. 257)*.

Empruntez la route à droite derrière l'église paroissiale de Leuchars.

Earlshall Castle

Sir William Bruce construisit Earlshall en 1546 ; Robert Lorimer le fait restaurer en 1891. Exécuté entre 1617 et 1620, le plafond peint de la galerie du deuxième étage est remarquable ; son décor noir et blanc comprend les armoiries de Bruce, de la royauté et de nobles Écossais, ainsi qu'une grande variété d'animaux reliés les uns aux autres par des motifs géométriques.

Revenez par Guardbridge. Puis reprenez la A 91 vers Cupar.

Cupar

Commerciale et animée, Cupar se trouve au centre du Fife, dont elle est la capitale méconnue. Bien qu'elle ait du mal à rivaliser avec St Andrews, elle compte quelques belles demeures. La plus intéressante étant celle de Hill of Tarvit *(voir plus bas)*.

The Scottish Deer Centre

À 3 km à l'ouest de Cupar sur la A 91 - Rankeilour Park By - ☏ (01337) 810 391 - ♿ - 10h-16h ; de sept. à Pâques : 10h-17h - démonstrations de fauconnerie avr.-sept. : 12h, 14h, 16h - 5,50 £ (enf. 3,95 £) - aire de jeux - aire de pique-nique - parking.

Le cerf, généralement associé aux Highlands, fréquentait autrefois la Basse-Écosse, avant d'en être chassé par le déboisement et l'exploitation agricole. Une ferme georgienne et le parc qui l'entoure assurent au public, particulièrement aux enfants, une prise de contact avec ce fascinant animal. Une présentation audiovisuelle et une exposition éducative exposent l'histoire et l'écologie du cerf, ainsi que ses relations avec l'homme, et les 22 ha d'enclos, que l'on visite en compagnie d'un garde, accueillent aux côtés du cerf commun beaucoup d'autres espèces.

Depuis Cupar, prenez la A 914 vers le sud-est, puis bifurquez à gauche par la A 916.

Hill of Tarvit

Près de Craigrothie - ☏ (01334) 653 127 - www.nts.org.uk - juin-août : 13h-17h ; du Vendredi saint à fin mai et de déb. sept. au 8 oct. : tlj sf mar.-merc. 13h-17h - salon de thé - parking.

Cette maison de campagne de style édouardien a été conçue par Robert Lorimer et commandée par Frederick Bower Sharp, industriel du jute et financier de Dundee mort en 1932. En 1904, ce dernier achète la propriété qui comprend Wemysshall (1696), la maison d'origine attribuée à William Bruce, et Scotstarvit Tower (16e s.). Sharp, collectionneur d'art de renom, destine la résidence à recevoir le mobilier, les toiles de maîtres, les tapisseries, la porcelaine chinoise et les bronzes qu'il avait acquis.

Après avoir apprécié l'élégance du style édouardien, vous pourrez traverser un jardin quelque peu sauvage et gagner le sommet de la colline (211 m) par un sentier. Depuis la table d'orientation, vous profiterez d'une vue panoramique sur la région.

Scotstarvit Tower

À l'ouest de Hill of Tarvit. Laissez la voiture au bord de la A 916 - HS/NTS - ☏ (01334) 653 127 - www.historic-scotland.gov.uk - mai-sept. : 13h-17h - la clé disponible à Hill of Tarvit Mansion House - gratuit.

Cette maison forte en forme de L et à cinq étages date approximativement de 1579. Un escalier à vis relie les six pièces à la grande salle lumineuse du premier étage. L'échauguette est d'un type inhabituel. Cette tour fut la maison de **sir John Scot** (1586-1670), avocat, auteur, cartographe à ses heures perdues, et beau-frère de William Drummond of Hawthornden.

Rejoignez Craigrothie, et tournez à gauche sur la B 939 vers St Andrews.

Ceres★

Ce village pittoresque et verdoyant abrite le **Fife Folk Museum**, musée très complet consacré à la vie quotidienne, où l'on pourra s'intéresser aux expositions sur des objets quotidiens, sur l'agriculture et les équipements agricoles – *☏ (01334) 828 180 - Pâques, mai-oct. : 13h30-16h30 - brochure en français - 2,50 £ (enf. gratuit).*

À voir également, le **Griselda Hill Pottery** *(tlj 9h - 17h - www.wemyss-ware.co.uk)*, un atelier de poterie très populaire grâce à des réalisations souvent colorées et originales, inspirées du style Wemyss Ware, en vogue dans le Fife dans les années 1880.

Poursuivez sur la B 939, traversez Pitscottie, puis tournez à droite au carrefour de Strath-kinness. Au sommet de la colline, un panneau à droite indique le chemin à suivre pour accéder au **Magus Muir**, *monument en forme de pyramide qui marque le lieu de l'assassinat de l'archevêque Sharp de St Andrews, le 3 mai 1679. Reprenez la route en direction de Craigtoun et St Andrews.*

St Andrews pratique

Informations utiles

Office de tourisme – *70 Market St. - ✆ (01334) 472 021 - standrews@visitscotland.com - www.visit-standrews.co.uk et pour la province www.visitfife.com - 9h-17h, sam. 10h-16h, dim. 11h-16h.*

St Andrews Memorial Hospital – *Abbey Walk - ✆ (01334) 468 662 (Urgences 24/24 pour les accidents mineurs).*

Police – *North St. - ✆ (01334) 418 900.*

Transports

En voiture – Le stationnement en centre-ville fonctionne avec un système particulier de vouchers disponibles dans certains magasins. Il est préférable d'utiliser le parking à l'entrée de la ville, relié au centre par un service de navettes gratuites en été.

En bus – Les transports en commun relient les principales villes du comté de Fife, complétés par un réseau de bus locaux.

En train – La province est aussi accessible en train depuis Dundee ou Édimbourg - Rens. sur les horaires *✆ (01334) 468 662 - www.fifedirect.org.uk.*

Taxis – La station de taxis se trouve sur City Road à côté de la station de bus et sur South St. (Holy Trinity Church).

Jay Taxis – *St Andrews - ✆ (01334) 476 622 - javtaxis@aol.com.*

JMD Taxis – *Kircaldy - ✆ (01334) 840 247 - www.jmd-taxis.co.uk.*

Se loger

Bon à savoir – Malgré un nombre important de chambres, l'hébergement reste un problème dans cette petite ville. Les prix sont élevés et il est impossible de trouver une chambre en été sans réserver, certaines adresses étant parfois privatisées pour des clubs très fermés. Les habitués n'hésitent pas à réserver 3 mois à l'avance.

Pour trouver des maisons d'hôtes moins chères, il faut se rendre sur la côte sud de St Andrews *(25/30 £/pers.).*

CENTRE-VILLE

Montague Guest House – *21 Murray Park - ✆ (01334) 479 287 - www.montaguehouse.com - 7 ch. 70-80 £.* Parmi les moins chères de la dizaine de pensions se côtoyant dans cette petite rue perpendiculaire à la mer. Les pensionnaires pourront profiter de la grande salle commune.

The Russell Hotel – *The Scores - ✆ (01334) 473 447 - www.russellhotelstandrews.co.uk - 10 ch. 120 £.* Charmant petit hôtel dans une maison de ville de style victorien avec vue sur la mer (4 chambres offrent la vue). Un excellent rapport qualité-prix.

The Inn on north St. – *127 North St. - ✆ (01334) 473 387 - www.theinnonnorthstreet.com - 15 ch. 140 £.* Ancien lieu de rendez-vous informel de la population de St Andrews, ce superbe immeuble victorien abrite un hôtel charmant et un excellent restaurant.

Macdonald Rusacks Hotel – *Pilmour Links - ✆ (0870) 400 8128 - www.macdonaldhotels.co.uk - 68 ch. 150-450 £.* Luxe et volupté dans cet hôtel de la chaîne Macdonald. Préférez les chambres donnant sur le parcours historique de golf et la mer.

Old Course Hotel – *Légèrement hors de St Andrews, en bordure du parcours historique de golf - ✆ (01334) 474 371 - www.oldcoursehotel.co.uk - 144 ch. 250-450 £.* Si le bâtiment en crépi jaune n'est pas du meilleur goût, cet établissement moderne offre tout le confort d'un hôtel de standing avec piscine, spa, salle de sport... Vue imprenable sur le parcours de golf et St Andrews.

Entrée du Royal Golf Club de St Andrews.

Se restaurer

Bon à savoir – De même que pour l'hébergement, il est particulièrement conseillé de réserver à l'avance.

Le Rustique – *5 College St. - (01334) 475 380 - 7j./7, 11h-22h - 10-15 £.* Petit restaurant sans prétention tenu par un couple de Français. Cuisine traditionnelle française utilisant les produits locaux.

The Doll's House Restaurant – *3 Church Square - (01334) 477 487 - www.dolls-house.co.uk - 12h-14h, 17h30-21h30 - 18-22 £.* Avec sa petite terrasse sur la place de la Holy Trinity Church, ce restaurant propose aussi bien des cuisses de canard confites que des sardines grillées. Atmosphère décontractée.

The Vine Leaf – *131 South St. - (01334) 477 497 - www.vineleafstandrews.co.uk - mar.-sam., 19h-22h - 20-25 £.* Un des meilleurs restaurants de la ville, avec plus de 20 années d'excellente réputation. La liste de vins est à la hauteur.

The Seafood Restaurant – *The Scores - (01334) 479 476 - www.theseafoodrestaurant.com - 12h-15h, 18h30-21h30 - 20-45 £.* Cube de verre ultramoderne surplombant la plage. Haddock fumé, saumon et turbot sont à l'honneur dans ce restaurant qui ne propose que peu de plats de viande. La cuisine est disposée afin que chacun puisse suivre les préparatifs.

En soirée

The Byre Theatre – *Abbey St. - (01334) 475 000.* Ancienne étable transformée en théâtre dans les années 1930, remis récemment au goût du jour dans un style contemporain. Vous pouvez y découvrir les classiques mais aussi les travaux contemporains d'auteurs écossais, des comédies, des concerts et de la danse.

Sports et loisirs

Golf – Capitale historique du golf, pratiqué dans ce royaume depuis plus de 500 ans. Visitez le site *www.fifegolf.com* pour y voir plus clair parmi les 46 parcours de golf du comté.

Massages – Le golf ayant tendance à maltraiter tendons et articulations, vous trouverez à St Andrews bon nombre de centres de massage thérapeutique, parmi lesquels **Oakwood House** - *28a Argyle St. - (01334) 479 747 - www.oakwoodhousetherapycentre.co.uk*; **Chesterhill Therapies** – *104 South St. - (01334) 473 230 - www.chesterhilltherapies.co.uk.*

Achats

Matériel de golf :

Même si les prix sont à la hauteur de St Andrews, l'histoire de cette ville en fait une étape idéale pour acquérir un excellent matériel de golf.

The Pro Shop – *1 Ellice Place - (01334) 476 611.* Spécialiste des clubs.

Auchterlonies – *Golf Place - (01334) 473 253 - www.auchterlonies.com.* Vous trouverez ici tout le matériel de golf : vêtements, chaussures, clubs, sacs et accessoires.

Lainages :

Johnstons – *4 Pilmour Links - (01334) 472 216 - www.johnstonofelgin.com.* Cachemires et lainages de luxe. Maison mère établie à Elgin en 1797. Alpaga, guanaco, poil de chameau, mohair, angora, chinchilla et vison sont toujours convertis à Elgin en une variété d'étoffes luxueuses.

Stirling★★

32 673 HABITANTS
CARTE GÉNÉRALE RABAT I C3 - CARTE MICHELIN REGIONAL501 I15
STIRLING

Le bourg royal de Stirling avec son château perché sur un rocher escarpé a longtemps été une place forte convoitée. Situé sur les plaines alluviales du Forth, ce nœud de communication majeur entre le nord et le sud du pays a maintes fois vu s'affronter les héros écossais et les troupes anglaises. Aujourd'hui, ce sont les armées de touristes qui empruntent ses ruelles cossues et partent à l'assaut du formidable palais-forteresse. De là, ils dominent une région propice à de multiples excursions : monuments aux guerriers-indépendantistes écossais, Dunblane et sa cathédrale, les reliefs boisés d'Ochils et même… un curieux ananas.

Depuis des siècles, le château veille sur la cité.

- **Se repérer** – Stirling, au fond de l'estuaire de la Forth, représente le centre historique de l'Écosse. La ville est desservie par des voies rapides partant dans toutes les directions.
- **Se garer** – La cité même est déconseillée aux véhicules. Vous devrez le laisser dans l'un des nombreux parkings en bordure du centre, ou à l'entrée du château si vous voulez éviter la montée à pied.
- **À ne pas manquer** – Le château perché et la vieille ville de Stirling. L'imposante cathédrale gothique de Dunblane. Le château fort « bien dessiné » de Doune. Le Castle Campbell, pour le site et la vue (par beau temps) sur la région de Dollar.
- **Organiser son temps** – La ville et le château se visitent aisément en une journée. Si vous êtes pressé, vous ajouterez une des curiosités proches de la ville. Une journée supplémentaire permettra de parcourir la plupart des lieux décrits.
- **Avec les enfants** – Les châteaux de Stirling et de Doune, décors parfaits pour jouer au preux chevalier. Le parc animalier de Blair Drummond.
- **Pour poursuivre le voyage** – Édimbourg, Glasgow, Perth, St Andrews, les Trossachs.

Comprendre

Des liens précoces avec la royauté – On connaît peu de chose sur les premières occupations du rocher. Les attaches avec la royauté commencèrent en 1124 avec la mort d'Alexandre Ier. Son frère, David Ier élève le village au rang de bourg royal et apporte ainsi prospérité et croissance à Stirling. Au 12e s., la ville devient l'une des « cours des quatre bourgs », avec Berwick, Édimbourg et Roxburgh.

La guerre d'Indépendance (1296-1305) – En raison de son importance stratégique, le château est attaqué maintes fois par les Anglais et les Écossais. Cette époque turbulente a engendré deux des plus célèbres héros écossais, Wallace et Bruce.

William Wallace reprend le château à la garnison d'Édouard Ier après la victoire de la **bataille du pont de Stirling** en 1297. En 1304, Stirling est la dernière forteresse écossaise aux mains de Wallace. Après sa capitulation, les Anglais l'occupent pendant dix ans. Mais, en 1314, après la **bataille de Bannockburn**, Bruce prend le château et met en marche l'indépendance écossaise.

Convoité

Le site de Stirling a toujours été d'une grande importance stratégique, car il contrôle la traversée du Forth entre les Ochils et les Gargunnock Hills et se trouve doté d'un rocher escarpé quasiment imprenable. Les nombreuses batailles qui ont eu lieu dans les environs prouvent cette invincibilité : Stirling Bridge en 1297, Falkirk en 1298 et 1766, Bannockburn en 1314, Sauchieburn en 1488, Kilsyth en 1645 et le combat indécis de Sheriffmuir en 1715.

Résidence royale des Stuarts – Avec l'accession des Stuarts au trône, le château de Stirling devient une résidence royale permanente. Né au château, Jacques III (1451-1488) en renforce le caractère défensif et construit le corps de garde et la grande salle où se réunit le Parlement. Stirling connaît ensuite son âge d'or. **Jacques IV**, vrai prince de la Renaissance et contemporain d'Henry VIII et de François Ier, amorce la construction du palais. C'est pendant l'une des nombreuses fêtes de la cour que se signale un certain Damian. Affublé de plumes de coq, il survit par miracle à sa tentative d'envol au-dessus des remparts, exploit raconté par William Dunbar dans son œuvre satirique *Fenyeit Freir of Tungaland*. Jacques V poursuit l'œuvre de construction de son père et achève le palais, l'un des trésors les plus prisés de la Renaissance écossaise.Sa fille **Marie Stuart** (1542-1587) est sacrée reine d'Écosse dans la vieille chapelle royale le 9 septembre 1543. Et son tout jeune fils Jacques y est baptisé en 1566. L'année suivante, avant l'abdication de sa mère, le prince âgé de 13 mois est couronné dans l'église paroissiale et subit la tutelle autoritaire de George Buchanan. Après le départ de Jacques VI pour Londres et Whitehall, Stirling cessa d'être une résidence royale.

Un bourg royal prospère – Bourg royal privilégié par la présence de la cour et des avantages fiscaux, Stirling prospère aux 15e et 16e s. La ville s'étend rapidement en contrebas de la colline, où l'on édifie une église et plusieurs bâtiments royaux. Courtisans et membres de la noblesse, désireux de se trouver près de la cour royale, construisent des maisons de ville (Mar's Wark, Argyll's Lodging), imités par des commerçants. La ville a déjà acquis son propre dynamisme commercial lorsque la cour la quitte.

Témoin des évènements écossais du 18e s – Stirling devait une fois de plus jouer un rôle militaire en tant que ville de garnison durant l'époque troublée des Covenantaires et de la République. Les habitants de Stirling participent ainsi à la rébellion jacobite, notamment à la bataille de Sheriffmuir en 1715. La ville participe également au soulèvement de 1745, année durant laquelle Bonnie Prince Charlie y passe l'hiver dans la région avant sa défaite finale à Culloden.

L'expansion industrielle – Le 19e s. voit la croissance du textile, des mines de charbon et des ateliers de construction de machines agricoles. Grâce à sa situation centrale et à l'arrivée du chemin de fer, la ville devient rapidement un nœud de communication et un centre commercial florissant. La ville chargée d'histoire se fait centre universitaire et industriel. Stirling est aujourd'hui bien placée pour tirer parti de la croissance dans l'industrie électronique, très présente dans la « Central Belt », surnommée Silicon Glen. Elle est également un centre agricole majeur, avec son marché à bestiaux moderne.

Découvrir

Stirling Castle★★

HS - ✆ (01786) 450 000 - www.historic-scotland.gov.uk - ♿ - avr.-sept. : 9h30-18h ; oct.-mars : 9h30-17h - dernière entrée 45mn avant la fermeture - billet combiné avec Argyll's Lodging : 8,50 £ (enf. 4,25 £) - visite guidée possible (gratuit). Un important programme de travail de restauration est engagé jusqu'en 2010 et il se peut que certaines parties du château ne soient pas accessibles.

Par sa **situation★★★** magnifique sur un rocher escarpé dominant les plaines alluviales du Forth, le château de Stirling est l'une des forteresses les plus puissantes et les plus inexpugnables d'Écosse.

On y accède en traversant les rues pentues de la vieille ville. Sur l'esplanade *(parking)* du château une statue de Robert Bruce monte la garde. On suit instinctivement son regard qui porte au loin, vers la tour du Monument Wallace et les collines alentour.

Vous dépassez d'abord le centre d'accueil (Royal Burgh of Stirling Visitor Centre, *mêmes horaires que le château*). Puis franchissez le fossé et la première porte, continuez l'ascension et passez la porte intérieure. Sur la gauche se trouvent le **jardin de la reine Anne,** à l'emplacement d'un ancien boulingrin, et les **casemates** où se déroule une divertissante exposition animée.

Réalisées sous Jacques IV, **l'entrée** et la **chambre de herse** ouvrent sur la basse cour.

Basse cour

Cette place est dominée sur la gauche par la façade très ouvragée du palais ; en face se trouve la grande salle, avec la grande batterie à droite.

Palais

Commencé en 1496 par Jacques IV, il est achevé dès 1540 sous le règne de son fils. À l'instar des résidences royales de Falkland et de Linlithgow *(voir ces noms p. 287 et p. 248)*, ce palais doit se comprendre comme un exemple isolé de l'influence Renaissance continentale. Un style qui n'a eu que peu d'effets sur l'architecture écossaise en général.

Bâtiments extérieurs★★★

L'aspect le plus exceptionnel de ce palais, dont le plan s'avère extrêmement simple avec quatre bâtiments entourant une cour intérieure, est la sophistication de ses façades *(pour de plus amples détails, voir cour d'honneur ci-dessous)*.

Empruntez le passage couvert à gauche, et dépasser l'entrée du Lion's Den **(1)**.

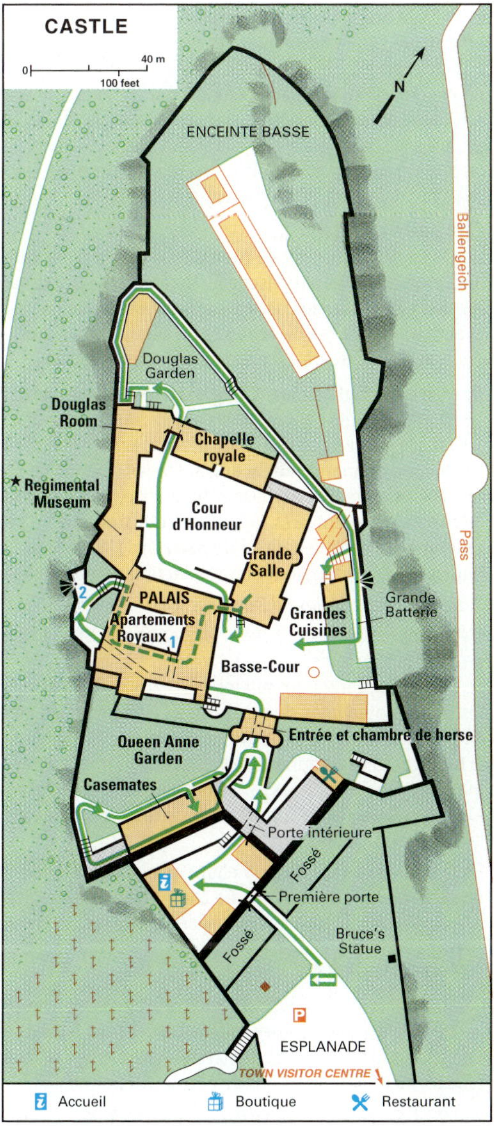

Lady's Hole (2)

Cette terrasse offre de belles **vues** vers l'ouest, notamment sur **King's Knot** situé en contrebas. Les lignes géométriques de ce jardin aujourd'hui engazonné ont été dessinées en 1627 par William Watt. Au loin, sur la gauche, on distingue le mât de la rotonde de Bannockburn *(voir plus loin)*.

Appartements royaux

Situés au-dessus des caves et sous des pièces réservées aux courtisans, ils occupent le plus bel étage du palais. Les Queen's Outer and Own Halls présentent quelques-unes des célèbres **têtes de Stirling★★**. Cette série de médaillons en chêne constitue un ensemble très beau et très rare de sculpture sur bois de la Renaissance écossaise. Les médaillons étaient initialement placés dans un plafond à caissons de la King's Presence Chamber (Own Hall). Inscrits dans des cadres circulaires, les médaillons représentent des rois et des reines, des courtisans et des personnages extraits de la mythologie et de la Bible. Les chambres à coucher du roi et de la reine subissent une intense restauration (reconstitution de tapisseries de l'époque notamment).

Grande salle

Elle a fort mal supporté son utilisation comme casernement au 18e s. Mais un important programme de restauration a permis de rendre son ancienne splendeur à l'édifice. C'est un bel exemple d'architecture locale de style gothique tardif décrit par Defoe comme « le plus majestueux que j'aie jamais vu en Europe ». À l'origine, la salle gothique comprenait une estrade du côté sud, flanquée par de superbes fenêtres en saillie ; une loge pour musiciens lui faisait face. La salle et sa charpente à diaphragmes en chêne étaient éclairées par des fenêtres couplées.

Cour d'honneur

Cette cour intérieure offre au visiteur l'occasion de comprendre l'évolution des styles sur une période de 150 ans en comparant les façades de la grande salle (1460-1488), du palais (1496-1540) et de la chapelle (1594).
La façade originale de la grande salle présente quatre paires de fenêtres à forte embrasure surplombant un toit en appentis protégeant l'escalier extérieur qui mène à la salle principale. Au-dessus de la corniche se trouvait un parapet crénelé avec un chemin de ronde. La **façade du palais** contraste par la variété de sa décoration sculptée : entre les fenêtres, des arcs polylobés en saillie abritent des personnages sculptés (de gauche à droite : Jacques V ; un jeune homme tenant une coupe ; la Vénus de Stirling ; un homme barbu ; une femme drapée). En comparaison, la façade de la chapelle royale semble vraiment très sobre.

Chapelle royale

L'église actuelle fut érigée précipitamment par Jacques VI, à l'emplacement d'une ancienne chapelle, pour accueillir la cérémonie de baptême du prince Henri. De style Première Renaissance classique, la façade de la cour d'honneur est la plus intéressante avec ses trois paires de fenêtres en plein cintre flanquant un **portail** ouvragé. La décoration intérieure est particulièrement élaborée.

Argyll and Sutherland Highlanders Regimental Museum★

✆ (01786) 475 165 - www.argylls.co.uk - de Pâques à sept. : 9h30-17h ; d'oct. à Pâques : 10h-16h15 (dernière entrée 15mn av. fermeture) - donation - parking.
Distinctions honorifiques acquises sur les champs de bataille, drapeaux, médailles, uniformes en temps de paix et de guerre, documents et photographies : tous ces éléments retracent près de 200 ans d'histoire de ce régiment et de ses moments héroïques comme la bataille de Balaklava (1854) ou la libération de Lucknow. Cette unité est fière de posséder une collection exceptionnelle **d'objets en argent**.

Traversez ensuite le jardin Douglas.

C'est dans le bâtiment situé sur la gauche que Black Douglas fut lâchement assassiné en 1452 par Jacques II.
Le chemin de ronde qui suit les créneaux du côté est offre de beaux panoramas sur les plaines alluviales du Forth. Depuis le **point de vue** de la grande batterie, on aperçoit en contrebas le pont médiéval de Stirling enjambant le Forth et, plus loin, la tour de Cambuskenneth, le Wallace Monument et les Ochils à l'horizon. Quelques marches dans la cour basse permettent de descendre aux **grandes cuisines** où, à la lueur des foyers et de torches vacillantes, sont recréés le chaos et la confusion liés à la préparation d'un festin royal.

Pour poursuivre la visite du château avant d'effectuer celle de la vieille ville, vous pouvez suivre la **Back Walk**. Ce chemin qui part de l'esplanade permet de longer le système défensif, tout en appréçiant la vue sur les environs.

Se promener

Le quartier médiéval avec ses rues pentues et ses venelles étroites descend depuis le château jusqu'au centre-ville actuel. C'est un quartier très agréable à parcourir, intéressant d'un point de vue architectural et historique. Toutes les curiosités sont efficacement indiquées par de nombreux panneaux.

Explorez la vieille ville à pied à partir de l'esplanade.

STIRLING

0 — 100 m / 100 yards

SE LOGER

- Allan Park Hotel .... ①
- Garfield Guest House .... ④
- Golden Lion Flagship Hotel .... ⑦
- The Stirling Highland Hotel .... ⑩

SE RESTAURER

- Castlecroft B&B .... ①
- Hermann's .... ④
- St. Alma Bed & Breakfast .... ⑦
- The Portcullis .... ⑩
- The River House .... ⑬

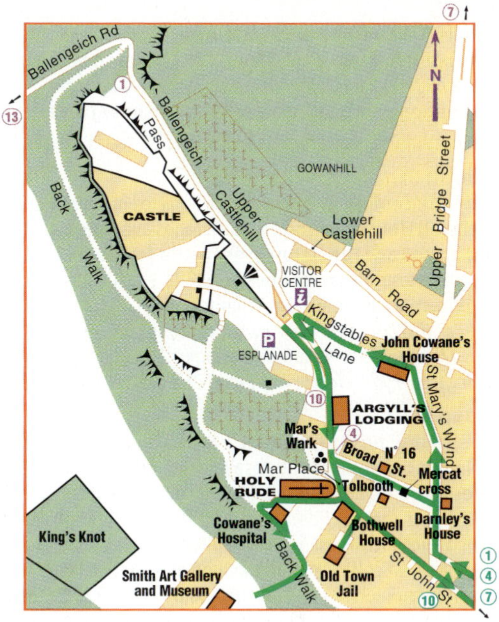

Argyll's Lodging★

Castle Wynd - HS - ☏ (01786) 450 000 - ♿ - 9h30-18h - dernière entrée 17h30 en été, 16h30 en hiver - 4,50 £ (2,25 £), billet combiné avec le château : 8,50 £ (4,25 £).

Ce splendide hôtel particulier a été construit en 1632 pour sir William Alexander, fondateur de la Nouvelle Écosse *(voir circuit 1 château de Menstrie p. 345)*. À sa mort, la propriété passe à la famille Argyll qui apporte des modifications et des agrandissements. Côté rue, ce manoir à cour intérieure est clos par un mur percé d'un magnifique portail en bossage brut de style Renaissance. Les façades de la cour intérieure sont embellies par une **décoration Renaissance écossaise★** : voir les bandes d'ornement des lucarnes et le panneau armorié surmontant le porche d'entrée.

Poursuivez votre descente en suivant Castle Wynd.

Mar's Wark

En haut de Broad St. En ruine mais néanmoins impressionnante, la **façade** est tout ce qui reste d'un palais dont la construction, jamais achevée, débute en 1570 pour John Erskine (1510-1572), 1er comte de Mar. Gouverneur héréditaire du château et tuteur du prince Jacques, il se devait d'avoir une résidence privée à proximité. Les pierres proviendraient de l'abbaye de Cambuskenneth *(voir circuit 1)*. Une sculpture décorative et des panneaux héraldiques ornent la façade donnant sur la rue.

Church of the Holy Rude★

☏ (01786) 475 275 - www.stir.ac.uk - ♿ - mai-sept. : 11h-16h - offrande bienvenue.

Cette église a peu a peu remplacé un lieu de culte jadis détruit par un incendie. Les parties les plus anciennes (la nef et la partie basse de la tour) datent de la première moitié du 15e s. La nef aux piliers ronds supportant des arcs brisés présente une intéressante **charpente** en chêne d'origine (15e s.). Postérieurs d'environ un siècle, le chœur et l'abside pentagonale (1507-1546) ont été séparés du reste de l'église par une cloison de 1656 à 1940. Cette dernière date marque la fin d'une restauration qui dura 4 ans. Voir le **chevet** depuis St John's St. d'où l'on peut apprécier cette masse renforcée par des contreforts à gradins ; cet ensemble est caractéristique du style gothique écossais. Jacques VI, encore enfant, y fut couronné en 1567.

Quittez l'église et suivez les indications menant au tout proche Cowane's Hospital.

Cowane's Hospital

St John St. - ☏ (01786) 472 247 - 9h-16h - fermé 1er janv. et 25-26 déc. - gratuit. Occupé récemment encore par l'hôtel de ville, ce bâtiment en forme de E fut fondé par **John Cowane** (vers 1570-1633) pour offrir asile à 12 indigents. Construits entre 1633 et 1639, les locaux comprenaient un réfectoire surmonté d'un dortoir. On reconnaît le donateur, membre du Parlement écossais, au-dessus de la porte d'entrée.

Descendez vers Albert Place et le Smith Museum.

Smith Art Gallery and Museum

Accès par St John St. - ✆ (01786) 471 917 - www.smithartgallery.demon.co.uk - ♿ - tlj sf lun. 10h30-17h, dim. 14h-17h - gratuit - café - parking.
L'exposition principale relate l'histoire du bourg royal.

Revenez sur vos pas et rejoignez St John St.

St John St.

Cette rue compte un bel ensemble de demeures anciennes. Au n° 39 se trouve **Bothwell House**, maison de trois étages avec une tour en saillie construite en moellons. La visite de l'**ancienne prison** (Old Town Jail), à proximité, donne l'occasion de découvrir les rudes méthodes punitives employées avec les prisonniers. La réforme du 19e s. moralisa le système pénitentiaire. Du haut du toit, on a de jolies **vues** sur la ville. *✆ (01786) 450 050 - www.oldtownjail.com - ♿ - 9h30-17h ; avr.-sept : 18h ; mars et oct. : 17h ; nov.-fév. : 16h ; dernière entrée 30mn av. fermeture - possibilité de visite guidée (5 langues) 5,95 £ - fermé 1er janv. et 25-26 déc. - 5 £ (enf. 3,20 £) - parking.*

Broad St.

Jadis centre nerveux de la cité, Broad St. et sa **croix de marché** (Mercat Cross), facilement identifiable avec sa licorne, étaient le cadre du marché et le lieu où se déroulaient les exécutions. Sir William Bruce dessina l'élégant **tolbooth** de 1701 à 1704 peu après sa libération du château de Stirling où il avait été détenu pour ses sympathies jacobites. Il est inhabituel que l'escalier enjambe les cellules. La tour à six étages est coiffée par un pavillon armorié. Au n° 16 se trouve une étroite maison à pignon aux fenêtres à fronton. Au bout de la rue, **Darnley's House** est un hôtel particulier de quatre étages où Darnley aurait séjourné pendant que Marie Stuart s'occupait des affaires d'État au château. Un peu plus loin, dans St Mary's Wynd, la **John Cowane's House** est aujourd'hui sans toit.

Vous pouvez remonter vers le château, si vous y êtes garé, ou parcourir d'autres rues animées du centre-ville : Spittal St., Baker St., King St...

Circuits de découverte

SYMBOLES NATIONAUX ET VALLÉE DU DEVON★ 1

Ce circuit de 60 km environ permet de découvrir des sites historiques et symboliques aux alentours de Stirling, de suivre le cours du Devon au pied des collines Ochil, et de longer enfin les derniers (ou premiers) miles de l'estuaire du Forth.

Depuis la gare de Stirling, suivez Burghmuir Road vers le nord. Au rond-point, suivez les indications « Wallace Monument ».

En franchissant le Forth par le pont routier (1833), vous apercevez à gauche les belles lignes de l'**Old Bridge**. Ce pont du 15e s., aujourd'hui piétonnier, fut durant de nombreux siècles le seul à assurer la liaison entre le nord et le sud du pays.

Suivez les indications signalant « Cambuskenneth Abbey ».

Cambuskenneth Abbey

HS - ✆ (01877) 385 294 - www.historic-scotland.gov.uk - avr.-sept. : 9h30-18h30 - gratuit.
Les restes de cette abbaye jadis opulente reposent au cœur d'un méandre du Forth. Vers 1147, David Ier fonda un monastère augustin qui se développa au point de devenir l'un des plus prospères et des plus influents. La proximité de Stirling assurait une protection royale. Les abbés furent pour la plupart des hommes d'État de renom.
Les vestiges comprennent un beau **clocher** isolé du 13e s., haut de 24 m. La restauration effectuée au 19e s. a replacé un toit à deux pignons et une terrasse *(98 marches)* protégée par un parapet offrant une belle **vue** sur les contours de l'abbaye, ainsi que sur le château et le monument Wallace sur leurs pitons rocheux. Les bâtiments monastiques ne présentent plus que leurs fondations. Dans l'église, un monument du 19e s. indique l'emplacement des tombes de **Jacques III** (1451-1488), victime des seigneurs rebelles après la bataille de Sauchieburn (1488), et de sa femme Marguerite de Danemark.

Revenez sur la A 907 et tournez à droite. Au rond-point, prenez à gauche la A 91.

National Wallace Monument★★

Accès par bus gratuit ou à 10mn de marche du parking - ✆ (01786) 472 140 - www.nationawallacemonument.com - juil.-août : 9h30-18h ; sept. : 9h30-17h ; mars-mai et oct. : 10h-17h ; nov.-fév. : 10h30-16h ; juin : 10h-16h - audioguide (5 langues) - 6,95 £ (enf. 4 £) - parking gratuit.
Point de repère bien connu, le monument Wallace (19e s.) monte la garde sur Abbey Craig (110 m). Il commémore **William Wallace** (1270-1305), patriote qui

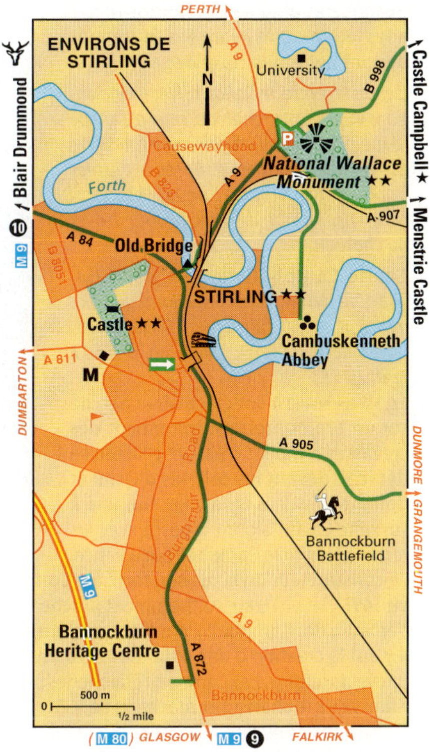

parvint à rallier les Écossais contre la domination anglaise entre 1297 et 1305. Héros du moment après la bataille de Stirling Bridge en 1297, il reçut le titre de Gardien de l'Écosse avant d'instaurer un système de gouvernement collectif. Après la soumission des Écossais en 1304, Wallace fut pourchassé, capturé et pendu pour trahison à Londres. Le culte qu'il suscita au 19e s. a été récemment ranimé par le film de Mel Gibson *Braveheart*, vision romanesque de la bravoure du héros.

Une salle haute à l'intérieur du monument recèle la tente de guerre de Wallace et procède à une saisissante évocation de sa lutte contre les Anglais. Dans une autre salle, dite « salle des héros » (Hall of Heroes) s'alignent les bustes de personnages marquants comme Walter Scott, Robert Bruce, et Robert Burns. La plate-forme d'observation (246 marches) offre une **vue**★★ magnifique sur Stirling et les plaines alluviales du Forth. On aperçoit notamment l'**université de Stirling** (fondée en 1967) avec son lac, ses espaces verts et les Ochils en toile de fond. Le château d'Airthrey, autre manoir construit par Adam dans le style baronnial, abrite les services administratifs, tandis que le centre MacRobert constitue le foyer culturel de la ville et de l'université.

Quittez le Wallace Monument en suivant la route touristique Mill Trail (A 91 vers St Andrews). Cette route suit les courbes du mont Ben Cleuch et traverse les beaux paysages boisés des bords du Devon. À Menstrie, rejoignez le château signalé à l'écart de la rue principale.

Château de Menstrie

NTS - ℘ (01259) 211 701 - Commemoration Room : Pâques, mai-sept. : merc. et dim. 14h-17h - gratuit.

Ce château du 16e s. (transformé en appartements) accueille une **exposition d'héraldique** dans la salle du souvenir (bibliothèque publique), ainsi nommée pour rappeler que la Nouvelle-Écosse (Nova Scotia) fut à l'origine une colonie écossaise. Menstrie fut le berceau du fondateur de la colonie, **sir William Alexander**, 1er comte de Stirling (1567-1640). Pour favoriser le développement de la colonie et garnir les coffres royaux, une terre dans l'est canadien et un titre de baronnet étaient attribués contre participation financière. Le projet cessa quand la Nouvelle-Écosse fut rendue aux Français en 1631 bien que des privilèges fussent encore accordés jusqu'en 1637.

Continuez par la A 91. À Alva, vous pouvez vous arrêter au Mill Trail Visitor Centre où l'on présente l'artisanat de la laine, typique de la région.

Dollar

Dans cet agréable bourg rural, de belles maisons en pierres massives s'alignent en bordure de relief ou de chaque côté d'un charmant ruisseau. Le lieu est connu pour deux raisons : son **Collège** (Academy) *℘ (01259) 742 511 - www.dollaracademy.org.uk - visite guidée sur RV - fermé 25 déc.* et la proximité de Castle Campbell. Vous ne pouvez manquer le premier, tant les proportions de l'imposant bâtiment surprennent dans une si petite ville. Il s'agit d'une école mixte abritant des pensionnats. Sa construction fut financée par un legs de John McNabb (1732-1802), un enfant du pays qui avait fait fortune comme armateur à Londres. C'est en 1818 que William Playfair dessina les plans de cet édifice de style grec comprenant un portique à colonnes, un fronton et des ailes légèrement avancées soutenues par des colonnes couplées.

Depuis le centre de Dollar, suivez les indications indiquant le château, situé à 2 km de la rue principale. La belle route forestière est étroite et sinueuse. Après le dernier parking, qui comporte peu de places, il reste ensuite 5mn de marche pour arriver au château.

Castle Campbell★ – *HS - ✆ (01259) 742 408 - www.historic-scotland.gov.uk - avr.-sept. : 9h30-18h30 ; oct. : 9h30-16h30 ; nov.-mars : sam.-merc. 9h30-16h30 - 4,50 £ (enf. 2,25 £).*

J. Pringle / SCOTTISH VIEWPOINT

Le fief des Campbell.

Le **site★★★** est spectaculaire : perché sur un promontoire surplombant des crevasses remplies d'eau, le château se détache devant les collines d'Ochil et domine la vallée et la ville. Nommé à l'origine Castle Gloom, il passa avec les terres à la famille Campbell par alliance. Le constructeur de la maison forte fut **Colin Campbell, 1er comte d'Argyll** (mort en 1493). Le château, suffisamment proche des résidences royales, devint ensuite la demeure des Campbell. Parmi les transformations et les extensions des 16e et 17e s., il y eut la création d'une cour fermée, d'une zone réservée aux domestiques et de plusieurs jardins. Les Campbell étaient des presbytériens dévoués et on dit que John Knox visita le château et prêcha ici en 1556. La butte appelée la chaire de John Knox (John Knox's Pulpit) est là pour nous le rappeler.
Le domaine fut par la suite une cible privilégiée des raids durant la campagne de Montrose en 1645. Mais c'est probablement neuf ans plus tard que la demeure subit des dégâts, lors de la campagne du général Monck. À la fin du 19e s., le château était dans un état de délabrement avancé.

La partie principale est la **maison forte** à quatre étages (fin 15e s.) menant à un parapet élevé. Avant la construction de l'escalier tournant, l'accès se faisait par un escalier taillé dans la masse du mur ou par un escalier extérieur, ou encore par un escalier mobile menant au premier étage. La grande salle voûtée et sa massive cheminée surmontent une cave elle aussi voûtée. Des deux pièces situées au-dessus, la plus haute doit son intérêt à sa voûte en berceau nervurée et ses deux masques de grotesques insolites. Le chemin de ronde *(84 marches à partir de la cour)* procure une excellente **vue★** au-delà de Dollar jusqu'à la vallée du Forth et les Pentlands que l'on distingue au loin.

Les bâtiments de la cour se composent d'une aile sud à trois étages (16e s.) et d'une **aile est** (fin 16e-début 17e s.), qui réunit les constructions anciennes et récentes. On peut y voir davantage d'éléments décoratifs, tels qu'un bandeau en saillie ou des fenêtres jumelées au-dessus de la loggia. Un passage voûté ménagé dans la partie sud mène aux jardins, contemporains de la partie est.

Depuis le château, divers chemins balisés permettent de parcourir le glen (forêt et cascades) et les hauteurs (lande digne des Highlands). Une carte est affichée près de l'entrée du château, mais il vaut mieux vous en procurer une au Visitor Centre de Stirling auparavant.

Si vous ne devez pas revenir et désirez continuer vers l'est, vous pouvez rejoindre Dunfermline (*voir ce nom*) par la jolie route vallonnée A 823 (à prendre à Powill).

Pour poursuivre le circuit, quittez Dollar par la B 913 puis prenez la A 977 vers Kincardine Bridge, en traversant le Clackmannanshire. Franchissez le pont et prenez à droite la A 905. Tournez ensuite à gauche par la B 9124 et suivez les indications The Pineapple.

The Dunmore Pineapple

NTS - www.nts.org.uk - 9h30-coucher du soleil - gratuit.

Entre Airth et Dunmore, un jardin fermé a été aménagé autour d'un bien curieux bâtiment, The Dunmore Pineapple, dont l'extravagance attire les touristes. Au 18e s., l'Europe se fascine pour tout ce qui vient des lointaines colonies. Les fruits et légumes notamment égayent les repas des cours royales. L'ananas, fruit à l'esthétique inhabituelle, rencontre un vif succès. À tel point que les architectes et décorateurs s'en inspirent. Le fruit fait son apparition comme élément décoratif sur les portes, les linteaux, les tapis et même sur les pièces de monnaie. Mais c'est à Dunmore que l'on atteint le summum dans le domaine de « l'ananas comme source d'inspiration ». En 1761, le 4e comte de Dunmore rentre de Virgine où il officiait comme gouverneur. Les ananas étaient déjà assez courants dans cet État. Le comte, pour fêter dignement son retour sur ses terres, a l'idée de faire édifier un bâtiment original s'inspirant de ce fruit à la mode. Il fait donc bâtir un gros ananas de pierre au sommet d'un élégant pavillon. On ne sait plus à qui l'on doit cette prouesse architecturale de 14 m de haut environ mais on ne peut qu'admirer l'ensemble et les détails. Ainsi, un ingénieux système permet d'évacuer l'eau de pluie entre chaque « écaille », ce qui évite les méfaits du gel. Aujourd'hui encore, cette petite folie surprend tous ceux qui parcourent les agréables allées de ce jardin où plantes et animaux vivent à l'ombre du fruit géant.

Reprenez la A 905 qui longe le Forth et rejoignez l'ouest de Stirling. Suivez les panneaux NTS indiquant « Bannockburn Heritage Centre ».

Bannockburn Heritage Centre

Glasgow Road - NTS - ✆ (01786) 812 664 - www.nts.org.uk - mars-oct. - 5 £ - cafétéria - parking.

Bannockburn est le lieu de la plus retentissante victoire écossaise sur les troupes anglaises.

Depuis son couronnement à Scone en 1306 et la mort d'Édouard Ier en 1307, **Bruce** parvient progressivement à reprendre son royaume en main. En 1314, le château de Stirling est la plus importante forteresse encore aux mains des Anglais. L'enjeu est donc de taille. La statue équestre (1964) du roi **Robert Bruce** (1274-1329), érigée à l'intérieur de la rotonde, marque son poste de commandement à la veille de la **bataille** qui eut lieu le 24 juin 1314. C'est d'ici qu'il met en déroute les forces anglaises, pourtant supérieures en nombre et conduites par le roi Édouard II en personne. La victoire représente un tournant dans la guerre d'Indépendance. Mais celle-ci ne sera vraiment formalisée qu'en 1320, avec la déclaration d'Arbroath *(voir ce nom p. 269)* et, en 1328, par le traité de Northampton.

Le **centre d'information** présente une vidéo sur la bataille, ainsi que des expositions sur le royaume d'Écosse, Robert Bruce et la lutte pour l'indépendance.

Flower of Scotland

L'Écosse n'est pas un pays indépendant et par conséquent ne possède pas d'hymne officiel. Mais certains chants font néanmoins office d'hymne. Ils traduisent la volonté des Écossais de se démarquer du reste de la Grande-Bretagne. C'est le cas du célèbre Flower of Scotland, entonné lors des Highlands Games parfois, avant les matches de rugby de l'équipe d'Écosse toujours. Ce chant si beau et si lent donne des frissons à tous ceux qui ont entendu un stade entier le reprendre (surtout si l'Angleterre est l'adversaire du jour). Le texte est résolument patriotique, franchement anti-anglais. Il commémore la victoire de Robert Bruce sur Edouard II, à Bannockburn en 1314. Mais l'air et les paroles sont pourtant très récentes puisqu'elles sont l'œuvre du groupe des années 1970 *The Corries*. En voici le premier couplet :

O Flower of Scotland	*Ô fleur d'Écosse*
When we will see	*Quand te verrons-nous*
Your like again	*De nouveau*
That fought and died for,	*Ceux qui se sont battus et sont morts pour*
Your wee bit Hill and Glen	*Tes minuscules collines et vallées*
And stood against him,	*Et se sont dressés contre lui,*
Proud Edward's Army	*L'armée du fier Édouard*
And sent him homeward,	*Et l'ont renvoyé chez lui,*
Tae think again.	*Ils y pensent encore.*

CIRCUIT DANS LE STRATHALLAN★ 2

Pour débuter ce court circuit de 30-35 km à travers les collines rurales du Strathallan, quittez Stirling par la M 9 en direction de Perth. Sortez à Dunblane.

Dunblane★

Principalement résidentielle, cette ville traversée par le fleuve Allan se concentre autour de sa belle cathédrale gothique du 13e s., dont l'enclos est un élément rare en Écosse.

Cathédrale★★ – *HS - ✆ (01786) 823 388 - www.historic-scotland.gov.uk - ♿ - avr.-sept. : 9h30-18h30, dim. 14h-18h30, dernière entrée 18h ; oct.-mars : 9h30-12h30, 13h30-16h, dim. 14h-16h - gratuit.* Dunblane est un centre ecclésiastique dès l'époque celtique. L'évêché créé vers 1150 par David Ier s'enorgueillit vite de sa cathédrale, un bel exemple d'architecture gothique du 13e s. Elle est modifiée au 15e s., négligée après la Réforme (sans pillages toutefois), et restaurée plusieurs fois aux 19e et 20e s. Elle a compté au nombre de ses évêques **Robert Leighton** (1611-1684), médiateur éclairé pendant les querelles religieuses du 17e s.

La **tour** (12e s.) contiguë à la nef, à l'extérieur côté sud, remonte à l'édifice celtique primitif ; les étages supérieurs et le parapet sont plus tardifs. Surplombant le fleuve Allan, la magistrale **façade ouest★★** combine un portail profond avec trois hautes lancettes et une petite fenêtre en amande, le tout encadré par deux contreforts.

À l'intérieur, cet édifice, long de 64 m, qui ne comporte pas de transept séduit le visiteur par sa simplicité, sa hauteur et l'élan de ses lignes (que souligne la prédominance de l'arc brisé). Construites après la chapelle de la Vierge, les arcades brisées de la nef à huit travées reposent sur des colonnes fasciculées et sont surmontées d'une double claire-voie. Ce dessin structure la grande baie ouest représentant l'Arbre de Jessé (1906). En dessous, on remarque l'ensemble des **stalles Chisholm** (15e s.) surmontées de dais et sculptées avec force détails. Les miséricordes présentent un grand intérêt. À l'instar de la nef, la voûte en berceau de bois armoriée a été restaurée au 19e s. Autour de la chaire sont sculptées des représentations de saint Blane, qui donna son nom à la ville, du roi David, des évêques Clément et Leighton, et de John Knox ; ceux ornant la clôture représentent des personnages bibliques.

L'édifice s'enorgueillit de son **chœur** très élancé dont la hauteur est accentuée par les lancettes des parties sud et est. À hauteur du grand autel, les **stalles Ochiltree** (début 15e s.) témoignent d'une exécution tout aussi inspirée. Les stalles plus récentes et le buffet d'orgue sont l'œuvre de Robert Lorimer, qui les réalisa lors de la restauration du chœur en 1914. Trois dalles dans le sol indiquent l'emplacement des tombes des sœurs Drummond, qui auraient été empoisonnées en 1501 pour éviter que Jacques IV n'épouse l'aînée, Margaret, de préférence à la sœur d'Henri VIII, Margaret Tudor. On dit que l'effigie de l'enfeu du mur nord est celle de Clément, l'évêque bâtisseur. Voûtée en ogives, la partie la plus ancienne, la **chapelle de la Vierge**, ouvrant sur le côté nord du chœur, présente des clefs de voûte sculptées. Les fenêtres du mémorial, les lambris et le pavement ont été réalisés au 20e s.

L'aspect paisible du jardin a été préservé. Le doyenné (1624) abrite le **musée**, également consacré à la ville – *✆ (01786) 823 440 - www.dunblanemuseum.org.uk - ♿ - mai-oct. : tlj sf dim. 10h30-16h30 - gratuit - parking.* Notez particulièrement les évocations du grand évêque Leighton et des trois évêques Chisholm, ainsi que la belle collection de jetons de communion. Le parc du presbytère comprend un bâtiment de 1687, qui servait de **bibliothèque** personnelle à l'évêque Leighton. De l'angle nord-est s'ouvre une jolie vue sur le côté nord de la cathédrale. Les alentours sont charmants : petites rues agréables, promenades le long de la rivière.

Quittez Dunblane par la A 820, en direction de Doune.

D. Barnes / SCOTTISH VIEWPOINT

Le château de Doune date de la fin du 14e s.

Doune★

Placé stratégiquement sur l'une des principales routes des Central Highlands, ce petit bourg soigné était célèbre pour sa fabrication de pistolets *(voir encadré)*, ainsi que pour ses foires aux bestiaux. Il est aujourd'hui réputé pour son impressionnant château qui a notamment servi de décor au film *Sacré Graal* des Monthy Python.

Les pistolets de Doune

Le village était renommé aux 17e et 18e s. pour sa manufacture de beaux pistolets. À cette époque, les grandes familles d'armuriers étaient les Caddell, les Campbell, les Christie et les Murdoch. Le commerce prit naissance au milieu du 17e s. et pourvoyait principalement les conducteurs de bétail des Highlands. De grande qualité et fabriqués entièrement en métal, les pistolets de Doune se reconnaissaient à leur forme et leur décoration : une crosse à corne de bélier, une culasse à rainure, une gueule évasée et de riches fioritures ; il leur manquait seulement un cran de sécurité. Ils étaient fabriqués par paire, l'un pour la main droite, l'autre pour la main gauche.
L'acte de proscription de 1747, interdisant le port des armes ainsi que celui du costume des Highlands, ruina ce marché traditionnel. Mais la production de masse reprit au début du 19e s., avec le retour du costume des Highlands.

Château★ – *HS - ✆ (01786) 841 742 - www.historic-scotland.gov.uk - avr.-sept. : 9h30-18h30 ; oct. : 9h30-16h30 ; nov.-mars : sam.-merc. 9h30-16h30 - 4 £ (enf. 2 £).*

À l'écart du village, il domine Ardoch Burn et la Teith. Il a été construit à la fin du 14e s. pour **Robert Stewart, duc d'Albany** et régent durant la captivité de Jacques Ier en Angleterre. En 1424, après la restauration de l'autorité royale, le château revient à la Couronne et sert de résidence à plusieurs reines douairières. Il devient ensuite propriété des **comtes de Moray**, branche de la maison Stewart.

Bien qu'à vocation essentiellement guerrière, cette forteresse devait aussi abriter une résidence seigneuriale. Ses appartements et ses magasins sont donc aménagés avec un souci du confort tout à fait inhabituel pour l'époque.
Le point fort du système défensif du château est son d**onjon-corps de garde**. Haut de 30 m, s'élevant sur quatre étages, il est flanqué sur sa droite d'une rangée de bâtiments contenant les grandes salles. Bien protégé, le portail ouvre sur un passage voûté donnant sur une prison, une salle de garde et des caves. Celles-ci et la salle du puits sont pourvues de trappes permettant de hisser les victuailles en cas de siège. Les courtines munies de **chemins de ronde** entourent la cour sur trois côtés, le quatrième étant formé par le donjon-corps de garde, les bâtiments adjacents et la seconde tour.
Un escalier extérieur, bien mieux défendu que le second, mène à la salle du seigneur du premier étage. C'est à partir de l'une des embrasures de la fenêtre que l'on pouvait manœuvrer la herse. À côté de la double cheminée, des marches mènent soit à la chambre personnelle du seigneur, équipée d'une trappe lui permettant éventuellement de s'échapper, soit à la chambre supérieure et aux pièces du donjon. Tout ceci constitue un bloc vraiment autonome et sûr. À partir de la cour intérieure, emprunter le second escalier extérieur pour gagner la grande salle de la suite où les soldats tenaient garnison. Un passage conduit à la grande **cuisine** de la seconde tour, qui comprenait l'appartement royal ou les chambres des hôtes aux étages supérieurs.

Quittez Doune vers le sud par la A 84 pour rejoindre Blair Drummond.

Scotland's Safari Park

✆ (01786) 841 456 - www.blairdrummond.com - du 25 mars au 23 oct. : 10h-17h30 (dernière entrée 1h av. fermeture) - 9,50 £ (enf. 6 £) - aire de pique-nique et de barbecue, restaurant - parking.

Tigres, lions, zèbres, cerfs, singes, girafes et chameaux errent dans cette réserve d'animaux sauvages située dans le parc du château *(privé)* de Blair Drummond. On la parcourt en voiture et à pied. On peut également participer à un safari en bateau jusqu'à l'île des chimpanzés, où se tient un spectacle aquatique.

Rejoignez Stirling par la A 84.

Stirling pratique

Informations utiles

Offices de tourisme – Royal Burgh of Stirling Visitor Centre - *Castle Esplanade - ✆ (01786) 462 517 ou (08707) 200 622 - 9h-20h*. Autre antenne – *41 Dumbarton Road - ✆ (01786) 475 019 ou (08707) 200 620.*

Hôpital - Stirling Royal Infirmary – *✆ (01786) 434 000.*

Police – *✆ (01786) 456 006.*

Laverie - Stirling Superwash – *9 Barnsdale Road - ✆ (01786) 473 540* - Machines en libre service et pressing.

Transports

SE DÉPLACER

Location de voiture :

Enterprise Rent A Car – *32 Kerse Rd - ✆ (01786) 462 666.*

Arnold Clark Car & Van Rental – *Kerse Rd - ✆ (01786) 478 686.*

Taxis :

Albion Taxis – *✆ (01786) 811 111 - www.albiontaxis.com.*

Braehead Taxis – *✆ (01786) 445 544.*

VISITES

City Sightseeing Stirling – *✆ (08707) 200 620.* Tickets dans le bus ou à l'office du tourisme pour un tour de la ville.

Trossachs Trundler – Pour rejoindre les bases de loisirs de Callander et Aberfoyle ou pour un tour à la découverte de la campagne environnante.

Se loger

CENTRE-VILLE

Garfield Guest House – *12 Victoria Square - ✆ (01786) 473 730 - 7 ch. 50-60 £.* Grandes chambres lumineuses chez l'habitant, dans un quartier résidentiel face à la grande pelouse de la place Victoria et à 5 minutes à pied du centre-ville. Plusieurs chambres familiales.

Allan Park Hotel – *20 Allan Park - ✆ (01786) 473 598 - 9 ch. 60-70 £.* Dans une rue au calme, à deux pas du centre-ville, chambres simples et confortables. On apprécie particulièrement la verrière où est servi le petit-déjeuner.

Golden Lion Flagship Hotel – *8-10 King St. - ✆ (01786) 472 755 - www.thegoldenlionstirling.com - 67 ch. 130-150 £.* Le plus ancien hôtel de Stirling, ouvert en 1786, au cœur de la basse ville, dans la zone piétonne et à proximité des commerces, des gares…

The Stirling Highland Hotel – *Spittal St. - ✆ (01786) 272 829 - www.paramount-hotels.co.uk/stirling - 96 ch. 150-225 £.* Logé dans l'ancien collège sur les hauteurs à mi-chemin du château, avec quelques chambres qui jouissent d'une vue superbe sur la ville et la plaine.

HORS CENTRE-VILLE

Castlecroft B&B – *Ballengeich Road - ✆ (01786) 474 933 - www.castlecroft-uk.com - 6 ch. 50-60 £.* Cette adresse est à 20 minutes à pied du centre-ville en contournant la colline. On appréciera sa situation au pied de la falaise où se dresse le château. Les chambres sont confortables et certaines bénéficient d'une agréable petite terrasse. Au nord, la vue s'étend jusqu'aux contreforts des Highlands.

St. Alma Bed & Breakfast – *37 Causewayhead Road, juste après la station Esso - ✆ (01786) 465 795 - 6 ch. 50-60 £.* Dans un quartier résidentiel en direction du monument Wallace et dans une rue qui comporte bon nombre de B&B. Celui-ci se démarque des autres par son petit jardin offrant une vue sur le monument.

Se restaurer

The River House – *Castle Business Park, Caigforth - ✆ (01786) 465 577 - www.riverhouserestaurant.co.uk - 7j./7, 12h-14h30, 17h30-21h30 - 15-22 £.* Dans la zone d'activité moderne de Stirling, restaurant dont la réputation dépasse largement les employés des entreprises à proximité. Il est d'ailleurs recommandé de réserver le soir et le week-end.

The Portcullis – *Castle Wind - ✆ (01786) 472 290 - www.theportcullishotel.com - 7j./7, 12h-14h30, 17h30-21h - 13-25 £.* Steacks Sirloin et poulets des Highlands sont les plats les plus populaires de ce restaurant convivial à proximité du château. Très bon rapport qualité-prix. 4 chambres à l'étage bénéficiant d'une belle vue.

Hermann's – *Mar Place House, Broad St. - ✆ (01786) 450 632 - 7j./7, 12h-14h30, 18h-21h15 - 25-30 £.* Le cuisinier associe saveurs d'Autriche et d'Écosse, en utilisant des produits de grande qualité fournis par les fermes de la région. Les plats ne sont en revanche pas très copieux. Réservation conseillée le soir, en particulier le samedi.

En soirée

The Tolbooth – *Broad St. - ✆ (01786) 274 000 - www.stirling.gov.uk/tolbooth.* Un restaurant italien, un café/bar et un théâtre dans l'ancienne prison entièrement réhabilitée, avec de larges baies vitrées. Petite terrasse au 8e étage avec vue sur toute la ville. Programme varié pour l'amphithéâtre qui accueille principalement danseurs et musiciens.

The Albert Halls – *Albert Place - ✆ (01786) 473 544 - www.stirling.gov.uk/alberthalls.* Une autre adresse pour des concerts et des spectacles plus traditionnels qu'au Tolbooth.

Les Trossachs et le loch Lomond★★★

Parc national des Trossachs et du loch Lomond

CARTE GÉNÉRALE RABAT I BC3 - CARTE MICHELIN REGIONAL 501 G 15
STIRLING

Un loch au nom bien connu des tintinophiles, des montagnes basses couvertes d'arbres qui se reflètent dans les eaux scintillantes de lacs de toutes formes et dimensions : voici ce qui compose le superbe décor du premier parc national écossais. Sa proximité des grandes zones urbaines ainsi que son accès facile en font une région très populaire auprès des Écossais comme des touristes, qui apprécient les multiples activités possibles (vélo, randonnée, canoë, croisières…) dans ses espaces naturels magnifiquement préservés.

A. Wright / SCOTTISH VIEWPOINT

Le loch Lomond, le « roi des lochs ».

Se repérer – Les Trossachs proprement dits sont délimités par la pointe du loch Achray à l'est, le pied du loch Katrine à l'ouest, le mont Ben An (533 m) au nord et le Ben Venue (727 m) au sud. Mais ce terme englobe généralement aujourd'hui une zone plus importante, qui couvre le nouveau Loch Lomond & The Trossachs National Park, jusqu'à l'ouest du Lomond. Située juste au nord de Glasgow, la région est très facile d'accès. La rive ouest du loch Lomond, où se situe le principal Visitor Centre, est longée par la A 82, large et rapide. La région est est uniquement desservie par de petites routes qui rayonnent autour des deux principaux foyers touristiques : Callander et Aberfoyle.

À ne pas manquer – Les nombreux lochs de la région, de tailles et d'aspects tous différents. Les chemins de randonnées du Queen Elizabeth Forest Park. La piste cyclable de la rive nord du loch Katrine.

Organiser son temps – Le week-end, en cas de beau temps, la région est littéralement « envahie » par les habitants de Glasgow en quête d'air pur. Les routes encombrées sont alors peu agréables.

Avec les enfants – L'aquarium du loch Lomond et ses loutres joueuses. La balade à vélo ou en bateau à vapeur le long du loch Katrine.

Pour poursuivre le voyage – Stirling, région de Pitlochry en passant par le loch Tay, Fort William et Oban.

Comprendre

Un peu de toponymie – Le mot Trossachs, issu du gaélique *Na Troiseachan*, signifierait « le lieu de croisement ». C'est là que les bateaux étaient hissés et traînés entre le loch Katrine et le loch Achray. Quant au mot Lomond (le mont, le loch) il signifie « phare »,

« balise ». Un nom approprié pour le plus haut sommet de la région et pour le loch le plus célèbre du pays.

Loch Lomond & The Trossachs National Park – C'est le Parlement écossais qui a décidé de créer ce premier parc national à l'aube du 21e s. Le débat sur la zone à couvrir n'a duré que peu de temps. Le loch Lomond et les Trossachs étant depuis des décennies très fréquentés par les amoureux de la nature, c'est sur cette région que le choix se porte. Il couvre, comme son nom l'indique la région des Trossachs, le loch Lomond et une partie de la péninsule de Cowal (Argyll Forest Park - *voir Glasgow, Circuit de découverte* 1). Dans cette zone, on compte 21 Munros, ces monts de plus de 3 000 pieds (914 m), très prisés des marcheurs. Mais aussi une belle diversité de milieux (moyenne montagne, forêt, lande) où vivent 200 espèces d'oiseaux et 29 espèces de mammifères.

Le parc englobe son « ancêtre », le **Queen Elizabeth Forest Park.** Dès 1794, on exploitait cette zone forestière dans les environs des lochs Ard et Chon ; le tannage, les matériaux de construction et le charbon de bois constituaient les principaux débouchés de cette activité. Puis, en 1928, la Commission forestière acheta des terres au sud du loch Ard, première étape vers la création du parc forestier Queen Elizabeth. Nommé ainsi en 1953, ce parc possède 12 950 ha de plantations sur une surface totale de 17 000 ha.

Informations complémentaires sur *www.scotlandnationalparks.co.uk* et *www.lochlomond-trossachs.org*.

Circuits de découverte

Les circuits qui suivent sont tous volontairement assez courts, pour prendre en compte le temps consacré à la marche. Si vous vous déplacez essentiellement en voiture, plusieurs circuits peuvent bien sûr être effectués en une seule journée.

LE LOCH LOMOND★★ 1

Il n'existe pas de route faisant le tour du loch Lomond. La voie rapide A 82 permet de longer la côte ouest. La côte est, bien plus sauvage, n'est qu'en partie desservie par une étroite route et un chemin de randonnée. À vous de découvrir le loch selon vos priorités.

Bien que moins grandiose que celle des lochs du Ross occidental, la légendaire beauté du « roi des lochs d'Écosse » a souvent été célébrée en vers et en chansons. Ce loch d'eau bleue est encadré de belles montagnes ou bordé de nombreux rivages boisés. Long de 37 km et large de 8 km, sa profondeur maximum est de 200 m. Ses eaux se jettent dans l'estuaire de la Clyde par la rivière Leven, cours d'eau dont il portait le nom jusqu'au 13e s. C'est seulement plus tard qu'il prit le nom du proéminent sommet situé sur son rivage est.

Le paysage rude et montagneux qui encadre l'extrémité nord du lac évolue vers le sud pour adopter une ligne plus pastorale d'îles et de rivages boisés.

Balloch

Les autorités ont décidé de faire de Balloch (« le défilé » en gaélique) le « centre du loch Lomond », ensemble appelé **Loch Lomond Shores**. C'est ici, tout au bout du loch, que l'on a aménagé le Visitor Centre du parc national. C'est de là également que partent les **excursions en bateau.** Ce pôle touristique n'évoque en rien les paysages boisés de la région. On a dessiné ici des parkings immenses, une vaste aire de loisirs, bondée en été. Un long bâtiment en forme de croissant accueille bien sûr restaurants et magasins. Autour, on trouve un parc et diverses attractions.

Visitor Centre (Gateway to Trossachs and Loch Lomond)

(08707) 200 631 - www.tlochlomond-trossachs.org - 9h30-18h - gratuit.

Ce centre, très pratique, permet à la fois de trouver de la documentation sur la zone du parc national et de réserver un logement. On y trouve aussi d'intéressantes expositions sur le loch et sa région.

Loch Lomond Aquarium Sealife

Loch Lomond Shores - (01389) 721 500 - www.sealifeeurope.com - tlj sf Noël - 7,95 £,

Dans un bâtiment cylindrique, ouvert en 2006, un circuit un peu confus permet de découvrir, voire toucher, des poissons colorés, ou de passer dans un tunnel à requin. La partie la plus intéressante est celle consacrée aux loutres et à la faune du loch. C'est aussi une vaste zone de consommation : passage obligatoire par le café, le magasin…

Aire de pique-nique

Sentier forestier

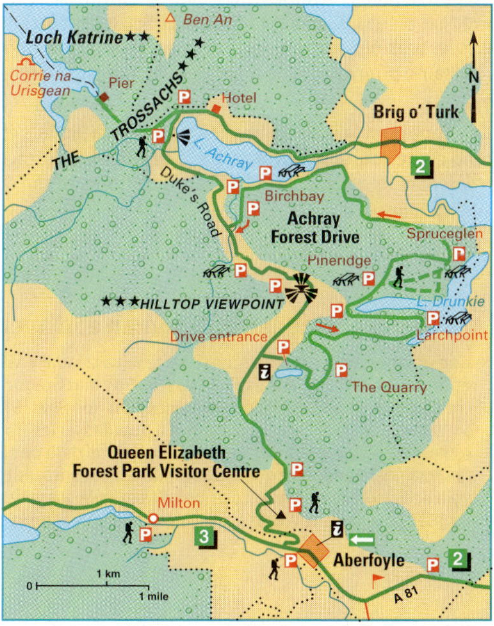

Excursions en bateau

Le meilleur moyen de découvrir les charmes du loch Lomond. Les croisières partent du pont de Balloch et font escale à Luss, Rowardennan, Tarbet et Inversnaid. De Loch Lomond Shores, on peut aussi louer canoës et pédalos pour s'avancer un peu dans le loch *(voir Carnet pratique)*.

Îles et rive est★

Les 37 îles du loch sont pour la plupart privées. Mais certaines peuvent être atteintes en ferry ou dans le cadre de croisères qui partent de différents points (*voir Carnet pratique*). La rive est ne peut être parcourue en voiture que jusqu'à Rowardennan. En revanche, le chemin de randonnée West Highland Way la longe dans sa totalité.

Inchmurrin

C'est la plus grande des 30 îles qui parsèment la partie sud du loch. À sa pointe sud, on découvre les ruines de ce qui fut autrefois une forteresse de la famille Lennox.

Inchcailloch et Balmaha

Cette île constitue une réserve naturelle dans sa totalité.

Un chemin de 3 km permet de la parcourir. Le ferry qui s'y rend part de Balmaha (accès depuis Balloch par la A 811 puis la B 837). Balmaha marque le passage de la faille des Highlands, où les montagnes s'élèvent brusquement des basses terres. De courts chemins de randonnée permettent de parcourir les alentours.

Rowardennan

L'étroite route est du loch (qui part de Balmaha) s'achève à Rowardennan, où l'on trouve aujourd'hui une auberge de jeunesse. Un sentier conduit les promeneurs de la jetée au sommet du Ben Lomond *(voir ci-dessous)*.

Ben Lomond★★

La forme harmonieuse de ce pic de 974 m de haut s'élève au-dessus du rivage est, derrière Rowardennan. C'est le pic le plus méridional des Highland Munros. Du sommet, la vue est superbe par beau temps : le loch, les munros, dont le spectaculaire Ben Arthur (881 m), plus connu sous le nom de « The Cobbler », qui se dresse au loin au niveau de Tarbet.

Pour gravir le Ben Lomond, le chemin de randonnée le plus direct (5-6h AR) part de Rowardennan et grimpe les 960 m de dénivelé. Le tracé est très bien balisé, l'ascension plutôt facile et très fréquentée. Mais il vaut mieux ne pas s'y aventurer par mauvais temps.

Rive ouest

Luss★

Luss est un village charmant de la côte est du loch. Ses cottages fleuris sont construits avec des pierres de couleurs douces. Le lieu est enchanteur mais vraiment bondé en été (les parkings sont plus grands que le village). Les bords du loch constituent une reposante promenade. Ne manquez pas non plus l'intérieur de l'église.

Tarbet

Ce village dont le nom signifie « isthme » en gaélique, s'étend donc logiquement au fond d'une courte vallée assurant le passage vers Arrochar. On dit que les Vikings halèrent leurs galères à travers cet isthme terrestre afin d'affirmer leur souveraineté sur la péninsule.

Une terre de roman et d'aventures

Une grande partie des Trossachs appartenait à la famille MacGregor et se trouve ainsi étroitement associée aux exploits de **Rob Roy MacGregor** (1671-1734), hors-la-loi et chef du clan, que Walter Scott a retracés dans *Rob Roy* (1818).
Sir Walter a aussi largement contribué à populariser les Trossachs grâce à son poème romantique, *La Dame du lac*. Le public avait un tel désir de suivre les pas des personnages imaginaires de Scott que le duc de Montrose construisit **Duke's Road** en 1820, une voie de liaison commençant au nord d'Aberfoyle. Parmi les visiteurs célèbres, citons en 1830 Coleridge et Wordsworth, qui écrivit après son séjour *To a Highland Girl*.

LA BOUCLE CALLANDER - ABERFOYLE★★ 2

Ce circuit de 45 km environ peut bien évidemment être effectué en sens inverse, surtout si l'excursion en bateau à vapeur sur le loch Katrine est votre priorité *(voir p. 356)*.
Sachez que cet itinéraire est suivi par les bus estivaux de la compagnie Trossachs Trundler *(voir carnet pratique)*.

Callander★

Callander est une station estivale active sur les rives de la Teith. La rue unique est très agréable avec de belles maisons, un parc, des boutiques et un Visitor Centre aménagé dans une église. Logements et restaurants sont très nombreux. Située sur l'une des principales routes allant vers l'intérieur des Highlands, la ville a été construite sur les terres de Drummond, confisquées après les révoltes jacobites du 18e s. Son succès n'a pas cessé de croître depuis lors, en grande partie grâce à la proximité des Trossachs dont elle est devenue la porte d'entrée principale.

Un chemin balisé de 7 km (Callander Crahs & Bracklinn Falls) permet de grimper à un point de vue au-dessus de la ville, tout en admirant des chutes d'eau.

The Rob Roy Story

(01877) 330 342 - www.robroyvisitorcentre.com - ♿ - juin-sept. : 10h-18h ; mars-mai et oct. : 10h-17h ; nov.-fév. : 10h-16h (dernière entrée 45mn av. fermeture) - commentaire en français - fermé 1er-2 janv. et 25-26 déc. - 3,85 £ (enf. 2,60 £).

À l'étage supérieur de l'église maintenant transformée en Visitor Centre, une exposition est consacrée à la vie de « Rob Roy » MacGregor (1671-1734). Membre d'une branche du clan Gregor, les Enfants de la brume (Children of the Mist), il fut à l'âge adulte un hors-la-loi notoire, dont les exploits ont été immortalisés par Walter Scott dans son roman *Rob Roy* (1818). Au rez-de-chaussée, vous trouverez une documentation très fournie et des cartes de randonnées.

Quittez Callander par la A 81.

Lake of Menteith

Situé à la limite nord du marais de Flanders, ce charmant lac en bordure des Trossachs offre des points de vue très reposants. Les pêcheurs y viennent nombreux, tout comme les touristes qui désirent visiter le monastère insulaire d'Inchmahome *(voir ci-dessous)*. Vous noterez que l'étendue d'eau est ici officiellement nommée « lake » et nom « loch ». Il est l'un des lieux de rencontre du match national de curling disputé entre le nord et le sud de l'Écosse et organisé par le Royal Caledonian Curling Club.

Inchmahome Priory

HS - ✆ (01877) 385 294 - www.historic-scotland.gov.uk - avr.-sept. : 9h30-18h30 ; oct. : 9h30-16h30 - 4,50 £ (enf. 2,25 £), passage en bateau inclus. Ce monastère est situé sur une île. Dernier départ pour l'ile 1h15 avant la fermeture. Pour attirer l'attention du passeur lorsqu'il est sur l'île, retournez la planche blanche de la jetée. Se renseigner pour les horaires du dernier départ de l'île.

Ces ruines insulaires (milieu du 13e s.) comprennent l'église du prieuré augustin. Le portail ouest à forte voussure ressemble énormément à celui de Dunblane. La salle capitulaire abrite une tombe **à deux gisants★**. Marie Stuart y passa quelque temps avant d'embarquer pour la France.

Longez le lac par la A 81 pour atteindre Aberfoyle.

Aberfoyle

Son nom signifie en gaélique « embouchure de l'étang boueux ». Cela ne doit néanmoins pas vous faire fuir. Simple hameau au temps de Rob Roy, Aberfoyle devint célèbre pour les rendez-vous qu'il y donnait à Nicol Jarvie. C'est aujourd'hui un village-rue animé l'été par les touristes qui affluent à la boutique du **Scottish Wool Centre** – *Off Main St. - ✆ (01877) 382 850 - ♿ - 9h30-17h - site gratuit, démonstrations 2,50 £ sans réserv., 1,50 £ sur réserv. (enf. 80 p.) - restaurant - parking.* Là, outre la vente de produits, un amusant « show ovin », dont les mannequins possèdent tous leurs quatre pattes, conte l'histoire de la laine écossaise.

Plusieurs marches balisées sont possibles depuis Aberfoyle même, vers le loch Ard, le loch Venachar et ses forêts *(cartes à l'office de tourisme).*

Sortez d'Aberfoyle par l'ouest et tournez en direction de Duke's Pass.

David Marshall Lodge (Queen Elizabeth Forest Park) Visitor Centre

✆ (01877) 382 258 - ♿ - mars-déc. - aire de pique-nique, café - parking payant.

Le lieu sert de point d'information pour le parc forestier. La présentation audiovisuelle est une excellente introduction à la visite du parc forestier. Différents **sentiers** sont

Balzer / SCOPE

De larges portions des Trossachs sont couvertes de forêt, comme ici près de Hilltop Viewpoint.

ouverts au public, dont le Fairy Trail contournant Doon Hill : c'est ici que le révérend Robert Kirk fut enlevé par les fées. Dans toute la zone, les sentiers sont très bien indiqués avec des parkings à chaque extrémité. En mai, la zone proche du Visitor Centre est tapissée de jacinthes des bois.

Duke's Pass et Achray Forest Drive

Cette route forestière, ainsi nommée en référence au duc de Montrose, relie Aberfoyle et le loch Achray. Elle offre de beaux paysages forestiers. On aperçoit les traces de carrières d'ardoise, aujourd'hui inexploitées.

De la route partent de belles promenades pour qui désire prendre l'air une demi-journée *(grandes aires de stationnement et de pique-nique, ainsi qu'un choix varié de sentiers)*. On peut ainsi rapidement atteindre le **Hiltop Viewpoint**★★★. Ce poste d'observation offre un magnifique **panorama**★★★ des Trossachs, englobant le Ben Venue, le loch Katrine et son écrin de montagnes, le Ben An, le réservoir de Finglas, le Ben Ledi avec Brig o'Turk à ses pieds, le loch Venachar et, vers l'est, les Menteith Hills. Au premier plan se trouve le loch Drunkie au cœur de la forêt d'Achray.

Si vous ne voulez pas ou ne pouvez pas marcher, vous pouvez découvrir les beautés forestières de la région en faisant un détour par l'**Achray Forest Drive** qui mène au loch Drunkie avant de revenir vers la route principale *(voir schéma p. 353)*.

La route aboutit ensuite au loch Achray, et son château (hôtel) qui se reflète dans ses eaux.

Au fond du loch Achray, suivez les panneaux « Loch Katrine ».

A. Wright / SCOTTISH VIEWPOINT

Croisière sur le loch Katrine à bord du bateau « Sir Walter Scott ».

Loch Katrine★★

En évoquant le loch Katrine (et plus précisément l'île d'Ellen/Eilean Molach) dans son poème dramatique, *La Dame du lac,* Walter Scott a rendu le lieu extrêmement populaire.

Long de 16 km et large de 3,2 km, le loch sert de réservoir pour la ville de Glasgow depuis 1859, date de son inauguration par la reine Victoria. C'est à Glen Gyle, à l'extrémité du loch, que naquit Rob Roy. Factor's Isle (l'île du Régisseur), autre repaire de Rob Roy, est l'endroit où le hors-la-loi retint le régisseur du duc de Montrose, Baillie Nicol Jarvie, pour se venger de l'expulsion de sa famille. Sur les pentes nord-est du Ben Venue, composé de deux pics, se trouvent Corrie na Urisgean (Goblin's Cave ou « la grotte du lutin »), lieu de rencontre traditionnel des lutins écossais, et Bealach nam Bo (Pass of the Cattle ou « la passe des troupeaux »), route très prisée du conducteur de bestiaux Rob Roy lorsqu'il retournait chez lui avec ses troupeaux.

Il est très aisé de découvrir le loch par divers moyens à partir du parking (payant). Le loch devant être entretenu pour approvisionner Glasgow en eau, une belle route★ court le long de sa rive nord, jusqu'à Stronachlachar *(voir circuit 3)*. Longue de 22 km, elle est totalement fermée aux voitures (sauf celles de la maintenance du bassin) et c'est ce qui fait tout son charme.

Vous la parcourez en partie ou en totalité, à pied ou à vélo. Cette dernière activité est très prisée. Vous pouvez louer un vélo *(www.cycling@lochkatrine.com - 10 £ 1/2 j, 14 £ la journée, vélos enfants, petites charrettes)* au parking. Autre possibilité : prendre le bateau avec votre vélo et revenir en pédalant depuis Stronachlachar.

L'autre façon très agréable de découvrir ce célèbre loch est de faire une **excursion en bateau** sur le vapeur *Sir Walter Scott*. Le bateau longe Ellen Island, Factor's Island parfois, et fait demi-tour au milieu du loch ou à Stronachlachar *(voir circuit 3)* selon l'excursion choisie (45mn ou 1h45). De ce dermier hameau, un autre bateau, plus petit et plus commun, effectue lui aussi les croisières (attention, l'attraction est très prisée le dimanche) *(01877) 376 316 - www.lochkatrine.com - juin-août : excursions de 45mn à 13h15, 14h30, 15h45, 17h et excursions de 1h45 (arrêt à Stronachlachar) à 10h30 et 14h30 ; de Pâques à mai et oct. : tlj sf w.-end - confirmer les horaires par téléphone et se renseigner pour les tarifs - café.*

Contes et légendes des Trossachs

Le folklore local comprend des créatures surnaturelles et aquatiques comme le taureau du loch Katrine et le cheval du loch Venachar. Un ministre d'Aberfoyle, le révérend Robert Kirk, répertoria leurs secrets dans *The Secret Commonwealth of Elfs, Fawns and Fairies* (1691), après avoir séjourné longuement avec les fées. Un autre récit se rattache à la première tentative de navigation commerciale sur les eaux du loch Katrine : le vapeur *Water Witch* sombra, dit-on, sous le nombre de lutins et de monstres, et les galères à huit rames des Highlanders purent poursuivre leurs florissants trafics.

Reprenez la A 821 en direction de Callander. Vous laissez derrière vous les 727 m du Ben Venue et passez devant le château-hôtel au bord du loch Achray.

Brig o'Turk

Ce village se disperse entre les lochs Achray et Venachar. Construit à l'entrée du glen Finglas, il est étroitement lié à l'histoire du mouvement préraphaélite. En 1853, le critique d'art John Ruskin, sa femme, Effie Gray, et le peintre préraphaélite John Everett Millais y passèrent des vacances prolongées, qui, si elles donnèrent un portrait du premier par le troisième, furent aussi à l'origine d'un chassé-croisé matrimonial aboutissant au mariage d'Effie avec Millais. Brig o'Turk fut l'un des premiers lieux de prédilection des peintres de l'école de Glasgow. Le *Highland Funeral* (Art Gallery and Museum Kelvingrove à Glasgow) de James Guthrie dépeint un épisode de cette période.

Un chemin balisé de 24 km part de Brig o'Turk, longe le réservoir de Glen Finglas et fait le tour du Meall Cala.

La route longe les rives du **loch Venachar**, long de 6,5 km, puis descend en suivant l'épaulement du **Ben Ledi** (879 m). On peut voir Callander niché au fond de la vallée *(aires de stationnement et de pique-nique)*.

D'ABERFOYLE AU LOCH LOMOND PAR LA B 829★ 3

Cette **route touristique** (un cul-de-sac de 26,5 km) qui s'achève à côté du Inversnaid Hotel sur le loch Lomond, offre une agréable promenade à travers la partie sud-ouest du parc forestier Queen Elizabeth.

Quittez Aberfoyle (voir circuit 2) vers l'ouest par la B 829, une route à une seule voie.

Loch Ard

La route longe la rive nord du loch, dont le nom signifie « haut loch » en gaélique. Il est décrit ainsi par la reine Victoria en 1869 : « *C'est un lac long et beau, entouré d'arbres de toutes espèces qui surplombent la route ; la bruyère rend l'ensemble rose, la fougère, les rochers, les hautes collines de forme si belle et des arbres qui poussent comme en Suisse ; la vue d'ensemble est charmante.* » Le **paysage** n'a rien perdu de son attrait, avec une rive sud parée des arbres de la Loch Ard Forest. La silhouette proéminente de Ben Lomond surgit à l'horizon. La **vue** sur le loch Chon est belle, avec les « Alpes d'Arrochar » en arrière-plan.

Un chemin de randonnée, boucle de 6,5 km, longe une partie de la rive sud du loch. Départ depuis un parking, non loin de la sortie ouest d'Aberfoyle.

La route longe ensuite le **loch Chon**, *plus petit que le précédent. Plus loin, au croisement, la route sur la droite mène à Stronachlachar.*

Stronachlachar

Sur la rive sud du loch Katrine. Le vapeur *Sir Walter Scott* qui sillonne le loch Katrine *(voir circuit 2)* y fait une escale.

De là, une route réservée aux cyclistes et marcheurs longe la rive nord du loch et se termine 22 km plus loin au parking, à l'extrémité est.

Retournez au croisement et continuez tout droit.

Loch Arklet

Réservoir auquel on ne peut accéder. Ce loch artificiel repose au fond d'une vallée glaciaire suspendue. Les ruines situées à droite sont celles de casernes construites au début du 18e s. pour abriter l'armée qui réprima les MacGregor.

Inversnaid

Situé au bord du loch Lomond, l'hôtel surplombe la jetée où s'arrêtent les bateaux de croisière. Le site offre une splendide **vue** sur les montagnes de la rive opposée; on aperçoit, de gauche à droite, le sommet escarpé du **Cobbler**, puis l'A'Chrois, le Beinn Ime (1 011 m), le Chorranach et le Ben Vane, qui semble s'élever hors du loch.
Le **West Highland Way** longe ce rivage-ci du lac, lorsqu'il chemine en direction du nord vers Fort William. Deux petites marches plus courtes (3,5 km maximum) et bien indiquées permettent de sillonner les alentours. L'une longe le loch, l'autre mène à un point de vue.

Tintin et l'Écosse

Le nom du **loch Lomond** est bien connu des Français et de tous ceux qui ont lu Tintin à travers le monde. C'est en effet le nom du whisky que le capitaine Haddock boit sans modération.
Le lien entre l'œuvre d'Hergé et l'Écosse ne s'arrête pas là. L'histoire *L'Île noire*, parue dans les pages du *Petit Vingtième* entre 1936 et 1938, se déroule en grande partie dans ce pays (le Capitaine Haddock et son whisky n'apparaîtront que plus tard). Cet album, maintes fois modifié, mêle de nombreux clichés écossais et faits de société des années 1930. Les falaises, les paysages sauvages, vous transportent dans les Highlands. Milou goûte au whisky. Tintin, habillé en kilt, s'accroche dans les chardons en marchant dans la lande. Il fait une halte dans le bar d'un petit port de pêche comme il en existe encore tant. Il accoste enfin dans une île sombre et inquiétante où habite une « bête » qui terrorise la population. C'est une allusion aux légendes locales et surtout à la toute récente « découverte » du monstre du Loch Ness en 1933. Quant au château qui coiffe l'Île noire, il semble typiquement écossais. Pourtant, Hergé ne se serait pas inspiré d'un édifice local, mais du Vieux Château de l'île d'Yeu en Vendée.
Des sujets en vogue dans les années 1920-1930 enrichissent l'histoire. L'énigme tourne autour de la fausse monnaie, un phénomène qui se développe dans les années 1920. De nombreuses planches sont consacrées à l'aviation (meeting, accidents), une activité très en vogue en Grande-Bretagne à l'époque. On note aussi la présence d'un téléviseur, nouveauté peu connue alors. Enfin, on ne peut s'empêcher de penser que le gorille qui « hante » **l'Île noire**, est un clin d'œil au film *King Kong* (1933) qui marqua cette époque.
à relire : *L'Île noire*, Hergé, Casterman. Pour les enfants : *Les Carnets de route de Tintin - L'Écosse*, J.-L. Mathon et M. Dauber, Casterman. Permet aux enfants de découvrir l'Écosse (histoire, géographie) sur les pas de Tintin.

DE CALLANDER AU LOCH EARN★ 4

Pour débuter cet itinéraire de 68 km, quittez Callander (voir circuit 2) par la A 84 (vers le nord en direction de Strathyre).

Au-delà du village de Kilmahog, les Highlands sont annoncés par le défilé de la Leny.

Falls of Leny

À 5mn de marche du parking de Leny Woods Walk.

Dans cette gorge boisée, les eaux de la Leny tombent en cascade sur les rochers du défilé avant de rejoindre la Teith. Les crues permettent la remontée des saumons jusqu'à leurs frayères dans le loch Lubnaig.

Après le défilé, la vallée s'ouvre, montrant une forme glaciaire caractéristique. Le loch Lubnaig, long de 5,6 km, est dominé sur la gauche par l'imposante masse du **Ben Ledi** (879 m - « mont de dieu » en gaélique). Le **Meall Mor** se dresse juste devant, à l'endroit où le lac s'incurve vers l'ouest. Les plantations de la forêt de Strathyre couvrent les deux flancs de la vallée.

Strathyre

Le hameau de Strathyre, à la tête du loch Lubnaig, est le siège de la commission forestière responsable de ce site.

Suivez toujours la A 84 puis prenez à gauche la direction de Balquhidder.

Balquhidder

Le calme de cette vallée, fief de Rob Roy, est reposant en comparaison de la fièvre de la route principale. Le décor est plus sauvage mais moins spectaculaire. La clôture grillagée, dans le cimetière du hameau, marque la sépulture de « Rob Roy » MacGregor, de sa femme Helen et de deux de ses fils.

Loch Voil

Cette paisible étendue d'eau est dominée au nord par les contours arrondis des Braes of Balquhidder et, plus en arrière, par le Ben More (1 174 m).

Inverlochlarig

Au bout de la route, à environ 2 km du loch Doine, se trouve l'emplacement de la maison où mourut Rob Roy. Il s'y installa, après avoir quitté Glen Gyle, que la proximité de la garnison récemment installée à Inversnaid rendait inconfortable.

Ce site est le point de départ de différentes randonnées dans les collines, avec des chemins menant au nord vers le glen Dochart, le Ben More et, à l'ouest, vers le glen Falloch.

Rebroussez chemin et reprenez la A 84 en direction de Lochearnhead.

Lochearnhead et le loch Earn★★

Ce lieu est la porte d'entrée du loch Earn.

Le **loch Earn**★★, lac typique des Highlands dont le nom signifie « d'Irlande », est cerné de majestueuses montagnes. Ses eaux sont devenues un lieu de rendez-vous prisé pour les sports aquatiques. Les routes longent les deux bords du lac : celle de la rive nord, la principale et la plus rapide, comporte de nombreuses aires de stationnement et des points de vue remarquables sur les sommets élevés du Ben Vorlich au sud ; celle de la rive sud, plus étroite et plus accidentée, comprend également moins d'aires d'arrêt mais vous y serez plus tranquille.

De Lochearnhead, une randonnée de 9 km permet de longer le glen Ogle.

St Fillans

Ce village intéressant situé à l'extrémité est du loch Earn doit probablement son appellation au missionnaire celtique saint Faloan.

Depuis le loch Earn, vous pouvez continuer à l'est vers Crieff *(voir Perth, circuit 2)* et Perth. Ou au nord (depuis Lochearnhead) vers Killin. Ce dernier village est la porte d'entrée sud du superbe loch Tay *(voir Pitlochry, circuit 2)*.

A. Wright / SCOTTISH VIEWPOINT

Sur les rives du loch Earn…

Les Trossachs pratique

Informations utiles

Les offices de tourisme (tourisme en général) et Park Centre (consacrés au parc national) sont très nombreux à travers le parc national.

National Park Gateway Centre – *Loch Lomond Shores, Balloch - ✆ (08707) 200 631 - www.lochlomond-trossachs.org - 9h30-18h.*

Aberfoyle – *Main St. - ✆ (08707) 200 604 - avr.-oct., nov.-mars w. end seult.*

Balmaha – *✆ (01389) 722 100 - Pâques-oct.*

Callander – *Ancaster Square - ✆ (08707) 200 628.*

Luss – *✆ (01389) 722 120 - Pâques-oct.*

Tarbert – *Main St. - ✆ (08707) 200 623 - Pâques-oct.*

Il existe aussi des centres saisonniers à Inveruglas, Drymen, Rowardennan et Killin.

Transports

Voiture – La large A 82 qui relie Glasgow à Fort William dessert toute la partie ouest et sud du loch Lomond. Les Trossachs sont traversés par la petite A 81 qui dessert Aberfoyle et Callander. Cette zone est très facile d'accès depuis Perth et Stirling. Les routes secondaires qui traversent le parc sont parfois très étroites et à sens unique. Mais toutes les attractions, départs de randonnées sont très bien indiqués (avec parking).

Accès en Bus – De Glasgow, les bus de la Scottish Citylink *(www.citylink.co.uk)* desservent toute la rive ouest du loch Lomond (axe Glasgow-Oban ou Fort William). La même compagnie permet de rejoindre Fort William et Édimbourg depuis Callander. Bus de la compagnie First *(www.firstgroup.com)* nombreux (sauf le dimanche) entre Aberfoyle et Stirling. La même compagnie dessert la ligne Stirling-Callander-Killin.

Bus à l'intérieur des Trossachs – Quelques *postbus* desservent les villages : horaires dans les offices de tourisme. De juin à septembre, les bus Trossachs Trundler desservent la boucle Callander, Aberfoyle, loch Katrine (voir circuit 2). Quatre départs par jour. On peut s'arrêter en route et prendre le bus suivant. Les vélos (deux maximum en tout) peuvent être transportés. Compter 6 £. Informations : *✆ (01786) 475 019 - www.travelinescotland.com.*

Trains – La ligne ferroviaire West Highland Line relie Glasgow aux villages de l'ouest du loch Lomond trois fois par jour. Balloch est desservie très fréquemment depuis Glasgow. Infos : *www.scotrail.co.uk*. La gare la plus proche de Callander est celle de Stirling.

Se loger

Bon à savoir – Autour du loch Lomond, les hôtels abondent mais les prix sont élevés. Dans les Trossachs, c'est à Callander que le choix est le plus intéressant et varié. Mais attention, beaucoup d'établissements ferment en hiver. Sachez enfin que les campings sont nombreux autour du loch Lomond. Quel que soit votre budget, en haute saison, les Visitor Centres vous seront d'une grande utilité pour trouver une chambre.

TROSSACHS

Arden House – *Bracklinn Road - Callander - ✆ (08177) 330 235 - www.ardenhouse.org.uk - Ouvert d'avr. à oct.* Belle maison victorienne en bordure du village. Le calme est assuré par les beaux jardins qui entourent la propriété. Confort indéniable et petit-déjeuner généreux.

Creag Ard House B&B – *Milton, près Aberfoyle - ✆ (01877) 382 297 - www.creag-ardhouse.co.uk - mars-oct.* P. Voici une jolie maison victorienne perdue dans la nature des bords du loch Ard. En venant ici vous faites le choix du confort, de l'accueil familial, de l'isolement et du calme.

Roman Camp Country House – *Callander - ✆ (01877) 330 003 - www.roman-camp-hotel.co.uk* - ♿ - P. Quatorze chambres sont aménagées avec goût dans un lodge vieux de cinq siècles et entouré d'un parc. Beaucoup de charme.

LOCH LOMOND

YHA Rowardennan – *Rowardennan - ✆ (0870) 004 1148 - www.syha.org.uk - mars-oct.* Cette auberge de jeunesse aménagée dans une maison de pierre jouit d'un emplacement enviable.

Rowardennan Hotel – *Rowardennan - ✆ (01360) 870 273 - www.rowardenannhotel.com.* Hôtel ancien récemment rénové qui propose 11 chambres « les pieds dans l'eau » du loch.

Inverbeg Inn – *Inverbeg - ✆ (01436) 860 678 - www.inverbeginn.co.uk* - P. Située dans un village un peu au nord de Luss, cette auberge de charme offre à la fois des chambres confortables et un excellent restaurant. La vue sur le loch est évidemment un plus.

De Vere Cameron House Hotel – *Alexandria - Loch Lomond - ✆ (01389) 755 565 - reservations@cameronhouse.co.uk* - ♿ - P. Splendide demeure georgienne dont les chambres luxueuses offrent des vues imprenables sur le loch Lomond. Le restaurant **Georgian Room** offre une cuisine soignée et recherchée dans un cadre fabuleux.

Se restaurer

⊖ **Lade Inn** – *Kilmahog, à la sortie O de Callander - tlj jusqu'à 20h30 - ouv. 12h-21h -* P. Maison blanche un peu à l'écart, où l'on brasse sa propre bière (3 choix). Plusieurs salles, un jardin en été. Couleurs chaudes et atmosphère agréable. Une carte de plats de pubs classiques et bien faits. Et une carte restaurant plus vaste : canard aux légumes caramélisé, truite des Trossachs, etc.

⊖ **Callander Meadows** – *24 Main St. - Callander - ✆ (08177) 330 181 - www.callandermeadows.co.uk.* Deux petites salles au rez-de-chaussée d'une belle maison de la rue principale. Parquet, cheminée, petit bar, vitraux et ambiance bistrot ou salon de thé selon les heures. Menu midi (2 plats) à 7,95 £. Carte de plats plus élaborés, plats du jour. Recettes souvent simples mais bien préparées avec de bons produits locaux. À signaler, une belle carte de bières écossaises.

⊖ **Forth Inn** – *Main St. - Aberfoyle - ✆ (01877) 382 372 - www.forthinn.com - tlj midi et soir -* P. Pub géant dont les salles de bois et de pierres couvrent presque la moitié de la surface du village… Cuisine de pub classique et copieuse. Ambiance agréable autour de billards. La grande salle de restaurant très rustique accueille les fêtes familiales.

Voir aussi plus haut **Inverbeg Inn** et **De Vere Cameron House Hotel** pour leurs restaurants.

Sports et loisirs

RANDONNÉES

D'innombrables **chemins balisés** sillonnent le parc. Marche d'une demi-heure à une journée, facile ou pentue, tout le monde y trouvera son bonheur. Le livret *Walk - The Trossachs* de *Hallewell Pocket Walking Guide* n'est qu'un exemple des nombreux guides vendus dans tous les Visitor Centres. Les marches y sont recensées. Les chemins sont tous faciles d'accès par la route, via des parkings bien indiqués. Dans les circuits que nous décrivons, vous trouverez aussi quelques suggestions.

Pour les amateurs de grandes randonnées, sachez que la **West Highland Way** *(www.west-highland-way.co.uk)* qui relie Glasgow à Fort William, longe la rive est du loch Lomond. L'ascension du **Ben Lomond**, point culminant du parc, peut être effectuée en 5-6 h depuis Rowardennan (voir circuit 1). *www.visitscotland.com/walking.*

VÉLO

Là aussi, les possibilités sont nombreuses. Une piste cyclable bien marquée traverse ainsi les Trossachs, de Balloch à Killin via Aberfoyle ou Callander. La balade la plus populaire est celle qui emprunte la route de la rive nord du **loch Katrine** (voir circuit 2) sur 22 km. Dans chaque pôle touristique des loueurs de vélos vous attendent. Quelques exemples : Wheels Cycle Hire à Callander *(✆ (08177) 331 200 - www.scottish-cycling.co.uk)* ou Trossachs Cycle Hire à Aberfoyle *(✆ (01877) 382 614)*. Au loch Katrine : voir 2. Pour en savoir plus : *www.visitscotland.com/cycling.*

CROISIÈRES

Pour le loch Katrine, voir circuit 2.

Plusieurs compagnies permettent de parcourir le loch Lomond.

Cruise Lomond Ltd – *✆ (01301) 702 356 - www.cruiselochlomondltd.com - tlj entre Tarbet, Inveruglas et Inversnaid - excursions en bateau avec commentaires - bar - 5,50 £.* Départs de Tarbet et nombreux trajets au nord du loch.

Sweeney's Cruises – *Balloch - ✆ (01389) 752 376 - www.sweeneyscruises.com - ♿ - juil.-août : excursions (2h) 13h, 15h et 19h30 - guide en français - se renseigner pour les tarifs.* Croisière d'une heure à deux heures depuis Loch Lomond Shores vers le sud du loch, autour des îles notamment, le long du fameux parcours de golf. Comptez 6 à 8 £.

Macfarlane & Son – *Balmaha - ✆ (01360) 870 214 - www.balmahaboatyard.co.uk.* Depuis ce village de la rive est, location de bateau et ferry vers l'île d'Inchcailloch (voir 1).

ACTIVITÉS NAUTIQUES

Vous trouverez des centres spécialisés à Balloch Loch Lomond Shores (canoës, pédalos, voile sur loch Lomond) auprès de *www.canyouexperience.com* et Lochearnhead (loch Earn).

Achats

Johnson's Fudge Shop – *Main St. - Callander.* Rue principale à côté du Visitor Centre. Spécialiste des fudges (une trentaine de parfums) et autres sucreries.

Scottish Wool Centre – *Aberfoyle - ✆ (01877) 382 850.* Spécialiste de la laine (voir *Aberfoyle*).

Événements

Highland Games – En été, ils ont lieu à Luss (fin juil.), Balloch (mi-juill.), Callander (fin juil.), Killin (déb. août). Dates précises sur *www.visitscotland.com.*

Scottish Open – En juillet, un des tournois de golf les plus réputés du monde, sur les *greens* du Loch Lomond *(www.barclaysscottishopen.co.uk).*

Loch Lomond Folk Festival – À Balloch en juillet.

Tarbet Seafood Festival – Début juillet, la petite ville met les produits de la mer à l'honneur.

Get Active Outdoor Festival – Loch Lomond Shores, Balloch : festival autour des activités de plein air.

Hogmanay Ceilidh – Danses et fêtes celtes de fin d'année (nuit du nouvel an) à Tarbet notamment.

★★★ CAP WRATH
★★ Sandwood Beath
★Durness
Balchrick
L. Inchard
A 838
★Handa Island
927
★Ben Hope
Scourie
★★Ben Loyal
Point of Stoer
B 869
Kylesku (Kerrachar Gardens)
★Lochinver
Loch Assynt ★★
A 838
Loch Shin
A 837
Achiltibuie
★★Loch Broom
A 835
Gruinard Bay
Ullapool★
★★★ INVEREWE GARDENS
A 832
Falls of Measach ★★
Gairloch
★★★ LOCH MAREE
A 835
Loch Fannich
★Victoria Falls
★Fearnmore
★Applecross
A 896
A 890
★Strathpeffer
Bealach na Bo 626
Dolphin and Seals Centre
Plockton★
Urquhart Castle
Eilean Donan★
Drumnadrochit
★★Loch Ness
Glen Shiel
Fort Augustus
B 862
Caledonian Canal
L. Quoich
Loch Oich
Loch Lochy
L. Arkaig
Laggan
Commando memorial
Spean Bridge
Loch Laggan
Neptune's Staircase
A 86
Fort William★
Loch Ericht
Glencoe
A 82
Bidean nam Bian 1141
Gualachulain
Loch Rannoch
GRAMPIAN
GLASGOW
Port of Ness
Barvas
Carloway
Stornoway
LEWIS
THE MINCH
Tarbert
Leverburgh
Harris
Duntulm Castle
Kilt Rock
A 855
Uig
Trumpan
★The Storr 719
A 87
Waterstein
Dunvegan
★Portree
★★SKYE
Kyle of Lochalsh
Talisker Distillery
Broadford
Kyleakin
★★★THE CUILLINS
Kylerhea
Elgol
Sleat
Aird of Sleat
Rhum
Mallaig★
Morrar
★Arisaig
★Glenfinnan
Lochailort
A 830
Loch Shiel
★★Ardnamurchan Point
Sanna★★
Glenmore
Strontian
★★Calgary Bay
Coll
★Tobermory
A 861
Loch Linnhe
Tiree
A 848
Lochaline
A 884
MULL

LE NORD : GRAMPIANS ET HIGHLANDS

Les Hautes-Terres sont une destination à part entière. Elles déclinent à l'infini tous les fantasmes écossais des touristes étrangers : lochs profonds et hantés, landes désolées qui se colorent au printemps, îles venteuses plus ou moins désertes, plages de sable blanc ou rivages torturés, reliefs grandioses, ruines de châteaux au passé guerrier. Qu'ils resplendissent au soleil, disparaissent partiellement dans le brouillard ou luisent sous la pluie, la beauté inquiétante de ces paysages fascine. Et on envie un moment ceux qui s'y accrochent. Bien que moins farouchement indépendants que par le passé, les Highlanders et insulaires cultivent passionnément leurs particularismes. Ils gardent vivaces leurs traditions linguistiques, claniques, musicales et sportives. Et offrent aux visiteurs une hospitalité bien moins légendaire que le monstre du loch Ness !

Aberdeen★★

184 788 HABITANTS
CARTE GÉNÉRALE RABAT I D3 - CARTE MICHELIN REGIONAL 501 N 12
CITY OF ABERDEEN

La « ville de granit » regarde la mer du Nord qui a fait d'elle un port de pêche majeur et la capitale européenne du pétrole. Les harmonieuses rues de son centre sont animées par des hommes d'affaires, des étudiants, des marins, des touristes. Aucun ne se lasse de ses édifices de granit qui disparaissent dans le brouillard ou brillent après la pluie. Mais s'ils veulent échapper aux nuances de gris, ils se réfugient dans l'un des superbes parcs des faubourgs ou longent la plage. La capitale des Grampians est ceinturée par un bucolique et fertile arrière-pays agricole aux reliefs variés. On y a construit des dizaines de châteaux à découvrir sans modération en partant vers le pays du whisky.

- **Se repérer –** Aberdeen s'étend entre la Don et la Dee, deux rivières qui terminent leur course dans la mer du Nord. La ville est très facile d'accès grâce à un aéroport international et à des axes routiers (A 90) et ferroviaires performants. Édimbourg à 200 km, Glasgow à 255 km et Inverness à 175 km sont rapidement atteints.
- **À ne pas manquer** – Les édifices de granit d'Aberdeen. Le parc de Duthie et ses vastes jardins d'hiver. La bucolique et royale vallée de la Dee. Les innombrables châteaux et jardins des Grampians, à choisir selon vos goûts.
- **Organiser son temps** – N'oubliez pas qu'Aberdeen est une ville d'affaires et d'études. Y trouver une chambre en semaine est parfois difficile.
- **Avec les enfants** – Braemar Junior Highland Games, les jardins de Castle Fraser, le Grampian Transport Museum à Alford.
- **Pour poursuivre le voyage** – La côte de l'Aberdeenshire, Dufftown et ses distilleries, Elgin, les Cairngorms.

P. Tomkins / SCOTTISH VIEWPOINT/VISIT SCOTLAND

Des blasons égayent l'austère façade en granit du Marischal College.

Comprendre

La ville actuelle est née de deux villages de pêcheurs distincts, sur les rives de la Dee et de la Don. Au 12e s., Old Aberdeen est le siège d'un évêché où se développe, autour de la cathédrale, une communauté laïque. La cité épiscopale acquiert le statut de bourg au 12e s., et, à la fin du 15e s., l'évêque Elphinstone y fonde une université. Le second bourg grandit autour du château royal (13e s.) et devient un centre actif se consacrant au commerce avec les ports écossais ou des bords de la Baltique. La Réforme ruine Old Aberdeen, alors que la cité commerçante continue de prospérer. Cette dernière fonde sa propre université en 1593, et déborde de ses limites médiévales à la fin du 17e s.

La ville de granit

Le granit du sous-sol du nord-est écossais est naturellement employé comme matériau de construction depuis des siècles. La pierre permet de développer la ville, d'entreprendre de grands travaux pour « rejoindre » la mer et édifier un port. En 1830, la création d'une machine de polissage à vapeur, facilite le travail de la pierre et accélère l'extension de la cité.

À l'instar d'Édimbourg et de Perth, Aberdeen lance son propre plan d'expansion au 19e s. avec l'ouverture de deux axes, Union Street et King Street (1801). L'architecte **Archibald Simpson** (1790-1847), natif de la ville, lui confère l'essentiel de son caractère actuel, grâce à sa maîtrise parfaite du granit local comme matériau de construction. Les bâtiments qu'il édifie sont empreints d'une simplicité et d'une dignité s'harmonisant parfaitement avec la nature de la pierre. Il aligne le long des rues des édifices publics solennels à l'architecture très réussie (Medical Hall, 29 King Street, en 1818-1820 ; Assembly Rooms, aujourd'hui le Music Hall, Union Street, en 1822), ainsi que des constructions privées originales comme l'Athenaeum et la Clydesdale Bank (à l'angle de Union Street et de King Street). On doit également à John Smith, le rival de Simpson, quelques belles réalisations.

Aberdeen devient la **capitale mondiale du granit** et les carrières locales exportent le matériau vers l'Europe et l'Amérique. Si peu à peu les États-Unis freinent les importations et favorisent l'utilisation de l'acier, à Aberdeen, le granit a continué d'être utilisé pour la construction jusque dans les années 1950, ce qui donne au paysage urbain une remarquable homogénéité. Mais rares sont les quartiers plus récents de banlieue qui égalent en harmonie les aménagements de Simpson dans le quartier de Bon Accord.

Aberdeen la maritime

Le développement du port – L'histoire écrite du port d'Aberdeen remonte à 1136. La prospérité de cette ville a toujours été étroitement liée à son port, depuis le premier village de pêcheurs sur la Dee jusqu'au florissant bourg royal médiéval ultérieur, commerçant avec les ports de la Baltique. Même durant la seconde moitié du 18e s., lorsque le commerce se faisait encore par voie maritime, les améliorations portuaires reflétaient le progrès industriel de l'époque. Puis, avec l'expansion de la pêche, Aberdeen devient un centre du chalutage à vapeur. Un autre boum a lieu avec l'exploration et l'exploitation des champs pétrolifères de la mer du Nord dans les années 1970. Aberdeen s'affirme alors comme la **capitale de l'offshore en Europe**. Depuis, un programme de modernisation a accru les possibilités d'accostage du site, amélioré ses installations et sa capacité de manutention, de sorte qu'on peut maintenant décharger des navires contenant jusqu'à 18 000 tonnes.

La pêche – C'est l'une des industries traditionnelles de la ville. La pêche à la baleine (de 1752 aux années 1860) et la pêche au chalut sont parmi les plus anciennes formes de pêche en mer. Résolument tournée vers cette activité avec le « boom du hareng » (1875-1896), Aberdeen reste le premier port d'Écosse pour la pêche aux poissons à chair blanche. Aujourd'hui, sa flotte de pêche internationale est très moderne et possède des équipements élaborés d'aide à la navigation et de localisation des bancs de poisson. Les prises sont vendues aux enchères à l'important marché aux poissons (Fish market) situé sur Market Street. Ce site est dédié au commerce du poisson depuis 1281. En semaine et à partir de 7h30, on peut pénétrer, théoriquement, dans ce bâtiment de 1982 pour apprécier l'activité. Aberdeen approvisionne les industries de transformation, de congélation, de conserverie et de fumage des environs.

La construction navale – La construction navale a toujours été une tradition vivace à Aberdeen, et ce depuis que ses chantiers produisirent baleiniers et chalutiers. Avec l'ère des clippers (années 1850-1860), la ville acquiert une renommée internationale, ses chantiers s'étant spécialisés dans la construction de voiliers rapides. Les légendaires et élégants *Stornoway*, *Chrysolite* et *Thermopylae* permettent à la Grande-Bretagne d'acquérir la suprématie dans le commerce du thé de Chine. Dans les années 1870, quand la voile cède la place

Bon à savoir

Informations sur le port : *www.aberdeen-harbour.co.uk*.
Pour apprécier l'étendue du port, si vous avez un véhicule, nous vous conseillons de vous rendre à **Torry Point Battery**, pointe au sud de la ville, de l'autre côté de la Dee. Pour compléter votre connaissance, visitez le Musée maritime (promenade 1), le marché aux poissons ou encore Footdee (voir encadré *Footdee et la plage p. 372*).

à la vapeur, la construction navale reste une activité importante (chalutiers, remorqueurs, dragueurs), qui contribue encore à l'activité économique de la ville, bien qu'elle se soit tournée vers l'industrie pétrolière. Cette activité entraîne d'ailleurs la construction de garde-pêche et de pétroliers.

Le pétrole – Bien que le pétrole ne soit pas déchargé à Aberdeen, les industries qui sont liées à cette matière première comptent pour moitié dans les ressources de la ville. En tant que base principale de soutien maritime en Europe, Aberdeen a attiré les grandes compagnies pétrolières (Amoco, BP, Occidental, Marathon, Chevron, Shell, Texaco et Total), possédant leurs propres bases privées et trois autres bases partagées par d'autres compagnies pétrolières. Mais les réserves s'épuisent vite et la ville pense déjà à sa reconversion. Profitant de son aura actuelle, elle a attiré des entreprises de construction, d'équipements, des industries d'approvisionnement et d'autres infrastructures spécialisées dans les services, le commerce et le secteur médical.

La ville fleurie

Connue comme la « fleur de l'Écosse », la cité a remporté plusieurs fois le concours de la « Grande-Bretagne en fleurs » ; aussi les parcs et jardins d'Aberdeen méritent-ils amplement une mention. Prenez le temps d'en visiter au moins un.
Les **Union Terrace Gardens** (le long d'Union Street) avec leurs célèbres compositions florales, dont celle des armoiries d'Aberdeen, sont les seuls à se situer en centre-ville (voir promenade 1).
Votre priorité doit être **Duthie Park★★.** On y visite les **jardins d'Hiver** (Winter Gardens), ouverts en 1883. Ils sont parmi les plus vastes d'Europe et présentent des cactus, des plantes de l'hémisphère Sud, un jardin japonais. Le parc compte aussi une colline de roses, magnifique en période de floraison. Visite : *Polmuir St. à 1,5 km au sud du centre-ville - bus 16 ou 17 depuis Union St. - gratuit.*
Le parc de **Hazlehead,** à l'ouest de la ville, est connu pour ses roses, rhododendrons et son labyrinthe.
Les délicieux **Johnston Gardens** couvrent un hectare sur Viewfield Road.
N'oubliez pas le jardin victorien du **Gordon Highlanders Museum** (*Viewfield Road - www.gordonhighlanders.com - avr.-oct. : tlj sf lun. - bus 14 depuis Union St.*) où flore et histoire se mêlent.
Les **jardins botaniques Cruickshank** de l'université et Seaton Park se situent eux à Old Aberdeen (voir promenade 2).

Se promener

LE CENTRE VILLE★ 1

L'itinéraire débute à **Market Street**, rue qui relie le centre de la ville à son port. On distingue les bateaux qui se balancent, le marché aux poissons. Juste à l'écart de cet axe symbolique, sur Shiprow, se trouve le Maritime Museum.

Maritime Museum★ Plan II

Maison du prévôt Ross, dans Shiprow - ✆ (01224) 337 700 - www.aberdeencity.gov.uk - ♿ - 10h-17h, dim. 12h-15h - fermé 1er-2 janv. et 25-26 déc. - gratuit.

Le **musée de la Marine** occupe deux maisons du 16e s. bordant Shiprow, l'une des sinueuses rues médiévales remontant du port. La maison du prévôt Ross fut tour à tour propriété de riches marchands, de prévôts et d'aristocrates terriens. Le musée exploite le charme médiéval de ces bâtisses, reliées par des aménagements modernes qui permettent, entre autres, de contempler le port. Des équipements interactifs y complètent des présentations de maquettes de navires, de tableaux et d'objets associées à l'histoire de la pêche, de la navigation et des industries pétrolières.

Rez-de-chaussée – Une maquette de la plate-forme pétrolière Murchison domine le hall d'entrée. On la découvre petit à petit en grimpant les étages : installation, exploitation, mensurations…

Premier étage – Présentation de la mer du Nord (milieu naturel, géologie), des techniques de pointe de l'exploitation sous-marine. Des galeries illustrent l'évolution du port, depuis la création du quai nord par John Smeaton (1781) au port pétrolier actuel, en passant par les différentes périodes d'expansion de la pêche (pêche au hareng et chasse à la baleine). On peut admirer des maquettes de bateaux qui existaient avant l'ère de la vapeur, du type *Zulu*, *Fifie* et *Scaffie*.

Deuxième étage – On y retrace l'histoire de la construction navale depuis les premiers bateaux à voiles. Dans les années 1850, la ville était renommée pour ses voiliers rapides, les clippers. Ces navires à coque fine, comme la *Chrysolite* et le *Cairngorm*, filaient à toute allure vers l'Australie et l'Extrême-Orient. Le *Stornoway* était le premier d'une génération de clippers bâtis spécialement pour transporter le thé. Mais le règne de ces bâtiments construits avec du bois et du fer s'achève dès les années 1860, avec l'avènement des bateaux entièrement de fer. Une galerie consacrée à l'industrie du pétrole évoque de façon vivante le chapitre le plus récent de la saga du port et présente les techniques de pointe utilisées dans la recherche et la production au large.

Troisième étage – L'exposition donne une parfaite idée des contraintes humaines et techniques connues sur les plates-formes de haute mer. L'authenticité de la maquette de la plate-forme Murchison est telle que la compagnie se réserve le droit de l'utiliser à tout moment pour effectuer des simulations en cas d'urgence. De cet étage, on dispose de belles vues sur le port, dont l'activité peut être suivie depuis un centre de contrôle au moyen d'un radar, d'un circuit télévisé intérieur et de présentations informatisées.

Remontez Shiprow pour atteindre Union St. Prenez à droite.

Castlegate Plan II

Le « gait », ou chemin, vers le château de Castle Hill (marqué par deux bâtiments élevés situés derrière la citadelle de l'Armée du Salut - 1896) servait de place du marché au Moyen Âge. Près de la zone pavée appelée les « plainstones », vous verrez la fontaine de Mannie (1706), réminiscence du premier système d'adduction d'eau d'Aberdeen. Au centre de la place se dresse une splendide **croix de marché★★ (Mercat Cross)** datant

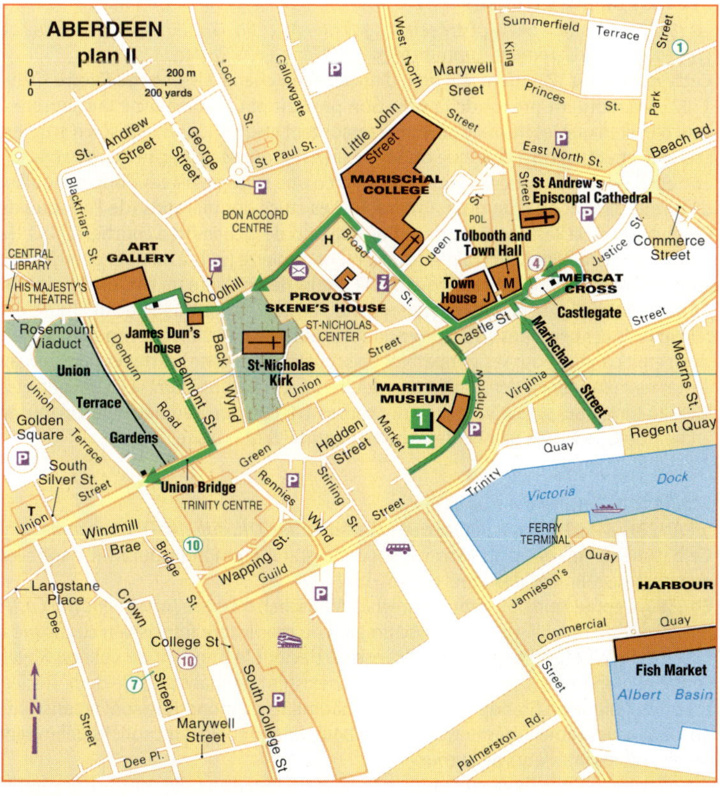

SE LOGER

Burnett's Guest House 1
Highland Hotel 7
Travelodge 10

SE RESTAURER

La Lombarda 4
Royal Thaï 10

de 1686. Elle s'élève au-dessus d'une structure de six arcades et est « illuminée » par une licorne blanche. Une frise l'entoure, composée de panneaux ovales contenant dix portraits de la famille royale des Stuarts, depuis Jacques Ier jusqu'à Jacques VII. La série s'achève par les armoiries royales et celles d'Aberdeen.
Avant de poursuivre la visite de Castlegate, faites un aller-retour sur **Marischal Street**. Cette rue qui mène au port, tracée en 1767-1768 sur l'emplacement de l'ancienne demeure des comtes Marischal, est la première à avoir été pavée (en granit bien sûr). Toutes les maisons qui la bordent sont bâties sur le même modèle : trois étages et un grenier. Vous remarquerez néanmoins une exception, le bâtiment élégant de la James Burns' Banking Company (1801).

Revenez à Castlegate, côté nord.

L'impressionnante silhouette de l'**hôtel de ville** (Town House) du 19e s. domine la place. Ce bâtiment massif, tout en tours et arcades traduit l'opulence de la cité. Il inclut la tour médiévale du **tolbooth** du 17e s. Elle abrite une exposition liée au thème de l'emprisonnement qui rappelle l'ancien rôle du lieu – *✆ (01224) 621 167 - www.aberdeencity.gov.uk - 11 juil.-10 sept. : tlj sf lun. 10h-16h, dim. 12h30-15h30 - possibilité de visite guidée sur demande - gratuit*. Au pied du tolbooth commence la très longue **King Street**. On est d'emblée frappé par l'homogénéité des divers édifices qui la bordent, résultat d'une collaboration entre John Smith et Archibald Simpson. On y voit notamment la **cathédrale épiscopale St Andrew.** À l'intérieur, une représentation symbolique de 48 États américains rappelle le lien de cette église avec le Nouveau Monde.

Reprenez Union St. en sens inverse et tournez à Broad St. Suivez les indications qui vous font passer derrière un immeuble administratif des années 1970 assez laid.

Provost Skene's House★ Plan II

✆ (01224) 641 086 - www.aberdeencity.gov.uk - ♿ - 10h-17h, 13h-16h - possibilité de visite guidée sur demande - gratuit - fermé 1er-2 janv. et 25-26 déc.
Cette maison du 17e s. tient son nom d'un riche marchand, **sir George Skene** (1619-1707), un moment prévôt de la ville. Son portrait par Medina orne la chambre à coucher. Bien que les titres de propriété remontent jusqu'à 1545, la maison n'acquiert son aspect actuel qu'à l'époque où Skene en est propriétaire. Après la restauration entreprise dans les années cinquante, on crée une suite de pièces dont le mobilier d'époque témoigne d'un goût admirable. Les stucs des plafonds (de l'époque de Cromwell et de la Restauration), de même que ceux de la chambre à coucher (17e s.), les lambris de style Régence (1732) et le pavement de pierre (salle à manger georgienne) sont d'origine. Tout à fait remarquable, la **chapelle** présente un **plafond peint★★** du 16e s. Ce type de décoration était répandu en Écosse entre 1580 et 1630. Le sujet religieux de ces peintures en fait un ensemble unique, surtout lorsque l'on sait qu'Aberdeen était connue pour ses sympathies épiscopales. Des scènes extraites du Nouveau Testament (l'Annonciation, l'Adoration des bergers, la Résurrection, la Crucifixion et la Mise au tombeau) s'inscrivent dans des cadres à décoration géométrique. Un musée archéologique et une galerie de costumes complètent la visite.

Revenez sur Broad St.

Marischal College★ Plan II

✆ (01224) 274 301 - www.abdn.ac.uk - tlj sf sam. 10h-17h, dim. 14h-17h - gratuit.
Ce bâtiment, l'un des plus vastes édifices de granit du monde, aurait-il inspiré les architectes staliniens des tours de Moscou ?
En 1593, George Keith, 5e comte-maréchal (Marischal) d'Écosse *(voir Dunnottar Castle p. 470)*, fonde un collège dans les bâtiments du monastère franciscain confisqué à la suite de la Réforme. Le collège Marischal devient le pendant du collège Royal, son aîné d'un siècle. Les deux universités coexistent pendant plus de deux siècles, situation unique en Grande-Bretagne. Les bâtiments du monastère sont reconstruits en 1740, puis réaménagés entre 1837 et 1844 par Archibald Simpson. Ils délimitent les trois côtés intérieurs de la cour.
Après la fusion des deux collèges en 1860, une donation faite en 1891 permet la construction de la tour Mitchell (70 m) et de la salle Mitchell, utilisée aujourd'hui à l'occasion des examens et des remises de diplômes. Les maisons bordant le côté nord-est de Broad Street sont détruites et remplacées par la façade (controversée) actuelle (1905) qui incorpore l'église des Franciscains.
Précédé par un splendide escalier, le **musée Marischal** se trouve au fond de la cour. Les présentations relatives à la préhistoire et à l'histoire du nord-est de l'Écosse sont complétées par les belles et variées collections ethnographiques de l'université,

proposées pour dissiper toute trace d'eurocentrisme. Sont également évoqués les objectifs, la personnalité et les travaux des collectionneurs eux-mêmes ; il faut signaler, entre autres, une présentation de Robert Wilson de Banff (1787-1871), devenu à la fin de ses jours un véritable pilier de la société locale. Il se démarquait par son penchant pour les pantoufles et culottes bouffantes turques, acquises durant ses pérégrinations au fin fond de l'Empire ottoman.

Empruntez ensuite Upper Kirkgate et Schoolhill qui passent entre les deux centres commerciaux géants du centre-ville.

St Nicholas'Kirk Plan II

☎ (01224) 643 494 - www.kirk-of-st-nicholas.org.uk - ♿ - mai-sept. : tlj sf dim. 12h-16h, sam. 13h-15h ; reste de l'année : sur demande.

Les arbres de son cimetière, qui donne sur Schoolhill et Union Street, reposent les yeux fatigués par le gris uniforme du granit. Jadis vaste, cette église du Moyen Âge est partagée en deux lors de la Réforme. Le transept (15e s.) sert aujourd'hui de vestibule et abrite dans son bras sud les gisants des Irvine de Drum Castle. La **chapelle St-Jean** célèbre la part prise par l'industrie pétrolière dans la vie de la cité à travers des vitraux et du mobilier contemporains. L'effigie du prévôt Davidson, qui tomba à Harlaw, occupe l'extrémité nord du transept appelé Collison Aisle.

West Church – L'église est reconstruite vers 1752 par **James Gibbs** (1682-1754), architecte natif d'Aberdeen auquel on doit aussi St Martin-in-the-Fields, à Londres. Cette contribution à sa ville natale est sa dernière grande commande religieuse. L'intérieur contient des bancs de chêne sombre et des tribunes dont une splendide « galerie du conseil » (Council Loft) couverte d'un dais.

East Church – Édifiée de 1835 à 1837 par Archibald Simpson, cette église est restaurée par William Smith après un incendie en 1875. Des marches mènent à la **chapelle Ste-Marie**, restaurée au 15e s., époque qui voit la réalisation du transept. La clef de voûte centrale illustre la légende de saint Nicolas. La flèche gothique (1876) possède un carillon de 48 cloches (concerts).
Depuis quelques année l'église fait l'objet de fouilles archéologiques qui ont permis de mettre au jour plusieurs centaines de squelettes et les restes d'une église du 6e s., la plus ancienne du pays.

Revenez sur Schoolhill. Vous passez devant **James Dun's House**, une maison de la fin du 18e s. qui tire son nom de son constructeur, James Dun (1708-1789), recteur du proche lycée aujourd'hui disparu où étudia Byron.

Art Gallery★★ Plan II

School Hill - ☎ (01224) 523 700 - www.aagm.co.uk - ♿ (appeler au préalable) - 10h-17h, dim. 14h-17h - possibilité de visite guidée sur demande - fermé 1er-2 janv. et 25-26 déc. - gratuit.

Cette collection, abritée dans un édifice de granit gris et rose signé A.M. Mackenzie, met particulièrement l'accent sur l'art contemporain. La cour et les salles adjacentes contiennent les sculptures de grand format ; d'autres œuvres sont exposées dans les salles du premier étage. Vous remarquerez la variété des techniques et des matériaux utilisés par les sculpteurs étrangers (Degas, Rodin et Zadkine) et les artistes britanniques (Hepworth, Moore et Butler).
La section peinture du premier étage propose une **collection écossaise** assez exhaustive. **William McTaggart** (1835-1910) représente une période charnière, par sa quête du réalisme et sa rupture avec la grandeur des romantiques et le sentimentalisme commercial des artistes de genre. Inspirées par la nature, ses œuvres sont remarquables par leur clarté et leur vitalité, qualités qui culminent dans ce style « impressionniste » proprement personnel (*A Ground Swell*). Vous verrez également des toiles d'un autre peintre natif d'Aberdeen, le ver-

P. Tomkins / SCOTTISH VIEWPOINT/VISIT SCOTLAND

Sculpture contemporaine dans la cour.

satile William Dyce (1806-1864). Ses *Ferryman* et *Titian's First Essay in Colour* sont les toutes premières compositions où le paysage passe au second plan d'intérêt. Son sens du détail et son attrait pour le naturalisme transparaissent remarquablement dans *A Scene in Arran*, où les personnages sont réduits à un rôle mineur, alors que le traitement du paysage annonce les préraphaélites.

La **collection Macdonald★★** compte 92 portraits, pour la plupart des autoportraits, exécutés par des artistes britanniques. Cette série unique, qui résume de façon significative l'art du 19e s., comprend un portrait du mécène Alexander Macdonald. On présente quelques portraitistes écossais parmi les plus anciens, dont un *Autoportrait* de **George Jamesone** (1588-1644), d'Aberdeen même, *Mrs Janet Shairp* par Allan Ramsay (1713-1784), qui excellait dans les portraits de femmes, ainsi que des toiles de Raeburn (1756-1823), portraitiste et peintre du roi George IV.

Une sélection d'impressionnistes français, un éventail de gravures et d'aquarelles d'artistes britanniques composent la collection d'œuvres étrangères du 19e s. La peinture britannique du 20e s. comprend des œuvres de Paul Nash, Stanley Spencer, Ben Nicholson, du coloriste écossais Peploe, de William MacTaggart et de Joan Eardley.

Revenez vers Union St. par **Belmont Street***, au cœur d'un petit quartier animé par de nombreux bars et restaurants. Longez Union St. en partant à votre droite, traversez le pont* **(Union Bridge)** *et ses statues de félins (voir encadré). Le pont offre une vue sur les clochers de la ville et domine* **Union Terrace Garden** *où veillent des statues de personnalités : Albert le Prince Consort, Robert Burns, le roi Edward VII.*

Si vous désirez continuer la visite de la ville de granit, suivez Union Street. Prenez **South Silver Street** pour rejoindre Golden Square, **St Mary Catholic Cathedral** et le quartier de **West End**. Sur « l'autre rive » d'Union Street, s'étend l'élégant quartier de **Bon Accord**. Autour de Bon Accord Square et Bon Accord Crescent s'élèvent de belles demeures georgiennes construites par A. Simpson. Tout le quartier montre les diverses utilisations possibles du granit selon les époques et les styles.

Kelly's Cat

Les statues félines d'Union Street Bridge sont connues de tous les habitants. Œuvres de **William Kelly** (1861-1944), elles font partie des figures de la cité à tel point qu'un bel hommage leur a été rendu en 2005. Une centaine de répliques ont été confiées à plusieurs artistes pour qu'ils les décorent à leur goût et les exposent à travers la ville. Ce type de manifestation est désormais courant. Des vaches ont ainsi embelli temporairement Paris, Prague, Bucarest (et bien d'autres). Bruxelles a exposé des chevaux et Dubaï des dromadaires.

OLD ABERDEEN★★ 2

Le vieil Aberdeen obtient sa charte municipale en 1489 sous patronage épiscopal, et conserve son identité de bourg indépendant jusqu'en 1891. Aujourd'hui, le quartier qui s'étend de la chapelle du collège royal jusqu'à la cathédrale St-Machar fait partie d'une zone classée où l'on a su préserver le caractère de l'ancien bourg. Le lieu diffère totalement du centre-ville. Les rues médiévales – College Bounds, High Street, Don Street et The Chanonry – sont désormais bordées d'une variété de cottages, à un ou deux niveaux, et de manoirs plus imposants. L'ensemble forme un mélange particulièrement heureux.

King's College Chapel Plan I

Cette belle chapelle située dans l'enceinte de l'université fondée en 1495 par l'**évêque Elphinstone** (1431-1514) en est le seul bâtiment d'origine. De style gothique flamboyant (1500-1505) elle est célèbre pour son **lanternon★★★** Renaissance en forme de couronne, restauré au 17e s. à la suite d'une tempête. Le **monument** de bronze face à la chapelle est un hommage du 19e s. au fondateur. Les armoiries peintes sur les contreforts de la façade ouest sont celles du souverain Jacques IV, de la reine Margaret Tudor, du fondateur, l'évêque Elphinstone, et du bâtard royal, Archibald of St Andrews. L'intérieur abrite un ensemble extrêmement rare de **sculptures médiévales★★★** richement ouvragées : un jubé, des stalles surmontées de dais, une chaire et un lutrin. La tombe, toute simple, en marbre de Tournai est celle du fondateur ; la plaque est dédiée au premier recteur, Hector Boece (vers 1465-1536). À l'angle nord-est de la cour, la tour carrée dite tour Cromwell, élevée en 1658, servait à l'origine à loger les étudiants. Le Visitor Centre abrite une petite exposition sur l'université et la vieille ville – *☏ (01224) 272 137 - www.abdn.ac.uk/chaplaincy - tlj sf w.-end 8h-15h45 - accès à la chapelle par porte dans la cour carrée.*

Remontez High St. vers Old Town House. En chemin, vous passez devant de belles demeures du 17ᵉ s. Ainsi le nº 81 ou la Wrights' and Coopers' Place.

Old Town House Plan I

Cet ancien hôtel de ville, aujourd'hui annexe de la bibliothèque, est un bel édifice georgien du 18ᵉ s. qui enjambe High Street. L'écu du vieil Aberdeen au-dessus de la porte provient d'un édifice antérieur.

The Chanonry Plan I

Le tracé de cette enceinte jadis murée est toujours visible. Plusieurs résidences y étaient rassemblées : le palais de l'évêque, les presbytères des chanoines séculiers, les habitations des chapelains chantant dans la chorale. Sur la gauche, les **jardins botaniques Cruickshank** relèvent de l'université et présentent diverses espèces d'arbres, fleurs, plantes exotiques – *✆ (01224) 272 704 - mai-sept. : 9h-16h30, w.-end. 14h-17h ; reste de l'année : tlj sf w.-end 9h-16h30 - gratuit.*

Avant d'arriver à la cathédrale, vous passez devant Mitchell Hospital, construit en 1881.

St Machar's Cathedral★★ Plan I

✆ (01224) 485 988 - www.stmachar.com - ♿ - 9h-17h (hiver 16h) - brochure (6 langues) - gratuit.

Les flèches jumelles de St-Machar ont longtemps constitué un important point de repère du vieil Aberdeen. Son style si particulier, très écossais, est un hymne à la nature architectonique du granit. L'édifice actuel, qui date des 14ᵉ et 15ᵉ s., domine les terres alluviales de la Don. Selon la légende, le sanctuaire celtique (vers 580) fut fondé par saint Machar légèrement plus à l'ouest afin de dominer la courbe que dessine la Don,

conformément aux recommandations de saint Columba. Lorsqu'en 1131 l'évêché est transféré de Mortlach (l'actuelle Dufftown) à St-Machar, on entreprend un programme de reconstruction. La cathédrale que nous connaissons aujourd'hui correspond à la nef achevée au 15e s.

Extérieur – Élément le plus caractéristique de la cathédrale, la **façade ouest★★★** frappe immédiatement par son austérité et par la force de son tracé inhabituel. Les tours, crénelées et soutenues par des contreforts, couronnées de flèches effilées taillées dans le granit, flanquent le majestueux vitrail. L'ensemble n'a reçu aucun décor.

Contournez le porche sud *(entrée)* vers l'extrémité est. L'église a été tronquée à hauteur de la croisée du transept, lorsque le chœur fut démoli pendant la Réforme, puis réduite encore en 1688 quand la tour centrale et la flèche s'effondrèrent, détruisant le transept. Les **tombes** de deux des évêques bâtisseurs se trouvent, l'une au bras nord du transept, à savoir celle de l'évêque Henry Leighton (1422-1440) dont l'effigie est visible à l'intérieur de la cathédrale, l'autre au bras sud, aujourd'hui protégée de verre, celle de l'évêque Gavin Dunbar (1518-1532).

Footdee (Fittie) et la plage

Aberdeen possède sans doute la plus longue et belle plage urbaine de Grande-Bretagne. Elle débute à **Footdee** (ou Fittie – *accès à pied par Waterloo Quay ou bus 14 ou 15 depuis Union St. – voir plan I*), petit village de pêcheurs dessiné par John Smith en 1808. Le quartier entouré par les installations portuaires occupe la pointe qui ferme le port. Ici, les maisons refusent de regarder vers la mer, pour ne pas attirer le diable qui y habite et les menace lors des tempêtes.

De là s'étend vers le nord une belle et longue plage. On s'y baigne peu, bien sûr, mais la ligne de sable est un axe de détente et de loisirs apprécié en toute saison et bondé en été. Divers parcs de loisirs, restaurants, un golf, le stade de football des héros d'une campagne européenne des années 1980, occupent The Esplanade. Au-delà du Don commence la réserve naturelle de Donmouth.

Intérieur – *Pour examiner le plafond aux armoiries, vous pouvez vous munir de jumelles. Entrez par le porche sud.* Un intérieur simple et grandiose sert de cadre au **plafond aux armoiries★★★** (16e s.), attribué à l'évêque Gavin Dunbar. Ce plafond à caissons, en chêne, est garni de 48 blasons aux coloris éclatants, disposés d'est en ouest en trois rangées de 16 écus. Unique et habilement conçu, il illustre l'Europe vers 1520 et affirme avec force le nationalisme écossais. L'axe central, consacré à la sainte Église considérée comme force unificatrice de l'Europe, débute par les armes du pape Léon X, suivies par d'autres armoiries ecclésiastiques. L'absence de York et de Trondheim souligne le refus de se soumettre à ces évêchés. À droite, le roi des Écossais (couronne fermée) et ses nobles ; à gauche, emmenés par le Saint Empereur romain, figurent les autres rois de la chrétienté. Le roi d'Angleterre vient en quatrième position, après les souverains de France, alliés traditionnels de l'Écosse, et d'Espagne ! Les vitraux sont du 19e et du 20e s. Remarquez le vitrail ouest à l'arc polylobé et le vitrail des évêques (le troisième à partir du chevet du bas-côté sud) qui datent de 1913 et représentent les trois grands évêques bâtisseurs ; il s'agit d'une des premières œuvres de Douglas Strachan.

Pour rejoindre Brig o'Balgownie, prenez Don St. ou bien traversez **Seaton Park** *en longeant le Don River vers le nord (Brig o'Balgownie est fléché). Dans ce dernier, vous verrez notamment le* **Tyllidrone Motte**, *petit relief témoin d'un site défensif du 2e s. apr. J.-C. et sans doute d'une tombe préhistorique.*

Brig o'Balgownie★ Hors plan I

Ce pont du début du 14e s., l'une des constructions médiévales les plus importantes d'Aberdeen, enjambe la Don. À travée unique, son arche est gothique. Il présente un créneau de défense à son extrémité sud. Les accès sont pavés en cailloutis. Plus en aval se trouve le **pont sur la Don** bâti par John Smith, le premier architecte de la ville, et modifié par Thomas Telford (1827-1830). Le financement de cet ouvrage fut assuré par les fonds collectés au 17e s. pour l'entretien de son illustre voisin.

Circuits de découverte

LA VALLÉE DE LA DEE★★ 1

Circuit de 102 km (compter au moins une journée) d'Aberdeen à Linn O'Dee.

La **Dee**, splendide rivière riche en saumons, prend sa source à 1 219 m d'altitude, sur le plateau de Cairngorm aux Wells of Dee. Elle coule à travers le Lairig Ghru en direction de l'est et se jette dans la mer à Aberdeen. Grâce à ses nombreux châteaux splendides et aux visites répétées de la famille royale, qui lui ont valu le surnom de « vallée royale de la Dee », cette vallée est populaire et très animée en été. Il existe beaucoup de possibilités d'explorer les collines et les vallées environnantes. Mais il faut se renseigner et s'équiper convenablement avant de se mettre en route.

Quittez Aberdeen par la A 93. Avant d'atteindre la campagne, vous traversez les faubourgs ouest de Cults, Bieldside, Milltimber et Peterculter.

Drum Castle

✆ (01330) 811 204 - www.drum-castle.org.uk - ♿ - du Vend. saint à fin sept. : 12h30-17h - roseraie : avr.-sept. : 10h-18h ; reste de l'année : 9h30-coucher du soleil - 8 £ (jardin et parc 2,50 £) - dépliant (8 langues) - aire de pique-nique, salon de thé - parking (2 £).

Robert Bruce accorda les terres à son écuyer William de Irwin, dont la famille occupa le château jusqu'en 1976, soit durant 21 générations. Dès qu'on le découvre, on est frappé par le mélange des formes (tour massive aux angles arrondis, toits pointus) et des styles (médiéval, jacobite, victorien) des différents bâtiments. Sa hauteur et son volume constituent les défenses principales de la massive **tour** rectangulaire du 13e s. Cette dernière possède des murs d'une épaisseur variant de 3,65 m à la base à 1,82 m près du parapet. Les escaliers extérieurs mènent au premier étage, divisé en trois chambres voûtées à plafond de bois. D'époque Jacques Ier (d'Angleterre), l'aile est meublée de façon très attrayante. La chapelle familiale du 17e s. se trouve dans le parc, où s'épanouissent des roses du monde entier.

Poursuivez vers l'ouest sur la A 93 et laissez sur la gauche la A 957, connue sous le nom de « Slug Road » (route des limaces), qui mène à Stonehaven.

Château de Crathes★★ (Crathes Castle)

NTS - ✆ (01330) 844 525 - www.nts.org.uk - jardin et parc : 9h-coucher du soleil - château : avr.-sept. : 10h30-17h30 ; oct. : 10h30-16h30 ; nov.-mars : jeu.-dim. 10h30-16h30 (dernière entrée 45mn av. fermeture) - information (16 langues) - 10 £ (château et jardin) ; 7 £ (jardin) - aire de jeux - aire de pique-nique, restaurant - parking (2 £).

Forteresse du 16e s., ce château est un exemple impressionnant d'architecture traditionnelle, que mettent en valeur une succession de jardins délicieux. C'est l'endroit idéal pour découvrir le train de vie d'un seigneur écossais des 16e et 17e s.

Les Burnett of Leys – La famille Burnard, d'origine saxonne occupe les terres que Robert Bruce avait octroyées à un ancêtre après la bataille de Bannockburn. Le 9e seigneur, **Alexander Burnett** (mort en 1556), entreprend la construction d'un nouveau château en 1553. Mais c'est **Alexander, 12e seigneur**, qui achève le bâtiment et le meuble avec goût. Puis, le 15e seigneur, sir Thomas, fait élever l'aile dite « de la reine Anne », afin de loger sa grande famille riche de vingt et une âmes. Le 25e seigneur – le dernier de la lignée – crée les splendides jardins et en fait don au National Trust for Scotland en 1951.

Extérieur – La ligne du toit est relevée d'une variété de décorations soignées et détaillées dont l'ensemble constitue un beau témoignage du style seigneurial. Remarquer les armoiries.

Intérieur – La visite débute par les trois salles voûtées de la cuisine, où sont exposés des documents familiaux, puis par le cachot et la **grille**, remontée à l'extérieur. Cet ouvrage typiquement écossais se compose d'un ingénieux système de barres entrelacées lui assurant une grande résistance.

À l'étage, dans la **grande salle** voûtée en berceau où se trouvent trois pendentifs appareillés peu courants, les embrasures des fenêtres sont ornées de peintures armoriales. Surmontant la cheminée, l'élégante **corne de Leys** donnée en 1322 par Robert Bruce ; le motif de cet objet se retrouve un peu partout dans le château. Parmi les portraits de la famille par Jamesone (1588-1644) se distingue celui de l'évêque Burnett, figure nationale, auteur de *A History of My Own Times*. Le coffre de mariage est orné des portraits du 12e seigneur, Alexander, et de sa femme.

La **chambre seigneuriale** est meublée d'un exceptionnel lit en chêne (1594), qu'embellissent les têtes sculptées d'Alexander et de sa femme, leurs emblèmes héraldiques et une broderie très colorée. On peut ensuite admirer un ravissant plafond peint dans la **salle des Neufs Preux** (1602). Cette décoration, lumineuse et très animée, fut sans aucun doute influencée par les échanges commerciaux avec la Scandinavie, où des techniques similaires étaient en plein essor. Restauré, cet ensemble compte parmi les meilleurs qu'il soit possible de voir. Les neuf preux (Hector, Alexandre le Grand, Jules César, Josué, David, Judas, Macchabée, le roi Arthur, Charlemagne et Godefroi de Bouillon) sont peints entre les solives où sont inscrits des extraits de la Bible. L'originalité de leurs costumes s'inspire de l'art continental, comme c'est également le cas des sculptures du jardin d'Edzell Castle *(voir ce nom p. 273)*. À côté du lit marqueté (1641) fermé par des tentures brodées, deux chaises admirablement sculptées (1597) sont marquées des chiffres d'Alexander et de Katherine.

Le plafond de la **chambre de la Dame Verte** (Green Lady's Room) – qui a la réputation d'être hantée – est également très travaillé ; les personnages alternent avec les motifs décoratifs de la partie inférieure des solives, sans qu'il y ait de rapport avec les maximes et les citations bibliques inscrites sur les côtés.

Image by kind permission of THE NATIONAL TRUST OF SCOTLAND

Plafond peint : chambre de la Dame Verte, Crathes Castle.

La **grande galerie,** qui court sur toute la largeur de l'habitation, est unique pour les panneaux de chêne de son plafond décoré d'armoiries et de la fameuse corne. Des documents illustrent les six siècles de l'histoire familiale. De cet endroit, on jouit d'une vue avantageuse sur les jardins.

Le **salon des Muses** se glorifie de son plafond au style vif où figurent les neuf Muses et les sept Vertus. La tapisserie fut commandée à William Morris (1881). Le tabouret porte l'estampille (une souris) de Robert Thompson (1876-1955), connu pour son mobilier d'église.

Jardins★★★ – Très beaux et variés, ils sont l'œuvre suprême du dernier sir James et de lady Burnett. L'ensemble est composé d'une succession d'enclos plus séduisants les uns que les autres. Les formes, les couleurs, les dessins et les senteurs ne peuvent être décrits par des mots. Tant l'expert que l'amateur jardinier seront conquis par leur disposition. Les haies d'ifs datant de 1702 séparent le **jardin de l'Étang** (Pool Garden), où règnent les jaunes, les rouges et les pourpres, de deux jardins à la française, le **jardin de la Fontaine** (Fountain Garden), où dominent les bleus, et la **roseraie**. Dans la partie basse, une double bordure de plantes herbacées sépare le Camel Garden du Trough Garden ; plus loin, on trouve les bordures White et June, ainsi qu'un Golden Garden servant de mémorial à lady Burnett.
Des sentiers forestiers offrent la possibilité de découvrir le domaine de Crathes. Bien signalés, ils commencent au Visitor Centre et font entre 1,5 et 8 km.

La A 93 traverse ensuite **Banchory**, la ville la plus importante de la vallée. Peu après, à l'embranchement de Cairn o'Mountain Road, la B 974, premier maillon de la route de la rive sud, bifurque sur la gauche vers Fettercairn *(Voir Dundee, circuit 3 p. 272)*. Poursuivez par la A 93.

Aboyne

Animé en été, ce village est édifié depuis 1676 autour d'une vaste place herbeuse, site de Jeux des Highlands. C'est là que se déroule la traditionnelle cérémonie d'arrivée du *Cock o'the North*, chef du clan Gordon, assisté de ses vassaux.
De là, les randonneurs partiront à la découverte du glen Tanar.

Après Dinnet, le glacier de la vallée de la Dee a laissé une moraine frontale, le Muir of Dinnet (réserve naturelle nationale), derrière laquelle, au nord, s'étalent les lacs jumeaux Kinord et Davan. Le **Burn o'Vat** *(à 3,2 km de la route principale)* est un site apprécié des pique-niqueurs. La vallée s'encaisse ensuite davantage et les premiers paysages des Highlands commencent au défilé de Cambus o'May. À l'horizon, la forme arrondie du Craigendarroch situe Ballater avec précision.

Ballater

Cette fière petite ville est devenue une station thermale au 18e s., puis un terminus ferroviaire à partir de 1863. Fermée depuis 1966, l'ancienne gare rouge et blanc a été joliment rénovée. Elle abrite une exposition – un peu ridicule – qui rappelle, grâce à des mannequins, les diverses visites royales.
C'est aujourd'hui un lieu de séjour fréquenté en été avec les **Jeux des Highlands** et la course hippique jusqu'au sommet du Craig Coillich.

Si vous avez le temps, avant de continuer le long de la Dee, vous pouvez faire un écart par le joli glen Muick *(33 km/AR)* qui s'enfonce dans les reliefs. Autour du loch Muick (au bout de la route) les possibilités de randonnées ne manquent pas.

Les routes A 93 (rive nord) et B 976 (rive sud) entre Ballater et Braemar, offrent toutes deux de superbes **vues**. En prenant la A 93, vous pouvez rejoindre la A 939 qui vous mène à Corgaff Castle *(voir circuit 2)*, à Dufftown ou aux Cairngorms.

Château de Balmoral

(01339) 742 534 - www.balmoralcastle.com - ♿ - avr.-juil. : 10h-17h (dernière entrée 1h av. fermeture) - 7 £ (-16 ans 3 £).

La résidence d'été de la famille royale propose, dans la salle de bal, une exposition relatant un siècle de vie royale sur les rives de la Dee. Le site est beau. Mais l'édifice comme les jardins n'ont rien d'extraordinaire et les objets présentés ne contenteront (et encore) que ceux qui suivent les « aventures » surmédiatisées des têtes couronnées britanniques. Près du parking du château, vous verrez l'**église de Crathie** fréquentée par la famille royale. Dans le cimetière, un mémorial est dédié à John Brown, valet de chambre de la reine Victoria.

La route emprunte le tracé de l'ancienne route militaire. Vous traversez la Dee au pont d'Invercauld qui remplace celui de Telford en aval.

Château de Braemar

(01339) 741 219 - www.invercauld.org - réouverture prévue pour l'été 2007.

Cette maison forte en L, un peu en retrait de la route, est construite en 1628 par le comte de Mar pour servir de pavillon de chasse. Incendiée par Farquharson of Inverey, ancêtre des propriétaires actuels, elle est relevée et renforcée par une courtine bastionnée et des créneaux afin de servir de poste militaire aux troupes hanovriennes après le soulèvement jacobite de 1745. Intéressantes, la belle grille et la fosse carcérale sont de type traditionnel.

Braemar

Au milieu d'un paysage de montagnes, cette agglomération dispersée est un lieu de séjour animé en été. Les deux villages d'origine se sont peu à peu rejoints à l'intersection de deux routes venant du sud via le Cairnwell Pass : l'une partant d'Atholl par le glen Tilt (réputé pour son marbre) et l'autre venant de la vallée de la Spey par le glen Feshie. Le rassemblement annuel, le **Braemar Highland Gathering**, est un événement populaire auquel les membres de la famille royale viennent toujours assister (*voir encadré ci-dessus*).

Quittez Braemar par la route secondaire longeant la rive sud de la Dee.

> **Pour les rois et les enfants**
>
> Le premier samedi de septembre se déroule le **Braemar Highland Gathering**, le plus célèbre des Higland Games. Aux 20 000 personnes qui assistent aux différentes épreuves s'ajoutent des membres de la famille royale. Un événement incontournable mais un peu *people*, que les puristes évitent parfois pour assister aux jeux plus ruraux, plus authentiques, organisés dans de nombreux villages de la vallée de la Dee durant l'été.
>
> Mais revenons à Braemar. Fin juillet, un mois avant les « grands jeux », on organise les « jeux des petits ». Ces **Junior Highland Games** sont uniquement réservés aux enfants, qui participent à des épreuves adaptées, de plus en plus populaires. On se rend compte que les gestes, les attitudes des adultes, sont copiés dès le plus jeune âge.

Linn o'Dee★

Site célèbre pour sa beauté, c'est ici que la Dee, jusqu'ici rivière placide, cascade soudain à travers un lit étroit pour tomber dans des bassins rocheux. On peut parfois y apercevoir des saumons bondir hors de l'eau.

D'ici, de superbes randonnées sont possibles. L'une permet de couper à travers les Cairngorms et de rejoindre Aviemore *(voir Cairngorms p. 394)* en une dizaine d'heures (à effectuer sur deux journées).

Les automobilistes doivent revenir sur leurs pas jusqu'à Braemar. De là, il est possible de rejoindre le glen Shee et l'Angus (voir Perth - Circuit de découverte 1 p. 312). Ou, à partir de Ballater, de partir vers le nord (voir Ballater p 374).

CHÂTEAUX DES GRAMPIANS : LES COLLINES★ 2

Cet itinéraire de 104 km convient à ceux qui veulent découvrir quelques châteaux, tout en faisant route vers les Cairngorms ou Dufftown.

Quittez Aberdeen par la A 944. À Dunecht, tournez vers Castle Fraser.

Les Grampians, terres de châteaux

L'arrière-pays d'Aberdeen est particulièrement riche en châteaux représentatifs de toutes les époques *(voir carte p. 377)*. Ils vont de la première enceinte normande jusqu'aux formidables forteresses (Kildrummy) qui servaient de protection aux seigneurs à l'époque troublée du Moyen Âge. L'âge d'or de la construction de châteaux (16e–17e s.) est ainsi bien représenté. Dans ces contrées peu riches, la stabilité engendrait la prospérité et encourageait les propriétaires fonciers à se construire des châteaux dignes de leurs richesses ou de leur rang nouvellement acquis. La florissante école locale produisit le style baronnial. Les maîtres maçons surent travailler habilement la pierre locale, créant ainsi une tradition qui dénotait un art sans équivalent ailleurs.
Outre les châteaux mentionnés ici, d'autres sont ouverts au public, mais uniquement sur rendez-vous. Se renseigner localement pour de plus amples informations.

Castle Fraser★

NTS - ✆ (01330) 833 463 - www.nts.org.uk - juil.-août : 11h-17h ; avr.-juin et sept. : tlj sf vend. et lun. 12h-17h30 - brochure (8 langues) - 8 £ - aire de jeux - aire de pique-nique, salon de thé - parking.
Castle Fraser est le plus grand des châteaux forts de Midmar et illustre à merveille les constructions défensives de cette période (1560-1636). Tout en lui donnant une forme traditionnelle de maison forte, les maçons lui ont conféré un cachet très personnel par le souci du détail décoratif.

Les bâtisseurs – L'édification du bâtiment actuel dure de 1575 à 1636, date à laquelle on adjoint deux ailes. Les 6e et 7e seigneurs **Fraser** supervisent les travaux, ainsi que des membres de deux des plus éminentes familles de maîtres maçons du nord-est, les **Bell** et les **Leiper**. Le château reste la propriété des Fraser jusqu'au début du 20e s.

Extérieur★★ – La renommée de Castle Fraser repose sur ses façades. Ici, la sobriété des parties inférieures des murs contraste avec les fioritures du toit, tandis que le crépi met en valeur le travail du granit sculpté. À mesure que le visiteur s'approche, le tracé du plan en Z devient manifeste. Le bloc central, remarquable par son superbe ornement héraldique, est doté d'une tour ronde et d'une tour carrée disposées en diagonale. Réservées au service, les ailes à deux étages qui flanquent la cour intérieure accentuent la hauteur des bâtiments principaux.
Au-dessus du très décoratif encorbellement à étages se déploie une harmonieuse combinaison d'ornements traditionnels : tourelles, toits coniques, pignons crénelés, cheminées, lucarnes et gargouilles décoratives. Cette heureuse synthèse d'éléments architectoniques contribue énormément au charme de ce style local et témoigne également du talent et de l'habileté des maîtres maçons. Bien que la lanterne et la balustrade soient des ornements éminemment Renaissance, c'est l'ensemble que constitue cette composition qui représente l'unique contribution écossaise à l'architecture de la Renaissance.

Intérieur – Parmi les pièces restaurées, la grande salle (great hall) et les appartements de la tour ronde réservés à la famille du châtelain offrent un intérêt certain. Les toits sont ourlés d'une balustrade *(101 marches pour y parvenir)* d'où l'on jouit d'une **vue** sur le jardin clos et la campagne environnante.

Jardin – Ce jardin fermé du 18e s. offre de belles balades entre arbres fleuris, plantes médicinales ou aromatiques.
Les enfants s'amuseront dans un très beau parc de jeux (tout de bois) qui leur est réservé.

Poursuivez vers l'ouest par la A 944.

Alford

Cette ville de marché est située dans le Howe of Alford, riche bassin arable entouré de collines. Elle a vu naître le poète **Charles Murray** (1864-1941), connu pour sa poésie rédigée dans le dialecte dorique (nord-est de l'Écosse).

Grampian Transport Museum – *À côté du parking principal - ✆ (01975) 562 292 - www.gtm.org.uk - ♿ - de fin mars à fin oct. : 10h-17h - 4,50 £ - parking.*

La section principale de ce musée évoque l'histoire des transports (automobiles, cycles et voitures à chevaux) du nord-est du pays. Remarquez particulièrement l'une des premières bicyclettes appelée la « sociable safety cycle » (engin pourtant peu sûr !) et le Craigievar Express, tricycle à vapeur réalisé en 1895 par un postier local pour faciliter la distribution du courrier et capable de rouler à une vitesse de 16 km/h.

Alford Valley Railway Museum - La gare abrite aujourd'hui un petit musée décrivant l'arrivée du chemin de fer dans la région et ses répercussions sur le Donside rural du 19e s. Des locomotives à vapeur et Diesel circulent entre le terminal et le parc de Murray pour un aller-retour d'une heure – ♿ *- juin : 10h30-14h30, w.-end 13h-16h30 ; juil.-août : 13h-16h30 ; avr.-mai, sept. : w.-end 13h-16h30 - dép. ttes les 30mn de Alford Station et Haughton Park ; trains spéciaux pour Noël (3,50 £) - 2,50 £ (enf. 1 £).*

Quittez Alford par les A 944 puis A 980.

Craigievar Castle★

Cette maison forte du début du 17e s. est un exemple raffiné de l'architecture baronniale écossaise. Tout en hauteur, cette tour-château est en cours de restauration. Le parc est en revanche toujours accessible.

Revenez vers Alford. De là, vous pouvez rejoindre directement Kildrummy (15 km) par la jolie A 944. Ou faire un long détour vers Kennethmont (voir circuit 3), pour le plaisir d'emprunter la belle route vers Clatt, puis la A 97 qui vous emmène à Kildrummy (31 km).

Kildrummy Castle★

Au sud du village du même nom - HS - ✆ (01975) 571 331 - www.historic-scotland.gov.uk - avr.-sept. : 9h30-18h30 - 3,50 £ (enf. 1,75 £). Ce château fort en ruine à cour intérieure, le plus septentrional d'Écosse est, avec Bothwell et Dirleton, l'une des forteresses les plus importantes du 13e s. Son dispositif défensif est inhabituel dans la mesure où il associe un donjon (conception d'origine française) à un corps de garde (conception d'origine anglaise).

« La reine des forteresses des Highlands » – Lorsque la province celtique de Moravie est incorporée à l'État écossais au cours du règne d'Alexandre II (1214-1249), un château est érigé pour contrôler les accès. En 1306, Bruce le considère comme suffisamment sûr pour servir de refuge à la reine et à ses suivantes. Assiégé par le futur Édouard II d'Angleterre, le château est incendié, reconstruit, puis pris à nouveau en 1335. Annexé par la couronne en 1435, son destin est scellé lorsque son dernier propriétaire, le comte de Mar, dit Bobbing John, y met au point les derniers détails de la fameuse rébellion de 1715. Confisqué, le château de Kildrummy est démantelé.

Le château – Si les corps de bâtiments, notamment le donjon et le corps de garde, ne présentent plus que leurs fondations, on peut aisément retrouver la disposition d'ensemble. Massive, la **courtine** était défendue par une série de tours rondes dont la clé était le donjon dans l'angle nord-ouest.
Venant du sud, on entre par le corps de garde (fin 13e-14e s.) aux tours cylindriques jumelées qui ressemble à celui de Harlech (pays de Galles). Dans l'angle nord-ouest, on devine le **donjon**, position fortifiée qui se situait traditionnellement en retrait

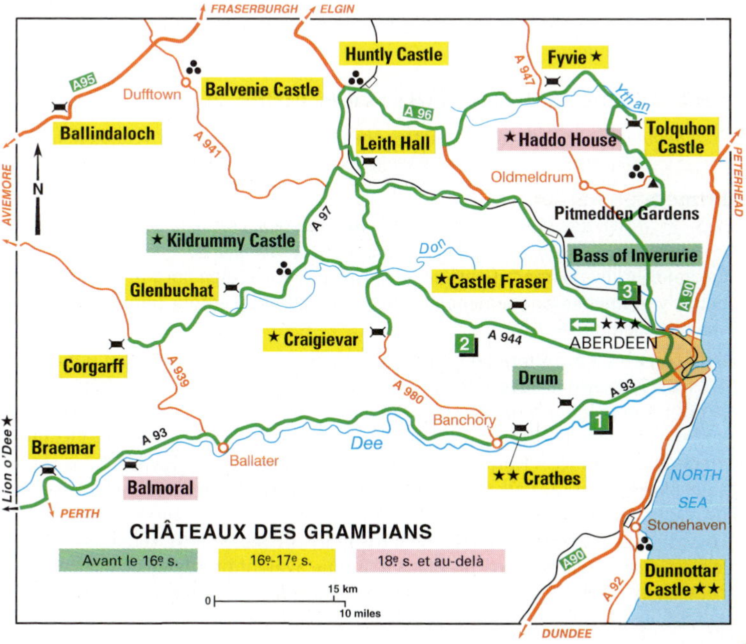

Les hommes de Bellabeg

Durant le Games Day qui a lieu en août, le minuscule village de Bellabeg est le théâtre d'une tradition vieille de 160 ans, la **marche des hommes de Lonach**. Les hommes de Lonach, traditionnellement des Forbes et des Wallace, sont revêtus de la grande tenue des habitants des Highlands et portent des piques à l'épaule ; ils défilent fièrement le long de l'avenue principale vers leur lieu de rencontre, situé dans le parc de Bellabeg. Des jeux traditionnels, la cornemuse et la danse créent une ambiance pleine d'entrain.

de l'entrée. À l'origine haute de cinq étages, cette tour possédait sa propre réserve d'eau et s'inspirait étroitement de celle de Coucy, en France, d'où était originaire Marie, la femme d'Alexandre II. Également en retrait des murs de défense, les dépendances comprennent la grande salle flanquée d'une chambre et de la cuisine. À l'est, on voit le pignon d'une chapelle (milieu 13e s.) et une jolie fenêtre à trois lancettes.

8 km plus loin se trouve le château de Glenbuchat.

Glenbuchat Castle

Ce château occupe un site stratégique dominant à la fois la vallée de la Don et de la Buchat. Construit en forme de Z en 1590 par un chef du clan Gordon, il fut le foyer du « Vieux Glenbuchat », héros des rébellions de 1715 et de 1745, qui assombrirent tant les rêves de George II.

Bellabeg

Derrière le confluent de la Nochty et de la Don se trouve la **Doune of Invernochty,** butte herbeuse entourée d'un fossé. C'était la principale forteresse de la province de Mar, avant la construction du château de Kildrummy. Les vestiges de la courtine et de deux édifices sont des exemples d'ouvrages normands.

Les alentours du village sont propices à la pratique du vélo. Les Bunzeach Cycle Trails permettent de pédaler en forêt.

Corgarff Castle

HS - ☏ (01975) 651 460 - www.historic-scotland.gov.uk - avr.-sept. : 9h30-18h30 ; oct.-mars : w.end 9h30-16h30 - 4,50 £ (enf. 2,25 £).

Ce château austère situé dans un paysage nu près de la source de la Don contrôle un gué sur la route de la vallée de la Spey via le défilé de Lecht. La maison forte du 16e s., rendez-vous de chasse pour les comtes de Mar, est transformée en poste de garnison pour les troupes gouvernementales après le soulèvement de 1745, époque à laquelle on ajoute des ailes basses et une courtine en étoile. Abandonné au début du 19e s., ce château sert à nouveau de garnison de 1827 à 1831, pour lutter contre la contrebande du whisky.

De Corgarff, si vous ne devez par revenir vers Aberdeen, vous pouvez soit continuer vers le nord (A 939) et Tomintoul pour rejoindre Dufftown ou les Cairngorms *(voir ces noms p. 399 et p. 393)*. Soit partir vers le sud (toujours A 939) et rejoindre la vallée de la Dee *(voir circuit 1 p. 372)*.

CHÂTEAUX DES GRAMPIANS : LA PLAINE★ 3

Pour débuter ce circuit de 165 km, quittez Aberdeen par la A 96 (vers Inverurie) mais sortez immédiatement par la A 947. À Whiterashes, prenez à droite vers Pitmedden.

Pitmedden Garden★★

NTS - ☏ (01651) 842 352 - www.nts.oeg.uk - ♿ - mai-sept. : 10h-17h - parc : tlj - dépliant (5 langues) - 5 £ - salon de thé, aire de pique-nique - parking (2 £).

Ce grand jardin à la française est un rare joyau de cette région nord-est du pays. On peut s'y promener longuement ainsi que dans la forêt alentour sillonnée par des chemins bien tracés.

L'histoire – La propriété de Pitmedden est acquise par les Seton au début du 17e s. **Sir Alexander Seton** (1639-1719), avocat de profession, en désaccord avec la politique religieuse du roi Jacques VII, se retire sur ses terres et y conçoit un jardin classique. Il s'inspire, peut-être, du travail de Le Nôtre à Vaux-le-Vicomte ou de William Bruce à Holyroodhouse *(voir Édimbourg)* et à Balcaskie. Dans cette zone pierreuse et sans arbres, il crée un jardin sans pareil en Écosse, à l'exception de celui d'Edzell.

Lorsque le jardin est légué au National Trust for Scotland en 1951, le temps a effacé le dessin primitif. En outre, les plans d'origine avaient brûlé dans l'incendie du château en 1818. On dessine donc de nouveaux plans, inspirés du jardin d'Holyroodhouse.

Un esprit « à la française » règne sur les jardins de Pitmedden.

Les jardins aujourd'hui – Même si les jardins sont ouverts au public toute l'année, c'est en juillet et en août qu'ils sont les plus beaux, lorsque 30 000 à 40 000 plantes annuelles sont en pleine floraison. L'entretien est impeccable, avec les ifs nettement taillés, les haies de buis soignées et les pelouses tondues à ras qui contrastent avec la gaieté plus naturelle des plates-bandes de fleurs. Le **jardin clos** a été conçu sur deux niveaux. Une moitié supérieure à l'ouest, comportant surtout des pelouses, des haies et un jardin d'herbes aromatiques, surplombe la partie inférieure. C'est du belvédère que la **vue** est la plus belle. Des haies de buis soignées forment des dessins et des silhouettes géométriques séparés en quatre parterres. Les plantes annuelles, les gravillons colorés et les allées engazonnées apportent les taches de couleur. Trois parterres adoptent des formes géométriques, tandis que le quatrième arbore les armoiries de sir Alexander Seton. Deux belvédères coiffés d'un toit en forme d'ogive, la fontaine centrale (reconstruite) et l'escalier d'entrée, qui relie les deux niveaux, font également partie du plan d'origine.

Le domaine – Dans le domaine alentour, un sentier de nature à travers bois permet aux visiteurs de découvrir quelques espèces animales rares ou en voie de disparition. Les dépendances abritent un **musée de la Vie à la ferme**, avec des outils, des objets, et des ustensiles domestiques d'autrefois. La ferme, la maison des ouvriers agricoles célibataires *(bothy)* et les étables, où se tient une exposition sur l'ère du cheval, sont particulièrement intéressantes.

Rejoignez Tolquhon Castle (indiqué depuis Pitmedden) par la B 999.

Tolquhon Castle

HS - ✆ (01651) 851 286 - www.historic-scotland.gov.uk - ♿ - avr.-sept. : 9h30-18h30 ; oct.-mars : w.-end 9h30-16h30 - 3,50 £ (enf. 1,75 £).

Seigneur cultivé et éclairé, **William Forbes** (mort en 1596), 7e comte du nom, charge Thomas Leiper, maître maçon local, d'ajouter un château rectangulaire (1584-1589) à la maison, à une époque où il était encore d'usage de construire des maisons fortes.

Aujourd'hui, avec ses pierres patinées que rehaussent des pelouses bien entretenues, Tolquhon est une ruine attrayante. Les bâtiments principaux sont disposés autour d'une cour intérieure, dont la façade intègre sur la gauche la maison du 15e s., aujourd'hui en ruine, un **corps de garde** à double tambour orné de panneaux héraldiques et d'étonnants personnages sculptés, et une tour circulaire en surplomb, à droite. Remarquez l'**escalier principal** vers le hall, au sol carrelé, la **longue galerie** aux murs couverts de bibliothèques, le cul-de-basse-fosse et le système de drainage.

Le cimetière du joli village de **Tarves** *(à 3 km au nord-ouest par la B 999)*, blotti autour de sa place, renferme le **monument Forbes**, œuvre de Thomas Leiper, dédié au constructeur du château de Tolquhon. Cette réalisation principalement gothique est embellie de détails Renaissance et de statuettes représentant William et sa femme.

De Tarves, prenez la direction de Methlick puis suivez les signalistations Haddo House.

Haddo House★

✆ (01651) 851 440 - www.nts.org.uk - se renseigner pour les horaires et les tarifs.
Au cœur d'un agréable terrain boisé, ce manoir du 18e s. est la demeure ancestrale des Gordon, comtes puis marquis d'Aberdeen, depuis 1469. **William, 2e comte d'Aberdeen** (1679-1745), charge William Adam de concevoir un manoir pour remplacer l'ancienne demeure familiale. Ce dernier trace un plan symétrique dont l'élévation se conforme aux préceptes de l'architecte italien Palladio. Mais la fortune familiale engendrée par les progrès agricoles est bientôt dilapidée par George, dont le surnom de « mauvais comte » ne semble pas usurpé. Homme d'une grande vitalité, il installe ses trois maîtresses dans des résidences éloignées et entretient leur progéniture avec les ressources de Haddo.

George Hamilton Gordon, 4e comte (1784-1860) devient le Premier ministre (1852 à 1855) d'un gouvernement de coalition à l'époque de la guerre de Crimée. Homme aux talents multiples, il consacre une grande partie de ses loisirs à améliorer le domaine, entretenir le parc ou réparer le manoir qui cédait peu à peu à l'abandon. Son fils cadet, **John Campbell Gordon, 7e comte** (1847-1934), lance un programme d'aménagements et de rénovations : au rez-de-chaussée, une nouvelle entrée remplace celle du premier étage. La terrasse est étendue à tout le corps, une chapelle ajoutée, l'intérieur décoré dans un style « néo-Adam ». Aujourd'hui, Haddo House est gérée par le National Trust for Scotland, l'aile sud servant de résidence à la famille Gordon.

Haddo House Choral and Operatic Society – Destinée à l'origine aux loisirs, la salle accueille diverses productions (concerts, opéras et théâtre) attirant des artistes de réputation internationale. La société fut fondée par le 4e marquis et son épouse, elle-même musicienne professionnelle et animatrice des lieux.

Intérieur du Manoir – L'intérieur de cette demeure palladienne est intégralement transformé par le 1er marquis qui charge l'entreprise de décoration londonienne Wright et Mansfield de la rénover dans un style néo-Adam. Assez éloignées du confort rustique des tours d'habitation, les élégantes salles de réception jouissent d'une belle lumière et abritent de nombreux souvenirs liés à la famille. Depuis l'entrée du rez-de-chaussée au plafond à caissons, l'escalier mène à l'appartement principal. On peut admirer le portrait en buste de lord Haddo que Pompeo Batoni représenta au cours de son « Grand Tour ». Son fils, le Premier ministre, est évoqué par de nombreux souvenirs dans l'antichambre dont les lambris datent du 18e s. À côté du portrait du 4e comte, œuvre byronienne de Thomas Lawrence, on reconnaît l'un de ses tuteurs, William Pitt le Jeune, et quelques politiciens contemporains comme Robert Peel et le duc de Wellington (le 4e comte fut le secrétaire aux Affaires étrangères de ces deux personnalités de premier plan) ; le buste de la reine Victoria est un cadeau personnel offert au Premier ministre qui avait suggéré l'achat du domaine de Balmoral. La chambre de la reine a été réellement utilisée par la souveraine lors de sa visite à Haddo en 1857. Dans la salle à manger se trouve une série de portraits de famille, dont celui du 7e comte en tenue de chevalier de l'ordre du Chardon. Une partie des modifications apportées au siècle dernier consista à transformer un fenil en une splendide **bibliothèque** lambrissée de cèdre. Ses créateurs sont représentés au-dessus des cheminées. Architecte du palais de justice de Londres, G.E. Street a conçu la chapelle, autre réalisation néogothique ; le vitrail est est de Burne-Jones.

Jardins – Beaux jardins en terrasses et allée boisée superbe menant au Country Park.

Haddo House Country Park – Les 72 ha de parc résultent du programme de plantations mené par le 4e comte. L'aménagement a dégagé deux perspectives : l'allée Victoria ouvrant sur la façade d'entrée, et une seconde à l'est qui porte le regard jusqu'au lac situé derrière le jardin à la française.

Revenez à Methlick puis prenez la B 9005 en direction de Fyvie.

Fyvie Castle★

✆ (01651) 891 266 - www.nts.org.uk - se renseigner pour les horaires et les tarifs.
Imposant et austère édifice seigneurial riche d'une histoire séculaire, Fyvie Castle permet de découvrir l'opulence de l'architecture intérieure édouardienne.

Les seigneurs et les tours de Fyvie – De fondation royale, la forteresse passe en 1390 à la famille Preston, puis aux Meldrum en 1433 suite à un mariage. En 1596, sir Alexander Seton, futur chancelier d'Écosse et comte de Dunfermline, achète Fyvie et modifie le château afin d'y incorporer les tours Preston et Meldrum préexistantes. Il en unifie l'apparence, crée le grand escalier circulaire et la spectaculaire **façade sud** longue de 45,7 m, exemple saisissant d'architecture seigneuriale du 17e s. D'origine

Fyvie Castle.

locale, la famille Gordon acquiert le château vers 1790 et ajoute la tour du même nom. En 1889, le château est vendu à Alexander Forbes-Leith, un homme originaire de la région ayant fait fortune aux États-Unis dans l'industrie métallurgique. Lord Leith transforme l'intérieur de Fyvie Castle et, à l'instar d'autres millionnaires américains, constitue une collection de tableaux relatifs au château et aux familles qu'il abrita (les portraits de Raeburn sont les chefs-d'œuvre de la collection). En 1984, l'arrière-petit-fils de lord Leith vend Fyvie au National Trust for Scotland.

Intérieur – À partir du vestibule ajouté par les Gordon au 19e s., vous gagnez la salle de billard située au pied de la tour Gordon. S'élevant sur cinq étages, le grand **escalier circulaire** (17e s.) est généreusement orné du croissant de la famille Seton. La salle à manger au plafond mouluré (19e s.) présente les portraits du premier lord Leith, au-dessus de la porte de l'office, et de son épouse américaine, au-dessus de la cheminée ; les autres œuvres sont de Raeburn, Romney et Opie. À l'étage supérieur, le grand vestibule d'origine réaménagé en salon s'enorgueillit de son plafond mouluré datant (1683) de la famille Seton. Le salon de derrière expose des portraits des Fyvie, chefs-d'œuvre de **Raeburn**, dont un splendide portrait de femme, *Mrs Gregory*. Dans la bibliothèque, *Le Procès de Charles Ier*, de John Burnett, sert à rappeler le séjour que fait, à l'âge de 4 ans, le futur roi. Le salon de la tour Gordon abrite un portrait mémorable (1766) par Pompeo Batoni de *L'Honorable William Gordon of Fyvie* représenté au cours de son « Grand Tour » ; d'autres œuvres sont de Lawrence, Hoppner, Romney, Reynolds et Gainsborough.

Parc et jardins – L'accès au château est charmant : bois, fleurs, étangs, prés où paissent de sympathiques vaches. Près du parking, le jardin fermé **Scottish Fruits Garden**, expose les différents fruits et légumes cultivés en Écosse *(gratuit)*.

De Fyvie, prenez la direction de Badenscoth puis rejoignez la A 96 qui vous mène vers Huntly.

Château de Huntly

HS - ✆ (01466) 793 191 - www.historic-scotland.gov.uk - avr.-sept. : 9h30-18h30 ; oct.-mars : sam.-merc. 9h30-16h30 - 4,50 £ (enf. 2,25 £).

Huntly est située au cœur du Strathbogie, une contrée de collines, de fermes et de forêts. Cette ville de marché active fut longtemps le siège de la maison Gordon, dont la demeure ancestrale se trouve sur les rives de la Deveron. La grande place est dominée par la statue du duc de Richmond. Outre le château, on peut voir l'Huntly Academy, un établissement fondé entre 1839 et 1841 en mémoire du 5e duc de Gordon. Le bâtiment, conçu par Archibald Simpson, marque l'emplacement du corps de garde extérieur du château.

Les Gordon – Cette famille puissante prend la tête du mouvement catholique lors des conflits concernant la Contre-Réforme. Les générations successives de Gordon construisent une tour de pierre, puis une résidence plus spacieuse. George, 4e comte, rebâtit un palais après avoir rasé la bâtisse antérieure jusqu'aux caves. Ardent défenseur de sa religion, il meurt à la bataille de Corrichie où il avait pris les armes contre les troupes royales de Marie Stuart. C'est son petit-fils qui apporte les embellissements architecturaux au château.

Château – Situées à la confluence des rivières Bogie et Deveron, les ruines du château de Huntly sont célèbres pour leurs **sculptures héraldiques★★★**. Au 15e s., les remparts et la cour basse sont remplacés par un donjon, lui-même abandonné au profit d'un palais plus spacieux (côté sud) disposé en Z. Les extrémités sont équipées de solides tours d'escalier cylindriques. Le château est détruit en 1594 et reconstruit au début du 17e s., période durant laquelle on embellit les parties hautes. Avant d'entrer, examinez la **façade sud** avec ses trois oriels et ses frises gravées aux noms de George Gordon, 1er marquis de Huntly, et de son épouse, Henriette Stewart. Faites le tour de la cour intérieure, avec la motte féodale sur la gauche, le palais et les autres ruines côté cour basse sur la droite. Une fois dans la cour pavée, dirigez-vous vers la porte d'entrée de la tour d'escalier, surmontée d'une magnifique **sculpture héraldique**. À l'intérieur, les salles principales se caractérisent par des cheminées joliment gravées. Les médaillons présentent les portraits du marquis et de sa femme, ainsi que leurs armoiries surmontées des armes du Royaume-Uni (1606, soit trois ans après l'Union).

Quittez Huntlly vers le sud par la A 97. Penez la direction de Kennethmont.

Leith Hall

✆ (01464) 831 216 - www.nts.org.uk - ♿ - House : juil.-août : 12h-17h ; mai, juin et sept. : w.-end 12h-17h (dernière entrée 45mn av. fermeture) - parc et jardins : ouv. tlj - possibilité de visite guidée (40mn) - 8 £ (parc et jardins 2,50 £) - aire de pique-nique, salon de thé - parking.

Pendant plus de trois siècles, Leith Hall est la résidence de la famille Leith (Leith-Hays par la suite). On pense qu'arrivés en Grande-Bretagne à la suite de Guillaume le Conquérant, les Leith deviennent armateurs à Leith, le port d'Édimbourg, avant d'être prévôts d'Aberdeen puis propriétaires fonciers à Leith Hall. L'évolution de la maison reflète cette histoire. Construite en 1650, la maison forte d'origine constitue aujourd'hui l'aile nord. Les générations successives l'agrandissent pour la demeure actuelle, composée de quatre ailes autour d'une cour intérieure. L'entrée principale se trouve dans l'aile est que l'on rejoint en se déplaçant dans le sens inverse des aiguilles d'une montre ; on passe alors la charmante façade de l'aile sud et ses deux fenêtres vénitiennes. Disséminés dans les quatre ailes, les objets acquis pendant plus de trois siècles témoignent de la vivace tradition militaire de la famille. Dans la bibliothèque, on voit la grâce accordée par George III au jacobite convaincu qu'est Andrew Hay, le sauveur de Leith Hall. C'est à lui que le prince Charles Édouard Stuart donne son précieux écritoire en cuir vert à la veille de la bataille de Culloden.

De Kennethmont, vous pouvez rejoindre le circuit 1 *en continuant par l'A 97. Sinon, poursuivez ce circuit en prenant la B 9002 en direction de Oyne.*

Archaeolink Prehistory Park

Oyne Insch - ✆ (01464) 851 500 - www.archaeolink.co.uk - réouverture prévue pour oct. 2007.

Sur ses 16 ha incluant le fort de Berryhill, site de l'âge du fer, le parc préhistorique transporte les visiteurs aux temps des premiers habitants du comté d'Aberdeen. Une galerie animée de présentations interactives explore les légendes et mythes primitifs ; un film évoque des événements historiques marquants (rituels des cercles de pierres, bataille entre Pictes et Romains…). L'exposition est abritée dans un bâtiment « de verre et de verdure » dessiné par E. Cullinan.

Rejoignez la A 96 que vous prenez vers le sud en direction d'Inverurie.

Maiden Stone

À l'écart de la route, on aperçoit une **tour** commémorant la **bataille de Harlaw**. Ce combat sanglant (1411) avait pour but la libération d'Aberdeen mise à sac par une troupe de Highlanders conduite par Donald, seigneur des Îles. Cette bataille ne fut pas la première qu'aurait connue la région. En effet, selon certains spécialistes, le pic de Bennachie (528 m) visible juste en face serait le mons Graupius où Agricola écrasa les Pictes en 84 de notre ère.

Prendre la route à gauche après l'aire de pique-nique.

Dressée au bord de la route, la pierre symbolique picte en granit de **Maiden Stone** porte d'un côté une croix à peine visible, et un éléphant accompagné de symboles (ligne brisée en Z, miroir et peigne) sur l'autre.

Inverurie

Inverurie est le chef-lieu du Garioch, bassin agricole situé à l'est des contreforts des Grampians et limité au sud par le mont Bennachie et les collines de Correen. Connu jadis pour ses ateliers de matériel ferroviaire, Inverurie est aujourd'hui le centre administratif du district de Gordon. La contrée environnante est particulièrement riche en monuments préhistoriques.

The Bass – *Cimetière.* Le Garioch fut donné à David, comte de Huntingdon (1144-1219), petit-fils de David Ier (et frère de Malcolm IV et de Guillaume le Lion), qui établit à Inverurie une forteresse sur un tertre haut, dit « bass », avec un mur d'enceinte édifié sur un tertre plus bas.

Brandsbutt Stone – *À 400 m au nord-ouest, dans un lotissement.* Reconstituée, cette pierre picte est décorée d'un croissant, de lignes brisées en V et en Z, et d'un serpent. La partie inférieure d'une des deux faces porte une inscription oghamique, c'est-à-dire en écriture celtique.

Loanhead Recumbent Stone Circle – *À 9 km au nord d'Inverurie par la B 9001 puis à 400 m de Daviot.* Ce monument de l'âge du bronze consistant en un cercle de pierres et une pierre couchée est une particularité courante de la région. Le cercle entourant un petit cairn (tas de pierres) fut réutilisé dans un but funéraire. À côté se trouve une aire cinéraire close par des murs bas.

Église de Kinkell – *À 4 km au sud-est d'Inverurie par la B 993, puis une route à droite.* La **sacristie** de cette église en ruine et sans toit date de 1524. La dalle funéraire (verticale) de Gilbert de Greenlaw le représente en armure complète ; ce guerrier perdit la vie à la bataille de Harlaw en 1411.

D'Inverurie, reprenez la A 96 qui vous ramène vers Aberdeen.

Aberdeen pratique

Informations utiles

ABERDEEN

Office de tourisme – *23 Union St. - ✆ (01224) 288 828 - www.visitaberdeen.com et www.aberdeen-grampian.com.*

Pharmacie – *Asda Pharmacy - Jesmond Drive, Bridge of Don - ✆ (01224) 709 014 - 9h-19h.*

VALLÉE DE LA DEE

Banchory – *Bridge St. - ✆ (01330) 822 000* - de Pâques à fin octobre.

Ballater – *Station Square - ✆ (01339) 755 306.*

Crathie – *Car Park, Balmoral Castle - ✆ (01339) 742 414 - de Pâques à fin octobre.*

Transports

ARRIVER/PARTIR

En avion – L'aéroport se trouve à Dyce, à 7 km sur la A 96 en direction d'Inverness - *✆ (01224) 722 331 ou (0870) 040 0006 - www.aberdeenairport.com.*

En ferry – Liaisons avec les îles Orkney (Kirkwall) et Shetland - *✆ (0845) 600 0449 ou (08712) 223 312 - www.northlinkferries.co.uk ou www.directferries.com.*

En train – Liaisons avec Londres, Édimbourg, Glasgow et Inverness.

Location de voiture –
Budget Rent a Car – *Aéroport ou à la gare de Dyce - ✆ (01224) 771 777,*
Aberdeen 4x4 Self Drive – *Chalmers Base, Blackburn - ✆ (01224) 790 858 - www.aberdeen4x4.co.uk.*

VISITE

City Sightseeing Aberdeen – *✆ (01224) 650 023 - www.city-sightseeing.com.* Parcours d'une heure en bus au départ de Marischal College sur Broad Street.

Taxis-Central Taxis – *✆ (01224) 898 989 -*
City Taxis – *✆ (01224) 494 949.*

Se loger

Bon à savoir – Du lundi au jeudi, les hôtels d'Aberdeen et de la région (colloques tenus jusqu'à Aboyne) sont remplis par les représentants des compagnies pétrolières. Il est alors très difficile de trouver une chambre de libre, les sociétés réservant plusieurs mois à l'avance. Conséquence de cette activité, la circulation est difficile et les bouchons sont fréquents. En revanche, du vendredi au dimanche, les hôtels proposent facilement 30 % de réduction.

ABERDEEN

Crown Private Hotel B&B – *10 Springbank Terrace - ✆ (01224) 586 842 - www.crownprivatehotel.ourfamily.com - 9 ch. 50 £.* Une des nombreuses pensions de cette rue. Celle-ci jouit en particulier d'un agréable petit jardin devant la maison.

Burnett's Guest House – *75 Constitution St. - ✆ (01224) 647 995 - www.burnettsguesthouse.co.uk - 5 ch. 50-60 £.* Un B&B qui a l'avantage d'être tout proche du centre.

Travelodge – *9 Bridge St. - ✆ (01224) 584 555 - www.travelodge.co.uk - 97 ch. 60 £.* Comme tous les hôtels de la chaîne, celui-ci n'a aucun charme particulier mais les chambres standardisées sont à petit prix et dans le centre-ville. Promotions en passant par le site internet.

Highland Hotel – *91-95 Crown St. - ✆ (01224) 583 685 - www.highlandhotel.net - 50 ch. 50-80 £.* Hôtel charmant et d'un bon rapport qualité-prix, à deux pas du centre-ville. Il existe plusieurs hôtels de standing équivalent dans cette portion de rue.

Athol Hotel – *54 King's Gate - ✆ (01224) 323 505 - www.atholl-aberdeen.com - 34 ch. 75-120 £.* Belle demeure en granit gris, caractéristique de la région, dans un quartier résidentiel. Les chambres et les parties communes ont beaucoup de cachet. Excentré par rapport au centre-ville, un moyen de locomotion est indispensable.

Patio Hotel – *Beach Boulevard - ✆ (01224) 633 339 - www.patiohotels.com - 34 ch. 100-135 £.* À 10mn à pied du centre-ville, hôtel moderne sans charme particulier mais certainement le plus confortable d'Aberdeen : spa, piscine, hammam, sauna, solarium…

VALLÉE DE LA DEE

Bon à savoir – La plupart des adresses qui suivent sont à moins d'une demi-heure d'Aberdeen et offrent un cadre de séjour incomparable. Comme à Aberdeen, certains hôtels baissent leurs prix le week-end.

Cults

Norwood Hall – *Garthdee Road, Cults, à 5 km du centre-ville d'Aberdeen - ✆ (01224) 868 981 - www.norwood-hall.co.uk – 125-165 £.* Au cœur d'une propriété superbe aux arbres centenaires, venez goûter à la vie de château… Au niveau de la route, à l'entrée de la propriété, vous trouverez aussi **West Lodge Guest House** - *✆ (01224) 861 936 - karenwoodsuk4@yahoo.co.uk.* Une petite pension bien moins chère dont les pensionnaires peuvent profiter du parc et des parties communes du château.

Aboyne

Kirklands of Cromar B&B – *Tarland (8 km de Aboyne), à droite juste après le petit pont - ✆ (1339) 881 082 - www.kirklandsofcromar.co.uk - 2 ch. 40 £.* Belle maison de 1840 restaurée à l'entrée de Tarland, avec vue sur les ruines d'un site préhistorique. Simplicité, petit-déjeuner bio avec les produits du jardin et des fermes voisines. Salles de bains privées mais pas en suite.

Banchory

Raemoir House Hotel – *Raemoir, à 3 km de Banchory - ✆ (1330) 824 884 - www.raemoir.com - 20 ch. 90-160 £.* Bâtie en 1750, cette demeure au cœur d'un beau parc de 20 acres a été transformée en hôtel en 1943. Meublé d'antiquités, l'ensemble allie à merveille confort et raffinement. Superbe restaurant.

Banchory Lodge Hotel – *Banchory - ✆ (1330) 822 625 - www.banchorylodge.co.uk - 22 ch. 150 £.* Si cette auberge du 16e siècle n'a pas le luxe du petit château de Raemoir, sa situation en contrebas de la route, au bord de la rivière Dee, en fait une halte tout à fait agréable.

Ballater

Gairnshiel Lodge – *Glengairn, au NO de Ballater, au croisement de la A 939 et B 976 - ✆ (01339) 755 582 - www.gairnshiellodge.co.uk - 9 ch. 60 £.* Ancien pavillon de chasse utilisé dans les années 1920 par la famille royale. Chambres confortables (certaines un peu petites toutefois). La situation de cette maison est assez remarquable, au cœur d'une nature sauvage, aux couleurs fauves, sur les bords de la rivière Gairn.

CHÂTEAUX DES GRAMPIANS

Huntly

Castle Hotel – *Huntly, sur A 96 en dir. d'Elgin - ✆ (01466) 792 696 - www.castlehotel.uk.com - 18 ch. 90-115 £.* Le château est un peu massif mais les grandes chambres, récemment refaites, ont beaucoup de charme et sont d'un très bon rapport qualité-prix. Une adresse sympathique où vous serez sans doute accueilli par le châtelain.

Inverurie

Pittodrie House – *à 3 km d'Inverurie sur A 96 en dir. d'Inverness, prendre la dir. Chapel of Garioch - ✆ (08701) 942 111 - www.macdonaldhotels.co.uk/pittodrie - 27 ch. 140-160 £.* La partie la plus ancienne de ce château, agrandi à l'époque victorienne et en 1988, date de 1480. Cette demeure, nichée dans un parc de 2 000 acres, s'avère particulièrement authentique avec ses parquets craquants et les odeurs de feux de cheminée. Réservation indispensable même le week-end où se tiennent de fréquents mariages.

Kildrummy

Kildrummy Castle Hotel – *Kildrummy, à 15 km d'Alford - ✆ (01975) 571 288 - www.kildrummycastlehotel.co.uk - 16 ch. 160-190 £.* Cette ancienne demeure dominant les ruines du château de Kildrummy a été construite en 1900 par un fabriquant de savons. La décoration d'époque est particulièrement remarquable. Parmi les chambres master, un peu plus chères, ne manquez pas la Bulwark ou la Stronagaich, qui bénéficient d'une superbe vue sur les ruines du 13e s.

Voir aussi le Carnet pratique de Stonehaven (p. 472), agréable station balnéaire à 30 km au sud d'Aberdeen.

Se restaurer

ABERDEEN

Royal Thaï – *29 Crown Terrace - ✆ (01224) 212 922 - 12h-14h, 17h30-23h - fermé le dim.- 16-20 £.* Très bon restaurant thaïlandais. Dans cette même rue, vous trouverez à proximité un mexicain, un vietnamien et un chinois d'un standing équivalent.

La Lombarda - *2-8 King St. - ✆ (01224) 640 916 - lalombarda@btopenworld.com - tlj 10h-23h, dim. 17h-23h - 13-28 £.* Il s'agit du plus ancien restaurant italien du Royaume-Uni, établi en 1922. Belle carte proposant tous les grands classiques de la cuisine italienne et de sa production vinicole.

VALLÉE DE LA DEE

Bon à savoir – De même que pour les hôtels, les adresses qui suivent sont bien plus intéressantes que celles d'Aberdeen, tant du point de vue gustatif que pour le cadre délicieux qu'offre cette vallée. Étant donné la taille de ces restaurants, remplis par les pensionnaires des hôtels respectifs, il est impératif de réserver à l'avance.

Darroche Learg – *Hôtel Darroch Learg, Braemar Road, Ballater - (01339) 755 443 - www.darrochlearg.co.uk - 12h30-14h, 19h-21h - 40-45 £.* La salle à manger, sous une verrière donnant sur le jardin fleuri, offre une belle vue sur les environs. Le menu dégustation permet un rapide tour d'horizon de la cuisine des Highlands. Une bonne halte gastronomique.

Raemoir House Restaurant – *Raemoir, Banchory - (1330) 824 884 - 12h-14h, 18h30-21h - 27-35 £.* Dans le cadre somptueux de ce château du 18e s., dînez à la chandelle dans la salle ovale dont la tapisserie victorienne donne le ton. Plats typiques de la région avec les produits des fermes locales.

CHÂTEAUX DES GRAMPIANS

Pittodrie House – *Chapel of Garioch - (08701) 942 111 - www.macdonaldhotels.co.uk/pittodrie - 12h-13h45, 19h30-20h45 - 30-35 £.* Téléphoner pour connaître les disponibilités, l'hôtel accueillant souvent des mariages les week-ends. Côté cuisine, les produits locaux sont à l'honneur avec le bœuf Aberdeen-Angus, les plantes aromatiques et les légumes provenant du potager du château.

Kildrummy Castle – *Kildrummy, à 15 km de Alford - (01975) 571 288 - www.kildrummucastlehotel.co.uk - 12h-13h45, 19h-20h30 - 20-30 £.* Ouverts aux non-résidents, les salons de ce château offrent une halte très agréable. Passez au moins prendre un verre et réservez à l'avance si vous comptez manger dans la somptueuse salle qui domine les ruines. Cuisine typiquement écossaise.

Faire une pause

Books and Beans – *22 Belmont St. - (01224) 646 438 - www.booksandbeans.co.uk - 8h-16h30, dim. 11h-16h.* Sur trois niveaux, une adresse dans l'air du temps : pâtisserie, snacks et salon de thé au rez-de-chaussée, librairie et internet au 1er et au 2e étage.

Frankenstein Pub – *(01224) 626 720 - www.frankenstein-pub.co.uk.* Ambiance toujours particulière dans cette chaîne du pubs à travers le Royaume-Uni.

Sports et loisirs

Aberdeen est une région de golf, de randonnées (pédestre ou cycliste), de pêche à la ligne et de sports nautiques. Les mordus de deltaplane, de canoë, de rafting et de tir pourront aussi assouvir leur passion, quel que soit leur niveau.

Randonnées

Vous trouverez à cette fin plusieurs ouvrages (en anglais) à l'office de tourisme, tel que *25 walks in and around Aberdeen* de Robert Smith, Mercat Press.

Ranger Service Walks – *(01224) 897 400 - www.aberdeencity.gov.uk.* Organise de mai à octobre une quinzaine de balades de 2 à 5 heures à la découverte de la faune et de la flore.

Itinéraires historiques

Suivre le parcours (signalé) Victorian Heritage Trail pour découvrir les associations royales de la région ; l'itinéraire Scotland's Castle Trail s'attache à retracer les principaux épisodes de l'histoire écossaise. Enfin, de longues plages de sable et des villages rustiques ponctuent Coastal Trail.

En soirée

Trois orchestres se produisent au **Music Hall** – *Union St. - (01224) xx.* Musique également au **Lemon Tree** – *West-North St. - (01224) xx.*

De nombreux pubs accueillent des groupes de musique folk.

Les amoureux de l'époque édouardienne pourront admirer le cadre splendide du **Her Majesty's Theatre** – *(01224) xx.*

Achats

The Artist's Pad – *10/11 Castle St. - (01224) 622 332.* Les plus grandes marques d'aquarelles, huiles et acryliques, ainsi que tout le matériel nécessaire pour croquer la campagne, ces paysages donnent envie de se prendre pour un artiste.

Événements

ABERDEEN

Aberdeen Jazz Festival, en mars, *(01224) 619 770 - www.jazzaberdeen.com.* Outre le festival, Aberdeen Jazz organise de nombreux concerts tout au long de l'année.

L'**Aberdeen International Football Festival**, en juillet, accueille des équipes de jeunes du monde entier – *www.aiff.co.uk.*

ENVIRONS

Braemar Highland Gathering, le 1er samedi de septembre : le plus célèbre des Highland games. *www.braemargathering.org.*

World Highland Games, à Callander, fin juillet : épreuves sportives, concours de danse et de cornemuse et Highland Games pour les enfants. *www.incallander.co.uk.*

Taste of Grampian Festival, en juin : pour découvrir la diversité de la gastronomie de la région. *www.tasteofgrampian.co.uk.*

La côte de l'Aberdeenshire

CARTE GÉNÉRALE RABAT I D2 - CARTE MICHELIN REGIONAL 501 O11 ABERDEENSHIRE

Cette région littorale et agricole est souvent oubliée des touristes étrangers. Elle « paye » son manque de reliefs grandioses et de châteaux hantés. Pourtant elle peut mettre en avant tous les charmes d'une côte variée et encore relativement sauvage. Autour des grands ports de Peterhead et Fraserburgh, on trouve de charmants bourgs ou villages de pêcheurs. Ils sont colorés ou oubliés, besogneux ou touristiques, venteux ou abrités. Mais tous se font discrets pour ne pas gâcher le beau décor naturel dessiné par les dunes, les falaises et les plages.

- **Se repérer –** Le cône penché que forme l'Aberdeenshire avance ici sa pointe dans la mer du Nord. La côte, longée par la A 90 et la A 98, n'est que sporadiquement peuplée mais tout de même bien desservie.
- **À ne pas manquer** – Banff (et la Duff House) et Macduff, si proches et si différentes. Les villages des falaises (Crovie, Pennan, Gardenstown). Le Museum of Scottish Lighthouses à Fraserburgh. La plage de Cruden Bay et les dunes de Forvie.
- **Organiser son temps** – L'été est la saison la plus propice pour profiter de cette région côtière : festivals nombreux, faune marine et oiseaux plus visibles, balades dans les dunes et sur les falaises plus aisées. Mais les jours de tempêtes ont aussi leur charme.
- **Avec les enfants** – Macduff Aquarium. Excursions en mer à la rencontre des dauphins (par très beau temps seulement).
- **Pour poursuivre le voyage** – Aberdeen, Dufftown, Elgin, Inverness.

Circuits de découverte

LA CÔTE EST : DE COLLIESTON À FRASERBURGH 1

Ce circuit de 75 km débute à Collieston (à 20 km au nord d'Aberdeen).

Collieston

Cet ancien village de pêcheurs, avec sa petite baie de sable, est maintenant une station estivale populaire. À l'intérieur des terres se trouve le centre d'accueil de la réserve naturelle des sables de **Forvie** et de l'estuaire de l'Ythan. Le réseau de dunes (le plus vaste de Grande-Bretagne) et de bancs de boue intertidaux permet d'abriter le gibier d'eau en hiver et sert de terrain de reproduction à ces oiseaux. Divers chemins permettent de parcourir la réserve – *☎ (01358) 751 330 - www.nnr-scotland.org.uk - avr.-sept. : 9h-17h (horaires d'hiver plus sporadiques).*

Quittez Collieston vers le nord par la A 975 en direction de Cruden Bay.

Cruden Bay

Ce village s'étend près d'une plage de 3 km de long. Dominée au nord par des falaises, elle est l'une des plus belles de la région. Son sable et son terrain de golf attirent de nombreux vacanciers en été.

New Slains Castle – *Pour s'y rendre, il faut marcher un quart d'heure vers le nord.* Les ruines de granit rose qui occupent le bord de la falaise sont les restes d'un château fort construit vers 1597 par Francis Hay, 9e comte d'Erroll, à son retour d'exil. Il fut démantelé au 20e s. Le premier siège de la famille, l'**Old Slains Castle** situé à 8 km plus au sud, avait été détruit par Jacques VI après que le 9e comte de Erroll et le comte de Huntly eurent trempé dans un complot à l'époque de la Contre-Réforme.

De là, vous pouvez rejoindre à pied Bullers of Buchan (*voir ci-dessous*). Mais attention, ce chemin de 4-5 km en haut des falaises peut être très dangereux.

Bullers of Buchan - *Parking sur la A 975 au nord de Cruden Bay (direction Peterhead).* Ce gouffre, que Boswell a qualifié de « monstrueux chaudron », constitue un spectacle effrayant par temps rude.

Continuez par la A 975 vers Peterhead.

Peterhead

Cette ville animée, constituée de bâtiments de granit rose, possède un port actif accueillant à la fois des bateaux de pêche et des pétroliers. Fondé en 1593 par George Keith, 5e comte Marischal, le bourg devient dès la fin du 17e s. une station thermale en vogue. Il acquiert ensuite le titre le premier port de pêche à la baleine du pays, avant que Dundee ne lui ravisse cette position. Peterhead se reconvertit alors en un port prospère de pêche aux harengs. Cette activité se traduit par la présence ou le passage d'une flotte de 400 bateaux et par un très dynamique marché aux poissons.

Arbuthnot Museum (Peterhead Maritime Heritage) – *St Peter St. - ✆ (01771) 622 127 - www.aberdeenshire.gov.uk - tlj sf dim. 11h-13h et 14h-16h30, merc. 11h-13h - gratuit.* Ce musée explique le passé maritime de Peterhead : la pêche à la baleine, puis au hareng, ainsi que les activités qui y sont liées. Vous y verrez une présentation du port, des maquettes de bateau, une évocation du monde arctique ainsi qu'une collection de monnaies.

Ugie Salmon Fishings – *Golf Road (à l'embouchure de la rivière) - ✆ (01779) 476 209 - www.ugie-salmon.co.uk - lun.-vend. 9h-17h, sam. 9h-12h.* Dans ce bâtiment construit en 1585, on vend, prépare et fume du saumon (entre autres) depuis bien longtemps. Cette fumerie est en effet la plus ancienne d'Écosse. Vous découvrirez les méthodes de fumage et serez invités bien sûr, à goûter et acheter la production dans la boutique.

Quittez Peterhead vers l'ouest, en prenant la A 950, direction Longside. Après le carrefour avec la A 952, continuez tout droit (A 950) vers Old Deer.

Aberdeenshire Farming Museum

Dans Aden Country Park, à Old Deer - ✆ (01771) 622 807/624 590 - www.aberdeenshire.gov.uk/heritage - ♿ - mai-sept. : 11h-16h30 ; oct. : w.-end et vac. scol. 12h-16h - gratuit - café - parking (50 p).

Le nord-est de l'Écosse compte le quart des terres labourables du pays. Ce « terrain bien travaillé » (weel vrocht grun) est le résultat des siècles de labeur des paysans qui le nettoyèrent de sa pierraille, le drainèrent, le clôturèrent et lui apportèrent sa fertilité. Les méthodes traditionnelles de culture sont à nouveau utilisées dans le charmant cadre du domaine d'Aden. Un splendide pigeonnier à quatre étages et la ferme d'Hareshowe, reconstruite, y donnent un aperçu des méthodes en vigueur pendant les années cinquante.

Revenez vers l'est et, au carrefour avec la A 952, prenez cette route vers le nord en direction de Fraserburgh. Au croisement avec la A 90, prenez la petite route en face, qui mène à Inverallochy.

Inverallochy et Cairnbulg

Les deux villages de pêcheurs d'Inverallochy et de Cairnbulg forment d'extraordinaires groupes de petites maisons basses en granit, aux pignons orientés vers la côte rocheuse. Si nombre d'entre elles ont été modernisées, Maggies's Hoosie – *✆ (01346) 582 504/684 - de mi-juin à mi-sept. : lun.-jeu. 14h-16h - 2 £* –, avec ses tuiles ondulées, son sol en terre battue et ses lits clos, évoque la vie simple des pêcheurs d'autrefois.

Fraserburgh

La belle époque de la pêche au hareng remonte au 19e et au début du 20e s., mais cette ville austère et venteuse à la pointe nord-est de l'Aberdeenshire est encore le refuge d'une centaine de bateaux de pêche. Le port d'origine a été fondé par la famille Fraser au 16e s. C'est à cette même famille que l'on doit la demeure, pompeusement baptisée château, s'élevant sur le cap Kinneard. Son dernier étage fut adapté en 1787 pour recevoir le tout premier phare d'Écosse.

Museum of Scottish Lighthouses – *Kinneard Head Fraserburgh - ✆ (01346) 511 022 - www.lighthousemuseum.org.uk - ♿ (musée uniquement) - juil.-août : 10h-18h, dim. 11h-18h ; avr.-juin et sept. : 10h-17h ; reste de l'année : 10h-16h, dim. 12h-16h - 5 £ (enf. 2 £) - café - parking.*

Le musée consacré aux phares d'Écosse a ouvert en 1995 dans le but de raconter l'étonnante histoire des « phares du Nord » qui ont préservé la navigation des périls de l'interminable côte écossaise. Il retrace l'évolution constante de la technique depuis le premier feu de houille allumé en 1636 en haut d'une tour sur l'île de May. On y trouve maquettes, cartes, dessins et toutes sortes d'objets concernant les gardiens de phares, mais les pièces les plus mar-

Détour ornithologique

Si vous vous trouvez dans les alentours de Fraserburgh et êtes passionné par les oiseaux, faites un détour par la réserve naturelle de **Loch of Strathbeg**. Situé à 17 km au sud-est de Fraserburgh, ce lac est séparé de la mer (Strathbeg Bay) par une assez large bande de terre. Dans ces terrains humides nichent ou transitent près de 250 espèces d'oiseaux. Aux abords du Visitor Centre (situé à 1,5 km à l'est de Crimond), quatre sites d'observation ont été aménagés, et sont accessibles à différentes heures du jour.

Loch of Strathbeg N.R (Visitor Centre) – *Crimond - ✆ (01346) 532 017 –, www.rspb.org.uk - ouvert toute l'année.*

quantes sont les immenses lentilles des phares, semblables à de gigantesques bijoux Arts déco. L'aspect humain est présent également à travers l'évocation de la vie des gardiens de phare et de l'extraordinaire travail des cinq générations de Stevenson qui, à eux seuls, ont bâti une centaine de phares.

Sur le cap Kinnaird, à l'extrémité de la zone de séchage des filets de pêche, se trouve un groupe de bâtiments, dont les logements des gardiens et le phare édifié en 1787.

Fraserburgh Heritage Centre – *Quarry Road - ✆ (01346) 512 888 - avr.-oct. : lun.-sam. 11h-17h, dim. 13h-17h.* Une attraction vivante où sont exposés 400 ans d'histoire de la ville. L'attention est surtout portée sur l'artisanat et l'industrie qui ont créé et fait vivre la ville.

PORTS ET FALAISES : DE FRASERBURGH À CULLEN★ 2

*Pour débuter ce circuit côtier de 54 km, quittez Fraserburgh par la B 9031 (direction Sandhaven). Le long de la route pittoresque jusqu'à Pennan, n'hésitez pas à vous arrêter dans les petits villages côtiers. Ne manquez pas la superbe plage d'***Aberdour Bay**.

Pennan

Des virages en épingle à cheveux et des pentes raides descendent vers ce joli village aux cottages peints en blanc, dont les pignons donnent sur le rivage rocheux. C'est lui qui servit de cadre sous le nom de Ferness au film de Bill Forsyth, *Local Hero*. Et la cabine téléphonique, qui joue un rôle non négligeable dans le film, est devenue un monument historique.

P. Tomkins / SCOTTISH VIEWPOINT/VISIT SCOTLAND

L'adorable village de Pennan, blotti au pied de la falaise.

Crovie

À l'est de la baie de Gamrie, les maisons de ce minuscule et pittoresque village, bâties à quelques mètres du rivage, tournent leurs pignons vers la mer.

La pointe rocheuse, **Troup Head** *(non accessible)*, pointe à l'est avec ses falaises hautes de 100 m, est un repère bien visible.

Immédiatement à l'est, **Castle Point**, que l'on gagne par un isthme étroit et de grossiers sentiers, est vivifiant par son exposition au vent. Bien qu'il n'y ait plus guère trace d'occupation, le cap fut fortifié sans interruption du 7e s. av. J-C. au 18e s., qui vit l'adjonction d'une installation de défense côtière, le **fort Fiddes**. De magnifiques **vues★★** s'ouvrent sur Pennan *(voir plus haut)*, les moutonnements des falaises et Hell's Lum, crevasse dans les falaises menant à une grotte marine.

Gardenstown

Une route étroite et sinueuse descend vers ce village bâti en terrasses sur les falaises (vertes, rouges, noires) au sud de la baie de Gamrie. Les bateaux à homards viennent toujours accoster dans le petit port. Les maisons ne sont pas particulièrement belles mais leur disposition rend le lieu très attrayant. Vous verrez non loin les ruines d'une église du 11e s.

Un chemin le long de la falaise permet de rejoindre Crovie (*voir plus haut*).

La route B 9031 se poursuit jusqu'à Macduff.

Macduff

Jadis appelée Doune, la ville fut rebaptisée au 18e s. par le 1er comte de Fife lorsqu'il construisit le port. Aujourd'hui, Macduff s'enorgueillit toujours de sa flotte de pêche, de son marché aux poissons et de ses chantiers navals restés actifs en grande partie grâce à son port en eau profonde et à l'envasement de celui de Banff (désormais une marina). Il faut se promener le matin sur les quais pour découvrir toute cette activité. Une autre attraction, la piscine en plein air de Tarlair, se situe au milieu des rochers. Du golf en haut de la falaise, vous jouissez d'une vue superbe sur Macduff et sa voisine Banff.

Macduff Marine Life Aquarium – *11 High Shore - ☏ (01261) 833 369 - ♿ - 10h-17h (dernière entrée 45mn av. fermeture) - fermé 1er-2 janv., 25-26 et 31 déc. - 5 £ (-15 ans 2,50 £).*

Une passionnante visite « circulaire » permet , non pas de s'émerveiller devant des spécimens exotiques colorés, mais de découvrir les espèces qui peuplent la mer à quelques pas de là. Chaque salle se rattache à un milieu particulier : rochers, haute mer, fonds sableux. Au centre de l'édifice, un vaste bassin où s'ébattent de gros spécimens sert de fil conducteur. Explications en français tout le long du parcours. Chaque jour on peut assister au repas des poissons.

Banff★

Face à Macduff, sur l'autre rive de la Deveron, Banff est une petite ville chic, endormie hors saison, riche en demeures du 18e s. Ce magnifique héritage remonte à l'époque où Banff accueillait pour l'hiver les riches propriétaires terriens du cru. Bourg royal dès le 12e s., la ville eut son château fort et son monastère.
Cette description des différentes rues de la ville mentionne quelques-uns des plus beaux édifices de Banff :

Low Street – Remarquez particulièrement la maison des carmélites (18e s.), seul vestige de l'ancien monastère, et **l'hôtel de ville (Town House)**, avec son clocher inhabituel. Face à ce bâtiment, une rare **croix de marché★** antérieure à la Réforme occupe la zone pavée. Une face du fleuron (16e s.) porte une Crucifixion, l'autre une Vierge à l'Enfant.

High Shore – Sur la gauche, les numéros 1 à 5 forment un agréable groupe d'édifices du 18e s. L'entrée du no 3 présente un fronton droit et des grotesques qui contrastent avec l'auberge locale et son passage couvert.

Boyndie Street – Du côté nord se trouvent deux autres maisons du 18e s. Boyndie House, au pignon arrondi, porte la date de sa construction.

High Street – Du côté ouest, aux nos 47 à 41, se dresse une autre série d'édifices à deux étages du 18e s. ; un peu plus loin, de l'autre côté de la rue, la maison forte Abercrombie est un agréable ouvrage en moellons datant du milieu du 18e s. À l'extrémité sud de la rue, aux nos 5 à 1, se trouvent encore des maisons contemporaines ; la Old Banff Academy est située à l'arrière.

Duff House★★ – *Au sud du centre-ville - ☏ (01261) 818 181 - www.duffhouse.org.uk - ♿ - avr.-oct. : 11h-17h ; nov.-mars : 11h-16h - 5,50 £ (enf. 4,50 £) - salon de thé.*
Demeure la plus sophistiquée du nord-est de l'Écosse, ce splendide manoir baroque a été dessiné vers 1735 par William Adam pour le parlementaire William Duff, qui devient lord Braco et comte de Fife. Mais l'architecte et son mécène se brouillent. La longue procédure judiciaire qui s'ensuit ne trouve sa résolution que peu avant la mort d'Adam en 1748, et lord Braco, plein d'amertume, ne s'y installe jamais. Vendue par les Fife au début du 20e s., la demeure héberge, pendant la Seconde Guerre mondiale, des troupes norvégiennes et polonaises, ainsi que des prisonniers de guerre allemands. Magnifiquement restaurée, elle abrite aujourd'hui des tableaux de la Scottish National Gallery (dont elle est devenue une

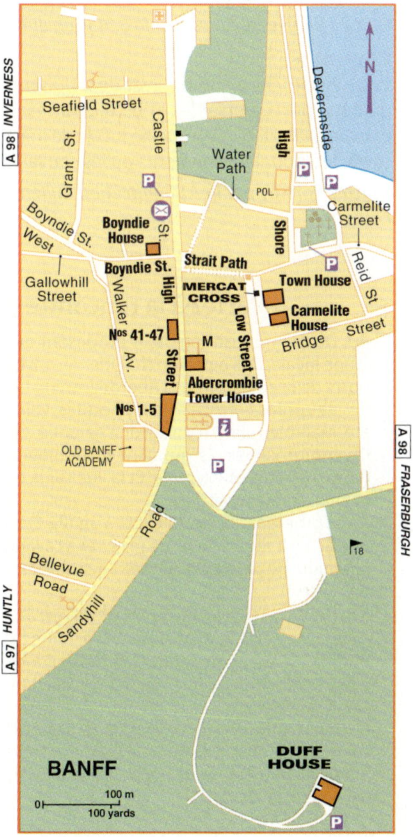

antenne, d'où des expositions qui changent régulièrement), qui contribuent avec le magnifique ensemble de meubles et d'accessoires en prêt à recréer l'atmosphère du manoir à sa grande époque.

Extérieur – Avec ses quatre tours d'angle, Duff House surgit de manière spectaculaire dans la plate vallée de la Deveron en amont de son embouchure entre Banff et Macduff. Le corps de bâtiment central s'appuie sur un soubassement, et on y pénètre par un double escalier tournant surmonté de piliers corinthiens et d'un fronton richement décoré. Les pavillons et colonnades latéraux prévus par Adam ne furent pas réalisés, mais les arbres parvenus à maturité assurent aujourd'hui l'harmonie de l'ensemble. En amont, la rivière sort d'une gorge dont les rives boisées cachent une glacière et un mausolée qu'orne une effigie provenant de l'église St Mary de Banff.

Intérieur – Le centre de l'édifice est occupé par les vastes et somptueux espaces du vestibule, au premier niveau, et du grand salon, au deuxième niveau, qui contrastent avec les pièces plus intimes, boudoirs, chambres, bibliothèques et cabinets privés, situées de part et d'autre. Une toile grandiose de William Etty, intitulée *The Combat, Woman pleading for the Vanquished - an ideal groupe*, domine le vestibule, tandis que les murs du salon sont ornés d'une superbe collection de **tapisseries** des Gobelins et de trois *Pastorales* de Boucher. Parmi les autres œuvres décorant les pièces du 1er étage, on notera l'un des premiers portraits de Ramsay, *Elizabeth, Mrs Daniel Cunyngham* (dans la salle à manger), ainsi que des parties d'un grand tableau de Cuyp et un splendide **le Greco**, *La Pénitence de saint Jérôme* (dans le boudoir de la comtesse Agnès).
Portraits et autres tableaux sont également exposés en grand nombre dans la cage du Grand Escalier, mais l'objet décoratif le plus remarquable ici se compose d'une patte de lion en porphyre avec un rafraîchissoir en marbre, fixés sur un épais bloc noir de charbon de Parrot poli. Au 2e niveau, le salon nord renferme plusieurs portraits de Raeburn. La glace en trumeau au-dessus du manteau de la cheminée constitue l'unique élément décoratif d'origine du manoir. Dans une autre salle, on trouve une présentation de l'histoire architecturale de la maison. Les murs des deux bibliothèques, intérieure et en façade, sont ornés de portraits de rois d'Écosse, de monarques exilés et de prétendants au trône.

Quittez Banff vers l'ouest par la B 9139 en direction de Portsoy.

Portsoy★

Cette vieille ville maritime, avec de séduisants bâtiments du 17e s., est centrée autour de deux ports. Versailles et bien d'autres palais européens sont décorés avec du marbre de Portsoy. Cette veine locale de marbre serpentin vert ou rouge est toujours travaillée pour les ornements ou les souvenirs, dans un atelier surplombant le port.

Quittez Portsoy par la A 98 (direction Cullen), mais prenez rapidement à gauche vers Fordyce.

Partez à la rencontre de la faune marine

De nombreuses agences proposent des excursions en mer pour découvrir la faune locale. Des bateaux (chalutier reconverti, hors-bord rapides) partent de divers ports de la côte nord de l'Aberdeenshire. Le but annoncé est bien sûr d'apercevoir des **dauphins** *bottlenose*, des **phoques**, voire des **petites baleines** et des **requins** en été. Mais bien sûr, il n'y a aucune garantie. Cela ne doit pas vous empêcher de tenter l'aventure, car les oiseaux sont eux toujours au rendez-vous : guillemots et fous de Bassan en été par exemple. Et la vue sur la côte, les villages de pêcheurs, les grottes et falaises, est superbe.
À ces promenades de 1h (18 £) à 3h (22 £) s'ajoutent des propositions de plongée, de pêche. Il est conseillé de réserver à l'avance car le départ n'est garanti qu'avec un minimum de passagers. Sachez aussi que les conditions météo peuvent tout remettre en cause.
North58° – *8 Quayside, Banff - ✆ (01261) 819 900 ou (07854) 447 720 - www.north58.co.uk.* Départ de Banff en hors-bord, toute l'année selon la météo.
Puffin Cruises – *2 School Road, Portessie Buckie - ✆ (01542) 832 560 ou (07900) 920 445 - www.puffincruises.com.* Départs de Macduff sur un ancien chalutier, toute l'année selon la météo.
Gemini Explorer – *2 Red Craig, Buckhead - ✆ (07747) 626 280 - www.geminiexplorer.co.uk.* 2 à 3 départs par jour de mars à octobre, de Buckie *(voir Elgin circuit 1 p. 405)*. Sur un ancien bâteau de pêche, comptez 25 £ par adulte et 18 £ par enfant pour une excursion de 2h30.

Fordyce

Ce charmant village est construit autour d'une maison forte du 16e s., exemple intéressant du style baronnial écossais. Dans le voisinage du cimetière se dressent une tour et un beffroi, seuls vestiges d'une église médiévale. L'un des deux enfeus du 16e s. porte le gisant d'un chevalier en armes.

Revenez vers la A 98 à hauteur de Sandend, et sa belle plage. Puis rejoignez Cullen.

Le Cullen Skink

Le **Cullen Skink**, solide bouillon à base de haddock fumé (jadis on utilisait aussi du bœuf), est un plat local qui a rendu célèbre le nom de ce petit port de pêche. En voici la recette :

Ingrédients : 1 grand haddock fumé, 1 oignon hâché, 900 ml de lait, du beurre, quelques pommes de terre cuites, sel, poivre, une feuille de laurier, persil et eau.

Préparation : Dans une casserole peu profonde, posez le haddock peau vers le fond et couvrez-le d'eau. Faites bouillir puis laissez frémir 5 minutes en tournant une fois le poisson. Sortez le poisson. Enlevez la peau et les arêtes puis émiettez-le grossièrement. Dans le bouillon réservé, ajoutez l'oignon hâché, le laurier, du sel et du poivre. Laissez frémir 15 minutes puis ôtez le laurier. Ajoutez le lait puis portez à ébullition. Ajoutez des morceaux de pomme de terre, plus ou moins gros et nombreux selon la consistance que vous voulez donner à l'ensemble, puis les morceaux de poisson. Chauffez un peu le tout. Ajoutez du beurre avant de servir. Accompagnez de toasts grillés.

Cullen

Cullen est un lieu de vacances populaire du Moray Firth et possède une plage de sable magnifique. Celle-ci s'étend vers l'ouest, interrompue par quelques rochers isolés surnommés les « Trois Rois ». La ville se divise en deux parties : d'un côté, la ville haute et spacieuse et, de l'autre, la ville maritime à côté du port.

Seatown – Ce labyrinthe de cottages, de cours et de ruelles, si typiques des villages de pêche locaux, s'étend sur les bords de mer entre la plage et le port. Remarquez les fenêtres utilisées pour étendre les filets et les faire sécher.

Upper Town – Contrastant nettement avec le quartier du port, cette partie haute de la ville comporte une place centrale spacieuse et une large rue principale. Ce quartier fut conçu en 1822 à distance du manoir du comte de Seafield, Cullen House *(fermé)*. La croix de marché date de 1696 et s'élevait à l'origine devant la vieille église (Auld Kirk).

Cullen Auld Kirk★ – *À 800 m de la place ; panneau indicateur à partir de la rue principale - ✆ (01542) 841 851 - revwilmaj@btinternet.com - www.moraypresbytery.org.uk - ♿ - juin-sept. : mar. et vend. 14h-16h - tarif non communiqué.*

L'église (16e s.) indique l'emplacement de l'ancien village. En entrant, sur le mur opposé, remarquez le **tabernacle★** (16e s.) bien conservé, ainsi qu'une **tombe sculptée** soigneusement où figurent en médaillons Alexander Olgivie et sa femme. Au-delà, le monument de marbre commémore le chancelier comte de Seafield, l'un des commissaires écossais qui négocièrent l'Acte d'union en 1707. La galerie seigneuriale contient des **panneaux★** finement sculptés provenant probablement d'autres bancs d'église.

De Cullen, vous pouvez rattraper le cicuit [1], en sens inverse, de la région d'Elgin (voir ce nom).

La côte de l'Aberdeenshire pratique

Informations utiles

Fraserburgh – *3 Saltoun Square - ✆ (01346) 518 315 :*
Ouvert de Pâques à fin octobre - lundi-sam. 10h-13h et 14h-17h.

Banff – *Collie Lodge, sur le parking à l'entrée du centre-ville) - ✆ (01261) 812 419 :* tlj sf dim. 10h-13h, 14h-17h.

Transports

Route – La côte est longée par la bonne route A 90 (Aberdeen-Fraserburgh), qui se prolonge par la A 98 (plus étroite) vers Banff et Cullen. L'intérieur des terres et les villages côtiers isolés sont desservis par des routes secondaires. Comme partout ailleurs en Écosse, chaque site est très bien indiqué.

Bus – Peterhead/Fraserburgh et Banff sont reliés par des bus fréquents depuis Aberdeen (toute les heures ou presque). Un bus relie deux fois par jour Fraserburgh à Banff et Macduff (bus Bluebird qui permettent de s'arrêter aussi à Pennan par exemple). Il est donc possible de parcourir toute cette côte en bus.

Compagnie Stagecoach – Bus toutes les 30 minutes au départ d'Aberdeen - *www.stagecoachbus.com.*

Compagnie Citylink – *www.citulink.co.uk.*

Train – La région a été oubliée par le rail. Les gares les plus proches sont Elgin et Aberdeen.

Ron & Aggie's Taxi's – *(01779) 480 021.*

Se loger

Bon à savoir – Il est assez aisé de se loger autour de Banff et Cullen. On y trouve quelques hôtels, B&B, guesthouse et self-catering. Mais sachez qu'ils peuvent être vite pleins en été, particulièrement lors des concours de golf. La côte entre Peterhead et Fraserburgh, région moins fréquentée, est en revanche moins bien dotée. Les établissements de tous types et catégories sont rares. Il est donc conseillé de réserver à l'avance auprès de l'office du tourisme d'Aberdeen par exemple.

Nous vous indiquons ici quelques adresses sur Peterhead :

Carrick Guest House – *16 Merchant St. - (01779) 470 610 - carrickpeterhead@aol.com - 6 ch. 44 £.* Les chambres de cette maison d'hôtes, à deux pas du centre-ville, sont confortables.

Waverley Hotel – *10 Merchant St. - (01779) 474 457 - 12 ch. 55 £.* Hôtel de standing équivalent à la Carrick Guest House, avec un pub-restaurant.

The Palace Hotel – *Prince St. - (01779) 474 821 - www.palacehotel.co.uk - 64 ch. 60/70 £.* Le plus grand hôtel de cette ville qui en compte peu. Bar-Pub qui évoque les saloons de l'ouest américain et le Seafood Brasserie qui compte parmi les meilleurs restaurants de Peterhead.

BANFF

Fife Lodge Hotel – *Sandyhill Road - (01261) 812 436 - www.fifelodgehotel.com.* Petit hôtel de quelques chambres dans une belle maison toute blanche. On peut y dîner.

Se restaurer

PETERHEAD

The Dolphin Cafe – *Port de pêche - (01779) 478 595 - 5h-18h30 - 5 £.* Exceptionnellement, nous vous indiquons un Fish & Ships. Ambiance cantine et horaires adaptés à la vie des pêcheurs, mais du poisson extra-frais au cœur d'un des plus grands ports de pêche d'Europe.

Copper Kettle – *59 Broad St - (01779) 477 242 - 9h30-16h30 - 5/10 £.* Plusieurs salles dans cette petite maison typique. Petits-déjeuners, salon de thé, snacks et repas du midi.

Seafood Brasserie – *Au Palace Hotel, Prince St. - (01779) 474 821 - 20/50 £.* Comme son nom l'indique, poissons et fruits de mer sont à l'honneur, avec quelques plats de poulet ou d'agneau. Fraîcheur garantie en direct du port de pêche.

MACDUFF

Milo's Restaurant – *Harbour - (01261) 831 222 - fermé lun.* Permet de déguster divers plats de poissons et fruits de mer, en toute simplicité, en regardant l'activité du port de pêche.

Achats

Teddy bears – *Glendaveny - 41 Broad St. - (01779) 481 608 - www.glendaveny.co.uk.* D'authentiques Teddy Bears articulés faits main dans l'atelier derrière la boutique. 100 % mohair et répondant aux exigences de sécurité pour les enfants.

Evénements

Farmer Market/Fishmarket – Macduff, chaque dernier samedi du mois, marché au poisson, vente de produits fermiers.

The Deveron Festival – Banff, en juin. La cité se met à la culture pendant quelques jours.

Peterhead Scottish Week – Peterhead, en juillet. Durant une semaine, fête populaire et bon enfant, très éclectique : carnaval, musique, thé dansant, bingo, sport, expo photo, cornemuses, pique-nique…

Food Fayre – Fraserburgh, en septembre. Foire agricole et gastronomique durant une journée.

Les Cairngorms★★

The Cairngorms

CARTE GÉNÉRALE RABAT I C3 - CARTE MICHELIN REGIONAL 501 I/J 12
HIGHLAND AND MORAY

Parce qu'il offre de vrais paysages de montagnes, quasi uniques en Grande-Bretagne, le massif granitique des Cairngorms jouit d'un certain prestige auprès des touristes locaux. On y a créé en 2004 un parc national qui s'étend entre Braemar et la vallée de la Spey, et offre un cadre sauvage et spectaculaire à toutes sortes d'activités de plein air : marche, cyclisme, sports d'hiver, golf, pêche... Dans cette région, on joue aussi au shinty, sport celte qui témoigne de traditions encore vives. N'hésitez pas à vous attarder dans ces beaux reliefs, pour en faire plus qu'un carrefour entre pays du whisky, Angus et Loch Ness.

Se repérer – Les Cairngorms constituent une partie du massif qui sépare le centre et le nord du pays. L'accès en est très aisé, grâce à la voie rapide A 9 qui relie Inverness à Perth en longeant la vallée de la Spey en desservant aussi les villes principales (Aviemore, Newtonmore). Le rail suit le même tracé.

À ne pas manquer – Découvrir à pied en une heure ou deux jours, la flore et la faune variées des Cairngorms. Le panorama depuis le mont Cairn Gorm. Assister à un match de shinty. Visiter le très riche Highland Folk Museum de Newtonmore.

Organiser son temps – Si les activités de plein air ne vous intéressent pas, la traversée de la région, en voiture, suffit pour apprécier les beaux paysages. Pour marcher et assister à des Highland Games, préférez l'été. Pour éviter la foule, mai et juin sont les mois les plus agréables. Les matches de shinty ont lieu d'avril à octobre, le samedi ou dimanche.

Avec les enfants – Highland Wildlife Park. Démonstrations de chiens de berger. Newtonmore Highland Folk Museum. Le train à vapeur du Strathspey Railway. Le funiculaire du mont Cairn Gorm. Landmark Forest Theme Park.

Pour poursuivre le voyage – Aberdeen et la vallée de la Dee, Dufftown et la région des distilleries, Inverness et le Loch Ness, Perth, Pitlochry.

Les Cairngorms comptent les sommets les plus hauts de Grande-Bretagne.

Comprendre

Un peu de géographie – Le massif s'élève le plus souvent au-dessus de 1 000 m et son point culminant est le Ben Macdui (1 309 m). Trois autres pics atteignent 1 200 m : le Braeriach (1 295 m), le Cairn Toul (1 258 m) et le Cairn Gorm (1 245 m). Ils s'appelaient autrefois Monadh Ruadh (« montagnes rouges »), pour les distinguer des Monadh Liath, ou « montagnes grises », situées à l'ouest de la vallée de la Spey. L'érosion glaciaire a aplani les sommets et formé des plateaux, alors que les glaciers ont creusé les dépressions du lac Avon et de la Dee. La masse montagneuse est divisée selon l'axe nord-sud par la grande crevasse du Lairig Ghru, prolongée par la vallée de la Dee. Le Braeriach est l'élément le plus important à l'ouest de cette ligne de partage des eaux, avec le Ben Macdui, qui est le deuxième plus haut pic d'Écosse, situé à l'est.

Flore et faune – Le rude climat de ces hauts plateaux et sommets, si souvent balayés par les vents, ne permet que l'existence d'une flore arctico-alpine. Lichen, bruyère et mousse servent d'arrière-plan à de brillantes taches de couleur fournies par la saxifrage étoilée et la lychnide moussue. Ces étendues venteuses sont le domaine de créatures insaisissables telles que le bruant des neiges, le pluvier et le lagopède. Parmi les mammifères, citons les écureuils, martres, daims, cerfs et même des rennes.

Découvrir

À l'est d'Aviemore : forêts, lochs et mont Cairn Gorm★★★

La zone immédiatement à l'est d'Aviemore, en route vers le mont Cairn Gorm, est de loin la plus visitée, et c'est justifié. Néanmoins, pour en apprécier tous les charmes, préférez les mois de mai, juin ou septembre et évitez les week-ends.
La B 970 part vers l'est en direction du mont (très bien indiqué). Une première bifurcation à Inverdruie (où un Visitor Centre offre des infos sur les randonnées alentour et la location de vélo) vous propose la direction du **loch Eilein**.
Une marche facile d'une heure permet d'en faire le tour, d'admirer la forêt de **Rothiemurchus** et un château en ruine. Bien d'autres chemins de randonnée ou VTT, plus longs, peuvent également être empruntés.

De retour à Inverdruie, vous continuez en direction du mont. La route atteint bientôt Glenmore et le beau **loch Morlich**. Le lieu est très prisé des amateurs d'activités nautiques non motorisées. Les forêts de conifères qui l'entourent le rendent très photogénique. De belles marches de plusieurs heures permettent de rejoindre le loch Eilein entre autres. Informations sur les chemins, ou encore sur le seul troupeau de rennes de Grande-Bretagne évoluant librement, auprès des rangers du **Glenmore Forest Park** (*tlj 9h-17h*).

La route continue vers le parking de Coire Cas, au pied du mont **Cairn Gorm**. C'est ici qu'en hiver les skieurs affluent. De là, vous pouvez par beau temps monter à pied jusqu'au sommet, à 1245 m (comptez 3h/aller). Soit emprunter le funiculaire (attention, vous ne pourrez pas sortir du centre-terminus).

Funiculaire (Cairngorm Mountain Railway) – *(01479) 861 261 - www.cairngormmountain.org - - mai-nov. : 10h-17h30 - dép. ttes les 15mn (dernier départ du train 16h30) - 8,75 £ (funiculaire et exposition) - restaurant.*
Pour les personnes qui ne font pas de randonnée ou ne pratiquent pas le ski, le funiculaire est un moyen idéal pour découvrir l'austère beauté de cette masse montagneuse. La vue, déjà belle depuis le parking, s'élargit encore avec l'ascension du funiculaire vers le sommet du deuxième tronçon. Depuis le terminus (restaurant, expo), à 1 100 m, s'offre une **vue panoramique**★★★ sur l'ouest de la vallée de la Spey, là où elle s'élargit pour former un bassin avec le loch Morlich au premier plan, et Aviemore derrière.

Pour ceux qui ont choisi de monter à pied, à partir de là un chemin gravit encore 150 m vers le sommet du **Cairn Gorm** (1 245 m), qui offre un magnifique **panorama**★★★ dans toutes les directions, bien au-delà des montagnes des Cairngorms.

Circuits de découverte

Ces deux circuits débutent à Aviemore, capitale touristique du parc national des Cairngorms.

Aviemore

La construction de l'Aviemore Centre au milieu des années soixante a transformé ce petit village, qui avait grandi autour d'une jolie gare (voir encadré *Le train à vapeur de Strathspey Railway p. 396*), en une agglomération offrant des activités sportives et des distractions à la fois d'intérieur et de plein air. On compte parmi les attractions des piscines couvertes, une patinoire, un centre de sports aquatiques, une piste de ski sur terrain sec… Cela lui permet d'être ouverte et animée toute l'année : ski en hiver, randonnées en été. Malheureusement, la station manque de charme. Elle est très pratique, mais vraiment pas à la hauteur des beautés naturelles qui l'entourent et doit avant tout être considérée comme une base pour la découverte de la région.

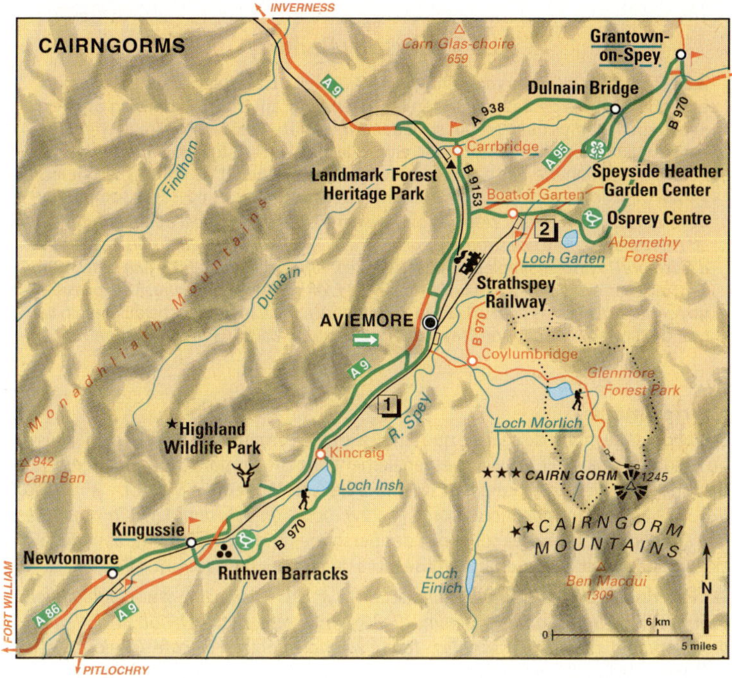

Cairngorm Brewery – *Unit 12, Dalfaber Ind. Estate - ☏ (01479) 812 222 - www.cairngormbrewery.com - lun.-vend. : 9h-17h.* Le cadre n'est pas extraordinaire mais vous pourrez découvrir la fabrication des diverses bières produites ici, qui se caractérisent par un caractère prononcé et des étiquettes colorées. Dégustation et boutique.

LE SUD DES CAIRNGORMS★ 1

Circuit de 52 km. Quittez Aviemore par le sud par la petite route B 970 jusqu'à Kingussie. Si vous ne devez pas revenir vers Aviemore, mais continuer vers le sud (Pitlochry, Perth), préférez la A 9 qui vous permettra de visiter rapidement les curiosités suivantes.

Ruthven Barracks

À l'entrée sud-est de Kingussie par la B 970. Les ruines de cette caserne du 18e s. se dressent sur un monticule émergeant de la vallée. Il s'agit de l'une des quatre casernes d'infanterie construites après le soulèvement jacobite de 1715 afin de maintenir l'ordre et de contrôler la nouvelle route militaire. Ruthven tomba lors de la seconde révolte jacobite, en 1746, date à laquelle la caserne brûla. Les bâtiments en ruine se font face, de part et d'autre d'une cour centrale ; derrière le mur se trouve l'écurie.

Reprenez la B 970, passez devant l'Osprey Hotel et le terrain de shinty avant d'entrer dans Kingussie.

Kingussie

Beaucoup plus petit et charmant que Aviemore, Kingussie, avec ses belles villas, son terrain de shinty, et surtout la discrétion de ses structures tourisitiques, offre une belle alternative à sa voisine. Comme Newtonmore, Kingussie est l'un des fiefs du **shinty.** Leurs deux équipes pointent régulièrement en haut des classements. La petite cité compte un musée du Folklore, qui complète plus modestement celui de sa rivale du shinty.

Highland Folk Museum – *Duke St. - ☏ (01540) 661 307 - www.highlandfolk.com - ♿ - de Pâques à fin août : tlj sf dim. 9h30-17h ; sept.-oct. : tlj sf w.-end 9h30-16h - 2 £ - parking.* Le bâtiment d'accueil présente la vie quotidienne des habitants des Highlands, leurs vêtements – en particulier des tartans et des tenues locales – et leurs instruments de musique. La section de plein air comprend une **maison noire** avec son potager typique des îles occidentales, un moulin et une construction dont les murs sont en tourbe. Une section agricole évoque, par des outils et des techniques, une économie essentiellement paysanne ; au fond se trouve une exposition d'outils domestiques, d'artisanat et de mobilier.

Rejoignez Newtonmore par la A 86.

Le Strathspey Railway

Les bruits et les odeurs de ce voyage de 8-10 km en **train à vapeur** entre Aviemore et Broomhill près de Boat of Garten (en attendant sans doute Grantown of Spey) évoquent un temps qui n'est pas si lointain. Vous partez de la belle gare d'Aviemore, construite toute en bois, peinte en crème (à la vanille) et rouge, et embellie par des détails de ferronnerie. Les passionnés de vieilles machines et les enfants seront aux anges. C'est également une belle alternative pour découvrir les paysages somptueux de la vallée. Informations, réservations : *Aviemore Station, Dalfaber Road, Aviemore, (01479) 810 725 - www.strathspeyrailway.co.uk - - train à vapeur à partir de la gare d'Aviemore (15mn aller simple pour Boat of Garten, 40mn pour Broomhill) - juin-sept. : 10h-16h ; avr.-mai et oct. : merc.-dim. 10h-16h - 9,50 £/AR - cafétéria - parking.* Il est possible de revenir à pied entre Boat of Garten et Aviemore en suivant une partie du chemin de grande randonnée Speyside Way *(renseignements au Visitor Centre d'Aviemore).*

Newtonmore

La cité possède moins de charme que Kingussie mais compte un incontournable musée du Folklore en plein air. Le village est également un centre réputé de randonnées à dos de poney et le siège du tout petit **Clan MacPherson Museum** – *Main St. - (01540) 673 332 - www.clan-macpherson.org - - avr.-oct. : 10h-17h, dim. 12h-17h - contribution - parking.* Ici, parmi les souvenirs des personnes et des événements associés à ce clan, on peut voir la cornemuse utilisée lors du combat qu'il soutint à Perth.

Highland Folk Museum★ – *Aultarie Croft - (01540) 661 307 - www.highlandfolk.com - de Pâques à fin août : tlj sf dim. 10h30-17h30 ; sept.-oct. : 11h-16h30 - juil.-août : programme d'activités artisanales - fermé w.-end en oct. - 6 £ - café - parking.* Situé à l'entrée de la ville, on le distingue tout de suite avec sa maison rouge et blanc, presque islandaise, dominant le paysage. La visite des fermes reconstituées permet de découvrir le savoir-faire et la technique de construction des Highlands du 18e à la première moitié du 20e s. La vie quotidienne de ces diverses époques est exposée de belle manière à travers une école, un bus, des ateliers.

Quittez Newtonmore par la A 86 ou la A 9, traversez Kingussie et dirigez-vous vers Kingcraig.

Kingkraig

Highland Wildlife Park★ – *Avant d'arriver à Kingkraig - (01540) 651 270 - www.highlandwildlifepark.org - juin-août : 10h-19h ; avr.-mai et sept.-oct. : 10h-18h ; nov.-mars : 10h-16h (dernière entrée 2h av. fermeture) - 9,50 £ (enf. 6,75 £) - aire de pique-nique, café - parking.*

Ce parc animalier accueille des hardes en liberté de bisons d'Europe, de cerfs, de chevaux sauvages, de moutons Soay, d'ibex (chèvres sauvages) et de vaches des Highlands que l'on découvre en voiture. La partie accessible à la marche groupe des chats sauvages, des blaireaux, des putois, des martres, des castors, des aigles dorés, des loups, des grouses et de grands tétras qui s'ennuient.

D. Shaw / BRITAINONVIEW.COM

Une femelle renne et son petit.

Working Sheepdogs – *Lealt Farm (non loin du Highland Wildlife Park) - ✆ (01540) 651 310 - mai-oct. : lun.-vend. 12h et 16h, sam. sur RV - 4 £.* Dans cette ferme se tiennent des **démonstrations de chiens de berger** guidant moutons ou canards. Toujours impressionnant.

Revenez vers Aviemore par la A 9, les paysages sont toujours aussi beaux.

LE NORD DES CAIRNGORMS 2

Circuit de 65 km. Quittez Aviemore vers le nord, par la A 9 en direction d'Inverness.

Landmark Visitor Centre

À Carrbridge - ✆ (01479) 841 613 - www.landmark-centre.co.uk - ♿ - 10h-18h (de mi-juil. à mi-août 19h ; nov.-mars 17h) - fermé 1er janv. et 25 déc. - 7,20 £ - restaurant - parking.
Ce centre d'accueil présente l'exposition « L'homme dans les Highlands » en introduction aux Highlands écossais. Un arboretum, des chemins forestiers très ludiques incluant des passerelles suspendues entre les arbres, un centre de nature et un terrain de jeux font partie du complexe.

Gagnez Dulnain Bridge à l'est par la A 938.

Vous pouvez faire un arrêt au **Speyside Heather Garden Centre,** jolis jardins accueillant une exposition multicolore de plus de 300 variétés de bruyères et une vaste boutique d'artisanat – *Dulnain Bridge - Skye of Curr - ✆ (01479) 851 359 - www.heathercentre.com - ♿ - 9h-17h, dim. 10h-17h - gratuit - exposition 75 p - restaurant - parking.*

Prenez ensuite la direction de Grantown-on Spey.

Grantown-on Spey

Agréable village-rue planifié au 18e s. et entouré de conifères. L'axe principal, bordé de belles **maisons georgiennes** regroupe tout ce dont le touriste à besoin : supérette, poste, banque, info… Avec ses guest-houses, ses quelques restaurants et agences de loisirs, la cité est une autre base agréable pour explorer les Cairngorms.

Quittez Grantown par la B 970. Suivez les indications Loch Garten Osprey Centre.

Abernethy Forest et loch Garten

La forêt d'Abernethy est la plus vaste pinède de Grande-Bretagne. Les étendues boisées y côtoient des marécages – milieux variés et peuplés de nombreuses espèces animales. La vedette en est l'orfraie, un rapace pêcheur. Après une absence de 40 ans, elle a été réintroduite en Grande-Bretagne, et a choisi pour nicher les environs du loch Garten. On assure ici une protection totale de l'espèce durant la saison des amours. Le secteur où nichent les orfraies, la **retraite des orfraies** (Osprey Hide), a été déclarée zone protégée. Depuis 1975, les espaces boisés, le loch et la lande, sont devenus une réserve naturelle accessible aux visiteurs. **Loch Garten Osprey Centre –** *Boat of Garten - ✆ (01479) 821 409 - ♿ - www.rspb.org.uk - avr.-août : 10h-18h - 3 £ - parking.* D'avril à août, observez les nids des rapaces de visu ou par caméras interposées.

Retour à Aviemore par la B 9153 ou la A 9

Les Cairngorms pratique

Informations utiles

L'**office du tourisme** d'Aviemore (*Grampian Road - www.visitaviemore.com)* est ouvert toute l'année (sf le dim. en hiver).

Ceux de Grantown-on Spey, Newtonmore et Kingussie ne le sont qu'en saison.

Tous proposent une vaste documentation sur les activités dans les Cairngorms. Vente de cartes et guides de randonnées.

Informations sur le **parc national :** *www.cairngorms.co.uk.*

Transports

La voie rapide A 9 (voiture, bus de la Citylink - *www.citylink.co.uk*) et le rail permettent de relier facilement Aviemore depuis Inverness ou les grandes villes du centre. Trains et bus de cet axe relient les villes importantes des Cairngorms. Bus également entre Aviemore et Grantown.

Se loger

Choisissez Aviemore pour l'animation, Kingussie pour le charme des B&B. Grantown-on Spey est une autre bonne alternative.

Sachez que la région compte de nombreuses auberges de jeunesse.

AVIEMORE

⊖ **Ravenscraig GH** – *Grampian Road - ✆ (01479) 810 278 - www.aviemoreonline* - P. Maison victorienne abritant une douzaine de chambres impeccables : belles salles de bains, moquette épaisse. Le salon où les clients se retrouvent est fort agréable. Excellent petit-déjeuner.

⊖⊖ **Corrour House** – *Rothiemurchus, Inverdurie, à 3 km d'Aviemore - ✆ (01479) 810 220 - www.corrourhousehotel.co.uk - fermé en nov.* - P. Belle maison victorienne dont quelques-unes des chambres (toutes très confortables) offrent de belles vues sur les superbes alentours. Calme assuré.

KINGUSSIE

⊖⊖ **Osprey Hôtel** – *Ruthven Road - ✆ (01540) 661 510 - www.ospreyhotel.co.uk.* Petit hôtel près de la gare, réputé pour ses chambres douillettes et pour son excellente cuisine familiale, malheureusement uniquement réservée aux clients. Mais cela vaut le coup d'y dormir pour cela.

Se restaurer

AVIEMORE

⊖ **Roos Leap** – *Aviemore Station, Dalfaber Raod - tlj midi et soir.* Une steak-house pour se requinquer avec d'énormes, salades ou steaks. Les classiques tex-mex et burger australien (avec betterave et œuf) font partie des succès du lieu. Décor pseudo-australien pas terrible mais belle vue sur le quai de la belle gare.

⊖⊖ **The Odl Bridge Inn** – *Dalfaber Road - ✆ (014679) 811 137 - www.oldebridgeinn.co.uk* - P. Pub traditionnel à l'écart de l'axe principal (de l'autre côté de la voie ferrée). Salle attendue (bois, moquette), atmosphère agréable (locaux, randonneurs) et plats copieux bien faits (grillades, tartes chaudes, ragoûts) accompagnés de « vrais » légumes.

KINGUSSIE

⊖⊖⊖ **The Cross** – *Ardbroilach Road - ✆ (01540) 661 166* - P - *dîner seult - fermé dim. et lun.* Belle maison-moulin fleurie, située sur les hauteurs du village. Table réputée où l'on déguste une cuisine écossaise judicieusement revisitée.

Activités

Bon à savoir – À Aviemore et dans les autres villages, les offres d'activité en plein air ne manquent pas. La ville est une succession d'agences où les sportifs trouveront équipements et informations pour marcher, rouler (location de vélo), golfer, skier, voguer (loch Morlich - *www.lochmorlich.com*).

Escalade et randonnées – Aucun véhicule ne traverse ces montagnes sauvages, ce qui les rend très attrayantes aux montagnards et aux amateurs de randonnées. Les rapides changements de temps peuvent y créer des conditions d'une rudesse parfois arctique. Il est donc conseillé de respecter le code de la montagne et de toujours laisser à une personne de confiance son itinéraire et une heure probable de retour. Un habillement adéquat et un équipement de montagne sont essentiels.

Les nombreux chemins conviendront à tous les niveaux. Deux longues routes sont à signaler : le **Speyside Way,** d'Aviemore à Buckie sur la côte du Moray (*www.speysideway.org*), et le **Lairig Ghru** qui sur 30 km (1 ou 2 jours) traverse les Cairngorms d'Aviemore à Braemar (vallée de la Dee).

Ski – Les versants nord et ouest du Cairn Gorm constituent le premier domaine skiable d'Écosse. La principale route d'accès passe par le loch Morlich (Glenmore Forest Park - bus depuis Aviemore), avant de desservir plusieurs couloirs skiables. Des télésièges et de nombreuses remontées transportent les skieurs vers des pistes, de difficulté variable. Infos : *www.ski-scotland.com.*

Événements

Aviemore Walking Festival – Début mai, la randonnée est à l'honneur à Aviemore.

Clan MacPherson Highland Games – Jeux écossais, début août à Newtonmore.

Rothiemurchus Highland Games – Jeux écossais, début août près d'Aviemore.

Agricultural Show & Dance – Fête rurale mi-août à Grantown-on Spey.

Dufftown

1 636 HABITANTS
CARTE GÉNÉRALE RABAT I C2 - CARTE MICHELIN REGIONAL 501 K 11
MORAY

Le vers rimé : « Rome was built on seven hills Dufftown stands on seven stills » (« Rome fut construite sur sept collines, Dufftown se dresse sur sept alambics ») est toujours vrai aujourd'hui. Cette petite ville coquette créée en 1817 reste la capitale de la production du whisky. La première de ses nombreuses distilleries fut établie en 1823 et, depuis, cette industrie n'a cessé de croître. Lorsque l'on se promène dans les alentours, on réalise vite que l'on connaît les noms de chaque village, tant la renommée du breuvage qui y est produit est grande. Et, bonne nouvelle, on ne se contente pas ici de passer d'une distillerie à une autre. Car chaque trajet permet de traverser de merveilleux paysages de collines boisées ou râpées, de prés où les moutons sont omniprésents.

Se repérer – Dufftown est à l'écart des très grands axes mais pas pour autant isolée. Les A 95 et A 96 passent non loin et rapprochent la ville d'Aberdeen, Inverness ou de la A 9 (axe nord-sud entre Inverness et Perth). Dans toute la région, les distilleries, desservies par d'agréables petites routes, sont très tôt et très bien indiquées.

À ne pas manquer – Quelques distilleries à choisir, dont Strathisla pour son ancienneté et ses toits en double pagode, ou Aberlour pour une visite « professionnelle ». La fabrique de tonneaux de Speyside Cooperage.

Organiser son temps – Si le whisky est votre unique priorité, préférez les périodes des festivals (4 jours) qui lui sont dédiés : début mai et fin septembre. En juillet et août, Tomintoul, Dufftown et Aberlour organisent des Highland Games. Mais les distilleries tournent au ralenti (et ferment parfois en juillet). Quelques distilleries ferment également fin décembre, voire plusieurs semaines en hiver.

Pour poursuivre le voyage – Aberdeen, les Cairngorms, Elgin, Inverness.

Se Promener

La capitale du whisky est une bourgade dont les dimensions correspondent peu à son titre. Elle se constitue de quatre rues, soit deux routes qui se croisent au niveau d'une **tour horloge** très élégante. On y aurait pendu le pirate MacPherson en 1700. Aujourd'hui elle abrite l'office de tourisme. Autour : quelques B&B, deux ou trois restaurants, des échoppes de whiskies, des maisons entourées de jardins pentus.

Mortlach Church

(01340) 820 380 - visite guidée sur demande - gratuit.
Vers 566, près des eaux de Dullan, saint Moluag de Lismore posa les fondations de l'un des plus anciens lieux de culte chrétien. Mortlach fut dès lors le siège d'un évêché jusqu'en 1131, date à laquelle il fut transféré dans la vieille ville d'Aberdeen. Aujourd'hui, cette église historique, bien que très modifiée, possède des vitraux modernes réalisés par Cottier et Douglas Strachan, ainsi qu'une séduisante stèle ornée de symboles pictes, la « pierre à l'éléphant » visible dans le porche. On dit que la pierre de la Bataille (Battle Stone), dans le cimetière, commémore la victoire de Malcolm II sur les Danois (1010). En action de grâce, il fit agrandir l'église d'une longueur de trois lances.

Glenfiddich Distillery★

À 800 m au nord de Dufftown, du côté est de la A 941. On peut s'y rendre à pied depuis la tour horloge (suivre la rue en direction de Craigellachie) - (01340) 820 373 - ♿ - visite guidée (1h30) de Pâques à fin oct. : 9h30-16h30, dim. 12h-16h30 ; de déb. oct. à Pâques : lun.-vend. 9h30-16h30 - brochure (7 langues) - fermé 2 sem. à Noël - parking.
Un nom connu, des bouteilles triangulaires célèbres, et une très vaste distillerie. Le film et la visite (en français sur demande) expliquent l'histoire de cette fabrique familiale fondée en 1886, ainsi que l'art de distiller le whisky de malt, depuis le maltage jusqu'à la mise en bouteille. Ce dernier procédé est rarement assuré dans les distilleries même. Il est donc très intéressant de pouvoir y assister ici.

Keith & Dufftown Railway

Dufftown station - (01340) 821 181 ou (01261) 861 212 - www.keith-dufftown.org.uk - juin-août : 3 dép. vend., sam. et dim. ; de Pâques à fin mai et sept. : 3 dép./w.-end. On a récemment rénové la petite gare de Dufftown d'où partent les **locomotives à vapeur** vers Keith. Ceux qui aiment prendre leur temps (trajet de 40mn) emprunteront ce petit train pour Keith où l'on peut visiter la vieille distillerie de Strathisla (voir plus loin). Une agréable excursion.

Balvenie Castle

Derrière la distillerie Glenfiddich - HS - ✆ (01340) 820 121 - www.historic-scotland.gov.uk - avr.-oct. : sam.-merc. 9h30-16h30 - 3,50 £ (enf. 1,75 £).

Situé sur une route stratégique de Donside à Moray, ce château fort – aujourd'hui une cour cernée de ruines – fut successivement le fief des Comyn, des Douglas et des Stuarts. La structure primitive comportait une courtine massive et des douves datant de la période des Comyn (fin 13e-début 14e s.). Vers le milieu du 16e s., le 4e comte d'Atholl, un Stuart, fit élever une demeure Renaissance. La façade d'entrée se distingue par une ornementation plus riche : des panneaux armoriés sculptés, des moulures et des encorbellements.

Circuits de découverte

La route du **Malt Whisky Trail** (*www.maltwhiskytrail.com*) permet d'aller de distillerie en distillerie. Des brochures décrivant l'itinéraire balisé d'environ 112 km et précisant les heures d'ouverture des différents sites sont disponibles dans les offices de tourisme. Pour chaque visite, comptez approximativement une heure, et notez que les enfants de moins de huit ans ne sont pas toujours admis. Mais, si vous n'êtes ni un passionné ni un connaisseur, il n'est pas nécessaire de passer d'un établissement à un autre et d'une dégustation à une autre. À vous de choisir une ou plusieurs distilleries et de profiter également de la région en marchant, en prenant un train à vapeur, en visitant un château. Sachez également que d'autres distilleries plus petites et moins connues, dont vous pourrez obtenir la liste une fois sur place, accueillent également les visiteurs. (*Voir aussi Organiser son temps pour préparer votre circuit*). Les deux circuits qui suivent sont des alternatives, plus courtes, au Malt Whisky Trail.

PETITE BOUCLE DU MALT★ 1

Ce circuit de 54 km conviendra aux personnes qui passent la nuit à Dufftown. Quittez la ville par la A 941 en direction de Craigellachie.

Speyside Cooperage

À 6 km au nord-ouest de Dufftown par la A 941, juste avant Craigellachie - ✆ (01340) 871 108 - www.speysidecooperage.com - ♿ - tlj sf w.-end 9h-16h - fermé 2 sem. en déc. - possibilité de visite guidée - 3,10 £ - aire de pique-nique - parking.

On devine tout de suite l'activité de ces lieux lorsque, de la route, on aperçoit de noires pyramides de tonneaux se détachant sur les prés verts alentour. Dans cette tonnellerie moderne située au bord de la Spey, une galerie permet aux visiteurs de voir, de sentir et d'entendre les tonneliers à l'œuvre, fabriquant ou réparant quelques-uns des 100 000 fûts produits annuellement par l'atelier pour la maturation des whiskies de la région. La tonnellerie abrite également une fascinante exposition qui rappelle l'ancienneté de cet artisanat : les fûts n'ont pas seulement été utilisés comme moyens universels de stockage, ils ont aussi servi de sous-marin (à l'époque d'Alexandre le Grand) et de cercueil (le corps de Nelson fut ramené de Trafalgar dans un tonneau de brandy) ; « la Fusée » de Stephenson elle-même emportait son eau dans une barrique en bois.

Traverser Craigellachie et prendre l'A 95 en direction d'Aberlour.

Aberlour

Les raisons ne manquent pas pour s'attarder dans ce coquet village fleuri. C'est tout d'abord ici, au **Visitor Centre**, que vous trouverez toutes les informations sur les chemins de randonnées des environs dont le Speyside Way *(voir encadré ci-contre)*. Vous pourrez aussi faire des achats à la boutique de l'usine de fabrication des fameux gâteaux au beurre **Walker's**. Enfin et surtout, la petite cité compte une célèbre distillerie.

« Marchez » au whisky

Dégustation après dégustation, une boisson alcoolisée aussi noble soit-elle rend la conduite d'un véhicule dangereuse. Pourquoi alors ne pas sillonner la région à pied ?

Le chemin de grande randonnée **Speyside Way** suit la rivière Spey et court d'Aviemore à Buckie (côte du Moray) en traversant la région de Dufftown. Le chemin principal et ses différents embranchements permettent de découvrir plusieurs distilleries tout en profitant pleinement des paysages bucoliques. On peut ainsi rejoindre Glenlivet, Glenfiddich, Cardhu, etc. Les Visitor Centres (Aberlour, Dufftown) de la région proposent des cartes détaillées des différents chemins. Voir aussi le site Internet *www.speysideway.org*.

Aberlour Distillery★ – *✆ (01340) 871 729 - de déb. avr. à déb. nov. : tlj 10h30 et 14h - réserv. conseillée - 7,5 £.* Une des visites les plus complètes de la région. Le tour dure trois heures et permet non seulement d'assister aux différentes étapes de production, mais aussi d'apprendre à apprécier, reconnaître les goûts et odeurs des différents crus. Dégustation professionnelle de six whiskies différents. Visite à réserver aux passionnés et aux anglophones.

Revenez vers Craigellachie. Franchissez la Spey en passant non loin du pont métallique construit par Telford en 1814. Prenez la A 941 en direction d'Elgin et Rothes.

Glen Grant Distillery

À Rothes - ✆ (01542) 832 811 - avr.-oct. : 10h-16h, dim. 12h30-16h - possibilité de visite guidée - 3 £ - parking.

La réputation des produits (un whisky doux et clair) de la distillerie Glen Grant, établie en 1840, n'est plus à faire. Un **jardin** victorien restauré recrée un paysage écossais idéalisé où l'on retrouve ponts rustiques, mares, sentiers au bord de l'eau, vergers et clairières ombragées. Soigneusement caché, proche du ruisseau Back Burn, se tient un **dram hut** (entrepôt à whisky) au toit de tourbe.

Quittez Rothes en suivant la Spey par la B 9015. Puis prenez à gauche la B 9103 en direction de Mulben. Puis la A 95 vers Keith.

Keith et la Strathisla Distillery

À cheval sur la rivière Isla, au cœur d'une riche zone agricole, Keith est célèbre pour son salon de l'agriculture. John Ogilvie (1579-1615), le seul saint récemment canonisé d'Écosse (en 1976), y est né. En été, le village est relié à Dufftown par un agréable **train à vapeur** *(voir Se promener p. 399)*.

Notez que le village de Newmill, au nord, réclame parmi ses enfants le baron de presse Gordon Bennet (1795-1872), fondateur du *New York Times*, premier quotidien véritablement indépendant.

Strathisla Distillery – *✆ (01542) 783 044 - centre d'accueil avr.-oct. : 9h30-16h, dim. 12h-16h - 5 £ - parking.* La ville de Keith compte la distillerie la plus ancienne des Highlands (1786), toujours en activité. Au bord de la rivière et sous des toits à double pagode très photogéniques, on produit le fameux Chivas Regal.

Revenez vers Dufftown par la petite route B 9014 qui longe la Strath Isla.

AU SUD DE DUFFTOWN★ (vers les Cairngorms) 2

Cet itinéraire de 50 km environ conviendra à ceux qui filent vers Aviemore. Quittez Dufftown par la A 941 en direction de Craigellachie. Au passage, vous pouvez visiter la **Speyside Cooperage** *(voir circuit 1). Passez la Spey en direction d'Elgin mais tournez tout de suite par la B 9102. Vous passez près de la petite* **Macallan Distillery** *(www.themacallan.com). La jolie route vous fait ensuite traverser Archiestown et vous mène dans la région de Knockandhu.*

Cardhu Distillery

À Knockandhu - ✆ (01340) 872 555 - www.maltwhiskytrail.com - juil.-sept. : 10h-17h, dim. 12h-16h ; de déb. oct. à Pâques : visite guidée 11h, 13h, 14h ; de Pâques à fin juin : lun.-vend. 10h-17h (dernière entrée 1h av. fermeture) - 4 £ (-18 ans gratuit) - dans la zone de production l'entrée est interdite aux -8 ans - aire de pique-nique.

Cette distillerie centenaire produit un whisky de malt très prisé vendu dans une bouteille « glaçon fondu » très aisément reconnaissable. Le breuvage est confectionné dans un bâtiment qui ne manque pas de caractère. L'originalité de la distillerie est également d'avoir été créée par une femme.

Suivez la B 9102 puis tournez à droite, traversez la Spey en direction de Marypark. Prenez la A 95 vers Ballindalloch.

Glenfarclas Distillery

À Marypark - ✆ (01807) 500 245 - www.glenfarclas.co.uk - ♿ - juil.-sept. : 10h-17h, sam. 10h-16h ; oct.-mars : lun.-vend. 10h-16h ; avr.-juin : 10h-17h (dernière entrée 1h30 av. fermeture) - possibilité de visite guidée (1h) - 3,50 £ (-18 ans gratuit) - aire de pique-nique - parking.

La distillerie fondée en 1836 maintient une tradition familiale très ancienne.

Suivez la A 95 vers Ballindalloch.

Ballindalloch

Ballindalloch Castle – *✆ (01807) 500 205 - www.ballindallochcastle.co.uk - du Vend. saint à fin sept. : tlj sf sam. 10h30-17h (dernière entrée 15mn av. fermeture) - 7 £ - salon de thé - parking.*

Ce ravissant château constitue l'élément central d'un domaine forestier bien entretenu consacré également à la chasse. Construite à partir du 16e s. suivant un dessin caractéristique en forme de Z, cette maison forte a toujours été occupée depuis par la même famille qui, lors des extensions et des aménagements successifs, a indéniablement fait preuve d'un souci de confort et d'élégance. On peut voir un joli colombier en pierre (1696) qui compte 844 nichoirs.

Cragganmore Distillery – *℘ (01479) 874 700 - juin-sept. : visites sur RV.* Ce whisky est réputé pour son goût unique, complexe, au caractère fort.

Prenez la jolie route B 9008 vers Glenlivet.

Glenlivet

Glenlivet Distillery – *℘ (01340) 821 720 - ♿ - avr.-oct. : 9h30-16h, dim. 12h-16h - possibilité de visite guidée - gratuit - aire de pique-nique - parking.* La distillerie de Glenlivet est la première des Highlands à avoir obtenu l'autorisation de distiller (1824). Les anciens bâtiments réservés au maltage abritent aujourd'hui un centre d'information touristique.

Drumin Castle – *℘ (01807) 580 283 - www.glenlivetestate.co.uk.* De jolis chemins permettent d'accéder aux ruines légèrement perchées de cette maison fortifiée du 14e s. Située à la jonction des rivières Avon et Livet, elle permettait de contrôler la région. Jolies vues depuis les ruines.

Depuis le village de Glenlivet, prenez la route B 9136 qui suit le Strath Avon, dominé à l'ouest par les collines de Cromdale, jusqu'à Tomintoul.

Tomintoul

Ce village se situe à 350 m d'altitude sur le versant nord du plateau de Cairngorm. Il fut établi sur la route militaire lors de son prolongement vers le nord, de Corgarff à Grantown, puis jusqu'à Fort George en 1744. On se sent ici un peu loin de tout, ce qui vous conviendra ou vous repoussera. La position est enviable, entre les vallées de la Speyside et de la Dee, deux zones très touristiques. La bourgade s'autoproclame doublement « porte nord-est des Cairngorms » et « plus haut village des Highlands ». Sachez que les possibilités de randonnées à pied et à vélo (location possible au Whisky Castle Shop sur Main Street, *www.whiskycastle.com*) sont très nombreuses dans la région. On peut également skier dans la zone dite de Lecht (station plutôt familiale). Vous trouverez des informations sur ces différentes activités au Tomintoul Museum & Visitor Centre – *The Square - ℘ (01309) 673 701 - avr.-juin et sept.-oct. : tlj sf dim. 9h30-13h, 14h-17h ; juillet-août : lun.-sam. 9h-18h, dim. 13h-18h.*

De Tomintoul, vous pouvez soit rejoindre Aviemore par la A 939, vers le nord, ou Ballater et la vallée de la Dee (voir Aberdeen p. 364) par la même route, vers le sud.

Dufftown pratique

Informations utiles

Office de tourisme – *℘ (01340) 820 501* -Antenne à la tour de l'horloge, mais préférez l'office d'Elgin.

Pharmacie – *K.* **Dalziel** – *Balvenie St. - ℘ (01340) 820 228.*

Hôpital – **Stephen Cottage Hospital** – *Stephen Av. - ℘ (01340) 820 215.*

Transports

En train – *℘ (01340) 821 181 - www.keith-dufftown.org.uk* - Liaisons avec la ville de Keith l'après midi.

Taxi-Home James – *℘ (01340) 821 400.*

Se loger

Bon à savoir – Peu de moyens d'hébergement : un hôtel et quelques pensions (au total, pas plus de 30 lits).

Davaar B&B – *Church St. - ℘ (01340) 820 464 - www.davaardufftown.co.uk - 3 ch. - 45-50 £.* Une des pensions les plus confortables de Dufftown.

Événements

Bon à savoir – En dehors de ces quelques événements et des week-ends, la ville de Dufftown est particulièrement morne le soir venu.

Highlands Games – En général le dernier samedi de juillet. Cette tradition, qui remonte au 11e s., est pratiquée à Dufftown depuis plus de 150 ans. Différentes compétitions telles que le lancer de marteau, mêlées de danses et de concours de cornemuse.

Bagpipes – Répétitions de l'orchestre de cornemuse de Dufftown tous les mardis de mi-juin à mi-août.

Ceilidhs – Rassemblement de la communauté autour de chants traditionnels, cornemuse et danses (cours) jeu. 20h à 23h de mi-mai à mi-sept.

Elgin★

20 829 HABITANTS
CARTE GÉNÉRALE RABAT I C2 - CARTE MICHELIN REGIONAL 501 K 11
MORAY

Elgin est la capitale de la riche frange côtière agricole du Moray. De taille modeste, mais très attrayante, la ville des rives de la Lossie a conservé son plan médiéval : la rue principale relie sa fameuse cathédrale à l'ancien château. Le petit centre s'organise autour de l'église St Giles. On s'y attarde quelque temps avant de sillonner une région riche et variée : villages et paysages côtiers, châteaux, distillerie. La Moray offre un petit concentré d'Écosse maritime très agréable à découvrir.

- **Se repérer** – Elgin se situe à 10 km des rives du Moray Firth, à peu près à mi-chemin entre Inverness et Aberdeen que relie la A 96. En dehors de cette route majeure, seuls de charmants petits axes secondaires bien indiqués y mènent.
- **À ne pas manquer** – Elgin et les fabuleuses ruines de sa cathédrale. La calme et isolée abbaye de Pluscarden. La pierre picte de Sueno et le château de Brodie.
- **Pour poursuivre le voyage** – La côte de l'Aberdeenshire, les Cairngorms, Dufftown, Inverness.

Découvrir

La cathédrale d'Elgin★

HS - ✆ (01343) 547 171 - www.historic-scotland.gov.uk - ♿ - avr.-sept. : 9h30-18h30 ; oct.-mars : sam.-merc. 9h30-16h30 - 4,50 £ (enf. 2,25 £), billet combiné avec Spynie Palace 6 £ (enf. 3 £).

Certains affirment que la cathédrale d'Elgin a été la plus belle d'Écosse. Aujourd'hui, ses majestueuses ruines évoquent sa richesse ancienne et un 13e s. qui fut particulièrement fécond en églises.

Histoire – La création du diocèse qui comprenait l'ancienne province de Moray remonte à 1120. L'évêché s'installe dans les églises celtiques de Birnie, Kinneddar et Spynie, avant de se fixer en 1224 à la Sainte-Trinité d'Elgin. Après un incendie en 1270, il est décidé d'achever les bas-côtés, d'agrandir le chœur et d'ajouter une salle capitulaire. La ville et la cathédrale subissent toutes deux les destructions perpétrées en 1390 par Alexander Stewart, plus connu sous le nom du **« Loup de Badenoch »**. La cathédrale est réparée mais n'est alors plus un lieu de culte. Elle fait l'objet de convoitises acharnées et souffre de détériorations après la Réforme. En 1711, l'effondrement de la tour centrale cause d'importants dégâts et les ruines deviennent peu à peu une carrière de matériaux de construction. Le processus de conservation commence au début du 19e s. grâce aux efforts obstinés d'un seul homme.

Visite – Entre les deux tours de soutien de la façade ouest, un portail profond est surmonté par de grandes ouvertures. L'entrée est encadrée d'un réseau compliqué de feuilles de vigne parsemées de glands. Au premier étage, on distingue une arcade intéressante qui sert de passage entre les tours. Le sommet de la tour sud offre une vue sur la ville quelque peu obstruée par le rideau d'arbres de Cooper Park. On voit le monument du duc de Gordon qui coiffe Lady Hill. Le transept constitue la partie la plus ancienne de l'édifice. Les deux personnages du bras sud ornaient initialement les murs extérieurs de la tour centrale. Le chevet présente une belle disposition de deux rangées de cinq lancettes couronnées par une rosace. La forme en flèche des piliers du chœur est insolite. Au 15e s., la **salle capitulaire★★** octogonale (13e s.) fut dotée de voûtes complexes aux clefs sculptées.

F. Sichet / MICHELIN

La majestueuse cathédrale.

Dans l'enclos de la cathédrale se dresse l'ancien portail, **Pann's Port**, et dans l'angle de Cooper Park les ruines de l'un des anciens presbytères, improprement appelé **Bishop's House** (maison de l'évêque).

Jardins bibliques – *À côté de la cathédrale - mai-sept. : 10h-19h.* Dans ce petit jardin, on présente les 110 plantes mentionnées dans la Bible.

Visiter

Elgin Museum

✆ (01343) 543 675 - www.elginmuseum.org.uk - ♿ - avr.-oct. : tlj sf dim. 10h-17h, sam. 11h-16h - 3 £ (enf. 1 £).

Un bâtiment de style italianisant (1843) abrite ce musée récemment rénové : place du Moray et de ses habitants dans l'histoire, fossiles de poissons et de reptiles, pierres pictes gravées (dont les **taureaux de Burghead** - *voir p. 406).*

High Street

Venelles et passages s'enchaînent au nord et au sud de la rue la plus fréquentée de la ville. **Braco's Banking House**, reconnaissable à ses arcades, fut la banque de William Duff of Dipple dont le fils, William Duff of Braco, investit la fortune accumulée dans la construction de Duff House *(voir Banff p. 389)*. Un peu plus loin sur la droite, là où s'élargit la rue, une **tour** du 17ᵉ s. abrite aujourd'hui des bureaux.

La jolie **église St Giles**, dont le style classique est dû à Archibald Simpson d'Aberdeen, est mise en valeur par sa situation au milieu de la rue qui devient pour quelques mètres une belle place ovale. Le portique à colonnes cannelées et la curieuse tour à clocher dominent l'ensemble. Au bout de la rue, **Lady Hill** était le site du château médiéval. Sur cette butte culmine aujourd'hui le monument dédié au dernier duc de Gordon, mort en 1836.

Johnstons Cashmere Visitor Centre

Newmil, de l'autre côté du pont près de la cathédrale - ✆ (01343) 554 099 - www.johnstonsofelgin.com - lun.-sam. : 9h-17h30 ; dim. : 11h-17h (avr.-déc.).

Filature de cachemire mondialement connue et établie à Elgin depuis deux siècles. Petite exposition et visites guidées (quelques-unes par jour aux heures travaillées) qui permettent de découvrir comment on file, on teint et on tisse le cachemire. Et bien sûr, une vaste boutique.

Moray Motor Museum

Bridge St. - ✆ (01343) 541 120 - ♿ - de déb. avr. à mi-oct. : 11h-17h - 3,50 £ - parking.

Admirez les modèles classiques de cette petite collection de voitures et de motos : la Ford modèle T ; la Bentley de 1937, voiture de sport silencieuse ; la Bristol 403 (1953), fabriquée par l'entreprise Bristol Aero après la Seconde Guerre mondiale ; la Rolls Royce Phantom I de 1929, transformée en véhicule de chasse, avec un projecteur pour pouvoir chasser la nuit ; et, enfin, la Jaguar type E, datant de 1968.

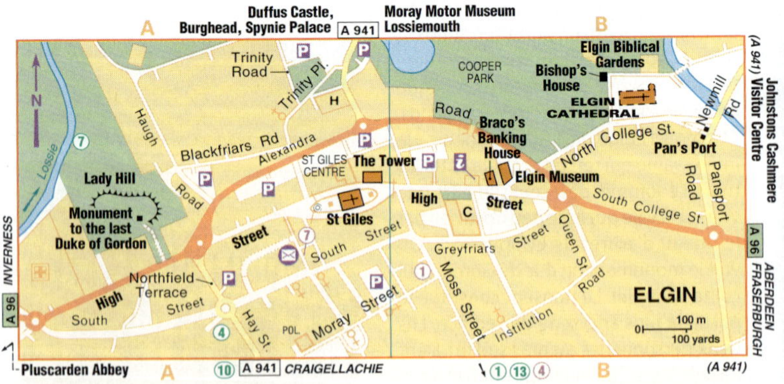

SE LOGER	
Laichmoray Hotel	1
The Mansefield	4
The Mansion House Hotel	7
Sunninghill Hotel	10
The Royal Hotel	13
SE RESTAURER	
Aspire Restaurant & Bar	1
Laichmoray Hotel	4
Pizzeria Toscana	7

Aux alentours

Pluscarden Abbey

À 9,6 km au sud-ouest d'Elgin par une toute petite route - ✆ (01343) 890 257 - www.pluscardenabbey.org - ♿ - 4h45-20h30 - possibilité de visite guidée sur demande (2 langues) - parking.

La vallée pastorale de Black Burn est le cadre de cette communauté de bénédictins relativement récente. Un prieuré y est fondé en 1230 par Alexandre II pour l'ordre des valliscauliens et est l'une de leurs trois maisons écossaises. Plus tard, avec les bénéfices et les bouleversements religieux du 16e s., le prieuré connaît une période de déclin et de détériorations. En 1948, une nouvelle communauté bénédictine de l'abbaye de Prinknash en Angleterre vient s'y établir pour y restaurer une vie monastique. Pluscarden devient abbaye en 1974. Les visiteurs peuvent voir le travail de restauration déjà accompli – le chœur de l'église, le transept et les bâtiments monastiques – et profiter du calme appréciable des lieux.

Circuits de découverte

SPEY BAY : DE ELGIN À BUCKIE 1

Itinéraire de 70 km. Quittez Elgin vers le nord (direction Lossiemouth) par la A 941.

Spynie Palace

HS - ✆ (01343) 546 358 - www.historic-scotland.gov.uk - avr.-sept. : 9h30-18h30 ; oct.-mars : le w.-end 9h30-16h30 - 3,50 £ (enf. 1,75 £), billet combiné avec Elgin Cathedral 6 £ (enf. 3 £). Les ruines ne sont visibles que de l'extérieur.

Au début du 13e s., ce bâtiment est le siège épiscopal de l'évêché de Moray. Il demeure la résidence des prélats, après le transfert du siège à Elgin. Au comte de Huntly, excommunié, qui menaçait de le déloger de ce « nid à pigeons », l'évêque David Stewart (1462-1476) répond en faisant élever la plupart des constructions que nous pouvons voir aujourd'hui. La grosse tour dite « de Davie » est un donjon à six étages aux murs épais de 2,7 m. Après la Réforme, l'évêque Patrick Hepburn s'y retire et y mène une vie libertine jusqu'en 1573.

Lossiemouth

Village de pêcheurs et ancien port d'Elgin, Lossiemouth est le berceau de **James Ramsay MacDonald** (1866-1937), chef du premier cabinet travailliste britannique.

Fisheries and Community Museum – *✆ (01343) 813 772 - ♿ - Pâques-sept. : tlj sf dim. 10h-17h - possibilité de visite guidée (30mn) - brochure (3 langues) - 1,50 £ - parking.* Situé à côté du port, le musée de la Pêche et de la Communauté explique de façon intéressante les différents aspects de la pêche, les activités qui y sont liées, ainsi que la vie d'un village de pêcheurs.

Quittez Lossiemouth et sillonnez la rive ouest de l'estuaire de la Spey. Prenez la B 9103, puis tournez vers Urquhart. Rejoignez Kingston, à l'embouchure de la rivière. Puis prenez la route B 9015 puis la A 96 vers Fochabers.

Fochabers et les usines Baxters

Cet attrayant village est construit au 18e s. selon un plan quadrillé de rues parallèles et ses artères principales convergent vers une place centrale. Les rues sont bordées de maisons georgiennes à un ou deux étages, tandis que la place est dominée par une église paroissiale ornée d'un élégant portique et d'une flèche en pierre. Le village d'origine, nommé Bog o'Gight, s'élevait sur le domaine de Gordon Castle. Il fut rasé par le 4e duc pour faire place à un manoir grandiose, à son tour en partie démoli.

Baxters – *À l'entrée du village - ✆ (1343) 820 666 - www.baxters.com - ♿ - de fin janv. au 24 déc. : 9h-17h30 - démonstration de cuisine ttes les heures - gratuit.* Cette entreprise appartient à la même famille depuis quatre générations et fabrique de l'épicerie fine, notamment des soupes, des sauces, et des confitures. Vous pourrez parcourir les nombreuses boutiques regroupées en un charmant village, et goûter quelques spécialités écossaises dans le restaurant/cafétéria servant une cuisine correcte et bon marché.

Quittez Fochabers par la B 9104 qui vous mène à Spey Bay.

Spey Bay

À l'extrémité nord du sentier de randonnée dit **Speyside Way**, le hameau de Tugnet donne l'occasion de visiter une ancienne **glacière** (Ice House) où se déroule une exposition intéressante sur les pêcheries commerciales de la Spey, leurs méthodes, leurs équipements et leurs bateaux. Construite en 1630 et en service jusqu'en 1968, elle stockait la glace utilisée pour conserver les saumons jusqu'aux marchés – *☏ (01343) 820 339 - www.wdcs.org/wildlifecentre - de Pâques à oct. : 10h30-17h ; reste de l'année : sur demande - gratuit.* On pêche encore dans les 5 derniers km de la Spey entre le 11 février et le 26 août.

Vous pouvez aussi visiter le **Wildlife Centre** –*mêmes conditions de visite que la Ice House.* Petite exposition consacrée aux dauphins du Moray Firth et à la faune de la baie.

Revenez sur vos pas et suivez Buckie par la A 990.

Buckie

Buckie ravira tous ceux qui apprécient les lieux qui s'activent avec le va-et-vient des bateaux. La ville a connu son moment de gloire dans les années précédant la Première Guerre mondiale, quand pas moins de 276 chalutiers à vapeur sortaient du port. Et c'est le hareng qui motivait ces mouvements, ce poisson autour duquel, prétend-on, « on peut écrire l'histoire de l'Europe ». Lors de sa création au Moyen Âge, la Hanse réunissait en effet des ports de la mer du Nord et de la mer Baltique pratiquant la pêche au hareng, avant que celle-ci ne fût dominée par la puissante flotte hollandaise, forte de 1 000 bâtiments. Une petite exposition à ce sujet est proposée, en été, à l'arrière de la bibliothèque.

Longez la jolie côte par la A 942. Vous traversez deux attrayants villages de pêcheurs : **Findochty,** où de jolis cottages se pressent autour d'un port de plaisance très fréquenté et **Portknockie**, le seul port de la côte à ne pas être soumis aux marées.

De là vous pouvez continuer votre route par la côte (voir La côte de l'Aberdeenshire p. 386) ou faire un détour par Deskford. Pour cela, rejoignez la A 98 vers Elgin mais tournez à gauche.

Église de Deskford

Cette église sans toit possède un **tabernacle★** richement travaillé datant de 1551. Les anges surmontant la petite niche du saint sacrement tiennent l'ostensoir ; plus bas, on distingue une inscription blasonnée et datée nommant le donateur. L'ensemble est ornementé de rinceaux de vigne.

LA CÔTE DU MORAY : DE ELGIN À FORRES★ 2

Itinéraire de 55 km environ. Quittez Elgin vers le nord par la B 9012.

Château de Duffus

Cette forteresse qui se dresse sur l'étendue fertile du laich of Moray témoigne de ce que pouvait être un château fort à basse cour. La motte féodale du 12e s. coiffée d'un donjon en pierre (début 14e s.) est séparée du plateau extérieur par un fossé profond. L'ensemble est défendu par un fossé extérieur circulaire. Grâce à ses fondations artificielles, une partie de la tour a subsisté.

Reprenez la B 9012 vers la côte puis suivez Burghead.

Burghead

Sur un promontoire rocheux surplombant la grande courbe sablonneuse de la baie de Burghead, ce village est le site d'un ancien fort occupé par les Pictes. La localité est particulièrement célèbre pour ses pierres pictes des 7e et 8e s., les **taureaux de Burghead,** dont l'une est présentée au Visitor Centre (*voir aussi Elgin Museum p. 404*). La cité compte une autre curiosité remarquable, son **puits** (Burghead Well) sur King Street. Les marches mènent à une citerne voûtée ceinte d'un sentier. On ignore l'origine et la finalité de cette construction – *HS - ☏ (01667) 460 232 - clé disponible chez le gardien dans la maison voisine.*

Prenez vers le sud puis tournez à droite pour prendre la B 9089. Vous passez à ***Kinloss****, autrefois centre religieux de la région avec une abbaye fondée en 1150 par David Ier et qui aujourd'hui abrite une base de Nimrods de la Royal Air Force. À la sortie du village tournez vers Findhorn (B 9011).*

Findhorn

Le village de Findhorn, le troisième sur le même site, domine la baie du même nom. Le lieu, splendide étendue d'eau soumise aux marées, avec ses dunes, sa belle plage, ses vasières et ses marais d'eau saumâtre, est apprécié des adeptes des sports nautiques, et internationalement connue comme refuge pour les échassiers, les oies sauvages et les phoques qui fréquentent ses rivages.

Heritage Centre (musée du Patrimoine) – *☏ (01309) 690 659 - ♿ - juin-août : 14h-17h ; mai et sept. : w.-end 14h-17h - contribution - parking.* Modeste mais passionnant, il occupe un magasin désaffecté proche d'une ancienne glacière où l'on conservait autrefois les saumons.

Findhorn Foundation – *✆ (01309) 690 311 - www.findhorn.org - centre d'accueil 9h-17h, w.-end 13h-16h - éco-village ouv. tte l'année - possibilité de visite guidée tlj sf mar. et jeu. 14h (2 £) - Living Machine (traitement eaux usagées) mar. et jeu. 14h - café.* Fondée en 1962, cette communauté New Age de réputation internationale s'est rassemblée autour de Universal Hall, une très surprenante et originale structure en bois et en pierre. On y vient normalement participer à l'un des nombreux stages visant à « s'élever de l'ordinaire vers le sacré ». En prévenant, il est possible de visiter ce centre imposant et original (notez les habitations en forme de tonneaux à whisky).

Revenez sur vos pas et prenez la direction de Forres.

Sueno's Stone★★

Héritage des mystérieux Pictes, cette pierre de grès de 6 m de haut (maintenant protégée par une verrière) unique en Écosse est superbement sculptée sur toutes ses faces ; elle date probablement du 9e s. Trois côtés, dont celui gravé d'une croix avec un cercle, sont décoratifs. Le quatrième, le plus spectaculaire, est narratif, dépeignant de haut en bas des cavaliers, des guerriers armés et des corps sans tête. Personne ne connaît avec certitude la signification de cette pièce extraordinaire, qui pourrait commémorer un événement historique important, probablement une bataille.

Forres

Cet ancien bourg royal est situé dans la partie sud comblée de la baie de Findhorm. Le tolbooth et la croix de marché datent tous deux du 19e s.

Falconer Museum – *Tolbooth Str. centre d'information dans le hall d'entrée - ✆ (01309) 673 701 - www.moray.gov.uk - réouverture prévue février 2007 - avr.-oct. : tlj sf dim. 10h-17h ; nov.-mars : lun.-jeu. 11h-12h30, 13h-15h30 - gratuit.* Ce petit musée local présente entre autres des pièges fabriqués par des braconniers.

Dallas Dhu Distillery – *2 km au sud de Forres par la A 940, puis une route secondaire. Mannachie Road - HS - ✆ (01309) 676 548 - www.historic-scotland.gov.uk - ♿ - avr.-sept. : 9h30-18h30 ; oct.-mars : sam.-merc. 9h30-16h30 - 5 £ (enf. 2,50 £).* Construite en 1899 en pierre et en ardoise, cette pittoresque distillerie a fermé ses portes au début des années quatre-vingt, mais elle présente aujourd'hui de façon fascinante, concrète et documentée les procédés nécessaires à la fabrication de la « souveraine liqueur ». Après s'être plongés dans l'histoire du whisky depuis ses origines monastiques, les visiteurs peuvent librement faire le tour des cuves de mouillage, de l'atelier de maltage, de l'étuve de séchage, de la salle de fermentation et de la chambre d'aérage de la levure. Les alambics en cuivre sont impressionnants avec leurs magnifiques formes de trompette. Au-delà de l'atelier de mise en fût, où le service des douanes procédait à des mesures précises, s'étendent les odorants entrepôts de stockage, faiblement éclairés, où l'alcool vieillissait, « perdant certains arômes et s'enrichissant d'autres ».

Quittez Forres par l'A 96 direction Nairn, mais prenez tout de suite à droite vers Kintessack.

Culbin Forest

À l'ouest de la baie de Findhorn s'étend une zone importante de dunes, les fameuses Culbin Sands, qui étaient à l'origine retenues par des oyats. Mais, largement utilisés au 17e s. pour fabriquer des toits de chaume, ceux-ci disparurent et le sable recouvrit les terres fertiles et le village. C'est en 1922 que la Commission forestière amorça la plantation de pins de Corse pour stabiliser cette côte de sable. Au-delà de la forêt et des sables se trouve une crête faite de galets. La barre de sable générée par les vagues abrite des marais salants qui représentent un havre pour les oiseaux de mer.

Rejoignez Brodie Castle, à l'écart de la A 96, par les petites routes.

Brodie Castle★

NTS - ✆ (01309) 641 371 - www.nts.org.uk - ♿ - parc : tte l'année - château : avr.

SCOTTISH VIEWPOINT/VISIT SCOTLAND

Le château de Brodie.

et juil.-août : 10h30-16h30 ; mai-juin et sept. : tlj sf w.-end 10h30-16h30 - salon de thé - parking.

Ce château fort est la résidence des Brodie depuis le milieu du 11e s. En 1567, le 12e Brodie of Brodie construit une maison forte en Z. Des ajouts du 17e s. et des modifications apportées en 1824 donnent l'habitation que nous voyons aujourd'hui, qui est encore celle du seigneur actuel. Brodie est également connu pour son jardin et ses célèbres **tapis de jonquilles** que l'on peut admirer au printemps.

Intérieur – D'époques diverses, les pièces abritent une splendide collection de peintures et de remarquables pendules et meubles de facture française. Quel saisissant contraste lorsqu'on passe de l'extrême sobriété de la salle de garde via le hall d'entrée (jadis la cuisine), à la bibliothèque ajoutée au 19e s. par William Burn, un architecte spécialisé dans les manoirs. En montant, voyez *Henry, Prince of Wales* (le frère aîné de Charles Ier, mort en 1612), de Guido Reni et Paul Van Somer. Appartenant à l'extension du 17e s., la salle à manger offre un plafond fabuleusement mouluré dont la datation est incertaine et qui fut recouvert d'une peinture brune au 19e s. Entourée des portraits de famille, la table est garnie d'un service armorial importé de Chine. Le plafond du petit salon bleu (début 17e s.) contient des motifs de chardons et de roses.
Ancien grand hall, le **salon rouge** rassemble des œuvres flamandes et hollandaises du 17e s. (Gérard Dou, Mytens). Le salon du 19e s., dont le plafond compartimenté est délicatement décoré, présente plusieurs toiles intéressantes : *Charles Ier* par Van Dyck. Des nombreux meubles français légués par Elizabeth, il faut remarquer une ingénieuse table de chevet Louis XV et un bureau plat de Hedouin. La plus belle chambre est meublée de pièces laquées du 18e s. Le cabinet à double dôme d'époque Guillaume et Marie est un secrétaire à compartiments secrets. Les salles arrière renferment une sélection d'œuvres d'art, dont des toiles écossaises de Peploe, Gillies et MacTaggart, et des aquarelles anglaises des 18e et 19e s.

En continuant par la A 96, vous rejoignez Nairn et la région d'Inverness.

Elgin pratique

Informations utiles

Office de tourisme – *17 High St. - (01343) 522 600 - www.elginscotland.org - 7j./7 en été, lun.-sam. l'hiver.*

Hôpital – *Dr Gray's Hospital, Pluscarden Rd - (01343) 543 131.*

Pharmacie - Loyds Pharmacy – *48 High St. - (01343) 547 065.*

Police – *Moray St. - (01343) 543 101.*

Transports

En bus – *Stage Coach, St Giles Bus Station - (01343) 540 977.*

En train – Gare ferroviaire - *Station Rd - (08457) 484 950.*

Taxis - City Taxis – *(01343) 543 555 -*
A1 Taxis *(transfert aéroport Inverness) - (01343) 545 545.*

Se loger

CENTRE VILLE

Bon à savoir – La plupart des hôtels proches du centre-ville donnent sur les boulevards contournant le centre historique et peuvent s'avérer bruyants. Pensez à demander une chambre côté cour.

The Royal Hotel – *Station Rd - (01343) 542 320 - www.theroyalhotelelgin.co.uk - 18 ch. 65 £.* Très bon rapport qualité-prix pour ce petit hôtel, remarquable par son imposant escalier néo-Louis XV. Les chambres qui donnent sur l'arrière sont particulièrement grandes, avec des salles de bains équipées d'une baignoire.

Laichmoray Hotel – *Maisondieu Rd - (01343) 540 045 - www.laichmorayhotel.co.uk - 35 ch. 80 £.* Un des premiers hôtels d'Elgin, réaménagé tout en conservant son caractère victorien originel. Belle salle de restaurant côté jardin, largement fréquentée par la population locale.

Sunninghill Hotel – *Hay St. - (01343) 547 799 - www.sunninghillhotel.com - 21 ch. 80 £.* Beaucoup d'hommes d'affaires en semaine et des mariages le week-end dans ce charmant petit hôtel tenu depuis plus de 25 ans par un couple. Bon restaurant.

The Mansefield – *127 Mayne Rd - (01343) 540 883 - www.themansefield.com - 40 ch. 110/140 £.* L'hôtel le plus confortable et le plus moderne du centre-ville. Certaines chambres aménagées avec un lit à baldaquin ont un aspect plus authentique.

The Mansion House Hotel – *The Haugh - (01343) 548 811 - www.mansionhousehotel.co.uk – 23 ch. 140/240 £.* Légèrement à l'écart de la ville, au cœur d'un joli jardin sur les rives de la rivière Lossie, ce petit château du 19e s. offre tout le confort apprécié de nos jours. Très bon restaurant, piscine, sauna, salons, billard.

ENVIRONS

The Old Church of Urquhart – À *5 miles d'Elgin, à 200 m du village d'Urquhart - (01343) 843 063 - www.oldkirk.co.uk - 4 ch. - 52 £.* Petite église de campagne de la première moitié du 19e s. transformée en B&B. Tranquillité assurée au milieu des champs et des pâturages. À ne pas manquer.

Ramne Hotel – *Forres, à 11 miles d'Elgin - (01309) 672 410 - www.ramneehotel.com - 19 ch. - 105/135 £.* Belle demeure de 1907 meublée d'antiquités, à 5mn du centre-ville de Forres, légèrement en retrait de la route principale. Les chambres de derrière jouissent d'une belle vue sur le Moray Firth.

Knockomie Hotel – *Grantown Rd, 1 mile au S de Forres - (01309) 673 146 - www.knockomie.co.uk - 16 ch. - 150/190 £.* Maison dans un parc de 4 acres (jardin et forêt). Les chambres du bâtiment principal sont particulièrement grandes et disposent toutes d'une cheminée. Dans l'aile plus récente, elles sont plus petites et plus modernes. Possibilité d'organiser chasse et pêche selon la saison. Réservez à l'avance, cette adresse accueillant près de 30 mariages par an.

Se restaurer

CENTRE-VILLE

Pizzeria Toscana – *20 Thunderton Place - (01343) 551 066 - 12h-14h, 17h-22h, le dim. seult le soir - 10/15 £.* Restaurant sans prétention qui propose de bonnes pizzas. La salle étant petite, pensez à réserver le soir.

Laichmoray Hotel – *Maisondieu Rd - (01343) 540 045 - 12h-14h, 17h-21h - 15/20 £.* Agréable salle à manger côté jardin pour ce restaurant particulièrement prisé par la population locale. Cuisine des Highlands panachée de nombreuses inspirations, italienne, thaïlandaise, suédoise. Pensez à réserver le soir.

Aspire Restaurant & Bar – *9 A Moss St. - (01343) 540 932 - 10h-23h - 20/30 £.* Construite au 19e s., cette église servit de magasin de meubles dans les années 1950 avant d'être transformée en restaurant en 2005. Relativement peu de produits de la mer mais d'excellentes viandes du terroir et des grillades.

ENVIRONS

Ramne Hotel – *Forres, à 11 miles d'Elgin - (01309) 672 410 - 12h-14h, 17h-21h - 18/26 £.* Cuisine écossaise contemporaine à prix très raisonnable compte tenu du cadre enchanteur. À 5 minutes du centre-ville.

Knockomie Hotel – *Grantown Rd, Forres, à 11 miles d'Elgin - (01309) 673 146 - 20/30 £.* Cuisine typiquement écossaise, bœuf en provenance d'une ferme voisine et spécialité de gibier avec une carte de vin tout à fait à la hauteur. Réservation indispensable.

En soirée

CENTRE-VILLE

The Mukle Cross – *High St. - (01343) 559 030 - 9h-0h30.* Grand pub sans cachet particulier, servant snacks, grillades, burgers et plats traditionnels à petits prix. Menu spécial pour les enfants.

Thunderton House – *Thunderton Place - (01343) 554 921 - www.thundertonhouse.co.uk - 10h-1h.* À l'origine, il s'agissait de la loge des rois écossais médiévaux, reconstruite par Alexander 1er Lord Drufus en 1650. Sans doute le plus authentique des pubs d'Elgin. Borne wifi.

The Foundery – *Thunderton Place - (01343) 555 175 - lun.-mar. 12h-23h, merc.-sam. 12h-3h, dim. 12h30-1h.* Atmosphère chaleureuse dans ce pub apprécié par la jeunesse d'Elgin. Piste de danse au premier. En revanche, les enfants ne sont pas les bienvenus.

Sports et loisirs

Des excursions en mer sont proposées pour découvrir la faune locale du Moray Firth, très riche et variée : dauphins hyperoodons, phoques, nombreuses espèces d'oiseaux *(voir encadré p. 390).*

Gemini Explorer – *2 Red Craig, Buckhead - (07747) 626 280 - www.geminiexplorer.co.uk.* 2 à 3 départs par jour de mars à octobre, à partir de Buckie (circuit B). Sur un ancien bâteau de pêche, comptez 25 £ par adulte et 18 £ par enfant pour une excursion de 2h30.

Fort William★

10 805 HABITANTS
CARTE GÉNÉRALE RABAT I B3 - CARTE MICHELIN REGIONAL 501 E 13
HIGHLAND

Fort William se situe sur la rive du loch Linnhe, à l'ombre du point culminant de Grande-Bretagne, le Ben Nevis. Principale ville du district de Lochaber, elle s'est développée autour d'une série de forts et de forteresses, lieux stratégiques situés au sud du Great Glen. Autoproclamée capitale du tourisme de plein air du Royaume-Uni, elle est la cousine de Queenstown en Nouvelle-Zélande ou Chamonix en France. La cité elle-même pâtit de ce statut de pôle hyper-touristique : une rue principale bordée d'échoppes d'équipement de sports et de souvenirs, un centre coupé du loch par une large route. Mais Fort William et ses nombreuses infrastructures représentent un point de départ idéal pour découvrir la beauté des régions alentour : les paysages sauvages de la péninsule d'Ardnamurchan, le grandiose glen Coe, la charmante route des îles.

Se repérer – Entre Great Glen et loch Linnhe, la ville est un point d'entrée majeur des Highlands de l'Ouest. Elle est fort bien desservie par la route A 82 (Glasgow est à 160 km et Inverness à 110 km), le rail (West Highland Railway) et même les chemins de randonnées (West Highland Way, Great Glen Way).

À ne pas manquer – Les plages et paysages de la péninsule sauvage d'Ardnamurchan. La beauté inquiétante du glen Coe. Le sable blanc de Morar. Le site historique de Glenfinnan.

Organiser son temps – En été, la ville est envahie et il est parfois très difficie de trouver un lit.

Avec les enfants – Partir sur les traces d'Harry Potter à bord du Jacobite Steam Train, Sanna Beach.

Pour poursuivre le voyage – Ile de Mull, Inverness et le Loch Ness, Oban.

M. Rougemont / GHFP/GAMMA

L'impressionnant Ben Nevis, le plus haut sommet de Grande-Bretagne.

Visiter

West Highland Museum

Cameron Square. ✆ (01397) 702 169 - www.westhighlandmuseum.org.uk - juil.-août : 10h-17h, dim. 14h-17h ; mai-juin et sept.-oct. : tlj sf dim. 10h-16h - fermé 1er-2 janv. et 25-26 déc. - 3 £.

Ce musée local traite d'une grande diversité de sujets. Les plus intéressants sont ceux centrés sur les industries locales, sur le canal Calédonien, sur le Ben Nevis, ainsi que sur l'ancien fort et les souvenirs jacobites.

Aux alentours

Glen Nevis★

Une route part de Fort William et suit la rive sud de la Nevis sur 17 km en contournant le Ben Nevis avant d'arriver au pied de la montagne. Ces paysages grandioses, si près du peu attrayant centre-ville, ont servi de décor à des films comme *Highlander, Rob Roy* ou *Braveheart*. Vous pouvez suivre la route en voiture. Mais aussi emprunter un chemin aisé (10 km AR) qui traverse des gorges et des landes superbes, passe près de chutes d'eau (Lower Falls notamment). Un bus *(Highland Country Buses n° 42)* part de la gare et longe en partie le glen Nevis, ce qui peut vous permettre d'effectuer une partie du trajet. De nombreux autres chemins existent : Steal Falls, Achriachach Walk, The Peat Teack… Cartes et informations au Visitor Centre de Fort William ou à celui du glen Nevis – *(01397) 705 922 - avr.-oct. : 9h-17h.*

Le cours supérieur de la rivière sert également de cadre à une très populaire compétition de canoë-kayak, la Glen Nevis River Race *(voir le Visitor Centre pour les dates).*

Les marcheurs passionnés pourront poursuivre leur route par un chemin (20 km) qui mène aux abords de Rannoch Moor, à Corrour Station. Cette zone isolée est pourvue d'une gare inattendue où passent les trains de la ligne Glasgow-Fort William.

Ben Nevis★★

Cette masse de granit recouverte de neige (1 344 m d'altitude) est la plus haute montagne de la Grande-Bretagne. Sa ligne n'est pas harmonieuse mais le relief est pourtant très populaire parmi les grimpeurs et les marcheurs.

Un sentier de randonnée très fréquentée et bien jalonné commence sur la rive nord de la Nevis, ou à côté du parcours de golf, et permet d'en gagner le sommet en 4 à 5 heures d'ascension et 3 heures de descente. Les randonneurs doivent se renseigner à l'avance sur les conditions météo et éventuellement donner leur nom au Glen Nevis Visitor Centre *(voir plus haut)*. Ils doivent être convenablement chaussés (bottes ou chaussures robustes et imperméables) et équipés (sifflet, carte et nourriture).Au sommet se dresse un mémorial de guerre. On y trouvait autrefois un hôtel (fermé en 1915), ainsi qu'un observatoire (1883-1904). On dit que si la neige disparaît un jour du sommet, le Ben Nevis redeviendra une propriété de la Couronne.

Nevis Range

À Torlundy, 6,4 km au nord par l'A 82. Informations : www.nevis-range.co.uk, www.ski-scotland.com.

Nevis Range est une station de ski et de sports en plein air très populaire auprès des Britanniques. C'est notamment un fief du VTT. Des compétitions internationales s'y déroulent fréquemment. On peut donc très logiquement y louer des vélos et les marcheurs y trouveront également des chemins agréables.

Un bus *(Highland Country Buses n° 42)* part de la gare et vous dépose à la station de **téléphérique.** Celui-ci vous emmène en 12 minutes à la station de ski qui se trouve à 701 m d'altitude, sur les pentes de Aonach Mor. On peut y admirer des **vues**★★ de Skye, Rhum, du Great Glen et des montagnes environnantes. Téléskis, restaurant. *(01397) 705 825 - www.nevisrange.co.uk - ♿ - télésiège (en fonction des conditions météorologiques) 10h-17h - 8,25 £ - café, restaurant, bar.*

Circuits de découverte

Beaucoup de touristes visitent la région du **Loch Ness** à partir de Fort William. D'autres le font depuis Inverness. Vous trouverez la description de ce circuit (Inverness-Loch Ness-Fort William) dans le chapitre *Inverness - circuit* 1 *p. 427*).

LA ROUTE DES ÎLES★★ 1

Cet itinéraire touristique de 75 km, souvent encombré en été, passe à travers une campagne riche en histoire et s'achève à la ville de Mallaig, l'un des ports de ferry pour Skye et les autres îles des Hébrides intérieures. Il peut aussi être effectué en train classique ou à vapeur (voir encadré *Le train d'Harry Potter p. 412).*

Quittez Fort William par la A 82 (direction Inverness). Tournez tout de suite à gauche pour prendre la A 830.

Neptune's Staircase

À Banavie. Cet **ensemble de huit écluses**, dit « escalier de Neptune », fut conçu par Telford, et fait partie du Canal calédonien. Il fait monter le niveau de l'eau de 21 m sur un parcours de 457 m et permet de passer du niveau du canal à celui du loch Linnhe.

Le train d'Harry Potter

Le **West Highland Railway**, voie ferrée qui relie Glasgow à Fort William (en traversant les superbes paysages sauvages du Rannoch Moor) puis Mallaig, emprunte sur son dernier tronçon la belle route des îles. Certes, en train, vous ne pourrez pas vous arrêter à votre guise. Mais vous verrez ces paysages enchanteurs d'une autre manière le long des 70 km et éviterez la foule estivale qui encombre parfois la route. Vous pouvez prendre un train classique (fréquent, assez rapide et peu onéreux, *www.firstscotrail.com*). Ou choisir le Jacobite Steam Train, un train à vapeur très populaire. À raison d'un départ quotidien, ce sympathique tortillard vous emmène à Mallaig en deux heures, avec un passage sur le **viaduc de Glenfinnan** et un arrêt à Glenfinnan Station. Le superbe viaduc, pris pour décor d'un film d'Harry Potter, a fait de ce train (qui a pris le nom du jeune sorcier) une attraction touristique majeure. À tel point qu'il vaut mieux réserver longtemps à l'avance votre ticket.
Jacobite Steam Train – *(01524) 737 751 - www.steamtrain.info et informations en gare de Fort William - mai-oct. - AR env. 26/30 £, réductions enfants et familles.*

Corpach, avec sa papeterie (la fabrication de pâte à papier a cessé en 1980), offre des **vues★★** magnifiques de la face arrière du Ben Nevis. La route suit alors la rive nord du loch Eil qui prolonge le loch Linnhe.

Glenfinnan★

Glenfinnan Monument – Dans un cadre splendide à l'extrémité du **loch Shiel** se dresse le monument construit en 1815 à la mémoire de ceux qui sont morts pour le prince **Charles Édouard Stuart (Bonnie Prince Charlie)** durant le soulèvement de 1745. Ici, cinq jours après le débarquement du prince sur le loch nan Uamh, l'étendard fut levé devant une armée constituée de 1 300 Highlanders. L'équipée du prince s'acheva quatorze mois plus tard lorsqu'il partit pour la France depuis un point proche de cet endroit. Aux mêmes horaires que le Visitor Centre *(voir ci-dessous)* et avec le même ticket, vous pouvez grimper en haut de la tour *(61 marches - minuscule esplanade au sommet)*. Vous découvrez une vue splendide du loch Shiel encadré de montagnes. En direction du nord, les yeux vont au-delà du long **viaduc** de 1901 et de ses 21 arches sur lesquelles passent les trains. Ce pont est devenu fameux, après que des scènes du film *Harry Potter et la chambre des secrets* y ont été tournées. Mais pour l'admirer dans toute sa splendeur, avec le loch en arrière-plan, il faut marcher et prendre de l'altitude.

Visitor Centre – *(NTS) - (01397) 722 250 - glenfinnan@nts.org.uk - juil.-août : 9h30-17h30 ; avr.-juin et sept.-oct. : 10h-17h - présentation audio (6 langues) - 3 £ (enf. 2 £) - cafétéria.* Géré par le National Trust for Scotland, il propose une exposition avec commentaires enregistrés présentant les principaux personnages et événements de cette époque.

En août, Glenfinnan est le cadre d'un rassemblement, les **Glenfinnan Gathering and Highland Games**, occasion pour les membres des clans de se retrouver.

Glenfinnan Station – *(01397) 722 295 - juin-sept. 9h30-17h - 0,50£.* À 1 km après le Visitor Centre, cette étape du Jacobite Steam Train *(voir encadré)* abrite une petite exposition qui raconte l'histoire de cette ligne ferroviaire désormais célèbre.

Au-delà de Glenfinnan, la route et le chemin de fer divergent et longent chacun une rive du loch Eilt. Après l'embranchement de Lochailort, la route contourne un bras de mer, le loch Ailort, puis monte vers la langue de terre étroite de la péninsule d'Ardnish. Si vous venez du Ross occidental, tout le long de cette route les paysages vous paraîtront ici verdoyants, « humains », reposants : rivière, prés fleuris, pentes douces. La route longe ensuite le loch nan Uamh, et procure une **vue★** sur le détroit d'Arisaig. Sur la plage du côté nord, un **cairn** marque l'endroit où le prince Charles Édouard Stuart accosta le 19 juillet 1745, avec ses fidèles compagnons surnommés les sept hommes de Moidart. La route suit alors la vallée de Beasdale, croise la vallée de Borrodale et traverse ensuite la péninsule d'Arisaig. Puis la mer est en vue.

Arisaig★

Ce charmant village dispersé surplombe le **détroit d'Arisaig**. Des croisières partent de la jetée pour Rhum, Muck et **Eigg**, cette petite île devenue célèbre pour avoir été rachetée par ses habitants en 1997 à la suite d'une souscription lancée sur Internet.

Croisières vers les îles – *Arisaig Marine - (01687) 450 224 - www.arisaig.co.uk - excursion pour les îles d'Eigg, Muck et Rhum (aperçu de baleines, dauphins, phoques, macareux, aigles), de Pâques à sept. : dép. à 11h, se renseigner pour tous les horaires - 16/22 £ (enf. 8/11 £).*

Pour rejoindre Mallaig, prenez la **Scenic Coastal Tourist Road★** plutôt que la A 830. Au-delà d'Arisaig, le rivage rocheux est échancré d'anses de sable. Elles offrent des terrains parfaits pour camper (camps officiels existants ou camp sauvage) ou passer un après-midi au soleil. À l'horizon, Eigg et Rhum se profilent.

Morar

Le village s'étend à l'entrée du loch Morar, le lac intérieur le plus profond d'Écosse (305 m), où vit le monstre Morag, frère de Nessie.

Il est au centre d'une région sauvage et très peu visitée, qui ravira les randonneurs. Là où la Morar se jette dans la mer s'est formée la plus belle plage de la région, **Silver Sands of Morar★**, connue pour son sable blanc de silice *(infos et cartes au Visitor Centre de Mallaig)*.

Mallaig★

Ce port de pêche est le terminal de la voie ferrée West Highland Railway (Glasgow-Mallaig) et des ferries vers Skye et d'autres petites îles. Un petit bout du monde donc. Les maisons sont disséminées sur les versants qui surplombent la baie, abritée par deux promontoires. Malgré la taille modeste du port, le mouvement est incessant et il n'est pas désagréable d'y passer quelques heures, voire une nuit, avant un départ. On y trouve de plus tout ce qu'il faut : restaurants, poste, supermarchés. Et d'agréables bancs pour contempler l'activité du port.

Des balades plus ou moins longues sont possibles aux alentours. Une carte située près du Visitor Centre les décrit très bien (trajet, temps, kilométrage).

Mallaig Marine World – *Sur le port - ✆ (01687) 462 292 - juill.-sept. 9h30-18h (dim. 11h-17h) ; moins fréquemment le reste de l'année - 3£*. Une présentation de la tradition maritime et de la faune marine locale à travers des vidéo, aquariums.

Mallaig Heritage Centre – *Station Road - ✆ (01687) 462 085 - www.mallaigheritage.org.uk - avr.-oct. - 2,50£*. Cette attraction située à côté de la gare raconte l'histoire de Mallaig et sa région : le rail, la mer, les gens.

Activités – Diverses agences proposent des excursions en mer (île de Skye et les Cuillins, petites Hébrides, Inverie et **Knoydart,** la péninsule totalement isolée où vivent seulement une centaine de personnes, paradis des randonneurs), des randonnées guidées dans les environs sauvages (loch Morar). Contactez : Bruce Watt Sea – *✆ (01687) 462 320 - www.knoydart-ferry.co.uk* ou Special Boating Trips – *✆ (01687) 462 652 - www.road-to-the-isles.org.uk*.

Retour de pêche à Mallaig

Si vous avez la possibilité de vous attarder à Mallaig, ne manquez pas le retour des pêcheurs, en début de soirée. L'été, la saison des langoustines bat son plein. Petit à petit les bateaux rentrent au port. Sur les quais, lors du débarquement des caisses, on entend rouler les « r » écossais mais aussi des dialogues en polonais ou d'autres langues de l'est. Camions frigorifiques et transpalettes s'activent. Les femmes et les enfants viennent parfois accueillir le pêcheur. Et tous les gestes de ce petit monde sont épiés pas des dizaines de goélands. Une caisse de langoustines renversée ou non surveillée est immédiatement prise d'assaut. D'autres volatiles percent sans mal des sacs, pourtant solides, de granulés pour saumon d'élevage. Quelques phoques viennent parfois se mêler à la fête. Leurs grosses têtes lisses sortent de l'eau et attrapent à la volée un poisson jeté par un pêcheur. Les touristes s'amusent de ce ballet en dégustant des fish & chips. Eux aussi intéressent les goélands qui passeront la fin de la soirée à fouiller les poubelles, secouer les papiers gras pour en faire tomber quelques frites.

LA PÉNINSULE D'ARDNAMURCHAN★★ 2

Cette pointe de terre isolée possède de nombreux atouts naturels. Sauvage depuis les *clearances*, un peu oubliée, elle ravira ceux que Fort William a repoussés. Ce circuit de 260 km (depuis Fort William) peut a priori être effectué en une journée. Mais l'étroitesse des routes et le charme du lieu vous invitent à prendre votre temps, à emprunter des routes encore plus petites. Si vous le pouvez, n'hésitez pas à vous y attarder. Mais pensez à réserver votre hébergement à l'avance, car les lits sont rares. Les possibilités de **randonnées** à pied et à vélo, sur la côte, les reliefs ou dans les champs fleuris sont nombreuses.

Empruntez la A 830 (comme pour la route des îles) jusqu'à Lochailort, point de départ du circuit. De là, prenez vers le sud par la A 861 qui contourne le détroit d'Arisaig en offrant des vues d'Eigg et de Muck. Vous ne résisterez pas au plaisir de vous arrêter fréquemment dans ces paysages de rêve : criques, îlots…

Moidart

Vous passez devant le loch Moidart et l'extrémité du loch Shiel. Ici, quelques maisons reposent dans un écrin de rêve : petites rivières, ponts de pierre, douces prairies, plantes lacustres coiffées par le vent, forêt sombre mais accueillante. Quelques B&B contenteront ceux qui désirent s'y attarder. Faites un détour par le **château de Tioram★** à Doirlinn *(route charmante mais étroite avant Acharacle)*. Ces ruines du 13e s. sont perchées sur une petite île accessible à marée basse.

Revenez sur vos pas pour aller à **Salen**, *un petit port de rêve pour les voiliers, et prenez la B 8007 qui longe le loch Sunart. Elle traverse de belles* **chênaies**, *jadis communes sur toutes les côtes atlantiques, mais aujourd'hui rares et protégées.*

L'Ardnamurchan pratique

Informations – La source la plus complète est le site Internet *www.ardnamurchan.com*. Vous trouverez ici absolument tous les renseignements sur l'histoire, l'hébergement, les activités, les chemins de randonnée à pied ou à vélo. Au Visitor Centre de Kilchoan *(✆ (01972) 510 222 - Pâques-oct., tlj)*, vous pourrez acheter des cartes des chemins de randonnée et réserver un lit. Autre bureau à Strontian *(saisonnier - ✆ (01967) 402 382)*.

Pratique – À Kilchoan, une épicerie-poste. Pas de banque. Pensez à faire le plein d'essence à Fort William.

Transports – Un bus *(Shiel Buses - ✆ (01967) 431 272)* relie Kilchoan à Fort William une fois par jour, en liaison avec le ferry *(www.calmac.co.uk)* Kilchoan-Tobermory (Mull).

Se loger – Les campings, hôtels et B&B sont rares, modestes parfois, mais conviviaux. Ils sont répartis autour de Kilchoan et Strontian. Réservation (conseillée en été) via les Visitor Centre.

Activités – Randonnées à pied ou à vélo, baignade (en cas de canicule estivale) sur les plages de rêve.

Glenborrodale et Glenmore

Ces deux hameaux sont parmi les plus « importants » de la péninsule. Entre les deux, vous trouverez l'**Ardnamurchan Natural History and Visitor Centre** – *✆ (01972) 500 209 - www.ardnamurchannaturalhistorycentre.co.uk - avr.-oct. : 10h30-17h30, dim. 12h-17h30 - site gratuit, exposition 4 £ (+5 ans 2 £) - cafétéria - parking*. Dans un joli bâtiment, au plus près de la nature, un photographe passionné a monté une intéressante présentation du paysage sauvage de la péninsule, de sa flore et de sa faune uniques.

La route quitte la forêt pour traverser un paysage nu et râpé. À l'embranchement de la route pour Kilmory, vue grandiose sur les reliefs de Skye, Rhum et Eigg.

Kilchoan

Ce petit hameau dispersé s'anime vaguement quand le ferry part vers Tobermory (île de Mull). On y trouve quelques possibilités d'hébergement, et un Community Centre (café, douches, toilettes, pratique pour les randonneurs) qui fait aussi office de bureau touristique (voir encadré) au personnel très sympathique. Nombreuse documentation sur les environs.

Continuez par la B 8007 et passez près de Ferry Store, unique épicerie du coin !

Ardnamurchan Point

Cette pointe coiffée d'un phare, extrême point occidental de la Grande-Bretagne non insulaire, offre des **vues★★** spectaculaires sur l'Atlantique. Vous pouvez monter en haut du phare pour jouir d'une belle vue. Une exposition sur la région est également proposée (*avr.-oct. tlj 10h-17h*).

Revenez sur vos pas et prenez la direction de Sanna.

Plage de Sanna★★

Voici sans aucun doute l'une des plus belles plages d'Écosse. Au bout d'une route étroite, à la pointe de la péninsule, du sable blanc, de l'eau transparente, glissent entre les rochers noirs. Des reliefs verts et doux où paissent les moutons encadrent les dunes.

Revenez à Salen et prenez à droite la A 861. Vous passez à **Strontian** *au bout du loch Sunart, charmant et bucolique lieu de villégiature. D'ici part la A 884 qui mène à Lochaline port de ferry vers l'île de Mull. Mais aussi celle qui mène à Polloch, isolé au bord du beau loch Shiel.*

Glen Tarbet

La route traverse le beau paysage du glen Tarbet, longe la rive ouest du loch Linnhe, puis la rive sud du loch Eil jusqu'à Kinlocheil. Le trajet par la A 861 peut paraître long mais est charmant : rives du loch Linnhe et doux herbages où paissent des moutons. On peut même apercevoir des chèvres sauvages. Vous pouvez raccourcir le trajet en prenant le bac Corran-Inchree. Puis revenir à Fort William par la voie rapide A 82.

GLEN COE★★ 3

Attention, **ce circuit va vers Fort William**. C'est souvent dans ce sens que le glen Coe est découvert et apparaît dans toute sa splendeur. Mais rien, bien sûr, ne vous interdit de l'effectuer en sens inverse.

Cette splendide vallée située dans un décor montagnard à la fois rude et grandiose se trouve sur la principale route touristique qui part de Glasgow en direction du nord. Ici, les sommets herbeux ou rocheux, irréguliers, succèdent à des pentes aux courbes parfaites, régulières. Déjà impressionnant sous le soleil, le site devient vraiment inoubliable lorsque les conditions météorologiques sont menaçantes.

La description de ce circuit de 65 km suit la A 82. Il débute à partir de la région du **Rannoch Moor**, *une zone superbe, sauvage et désolée* *(voir Pitlochry, circuit 1 p. 323).*

Meall (Bhuiridh)

1 108 m. À l'ouest de la A 82 et de Kingshouse s'élève la colline des Roaring Stags (cerfs bramants), connue pour ses pistes de ski sur les pentes des White Corries. Station de ski de week-end, l'enneigement y est généralement convenable.

Glen Etive

Quittez la A 82 pour emprunter *(ajoutez 40 km au circuit)* cette vallée glaciaire de 16 km de long qui s'étire vers le sud jusqu'au loch marin du même nom, et qui atteint la haute mer au nord d'Oban.

Revenez vers la A 82.

Buachaille Etive Mór

1 022 m. Sur la gauche s'élève la forme conique du Big Herdsman (le grand berger) d'Etive, qui garde l'entrée de la vallée. La montagne est un véritable défi pour les grimpeurs. Au loin, sur la droite, se trouve le zigzag du Devil's Staircase (l'escalier du diable), une série de virages en épingle à cheveux sur la vieille route militaire qui conduit à Kinlochleven. Sur la droite, un rocher au sommet aplati, le Study, sert, dit-on, à localiser le sommet du glen Coe. De cet endroit, on obtient une belle **vue** des Trois Sœurs situées sur la gauche.

La route pénètre dans le défilé de Glencoe, passe la cascade et descend doucement vers le fond de la vallée entre des parois rocheuses dépassant 900 m.

The Three Sisters

C'est un massif détaché du grand **Bidean nam Bian** (la pointe des crêtes), constitué de neuf pics et culminant à 1 141 m. Les Sœurs s'appellent (d'est en ouest) : Beinn Flaha (la montagne longue), Gearr Aonach (la petite crête) et Aonach Dubh (la crête

Le massacre de Glencoe

Les habitants des Highlands ont toujours été fidèles aux Stuarts. Aussi, quand prend fin le bref règne (1685-1688) de Jacques VII par la fuite du roi, les clans de la région sont-ils réticents à se rallier aux nouveaux souverains. Après la Convention qui offre la couronne d'Écosse à Guillaume et à Marie, en mars 1689, le vicomte Dundee rassemble les Highlanders. Mais, malgré la victoire de Killicrankie où ils perdent leur chef, ils sont définitivement défaits un mois plus tard à Dunkeld. Guillaume propose alors le pardon à tous les clans qui lui prêteraient serment d'allégeance avant le 1er janvier 1692. Ainsi, **Maclain, chef des MacDonald of Glencoe**, prête serment. Début février une force de 120 hommes aux ordres de Campbell of Glenlyon vient cantonner chez les MacDonald of Glencoe, et, pendant 12 jours, tous cohabitent paisiblement. Mais le 13e jour, 800 hommes envoyés par le secrétaire d'État, sir John Dalrymple, et le gouverneur de Fort William arrivent avec ordre de massacrer « le vieux renard et ses fils » et d'incendier leurs maisons. Quarante des MacDonald, dont Maclain, sont tués et beaucoup plus moururent ensuite de froid. Une enquête officielle confirme que, malgré les ordres du roi, Dalrymple avait sans aucun doute fait du zèle.
Un monument commémoratif est visible à la sortie nord du village de Glencoe, à partir de l'extrémité de la jolie rue du village (et son petit musée au toit de chaume).

C. Bowman / SCOPE

Une maison isolée dans la splendide vallée de Glencoe.

noire). Entre les deux premières, non visible de la vallée, se trouve Coire Gabhail (la vallée cachée), où les MacDonald cachaient le bétail qu'ils volaient.

Aonach Eagach

Sur la droite s'étend le flanc continu de cette arête en dents de scie (The Notched Heights) qui se prolonge sur 5 km et offre le challenge d'une randonnée sur ses crêtes. Le loch Achtriochtan s'étend dans la vallée, au pied de cette arête.

Glen Coe Visitor Centre

NTS - ✆ (01855) 811 307/729 - www.nts.org.uk - ♿ - centre d'accueil : avr.-août : 9h30-17h30 ; sept.-oct. : 10h-17h ; nov.-fév. : jeu.-dim. 10h-16h ; mars : 10h-16h - 3,50 £ - aire de pique-nique, café.

Ce centre fournit une bonne présentation historique et géologique sur la vallée et ses environs. Il existe des visites guidées et un guide propose des conseils sur les randonnées et l'escalade dans la région.

Le glen Coe est en effet la « capitale » de l'escalade au Royaume-Uni. Il est indispensable de suivre ceux qui connaissent les collines et de ne pas surestimer ses capacités. Ici, vous trouverez les informations nécessaires pour choisir les chemins qui vous conviennent. La région est en partie traversée par le West Highland Way qui va de Glasgow à Fort William. Les marches sont bien indiquées depuis la route et les points de départ équipés d'un parking.

Reprenez la route. Sur la droite se dresse Signal Rock, qui servait à l'époque des clans pour avertir tout le monde en cas de danger.

Glencoe

Sur les rives du loch Leven, ce village possède un petit musée, le **Glencoe and North Lorn Folk Museum** – *Dans la rue principale - ✆ (01855) 811 664 - ♿ - avr.-oct. : tlj sf dim. 10h-17h30 - 2 £ - parking.* Notez la verrerie gravée de la rose blanche des jacobites et des exemples de haches de Lochaber – quelques-unes étaient encore utilisées en 1745 – ainsi que l'exposition sur l'industrie locale de l'ardoise.

De Glencoe, la A 82 vous mène rapidement à Fort William. Peu à peu, la silhouette du Ben Nevis vous apparaît. Vous pouvez agréablement allonger (32 km de plus) le trajet en faisant le tour du **loch Leven**, *à partir de Glencoe, via* **Kinlochleven**. *Ce dernier village est connu comme un fief des randonneurs, mais aussi pour sa* **Ice Factor**, *une ancienne usine d'aluminium où l'on a aménagé le plus haut mur d'escalade sur glace du monde. Ouvert à tous (www.ice-factor.co.uk).*

Fort William pratique

Informations utiles

Office de tourisme – *Cameron Sq., zone piétonne - (01397) 703 781 - www.visit-fortwilliam.co.uk et www.lochaber.com et www.outdoorcapital.co.uk.*

Internet - One World – *123 High St. - (01397) 702 673* - Internet café, consommables informatique et pressing.

Transports

En bus – 3 compagnies :

Scottish City Link – *(0990) 505 050* - Liaisons avec les principales villes d'Écosse et service régulier avec Inverness, Oban et l'île de Skye.

Skye-Ways Travel – *(01599) 534 328* - Liaison Glasgow-Fort William-Skye.

Highland Country Buses – *(01397) 702 373.* Compagnie locale desservant la région Lochaber et liaisons avec Oban et Inverness.

En train – Liaisons avec Édimbourg et Glasgow, trains de nuit de plusieurs villes d'Angleterre. De Fort William, une autre voie ferrée dessert Banavie, Glenfinnan, Lochailort, Easdale, Arisaig et Mallaig sur la côte Atlantique – *(08457) 484 950 www.scotrail.co.uk.*

Taxis - Caol Cabs – *(01397) 702 525.*

Location de vélo

Off Beat Bikes – *117 High St - (01397) 704 008 - www.offbeatbikes.co.uk.*

Rhiw Goch – *Top Locks, Banavie - (01397) 772 373 - www.rhiwgoch.co.uk.*

Location de voiture

Easydrive Car & Van Rental – *21 Ben Nevis Ind. Estate - (01397) 701 616 - www.easydrivescotland.co.uk.*

Practical Car Hire – *Unit 3A, Annat Point - (01397) 772 404 - www.practical.co.uk.*

Se loger

CENTRE-VILLE

Bon à savoir – Si Fort William est la capitale des activités en plein air, le centre-ville n'en demeure pas moins pauvre en hôtels et restaurants.

St Andrews House – *Fassifern Rd - (01397) 703 038 - www.fortwilliam-accommodation.co.uk - 6 ch. 50/60 £.* Pension familiale dans une belle maison dominant le centre-ville. Toutes les chambres ne sont pas avec des salles de bains, aussi est-il fortement recommandé de réserver à l'avance.

Ossians Hotel – *High St. - (01397) 700 857 - ossiansfw@aol.com - 28 ch. 56 £.* Hôtel très simple mais bien tenu et chambres plus agréables que les couloirs ne le laissent supposer. Situation idéale au milieu de la rue piétonne mais attention tout de même aux chambres donnant sur le loch et la route, qui peuvent s'avérer bruyantes.

The Grand Hotel – *Gordon Sq. - (01397) 702 928 - www.grandhotel-scotland.co.uk - 30 ch. - 80 £.* Hôtel ouvert en 1937 qui a conservé un peu plus de charme comparé aux autres grands hôtels du centre-ville. Bon restaurant.

The Alexandra Hotel – *The Parade - (01397) 705 554 - www.strathmorehotels.com - 97 ch. - 90/100 £.* L'hôtel le plus confortable du centre-ville. Possibilité d'utiliser la piscine (et sauna) du Ben Nevis Hotel & Leisure Club à 1,5 km en direction d'Inverness.

ENVIRONS

Glenfinnan Sleeping Car – *Glenfinnan, sur la A 830 en direction de Arisaig à 24 km de Fort William - (01397) 722 295 - sleeper@hege-hernes.demon.co.uk - 4 ch. 20 £.* Wagon des années 1950 avec ses compartiments à peine modifiés depuis. Petite salle de bains et 4 douches, Confort sommaire mais le cadre surplombant la vallée et l'originalité méritent l'attention. À l'entrée du wagon, petit espace salon et cuisine en libre service. Possibilité de louer tout le wagon (max. 10 personnes).

Glenfinnan House Hotel – *Glenfinnan, sur la A830 en direction de Arisaig, à 24 km de Fort William - (01397) 722 235 - www.glenfinnanhouse.com - 13 ch. 100/140 £.* Une collection de têtes de cervidés empaillés vous accueillent dans l'entrée de cette maison du 18e s., mêlant simplicité et authenticité. Vous trouverez des chambres communicantes pour les familles.

Inverlochy Castle – *Torlundy, à 6,5 km du centre-ville de Fort William - (01397) 702 177 - www.inverlochycastlehotel.com - 17 ch. 300/500 £.* La reine Victoria, en visite au château en 1873, fut émue par tant de charme et trouva le lieu délicieusement romantique. Depuis, l'hôtel est resté un des plus luxueux de sa catégorie.

voir aussi le Carnet pratique Ardnamurchan p. 414.

Se restaurer

CENTRE-VILLE

Ossians Hotel Restaurant – *High St. - (01397) 702 928 - 14/17 £.* Carte très simple mais spectacle et musique écossaise traditionnelle tous les soirs de 20h à 22h.

Crannog Restaurant – *Sur les quais, au niveau de Gordon Sq. - (01397) 705 589 - www.crannog.net - 12h-14h, 18h30-21h - 20/35 £.* Restaurant spécialisé dans les produits de la mer, tenu par un ancien pêcheur. Face à la demande, la carte propose depuis peu quelques plats de viande. Très bonne adresse, peut-être un peu chère. Belle vue sur le loch.

ENVIRONS

Bon à savoir – Les petits restaurants cités ci-dessous sont en partie remplis par les clients des hôtels correspondants, il est généralement indispensable de réserver à l'avance.

Glenfinnan Dining Car – *Glenfinnan, sur la A830 en direction de Arisaig à 24 kmde Fort William - ✆ (07940) 434 822 - 9h-18h, jusqu'à 21h30 jeu.-sam. en juil. - 18 £.* Ça sent un peu le goudron de traverse autour du wagon, mais que les odeurs de pâtisserie en journée et celles de la cuisine le soir ont vite fait de couvrir. Ouvert récemment, la carte est encore très simple mais elle devrait évoluer rapidement.

Glenfinnan House Hotel – *Glenfinnan, sur la A830 en direction de Arisaig à 24 km de Fort William - ✆ (01397) 722 235 - 25/30 £.* Le chef cuisinier a travaillé dans plusieurs pays, dont la France où il a étudié l'art de la cuisine classique. Ces influences sont au service d'une cuisine utilisant essentiellement des produits locaux.

Inverlochy Castle – *Torlundy, à 6,5 km du centre-ville de Fort William - ✆ (01397) 702 177 - 58 £.* Dans le cadre somptueux de la salle à manger, offrant une belle vue sur le loch, vous dégusterez une cuisine écossaise moderne utilisant les produits du terroir. Veste et cravate obligatoires pour les hommes.

Sports et loisirs

Équitation – *Port Appin, au sud de Fort William, à mi-chemin de Oban - ✆ (01631) 730 227 - lettershunarc@aol.com - de Pâques à oct.* Balades sur les rives du loch Linnhe.

Nevis Range – *Accès en téléphérique - ✆ (01397) 705 825 - www.nevisrange.co.uk ou www.mountaineering-scotland.gov.uk.* Ski en hiver et randonnées, parapente, VTT en été. Possibilité de restauration au Snowgoose restaurant.

Randonnée – Les rangers de l'île de Skye, de la région de Lochalsh et de Lochaber organisent chaque année de mars à décembre un grand nombre de marches à la découverte de la faune, de la flore et de la géologie. Brochure disponible à l'office de tourisme ou sur *www.outdooraccess-scotland.com (vérif) ou www.highland.gov.uk - ✆ (01738) 458 545.*

Rafting et canyoning – Les nombreux cours d'eau de la région sont propices à de telles activités sportives.

Plusieurs compagnies :

Vertical Descents – *Inchree Falls, Onich - ✆ (01855) 821 593 - www.verticaldescents.com.*

Snowgoose Mountain Centre – *Station Rd, Corpach - ✆ (01397) 772 467 - www.highland-mountain-guides.co.uk.*

Achats

GASTRONOMIE

The Whisky Shop – *93 High St. - ✆ (01397) 706 164 - www.whiskyshop.com.* Petite chaîne de magasins entièrement consacrés aux whiskys.

ÉQUIPEMENT POUR LE PLEIN AIR

Vous trouverez à Fort William tout le matériel nécessaire pour la randonnée et les activités en plein air, notamment chez :

Scottish Outdoor Store – *102 High St. - ✆ (01397) 705 777 - www.westcoast-leisure.co.uk.*

Blacks – *28-32 High St. - ✆ (01397) 708 981 - www.blacks.co.uk.*

Nevisport – *Airds crossing, High St. - ✆ (01397) 704 921 - www.nevisport.com.* Rayon conséquent de livres et de cartes concernant la région.

Les **Hébrides** extérieures

Western Isles

23 224 HABITANTS
CARTE GÉNÉRALE RABAT I A2 - CARTE MICHELIN REGIONAL 501 Y/B 8/10

Dépourvues d'arbres, balayées par les vents, ces îles contre lesquelles viennent se fracasser les vagues de l'Atlantique n'en demeurent pas moins magnifiques. Elles arborent un paysage de landes et de tourbières, où scintillent 6 000 lochs. À cela s'ajoutent de superbes plages de sable bordées d'eaux cristallines, qui rendent (presque) jalouses celles les Maldives. L'isolement de l'archipel lui a permis de préserver son identité culturelle. Ainsi, le gaélique est largement répandu et l'Église réformée est la principale confession.

- **Se repérer –** La chaîne d'îles appelées Western Isles, les Hébrides extérieures, s'étire au nord-ouest de l'Écosse, sur 208 km depuis Barra Head au sud jusqu'à Butt of Lewis au nord. Stornoway, ville (et aéroport) principale, se situe au nord-est de Lewis, qui avec Harris, forme l'île la plus grande.
- **À ne pas manquer** – Les magnifiques plages de South Harris et des Uists. La côte ouest de Lewis, découpée et riche en sites archéologiques. L'Hebridean Celtic Festival à Stornoway.
- **Organiser son temps** – Le vent balaie en permanence les nuages et en amène d'autres, ce qui engendre un climat très changeant, mais doux. L'été est une saison propice pour profiter des belles plages tout en participant au Celtic Festival.
- **Pour poursuivre le voyage** – Le Ross occidental, l'île de Skye.

O. Fantuz / PHOTONONSTOP/Sime

Coucher de soleil près de Northon.

Comprendre

Histoire – De nombreux vestiges préhistoriques, et notamment des pierres levées qui servaient sans doute à prédire les cycles lunaires, témoignent d'une implantation humaine très ancienne. Au 8e s., les Vikings abordent l'archipel et l'occupent sérieusement le siècle suivant. De leur présence demeurent des noms de lieux, dont le mot Hébrides, qui signifierait « îles aux limites de la mer ». Mais contrairement aux deux archipels du Nord (Orcades et Shetland), c'est la culture gaélique qui prévaut ici. Les touristes s'en rendent vite compte quand ils consultent les panneaux de signalisation. L'attachement fort à cette culture se traduit par des festivals très vivants. Et on estime que 80 % des îliens sont bilingues gaélique/anglais.

Exploitation de la tourbe – Les deux parties de Lewis et Harris ont un élément commun : les nombreuses exploitations de tourbe bordant les routes. Le sol est généralement recouvert d'une couche de tourbe de 1,5 m d'épaisseur utilisée comme combustible dans tous les foyers. Découpée en mars en blocs que l'on laisse ensuite sécher, la tourbe est collectée en été dans des sacs et mise à l'abri pour l'hiver.

Le tweed de Harris

Cette industrie qui débute à grande échelle en 1842 est née d'une tradition plus que millénaire. Elle a subi un déclin dramatique en raison de la récente crise économique et de l'antiquité des métiers. Ces derniers sont inadaptés et leur maintenance se révèle coûteuse. La récente mise au point d'un métier à tisser d'un maniement plus facile et permettant la fabrication de rouleaux de tissu deux fois plus larges et aux dessins plus complexes devrait enrayer ce déclin et mettre un terme à la menace pesant sur toute la communauté. Le **logo** en forme de sphère est la garantie que cette étoffe de qualité a bien été tissée à la main par les insulaires. Cette activité qu'ils pratiquent chez eux a débuté à Harris, Lewis se consacrant à la commercialisation. Aujourd'hui, la production est assurée par les filatures de Stornoway et de Shawbost. Vous verrez fréquemment des ballots de tweed déposés au bout des chemins pour être ramassés.

Religion – La religion réformée est la principale confession de l'île et ses membres observent le dimanche de façon stricte. Deux églises de taille importante se dressant côte à côte constituent l'une des caractéristiques surprenantes de Lewis et Harris.

Les « midges » – On ne connaît toujours pas de moyen efficace de lutter contre ce petit moustique tenace et très fréquent dans ces îles. Prenez garde à vous !

Découvrir

LEWIS AND HARRIS

Bien qu'elles ne forment qu'une seule et même île, Lewis (Eilean Leódhais) et Harris (Na Hearadh) sont physiquement très différentes. Lewis est constituée de landes vallonnées parsemées de petits lacs ; Harris est plus accidentée et plus montagneuse.

Stornoway

La capitale de ces îles et la seule ville digne de ce nom s'étend sur l'isthme de la péninsule d'Eye. La principale zone commerçante longe le port, au-dessus duquel se dresse le château du 19e s. (maintenant un collège technique) et ses terres boisées. On obtient une belle vue de la ville depuis le pied du mémorial de guerre, sur la colline derrière l'hôpital. Stornoway constitue un bon centre d'excursion pour visiter Lewis et Harris. Comme les hôtels et les pompes à essence sont rares dans le reste de l'île, il est conseillé de faire ici des proivisions et de remplir le réservoir de sa voiture.

Péninsule d'Eye – À l'est de Stornoway, elle possède quelques belles plages.

La côte ouest de Lewis

Les curiosités de la côte ouest sont décrites du nord vers le sud.

Arnol Black House

Signalée à l'écart de la route principale (A 858) - HS - ✆ (01851) 710 395 - www.historic-scotland.gov.uk - ♿ - avr.-sept. : tlj sf dim. 9h30-18h30 ; oct.-mars : tlj sf dim. 9h30-16h30 - 5 £ (enf. 2,50 £). Sous un même toit de chaume, cette maison abrite la pièce pour dormir, avec des lits clos, la pièce réservée à la vie quotidienne, une étable et une écurie avec une grange. Ce type d'habitation appelée « Black House », en raison de son foyer sans conduit, était courant jusqu'au milieu du 20e s. Beaucoup d'entre elles furent transformées après la création des aides au logement.

Shawbost

✆ (01851) 710 212 - avr.-oct. : tlj sf dim. 10h-17h - participation suggérée - parking.
Le **musée** de ce village donne un aperçu de la vie et des coutumes du passé. De nombreuses notices explicatives sont en gaélique.

Dun Carloway Broch★

Signalé à l'écart de la A 858.
Bien qu'incomplète, cette tour ronde typiquement écossaise (*voir encadré Qu'est-ce qu'un broch p. 459*) présente suffisamment de vestiges pour intéresser le visiteur. La base aux côtés bombés des pierres témoigne de l'habileté de celui qui les tailla. Les murs à plate-forme et la chambre de garde sont toujours visibles.

Callanish Standing Stones★★

Bien signalées à l'écart de la A 858.
Les habitants de la région affirment que ces pierres sont si nombreuses qu'on n'obtient jamais deux fois de suite le même chiffre lorsqu'on se risque à les compter. À partir d'un groupe disposé en cercle, des alignements rayonnent vers les points cardinaux

Une des belles plages de l'île de Harris.

(voir photo p. 60). Il existait dans les environs plusieurs sites de ce type, supposés servir à des observations astronomiques.
Le site de Callanish remonte à la fin de l'âge de la pierre ou au début de l'âge du bronze (3000-1500 av. J.-C.) : il est donc contemporain de Stonehenge. Les pierres en gneiss étaient partiellement enfouies sous la tourbe. Le cairn central, ou chambre funéraire, fut ajouté ultérieurement à l'époque néolithique (2500-2000 avant J-C).

Uig

Cette commune est célèbre pour deux raisons : ce fut le berceau de Brahan Seer et c'est ici que l'on découvrit en 1831, dans un banc de sable, les pièces d'échec de Lewis qui se trouvent actuellement au British Museum (*voir encadré ci-dessous*).

North Harris et South Harris

Les curiosités d'Harris sont décrites du nord vers le sud.

Tarbert

La principale agglomération d'Harris est perchée sur l'isthme qui sépare les lochs est et ouest. La ville est reliée à Skye et à North Uist par des ferries.
Au sud-ouest de la ville se trouve Luskentyre, l'une des plus belles plages de l'archipel (qui en compte beaucoup).

Leverburgh

Lord Leverhulme, magnat anglais du savon, qui avait acheté Harris en 1919 et Lewis un peu plus tard dans l'année avec l'intention de les mettre en valeur, rebaptisa ainsi en 1923 la commune d'Obboe. Hélas, aucun plan n'aboutit, pas même celui de transformer Leverburgh en important port de pêche, et ils furent tous abandonnés après la mort de lord Leverhulme en 1925.

Rodel

Près de la pointe sud de Harris, l'église du village, **St Clement's Church**, recèle la remarquable **tombe★** de son constructeur, Alexander MacLeod (mort en 1546). Le décor sculptural du cintre (12 apôtres) et du fond de l'enfeu à l'effigie du 8e chef de famille MacLeod est complété d'une Vierge à l'Enfant flanquée de deux évêques, d'une scène de chasse, d'un

Les pièces d'échec de Lewis

Trésor sans pareil composé de 80 sujets sculptés dans de l'ivoire de dent de morse, les **pièces d'échec de Lewis**, d'origine scandinave, datent du milieu du 12e s. Les pions ont pour la plupart disparu, mais les pièces principales superbement travaillées comprennent rois, reines, cavaliers et fous, avec leurs attributs respectifs : couronnes, boucliers, épées et crosses (le fou s'appelant l'évêque en Grande-Bretagne). Les expressions démoniaques des figurines terrifièrent celui qui les découvrit à la suite d'une tempête, et il soupçonna quelque sorcellerie. La tradition veut qu'une malédiction soit attachée aux pièces : plusieurs de leurs propriétaires auraient connu une mort horrible. Découvertes à Uig, ces pièces inestimables ont changé de main plusieurs fois avant d'être achetées par le British Museum. Certaines d'entre elles sont présentées au Royal Museum of Scotland et les habitants de Lewis ont entrepris des démarches pour obtenir la restitution de l'ensemble.

château et de la galère emblématique du seigneur des Îles – *HS - entrée libre - demander la clé à l'hôtel Rodel si fermé.*

UIST (UIBIST) ET BENBECULA (BEINN NA FAOGHLA)

Ces îles, dont les habitants vivent de l'agriculture et de la pêche, sont reliées par des ponts et des chaussées. Elles présentent de superbes paysages terrestres et marins : collines onduleuses et landes, dunes de sable blanc et plages, lochs marins étincelants et battements des vagues. Cairns évidés, cromlechs, châteaux et chapelles témoignent de la richesse historique des îles. Les nombreuses réserves naturelles et ornithologiques abritant cygnes, canards, oies cendrées et râles des genêts constituent un véritable paradis pour les amoureux de la nature. Quant aux amateurs de randonnée et de pêche, rendez-vous en été, lorsque les îles sont jonchées de fleurs sauvages.

Whisky Galore

C'est sur l'île d'Eriskay (South Uist) que le cargo *SS Politican* s'échoue en 1941, avec à son bord 50 000 bouteilles de whisky. Ce fait divers est porté à l'écran en 1949, entièrement tourné sur l'île de Barra. Ce film savoureux, d'Alexender Mackendrick, connu en France sous le nom de *Whisky à gogo*, raconte l'effet de ce naufrage sur la population insulaire alors sevrée de whisky...

BARRA (EILEAN BHARRAIGH)

Cette petite île romantique, fière de son héritage scandinave, est renommée pour ses belles plages et pour les 1 000 espèces de fleurs qui colorent ses landes.

Les Hébrides extérieures pratique

Informations utiles

OFFICES DE TOURISME

(0845) 225 5121 - réservations, informations en ligne.

Stornoway – *26 Cromwell St. - (01851) 703 088.*

Tarbert – *Pier Road - (01859) 502 011.*

Bureaux saisonniers à Lochmaddy (North Uist), Lochboisdale (South Uist) et Castlebay (Barra).

SITES INTERNET

www.visithebrides.com - guide complet : culture, hébergement, transports.

www.wildlifehebrides.com - sur les riches faune et flore locales.

www.lanntair.com - site d'un centre artistique majeur des Hébrides.

www.walkhebrides.com et *www.cyclehebrides.com* sur toutes les randonnées possibles dans les îles. Malgré le vent, le vélo est très prisé des touristes, qui apprécient le relief plat.

Transports

Bon à savoir – Les transports (surtout les avions), sont très dépendants des conditions météo. Retards et annulations sont fréquents.

S'Y RENDRE

Avion – Stornoway est desservi par diverses compagnies depuis Glasgow (British Airways, *www.ba.com*), Édimbourg (Loganair, *www.loganair.co.uk* et BMI, *www.flybmi.com*), Aberdeen (Eastern Airways, *www.easternairways.com*) et Inverness (Loganair). Glasgow est relié à Benbecula par British Airways, et Barra par Loganair.

Ferrys – Toutes les lignes sont gérées par Caledonian MacBrayne (*(08705) 650 000 - www.calmac.co.uk)* : Ullapool-Stornoway, *(tlj sf dim, durée 3h)*, Uig (Skye)-Tarbert et Lochmaddy *(tlj sf dim., durée 2h)*, Oban-Lochboisdale et Castlebay *(tlj)*.

SE DÉPLACER

Avion – La compagnie Highland Airways *(www.highlandairways.co.uk)* relie Benbecula à Stornoway.

Ferrys – Caledonian MacBrayne *(www.calmac.co.uk)* opère sur Eriskay-Barra et Harris-Berneray (N. Uist).

Bus – Un réseau de bus permet de relier les villages principaux du lundi au samedi.

Événements

Seo Seinn – en juin, concours de chant gaélique. *www.visithebrides.com/seoseinn.*

Hebridean Celtic Festival – Stornoway, juillet, festival celtique avec des groupes locaux et internationaux. *www.hebceltfest.com.*

Highlands Games, en été à Barra, Lewis, S. Uist, N. Uist.

Inverness★

40 949 HABITANTS
CARTE GÉNÉRALE RABAT I C2 - CARTE MICHELIN REGIONAL 501 H 11
HIGHLAND

Inverness, charmante petite cité au bord de la Ness, collectionne les surnoms. Elle est à la fois pivot, carrefour, porte et capitale des Highlands. Tous ces termes traduisent une situation enviable, au cœur de cette vaste région prisée des touristes. À la population locale se mêle en été une foule de randonneurs qui donne à la ville des allures de camp de base. Personne ne vient vraiment pour les calmes rues du centre-ville mais pour se lancer à la découverte des innombrables curiosités des environs : le légendaire loch Ness, les longues plages de Nairn ou Durnoch, les sentiers du glen Affric ou de Ben Wyvis, ou les charmants villages de la Black Isle.

Se repérer – Inverness occupe l'extrémité nord du Great Glen, à cheval sur le débouché du loch Ness. Située à un nœud de communication, elle est idéale pour découvrir la région. La route (A 9) et le rail la relient aux villes du centre.

À ne pas manquer – Les paysages du loch Ness. Le charmant village de Cromarty. Les châteaux de Cawdor et Dunrobin. Les plages autour de Dornoch.

Organiser son temps – Les Highland Games en été attirent beaucoup de touristes. C'est un événement incontournable mais réservez très tôt une chambre pour cette période.

Avec les enfants – Le château de Dunrobin. Les longues plages de la région de Dornoch ou de Nairn. Le Dolphin & Seals Centre près d'Inverness. Les expositions sur le monstre du loch Ness.

Pour poursuivre le voyage – Les Cairngorms, Elgin, la région de Fort William, le Ross occidental, Thurso et la côte nord.

La cathédrale St Andrew's sur les bords de la Ness.

Comprendre

Un site stratégique – On dit que saint Columba a rendu visite à Brude, roi des Pictes, en sa capitale au bord du Ness, bien que le lieu exact soit incertain. Dès le 11e s., le roi Duncan (env. 1010-1040), célèbre grâce à Shakespeare, avait son château dans cette ville. Les nombreux sièges qu'elle a subis au fil des temps témoignent de son importance stratégique : Inverness passe tour à tour aux mains des Anglais, de Bruce, des clans des Highlands, du seigneur des Îles, des partisans de Marie Stuart et des jacobites. Après le soulèvement de 1715, le général Wade décide de ramener l'ordre dans les Highlands en créant une citadelle à cette frontière des Highlands. La bataille de Culloden et ses répercussions tragiques sont l'ultime action du soulèvement de 1745.

Pivot économique et touristique des Highlands – L'architecture de la ville actuelle date essentiellement du 19e s. qui voit l'expansion de la ville, en grande partie en raison de la construction du canal Calédonien par Telford et de l'arrivée du chemin de fer. Inverness demeure le centre administratif à la fois du district et de la région et accueille également le siège de l'office de développement des Highlands et des îles. Fondé en 1965, cet organisme a pour objectif de promouvoir le développement social et économique de ces régions, via le financement de l'industrie, du tourisme, de l'agriculture et de la pêche.

Se promener

En raison de son histoire si troublée, Inverness possède peu d'édifices historiques. Le cœur de la cité offre un mélange de quelques bâtiments anciens et d'immeubles 1960-1970 parfois un peu ratés. Mais se promener dans le centre et le long de la Ness avec ses parcs, pêcheurs et goélands est vraiment agréable.

Débutez votre visite sur le **Ness Bridge** *et sa belle vue sur les clochers de la ville.*

Castle

On a du mal à prendre au sérieux le château actuel (19e s.), tout rose, qui domine le centre-ville. Il est le dernier d'une longue série et sert aujourd'hui de tribunal et de bâtiment administratif. Depuis l'esplanade, avec sa **statue** de Flora MacDonald, on jouit d'une belle **vue** sur la ville et le loch Ness.

Museum and Art Gallery★

Castle Wynd - ✆ (01463) 237 114 - www.invernessmuseum.gov.uk - ♿ - tlj sf dim. 9h-17h - fermé 1er-2 janv. et 25-26 déc. - gratuit.

Une exposition bien conçue relate l'histoire régionale. Les moments forts du parcours concernent le Great Glen, le fort de Craig Phadrig (visible depuis la fenêtre), les Pictes et leurs vestiges, l'ingénierie de l'ère industrielle, les routes militaires du général Wade, le canal Calédonien et le pont de Kessock. À l'étage supérieur sont évoqués le mode de vie des Highlanders et les mines d'argent d'Inverness, de Tain et de Wick ; une vitrine contient une paire de **pistolets de Doune** *(voir ce nom p. 349)* réalisés par John Murdoch vers 1790. Des expositions sur la géologie, la faune et la flore de la région complètent la visite.

Town House

Au pied de Castle Wynd. Immeuble victorien, l'**hôtel de ville** abrite en 1921 le premier Conseil des ministres tenu hors de Londres. La base de la croix de marché incorpore la « Clach-na-Cuddain » (pierre des baquets), où se reposaient les lavandières qui travaillaient sur les rives du loch Ness. Si l'on en croit le dicton, tant que la pierre restera, Inverness fleurira. Remarquez l'éléphant et le chameau qui entourent le petit crucifix de la façade.

High Street et les rues piétonnes sont les axes les plus animés. Vous passez sur une vaste place (Eastgate) encadrée de centres commerciaux modernes devenus poumons de la ville. Notez l'horloge à automates. *Prenez Academy Street* et faites un tour dans le Victoria Market, un ancien marché couvert transformé en petit centre commercial. *Tournez vers Church Street.* Vous y voyez **Abertarff House**, une maison blanche du 16e s., rénovée, dont l'allure presque villageoise contribue au grand mélange de styles architecturaux qu'est **Church Street**. *Prenez Fraser Street* qui vous mène à la rivière en passant devant l'intéressant restaurant Mustard Seed, joliment aménagé dans une ancienne église. *Traversez le pont piétonnier* (qui donne le mal de mer) pour passer de l'autre côté de la Ness.

Les cornemuses

De nombreuses villes, unités de police et régiments d'Highlanders, possèdent leur propre formation de cornemuses qui joue lors des Jeux des Highlands. Citons les groupes les plus connus : Muirhead et les orchestres de police de Shotts, Dykehead, Glasgow et Édimbourg. Les chefs de clan avaient généralement leur joueur de cornemuse personnel. Cette tradition a donné des familles légendaires de musiciens, comme la grande lignée des MacCrimmon affiliés aux MacLeod et aux MacArthur. Les premiers concours de cornemuses eurent lieu à la fête annuelle de Falkirk Tryst en 1781, à une époque où tout Highlander portant le kilt ou jouant de cet instrument de guerre pouvait être puni. Les grands concours actuels ont lieu durant les **Northern Meeting Piping Competitions** à Inverness, l'Argyllshire Gathering à Oban, le Piping Live de Glasgow. Mais bien d'autres villes accueillent également des compétitions.

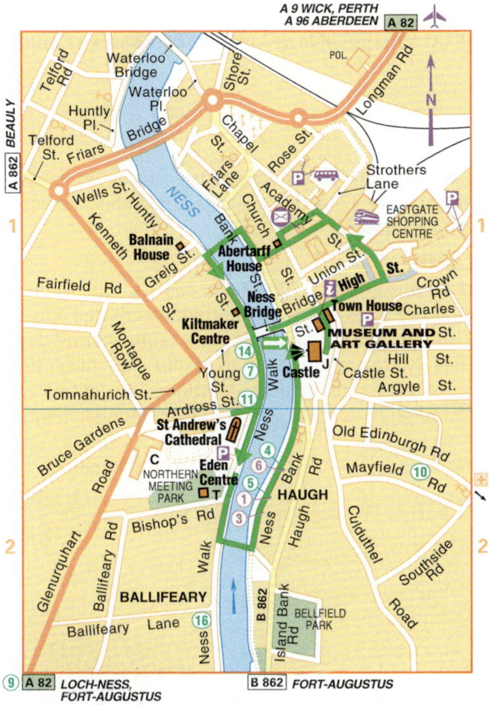

INVERNESS

0 – 400 m
0 – 400 yards

SE LOGER

- Glen Mhor Hotel......... 4
- Glenmoriston Hotel.... 5
- Inverness Palace Hotel & Spa............ 7
- Loch Ness House Hotel........... 9
- Luybank Guest House.......... 10
- MacDonald House Hotel........... 11
- Swallow Columba Hotel....... 14
- The Maple Court Hotel........... 16

SE RESTAURER

- Abstract...................... 1
- Contrast..................... 3
- Nico's Grill & Seafood Restaurant............. 6

Huntly Street

Vous arrivez face à **Balnain House**. Cette belle maison georgienne blanche abritait jusqu'en 2000 le musée de la Musique des Highlands et des îles écossaises. Malheureusement, cette excellente exposition n'est plus. Le bâtiment accueille désormais le siège régional du National Trust of Scotland.

Continuez sur Huntly Street, en direction du château.

The Scottish Kiltmaker Centre – *4 Huntly St. - ✆ (014863) 222 781 - tlj sf dim. oct.-mai.* Vaste magasin dédié au kilt et ses accessoires. On y fait des kilts sur mesure pour les Écossais du monde entier. À l'étage, une expo (2 £) et un film expliquent l'histoire du kilt. Ce lieu est intéressant en semaine quand on voit les ouvrières à l'œuvre.

Longez encore la rivière bordée de belles demeures transformées en hôtels.

St Andrew's Cathedral

Ardross St. - ✆ (01463) 233 535 - avr.-sept. : 9h30-18h30 ; oct.-mars : 9h30-16h30, dim. 14h-16h30 - brochure (5 langues) - gratuit.

Cet imposant édifice néogothique à doubles tours carrées, richement décoré, fut construit de 1866 à 1869 pour le diocèse de Moray, Ross et Caithness. Les piliers de la nef sont en granit poli de Peterhead et le retable et la chaire en pierre sculptée. On doit le jubé et le crucifix à Robert Lorimer. La rue Ardross, face la cathédrale, compte une belle collection de maisons à pignons.

Continuez à suivre la Ness.

Vous passez devant l'ex-**Eden Court** Theatre, centre de culture et de loisirs créé en 1976, qui doit rouvrir en 2007 pour devenir le plus grand centre inter-arts du pays (cinéma, théâtre, expos). *Traversez le premier pont* (pour continuer - voir plus bas). *Longez la rivière en sens inverse.* Vous pouvez aussi monter dans le quartier Drummond, un lieu chic et vert, à flanc de colline.

Le long de la Ness

À partir de l'Eden Court, continuez le long de la rivière. Vous parvenez à une vaste aire de loisirs : piscine, foot, **terrain de shinty** *(matches sam. d'avr. à oct.)*. Face à la piscine, vous trouverez le **Floral Hall** – *Bught Lane - ✆ (01463) 713 553 - www.inverness.floralhall.co.uk - tlj sf fêtes - 1,50 £* – modeste jardin d'essences exotiques, cactus, avec tearoom au milieu des plantes. Pour revenir dans le centre, passez le pont piéton, traversez les Ness Islands (îles-parcs boisées) et longez la Ness vers le centre. Sinon, pour pousser plus loin la promenade, depuis le Floral Hall, rejoignez le **Tomnahurich Cemetery**, un « sommet » de 67 m, d'où l'on bénéficie d'une belle **vue** sur Inverness. Il est aussi possible de longer le **Caledonian Canal** qui passe en contrebas.

Aux alentours

Kessock Bridge

Ouvert en 1982, ce pont suspendu au-dessus de l'estuaire de la Beauly achemine la A 9 vers la péninsule de Black Isle au nord. Long de 1 052 m, surplombant l'eau de 29 m à marée haute, il offre une belle **vue★** sur Inverness.

Dolphins & Seals Visitor Centre

La **Maison du dauphin et du phoque** – *(01463) 731 866 - - juin-sept. : 9h30-16h30 - gratuit - parking* – située dans le parc de stationnement de l'office de tourisme au bord de la A 9, fournit des informations sur la faune marine des estuaires de la Moray et de la Beauly. De grands dauphins et plus d'un millier de phoques habitent ces eaux. Grâce aux équipements sophistiqués du centre, on peut parfois entendre les sons étranges émis par les premiers et les mugissements d'amour des seconds.

B. Perousse / MICHELIN

Le loch Ness… sans Nessie !

Circuits de découverte

LE LOCH NESS ET LE GREAT GLEN★ 1

La faille géologique du Great Glen coupe les Highlands en deux. Depuis le loch Linnhe situé au sud, une série de lacs d'eau douce reliés entre eux par des tronçons du canal Calédonien mènent au nord vers Inverness et l'estuaire de la Moray. Ce couloir de communication naturel sépare la partie centrale de la partie nord des Highlands. Le loch Ness est le principal lac du chapelet.

Avenue naturelle – Depuis les temps les plus reculés, cette route fut utilisée pour pénétrer vers l'intérieur du pays. Columba l'emprunta pour aller vers le nord rendre visite au roi picte Brude, à Inverness. Bruce appréciait l'efficacité des forteresses de cette voie, capables de repousser les attaques ou les incursions du seigneur des Îles. Au 18e s., le général Wade exploita cette ligne de communication naturelle en proposant un réseau de routes militaires reliant les postes de garnison clés de Fort William

Nessie

C'est un moine qui vit ce monstre pour la première fois, au 8e s. En dépit de nombreuses expéditions, certaines lourdement équipées en sous-marins, hélicoptères et caméras sonars électroniques, le loch Ness n'a toujours pas révélé son secret, à savoir la véritable identité de Nessie. Cette tradition surprend peu venant d'un pays où le *kelpie*, ou cheval de mer, se retrouve communément dans les contes et légendes du passé. Les expositions sur le monstre du loch Ness à Drumnadrochit expliquent de façon claire l'histoire de Nessie. Et traduisent surtout la phénoménale utilisation mercantile de l'énigme.

à Inverness. C'est aujourd'hui un axe touristique majeur.

Le canal Calédonien – Chef-d'œuvre d'ingénierie civile, il est construit entre 1803 et 1822 pour relier la mer du Nord à l'océan Atlantique, évitant ainsi aux navires de se risquer sur les eaux dangereuses du golfe de Pentland ou d'emprunter la longue route autour du cap de Wrath. Dirigé à l'origine par James Watt, l'ouvrage est ensuite supervisé par **Thomas Telford** (1757-1834). Le long de ses 96 km, les lacs représentent à eux seuls 61 km. Les 35 km restants ont été créés par la main de l'homme. Il a fallu aménager vingt-neuf écluses pour harmoniser le niveau des lacs. La série la plus spectaculaire, connue sous le nom de **Neptune's Staircase** (escalier de Neptune), se trouve à Banavie, près de Fort William *(voir Fort William, circuit* 1).

Ce circuit de 110 km entre Inverness et Fort William peut bien sûr être effectué en sens inverse. La route principale A 82 est parfois très chargée en été, et des retards aux ponts tournants peuvent provoquer des bouchons. Si vous désirez seulement faire le tour du loch Ness, ou longer ce lac plus « calmement », voir l'encadré pratique ci contre : Détour très conseillé★.

Quittez Inverness par la A 82.

Détour très conseillé★

Un trajet plus lent sur la rive est du loch Ness suit la route militaire de Wade datant du 18e s. Cette route, bien plus sauvage et moins fréquentée, permet d'éviter les bus et bouchons de la A 82. De plus, les paysages sont magnifiques. Depuis Fort Augustus, suivez la **B 862.** Elle grimpe pour atteindre de **superbes panoramas**, images d'Épinal des HIghlands : landes, sommets râpés, bruyère, lochs. Un petit parking permet de stopper au lieu-dit de **Suidhe Viewpoint** (montée possible pour ouvrir l'angle de vision). Continuez vers Whitebridge. Après ce village, deux options s'offrent à vous pour rejoindre Inverness. En prenant la B 852, vous rejoignez **Foyers** (et ses chutes) puis longez le loch Ness. Comme sur la A 82, la vue est obstruée par les arbres, mais ici, au moins, vous évitez les bouchons estivaux. Deuxième option : continuez par la B 862 où de beaux paysages des Highlands s'offrent à vous. Tournez vers Essich, puis rejoignez la ville.

Loch Ness★★

Étroit, long de 37 km, avec une profondeur maximale de 226 m, le loch Ness cacherait dans ses eaux sombres le fuyant Nessie. Ce qui lui vaut une renommée mondiale. Caché par les arbres, il est peu visible avant Drumnadrochit. Son aspect joliment pastoral, avec des coteaux boisés parsemés d'agglomérations, lui enlève la rude grandeur de certains lacs du nord-ouest. C'est ici qu'un coureur motonautique, John Cobb, perdit la vie en 1952 en tentant de battre le record de vitesse sur l'eau. Un mémorial à côté de la route rappelle cette tentative.

Drumnadrochit

La vie de ce modeste village au bord du lac tourne autour de deux **expositions sur le monstre**, dont les bâtiments et les publicités enlaidissent le paysage.

The Original Loch Ness Monster Visitor Centre – *(01456) 450 342 - www.loch-ness-centre.com.* Il faut visiter l'exposition, examiner les faits et juger soi-même : maquette du lac, « photos » du monstre accompagnées d'explications et de jugements scientifiques, hommes et équipages qui ont voulu résoudre le mystère, les plus récentes techniques utilisées (sonars, équipement informatique de la NASA), et la chaîne alimentaire du lac.

Loch Ness 2000 – *(01456) 450 573 -www.loch-ness-scotland.com - ♿ - juil.-août : 9h-20h ; juin et sept. : 9h-18h ; oct. 9h30-17h30 ; de nov. à Pâques : 10h-15h30 ; de Pâques à mai : 9h30-17h - fermé 25 déc. - 5,95 £ - restaurant - parking.* L'exposition propose évidemment les mêmes informations et témoignages que son concurrent mais est peut-être un peu plus complète.

De Drumnadrochit part la A 831 qui rejoint le **Glen Affric**, l'une des plus belles et sauvages réserves naturelles d'Écosse où les possibilités de randonnées sont innombrables.

Urquhart Castle

HS - (01456) 450 551 - www.historic-scotland.gov.uk - ♿ - avr.-sept. : 9h30-18h30 ; oct.-mars : 9h30-16h30 - dernière entrée 45mn avant la fermeture - 6,50 £ (enf. 3,25 £). Les ruines occupent un promontoire rocheux, position stratégique dominant le loch Ness. Le château et ses abords rénovés attirent une impressionnante foule de touristes en été. Il appartenait à la ligne défensive des garnisons du Great Glen, d'où une histoire

Urquhart Castle est un des lieux les plus visités de la région.

plutôt mouvementée. Côté terre, le corps de garde ouvre sur une double cour. Sur la droite, les fortifications romanes sont entourées de murailles. Côté lac, on distingue les fondations d'une rangée d'habitations et sur la gauche la maison forte à quatre étages. Depuis la table d'orientation, on a une belle **vue** sur le château et le loch Ness.

Fort Augustus

Cette petite ville active à l'extrémité sud du loch Ness est située à cheval sur le canal Calédonien et ses nombreuses écluses. Son pont tournant génère des embouteillages. Mais le spectacle du passage des bâteaux franchissant **l'escalier d'écluses** est attrayant. À l'extrémité sud du loch Ness, sur l'emplacement du fort de Wade (18e s.), se dresse **Fort Augustus Abbey on Loch Ness** *(actuellement en rénovation)***.** En 1867, la propriété est offerte à l'ordre des Bénédictins, et des moines venant de l'une des rares fondations monastiques écossaises en Allemagne s'y établissent. L'église abbatiale est une intéressante réalisation du 20e s.

À partir de Fort Augustus, ceux qui désirent revenir vers Inverness (ou qui viennent de Fort William et veulent longer calmement le loch Ness) suivront le trajet décrit dans l'encadré Détour très conseillé p. 427. Les autres poursuivent par la A 82.

De Fort Augustus à Fort William

Vous longez le **Loch Oich**, un lac rectiligne, étroit et peu profond, qui a exigé un dragage considérable lors de la construction du canal. De là, par la A 87 vous pouvez rejoindre le glen Shiel, Skye et le Ross occidental *(voir ces noms p. 448 et 463)*. La A 82 passe ensuite non loin des **écluses de Laggan**. Il ne faut pas manquer de regarder les nombreux bateaux franchir les écluses entre le loch Lochy (28 m) et le loch Oich (32 m). Vous coupez le canal et longez la rive est du **Loch Lochy**. Long de près de 16 km, ce lac se rétrécit vers l'amont. Les collines qui tombent dans le lac sont recouvertes de forêts. Si vous suivez toujours la A 82 (plutôt que de prendre la petite B 8004 qui suit le canal), vous vous écartez du canal et passez par le **Commando Memorial**. Ce monument est dédié aux membres de tous les commandos qui ont perdu la vie durant la Seconde Guerre mondiale. L'emplacement marque leur terrain d'entraînement. Par temps clair, on peut voir le Ben Nevis au loin sur la gauche. Plus loin se trouve **Spean Bridge**, un petit village à la jonction du glen Spean qui conduit à Aviemore et à la vallée de la Spey (par la A 86). La A 82 mène au pôle hyper touristique qu'est Fort William *(voir ce nom p. 410)*.

LA REGION DE NAIRN 2

Circuit de 70 km. Quittez Inverness par la A 9, mais prenez tout de suite la B 9006.

Culloden

C'est dans cette morne lande, le 16 avril 1746, que le soulèvement jacobite (1745) prend fin. L'armée du prince **Charles Édouard Stuart** et les chefs de clans y sont vaincus par les troupes gouvernementales menées par le duc de Cumberland. Sa façon de traiter les blessés et les prisonniers lui vaut le surnom de « boucher de Cumberland ». Le prince lui-même, après des mois de fuite, trouve refuge en France où il reste exilé toute sa vie. Les chances d'indépendance écossaises s'évanouissent définitivement.

Culloden Batterfield Visitor Centre – *✆ (01463) 790 607 - www.culloden.org.uk - centre d'accueil juin-août : 9h-18h ; avr.-mai, sept.-oct. : 9h-17h30 ; nov.-fév. : 11h-16h ; mars : 10h-16h - 5 £ (enf. 4 £).* Ici, on procède à une présentation dans son contexte historique de la dernière bataille qui eut lieu sur le sol anglais et expose des documents concernant les personnages impliqués et leurs idéaux. Le **Old Leanach Cottage** recrée l'intérieur d'une maison à l'époque de la bataille. Pierres et monuments (Cairn, Clan Graves, Well of the Dead) situent les tombes ou servent de mémoriaux tandis que des sentiers marquent les lignes de front des adversaires. Un guide en costume assure les visites guidées.

Depuis le Visitor Centre, suivez les panneaux qui mènent à Clava Cairns. Vous pouvez aussi vous y rendre à pied, en 30mn, depuis Culloden. Au-delà du champ de bataille de Culloden, à hauteur de Cumberland Stone, tournez à droite et continuez sur 1,6 km.

Clava Cairns★

Ce site impressionnant se compose de trois cairns. Celui du milieu a toujours été à ciel ouvert ; les deux autres, dont la couverture a aujourd'hui disparu, disposaient d'accès vers les chambres funéraires. Quelques pierres des cairns – chacun constituant un tout avec son cercle de pierre – présentent des parties concaves. L'ensemble date de la fin du néolithique (4400-2000 av. J-C.).

De Culloden, roulez vers Croy par la B 9006. Là, suivez Clephanton puis Cawdor. Route alternative mais plus longue en longeant la rive est de la rivière Nairn.

Château de Cawdor★

✆ (01667) 404 615 - www.cawdorcastle.com - ♿ - de déb. mai à mi-oct. : 10h-17h - brochure (5 langues) - 7 £ - restaurant - parking.

Les comtes (« *thanes* ») de Cawdor construisent et habitent ce château fort à partir du 14e s. Le lieu passe pour avoir été le cadre de l'assassinat de Duncan. Cawdor est aussi le titre que les sorcières de Shakespeare promirent à Macbeth.

Légende et réalité – La légende veut que le comte de Cawdor vit en rêve le site de son nouveau château. Il devait envoyer un âne chargé d'or à l'endroit en question et construire le château au point même où l'animal s'arrêterait. L'âne se coucha sous une aubépine ! Selon la datation au carbone 14, l'arbrisseau remonterait à 1372.

Extérieur – Depuis le pont-levis, le regard embrasse la tour centrale (le donjon du 14e s.) et les ailes du 17e s. à droite. Le château actuel procède d'ajouts ultérieurs et de transformations diverses.

Intérieur – Le salon accueille le **portrait de Pryse Campbell**, 18e *thane* de Cawdor, par Francis Cote ; le comte est splendidement paré d'un assortiment de tartans. Cet ardent jacobite brava le monde en faisant exécuter ce portrait en 1762, alors même que le costume des Highlands était proscrit. Le tableau tend à démontrer que l'idée « un clan, un tartan » est un concept du 19e s. La **chambre de la tapisserie** doit son nom aux tapisseries flamandes illustrant des scènes de la vie de Noé. L'imposant lit

Le Great Glen à pied, à vélo, sur l'eau

Sur terre – Le Great Glen est traversé par un chemin de randonnée, The **Great Glen Way**. Le trajet entre Inverness et Fort William, assez aisé, est long de 118 km et emprunte des chemins forestiers ou longe le canal. Le même trajet est possible à vélo par la **Great Glen Cycle Route**. Rien ne vous oblige bien sûr à suivre tout le tracé. Vous pouvez louer un vélo (à Inverness, Fort William ou dans chaque village du glen), ou marcher, sur une portion du chemin, à partir de votre lieu de résidence (vaste choix) dans le Great Glen. De nombreuses autres possibilités de randonnées sont offertes sur la rive est du loch Ness (autour d'**Inverfarigaig**). Mais vous pouvez aussi bien sûr vous éloigner du glen pour rejoindre le superbe **Glen Affric**. Informations : de bonnes cartes et guide sont disponibles dans tous les Visitor Centres. Sites Internet : *www.greatglenway.com, www.glenaffric.info, www.visitscotland.com/cycling, www.forestry.gov.uk/cycling.*

Le loch Ness sur l'eau – Géré par le British Waterways Board, le canal est surtout utilisé par des bateaux de plaisance. De belles croisières sont organisées de Fort William à Inverness. De très nombreuses sociétés organisent aussi des **excursions** sur le loch Ness au départ d'Inverness et de Fort Augustus. Les trajets sont très variés en longueur et durée (le Nessie et le château d'Urquhart sont souvent au programme). La compagnie la plus connue est Jacobite Cruises –*Tomnahurich Bridge - ✆ (01463) 233 999 - www.jacobite.co.uk*. Voir aussi Cruise Loch Ness *(www.cruiselochness.com)* et, pour vraiment tomber dans le « panneau » Nessie, loch Ness Cruises et son bateau à sonar… *(www.lochness-cruises.com).*

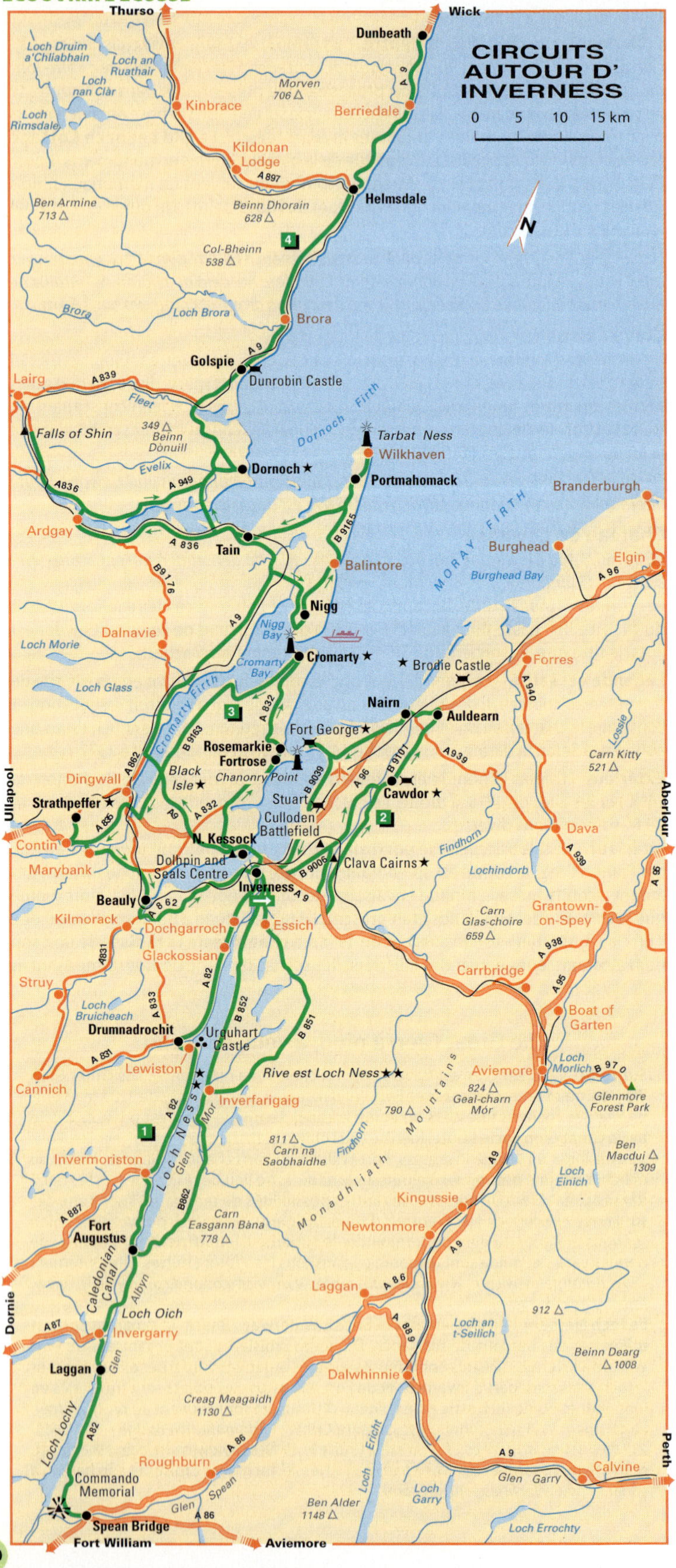
CIRCUITS AUTOUR D' INVERNESS
0 5 10 15 km
N
Thurso
Wick
Dunbeath
Loch Druim a'Chliabhain
Loch an Ruathair
Loch nan Clàr
Loch Rimsdale
Kinbrace
Morven 706
Berriedale
Kildonan Lodge
A 897
A 9
Helmsdale
Ben Armine 713
Beinn Dhorain 628
Col-Bheinn 538
Brora
Loch Brora
Brora
Golspie
Dunrobin Castle
Lairg
A 839
Fleet
Falls of Shin
349 Beinn Dònuill
Evelix
Dornoch
Dornoch Firth
Tarbat Ness
Wilkhaven
Portmahomack
A836
A 949
Ardgay
A 836
Tain
B 9165
B9176
Balintore
MORAY FIRTH
Branderburgh
Burghead
Burghead Bay
Elgin
A 96
Nigg
Nigg Bay
Dalnavie
Loch Morie
Cromarty Bay
Cromarty
Brodie Castle
Forres
Loch Glass
Cromarty Firth
A 940
Nairn
Auldearn
A 832
Fort George
B 9163
Rosemarkie
Fortrose
Black Isle
Chanonry Point
A 862
Dingwall
B 9039
A 96
B 9101
A939
Carn Kitty 521
Ullapool
Aberlour
Strathpeffer
A 835
A 832
A9
Stuart
Culloden Battlefield
Cawdor
Contin
N. Kessock
Dolphin and Seals Centre
Marybank
Clava Cairns
B 9006
Findhorn
Lochindorb
Dava
A 939
A 95
Beauly
A 862
Inverness
A 9
Kilmorack
Dochgarroch
Essich
Carn Glas-choire 659
Grantown-on-Spey
Glackossian
A831
A 82
A 938
Carrbridge
Struy
Loch Bruicheach
A 833
B 852
B 851
A 95
Boat of Garten
Drumnadrochit
Urquhart Castle
A 831
Lewiston
Rive est Loch Ness
Aviemore
Loch Morlich
B 970
Glenmore Forest Park
Cannich
Inverfarigaig
824 Geal-charn Mór
Mountains
Loch Ness
Mor
790
811 Carn na Saobhaidhe
Findhorn
Invermoriston
Glen
Monadhliath
Ben Macdui 1309
Loch Einich
A9
A 887
B862
Kingussie
Fort Augustus
Carn Easgann Bàna 778
Newtonmore
Caledonian Canal
A 9
Albyn
Laggan
A 86
Dornie
Loch Oich
A 87
Invergarry
A 889
912
Loch an t-Seilich
Beinn Dearg 1008
Laggan
Glen
Dalwhinnie
Creag Meagaidh 1130
Loch Lochy
A 82
Ericht
A 86
A 9
Perth
Roughburn
Calvine
Commando Memorial
Spean
Glen
Loch
Loch Garry
Glen Garry
A 86
Ben Alder 1148
Spean Bridge
Loch Errochty
Fort William
Aviemore
1
2
3
4

à baldaquin vénitien du 17e s. conserve ses rideaux de velours d'origine. Le salon jaune est un bon exemple du style Jacques Ier. Jadis, des marches amovibles en bois permettaient de franchir la fenêtre centrale du petit salon de la tour, qui était l'unique entrée du château au 14e s. Le très bel ensemble de tapisseries de Bruges du 17e s. fut réalisé d'après des cartons de Rubens. Des panneaux anglais (vers 1690) représentant des scènes du *Don Quichotte* de Cervantès recouvrent la salle à manger. On y voit une cheminée en pierre sculptée de façon tout à fait inhabituelle.

Jardins – Le château possède trois jardins. Walled Garden, entouré de murs, date du 16e s. et sert aujourd'hui de potager. Le Wild Garden mélange diverses essences de toutes origines. Quant aux fleurs du Flower Garden, elles peuvent être contemplées dans toute leur splendeur au début du printemps ou à la fin de l'été.

Prenez la B 9090 puis la B 9101. Suivez les indications « Boath Doocot ». Vous parvenez à **Auldearn**. Le 9 mai 1645, ce village est le cadre d'une bataille qui voit le marquis de Montrose *(voir p.177 et 455)* défaire une armée covenantaire. Le **colombier de Boath** se dresse à l'emplacement d'un ancien château royal du 12e s. *Rejoignez Nairn.*

Nairn

Cette station balnéaire fréquentée de la rive sud de l'estuaire de la Moray doit sa popularité à ses **belles plages de sable** et à ses remarquables infrastructures (notamment ses 2 golfs). L'autre ingrédient du succès est météorologique : le lieu est l'un des plus ensoleillés d'Écosse.

Nairn Museum – *Viewfield House - ✆ (01667) 456 791 - www.nairnmuseum.co.uk - ♿ - mars-oct. : tlj sf dim. 10h-16h30 - 2 £ (enf. 0,50 £).* Musée local proposant des expositions sur la vie des pêcheurs, l'histoire, la géographie, la géologie de la région.

Un chemin balisé suit la rivière Nairn vers Cawdor (env. 11 km).

Quittez la ville par la A 96 mais prenez tout de suite à gauche la B 9092.

Fort George★

HS - ✆ (01667) 460 232 - www.historic-scotland.gov.uk - ♿ - avr.-sept. : 9h30-18h30 ; oct.-mars : 9h30-16h30 - dernière entrée 45mn av. fermeture - 6,50 £ (enf. 3,25 £).
Située sur une péninsule qui coupe l'estuaire de la Moray (jolie vue), tel un éperon, cette forteresse d'artillerie est construite entre 1748 et 1769 pour positionner et protéger les troupes de George II. Celui-ci a tiré toutes les leçons des fortins locaux élevés par le général Wade, qui avaient accusé des faiblesses au cours de la rébellion jacobite (1745-1746). George II est fier de sa puissante forteresse et bien déterminé à ce que la loi et l'ordre imposés par la lignée de Hanovre ne soient plus troublés à nouveau. Ces fortifications impressionnent par leurs dimensions et la sophistication de leur système défensif. Les bastions sont baptisés de noms de parents proches.
Bien que Fort George soit toujours une caserne militaire, le public peut accéder à plusieurs bâtiments et se rendre compte de ce qu'étaient les conditions de vie et l'activité d'un fort du 18e s. Au-delà de la grande porte armoriée et du tunnel d'entrée se trouvent les **corps de garde** réservés aux officiers et à la troupe. Les **salles de casernement** évoquent l'évolution de la vie quotidienne des soldats de 1780 à 1868 ; on constate que même la chambre de l'officier est spartiate. La **grande poudrière** pouvait contenir 2 500 barils. Une chapelle très simple est également visible. Les **casemates** placées sous la courtine pouvaient accueillir 40 hommes chacune en temps de siège.
Situés à l'extrémité du bloc de l'état-major surplombant la place d'armes, les logements du lieutenant-gouverneur et du commandant abritent le **Queen's Own Highlanders Regimental Museum** – *✆ (01463) 224 380 - 10h-18h (16h oct.-mars), fermé le w.-end oct.-mars, entrée libre).* L'histoire du régiment y est résumée à travers ses uniformes, ses tenues de combat, ses couleurs, ses armes, ses campagnes et ses médailles.

Revenez à Inverness en longeant la côte par la B 9006 puis la B 9039. Près de Dalcross, vous passez près du Highland Aviation Museum *(www.highlandaviationmuseum.com, visites sur rdv le w.-end seult). Vous rejoignez ensuite la A 96.*

BLACK ISLE ET STRATHPEFFER★ 3

Contrairement à ce qu'indique son nom, Black Isle est une péninsule verdoyante, baignée par les estuaires de la Beauly, de la Moray et de la Cromarty, où des fermes fertiles bordent une crête boisée. Le charme rural de cette île a été épargné par le développement industriel touchant la rive nord de l'estuaire de la Cromarty.

Circuit de 130 km. Quittez Inverness vers le nord par la A 9. Après avoir franchi le pont **Kessock Bridge**, *vous passez devant le* **Dolphin & Seals Visitors Centre** *(voir Aux alentours p. 426). Tournez à droite par la B 9161.*

Fortrose

Cette petite ville charmante et active est le chef-lieu religieux de Black Isle. David Ier en fait le siège du diocèse de Ross en 1126. Mais l'évêque et le chapitre ne quitteront Rosemarkie, où ils sont installés depuis l'époque celtique, que près de deux siècles plus tard. À l'écart de l'animation de la rue principale, les vestiges de la **cathédrale** en grès rose bénéficient d'un **cadre★** aussi agréable que paisible. Sous les belles voûtes du bas-côté sud se trouve la tombe endommagée de la fondatrice, Euphemia, comtesse de Ross et veuve d'Alexander Stewart, « le Loup de Badenoch ».

F. Sichet / MICHELIN

Black Isle.

À la sortie de Fortrose, prendre à droite. Vous atteignez **Chanonry Point** d'où l'on aperçoit Fort George *(voir circuit* 2*)* distant de seulement 5 km. Il n'est pas rare de voir des dauphins. Un **monument** commémore **Brahan Seer**, mis à mort pour une prophétie qui avait déplu à la comtesse de Seaforth. *Revenez à Fortrose et suivez la direction de Rosemarkie.*

Rosemarkie

La plage de cet élégant village est très fréquentée. Dans High Street, le **Groam House Museum** possède une très belle pierre picte aux entrelacs complexes et présente un programme audiovisuel sur les Pictes, Brahan Seer et la région de Black Isle *℘ (01381) 620 961 - www.cali.co.uk/highexp/fortrose/groam.htm - ♿ - mai-sept. : 10h-17h, dim. 14h-16h30 ; Pâques : 14h-16h30 - reste de l'année : w.-end 12h-16h - brochure (6 langues) - gratuit.*

Rejoignez la A 832 et Cromarty.

Cromarty★

Superbement situé à la pointe nord de la péninsule de Black Isle, à l'endroit où l'estuaire étroit de la Cromarty est gardé par deux collines jumelles appelées les Sutors, le petit port de Cromarty a été décrit comme « un joyau dans l'écrin de l'architecture locale écossaise ». Bourg royal au 13e s., il doit néanmoins beaucoup de son aspect et de son charme actuels à son aménagement à la fin du 18e s. par sir George Ross. Ce dernier améliore les installations portuaires et implante des activités, dont une corderie et une brasserie. Autrefois utilisé par les pèlerins royaux pour se rendre au sanctuaire de Tain, le bac *(voir encadré)* qui traverse les eaux profondes de l'estuaire fonctionne encore, mais depuis l'arrivée du rail et l'amélioration des routes, Cromarty ne figure plus sur l'axe principal vers le nord. À peine plus qu'un village, il semble apprécier sa tranquillité et son statut actuel de petit bout du monde dédié aux vacances populaires. Les ruelles bordées de maisons roses et blanches et de *tearooms* mènent toutes au petit port ou aux plages.

Jadis refuge pour la Royal Navy, l'**estuaire de la Cromarty** sert de base aux plates-formes (que l'on aperçoit au loin) utilisées dans l'industrie pétrolière de haute mer.

Hugh Miller's Cottage – *NTS - ℘ (01381) 600 245 - www.hughmiller.org - avr.-oct. : 13h-17h - guide en braille - 5 £ (enf. 2,50 £) - parking.* L'enfant le plus illustre de Cromarty, **Hugh Miller** (1802-1856), fut maçon avant d'être écrivain et géologue. Sa maison natale, une chaumière à pignons en gradins, est aujourd'hui un musée qui présente des spécimens géologiques, des documents et des

Un tout petit ferry

Le petit bac jaune qui relie Cromarty (entre les deux plages) à Balnapaling, de l'autre côté de la baie, est **le plus petit d'Écosse**. Ne manquez pas son départ ou son arrivée (toutes les heures ou demi-heures) pour voir débarquer… deux voitures tout au plus. L'embarcation n'en contient pas plus. Une fois à bord, elles pivotent dans la bonne direction grâce à un tourniquet. Le spectacle qu'offre ce modeste ferry perdure malgré la concurrence de la route. Les quelques véhicules où piétons qui l'empruntent évitent tout de même près de 40 miles de route grâce à la traversée.

souvenirs personnels de l'auteur de l'ouvrage de référence géologique *The Old Red Sandstone (Le Vieux Grès rouge)*.

Cromarty Courthouse (tribunal) – *✆ (01381) 600 418 - www.cromarty-courthouse.org.uk - avr.-oct. : 10h-17h ; reste de l'année : sur demande - 3,50 £.* Construit par sir George Ross en 1773, ce splendide édifice à cinq travées est coiffé d'un clocher octogonal. On trouve à l'intérieur une bonne présentation de l'histoire locale, et des figurines parlantes qui font revivre des scènes de tribunal.

Depuis Cromarty, de jolis chemins côtiers, forestiers et ruraux, permettent de rejoindre South Sutors (4-5 km la boucle). Suivez les indications depuis le parking.

Quittez Cromarty par la B 9163, qui longe la côte nord de Black Isle. Jusqu'à Conon Bridge, les vues sur le Cromarty Firth (et ses plates-formes pétrolières) et les reliefs du Ross oriental sont époustouflantes. À Conon, prenez la A 835 (direction Ullapool). À Contin, tournez à droite par la A 834 vers Strathpeffer.

Strathpeffer★

Encadrés d'araucarias et autres conifères exotiques, les villas et hôtels richement décorés de cette ravissante **ville d'eaux victorienne** ornent les pentes dominant une vallée luxuriante. Comme nombre de stations thermales européennes, Strathpeffer a connu son apogée dans les années précédant la Première Guerre mondiale. Un embranchement ferroviaire avec Dingwall, mis en service en 1885, permettait aux curistes fortunés d'arriver directement de Londres en Wagons-Lits. Bien que certains bâtiments du centre thermal aient disparu, il reste le petit pavillon de la source et celui où l'on prenait les eaux. Et dans l'un des trois pimpants pavillons modernes situés dans The Square, on pourra goûter « la surprenante variété de l'eau minérale dispensée par la nature ».

La voie ferrée fut désaffectée en 1951, et une partie de la charmante gare précédée d'un auvent de verre porté par des colonnes d'acier accueille aujourd'hui le **musée de l'Enfance** (Highland Museum of Childhood). L'attrayante présentation illustre des thèmes variés, de la naissance et du baptême à la santé en passant par les jeux. *✆ (01997) 421 031 - www.highlandmuseumofchildhood.org.uk - ♿ - juil.-août : 10h-19h, w.-end 10h-17h ; avr.-juin et sept.-oct. : 10h-17h, dim. 14h-17h ; reste de l'année : sur demande - 2 £ - aire de pique-nique - parking.*

Au Visitor Centre, vous trouverez des cartes et petits guides qui décrivent les nombreuses marches possibles depuis la station : Knocj Farrel, Falls of Rogie, Ben Wyvis Nature Reserve.

Revenez à Contin et reprenez la A 835 en sens inverse. Tournez rapidement à Marybank pour prendre la A 832 vers Muir of Lord et sa distillerie Glen Ord (se visite tte l'année). Rejoignez la A 862 vers Inverness.

Beauly

Abrité en amont de l'estuaire de la Beauly, ce ravissant village rose tire son nom du français « beau lieu », appellation donnée au **prieuré** *(HS. Entrée libre)* de grès rouge que fondèrent en 1230, comme ses congénères valliscauliens, Pluscarden et Ardchattan, des moines bourguignons. Si l'église a perdu son toit, elle offre une façade ouest élégante, des ouvertures tréflées inhabituelles au mur sud de la nef, et des fenêtres joliment découpées dans le chœur.

La A 862 suit la rive sud du Beauly Firth et vous ramène à Inverness.

LA CÔTE EST JUSQU'À DUNBEATH★ 4

Ce circuit longe la côte nord-est de l'Écosse, en suivant la A 9 sur 140 km. Nous vous proposons aussi deux détours : Tarbat Ness (40 km env.) ou Falls of Shin (74 km).

Quittez Inverness par la A 9, vers le nord. Vous traversez la Black Isle (voir circuit 3) puis longez le Cromarty Firth. Tournez à droite à Kildary, en direction de Nigg.

Région du Tarbat Ness (péninsule de l'Easter Ross)

Une dalle impressionnante a été dressée dans la **vieille église de Nigg** – *✆ (01862) 832 214 - ♿ - avr.-oct. : 10h-17h ; reste de l'année : demander les clés (voir la liste sur la porte de l'église).* Cette pierre porte, d'un côté, des figures gravées d'hommes et de bêtes et, de l'autre, une grande croix au tracé net, ainsi que de vigoureux motifs abstraits et une représentation de saint Paul et de saint Antoine avec le corbeau dans le désert. Le plus petit bac du pays part de Nigg vers Cromarty *(voir circuit 3)*.

Prenez la direction de Balintore. La côte de l'Easter Ross offre deux des plus beaux exemples du travail minutieux des sculpteurs pictes au tout début de l'ère chrétienne. Sur un tertre dominant le village de pêcheurs de **Shandwick** et l'estuaire de la Moray, s'élève une **pierre picte** connue sous le nom **Shandwick Stone** ou Clach a'Charridh. Placée maintenant sous un abri de verre, cette grande stèle est ornée sur ses deux faces de motifs délicatement sculptés, abstraits et figuratifs.

Longez la côte (belles falaises que l'on peut longer à pied) *en direction de* **Portmahomack**. Dans ce village de pêcheurs, à la pointe qui ferme l'entrée du Dornoch Firth, vous profiterez d'une longue plage et d'une agréable ambiance.

Tarbat Discovery Centre – *Tarbatness Road Portmahomack - (01862) 871 351 - www.tarbat-discovery.co.uk - - mai-oct. : 10h-17h ; avr.-mai et oct.-nov. : 14h-17h - 3,50 £ - parking.* Installé dans une église rénovée (18e s.), le centre retrace l'histoire des puissants Pictes en présentant une série de sculptures et de découvertes archéologiques que l'on attribue à une opulente colonie du 8e s.

En continuant vers le nord, vous atteignez **Tarbat Ness**, *et son beau* **phare**. *Revenez vers Portmahomack et suivez la direction de Tain.*

Tain

Fière de son statut de plus ancien bourg royal d'Écosse, cette petite ville est construite dans une pierre couleur de miel. Trois générations d'une dynastie d'architectes du 19e s., les Maitland, lui ont donné son caractère distinctif.

Tain Through Time – *(01862) 894 089 - www.tainmuseum.org.uk - - juil.-août : 10h-18h - avr.-juin et oct. : tlj sf dim. 10h-17h ; nov.-fév. : sur demande - brochure (4 langues) - 3,50 £.* C'est une originale visite audio guidée qui convie le visiteur à un voyage dans l'histoire de la ville ; les principaux centres d'intérêt sont le musée, la collégiale du 14e s. dédiée à saint Duthus, et The Pilgrimage.

Distillerie Glenmorangie – *(01862) 892 477 - www.glenmorangie.com- lun.-vend. 9h-17h et sam., dim. juin-août 12h30-14h30 - 2,50£.* Ce célèbre whisky produit depuis 1843 est très populaire auprès des Écossais.

Détour par le Dornoch Firth

En prenant la A 836 depuis Tain, vous suivez la belle rive sud du Dornoch Firth et ses paysages bucoliques, de plus en plus boisés. Non loin de Ardgay, vous pouvez voir le **Carbisdale Castle**, un château néo-gothique transformé en… auberge de jeunesse (sans doute l'une des plus belles du monde). La région est propice aux randonnées. La route continue vers Lairg. Arrêtez-vous au **Falls of Shin Visitor Centre** *(tlj avr.-oct.)*, célèbre pour son échelle à saumons. Là encore partent de nombreux chemins de randonnées. De cette région, des routes mènent au Ross occidental (A 873) ou à Altnaharra, Ben Loyal et Tongue sur la côte nord à 64 km de là (A 836).

Pour revenir au circuit 4, revenez vers Bonar Bridge, et longez le Dornoch Firth, rive nord direction Dornoch, par la A 949.

Dornoch★

À l'écart du trafic de la grand-route du Nord, Dornoch est un agréable village de pierres, de fleurs et de dunes. Ses rues, qui rayonnent autour de la cathédrale, possèdent un charme tranquille. L'ancien bourg royal est une populaire station balnéaire familiale, bénéficiant de **grandes plages de sable**, d'un célèbre parcours de golf et d'un château-hôtel ultra sélect (Skibo Castle) accueillant les grands ou plus ou moins grands de ce monde.

La cathédrale – Au début du 13e s., l'archevêque de Caithness, **Gilbert De Moravia** (1222-1245), choisit Dornoch comme siège épiscopal et décide la construction d'une cathédrale sur un site occupé par une communauté celtique depuis le 6e s. L'édifice a subi depuis des modifications considérables. D'aspect un peu lourd, elle est dominée par sa tour carrée et sa flèche ouvragée. L'intérieur, bien que de dimension modeste, recèle une atmosphère de dignité que rehausse la maçonnerie originale du 13e s. À l'extrémité ouest se trouve l'effigie endommagée de Richard de Moravia, frère du fondateur. Les vitraux ont été réalisés par des maîtres verriers des 19e et 20e s., tels Christopher Whall ou Morris. L'hôtel sis en face de la cathédrale comprend une tour qui faisait partie du palais de l'évêque au 16e s.

Pour les amateurs de randonnée, chemin le long des dunes et plages vers Embo.

Rejoindre la A 9 qui descend en serpentant vers le loch Fleet en offrant des vues sur l'estuaire jusqu'à Golspie, que l'on repère au loin par la statue du 1er duc de Sutherland élevée par Chantrey sur le Ben Braggie. Le Mound, digue artificielle réalisée par Telford en 1816, permet à la A 9 de franchir le fond du loch. L'estuaire, constitué en réserve naturelle, assure abri et nourriture aux oiseaux migrateurs et au gibier d'eau.

Golspie

Le mobilier de l'église St-André comprend la **tribune Sutherland** (1739), finement sculptée, ainsi qu'une chaire coiffée d'un dais.

Orcadian Stone Company – *✆ (01408) 633 483 - www.orcadianstone.co. uk - Pâques-oct. : tlj sf dim. 9h-17h30 - 3 £ (enf. gratuit).* Les minéraux exposés ici donnent un aperçu de la variété de roches que recèle la géologie complexe de l'Écosse. Parmi de spectaculaires spécimens en provenance du monde entier sont présentés des échantillons de gneiss de Lewis, vieux de plus de trois millions d'années.

Quittez la ville vers le nord. Vous trouvez immédiatement le château Dunrobin.

Dunrobin Castle

✆ (01408) 633 177/268 - de déb. avr. à mi-oct. : 10h30-16h30 (juin-sept. 17h30), dim. 12h-16h30 - démonstration de fauconnerie 11h30, 13h30, 15h30 - 6,80 £.

Le château de Dunrobin, siège ancestral des comtes et ducs de **Sutherland**, se dresse sur une terrasse impressionnante **dominant la mer**. Des adjonctions effectuées aux 19e et 20e s. entourent la tour d'origine (1400). Vers 1850, le 2e duc fait appel à Charles Barry, l'architecte du Parlement de Londres, pour remodeler l'intérieur. À la suite d'un incendie, Robert Lorimer fut chargé d'une nouvelle décoration au début du 20e s. Les pièces principales abritent une belle collection de **tableaux**. Les portraits de famille sont l'œuvre de maîtres tels que Jamesone, Allan Ramsay (notez la finesse des parures de Mary Maxwell), Reynolds, Hoppner et Lawrence. Deux portraits ont été réalisés par un élève de Jamesone, John Michael Wright ; dans le salon, deux Canaletto représentant le palais des Doges ont été placés à côté de tapisseries de Mortlake datant du 18e s. Un étage entier abrite les **souvenirs de voyage** de cette riche famille de globe-trotters : bijoux, armes, statues des quatre coins du monde. La terrasse offre une **vue** d'ensemble sur les jardins à la française. Sur un côté se tient le **musée**. Cet édifice georgien a été agrandi en 1878 pour abriter les souvenirs de la famille Sutherland, des animaux empaillés et des découvertes archéologiques. Les spectacles de fauconnerie plairont aux enfants.

Poursuivez toujours vers le nord par la A 9. Beaux paysages côtiers.

Helmsdale

Créé au 16e s., le petit port d'Helmsdale acquiert son caractère au 19e s. quand les Sutherland du château de Dunrobin *(voir ci-dessus)* l'aménagent pour que les petits fermiers des Highlands dépossédés de leurs terres puissent se tourner vers les activités de la mer. Vers 1860, le petit port aujourd'hui si calme était le point d'attache de quelque 300 navires.

Timespan – *✆ (01431) 821 327 - www.timespan.org.uk - ♿ - de Pâques à oct. : 10h-17h, dim. 12h-17h (dernière entrée 1h av. fermeture) - 4 £ (enf. 3 £) - salon de thé.* Logé à la place de l'octroi qui gardait l'élégant pont à deux arches édifié par Telford au-dessus de la rivière d'Helmsdale, ce centre d'accueil présente la vie locale et l'histoire des Highlands par le biais de tableaux vivants, voire distrayants, ou d'expositions. On y rencontre les Vikings (auxquels Helmsdale doit son nom), les sorciers, les loups et les fantômes, mais les scènes les plus poignantes sont sans conteste celles qui évoquent les effets des Highland Clearances *(voir p. 54)* sur la vie quotidienne, tel le sinistre Sellar, intendant des Sutherland, procédant à l'expulsion d'une famille de petits fermiers.

De Hemsdale, la A 897 part vers la côte nord en traversant le Flow Country (voir p. 474). Poursuivez toujours vers le nord par la A 9.

Dunbeath

Heritage Centre – *✆ (01593) 731 233 - www.dunbeath-heritage.org.uk - ♿ - avr.-oct. : 10h-17h ; nov.-mars : tlj sf w.-end 11h-15h - 2 £.* Le centre du Patrimoine illustre les paysages de cette contrée solitaire, en particulier sa « vallée *(strath)* sans égale » qui inspira l'écrivain Neil Gunn (1891-1973). Ses romans (*Morning Tide* – 1931, et *The Silver Darlings* – 1941) évoquent la vie et les travaux des habitants des Highlands.

Laidhay Croft Museum – *Au nord de Dunbeath, sur la A 9 - ✆ (01593) 731 244 - ♿ - de Pâques à oct. : 10h-18h - 2 £ - salon de thé - parking.* Les longs bâtiments agricoles badigeonnés à la chaux, comme l'est celui-ci, sont typiques de la région du Caithness. Sous le même toit, on trouve l'ensemble des pièces d'habitation séparées par des lits-armoires : la cuisine, le salon et les chambres à coucher, avec l'étable et les écuries à l'une des extrémités du bâtiment. Meublé comme il l'aurait été dans les années 1930, ce musée donne un réel aperçu de la vie à cette époque. La grange est un exemple intéressant de **« cruck construction »**, utilisant le bois flotté dans une région où ce matériau était peu abondant.

Inverness pratique

Informations utiles

Office de tourisme – *Castle Wynd - (01463) 234 353 - été : 9h-19h, sam. 9h-18h, dim. 9h30-17h ; hiver : tlj sf dim. 9h-17h, sam. 10h-16h.*

Transports

ARRIVER-PARTIR

En avion – *Aéroport à 16 km du centre-ville - (01667) 464 000 ou (0870) 040 0006.*

En ferry – *Liaisons avec Kirkwall (dans les îles Orcades) et avec les îles Shetland - (0845) 600 0449 ou (08712) 223 312 - www.northlinkferries.co.uk ou www.directferries.com.*

En train – Liaisons avec Londres, Édimbourg, Glasgow.

Taxis - Inverness Taxis – *(01463) 221 111.*

Location de voiture : Budget Rent a Car – *Railway Terrace - (01463) 713 333 - www.albacarhire.com.* **Aberdeen 4x4 Self Drive** – *15B Harbour Rd - (01463) 871 083 - www.aberdeen4x4.co.uk.*

Location de bateau : Caley Cruisers – *Canal Rd - (01463) 236 328 - www.caleycruisers.com* - Une flotte de 38 bateaux équipés pour 2 à 8 personnes.

VISITE

City Sightseeing Inverness – *(07808) 713 959 - www.city-sightseeing.com.* Parcours de 45mn en bus, au départ de Bridge Street (au niveau de l'office du tourisme).

Se loger

INVERNESS

Luybank Guest House – *28 Old Edinburgh Rd - (01463) 232 796 - www.ivybankguesthouse.com - 5 ch. 50/60 £.* Belle maison georgienne sur les hauteurs de la ville. L'entrée habillée de vieux panneaux de bois donne le ton. Chambres simples et confortables.

MacDonald House Hotel – *1 Ardross Terrace - (01463) 232 878 - f.blair@homecall.co.uk - 11 ch. 50/60 £.* Petit hôtel familial proposant des chambres d'un excellent rapport qualité-prix. Accueil sympathique, plus proche de celui d'un B&B que de l'hôtellerie professionnelle.

The Maple Court Hotel – *12 Ness Walk - (01463) 230 330 - www.macleodhotels.co.uk/maplecourt/ - 9 ch. 84 £.* Dans un petit parc au bord de la rivière, à 10mn à pied du centre-ville. La maison construite en 1810 abrite aujourd'hui des chambres simples mais confortables. Barbecues le week-end dans le jardin équipé de jeux pour enfants.

Loch Ness House Hotel – *Glenurquhart Rd - (01463) 231 248 - www.lochnesshotel.co.uk - 22 ch.- 120 £.* Légèrement excentré, face au golf et juste après le Caledonian Canal. Toutes les chambres disposent d'un coin bureau et, pour certaines, d'une salle de bains avec jacuzzi. Celles avec des lits à baldaquin sont les plus authentiques. Seul bémol : la route assez fréquentée le séparant du golf.

Glenmoriston Hotel – *Ness Bank - (01463) 223 777 - www.glenmoristontownhouse.com - 30 ch. 130/170 £.* Le piano bar avec ses 250 malts donne le ton de cet hôtel de luxe. Chambres modernes et très confortables, certaines donnant sur la rivière. L'hôtel abrite aussi les deux meilleurs restaurants de la ville.

Glen Mhor Hotel – *Ness Bank - (01463) 234 308 - www.glenmhor.co.uk – 41 ch. 90/120 £.* D'un standing équivalent au Glenmoriston voisin, cet hôtel perd en confort ce qu'il gagne en authenticité. Le bar est particulièrement remarquable, avec son atmosphère de retour de chasse. Préférez les chambres du bâtiment principal qui ont plus de caractère.

Swallow Columba Hotel – *Ness Walk - (01463) 231 391 - 76 ch. 165 £.* Belle bâtisse avec vue sur le château et la rivière, mais très proche du pont et de son trafic.

Inverness Palace Hotel & Spa – *8 Ness Walk - (01463) 223 243 - www.miltonhotels.com.co.uk - 88 ch. 70-190 £.* On appréciera la piscine couverte et le spa. En revanche, évitez les chambres les moins chères logées dans le bâtiment à l'arrière.

ENVIRONS

Kilravock Castle – *Croy, à 16 km à l'E d'Inverness - (01667) 493 258 - www.kilravockcastle.com - 16 ch. 50/110 £.* Un long chemin à travers une propriété de 215 acres mène à ce superbe château dont la tour date du 15e s. Chacune des pièces est imprégnée d'histoire. Les salles de bains sont petites mais l'ensemble est d'un excellent rapport évasion-prix.

Royal Hotel – *Cromarty - (01381) 600 217 - www.royalcromartyhotel.co.uk - 10 ch. 70 £.* Petite halte agréable avant d'embarquer sur le minuscule ferry reliant Black Isle et Nigg. Profitez-en pour visiter le charmant village de Cromarty.

Glengarry Castle Hotel – *Invergarry, à 40 km de Fort William - (01809) 501 254 - www.glengarry.net - 26 ch. 100/160 £.* Vaste demeure victorienne, idéalement située sur les rives du loch Oich et à proximité des ruines du château historique d'Invergarry. Court de tennis et bon restaurant.

The Royal Marine Hotel & The Links – *Golf Rd, Brora - (01408) 621 252 - www.highlandescapehotels.com - 22 et*

24 ch. 120/160 £. Vous avez le choix entre l'hôtel, dans une belle demeure de 1810 décorée d'antiquités, et les appartements meublés et modernes surplombant la mer et le terrain de golf (location 2 j. min.) Piscine à l'hôtel.

Tulloch Castle Hotel – *Tulloch Castle Drive, Dingwall - ✆ (01349) 861 325 - www.tullochcastle.co.uk - 20 ch. 130/170 £.* Sur les hauteurs dominant la ville de Dingwall, un château dont l'histoire mouvementée remonte au 12e s. Transformé en hôtel en 1988, le propriétaire a fait appel à un décorateur pour redonner aux chambres leur cachet d'antan. Mieux vaut réserver, le château accueillant de nombreux mariages.

Kincraig House Hotel – *3,5 km au S d'Invergordon - ✆ (01349) 852 587 - www.kincraig-house-hotel.co.uk - 15 ch. 140/170 £.* Maison ancienne (19e s.) de caractère. Les chambres les plus chères jouissent d'une vue remarquable ; parmi celles-ci, la « chambre de la lune de miel », avec sa superbe salle de bains. Le menu de la table d'hôte change tous les jours et la réservation est indispensable pour les non-résidents. Promotions sur internet.

Bunchrew House Hotel – *Bunchrew, à 5 km d'Inverness - ✆ (01463) 234 917 - www.bunchrew-inverness.co.uk - 16 ch. 170/240 £.* Vaste demeure dans l'ancienne tradition écossaise, sur les rives du Beauly Firth. La partie la plus ancienne de l'édifice date de 1621 et le plus vieil arbre du superbe parc fut planté en 1746. L'ensemble est magnifique. Réservation indispensable.

Culloden House – *Culloden, à 6 km du champ de bataille - ✆ (01463) 790 461 - www.cullodenhouse.co.uk - 28 ch. 210/290 £.* Cette vaste maison du 18e s. fut réquisitionnée par Bonnie Prince Charlie en 1746 avant de devenir la demeure de la famille Forbes jusqu'en 1897. Transformée en hôtel en 1975, tout en conservant l'esprit de la maison. Les chambres sont meublées d'antiquités.

Se restaurer

INVERNESS

Nico's Grill & Seafood Restaurant – *The Glen Mhor Hotel, Ness Bank - ✆ (01463) 234 308 - 12h-13h30, 17h-21h30, fermé le dim. - 20/30 £.* Restaurant aux allures d'auberge victorienne. La carte change régulièrement, mis à part les classiques de la cuisine écossaise.

Contrast – *Ness Bank - ✆ (01463) 223 777 - www.glenmoristontownhouse.com - 7j./7, 12h-22h - 20/60 £.* Décor zen, tables et chaises recouvertes de fausse peau de serpent pour ce restaurant résolument moderne, ouvert en 2006. Spécialités de poisson et brassage des cuisines du monde. Réductions pour le menu pré-théâtre (17h-18h30). Il ne vous reste plus qu'à prendre la passerelle pour rejoindre le théâtre.

Abstract – *Ness Bank - ✆ (01463) 223 777 - www.glenmoristontownhouse.com - 7j./7, 12h-22h - 35/70 £.* Le premier restaurant de l'hôtel Glenmoriston, encore plus chic que le Contrast. Véritable restaurant gastronomique, où tout le personnel est français et où la cuisine reprend quelques inspirations marocaines. Lors des Testing Menus, réservez la Chef's Table, spécialement aménagée pour ne rien manquer de ce qui se passe en cuisine.

ENVIRONS

Cawdor Tavern – *Cawdor, à l'E d'Inverness - ✆ (01667) 404 777 - 12h-14h, 17h30-21h - 18/30 £.* Charmant pub dans le village. Il s'agissait à l'origine de l'atelier d'ébénisterie du château. Belle surprise côté cuisine, cette adresse constituera une halte agréable dans le cadre de la visite du château de Cawdor.

Glengarry Castle Hotel – *Invergarry, à 40 km de Fort William - ✆ (01809) 501 254 - 26 ch - 28 £.* Atmosphère chaleureuse dans ce château sur les rives du loch Oich. La carte change tous les jours et présente un choix de plats écossais avec produits du terroir.

Bunchrew House Hotel – *Bunchrew, à 5 km d'Inverness - ✆ (01463) 234 917 - 35 £.* Dans le cadre enchanteur de ce château, la salle du restaurant du 17e s. profite de la vue sur le Firth. Le menu, qui change tous les jours, varie les plaisirs d'une cuisine écossaise assaisonnée des saveurs du potager.

En soirée

Hootananny Ceilidh Bar – *67 Church St. - ✆ (01463) 233 651 - www.hootananny.co.uk.* Concerts en soirée les lun., mar., mer. et dim. Musiques assez variées.

Pivo – *38-40 Academy St. - ✆ (01463) 713 307* - Bar branché sous une voûte gris-vert évoquant la forme d'un tunnel.

Sports et loisirs

Paths Around The Aird – *www.morayfirth-partnership.org/communities ou www.forestry.gov.uk.* Des km de sentiers de randonnée dans la campagne à l'ouest d'Inverness, à pied, à cheval ou à vélo.

Sorties en bateau sur le Moray Firth – Moins connues que les excursions sur le loch Ness, ces sorties sont souvent l'occasion de voir des dauphins.

Moray Firth Cruises – *Shore Street Quay, Shore St. - ✆ (01463) 717 900 - www.cawdorcastle.com.*

Pour les croisières sur le loch Ness, *voir encadré p. 429.*

Inverness Dolphin Cruises – *Shore Street Quay, Inverness - ✆ (01463) 717 900 - www.inverness-dolphin-cruise.co.uk.* Petites sorties en bateau de mars à octobre pour, peut-être, contempler dauphins, phoques et oiseaux…

Îles Orcades★★

Orkney Islands

19 040 HABITANTS
CARTE GÉNÉRALE RABAT I CD1 - CARTE MICHELIN REGIONAL 501 JK/L/M-5/6/7

Se rendre dans les Orcades, c'est l'Écosse, et un peu plus encore. Les 20 000 habitants qui occupent 30 des 67 îles sont fiers de leur héritage nordique. Les Vikings ont laissé ici une langue, des édifices : un patrimoine. Laissez-vous porter par le vent pour découvrir les grandes richesses de l'archipel : paisibles paysages pastoraux, magnifiques splendeurs du littoral, mystères et trésors de la préhistoire, activités culturelles profondément enracinées dans le passé. Ceux qui préfèrent le « vivant » aux vieilles pierres tourneront leurs yeux vers les falaises propices à la nidification des oiseaux de mer, et les rochers où se reposent phoques et loutres.

- **Se repérer** – Cet archipel constitué d'un peu moins de 70 îles se situe immédiatement à la pointe nord-est de l'Écosse. L'île principale, Mainland, abrite la grande majorité de la population, la capitale (Kirkwall) et des infrastructures touristiques. Les autres îles ne sont que sporadiquement peuplées et moins fréquemment desservies.
- **À ne pas manquer** – Observer la faune locale, riche et variée. Les vestiges préhistoriques (Skara Brae, Maes Howe), pictes et vikings (Brough of Birsay). La cathédrale de Kirkwall. Vivre intensément l'insularité sur une île isolée.
- **Organiser son temps** – La période la plus agréable est bien sûr l'été. Cette saison voit donc de nombreux visiteurs affluer, à tel point qu'il est essentiel de réserver à l'avance votre hébergement. Pour un séjour plus calme, préférez mai et juin (nombreux oiseaux), qui plus est période de festivals. Le reste de l'année, le climat se dégrade sans pour autant enlever de l'intérêt à l'archipel.
- **Pour poursuivre le voyage** – Aberdeen, la côte de l'Aberdeenshire, Inverness, Thurso et la côte nord, les Shetland.

A. Montfort / PHOTONONSTOP

Ancien croft (ferme traditionnelle) sur l'île de Hoy.

Comprendre

Préhistoire – Les premiers colons s'établissent ici dès le 4e millénaire av. J.-C., ce qui explique la présence de restes préhistoriques d'une grande richesse. Parmi les plus remarquables se trouvent les habitations néolithiques de Skara Brae, l'exceptionnelle tombe de Maes Howe, la pierre circulaire de Brodgar, datant de l'âge du bronze, les tours rondes de Birsay et Gurness, érigées à l'âge du fer, ainsi que les maisons de terre pictes. Les trois premiers sites ont été inscrits en 1999 sur la liste du patrimoine mondial de l'Unesco.

L'âge d'or – Avec l'arrivée des Vikings aux 8e et 9e s., cette terre d'origine picte devient scandinave. L'établissement de la colonie se fait de façon pacifique et graduelle, et les Orcades constituent peu à peu le pivot de la pénétration viking en Grande-Bretagne.

L'histoire de leurs comtes, qui régnèrent comme de véritables souverains, est retracée dans *The Orkneyinga Saga*, où l'on retrouve des figures aussi notables que Thorfinn le Puissant, saint Magnus le martyr et le croisé Rognvald.

Caution pour une dot – La dernière période médiévale voit l'implantation écossaise : les îles sont en effet données en caution en 1468 pour la dot de Marguerite de Danemark, future épouse de Jacques III. Cette époque est souvent associée à une mauvaise administration et à la spoliation des terres par les suzerains écossais, et plus particulièrement avec la tyrannie des Stewart, comtes des Orcades.

Héritage nordique

De la longue présence des Vikings *(voir Comprendre p. 438)* reste cet **héritage nordique** qui différencie les Orcades et les Shetlands du reste de l'Écosse. Même aujourd'hui, cette empreinte apparaît nettement dans les noms de lieux, l'architecture des magnifiques cathédrales, la littérature très influencée par les sagas, autant que dans les dessins artistiques et les traditions séculaires. Jusqu'au 19e s., le norn – une variante du norvégien – était la langue parlée à la place du gaélique.

L'or marin – Le 18e s. voit une autre ère de prospérité avec la transformation du **varech**. Les algues étaient brûlées pour obtenir un résidu de cendre riche en potasse et en soude, très demandé par les industries manufacturières de verre et de savon. De 1780 à 1830, l'exploitation du varech apporte une grande prospérité aux seigneurs locaux, qui furent surnommés les « seigneurs du varech ». De nombreux manoirs, notamment sur les îles, datent de cette période.

Aujourd'hui – Dans ces îles fertiles de basse altitude, l'agriculture est la principale source de revenus ; l'élevage des bovins et l'industrie laitière sont les principales activités. Viennent ensuite le raffinage et le tourisme. L'artisanat traditionnel, comme le tricot et la fabrication des chaises de paille des Orcades, continue à se développer. Le pétrole est une nouvelle composante économique, avec la création d'un terminal de distribution à Flotta sur Scapa Flow.

Découvrir

Kirkwall★★

Kirkwall se dresse sur l'extrémité nord de l'isthme de Kirkwall-Scapa qui divise l'île principale (Mainland) en deux parties, orientale et occidentale. Elle a toujours représenté le foyer principal de l'île (d'abord comme ancien comptoir viking) et allie aujourd'hui son rôle de **capitale** à celui de centre d'affaires. Sa situation centrale en fait un **point de départ idéal** pour des excursions dans l'île principale dont la découverte des sites intéressants peut être organisée en circuits et en bus, en été, ou en louant des vélos.

Kirkwall s'étale sur la colline qui monte du port et est dominée par sa **splendide cathédrale** vieille de 800 ans. Les autres curiosités principales s'inscrivent à l'intérieur de ce qui fut sans doute l'enclos de la cathédrale.

St Magnus cathedral★★

☏ (01856) 874 894 - ♿ - avr.-sept. : 9h-18h, dim. 14h ; oct.-mars : tlj sf dim. 9h-13h, 14h-17h - possibilité de visite guidée des tours sur demande - parking.

Le fondateur, le comte Rognvald, entreprend la construction de la nouvelle cathédrale en 1137 et la dédie à son oncle assassiné, le **comte Magnus**. Les travaux sont dirigés par Kol, le père du comte, et rapidement menés à terme en 1152. Deux ans plus tard, l'évêché des Orcades est intégré au diocèse norvégien de Trondheim et le demeure jusqu'en 1472.

Extérieur – D'**esprit roman**, la cathédrale est contemporaine de deux autres chefs-d'œuvre de ce style : Durham et la nef de l'abbaye de Dunfermline *(voir ce nom p.277)*. Sévère et très peu ouvragé, l'édifice est dominé par la tour et le clocher. Plus tardifs, les trois portails de la façade ouest sont superbes malgré l'érosion du temps, et tout à fait originaux par l'alternance de grès rouge et jaune.

Intérieur – L'impression initiale communique un sentiment de grandeur,

Sagas… suite

Avec leur riche héritage de sagas, il n'est pas surprenant que les Orcades puissent revendiquer, au 20e s., des auteurs de qualité comme le poète et critique **Edwin Muir** (1887-1959), le romancier et dramaturge **Eric Linklater** (1899-1974) et le prosateur **George Mackay Brown** (né en 1921).

Intérieur de la cathédrale St-Magnus.

même si les dimensions de cette église cruciforme sont relativement modestes. S'il apparaît quelque peu massif et austère, cet édifice charme par ses proportions admirables, ce sens de l'unité et les tons chauds de la pierre rouge, davantage appréciables depuis l'extrémité ouest. Le rythme lent des sept travées de la nef est parfaitement équilibré par une élévation comprenant un triforium et une claire-voie. L'ornementation est réduite aux moulures décoratives des arcs de l'arcade de la nef, aux arcatures des bas-côtés et aux figures de grotesques des consoles du chœur. Les piliers carrés situés de part et d'autre de la tribune d'orgue enchâssent les reliques de saint Magnus (à droite), tombé en 1115, et de son neveu, le comte Rognvald, le constructeur (à gauche).

Earl's Palace★

HS - ✆ (01856) 871 918 - www.historic-scotland.gov.uk - avr.-sept. : 9h30-18h30 - 3,50 £ (enf. 1,75 £), billet combiné avec Bishop's Palace ; billet commun pour les monuments des Orcades (Orkney Explorer Pass) : 15,50 £ (enf. 6,50 £).

Même fortement détérioré, ce palais (début 17e s.) témoigne encore de sa beauté architecturale. Il fut construit par **Patrick Stewart**, comte des Orcades, mort en 1615. À l'instar de nombreux potentats de la Renaissance italienne, cet homme réunissait en lui cette étrange fusion de splendeur et d'infâmie. Comme son père, il fut exécuté, mais seulement après que l'heure fatale eut été reportée pour lui permettre d'apprendre le Pater Noster.

Bâti entre 1600 et 1607, le palais est un exemple tardif de style Renaissance. On remarque surtout les fenêtres à encorbellement (variées et ornées), les souches de cheminée et la plate-bande à modillons, les oriels et le panneau sculpté surmontant l'entrée principale. À l'intérieur, un splendide escalier monumental à volées droites mène à la grande salle et aux autres pièces principales. Les pièces voûtées du rez-de-chaussée abritent des expositions sur les sites préhistoriques et les monuments importants de l'histoire des Orcades.

Bishop's Palace

HS - ✆ (01856) 871 918 - www.historic-scotland.gov.uk - avr.-sept. : 9h30-18h30 - 3,50 £ (enf. 1,75 £), billet combiné avec Earl's Palace ; billet commun pour les monuments des Orcades (Orkney Explorer Pass) : 15,50 £ (enf. 6,50 £).

Un nouvel évêché fut construit au 12e s. à côté de la nouvelle cathédrale ; l'ancien se situait à Birsay *(voir p. 443)*, où le roi norvégien Haakon décéda en décembre 1263 après la bataille de Largs *(voir ce nom p. 237)*. Une saga relate sa mort ainsi que l'histoire de l'évêché. Deux reconstructions suivirent aux 16e et 17e s., la dernière par le comte Patrick désireux de créer une vaste résidence seigneuriale incorporant son nouveau palais. La tour d'angle ronde date des transformations engagées au 16e s. par l'évêque Reid. La sculpture de grès jaune (dans une niche rouge) représentant un évêque date du 13e s.

The Orkney Museum★

✆ (01856) 873 191 - museum@orkney.gov.uk - mai-sept. : 10h30-17h, dim. 14h-17h ; oct.-mars : tlj sf dim. 10h30-12h30, 13h30-17h - gratuit.

Un bel hôtel particulier, Tankerness House (16e s.), abrite le musée bien présenté relatant la vie des Orcades depuis la préhistoire jusqu'à nos jours. Les nombreux et remarquables sites préhistoriques insulaires sont décrits chronologiquement et présentés à travers des objets. Cette visite est une introduction idéale à l'exploration des îles. Ne manquez pas le reliquaire de saint Magnus, simple coffret de bois. À l'étage, les expositions évoquent la vie domestique.

Rue principale

Cet étroit axe pavé incorporant **Broad Street**, **Albert Street** et **Bridge Street** mérite une flânerie. L'ensemble est embelli par quelques anciens hôtels particuliers aujourd'hui occupés par des boutiques et parfois encore décorés d'armoiries, ainsi que par des passages couverts menant à de charmantes cours pavées.

Circuits de découverte

MAINLAND ORIENTALE 1

Cette excursion de 37 km jusqu'à Burwick est une excellente opportunité pour visiter quelques-unes des îles (Lamb Holm, Glims Holm, Burray et South Ronaldsay) sans prendre le bateau ni l'avion. La route traverse ici quelques-unes des plus belles terres agricoles des Orcades.

Empruntez la route de l'aéroport pour sortir de Kirkwall, puis, au rond-point, prenez l'embranchement à droite jusqu'à la A 961, la route de South Ronaldsay.

La première partie de la route offre une belle vue de **Scapa Flow**, base navale où la flotte allemande se saborda le 21 juin 1919. Elle est de nouveau active depuis que l'île de Flotta sert de débouché aux pipelines et de terminal aux tankers pour le transport du gaz et du pétrole provenant des gisements de Piper et de Claymore. Lyness, sur l'île de Hoy, sert de base d'approvisionnement.

Après St Mary's, suivez les panneaux vers St Margaret's Hope.

Churchill Barriers

Au-delà se trouve la première des **Churchill Barriers**, qui relient l'île principale aux trois îles extérieures. Ces digues de béton furent construites durant la Seconde Guerre mondiale, après le torpillage du cuirassé *Royal Oak*, pour protéger l'entrée est de Scapa Flow. Le travail fut assuré par des prisonniers italiens qui achevèrent les quatre sections, soit une longueur totale de 2,4 km.

Tournez à gauche immédiatement après avoir franchi la première digue.

Italian Chapel★

Lamb Holm - ✆ (01856) 873 191 - www.orkneyheritage.com - du lever au coucher du soleil.

Entre 1943 et 1945, les prisonniers qui travaillaient à la construction des digues convertirent en chapelle deux abris de tôle ondulée. Un demi-siècle plus tard, le jubé et les fresques témoignent encore de la force de la foi dans l'adversité.

De chaque côté des deux digues suivantes, des épaves rouillées servent de lieu de reproduction pour les coquilles Saint-Jacques.

Sur l'île de **South Ronaldsay**, un observatoire situé sur le côté de la route avec une table d'orientation offre des **vues★**, au-delà du Pentland Firth, sur le cap de Dunnet et John o'Groats en terre écossaise.

La A 961 s'achève ensuite à **Burwick**, qui en été est relié par car-ferry à John o'Groats *(voir Thurso et la côte nord p. 473)*.

MAINLAND OCCIDENTALE★★ 2

Cette excursion de 90 km permet de visiter d'importants sites préhistoriques, tout en profitant d'un paysage agricole tranquille et d'un site côtier spectaculaire. On peut l'effectuer dans l'un ou l'autre sens, à partir de Kirkwall ou de Stromness.

Quittez Kirkwall par la route de Stromness (A 965).

Rennibister Earth House

Laissez la voiture sur le bord de la route à hauteur de la ferme. La maison est derrière la ferme. Accès par une trappe et une échelle.

Cette maison creusée dans la terre consiste en une chambre ovale aux cinq murs taillés en alcôve. Un passage sert de vestibule. On y a découvert des ossements humains, mais sa destination n'est pas établie. Les habitations souterraines remontent en général à l'âge du fer ou à la période des brochs, bien que des exemples antérieurs et même ultérieurs soient connus. La plupart des maisons de ce type ont été découvertes sous ou à proximité d'habitations circulaires en pierre ou en bois.

Tournez à gauche deux fois jusqu'à Wideford Hil Cairn.

Wideford Hill Cairn

À 1,5 km de la route. Le site est à flanc de colline. Accès par un sentier, puis par une trappe et une échelle.

Cette tombe (entre 3500 et 2500 av. J.-C.) présente une chambre principale dotée de compartiments latéraux. Le versant de la colline offre une **vue** magnifique vers le nord et la baie de Firth.

Regagnez la route principale, la A 965. À Finstown, prenez la direction de Stromness mais tournez tout de suite à droite (A 986) en direction de Dounby.

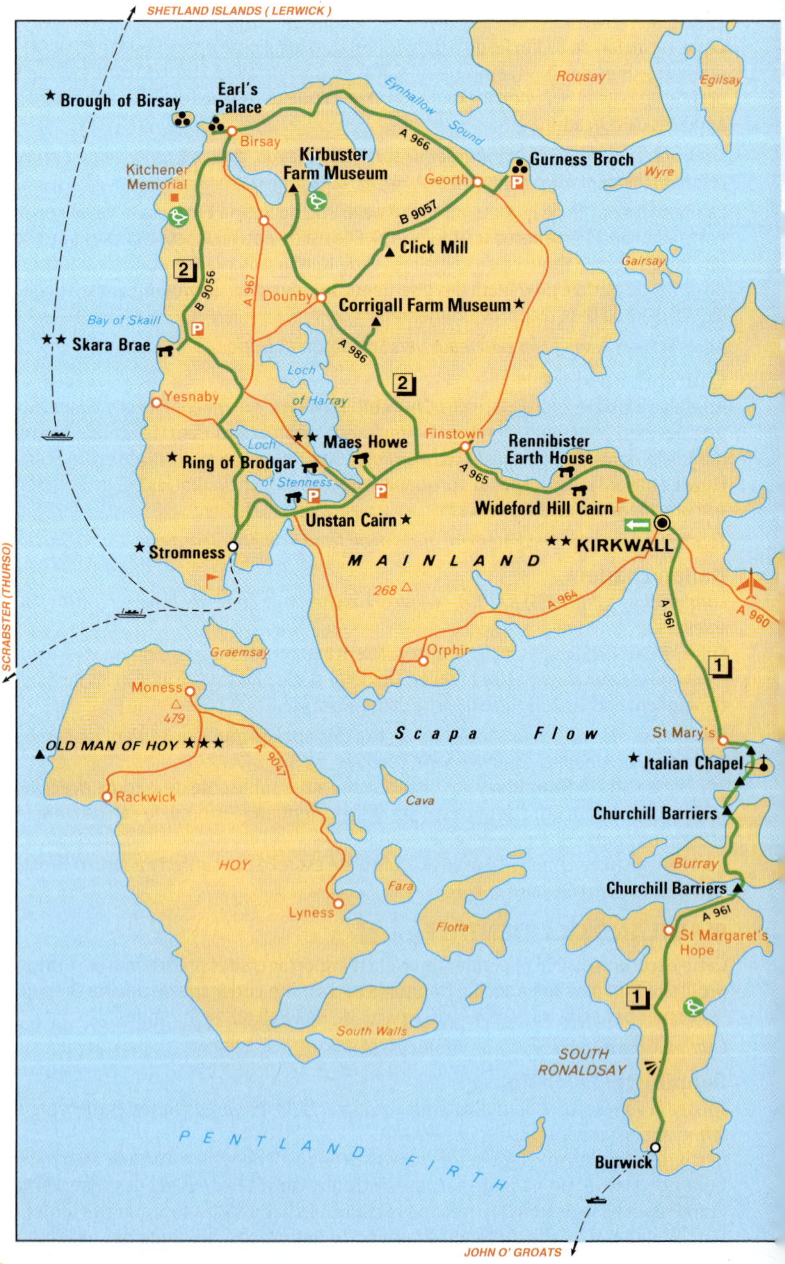

Corrigall Farm Museum★

✆ (01856) 771 411 - www.orkney.com - mars-oct. : 10h30-13h, 14h-17h, dim. 14h-17h - possibilité de visite guidée (45mn) - parking.

Ce charmant musée est consacré à l'agriculture et à la vie rurale. Les bâtiments du 18e s. ont été restaurés selon leur aspect du milieu du 19e s. : murs en pierre de taille, sols et agencements internes dallés. Les toits, constitués de pierres plates, sont recouverts de tourbe et de chaume de bruyère. La pièce principale est coupée en deux parties par une cheminée centrale : l'in-by devant la cheminée et l'oot-by derrière. L'in-by constituait le foyer familial sur lequel s'ouvrait la chambre commune, alors que l'oot-by, qui comprenait les stalles à cochons et les niches d'oies, donnait accès à l'étable. Celle-ci (utilisée ici aujourd'hui comme salle d'exposition) fut aménagée par la suite en salon ou en chambre supplémentaire et la nouvelle étable (remarquez son ingénieuse conception) isolée du bâtiment principal. Le bâtiment suivant est constitué de plusieurs parties : écuries pour chevaux de trait (de race Clyderdale aux Orcades) et pour poneys, aire de battage (remarquez la disposition des portes, prévue pour les besoins du vannage), four et réserve à tourbe.

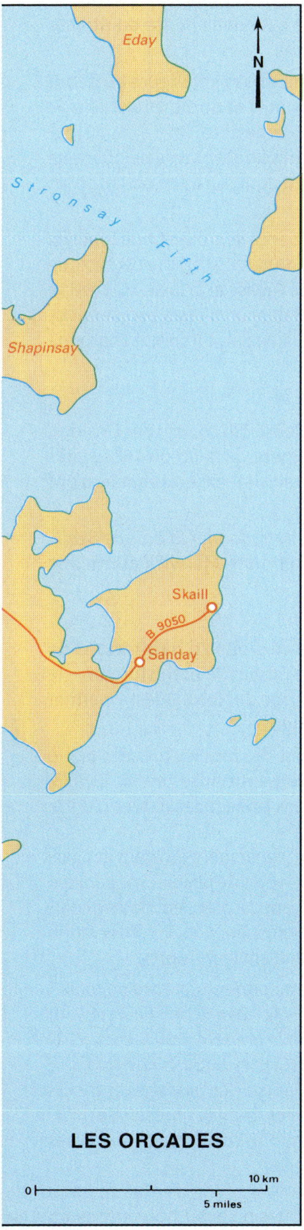

Continuez sur la A 986 vers Dounby. Là, poursuivez tout droit vers Twatt. Prenez alors à droite en direction de Kirbuster.

Kirbuster Farm Museum

✆ (01856) 771 268 - www.orkney.com - mars-oct. : lun.-sam. 10h30 -13h et 14h-17h, dim. 14h-17h.

La ferme de Kirbuster est la dernière « black house » de l'archipel. Construite en 1723, elle a été habitée jusque dans les années 1960. Il s'agit d'un bâtiment de pierres plates à une seule pièce, dont l'élément principal est un foyer. Le feu de tourbe servait à chauffer la maison et ses occupants (hommes et animaux), mais aussi à sécher les filets. Le lit et la disposition des meubles rappellent l'aménagement des longues maisons des Vikings.

Une exposition recrée à l'aide de photos, objets mis en scène, la vie quotidienne des habitants de l'archipel au 19e s. Dans le jardin, quelques animaux vaquent entre des saules, arbres dont le bois était utilisé pour confectionner des pièges à anguilles.

Continuez sur la A 986 vers Dounby et tournez à gauche. Continuez pendant 3,2 km sur la B 9057 avant d'atteindre **Click Mill**, *le seul exemple de moulin à eau horizontal qui fonctionne encore dans les Orcades. Poursuivez ensuite vers Georth pour accéder à Gurness Broch, près de la* **plage d'Evie**.

Gurness Broch

Accès à partir du premier parking de la plage d'Evie - HS - ✆ (01856) 751 414 - www.historic-scotland.gov.uk - avr.-sept. : 9h30-18h30 - 4,50 £ (enf. 2,25 £), billet commun pour les monuments des Orcades (Orkney Explorer Pass) : 15,50 £ (enf. 6,50 £).

À la pointe du promontoire d'Aikerness, on peut voir les vestiges d'un broch *(voir p. 459)* que diverses occupations ont modifié et rendu assez complexe, tant à l'intérieur qu'à l'extérieur.

Reprenez la A 966 vers le nord. La route offre de belles vues sur le détroit d'Eynhallow et la petite île de Rousay. *Gagnez le village de Birsay par la côte nord. Tournez à droite.* Belles **vues★** de la pointe Marwick.

Brough of Birsay★

Isolée uniquement lors de la marée, cette île s'étend juste au large de la pointe nord-ouest de l'île principale. À marée basse, il est possible d'atteindre l'île à pied par la chaussée *(s'adresser à l'office de tourisme, à Stromness ou à Kirkwall, pour connaître les heures de marée).*

On y recense d'importants **vestiges de stations pictes et norvégiennes**. Les plus anciens vestiges concernent les habitats et les débris de ferronnerie remontant à la période picte. Des fouilles récentes ont en effet remis en question l'attribution de ces restes à ceux d'un monastère. On verra une très belle réplique d'une pierre symbolique picte. *HS - ✆ (01856) 841 815 (Skara Brae) - www.historic-scotland.gov.uk - de mi-juin à fin sept. : tlj sauf mauvais temps 9h30-18h30 - 3 £ (enf. 1,50 £).*
Les Vikings qui vivaient à Brough aux 10e et 11e s. laissent un groupe de fermes. Les comtes norvégiens (les Jarl) des Orcades font de Birsay l'une de leurs principales implantations sur les îles. Le **comte Thorfinn le Puissant** (vers 1009-1065), à son retour d'un pèlerinage à Rome vers 1050, fait construire une église sur Brough, peut-être à Birsay, qui pourrait être celle évoquée dans *The Orkneyinga Saga*. Il semble qu'au début du 12e s. les Vikings érigent un monastère sur Brough. L'église de Thorfinn devient la cathédrale des Orcades et recueille les reliques de saint Magnus, où elles demeurent pendant plus de 20 ans avant que l'archevêque William ne les transfère à Kirkwall. Au milieu du 12e s., la nouvelle église bâtie à Kirkwall hérite du titre de cathédrale, ce qui précipita la ruine de l'église de Brough.

Le sanctuaire viking – L'église de Brough, probablement pas antérieure au début du 12e s., possède une petite nef oblongue, un chœur court et étroit, et une abside arrondie. Elle est située dans un enclos correspondant au **cimetière**. On y a mis au jour des tombes pictes et vikings, dont la **pierre de Birsay** (réplique) gravée de guerriers scandinaves en armes. De l'autre côté de l'église, au nord donc, on aperçoit, disposés autour d'une cour, les logements des prêtres.

Les maisons vikings – Au sud-ouest et en haut de la pente se trouvent de longues maisons dont la disposition avec la partie habitable au-dessus de l'étable est typique des constructions vikings. Les murs sont en tourbe. Entre l'église et la falaise (à l'est) se trouvent des vestiges de bâtiments de diverses périodes dont on n'a pas encore déterminé la fonction. Certains d'entre eux correspondraient au palais du comte Thorfinn.

Revenez dans le village de Birsay.

Earl's Palace

Le village de Birsay possède encore les ruines d'une résidence des comtes des Orcades, enfermant une cour intérieure sur trois côtés. Ce bâtiment de la fin du 16e s., jadis somptueux, appartient lui aussi à cet héritage architectural exceptionnel qu'ont laissé ces comtes bâtisseurs.

Empruntez la A 967, puis tournez à droite sur la B 9056 pour gagner la baie de Skaill.
Signalée avec précision par le mémorial Kitchener, la pointe Marwick abrite une colonie d'oiseaux marins.

Skara Brae★★

Sur la côte ouest et dominant la baie de Skaill se trouve un groupe d'**habitations de l'âge de la pierre**, longtemps enfouies dans le sable. Ce village préhistorique – le mieux préservé de tous les villages néolithiques de l'Europe du Nord-Ouest – permet de reconstituer la vie quotidienne à l'époque néolithique.

L'essentiel des connaissances relatives à ce site provient des fouilles menées par le professeur Childe en 1928-1929, ainsi que de recherches entreprises en 1972-1973. La datation au carbone 14 a révélé que les deux stations principales datent d'entre 3100 et 2500 av. J.-C.
Les premiers habitants cultivaient des céréales, élevaient du bétail, pêchaient et chassaient le cerf. Leur outillage était en bois, pierre, os et corne. Vêtus de peaux, ils se paraient de colliers et d'ornements en coquillage et en os. Lourdement décorée, leur poterie comprenait aussi bien de jolis petits gobelets qu'une vaisselle grossière pour la conservation des aliments. Comme à Maes Howe (*voir p. 446*), ils inhumaient leurs morts,

La station néolithique –*À 800 m de marche à partir du parking en bord de route - HS - ✆ (01856) 841 815 - www.historic-scotland.gov.uk - ♿ - avr.-sept. : 9h30-18h30 ; oct.-mars : 9h30-16h30 (Skaill House fermée) - 6,50 £ (enf. 3,25 £) en été, 5,50 £ (enf. 2,75 £) en hiver ; billet commun pour les monuments des Orcades (Orkney Explorer Pass) : 15,50 £ (enf. 6,50 £).* Il reste plusieurs habitations (n^os^ **1-10**) reliées par des passages autrefois couverts (**A**, **B** et **F**). Sept d'entre elles sont bien conservées, la mieux préservée (n° **7**) ayant été couverte. Leurs constructeurs ne disposaient que de bois flotté et d'arbustes pour les charpentiers ; quant au mobilier, il était en pierre.
Les murs de ces abris de forme rectangulaire et arrondis aux angles étaient habituellement constitués de dalles de pierre. Chaque habitation avait pour entrée un

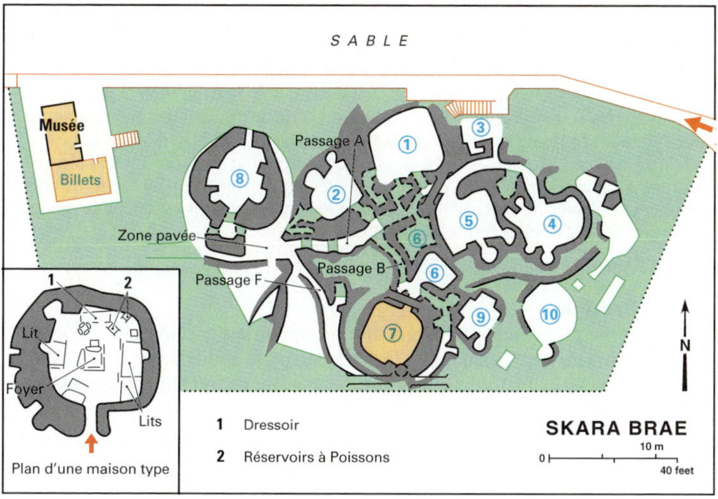

petit passage protégé par une porte placée du côté interne, et avait en son centre un foyer. Des dalles servaient de lits ou d'étagères. Les latrines étaient reliées à un système d'égouts souterrains. Les coffrets revêtus d'argile et encastrés dans le sol ont peut-être servi de réserve à poissons. Les objets trouvés sur le site sont pour la plupart exposés au Museum of Scotland à Édimbourg.

Continuez en empruntant la B 9056, puis tournez à droite sur la A 967 et à nouveau à droite vers Stromness.

Stromness★

Le second centre de l'île principale, Mainland, est également un important port de pêche ; Stromness est souvent la première vision que les touristes ont des îles, puisque les bateaux partant du continent écossais y arrivent tous. Même si elle servit de refuge aux Vikings, cette agglomération ne se développa vraiment qu'au 18e s., pour devenir un centre de négoce et le dernier port d'escale des bateaux de la Hudson's Bay Company avant de se consacrer à la pêche à la baleine et au hareng.

L'aspect de Stromness reflète d'ailleurs l'importance historique de la mer pour cette ville ; la rue principale, pavée, longue et sinueuse, est bordée, du côté de la plage, de demeures à pignons possédant chacune son propre embarcadère.

Pier Gallery – *✆ (01856) 850 209 - www.pierartscentre.com - juin-août : mar.-sam. 10h30-17h ; sept.-mai : 10h30-12h30, 13h30-17h - gratuit.* Le musée présente une collection permanente d'**art abstrait★** rehaussée par quelques œuvres majeures de la période 1929-1963 correspondant à l'âge d'or de St Ives. Ben Nicholson et Barbara Hepworth sont représentés par quelques tableaux remontant à leurs débuts et côtoient des toiles d'autres peintres de St Ives (Peter Lanyon, Patrick Heron, Naum Gabo…).

Museum – *52 Alfred St. - HS - ✆ (01856) 850 025 - avr.-sept. : tlj sf dim. 10h-17h30 ; oct.-mars : tlj sf dim. 11h-15h30 - 3 £ (enf. 0,50 £).* Consacré à l'histoire naturelle et maritime des Orcades, il s'intéresse à la pêche à la baleine, à la Hudson's Bay Company et à la flotte allemande sabordée à Scapa Flow *(voir plus haut)*.

Bien que l'excursion **Mainland occidentale★★** soit décrite au départ de Kirkwall, elle peut également être entreprise à partir de Stromness.

Quittez Stromness. Prenez la A 965, et au débouché du loch de Stenness, empruntez la route de ferme sur la gauche.

Unstan Cairn★

Parking face à la maison - HS - ✆ (01856) 872 044 ou rens. au (01856) 841 815 à Skara Brae - www.historic-scotland.gov.uk - gratuit.

Au bord du loch de Stenness, ce cairn typique du néolothique comprend un bel exemple de chambre funéraire collective. La chambre principale est compartimentée au moyen de dalles posées verticalement. La poterie que l'on y a mise au jour a reçu le nom de poterie d'Ustan et date du milieu du 4e millénaire av. J.-C.

Tournez à gauche sur la B 9055. Passez à droite des quelques restes des pierres de Stenness.

Traversez le Pentland Firth

Le voyage en **car-ferry entre Stromness et Scrabster** (près de Thurso, sur la côte nord, *voir Carnet pratique*) est une façon idéale d'admirer l'extraordinaire paysage de falaises d'Hoy (le nom signifie « haute île »). C'est ici qu'on trouve les seules montagnes de l'île : elles forment, en rejoignant la mer, les falaises abruptes de St John's Head (347 m). Encore plus spectaculaire est la vision d'un rocher de 137 m, dit **Old Man of Hoy★★★** (« Vieil Homme de Hoy »), qui surgit des eaux agitées. Ce haut rocher de grès rouge fut escaladé pour la première fois en 1966, mais il sert plus souvent de refuge à une myriade d'oiseaux de mer piaillant et voltigeant.

Ring of Brodgar★

Ce cercle de pierres remontant à l'âge du bronze occupe une position impressionnante sur une langue de terre séparant les lochs de Stenness et de Harray. Des 60 pierres d'origine, seules 27 sont toujours debout. Deux levées de terre franchissent le fossé qui les entoure.

De retour sur la route principale, couvrez une courte distance, avant de vous garer à côté du moulin de Tormiston.

Maes Howe★★

HS - ✆ (01856) 761 606 - www.historic-scotland.gov.uk - avr.-sept. : 9h30-18h30 ; oct.-mars : 9h30-16h30 - visites guidées ttes les 45mn, réservation conseillée en été - 5 £ (enf. 2,50 £) ; billet commun pour les monuments des Orcades (Orkney Explorer Pass) : 15,50 £ (enf. 6,50 £). Ce cairn néolithique exceptionnel a été construit avec des outils sommaires et sans usage de mortier, quelque 2 700 ans av. J.-C. (Stonehenge le fut entre 2800 et 1560 av. J.-C.). L'ingéniosité de sa conception et la qualité de son exécution sont telles que certains ont suggéré qu'il s'agirait d'une tombe de chef de clan ou de famille régnante. Encerclé par un fossé, l'ensemble est recouvert d'un tertre (Maes Howe signifie « grande butte ») de 8 m de haut et de 35 m de diamètre.

Intérieur – Un passage de 12 m de long mène à une chambre de 4,5 m^2 ouvrant sur des compartiments funéraires. Au 12e s., des Norvégiens violèrent la sépulture et s'emparèrent du trésor. Les nombreuses inscriptions runiques de la tombe relatent cet « exploit » qui nécessita trois nuits !

Retournez à Kirkwall en continuant par la A 965.

W. Richard / BRITAINONVIEW.COM

L'étrange silhouette du Old Man of Hoy.

Îles Orcades pratiques

Informations utiles

OFFICES DE TOURISME :

Kirkwall – *6 Broad St. - ✆ (01856) 872 586 - juin-sept. : 8h30-20h ; reste de l'année : tlj sf dim. 9h-17h30.*

Stromness – *Ferry Terminal Building, The Pier Head - ✆ (01856) 850 716.* Bâtiment du terminal des ferrys. Bureau touristique saisonnier qui présente un petit exposé d'introduction sur l'île.

SITE INTERNET :

www.visitorkney.com : site Internet très complet sur hébergement, transports, culture, évènements…

Transports

S'Y RENDRE

En avion :

British Airways – *À Kirkwall - ✆ (01856) 873 611 - www.ba.com.* Dessert Kirkwall depuis Aberdeen, Inverness, Wick et les Shetlands. Bonne connexion de ces deux premières villes avec Édimbourg, Glasgow et Londres.
L'aéroport se situe juste au sud-est de Kirkwall et est relié par bus au centre-ville (*tlj sf dim.*).

En ferry :

John O'Groats Ferries – *✆ (01955) 611 353 - www.jogferry.co.uk.*
De mai à septembre, plusieurs liaisons quotidiennes pour piétons seulement. Trajet de John O'Groats à Burwick en 40 mn. Bus pour Kirkwall à l'arrivée.

Northlink Ferries – *✆ (0845) 600 0449 - www.nothlinkferries.co.uk.*
Liaisons entre Scrabster (Thurso) et Stromness, 1h30 de traversée, 2 à 3 fois par jour. Liaisons 4 fois par semaine entre Aberdeen et Kirkwall en 6h. Liaison entre Kirkwall et Lerwick dans les Shetlands (6h) 3 fois par semaine.

Pentland Ferries – *✆ (01856) 831 226 - www.pentlandferries.co.uk.*
Liaison entre Gills Bay (près de John O'Groats) et St Margaret's Hope en 1h, toute l'année.

En bus/ferry :

Un bus part de la gare routière d'Inverness 1 à 2 fois par jour entre le 1er mai et le 2 septembre. Le prix du trajet de 5h comprend le bus et le ferry. Arrivée à Kirkwall. Informations : John O'Groats Ferries – *✆ (01955) 611 353 - www.jogferry.co.uk.*

TRANSPORTS INTÉRIEURS

Avion – Loganair (*www.loganair.co.uk*) dessert quelques îles depuis Kirkwall. Les liaisons sont très dépendantes de la météo. Un pass est proposé.

Ferry – Les liaisons inter-îles sont assurées par Orkney Ferries *(www.orkneyferries.co.uk)*, avec transport de voiture pour certains. Pass proposé.

Bus – Peu nombreux. Ils roulent rarement le dimanche. Ils relient les trois grandes villes (Kirkwall, Stromness et St Margaret's Hope). Informations : Orkney Coaches, *✆ (01856) 870 555 - www.rapsons.co.uk.*

Voiture – Vous pouvez en louer une sur place. Liste des loueurs sur *www.visitorkney.com.* Voir aussi Tullock, *✆ (01856) 876 262 - www.orkneycarrental.co.uk.*

Vélo – Le relief peu tourmenté des îles invite à la pratique du vélo. Mais le vent et la pluie peuvent gêner. Location possible.

À Kirkwall : Cycle Orkney *(Tankerness Lane - ✆ (01856) 875 777).*

À Stromness : Orkney Cycle Hire *(54 Dundas St. - ✆ (01856) 850 255)* et Stromness Cycle Hire *(sur le port - ✆ (01856) 850 750).*

Achats

Les Orcades sont réputées pour leur **artisanat**, à travers lequel l'héritage viking s'exprime encore. Dans des ateliers, boutiques, vous pourrez contempler ou acquérir des bijoux, poteries, lainages. Et si vous avez de la place dans vos bagages, rapportez une chaise en bois et en paille, une spécialité locale. L'office de tourisme publie une brochure présentant les lieux de l'artisanat dans l'archipel. Voir aussi le site *www.orkneydesignercrafts.com.*

Événements

Folk Festival – Kirkwall, fin mai. Festival de musique locale - *www.orkneyfestival.com.*

St Magnus Festival – Kirkwall, mi-juin. Art et musique.

22-27 juin 2007 - *réservation à partir du 1er mai tlj sf dim. 10h-17h - ✆ (01856) 871 445 - www.stmagnusfestival.com*

Ba'Games de Noël et du jour de l'An – durant ces fêtes, les Uppies (« gens d'en haut ») affrontent les Downies (« gens d'en bas »), symbolisant l'ancienne rivalité entre la ville ecclésiastique de l'évêque et l'autorité séculière représentée par le château maintenant disparu.

Le Ross occidental★★★

Wester Ross

CARTE GÉNÉRALE RABAT I B 2/1 - CARTE MICHELIN REGIONAL 501 C/E-11/12
HIGHLAND

Le littoral atlantique de l'ancien comté de Ross regroupe sans doute les plus remarquables sites naturels des Highlands. À partir de rares et petites agglomérations (Kyle of Lochalsh, Gairloch ou Ullapool), des routes ou chemins partent à la découverte de grandioses paysages où la terre et la mer s'affontent et s'harmonisent à la perfection. En marchant ou en roulant, vous profitez de la rude beauté d'un relief sauvage et rocheux, de la splendeur de majestueuses montagnes, du calme des lochs, de l'isolement de criques ou de plages oubliées, du charme de petits villages de pêcheurs. Le Ross occidental doit vraiment être une priorité de votre voyage en Écosse !

- **Se repérer** – Cette vaste région couvre la côte nord-ouest de l'Écosse de Kyle of Lochalsh à Scourie. Une route la longe dans sa totalité, et des axes plus petits s'enfoncent dans les péninsules.
- **À ne pas manquer** – Tout le Ross occidental doit être une priorité ! Les incroyables jardins d'Inverewe ; le loch Assynt et ses ruines inquiétantes ; la péninsule de Stroer ; la plage de sable isolée de Sandwood.
- **Organiser son temps** – Cette région est si belle qu'il est conseillé d'y passer le plus de temps possible (si possible, une journée pour chacun des circuits proposés). Chaque petite route (parfois difficile) invite à un long détour et vous y consacrerez sans doute plus de temps que prévu. Mais il faut aussi prendre en compte la météo (patientez si l'on prévoit des jours de fortes brumes).
- **Avec les enfants** – Seaprobe Atlantis (Kyle of Lochalsh).
- **Pour poursuivre le voyage** – Les Hébrides extérieures, l'île de Skye, Thurso et la côte nord.

Circuits de découverte

Ces trois circuits *(voir carte p. 451)* qui permettent de relier le glen Shiel et Kyle of Lochalsh à Durness (ou vice versa) offrent les plus beaux paysages écossais. N'hésitez pas à vous écarter des routes indiquées car, ici, le moindre ruban d'asphalte permet de découvrir de fabuleux endroits. Certaines parties de l'itinéraire sont encombrées en été, mais d'autres tronçons permettent de jouir de cette beauté dans la solitude. Une précaution à prendre toutefois : gardez toujours plein le réservoir de votre voiture.

DU GLEN SHIEL À GAIRLOCH★★★ 1

Ce circuit de 165 km débute dans le glen Shiel. Traversée par la A 87, cette vallée est la porte d'entrée pour le Ross.

Glen Shiel

À la jonction des A 87 et A 887, la vue sur les lochs Cluanie et Loyne est grandiose. Débute ensuite le Glen Shiel qui s'étend de l'extrémité du loch Duich au loch Cluanie. Sur le versant nord, les **Five Sisters of Kintail** s'alignent sur près de 9,5 km ; quelques pics s'élèvent abruptement à quelque 900 m. C'est dans cette vallée qu'eut lieu la bataille de glen Shiel qui, le 10 juin 1719, mit un terme à la rébellion jacobite : des troupes soutenues par l'Espagne avaient occupé Eilean Donan avant de capituler sous la canonnade de trois frégates anglaises.

Eilean Donan Castle★

À Dornie - ✆ (01599) 555 202/291 - www.eileandonancastle.com - de mi-mars à mi-nov. : 10h-17h30 - 4,95 £ (enf. 3,40 £) - café - parking.

Ce château bénéficie d'un **site★★** insulaire idyllique (aujourd'hui accessible par un pont). Après le soulèvement manqué des jacobites (1719), les ruines sont abandonnées pendant 200 ans jusqu'à ce qu'une reconstruction complète soit entreprise au 20e s. Les deux salles ouvertes au public (logement des troupes et grande salle des banquets) présentent une variété de souvenirs liés aux MacRae, qui, pendant longtemps, sont les gardiens du château et les gardes du corps des MacKenzie – à tel titre qu'on leur attribue même le surnom de « cotte de mailles des MacKenzie ». De par leur situation unique, les remparts extérieurs offrent d'admirables **vues** sur les trois lochs. Pour la photo, sachez que le site est plus joli en venant de Kyle of Lochalsh.

W. Bowman / SCOPE

Eilean Donan Castle, un des sites emblématiques de l'Écosse.

Kyle of Lochalsh

Kyle of Lochalsh constitue un **bon centre d'excursion** pour découvrir Torridon et Applecross vers le nord ou Kintail à l'est. La localité, qui a longtemps été le point de départ du bac pour Skye, est maintenant reliée à cette île par un pont. Aussi est-elle très animée l'été. Le village, aujourd'hui peu attrayant, s'est développé à partir de la dernière décennie du 19e s., quand la voie ferrée fut prolongée depuis Strome Ferry. Celle-ci se termine au bout d'un quai, à deux pas de la mer.

Seaprobe Atlantis – *(0800) 980 4846 - www.seaprobeatlantis.com 12,50 £. par adulte pour une heure (tickets familiaux). Tickets à acheter au Visitor Centre, départs non loin.* C'est l'attraction locale principale. Derrière ce nom ronflant se cache un **bateau à fond de verre** qui permet d'intéressantes excursions (de durée et coût variables). Il longe les îles alentour et permet de voir des phoques, oiseaux marins et peut-être des dauphins. Sous l'eau, on contemple des « forêts » sous-marines, des méduses colorées, des étoiles de mer et, plus rarement, des poissons.

Quittez Kyle vers le nord par la route côtière. Belles vues sur Skye et les Cuillins.

Plockton★

Cet adorable village, dont la rue principale est bordée de palmiers, occupe un **site** idéal tourné vers l'est et une baie abritée. Fondé par des réfugiés à l'époque des Clearances (*voir p. 54*), Plockton est aujourd'hui un centre de vacances (nombreux B&B) idéal pour la pratique du yachting et de la planche à voile. Les voiliers sont d'ailleurs nombreux à profiter de ce bon site de mouillage. Les mâts blancs et les conifères des reliefs alentour rivalisent de droiture et de raideur.

À Achmore, prendre la A 890 sur la gauche. Laissez à gauche Stromeferry, ancien terminal de ferry et de chemin de fer situé sur la côte. La route qui longe la rive sud du loch Carron en offre de belles **vues**.

Loch Carron

Ce bras de mer se subdivise entre le loch Kishorn et le Upper Loch Carron. En route vers Lochcarron, un panneau marron vous invite à visiter les **Attadale Gardens** *(www.attadale.com - avr.-oct. 10h-17h30 - 3 £)*, où l'on se promène entre bambous et rhododendrons, jardin japonais et fougères, tout en regardant Skye au loin.

Après Strathcarron, prendre la A 896 sur la gauche. **Lochcarron** est un petit village linéaire sur la rive du loch, équipé d'une station-service et d'un petit supermarché.

Continuez sur la A 896 qui bifurque à droite après Lochcarron, monte, traverse la lande, s'engage dans une petite vallée avant de redescendre vers le **loch Kishorn**. De **Tornapress**, on aperçoit à l'horizon les montagnes d'Applecross, et en premier plan la vallée montant vers Shieldaig, flanquée à gauche du Meal Gorm (710 m) et du Beinn Bhàn (896 m), à droite du Sgurr'a Chaorachain (1 053 m).

La route vers Applecross présente des **virages en épingle à cheveux et des pentes à 25 %** ; elle n'est donc pas recommandée aux apprentis conducteurs ni aux véhicules lourds. Le col est fermé à la circulation en hiver en raison des conditions climatiques. La **splendeur des panoramas** récompensera ceux qui ont fait le déplacement.

Bealach-na Bo

626 m. La route serpente et s'élève graduellement sur le flanc est de ce col, dont le nom signifie « passe des troupeaux ». Des rochers surplombent les pentes couvertes d'éboulis. Des virages en épingle à cheveux permettent l'ascension finale de la paroi arrière du cirque. Le **point de vue★★★**, encadré par la vallée suspendue, est spectaculaire : on aperçoit Skye, les lochs Kirshorn, Carron et Alsh.
Plus loin, la lande rocheuse est parsemée de petits lacs. Du parc de stationnement, on obtient de superbes **vues★★★** vers l'ouest sur Skye, avec les Cuillins et son ourlet d'îles. La descente vers Applecross et la côte est bien plus douce que la montée.

Applecross★

Ce village est situé sur une baie abritant une plage populaire de sable rouge, qui à marée basse devient une vaste étendue marbrée (veines noires et grises sur le rouge du sable). Le monastère de St Maelrubha occupait ce site au 7e s. Aujourd'hui, les quelques maisons blanches abritent un très bon pub : l' Applecross Inn. D'agréables petites marches sont possibles le long de la côte, sur le plateau, dans les bois.

Continuez par la route côtière qui offre de belles **vues** au-dessus du détroit Intérieur jusqu'à Raasay et Rona. La silhouette de l'île de Skye vous accompagne à l'horizon. À **Fearnmore★**, le loch Torridon apparaît subitement, grandiose, avec ses criques et îles qu'entourent de hauts reliefs abrupts. Le long de la descente, à chaque virage, les vues sont superbes.

Shieldaig

Un ruban de maisons blanches et basses épouse la courbe d'une baie pour former un charmant petit village. Une épicerie, un front de mer agréablement aménagé, la vue, sont autant de prétextes pour un arrêt pique-nique. Au large, on aperçoit Shieldaig Island et ses pins, parfois fréquentée par des phoques.

Torridon

Le village repose au pied du Liathach, au fond de l'Upper Loch Torridon. Le **Countryside Centre** – *(01445) 791 221 - www.nts.org.uk - mai-sept. : 10h-17h - musée et parc : tlj - 3 £ - parking* – propose une présentation audiovisuelle de la région et donne des informations sur les itinéraires (très nombreux) ouverts aux marcheurs aguerris et aux grimpeurs.
Prenez la A 896, qui se réduit à une voie unique, vers le nord.

Glen Torridon

Cette vallée étroite à fond plat d'origine glaciaire est dominée dans sa partie inférieure par les 7 sommets d'une montagne impressionnante, le mont **Liathach** (« Celui qui est gris » – 1 054 m), au nord. Dans son prolongement, l'imposante chaîne du **Beinn Eighe** (1 010 m) est une longue crête de 7 pics, dont les plus orientaux sont surmontés d'une calotte blanchâtre de quartz.

Vous parvenez à **Kinlochewe**. Le village a conservé le nom original du loch. C'est aujourd'hui un centre connu pour l'escalade, la pêche et les randonnées en montagne.
Empruntez la A 832 sur la gauche en direction de Gairloch.

Ben Eighe National Nature Reserve

Peu après Kinlochewe - (01445) 760 254 - www.snh.org.uk - de Pâques à oct. 10h-17h.
Le centre possède une maquette en relief très réussie de la région entre le loch Alsh et le loch Broom. Elle permet de découvrir les principaux points d'attraction de la réserve naturelle nationale d'Eighe (4 760 ha), la première de ce type créée en Grande-Bretagne, qui englobe l'imposante crête montagneuse du Beinn Eighe (visible d'une fenêtre du centre), ainsi que quelques vestiges de la forêt de pins d'Écosse d'origine. L'aire de pique-nique offre un point de vue privilégié sur le loch et le Slioch (le Harpon) à l'horizon. C'est aussi le point de départ d'un **sentier** de montagne de 6,5 km (comptez 4 à 5h) sur les pentes inférieures du Beinn Eighe.

Loch Maree★★★

Ce loch magnifique symbolise la beauté rude et majestueuse de la côte ouest *(voir photo p. 42)*. Long de 20 km, large de 5, ce lac est coincé entre le **Ben Slioch** (980 m), au nord, et l'épaulement du Beinn Eighe. Sa partie la plus large est parsemée d'îles. C'est d'ailleurs sur l'île Maree que saint Maelrubha installe sa cellule au 7e s. L'île devient alors un lieu de pèlerinage fréquenté et le loch Ewe est rebaptisé Maree, déformation du nom Maelrubha. Au 17e s., les pentes boisées surplombant le loch furent le siège de fonderies de fer. Elles abritent aujourd'hui des cerfs rouges.

ROSS
OCCIDENTAL
0 5 10 15 km
N
★★★ CAPE WRATH
Balnakeil Bay
★ Durness
★★ Sandwood Beach
Balchrick
Laid
Loch Eriboll
B 801
△ 800 Cranstackie
A 838
Loch Inchard
Rhiconich
★ Handa Island
THE MINCH
Scourie
A 894
Sàbhal Beag 729 △
Eddrachillis Bay
Loch More
A 838
Kinloch
Point of Stoer
Calbha Mór
Drumbeg
Kylesku (Kerrachar Gardens)
Loch Ewe
B 869 ★★
A 837
Ardvreck Castle
★★ Loch Assynt
★ Lochinver
Overscaig
△ 998 Ben More Assynt
Enard Bay
A 837
849 △ Cul Mór
Ledmore
Elphin
Région d'Achiltibuie ★★
Aohiltibuio
Drumrunie
A 835
Lubcroy
Achduart
Ardmair
Ullapool ★
Gruinard Bay ★
Little Loch Broom
★★ Loch Broom
A 832
Dundonnell
Seana Bhraigh △ 927
Loch Ewe
★★★ INVEREWE GARDENS
Tournaig
An Teallach △ 1062
Poolewe
Beinn Dearg 1084 △
Falls of Measach ★★
Loch Gairloch
Gairloch
Loch Maree ★★★
Mullach Coire Mhic Fhearchair △ 1019
Loch Glascarnoch
A 835
★ Victoria Falls ▲
Talladale
Ben Slioch ▲ 980
A 832
Loch Fannich
Ben Eighe National Reserve
Fearnmore ★
Beinn Eighe 1010 ▲
Kinlochewe
Garve
Inverness
Loch Torridon
Liathach ▲ 1054
A 896
Achnasheen
A 832
Sgurr a' Mhuilinn 879 △
Torridon
Glen Torridon
Shieldaig
A 890
Beinn Bhàn 896 △
Sgurr a' Chaorachain 1053 △
Applecross ★
BEALACH-NA BO 626
Lochcarron
Loch Monar
Struy
Loch Carron
★ Plockton
A 890
Achmore
A 831
Cannich
Kyle of Lochalsh
Erbusaig
Loch Mullardoch
Portree
Kyleakin
A 87
Loch Alsh
Dornie
Eilean Donan Castle ★
1183 △ Carn Eige
Inverness
Loch Duich
L. Affric
Invermoriston
A 82
Five Sisters of Kintail
A 87
The Saddle 1010 △
Cluanie Inn
A 887
A 82
GLEN SHIEL ★
Loch Cluanie
Loch Hourn
Fort William
1
2
3

Victoria Falls★

Parc de stationnement à l'écart de la route principale. Du belvédère et du sentier qui longe la rivière, belles vues de ces **chutes** qui tombent en deux étapes sur de grands rochers. Elles doivent leur nom à la reine Victoria qui les admira en 1877.

Un belvédère au bord de la route surplombe le loch endigué de Bad an Sgalaig. La campagne est parsemée de mamelons et petits lacs. *Longez la baie de Charlestown.*

Gairloch

Centre de vacances et **village typique**, Gairloch se trouve proche de la région montagneuse de Torridon et des splendides plages du littoral. Construite au fond du loch, la jetée connaît aujourd'hui encore la même animation que l'ancien port de pêche.

Musée du Patrimoine (Heritage Museum) – *℘ (01445) 712 287 - www.GairlochHeritageMuseum.org.uk - ♿ - avr.-sept. : tlj sf dim. 10h-17h ; oct. : 10h-13h30 - brochure en français - 3 £ (-16 ans 50 p) - parking.* Il illustre tous les aspects de la vie passée dans une commune typique de l'ouest des Highlands, comme l'est Gairloch. On peut y voir le mécanisme d'un phare, l'intérieur d'une petite ferme d'il y a 100 ans, une salle d'école, une laiterie et une boutique. Autres éléments intéressants : les outils en fer fabriqués au 17e s. autour du loch Maree, les distilleries clandestines de whisky et la rétrospective de la visite de la reine Victoria en 1877.

Avant de poursuivre vers le nord, vous pouvez faire une petite excursion dans la péninsule du **Rubha Reidh**. Un petite route (B 8021 direction Melvaig), longe un superbe paysage côtier : plages (Red Point, Camas Mor), falaises.

DE GAIRLOCH À LOCHINVER★★★ 2

Ce circuit de 150 km (un peu plus avec le détour dans la région d'Achiltibuie - *voir encadré p. 454*), révèle le littoral pittoresque qui se prolonge au nord, où baies, plages et caps se succèdent avec, en arrière-plan, un relief de montagnes époustouflant.

La A 832 continue en direction du nord-est et traverse la péninsule de Rubha Reidh, envahie de roches et de landes. *Arrêtez-vous avant de descendre vers la rivière Ewe.* Le belvédère au bord de la route offre une **vue★★★** superbe sur le loch Maree, ses îlots boisés et ses majestueux flancs montagneux. Un bras de mer, le loch Ewe, s'étend au nord-ouest, encadré par les péninsules de Rubha Reidh et Rubha Mor. *Reprenez la route pour arriver* à **Poolewe**, un petit petit village au fond du loch Ewe. De là, diverses marches superbes et faciles sont fléchées vers le loch Maree, loch Kernsary…

Inverewe Gardens★★★

℘ (01445) 781 200 - www.nts.org.uk - se renseigner pour les tarifs et les horaires.
Situés au nord de **Poolewe** dans le magnifique cadre de la côte ouest, ces jardins remarquables offrent en toute saison plaisir, enchantement et beauté sans égale. Cette combinaison de luxuriance, d'exotisme et d'espèces végétales, à la fois étudiée et naturelle, est parfaitement intégrée au paysage. On peut passer une heure ou une journée à sillonner ces chemins ouverts ou sombres. On a envie de sentir chaque fleur, de toucher les feuilles de toutes formes et toutes tailles, de caresser chacun des troncs. L'ambiance sonore est assurée par le glouglou des ruisseaux, par le vent, la mer et les oiseaux (de nombreux passereaux sont attirés par ce vaste paradis végétal.)

En 1862, le fondateur de ces jardins, **Osgood Mackenzie** (1843-1922) achète dans le Ross occidental un domaine qui comprend Am Ploc Ard (« la haute motte » en gaélique). La péninsule est alors un site stérile, exposé aux vents et aux embruns de l'Atlantique. Le sol est acide, tourbeux et nu. La tâche initiale consiste à dresser une clôture contre les lapins, à créer un rideau de pins de Corse et d'Écosse pour arrêter les vents, et à apporter de la terre pour y mettre des plantes. Une vie entière de planification patiente, de plantations judicieuses et de soins attentifs, aidés par l'effet adoucissant du Gulf Stream, créent ces magnifiques jardins que l'on admire aujourd'hui. L'œuvre chérie d'Osgood est poursuivie par sa fille, Mrs Sawyer qui, en 1952, cède les jardins au National Trust for Scotland.

Les visiteurs se promènent à leur guise sur les 25 ha plantés d'arbres pour moitié. Des flèches discrètes et des numéros leur suggèrent un itinéraire. Chaque espèce est étiquetée et le guide contient une liste des plantes les plus intéressantes. Ici fleurissent 2 500 espèces, dont beaucoup sont exotiques et poussent dans des coins abrités. La couleur est présente en toute saison : rhododendrons de mi-avril à mi-mai, azalées en mai, jardin rocheux, herbacées et parterres de roses en juin, bruyère au début de l'automne, érables en novembre. Les chemins sinueux offrent des **panoramas** inattendus des jardins, de la mer et de la montagne. Une petite élévation permet d'admirer une **vue** vers Poolewe avec les pics de Torridon en arrière-plan.

Les magnifiques jardins d'Inverewe.

Au nord de Tournaig (*route A 832 direction Ullapool*), une **table d'orientation** occupe un point privilégié offrant une jolie **vue★** sur le loch Thurnaig au premier plan et les jardins d'Inverewe à l'arrière; on aperçoit ensuite le loch Ewe adossé à Rubha Reidh, et l'île d'Ewe située sur la droite. Plus loin, un **belvédère** plonge droit devant sur l'île d'Ewe, tandis qu'Aultbea s'abrite dans une baie située sur la droite.

Après avoir visité Inverewe, *reprenez la A 832. Laissez Aultbea sur la gauche; la route s'élève à travers la péninsule de Rubha Mor.* La descente offre une **vue★** étendue sur la superbe baie et l'**île de Gruinard** *(voir encadré ci-dessous).*

Tandis que la route suit la côte, l'**An Teallach** (1 062 m) se dresse droit devant; au loin sur la gauche surgissent les pics jumeaux du Beinn Ghobhlach (la « montagne fourchue »).

Au bout du Little Loch Broom, la route emprunte le Strath Beag boisé jusqu'aux landes de Dundonnell Forest. Cette section de route, appelée route de la Misère, fut construite durant la disette de 1851, pour donner du travail aux hommes affamés.

Un avantage de terrain au bord de la route offre une **vue★** sur les bois et les terres arables du Strath More, au bout du loch Broom.

Non loin du croisement avec la A 835, au lieu-dit Braemore Junction (route vers Inverness), suivez les panneaux indiquants Falls of Measach.

Falls of Measach★★

Dans la crevasse boisée de la **gorge de Corrieshalloch★**, les eaux de la Droma offrent un spectacle extraordinaire lorsqu'elles plongent de 46 m aux **chutes de Measach★★**. Le pont enjambant le précipice et la plate-forme d'observation procurent des points de vue privilégiés.

Prenez la A 835 vers le nord en direction d'Ullapool. La route suit la rive nord du **loch Broom★★**, long de 39 km et niché dans son merveilleux cadre de montagnes. Des maisons bordent le loch et sa rive sud porte les traces de champs aujourd'hui disparus. À l'extrémité de ce loch, on profite de belles **vues** sur cette étendue d'eau.

Ullapool★

Les maisons blanches s'alignent bien droites le long de cet actif et charmant **port de pêcheurs** et forment un superbe tableau sur la rive du loch Broom. Ullapool est un **centre touristique** idéal (hôtels, restaurants, commerces, excursions) pour visiter la côte du Ross occidental et un site incomparable pour la pêche à la ligne. En période estivale, le front de mer fourmille de vacanciers et de bateaux de plaisance.

Le village, tracé à la fin du 18ᵉ s. par la Société des pêcheries britanniques, se

L'île interdite

L'île de Gruinard est tristement célèbre pour avoir été, à partir de 1942, le théâtre d'expériences visant à développer des armes bactériologiques. Le ministère de la Défense britannique souhaitait à l'époque ne pas être en retard sur les nazis dans ce domaine. Les moutons meurent (c'était le but) et l'île est vite contaminée par le bacille de l'anthrax. Son accès en est interdit jusqu'en 1987 date à laquelle elle est décontaminée. Dans les années 1990, on peut à nouveau l'aborder. On y voit parfois des aigles de mer.

développa comme port durant le boom de la pêche aux harengs. Cette activité y est encore importante, avec pour piliers la pêcherie Minch et, en saison, les chalutiers mouillant dans le loch Broom et une flotte de navires-usines en service au débouché du loch. Le port est aussi le terminal du car-ferry à destination de Stornoway (Hébrides extérieures), ainsi qu'un havre pour de nombreux petits bateaux de plaisance en été.

Ullapool Museum – *7 West Argyle St. - ✆ (01854) 612 987 - www.ullapoolmuseum.co.uk - avr.-oct. tlf sf dim. 10h-17h ; nov.-mars : sur rdv - 3 £.* À l'aide de photos, objets et même de belles broderies, le musée relate l'histoire de la ville et sa région, et ses liens forts avec l'industrie de la pêche.

Excursions en bateau vers les Summer Isles et Isle Martin – *✆ (01854) 612 472 - www.summerqueen.co.uk - avr.-oct. : tlj sf dim.* Des bateaux naviguent vers ce groupe d'îles (durées variées) dont phoques et oiseaux de mer sont les principales attractions. Pour de plus amples informations, s'adresser soit à l'office de tourisme au terminal du car-ferry, soit à l'une des cabanes publicitaires bordant le front de mer.

Si vous avez le temps…

On peut relier Lochinver à Ullapool (quel que soit le sens) en traversant la région d'**Achiltibuie★★** : monts et péninsule de Coigach, Enard Bay. Les paysages variés et époustouflants font vite oublier la route étroite parfois pénible pour le conducteur (il faut prendre son temps). **Tous les atouts de cette côte nord-ouest sont concentrés ici** : lochs dominés par des sommets, plages, chapelets d'îles à l'horizon, baies, criques, lande râpée, cascades (à Inverkirkaig), forêts, moutons omniprésents et villages minuscules (Reiff, Polban, Achiltibuie). À Altandhu, faites un détour par la fumerie de poissons (Achiltubuie Smokehouse - en été). Quelques B&B ou campings dans les villages côtiers permettent de prolonger le séjour dans ce paradis loin de tout.

Pour y accéder depuis Lochinver, prendre la direction d'Inverkirkraig puis continuer. Depuis Ullapool, prendre la A 835 vers le nord puis bifurquer sur la gauche, direction Achiltibuie. Le paracours Lochinver-Bardnagyle est déconseillé aux camping-cars.

Pour débuter le trajet entre Ullapool et **Lochinver★★**, continuez vers le nord par la A 835. Le paysage est splendide et ponctué de quelques pics impressionnants.

De Ullapool au Loch Assynt

À Morefield apparaît une très belle **vue★★** d'Ullapool entouré de lochs ; au-delà, les eaux bleues du loch Broom s'étendent jusqu'à la barrière montagneuse. Depuis l'aire de stationnement située au sommet de la pente, un sentier *(7mn)* mène à un promontoire rocheux qui dévoile une **vue★** sur le loch Broom, sa baie extérieure, le mouillage des bateaux-usines durant la saison et les Summer Isles à l'horizon.
Vous parvenez ensuite à **Ardmair**, un hameau sur la rive du loch Kanaird.

Avant de pénétrer dans la petite vallée, il faut se retourner pour apercevoir l'île Martin au milieu du loch Kanaird et la mer au loin. En traversant le Strath Kanaird, on voit s'élever à gauche les parois abruptes du Ben More Coigach (743 m).

À Drumrunie, vous pouvez choisir de rejoindre Lochinver en traversant la sauvage région d'Achiltibuie *(voir encadré pratique ci-dessus)*.
Cet itinéraire continue par la A 835.

Knockan Crag Geopark (au sud d'Elphin) – *✆ (01854) 613 418 - www.knockan-crag.co.uk - tte l'année - parking.* La séquence géologique exposée à Knockan Cliff est expliquée le long du sentier de nature qui part du centre d'information. Du bâtiment, une vue au-dessus de la route principale embrasse, de gauche à droite, le Cul Beag, le Stac Pollaidh ainsi que le Cul Mor, avec son sommet de quartz blanchâtre. Ce centre se situe à la lisière de la réserve naturelle nationale d'Inverpolly (11 000 ha). Avec son paysage creusé par les glaciers et parsemé de lochs et plans d'eau dont le plus grand est le loch Stonascaig, cette réserve englobe trois points de repère, le **Cul Mor** (849 m), le **Cul Beag** (769 m) et le **Stac Pollaidh** (613 m). Ces masses solides formées de grès torridonien reposent sur du gneiss lewisien.

Avant d'atteindre le carrefour de Ledmore, une vue embrasse sur la gauche les eaux du Cam Loch et les pentes raides du mont **Suilven** (731 m), dont on ne distingue les deux sommets que vus du nord ou du sud. *Au carrefour de Ledmore, prendre à gauche la A 837.*
La route longe d'abord le loch Awe, d'où sort la rivière Loanan, avec, à gauche, la silhouette majestueuse du **Canisp** (846 m) et, à droite, le profil arrondi du **Ben More**

Assynt (998 m). La région d'Inchnadamph, au bout du loch Assynt, est un affleurement calcaire cambrien réputé pour ses caractéristiques souterraines. On y a créé la **réserve naturelle d'Inchnadamph**.

Loch Assynt★★

La route qui longe ce loch de 10 km est très pittoresque. Le lac est bordé par le Beinn Gharbh, le mont Canisp et le pic élevé de **Quinag** (808 m).

La route épouse étroitement la rive nord du loch. Avant la bifurcation de la A 894 *(voir Thurso et la côte nord)*, une splendide **vue** se dégage sur les **ruines du château d'Ardvreck,** une forteresse des MacLeod datant du 16e s. Après sa capture en 1650, le marquis de Montrose y fut emprisonné avant d'être exécuté à Édimbourg. On passe donc devant ces inquiétantes et photogéniques ruines avant de longer des îlots coiffés d'abres fantomatiques. On suit ensuite la rivière sinueuse d'Inver en traversant une zone bosselée parsemée de lacs, avant d'atteindre Lochinver.

De beaux chemins qui sillonnent une région de lochs minuscules, au nord de la route, partent des parkings Leitir Easaidh (chemin adapté à tous) ou Field.

Lochinver★

Ce village s'est établi autour de l'extrémité d'un bras de mer. C'est de la mer que l'on a la plus belle vue sur son écrin de montagnes. Le port est très fréquenté par les touristes (B&B, commerces), les bateaux de pêche et de plaisance. Au Visitor Centre, vous trouverez des informations sur les excursions aux alentours proches (Achmelvich, chutes d'eau d'Inverkirkaig) et une expositions sur la région du loch Assynt (faune, flore, géologie).

Le village est aussi apprécié pour la beauté exceptionnelle de la **péninsule de Stoer** *(voir début circuit* 3), ses charmants villages agricoles et ses criques de sable.

DE LOCHINVER A DURNESS★★ 3

Pour débuter ce circuit de 130 km, quittez Lochinver vers le nord, par la B 869. Pensez à prendre de l'essence. Les gros camping-cars éviteront cette route.

Péninsule de Stoer★★

L'étroite et sinueuse B 869 longe la côte découpée de cette péninsule. Elle permet de passer par de charmants petits hameaux et de s'arrêter dans des criques sableuses et paradisiaques quand il fait beau. Vous pouvez débuter par un petit détour vers le village isolé d'**Achmelvich**, d'où il n'est pas rare de voir des mammifères marins. Puis vient Clachtoll et sa jolie baie. Après Stoer, plusieurs routes étroites vous mènent au phare (lighthouse) de **Point of Stoer**. Pour aller à la pointe, il vous faudra marcher (moins d'1h vers la curieuse formation d'Old Man of Stoer) en regardant les oiseaux sur les falaises. De retour sur la B 869, vous passez par **Clashnessie** et sa belle plage, puis par les charmants villages de Drumbeg et Nedd. De Drumbeg, par beau temps, vue sur l'île d'Handa et le mont Ben Stack.

La route B 869 aboutit à la A 894, que vous prenez vers le nord (direction Scourie).

B. Perousse / MICHELIN

Du côté de Lochinver…

Kylesku

Coincé entre deux lochs et de hauts reliefs, ce chapelet de maisons ne manque pas de charme. Quelques chemins de randonnée permettent de découvrir les alentours dont **Eas-a'Chual Ilul,** les plus hautes chutes de Grande-Bretagne (chemin difficile). Possibilité de s'y rendre en bateau également *(mai-sept., face à l'hôtel Kylesku).*

Kerrachar Gardens – *(01971) 833 288 ou 502 345 - www.karrachar.co.uk - mi mai-mi sept - 12,50 £ (bateau+entrée).* Ces jardins sont doublement intéressants. Ils ne sont accessibles qu'en bateau *(dép. face à l'hôtel Kylesku, à 13h les mar., jeu. et dim.),* ce qui permet d'apprécier durant une demi-heure le loch sous un autre angle. Et ils offrent, depuis 1995, un beau tableau de couleurs en pleine nature, fait de plantes qui profitent de la douceur du Gulf Stream.

Quittez Kylesku en direction de Scourie. La route traverse le Calbha Mor, un lac bordé d'une superbe forêt de conifères bien droits, inattendue en ces lieux. Plus loin, des panneaux invitent à découvrir à pied la réserve forestière de loch a'Mhuilinn.

Scourie

Ce charmant village se love au fond d'une belle **plage** de sable. Il constitue une étape très agréable et une base intéressante pour diverses excursions et notamment pour se rendre en voiture ou à pied vers Tarbet, un peu plus au nord, en traversant une zone de petits lacs.

Réserve ornithologique de l'île d'Handa★ – *Accès en barque à moteur depuis Tarbet - (01971) 502 347 ou 502 011 - www.swt.org.uk - avr.-sept. : tlj sf dim., dép. 9h30-14h, horaires et fréquence selon météo et décisions du Scottish Wildlife Trust qui gère la réserve - 10 £ - 3h de visite.* Cette île jadis habitée sert d'étape importante aux oiseaux (migrateurs pour certains). Sur des falaises, dans des grottes ou dans la lande, nichent de vastes colonies de macareux (juin-juill.), de guillemots et d'inquiétants labbes.

Quittez Scourie par la A 894 direction « Durness ». À Rhiconich, prenez à gauche la B 801.

Loch Inchard et Sandwood Beach

La route longe le beau loch Inchard (belles vues derrrière vous). Vous pouvez faire une halte à **Kinlochbervie** et son grand marché aux poissons. La route continue ensuite vers **Oldshoremore** et sa plage aux alentours particulièrement fleuris au début de l'été (200 espèces de fleurs). Ici, les hameaux ne sont que des chapelets de maisons blanches isolées. On se sent un peu loin de tout.

Sandwood Beach★★ – Cette plage de rêve, peut-être hantée par une sirène, n'est accessible qu'à pied. Le chemin part de Blairmore près d'un petit parking signalisé. L'aller-retour de 15 km vous fait traverser un austère (certains diront monotone) paysage typique des Highlands : tourbières, petits lacs, étendues d'herbes et de bruyères sillonnées par les moutons, perspectives sur quelques sommets. Puis survient la vision d'une immense plage déserte, coincée entre un loch et la mer, encerclée de falaises rouges, noires, vertes. Le lieu est idyllique, surtout en semaine ou hors saison, quand les promeneurs sont rares. Seul bémol, l'impossibilité de nager, malgré la tentation, car les courants sont ici trop violents.

Revenez vers la A 838 que vous prenez en direction de Durness. Vous quittez peu à peu le Ross occidental. Le paysage devient dur, austère, râpé. Les reliefs inquiétants de **Foinaven** *puis Cranstackie vous accompagnent à l'est. Puis le beau loch de* **Kyle of Durness** *apparaît. La route borde sa rive droite et vous mène à Durness et la côte Nord.*

Vous pouvez ici rattraper le circuit 2 de Thurso et la côte nord *(voir p; 477).*

Le Ross occidental pratique

Informations utiles

Kyle of Lochalsh – *Sur le parking qui domine la jetée, près de la gare - avr.-juin et sept.-oct. : lun.-sam. 9h30-17h ; juil.-août : lun.-sam. 9h30-16h, dim. 10h-16h.*

Strathcarron (Lochcarron) – *Main St. (au sein de la poste) - (01520) 722 357 - avr.-oct. lun-vend.*

Gairloch – *(01445) 712 071 - avr.-oct. : lun.-sam. 9h-19h, dim. 10h-17h ; nov.-mars : lun.-vend. 10h-17h.*

Ullapool – *Argyle St. - (01854) 612 135 - avr.-mai et sept-oct. : lun.-sam. 9h30-17h ; juin-août : lun.-sam. 9h30-18h, dim. 10h-17h ; nov.-déc. : lun.-vend. 14h-17h30.*

Lochinver – *Assynt Visitor Centre – (01571) 844 330 - avr.-oct. : 10h-17h30 (16h dim.)*

voir aussi *www.visithighlands.com.*

Transports

En train :

Kyle of Lochalsh est relié de 2 à 4 fois par jour à Inverness en 2h45. Plusieurs liaisons quotidiennes vers Plockton.

En bus :
Un bus – *compagnie Dearman Coaches - (01349) 883 585* – relie Inverness à Durness une fois par jour du lun. au sam., de mai à sept. (durée 5h). Il dessert également Scourie, Lochinver et Ullapool.
Deux autres bus effectuent la liaison Ullapool-Inverness, toute l'année en 1h30 *(www.citylink.co.uk)*.
Bus de Plockton, puis Kyle of Lochalsh vers Inverness 2 fois par jour (durée 2h), Glasgow 3 fois par jour (5h) et Fort William 3 fois par jour en moins de 2h.
En semaine, une liaison quotidienne entre Gairloch et Inverness *(2h50 - Westerbus - (01445) 712 255)*.

Bus postaux en semaine entre Lochinver et Drumbeg.

Bus locaux Ullapool – *Achiltibuie - Ullapool-Lochinver, (01997) 421 311.*

Se loger

APPLECROSS

The Applecross Inn – *Applecross, Stratcarron - (01520) 744 262 - www.applecross.uk.com - 7 ch. 70/80 £.* Sympathique petite auberge sur la baie d'Applecross, faisant face à l'île de Skye. Les chambres, petites mais coquettes, ne disposent pas toutes de salles de bains. Bon restaurant avec quelques tables sur la terrasse pour profiter de la vue.

SHIELDAIG

Tigh an Eilean Hotel – *Shieldaig - (01520) 755 251 - 11 ch. 140 £.* Sur les quais d'un adorable petit village de pêcheurs du 18e s. Petite adresse au calme, idéale comme base de départ pour explorer la beauté des paysages environnants. Très bon restaurant.

TORRIDON

Loch Torridon Country House Hotel – *(01445) 791 242 - www.lochtorridonhotel.com - 19 ch. 140 £.* Propriété de 58 acres sur les rives du loch Torridon abritant une vaste demeure de la fin du 19e s., avec décorations victoriennes d'époque. Salon de thé, feux de cheminée, bar avec quelque 300 malts. Les non-résidents sont les bienvenus en journée. Mérite une halte.

ULLAPOOL

Ardvreck – *Morefield Brae, 2 ml au N de Ullapool - (01854) 612 028 – www.ardvreck.com - 10 ch. 60/70 £.* Maison récente, au milieu des pâturages, avec vue imprenable sur le loch. Réservez à l'avance et demandez une chambre avec vue.

Braemore Square Country House – *18 km au S de Ullapool - (01854) 655 357 - www.braemoresquare.com - 3 ch. 70 £.* Si la maison est en bord de route, le jardin s'étend sur 46 acres traversés par une rivière que les pêcheurs apprécieront. Différents salons avec poêle en fonte pour l'hiver et belle véranda pour le petit-déjeuner, d'où il n'est pas rare d'apercevoir un écureuil ou une biche. Cuisine en libre service.

Swallow Caledonian Hotel – *Quay St, Ullapool - (01854) 612 306 - www.swallowhotels.com - 83 ch. 60/80 £.* À 50 m des quais, le plus grand hôtel de Ullapool peut s'avérer utile si vous arrivez sans avoir réservé dans un des charmants petits hôtels sur les quais.

Ferry Boat Inn – *Shore St., Ullapool - (01854) 612 366 - www.ferryboat-inn.com - 10 ch. 80 £.* Charmantes petites chambres dans cette auberge dont le pub est apprécié par la population locale. Réservez une chambre avec vue sur la mer.

Se restaurer

APPLECROSS

The Potting Shed – *Walled Garden, Stratcarron - (01520) 744 440 – www.eatinthewalledgarden.co.uk - salon de thé, snacks et menu le soir à partir de 18h30 - 10/20 £.* Cet ancien jardin potager a gardé sa première vocation puisque bon nombre d'ingrédients utilisés par ce restaurant y sont cultivés. Un petit paradis terrestre entouré de murs de pierre. Un chemin part de cet endroit pour une agréable balade dans les environs à la découverte d'une campagne façonnée par la main de l'homme (petits ponts de pierre, murets et même une glacière).

Faire une pause

Dal Na Mara - Tea by the Sea – *Shore St., Ullapool - (01854) 613 366 - 5/10 £.* Deux tables sur le trottoir et quatre dans la petite boutique de souvenirs marins abritée dans cette petite maison du 18e s. Délicieuses pâtisseries maison.

Sports et loisirs

Randonnées dans les monts Torridon : **Jim Sutherland–Alltan** – *Shieldaig - (01520) 755 358 - info@nineonesix.co.uk.* Marche, introduction à l'escalade, camping sauvage… dans les paysages spectaculaires des environs.

Événements

Highland 2007 : 2007 a été déclarée l'année des Highlands en Écosse, une manière de rendre hommage à la culture de cette région, dans tous ses aspects, traditionnels et contemporains.
Tout au long de l'année, partout dans la région, de très nombreux événements sont organisés. Vous trouverez le programme complet sur le site *www.highland2007.com*.

Îles **Shetland★**

Shetland Islands

27 271 HABITANTS
CARTE GÉNÉRALE RABAT I A1 - CARTE MICHELIN REGIONAL 501 O/P/Q/R- 1/2/3/4

Cet archipel venteux possède un vrai charme sauvage fait de solitude et d'espaces dénudés. La mer découpe les bords de l'île principale, afin d'être visible en permanence. Le littoral étendu est varié et d'une beauté exceptionnelle, qu'il soit rocheux et accidenté ou sablonneux et lisse. La faune et la flore, diverses et abondantes, l'égayent de leurs chants (ou cris) et leurs couleurs. Lors de vos promenades côtières, vous ne serez jamais très loin des trésors archéologiques de l'archipel, sauvegardés par les mouvements des dunes. Ils témoignent des premiers établissements humains et de l'héritage viking. Tout comme la langue locale, les fêtes, la musique, ils rappellent le particularisme culturel de ces îles plus scandinaves qu'écossaises.

Se repérer – Cet archipel, le plus septentrional des îles d'Écosse, comprend 100 îles, dont moins de 20 sont habitées. La capitale, Lerwick, se trouve sur la côte est de l'île principale (Mainland - 112 km de long et 32 km à son point le plus large). Près de 100 km séparent les Shetland des Orcades, plus au sud.

À ne pas manquer – Observer la faune et la flore, les colonies d'oiseaux des falaises de Noss et Herma Ness par exemple. Visiter les sites archéologiques de Mousa et Jarlshof. Assister au Up Helly Aa en janvier.

Organiser son temps – Le temps est changeant quelle que soit la saison. Comme des millions d'oiseaux, préférez la période mai-début août. Une visite en janvier vous permettra d'assister au Up Helly Aa.

Pour poursuivre le voyage – Les îles Orcades.

Comprendre

Histoire – On a récemment découvert à Sumburgh un village de l'âge du fer qui atteste à nouveau d'une occupation très ancienne de l'archipel. Les îles comptent en effet 6 800 sites archéologiques, du néolithique à la période viking.

BRITAINONVIEW.COM

Falaises de Herma Ness.

Au 6e s., des moines irlandais diffusent le christianisme dans l'archipel. Puis, au 7e s., les Vikings abordent les Shetland et s'y installent. Ils importent leur langue, qui peu à peu, au gré des influences, formera le « norrois », langue parlée par les habitants d'aujourd'hui.

Comme les îles Orcades, les Shetland deviennent écossaises au 15e s., quand le roi du Danemark inclut ces archipels dans la dot de sa fille sur le point d'épouser Jacques III. Les échanges entre les Shetland et les îles et pays scandinaves sont permanents durant tous ces siècles, et perdurent encore. Ce qui vaut à l'archipel le surnom de « **carrefour de la mer du Nord** ».

Pêche et pétrole – Contrairement aux Orcades, les Shetland ont peu de terres plates ; la mer y pénètre profondément. Récemment encore, la pêche et la petite agriculture en représentaient les activités principales. Le boum pétrolier des années soixante-dix a bouleversé cette tradition et cet équilibre harmonieux. Avec le port pétrolier le plus vaste d'Europe situé à Sullom Voe *(voir encadré p. 460)*, l'industrie pétrolière vient aujourd'hui au second rang après la pêche. Les revenus de cette activité financent les industries traditionnelles (élevage, pêche, transformation du poisson, lainages).

Visiter

Lerwick

Chef-lieu de l'archipel, Lerwick est située sur un promontoire surplombant le port naturel, abrité par l'île de Bressay. Lerwick servait d'abri aux flottes vikings (notamment celles du roi Haakon), aux bateaux de pêche hollandais au 17e s., et aux flottes allemande et anglaise durant ce siècle. Il accueille toujours aujourd'hui une flotte de pêche, à laquelle sont venus s'ajouter des pétroliers. Le boum du pétrole a apporté à la ville de nouvelles activités.

Commercial Street

Surnommée affectueusement « The Street », cette artère pavée serpente le long du rivage. Des chemins pentus conduisent au sommet des collines. La rue se prolonge au sud pour atteindre **The Knab** et ses habitations traditionnelles.

Fort Charlotte

Depuis les remparts de ce fort du 17e s., reconstruit au 18e s., on obtient une belle vue du détroit de Bressay et de l'île du même nom.

Town Hall

Hillhead. Les vitraux du Main Hall de l'**hôtel de ville** (19e s.) relatent l'histoire des Vikings.

Shetland Museum – *✆ (01595) 695 057 - www.shetland-museum.org.uk - réouverture prévue printemps 2007 - se renseigner pour les horaires et les tarifs.*

Ce musée qui évoque l'histoire des Shetland depuis l'âge de la pierre se situait sur Lower Hillhead. Un réaménagement sur Hay's Dock est en cours.

Clickhimin Broch★

Au sud de la ville. Témoin d'occupations successives, cette tour ronde est à n'en pas douter la silhouette la plus intéressante de l'îlot. Haute de 5 m seulement, on reconnaît aisément sa structure éminemment défensive et son escalier.

Aux alentours

Mousa Broch★★★

L'accès à l'île inhabitée de Mousa, à 19 km au sud de Lerwick, sera l'occasion pour le visiteur d'observer des phoques étendus sur le rivage et un petit groupe de poneys des Shetland. *HS - ✆ (01950) 431 367 - voyage en bateau à moteur (15mn) à partir de la jetée de Sandwick sur rendez-vous avec le propriétaire.*

Impressionnant de l'extérieur, le broch étonne lorsqu'on se trouve à l'intérieur (13 m de haut, 15 m de diamètre à la base) par sa forme bombée à la base. L'entrée s'effectue par un passage long de 5 m qui disposait d'une porte à mi-longueur. La cour intérieure et son foyer central étaient entourés d'appentis en bois prenant appui sur des épaulements encore visibles sur les faces internes des murs. Trois portes mènent à des chambres murales, une quatrième ouvre sur un escalier également mural vers le sommet. Au-dessus de la corniche la plus haute, le mur creux est divisé par des dalles en tribunes ouvrant sur la cour intérieure.

Qu'est-ce qu'un broch ?

Un broch est une tour ronde remontant à l'âge du fer. Celle de Mousa constitue un exemple exceptionnel de ce type d'édifice propre aux régions septentrionales de l'Écosse. Ces tours sont l'aboutissement d'une longue tradition de petites fermes fortifiées construites à partir de 500 av. J.-C. Celle de Mousa doit remonter à l'un des deux premiers siècles de notre ère et fut probablement conçue plus solidement que les autres 500 brochs recensés dans les Highlands et dans les îles, car la plupart ne sont plus que des décombres.

Circuit de découverte

LE SUD DE MAINLAND★ (de Lerwick à Jarlshof)

Cet itinéraire de 32 km permet de découvrir la variété des îles Shetland : paysage de landes désolées, parfois interrompu par des monticules de tourbe, littoral changeant et attrayant, où des villages agricoles près de la mer alternent avec les nombreux vestiges de la présence humaine.

Up Helly Aa

Ce festival de feu coloré et animé qui a lieu le dernier mardi de janvier est le souvenir le plus spectaculaire de l'héritage viking. On ne sait s'il faut en attribuer l'origine à un rituel printanier destiné à apaiser les dieux scandinaves ou à marquer la fin des jours saints. Le personnage principal, le **Guizer Jarl** (comte) et ses guerriers, tous vêtus de la parure guerrière des Vikings, dirigent la procession éclairée par des torches dans leur drakkar. Une interprétation tonitruante du *Chant de la galère (Galley Song)* précède la mise à feu de la galère et le chant final, *The Norseman's Home*. Les célébrations durent toute la nuit.

Up Helly Aa Exhibition – *St Sunniva St., Lerwick - mi mai-mi sept., mar. 14h-16h, 19h-21h, vend. 19h-21h, sam. 14h-16h.* Une exposition sur cette fête.

Quittez Lerwick vers le sud par la A 970.

La route principale, avant l'embranchement vers Scalloway, offre une belle **vue★** de la crique de Gulber Wick. Des bras de mer s'enfonçant profondément dans les terres (appelés *voes*) sont typiques des Shetland.

Empruntez la B 9076 à droite pour rejoindre l'antenne de la A 970 vers Scalloway.

En redescendant, on laisse sur la droite la vallée où se niche le loch Tingwall. La pointe du loch est censée être le site du Law Ting Holm, à savoir le lieu de réunion de l'ancien parlement viking.

Scalloway

Agréablement située autour d'une baie, cette ancienne capitale est dominée par les ruines du **château**, résidence insulaire de Patrick Stewart, comte des Orcades *(HS - se renseigner au ✆ (0131) 668 8800 pour les horaires).* Tout aussi splendide que ses autres possessions, ce château présente d'intéressants détails dont des tourelles d'angle en surplomb, un panneau sculpté surmontant le portail d'entrée, ainsi que des appareillages en grès à hauteur des fenêtres, des portes et des angles.

Revenez sur le tronc principal de la A 970 par le même itinéraire. Sur toute sa longueur, la A 970 offre une succession de belles vues sur la côte est en contrebas. On aperçoit la tour picte de Mousa (Mousa Broch - voir *Aux alentours*) sur son île. *Tournez à droite pour prendre la B 9122, et de nouveau à droite à Bigton.*

St Ninian's Isle

Une belle plage tombolo relie ce lieu idyllique à l'île principale. C'est dans les ruines d'une église construite au début de l'ère chrétienne que l'on découvrit l'un des plus importants trésors d'argenterie. Les pièces originales se trouvent au Royal Museum (section des Antiquités), à Édimbourg.

Continuez sur la B 9122, qui offre la vision d'une succession de petites baies abritées par des caps, pour retrouver la A 970 à hauteur de Boddam.

Shetland Croft House Museum★

Lower Hillhead Boddam, Dunrossness - ✆ (01595) 695 057 - ♿ - se renseigner pour les horaires - possibilité de visite guidée - gratuit - restaurant - parking.

Cette petite ferme dans l'agglomération agricole typique de **Boddam** présente un tableau précis de la vie rurale au milieu du 19e s. La ferme et ses dépendances comprennent une cuisine, une chambre à coucher et une étable ; à l'arrière se trouvent une grange et un petit moulin à eau dressé à côté du torrent. Noter la toiture de tourbe séchée recouverte de paille.

Sullom Voe

De la route principale A 970, seule la flamme permanente au-dessus de la cheminée signale le **premier site pétrolier d'Europe**. Le terminal et ses annexes portuaires furent installés à Sullom Voe, à 56 km au nord de Lerwick, en raison de l'existence d'une anse profonde et abritée et de la proximité du lieu avec les champs pétrolifères du bassin est des Shetland. Les quatre débarcadères spécialisés du port lui permettent d'accueillir des navires contenant jusqu'à 300 000 tonnes de combustible et d'expédier 1 400 000 barils de pétrole par jour. L'hydrocarbure arrive, via deux pipelines, depuis une douzaine de forages offshore à 160 km au nord-est de la côte. On sépare alors les gaz (propane et butane) du pétrole et on les stocke avant de les transporter. Le terminal n'effectue aucune activité de raffinage. Sur la péninsule de Calback Ness se trouvent 16 énormes réservoirs de stockage.

Retournez ensuite à la route principale, prendre la direction du sud vers l'aéroport de **Sumburgh** *qui se trouve sur l'isthme séparant l'Atlantique de la mer du Nord.*

Jarlshof★★

☏ (01950) 460 112 - HS - avr.-sept. : 9h30-18h30 - 4,50 £ (enf. 2,25 £). Visiter le site chronologiquement. Les numéros reprennent ceux du plan officiel.

F. Greenwood / SCOTTISH VIEWPOINT

Vue aérienne du site.

Les périodes d'occupation du site préhistorique de Jarlshof sont facilement repérables et couvrent près de 3 000 ans, depuis le milieu du second millénaire avant notre ère jusqu'au 17e s.

Âge de la pierre – Seuls subsistent quelques fragments du premier village, contemporain de celui de Skara Brae, dans les Orcades *(voir p. 444).*

Âge du bronze – Des six logis de forme ovale et dotés d'alcôves murales, l'habitation III est la mieux préservée. Une station plus tardive (début de l'âge du fer) a modifié la disposition initiale par l'adjonction de maisons en terre.

Fin de l'âge du fer – Correspondant aux premiers siècles de notre ère, cette station est concentrée autour des ruines d'un broch partiellement érodé par la mer et équipé d'un puits. Des constructions élevées plus tard (abris 1-4) compliquent la compréhension de l'implantation principale ; celle désignée par « W2 » est la mieux préservée.

Période viking – Les restes comprennent de nombreuses habitations (1-8) dont le tracé complexe traduit plusieurs siècles d'occupation.

La Ferme médiévale – Seules subsistent quelques parties de la maison et de la grange (13e-16e s.).

Le New Hall (16e s.) – Élevé pour le comte Robert Stewart, le New Hall fut converti en cuisines lorsqu'une nouvelle maison seigneuriale fut édifiée au début du 17e s.

Musée – On y verra le résultat des fouilles et un plan de tout le site de Jarlshof.

Îles Shetland pratique

Informations utiles

OFFICES DE TOURISME :

Aux deux adresses qui suivent s'ajoutent des points d'informations saisonniers, ou des affichages, dans tout l'archipel.

Lerwick – *Market Cross - ✆ (01595) 693 434 ou (8701) 999 440 - tte l'année, avr.-oct., nov.-mars : lun.-vend.*

Sumburgh – *Wilsness Terminal - ✆ (8701) 999 440 - tte l'année.*

SITES INTERNET :

www.visitshtland.com : un site généraliste très complet. Culture, évènements, hébergements, transports…

www.historic-scotland.gov.uk : pour en savoir plus sur les sites historiques.

Transports

S'Y RENDRE

En avion :

L'aéroport se situe à **Sumburgh**, à l'extrêmité sud de Mainland. Bus et taxis pour Lerwick. Autre aéroport à Tongwall, près de Lerwick, pour les vols intérieurs.

British Airways – *www.ba.com*. La compagnie dessert les Shetland directement depuis Aberdeen, Inverness, Wick, les Orcades, Édimbourg, Glasgow. Bonne connexion de ces deux dernières villes avec Londres (vol direct en été).

Atlantic Airways – *www.flyshetland.com*. En été, vols vers Londres et les Féroés (Danemark).

Wideroe – *www.wideroe.no*. Vols estivaux de et vers Oslo (Norvège).

En ferry :

Northlink Ferries – *✆ (0845) 600 0449 - www.nothlinkferries.co.uk*. Liaisons tous les jours de et vers Aberdeen depuis Lerwick. Liaison vers les Orcades 4 fois par semaine.

Smyril Line – *www.smyril-line.com*. Relie Lerwick à Bergen (Norvège), Tórshavn (Féroés, Danemark), Seydisfjördur (Islande) et Hanstholm (Danemark).

SE DÉPLACER

Pour toute information : *www.shetland.gov.uk/transport.*

Avion – Quelques liaisons intérieures avec British Airways *(www.ba.com)* et Loganair *(www.loganair.co.uk)*.

Ferrys – Gérés par le Shetland Council, ils relient les îles entre elles pour une somme modique. Informations sur le site Internet des transports.

Bus – Bus nombreux (moins le dim.) et bon marché à partir de Lerwick (gare routière au nord du fort) vers tous les villages. Trajet bus/ferry vers Yell et Unst. Informations : Internet (voir plus haut) et *✆ (10595) 694 100.*

Voiture – Star rent a car *(www.starcar.co.uk)* ou Bolts Car Hire *(www.boltscarhire.co.uk)*.

Achats

Les fameux **pulls en laine** des Shetland sont mondialement connus. On en trouve des traditionnels ou décorés de motifs modernes. Rares sont les boutiques qui ne les proposent pas… Le bois et la pierre sont également utilisés pour la confection d'**objets décoratifs** typiques de l'archipel.

Évènements

Up Helly Aa – Dernier mardi de janvier *(voir encadré p. 460)*.

Shetland Folk Festival – Dernière semaine d'avril, *www.shetlandfolkfestival.com*. Festival de musique traditionnelle.

Simmer'n Sessions – Durant l'été, concerts dans les pubs de l'archipel.

Shetland Accordian and Fiddle Festival – mi-octobre. Célèbre lui aussi la musique traditionnelle à travers deux instruments : le violon et l'accordéon.

Île de Skye★★

Isle of Skye

8 139 HABITANTS

CARTE GÉNÉRALE RABAT I AB2 - CARTE MICHELIN REGIONAL 501 Z/C-10/12 - HIGHLAND

La plus grande île des Hébrides intérieures offre une grandiose combinaison de paysages marins et montagneux. Elle a de tout temps généré maintes légendes. Son aura énigmatique provient de l'époque des Vikings et des Celtes, lorsqu'elle s'appelle tour à tour l'île nuageuse, l'île brumeuse ou l'île ailée. Ses célèbres variations climatiques ne sont pas étrangères à l'enchantement que connaissent les nombreux touristes qui la visitent. Quand les rayons de soleil transpercent soudain une brume épaisse ou un rideau de pluie, ils révèlent un paysage nu (les arbres y sont assez rares) aux couleurs les plus pures.

Se repérer – Cette île de 77 km de long sur 5 à 40 km de large se compose de diverses péninsules qui « partent » aux quatre vents (d'où cette étrange silhouette). Un pont et la route A 87 la relie à la « terre » et dessert Portree, la ville principale.

À ne pas manquer – Les panoramas et les marches dans les Cuillins. Les curieuses formations rocheuses de Trotternish. Les hameaux isolés de la côte ouest.

Organiser son temps – Deux jours sont vraiment le minimum pour visiter cette vaste île. En été, les très nombreux touristes assistent à divers festivals.

Pour poursuivre le voyage – Les Hébrides extérieures, le Ross occidental.

B. Perousse / MICHELIN

C'est un bonheur de découvrir l'île au gré des chemins de randonnée.

Comprendre

Plus vraiment un île – Depuis 1995, un pont permet de passer du paysage majestueux de la grande terre à l'atmosphère romantique de l'île. Plus long pont cantilever d'Europe (travée principale de 238 m), sa réalisation a provoqué des controverses sur le plan de l'esthétique et de la protection de l'environnement. Les habitants eux aussi, s'ils tirent avantage du pont, regrettent de ne plus être de vrais insulaires.

Forteresses de la langue gaélique – Le gaélique est ici parlé par 58 % de la population. L'île dispose d'ailleurs d'un collège gaélique, le Sabhal Mor Ostaig, où l'apprentissage de cette langue s'effectue selon la tradition des moines de saint Columba, à Iona.

Découvrir

Les Cuillins★★★

Ces montagnes spectaculaires, souvent austères, apparaissent fréquemment sur les prises de vue de Skye. Les **Black Cuillins** représentent un groupe de montagnes en forme de fer à cheval entourant la dépression glaciaire du loch Coruisk. La roche

C. Weston / BRITAINONVIEW.COM

Les spectaculaires Black Cuillins et le loch Britle.

plutonique (gabbro) se hérisse de plus de 20 pics pointus dépassant les 900 m ; le plus élevé, le Sgurr Alasdair culmine à 993 m. Cette ligne de crête entrecoupée de ravins abrupts constitue un réel défi aux grimpeurs. En face de ces montagnes, de l'autre côté du glen Sligachan, se trouvent les sommets coniques des **Red Cuillins**. Ici le granit rose s'est érodé pour donner des formes arrondies. Grimpeurs, géologues et vacanciers apprécient beaucoup les Cuillins ; pourtant, lorsque le temps est capricieux, les éboulis et les pentes escarpées requièrent de l'habileté et de l'expérience.

Randonnées dans les Cuillins

Au Visitor Centre de Portree, vous trouverez les dates de marches guidées avec des rangers et des cartes détaillant tous les chemins possibles. Chacun, selon le temps dont il dispose et ses capacités, y trouvera son bonheur. Quant aux agences qui proposent des randonnées guidées, elles sont innombrables *(voir le Carnet pratique p. 469)*.

La route vers Elgol

La route B 8083 entre Broadford et Elgol *(45 km AR)* permet aux non-marcheurs de profiter de vues superbes sur les Cuillins. La première partie contourne les Red Cuillins (coniques, rouges le soleil). Puis elle atteint **Elgol**, sa petite plage de galets au bout du monde, son école minuscule, ses vaches qui broutent l'herbe ou les algues. Ici, la **vue** sur les Cuillins est proprement fantastique. De la jetée, des agences *(www.bellajane.co.uk, www.skyeboat.co.uk - réservation obligatoire)* affrètent de petits bateaux qui mènent vers le grandiose et inquiétant **Loch Coruisk**, que dominent les plus hauts pics. De là, vous pouvez partir pour des randonnées plus ou moins longues dans les Cuillins.

La vallée de Glenbrittle

Cette route entre Carbost et le joli hameau de Glenbrittle *(AR 27 km)*, situé au fond du loch Brittle, permet aux marcheurs de s'approcher des lieux de randonnées. De là partent les voies les plus directes vers les hauts sommets des Black Cuillins, mais aussi des marches courtes, comme celle qui mène à **Coire Lagan.** Si vous restez à bord de votre véhicule, le paysage de cette vallée qui accueillait jadis le premier terrain d'aviation de l'île ne vous décevra pas.

Circuits de découverte

Ces trois circuits sont volontairement courts et peuvent très bien se compléter selon vos priorités et le temps dont vous disposez.

PÉNINSULE DE TROTTERNISH★★ 1

Cet itinéraire de 81 km fait le tour de cette péninsule située au nord de Portree.

Portree★

Situé autour d'une baie abritée par deux caps, le chef-lieu de l'île est un centre de yachting important. Les touristes y convergent naturellement car c'est **la seule agglomération** « complète » de l'île : banques, office de tourisme, supermarché et de nombreux B&B, hôtels et restaurants. La place principale et une rue qui en part regroupent l'essentiel de ces équipements. Le **petit port aux maisons colorées** se situe en contrebas et attire irrémédiablement les promeneurs à toute heure de la journée. Le soir on y assiste au retour des pêcheurs.

Aros Centre – *Viewfield Road - ✆ (01478) 613 649 - www.aros.co.uk - 9h-18h.* Un complexe touristico-culturel à l'entrée de la ville. La boutique, vaste, prend une grande partie de l'espace. Projection d'un film sur les paysages de l'île, exposition sur l'orfraie, le rapace vedette. Le lieu sert aussi de salle de théâtre et de cinéma pour toute l'île.

N'oubliez pas Raasay

Cette île tout en longueur qui suit la côte est de Skye est rarement visitée. Peuplée de 200 habitants seulement, inactive le dimanche pour raison religieuse, elle offre quelques beaux paysages. Un petit ferry assure la liaison (*tlj sf dim.*) entre Sconser et Inverarish. Vous pouvez y venir avec votre voiture pour parcourir toute l'île (hameau, Brochel Castle). Ou simplement explorer les alentours d'Inverarish à pied ou à vélo grâce à de nombreux chemins balisés et faciles. On y trouve quelques possibilités de logement, mais aucune station-service.

An Tuirean – *Struan Road - ✆ (01471) 844 442 - www.antuireann.org.uk - tlj sf dim. 10h-17h.* Deux petites salles et une boutique, ce n'est pas grand chose. Mais ce complexe qui met en avant les artistes de Skye et de la côte ouest a le mérite d'exister et de présenter des expositions variées qui changent régulièrement. Vous y trouverez de la documentation présentant les nombreux artistes et galeries de l'île, dont les reliefs, les couleurs et le climat sont une intarissable source d'inspiration.

Quittez Portree par la A 855, vers le nord (direction Staffin). Immédiatement, le paysage change. Les tourbières ondulent et les silhouettes de The Storr occupent l'horizon.

The Storr★

Le long d'une arête de 16 km culminant à 914 m se succèdent d'impressionnantes formes rocheuses découpées et déchiquetées qui évoquent une tête de rhinocéros, ou de dragon. Haut de 49 m, le **Old Man of Storr** (l'une des « cornes ») se dresse sur le flanc nord-est de cette ligne. En partant d'un parking fléché depuis la route, vous pouvez atteindre en 45mn le pied de cette « colonne » de pierre qui sert de repère aux marins depuis des siècles.

Après le hameau de Rigg, le paysage gris et vert se pique de blanc : gros points pour les maisons, petits points innombrables et mobiles pour les moutons.

Kilt Rock

Cet espace aménagé en haut de la falaise permet de jouir d'un superbe panorama sur la côte est de Skye. À gauche, le rocher en question est aisément identifiable grâce à ses belles **colonnes basaltiques** qui évoquent les plis d'un kilt. Un ruisseau chute directement dans la mer en une belle et droite **cascade**. Par grand vent, les barrières de protection deviennent musicales et leurs plaintes s'ajoutent au bruit sourd de la cascade.

Quiraing

La route continue vers Staffin, village éparpillé autour d'une baie. L'ensemble est dominé par une grande arête de bastions rocheux. Peut-on y voir les écailles de la queue du dragon évoqué plus haut ? Un relief tabulaire se distingue et fait de Staffin un Cape Town miniature. À l'extrémité nord se dresse la grande Aiguille (Needle - 30 m).

On peut en voiture s'approcher des hauteurs de Quiraing par une petite route indiquée à la sortie du village (direction « Uig »). Depuis un parking (en « haut » de la route) de nombreuses marches sont possibles en se munissant d'une bonne carte.

Duntulm

La silhouette de l'**ancienne forteresse des MacDonald** se dresse sur un rocher escarpé commandant la route maritime des Hébrides extérieures. On l'atteint en suivant les chemins de moutons, le long de la falaise (attention, l'accès est peu aisé pour les personnes peu mobiles surtout quand le vent souffle fort et que l'herbe est humide). Il ne reste vraiment pas grand-chose du château, quelques pans de murs tout au plus. Mais on peut imaginer qu'il était difficile de s'attaquer à un tel site.

Kilmuir

Dans le cimetière, un monument en forme de croix celtique dédié à **Flora MacDonald** commémore la bravoure dont elle fit preuve en organisant la fuite du prince **Charles**

ÎLE DE SKYE

0 5 10 km

SE LOGER

- Cuillin Hills Hotel 3
- Flodigarry Country House Hotel 6
- Greshornish House Hotel 9
- Kinloch Lodge 12
- Stein Inn 15
- The Rosedale Hotel 18
- Ullinish Country Lodge 21

SE RESTAURER

- Café Arriba 24
- Loch Bay Seafood Restaurant 27
- The Three Chimneys 30

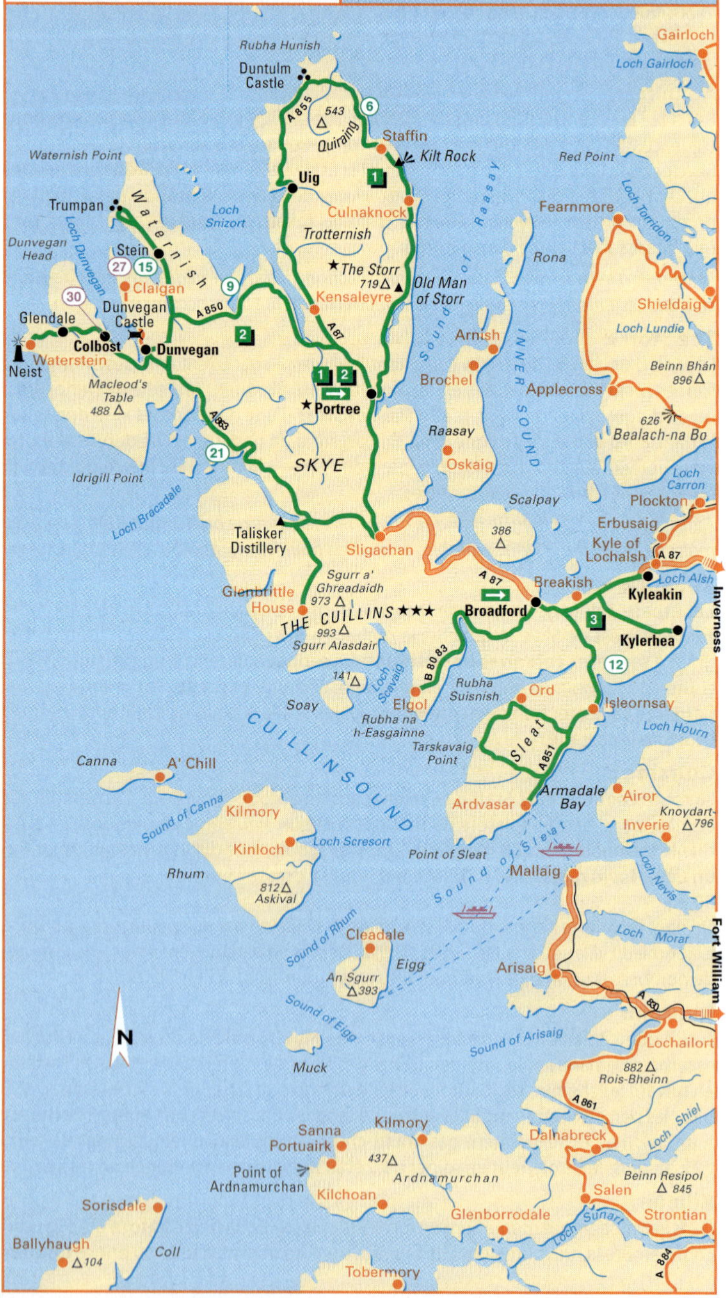

Édouard Stuart en l'habillant en servante. Le prince gagna rapidement la France et passa le reste de sa vie en exil après avoir erré des mois dans les Highlands alors que sa tête était mise à prix pour 30 000 livres. À côté, le **musée de la Vie insulaire★ (Skye Museum of Island Life)** regroupe divers bâtiments anciens faits de pierres et de chaume : une petite ferme datant de la fin du 19e s., une maison de fileur, celle d'un forgeron et une salle de bal où l'on présente des photographies, des documents et des coupures de journaux expliquant la vie à la ferme à la fin du 19e s. La visite est intéressante pour imaginer la rude vie des ancêtres des habitants de Skye - *✆ (01470) 552 206 - ♿ - de déb. avr. à mi-oct. : tlj sf dim. 9h30-17h - 2 £ - parking.*

La route A 855 redescend vers le sud dans un paysage à nouveau quasidésertique. Puis on descend vers le port de Uig.

Uig

Ce village est le port pour des ferries allant à Lewis et à Uist : un grand ponton, des entrepôts au fond d'un jolie baie. Signalons la présence ici de la seule brasserie de l'île *(www.skyebrewery.co.uk - boutique ouverte tlj - visite sur rdv en saison).*

Quittez Uig et rejoignez Portree par la A 87. Au niveau de Kensaleyre, vous pouvez continuer votre périple en prenant la A 850 vers Dunvegan (circuit 2 ci-dessous).

PÉNINSULES DU NORD-OUEST★ 2

Ce circuit de 142 km part à la découverte d'une région sauvage où quelques habitants et artistes (galeries et ateliers y sont nombreux) occupent des hameaux isolés contemplant un littoral grandiose.

De Portree (ou de Uig), prenez la A 87 puis suivez la très jolie route A 850. Après 23 km sur cet axe, prenez la B 886 vers Stein et Lusta.

Waternish

La route qui suit la côte ouest de cette péninsule, sans toutefois en atteindre la pointe, offre de très beaux paysages marins. Vous passez par le charmant village de pêcheurs de **Stein**. Au bout de la route, dans un magnifique site, se dressent les ruines de l'**église de Trumpan**. De là, les falaises rejoignent la pointe puis la côte est de la péninsule.

Revenez vers la A 850 qui vous mène à Dunvegan, la localité la plus importante de la côte ouest. Là, suivez l'indication « Dunvegan Castle ».

Dunvegan castle

✆ (01470) 521 206 - www.dunvegancastle.com - ♿ - de mi-mars à fin nov. : 10h-17h30 ; reste de l'année : 11h-16h - fermé 1er-2 janv. et 25-26 déc. - château et jardins : 7 £ (-15 ans 4 £) ; jardins : 5 £ (enf. 3 £) ; excursion en bateau à la rencontre des phoques 6 £ (enf. 3,50 £) - restaurant - parking.

Cette forteresse célèbre en Écosse pour être la résidence des MacLeod est située sur une plate-forme rocheuse dominant le loch Dunvegan et ses phoques. Le château conserve pieusement des souvenirs de famille, notamment le **Fairy Flag** (littéralement, drapeau féerique). Il s'agirait du cadeau d'adieu que Iain, le 4e chef, aurait reçu de son épouse, une fée qui partagea 20 ans de sa vie. Le drapeau a le pouvoir de protéger le clan. On verra également la coupe de Dunvegan et la corne de sir Rory Mor, le 15e chef. La tradition exige qu'à sa majorité l'héritier boive sans s'écrouler le vin dont elle est remplie !

Après Dunvegan, la B 844 traverse la péninsule jusqu'à Glendale. Les MacLeod's Tables, deux monts aplatis (qui contrastent avec les Cuillins pointus), se découpent à l'horizon. Un chef de clan y aurait jadis invité le roi d'Écosse à un banquet.

Folk Museum

À Colbost - ✆ (01470) 521 296 - ♿ - macaskil@fish.co.uk - avr.-oct. : 10h-18h - 1,50 £ - parking.

Black House représente une demeure typique du 19e s., avec l'habitation familiale et l'étable sous le même toit. À l'arrière, on trouve un alambic à whisky illicite. Les documents exposés rappellent la révolte de fermiers locaux au 19e s. La loi votée ensuite leur accorda, entre autres choses, la sécurité de la jouissance des terres.

À Totaig, empruntez à droite la direction de « Dunvegan Head ». Un **tumulus** domi-

Petit lexique gaélique

Bonjour - *latha math*
Bonjour (plus familier) - *hallo*
Au revoir - *mar sin leat*
Bonne nuit - *oidhche mhath*
Oui - *tha*
Non - *chan eil*
Merci - *tapadh leat*
Comment allez-vous ? - *ciamar a tha tu ?* **Bien** - *ta ghu math*

nant le loch Dunvegan indique l'emplacement de l'école de joueurs de cornemuse des MacCrimmon, joueurs héréditaires des MacLeod. *Rejoignez Glendale.*

Glendale et alentour

Moulin à eau – Au-delà de la commune, typique des villages agricoles dispersés, se dresse un moulin dans la baie. Il y a plus de 200 ans, des fermiers venaient avec une réserve de tourbe pour y moudre leur grain (ils arrivaient même des îles voisines, Rum Eigg ou Mull). Le four servait à réduire l'humidité du grain avant de le moudre.

Hameaux et falaises – Au-delà de Glendale, des petites routes plongent vers les falaises et les baies, et desservent un habitat très dispersé. Parmi ces sites-bout du monde citons, Ramasaig ou **Neist Point**, où Lars von Trier a tourné *Breaking the Waves*. Le paysage est superbe : falaises, vagues violentes, vent et fort sentiment d'isolement.

Retournez vers Dunvegan pour prendre la A 863. Au fond du loch Harport, prenez la B 8009. Laissez la route qui suit Glenbrittle (voir *Découvrir p 463*) pour visiter l'unique distillerie de l'île, **Talisker Distillery** *(Carbost - ✆ (01478) 614 308 - www.malts.com - tlj sf Noël et Nouvel An)*. Reprenez la A 863 et rejoignez Portree via Sligachan.

SLEAT ET LE SUD-EST DE SKYE 3

Ce circuit de 118 km sillonne le sud-est de l'île. Ici, la lande du Nord laisse la place à une région verte et fertile, surnommée Jardin de Skye. Si vous arrivez à Armadale par bateau depuis Mallaig, il suffit de la prendre en sens inverse. Partez de **Kyleakin**, au pied du Skye Bridge. Ce village, un peu bouleversé par la construction du pont, compte un château du 14e s. (**Castle Moil**) qui regarde Kyle, de l'autre côté du Loch Allsh. *Prenez la A 87 puis tournez en direction de* **Kylerhea**, un coin tranquille d'où partent quelques chemins de randonnées. *Revenez vers la A 87 puis prenez la A 851, la route qui traverse Sleat via le joli village de* **Isleornsay**.

Armadale

Cet hameau tout en longueur accueille les **ferrys** venus de Mallaig. C'est ici que se trouve le collège gaélique **Sabhal Mor Ostaig**. On y organise de nombreuses manifestations culturelles dont The Skye Festival *(www.skyefestival.com)*.

Armadale Castle Gardens – *✆ (01471) 844 305 - www.clandonald.com - ♿ - avr.-oct. : 9h30-17h30 - brochure (6 langues) - 4,90 £ - parking.* Ce château néo-gothique ne se visite plus. Mais un bâtiment abrite un musée (**Museum of the Isles/Clan MacDonald Centre**) relatant l'histoire du « royaume de la mer », lorsque régnaient les seigneurs des Îles et la culture gaélique. L'ancien domaine offre des promenades dans les bois ainsi qu'un arboretum et des panoramas sur le détroit de Sleat. Le domaine accueille d'intéressantes manifestations : cornemuse, tir à l'arc, fauconnerie…

La route continue vers le sud et **Aird of Sleat**. De là, en une heure de marche, vous rejoignez **Point of Sleat** et sa belle vue sur les Cuillins. *Reprenez ensuite la A 851 en sens inverse*, et faites un détour par la **côte ouest** de la péninsule (Tarskavaig, Ord), une belle région agricole. *Puis revenez vers Broadford et la A 851.*

Île de Skye pratique

Informations utiles

Office de tourisme – *TIC, Bayfield House - Bayfield Road, Portree - ✆ (01478) 612 137 - portree@visitscotland.com.*

Ouvert toute l'année.

Transports

Gus's Taxis – *3 Coolin Drive, Portree - ✆ (01478) 613 000.*

Location de voiture - Kyle Taxi Compagny – *7 Lochalsh Rd., Kyle of Lochalsh - ✆ (01599) 534 323 - www.lochalsh.net/taxi.*

Se loger

Bon à savoir – Les hôtels et restaurants cités ci-dessous sont repérés sur la carte de l'île en p.466.

PORTREE

The Rosedale Hotel – *Port de Portree - ✆ (01478) 613 131 - www.rosedalehotelskye.co.uk - 23 ch. 80/110 £.*

Ce n'est pas l'hôtel le plus confortable de Portree mais sa situation sur les quais du petit port de pêche en fait un lieu de séjour tout à fait agréable.

Cuillin Hills Hotel - *Portree - (01478) 612 003 - www.cuillinhills-hotel-skye.co.uk - 27 ch. 120/160 £.* 15 acres d'écrin de verdure avec vue sur la baie et le petit port de Portree. Sans conteste l'hôtel le plus agréable de cette partie de l'île, à 10 minutes à pied de Portree. Très bon restaurant.

AUTOUR DE L'ILE

Stein Inn – *Waternish - (01470) 592 362 - www.steininn.co.uk - 5 ch. 52/72 £.* Dans ce petit village paisible, face à la mer où mouillent quelques barques, c'est la plus ancienne auberge de l'île, établie en 1790. Une bonne adresse, qui fait aussi pub, restaurant. L'adresse la plus animée de ce petit village.

Greshornish House Hotel – *Edinbane, au NO de Portree - (01470) 582 266 - www.greshornishhouse.com - 9 ch. 110/150 £.* Tout au bout d'un chemin longeant le loch apparaît cette belle propriété de 10 acres de bois et de jardins. Un canon léger pointé vers le large protège toujours le manoir, à l'architecture typique de l'île. Les chambres mêlent raffinement et simplicité, et le délicieux restaurant est ouvert aux non-résidents. Court de tennis et terrain de croquet.

Ullinish Country Lodge – *Struan - (01470) 572 214 - www.theisleofskye.co.uk - 120/160 £.* Au cœur d'un des plus spectaculaires paysages de l'île, à proximité des falaises. Si la maison est sans grande surprise, les chambres, toutes différentes, sont d'un confort raffiné.

Flodigarry Country House Hotel – *5 km au N de de Staffin - (01470) 552 203 - www.flodigarry.co.uk - 11 ch. 140/170 £.* Entre la mer et les falaises de Quiraing, cette vaste demeure offre un séjour dans un cadre naturel particulièrement magique. Toutes les chambres possèdent un charme d'antan ; quelques-unes ont un lit à baldaquin. Belle salle aux allures de serre pour le petit-déjeuner.

Kinloch Lodge – *Sleat - (01471) 833 214 – www.kinloch-lodge.co.uk - 200/300 £.* Maison du 17e s. au bord du loch, tenue de mère en fille. Les chambres, sans décoration excessive, sont très confortables. Chaque convive y trouvera un classeur sur l'histoire de la famille et les balades dans les environs. Accueil délicieux

Se restaurer

PORTREE

Café Arriba – *Quay Brae - (01478) 611 830 - 7h-21h30 - 5-10 £.* Café-restaurant idéal pour un petit creux ou pour changer de petit-déjeuner avec un vrai café noir, des pâtisseries...

AUTOUR DE L'ILE

Stein Inn – *Stein, Waternish - (01470) 592 362 - 10/20 £.* La carte est simple mais les plats sont savoureux et le cadre de cette vieille auberge, avec sa superbe cheminée en pierre séparant le restaurant du salon, est particulièrement authentique. Quelques tables sur la pelouse entre l'auberge et la mer quand il fait beau. Idéal pour prendre un verre.

Loch Bay Seafood Restaurant – *Stein, Waternish - (01470) 592 235 - www.lochbay-seafood-restaurant.co.uk - 20/30 £.* Petit restaurant sans prétention servant selon la pêche du jour. Les poissons sont cuisinés aussi simplement que possible. Ardoise avec les plats du jour et menu fixe. Belle carte des vins.

Greshornish House – *Edinbane, au NO de Portree - (01470) 582 266 - 19h30-20h30 - 28 £.* Cadre charmant et grande variété de plats typiquement écossais, utilisant des produits élevés localement. Assiettes découverte pour deux personnes. Les personnes extérieures à l'hôtel sont invitées à réserver à l'avance.

Flodigarry Country House Hotel – *5 km au N de Staffin - (01470) 552 203 - 36 £.* Les poissons sont de la pêche du jour et le cuisinier utilise autant que possible des produits de la région. Le menu change régulièrement mais on retrouve régulièrement langoustines, haddock et agneau en provenance directe de l'île.

The Three Chimneys – *Colbost, Dunvegan - 01470 51 12 58 - www.threechimneys.co.uk* « Le » restaurant gastronomique de l'île. Deux petites salles en pierre et un mobilier d'une grande sobriété. Possibilité de dormir dans une des 6 chambres dans la maison voisine.

Sports et loisirs

Randonnées – Pour les marches avec les rangers, il faut s'adresser au Tourist Office de Portree.

Sinon, des agences privées proposent également des randonnées (plusieurs heures ou journées), escalades, marches côtières ou dans les collines:

Guiding in the Cuillins – *Blaven Cottage - Torrin - Broadford - (01471) 822 964. skyecuillin@aol.com.* Randonnées (plusieurs heures ou journées), escalades, marches côtières ou dans les collines.

Adventure Guiding on Skye – *4 Gedintailor - Portree - (01478) 650 380 - www.guidingonskye.co.uk.*

Skye Guides – *Mike Lates - 3 Luib - Broadford - (01471) 822 116 - www.skyeguides.co.uk.*

Stonehaven

7 885 HABITANTS
CARTE GÉNÉRALE RABAT I D3 - CARTE MICHELIN REGIONAL 501 N 13
ABERDEENSHIRE

Stonehaven occupe le fond d'une baie abritée par deux caps rocheux : Downie Point au sud et Garron Point au nord. La station balnéaire attire les vacanciers grâce à une large plage de galets et de nombreuses installations de loisirs. Elle constitue une étape agréable en allant vers Aberdeen, et peut s'enorgueillir de posséder dans ses environs le plus spectaculaire château d'Écosse.

Se repérer – Stonehaven se situe à moins de 30 km au sud d'Aberdeen, sur la A 90 qui relie cette dernière au sud du pays *(voir carte p 260-261).*

À ne pas manquer – Les spectaculaires ruines marines de Dunnottar.

Organiser son temps – Le plus souvent, Stonehaven et sa côte font l'objet d'un rapide passage en route vers Aberdeen. Mais rien ne vous interdit bien sûr de tomber sous les charmes du lieu. De plus, Stonehaven peut s'avérer bien « pratique » lorsque tout les hôtels d'Aberdeen sont complets.

Avec les enfants – Dunnottar Castle qui évoque fantômes, pirates et films de cape et d'épée. La piscine Arts déco de Stonehaven.

Pour poursuivre le voyage – Aberdeen, Cairngorms, Dunfermline, Dundee, Kirkcaldy, Perth, St Andrews.

Se promener

Stonehaven, qui apparaît d'un seul coup quand on arrive de Montrose par la A 92, se compose de deux quartiers encore assez distincts : la vieille ville, autour du petit port, et la ville nouvelle le long de la plage sauvage et sur la colline. Les deux entités, aujourd'hui mêlées, sont reliées par une promenade agréable qui longe la plage.

La vieille ville – C'est autour de ce port fondé au 17e s. par George Keith, que Stonehaven s'est développé. Même s'il reste encore quelques navires de pêche, l'activité du port provient aujourd'hui davantage des bateaux de plaisance. Celui-ci sert également de base à l'équipe de sauvetage du centre de survie en mer. Ce dernier relève de l'Institut technologique Robert Gordon, qui développe de nouveaux systèmes maritimes. Le plus vieux bâtiment du lieu, le **tolbooth**, fut construit à la fin du 16e s. par le 5e comte pour entreposer les réserves du château de Dunnottar. On y trouve un petit **musée** parlant de la pêche et de la tonnellerie *The Harbour - ☏ (01771) 622 807 - avr.-sept. : 13h30-16h30 - gratuit - parking.* Dans High Street se dressent la croix de marché et le clocher (avec son coq) de la ville, datant du 18e s.

La nouvelle ville – Dans la seconde moitié du 18e s., Robert Barclay of Ury, un seigneur local qui avait fait fortune en Jamaïque, édifie un nouveau village au nord de la rivière Carron. Aujourd'hui, la spacieuse place (Market Square) est toujours dominée par le clocher et les halles. Au n° 9 (côté sud de la place), une plaque commémore **Robert William Thomson** (1822-1873), qui inventa en 1845 le pneumatique, connu à cette époque comme la « roue aérienne ».

Depuis le port, il est possible de rejoindre Dunnottar Castle (à environ 3 km) par un chemin qui longe les falaises *(l'office de tourisme peut fournir une carte).*

Circuit de découverte

LA ROUTE CÔTIÈRE JUSQU'À GOURDON

Ce circuit de 20 km longe la côte et permet de découvrir Dunnottar Castle et quelques curiosités moins en vue. Quittez Stonehaven par la A 92.

Dunnottar Castle★★

Du fait de nombreuses marches inégales ou abruptes, la visite est déconseillée aux personnes âgées ou handicapées - ☏ (01569) 762 173 - info@dunechtestates.co.uk - juil.-août : 9h-18h ; de Pâques à juin et sept. : 9h-18h, dim. 14h-17h ; de nov. à Pâques : 9h-17h - 4 £ (-16 ans 1 £).

Les vastes ruines de Dunnottar sont perchées sur un **promontoire★★★** quasi inaccessible dont trois côtés sont formés de rochers escarpés colonisés par les oiseaux. Ce site spectaculaire coiffé par des ruines sombres met immédiatement en marche l'imagination de ceux qui le découvrent. On pense aux pirates, Vikings, fantômes. On vous souhaite presque de voir par gros temps ce lieu qui a servi de décor au *Hamlet* de F. Zeffirelli. Il est alors encore plus impressionnant.

Un premier site religieux – Au 5e s., saint Ninian aurait fondé un établissement chrétien sur ce rocher à pic. Dès 1276, l'évêque Wishart de St Andrews consacre un édifice de pierre, détruit 20 ans plus tard. À la fin du 14e s., sir William Keith érige le donjon actuel mais est excommunié pour avoir construit sur un terrain consacré. Dès lors, Dunnottar devient le siège principal de la **famille Keith**, dont les chefs étaient héréditairement comtes-maréchaux d'Écosse, et, à ce titre, gardiens des Regalia.

Une cachette pour les Regalla – Considérée de tout temps comme une place forte, Dunnottar est le dernier château à rester aux mains des royalistes pendant la République de Cromwell. Elle constitua à ce titre une cachette idéale pour les **Royal Regalia** (insignes de la royauté) et autres documents royaux. Durant les huit mois de siège (1651-1652) par les troupes de Cromwell, ces insignes furent déplacés clandestinement pour être cachés sous le plancher de l'ancienne église toute proche de Kinneff *(voir ci dessous),* où ils demeurèrent inviolés jusqu'à la Restauration.
En 1715, les terres furent confisquées suite à la participation du 10e comte au soulèvement jacobite. Le château se délabra progressivement et ne fut relevé qu'au 20e s. selon un scrupuleux programme de restauration.

Bâtiments – L'accès au promontoire est bien protégé par un **corps de garde** fortifié et un système complexe de marches et de passages couverts. Après les avoir traversés, montez vers le **donjon** en forme de L, une maison forte écossaise traditionnelle. L'échauguette offre un belle vue sur les vestiges du château et son environnement abrupt. Un magasin, une forge et des étables sont installés dans une aile à l'est. Proche et isolé, le **logis Waterton** est une construction du 17e s. agrémentée d'un jardin clos. Plus loin, les **bâtiments des 16e et 17e s.** sont disposés en quadrilatère ; beaucoup plus commodes et confortables, ils offrent un contraste saisissant avec le donjon. Ils seraient dus à **George, 5e comte** (1553-1623) et fondateur du Marischal College à Aberdeen. Si le plan est insolite, les détails restent traditionnels. À l'ouest, les souches de cheminée sont principalement de style néo-élisabéthain. Datant du dernier quart du 16e s., l'aile occidentale possède au rez-de-chaussée sept salles indépendantes, avec au-dessus une galerie et une salle de bal. Au nord, des celliers et une belle cuisine occupent le rez-de-chaussée ; un escalier à volées droites permet d'accéder à la salle à manger et au salon récemment restauré. Plus loin, à l'extrême point de la dernière extension, l'appartement du maréchal (1645) se superpose à l'horrible souterrain des Whigs. L'aile est contient une boulangerie et une brasserie, ainsi que des logements dans la partie supérieure. La chapelle du 16e s. constitue le quatrième côté du quadrilatère.

Reprenez la A 92. Catterline se trouve juste à l'écart de cette route.

Catterline

Ce minuscule village de pêcheurs présente des rangées de cottages accrochés aux falaises et des affleurements rocheux le long du rivage : il est devenu célèbre grâce aux toiles d'ambiance de **Joan Eardley** (1921-1963). De 1950 à sa mort, cette artiste a peint le littoral en toutes saisons, avec une vigueur et une liberté de facture équivalentes à la violence de la mer.
Reprenez la A 92.

Ancienne église de Kinneff

À 1,6 km de la A 92 ; bien signalée - 10h-17h - offrande bienvenue - parking.
C'est sous le plancher d'une église antérieure que les joyaux de la couronne écossaise furent cachés de 1652 à 1660.

Regagnez la A 92 avant de prendre à droite la B 967. Sur la gauche, une route locale mène à l'église d'Arbuthnott.

Arbuthnott

Auteur de la trilogie de romans connue sous le nom de *A Scots Quair*, James Leslie Mitchell (1901-1935), dont le nom de plume était **Lewis Grassic Gibbon**, fut vivement influencé par les environs d'Arbuthnott, où il passa son adolescence. Sa vie et son œuvre sont célébrées dans le petit **Grassic Gibbon Centre** – *℘ (01561) 361 668 - www.grassicgibbon.com* - ♿ -

Le Quoiting

Le Dunnottar Quoiting Club, fondé en 1890, est l'un des derniers clubs d'Écosse où l'on joue encore au « **quoiting** ». Ce sport consiste à lancer le plus près possible d'un bâtonnet en métal de lourds anneaux, ou *quoits (kites* dans le patois des Mearns), pourvus d'une poignée. On y joue parfois dans l'obscurité avec pour objectif d'éteindre la flamme vacillante d'une bougie. Les principaux terrains se trouvent à Smiddymuir et à Mill Lade.

avr.-oct. : 10h-16h30 - 2,50 £ - café - tandis qu'un monument de pierre à l'entrée du cimetière, à gauche, rappelle sa mémoire. L'**église paroissiale**, présente un adorable exemple de gothique écossais tardif avec le bas-côté Arbuthnott qui, comme le clocher ouest, date du 15e s.

Regagnez la A 92 et traversez Inverbervie pour atteindre **Gourdon,** *pittoresque village de pêcheurs spécialisé dans la pêche au haddock et à la morue.*

De là vous pouvez suivre la A 92, rejoindre Montrose et prendre en sens inverse le circuit *Route côtière de l'Angus* (Dundee 2 *p 269*) pour rejoindre Dundee. Ou, toujours depuis Montrose, l'itinéraire *L'est de l'Angus et Cairn O'Mount* (Dundee 3 *p 272*) pour rejoindre Aberdeen.

Stonehaven pratique

Informations utiles

Office de tourisme – *66 Allardice St. - (01569) 762 806 - se renseigner pour les horaires - fermé oct.-avr.*

Pratique – Tout ce dont vous avez besoin se trouve sur Market Square, la place principale : poste, banques, supérettes.

Transports

Stonehaven est très facile d'accès par la route ou par le rail. La A 90 relie la ville à Aberdeen et au sud du pays. La ligne de chemin de fer Aberdeen - Dundee - Édimbourg (ou Glasgow) fait de même.

Se loger

Beachgatehouse – *Beachgate Lane - Stonehaven - (01569) 763 155 - www.beachgate.co.uk.* P - . Certes la maison n'est pas très belle, mais c'est le lot de toutes les constructions le long de la plage. Les chambres sont en revanche confortables et l'accueil vraiment chaleureux. Et quand on en sort, on marche déjà dans le sable.

Arduthie House – *Ann St. - Stonehaven - (01569) 762 381 - www.arduthieguesthouse.com - 6 ch.* Juste au-dessus de Market Square, bonne adresse dans une jolie maison précédée d'un jardin fleuri. Les chambres, toutes différentes, sont confortables et soignées.

Heught – *Westfield Road - Stonehaven - (01569) 762 379 - www.heughhotel.com* - P. Petit hôtel de granit « en forme » de château, situé sur les hauteurs de la ville. Le petit nombre de chambres assure un accueil attentif. Restaurant correct.

Se restaurer

Charles Mac Hardy – *Market Square.* La belle enseigne vert et or de cette boutique maintes fois primée est déjà prometteuse. Le lieu s'avère en effet idéal pour préparer un pique-nique sur la place : *pies* diverses, viandes préparées, salades, gâteaux, tartes à la rhubarbe, fraises en saison.

Tolbooth Restaurant – *Sur le port - (01569) 762 287 - fermé lundi.* À l'étage d'une maison de pierre sur le port, ce restaurant de fruits de mer jouit d'une très bonne réputation en Écosse. Les menus à 12 £ et 15 £, le midi seulement, s'avèrent très avantageux. Le soir, comptez 16 £ par plat.

Lairhillock Inn – *Netherley (8 km au N de Stonehaven par la B 979) - (01569) 731 175 - www.lairhillock.co.uk* - P. Un pub et un restaurant réputés dans le même lieu. Le premier offre tout ce dont on peut rêver : cadre chaleureux et cossu, cuisine solide et raffinée à la fois. Le restaurant propose une carte sophistiquée, plus coûteuse.

Sports et loisirs

Natation – Nous vous conseillons aussi de faire un tour à la **piscine** locale en plein air. Située au nord de la ville, elle date de 1934 et offre un beau cadre Arts déco. *Juin-déb. sept, tlj - www.stonehavenopenairpool.co.uk.*

Ornithologie – En été, il est possible d'effectuer une excursion en mer à partir du port de Stonehaven, vers la réserve des falaises de Fowlsheugh, lieu d'habitat de centaines de milliers d'oiseaux. Infos et réservation : *(01224) 624 824 - 8£.* On peut aussi accéder à la réserve en voiture (depuis la A 92, à 1 km au sud de Dunnottar, c'est indiqué), puis à pied.

Evénements

Nouvel An – Les habitants l'inaugurent avec la **Swinging Fireball Ceremony**, qui a lieu dans High Street et dont l'origine serait la coutume païenne consistant à éloigner les démons.

Folk Festival et Highland Games – À Stonehaven, ils se déroulent en juillet (dates changeantes) à une semaine d'intervalle. S'informer des dates sur *www.aberdeen-grampian.com.*

Thurso et la côte Nord★

8 828 HABITANTS
CARTE GÉNÉRALE RABAT I C1 - CARTE MICHELIN REGIONAL501 J 8
HIGHLAND

L'extrémité nord des Highlands, tête aplatie de l'Écosse, collectionne à ses extrémités des caps honorés de titres tels que « point le plus au nord », « le plus au nord-ouest », « falaises les plus hautes ». Voilà des distinctions sans grand intérêt, mais qui traduisent le caractère spectaculaire de l'endroit. Le reste du littoral attire moins les superlatifs géographiques mais se laisse approcher. On est ravi de fouler le sable de plages magnifiques, de caresser le gazon râpé par le vent et les moutons, de toucher l'eau parfois transparente. Cette côte est si belle qu'on en oublie malheureusement l'intérieur des terres, il est vrai peu accessible. En vous y aventurant, vous découvrirez, à l'est, d'étranges terres flottantes et, à l'ouest, des landes austères et vallonnées.

J. Cornish / BRITAINONVIEW.COM

Les étranges rochers roses de Duncansby Head.

- **Se repérer –** Le côte est longée par de petites mais bonnes routes. On y accède aisément depuis Inverness ou le Ross occidental, par des routes côtières (A 838 ou A 9) ou « terrestres » (A 897 ou A 836). À part Thurso à l'est et Wick (côte Nord-Est), qui sont de vrais bourgs, on ne trouve ici que des hameaux d'habitat dispersé.
- **À ne pas manquer** – Les caps de la côte Nord : Duncasby Head, Strathy Point, Cape Wrath. La route de Tongue à Durness, entre Ben Loyal, Ben Hope et la mer. Les plages de la région : Dunnet Bay, Sinclair's Bay, Torrisdale Bay, criques autour de Durness.
- **Organiser son temps** – Comme toutes les régions dont les atouts principaux sont les beautés de la nature, la côte Nord peut se visiter toute l'année. Néanmoins, c'est en été que vous aurez le plus de chance de la voir dans toute sa splendeur (et de la voir tout court…). C'est également à cette période que l'on organise des festivals : cornemuses à Wick en juillet, agriculture, culture et jeux autour de Thurso et Durness. Sachez que les chambres sont peu nombreuses et qu'il faut penser à réserver à l'avance en été.
- **Pour poursuivre le voyage** – Inverness, Les Orcades, le Ross occidental, les Shetland.

Visiter

Thurso

Avec près de 8 000 habitants, Thurso est avec Wick la seule ville digne de ce nom dans cette partie du pays. Son pouvoir d'attraction n'est pas dû à ses charmes plus que discrets, mais à sa fonctionnalité. Le rail et la route A 9 qui relient la côte Nord au reste du pays y aboutissent. Et on y trouve des commerces, des informations touristiques, et un ferry vers les Orcades. Aussi, parce qu'elle constitue une bonne base, Thurso est très animée en été.

Les origines de cette ville tournée face au Nord remontent à l'époque des Vikings. Mais la cité actuelle, qui domine le port installé à l'embouchure de la rivière Thurso, est médiévale dans sa partie la plus ancienne. On voit dans les ruines de l'**église St Peter** une splendide ouverture à fenestrages du 16e s. (sur le pignon sud).

S'éloignant de la côte, le **centre moderne** englobe une partie des rues de New Town, tracée au début du 19e s. On voit nombre de maisons à l'allure digne, constituées pour beaucoup d'épais murs en silex bleu de Caithness, qui datent de la fin de l'époque georgienne et des premières années victoriennes. Dans les années cinquante et soixante, la population de la ville a triplé du fait de la construction à proximité de la centrale nucléaire de Dounreay, aujourd'hui en cours de démantèlement *(voir circuit 2)*.

Thurso Heritage Museum – *High St. - ✆ (01641) 521 418 - tlj sf dim. 10h-13h, 14h-17h - fermé l'hiver - 2 £ (enf. 50 p.).* Les pièces du musée local comprennent des pierres pictes et une reconstitution d'un intérieur de ferme locale.

Aux alentours

Pour se rendre dans cette région en voiture, vous devez emprunter la belle et sauvage route A 897 qui relie Golval (à 26 km à l'est de Thurso sur la A 836) à Helmsdale (sur la A 9, côte Nord-Est, à 71 km au sud de Thurso). La ligne ferroviaire du sud traverse cette zone, ce qui vous permet de la contempler. La gare de Forsinard est on ne peut plus proche du Visitor Centre.

The Flow country

C'est sous ce nom (« pays flottant ») que l'on désigne la vaste zone marécageuse s'étendant sur le Caithness et le Sutherland, paysage paisible et solitaire d'innombrables étangs regorgeant d'oiseaux que dominent à l'ouest quelques éminences comme le **Ben Loyal★★**.

Une route à voie unique, la A 897, et la voie ferrée d'Inverness à Thurso et Wick remontent la charmante Strath of Kildonan le long de la rivière d'Helmsdale.

La **réserve naturelle de Forsinard (RSPB Forsinard Nature Reserve)** occupe les 7 000 ha d'un domaine rigoureusement préservé. Un centre d'accueil est logé dans les bâtiments de la gare de Forsinard, probablement la halte ferroviaire la plus isolée de la région. *✆ (01641) 571 225 - www.rspb.org.uk - site : tlj - centre d'accueil : avr.-oct. : 9h-18h - promenade auto guidée - possibilité de promenade guidée mai-août : se renseigner - gratuit.*

De là, un sentier de nature, le Dubh Lochan Trail, emmène les visiteurs par des chemins dallés dans les fascinantes tourbières, l'un des habitats les plus proches de la nature qui soit en Grande-Bretagne. Vous pourrez admirer les plantes caractéristiques de ce milieu d'eau et de terre. Mais aussi entendre et voir de nombreux insectes et oiseaux, parmi lesquels le pluvier doré et son chant si particulier.

Circuits de découverte

WICK ET LES CAPS DU NORD-EST★ 1

Pour débuter ce circuit de 140 km, quittez Thurso par la A 836 vers l'est.

Castletown

Le Strand, célèbre rue de Londres, a été pavée avec des pierres de Caithness parties du petit port de Castletown. L'exploitation des carrières, florissante au 19e s. et au début du 20e s., a été tuée par l'apparition des dalles en béton. Mais l'activité a laissé des traces dans le village : la tour d'un moulin à vent, un barrage, les logements des carriers.

Poursuivez par la A 836 vers le nord-est. La route contourne **Dunnet Bay** *et sa longue plage protégée par des dunes, autour de laquelle courent des chemins de randonnée.*

Dunnet

À la limite nord du village, **Mary-Ann's Cottage** – *Westside Dunnet - ✆ (01593) 721 325 - ♿ - juin-sept. : tlj sf lun. 14h-16h30 - possibilité de visite guidée (35mn) en français - 2 £ - parking* – est une petite chaumière de métayers typique. La demeure de Mary-Ann Calder, née ici en 1897, fait l'objet, avec ses dépendances, d'une conservation active en tant que document d'histoire sociale. Loin d'être un musée statique, elle montre l'évolution de ce genre d'habitation, avec l'arrivée du confort moderne telle la cuisine des années 1950, ainsi que nombre de détails sur le mode de vie rural traditionnel.

Prenez la B 855 vers le nord, direction Brough puis Dunnet Head. En sortant de Brough, vous passez devant Dunnet Head Educational Trust (ouvert en saison) où vous pouvez vous documenter sur les environs.

Dunnet Head

Une route à voie unique mène à travers un paysage sauvage parsemé de petits lacs à la pointe de Dunnet, la plus septentrionale de la Grande-Bretagne continentale, où se dressent un phare et des falaises peuplées d'une multitude d'oiseaux de mer. Le regard peut porter très loin par temps clair.

Revenez vers Brough. Tournez à gauche par la route côtière. Suivez les indications Sacrfskerry puis Mey. Reprenez la A 836 vers l'est où le château qui suit est indiqué.

Castle of Mey

℘ (01847) 851 473 - www.castleofmey.org.uk - mai-sept. (les dates varient) tlj sf vend. Peut être fermé plusieurs jours fin juil.-déb. août - 7 £.
Le château, construit au 16ᵉ s. par George Sinclair comte de Caithness, fut occupé par ses descendants durant trois siècles. À la mort du dernier comte de la lignée, en 1889, le château tombe un peu à l'abandon. Il est racheté en 1952 par la reine mère qui fait restaurer le bâtiment et les jardins. La souveraine a sans doute été charmée par l'idée de posséder le château le plus septentrional de son royaume et par la vue superbe sur le détroit de Pentland. La famille royale y vient en villégiature tous les ans au cœur de l'été.

Le château – La visite guidée de ce bâtiment en Z, permet de contempler quelques beaux intérieurs et d'apprécier (ou non) les goûts de la reine mère en matière d'aménagement. L'ensemble est volontairement simple, imaginé pour que l'on s'y sente bien et en vacances.

Les jardins – Ces beaux jardins sont entourés de murs pour protéger les plantes du vent, des embruns et du sel. Là poussent des fleurs (dont des roses) colorées et odorantes, et divers fruits et légumes qui composent un intéressant potager.

Reprenez la A 836 en direction de John o'Groats.

John o'Groats

À 1 410 km de Land's End, point le plus méridional de Grande-Bretagne, ce village dispersé tire son nom d'un Hollandais, Jan De Groot, qui mit en place, au 16ᵉ s., un service régulier de ferrys à destination des Orcades. La tour octogonale de l'hôtel rappelle l'histoire de cet homme qui, pour régler les problèmes de priorité parmi ses sept descendants, construisit une maison à huit côtés avec huit portes et une table octogonale.
La vue est belle sur les Orcades, mais le village est un peu gâché par le trop grand nombre de boutiques vantant le caractère « le plus septentrional » du lieu.
Un service de bateaux fonctionne toujours depuis le port jusqu'à Burwick, situé sur South Ronaldsay (liaisons avec les Orcades - *voir Carnet pratique*).

Excursions en mer - Plusieurs agences proposent des excursions en mer, qui permettent de voir sous un autre angle les impressionnantes falaises des environs et admirer

SCOTTISH VIEWPOINT/VISIT SCOTLAND

La maison la plus au nord de l'Écosse continentale.

la faune marine (phoques, oiseaux). Informations : North Coast Marine Adventures - ✆ *(01955) 611 797 ou (07867) 666 273 - www.northcoast-marine-adventures.co.uk*. Trajet volontairement rapide et « secoué » sur un hors-bord.

Du village, une petite route de 2 km mène à Duncansby Head.

Duncansby Head★

Depuis la tour du phare qui commande cette pointe nord-est de la terre écossaise, on obtient une belle vue au-dessus du Pentland Firth, un détroit large de 11 km célèbre pour ses marées dangereuses. Un sentier mène à un autre point de vue, situé au sommet de la falaise, qui surplombe les **Stacks of Duncansby★★**, hauts rochers pointus se dressant au large à une hauteur spectaculaire de 64 m. Par beau temps, la couleur rose des falaises ressort bien.
Aux environs, des criques abritées et des baies de sable alternent avec des falaises vertigineuses, de hauts rochers, des arches et ponts naturels, ainsi que des criques étroites, appelées localement les *goes*. Les corniches rocheuses servent d'habitat aux guillemots, aux cormorans huppés, aux fulmars, aux mouettes tridactyles, à une variété de goélands et autres espèces d'oiseaux.

Revenez à John o'Groats et prenez vers le sud en direction de Freswick et Wick.

Northlands Viking Centre

À Auckengill, en travaux.
Vous découvrirez ici les forts liens entre les Vikings et la région : monnaie, maquette de drakkar, armes.

Continuez vers le sud en direction de Wick.

Vous passez devant les ruines du château de Keiss, proche de la silhouette blanche de son successeur *(privé)*. La route contourne la large **Sinclair Bay**, sa plage et ses belles dunes.

Wick

L'autre ville du Nord est d'emblée plus agréable que sa cousine Thurso. Édifiée de part et d'autre de la rivière du même nom, Wick doit son nom au mot nordique Vik, qui signifie « baie » (Narvik, Reykjavik…). Rappel d'un passé plus riche, une petite flotte consacrée à la pêche aux poissons à chair blanche opère à partir du port.

Wick Heritage Centre – *19 Bank Road - ✆ (01955) 605 393 - ♿ - wsherit@aol.com - de Pâques à oct. : tlj sf dim. 10h-17h - 2,50 £ (enf. 50 p.) - parking.* Ce petit musée est aménagé dans une maison de pêcheur du 19e s. Une série de tableaux retrace l'histoire et le patrimoine de la ville : une maquette de Wick au 20e s., quand il était encore l'un des premiers ports de pêche au hareng, une boutique de tonnelier, un four à poissons, un phare en état de marche et des intérieurs de maisons.

Pulteney Distillery – *Huddart St. - ✆ (01955) 602 371 - www.oldpulteney.com - avr.-sept. : lun.-vend. 10h30-12h30 et 13h30-15h30 ; oct.-mars : lun.-sam. 14h-16h - 4 £ - téléphoner à l'avance pour une visite guidée.* On aime à dire que l'on produit ici un whisky « maritime ». Vous verrez le processus de production et serez invité à déguster.

Quittez Wick par le nord en empruntant la route signalée Noss Head. Laissez la voiture au parc de sationnement et prenez le sentier à travers champ (15mn).

Girnigoe and Sinclair Castles

Attention, falaises et ruines dangereuses.
Les **ruines déchiquetées** de ces deux châteaux voisins dominent la baie de Sinclair. Le château Girnigoe (fin du 15e s.), avec son inquiétant cachot, est le plus proche de la pointe. À gauche, au-delà d'un fossé, se dresse le château

Quand Wick sentait le hareng

L'un des premiers ports à pratiquer la pêche intensive, Wick était au début du 19e s. le plus grand port de pêche au hareng. Au faîte de sa gloire, plus de 1 000 bateaux opéraient à partir de là et de **Pulteneytown** sur la rive sud. Et on exportait les harengs dans de lointains pays.
La Société des pêcheries britanniques avait chargé **Thomas Telford** de dessiner les plans de ce site de pêche. À cette époque, il était courant de voir dans les ports un fouillis de mâts et de bateaux non pontés et des quais encombrés par le matériel utilisé pour la fumaison. Cette opération, qui devait impérativement être effectuée 24 heures après le retour des bateaux, consistait à vider, conditionner dans des tonneaux et saler les poissons pêchés ; une telle activité nécessitait l'emploi d'une large équipe de travailleurs itinérants, des femmes pour la plupart.
Aujourd'hui, les bancs de harengs se font rare. On pêche d'autres espèces et on lorgne vers l'activité pétrolière.

Sinclair, une adjonction du début du 17e s. Tous deux furent le siège des Sinclair, comtes de Caithness.

Revenez vers Wick. Puis quittez la ville en direction du sud par la A 99. Après Ulbster, guettez les panneaux Hill o'Many Stanes.

The Hill o'Many Stanes★

À droite à l'écart de la route principale. Remontant à l'âge du bronze (vers 1850 av. J.-C.), ce site comporte 22 rangées de petites pierres. Leur disposition en éventail répond peut-être à un rôle astronomique. Bien que les régions septentrionales connaissent plusieurs sites, le plus célèbre d'entre eux est celui de Carnac en Bretagne *(voir le Guide Vert Bretagne).*

Reprenez la A 99 vers le sud. À West Clyth, prendre vers le nord une route étroite dotée d'aires de croisement et qui traverse une lande uniforme. Après 12 km, un panneau vous indique Grey Cairns of Camster.

Grey Cairns of Camster★

Le paysage consiste en une vaste étendue de landes désolées parsemées de petites zones cultivées et de petites fermes. Le **cairn rond**, le premier des deux cairns, se compose d'un passage d'entrée de 6 m de long *(passez à quatre pattes)* et d'une chambre. Le **cairn long★★** (60 m de long et 10 de large) ressemble à une longue corne et englobe deux cairns plus anciens en forme de ruche. La chambre principale *(même mode d'accès que plus haut)* est divisée en trois parties limitées par de grandes dalles de pierre. Les cairns à chambres de la région datent du néolithique (4000-1800 av. J.-C.).

Continuez vers le nord par la même route. À Watten, prenez à gauche la A 882 en direction de Thurso. La route longe le loch Watten avant de rejoindre la A 9 à Roadside. Thurso n'est plus qu'à 10 km.

LA CÔTE NORD DE THURSO À DURNESS★ 2

Le long de ce circuit de 125 km, les landes désolées cèdent la place à la magnificence d'un paysage côtier varié, où alternent baies de sable, lochs et caps. On passe les localités indiquées sur les cartes sans s'en apercevoir, tant les maisons sont disséminées.

Quittez Thurso vers l'ouest par la A 836, puis prenez tout de suite à droite la A 882.

Scrabster

Terminal du car-ferry pour Stromness et les Orcades *(voir p 445)*, ses alentours se distinguent par des clôtures faites de dalles de pierre.

Revenez sur la A 836 que vous prenez à droite.

UKEA Dounreay

✆ (01847) 806 086 - www.ukaea.org.uk/sites/dounreay - de Pâques à nov. : 10h-16h - tarif non communiqué - aire de pique-nique - parking.

Pendant quatre décennies, le paysage côtier aux alentours de la baie de Sandside a été dominé par le dôme futuriste de la centrale nucléaire de Dounreay. Son réacteur à neutrons rapides a été le premier de ce type à produire de l'électricité à usage domestique, mais la centrale est aujourd'hui - et pour encore de longues années - en cours de démantèlement. Son histoire est racontée au **centre d'accueil** (Visitor Centre). Si l'on y met l'accent sur la sécurité et les avantages pour l'environnement, on fait à peine mention des cas de leucémies qu'elle passe pour avoir causé ni de l'explosion survenue en 1977 dans un silo à déchets contenant « un cocktail mortel de substances radioactives ».

Avant d'arriver à Melvich, vous passez par le carrefour d'où part la route A 897 qui traverse les curieux paysages du Flow Country (voir *Aux alentours*) avant de rejoindre Helmsdale.

Melvich Bay

On obtient une **vue** splendide sur la baie de Melvich et sa plage depuis le mémorial de guerre situé derrière l'hôtel du village agricole de Melvich. L'île de Hoy est visible à l'horizon.

La route au-delà de Melvich est à voie unique. Traversez la rivière Strathy et tournez ensuite à droite vers la pointe de Strathy.

Strathy Point★

15mn de marche depuis le parking jusqu'à la pointe. On jouit de **vues★★★** magnifiques tout le long de la côte à l'est de la sablonneuse baie de Strathy. On peut apercevoir Dounreay et Hoy à l'horizon.

Revenez vers la A 836 et tournez à droite. Le paysage s'érode ensuite, avec au loin la silhouette majestueuse des pics de granit du **Ben Loyal★★** (764 m) s'élevant au-dessus de la surface du plateau.

Bettyhill

Ce village agricole très éparpillé domine la superbe baie de Torrisdale. Il est né durant la période des évictions *(Clearances - voir p. 54)*. Si de nombreux petits fermiers émigrèrent, d'autres, venus du Strathnaver, fondèrent Bettyhill pour tenter leur chance sur la côte. L'histoire de cette période mouvementée est présentée au **Strathnaver Museum** qui se trouve dans l'église du hameau de Farr, au nord-est de Bettyhill – ✆ *(01641) 521 418 - tlj sf dim. 10h-13h, 14h-17h - fermé l'hiver - 2 £ (enf. 50 p.*

De Bettyhill part l'étroite route B 971, qui suit le Strathnaver, traverse des « Clearance villages », longe le beau loch Naver avant de rejoindre Altnaharra. Ce hameau isolé se trouve sur la jolie route A 836 qui relie Tain (au nord d'Inverness) à Tongue : (côte Nord, voir plus loin). Au programme : paysages forestiers, lochs, isolement.

Autour de Torrisdale Bay

Pour poursuivre l'itinéraire de la côte Nord, quittez Bettyhill vers le sud. La route longe la **baie de Torrisdale★**, ses langues de sable, sa plage appréciée par les surfeurs. Vous traversez la rivière qui s'échappe du Strathnaver, ignorez la route B 871 *(voir ci-dessus)* au croisement, et montez jusqu'au plateau parsemé de lochs complètement étouffés par les roseaux. À **Borgie**, vous pouvez bifurquer en direction de **Skerray** pour d'autres belles vues sur la baie de Torrisdale : étendues de sable, côtes découpées, petit cimetière au fond de la baie, moutons, port minuscule de Skerray. Vous rejoignez ensuite la A 836. Juste avant d'atteindre Coldbackie, on obtient de superbes **vues★★** sur un grand bras de mer, le Kyle of Tongue, avec les îles Rabbit au milieu.

Tongue

Petit village éparpillé sur les rives du bras de mer. Le Kyle of Tongue est traversé par une digue d'où l'on aperçoit le Ben Loyal et, plus loin, la forteresse en ruine des Mackay perchée sur un promontoire. Appelée **Castle Varrich**, elle peut être atteinte depuis un sentier qui part du centre du village. Belles vues sur la baie.

La A 838, que l'on emprunte à partir de Tongue, est à double voie.

À la sortie de Tongue, un pont coupe le Kyle of Tongue. Si vous avez le temps, sachez qu'une minuscule route en fait le tour avant de revenir à la route principale. Passé le Kyle of Tongue, la silhouette plus régulière du Ben Hope apparaît à l'horizon. Des talus de tourbe sont visibles de temps à autre et assombrissent un peu plus ce paysage dur et âpre. Lors de la descente, on peut admirer le loch Hope qui s'étend sur la gauche. De la rive ouest du loch, on voit le lac s'étirer jusqu'au **Ben Hope★** (927 m), en toile de fond. Tout près de là se révèle une **vue★★★** splendide du **loch Eriboll**, autre bras de mer pénétrant profondément dans les terres. *La route devient une voie unique sur la rive est du loch.* Après avoir fait le tour du loch, l'A 838 passe le long d'une superbe plage de sable blanc. Sur le parking qui permet de stopper pour courir sur la **plage★** se trouve parfois un vendeur de sandwiches aux fruits de mer et poissons.

Origine non contrôlée

Le nom du hameau de Tongue proviendrait du vieux norvégien *tunga*, une langue de terre qui s'avance dans la mer. On a en revanche jamais trouvé de traces certaines de la présence norvégienne sur cette partie de la côte, bien qu'elle semble probable entre 900 et 1 200. Mais certains pensent que le Castle Varrich (Caisteal Bharraigh - voir circuit), pourrait avoir été édifié par les Vikings. Il s'agirait peut-être du Beruvik cité dans l'Orkneyinga Saga, véritable livre d'histoire viking des îles Orcades *(voir p. 438)*.

Durness★

Ce petit village étalé le long de plages superbes (sable jaune et rochers noirs aux formes recherchées) et falaises de la côte Nord, autrefois communauté de petites fermes, doit aujourd'hui sa prospérité aux touristes qui visitent le Nord de l'Écosse.

Smoo Cave – Un affleurement de calcaire explique la présence de la grotte et des plages de sable. Les eaux de l'Allt Smoo plongent dans un entonnoir pour réapparaître à l'entrée de la grotte extérieure. Celle-ci, occupée au temps de la préhistoire et des Vikings, se visite aisément à marée basse. Il suffit de descendre les escaliers en bois prévus à cet effet près du parking. Les deux grottes intérieures ne sont accessibles qu'aux spéléologues convenablement équipés. On peut aussi parcourir ce complexe en bateau (à marée haute) en s'adressant à Colin Coventry – ✆ *(01971) 511 704 - 4 £.*

Balnakeil et Balnackeil Craft Village – *1,6 km à l'ouest de Durness par une petite route*. Ce hameau charmant se trouve au bord d'une **magnifique plage**. Une église en ruine (1619) entourée d'un beau cimetière marin domine la baie. L'ancienne station de radar est aujourd'hui occupée par un groupe d'artisans. Le centre d'information (salle d'exposition, salon de thé et casse-croûte) et les ateliers sont ouverts au public. On peut y observer des artisans à l'œuvre (céramique, joaillerie, tissage, reliure et tannerie) *✆ (01971) 511 277 - centre d'accueil avr.-oct. : 10h-18h - restaurant - parking.*

Quand John courait sur la plage de Durness

A mi-chemin des différents hameaux qui composent Durness, vous verrez une maison communautaire (Village hall) devant laquelle se dresse un monument en souvenir de John Lennon : trois pierres levées avec, gravées, les paroles de *In my life*, des Beatles. Cela en mémoire de la (future) vedette qui, enfant, passa ses vacances ici. La famille de son cousin possédait une maison qu'il fréquenta chaque été jusqu'à ses 17 ans.

Au nord du hameau s'étend **Faraid Head**, petite péninsule toute en criques sableuses et rochers. Belles et courtes marches possibles.

Cap Wrath★★★

À l'ouest de Durness pointe le Cap Wrath qui marque l'extrême nord-ouest de l'Écosse. S'y rendre pour une excursion d'une demi-journée complète est une très bonne initiative, par tout temps. Le cap est protégé par les **falaises de Clo Mor** (5 km à l'est du cap) qui, avec leurs 281 m, sont les plus hautes de Grande-Bretagne. Et ce, pour le plus grand bonheur des oiseaux de mer qui les transforment en vaste colonie. Pour se rendre dans cette zone il faut tout d'abord emprunter un bac qui part de Keodale, à la sortie sud de Durness. Puis un minibus vous conduit en 40mn, à travers 18 km de lande déserte (terrain appartenant au ministère de la Défense) et parvient au phare, construit en 1828 par Robert Stevenson. Ce promontoire exposé offre des **vues**★★ exceptionnelles sur les eaux bouillonnantes de la mer et les superbes paysages côtiers s'étendant à l'est. Au sud débute une belle zone sauvage appellée **The Parbh** qui peut être traversée par des randonneurs très bien équipés (carte, vêtements, tente éventuellement) jusqu'à **Sandwood Beach**★★ (voir *Ross occidental circuit* 3 *p 455*).

Bac et minibus du cap Wrath – *✆ (01971) 511 287 - www.capewrath.org.uk - juil.-août : 9h30-16h30 (6 AR) ; mai-juin et sept. : 11h, 13h (15h pour + de 4 passagers) - 4,50 £ AR - service de minibus reliant les ferries 7,50 £ AR.* Annulation possible en cas de mauvais temps. **Bac** : M. J. Morrison - *✆ (01971) 511 376 - environ 8 AR/j. - horaires indicatifs : de Pâques à mai, premier dép. à 11h ; juin-mi-sept. à 9h30, dernier retour à 16h30 - 4£. Les vélos sont autorisés.* **Bus** : Mrs IP Mackay - *✆ (01971) 511 343 ou 511 287 ou (07751) 789 048. Départs en connexion avec le bac - 7£.*

Pour continuer plus au sud à partir de Durness, et descendre la côte Ouest, prenez en sens inverse les circuits 3, 2 puis 1 du **Ross occidental**★★★ (*voir ce nom p. 448 et 452*).

Thurso pratique

Informations utiles

Thurso : Tourist Information Centre – *Riverside - ✆ (01847) 892 371 - avr.-oct. : 10h-17h (16h dim.).*

John O'Groats : Tourist Information Centre - *County Road - ✆ (01955) 611 448 - mars-juin et sept.-oct. : 11h-17h (16h le dim.), juil. et août : 9h-18h.*

Durness : Tourist Information Centre - *Smoo Bay - ✆ (01971) 511 259 - en été : tlj 10h-16h ; en hiver lun.-vend. 10h-13h30.*

Voir aussi *www.visithighlands.com.*

Transports

En avion :

Liaisons entre Wick et Édimbourg une fois par jour, Inverness (2 fois par jour en semaine) et Kirkwall (Orcades – une fois par jour). Infos : *www.ba.com.*

En train :

Le chemin de fer relie Thurso à Inverness (et au reste du pays) 2 à 3 fois par jour en 3h20. Compter 4h depuis Wick.

En bus :

Liaisons avec Inverness par 4-5 bus quotidiens (3h30 – bus de la Scottish

Citylink, www.citylink.co.uk) ; liaisons très fréquentes avec Wick (6-12 bus par jour, n° 77 de la compagnie Rapsons) et en 35mn Un bus *(compagnie Dearman Coaches - ✆ (01349) 883 585)* relie Inverness à Durness une fois par jour du lundi au samedi, de mai à septembre (durée 5h). Il dessert également Scourie, Lochinver et Ullapool.

En ferry :
Liaisons avec les Orcades : départ de ferry à John O'Groats pour Burwick *(voir p. 475)*.

Se loger

THURSO

Forss House – *Forss, à 8 km de Thurso - ✆ (01847) 861 201 - www.forsshousehotel.uk.com - 18 ch. 95/125 £.* Propriété de 20 acres traversée par un cours d'eau où l'on pêche encore le saumon, à 1,5 km de la mer. Belle salle de restaurant et salons avec un choix de quelque 300 malts à découvrir.

DURNESS

Cape Wrath Hotel – *✆ (01971) 511 212 - www.capewrathhotel.co.uk - 13 ch. 130/170 £.* Si les chambres sont quelconques, le paysage entourant cette maison typique mérite le détour. La salle du restaurant, jouissant de la vue spectaculaire, procure une halte agréable (réservation indispensable le soir). Profitez alors de votre séjour ici pour visiter le phare du Cape Wrath accessible en ferry puis en bus (départs à proximité de l'hôtel).

MELVICH

Bighouse Lodge – *✆ (01641) 531 207 - www.bighouseestate.com - 11 ch. 140 £.* Ancienne demeure du chef du Clan Mackay, construite au milieu de l'estuaire en 1765. Une passerelle mène à la plage toute proche. La plupart des pensionnaires viennent pour des séjours de plusieurs jours, peindre, pêcher, pour l'observation des oiseaux et faire des balades dans cette immense propriété.

Se restaurer

THURSO

Forss House – *Forss, à 8 km de Thurso - ✆ (01847) 861 201 - 25-35 £.* Dîners en semaine et lunchs le dimanche. La salle de restaurant, dans une véranda donnant sur le jardin, est à l'image de la cuisine, simple et raffinée. Les ingrédients étant du terroir, les saveurs varient en fonction des saisons.

APPORTEZ VOTRE PIERRE À L'ÉDIFICE DE LA SAUVEGARDE DU PATRIMOINE

NE L'EMPORTEZ PAS DANS VOS BAGAGES

Un cœur transpercé d'une flèche et deux prénoms se jurant l'amour éternel, le tout gravé dans la pierre d'un monument historique ; emballages de pellicules, mégots de cigarettes ou bouteilles vides abandonnés sur un site archéologique. Comment confondre notre patrimoine culturel avec un carnet mondain ou une poubelle ? Pour la plupart d'entre nous, ces agissements sont de toute évidence condamnables, mais d'autres comportements, en apparence inoffensifs, peuvent également avoir un impact négatif.

Au cours de nos visites, gardons à l'esprit que chaque élément du patrimoine culturel d'un pays est singulier, vulnérable et irremplaçable. Or, les phénomènes naturels et humains sont à l'origine de sa détérioration, lente ou immédiate. Si la dégradation est un processus inéluctable, un comportement adéquat peut toutefois le retarder. Chacun de nous peut ainsi contribuer à la sauvegarde de ce patrimoine pour notre génération et les suivantes.

Ne considérez jamais une action de façon isolée, mais envisagez sa répétition mille fois par jour

- Chaque micro-secousse, même la plus inoffensive, chaque toucher devient nuisible quand il est multiplié par 1 000, 10 000, 100 000 personnes.

- Acceptez de bon gré les interdictions (ne pas toucher, ne pas photographier, ne pas courir) ou restrictions (fermeture de certains lieux, circuits obligatoires, présentation d'œuvres d'art par roulement, gestion de l'affluence des visiteurs, éclairage réduit, etc). Ces dispositions sont établies uniquement pour limiter l'impact négatif de la foule sur un bien ancien et donc beaucoup plus fragile qu'il ne paraît.

- Évitez de grimper sur les statues, les monuments, les vieux murs qui ont survécu aux siècles : ils sont anciens et fragiles et pourraient s'altérer sous l'effet du poids et des frottements.

- Aimeriez-vous emporter en souvenir une tesselle de la mosaïque que vous avez tant admirée ? Combien de visiteurs avec ce même désir faudra-t-il pour que toute la mosaïque disparaisse à jamais ?

Faites preuve d'attention et de respect

- Dans un lieu étroit et rempli de visiteurs tel qu'une tombe ou une chapelle décorées de fresques, faites attention à votre sac à dos : vous risquez de heurter la paroi et de l'abîmer.

- Les pierres sur lesquelles vous marchez ont parfois plus de 1 000 ans. Chaussez-vous de façon appropriée et laissez pour d'autres occasions les talons aiguilles ou les semelles cloutées.

- L'atmosphère de certains lieux invite à la contemplation et/ou à la méditation. Évitez donc toute pollution acoustique (cris, radio, téléphone mobile, klaxon, etc.).

N'enfreignez pas les lois internationales

- En vous appropriant une partie, si infime soit-elle, du patrimoine (un fragment de marbre, un petit vase en terre cuite, une monnaie, etc.), vous ouvrez la voie au vol systématique et au trafic illicite d'œuvres d'art.

- N'achetez pas d'objets de provenance inconnue et ne tentez pas de les sortir du pays ; dans la majorité des nations, vous risquez de vous exposer à de graves condamnations.

Message élaboré en partenariat avec l'ICCROM (Centre international d'études pour la conservation et la restauration des biens culturels) et l'UNESCO.

Pour plus d'informations, voir les sites :

http://www.unesco.org

http://www.iccrom.org

http://www.international.icomos.org

Aberdeen : villes, curiosités et régions touristiques.
Scott, Walter : noms historiques et termes faisant l'objet d'une explication.
Les sites isolés (châteaux, abbayes, grottes...) sont répertoriés à leur propre nom.

C

E

F

G

J

K

L

T

U

V

W

Y

CARTES ET PLANS

CARTES GÉNÉRALES

CARTES THÉMATIQUES

PLANS DE VILLES

PLANS DE SITES ET DE MONUMENTS

CARTES DE RÉGIONS ET DE CIRCUITS

Manufacture française des pneumatiques Michelin

Société en commandite par actions au capital de 304 000 000 EUR
Place des Carmes-Déchaux – 63000 Clermont-Ferrand (France)
R.C.S. Clermont-Fd B 855 200 507

Dépot légal : février 2007 – ISSN 0293-9436
Imprimé en France : février 2007
Compogravure : Maury ; Malesherbes
Impression et brochage : IME ; Baume-les-Dames